Günter Born

W0085991

Microsoft
Windows 8.1 komplett

Microsoft Press

Günter Born: Microsoft Windows 8.1 komplett
Microsoft Press Deutschland, Konrad-Zuse-Str. 1, 85716 Unterschleißheim
© 2014 O'Reilly Verlag GmbH & Co. KG

Kommentare und Fragen können Sie gerne an uns richten:

Microsoft Press Deutschland
Konrad-Zuse-Straße 1
85716 Unterschleißheim
E-Mail: *mspressde@oreilly.de*

15 14 13 12 11 10 9 8 7 6 5 4 3 2 1
16 15 14

Druck-ISBN 978-3-86645-240-4
PDF-ISBN   978-3-8483-3094-2
EPUB-ISBN   978-3-8483-0250-5
MOBI-ISBN   978-3-8483-1227-6

© 2014 O'Reilly Verlag GmbH & Co. KG
Balthasarstr. 81, 50670 Köln
Alle Rechte vorbehalten

Fachlektorat: Georg Weiherer, Münzenberg
Korrektorat: Dorothee Klein, Anja Pabst, Siegen
Layout und Satz: Gerhard Alfes, mediaService, Siegen (www.mediaservice.tv)
Umschlaggestaltung: Hommer Design GmbH, Haar (www.HommerDesign.com)
Gesamtherstellung: Kösel, Krugzell (www.KoeselBuch.de)

Inhaltsverzeichnis

Vorwort

Liebe Leserin, lieber Leser

Gerade ein Jahr nach Veröffentlichung von Windows 8 legt Microsoft mit Windows 8.1 nach. Dieses kosten-lose Upgrade für Windows 8 enthält viele Verbesserungen, die das Arbeiten stark vereinfachen. Wer an eine (kostenpflichtige) Installations-DVD mit Windows 8.1-Lizenz herankommt, kann auch ältere Rechner mit Windows XP, Windows Vista oder Windows 7 auf das neue Betriebssystem aktualisieren. Ich habe Windows 8.1 hier sowohl auf modernen Windows 7-Rechnern als auch auf älteren Windows Vista-Systemen, auf einem WeTab Tablet-PC und sogar auf einem mit Windows XP ausgelieferten Netbook erfolgreich im Ein-satz.

Sofern Sie also von einer älteren Windows-Version umsteigen, gibt es viele Neuerungen, die erkundet und erobert werden wollen. Aber auch beim Wechsel von Windows 8 zu Windows 8.1 gibt es viele Neuerungen. Um die ersten Schritte beim Ein- und Umstieg zu erleichtern, auftretende Probleme gegebenenfalls zu behe-ben und einen tieferen Einblick in Windows 8.1 zu erhalten, habe ich dieses Buch geschrieben.

Das Buch ist in mehrere Teile und Kapitel gegliedert, um die unterschiedlichen Bedürfnisse der Leserinnen und Leser zu berücksichtigen. Inhalts- und Stichwortverzeichnisse ermöglichen Ihnen bei Bedarf den direk-ten Zugriff auf die benötigten Informationen. Ich hoffe, Ihnen mit der Auswahl der im Buch beschriebenen Themen eine gute Basis zum Arbeiten mit Windows 8.1 an die Hand zu geben. Ihnen als Leserin und Leser wünsche ich viel Spaß und Erfolg im Umgang mit dem Buch und Windows 8.1.

Günter Born

www.borncity.de

So arbeiten Sie mit diesem Buch

Dieses Buch befasst sich mit den vielfältigen Funktionen von Windows 8.1. Neben den Versionen für Intel x86-/x64-Prozessorarchitektur gibt es jedoch auch eine als »Windows RT« bezeichnete Version für ARM-Prozessoren. Unter Windows RT können keine Windows-Programme von Drittanbietern, sondern nur Apps sowie die von Microsoft mitgelieferten Programme verwendet werden. Da, bis auf diese Einschränkung, die ARM-Variante in der Bedienung identisch ist, kann das Buch auch für Systeme mit Windows RT verwendet werden.

Microsoft bietet neben der Core-Version von Windows 8.1 auch eine funktional erweiterte Variante unter der Bezeichnung Windows 8.1 Pro an. Das Buch konzentriert sich auf die, bei vielen Rechnern mit ausgelie-ferte, Windows 8.1 Core-Edition. Ich gehe aber an verschiedenen Stellen auf die erweiterten Funktionen von Windows 8.1 Pro (sowie in einem Kapitel auf die Media Center-Erweiterung) ein. Daher sollten Sie mit den Informationen der folgenden Kapitel sowohl mit der Core- als auch mit der Pro-Version von Windows 8.1 klarkommen – selbst die Verwendung mit Windows 8 Core oder Pro ist möglich, wenn es dort auch einige Abweichungen und fehlende Funktionen gibt.

Auf die Behandlung spezieller, auf den Unternehmenseinsatz beschränkter Funktionen wie das Einbinden in Domänen wird dagegen verzichtet. Auch die erweiterten Funktionen der für den Unternehmenseinsatz kon-zipierten Windows 8.1 Enterprise werden in diesem Buch nicht abgedeckt. Da aber 90 Prozent der Funktio-nen mit Windows 8.1 Pro identisch sind, kann das Buch auch dort zumindest als Basis herangezogen wer-den. Nun noch einige Hinweise auf einige Besonderheiten, die Sie bei der Benutzung des Buchs kennen sollten:

- Das Buch wurde in mehrere Teile gegliedert, um die vielfältigen Funktionen von Windows übersichtlicher beschreiben zu können. Ein Kurztext auf der Titelseite jedes Teils verrät Ihnen, welche Ziele dieser Buchteil verfolgt und welche Inhalte dort zu finden sind.

- Die einzelnen Kapitel innerhalb der Teile beschreiben konkrete Funktionen oder behandeln Programme, die Bestandteil von Windows 8.1 Core (oder des erweiterten Windows 8.1 Pro) sind.

Sie können das Buch von vorne bis hinten durchlesen, um sich über alles Wissenswerte zu Windows zu informieren. Erfahrene Benutzer können sich auch zielgerichtet die Informationen heraussuchen, die gerade zum Arbeiten benötigt werden. Die Inhalts- und Stichwortverzeichnisse ermöglichen Ihnen den schnellen Zugriff auf die behandelten Themen.

Im Buch wird eine Kursivschreibweise verwendet, um Dateinamen, Befehle, Namen von Optionen etc. im Text hervorzuheben. Zudem sind einzelne Abschnitte durch besondere Symbole in der Marginalspalte gekennzeichnet. Wegen der besseren Erkennbarkeit wurde in den Abbildungen für den Windows-Desktop ein weißer Hintergrund verwendet.

HINWEIS Abschnitte, die in dieser Form ausgezeichnet sind, enthalten zusätzliche Anmerkungen und Hinweise zum betreffenden Thema.

TIPP Dieses Symbol kennzeichnet Absätze mit Tipps, die den Umgang mit Windows erleichtern oder auf besondere Sachverhalte eingehen.

ACHTUNG Das Achtung-Symbol in Absätzen weist auf Sachverhalte oder Vorgänge hin, bei denen Vorsicht geboten ist oder bei denen Fehler bzw. Probleme auftreten können.

Bei der Manuskripterstellung hatte ich Zugriff auf die finale Version von Windows 8.1. Beachten Sie aber, dass Microsoft die Apps ständig aktualisiert und mit neuen Funktionen versieht. Daher können sich nach Drucklegung durchaus kleinere Abweichungen zur Beschreibung im Buch ergeben.

Im Buch beziehe ich mich an zahlreichen Stellen auf Webseiten oder Artikel in meinem Blog (*blog.born-city.com*), in denen Sie hilfreiche Zusatzinformationen finden. Um Ihnen den Zugriff auf diese Webseiten zu erleichtern, finden Sie hinter Webadressen Angaben der Art [Msxxx-K01-01]. Es handelt sich um einen Zugriffscode, wobei »K01« die Kapitelnummer angibt.

Auf der Supportseite zu diesem Buch finden Sie wahlweise unter *www.microsoft-press.de/support/ 9783866452367* oder unter *http://msp.oreilly.de/support/2412/793* eine ausführliche Linkliste, die Sie auf Ihren Rechner herunterladen können. In dieser Liste sind sämtliche Links aufgeführt, die in diesem Buch angeben sind, und Sie können so per einfachem Klick die Software bzw. jeweiligen Informationen bequem herunterladen, ohne lange Links eintippen zu müssen.

Teil A
Grundlagen & Einstieg

Kapitel 1

Anforderungen und Windows-Varianten

Hardwareanforderungen an Windows

Neue Rechner werden wohl mit Windows 8.1 ausgeliefert. Es wird sicherlich aber einige Nutzer geben, die sich mit einem Upgrade von älteren Windows-Versionen auf Windows 8.1 befassen. In den nachfolgenden Abschnitten geht es um die Frage, wie Windows ausgeliefert wird und welche Hardwarevoraussetzungen zur Installation erforderlich sind.

Systemvoraussetzungen

Die gute Nachricht zuerst: Microsoft hatte bereits bei der Entwicklung von Windows 8 versprochen, dass dieses auch auf Geräten läuft, die für Windows 7 angeschafft wurden. Und Windows 8.1 besitzt praktisch die gleichen Hardwareanforderungen:

- **Prozessor**   Das System sollte mindestens mit einem 1-GHz-Prozessor (32 oder 64 Bit) oder besser ausgestattet sein. Auf gängigen Atomprozessoren mit einer Prozessorgeschwindigkeit von 1,6 GHz lässt sich bereits arbeiten.

   Wichtig ist jedoch, dass die CPU über den SSE2-Befehlssatz und eine PAE/NX-Unterstützung verfügt. Bei älteren CPUs (z.B. Celeron und Pentium M) wird die Installation daher scheitern (*http://www.borncity.com/blog/2012/06/06/windows-8-cpu-kompatibilitätsprobleme/* [Ms240-K01-01]). In der 64-Bit-Variante benötigt Windows 8.1 zudem die CPU-Funktionen CMPXCHG16b, PrefetchW und LAHF/SAHF. Fehlt diese Unterstützung, bricht das Setupprogramm nach dem Neustart mit dem Stoppfehler 0x000000C4 ab.

- **Arbeitsspeicher**   Microsoft gibt den Mindestspeicher mit 1 GB für die 32-Bit-Version und mit 2 GB für 64-Bit-Systeme an. Ein größerer Hauptspeicherausbau verbessert aber die Leistung merklich. 64-Bit-Windows-Installationen sind erst ab mindestens 4 GB-Arbeitsspeicher sinnvoll. Werden die Mindestanforderungen unterschritten, startet das Betriebssystem nicht mehr.

- **DVD-Laufwerk**   Zur Installation sollte ein DVD-Laufwerk vorhanden sein. Für Net- und Ultrabooks oder Tablet-PCs wird aber auch eine Installation mittels USB-Sticks unterstützt. Auf die Details und Besonderheiten der verschiedenen Installationsvarianten gehe ich in Kapitel 32 ein.

- **Festplatte**   Zur Installation der 32-Bit-Version werden mindestens 16 GB (20 GB bei 64-Bit-Systemen) freie Kapazität benötigt. In der Praxis empfiehlt es sich aber, dass das Systemlaufwerk mindestens 40 bis 60 GB an minimalem freien Speicher aufweisen sollte. Dann lassen sich nicht nur Anwendungsprogramme und Apps, sondern auch größere Datenbestände (z.B. Videos) speichern. Die auf einem USB-Datenträger installierbare Windows To Go-Variante wird nur in Windows 8.1 Enterprise (nur in Unternehmensumgebungen verfügbar) unterstützt.

- **Grafikkarte**   Es muss eine DirectX-9.0c-fähige Grafikkarte mit minimal WDDM 1.0-Treiberunterstützung vorhanden sein. Gängige Grafikkarten mit mindestens 128 MB RAM sollten ausreichend sein. Optimal ist es, wenn die Grafikkarte DirectX 11.1-fähig ist.

   Zur Drahtlosübertragung des Bildschirms zu einem TV-Gerät mittels des Miracast-Standards ist eine Wi-Fi Direct-fähige Hardware erforderlich. So ist mindestens ein WDDM 1.3-Treiber für die Grafikkarte sowie eine NDIS 6.3-Unterstützung durch den WLAN-Adapter Grundvoraussetzung.

- **Bildschirmauflösung**   Windows 8.1 läuft (wie Windows 8) auf Geräten ab einer Mindestauflösung von 1.024 × 600 Pixel, wobei das Bildverhältnis optimal 16:9 betragen sollte. Zum Starten von Apps über die neue Oberfläche ist eine Mindestauflösung von 1.024 × 768 Pixel erforderlich. Microsoft empfiehlt zum bestmöglichen Arbeiten eine minimale Auflösung von 1.366 × 768 Pixel.

Im Gegensatz zu Windows 8 lassen sich in Windows 8.1 aber ab der Mindestauflösung von 1.024 × 768 Pixel zwei (App-)Fenster im Dockmodus (Snap-View) nebeneinander auf dem Bildschirm anordnen.

Windows 8.1 unterstützt zum optimalen Arbeiten zudem mehrere Bildschirme, ist aber stark auf eine Fingerbedienung per Touchscreen ausgerichtet. Eine Bedienung per Tastatur und Maus ist trotzdem möglich. Zudem gibt es spezielle Touchpads an Notebooks, die eine Windows-Gestensteuerung unterstützen.

HINWEIS   Achten Sie beim Kauf von Peripheriegeräten auf jeden Fall darauf, dass deren Treiber auf Windows 8 bzw. Windows 8.1 abgestimmt oder mindestens kompatibel zu Windows 7 sind. Speziell die WIA-Treiber für Scanner benötigen unbedingt eine Variante, die mindestens mit Windows Vista (besser mit Windows 7) kompatibel ist. Für die 64-Bit-Version von Windows 8/ 8.1 ist es wichtig, dass entsprechende 64-Bit-Treiber des Herstellers angeboten werden. Ein neuer Windows-Rechner sollte für Windows 8.1 zertifiziert sein.

Mindestanforderungen für Tablet-PCs

Beim Kauf eines Tablet-PCs sollte dieser eine Zertifizierung für Windows 8 oder Windows 8.1 aufweisen. Grundsätzlich lassen sich auch Tablet-PCs mit Windows 7, die die obigen Mindestanforderungen erfüllen, zur Installation von Windows 8 und zum Upgrade auf Windows 8.1 verwenden. Die für Windows 8/8.1 zertifizierten Geräte erfüllen aber weitere von Microsoft aufgestellte Anforderungen.

Ein zertifiziertes Gerät verfügt über mindestens fünf mechanische Tasten. Neben dem Ein-/Ausschalter ist eine Taste zum Aktivieren/Deaktivieren der Rotationssperre vorgeschrieben. Hinzu kommen die [⊞]-Taste sowie zwei Tasten zum Erhöhen/Reduzieren der Lautstärke.

Das gleichzeitige Drücken der Einschalttaste und der [⊞]-Taste emuliert bei Tablet-PCs ohne angeschlossene mechanische Tastatur die Tastenkombination [Strg]+[Alt]+[Entf]. Der Touchscreen muss mindestens fünf Berührungspunkte erkennen, um Multitouchgesten mit mehreren Fingern zu unterstützen. Für Windows 8.1 gilt nur noch die Mindestbildschirmauflösung von 1.024 × 768 Pixel (die für Windows 8 geltende Mindestauflösung von 1.366 × 768 Pixel ist entfallen).

ACHTUNG   Falls Sie sich mit dem Gedanken beschäftigen, einen Windows 8.1-Tablet-PC im »Eigenbau« aufzusetzen: Gängige Tablet-PCs basieren auf ARM-Prozessoren, lassen sich also nicht für Windows 8/8.1 einsetzen. Windows RT wird nur an Hersteller von Tablet-PCs, nicht aber an Endkunden abgegeben. Selbst bei Tablet-PCs mit Intel- oder AMD-Prozessoren gibt es im Low-End-Bereich das Problem der Bildschirmauflösung von 1.024 x 600 Pixel. Diese Geräte sind für die Ausführung von Apps ungeeignet.

Ein zertifizierter Windows 8-Tablet-PC unterstützt USB 2.0, WLAN und Bluetooth 4.0 LE (Low Energy). Zudem ist die Unterstützung der xHCI SuperSpeed USB-3.0-Schnittstelle gefordert (sobald diese Komponenten verfügbar sind).

Statt eines BIOS schreibt Microsoft UEFI 2.3.1 mit Secure-Boot-Funktion (für Geräte mit ARM-Prozessoren) zwingend vor. Weiterhin werden eine Grafikeinheit, die Direct3D 10 unterstützt, eine Webkamera mit einer 720p-Auflösung sowie ein Beschleunigungssensor zur Zertifizierung vorausgesetzt.

Ist eine schnelle Mobilfunkverbindung vorhanden, fordert Microsoft die Unterstützung für Assisted GPS (A-GPS). Sofern das Gerät die Near Field Communication (NFC, Standard zum kontaktlosen Datenaustausch) verwendet, muss der Tablet-PC die Position des Sensors per Markierung anzeigen. Zudem ist für Tablet-PCs mit Windows 8 bzw. Windows 8.1 zwingend ein zusätzlicher freier Speicherplatz von mindestens 10 GB nach der Installation des Betriebssystems gefordert.

Windows 8/8.1 unterstützt außerdem einen Neun-Achsen-Kombinationssensor, der in neuen Tablet-PCs vorhanden sein soll. Dieser ermöglicht es Apps, sowohl Lageinformationen als auch die Ausrichtung am Erdmagnetfeld sowie Beschleunigungsinformationen auszuwerten.

Neben einer aktiven Helligkeitsregelung der Hintergrundbeleuchtung des Displays gibt es auch die Vorgabe, dass bei ARM-Geräten mit Windows RT die Oberflächentemperatur 38 Grad nicht übersteigen darf.

HINWEIS   Einige Hinweise zu den Tablet-PC-Spezifikationen habe ich unter *http://www.borncity.com/blog/2012/01/25/sensoruntersttzung-in-windows-8/* [Ms240-K01-02] und unter *http://www.borncity.com/blog/2012/05/31/neue-anforderungen-fr-die-windows-8-logo-zertifizierung/* [Ms240-K01-03] veröffentlicht.

Welche Windows-Varianten gibt es?

Nachfolgend finden Sie einen kurzen Überblick zu den verschiedenen Varianten von Windows 8.1. Zusätzlich wird auch die Frage behandelt, ob Sie ein 32- oder vielleicht besser ein 64-Bit-Betriebssystem installieren und nutzen sollten.

32 Bit oder 64 Bit?

Windows 8.1 gibt es sowohl in einer 32-Bit- als auch in einer 64-Bit-Version. Die 32-Bit-Variante ist vor allem für leistungsschwächere Rechner und Tablet-PCs, die nur über 1 GB Arbeitsspeicher verfügen, von Interesse. Zudem ist die Verwendung der 32-Bit-Version dann anzuraten, wenn für ältere Hardware keine signierten 64-Bit-Treiber angeboten werden.

Die 64-Bit-Versionen laufen nur auf Rechnern, die mit entsprechenden 64-Bit-Prozessoren ausgestattet sind. Diese Windows-Variante unterstützt auch mehr als 4 GB Arbeitsspeicher. Bei der 32-Bit-Version lassen sich von den maximal möglichen 4 GB Arbeitsspeicher nur zwischen 2,8 bis 3,7 GB durch Windows verwenden. Der restliche Adressbereich wird vom BIOS für den Zugriff auf die Peripherie (Ein-/Ausgabekomponenten, Controller, Grafikspeicher) reserviert.

Ein 32-Bit-Windows ermöglicht zudem (nach einer entsprechenden Aktivierung), auch noch ältere 16-Bit-Programme auszuführen. Die 64-Bit-Version von Windows 8 kann dagegen nur 32- und 64-Bit-Programme ausführen.

Plattformvarianten

Windows 8/8.1 steht nicht nur für Rechner mit x86-/x64-Architektur (Intel-Plattform) zur Verfügung. Microsoft hat auch eine Windows-Variante unter dem Namen Windows RT für die ARM-Plattform entwickelt. Entsprechend gibt es für diese Plattform auch eine Version mit der Bezeichnung Windows RT 8.1. Besitzer eines Windows RT-Geräts können dieses kostenfrei auf Windows RT 8.1 aktualisieren. Windows RT 8.1 ist ausschließlich von den Herstellern entsprechender Geräte vorinstalliert erhältlich.

ACHTUNG   Funktional unterscheidet sich Windows RT von den für Intel- und AMD-Systeme erhältlichen Windows 8/8.1-Varianten u.a. dadurch, dass nur einige von Microsoft für ARM entwickelte Windows-Anwendungen wie der Explorer, der Internet Explorer oder Systemtools darauf laufen. Bei den Windows RT-Varianten gibt Microsoft Office 2013 RT mit dazu. Bei Windows 8.1 wird Microsoft Office 2013 Home & Student nur von einigen Herstellern als Paket mit ausgeliefert. Windows-Anwendungen von Fremdanbietern können auf ARM-Plattformen nicht ausgeführt werden. Geräte auf Basis der ARM-Plattform und Windows RT sind daher auf Apps aus dem Windows Store angewiesen.

Welche Versionen (SKUs) wird es geben?

Das Kürzel SKU steht für Stock Keeping Units, also Handelsversionen. Microsoft bietet folgende SKUs von Windows 8.1 an:

- **Windows 8.1**   Die (Basis-)Version für private Anwender – auch als Windows 8.1 Core bezeichnet – die auf den meisten Rechnern vorinstalliert ist

- **Windows 8.1 Pro**   Die Version für den Business-Einsatz, die auch erforderlich ist, um das Windows Media Center-Add-On zu installieren

- **Windows 8.1 Enterprise Edition**   Nur für Geschäftskunden mit Software-Assurance-Vertrag

Die obigen Windows-Varianten sind dabei als 32- oder 64-Bit-Version erhältlich, wobei es Windows 8.1 Enterprise nur für Firmen mit einem Software-Assurance-Vertrag von Microsoft gibt. Windows 8.1 Core und Windows 8.1 Pro können über den regulären Handel und im Webshop von Microsoft als Downloadversionen bezogen werden.

HINWEIS   Neben Windows 8.1 Enterprise Edition ist von Microsoft auch Windows 8.1 Pro im Rahmen eines Software-Assurance-Vertrags als Volumenlizenz erhältlich. Microsoft bietet solche Verträge für Geschäftskunden ab fünf PCs an. Diese Thematik wird im Buch aber nicht weiter behandelt. Die ARM-Edition Windows RT 8.1 wird hier nicht aufgeführt, da diese nur über OEM-Anbieter von Geräten erhältlich ist.

Was ist beim Upgrade von Windows 8.1 zu beachten?

Microsoft bietet allen Besitzern von Windows 8-Systemen ein kostenloses Upgrade auf Windows 8.1 per Windows Store an. Wer in den Besitz einer Windows 8.1-Installations-DVD gelangt, kann das Upgrade auch über diesen Datenträger vornehmen. In diesem Fall wird jedoch ein Windows 8.1-Produktschlüssel zum Upgrade benötigt.

Bevor Sie das kostenlose Upgrade vornehmen, vergewissern Sie sich, dass die Hardware des Gerätes zu Windows 8.1 kompatibel ist und die benötigten Treiber vorliegen. Wichtig ist auch: Sie können ein 32-Bit-Windows 8 nur auf eine 32-Bit-Version von Windows 8.1 aktualisieren. Bei einer 64-Bit-Version gilt das sinngemäß.

HINWEIS   Mit einer Installations-DVD können auch Systeme mit Windows XP, Windows Vista oder Windows 7 auf Windows 8.1 aktualisiert werden. Voraussetzung ist allerdings, dass die Hardware die Mindestvoraussetzungen erfüllt. Der Upgrade-Vorgang läuft dann aber quasi auf eine Neuinstallation hinaus, da bestenfalls die Benutzerdateien übernommen werden.

TIPP   Möglicherweise ist es günstiger, ein älteres Windows-System erst auf Windows 8 Pro und dann kostenlos auf Windows 8.1 upzugraden. Beim Schreiben dieses Manuskripts gab es im Handel (z.B. Amazon) immer noch Windows 8 Pro-Upgrade-Pakete samt 32-/64-Bit-Datenträger zu einem sehr günstigen Preis. Welche Upgrade-Pfade es von früheren Windows-Versionen auf Windows 8 gibt und was dabei zu beachten ist, habe ich unter *http://www.borncity.com/blog/2012/06/28/microsoft-verrt-upgrade-pfade-fr-windows-8/* [Ms240-K01-04] zusammengestellt. Einige Hinweise zum Upgrade von Windows 8 gibt es in Kapitel 32.

Wie unterscheiden sich die Windows-Varianten?

Die von Microsoft angebotenen Windows 8x-Varianten unterscheiden sich im bereitgestellten Funktions-umfang und in den Vertriebswegen. Während Windows 8/8.1 und Windows 8/8.1 Pro für Privatanwender im Direktvertrieb oder im Handel erhältlich sind, wird Windows RT 8.1 nur an Gerätehersteller zur Vorins-tallation auf ARM-Geräten abgegeben. Die Enterprise-Variante steht in Form von Volumenlizenzen für Unternehmenskunden mit Software-Assurance-Vertrag zur Verfügung. Eine Übersicht der verschiedenen Windows-Features, die von den unterschiedlichen Windows 8-Varianten unterstützt werden, finden Sie in meinem Blog unter *http://www.borncity.com/blog/2012/04/19/windows-8-details-zur-enterprise-variante/comment-page-1/#comment-13049* [Ms240-K01-05]. Diese Übersicht lässt sich auch für Windows 8.1 heran-ziehen.

HINWEIS   Auch von Windows 8.1 wird es spezielle N-Varianten geben, bei denen der Windows Media Player entfernt wurde. Diese Varianten wurden aufgrund von Wettbewerbsbeschwerden von der EU gefordert. Bei einer solchen N-Variante kön-nen die Musik- und Video-Apps ebenfalls keine Audio- und Videodateien wiedergeben.

UEFI-Unterstützung und Secure Boot

Eine der bei Windows eingesetzten Technologien ist das Unified Extensible Firmware Interface (UEFI). Die-ses Interface stellt die Schnittstelle für das Betriebssystem zum Zugriff auf die Hardware bereit und löst das bisher bei Windows-Rechnern verwendete Basic Input Output System (BIOS) ab. Beachten Sie, dass UEFI nur in den 64-Bit-Versionen von Windows unterstützt wird. Sofern eine 32-Bit-Version benötigt wird, lässt sich bei den meisten UEFI-Systemen ein BIOS-Kompatibilitätsmodus einschalten.

Die UEFI 2.3.1-Spezifikation ermöglicht einen Secure-Boot-Modus, bei dem die Firmware den Bootlader bzw. den Betriebssystem-Startcode auf gültige Sicherheitszertifikate überprüfen kann. Nur wenn die Start-dateien des Betriebssystems entsprechend signiert sind, wird das System gebootet. Damit soll verhindert werden, dass sich Schadsoftware (z.B. Rootkits) im Bootprozess einnistet.

HINWEIS   Im Windows 8-Entwickler-Blog sind unter *http://blogs.msdn.com/b/b8_de/archive/2011/09/26/sch-252-tzen-der-vor-betriebssystemumgebung-mit-uefi.aspx* [Ms240-K01-06] einige Informationen rund um den sicheren Start veröffentlicht. Diese gelten auch unter Windows 8.1.

Kapitel 2

Anmelden, Abmelden und Herunterfahren

In diesem Kapitel:

Wissen zur Windows-Anmeldung

Windows sollte (auch aus Sicherheitsgründen) so eingerichtet sein, dass eine Anmeldung an einem Benutzerkonto mittels Kennwort für jeden Benutzer erforderlich ist.

Benutzerkonten – das sollten Sie wissen

Windows arbeitet mit sogenannten Benutzerkonten, die einzelne Benutzer des Computers voneinander trennen, sodass diese sich nicht gegenseitig beeinflussen oder stören. Jedes Benutzerkonto kann eigene Einstellungen auf der Windows-Oberfläche aufweisen und erhält auch eigene Profilordner für Dateien. Der Typ des Benutzerkontos legt fest, was ein Anwender unter Windows alles tun darf. Windows 8.1 unterstützt die folgenden Kontotypen:

- **Administrator**   Die sogenannten Administratorkonten sind für Personen vorgesehen, die einen Computer verwalten und auch neue Programme oder Geräte auf dem Computer einrichten dürfen. Diese Konten sollten aus Sicherheitsgründen keinesfalls zum normalen Arbeiten (Surfen im Internet etc.) benutzt werden.

- **Standardbenutzer**   Für jeden Benutzer des Rechners sollte ein Standardbenutzerkonto zum Arbeiten vorhanden sein. Windows sperrt für diese Konten den Zugriff auf Systemfunktionen, die Installation/Deinstallation von Treibern und Programmen sowie die Anpassung globaler Systemeinstellungen. Dies verhindert auch, dass sich Schadprogramme (bzw. Installationen ohne Zustimmung des Administrators) unter Windows einnisten können.

- **Kind**   Es gibt noch eine spezielle Variante eines Standardbenutzers, die in der Kategorie »Kind« läuft. Diese Variante wird zur Kontrolle eines Benutzerkontos über die Family Safety-Optionen benötigt (siehe Kapitel 22).

Bei der Installation wird nur ein Administratorkonto eingerichtet. Es empfiehlt sich aber, für jeden Benutzer des Computers ein eigenes Standardbenutzerkonto anzulegen. Die Benutzerkonten sind zudem aus Sicherheitsgründen mit einem Kennwortschutz zu versehen.

Seit Windows 8 gibt es noch eine Neuerung bezüglich der Benutzerkonten; es wird zwischen lokalen Konten und Microsoft-Konten unterschieden:

- **Lokales Benutzerkonto**   Diese Konten entsprechen den Benutzerkonten früherer Windows-Versionen und werden lokal auf dem Computer als Standard- oder Administratorkonto geführt. Es lassen sich Windows-Anwendungen und ggf. Apps ausführen. Allerdings ist kein Zugriff auf den Windows Store zum Bezug weiterer Apps möglich. Weiterhin erfordern viele Apps die Zuordnung eines Microsoft-Kontos, um Onlinefunktionen nutzen zu können.

- **Microsoft-Konto**   Dieser Kontotyp verknüpft das lokale Benutzerkonto mit einem Live-ID-Konto (als Microsoft-Konto bezeichnet). Diese Verknüpfung ermöglicht den Zugriff auf den Windows Store, sodass sich Apps, aber auch andere Inhalte wie Musik oder Videos beziehen lassen. Zudem bietet ein Microsoft-Konto die Möglichkeit zum Zugriff auf Clouddienste, um z.B. den Computer mit anderen Rechnern zu synchronisieren.

Das Synchronisieren des Computers über ein Microsoft-Konto umfasst sowohl den Austausch von Benutzereinstellungen als auch beispielsweise die Synchronisation von Fotos über das SkyDrive-Laufwerk.

HINWEIS In Windows 8.1 gibt es zudem noch eine Microsoft-Kontenvariante, die der Gruppe *Kind* zugeordnet ist. Diese Variante wird beim Einsatz des Family Safety-Filters benötigt. Zum Arbeiten ist nicht zwingend ein Microsoft-Konto erforderlich. Ich richte mir meist lokale Benutzerkonten ein und gebe beim Zugriff auf den Windows Store, oder wenn Apps dies erfordern, die Zugangsdaten meines Microsoft-Kontos an. Nur wer eine Synchronisierung der Einstellungen benötigt, muss mit einem Microsoft-Konto arbeiten. Pro Microsoft-Konto lassen sich nur fünf Windows-Systeme verwalten. Die Verwaltung von Benutzerkonten durch Administratoren ist in Kapitel 29 beschrieben.

Microsoft bezeichnet Windows-Anwendungen zwischenzeitlich als Desktop-Apps, während die Apps aus dem Windows Store (früher auch Metro-Apps genannt) jetzt unter dem Begriff Windows 8-Apps fungieren. In diesem Buch werden die Begriffe »Windows-Anwendung« für Programme und schlicht »Apps« für die Windows 8-Apps verwendet.

Anmeldung an Windows

Nach dem Start zeigt Windows einen Sperrbildschirm (Abbildung 2.1), der sich per Finger oder Maus nach oben wegschieben lässt. Schneller geht es bei Desktopsystemen, wenn Sie eine beliebige Taste auf der Tastatur drücken. Daraufhin verschwindet der Sperrbildschirm ebenfalls.

- Je nach Betriebszustand zeigt Windows die eingerichteten Benutzerkonten (Abbildung 2.1) oder das Symbol des zuletzt bei der Anmeldung verwendeten Benutzerkontos (Abbildung 2.3) an

- Verwenden Sie die *Zurück*-Schaltfläche (Kreis mit Pfeil nach links), um von der Anmeldeseite des Einzelkontos (Abbildung 2.3) zur Kontenübersicht (Abbildung 2.2) zurückzugehen

- Wird die Liste der Benutzerkonten angezeigt, lässt sich ein Benutzerkonto (z.B. per Mausklick oder durch Antippen mit dem Finger) auswählen

Auf der Anmeldeseite des Benutzerkontos (Abbildung 2.3) tippen Sie anschließend das Kennwort im angezeigten Textfeld ein:

- Bei einem System mit Maus und Tastatur klicken Sie in das Textfeld, tippen das Kennwort für das Benutzerkonto ein und drücken die ⏎-Taste

- Bei Systemen mit Touchscreen berühren Sie das Textfeld mit dem Finger, warten kurz, bis die Bildschirmtastatur erscheint, und tippen das Kennwort über diese Tastatur ein. Zum Abschluss tippen Sie entweder auf die ⏎-Taste oder auf den Pfeil am rechten Rand des Textfelds.

Bei korrekter Eingabe des Benutzerkennworts erfolgt die Anmeldung an Windows und Sie gelangen zur Startseite (siehe auch das folgende Kapitel). Achten Sie darauf, dass Sie das zum Benutzerkonto passende Kennwort verwenden, und bedenken Sie, dass Windows zwischen Groß-/Kleinschreibung unterscheidet.

Abbildung 2.1   Windows-Sperrbildschirm

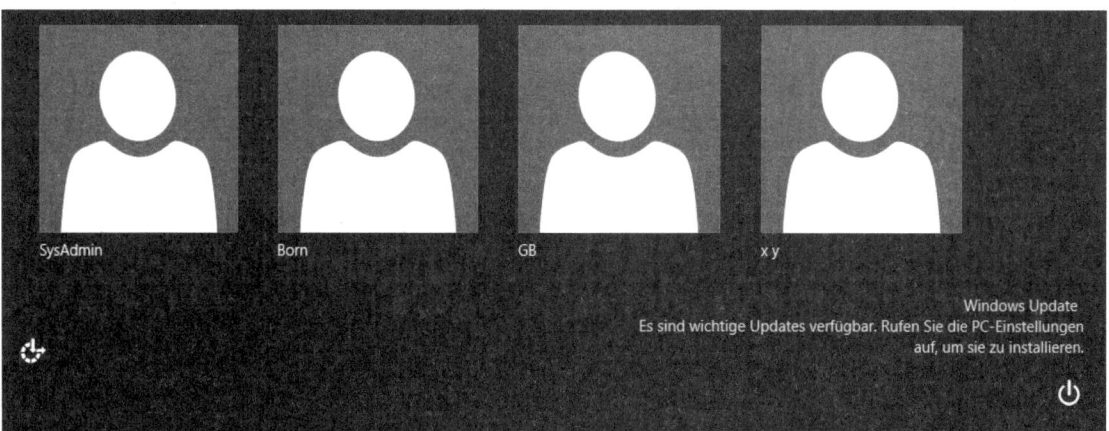

Abbildung 2.2   Anmeldeseite mit Benutzerkonten

TIPP   Gerade bei Bildschirmtastaturen kommen Fehleingaben des Benutzerkennworts schnell vor. Windows ersetzt Kennworteingaben im zugehörigen Kennwortfeld aber durch Punkte. Solange Sie ein Kennwort im Textfeld eintippen, wird am rechten Rand des Felds ein stilisiertes Auge eingeblendet (Abbildung 2.3, Einblendung Vordergrund). Klicken oder tippen Sie auf dieses Auge (und halten die Maustaste gedrückt bzw. den Finger auf dem Bildschirm), zeigt Windows das eingegebene Kennwort im Klartext an.

Abbildung 2.3   Feld zur Kennworteingabe

HINWEIS   Die genauen Anmeldemodalitäten hängen von der Konfiguration der Benutzerkonten ab. Existiert nur ein lokales Benutzerkonto ohne Kennwort, reicht ein Mausklick auf das Kontensymbol der Anmeldeseite zur Anmeldung. Wurde ein Kennwort für dieses Konto vergeben, zeigt Windows in der Anmeldeseite bereits das Textfeld zur Kennworteingabe an – das Anklicken des Kontensymbols ist also überflüssig. Sind mehrere kennwortgeschützte Konten eingerichtet, erfolgt die Anmeldung mit den obigen Schritten.

Bei einem lokalen Benutzerkonto lässt sich das Benutzerkennwort beim Einrichten des Kontos oder nachträglich über die Benutzerkontenverwaltung ändern. Falls Sie das Kennwort für ein lokales Konto vergessen haben, kann ein Administrator das Kennwort des Benutzers zurücksetzen. Besser ist es aber, eine sogenannte Kennwortrücksetzdiskette anzufertigen (siehe Kapitel 29), über die Sie das Kennwort des eigenen Benutzerkontos im Notfall zurücksetzen können.

Melden Sie sich an einem Microsoft-Konto an, gilt das Kennwort des Live-ID-Kontos. Dieses Kennwort kann nur über die Live-ID-Kontenseite *live.com* geändert werden. Falls Sie dieses Kennwort vergessen haben, verwenden Sie die für diesen Webdienst vorgesehenen Methoden zum Zurücksetzen des Kennworts. So lässt sich beispielsweise eine Mobilfunknummer für einen Rücksetzcode bei der Einrichtung des Microsoft-Kontos eingeben.

Anmeldung per PIN und über Bildcode

Bei Windows 8.1 lässt sich ein Benutzerkonto so einrichten (siehe Kapitel 29), dass bei der Anmeldung statt eines Kennworts eine PIN (persönliche Identifikationsnummer) einzugeben ist. Ist eine Anmeldung mit PIN konfiguriert, erscheint im Eingabefeld der Anmeldeseite der Hinweis »PIN« (Abbildung 2.4, Hintergrund oben).

Eine PIN besteht dabei aus mehreren Ziffern, die einzugeben sind. Die ⏎-Taste braucht dabei nicht gedrückt zu werden. Haben Sie die PIN vergessen, lässt sich der unterhalb des PIN-Felds eingeblendete Befehl *Anmeldeoptionen* anwählen. Windows zeigt dann mehrere Symbole an (Abbildung 2.4, Vordergrund unten). Über das Symbol mit dem Schlüssel wählen Sie die normale Kennworteingabe, während das Symbol des stilisierten Ziffernblocks die PIN-Eingabe im Textfeld ermöglicht. Das stilisierte Bild ermöglicht eine Anmeldung über Gesten in einem Bild.

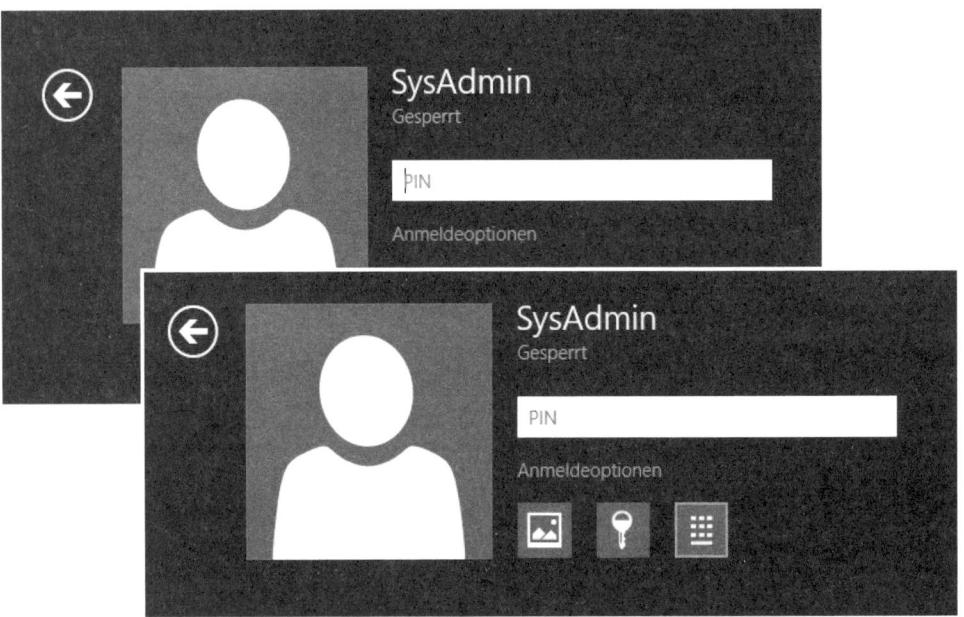

Abbildung 2.4   Anmeldung mit Anmeldeoptionen PIN, Bild und Kennwort

Abbildung 2.5   Anmeldung per Bildcode

Eine weitere nette Funktion ist die Möglichkeit zur Benutzeranmeldung über einen Bildcode. Ist das Benutzerkonto entsprechend eingerichtet (siehe Kapitel 29), erscheint bei Anwahl des Benutzerkontos statt des Textfelds die Darstellung aus Abbildung 2.5. In der linken Spalte finden sich die Informationen zum gewählten Benutzerkonto. Im rechten Teil des Fensters wird dagegen ein vom Benutzer vorgegebenes Bild eingeblendet.

In diesem Bild sind dann die beim Einrichten der Kontenanmeldung vereinbarten Gesten zur Anmeldung auszuführen. Klappt die Anmeldung über den Bildcode nicht, lässt sich in der linken Spalte auch die Schaltfläche *Zu Kennwort wechseln* anwählen. Dann kann die Anmeldung, wie auf der vorherigen Seite beschrieben, über ein Kennwort erfolgen.

Abmelden, herunterfahren, neu starten

Dieser Abschnitt zeigt, welche Funktionen es unter Windows 8.1 zum Abmelden, Herunterfahren und neu Starten gibt.

Abmelden, sperren und schneller Benutzerwechsel

Zum Abmelden vom Benutzerkonto sind nur wenige Handgriffe erforderlich. Es reicht, auf der Startseite in der rechten oberen Ecke das Symbol des Benutzerkontos – per Maus oder Finger – anzuwählen (Abbildung 2.6). Im eingeblendeten Menü lässt sich anschließend der *Abmelden*-Befehl wählen. Sie gelangen dann zur Anmeldeseite mit dem Benutzerkonto oder allen Benutzerkonten zurück.

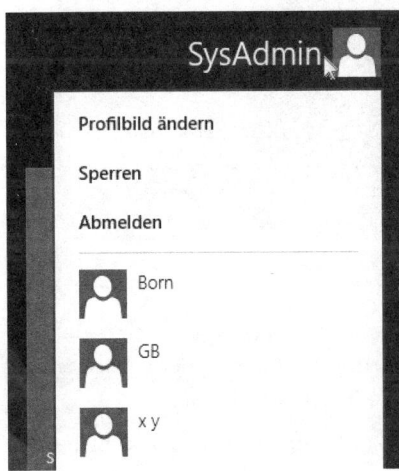

Abbildung 2.6 Menü zum Abmelden vom Benutzerkonto

Möchten Sie Ihre Arbeit mit Windows für eine Pause unterbrechen, sollten Sie sich abmelden oder den Zugang sperren. Wählen Sie den Befehl *Sperren* im Menü (Abbildung 2.6) – oder drücken Sie die Tastenkombination ⊞+L. Der Befehl meldet Sie vom Benutzerkonto ab und veranlasst die Anzeige des Sperrbildschirms. Dies verhindert den Zugriff durch Unbefugte auf das Gerät während Ihrer Abwesenheit.

Sind mehrere Benutzerkonten eingerichtet, tauchen deren Namen am unteren Rand des Menüs auf. Falls eine andere Person kurzzeitig Windows benutzen möchte und ein eigenes Benutzerkonto besitzt, kann auch der Modus zum Benutzerwechsel verwendet werden. Wählen Sie hierzu einfach den Befehl mit dem gewünschten Benutzerkonto im Menü an. Sie gelangen direkt zur Anmeldeseite für dieses Konto und können sich am betreffenden Konto anmelden, während die Anwendungen des aktuellen Benutzerkontos weiter ausgeführt werden.

HINWEIS   Der Befehl *Profilbild ändern* bringt Sie zur Seite der PC-Einstellungen, auf der sich das beim Benutzerkonto sichtbare Profilbild anpassen lässt (siehe Kapitel 29).

Die im Menü (Abbildung 2.6) aufgeführten Konteninformationen bestehen aus einem Benutzernamen und einem optionalen Bild. Solange Windows nicht aktiviert ist (Kapitel 32), lässt sich das Profilbild nicht zuweisen.

Herunterfahren und Neustart

In früheren Windows-Versionen bis Windows 7 gibt es im Startmenü eine Schaltfläche zum Herunterfahren und ein Menü mit Befehlen zum Neustart, zum Wechsel in den Ruhezustand etc. Ab Windows 8 sind die betreffenden Optionen in die Anmeldeseite bzw. in die Seitenleiste *Einstellungen* gewandert. Nachfolgend sind die Möglichkeiten zum Herunterfahren von Windows beschrieben:

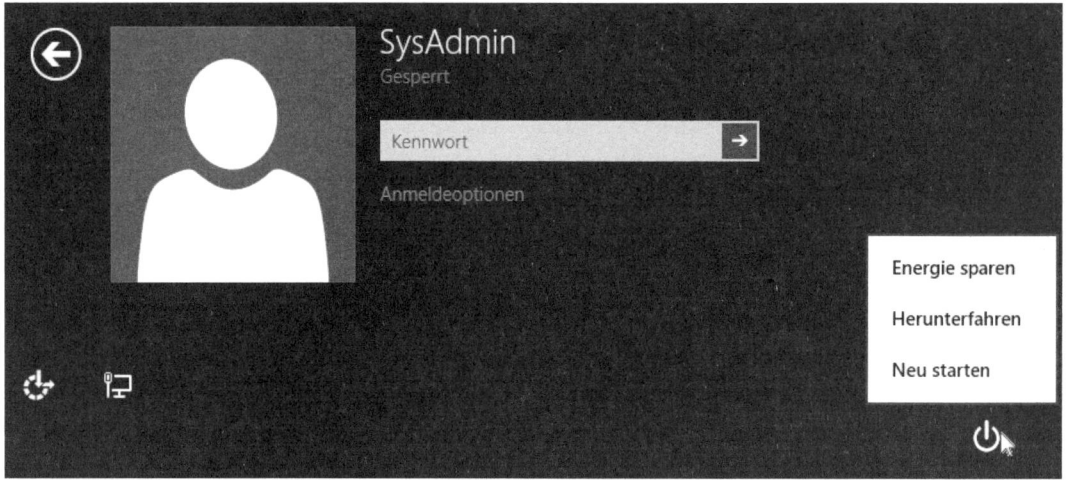

Abbildung 2.7   Die Befehle *Herunterfahren, Neu starten* und *Energie sparen*

- Standardmäßig reicht es, die Einschalttaste am Gerät kurz zu drücken, um das Herunterfahren einzuleiten. In diesem Fall wird der Rechner in den sogenannten Schnellstartmodus versetzt, der ein schnelleres Starten des Systems beim nächsten Einschalten ermöglicht (siehe den folgenden Abschnitt).

- Auf der Anmeldeseite für die Benutzerkonten bzw. für ein Benutzerkonto finden Sie in der rechten unteren Ecke des Bildschirms eine Schaltfläche. Bei deren Anwahl werden Befehle zum Herunterfahren, Neustarten, oder Wechsel in den Energiesparmodus angezeigt.

Der letzte Ansatz bedeutet für den Benutzer aber, dass er sich über die Startseite abmelden muss (siehe vorhergehende Seite). Anschließend ist der Sperrbildschirm zur Seite zu schieben und dann die Schaltfläche mit dem Menü zum Herunterfahren, Neustarten oder Energiesparen zu wählen (Abbildung 2.7). Einfacher geht es mit folgenden Schritten:

1. Drücken Sie zum Herunterfahren, Neustarten oder Wechsel in den Energiesparmodus die Tastenkombination [⊞]+[I]. Alternativ lässt sich die Charms-Leiste (z.B. per Maus in die obere rechte Desktopecke zeigen oder am Touchscreen mit dem Finger vom rechten Rand zur Bildschirmmitte wischen) am rechten Bildschirmrand einblenden und das Symbol *Einstellungen* wählen (Abbildung 2.8, rechts).

2. Windows zeigt dann die in Abbildung 2.8, links, sichtbare Seitenleiste *Einstellungen* an. Wählen Sie das Symbol *Ein/Aus* an, öffnet sich ein Menü mit Befehlen zum Herunterfahren, Neustarten oder Wechsel in den Energiesparmodus.

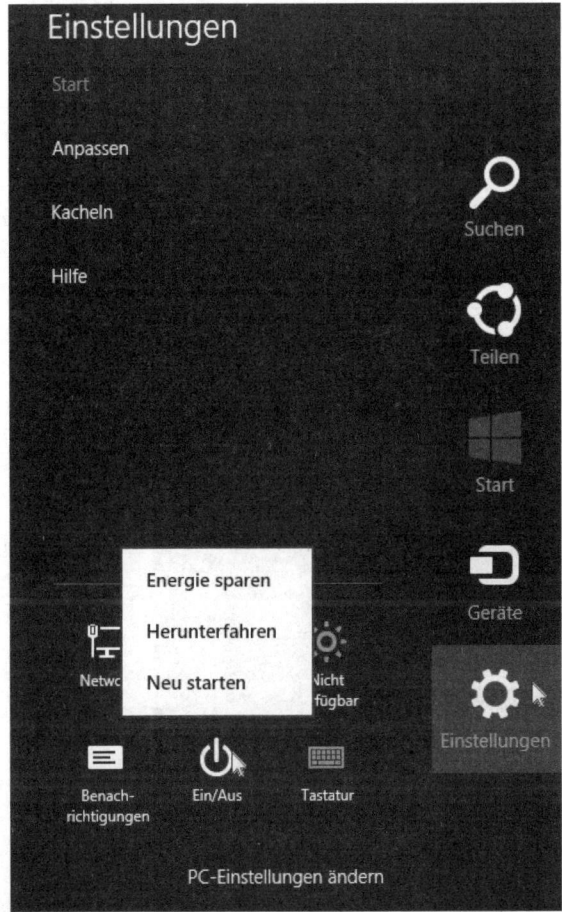

Abbildung 2.8 Weitere Möglichkeiten zum Herunterfahren, Neustarten, Energiesparen

---

TIPP Halten Sie bei Anwahl des Befehls *Neu starten* die ⇧-Taste gedrückt, startet Windows im abgesicherten Modus (die sogenannte Windows PE-Umgebung). In dieser Umgebung können Sie den PC auffrischen, die Originaleinstellung wiederherstellen, die Starthilfe aufrufen, ein Systembackup zurücklesen und mehr.

Wer mit Tastatur und Maus arbeitet, kann auch einfach die Tastenkombination `Strg`+`Alt`+`Entf` drücken. Windows blendet dann eine Seite mit den Befehlen zum Aufruf des Task-Managers, zum Sperren des Systems etc. auf dem Bildschirm ein. Dort finden Sie auch das Symbol eines Ausschalters, bei dessen Anwahl sich ebenfalls ein Menü zum Herunterfahren, Neustarten oder Wechsel in den Energiesparmodus öffnet.

Drücken Sie bei angezeigtem Windows-Desktop (es darf keine Anwendung im Vordergrund geöffnet sein) die Tastenkombination `Alt`+`F4`, erscheint ein Dialogfeld. Über dessen Listenfeld können Sie Befehle zum Herunterfahren, Neustarten, Abmelden etc. wählen und den Vorgang über die *OK*-Schaltfläche einleiten. Zudem finden Sie in dem in Kapitel 3 vorgestellten Schnellzugriffmenü Befehle zum Herunterfahren oder Neustarten.

Details zum Windows-Schnellstart

Microsoft hat ab Windows 8 einen Mechanismus zum schnelleren Start des Betriebssystems eingeführt. Der Schnellstart (Fast Startup) bewirkt, dass Windows 8 binnen weniger Sekunden nach dem Einschalten des Geräts zum Sperrbildschirm hochgefahren ist:

- Wählt der Benutzer den Befehl *Herunterfahren*, beendet Windows alle laufenden Anwendungen und meldet den Benutzer vom Benutzerkonto ab.

- Entgegen dem Verhalten in Windows-Versionen vor Windows 8 wird anschließend der Windows-Kernel in den Ruhemodus (Hibernation) versetzt.

Beim nächsten Booten wird dann der gesicherte Systemstatus (Speicherabbild, Prozessstatus) aus der Ruhezustandsdatei (*hiberfil.sys*) zurückgelesen und die Treiber werden ggf. neu initialisiert. Im Idealfall kann Windows dadurch drei bis sechs Sekunden nach dem Einschalten des Geräts hochgefahren sein.

> **TIPP**   Um Updates zu installieren oder nach einem Hardwaretausch ist eventuell ein Beenden von Windows mit Neustart des Kernels erforderlich. Dies ist in der administrativen Eingabeaufforderung (siehe Kapitel 24) mit dem Befehl *Shutdown /s /full / t 0* möglich. Stehen Updates an, die einen Neustart von Windows erfordern, wird dies auf der Update-Seite (und auf der Seite zur Benutzeranmeldung, Abbildung 2.9) angezeigt. Dann kann Windows einen Neustart ausführen, um den Kernel neu zu booten.

Abbildung 2.9   Update-Benachrichtigungen während der Anmeldung

Installiert Windows beim Herunterfahren (und ggf. beim nächsten Systemstart) Updates, werden Sie darüber auf dem Bildschirm informiert. In diesen Fällen dürfen Sie den Rechner keinesfalls ausschalten, auch wenn der Update-Vorgang einige Zeit dauern sollte.

Hinweise zum Neustart von Windows

Die Installation von Geräten oder Programmen erfordert häufig den Neustart von Windows. Einige Installationsprogramme sowie die Windows Update-Funktion bieten den automatischen Neustart des Betriebssystems an. Nicht immer möchte man diesen Neustart aber sofort ausführen, d.h., Sie können dann über Schaltflächen in den angezeigten Installationsdialogfeldern vorgeben, dass der Neustart erst später erfolgen soll.

In diesen Fällen sollen Sie gemäß den obigen Schritten den Neustart über den Befehl *Neu starten* des betreffenden Menüs (Abbildung 2.7) zu einem späteren Zeitpunkt nachholen. Daraufhin werden alle Programme beendet und Windows vollständig heruntergefahren. Danach startet Windows erneut und Sie gelangen nach dem Laden wiederum zum Sperrbildschirm.

TIPP   Speziell bei externen Geräten, die an USB-Anschlüssen betrieben werden, kann es erforderlich werden, dass Sie nach dem Herunterfahren über den Befehl *Neu starten* während des Neustarts alle Geräte (einschließlich des Computers) stromlos schalten. Erst danach kann Windows erneut durch Einschalten des Computers gestartet werden.

Energiesparmodus einschalten

Bei Notebooks und Tablet-PCs ist es hilfreich, diese im unbenutzten Zustand in den Energiesparmodus zu versetzen. Windows kann aus diesem Modus schneller starten. Gehen Sie wie beim Herunterfahren vor (siehe den Abschnitt »Herunterfahren und Neustart« weiter vorne in diesem Kapitel), wählen Sie aber den Befehl *Energie sparen* (Abbildung 2.7). Bei manchen Systemen reicht es auch, die Starttaste am Computer kurz zu drücken oder den Notebook-Deckel zuzuklappen, um in den Energiesparmodus zu wechseln.

Beim Befehl *Energie sparen* speichert Windows die Daten der Sitzung im Arbeitsspeicher und versetzt das System in einen Modus, bei dem das System sehr wenig Energie verbraucht. Wenn Sie später die Einschalttaste drücken, die Maus (das Touchpad) oder die Tastatur verwenden bzw. ein Notebook aufklappen, startet Windows erneut. Dabei wird der gesicherte Zustand der letzten Sitzung geladen, und nach einer Benutzeranmeldung können Sie weiterarbeiten.

HINWEIS   Bei der Verwendung von Peripheriegeräten wie Monitor, Drucker etc. schaltet Windows zwar den Computer, nicht aber diese Geräte aus. Verwenden Sie schaltbare Steckdosenleisten, sollten Sie den Computer im Modus *Energie sparen* nicht stromlos schalten, da dann unter Umständen die im Arbeitsspeicher vorhandenen Daten verloren gehen. Bei Notebooks sollten Sie beachten, dass der Energiesparmodus weiterhin Strom benötigt, der Akku also entladen wird. Sofern die Hardware und das BIOS eine entsprechende Unterstützung bieten, wechselt das Notebook aber bei zu niedriger Akkukapazität automatisch von *Energie sparen* in den Modus *Ruhezustand*.

Bei manchen Systemen lässt sich der Befehl *Ruhezustand* im Menü zum Herunterfahren freischalten. Blenden Sie die Charms-Leiste am rechten Rand des Bildschirms ein (siehe Kapitel 3) und klicken Sie auf das Symbol *Suchen*. Geben Sie den Suchbegriff »Netzscha« im Suchfeld ein und wählen Sie den Treffer *Netzschalterverhalten ändern*. In der angezeigten Seite wählen Sie den Hyperlink *Einige Einstellungen sind momentan nicht verfügbar* und bestätigen die Sicherheitsabfrage der Benutzerkontensteuerung. Ist am Ende der Seite ein Kontrollkästchen *Ruhezustand* wählbar. Markieren Sie dieses und schließen Sie die Seite über die *OK*-Schaltfläche.

Kapitel 3

Einstieg in die neue Bedienoberfläche

Fingerbedienung der Startseite

In diesem Abschnitt möchte ich auf die Bedienung der für Touchscreens optimierten neuen Bedienoberfläche sowie auf die Startseite von Windows 8.1 eingehen.

Die Startseite im Überblick

Nach der Benutzeranmeldung gelangen Sie zur Startseite (Abbildung 3.1), über die sich Apps, Windows-Anwendungen und Windows-Funktionen aufrufen lassen.

Abbildung 3.1   Windows-Startseite

Auf der Startseite sind die Symbole der Apps oder eingerichteter Windows-Anwendungen als Kacheln sichtbar. Die Kacheln der App-Symbole werden dabei in mehreren Symbolgruppen zusammengefasst und spaltenweise dargestellt:

- Bei einem Touchscreen lässt sich der sichtbare Ausschnitt mit den App-Symbolen durch horizontales Wischen mit dem Finger nach links oder rechts verschieben (Abbildung 3.2, rechts).

- Tippen Sie auf die Kachel eines App-Symbols (z.B. Fotos), um die zugehörige App zu öffnen.

- Wählen Sie dagegen die Kachel einer Windows-Anwendung an, wechselt die Darstellung zum Windows-Desktop, und das Anwendungsfenster des gestarteten Programms oder der Windows-Funktion (z.B. Systemsteuerung) wird geöffnet.

- Auf der Startseite gibt es zudem die Kachel *Desktop*, über die sich zum Windows-Desktop umschalten lässt.

Der Unterschied zwischen Apps und Windows-Anwendungen besteht darin, dass Letztere (wie bei früheren Windows-Versionen) in einem Fenster auf dem Windows-Desktop ausgeführt werden. Eine App startet dagegen immer im Vollbildmodus und kennt die Fensterdarstellung der Windows-Anwendungen mit Titelleiste und Schaltflächen zum Schließen, Minimieren etc. nicht.

HINWEIS   Apps sind entweder vorinstalliert oder lassen sich ausschließlich über den Windows Store nachinstallieren. Windows-Anwendungen können Sie dagegen, wie in früheren Windows-Versionen, über den jeweiligen Hersteller beziehen und das Programm auf dem Computer oder Tablet-PC installieren. Voraussetzung ist lediglich, dass das Programm mit Windows 8.1 kompatibel ist. Bei Windows RT gilt dagegen eine Besonderheit: Es lassen sich keine Windows-Anwendungen von Drittanbietern installieren. Es ist also nicht möglich, die aus der Windows-Welt bekannten Programme zu verwenden. Sie sind auf die von Microsoft vorinstallierten Windows-Anwendungen wie Explorer, Internet Explorer oder Microsoft Office 2013 RT angewiesen. Es lassen sich Apps aus dem Windows Store installieren (auf diesen Sachverhalt gehe ich in Kapitel 5 ein).

Gesten zur Fingerbedienung im Kurzüberblick

Geräte mit Touchscreen werden per Finger durch Gestensteuerung bedient. Hierzu wird ein Finger auf die Touchoberfläche aufgesetzt und eine der nachfolgend beschriebenen Bediengesten ausgeführt:

- **Tippen**   Das Antippen eines Elements (z.B. einer Kachel auf der Startseite) aktiviert das betreffende Element und besitzt die gleiche Wirkung wie das Klicken mit der linken Maustaste in früheren Windows-Versionen.

- **Finger gedrückt halten**   Wird der Finger für ein paar Sekunden auf eine Stelle gedrückt, erscheint ein transparentes Viereck und beim Loslassen sollte sich (ähnlich wie beim Rechtsklick per Maus in früheren Windows-Versionen) ein Kontextmenü öffnen.

- **Strecken, Zusammenziehen**   Hierbei werden zwei Finger auf das Display gesetzt und dann gespreizt oder zusammengezogen (Abbildung 3.2, links). Dies lässt sich zum Zoomen der Anzeige (Fotos, Webseiten etc.) verwenden.

- **Rotieren**   Zwei Finger werden auf das Display gesetzt und dann gedreht (Abbildung 3.2, Mitte). Windows setzt diese Drehbewegung um (z.B. zum Rotieren von Fotos).

- **Wischen**   Der Finger streicht (horizontal oder vertikal) über den Touchscreen (Abbildung 3.2, rechts). Dies wird zum Scrollen oder zur Bedienung von Elementen verwendet. Auf diese Weise lassen sich z.B. die Charms-Leiste oder die App-Leiste einblenden (siehe den folgenden Abschnitt).

Abbildung 3.2 Fingergesten (Quelle: Microsoft)

Die Wischbewegung entspricht dem Ziehen per Maus in früheren Windows-Versionen. Durch Ziehen lässt sich z.B. in der Startseite blättern. Oder Sie ordnen markierte Elemente auf der Startseite oder auf dem Windows-Desktop durch Ziehen neu an. In der Windows-Hilfe gibt es einen Abschnitt mit einer Einführung in die Fingerbedienung von Windows.

HINWEIS   Probleme kann es beim Upgrade älterer Touchscreengeräte auf Windows 8.1 geben. Steht der Rahmen am Bildschirmrand zu weit vor, funktionieren die nachfolgend beschriebenen Wischgesten vom Bildschirmrand zum Einblenden der Charms, der geöffneten Apps oder der App-Leiste nicht.

Bei einem Windows 8.1-konformen Tablet-PC gibt es zudem eine Windows-Taste auf der Vorderseite. Diese besitzt die Funktion der [⊞]-Taste auf der Tastatur und ermöglicht es, zwischen dem zuletzt geöffneten App-Fenster und der Startseite umzuschalten. Werden [⊞]-Taste und Ausschalttaste des Tablet-PC gleichzeitig gedrückt, entspricht dies der Wirkung der Tastenkombination [Strg]+[Alt]+[Entf].

Ein Touchpad tut es notfalls auch

Fehlt bei einem Notebook oder einem Ultrabook ein Touchscreen? Bei modernen Notebooks mit Synaptics-Touchpad wird unter Umständen die Gestensteuerung per Touchpad unterstützt (Abbildung 3.3). Dann sind die in diesem Kapitel beschriebenen Touchscreengesten auch mit dem Touchpad am Notebook einsetzbar.

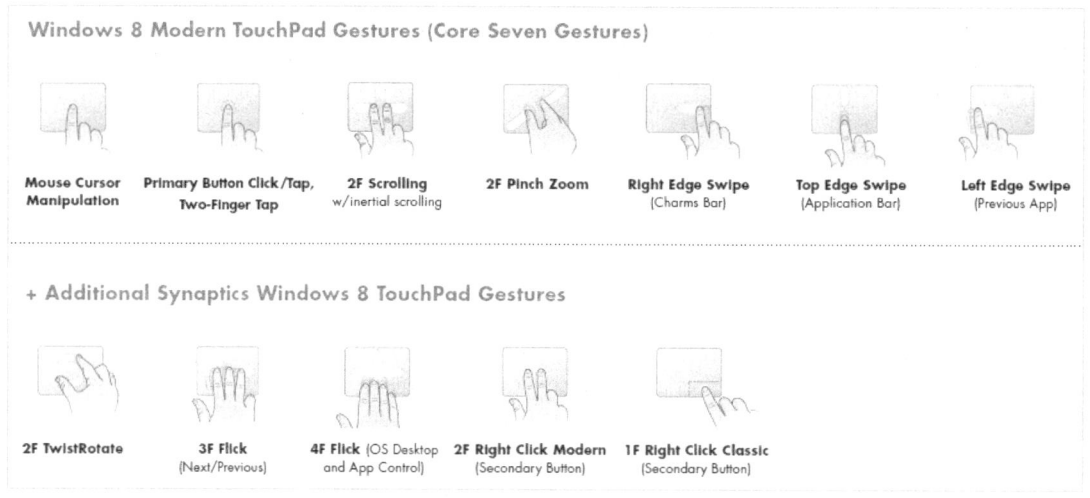

Abbildung 3.3   Gesten auf dem Touchpad (Quelle: Synaptics)

HINWEIS   Unter *http://www.borncity.com/blog/2012/06/14/windows-8-mit-trackpad-gestensteuerung/* [Ms240-K03-01] habe ich einen Beitrag zum Thema veröffentlicht. Ob Ihr Gerät diese Gesten unterstützt, sollte aus der Gerätedokumentation hervorgehen.

Die Charms-Leiste per Fingergeste einblenden

Wischen Sie mit dem Finger vom rechten Bildschirmrand zur Bildschirmmitte. Dann blendet Windows die sogenannten Charms, verschiedene Symbole, angeordnet in einer Leiste, am rechten Rand ein (Abbildung 3.4). Über die als »Charms« (englisch für Schmuckanhänger) bezeichneten Symbole können Sie auf verschiedene Funktionen zugreifen.

Abbildung 3.4 Charms-Leiste am rechten Seitenrand

- **Suchen** Ermöglicht eine Suche im aktuellen Kontext (z.B. in der Startseite).

- **Teilen** Dieses Symbol öffnet eine Seitenleiste, in der andere Apps ausgewählt werden können, um den Inhalt des aktuellen App-Fensters mit dieser App zu teilen (z.B. Webseite per E-Mail verschicken).

- **Start** Diese Schaltfläche ermöglicht es, vom Fenster einer App zur Startseite und von der Startseite zum Windows-Desktop (sofern dieser geöffnet war) umzuschalten. Auf dem Windows-Desktop schaltet dieses Symbol zur Startseite zurück.

- **Geräte** Verwenden Sie dieses Symbol, um die Ausgabe auf einen zweiten Bildschirm umzuleiten bzw. einen Drucker oder ein anderes Ausgabegerät anzuwählen.

- **Einstellungen** Dieses Symbol öffnet eine Seitenleiste, über deren Symbole und Befehle Sie Zugriff auf verschiedene Windows-Einstellungen (Systemsteuerung, WLAN, Netzwerk, Helligkeit etc.) erhalten.

Die Charms-Leiste verschwindet wieder, sobald Sie ein Symbol oder einen Punkt außerhalb der Leiste anwählen.

Wechsel zwischen Windows-Desktop und Startseite

In Windows 8.1 arbeitet der Benutzer zwar vorzugsweise mit der Startseite und den App-Fenstern. Der Windows-Desktop früherer Windows-Versionen ist aber nach wie vor vorhanden. Zum Umschalten von der Startseite zum Windows-Desktop wählen Sie die Kachel *Desktop* (Abbildung 3.5).

Abbildung 3.5 Aufruf des Windows-Desktops

Windows zeigt dann die Darstellung des Windows-Desktops an. Das Gleiche passiert, wenn Sie auf der Start-seite die Kachel einer Windows-Anwendung anwählen. Um anschließend vom Windows-Desktop zur Start-seite zurückzukehren, lässt sich die Charms-Leiste durch Wischen am rechten Rand einblenden und dann das Symbol *Start* anwählen (Abbildung 3.6).

Abbildung 3.6 *Start*-Symbol der Charms-Leiste

HINWEIS   Auf für Windows zertifizierten Tablet PCs kann die ⊞-Taste an der Vorderseite gedrückt werden, um zwi-schen dem zuletzt geöffneten App-Fenster und der Startseite umzuschalten. Zudem lernen Sie auf den folgenden Seiten weitere Möglichkeiten zum Aufruf der Startseite kennen.

Die Kachelanzeige der Startseite verkleinern

Um einen schnellen Überblick über die Kacheln der Startseite zu erhalten, lässt sich deren Darstellung ver-kleinern (Abbildung 3.7).

Setzen Sie einfach zwei Finger auf dem Touchscreen auf und ziehen Sie diese zusammen. Durch Ausführen dieser Zoombewegung schaltet Windows die Startseite zur verkleinerten Darstellung um. Durch Antippen eines freien Bereichs des Bildschirms kehrt die Anzeige der Startseite zur normal großen Kacheldarstellung zurück.

TIPP   Schieben Sie die Startseite mit dem Finger nach oben, lässt sich in Windows 8.1 zur Seite »Apps« wechseln (siehe den Abschnitt »Verwenden der Apps-Seite«). Schieben Sie diese Seite per Finger nach unten, gelangen Sie zur Kachelan-sicht der Startseite zurück.

Abbildung 3.7 Verkleinerte Kacheln der Startseite

Apps starten, verwenden und beenden

Zum Aufrufen einer App reicht das Antippen der zugehörigen Kachel auf der Startseite mit dem Finger (Abbildung 3.8). Anschließend sollte die Seite der App auf dem Bildschirm angezeigt werden.

Abbildung 3.8 Kacheln der Startseite zum Aufrufen der Apps

In Abbildung 3.9 ist das Fenster der Fotos-App zu sehen. Die Funktionen der App lassen sich dann durch Anwählen der Bedienelemente abrufen. Bei der Fotos-App kann z.B. ein Bild angewählt werden. Dann schaltet die App zur Darstellung des Inhalts der angewählten Kategorie um.

Abbildung 3.9   Fenster einer App mit eingeblendeter App-Leiste

Manche Funktionen bringen App-Entwickler aber nicht auf der App-Seite unter. Wischen Sie bei einer geöffneten Apps vom unteren Bildschirmrand nach oben zur Bildschirmmitte, blendet Windows eine Leiste am unteren (und gelegentlich zusätzlich am oberen) Rand ein. Diese App-Leiste listet kontextabhängig weitere Bedienelemente auf, über die auf Optionen oder Funktionen der App zugegriffen werden kann. In Abbildung 3.9 steht beispielsweise eine Schaltfläche zum Importieren von Fotos zur Verfügung. Sind Fotos in einer Einzelbilddarstellung geöffnet oder Bilder angewählt, enthält die App-Leiste eventuell andere Schaltflächen (z.B. zum Starten einer Diashow, zum Löschen des Fotos etc.). Welche Bedienelemente sichtbar sind, hängt von der App und vom aktuellen Kontext ab. Die App-Leiste nimmt also quasi die Funktion der Kontextmenüs in Windows-Anwendungen und auf dem Windows-Desktop ein.

HINWEIS   Natürlich lässt sich die Charms-Leiste auch durch Wischen oder per Maus am rechten Bildschirmrand einblenden, falls eine App geöffnet ist.

Vermissen Sie die Schaltfläche zum Schließen der App? In Windows 8.1 ist es nicht erforderlich, eine App zu schließen. Windows überwacht die Apps und suspendiert diese, sobald sich deren App-Seite nicht mehr im Vordergrund der Bildschirmanzeige befindet. Dadurch verbraucht die App keine Rechenleistung mehr. Wird der Arbeitsspeicher knapp, beendet Windows automatisch unbenutzte Apps und gibt deren Speicher frei. Allerdings hat Microsoft trotzdem Möglichkeiten vorgesehen, um Apps gezielt zu beenden:

1. Legt man den Finger an den oberen Bildschirmrand und zieht dann den Finger etwas nach unten, wird die aktuell geöffnete App zu einem Fenster verkleinert.

2. Belässt man den Finger weiter auf dem Touchscreen und zieht das Fenster mit der verkleinerten App zum unteren Bildschirmrand, verschwindet die App-Anzeige.

Sobald das App-Fenster am unteren Bildschirmrand verschwunden ist, wird die zugehörige App wieder geschlossen.

Wechsel zwischen mehreren Apps und Fenstern

Apps nehmen immer den gesamten Bildschirm ein. Sie können aber eine App öffnen, dann die Charms-Leiste einblenden, über das Symbol *Start* zur Startseite zurückgehen und anschließend eine zweite App aufrufen. Auf diese Weise können mehrere Apps gestartet werden. Allerdings bleibt nur das Fenster der zuletzt aufgerufenen App sichtbar.

Abbildung 3.10   Fenster einer App einblenden

Sie können aber mit dem Finger vom linken Rand zur Bildschirmmitte wischen. Dann werden Miniaturansichten der im Hintergrund laufenden Apps oder des Windows-Desktops sichtbar (Abbildung 3.10) und lassen sich zur Bildschirmmitte ziehen. Sobald der Finger vom Touchscreen abgehoben wird, schaltet Windows das betreffende App-Fenster in den Vordergrund.

Durch mehrfache Wischgesten vom linken Rand zur Bildschirmmitte lässt sich so komfortabel zwischen den Seiten der geöffneten Apps blättern. Aber es gibt noch einen zweiten Mechanismus, über den man eine Liste aller App-Fenster einblenden kann.

1. Wischen Sie per Finger vom linken Rand des Touchscreens etwas zur Bildschirmmitte, sodass die verkleinerte Darstellung der nächsten Seite erscheint.

2. Ziehen Sie die Miniaturabbildung per Finger ein Stück zur Bildschirmmitte und schieben die Miniatur gleich wieder zum linken Rand zurück.

Abbildung 3.11   Liste zum Umschalten zwischen Apps, Startseite und Desktop

Dann wird die in Abbildung 3.11 am linken Rand sichtbare Leiste eingeblendet, die Miniaturansichten aller geöffneten Apps enthält. Zudem finden Sie am unteren Rand der Leiste die Schaltfläche *Start* zum Aufrufen der Startseite. Es reicht, die Miniatur anzuwählen, um die zugehörige Darstellung auf dem Bildschirm abzurufen.

App-Fenster am Bildschirmrand andocken

Bereits in Windows 8 konnten zwei Apps nebeneinander in der Anzeige angezeigt werden. Die dort notwendige Mindestauflösung von 1.366 × 768 Pixel ist bei Windows 8.1 aber entfallen. Sie können auch bei 1.024 × 768 Pixel Bildschirmauflösung zwei App-Seiten nebeneinander darstellen (Abbildung 3.12):

1. Hierzu »fassen« Sie das Fenster einer App quasi an, indem Sie den Finger auf den oberen Desktoprand drücken.

2. Dann ziehen Sie das App-Fenster mit dem Finger etwas nach unten, bis der Kontextzoom wirksam und ein verkleinertes Fenster der App gezeigt wird.

3. Ziehen Sie das verkleinerte Symbol des Fensters zum linken oder rechten Bildschirmrand. Sobald Sie den Rand erreichen, lassen Sie das Fenster los.

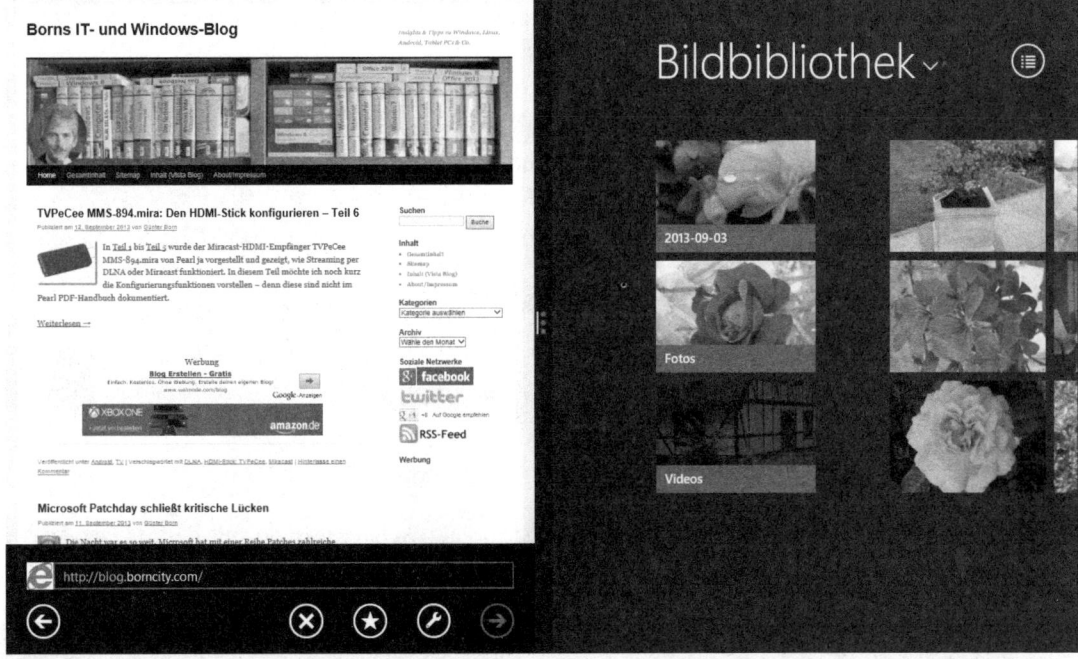

Abbildung 3.12 Zwei App-Seiten auf dem Bildschirm anzeigen

Jetzt sollten die beiden Apps nebeneinander zu sehen sein. Der vertikale Trennbalken kann bei Bedarf per Finger (an den drei Pünktchen des Teilerfelds) nach links oder rechts verschoben werden, um das schmalere Fenster am rechten oder linken Bildschirmrand anzudocken oder die geteilte Darstellung wieder aufzuheben.

HINWEIS   Ab einer Breite von 1.600 Pixel lassen sich drei Apps nebeneinander anordnen. Die bei Windows 8 vorhandene, feste Aufteilung der App-Breiten von 1/3 zu 2/3 des Bildschirms existiert bei Windows 8.1 nicht mehr. Die Breite der App-Seite lässt sich stufenlos durch Verschieben des Teilerfelds anpassen. Es lassen sich App-Seiten oder eine App-Seite und der Desktop nebeneinander anzeigen. Die Startseite kann nicht angedockt werden.

Zusammenfassung der Fingergesten

Auf Tablet-PCs oder Rechnern mit Touchscreens erfolgt die Bedienung per Finger mit den im vorherigen Abschnitt skizzierten Gesten. Hier eine Schnellübersicht der wichtigsten Techniken zur Touchbedienung:

- **Wischen vom rechten Bildschirmrand zur Bildschirmmitte**   Die Charms-Leiste am rechten Rand einblenden

- **Wischen vom linken Bildschirmrand zur Bildschirmmitte**   Das nächste (App-)Fenster aus der Taskleiste einblenden

- **Wischen vom linken Rand zur Bildschirmmitte und gleich wieder zurück**   Blendet die Taskliste mit den Miniansichten aller laufenden Apps am linken Bildschirmrand ein

- **Wischen vom unteren Bildschirmrand nach oben**   Blendet die App-Leiste für Apps am unteren oder oberen Bildschirmrand ein

- Wischen vom oberen Bildschirmrand und dann verkleinertes App-Fenster zum unteren Bildschirmrand ziehen   Die App verschwindet und wird geschlossen

- Wischen vom oberen Bildschirmrand und dann verkleinerte App-Miniatur zum linken/rechten Rand
  ziehen   Andocken der App am Bildschirmrand in der geteilten Bildschirmdarstellung (Split-View)

Beachten Sie, dass diese Gesten bei einer Mausbedienung nicht alle zur Verfügung stehen. Ich gehe in einem
separaten Abschnitt auf die betreffenden Bedienfunktionen ein.

Anpassen der Bildschirmtastatur

Bei der Touchbedienung erfolgen alle Texteingaben über die Bildschirmtastatur. In diesem Abschnitt finden
Sie einige Hinweise zur Verwendung der Bildschirmtastatur.

Eingaben per Bildschirmtastatur

Die Bildschirmtastatur wird automatisch eingeblendet, sobald Sie ein Textfeld mit dem Finger anwählen
(Abbildung 3.13).

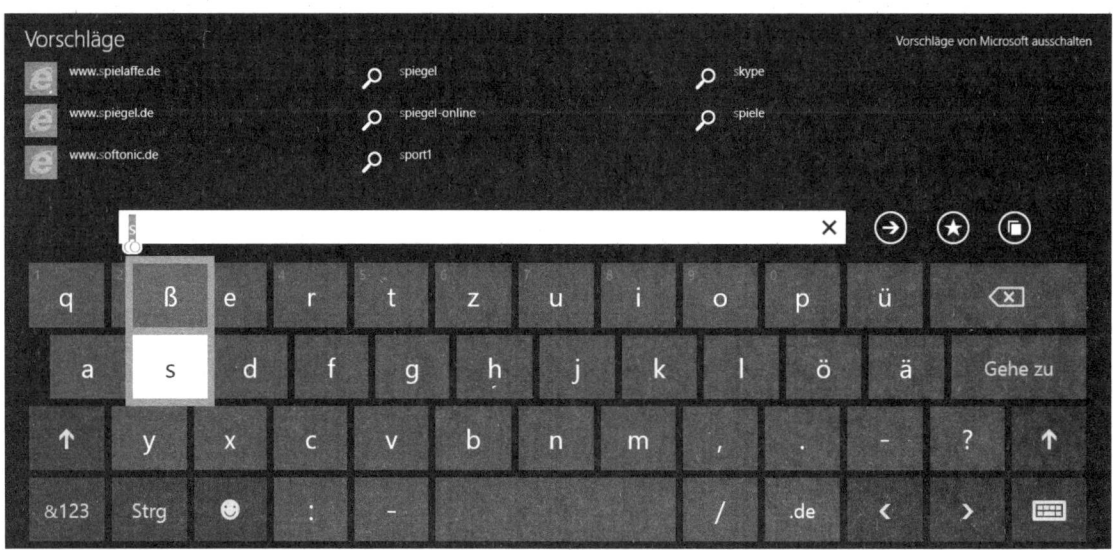

Abbildung 3.13   Bildschirmtastatur bei Apps

Über die Taste `&123` in der linken unteren Ecke kann zur Ebene der Zifferneingabe umgeschaltet werden.
Dort finden Sie auch das in E-Mail-Adressen benutzte @-Zeichen oder das Euro-Währungszeichen. Um
Sonderzeichen wie das ß einzugeben, halten Sie einfach die betreffende Taste (hier die Taste für den Buchsta-
ben s) für ein paar Sekunden gedrückt. Windows blendet dann eine erweiterte Tastenbelegung in einer
Palette im Vordergrund ein, und Sie können das Zeichen antippen.

Abbildung 3.14 Bildschirmtastatur auf dem Desktop

Ist der Windows-Desktop sichtbar, lässt sich die in Abbildung 3.14 gezeigte Bildschirmtastatur abrufen. Diese besitzt das gleiche Layout, weist in der oberen rechten Ecke aber zwei Schaltflächen auf. Über die rechte Schaltfläche *Schließen* blenden Sie die Bildschirmtastatur aus. Die links daneben befindliche Schaltfläche verankert die Bildschirmtastatur am unteren Desktoprand. Die verankerte Bildschirmtastatur reicht dann über die gesamte Breite des Bildschirms. Tippen Sie erneut auf die Schaltfläche, wird die Verankerung gelöst, und die Bildschirmtastatur kann über den oberen Rand per Maus oder Finger auf dem Windows-Desktop verschoben werden.

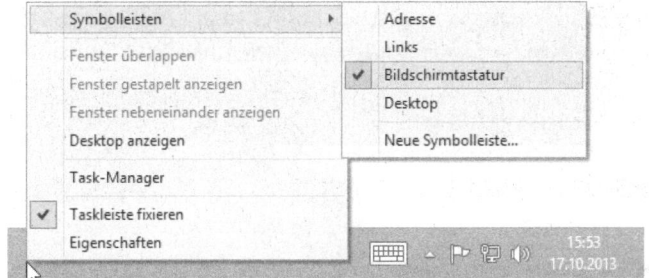

Abbildung 3.15 Symbol der Bildschirmtastatur in der Taskleiste einblenden

Auf dem Windows-Desktop wird die Bildschirmtastatur bei Anwahl eines Felds zur Texteingabe (z.B. Adressfeld des Internet Explorers) nicht automatisch eingeblendet. Ist eine Maus am System angeschlossen, klicken Sie die Taskleiste mit der rechten Maustaste an. Bei einem Touchscreen legen Sie den Finger für einige Sekunden auf die Taskleiste und lassen dann los. Im angezeigten Kontextmenü wählen Sie die Befehle *Symbolleisten/Bildschirmtastatur* (Abbildung 3.15).

Dann wird das Symbol einer stilisierten Tastatur in der Taskleiste links neben dem Infobereich sichtbar. Durch Antippen kann dann die Bildschirmtastatur eingeblendet werden und Sie können auch auf dem Windows-Desktop Texteingaben vornehmen.

Das Layout der Bildschirmtastatur anpassen

Microsoft hat der Bildschirmtastatur unterschiedliche Layouts spendiert. Neben der in Abbildung 3.13 gezeigten Tastenbelegung gibt es auch eine geteilte Darstellung (Abbildung 3.16), die sich ganz gut per Daumen bedienen lässt. Zur Umschaltung ist die Schaltfläche in der rechten unteren Ecke der Bildschirmtastatur anzuwählen.

Abbildung 3.16　Layout der Bildschirmtastatur anpassen

In der im Vordergrund eingeblendeten Palette (Abbildung 3.16, rechts) lässt sich dann über die beiden linken Symbole zwischen der normalen und der geteilten Bildschirmtastatur umschalten. Das Symbol mit dem stilisierten Stift aktiviert die Handschrifteingabe (siehe die folgende Seite), während das rechte Symbol die Bildschirmtastatur ausblendet (auf der Benutzeroberfläche manchmal ganz hilfreich).

Sind Ihnen die Tasten zu groß oder zu klein? Schalten Sie das Layout der Bildschirmtastatur gemäß den obigen Hinweisen zur geteilten Darstellung um. Dann werden rechts neben der Leertaste des linken Tastenblocks drei senkrechte Punkte angezeigt. Tippen Sie diese Punkte an, erscheint eine Palette (Abbildung 3.16, links), über die Sie die Darstellung der Tastenkappen zwischen *Klein*, *Mittel* und *Groß* umstellen können.

Abbildung 3.17　Sprachumschaltung per Bildschirmtastatur

Sind mehrere Tastatursprachen installiert, lässt sich die Tastenbelegung zusätzlich zwischen diesen Sprachen umstellen. Wählen Sie die Taste in der rechten unteren Ecke der Bildschirmtastatur, erscheint die in Abbildung 3.17 gezeigte erweiterte Palette. Im oberen Teil können Sie dann die angezeigten Sprachschemata anwählen, um das Layout umzustellen.

Wo finde ich die Alt-Taste oder Funktionstasten?

Zur Bedienung von Windows-Anwendungen werden häufig spezielle Tasten wie ⌨Alt oder ⌨F1, ⌨F2 etc. benötigt. Die Bildschirmtastatur weist diese Tasten aber nicht auf. Wer auf die genannten Tasten angewiesen ist, kann einen kleinen Trick verwenden.

1. Blenden Sie die Charms-Leiste am rechten Bildschirmrand ein und wählen Sie das Symbol *Einstellungen*.
2. Wählen Sie in der Seitenleiste *Einstellungen* den am unteren Rand sichtbaren Hyperlink *PC-Einstellungen ändern*.
3. Wählen Sie in der dann angezeigten Seite *PC-Einstellungen* den Befehl *PC und Geräte* in der linken Spalte an. Dann wählen Sie die Unterkategorie *Eingabe*.
4. Anschließend stellen Sie in der rechts daneben angezeigten Spalte (Abbildung 3.18, mittlere Spalte) in der Kategorie *Bildschirmtastatur* den Schiebeschalter *Standardtastaturlayout als Bildschirmtastaturoption hinzufügen* auf den Wert »Ein«.

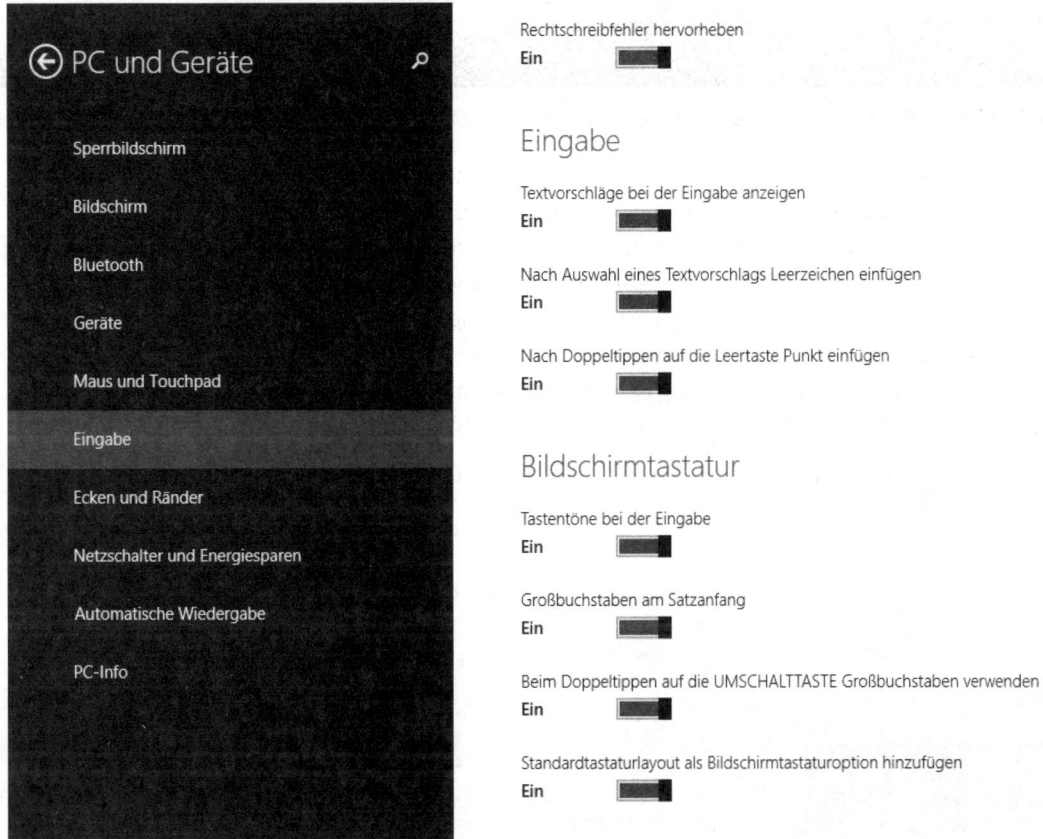

Abbildung 3.18 Standardtastaturlayout verfügbar machen

HINWEIS   In Windows 8 (der Vorgängerversion von Windows 8.1) finden Sie diese Option übrigens in der Kategorie *Allgemein* unter *Standardtastaturlayout verfügbar machen*.

Danach können Sie wieder zur Startseite, zum Windows-Desktop oder zu einer App-Seite wechseln. Wenn Sie anschließend die Bildschirmtastatur abrufen, wird diese nach wie vor das alte Layout aufweisen. Aber nun lässt sich das Layout umstellen.

5. Wählen Sie die Taste mit dem Tastatursymbol in der rechten unteren Ecke der Bildschirmtastatur.

6. Anschließend lässt sich das neue Symbol für das Standardtastaturlayout in der eingeblendeten Palette anwählen (Abbildung 3.19, Vordergrund).

Schließlich sollte das in Abbildung 3.19 im Hintergrund gezeigte Tastaturlayout sichtbar werden.

Abbildung 3.19   Bildschirmtastatur mit Standardtastaturlayout

Es sind sowohl eine ⊞ - als auch eine Alt -Taste vorhanden. Über die Fnkt -Taste lässt sich die oberste Tastenreihe zwischen einer Belegung mit Ziffern und Sonderzeichen zur Funktionstastenbelegung umschalten. Klicken Sie beispielsweise die Funktionstaste F1 auf dem Windows-Desktop an, öffnet sich das Fenster der Windows-Hilfe.

Handschrifteingabe am Touchscreen

Windows unterstützt eine Handschrifteingabe, die sich mit einem Stift bei Touchscreens ganz gut vornehmen lässt (Abbildung 3.20). Über die Handschrifterkennung werden die Stifteingaben im Eingabebereich in Schreibschrift überführt und lassen sich durch die *Einfügen*-Schaltfläche als Text in Eingabefelder übernehmen.

Abbildung 3.20   Handschrifteingabe per Stift am Touchscreen

1. Um Windows auf eine Handschrifteingabe per Stift einzustellen, blenden Sie zunächst die Bildschirmtastatur ein.

   Dies kann durch Anwahl eines Eingabefelds in einer App erfolgen. Oder Sie wählen in der Taskleiste des Windows-Desktops das Tastatursymbol.

2. Wählen Sie die Taste in der rechten unteren Ecke der Bildschirmtastatur, um die Palette mit den Tastaturlayouts einzublenden (siehe Abbildung 3.19, Vordergrund).

3. Nun wählen Sie das Tastensymbol mit dem stilisierten Stift, um zur Stifteingabe zu wechseln.

Jetzt blendet Windows den Stifteingabebereich in der Anzeige ein (Abbildung 3.21, Vordergrund unten). Neben den zwei Zeilen des Eingabebereichs für die handschriftliche Eingabe finden sich am rechten Rand noch einige Tastensymbole, um ein bereits im Eingabefeld vorhandenes Zeichen links von der Eingabemarke zu löschen oder um Tabulator- sowie Leerzeichen einzufügen bzw. die ⏎-Taste zu simulieren.

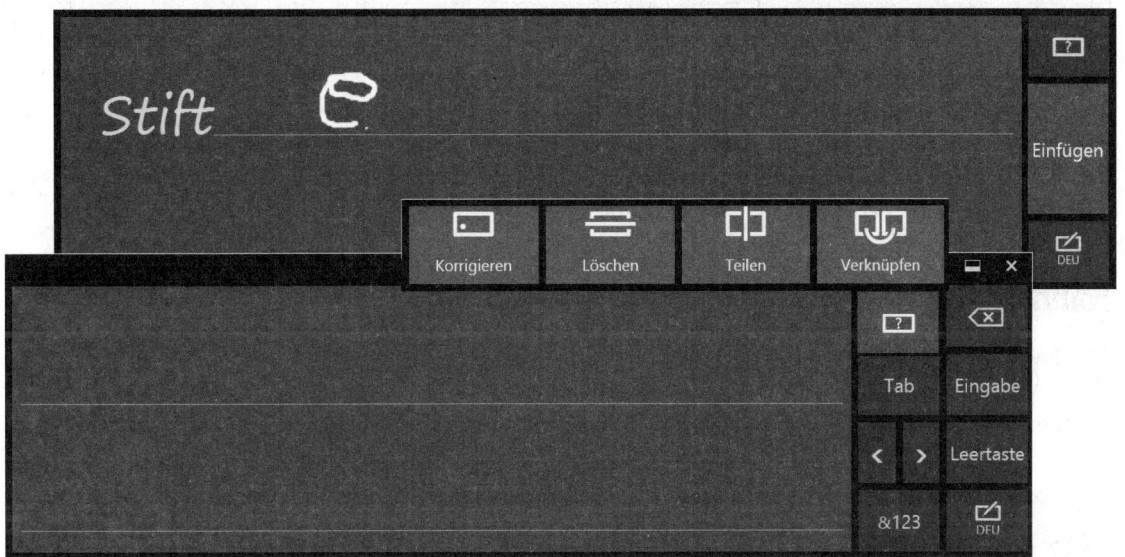

Abbildung 3.21   Handschrifteingabe vornehmen

Sobald Sie im Bereich zur Handschrifteingabe etwas mit dem Finger oder einem Stift schreiben, wird dies weiß eingeblendet. Erkennt die Handschrifteingabe diese Eingabe, wird das Ergebnis in Schreibschrift umgewandelt und am linken Rand des Eingabebereichs eingeblendet (Abbildung 3.21, Hintergrund oben). Eine intelligente Worterkennung unterstützt Sie bei der Handschrifteingabe, da so fehlerhaft erkannte Buchstaben beim Schreiben eines Worts oder eine Ziffernfolge in vielen Fällen automatisch zur richtigen Schreibweise korrigiert werden.

Möchten Sie eine Handschrifteingabe löschen, Wörter teilen etc., tippen Sie im rechten Tastenfeld (Abbildung 3.21, Vordergrund unten) auf die Schaltfläche mit dem Fragezeichen. Dann wird eine Palette mit einigen zusätzlichen Tasten sichtbar.

- **Korrigieren**   Nach Anwahl dieser Taste lässt sich ein Buchstabe der erkannten Texteingabe anwählen. Das betreffende Wort erscheint dann in Sperrschrift mit vergrößertem Zeichenabstand und Punkten zwischen den Zeichen. Sie können einen Buchstaben antippen und diesen per Handschrifteingabe nachtragen. Bei der Korrektur erscheinen Schreibvorschläge oberhalb der Eingabe. Passt ein Begriff, lässt sich dieser durch Anwählen in den Eingabebereich übernehmen.

- **Löschen**   Wählen Sie diese Taste und streichen Sie die zu löschenden Zeichen der Handschrifteingabe einfach durch. Die Zeichenfolge wird gelöscht.

- **Teilen**   Nach Anwahl der Taste kann ein Wort durch einen gezeichneten senkrechten Strich markiert werden. Das Wort wird dann an der betreffenden Stelle durch ein Leerzeichen getrennt.

- **Verknüpfen**   Wurde ein Wort irrtümlich getrennt, wählen Sie diese Taste. Anschließend tippen Sie auf den Text, um eine Sperrschrift zu erhalten. Danach verbinden Sie die beiden getrennten Wörter durch eine geschwungene Linie am unteren Rand. Die Handschrifteingabe zieht die Wörter zu einem Begriff zusammen.

Bei Anwahl einer der obigen Korrekturschaltflächen läuft eine kleine Animation in der Taste ab, die die Korrekturgeste anzeigt. Ist die Handschrifteingabe erfolgreich abgeschlossen und wurde der Text korrekt erkannt, wählen Sie die *Einfügen*-Schaltfläche am rechten Rand der Handschrifteingabe. Dann wird der Text in das aktuelle Textfeld übernommen.

HINWEIS   In Abbildung 3.21 wird ein spezieller Eingabestift für kapazitive Touchscreens verwendet. Dieser wird von Herstellern wie Callstel über Versender wie Pearl oder Amazon angeboten (siehe *http://www.borncity.com/blog/2011/01/19/stiftbedienung-frs-ipad/* [Ms240-K03-02]). Manche Touchscreens unterstützen aktive Stifte, die dann zusätzliche Funktionen wie Handschrifteingabe in PDF-Dokumenten in der Reader-App bereitstellen (siehe *http://www.borncity.com/blog/2013/07/15/windows-8-pdf-dokumente-in-der-reader-app-anzeigen-und-mit-anmerkungen-versehen/* [Ms240-K03-03]).

Maus- und Tastaturbedienung für Windows

Auch wenn Windows 8.1 auf Geräte mit Touchscreen bzw. auf eine Fingerbedienung optimiert wurde, werden viele Systeme mit Maus und Tastatur betrieben. Da es zwischen der Touch- und der Maus- bzw. Tastaturbedienung leichte Unterschiede gibt, beschreibe ich die Bedienkonzepte in diesem Buch in zwei getrennten Abschnitten. Nachfolgend stelle ich nun die Maus- und Tastaturbedienung für die Benutzeroberfläche von Windows 8.1 vor.

Arbeiten mit der Startseite

Die Anmeldung an Windows per Maus und Tastatur ist recht einfach. Der Sperrbildschirm klappt nach einem Mausklick oder beim Drücken der ersten Taste nach oben weg. Danach kann die in Kapitel 2 beschriebene Anmeldung am Benutzerkonto erfolgen. Anschließend erscheint die Startseite mit den Kacheln der Apps und Windows-Anwendungen. Ist eine Maus vorhanden und passen die Kacheln nicht auf den Bildschirm, blendet Windows 8.1 am unteren Rand der Startseite eine horizontale Bildlaufleiste ein (Abbildung 3.22, Hintergrund). Diese Bildlaufleiste lässt sich per Maus anwählen und zum horizontalen Blättern in der Startseite verwenden.

Abbildung 3.22   Startseite mit Bildlaufleiste und Charms-Leiste sowie verkleinerte Darstellung

> **HINWEIS**   Ein horizontales Blättern durch Ziehen der Startseite per Maus funktioniert nicht. Ist ein Mausrädchen vorhanden, lässt sich dieses zum horizontalen Scrollen verwenden. Zudem unterstützen die an Notebooks vorhandenen Touchpads möglicherweise das horizontale Scrollen mittels zweier Finger. Das hängt aber vom Touchpad-Modell und vom verwendeten Synaptics-Treiber ab.

Klicken Sie mit der Maus auf das Minuszeichen am rechten unteren Rand des Bildschirms (Abbildung 3.22, Hintergrund), verkleinert Windows die Kachelanzeige der Startseite auf die im linken oberen Bereich von Abbildung 3.22 als Einblendung sichtbare Darstellung. Man erhält so sehr schnell einen Überblick, welche Apps und Windows-Anwendungen installiert sind und wo sie in der Startseite verankert wurden. Ein Mausklick auf eine freie Stelle neben den App-Symbolen schaltet die Startseite wieder zur vorherigen Darstellung zurück.

Um die Charms (siehe den Abschnitt »Die Charms-Leiste per Fingergeste einblenden«) per Maus einzublenden, wird der Mauszeiger in der rechten oberen oder unteren Ecke des Bildschirms positioniert. Dann werden die Symbole der Charms-Leiste am rechten Bildschirmrand transparent. Erst wenn die Maus über eines der Symbole bewegt wird, zeigt Windows eine schwarze Leiste mit den Charms an (Abbildung 3.22, am rechten Rand).

> **HINWEIS**   Die Charms-Leiste lässt sich auch durch Drücken der Tastenkombination [⊞] + [C] am rechten Bildschirmrand einblenden. Die Bedeutung der Symbole ist im Abschnitt »Die Charms-Leiste per Fingergeste einblenden« beschrieben.

Verwenden der Apps-Seite

Und es gibt noch eine Spezialität: Klicken Sie auf der Startseite auf die unterhalb der ersten Kachelreihe angezeigte Schaltfläche (Kreis mit Pfeil, Abbildung 3.22), schaltet Windows die Startseite zum Modus »Apps« mit
der Darstellung aus Abbildung 3.23 um.

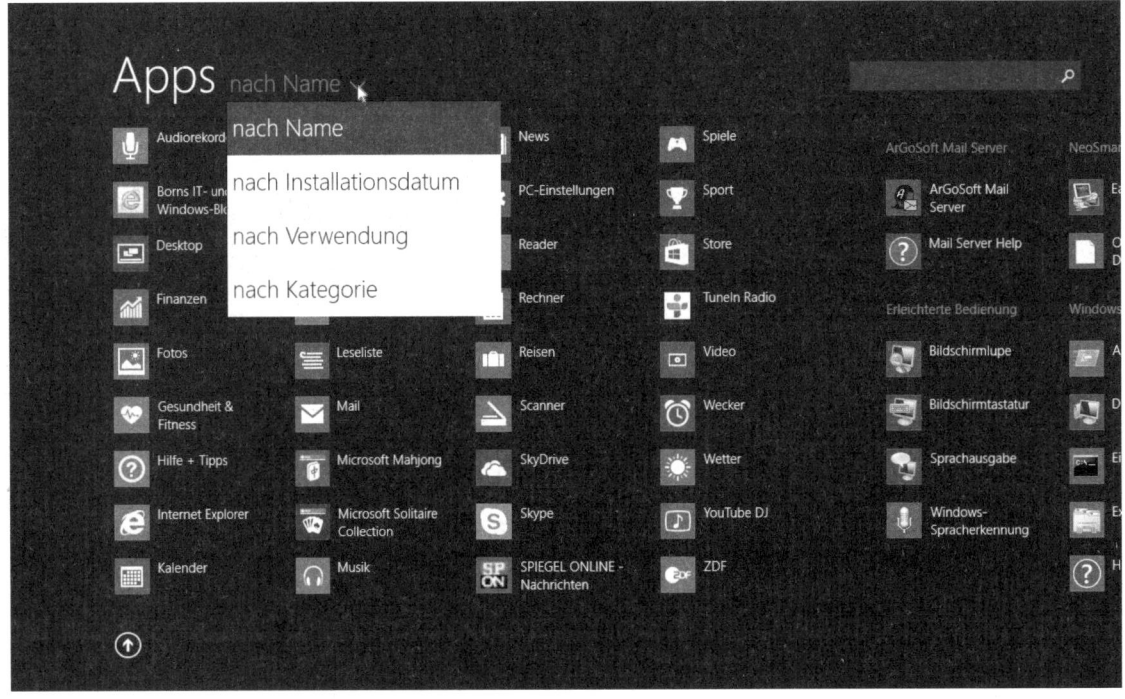

Abbildung 3.23   Seite *Apps* mit Menü zur Sortierung

Die Anzeige dieser Apps-Seite gleicht etwas der Darstellung der Apps-Seite aus Android: Sie sehen die Apps
als Liste mit einem Symbol und dem Titel. Mittels der [⊞]-Taste (oder über das Symbol *Start* der Charms)
lässt sich zur Startseite zurückschalten.

TIPP   Die Tastenkombination [Strg]+[⇆] schaltet abwechselnd zwischen der Darstellung aus Abbildung 3.23 und
der Anzeige der Startseite um.

Auf der Seite *Apps* werden die Kacheln der Apps standardmäßig alphabetisch sortiert aufgelistet. Anschließend folgen die Symbole für Windows-Anwendungen, wobei diese in Gruppen sortiert werden. Erkennbar
ist dies z.B. an Gruppentiteln wie »Erleichterte Bedienung«, »Windows-System« etc. Die Gruppentitel und
die enthaltenen Elemente werden aus einer internen Struktur, die dem aus früheren Windows-Versionen
bekannten Startmenü entspricht, abgeleitet.

Klicken Sie auf das Menü neben dem Titel »Apps« (zu Beginn steht dort »nach Name«), öffnet sich ein Menü
mit Befehlen zur Sortierung der Anzeige. Sie können dann nach Name, Installationsdatum, Verwendung
oder Kategorie sortieren lassen.

HINWEIS Wird die Seite *Apps* (Abbildung 3.23) angezeigt und bewegen Sie die Maus auf der Seite, blendet Windows die Schaltfläche mit dem Minuszeichen in der rechten unteren Bildschirmecke ein. Wählen Sie diese Schaltfläche an, zeigt Windows nur noch die Gruppen der Seite *Apps* entsprechend der Abbildung 3.24. Durch Anwählen einer Gruppe geht es zur Darstellung aus Abbildung 3.23 zurück. Drücken Sie die ⊞-Taste, wird die Startseite erneut angezeigt.

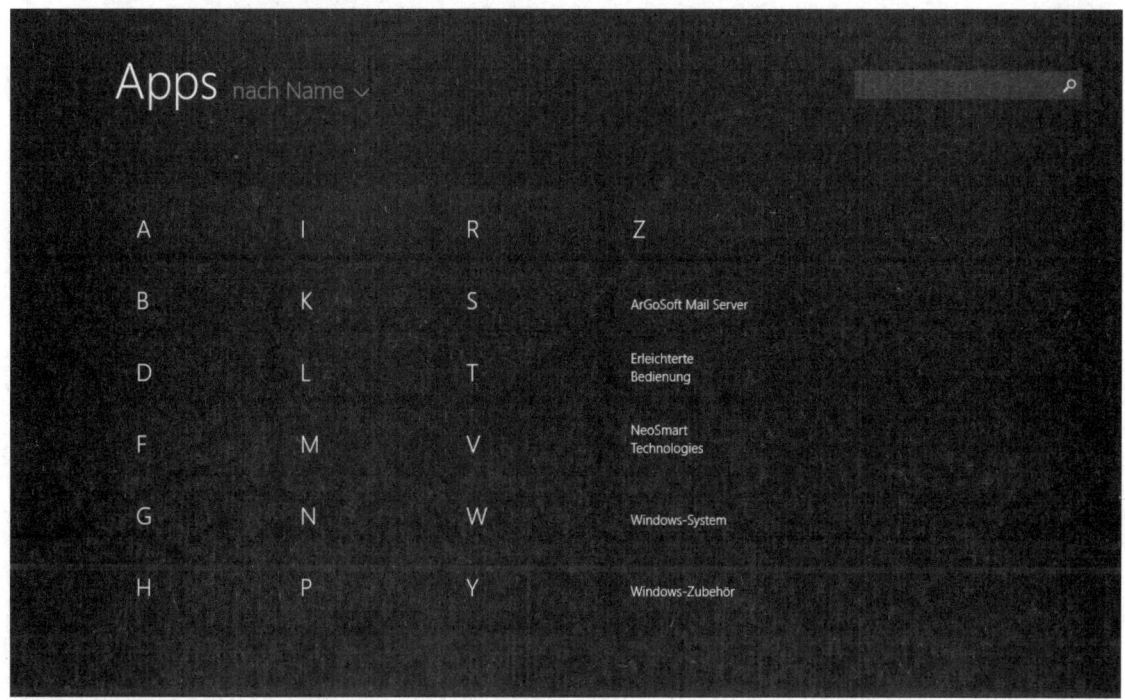

Abbildung 3.24   Alphabetische Gruppenansicht der *Apps*-Seite

HINWEIS Das Anpassen der Startseite sowie die in Windows 8.1 neu hinzu gekommenen Konfiguriermöglichkeiten wie beispielsweise das Booten zum Desktop werden in Kapitel 5 besprochen.

Einblenden der App-Leiste

Windows 8.1 arbeitet mit der am unteren Bildschirmrand (und ggf. auch am oberen Rand) einblendbaren App-Leiste, über deren App-spezifische Bedienelemente sich zusätzliche Funktionen abrufen lassen. Bei einer Mausbedienung lässt sich die App-Leiste bei App-Seiten und auch bei der Startseite z.B. nicht durch Wischen vom unteren Rand mit dem Finger einblenden.

Abbildung 3.25   App-Leiste bei markierter Kachel auf der Startseite

Um die App-Leiste am unteren Bildschirmrand einzublenden (Abbildung 3.25), klicken Sie mit der rechten Maustaste auf den Anzeigebereich der Startseite oder eines App-Fensters. Alternativ drücken Sie die ▤-Taste der Tastatur oder verwenden die Tastenkombination ⊞+Z einer PC- oder Notebook-Tastatur. Zum Ausblenden der App-Leiste klicken Sie auf einen Bereich der App-Seite oder Sie drücken die Esc-Taste.

Wechsel zwischen Startseite und Windows-Desktop

Der Wechsel von der Startseite zum Windows-Desktop ist recht einfach: Entweder Sie wählen die Kachel *Desktop* auf der Startseite an, oder Sie starten eine Windows-Anwendung für die zugehörige Kachel auf der Startseite. Um vom Windows-Desktop zur Startseite zurückzukehren, gibt es bei Maus- und Tastaturbedienung allerdings verschiedene Möglichkeiten.

   **Abbildung 3.26**   Start-Symbol auf dem Windows-Desktop

- Wählen Sie in der Taskleiste die in Windows 8.1 vorhandene Schaltfläche *Start* an (Abbildung 3.26). In Windows 8 musste man noch auf die linke untere Ecke des Windows-Desktops zeigen, um diese Schaltfläche einzublenden.

- Blenden Sie die Charms-Leiste am rechten Rand ein und wählen Sie dann das Symbol *Start* an

- Weiterhin können Sie die ⊞-Taste drücken, um vom Windows-Desktop direkt zur Startseite zu wechseln

Bei angezeigter Startseite bringt Sie die ⊞-Taste direkt zum zuletzt geöffneten App-Fenster bzw. zum Windows-Desktop, falls dieser geöffnet war. Ist weder eine App noch der Windows-Desktop geöffnet, hat die ⊞-Taste auf der Startseite keine Wirkung.

TIPP   Besitzt ein Tablet-PC eine Taste mit dem Windows-Logo auf der Frontseite, wirkt diese ebenfalls wie die ⊞-Taste und kann zum Umschalten verwendet werden.

Windows wählt nach der Benutzeranmeldung die Kachel in der linken oberen Ecke der Startseite automatisch aus. Drücken Sie die ↵-Taste, startet diese App automatisch. Schieben Sie die Kachel *Desktop* per Maus an die Position in der linken oberen Ecke der Startseite, reicht es, z.B. nach der Benutzeranmeldung die ↵-Taste zu drücken, um direkt zum Windows-Desktop zu wechseln. Weiterhin lässt sich Windows 8.1 so einstellen, dass der Desktop automatisch nach jeder Benutzeranmeldung erscheint (siehe Kapitel 4).

Das Schnellzugriffmenü verwenden

Klicken Sie die in der linken Ecke der Taskleiste eingeblendete Schaltfläche *Start* mit der rechten Maustaste an, öffnet Windows ein Schnellzugriffmenü (Abbildung 3.27). Über dieses Menü erhalten Sie einen direkten Zugriff auf verschiedene Windows-Funktionen wie den Geräte-Manager, die Ereignisanzeige, die Computerverwaltung, die Systemsteuerung, das Umschalten zum Desktop, die Suche in der *Apps*-Seite und mehr. Besonders interessant sind die beiden Befehle, um die Eingabeaufforderung mit und ohne administrative Berechtigungen zu öffnen. Eine administrative Eingabeaufforderung ist zur Ausführung vieler Systembefehle erforderlich.

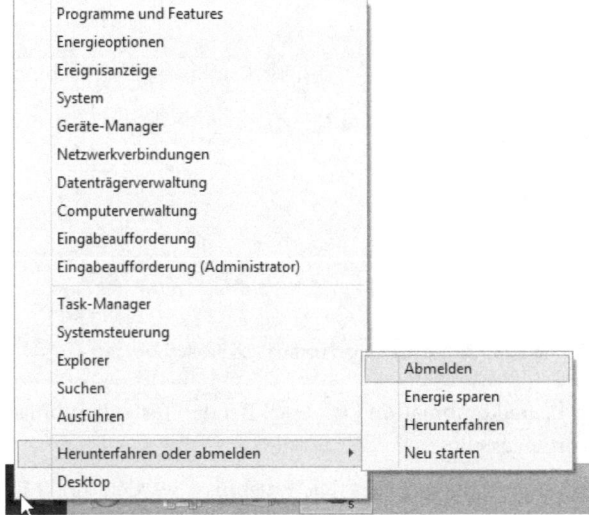

Abbildung 3.27 Schnellzugriffmenü

HINWEIS   Klicken Sie die Taskleiste mit der rechten Maustaste an und wählen Sie den Kontextmenübefehl *Eigenschaften*, lässt sich die Registerkarte *Navigation* im Eigenschaftenfenster anwählen. Dort finden Sie einen Option *Beim Rechtsklick ... durch "Windows PowerShell" ersetzen*. Ist die Option markiert, zeigt Windows zwei Befehle zum Aufrufen der PowerShell-Eingabeaufforderung im Schnellzugriffmenü an.

Nachteil des Schnellzugriffmenüs ist allerdings, dass es keine Möglichkeit zur Anwahl der Befehle mit Zuweisung administrativer Berechtigungen bietet. Um also z.B. die Datenträgerverwaltung zu verwenden, müssen Sie unter einem Administratorkonto angemeldet sein.

Suche nach Apps, Befehlen und Dateien

Die Suche nach Apps, Anwendungen und Befehlen erfolgt in Windows 8.1 über das Suchfeld der Startseite:

- Bei angeschlossener Tastatur tippen Sie einfach einen Suchbegriff ein. In diesem Fall wird direkt die Seitenleiste *Suchen* geöffnet (Abbildung 3.28).

- Alternativ können Sie die Leiste (z.B. durch Wischen mit dem Finger oder über die Tastenkombination ⊞ + C) einblenden und dann das Symbol *Suchen* wählen.

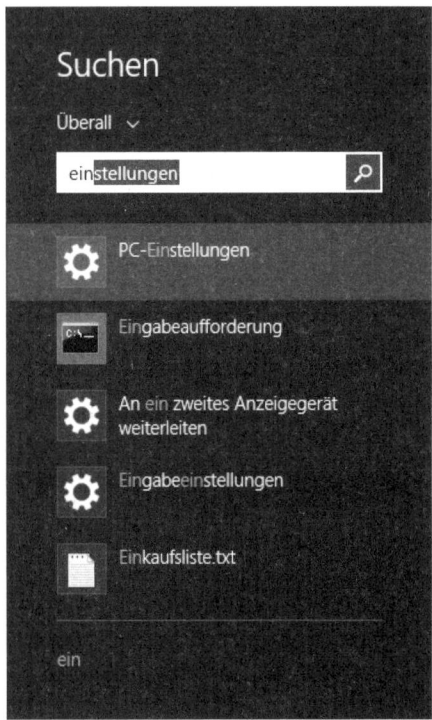

Abbildung 3.28 Suchen nach Apps, Dateien und Befehlen

■ Die Seitenleiste erscheint auch beim Drücken der Tastenkombination ⊞+F. Bei der Tastenkombination ⊞+F ist die Suche nach Dateien (Files) voreingestellt.

Gegenüber Windows 8 wurde die Suche in Windows 8.1 stark überarbeitet. Die Ergebnisse werden direkt in der Seitenleiste *Suche* eingeblendet. Windows 8.1 sucht dabei standardmäßig in der Startseite, in Dateien und Anwendungen. Die drei Einträge *Apps*, *Einstellung* und *Dateien* der Seitenleiste unter Windows 8 gibt es nicht mehr. Vielmehr können Sie oberhalb des Suchfelds ein Menü öffnen (Abbildung 3.29) und dort den Suchbereich zwischen *Überall*, *Einstellungen*, *Dateien*, *Webbilder* und *Webvideos* umstellen.

Abbildung 3.29 Suchbereich vorgeben

Innerhalb der Trefferliste findet sich eine waagerechte Linie, unterhalb der weitere Treffer aufgeführt werden. Wählen Sie diese Einträge, öffnet Windows eine App-Seite, in der nochmals alle gefundenen Apps, Funktionsnamen, Befehle, Dokumente sowie mit dem Begriff im Web korrespondierende Bilder und Videos angezeigt werden.

HINWEIS   Blenden Sie die Charms-Leiste ein, wählen Sie das Symbol *Einstellungen* und den Befehl *PC-Einstellungen ändern*. Dann lässt sich in der Einstellungsseite die Kategorie *Suche und Apps* und die Unterkategorie *Suche* auswählen. Auf dieser Seite finden Sie Optionen, um die Websuche über Bing abzustellen bzw. diese Treffer an Ihre Anforderungen anzupassen.

Sofern Sie statt der Startseite die Darstellung der Seite *Apps* angewählt haben, verhält sich die Suche noch etwas anders. Auf dieser Seite ist in der rechten oberen Ecke ein Suchfeld eingeblendet (Abbildung 3.30, Hintergrund oben).

Tippen Sie einen Suchbegriff in dieses Feld ein, bezieht sich die Suche ausschließlich auf die Seite *Apps* und die Ergebnisse werden direkt in der linken Spalte der *Apps*-Seite aufgelistet (Abbildung 3.30, Vordergrund unten). Dies entspricht in der Ergebnisanzeige dem Verhalten aus Windows 8.

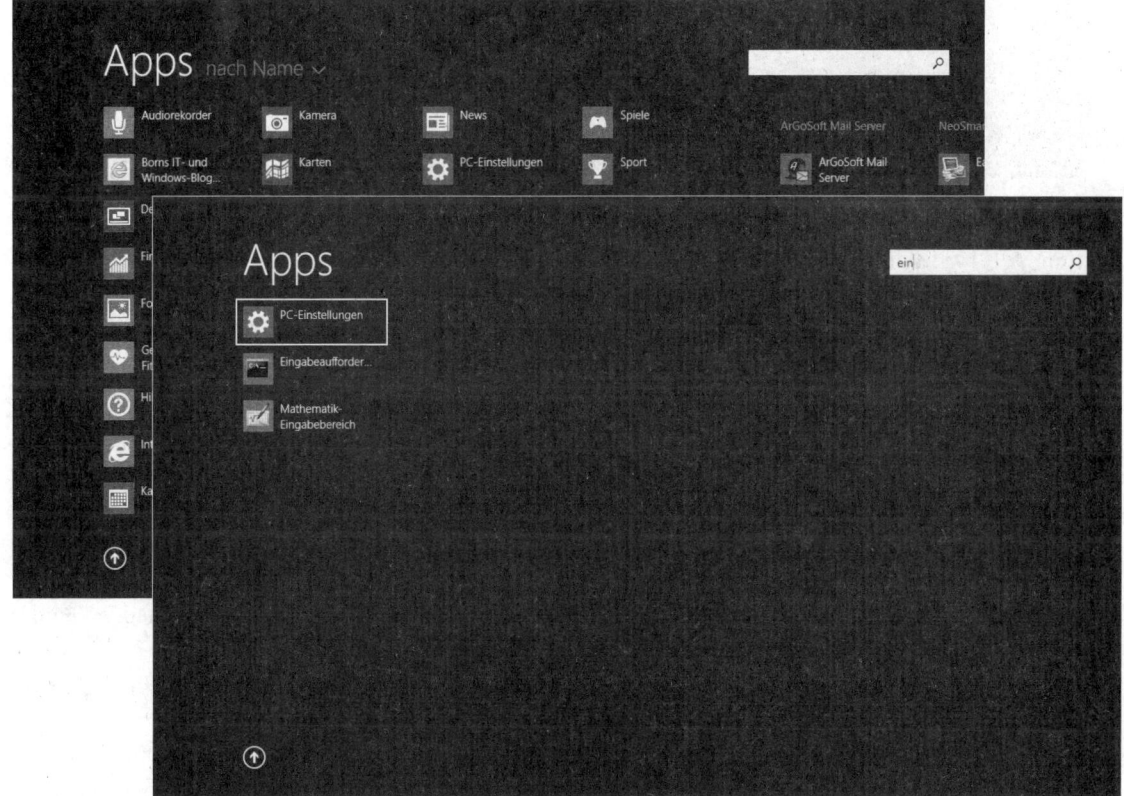

Abbildung 3.30   Suche in der Seite *Apps*

HINWEIS   Neu installierte Apps und ein Teil der mit Windows ausgelieferten Apps werden nicht mehr automatisch als Kachel in der Startseite eingetragen. Wechseln Sie zur Seite *Apps*, suchen Sie das App-Symbol und markieren Sie dieses (z.B. durch einen Rechtsklick mit der Maus). Dann findet sich in der am unteren Bildschirmrand eingeblendeten App-Leiste die Schaltfläche *An "Start" anheften*. Bei Anwahl fügt Windows die App als Kachel zur Startseite hinzu. Bei Apps, die bereits als Kachel auf der Startseite angeheftet sind, erscheint die Schaltfläche *Von "Start" lösen* in der App-Leiste. Mit dieser Schaltfläche lässt sich die Kachel auf der Startseite entfernen. Zudem enthält die App-Leiste bei den an der Startseite angehefteten Apps die Schaltfläche *In "Start" suchen*. Bei Anwahl schaltet Windows zur Startseite um und markiert automatisch die zugehörige Kachel.

Apps und Anwendungen starten

Zum Starten einer App oder einer Anwendung reicht das Anklicken (oder Anwählen) der Kachel des App-Symbols in der Startseite. Die App meldet sich dann im Vollbildmodus. Windows-Anwendungen schalten bei Anwahl der zugehörigen Kachel zum Desktop und öffnen das Programmfenster.

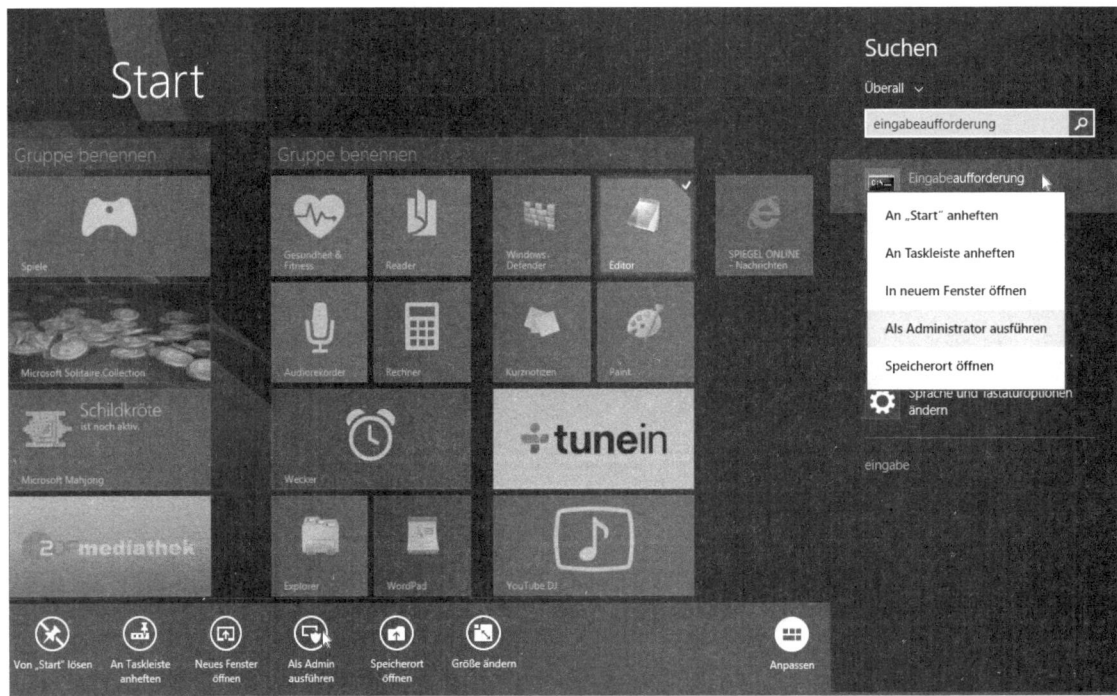

Abbildung 3.31   Aufrufoptionen für Anwendungen in der Startseite und in der Suchleiste

Um Anpassungen am System vorzunehmen oder Programme zu installieren, müssen die betreffenden Funktionen und Anwendungen mit administrativen Berechtigungen ausgeführt werden:

1. Klicken Sie zuerst mit der rechten Maustaste das App-Symbol auf der Startseite an (bei einem Touchscreen ziehen Sie die Kachel des App-Symbols leicht mit dem Finger nach unten).

2. Windows markiert dann das Symbol mit einem Häkchen in der rechten oberen Ecke und blendet die App-Leiste am unteren Desktoprand ein (Abbildung 3.31, links). Ist dort die Schaltfläche *Als Admin ausführen* zu sehen, wählen Sie diese an.

Bei Anwahl eines Treffers in der Seitenleiste *Suche* mittels der rechten Maustaste öffnet sich in Windows 8.1 dagegen ein Kontextmenü (Abbildung 3.31, rechts), in dem Sie ebenfalls den Befehl *Als Administrator ausführen* wählen können. Nach Bestätigung der Abfrage der Benutzerkontensteuerung wird die Anwendung im entsprechenden Modus auf dem Windows-Desktop ausgeführt.

Das obige Vorgehen funktioniert aber nur für Windows-Anwendungen wie z.B. der *Editor* oder die *Eingabeaufforderung*. Für Apps ist die Ausführung mit administrativen Berechtigungen nicht vorgesehen.

Es gibt ein verstecktes Benutzerkonto mit dem Namen »Administrator«. Dieses wird automatisch als Notfallkonto eingeblendet, wenn alle anderen Benutzerkonten gelöscht wurden. Manche Anwender blenden dieses versteckte Konto mit Tricks ein. Das ist nicht sonderlich sinnvoll, und Apps funktionieren unter diesem Benutzerkonto mit dem Namen »Administrator« auch nicht.

Zwischen Apps und Anwendungen per Maus wechseln

Sind mehrere Apps und ggf. Windows-Anwendungen gestartet, stellt sich die Frage, wie sich per Tastatur und Maus zwischen den betreffenden Apps sowie dem Windows-Desktop samt geöffneten Anwendungsfenstern wechseln lässt. Das bei der Touchbedienung mögliche Wechseln per Wischen vom linken Bildschirmrand (siehe den Abschnitt »Wechsel zwischen mehreren Apps«) klappt bei einer Mausbedienung leider nicht. Windows sieht aber mehrere Möglichkeiten zum Wechseln vor:

- Zeigt man per Maus in die linke obere Ecke des Bildschirms, erscheint das zuletzt geöffnete Fenster oder die App-Seite als Miniatur. Durch Anklicken oder durch Ziehen lässt sich der Windows-Desktop mit dem Anwendungsfenster oder die App-Seite einblenden.

- Zieht man bei gedrückter linker Maustaste das Miniaturbild nach unten – oder zieht man es etwas nach rechts und schiebt es dann wieder an den linken Bildschirmrand – öffnet sich am linken Rand eine Taskliste (Abbildung 3.32)

Abbildung 3.32 Taskliste laufender Apps und Anwendungen am linken Rand

- In der Liste finden sich die Miniaturansichten der geöffneten Fenster sowie das Symbol *Start* zum Aufruf des Startseite. Die Miniaturen lassen sich zum Öffnen des zugehörigen Fensters anklicken bzw. zur Bildschirmmitte ziehen.

- Alternativ kann, wie in früheren Windows-Versionen, die Tastenkombination Alt + ⇆ zum Einblenden der Taskleiste verwendet werden (Abbildung 3.33). Bei jedem Antippen der ⇆-Taste wird eine andere Anwendung ausgewählt. Beim Loslassen der Alt-Taste wird das entsprechend markierte Anwendungs- oder App-Fenster angezeigt.

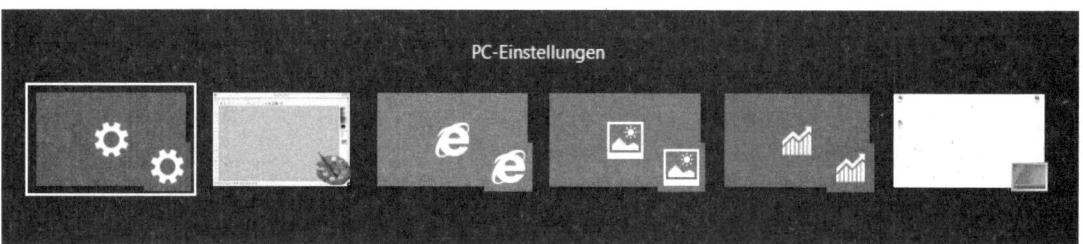

Abbildung 3.33   Taskwechsel in Windows

Bei Systemen mit Tastatur und Maus empfiehlt sich die Verwendung der Tastenkombination Alt + ⇆ zur Umschaltung zwischen Anwendungen.

Apps per Maus am Bildschirmrand andocken

Ähnlich wie bei der Touchbedienung lassen sich ab der zum App-Start erforderlichen Mindestauflösung von 1.024 × 768 Pixel zwei App-Seiten oder zwei Fenster (App-Seite, Windows-Desktop) nebeneinander anzeigen (Abbildung 3.34). Windows unterstützt dabei per Maus folgende Vorgehensweise, um den Bildschirm zu teilen und eine App-Seite oder ein Fenster am linken bzw. rechten Bildschirmrand anzudocken:

1. Sie »fassen« das angezeigte App-Fenster oder die Seite des Windows-Desktops per Maus am oberen Desktoprand an – es sollte eine stilisierte Hand als Mauszeiger angezeigt werden.

2. Dann ziehen Sie die Maus bei gedrückter linker Maustaste etwas nach unten. Jetzt wird der Kontextzoom wirksam, der ein verkleinertes Fenster der Seite zeigt.

3. Ziehen Sie das verkleinerte Fenster zum linken oder rechten Bildschirmrand. Sobald Sie den Rand erreichen, lassen Sie die linke Maustaste los.

Dann wird die App-Seite am rechten oder linken Rand angedockt. Die Trennlinie (Teilerfeld) zwischen den beiden Fenstern weist einen Bereich mit drei Pünktchen auf. Über diesen Bereich lässt sich die Trennlinie per Maus horizontal nach links oder rechts verschieben, um den schmalen Bereich links oder rechts anzuordnen. Schieben Sie die Trennlinie an den Bildschirmrand, wird die Bildschirmteilung aufgehoben.

TIPP   Klicken Sie in der geteilten Darstellung auf eine App-Seite, erhält diese den Fokus (erkennbar an einer dünnen Linie neben den drei Pünktchen der Trennlinie. Drücken Sie die Tastenkombination ⊞ + . , lässt sich der Fokus wechselseitig zwischen den App-Seiten umschalten.

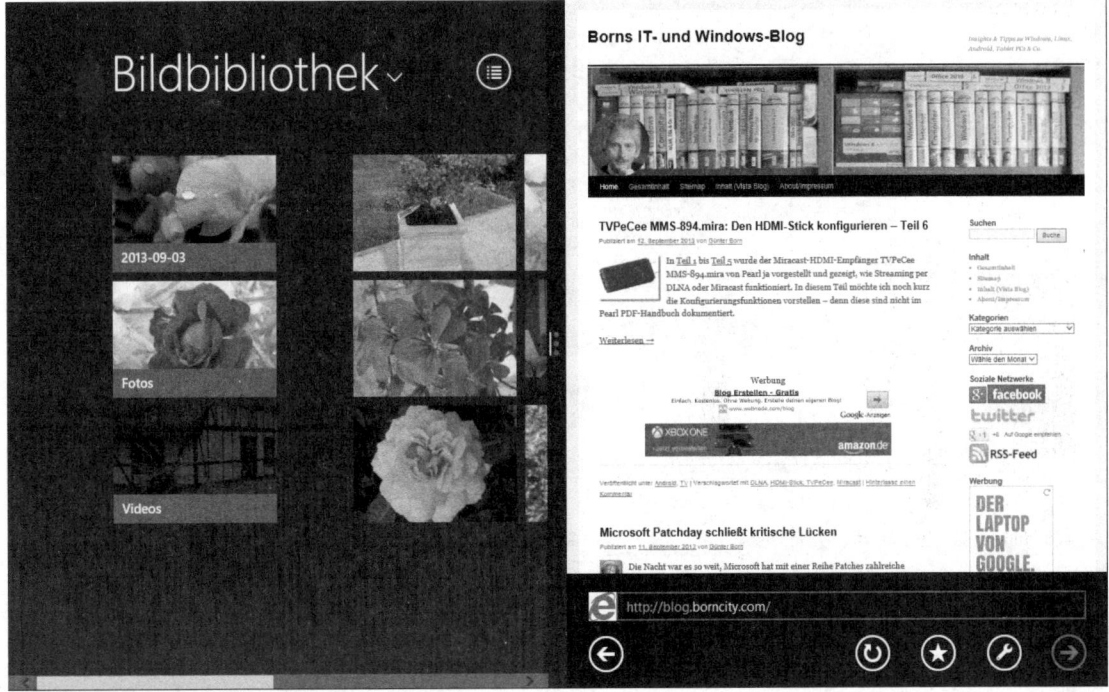

Abbildung 3.34 Zwei Fenster auf dem Bildschirm anzeigen

Wie werden Apps per Maus/Tastatur beendet?

Apps werden automatisch durch Windows suspendiert, wenn der Benutzer diese in den Hintergrund schaltet. Sie können eine App aber wie bei der Touchbedienung zwangsweise beenden und aus dem Speicher entfernen. Hierzu gibt es verschiedene Möglichkeiten:

- Zeigen Sie in die linke obere Ecke des Desktops, um die Miniaturansicht des vorherigen Fensters einzublenden. Sobald die Miniaturansicht eines oder mehrerer Fenster angezeigt wird, klicken Sie diese mit der rechten Maustaste an und wählen den Kontextmenübefehl *Schließen* (Abbildung 3.35).

- Zeigen Sie per Maus an den oberen Rand des Bildschirms. Wenn der Mauszeiger die Form einer stilisierten Hand annimmt, ziehen Sie die Maus bei gedrückter linker Maustaste nach unten. Das verkleinerte Fenster muss dann über den unteren Bildschirmrand herausgezogen werden, bevor die Maustaste losgelassen wird.

Bei beiden Varianten wird die App beendet und aus dem Speicher entfernt – sie verschwindet also auch aus dem Task-Manager.

Abbildung 3.35   App schließen

HINWEIS   Zudem lässt sich eine App durch Drücken der Tastenkombination ⌨Alt⌨+⌨F4⌨ beenden. Wird der Windows-Desktop angezeigt, bringt die Tastenkombination ⌨Alt⌨+⌨F4⌨ dagegen ein Dialogfeld zum Herunterfahren, Neustarten oder Abmelden zur Anzeige.

Im Kontextmenü einer Miniaturansicht (Abbildung 3.35) zeigt Windows 8.1 noch Befehle wie *Fotos ersetzen*. Der Text vor »ersetzen« ist der Name der App oder der Webseite. Wählen Sie diesen Eintrag, wird das angedockte linke oder rechten App-Fenster durch die nächste laufende App ersetzt.

Tastenkombinationen zur Bedienung

Bei Systemen, die über eine Tastatur verfügen, kann die Bedienung der Startseite oder des Windows-Desktops sowie der restlichen Elemente über diverse Tastenkombinationen erfolgen. Die Tabelle 3.1 enthält eine Übersicht über die wichtigsten Tastenkombinationen.

Tastenkombination	Bedeutung
⊞	Zwischen Startseite und App-Seiten (auch Windows-Desktop) hin- und herschalten
⊞ + ⇄	Taskliste am linken Bildschirmrand einblenden. Lässt man die Tasten los und drückt sie erneut, bewirkt dies einen Wechsel zwischen Apps und Anwendungen.
Alt + F4	Aktive App schließen. Bei angezeigtem Windows-Desktop erscheint ein Dialogfeld mit Optionen zum Herunterfahren, Abmelden oder Neustarten.
⊞ + Leer	Umschalten zwischen Tastaturlayout und -sprache
⊞ + Pos1 ⊞ + Ende	Den linken bzw. rechten Rand der Startseite anzeigen

Tabelle 3.1   Tastenabkürzungen zur Windows-Bedienung

Tastenkombination	Bedeutung
`Bild ↑` `Bild ↓`	In der Kacheldarstellung der Startseite zum linken/rechten Rand blättern
`⊞` + `.`	Den Fokus bei angedockten Fenstern (Split-View) nach links oder rechts verschieben
`Strg` + `-` `Strg` + `+`	Schaltet bei angezeigter Startseite die Darstellung der App-Symbole zwischen normaler und verkleinerter Darstellung um
`Strg` + `Alt` + `Entf`	Zeigt die Seite zum Sperren, Abmelden, Aufruf des Task-Managers etc.
`↑` `↓` `←` `→`	In der Startseite zwischen den Kacheln zur Auswahl navigieren
`⊞` + `C`	Blendet die Charms-Leiste sowie ein Statusfeld mit dem aktuellen Datum und der Uhrzeit auf der Startseite ein/aus
`⊞` + `D`	Ruft den Windows-Desktop auf
`⊞` + `E`	Öffnet den Explorer
`⊞` + `F`	Öffnet am rechten Rand die Seitenleiste mit dem Suchbereich, in dem nach Apps, Dateien etc. gesucht werden kann. Der Eintrag *Dateien* ist vorgewählt
`⊞` + `H`	Öffnet am rechten Rand die Seitenleiste mit dem Bereich *Teilen*, um den Inhalt mit anderen Apps zu teilen
`⊞` + `I`	Blendet die Seitenleiste *Einstellungen* am rechten Rand ein. Dies ermöglicht den Zugriff auf Einstellungen für Netzwerk, Lautstärke, Benachrichtigungen etc.
`⊞` + `K`	Öffnet am rechten Rand die Seitenleiste *Geräte* (z.B. zur Auswahl des Geräts »Zweiter Bildschirm«)
`⊞` + `L`	Meldet den Benutzer von Windows ab (Logoff)
`⊞` + `O`	Sperrt die Rotation des Bildschirms (bei Systemen mit Lagesensor)
`⊞` + `P`	Blendet die Seitenleiste *Projizieren* mit dem Projektorbereich am rechten Rand ein. Ermöglicht die Ausgabe auf andere Geräte zu legen.
`⊞` + `Q`	Öffnet am rechten Rand die Seitenleiste *Suchen*
`⊞` + `R`	Öffnet das Dialogfeld *Ausführen*
`⊞` + `T`	Ermöglicht es bei angezeigtem Windows-Desktop, zwischen den in der Taskleiste des Desktops geöffneten Anwendungen über deren Miniaturvorschau zu blättern
`⊞` + `U`	Ruft Funktionen zur erleichterten Bedienung auf
`⊞` + `W`	Öffnet am rechten Rand die Seitenleiste *Suchen* zur Suche in den Einstellungen
`⊞` + `X`	Öffnet das Schnellzugriffmenü in der linken unteren Ecke des Bildschirms
`⊞` + `Z`	Blendet bei der Startseite die App-Leiste mit der Schaltfläche *Anpassen* zum Anpassen der Kacheln. Bei einem angezeigten App-Fenster wird die App-Leiste mit App-spezifischen Optionen eingeblendet.

Tabelle 3.1 Tastenabkürzungen zur Windows-Bedienung *(Fortsetzung)*

HINWEIS Die Tastenkombination `⊞` + `Druck` lässt sich zum Anfertigen eines Screenshots verwenden. Windows speichert dann ein Abbild des gesamten Bildschirms als *.png*-Datei (*Screenhot.png*) im Ordner *Eigene Bilder/Screenshots*. Bei mehreren Screenshotdateien werden deren Dateinamen automatisch mit einer fortlaufenden Nummerierung versehen.

Teilen, Multimonitorbetrieb und Drucken

Abschließend möchte ich noch drei Arbeitstechniken vorstellen, die bei Windows 8 neu eingeführt wurden und auch bei Windows 8.1 weiterhin gelten. Es geht um das Teilen von App-Inhalten, das Arbeiten mit mehreren Monitoren und das Drucken aus Apps und Anwendungen.

Multimonitorbetrieb verwenden

Sind zwei oder mehrere Anzeigegeräte verfügbar, kann man sehr einfach App-Fenster oder die Startseite auf einem Monitor anzeigen, während z.B. der Windows-Desktop auf einem alternativen Monitor erscheint.

1. Blenden Sie die Charms-Leiste am rechten Bildschirmrand ein und wählen Sie das Symbol *Geräte* (Abbildung 3.36, rechte Leiste).

2. In der Seitenleiste *Geräte* (Abbildung 3.36, mittlere Spalte) wählen Sie den Eintrag *Projizieren*.

3. Sobald die Seitenleiste *Projizieren* (Abbildung 3.36, links) erscheint, wählen Sie einen der angezeigten Modi aus.

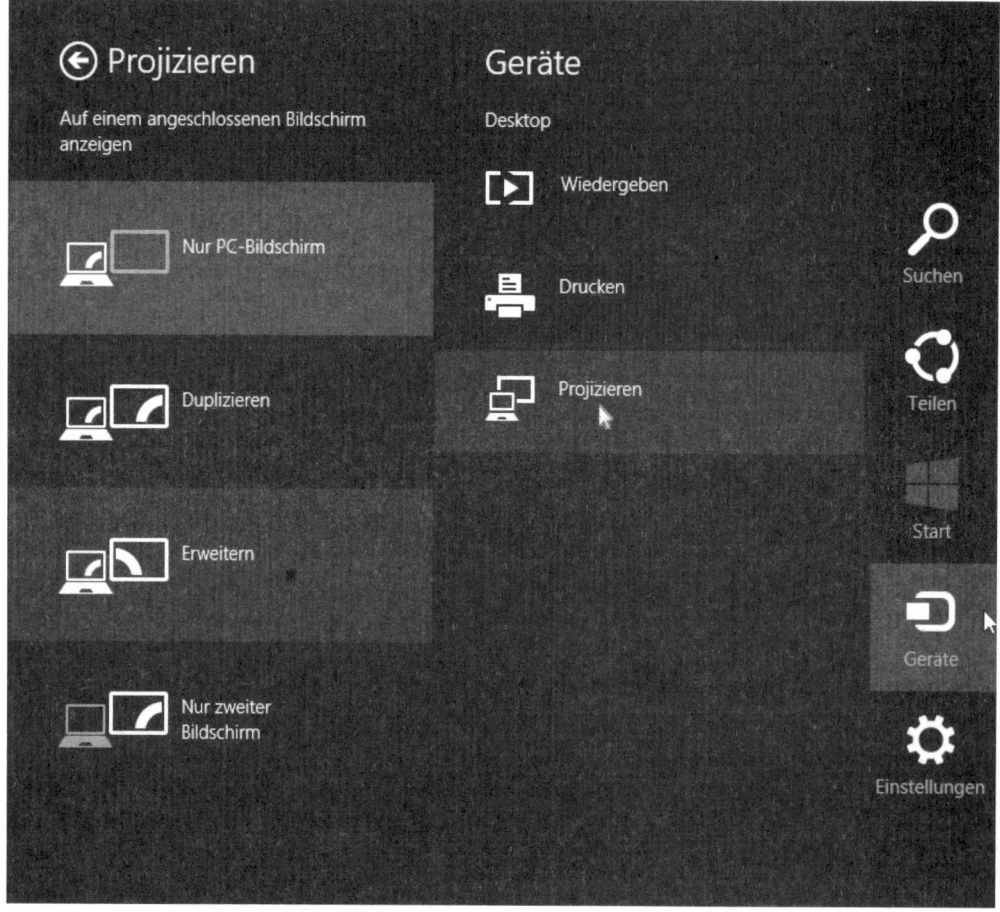

Abbildung 3.36   Multimonitorbetrieb zuweisen

Die vier Symbole ermöglichen Ihnen, die Darstellung auf den ersten oder den zweiten Bildschirm zu legen oder den ersten Bildschirm zu duplizieren bzw. zu erweitern. Der Modus *Nur zweiter Bildschirm* ist z.B. hilfreich, wenn ein Notebook oder ein Surface-Tablet-PC an eine Docking-Station mit externem Monitor angeschlossen wird.

Sind zwei Bildschirme vorhanden und wählen Sie beispielsweise die Option *Duplizieren*, erhalten Sie einen zweiten Anzeigebereich. Starten Sie z.B. Windows-Anwendungen auf einem der Desktops, können Sie das zugehörige Fenster dann per Maus oder Finger über die Titelleiste zwischen den beiden Bildschirmen hin- und herschieben. Bei einem App-Fenster fassen Sie dieses am oberen Rand (per Maus oder Finger) an und ziehen es etwas nach unten. Sobald der Kontextzoom von Windows ein stilisiertes Fenster anzeigt, schieben Sie dieses zum gewünschten Bildschirm. Lassen Sie das verkleinerte App-Fenster los, wird dieses auf dem betreffenden Bildschirm zur Vollbilddarstellung erweitert.

HINWEIS Windows 8.1 unterstützt bei geeigneter Hardware auch die drahtlose Übertragung auf TV-Geräte nach dem Miracast-Standard. Ist das Windows-System mit einem Miracast-Empfänger gekoppelt, taucht dieser ebenfalls als Eintrag in der Liste auf. Beim Verfassen dieses Manuskripts hatte ich aber noch keine Miracast-fähige Windows 8.1-Hardware verfügbar. Im Blogbeitrag unter *http://www.borncity.com/blog/2013/07/22/miracast-bei-windows-8-1/* [Ms240-K03-04] finden Sie einige Informationen rund um das Thema Miracast. Dort sind auch weitere Blogbeiträge zu Miracast abrufbar.

Teilen von App-Inhalten

Eine nette Sache ist auch die Funktion zum Teilen von App-Inhalten. Sehen Sie im Browser beispielsweise eine interessante Webseite, die Sie per E-Mail weiterleiten möchten? Oder möchten Sie diese Seite in der App *Leseliste* ablegen? So etwas lässt sich mittels der Funktion *Teilen* sehr einfach bewerkstelligen:

1. Rufen Sie die App auf, deren Inhalte geteilt werden sollen, und stellen Sie sicher, dass der gewünschte Inhalt (z.B. eine Webseite) angezeigt wird.

2. Blenden Sie die Charms-Leiste am rechten Bildschirmrand ein und wählen Sie das Symbol *Teilen* (Abbildung 3.37, rechts).

3. Unterstützt die App das Teilen von Inhalten, erscheint in der Seitenleiste *Teilen* eine Liste weiterer Apps (Abbildung 3.37, mittlere Spalte). Wählen Sie die gewünschte App aus.

4. Windows wird dann das Fenster der neuen App mit auf dem Bildschirm einblenden und Sie können dort die Schritte zum Weiterverarbeiten von Inhalten ausführen.

Die geteilte Anzeige der Quell-App und der Ziel-App ist in Abbildung 3.37, links, zu sehen. Die genaue Vorgehensweise hängt von der gewählten Ziel-App ab. Im konkreten Beispiel habe ich die Mail-App gewählt. Ergänzen Sie beispielsweise in der Mail-App den Empfänger und den Text der Mail. Dann wird der Inhalt des angezeigten Quellfensters als E-Mail-Auszug versandt (siehe Kapitel 16).

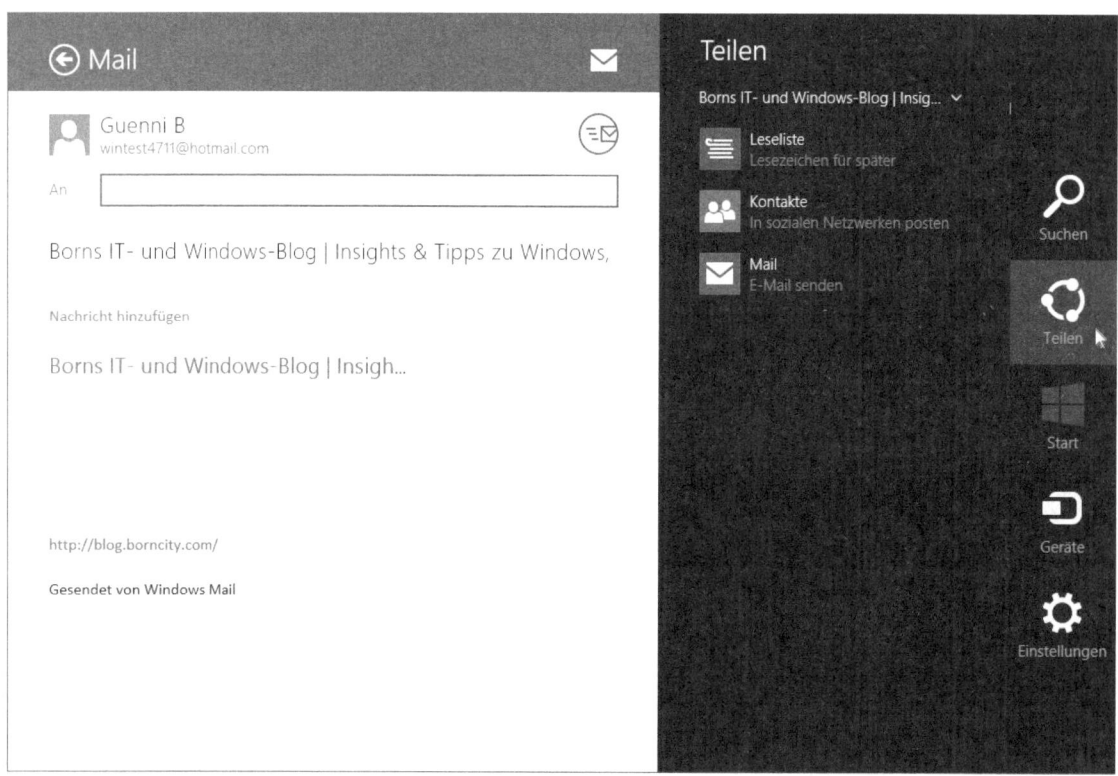

Abbildung 3.37   Teilen von Inhalten

Drucken aus Apps

Sofern eine App das Ausdrucken von Inhalten unterstützt, lässt sich die Druckfunktion mit wenigen Handgriffen aufrufen:

1. Blenden Sie (bei geöffneter App) die Charms-Leiste (z.B. per Maus in die obere rechte Ecke zeigen) am rechten Bildschirmrand ein.

2. Wählen Sie das Symbol *Geräte* (Abbildung 3.38, rechts), um die Liste der verfügbaren Geräte anzuzeigen.

3. Klicken oder tippen Sie in der Seitenleiste *Geräte* (Abbildung 3.38, Mitte) auf den Befehl *Drucker.*

4. In der Seitenleiste *Drucker* werden die installierten Geräte aufgelistet und Sie wählen anschließend den gewünschten Drucker aus.

5. Stellen Sie in der Seitenleiste des gewählten Druckers (Abbildung 3.39) die gewünschten Druckoptionen ein.

6. Sofern vorhanden, lässt sich in der Seitenleiste der Hyperlink *Weitere Einstellungen* wählen, um in der Seitenleiste druckerspezifische Einstelldetails festzulegen. Über die *Zurück*-Schaltfläche in der linken oberen Ecke der Seitenleiste geht es zur vorherigen Seitenleiste zurück.

7. Ist alles eingestellt, wählen Sie die in der Seitenleiste angezeigte Schaltfläche *Drucken.*

Abbildung 3.38 Drucker auswählen

Windows beginnt mit der Druckausgabe und zeigt nach dem Abschluss des Druckauftrags oder bei Fehlern kurzzeitig eine Benachrichtigung auf dem Bildschirm an.

TIPP   Sofern das System über eine Tastatur verfügt, empfiehlt es sich, die Tastenkombination $\boxed{Strg}$ + $\boxed{P}$ zu drücken. Dann öffnet sich die Seitenleiste *Drucken* mit der Liste aller Drucker.

HINWEIS   Standardmäßig enthält die Seitenleiste *Geräte* auf jeden Fall den »Windows XPS Document Writer« als Drucker. Dieser kann Druckausgaben im XPS- und OXPS-Format in Dateien ausgeben, die sich dann mit der Reader-App wieder anzeigen lassen.

Die Seitenleiste des Druckers stellt keine Optionen bereit, um nur eine Seite oder einen markierten Dokumentbereich zu drucken. Um solche Ausgaben vorzunehmen, greifen Sie auf Windows-Anwendungen zurück. Diese verwenden das *Drucken*-Dialogfeld, in dem die üblichen Druckoptionen zur Auswahl bereitstehen. In Kapitel 15 wird am Beispiel der Internet Explorer-App das Drucken erläutert. Hinweise zum Drucken aus Windows-Anwendungen finden Sie in Kapitel 27.

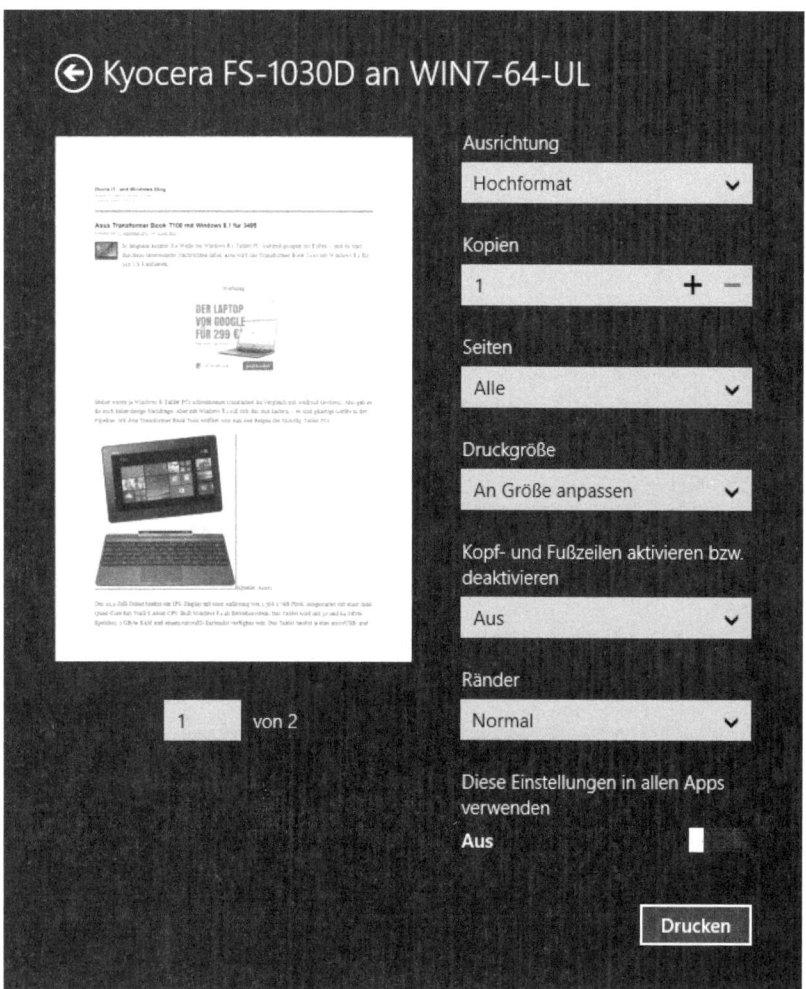

Abbildung 3.39   Druckoptionen auswählen

Kapitel 4

Arbeiten mit dem Windows-Desktop

In diesem Kapitel:

Umgang mit dem Windows-Desktop

Auch in Windows 8.1 gibt es neben der Startseite zusätzlich den klassischen, aus Windows 7 bekannten Desktop. Microsoft hat aber einige Neuerungen mit Windows 8.1 eingeführt. In diesem Abschnitt erhalten Sie einen Überblick über dessen Funktionen und erfahren, wie sich der Windows-Desktop zum Arbeiten anpassen lässt.

Neuerungen beim Windows-Desktop

Sobald Sie auf der Startseite das App-Symbol *Desktop* wählen oder eine Windows-Anwendung starten, erscheint der Windows-Desktop (Abbildung 4.1).

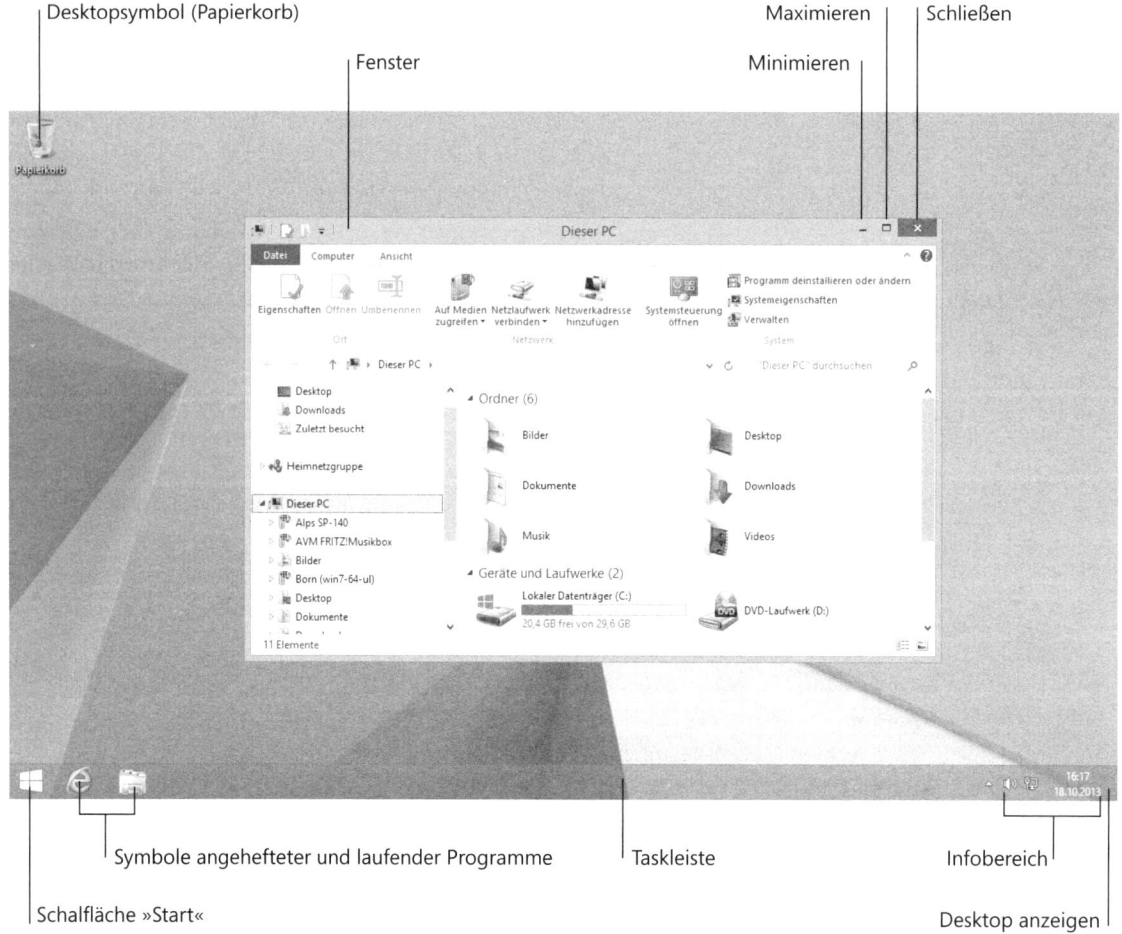

Abbildung 4.1   Windows-Desktop

Der Windows-Desktop wurde gegenüber früheren Windows-Versionen überarbeitet. In Windows 8.1 findet sich in der linken Ecke der Taskleiste wieder die *Start*-Schaltfläche. Diese öffnet aber kein Startmenü, sondern schaltet zur Startseite um. Der Desktopbereich ist, bis auf den angezeigten Hintergrund und das Symbol des Papierkorbs, vollständig leer. In Abbildung 4.1 wurde zusätzlich ein Fenster geöffnet.

- Neben dem Papierkorb lassen sich auf dem Desktop weitere Symbole als Verknüpfungen einblenden. Diese ermöglichen Ihnen, Fenster von Windows-Anwendungen und -Funktionen aufzurufen. Das in Abbildung 4.1 gezeigte Symbol des Papierkorbs ermöglicht Ihnen, Elemente wie Dateien, die Sie nicht mehr brauchen (zum Beispiel einen Brief), einfach zu löschen (siehe Kapitel 9).

- Die Taskleiste am unteren Desktoprand verfügt über mehrere Funktionen. Die im linken Bereich vorhandenen Symbole für Internet Explorer (sofern kein anderer Browser installiert wurde) und Explorer sind an der Taskleiste angeheftet und ermöglichen den schnellen Zugriff auf die betreffenden Programme. Bei Bedarf lassen sich weitere Symbole von Anwendungen anheften.

- Zudem blendet Windows für jedes geöffnete Programmfenster ein Symbol in der Taskleiste ein. Über diese als Schaltflächen ausgeführten Symbole können Sie zwischen verschiedenen, aktuell geöffneten Fenstern wechseln. Windows ermöglicht dabei, eine Vorschau auf die Inhalte minimierter Fenster durch einfaches Zeigen per Maus abzurufen.

- Rechts in der Taskleiste befindet sich der Infobereich. Dort werden die Uhrzeit und das Datum sowie der Zustand verschiedener Geräte über Symbole angezeigt. Die in Windows 7 ganz rechts angeordnete Schaltfläche *Desktop anzeigen* ist zwar entfallen, Sie können aber trotzdem auf den entsprechenden Bereich klicken, um alle geöffneten Fenster auf dem Windows-Desktop aus- und wieder einzublenden.

- Die Fenster geöffneter Windows-Anwendungen sehen zudem wie in früheren Windows-Versionen aus und weisen z.B. in der oberen rechten Ecke die drei Schaltflächen zum Minimieren, Maximieren/Wiederherstellen und Schließen des Fensters auf.

Bis auf einige Kleinigkeiten hat sich daher wenig geändert. Man kann also mit Windows 8.1 nach wie vor auf dem Windows-Desktop mit Windows-Anwendungen arbeiten.

> **HINWEIS**   In Windows RT (der ARM-Version von Windows) lassen sich aber keine Windows-Programme von Drittherstellern installieren. Sie sind also auf die vorinstallierten Windows-Anwendungen und Apps angewiesen. Wie Sie die Charms-Leiste bei Bedarf am rechten Rand einblenden oder zur Startseite umschalten sowie zwischen App- und Anwendungsfenstern wechseln, ist in Kapitel 3 beschrieben.

Fehlende Desktopsymbole einblenden

Es ist kein Problem, fehlende Symbole wie *Dieser PC*, die *Systemsteuerung* oder das *Netzwerk* als Desktopsymbol einzublenden:

1. Klicken Sie mit der rechten Maustaste auf eine freie Stelle des Desktops (bei Touchbedienung den Finger etwas länger auflegen) und wählen Sie den Kontextmenübefehl *Anpassen* (Abbildung 4.2).
2. Klicken Sie in der Aufgabenleiste des Fensters *Anpassung* (Abbildung 4.2, Hintergrund) auf den Link *Desktopsymbole ändern*.
3. Im Dialogfeld *Desktopsymboleinstellungen* (Abbildung 4.2, Vordergrund) markieren Sie die gewünschten Kontrollkästchen.

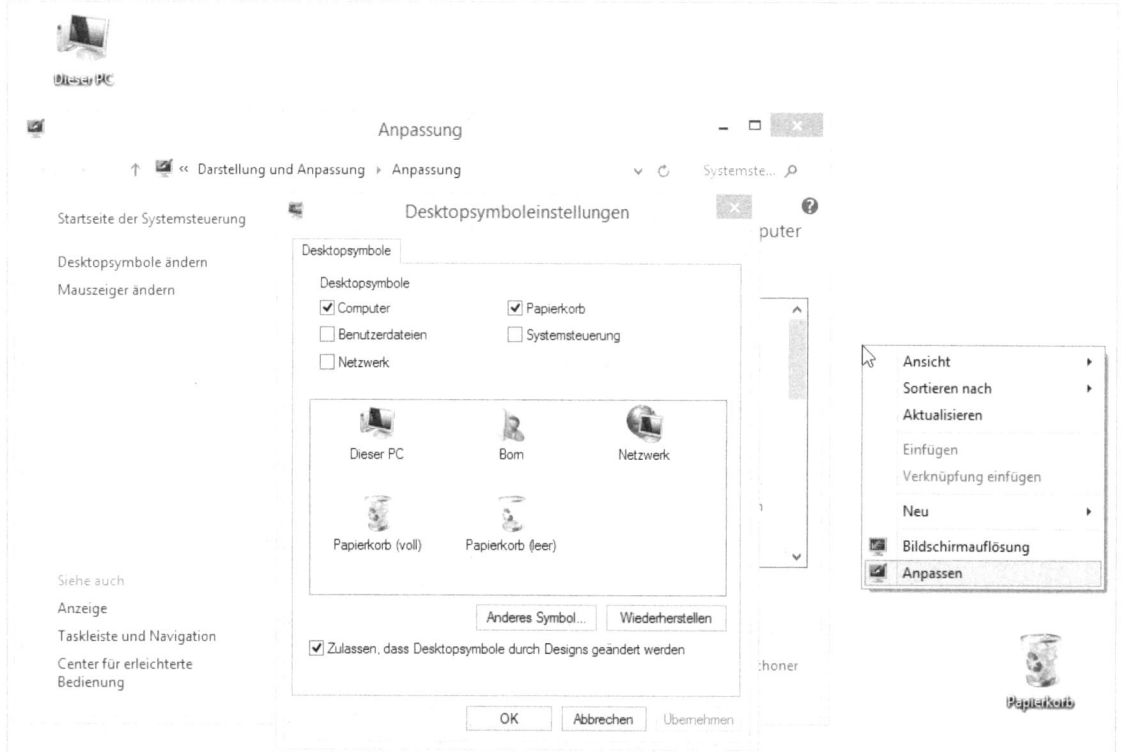

Abbildung 4.2   Symbole zum Windows-Desktop hinzufügen

Schließen Sie danach das Dialogfeld über die *OK*-Schaltfläche. In Abbildung 4.2 habe ich auf diese Weise das Symbol *Dieser PC* auf dem Desktop eingeblendet.

HINWEIS   Markieren Sie das Kontrollkästchen *Zulassen, dass Desktopsymbole durch Designs geändert werden*. Dann übernimmt Windows aus zugewiesenen Designs auch deren Desktopsymbole für Papierkorb und andere Elemente.

Um schneller auf Programme zuzugreifen, lassen sich zudem Symbole von Programmverknüpfungen auf dem Windows-Desktop einrichten:

1. Öffnen Sie ein Ordnerfenster und navigieren Sie zum Ordner, in dem das gewünschte Programm (Windows-Anwendung) gespeichert ist.

2. Öffnen Sie das Kontextmenü des Programms (*.exe*-Datei), indem Sie dieses mit der rechten Maustaste anklicken oder den Finger länger auf die Stelle am Touchscreen pressen und dann loslassen.

3. Wählen Sie im Kontextmenü die Befehle *Senden an/Desktop (Verknüpfung erstellen)*.

Daraufhin wird eine entsprechende Verknüpfung auf dem Desktop angelegt, die sich mit den in Kapitel 9 beschriebenen Methoden ggf. umbenennen lässt.

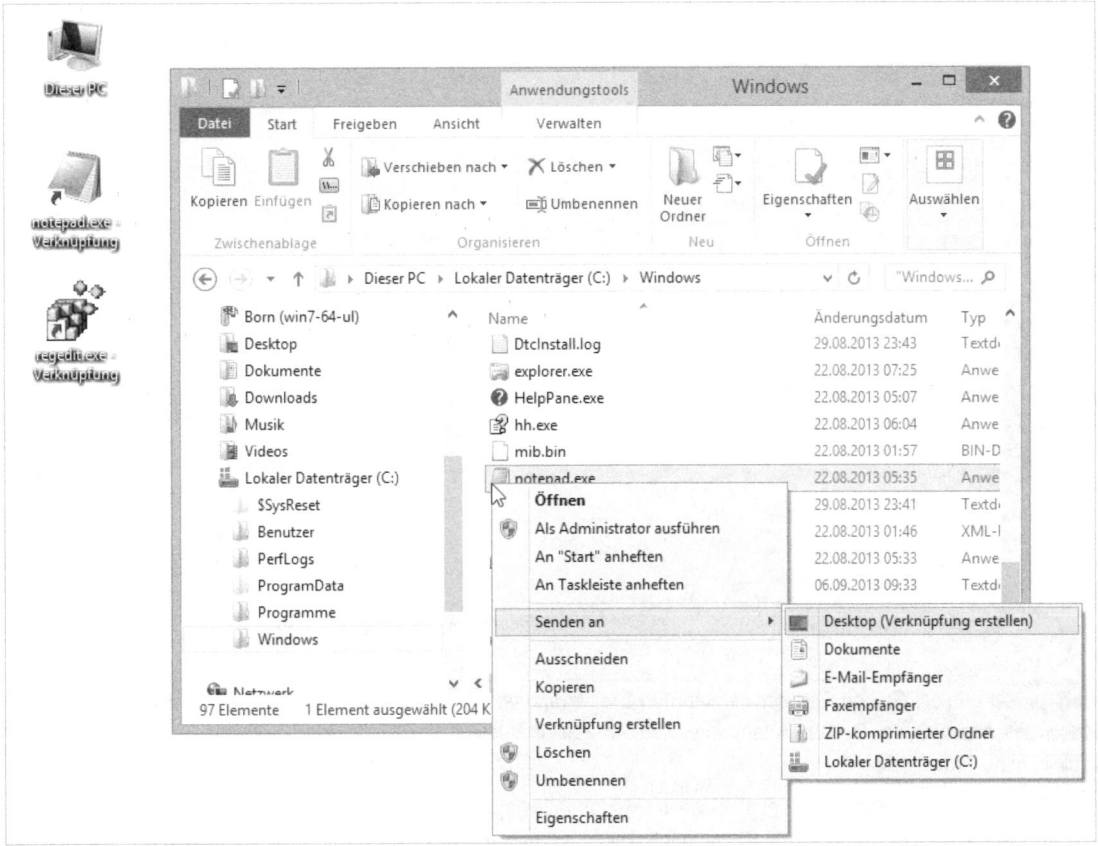

Abbildung 4.3   Verknüpfungen zum Windows-Desktop hinzufügen

Einstelloptionen der Registerkarte »Navigation«

In Windows 8.1 hat Microsoft eine zusätzliche Registerkarte *Navigation* in den Eigenschaften der Taskleiste eingeführt, über die sich diverse Optionen anpassen lassen.

Boot to Desktop in Windows 8.1 einstellen

In Windows 8.1 stellt Microsoft eine Möglichkeit bereit, nach der Benutzeranmeldung direkt den Desktop anzuzeigen:

1. Klicken Sie mit der rechten Maustaste auf die Taskleiste an und wählen Sie den Kontextmenübefehl *Eigenschaften*.

2. Wechseln Sie zur Registerkarte *Navigation* und markieren Sie dort das Kontrollkästchen *Beim Anmelden oder Schließen sämtlicher Apps anstelle der Startseite den Desktop anzeigen* (Abbildung 4.4).

Sobald Sie das Eigenschaftenfenster über die *OK*-Schaltfläche schließen, werden die Änderungen wirksam. Bei der nächsten Anmeldung sollte direkt der Windows-Desktop angezeigt werden.

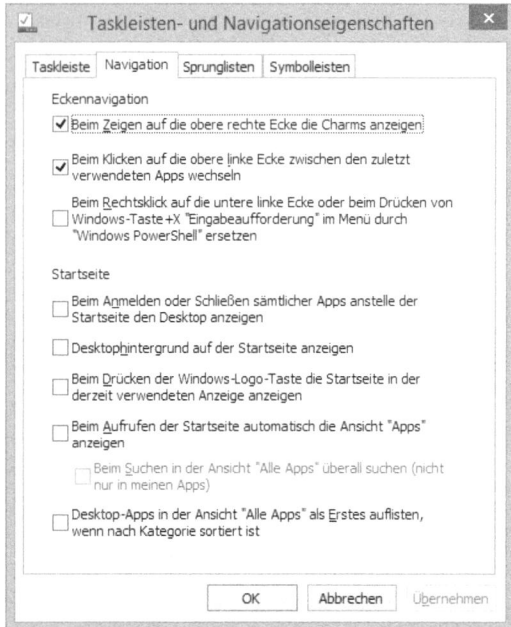

Abbildung 4.4 Boot to Desktop-Optionen

HINWEIS   In der Gruppe *Startseite* der Registerkarte *Navigation* ermöglicht das Kontrollkästchen *Desktophintergrund auf der Startseite anzeigen*, den Desktophintergrund in der Startseite einzublenden. Solange jedoch Windows 8.1 noch nicht aktiviert ist, bleibt diese Option gesperrt.

Es finden sich auch Kontrollkästchen, um die Suche im Modus »Alle Apps« auf andere Speicherorte auszudehnen, oder beim Drücken der ▓-Taste die Anzeige der Startseite in der Hauptanzeige zu erzwingen. Das unterste Kontrollkästchen ist ganz hilfreich, um Desktopanwendungen in der Ansicht *Apps* bei aktiver Kategoriensortierung zuerst anzuzeigen. Dann lässt sich die Startseite quasi wie ein Startmenü verwenden, da nur Windows-Anwendungen in den ersten Spalten angezeigt werden.

Eckennavigation: Charms-Leiste und Switcher deaktivieren

Manche Desktopbenutzer sind von der Charms-Leiste genervt, die sich mitunter scheinbar von selbst einblendet. Meist sind es Berührungen des Touchpads mit dem Handballen, die Windows fälschlicherweise veranlassen, die entsprechende Geste zu erkennen. Es besteht aber die Möglichkeit, die Anzeige der Charms-Leiste zu deaktivieren:

1. Rufen Sie die Eigenschaftenseite der Taskleiste auf und wechseln Sie zur Registerkarte *Navigation*.

2. Deaktivieren auf der Registerkarte *Navigation* (Abbildung 4.4) die gewünschten Kontrollkästchen.

In der Gruppe *Eckennavigation* lässt sich z.B. die Markierung des Kontrollkästchens *Beim Zeigen auf die obere rechte Ecke die Charms anzeigen* aufheben. Dann wird die Charms-Leiste beim Zeigen per Maus in die rechte obere oder untere Ecke nicht mehr eingeblendet.

HINWEIS   Gehen Sie über das Symbol *Einstellungen* der Charms-Leiste zur Seite *PC-Einstellungen*, finden Sie in der Kategorie *PC und Geräte/Ecken und Ränder* die gleichen Optionen, um die Eckennavigation ein-/auszuschalten.

Programmstart per Suche

Unter Windows 7 habe ich häufig mit dem Suchfeld des Startmenüs gearbeitet, um schnell auf Programme und Funktionen zuzugreifen. Wegen des in Windows 8.1 fehlenden Startmenüs ist ein alternativer Weg zur Suche nach Funktionen und Programmen erforderlich. Bei Systemen mit angeschlossener Tastatur hilft folgende Alternative:

1. Drücken Sie die ⊞-Taste, um zur Startseite zu gelangen. Tippen Sie dann einen Suchbegriff ein, schaltet Windows zur Seitenleise *Suchen* um.

2. Ergänzen Sie den Suchbegriff, bis Windows die Treffer in der Startseite auflistet (Abbildung 4.5).

3. Anschließend reicht es, den gefundenen Treffer in der linken Spalte der Ergebnisliste anzuwählen, um die Windows-Anwendung bzw. -Funktion auszuführen.

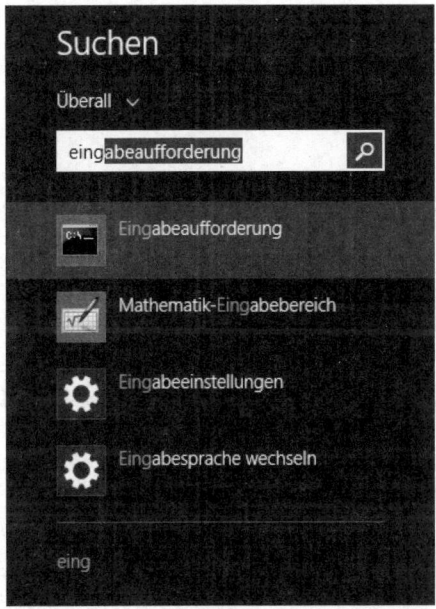

Abbildung 4.5 Suchen nach Anwendungen

Bei Anwahl von Windows-Anwendungen und -Funktionen schaltet die Anzeige zum Desktop zurück und das Programmfenster oder das Dialogfeld wird angezeigt.

HINWEIS Der obige Ansatz funktioniert zwar, hat aber einige Nachteile. So kann der ständige Wechsel zwischen Windows-Desktop, Startseite und wiederum Windows-Desktop nerven. Zudem ist in Abbildung 4.5 zu erkennen, dass Windows die Treffer nach den Kategorien »Apps«, »Einstellungen« und »Dateien« sortiert. Es werden in der linken Spalte aber nur Treffer der in der Seitenleiste gewählten Kategorie angezeigt. Man kann lediglich erkennen, dass weitere Treffer in den ausgeblendeten Kategorien vorliegen. Dies bedeutet, die Kategorie muss ausgewählt werden, um dort Treffer einsehen und ggf. anwählen zu können.

Das Startmenü nachrüsten

Die Entscheidung von Microsoft, das Startmenü seit Windows 8 entfallen zu lassen, hat zu einigem Unmut bei verschiedenen Benutzern geführt. Wer ein Startmenü auf dem Windows-Desktop benötigt, kann sich dieses recht einfach und kostenlos nachrüsten. Hierzu wird die Software Classic Shell benötigt, die als Open-Source-Software verfügbar ist.

HINWEIS   Die Classic Shell lässt sich kostenlos unter *http://www.classicshell.net/* [Ms240-K04-01] herunterladen und anschließend mittels eines Assistenten installieren. Achten Sie bei der Installation lediglich darauf, im Schritt »Custom Setup« die Optionen »Classic IE« und »Classic Explorer« abzuwählen und nur »Classic Start Menu« zuzulassen – es sei denn, Sie möchten auch diese Optionen verwenden.

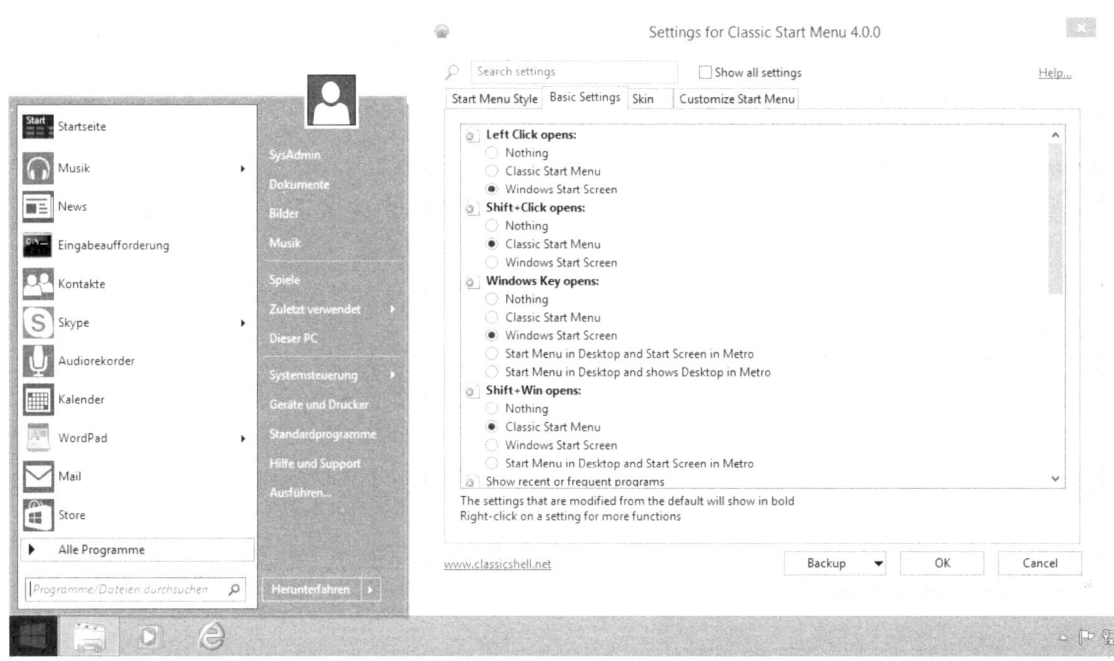

Abbildung 4.6   Startmenü mit Classic Shell und Einstellungsseite

Nach der erfolgreichen Installation der Classic Shell kann die Schaltfläche *Start* in der Taskleiste zum Öffnen des Startmenüs verwendet werden (Abbildung 4.6). Das genaue Aussehen des Startmenüs (ein- oder zwei-spaltig, Skin etc.) und dessen Verhalten ist einstellbar. So ist auch wählbar, ob die von Windows bereitge-stellte *Start*-Schaltfläche zu ersetzen ist.

Klicken Sie die *Start*-Schaltfläche mit der rechten Maustaste an, lässt sich im Kontextmenü der Befehl *Ein-stellungen* wählen. Dann erscheint das in Abbildung 4.6 rechts sichtbare Eigenschaftenfenster. Um Beeinflus-sungen der Windows-Oberfläche durch die Classic Shell zu vermeiden, sollten Sie folgende Einstellungen anpassen:

- Wählen Sie auf der Registerkarte *Start Menu Style* das Layout für Windows 7. Ist das Kontrollkästchen *Show all settings* markiert, können z.B. ein zweispaltiges Layout und ein Skin auf der Registerkarte *Skin* gewählt werden.

- Stellen Sie sicher, dass auf der Registerkarte *Basic Settings* (bzw. *Controls* bei aktiviertem Kontrollkästchen *Show all settings*) in der Kategorie *Windows Key opens* die Option *Windows Start Screen* und in der Kate-gorie *Shift+Win opens* die Option *Classic Start Menu* markiert sind.

Dann lässt sich mittels der ⊞-Taste zwischen Windows-Desktop und der Startseite wechseln, und mit ⇧+⊞ öffnet sich das aus früheren Windows-Versionen bekannte Startmenü. Ein Mausklick auf die Schaltfläche *Start* öffnet dagegen das Startmenü. Falls Sie auch hier das Standard Windows-Verhalten bevorzugen, markieren Sie in der Kategorie *Left Click opens* die Option *Windows Start Screen* und in der Kategorie *Shift+Click opens* die Option *Classic Start Menu*. Dann öffnet ein Mausklick auf die Schaltfläche *Start* bei gedrückter ⇧-Taste das Startmenü.

Sobald das Startmenü über die Classic Shell nachgerüstet wurde, können Sie wie in früheren Windows-Versionen über *Programme* auf die im Startmenü verwalteten Windows-Anwendungen zugreifen. Über das Textfeld *Programme/Dateien durchsuchen* lassen sich Windows-Funktionen und -Programme suchen oder Befehle ausführen. Die Classic Shell stellt Ihnen zudem Befehle zum Herunterfahren, Abmelden etc. von Windows per Startmenü zur Verfügung. Lediglich das Schnellzugriffmenü, welches beim Rechtsklick auf die Windows-Schaltfläche *Start* eingeblendet wird, fehlt bei installierter Classic Shell 4.0.0. Verwenden Sie die Tastenkombination ⊞+X oder halten Sie die ⇧-Taste gedrückt, während Sie den Rechtsklick auf die Schaltfläche *Start* ausführen, um das Schnellzugriffmenü einzublenden.

TIPP Auf der Webseite *https://www.pokki.com/de/* [Ms240-K04-02] finden Sie das kostenlose Programm Pokki, welches ein alternatives Startmenü unter Windows bereitstellt. Das Pokki-Startmenü lässt sich auch auf Touchscreens gut bedienen.

Ohne Classic Shell können Sie bei eingeblendetem Desktop alternativ die Tastenkombination Alt+F4 drücken. Dann erscheint ein Dialogfeld, über dessen Listenfeld wählbar ist, ob Windows heruntergefahren, neu gestartet, der Energiesparmodus aufgerufen oder der Benutzer abgemeldet werden soll. Der Befehl wird nach Bestätigung der *OK*-Schaltfläche ausgeführt.

Den Desktophintergrund anpassen

Falls Sie der Desktophintergrund stört, lässt sich dieser anpassen. Sie können eigene Designs oder Hintergrundbilder zuweisen sowie einen unifarbenen Hintergrund wählen. Zudem lassen sich die Farben der Fenster anpassen:

1. Öffnen Sie das Kontextmenü des Desktops (z.B. indem Sie mit der rechten Maustaste auf eine freie Stelle des Desktops klicken) und wählen Sie den Kontextmenübefehl *Anpassen*.

2. Anschließend lässt sich im Fenster *Anpassung* ein neues Design auswählen (Abbildung 4.7).

Das Design wird sofort nach der Auswahl zugewiesen. Über den Hyperlink *Design speichern* sichern Sie das ausgewählte Design mitsamt den ggf. vorgenommenen Anpassungen unter einem Namen. Bei Anwahl des Hyperlinks erscheint ein Dialogfeld, in dem der Name des Designs abgefragt wird.

TIPP Klicken Sie ein eigenes Design mit der rechten Maustaste an, lässt sich im Kontextmenü der Befehl *Design löschen* wählen. Fehlt dieser Kontextmenübefehl? Das Design darf nicht aktuell zugewiesen sein. Markieren Sie ggf. eines der Windows-Standarddesigns und versuchen Sie das Löschen erneut.

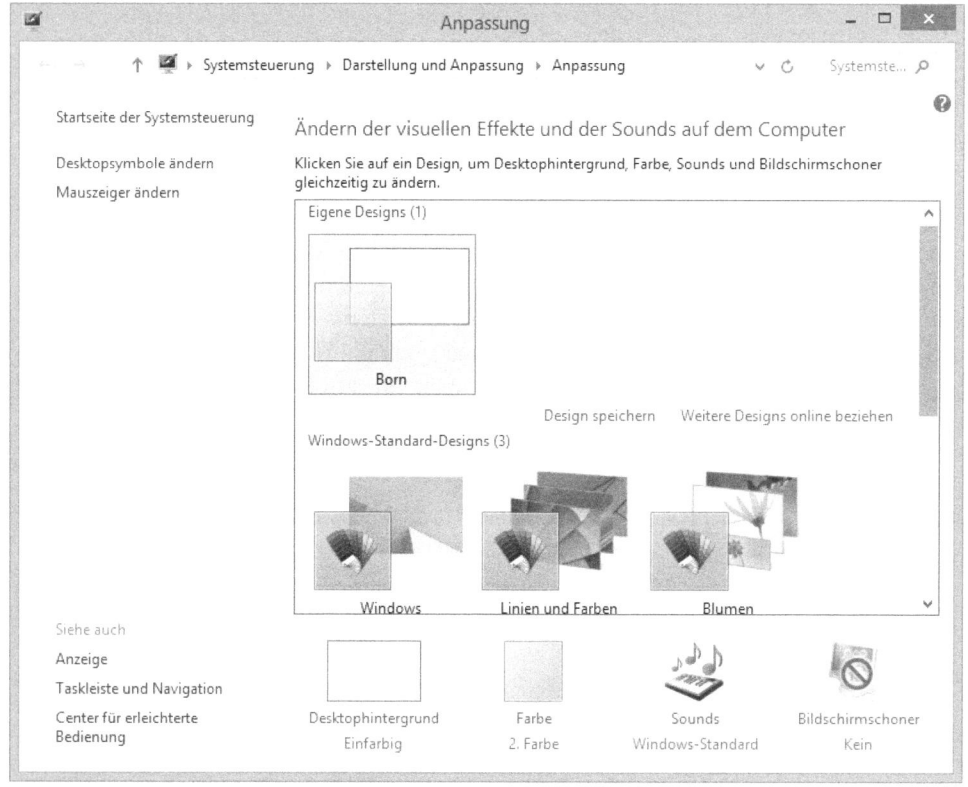

Abbildung 4.7   Auswahlseite für Desktopdesigns

Um den Desktophintergrund oder die Fensterfarbe anzupassen, rufen Sie die Seite *Anpassung* (Abbildung 4.7) per Kontextmenü auf und führen folgende Zusatzschritte aus:

1. Wählen Sie bei Bedarf am unteren Rand der Seite den Befehl *Desktophintergrund* an (Abbildung 4.7).

2. Dann können Sie in der gleichnamigen Seite (Abbildung 4.8, Hintergrund oben) ein Foto von verschiedenen Speicherorten oder eine einfarbige Fläche als Hintergrund wählen und zuweisen.

3. Da sich die Fensterdarstellung durch den Desktophintergrund verändert, wählen Sie auf der Seite *Anpassung* (Abbildung 4.7) am unteren Rand das Feld *Farbe*.

4. Danach lässt sich auf der Seite *Farbe und -darstellung* (Abbildung 4.8, Vordergrund unten) die Fensterfarbe und gegebenenfalls die Farbintensität über die vorhandenen Elemente anpassen.

Die Schaltfläche *Farbmixer einblenden* erweitert die Darstellung der Seite um einige Schieberegler, über die sich individuelle Farbanpassungen für die Fensterrahmen vornehmen lassen. Sobald Sie auf *Änderungen speichern* klicken, werden diese Einstellungen wirksam.

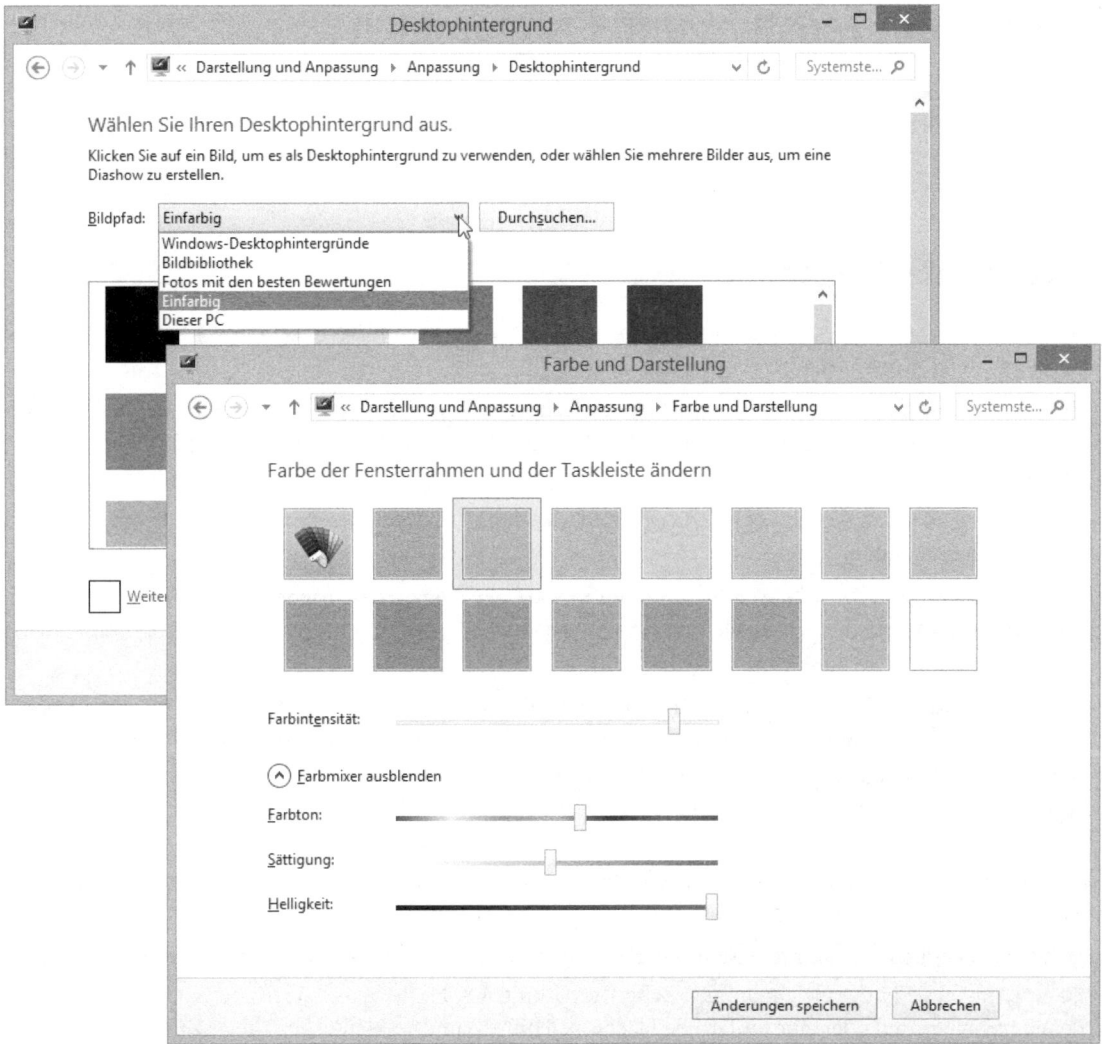

Abbildung 4.8 Desktophintergrund und Fensterfarbe anpassen

TIPP   Bereits seit Windows 8 gibt es gegenüber früheren Windows-Versionen kleinere Neuerungen. So lassen sich im Listenfeld *Bildpfad* (Abbildung 4.8, Hintergrund oben) nun verschiedene Speicherorte auswählen. Auf der Seite *Farbe und Darstellung* (Abbildung 4.8, unten) fehlt das Kontrollkästchen zum Aktivieren der Transparenz. Microsoft hat seit Windows 8 bestimmte Aero-Anzeigeeffekte wie Transparenz oder Fensterschatten entfernt. Weisen Sie einen weißen Desktophintergrund zu, verwendet Windows automatisch einen grauen Fensterrahmen. Weisen Sie bei Bedarf eine andere Farbe über die Seite *Farbe und Darstellung* (Abbildung 4.8, unten) zu. Sofern Sie die »verwaschene« Schattenschrift der Desktopsymboltitel stört, finden Sie unter *http://www.borncity.com/blog/2010/07/06/schattenschrift-fr-desktopsymbole-deaktivieren/* [Ms240-K04-03] ein kleines WSH-Skriptprogramm *ShadowOff.vbs*, das ich mal für Windows 7 geschrieben habe. Führen Sie das Programm aus, erhalten Sie in einem Dialogfeld die Möglichkeit, die Schattenschrift abzuschalten. Damit die Änderung wirksam wird, müssen Sie sich vom Benutzerkonto ab- und wieder anmelden.

Arbeiten mit Fenstern und Programmen

Nachfolgend erhalten Sie einen kurzen Überblick zum Umgang mit Programmen und Fenstern und erfahren, wie Sie zwischen Programmen umschalten können. Viele Funktionen lassen sich wie in früheren Windows-Versionen verwenden. Einige Techniken zum Umschalten zwischen Apps und Programmen sind zudem in Kapitel 3 beschrieben.

So starten Sie Programme

Windows stellt verschiedene Ansätze bereit, um auf Windows-Anwendungen (Windows-Programme) oder auf Windows-Funktionen zuzugreifen:

- Ist ein (Verknüpfungs-)Symbol auf dem Desktop abgelegt (siehe den Abschnitt »Fehlende Desktopsymbole einblenden«), genügt ein Doppelklick (oder doppeltes Antippen per Finger) zum Aufrufen der Anwendung.

- Des Weiteren können Sie die ⊞-Taste drücken und dann auf der Startseite die Kachel der gewünschten Anwendung anwählen.

- Alternativ lässt sich der in Abschnitt »Programmstart per Suche« beschriebene Ansatz verwenden, um auf Windows-Anwendungen sowie auf Windows-Funktionen oder auf ausführbare Programmdateien zuzugreifen und diese zu starten.

- Haben Sie das im Abschnitt »Das Startmenü nachrüsten« beschriebene Startmenü nachgerüstet, lassen sich Programme und Windows-Funktionen über diese Startmenüeinträge aufrufen. Außerdem lässt sich das Suchfeld des Startmenüs verwenden, um Befehle einzugeben oder nach Windows-Funktionen und Programmen zu suchen und diese dann auszuführen.

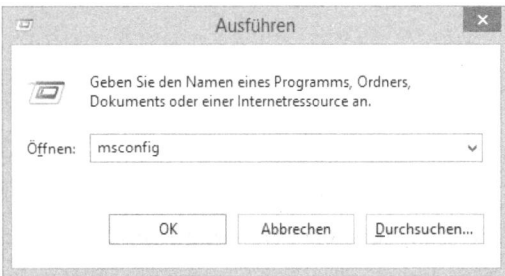

Abbildung 4.9   Dialogfeld *Ausführen*

- Auch ohne Startmenü können Sie die Tastenkombination ⊞+R drücken, um das Dialogfeld *Ausführen* zu öffnen (Abbildung 4.9). Tippen Sie den gewünschten Befehl in das Listenfeld *Öffnen* ein, lässt sich dieser mittels der *OK*-Schaltfläche ausführen. Klicken Sie auf die am rechten Rand des Kombinationsfelds *Öffnen* angezeigte Schaltfläche, erscheint eine Liste der zuletzt aufgerufenen Befehle. Durch Anklicken eines Befehls lässt sich dieser als Auswahl übernehmen. Die Schaltfläche *Durchsuchen* des Dialogfelds öffnet ein Zusatzdialogfeld, in dem Sie gezielt in Laufwerken und Ordnern nach dem Programm suchen können. Sie können im Feld *Öffnen* neben Programmnamen auch einen Laufwerksnamen, einen Pfad zum Programmordner und auch Parameter wie beispielsweise den Namen eines zu ladenden Dokuments angeben. Der Befehl *C:* öffnet beispielsweise das Ordnerfenster des betreffenden Laufwerks.

Windows ermöglicht es zudem, Dokumente (z.B. Texte, Fotos, Videos, Musikstücke etc.) auf einfachem Wege in der betreffenden Anwendung zu öffnen. Ein Doppelklick auf ein solches Dokumentsymbol (z.B. auf dem Desktop oder in einem Ordnerfenster) öffnet das Dokument im passenden Anwendungsprogramm. Zudem lassen sich (sofern die Anwendung dies unterstützt) die letzten Dokumente über die Sprunglisten von Taskleisteneinträgen öffnen (siehe den Abschnitt »Verwenden der Taskleiste«). Weiterhin lässt sich eine Programmdatei (.exe) direkt durch einen Doppelklick aus einem Ordnerfenster aufzurufen. Diese Ansätze funktionieren wie in früheren Windows-Versionen.

Abgestürzte Anwendung zwangsweise beenden

Normalerweise beenden Sie eine Anwendung über deren *Schließen*-Schaltfläche in der rechten oberen Ecke des Programmfensters. Manche Anwendungen besitzen auch einen Befehl *Beenden* im Menü *Datei*. Gelegentlich kann es vorkommen, dass Anwendungen nicht mehr reagieren oder Windows überlastet ist. In solchen Fällen haben Sie die Möglichkeit, eine nicht mehr reagierende Anwendung zwangsweise abzubrechen:

- Drücken Sie gleichzeitig die drei Tasten Strg + Alt + Entf und wählen Sie auf der angezeigten Seite den Befehl *Task-Manager*.

- Oder Sie klicken die Taskleiste mit der rechten Maustaste an und wählen den Kontextmenübefehl *Task-Manager*.

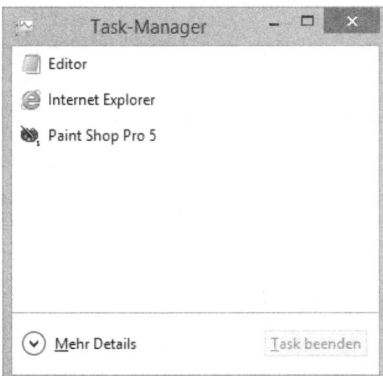

Abbildung 4.10 Fenster des Task-Managers

Windows öffnet das Fenster des Task-Managers (Abbildung 4.10), in dem Sie den Namen des nicht mehr reagierenden Programms in der Liste der Tasks anwählen. Über die Schaltfläche *Task beenden* lässt sich das Programm dann zwangsweise abbrechen.

Windows entfernt die Anwendung aus dem Arbeitsspeicher, was allerdings gravierende Folgen hat: Enthält das Programm noch ungespeicherte Daten, gehen diese beim gewaltsamen Beenden verloren. Über die Schaltfläche *Mehr Details* gelangen Sie zu einer erweiterten Darstellung des Task-Managers mit einer Reihe von Registerkarten, über die Sie auf Dienste, Leistungsinformationen etc. zugreifen können (siehe auch Kapitel 31).

TIPP   Der Task-Manager lässt sich übrigens direkt mit der Tastenkombination Strg + ⇧ + Esc aufrufen.

Programmumschaltung über Fenster und Taskleiste

Sie können die in Kapitel 3 für Touchbildschirme und Mausbedienung beschriebenen Techniken zum Umschalten zwischen App-Seiten und geöffneten Anwendungsfenstern verwenden. Für den Desktop gibt es aber noch zusätzliche Möglichkeiten, um direkt zwischen Anwendungen und ggf. Apps umzuschalten.

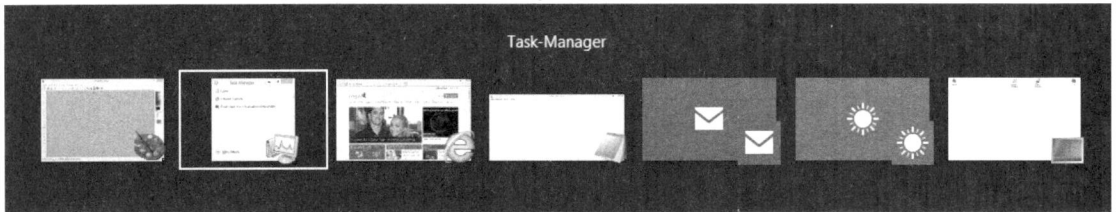

Abbildung 4.11   Eingeblendete Taskleiste

- Drücken Sie die Tastenkombination ⌊Alt⌋+⌊⇆⌋, um die Taskleiste (Abbildung 4.11) einzublenden. Halten Sie die ⌊Alt⌋-Taste gedrückt und tippen Sie auf die ⌊⇆⌋-Taste zum Springen zwischen den Minifenstern. Lassen Sie die ⌊Alt⌋-Taste los, schaltet dies zur Anzeige des gewählten Elements. Dies ermöglicht sowohl den Zugriff auf Windows-Desktopelemente als auch auf Windows 8.1-Apps.

- Drücken Sie die Tastenkombination ⌊Alt⌋+⌊Esc⌋, um direkt zwischen den auf dem Windows-Desktop geöffneten Anwendungsfenstern, Eigenschaftenfenster und Dialogfeldern umzuschalten. Bei jedem Tastendruck von ⌊Esc⌋ bei gedrückt gehaltener ⌊Alt⌋-Taste wird ein anderes Desktopelement in den Vordergrund geschaltet. Mit diesem Ansatz können Sie nicht auf Apps zugreifen.

- Sind mehrere Windows-Anwendungsfenster, Dialogfelder und Eigenschaftenseiten auf dem Desktop geöffnet, lassen sich diese über ihre Titelleiste am oberen Fensterrand nebeneinander anordnen. Dann genügt die Anwahl der Titelleiste, um das gewünschte Element in den Vordergrund zu holen (Abbildung 4.11, oben). Windows kennzeichnet die Titelleiste des aktiven und der inaktiven Fenster farbig.

- Geöffnete Fenster besitzen ein Symbol in der Taskleiste (Abbildung 4.11, unten). Dann holt das Anklicken des Taskleistensymbols das zugehörige Fenster in den Vordergrund. Dies funktioniert jedoch nur, falls keine Fenster in der Taskleistenschaltfläche gruppiert sind.

- Sind mehrere Fenster der gleichen Anwendung (z.B. Internet Explorer) geöffnet, gruppiert Windows diese unter einer Schaltfläche (erkennbar an einer »gestapelten« Schaltflächenanzeige). Wurden Fenster zu Schaltflächensymbolen gruppiert, zeigen oder klicken Sie per Maus auf die gewünschte Schaltfläche. Dann erscheint eine Miniaturvorschau der geöffneten Fenster (Abbildung 4.12, unten) und Sie können das Fenster durch Anwahl der Vorschau in den Vordergrund holen. Die Vorschau verschwindet, sobald der Mauszeiger aus dem Bereich herausbewegt wird.

Auf diese Weise lässt sich sehr elegant zwischen geöffneten Fenstern auf dem Windows-Desktop umschalten.

TIPP   Halten Sie die ⌊Strg⌋-Taste beim Klicken auf eine gruppierte Schaltfläche der Taskleiste gedrückt, holt Windows das zuletzt geöffnete Fenster der Gruppe in den Vordergrund. Weitere Mausklicks auf die Schaltfläche ermöglichen Ihnen, durch die Liste der Anwendungsfenster dieser Anwendung zu blättern.

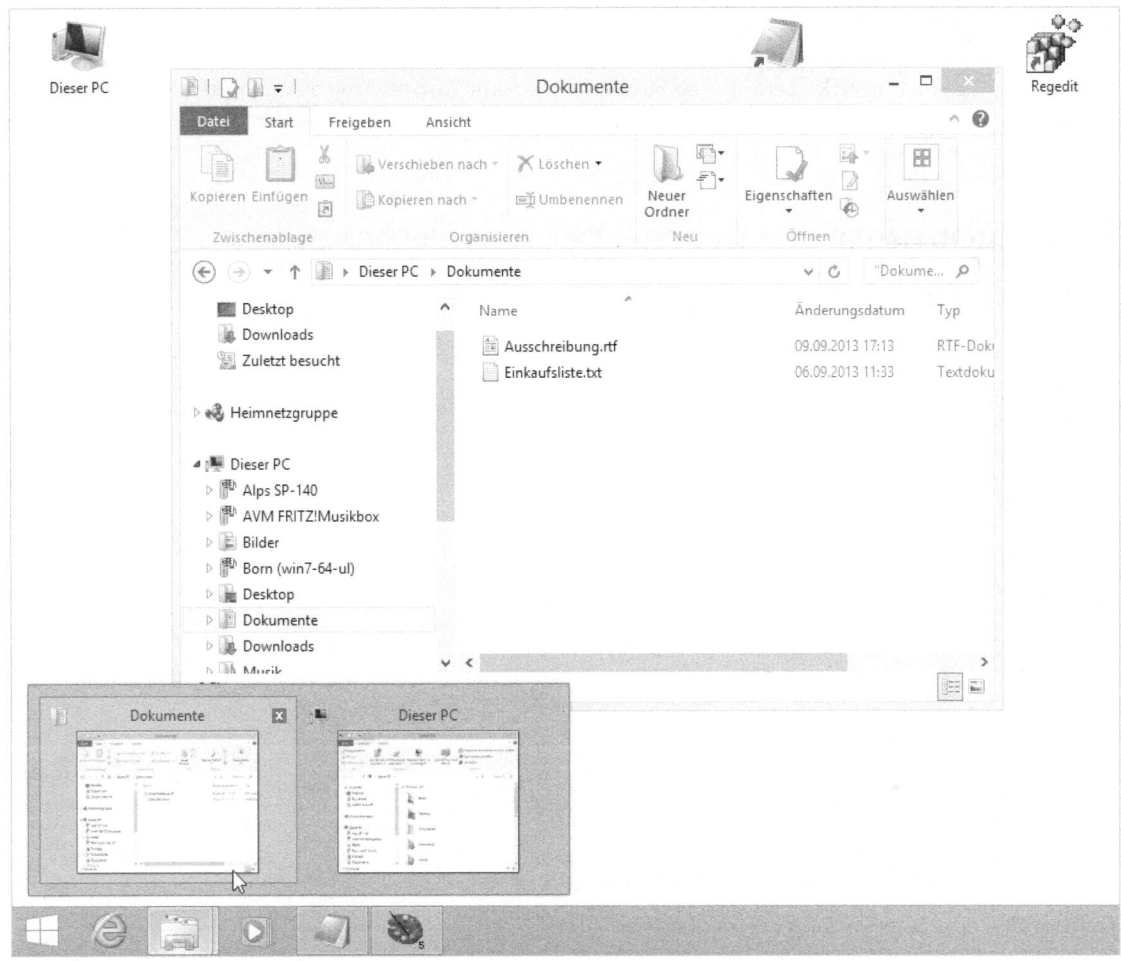

Abbildung 4.12 Wechsel zwischen Programmfenstern

Fenster am Desktoprand andocken

Ein Anwendungsfenster lässt sich per Doppelklick auf die Titelleiste (oder mittels der Schaltfläche *Maximieren*) in den Vollbildmodus schalten. Die Schaltfläche *Wiederherstellen* oder ein zweiter Doppelklick auf die Titelleiste stellt die vorherige Fensterdarstellung wieder her.

Ziehen Sie das Fenster per Titelleiste zum rechten oder linken Desktoprand (Mauszeiger muss den Rand berühren), lässt sich das Fenster an diesem Rand andocken und auf die halbe Bildschirmgröße setzen. Um zur vorherigen Fensterdarstellung zurückzugelangen, ziehen Sie die Titelleiste des betreffenden Fensters einfach vom Desktoprand ab.

TIPP   Sie können auch die ⊞-Taste zum Andocken der Fenster einsetzen. Mit ⊞ + → dockt das aktuelle Fenster am rechten und mit ⊞ + ← am linken Rand an.

Verwenden der Taskleiste

Die Windows-Taskleiste stellt verschiedene Funktionen wie die im vorherigen Abschnitt erwähnten Schaltflächen zur Umschaltung zwischen geöffneten Fenstern bereit. Nachfolgend erfahren Sie, was es bezüglich der Taskleiste sonst noch zu wissen gibt.

Änderungen gegenüber früheren Windows-Versionen

Die Taskleiste besitzt (mit Ausnahme der Schaltfläche *Start*) die Funktionalität aus Windows 7. Gegenüber Windows XP und Windows Vista gibt es aber Änderungen.

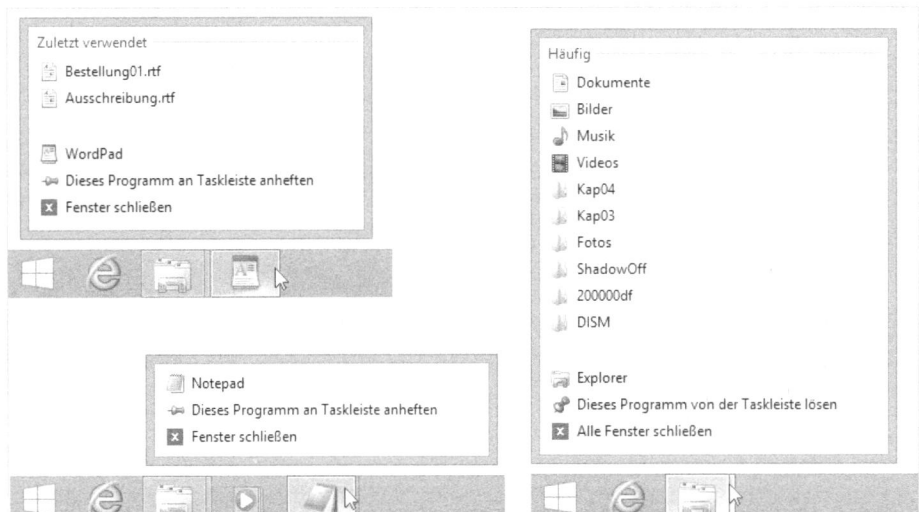

Abbildung 4.13   Schaltflächen und Sprungmenü der Taskleiste

- Ähnlich wie bei früheren Windows-Versionen werden die Symbole mehrerer Fenster einer geöffneten Anwendung zu einer Gruppenschaltfläche zusammengefasst (z.B. Schaltfläche für Ordnersymbole in Abbildung 4.13). Über diese Schaltflächen lassen sich die zugehörigen Anwendungen starten (sofern noch nicht laufend) oder das Fenster der laufenden Anwendung in den Vordergrund holen (siehe den vorherigen Abschnitt zum Umschalten zwischen Programmen).

- Wählen Sie die Schaltfläche einer laufenden Anwendung mit einem Rechtsklick in der Taskleiste an (oder ziehen Sie das Symbol leicht aus der Taskleiste zum Desktop), öffnet sich eine Sprungliste (Abbildung 4.13). Über deren Befehle der Gruppe *Häufig* oder *Zuletzt verwendet* lässt sich auf die (standardmäßig) zehn zuletzt in der Anwendung geöffneten Dokumente zugreifen. Die Befehle *Fenster schließen* bzw. *Alle Fenster schließen* beenden die noch laufende(n) Anwendung(en), die unter der Schaltfläche angezeigt ist (sind).

- Zeigen Sie auf einen Dokumenteintrag in der Sprungliste, finden Sie am rechten Rand des Menübefehls eine Schaltfläche zum Festpinnen des Eintrags. Klicken Sie einen Dokumenteintrag in der Sprungliste mit der rechten Maustaste an, lässt sich der Befehl *An diese Liste anheften* wählen, um das Dokument fest in die Gruppe *Angeheftet* aufzunehmen.

- Öffnen Sie die Sprungliste des Symbols einer laufenden Anwendung, lässt sich die Anwendung über den Befehl *Dieses Programm an Taskleiste anheften* dauerhaft als Symbol an der Taskleiste anheften. Das Symbol wird neben den Einträgen für den Internet Explorer und das Ordnerfenster angezeigt. Angeheftete Symbole lassen sich über den Befehl *Dieses Programm von der Taskleiste lösen* der Sprungliste wieder aus der Taskleiste entfernen. Der Ansatz klappt auch für das Fenster der Systemsteuerung. Öffnen Sie später das Kontextmenü dieses Symbols, erscheint eine Sprungliste mit den wichtigsten Befehlen der Systemsteuerung.

- Alternativ können Sie ein Verknüpfungssymbol vom Desktop oder aus einem Ordnerfenster zur Taskleiste ziehen. Dann erscheint eine QuickInfo *Anheften an Taskleiste*. Lassen Sie die Maustaste los, wird das über der Taskleiste befindliche Symbol angeheftet.

- Öffnen Sie das Kontextmenü einer (z.B. in einem Ordner angezeigten) Programmdatei *(.exe)*, finden Sie dort den Befehl *An Taskleiste anheften* vor, mit dem sich ebenfalls eine Verknüpfung als Symbol in der Taskleiste einrichten lässt.

- Ziehen Sie ein Dokumentsymbol per Maus zur Taskleiste, halten aber die Maustaste noch gedrückt, blendet Windows eine QuickInfo mit dem Text »Anheften an <Anwendung>« ein, wobei »<Anwendung>« der Name der dem Dokumenttyp zugeordneten Anwendung (z.B. *Editor*) ist. Beim Loslassen wird ggf. eine Schaltfläche für die betreffende Anwendung in der Taskleiste eingerichtet und das Dokument in die Sprungliste eingetragen.

- Ordnersymbole können Sie auf die gleiche Weise als »Dokumente« am Symbol an der Taskleiste anheften. Die Anwahl des Symbols öffnet dann bei Anwahl das Ordnerfenster.

Bei Bedarf können Sie in Windows die Schaltflächen innerhalb der Taskleiste horizontal verschieben und so neu anordnen (einfach per Maus an die gewünschte Position ziehen). Die in früheren Windows-Versionen in der Taskleiste vorhandene Schaltfläche *Desktop anzeigen* gibt es nicht mehr. Sie können aber am rechten Rand (rechts neben der Uhrzeitanzeige des Infobereichs) klicken. Dann werden alle geöffneten Fenster ausgeblendet und Sie sehen den leeren Desktop. Ein weiterer Mausklick auf die gleiche Stelle blendet den vorherigen Desktopzustand mit der Anzeige der Fenster wieder ein.

TIPP Über Tastenkombinationen wie ⊞+1, ⊞+2, ⊞+3 etc. lässt sich direkt auf das erste, zweite, dritte Symbol etc. der Taskleiste zugreifen, um die betreffende Anwendung aufzurufen. Das funktioniert bis zum zehnten Symbol, das über die Taste 0 angesprochen wird. Mit ⊞+⇧+1 etc. starten Sie neue Instanzen der betreffenden Anwendung.

Kontextmenübefehle der Taskleiste nutzen

Klicken Sie auf eine freie Stelle der Taskleiste und öffnen das Kontextmenü (z.B. mit der rechten Maustaste), stehen Ihnen verschiedene Befehle zur Verfügung.

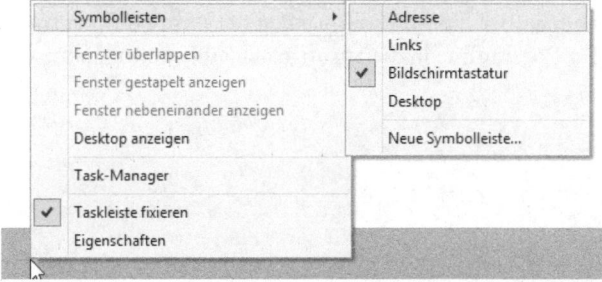

Abbildung 4.14 Kontextmenü der Taskleiste

- Über den Eintrag *Symbolleisten* öffnet sich ein Untermenü, in dem Sie die Namen ein-/ausblendbarer Symbolleisten (z.B. *Bildschirmtastatur, Adresse*) finden. Ist ein Eintrag mit einem Häkchen markiert, wird die betreffende Symbolleiste in der Taskleiste angezeigt. Das Häkchen wird durch Anklicken des betreffenden Menübefehls gesetzt oder gelöscht. Über den Befehl *Desktop* werden z.B. die Symbole des Desktops als Menüschaltfläche eingeblendet. Mit dem Befehl *Adresse* lässt sich ein Textfeld in der Taskleiste einfügen. Tippen Sie eine Internetadresse in dieses Textfeld ein und drücken dann die ⏎-Taste, wird die Internetseite abgerufen und im Internet Explorer angezeigt. Auf ähnliche Weise können Sie Laufwerksnamen und Ordnerpfade in das Feld *Adresse* eintippen, um die zugehörige Ordnerdarstellung direkt aufzurufen.

- Sobald Sie mit mehreren Programmen arbeiten, werden sich die einzelnen Fenster überdecken. Dies führt dazu, dass Fenster komplett hinter anderen Fenstern verschwinden, und Sie können diese weder einsehen noch anklicken. Über die drei Kontextmenübefehle *Fenster überlappen*, *Fenster nebeneinander anzeigen* und *Fenster gestapelt anzeigen* (Abbildung 4.14) besteht die Möglichkeit, alle geöffneten Fenster automatisch auf dem Desktop anzuordnen. Der Kontextmenübefehl *Desktop anzeigen* minimiert alle geöffneten Fenster und blendet auch Dialogfelder und Eigenschaftenfenster aus.

- Der Kontextmenübefehl *Taskleiste fixieren* steuert, ob der Benutzer die Position der Taskleiste anpassen darf. Ist der Befehl nicht mit einem Häkchen markiert, lässt sich die Taskleiste vergrößern (um mehr Platz zur Darstellung der Taskleisteninhalte zu schaffen), indem Sie den Rand per Maus zum Desktop ziehen. Zudem lässt sich die Taskleiste mit der Maus an den linken, rechten oder oberen Rand des Desktops ziehen. Ist der Befehl *Taskleiste fixieren* nicht markiert, weisen die in der Taskleiste eingeblendeten Symbolleisten am linken Rand eine »geriffelte« Fläche auf. Über das betreffende Symbol lässt sich die Symbolleiste vertikal in der Taskleiste verschieben. Wird der Platz in der Symbolleiste knapp, können nicht alle Inhalte eingeblendet werden und am rechten Rand der Leiste erscheint das Symbol zum Einblenden der fehlenden Inhalte als Menü. Die Symbolleistenbreite lässt sich anpassen, indem Sie die geriffelte Fläche am linken Leistenrand per Maus vertikal nach links oder rechts verschieben.

Im Normalfall empfiehlt es sich, den Kontextmenübefehl *Taskleiste fixieren* markiert zu lassen, um eine unbeabsichtigte Veränderung der Taskleiste zu verhindern.

Taskleisteneigenschaften ändern

Wählen Sie im Kontextmenü der Taskleiste den Befehl *Eigenschaften*, erscheint das Eigenschaftenfenster aus Abbildung 4.15. Über die Registerkarte *Taskleiste* passen Sie die Eigenschaften der Taskleiste (fixieren, automatisch ausblenden, kleine Schaltflächen verwenden, Position und gruppieren) an. Ein markiertes Kontrollkästchen *"Aero Peek" für die Desktopvorschau verwenden ...* bewirkt, dass Windows die Fenster nur noch in Umrissen zeigt, wenn Sie mit der Maus in die rechte untere Bildschirmecke zeigen.

Auf der Registerkarte *Sprunglisten* lässt sich die Anzahl der in Sprunglisten anzuzeigenden Elemente ändern (Standard ist 10, Maximum ist 60). Zudem können Sie über die Kontrollkästchen der Gruppe *Datenschutz* vorgeben, ob zuletzt geöffnete Dokumente und/oder Programme in die Sprunglisten aufgenommen werden sollen.

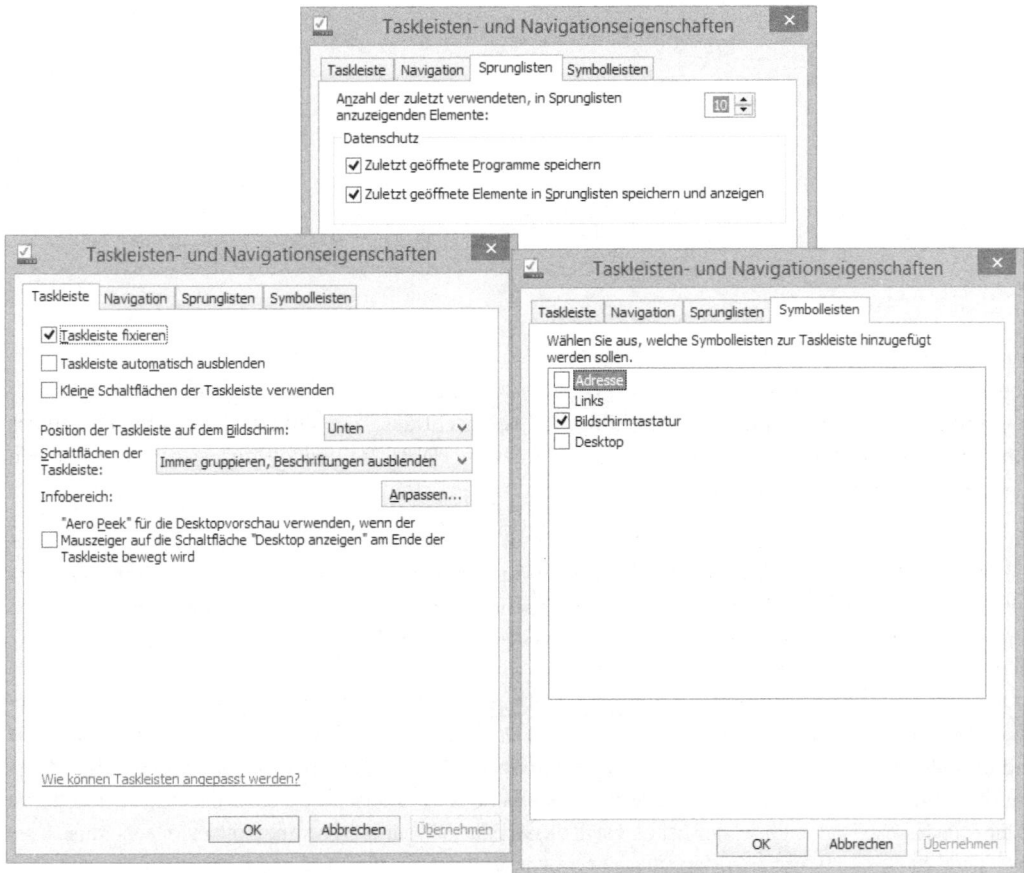

Abbildung 4.15   Anpassen der Taskleisteneigenschaften

Die Registerkarte *Symbolleisten* ermöglicht Ihnen, per Markierung der Kontrollkästchen die gewünschten Leisten in der Taskleiste einzublenden.

Die Registerkarte *Navigation* ist im Abschnitt »Einstelloptionen der Registerkarte Navigation« behandelt.

Der Infobereich der Taskleiste

Am rechten Rand der Taskleiste befindet sich der sogenannte Infobereich. Dort blendet das Betriebssystem die Uhrzeit, das aktuelle Datum sowie die Statussymbole verschiedener Geräte (z.B. Lautstärkeregelung, Netzwerkverbindung) ein (Abbildung 4.16). An den Symbolen des Infobereichs können Sie also direkt den Status bestimmter Geräte oder Einstellungen erkennen.

Abbildung 4.16 Infobereich der Taskleiste

Um möglichst viel Platz in der Taskleiste zur Verfügung zu stellen, minimiert Windows standardmäßig den Anzeigeplatz im Infobereich und blendet die Symbole inaktiver Geräte aus. Dies führt dazu, dass nur die wichtigsten Anzeigen wie die Uhrzeit oder der Status des Wartungscenters sowie der Netzwerkstatus erscheinen. Die fehlenden Einträge lassen sich über die Schaltfläche *Ausgeblendete Symbole einblenden* (Abbildung 4.16, unten rechts) in einer Palette einblenden. Die erweiterte Anzeige verschwindet, sobald Sie auf eine Stelle außerhalb der Palette klicken.

TIPP   Eine stumm geschaltete oder falsch konfigurierte Soundausgabe wird im Symbol des stilisierten Lautsprechers entsprechend angezeigt. Klicken Sie auf das Lautsprechersymbol, blendet Windows einen Schieberegler oberhalb des Infobereichs ein (Abbildung 4.16, links). Über diesen Schieberegler können Sie sofort die Lautstärke regeln und mittels einer separaten Schaltfläche die Soundausgabe stumm- bzw. einschalten. Ein Rechtsklick auf das Lautsprechersymbol öffnet ein Kontextmenü mit Befehlen zum Zugriff auf den Lautstärkemixer, die Optionen der Lautstärkeregelung, die Soundschemata sowie die Einstellungen der Aufnahme- und Wiedergabegeräte (Abbildung 4.16 oben rechts). Weitere Informationen zu den Symbolen des Infobereichs finden Sie in den verschiedenen Kapiteln dieses Buchs.

Eingabesprache und Sprachunterstützung

Windows lässt sich mit Tastaturlayouts für verschiedene Sprachen betreiben. Zudem besteht die Möglichkeit, mehrere Sprachpakete zu installieren, um die Bedienoberfläche auf die gewünschte Sprache umzustellen. Die Spracheinstellung erfolgt über eine im Infobereich der Taskleiste eingeblendete Schaltfläche (Abbildung 4.17 rechts). Standardmäßig sollte dort die Angabe *DE* zu sehen sein.

Taucht der Schriftzug *EN* in der Taskleiste auf, wurde die Eingabemethode bzw. das Tastaturlayout auf Englisch umgestellt. Dann lassen sich keine Umlaute mehr auf der Tastatur eingeben und die Tasten X und Z sind vertauscht. Klicken Sie auf den Schriftzug der betreffenden Schaltfläche (Abbildung 4.17 unten). Dann wählen Sie in der eingeblendeten Palette den gewünschten Befehl, z.B. »DEU« für die Eingabemethode. Anschließend wird das Tastaturlayout entsprechend angepasst.

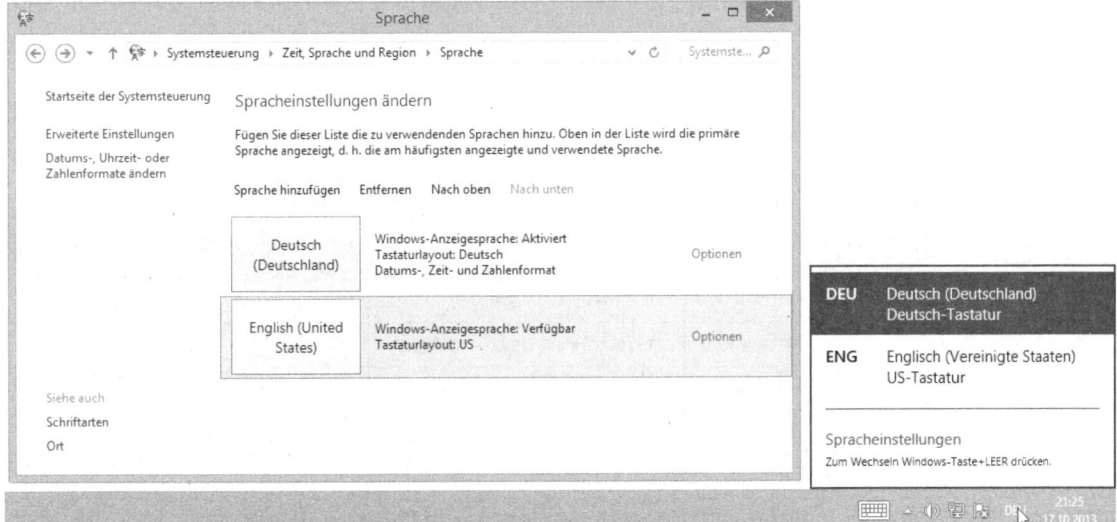

Abbildung 4.17   Spracheinstellungen im Infobereich der Taskleiste

TIPP   Durch Drücken der Tastenkombination ⊞ + Leer lässt sich direkt zwischen den installierten Eingabemethoden umschalten.

Wählen Sie in der eingeblendeten Palette den Befehl *Spracheinstellungen*, gelangen Sie zu dem in Abbildung 4.17 links sichtbaren Fenster. In diesem Fenster lassen sich zusätzliche Sprachpakete installieren sowie die Windows-Anzeigesprache wechseln (siehe Kapitel 30).

Uhrzeit und Datum stellen

Zeigen Sie mit der Maus auf die Uhrzeit, wird der Wochentag in einer QuickInfo eingeblendet. Windows gleicht die Uhrzeit über Zeitserver im Internet automatisch ab. Geht die Uhr falsch oder stimmt das Datum nicht, können Sie das Kontextmenü der Zeitanzeige im Infobereich öffnen und den Befehl *Datum/Uhrzeit ändern* wählen. Über die Registerkarten des Eigenschaftenfensters *Datum und Uhrzeit* lassen sich die Einstellungen ändern. Hierzu werden aber Administratorberechtigungen benötigt. Schritte zum Anpassen von Uhrzeit und Datum oder der Zeitsynchronisation sind in Kapitel 30 beschrieben.

Tasten zur Bedienung

Mittels der Tastatur lassen sich in Windows viele Funktionen schneller als per Mausbedienung abrufen oder Aktionen beenden. Das Kapitel 3 enthält eine Tabelle mit Tasten zur schnelleren Bedienung der neuen Windows 8.1-Benutzeroberfläche. Hier noch einige Hinweise auf die Bedeutung weiterer Tasten.

Die ↵ -Taste bestätigt Eingaben in Dialogfeldern und entspricht dem Anklicken der *OK*-Schaltfläche. Über die Esc -Taste lassen sich Befehle abbrechen oder Menüs sowie Dialogfelder und Registerkarten schließen (entspricht der *Abbrechen*-Schaltfläche in Dialogfeldern).

Am unteren Rand der Tastatur finden Sie die Sondertasten Strg und Alt , die in Verbindung mit anderen Tasten zum Abrufen diverser Funktionen verwendet werden. Die Taste Entf löscht ein Zeichen im Text rechts von der Einfügemarke, während die ⌜Rück⌟-Taste das Zeichen links von der Einfügemarke entfernt. Dies ist sowohl bei der Texteingabe als auch beim Benennen von Dokumenten relevant.

Windows-Tastaturen weisen am unteren Rand die beiden Tasten ⊞ und ▤ (links neben der rechten ⌜Strg⌟-Taste) auf, über die Sie einen direkten Zugriff auf verschiedene Windows-Funktionen erhalten. Die Tabelle 4.1 enthält einige zusätzliche Tastenkombinationen, die für einen geöffneten Windows-Desktop gelten.

Taste	Bedeutung
⊞ + Untbr	Basisinformationen über das System anzeigen
⊞ + C	Die Charms-Leiste am rechten Seitenrand einblenden
⊞ + D	Den Windows-Desktop anzeigen
⊞ + M	Minimiert alle geöffneten Fenster
⊞ + ⇧ + M	Minimierte Fenster wiederherstellen
⊞ + Pos1	Minimiert alle geöffneten Hintergrundfenster bzw. stellt diese wieder her
⊞ + Leer	Schaltet die Tastatureingabeschemata zwischen verschiedenen Sprachen um
⊞ + E	Ordnerfenster *Dieser PC* öffnen
⊞ + F	Suchen von Dateien und Ordnern in der Seitenleiste *Suchen*
⊞ + R	Dialogfeld *Ausführen* öffnen
⊞ + L	Sperrt den Computer und zeigt den Anmeldebildschirm
⊞ + F1	Öffnet das Hilfefenster
⊞ + T	Zeigt die Liste mit der Miniaturvorschau der Taskleiste. Antippen der Taste ⌜T⌟ wechselt zur nächsten Schaltfläche.
⊞ + +	Bildschirmlupe anzeigen und bei weiterem Antippen der Taste ⌜+⌟ wird der Zoomfaktor erhöht. Mit der Taste ⌜-⌟ lässt sich der Zoomfaktor reduzieren, und ⊞ + Esc schließt die Bildschirmlupe.
⊞ + P	Blendet die Seitenleiste *Projizieren* ein, über deren Symbole die Bildschirmausgabe auf extern angeschlossene Anzeigegeräte (zweiter Bildschirm, Projektor) umgeschaltet werden kann
⊞ + X	Öffnet das Menü für den Schnellzugriff in der linken unteren Ecke des Bildschirms
⊞ + ↑	Maximiert das aktive Fenster
⊞ + ↓	Ein maximiertes Fenster auf die vorherige Größe einstellen. Ein normales Fenster wird dagegen minimiert.
⊞ + ⇧ + ↑	Maximiert das Fenster vertikal (am oberen und unteren Bildschirmrand andocken, hilfreich bei langen Texten)
⊞ + →	Dockt das aktuelle Fenster am rechten Desktoprand an und vergrößert es auf die Hälfte des Bildschirms
⊞ + ←	Dockt das aktuelle Fenster am linken Desktoprand an und vergrößert es auf die Hälfte des Bildschirms
⊞ + ⇧ + → ⊞ + ⇧ + ←	Verschiebt das aktive Fenster im Multimonitorbetrieb zum zweiten Bildschirm bzw. wieder zurück

Tabelle 4.1 Bedeutung der ⊞ - und der ▤ -Taste

Taste	Bedeutung
⊞ + 1 , ⊞ + 2 etc.	Startet die Anwendung der ersten, zweiten, dritten bis zur zehnten Schaltfläche der Taskleiste, falls diese noch nicht läuft. Wird die Anwendung bereits als Einzelinstanz ausgeführt, holt die Tastenkombination deren Fenster in den Vordergrund. Sind mehrere Fenster der betreffenden Anwendung geöffnet, öffnet die Tastenkombination die Miniaturvorschau der Fenstern. Halten Sie die ⊞-Taste gedrückt, können Sie durch Antippen der betreffenden Taste mit der Nummer (z.B. 3 für den dritten Eintrag der Taskleiste) durch die Liste der geöffneten Anwendungsfenster dieser Anwendung schalten.
⊞ + ⇧ + 1 , ⊞ + ⇧ + 2 etc.	Öffnet eine neue Instanz der (der betreffenden Schaltfläche zugeordneten) Anwendung. Mit ⊞ + ⇧ + 1 können Sie also mehrere Instanzen des Internet Explorers (sofern installiert und als erste Schaltfläche angeordnet) öffnen.
⊞ + Alt + 1 , ⊞ + Alt + 2 etc.	Öffnet die Sprungliste der betreffenden Schaltfläche
⊞ + Strg + 1 , ⊞ + Strg + 2 etc.	Holt das jeweils letzte geöffnete Fenster der Anwendungsinstanz in den Vordergrund. Mehrfaches Antippen der Zifferntaste ermöglicht, die Fenster der Anwendungsinstanzen schrittweise in den Vordergrund zu holen.
▤	Öffnet das Kontextmenü für das ausgewählte Element

Tabelle 4.1 Bedeutung der ⊞ - und der ▤ -Taste *(Fortsetzung)*

Kapitel 5

Startseite anpassen und Apps beziehen

Profilbild, Startseite und Sperrbildschirm anpassen

In diesem Abschnitt beschreibe ich die Möglichkeiten zum Anpassen des Sperrbildschirms sowie zur Anpassung des Aussehens des Startseitenhintergrunds. Dabei soll auch die Funktion zum Wechseln des Profilbilds behandelt werden.

Wie gelangt man zu den Einstellungen?

Um Anpassungen an der Startseite, am Profilbild des Benutzers oder am Sperrbildschirm vorzunehmen, muss die betreffende Seite in den Einstellungen aufgerufen werden. Hierzu gehen Sie in folgenden Schritten vor:

Abbildung 5.1   Zugriff auf die PC-Einstellungen

1. Öffnen Sie die Charms-Leiste am rechten Bildschirmrand (z.B. vom linken Bildschirmrand zum Desktop wischen oder die Tastenkombination ⊞ + Ⓒ drücken).

2. Wählen Sie das Symbol *Einstellungen* (Abbildung 5.1, rechts). Sobald die Seitenleiste *Einstellungen* am rechten Rand erscheint, wählen Sie im unteren Bereich der Seitenleiste den Hyperlink *PC-Einstellungen ändern* (Abbildung 5.1, mittlere Spalte).

3. In der nun angezeigten Seite *PC-Einstellungen* (Abbildung 5.1, links) wählen Sie in der linken Spalte eine der Kategorien (z.B. den Punkt *PC und Geräte*) und in der angezeigten Folgeseite eine Unterkategorie (z.B. *Sperrbildschirm*).

Nach Anwahl der Unterkategorie erhalten Sie in der rechten Spalte die Möglichkeit, die Einstellungen (z.B. den Sperrbildschirm, die Startseite oder das Profilbild) anzupassen.

HINWEIS   Gegenüber Windows 8 wurden mehr Funktionen in die Seite *PC-Einstellungen* aufgenommen, sodass jetzt mit Unterkategorien gearbeitet wird. Bereits beim Aufruf der Seite *PC-Einstellungen* zeigt diese in der rechten Spalte allerdings die Kategorie *Personalisieren*. Sie können sich die Anwahl der Kategorie *PC und Geräte* sparen, falls Sie den Sperrbildschirm, das Profilbild oder den Bildcode zur Anmeldung anpassen möchten.

Anpassen des Sperrbildschirms

Beim Start bzw. nach jeder Abmeldung gelangt der Benutzer zum Sperrbildschirm, auf dem ein Foto angezeigt wird. Auf Wunsch lassen sich aber auch andere Motive für den Sperrbildschirm festlegen.

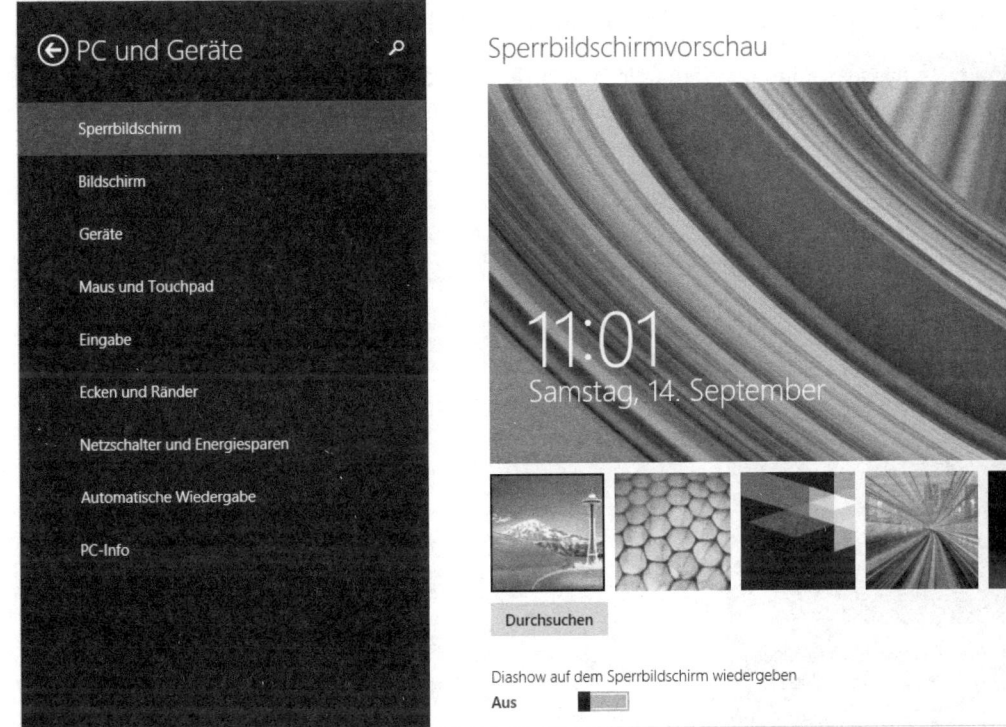

Abbildung 5.2   Anpassen des Sperrbildschirms

1. Gehen Sie gemäß den obigen Hinweisen zur Seite *PC-Einstellungen* und wählen Sie die Option zum Anpassen des Sperrbildschirms in der rechten Spalte der Seite (oder gehen Sie zur Kategorie *PC und Geräte/Sperrbildschirm*).

2. Wählen Sie unterhalb der Rubrik *Sperrbildschirmvorschau* eines der angezeigten Motive für den Sperrbildschirm aus (Abbildung 5.2).

Bei Bedarf lassen sich auch eigene Motive mittels der *Durchsuchen*-Schaltfläche auswählen und dem Sperrbildschirm zuweisen.

HINWEIS   Die Optionen zum Anpassen des Sperrbildschirms bleiben gesperrt, solange Windows 8.1 nicht korrekt aktiviert wurde. In diesem Fall erscheint ein deutlicher Hinweis mit der Aufforderung zum Aktivieren von Windows auf der betreffenden Einstellungsseite.

Unter Windows 8 berichteten Benutzer, dass sich der Sperrbildschirm nicht ändern lasse. Unter *http://www.borncity.com/blog/ 2013/03/26/windows-8-sperrbildschirm-nicht-nderbar/* [Ms240-K05-01] und *http://www.borncity.com/blog/2013/05/29/win-dows-8-sperrbildschirm-lsst-sich-nicht-ndern/* [Ms240-K05-02] habe ich in meinem Blog verschiedene Diagnoseansätze beschrieben. Und in den Kommentaren des folgenden Blogbeitrags *http://www.borncity.com/blog/2012/10/15/windows-8-hau-wech-den-lock-screen/* [Ms240-K05-03] gibt es noch Hinweise, wie sich der Sperrbildschirm ggf. global beeinflussen lässt. Die Informationen aus den verlinkten Beiträgen sollten sich auch unter Windows 8.1 verwenden lassen.

App-Benachrichtigung für Sperrbildschirm konfigurieren

Wechselt Windows zum Sperrbildschirm, werden standardmäßig Apps und Anwendungen angehalten. Bei manchen Apps (z.B. Mail-Apps) wäre es hilfreich, wenn diese weiter im Hintergrund laufen und Statusbenachrichtigungen anzeigen können (Abbildung 5.5). Dies lässt sich in den PC-Einstellungen konfigurieren.

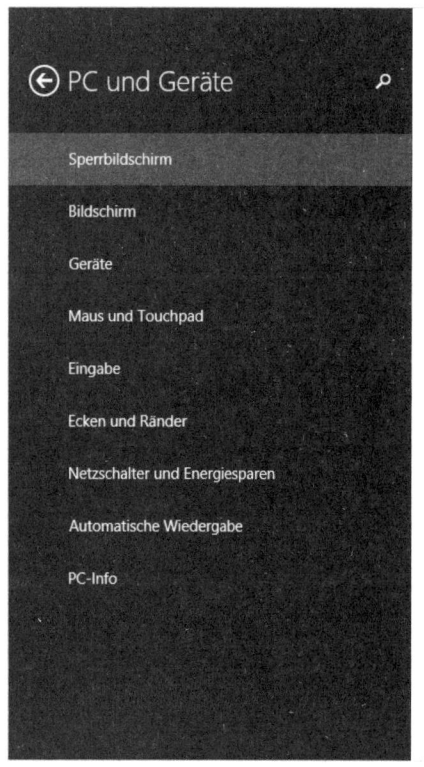
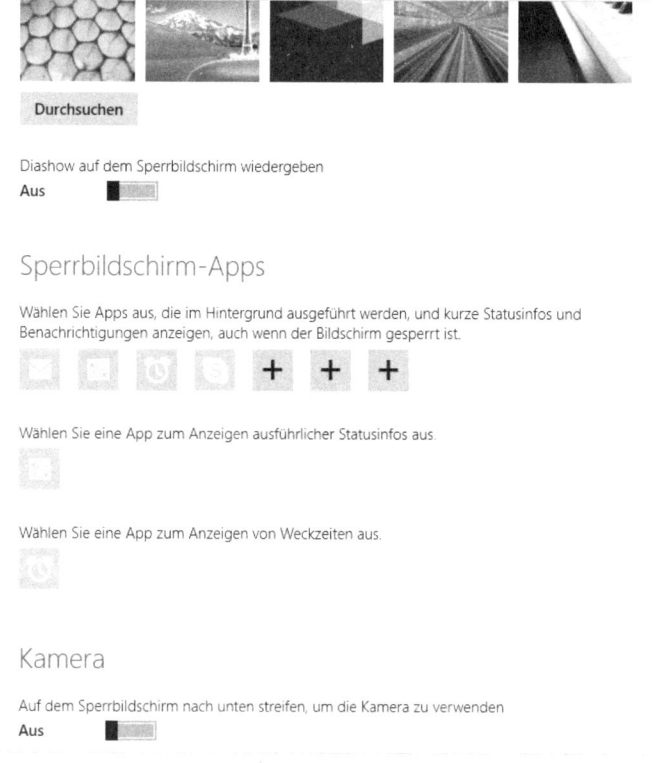

Abbildung 5.3   Sperrbildschirm-Apps konfigurieren

1. Gehen Sie wie im vorherigen Abschnitt beschrieben vor und rufen Sie in den PC-Einstellungen die Kategorie *PC und Geräte* auf.

2. Wählen Sie die Unterkategorie *Sperrbildschirm* und blättern Sie im rechten Teil der Seite nach unten zur Rubrik *Sperrbildschirm-Apps* (Abbildung 5.3).

3. Klicken oder tippen Sie auf ein Kästchen mit einem angezeigten Pluszeichen und wählen Sie dann im Popupfenster die App, für die ausführliche Statusinformationen angezeigt werden sollen.

Windows führt standardmäßig die Apps Mail, Kalender, Wecker und Skype im Hintergrund aus und kann für den Kalender einen ausführlichen Status anzeigen.

HINWEIS   Gegenüber Windows 8 ermöglicht Windows 8.1 Ihnen zusätzlich je eine App zur Anzeige ausführlicher Statusinformationen sowie zur Anzeige von Weckzeiten festzulegen. Die betreffenden Unterrubriken finden Sie ebenfalls unter der Rubrik *Sperrbildschirm-Apps*.

Kamera und Diashow auf dem Sperrbildschirm

In Windows 8.1 gibt es in den PC-Einstellungen in der Kategorie *Sperrbildschirm* die Rubrik *Kamera* (Abbildung 5.3). Über den Schiebeschalter können Sie die Verwendung der Kamera auf dem Sperrbildschirm ein-/ausschalten.

Bei eingeschalteter Kameraoption reicht es aus, den angezeigten Sperrbildschirm per Maus oder Finger nach unten wegzuziehen (Abbildung 5.5, oberer Rand). Sie gelangen zur Kamera-App und können diese verwenden. Eine in der App-Leiste am unteren Rand eingeblendete Schaltfläche *Entsperren* ermöglicht den Zugriff auf die Windows-Anmeldeseite. Ist keine Kamera vorhanden, zeigt Windows direkt die Anmeldeseite an.

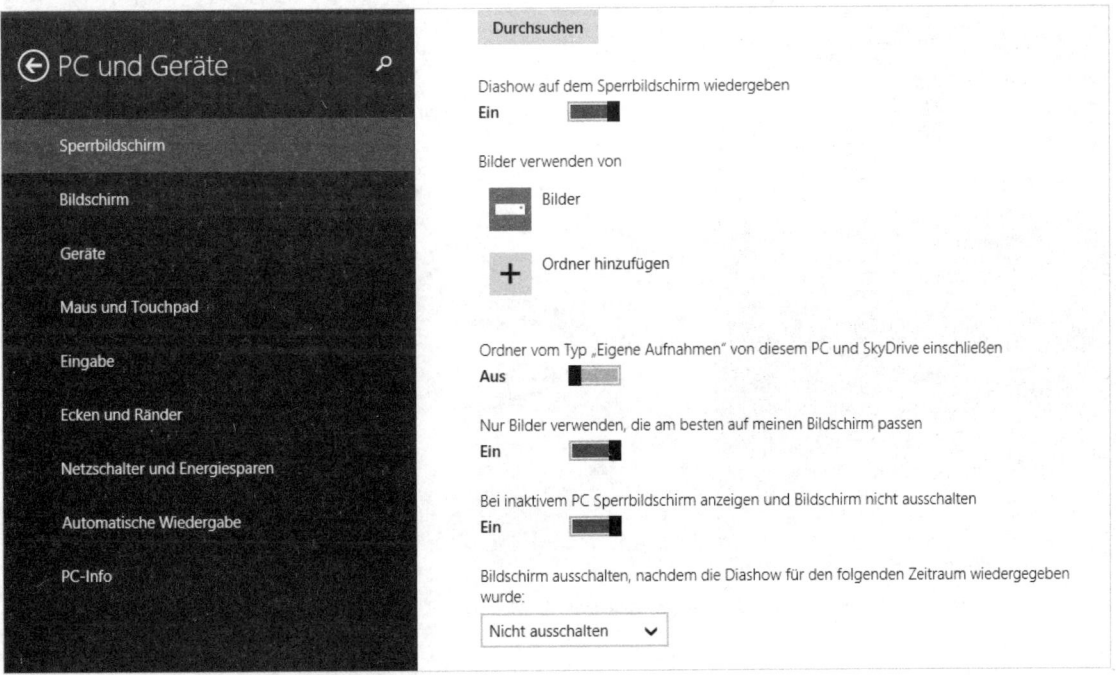

Abbildung 5.4   Diashow auf dem Sperrbildschirm konfigurieren

Die zweite Neuerung in Windows 8.1 besteht darin, dass man auf dem Sperrbildschirm eine Diashow wiedergeben kann. Konkret wird das Motiv des Sperrbildschirms nach einigen Sekunden durch wechselnde Fotomotive ersetzt (Abbildung 5.5).

1. Wählen Sie dazu auf der Seite *PC-Einstellungen* unter *PC und Geräte* die Unterkategorie *Sperrbildschirm* aus.

2. Stellen Sie anschließend den Schiebeschalter *Diashow auf dem Sperrbildschirm wiedergeben* auf »Ein«.

3. Schließlich legen Sie in der erweiterten Anzeige der Seite die gewünschten Optionen für die Diashow fest (Abbildung 5.3).

Standardmäßig wird der Inhalt des Ordners *Bilder* in der Diashow zur Anzeige verwendet. Über *Ordner hinzufügen* erhalten Sie aber die Möglichkeit, weitere Ordner mit Fotos in die Diashow einzubeziehen.

Über weitere Schalterelemente können Sie eigene Aufnahmen auf dem Gerät oder dem synchronisierten SkyDrive-Laufwerk einbeziehen und die Bilder nach passenden Größen filtern. Zudem gibt es Optionen, um das Ausschalten des Bildschirms bei sichtbaren Sperrbildschirms generell oder bei angezeigter Diashow auszuschließen.

Abbildung 5.5   Sperrbildschirm mit Diashow, Benachrichtigungen und Kameraseite

Hintergrund der Startseite anpassen

Bereits beim Einrichten bietet das Setupprogramm von Windows 8.1 die Möglichkeit, die Hintergrundfarbe und das Muster der Startseite anzupassen. Die Schritte haben sich aber gegenüber Windows 8 geändert. Möchten Sie diese Einstellung nachträglich anpassen, gehen Sie folgendermaßen vor:

Abbildung 5.6 Hintergrund des Startseite anpassen

1. Blenden Sie bei angezeigter Startseite die Charms-Leiste am rechten Seitenrand ein und wählen Sie das Symbol *Einstellungen* (Abbildung 5.6, rechts).

2. Wählen Sie in der Seitenleiste *Einstellungen* (Abbildung 5.6, Mitte) den Befehl *Anpassen*.

3. Weisen Sie in der Seitenleiste *Anpassen* (Abbildung 5.6, links) das Hintergrundmuster, die Akzentfarbe sowie die Hintergrundfarbe an.

Über die in der Seitenleiste angezeigten Felder lässt sich das Muster für den Hintergrund der Startseite auswählen. Farbfelder ermöglichen es, die Hintergrundfarbe sowie die Akzentfarbe umzustellen.

HINWEIS   Sofern Sie die obigen Schritte bei angezeigtem Desktop ausführen, öffnet sich die Seite *Anpassen* in einem Fenster. Sie können dann den Desktophintergrund anpassen.

Windows 8.1 ermöglicht Ihnen zudem, den Desktophintergrund in der Startseite einzublenden. Wählen Sie den Kontextmenübefehl *Eigenschaften* der Taskleiste und gehen Sie zur Registerkarte *Navigation* (siehe in Kapitel 4 den Abschnitt »Boot to Desktop in Windows 8.1 einstellen«). Dann markieren Sie in der Gruppe *Startseite* das Kontrollkästchen *Desktophintergrund auf der Startseite anzeigen*.

Ändern des Profilbilds

Das auf der Windows-Anmeldeseite angezeigte Profilbild eines lokalen Benutzerkontos lässt sich ebenfalls über die PC-Einstellungen anpassen.

Abbildung 5.7   Profilbild anpassen

1. Gehen Sie wie in den vorherigen Abschnitten gezeigt vor und blenden Sie die Seite *PC-Einstellungen* über *Einstellungen* und den Befehl *PC-Einstellungen ändern* ein.
2. Anschließend wählen Sie in der rechten Spalte der Seite *PC-Einstellungen* die Kachel *Profilbild* an.
3. Über eine Formularseite (Abbildung 5.7) lässt sich dann das Profilbild zuweisen.

Sie können die Aufnahme einer Webcam oder ein beliebiges Foto aus einer Fotodatei mittels der Schaltfläche *Durchsuchen* zuweisen. Zudem sieht Windows 8.1 die Möglichkeit vor, das eigene Profilbild aus der Kontakte-App zu übernehmen (Abbildung 5.8).

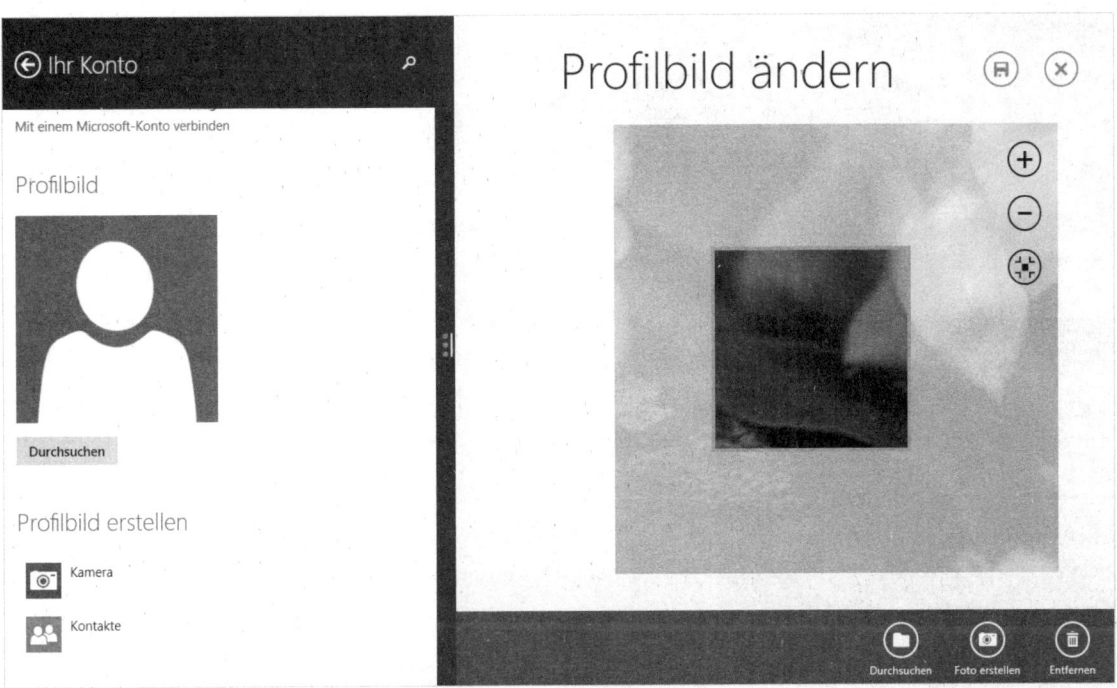

Abbildung 5.8 Profilbild aus der Kontakte-App übernehmen

Die obigen Schritte funktionieren (im Gegensatz zu Windows 8) sowohl für lokale Benutzerkonten als auch für Microsoft-Konten.

Anpassen der Startseite

In den vorherigen Abschnitten wurden lediglich Anpassungsmöglichkeiten für den Hintergrund der Startseite gezeigt. In diesem Abschnitt geht es um die Frage, wie sich die Kacheln der Startseite anpassen lassen und wie Sie ggf. Windows-Anwendungen als Kacheln eintragen. Zudem geht es um Fragen, wie sich Apps auf der Startseite anordnen, hinzufügen oder entfernen lassen.

Apps verschieben, gruppieren und benennen

Zum Anordnen der App-Symbole auf der Startseite reicht es, das viereckige Symbol mit der Maus auf dem Bildschirm an die gewünschte Stelle zu ziehen (Abbildung 5.9). Beim Touchscreen wird einfach der Finger etwas länger auf dem App-Symbol belassen. Dann lässt sich das Symbol an die gewünschte Stelle verschieben. Nach dem Loslassen wird das Symbol an der betreffenden Position in der Gruppe der App-Symbole eingetragen.

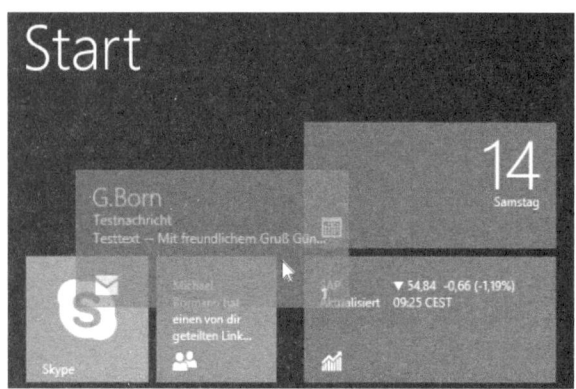

Abbildung 5.9 Verschieben eines App-Symbols auf der Startseite

Auf diese Weise können Sie App-Symbole auf der Startseite zusammenschieben und so zu Gruppen zusammenfassen.

TIPP   Schieben Sie die Kachel *Desktop* in die linke obere Ecke der Startseite. Diese Kachel erhält beim Wechsel zur Startseite (z.B. ⊞-Taste gedrückt) automatisch den Fokus. Drücken Sie sofort die ⏎-Taste, wechselt Windows zum Desktop.

Allerdings kennt auch Windows 8.1 nicht die bei Apple iOS vorhandene Möglichkeit, Apps in Ordnern zusammenzufassen, sondern organisiert die Kacheln der Startseite in Gruppen. Was dort aber funktioniert, ist das Benennen der Gruppen:

Abbildung 5.10 App-Gruppen benennen

1. Blenden Sie die App-Leiste (durch Wischen oder per Rechtsklick) am unteren Rand ein (Abbildung 5.10) und wählen Sie in der App-Leiste die Schaltfläche *Anpassen*.

2. Klicken oder tippen Sie auf den angezeigten Gruppentitel »Gruppe benennen« und geben Sie anschließend den Gruppennamen im eingeblendeten Textfeld ein.

3. Sobald der Gruppentitel eingetragen ist, wählen Sie in der App-Leiste erneut die Schaltfläche *Anpassen*.

Dann erscheint die Startseite wieder in der Standarddarstellung, wobei oberhalb der Kachelgruppe dann der Gruppenname angezeigt wird.

HINWEIS   Zum Umbenennen oder Aufheben der Gruppennamen gehen Sie mit den gleichen Schritten vor, passen aber den Kachelgruppennamen an bzw. löschen den Text über die am rechten Rand des Textfelds eingeblendete *X*-Schaltfläche.

App-Symbole anpassen und von der Startseite lösen

Bei Apps lässt sich die Kachelgröße anpassen. Zudem können die Kacheln von Apps von der Startseite entfernt werden.

Abbildung 5.11 Optionen zum Anpassen eines App-Symbols in der App-Leiste

1. Klicken Sie mit der rechten Maustaste auf das App-Symbol bzw. ziehen Sie beim Touchscreen die Kachel mit dem Finger einen Tick nach unten.

2. Anschließend nehmen Sie über die Schaltflächen der App-Leiste die gewünschten Anpassungen vor.
   Sobald die Kachel mit dem App-Symbol in der rechten oberen Ecke mit einem Häkchen markiert wird, blendet Windows die App-Leiste mit zusätzlichen Schaltflächen am unteren Bildschirmrand ein (Abbildung 5.11).

3. Über die Befehle der Menüschaltfläche *Größe ändern* lässt sich die Breite und Höhe der App-Kachel reduzieren bzw. wieder erhöhen.

4. Um ein App-Symbol komplett von der Startseite zu entfernen, wählen Sie in der eingeblendeten App-Leiste die Schaltfläche *Von "Start" lösen* (Abbildung 5.11).

5. Wählen Sie die Schaltfläche *Anpassen* am rechten Rand der App-Leiste, um den Bearbeitungsmodus zu beenden und zur Standardanzeige der Startseite zurückzukehren.

Bei einigen Apps wird in der App-Leiste noch die Schaltfläche *Live-Kachel deaktivieren* angezeigt. Wählen Sie diese Schaltfläche, unterbleibt das Einblenden dynamischer Statusmeldungen in der Kachel. Bei der Wetter-App werden dann z.B. keine Temperaturwerte mehr eingeblendet, beim Kalender unterbleiben Terminerinnerungen. Über die Schaltfläche *Live-Kachel aktivieren* lassen Sie die Anzeige von Statusmeldungen erneut zu.

Apps über die Startseite deinstallieren

Das im vorherigen Abschnitt erwähnte Lösen von der Startseite bewirkt nur, dass das App-Symbol nicht mehr angezeigt wird. Wird eine App nicht mehr benötigt, kann sie direkt über den Startseite deinstalliert werden.

Abbildung 5.12 Deinstallieren von Apps

1. Gehen Sie wie im vorherigen Abschnitt beschrieben vor, um eine oder mehrere Apps in der Startseite mit einem Häkchen zu markieren.
2. Wählen Sie die *Deinstallieren*-Schaltfläche in der am unteren Bildschirmrand eingeblendeten App-Leiste an (Abbildung 5.12).
3. Anschließend betätigen Sie im eingeblendeten Fenster die *Deinstallieren*-Schaltfläche, um den Vorgang zu betätigen.

Windows wird die aufgelisteten Apps komplett entfernen. Wird eine App später wieder gebraucht, lässt sie sich über den Windows Store erneut installieren.

HINWEIS   Taucht bei den Kacheln von Windows-Anwendungen die Schaltfläche zum Deinstallieren auf? Bei deren Anwahl wechselt Windows zur Systemsteuerung und zeigt die Seite *Programme deinstallieren und ändern* an. Dort lässt sich das Programm auswählen und ebenfalls über die vorhandene *Deinstallieren*-Schaltfläche entfernen. Die Deinstallation einer Windows-Anwendung kann aber auch direkt in der Systemsteuerung über *Programm entfernen* erfolgen.

ACHTUNG Bei Apps wie SkyDrive oder Windows-Anwendungen wie Explorer, Editor etc. fehlt die Schaltfläche *Deinstallieren* in der App-Leiste. Diese Apps und Anwendungen sind integraler Bestandteil von Windows 8.1 und lassen sich nicht deinstallieren.

Apps erneut an Startseite anheften

Auch wenn Sie eine App über die Schaltfläche *Von "Start" lösen* von der Startseite entfernt haben, ist diese nach wie vor im System vorhanden (nur eine Deinstallation entfernt die App komplett). Um das App-Symbol erneut an der Startseite anzuheften, gehen Sie in folgenden Schritten vor:

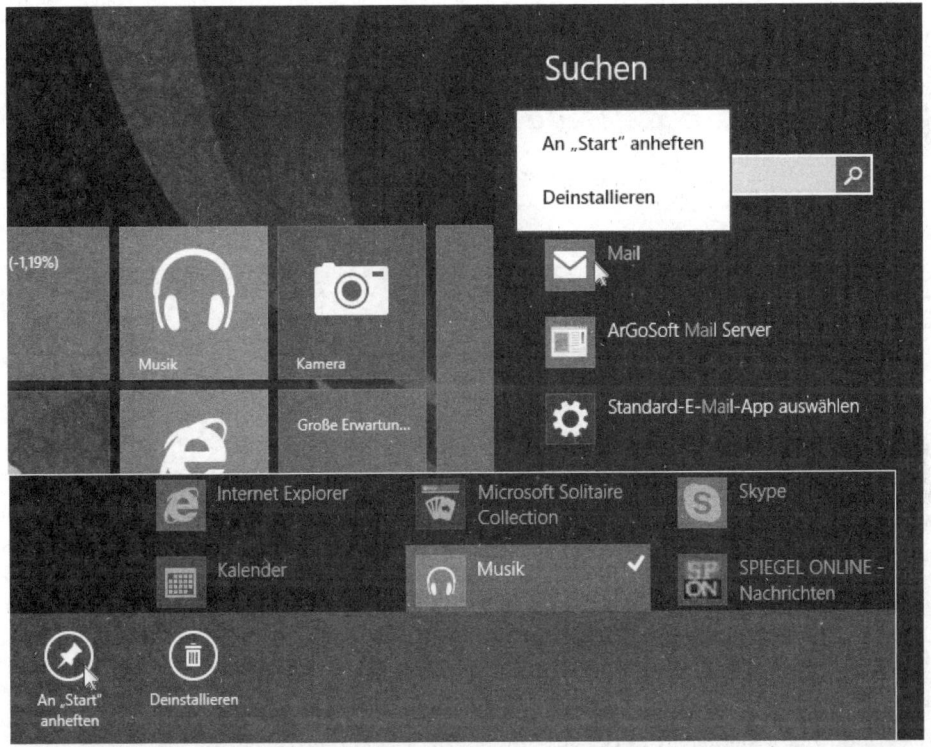

Abbildung 5.13 App an die Startseite anheften

1. Schalten Sie von der Startseite zur Darstellung der Seite *Apps*. Alternativ lässt sich die Seitenleiste *Suchen* (z.B. mit der Tastenkombination [⊞]+[Q]) einblenden und der App-Name in der Suchfunktion angeben (Abbildung 5.13, rechts).

2. Sobald das gesuchte App-Symbol (im obigen Beispiel die Mail-App) auf dem Bildschirm eingeblendet wird, klicken Sie dieses mit der rechten Maustaste an. Bei Touchbedienung ziehen Sie das App-Symbol leicht nach unten. Ein App-Symbol auf der Startseite sollte mit einem Häkchen markiert werden.

3. Wählen Sie nun in der am unteren Bildschirmrand eingeblendeten App-Leiste die Schaltfläche *An "Start" anheften* (Abbildung 5.13, unten) oder den gleichnamigen Befehl im Kontextmenü der Seitenleiste *Suchen* (Abbildung 5.13, oben).

Jetzt sollte die Kachel der App wieder auf der Startseite angezeigt werden. Schieben Sie die Kachel bei Bedarf an die gewünschte Position. Diese Technik ist auch ganz hilfreich, wenn einmal ein App-Symbol aus der Startseite verschwunden ist.

> **TIPP**   Was für Apps funktioniert, lässt sich auch für Windows-Anwendungen (z.B. den Windows-Taschenrechner) verwenden. In Windows 8.1 finden Sie übrigens im Kontextmenü der Suche einen Befehl zum Deinstallieren von Apps (Abbildung 5.13, oben).

> **HINWEIS**   Microsoft hat in Windows 8.1 das Verhalten bei der App-Installation geändert. In Windows 8 taucht eine installierte App automatisch als Kachel in der Startseite auf. In Windows 8.1 wird die Kachel der neu installierten App nur noch in der Suche oder auf der Seite *Apps* (versehen mit dem Zusatz »Neu«) aufgelistet und muss mit den obigen Schritten manuell an die Startseite angeheftet werden. Diese Maßnahme soll einer Inflation an Kacheln auf der Startseite vorbeugen.

Windows-Anwendungen zur Startseite hinzufügen

Möchten Sie die Kachel einer beliebigen Windows-Anwendung zur Startseite hinzufügen, führen Sie die folgenden Schritte aus:

Abbildung 5.14   Windows-Anwendung an Startseite anheften

1. Wechseln Sie von der Startseite zur Seite *Apps*, suchen Sie das Symbol der Windows-Anwendung und markieren Sie dieses (Abbildung 5.14) z.B. mit einem Rechtsklick der Maus.
2. Anschließend wählen Sie in der eingeblendeten App-Leiste die Schaltfläche *An "Start" anheften*.

Über die ebenfalls angezeigte Schaltfläche *An Taskleiste anheften* lässt sich die Anwendung als Schaltfläche in die Taskleiste des Desktops einfügen.

Fehlende Anwendungen zur Startseite hinzufügen

Windows-Anwendungen, die nicht installiert werden (z.B. portable Anwendungen) besitzen keinen Startmenüeintrag, tauchen also auch nicht in der Startseite oder auf der Seite *Apps* auf. Um solche Anwendungen auf der Startseite als Kachel aufzunehmen, gehen Sie folgendermaßen vor:

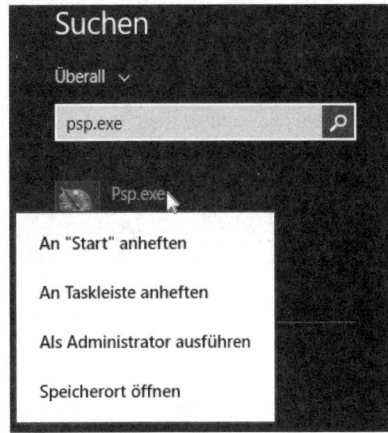

Abbildung 5.15 Windows-Anwendung an die Startseite anheften

1. Tippen Sie den Namen der *.exe*-Programmdatei in das Suchfeld ein (auf einem Tablet-PC muss vorher die Suchleiste über das Symbol *Suchen* der Charms-Leiste eingeblendet werden).

2. Wählen Sie den Treffer mit der rechten Maustaste an und wählen Sie im Kontextmenü den Befehl *An "Start" anheften*.

Alternativ können Sie das Kontextmenü der betreffenden Programmdatei in einem Ordnerfenster öffnen und den Befehl *An "Start" anheften* wählen. In beiden Fällen wird eine Kachel auf der Startseite eingetragen.

> **HINWEIS**   Es wird immer wieder gefragt, wie sich die in den Kacheln angezeigten Symbole und Symboltitel ändern lassen. Bei Apps ist dies nicht möglich, da der Kachelinhalt durch das App-Paket festgelegt wird. Bei Windows-Anwendungen markieren Sie die Kachel (z.B. per Rechtsklick) und wählen in der App-Leiste die Schaltfläche *Speicherort öffnen*. Windows öffnet das Ordnerfenster mit der Struktur des internen Startmenüordners. Öffnen Sie nun das Kontextmenü der angezeigten Verknüpfungsdatei und wählen Sie den Kontextmenübefehl *Eigenschaften*. Im Eigenschaftenfenster der Verknüpfung passen Sie auf der Registerkarte *Allgemein* den Symboltitel und auf der Registerkarte *Verknüpfung* das angezeigte Verknüpfungssymbol an (siehe auch in Kapitel 11 den Abschnitt »Arbeiten mit Verknüpfungen«).

Verwaiste Startmenüverknüpfungen bereinigen

Im Abschnitt »Apps über die Startseite deinstallieren« weiter vorne in diesem Kapitel ist erwähnt, dass sich auch Windows-Anwendungen über die Schaltfläche *Deinstallieren* der App-Leiste entfernen lassen. Die Deinstallation erfolgt über die Systemsteuerung mittels des Uninstallers der betreffenden Anwendung. Bei manchen Windows-Anwendungen versagt der Uninstaller und lässt verwaiste Startmenüverknüpfungen und ggf. auch verwaiste Kacheln auf der Startseite zurück. In Abbildung 5.14 sind dies z.B. die Einträge des ArGoSoft Mail-Servers.

Bei Anwahl der betreffenden Kachel kann kein Programm starten. Vielmehr erscheint das Dialogfeld *Verknüpfungsproblem* auf dem Windows-Desktop und die Verknüpfung lässt sich über die *Ja*-Schaltfläche des Dialogfelds löschen. Um aber alle Startmenüstrukturen zu entfernen, ist es besser, zur Seite *Apps* zu wechseln und das Symbol der verwaisten Anwendung zu suchen.

1. Markieren Sie das Symbol (z.B. per Rechtsklick) und wählen Sie in der App-Leiste die Schaltfläche *Speicherort öffnen.*

2. Windows öffnet ein Ordnerfenster mit dem betreffenden Startmenüordner, in dem Sie dann ggf. alle Verknüpfungseinträge sowie den Ordner für die betreffende Startmenügruppe löschen.

Windows kennt benutzerkontenspezifische und maschinenspezifische Startmenüeinträge. Zum Entfernen maschinenspezifischer Startmenüeinträge sind administrative Berechtigungen erforderlich.

HINWEIS   Der Ordner für benutzerkontenspezifische Startmenüeinträge findet sich im Zweig *C:\Users\<Konto>\ AppData\Roaming\Microsoft\Windows\Start Menu\Programs*, während die für alle Benutzerkonten geltenden Startmenüeinträge im Pfad *C:\ProgramData\Microsoft\Windows\Start Menu\Programs* abgelegt werden.

Den Ordnerinhalt von *\Start Menu\Programs* sehen Sie (beim Navigieren im Ordnerfenster) nur, wenn die Anzeige versteckter Dateien und Ordner aktiviert ist. Sie können dann den obigen Pfad im Adressfeld eintippen. Oder Sie gehen im Menüband des Ordnerfensters zur Registerkarte *Ansicht* und markieren in der Gruppe *Ein-/ausblenden* das Kontrollkästchen *Ausgeblendete Elemente.* Dann sollten die versteckten Ordner und deren Inhalte angezeigt werden.

Anzeige der Verwaltungstools ein-/ausblenden

Windows wird mit Verwaltungstools wie Computerverwaltung, Ereignisanzeige etc. ausgeliefert. Über das Schnellzugriffmenü der Schaltfläche *Start* (siehe in Kapitel 3 den Abschnitt »Das Schnellzugriffmenü verwenden«) sind einige Tools abrufbar. Allerdings fehlt die Möglichkeit zur Ausführung mit administrativen Berechtigungen. Möchten Sie schneller auf diese Tools zugreifen und auch mit administrativen Berechtigungen arbeiten können? Oder tauchen die Einträge der Verwaltungstools plötzlich in der Seite *Apps* auf (Abbildung 5.16) und sollen wieder entfernt werden?

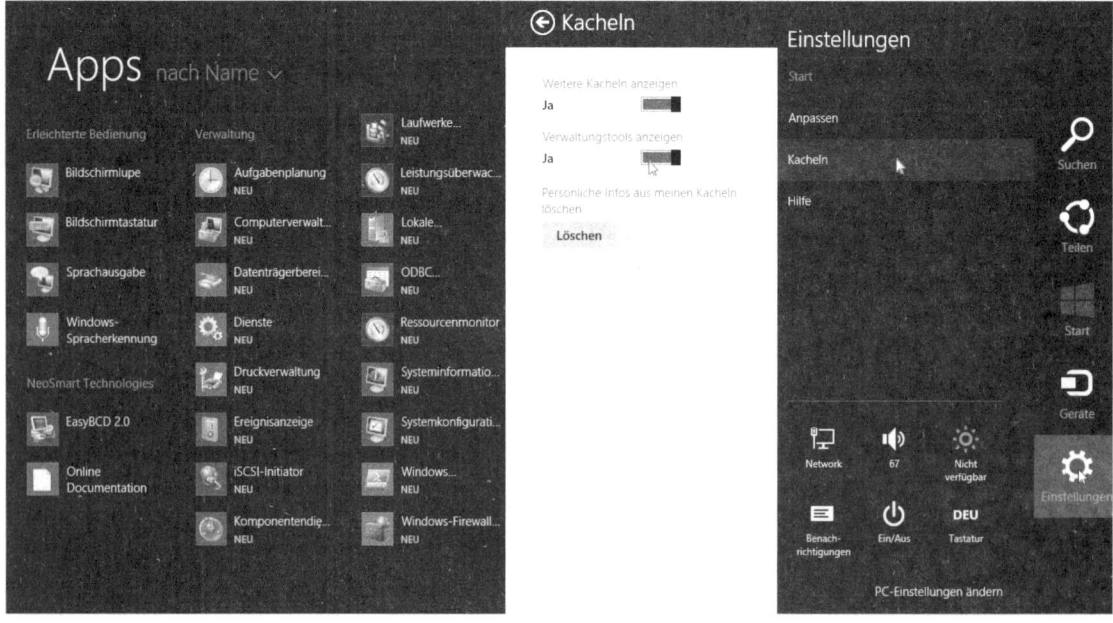

Abbildung 5.16   Verwaltungstools ausblenden

1. Blenden Sie die Charms-Leiste (z.B. über die Tastenkombination 🪟 + C oder durch Wischen am rechten Rand) auf der Startseite ein (Abbildung 5.16, rechts).

2. Wählen Sie das Symbol *Einstellungen* und dann in der eingeblendeten Seitenleiste *Einstellungen* den Befehl *Kacheln* (Abbildung 5.16, Mitte).

3. In der dann angezeigten Seitenleiste *Kacheln* setzen Sie den Schiebeschalter bei *Verwaltungstools anzeigen* auf den Wert »Ja«.

Wenn Sie anschließend zur Seite *Apps* wechseln, sollten die Verwaltungsanwendungen als Kacheln angezeigt werden (Abbildung 5.16). Diese lassen sich markieren und über die Schaltfläche *Als Administrator ausführen* der App-Leiste mit administrativen Berechtigungen aufrufen. Mit den gleichen Schritten lässt sich die Option *Verwaltungstools anzeigen* auf »Nein« zurücksetzen und die Anzeige der betreffenden Elemente unterdrücken.

TIPP   Auf der Seite *Kachel* (Abbildung 5.16) finden Sie übrigens noch die Schaltfläche *Löschen*, mit der Sie persönliche Informationen aus den Kacheln der Startseite (z.B. Börsenkurse) entfernen können. Es gibt zudem einen Schalter, um eine weitere Kachelreihe auf der Startseite einzublenden.

Verwenden des Windows Store

Apps für Windows 8.1 können nur über den von Microsoft betriebenen App-Store bezogen werden. In diesem Abschnitt werden Fragen zum Bezug und zur Installation von Apps behandelt.

Hier geht's zum Windows Store

Der Zugriff auf den Windows Store erfolgt über das entsprechende App-Symbol der Startseite (Abbildung 5.17). Es reicht, das App-Symbol *Store* bei bestehender Internetverbindung anzuwählen.

Abbildung 5.17 Zugriff auf den Windows Store

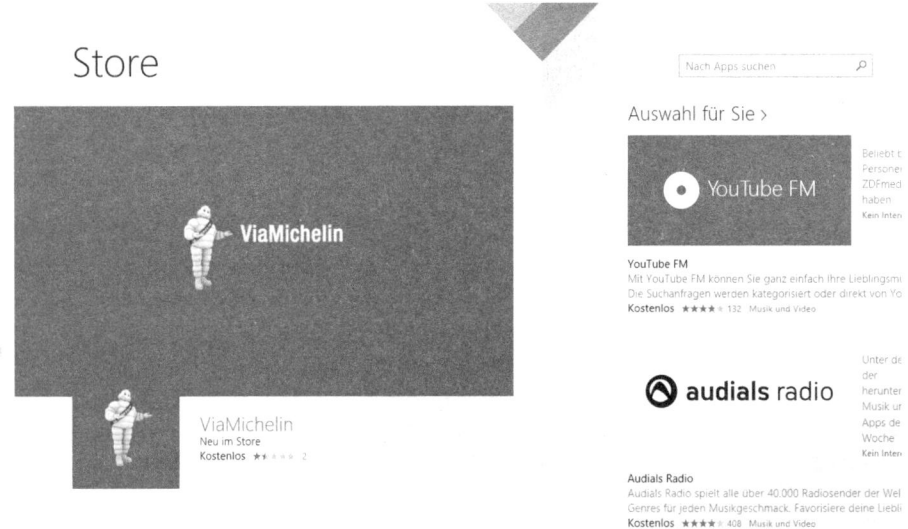

Abbildung 5.18   Startseite des Windows Store

Windows öffnet die in Abb. 5.17 gezeigte Seite, in der, nach unterschiedlichen Kategorien geordnet, Apps angeboten werden. In der Startseite stellt Microsoft bestimmte Apps als Empfehlung vor. Durch Blättern nach rechts lassen sich aber weitere Kategorien wie z.B. »Auswahl für Sie« einsehen. Dort werden Apps nach verschiedenen Kategorien sortiert zum Download angeboten.

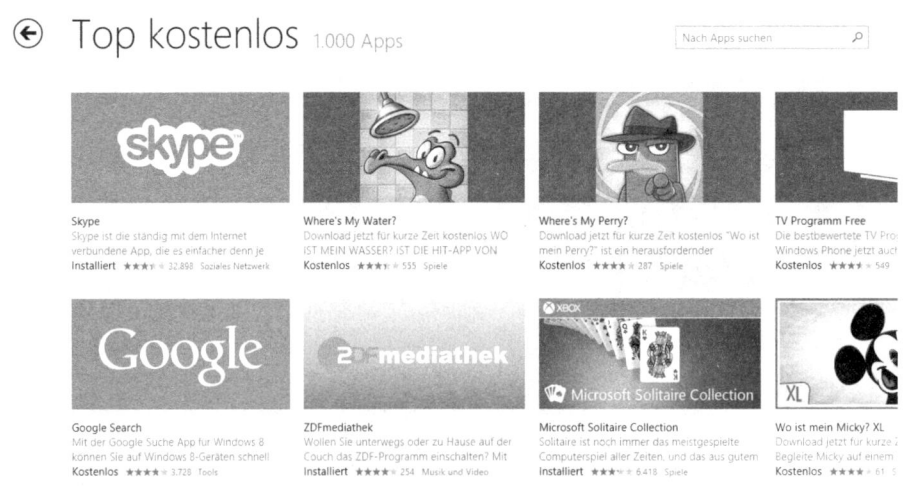

Abbildung 5.19   Apps einer Kategorie

Wählen Sie den Kategorientitel an, um die dort bereitgestellten Apps einzusehen (Abbildung 5.19).

Suchen im Windows Store

Weiterhin lässt sich gezielt im Windows Store suchen. Tippen Sie den Suchbegriff in dem in der rechten oberen Ecke des Store eingeblendeten Suchfeld ein (Abbildung 5.20, oben). Bereits bei der Eingabe werden ggf. Treffer aufgelistet, sodass Sie eine passende App auswählen können. Drücken Sie die ⏎-Taste, um die Suche zu starten. Daraufhin werden die Treffer im Store aufgelistet (Abbildung 5.20, unten).

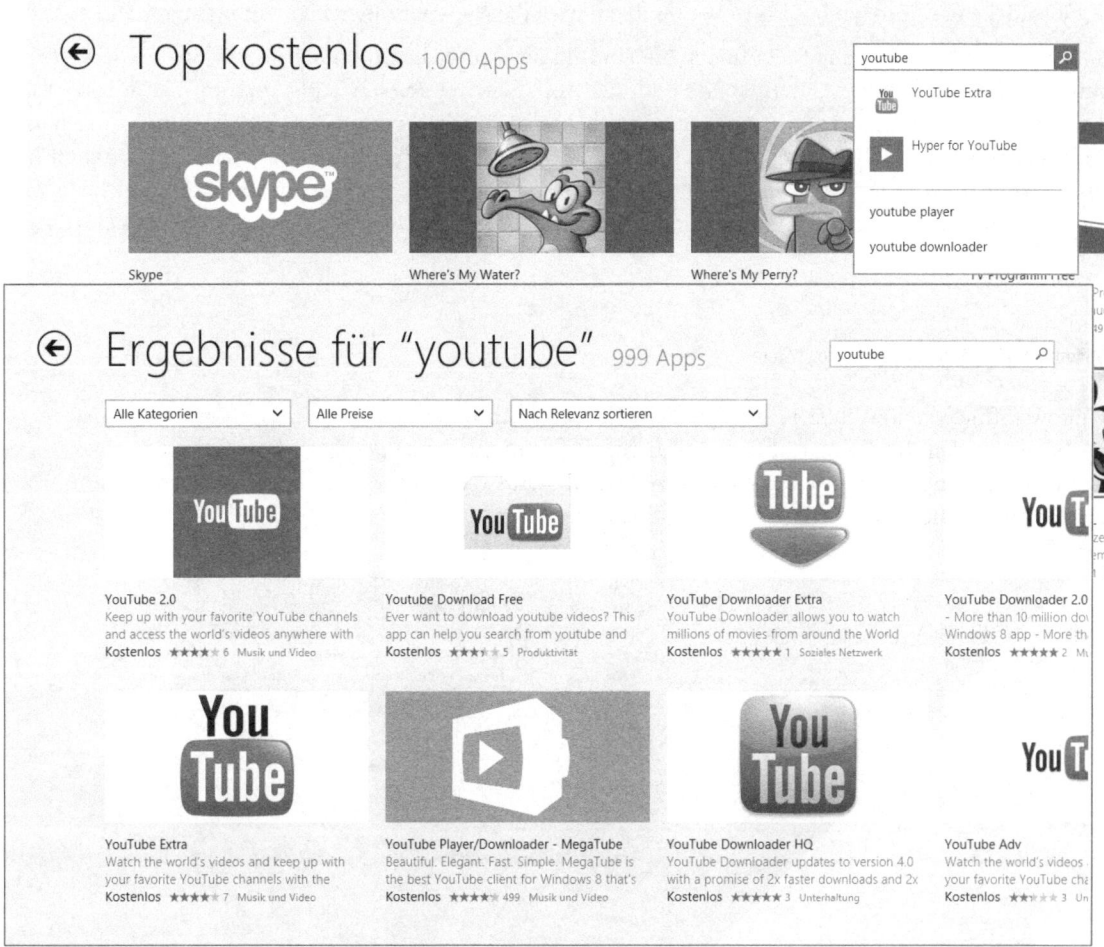

Abbildung 5.20   Suchen im Windows Store

Für jede App zeigt die Kachel das App-Symbol und darunter finden Sie eine kurze App-Beschreibung mit dem App-Titel, der Bewertung durch andere Benutzer, der Kategorie (z.B. Musik) sowie dem Preis. Wählen Sie eine solche Kachel an, gelangen Sie zur Detailseite mit der App-Beschreibung.

Apps kaufen und installieren

In Windows 8.1 lassen sich Apps vom normalen Anwender ausschließlich aus dem App-Store installieren.

1. Gehen Sie wie in den vorherigen Abschnitten beschrieben vor und rufen Sie den Windows Store über das Symbol *Store* der Startseite auf.

2. Anschließend navigieren Sie über die angezeigten Kategorien oder mittels der Suche zum Symbol der gewünschten App.

3. Sobald Sie das App-Symbol im Store anwählen, wird die App-Seite angezeigt (Abbildung 5.21).

In der App-Seite (Abbildung 5.21) finden Sie ein Bild der App-Seite und in der linken Spalte die Beschreibung sowie die Bewertung. Unterhalb des Bilds der App- Seite werden die Größe des App-Pakets sowie Hinweise zur Verwendungsberechtigung angezeigt. Blättern Sie nach rechts, werden die Einstufungen und Rezensionen sichtbar. Diese ermöglichen Ihnen, Bewertungen anderer Benutzer zur aktuell gewählten App einzusehen. In der Kategorie »Details« finden Sie Anmerkungen zur App-Version, erfahren, welche Prozessoren und Sprachen unterstützt werden, und erhalten nochmals die Details der Verwendungsberechtigungen aufgelistet.

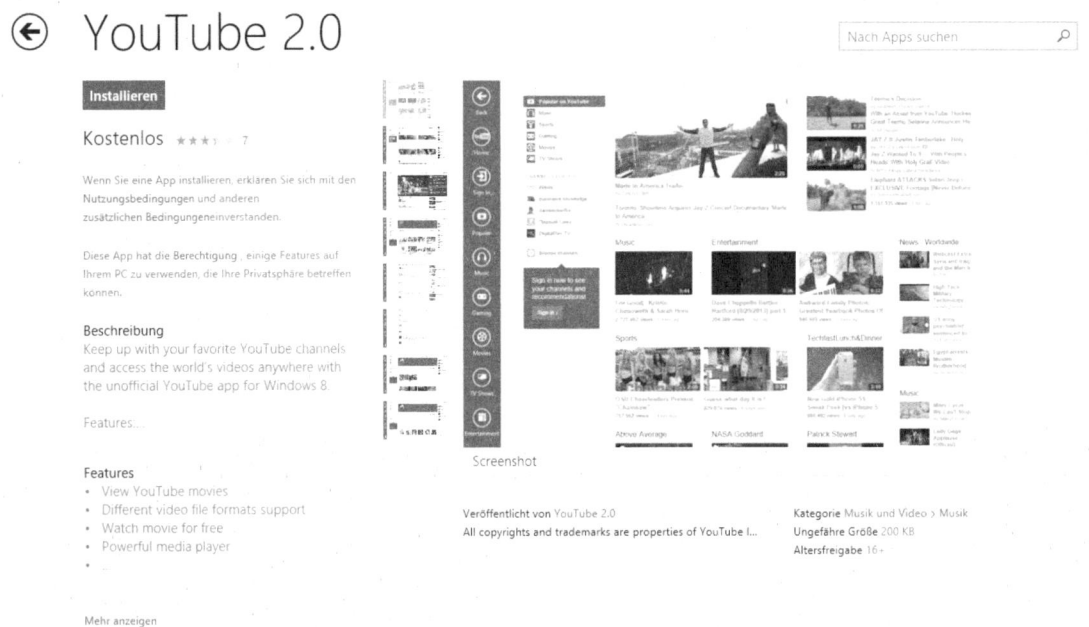

Abbildung 5.21   App-Seite im Store

Bei kostenpflichtigen Apps sieht die linke Spalte der Store-Seite anders aus. Die Abbildung 5.22, Hintergrund, zeigt den Ausschnitt einer solchen App-Seite. Über die mit *Testen* beschriftete Schaltfläche lässt sich die App für einen bestimmten Zeitraum freischalten und kann aus dem Store heruntergeladen bzw. installiert werden. Zudem ist in der linken Spalte eine Schaltfläche *Kaufen* zum Erwerb der Anwendung enthalten. Wählen Sie diese Schaltfläche an, wird die Schaltfläche *Bestätigen* in der linken Spalte angezeigt (Abbildung 5.22, Vordergrund). Erst wenn Sie diese Schaltfläche nochmals anwählen, werden Sie zu den Einkaufsseiten weitergeleitet.

Abbildung 5.22   App-Seite im Store mit Kaufoption

HINWEIS   Der Bezug von Apps aus dem Windows Store setzt voraus, dass ein gültiges Microsoft-Konto für den Benutzer existiert. Arbeiten Sie mit einem lokalen Benutzerkonto, erscheint beim Versuch, eine App zu installieren, die Meldung aus Abbildung 5.23. Tragen Sie dann die Anmeldedaten für das Microsoft-Konto ein und klicken bzw. tippen Sie auf die *Speichern*-Schaltfläche. Erst nach einer erfolgreichen Anmeldung am Microsoft-Konto lassen sich die weiteren Schritte ausführen. Das lokale Benutzerkonto bleibt dabei erhalten.

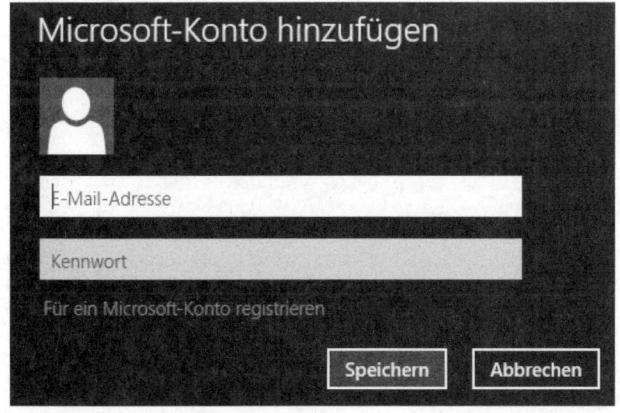

Abbildung 5.23   Anmelden am Microsoft-Konto

Im Windows Store werden auch Windows-Anwendungen angeboten. Zu erkennen ist dies an der Einblendung »Desktop-App« in der betreffenden Kachel des Windows Store. Auf der Detailseite der Desktop-App finden Sie aber keine Schaltfläche zum Kaufen, sondern einen Link, der Sie auf die Webseite des Anbieters weiterleitet.

Ist die Anmeldung am Microsoft-Konto erfolgt, lassen sich kostenlose Apps sofort installieren. Der Bezug kostenpflichtiger Apps erfordert, dass Informationen zur Bezahlung im Microsoft-Konto vorliegen. Auf dem Bildschirm wird daher (ggf. nach einer zweiten Anmeldung am Microsoft-Konto) die Abrechnungsseite des Windows Store eingeblendet (Abbildung 5.24).

Sie könnten dann Kreditkarten- und Rechnungsdaten angeben und diese Option zur Zahlung des App-Kaufs wählen. Die Alternative besteht darin, den Anbieter PayPal für die Bezahlung des App-Kaufs über ein Optionsfeld auszuwählen. In diesem Fall werden Sie zu den Webseiten des Anbieters PayPal weitergeleitet, um die Zahlung zu autorisieren.

Abbildung 5.24   Abrechnungsseite des Microsoft-Kontos für App-Käufe

Nach Anwahl der Schaltfläche *Installieren* (bzw. *Testen*) wird die App aus dem Store heruntergeladen. Während des Downloads und der Installation bleibt eine entsprechende Meldung *<Name> wird installiert* (bzw. *x Apps werden installiert*) in der oberen rechten Ecke des Store sichtbar (Abbildung 5.25, oben).

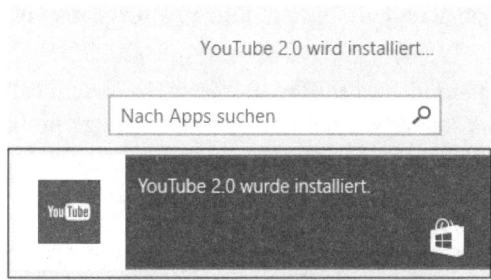

Abbildung 5.25 Installationsstatus

Wählen Sie diese als Hyperlink ausgeführte Meldung an, wird die Seite »Wird installiert« geöffnet (Abbildung 5.26). Klicken Sie die Seite mit der rechten Maustaste an bzw. wischen Sie vom unteren Bildschirmrand, erscheint die App-Leiste, in der Sie eine Schaltfläche zum Abbrechen oder Pausieren des Downloads finden. Nach erfolgreicher Installation erscheint in der rechten oberen Seite des Windows Store eine entsprechende Meldung (Abbildung 5.25, unten).

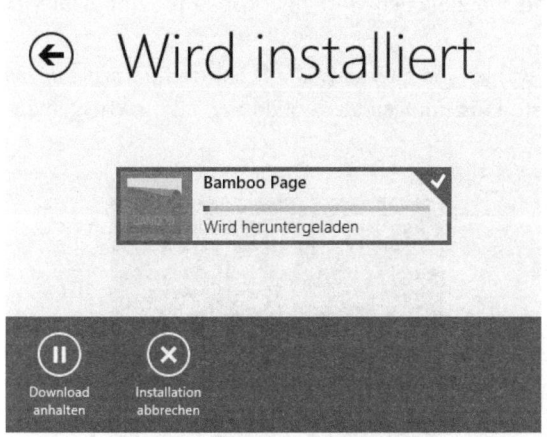

Abbildung 5.26 Installationsseite mit Informationen zu Downloads

Anschließend wechseln Sie zur Startseite, dann zur Darstellung *Apps*, suchen das Symbol der neu installierten App und heften dieses bei Bedarf über die App-Leiste als Kachel an die Startseite an.

HINWEIS   Gelegentlich gibt es Fälle, wo der Store hakt und die App nicht heruntergeladen werden kann. Die Seite »Wird installiert« (Abbildung 5.26) ermöglicht Ihnen die Kontrolle, ob Downloads hängen oder noch nicht abgeschlossen sind. Hinweise zur Beseitigung von Problemen beim Bezug von Apps aus dem Windows Store finden sich im Blogbeitrag *http://www.borncity.com/blog/2013/03/04/windows-8-store-und-app-download-troubleshooting-faq/* [Ms240-K05-04]. Der Beitrag wurde zwar für Windows 8 verfasst, gilt aber auch für Windows 8.1

App-Entwickler haben zusätzlich die Möglichkeit, Apps in Visual Studio zu erstellen und lokal zu installieren. Unternehmen können zudem Apps zentral über Windows Server 2012 bzw. Windows Server 2012 R2 zu verwalten, sodass kein Bezug über den Windows Store erforderlich ist. Diese Varianten werden allerdings in diesem Buch nicht behandelt.

Apps erneut installieren und reparieren

Haben Sie eine App in der Startseite deinstalliert (siehe den Abschnitt »Apps über die Startseite deinstallieren« weiter vorne in diesem Kapitel), möchten diese aber wieder in Windows verwenden? Dies geht nur, indem Sie die betreffende App erneut aus dem Store herunterladen und installieren. Rufen Sie den Store auf, navigieren Sie zur App und installieren Sie diese erneut.

Gelegentlich kommt es vor, dass Apps Fehler aufweisen und dann nicht mehr funktionieren. In diesem Fall deinstallieren Sie die App über die App-Leiste. Bei diesem Vorgang werden auch die im Benutzerprofil gespeicherten Daten der App gelöscht. Wenn Sie die App danach erneut aus dem Windows Store installieren, gibt es gute Chancen, dass diese wieder funktioniert.

HINWEIS   Erkennt Windows, dass eine App beschädigt ist, zeigt es bei deren Aufruf eine entsprechende Benachrichtigung an. Dann sollte ein Link zum Reparieren des App-Pakets angeboten werden. Konkret wird die App dann erneut aus dem Windows Store heruntergeladen und installiert.

Einstellungen für den Windows Store verwalten

Um die Einstellungen für den Windows Store und das zugehörige Konto zu verwalten, gehen Sie folgendermaßen vor:

1. Melden Sie sich auf dem betreffenden Rechner an und rufen Sie den Store über das App-Symbol auf der Startseite auf.

2. Drücken Sie die Tastenkombination ⊞+Ⅰ oder wählen Sie alternativ die Schaltfläche *Einstellungen* der eingeblendeten Charms-Leiste, um die Seitenleiste *Einstellungen* aus Abbildung 5.27, rechts, einzublenden.

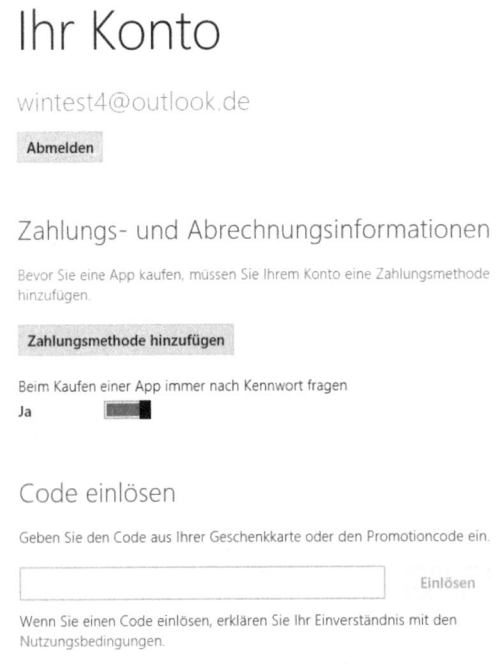
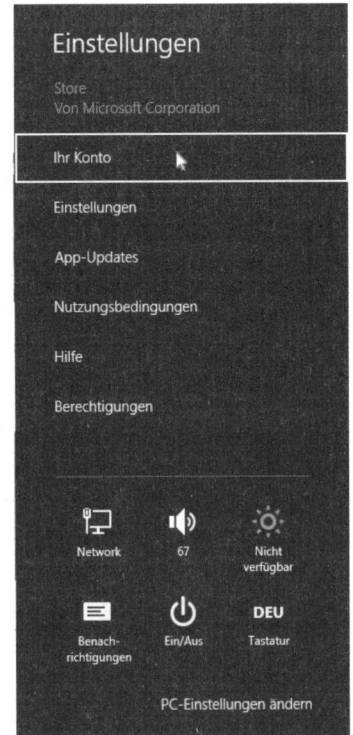

Abbildung 5.27 Seitenleiste und Einstellungen für das Microsoft-Konto

Über die Seitenleiste erhalten Sie Zugriff auf das Konto und können die Einstellungen für Apps oder die Berechtigungen sowie die Nutzungsbedingungen einsehen:

- Über den Befehl *Einstellungen* erscheint eine Seite, in der sich über zwei Optionen vorgeben lässt, dass Apps in bevorzugten Sprachen oder mit Barrierefreiheitsfunktionen bevorzugt gefunden werden sollen. Zudem können Sie eine Option setzen, dass Apps im Store vorgeschlagen werden.

- Der Befehl *Berechtigungen* ermöglicht es, die Anzeige von App-Benachrichtigungen auf den Kacheln der Startseite ein- oder auszuschalten. Zudem werden in der Seite die App-Berechtigungen angezeigt.

Interessanter sind die beiden Befehle *Ihr Konto* und *App-Updates*, die nachfolgend besprochen werden.

HINWEIS   Der Aufbau der Seite »Ihr Konto« hängt etwas davon ab, ob Sie mit einem Microsoft-Konto arbeiten oder mit einem lokalen Benutzerkonto angemeldet sind und dieses zum App-Bezug mit einem Microsoft-Konto verbunden haben. Abbildung 5.27 zeigt den Aufbau der Seite beim Arbeiten unter einem lokalen Benutzerkonto. Bei einem Microsoft-Konto wird die Schaltfläche statt mit *Abmelden* mit *Benutzer wechseln* beschriftet. In beiden Fällen können Sie aber ein anderes Microsoft-Konto zum Bezug der Apps zuweisen.

Einstellungen für Ihr Konto anpassen

Um die Konteneinstellungen des Windows Store einzusehen oder zu ändern, wählen Sie in der Seitenleiste *Einstellungen* (Abbildung 5.27, rechts) den Eintrag *Ihr Konto*. Die dann angezeigte Seite (Abbildung 5.27, links) zeigt die Informationen zum aktuellen Windows Store-Konto:

- Bei Bedarf können Sie sich mittels der Schaltfläche *Abmelden* vom Windows Store abmelden und anschließend die sichtbare *Anmelden*-Schaltfläche wählen. Dann wird die Anmeldeseite für ein Microsoft-Konto eingeblendet (Abbildung 5.23), über das Sie sich mit einem anderen Kontennamen anmelden können. Beim Arbeiten unter einem Microsoft-Konto findet sich die Schaltfläche *Benutzer wechseln*, mit der Sie auf ein anderes Microsoft-Konto zugreifen können.

- Über die Schaltfläche *Zahlungsmethode hinzufügen* gelangen Sie zur Seite »Zahlung und Abrechnung« Abbildung 5.24), in der Sie die Zahlungsmethode (Kreditkarte oder PayPal) auswählen können. Je nach gewählter Zahlungsmethode sind dann die Kreditkartendaten oder das PayPal-Konto anzugeben.

- Zwischenzeitlich unterstützt Microsoft auch Geschenkkarten, die im Handel erworben werden können und ein Guthaben enthalten. Tragen Sie den auf der Geschenkkarte enthaltenen Code in das Feld *Code einlösen* (Abbildung 5.27) ein, um das Guthaben der Karte auf das Microsoft-Konto zu übertragen. Anschließend lassen sich App-Käufe über dieses Guthaben begleichen.

Auf der Seite *Ihr Konto* lässt sich über einen Schalter auch festlegen, dass bei App-Käufen immer nach dem Kennwort des Kontos gefragt wird. Dadurch wird verhindert, dass unbefugte Dritte beim Zugriff auf Windows 8.1 Apps kaufen können.

Apps auf ein anderes Gerät übertragen?

Microsoft sieht zwischenzeitlich vor, dass eine gekaufte App auf bis zu 81 Windows 8/8.1-Geräten installiert werden darf (wobei der App-Entwickler aber die Funktionalität der App auf weniger Konten begrenzen kann). Sie können daher auf den betreffenden Geräten den Store besuchen und die gewünschte App ohne Neukauf erneut installieren:

1. Zur Kontrolle, welche anderen Windows 8.1-Systeme zur Nutzung berechtigt sind, rufen Sie den Windows Store über das App-Symbol der Startseite auf.

2. Drücken Sie die Tastenkombination ⊞+Ⅰ oder wählen Sie die Schaltfläche *Einstellungen* der eingeblendeten Charms-Leiste, um die Seitenleiste *Einstellungen* (Abbildung 5.27) einzublenden.

3. Wählen Sie in der Seitenleiste den Eintrag *Ihr Konto* und blättern Sie in der angezeigten Seite nach unten,
bis die Rubrik »Ihre Computer« angezeigt wird (Abbildung 5.28).

Dort werden alle Windows 8- bzw. Windows 8.1-Systeme, die dem aktuell gewählten Microsoft-Konto zugeordnet sind, aufgelistet. Über die *Entfernen*-Schaltfläche lassen sich einzelne Systeme vom Konto entfernen.
Sie haben dann die Möglichkeit, diesem Microsoft-Konto neue Windows 8- bzw. Windows 8.1-Systeme
zuzuweisen.

> **HINWEIS**   Die Zuordnung der Geräte erfolgt bei der ersten Anmeldung am Microsoft-Konto. Sie erhalten dann eine Mel-
> dung, dass der PC als vertrauenswürdig zu bestätigen ist. Über einen per E-Mail zugesandten Code können Sie dann den Com-
> puter explizit als vertrauenswürdig bestätigen. Auf der betreffenden Live ID-Seite finden Sie auch Befehle, um einen oder meh-
> rere Computer von einem Konto zu entfernen.

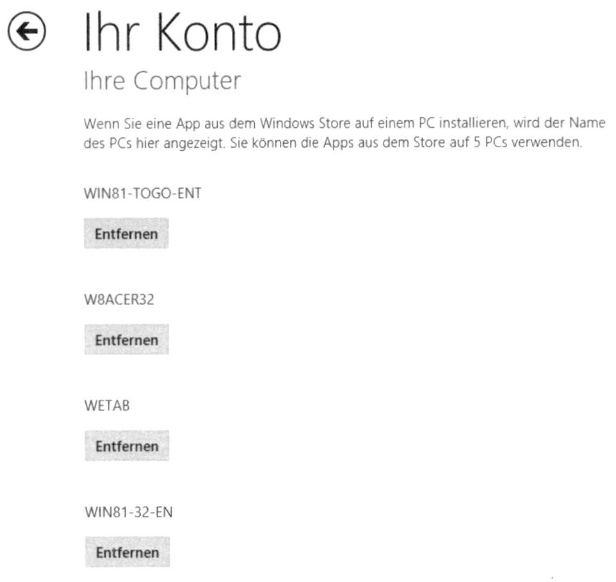

⟵ Ihr Konto
Ihre Computer

Wenn Sie eine App aus dem Windows Store auf einem PC installieren, wird der Name
des PCs hier angezeigt. Sie können die Apps aus dem Store auf 5 PCs verwenden.

WIN81-TOGO-ENT

[Entfernen]

W8ACER32

[Entfernen]

WETAB

[Entfernen]

WIN81-32-EN

[Entfernen]

Abbildung 5.28 Kontrolle der dem Microsoft-Konto
zugeordneten PCs

Apps-Updates kontrollieren und Lizenzen synchronisieren

App-Updates werden in Windows 8.1 nicht mehr über den Windows Store, sondern automatisch über Windows Update abgewickelt.

1. Zur Kontrolle der Einstellungen blenden Sie die Seitenleiste *Einstellungen* (Abbildung 5.27) ein.

2. Wählen Sie in der Seitenleiste *Einstellungen* den Eintrag *App-Updates* und dann die gewünschten Bedienelemente (Abbildung 5.28).

Über den Schiebeschalter können unter einem Administratorkonto angemeldete Benutzer bestimmen, ob
die dem Microsoft-Konto zugeordneten und auf dem System installierten Apps automatisch aktualisiert
werden sollen. Diese Funktion steht aber nicht zur Verfügung, wenn der Internetzugang über eine Mobilfunkverbindung (getaktete Verbindung) erfolgt.

Über die Schaltfläche *Nach Updates suchen* weisen Sie Windows an, gezielt alle Apps über den Windows Store auf Updates abzugleichen. Die Ergebnisse werden auf einer separaten Seite aufgelistet.

HINWEIS Tauchen App-Updates in der Liste auf, die sich aber nicht ausführen lassen? Dann existiert die App möglicherweise nicht mehr im Store, denn gelegentlich werden Apps durch Microsoft oder die Entwickler aus dem Windows Store entfernt. Benötigen Sie die App nicht mehr, deinstallieren Sie diese, um die Phantom-Update-Einträge zu entfernen.

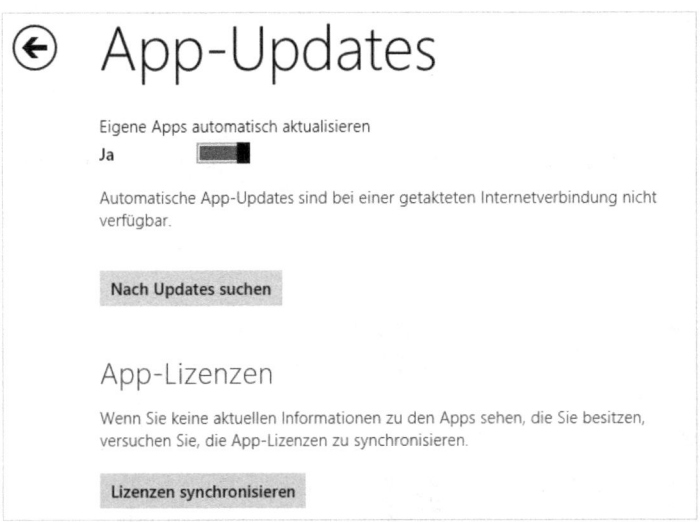

Abbildung 5.29 Seite *App-Updates*

Gibt es Probleme mit App-Lizenzen, können Sie auf der Seite *App-Updates* (Abbildung 5.29) die Schaltfläche *Lizenzen synchronisieren* wählen. Dann gleicht Windows die betreffenden Informationen mit dem Konto im Store ab und lädt ggf. fehlende Lizenzen gekaufter Apps nach.

Die Übersicht »Ihre Apps«

Sobald Windows mit dem Microsoft-Konto verbunden ist, können Sie eine Übersicht über die gekauften bzw. bezogenen Apps abrufen:

Abbildung 5.30 App-Leiste und Seite *Ihre Apps*

1. Klicken Sie die Store-Seite mit der rechten Maustaste an oder blenden Sie die App-Leiste durch Wischen vom unteren Bildschirmrand ein.

   Am oberen Bildschirmrand erscheint eine Leiste mit den Einträgen aus Abbildung 5.30.

2. Sobald Sie die Kachel *Ihre Apps* anwählen, erscheint die Liste der auf dem PC nutzbaren Apps (Abbildung 5.31).

Über die Listenfelder am oberen Bildrand lässt sich die Anzeige der Seite nach verschiedenen Kriterien filtern. Sie können z.B. alle Apps, nur die auf der konkreten Maschine installierten Apps oder die nicht installierten Apps anzeigen lassen. Markieren Sie nicht installierte Apps und blenden Sie die App-Liste auf dieser Seite ein, finden Sie eine Schaltfläche zum Installieren.

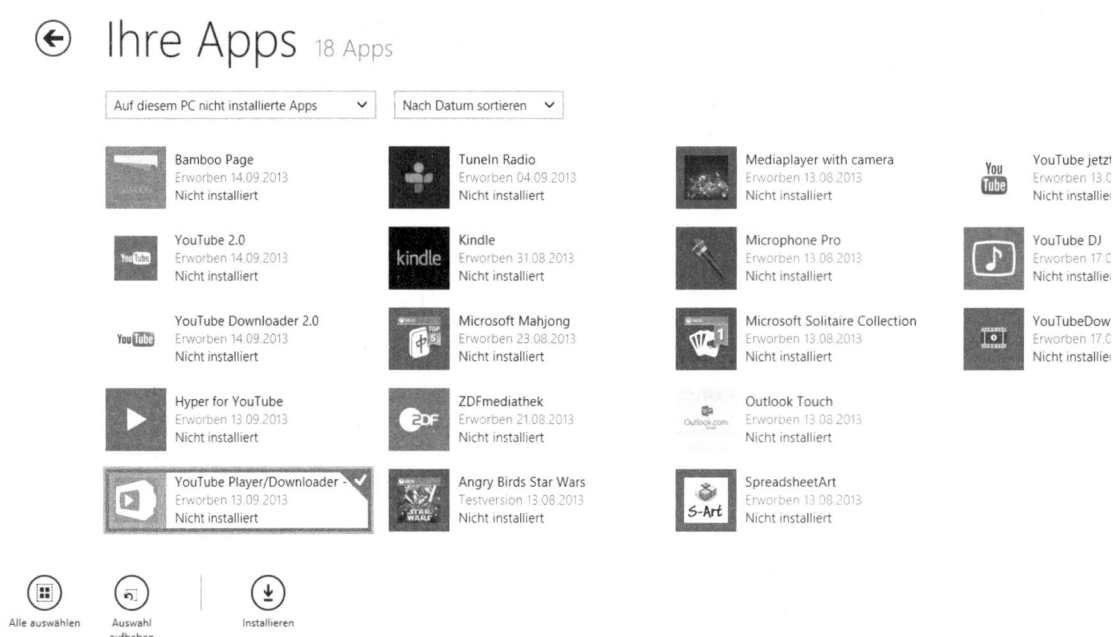

Abbildung 5.31   Übersicht über gekaufte Apps

HINWEIS   Bisher gibt es keine Funktion, um im Store erworbene, aber nicht verwendete Apps aus der Liste *Ihre Apps* auszutragen. Für App-Tests verwende ich daher speziell für diesen Zweck angelegte Microsoft-Konten.

Kapitel 6

Verwenden der Hilfefunktionen

Windows-Hilfe und Support

Windows stellt die Funktion *Hilfe und Support* zur Unterstützung des Benutzers bereit. Nachfolgend lesen Sie, wie diese Funktion aufgerufen und genutzt werden kann.

Hilfe und Support aufrufen

Zum Aufruf der Funktion *Hilfe und Support* haben Sie unter Windows verschiedene Möglichkeiten:

- Ist kein Fenster auf dem Desktop geöffnet oder als aktives Fenster gewählt, genügt es bei Desktopsystemen, wenn Sie die Funktionstaste F1 drücken

- Ist ein Fenster oder ein Dialogfeld auf dem Windows-Desktop geöffnet und aktiv, zeigt die Funktionstaste F1 den passenden Hilfetext zu diesem Fenster oder Dialogfeld

- Die Tastenkombination ⊞+F1 öffnet dagegen immer das Fenster *Hilfe und Support* und zeigt dessen Startseite an

- Blenden Sie auf dem Desktop die Charms-Leiste ein, wählen Sie das Symbol *Einstellungen* und in der Seitenleiste *Hilfe*, erscheint ebenfalls das Fenster *Hilfe und Support*

- Auf der Startseite ruft der Befehl *Hilfe* der Seitenleiste *Einstellungen* dagegen eine Hilfeseite im Internet Explorer auf. Um die Seite *Hilfe und Support* zu öffnen, wählen Sie in der Charms-Leiste *Suchen* und tippen den Begriff »hilfe« ein; hier lässt sich der Eintrag *Hilfe und Support* wählen

- Sofern Sie die *Start*-Schaltfläche nachgerüstet haben (siehe in Kapitel 4 den Abschnitt »Das Startmenü nachrüsten«), lässt sich im Startmenü der Befehl *Hilfe und Support* wählen.

Windows öffnet in allen diesen Fällen ein Fenster mit dem Titel *Windows-Hilfe und Support* (Abbildung 6.1) auf dem Windows-Desktop, in dem Sie auf die Hilfethemen zugreifen können.

Navigieren in den Hilfeseiten

Das Arbeiten in Hilfefenstern (*Windows-Hilfe und Support*, Abbildung 6.1) und der Zugriff auf Hilfethemen sind sehr einfach per Maus möglich. Die Hilfeseite zeigt blau eingefärbte Textstellen (die als Hyperlinks, d.h. Verweise auf Folgeseiten ausgeführt sind).

- Zeigen Sie mit der Maus auf einen Hyperlink (Text oder ein Symbol), nimmt der Mauszeiger die Form einer stilisierten Hand an. Dies signalisiert eindeutig, dass es sich um einen Hyperlink (Verweis auf eine Folgeseite) handelt.

- Klicken oder tippen Sie auf den Hyperlink (z.B. »Erste Schritte« in Abbildung 6.1), ruft Windows die Folgeseite der Hilfe ab. Dort finden Sie ggf. neue Hyperlinks zu Seiten mit Unterthemen. In diesem Fall wählen Sie erneut den Hyperlink zum gewünschten Thema.

Wiederholen Sie diese Schritte so lange, bis die gewünschte Information im Hilfefenster angezeigt wird. Über die Schaltflächen und das Suchfeld im Kopfteil des Hilfefensters erhalten Sie Zugriff auf die nachfolgend beschriebenen Funktionen.

- Die beiden Schaltflächen *Zurück* und *Vorwärts* in der linken oberen Ecke ermöglichen Ihnen, zwischen besuchten Hilfeseiten vor- und zurückzublättern. Das funktioniert wie das Navigieren und Suchen in Webseiten.

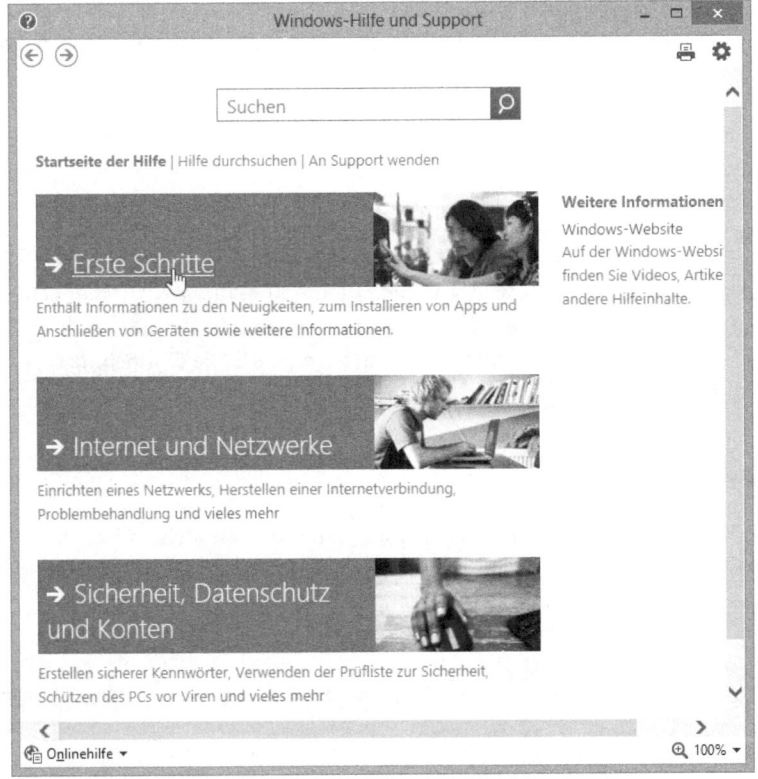

Abbildung 6.1 Startfenster
Windows-Hilfe und Support

- Im Textfeld *Suchen* lässt sich ein Begriff eintippen und dann durch Anwahl des Lupensymbols oder Drücken der ⏎-Taste die Hilfe nach diesem Begriff durchsuchen. Die Hilfe wird dann die gefundenen Themen als Liste im Dokumentbereich des Fensters einblenden. Über die Hyperlinks können Sie anschließend die zugehörigen Hilfeseiten abrufen.

Die Schaltfläche *Einstellungen ändern* (das Zahnradsymbol in der rechten oberen Ecke, Abbildung 6.1) öffnet ein Dialogfeld (Abbildung 6.2). Über eine Markierung des Kontrollkästchens *Onlinehilfe abrufen* können Sie erreichen, dass auch online verfügbare Informationen als Hilfethemen abgerufen werden.

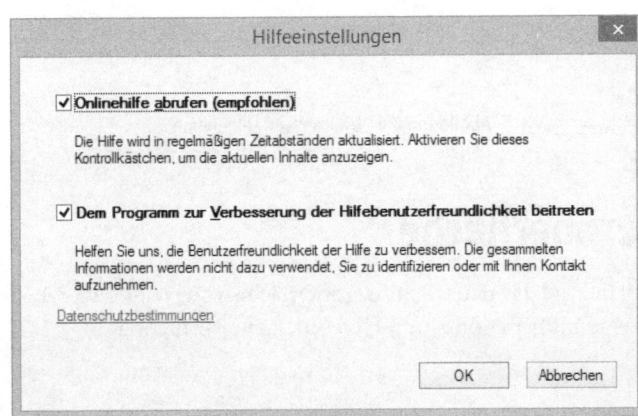

Abbildung 6.2 Optionen der Hilfe einstellen

Zudem lässt sich über ein weiteres Kontrollkästchen am Programm zur Verbesserung der Hilfebenutzer-
freundlichkeit teilnehmen. Dann übermittelt Windows z.B. Informationen an Microsoft, nach welchen
Begriffen in der Hilfe gesucht und ob diese gefunden wurden.

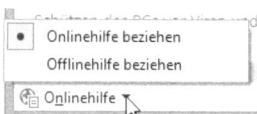

Abbildung 6.3 Onlinehilfe einbeziehen

Über die Menüschaltfläche in der linken unteren Ecke des Hilfefensters (Abbildung 6.3) lässt sich über
Befehle vorgeben, ob Hilfethemen offline nur am Rechner gesucht werden sollen oder ob die Windows-Hilfe
auch Onlineinhalte von Microsoft-Webseiten mit durchsuchen und anzeigen darf. Die Onlinehilfe setzt aber
eine aktive Internetverbindung voraus.

Drucken von Hilfeseiten

Zum Drucken der angezeigten Hilfeseite reicht es, das Druckersymbol in der oberen rechten Ecke anzuwählen. Im Dialogfeld *Drucken* legen Sie dann die gewünschten Druckoptionen fest und starten den Ausdruck
über die *Drucken*-Schaltfläche des Dialogfelds (Abbildung 6.4).

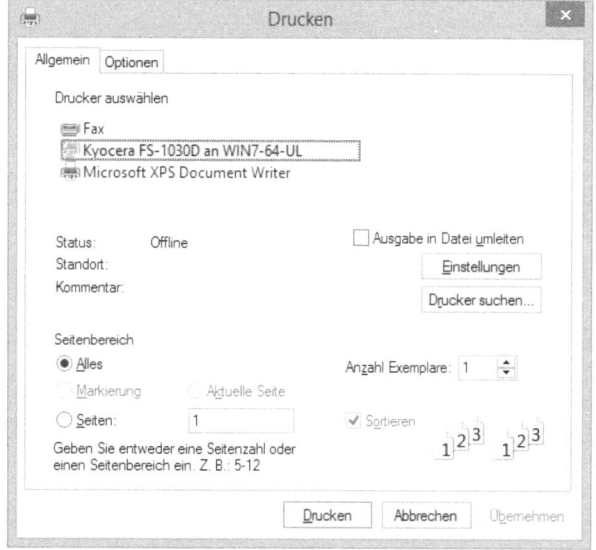

Abbildung 6.4 Drucken von Hilfethemen

Hilfe für die neue Benutzeroberfläche

Um neuen Benutzern einen vereinfachten Einstieg in die neue Benutzeroberfläche von Windows 8.1 zu
ermöglichen, stellt das Betriebssystem verschiedene Informations- und Hilfeseiten zur Verfügung.

Zugriff auf die Hilfe der neuen Benutzeroberfläche

Sofern Sie auf der Startseite oder mit Apps arbeiten, lässt sich die Hilfe über folgende Schritte einblenden:

1. Blenden Sie die Charms-Leiste über ⊞ + C oder durch Wischen ein und wählen Sie das Symbol *Einstellungen* (Abbildung 6.5, rechts).

2. Wählen Sie in der Seitenleiste *Einstellungen* den Befehl *Hilfe* an (Abbildung 6.5, links).

Anschließend rufen Sie die gewünschten Hilfethemen ab. Diese werden durch Windows in der Internet Explorer-App angezeigt, was eine Internetverbindung erfordert.

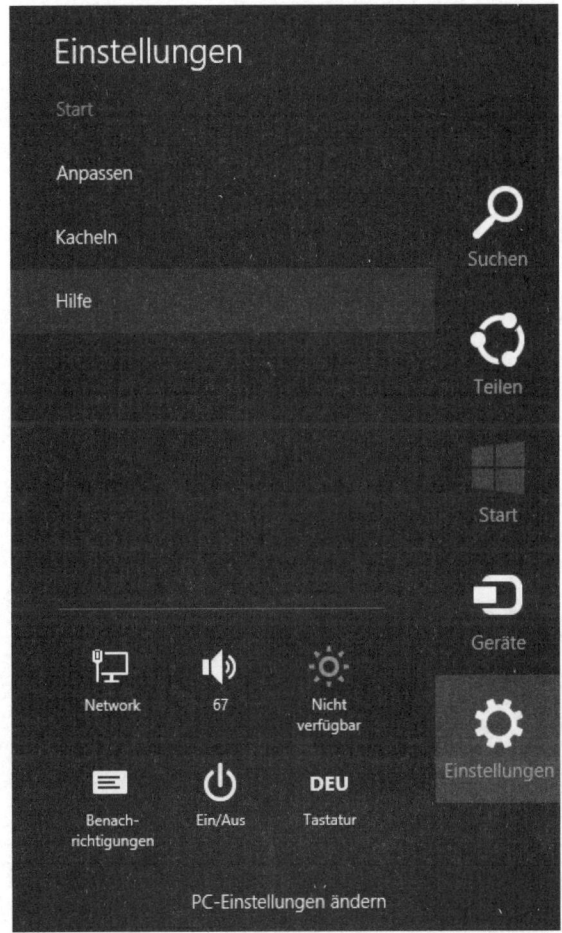

Abbildung 6.5 Seitenleiste zum Aufrufen der Hilfe

Hilfe während der Erstinbetriebnahme

Zudem erscheint bei der ersten Inbetriebnahme eines Benutzerkontos unter Windows 8.1 eine Einführung in die Bedienung. Windows blendet während der Einarbeitung kleine Vierecke in den Ecken ein (Abbildung 6.6). Befolgen Sie dann die im Viereck gegeben Anweisung (z.B. mit dem Mauszeiger auf die Spitze des eingeblendeten Pfeils zeigen), um den Hinweis auszublenden.

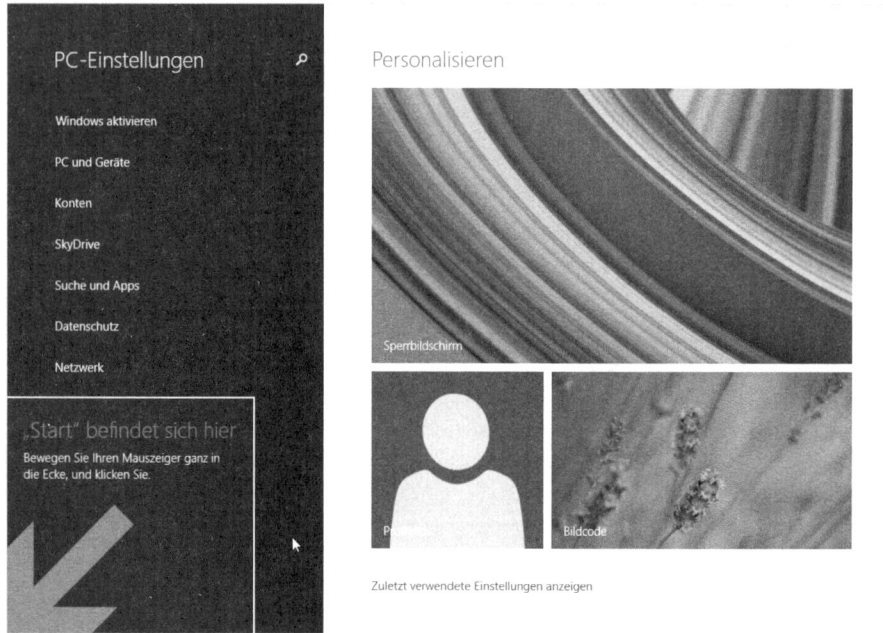

Abbildung 6.6   Einführungsanimation in die Bedienung der Startseite

Die Hilfe + Tipps-App

In Windows 8.1 finden Sie auf der Startseite die Kachel *Hilfe + Tipps* vor. Bei deren Anwahl erscheint die in Abbildung 6.7 gezeigte App-Seite. Über die einzelnen Felder rufen Sie Informationsseiten mit Erklärungen zu den jeweiligen Themen ab.

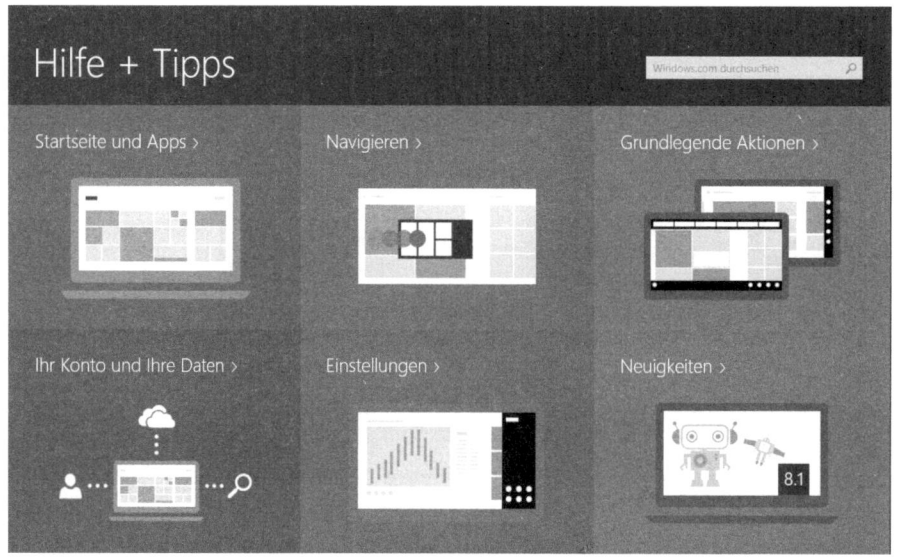

Abbildung 6.7   Startseite der App *Hilfe + Tipps*

Hilfe für Programme gefällig?

Neben Windows bieten auch Programme häufig eine eigene Hilfe an. Diese lässt sich dann bei geöffnetem Programmfenster durch Drücken der Funktionstaste ⌷F1⌷ aufrufen. Alternativ öffnen Sie in der Menüleiste des Programmfensters das Hilfemenü (Fragezeichen in der Symbolleiste). Im Hilfemenü wählen Sie dann den mit *Hilfe anzeigen* oder ähnlich bezeichneten Befehl (Abbildung 6.8, links).

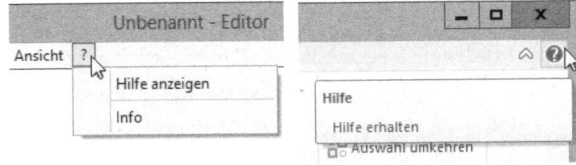

Abbildung 6.8 Programmhilfe abrufen

Handelt es sich um eine an Windows 8/8.1 angepasste Anwendung mit Menüband, klicken Sie auf die am rechten oberen Rand befindliche Schaltfläche *Hilfe erhalten* (Abbildung 6.8, rechts). In der Regel wird dann das Fenster der Programmhilfe geöffnet und Sie können auf deren Informationen zugreifen. Bei neueren Programmen entspricht die Anzeige des Hilfefensters dem Aufbau des Fensters *Windows-Hilfe und Support*. Handelt es sich aber um eine ältere Windows-Anwendung, verwendet diese das in Abbildung 6.9 gezeigte, in zwei Spalten geteilte Hilfefenster. Die linke Spalte weist mehrere Registerkarten zum Zugriff auf die Hilfeinhalte auf, während in der rechten Spalte die Hilfeseiten eingeblendet werden.

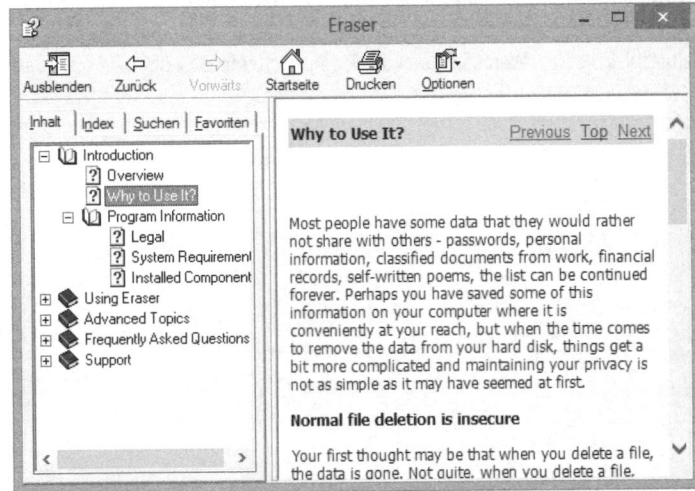

Abbildung 6.9 Fenster mit der Programmhilfe

- Die Registerkarte *Inhalt* ermöglicht den Zugriff auf die Hilfe über eine Art Inhaltsverzeichnis. Holen Sie die Registerkarte in den Vordergrund, erscheint das Inhaltsverzeichnis mit den Kapitelüberschriften, denen ein geschlossenes, stilisiertes Buchsymbol vorangestellt ist. Klicken Sie auf der Registerkarte *Inhalt* auf das angezeigte Symbol, um zu einem Thema die untergeordneten Überschriften zu sehen. Gibt es keine Unterthemen, wird der Inhalt des Themas im rechten Teil des Hilfefensters eingeblendet. Die Navigation in einem solchen Hilfefenster ist ebenfalls über Hyperlinks möglich.

- Die optionale Registerkarte *Index* ermöglicht über das Stichwortverzeichnis einen Zugriff auf die indizierten Hilfethemen. Tippen Sie den gewünschten Begriff in das Textfeld *Zu suchendes Schlüsselwort* der

Registerkarte ein, werden die Treffer in einer Ergebnisliste aufgeführt. Markieren Sie dann das gewünschte Thema in der Liste per Mausklick, können Sie die zugehörige Hilfeseite über die Schaltfläche *Anzeigen* im rechten Teil des Hilfefensters abrufen.

■ Zur Suche nach Begriffen in den Texten der Hilfeseiten holen Sie die Registerkarte *Suchen* in den Vordergrund und tippen den Suchbegriff in das Feld *Suchbegriffe eingeben* ein. Danach starten Sie die Suche über die Schaltfläche *Themen auflisten*. Gefundene Treffer lassen sich in der Ergebnisliste *Thema wählen* per Mausklick markieren. Dann lässt sich die Hilfeseite über die Schaltfläche *Anzeigen* im rechten Teil des Hilfefensters abrufen.

Sie können die auf den Registerkarten *Index* und *Suchen* gefundenen Treffer auch per Doppelklick anwählen, um die Hilfeseite anzuzeigen. In den durch die Suche ermittelten Hilfeseiten wird der Suchbegriff bei jedem Auftreten im Hilfetext optisch hervorgehoben. Je nach Programm besitzt die linke Spalte des Hilfefensters noch eine Registerkarte *Favoriten*. Über Schaltflächen auf der Registerkarte *Favoriten* lässt sich eine aktuell angezeigte Hilfeseite in eine Favoritenliste aufnehmen. Dies erlaubt den schnellen Zugriff auf häufig benötigte Hilfeseiten.

HINWEIS   Manche älteren Windows-Anwendungen verwenden sogar noch Hilfedateien im HLP-Format. Dieses Format wird jedoch von Windows 8.1 nicht mehr unterstützt, da das zur Anzeige benötigte Programm *WinHelp32.exe* im Betriebssystem fehlt. Microsoft stellt aber auf der Seite *http://support.microsoft.com/kb/917607/de* [Ms240-K06-01] bisher für alle Windows-Versionen ab Windows Vista eine Datei zum Nachrüsten dieser Funktion bereit.

TIPP   Werden bei Hilfedateien im CHM-Format keine Informationen im rechten Teilfenster gezeigt? Klicken Sie die *.chm*-Datei mit der rechten Maustaste an und wählen Sie den Kontextmenübefehl *Eigenschaften*. Dann klicken Sie auf der Registerkarte *Allgemein* auf die dort eingeblendete Schaltfläche *Zulassen*. Wenn Sie dann das Eigenschaftenfenster über *OK* schließen, sollte die Anzeige der Hilfethemen funktionieren.

Teil B
Laufwerke, Ordner & Dateien

Kapitel 7

Einführung in den Explorer

In diesem Kapitel:

Umgang mit Ordnerfenstern

Um sich den Inhalt von Laufwerken oder Ordnern anzusehen, wird das Programm *Explorer.exe* (nachfolgend als Explorer bezeichnet) verwendet. Dieses zeigt den Inhalt in einem Ordnerfenster an. Microsoft hat den früher auch Windows-Explorer genannten Explorer bereits in Windows 8 mit einer neuen Benutzeroberfläche versehen. Nachfolgend finden Sie eine kurze Einführung in den Umgang mit diesem Programm. Umsteiger von Windows 8 können den folgenden Abschnitt überspringen oder zumindest kurz überfliegen.

Der Explorer im Überblick

Der Explorer lässt sich z.B. als Windows-Anwendung über eine Schaltfläche in der Taskleiste des Desktops aufrufen. Ist auf dem Desktop das Symbol *Dieser PC* eingeblendet, wird mit einem Doppelklick darauf ebenfalls der Explorer geöffnet. Oder Sie klicken die Schaltfläche *Start* in der Taskleiste des Desktops mit der rechten Maustaste an. Dann wählen Sie im Menü für den Schnellzugriff den Befehl *Explorer* (Abbildung 7.1, links). Im Gegensatz zu früheren Windows-Versionen besitzt der Explorer seit Windows 8 aber das in Abbildung 7.1, rechts, gezeigte Aussehen.

Auf den ersten Blick hat sich gegenüber früheren Windows-Versionen wenig geändert, der Navigationsbereich, der Detailbereich und die Adressleiste mit dem Suchfeld entsprechen in der Darstellung früheren Versionen des Explorers. Neu ist lediglich die Schaltfläche mit dem nach oben zeigenden Pfeil links neben dem Adressfeld. Dies ist die Schaltfläche *Hoch nach*, mit dem sich eine Ordnerebene nach oben navigieren lässt. Diese Schaltfläche war in älteren Ausgaben des Explorers vorhanden, wurde zwischenzeitlich »wegoptimiert« und taucht seit Windows 8 wieder auf.

> **HINWEIS**   Die gleiche Wirkung wie die Schaltfläche *Hoch nach* besitzt übrigens das Drücken der ⌫ -Taste bzw. der Tastenkombination Alt + ↑ . Auch dann wechselt die Anzeige eine Ordnerebene höher.

Neu ist aber das in Windows 8 im Explorer eingeführte Menüband. Standardmäßig ist das Menüband minimiert, sodass man nur die Menüleiste mit den Registerkartentiteln wie *Datei*, *Computer* oder *Start*, *Ansicht* etc. unterhalb der Titelleiste des Explorer-Fensters sieht (Abbildung 7.1, Hintergrund oben).

> **HINWEIS**   Die genaue Bezeichnung der Registerkarten wechselt jedoch abhängig vom Kontext der angewählten Laufwerke. Die Registerkarte *Start* wird angezeigt, sobald das Windows-Laufwerk im Navigationsbereich markiert ist. Wird z.B. das Symbol *Dieser PC* im Navigationsbereich markiert, erscheinen dagegen die Registerkarte *Computer* (hier hat Microsoft die Bezeichnung nicht an *Dieser PC* angepasst) sowie die Registerkarte *Verwalten* der Laufwerktools.

Wählen Sie einen dieser Registerreiter an, wird die zugehörige Registerkarte mit den Bedienelementen temporär eingeblendet (Abbildung 7.1, Vordergrund rechts). Ein Mausklick auf den Detailbereich des Fensters bewirkt, dass das Menüband wieder ausgeblendet wird. Möchten Sie das Menüband gezielt ein-/ausblenden, finden Sie die am rechten Rand der Menüleiste sichtbare Schaltfläche *Menüband erweitern* bzw. *Menüband minimieren*. Alternativ können Sie die Tastenkombination Strg + F1 drücken, um das Menüband wahlweise ein- oder auszublenden.

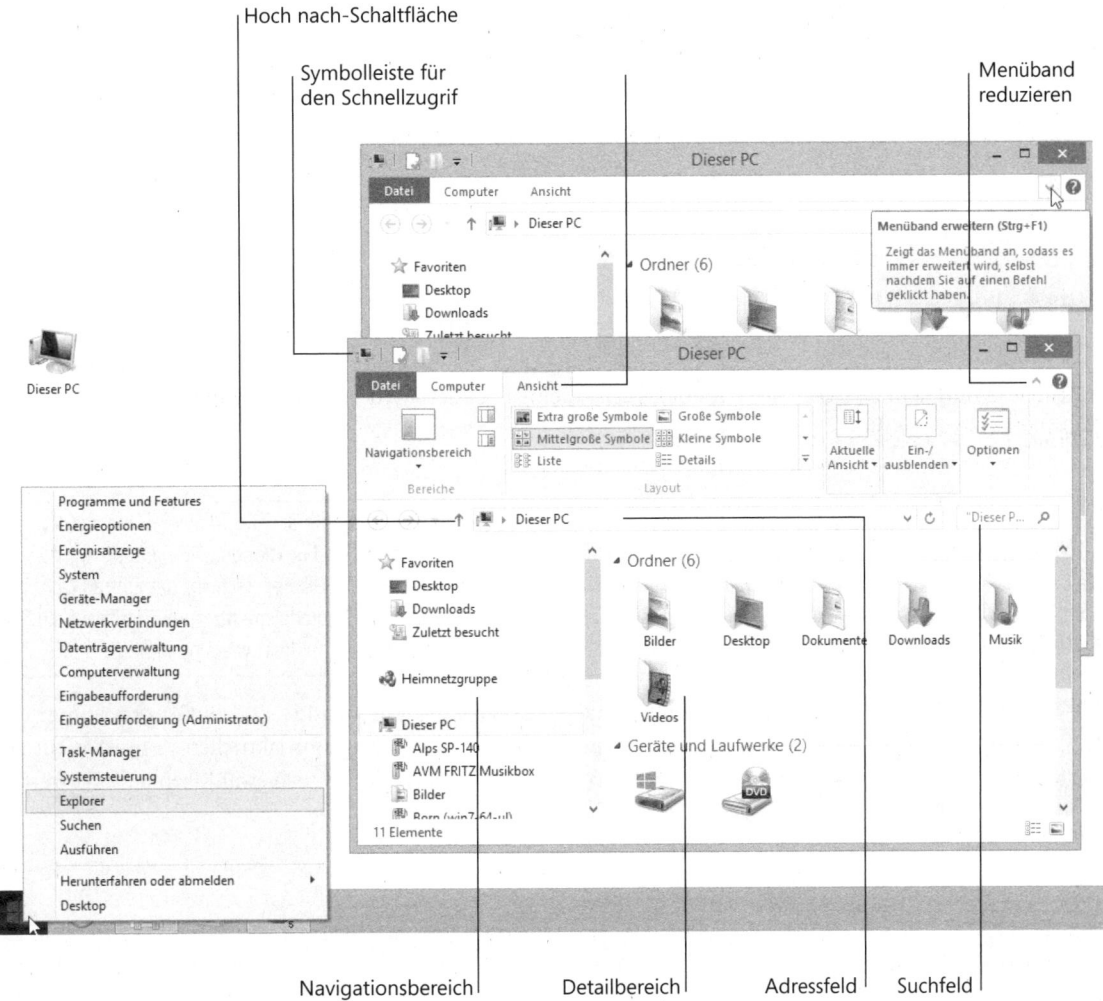

Abbildung 7.1 Schnellzugriffmenü und Elemente des Explorers

Bei eingeblendetem Menüband werden die Registerkarten (z.B. *Datei, Start, Freigeben, Ansicht*) dauerhaft angezeigt. Durch Anklicken eines Registerreiters wechseln Sie zur zugehörigen Registerkarte des Menübands.

HINWEIS   In früheren Windows-Versionen ließ sich eine Menüleiste temporär durch Drücken der ⎡Alt⎤-Taste einblenden. Dies funktioniert im Explorer seit Windows 8 nicht mehr.

Drücken Sie die ⎡Alt⎤-Taste, blendet Windows die verfügbaren Abkürzungstasten für die Registerkarten ein (Abbildung 7.2). Mit ⎡Alt⎤+⎡R⎤ lässt sich z.B. direkt auf die Registerkarte *Start* zugreifen. Drücken Sie dort erneut die ⎡Alt⎤-Taste, werden die Abkürzungstasten für die Gruppenelemente der Registerkarte eingeblendet. Zudem blendet Windows beim Zeigen auf Bedienelemente des Explorer-Fensters eine QuickInfo in Form eines Tooltipps mit Zusatzhinweisen ein (Abbildung 7.2).

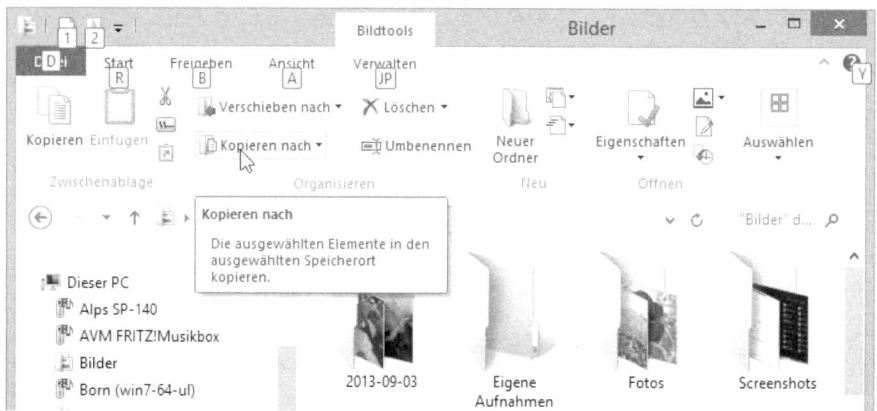

Abbildung 7.2 Abkürzungstasten und Bildtools-Leiste

HINWEIS Die Abbildung 7.2 zeigt zudem noch den Eintrag *Bildtools* in der Titelleiste an. Die Tools-Einträge werden kontextabhängig sichtbar und ermöglichen den Zugriff auf eine Registerkarte mit speziellen Funktionen. Die *Bildtools* werden z.B. bei Anwahl eines Bilderordners sichtbar. Beim Zugriff auf eine virtuelle Disk oder eine ISO-Datei erscheint der Eintrag *Datenträgerimagetools*. Die Registerkarte unterhalb der *Tools*-Einblendung beinhaltet dann die Bedienelemente zum Zugriff auf die Sonderfunktionen (z.B. ISO-Datei bereitstellen oder brennen, Bilder drehen, Diashow anzeigen, Musik wiedergeben).

Die Schaltflächen und Bedienelemente auf einer Registerkarte des Menübands sind in Gruppen unterteilt. Der Gruppentitel wird dabei am unteren Rand des Menübands angezeigt. Im aktuellen Kontext nicht zur Verfügung stehende Bedienelemente (z.B. Kopieren ergibt bei fehlender Dateiauswahl wenig Sinn) werden gesperrt und grau abgeblendet dargestellt.

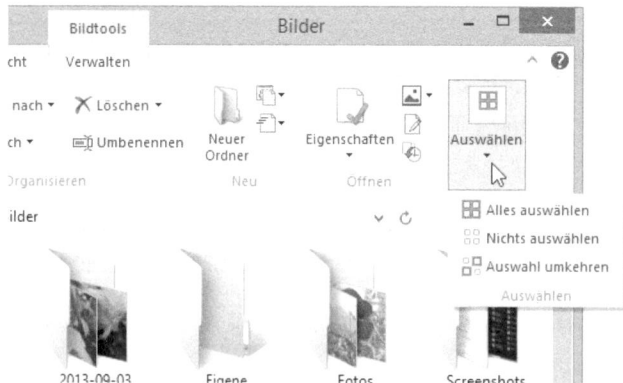

Abbildung 7.3 Menü einer Gruppenschaltfläche

Je nach Breite des Fensters reduziert oder erweitert Windows die Gruppe. Bei reduzierter Gruppe wird nur die Gruppenschaltfläche angezeigt. Diese ist dabei als Menüschaltfläche ausgebildet, d.h. bei Anwahl der Gruppenschaltfläche öffnet sich ein Menü, über dessen Befehle man auf die ausgeblendeten Elemente der Gruppe zugreifen kann (Abbildung 7.3).

Die Registerkarte *Datei* des Menübands enthält die in Abbildung 7.4 gezeigten Befehle. Über diese Registerkarte greifen Sie auf die häufig besuchten Orte oder die Hilfe zu. Weiterhin lässt sich ein neues Explorer-Fenster abrufen, der Verlauf löschen oder das Explorer-Fenster schließen.

Abbildung 7.4   Registerkarte *Datei* des Explorers

Der Befehl *Eingabeaufforderung öffnen* ermöglicht Ihnen den direkten Zugriff auf das Fenster der Eingabeaufforderung. Mit dem Befehl *Windows PowerShell öffnen* greifen Sie auf die PowerShell-Konsole zu. Beide Befehle besitzen ein Untermenü, in dem Sie auswählen, ob die Eingabeaufforderung bzw. die PowerShell-Konsole lediglich geöffnet oder mit administrativen Berechtigungen aufgerufen werden soll. Bei der letztgenannten Variante erscheint das Fenster der Benutzerkontensteuerung, über das eine administrative Freigabe zu erteilen ist.

ACHTUNG   Die beiden Befehle zum Aufruf der Eingabeaufforderung und der PowerShell-Konsole werden nur freigegeben, wenn im Navigationsbereich ein Laufwerk, eine Netzwerkfreigabe oder ein Ordner angewählt ist und dessen Inhalt im Detailbereich angezeigt wird. Windows stellt dann den Pfad zum angewählten Laufwerk in der Befehlszeile des betreffenden Fensters ein. Wählen Sie dagegen das Symbol *Dieser PC* oder das Symbol einer (optional einblendbaren) Bibliothek (z.B. *Musik*) an, bleiben die Befehle gesperrt (der Pfad ist nicht bekannt). Zum Zugriff auf Bibliotheksinhalte per Eingabeaufforderung ist vorher der gewünschte Ordner (z.B. *Musik*) im Detail- oder Navigationsbereich anzuwählen.

TIPP   Ob der Explorer mit minimiertem oder maximiertem Menüband startet, lässt sich in Windows 8.1 Pro und Enterprise über Gruppenrichtlinien festlegen. Öffnen Sie das Schnellzugriffmenü (Rechtsklick auf die Schaltfläche *Start* der Taskleiste) und wählen Sie den Menübefehl *Eingabeaufforderung (Administrator)*. Bestätigen Sie die Sicherheitsabfrage der Benutzerkontensteuerung und geben Sie im Fenster der Eingabeaufforderung den Befehl *Gpedit.msc* ein. Navigieren Sie anschließend im Zweig *Computerkonfiguration* zu *Administrative Vorlagen/Windows-Komponenten/Datei-Explorer*. Die Richtlinie *Datei-Explorer mit minimiertem Menüband starten* steuert das Anzeigeverhalten beim Start. Ein Doppelklick auf die Richtlinie öffnet ein Fenster, in dem das Optionsfeld *Aktiviert* markiert werden kann. Dann lässt sich über ein Listenfeld sehr detailliert festlegen, wie der Explorer beim Start dargestellt wird. Die Webseite *http://www.thewindowsclub.com/disable-windows-8-explorer-ribbon* [Ms240-K07-01] beschreibt detaillierter, wie sich die Gruppenrichtlinien setzen lassen.

Symbolleiste für den Schnellzugriff konfigurieren

Eine weitere Neuerung (seit Windows 8) ist die Symbolleiste für den Schnellzugriff: Am linken Rand der Titelleiste lassen sich Schaltflächen zum direkten Zugriff auf Funktionen des Explorers anordnen. Standardmäßig sind nur die Schaltflächen zur Anzeige der Eigenschaften eines Elements sowie zum Anlegen neuer Ordner zu sehen.

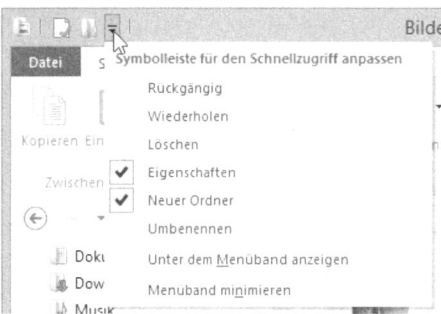

Abbildung 7.5 Symbolleiste für den Schnellzugriff anpassen

Klicken Sie am rechten Rand der Gruppe auf die Schaltfläche mit dem nach unten zeigenden Dreieck, öffnet sich das Menü aus Abbildung 7.5. Durch Markieren der angezeigten Einträge nehmen Sie diese ebenfalls als Schaltflächen in die Symbolleiste für den Schnellzugriff auf. Löschen Sie die Markierung eines Eintrags, verschwindet auch die Schaltfläche aus der Symbolleiste. Auf diese Weise lassen sich Schaltflächen wie *Rückgängig*, *Löschen* oder *Umbenennen* in die Titelleiste einfügen. Im Menü finden Sie auch Befehle, um das Menüband minimiert anzuzeigen und um die Symbolleiste für den Schnellzugriff unterhalb bzw. oberhalb des Menübands anzuordnen.

TIPP   Sie können im Menüband beliebige Schaltflächen mit der rechten Maustaste anklicken und den Kontextmenübefehl *Zur Symbolleiste für den Schnellzugriff hinzufügen* wählen. Auf diese Weise lassen sich zusätzliche Schaltflächen der Symbolleiste hinzufügen und diese so an eigene Anforderungen anpassen. Um ein Symbol wieder zu entfernen, wählen Sie es in der Symbolleiste für den Schnellzugriff mit der rechten Maustaste an. Dann lässt sich im Kontextmenü der Befehl *Aus Symbolleiste für den Schnellzugriff entfernen* aufrufen.

Bereiche im Explorer-Fenster ein- und ausblenden

Fehlt in Ordnerfenstern der Navigationsbereich? Werden die Elemente des Navigationsbereichs bei der Anwahl eines Ordners nicht automatisch nachgeführt? Oder fehlen Ordner wie *Favoriten* und *Downloads* im Navigationsbereich des Ordnerfensters?

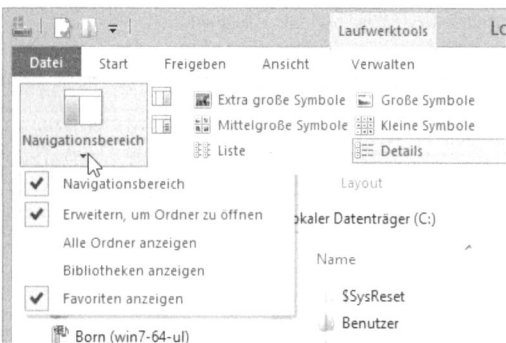

Abbildung 7.6 Elemente der Gruppe *Bereiche* und Menü *Navigationsbereich*

Wechseln Sie im Menüband zur Registerkarte *Ansicht*, lässt sich in der Gruppe *Bereiche* über die Menüschaltfläche *Navigationsbereich* (Abbildung 7.6) vorgeben, wie der Navigationsbereich dargestellt werden soll:

- **Navigationsbereich**   Über diesen Befehl blenden Sie den in der linken Spalte des Ordnerfensters angeordneten Navigationsbereich ein bzw. wieder aus

- **Erweitern, um Ordner zu öffnen**   Wechseln Sie im rechten Inhaltsbereich des Explorers in einen Ordner, passt Windows standardmäßig den Navigationsbereich nicht entsprechend an. Möchten Sie, dass der Navigationsbereich automatisch bei Anwahl eines Ordners expandiert wird, ist diese Menüoption zu markieren. Dies erleichtert die Navigation im Explorer erheblich.

- **Alle Ordner anzeigen**   Eine Markierung bewirkt, dass der Ordner des Benutzerprofils, die Systemsteuerung, der Papierkorb und eventuell auf dem Desktop eingerichtete Ordner im Navigationsbereich auftauchen

- **Bibliotheken anzeigen**   Dieser neu in Windows 8.1 eingeführte Befehl ermöglicht, den Zweig *Bibliotheken* im Navigationsbereich ein- bzw. auszublenden. Beachten Sie aber, dass eine gesetzte Option *Alle Ordner anzeigen* die Bibliotheken mit einblendet.

- **Favoriten anzeigen**   Ein markierter Befehl erzwingt die Anzeige des Zweigs *Favoriten* mit den Ordnern *Desktop*, *Downloads* und *Zuletzt besucht* als oberstes Element der Navigationsleiste

Ein durch ein Häkchen markierter Menüeintrag signalisiert, dass die betreffende Option aktiv ist. Die Gruppe *Bereiche* besitzt neben der Menüschaltfläche *Navigationsbereich* noch zwei weitere Schaltflächen:

- Die Schaltfläche *Vorschaufenster* (oder die Tastenkombination $\boxed{\text{Alt}}+\boxed{\text{P}}$) blendet ein Vorschaufenster in der rechten Spalte des Ordnerfensters ein. In diesem Fenster wird der Inhalt markierter Dokumentdateien verschiedener Dateitypen (z.B. Fotos) in einer Miniaturvorschau dargestellt.

- Über die Schaltfläche *Detailbereich* (bzw. die Tastenkombination $\boxed{\text{Alt}}+\boxed{\Diamond}+\boxed{\text{P}}$) lässt sich eine Anzeige von Details in der rechten Spalte des Ordnerfensters einblenden. Wählen Sie ein Laufwerk, einen Ordner oder eine Datei im Inhaltsbereich an, zeigt der Detailbereich Informationen wie Anzahl der Dateien im Ordner, Größe einer Datei etc. an.

Detailbereich und Vorschaufenster schließen sich gegenseitig aus, d.h., bei Anwahl eines solchen Elements wird das vorherige Element im Ordnerfenster ausgeblendet und der neue Inhalt angezeigt. Sie können also das in der linken Spalte eingeblendete Navigationsfenster oder das Detailfenster am unteren Rand des Ordnerfensters ein- bzw. ausblenden. Um den Bereich am rechten Fensterrand auszublenden, wählen Sie die aktuell markierte Schaltfläche ein zweites Mal an.

Optionen des Ordnerfensters setzen

Microsoft stimmt die Anzeigeoptionen des Explorers auf die Bedürfnisse gelegentlicher Windows-Nutzer ab. Erfahrene Benutzer bevorzugen gegebenenfalls einige andere Anzeigeoptionen. So ist es unter Umständen hilfreich, wenn die Namenerweiterungen von Dateien im Ordnerfenster mit aufgeführt werden. Oder die Markierung von Dateien durch ein Kontrollkästchen bei Auswahl ist gewünscht bzw. stört und ist zu (de-)aktivieren. Administratoren benötigen eventuell auch Zugriff auf versteckte Dateien und Systemdateien bzw. Ordner.

1. Wechseln Sie im Menüband zur Registerkarte *Ansicht*. In der Gruppe *Ein-/ausblenden* (Abbildung 7.7, oben) lässt sich über Kontrollkästchen vorgeben, ob Dateinamenerweiterungen, Elementkontrollkästchen und ausgeblendete Elemente (versteckte Dateien und Ordner) im Ordnerfenster anzuzeigen sind.

2. Um mehr Optionen anzupassen, klicken oder tippen Sie auf die Menüschaltfläche *Optionen* (Abbildung 7.7, Hintergrund). Erscheint ein Menü, wählen Sie den Befehl *Ordner- und Suchoptionen ändern*.

3. Wechseln Sie im Eigenschaftenfenster *Ordneroptionen* zur gewünschten Registerkarte (Abbildung 7.7, Vordergrund), passen Sie dort die gewünschten Einstellungen an und schließen Sie das Fenster über die *OK*-Schaltfläche.

Auf der Registerkarte *Allgemein* des Dialogfelds *Ordneroptionen* (Abbildung 7.7, links) finden Sie mehrere Optionsfeldgruppen, um das Verhalten des Ordnerfensters generell zu beeinflussen.

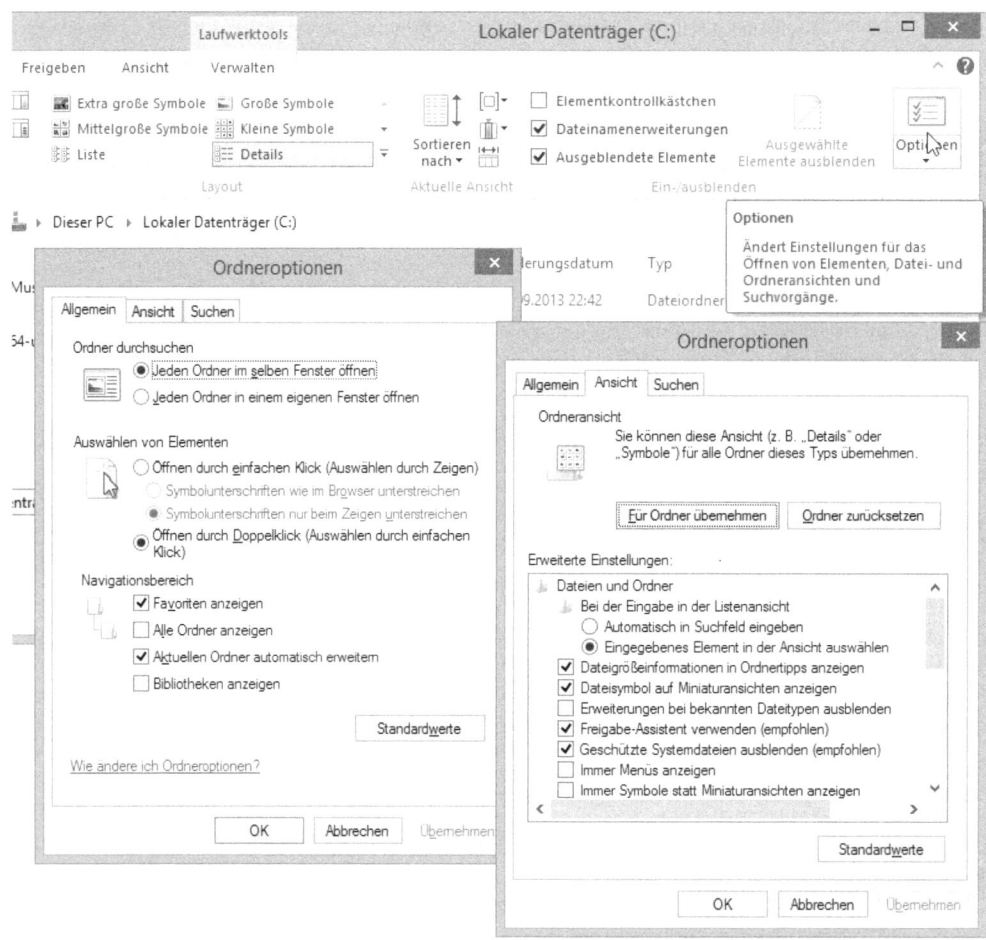

Abbildung 7.7   Ordneroptionen anpassen

- Möchten Sie, dass beim Doppelklick auf ein Laufwerks- oder Ordnersymbol dessen Inhalt in einem separaten Ordnerfenster angezeigt wird? Dann markieren Sie auf der Registerkarte *Allgemein* in der Gruppe *Ordner durchsuchen* das Optionsfeld *Jeden Ordner in einem eigenen Fenster öffnen*.

- Sollen sich Elemente durch einen einfachen Mausklick öffnen, markieren Sie auf der Registerkarte *Allgemein* in der Gruppe *Auswählen von Elementen* das Optionsfeld *Öffnen durch einfachen Klick*. Über die zusätzlich freigegebenen Optionsfelder lässt sich dann noch vorgeben, ob Symbolunterschriften wie im Browser oder nur beim Zeigen zu unterstreichen sind.

- Die Gruppe *Navigationsbereich* ermöglicht es Ihnen, das automatische Expandieren der Ordneranzeige sowie die Anzeige von Favoriten, leerer Wechseldatenträgerlaufwerke und weiterer Ordner wie Systemsteuerung und Papierkorb im Navigationsbereich zu erzwingen (siehe auch den Abschnitt »Bereiche im Explorer-Fenster ein- und ausblenden« weiter vorne in diesem Kapitel).

Über die Schaltfläche *Standardwerte* der Registerkarte lassen sich die Voreinstellungen von Windows jederzeit zurückholen.

Die Registerkarte *Ansicht* (Abbildung 7.7, Vordergrund rechts) weist eine Reihe von Kontrollkästchen und Optionsfeldern auf, über die Sie das Verhalten des Ordnerfensters anpassen können. Nachfolgend finden Sie eine Beschreibung, welche Bedeutung die wichtigsten Optionen besitzen.

- **Bei der Eingabe in der Listenansicht**   Über die Markierung der Optionsfelder steuern Sie, ob Tastatureingaben in das Suchfeld oder in die Ansicht einzufügen sind. Markieren Sie beispielsweise die Option *Automatisch in Suchfeld eingeben* und tippen Sie in einem geöffneten Ordnerfenster einen Buchstaben per Tastatur ein, wird dieses Zeichen im Suchfeld aufgeführt. Ist die Option *Eingegebenes Element in der Ansicht auswählen* markiert, selektiert Windows beim Eintippen eines Buchstabens automatisch das erste Element des Ordnerfensters, dessen Namen mit dem Buchstaben beginnt.

- **Dateigrößeninformationen in Ordnertipps anzeigen**   Ermöglicht, die Anzeige der Dateigröße eines Ordners in einer QuickInfo einzublenden, wenn sich der Mauszeiger über einem Ordner befindet

- **Dateisymbol auf Miniaturansichten anzeigen**   Ist dieses Kontrollkästchen markiert, kann Windows im Ordnerfenster (z.B. beim Ordner *Musik*) das Dateisymbol des Wiedergabeprogramms in der rechten unteren Ecke der Miniaturansicht einblenden. Dies funktioniert beispielsweise bei den von Microsoft mitgelieferten Audio- und Videodateien.

- **Erweiterungen bei bekannten Dateitypen ausblenden**   Dieses Kontrollkästchen ist standardmäßig markiert, d.h. Dateinamen werden ohne die zugeordnete Dateinamenerweiterung angezeigt. Erfahrene Anwender und Administratoren können die Markierung löschen. Diese Anzeigeoption lässt sich auch komfortabler über das Kontrollkästchen *Dateinamenerweiterungen* auf der Registerkarte *Ansicht* des Menübands setzen bzw. aufheben.

- **Freigabe-Assistent verwenden (empfohlen)**   Windows unterstützt die Verwaltung von Freigaben in Arbeitsgruppennetzwerken über einen Assistenten. Erfahrenen Anwendern empfehle ich aber, diesen Assistenten abzuschalten, da dieser bei Freigaben von Benutzerordnern den kompletten Pfad, beginnend ab dem Ordner *Benutzer*, freigibt. Über die Registerkarte *Freigaben* erteilte Netzwerkfreigaben erscheinen dagegen direkt mit ihrem Freigabenamen im Netzwerk.

- **Geschützte Systemdateien ausblenden**   Windows zeigt geschützte Systemdateien nicht an. Um diese anzuzeigen, ist die Markierung des Kontrollkästchens aufzuheben. Allerdings hat dies den Nachteil, dass auf dem Desktop zwei geschützte Systemdateien sichtbar werden. Im Gegensatz zu Windows XP sollten Sie diese Option nur in Ausnahmefällen temporär einblenden. Denn in diesem Anzeigemodus blendet Windows auch sogenannte NTFS-Links wie *Dokumente und Einstellungen* ein, die bei einer Anwahl durch den Benutzer ein Dialogfeld mit dem Hinweis »Zugriff verweigert« liefern (was schon vor Jahren bei Windows Vista für Irritationen sorgte, siehe *http://www.borncity.com/blog/2007/07/22/ordner-mysterien-in-windows-vista/* [Ms240-K07-02]).

- **Immer Menüs anzeigen**   Dieses Kontrollkästchen ist noch ein Überbleibsel aus älteren Windows-Versionen und besitzt seit Windows 8 keine Wirkung mehr

- **Immer Symbole statt Miniaturansichten anzeigen**   Markieren Sie dieses Kontrollkästchen, wenn Sie die Anzeige der Dateiinhalte in der Miniaturansicht des Ordnerfensters unterdrücken möchten

- **Konflikte bei der Ordnerzusammenführung ausblenden**   Diese neue Option steuert, ob Windows beim Zusammenführen zweier Ordner (Kopieren) Konflikte mit vorhandenen Dateien und Unterordnern anzeigen oder ausblenden soll

- **Kontrollkästchen zur Auswahl von Elementen verwenden**   Markieren Sie diese Option, damit Windows Kontrollkästchen zur Auswahl von Ordnern und Dateien im Ordnerfenster einblendet. Dies entspricht dem Kontrollkästchen *Elementkontrollkästchen* der Gruppe *Ein-/ausblenden* in der Registerkarte *Ansicht*. Die Anzeige der Kontrollkästchen ist bei Fingerbedienung oder für Benutzer hilfreich, die (z.B. wegen motorischer Störungen) die [Strg]-Taste zum Markieren mehrerer Elemente in Ordnerfenstern nicht drücken können.

- **Laufwerkbuchstaben anzeigen**   Durch Deaktivieren dieses Kontrollkästchens erreichen Sie, dass im Ordnerfenster *Dieser PC* die im rechten Inhaltsbereich eingeblendeten Laufwerkssymbole keine Laufwerkbuchstaben mehr aufweisen

- **Leere Laufwerke ausblenden**   Markieren Sie dieses Kontrollkästchen, um Laufwerke für Wechseldatenträger, die kein Medium enthalten, im Ordnerfenster *Dieser PC* auszublenden. Bei der Anzeige versteckter Dateien werden solche Laufwerke abgeblendet dargestellt.

- **Ordnerfenster in einem eigenen Prozess starten**   Markieren Sie diese Option, verwendet Windows einen eigenen Prozess für Ordnerfenster. Dies kann die Systemstabilität (bei Programmfehlern) erhöhen, da sich die in getrennten Prozessen laufenden Ordnerfenster gegenseitig nicht beeinflussen. Allerdings hat diese Option einen erhöhten Speicherbedarf.

- **Popupinformationen für Elemente in Ordnern und auf dem Desktop anzeigen**   Beim Zeigen auf manche Desktopsymbole oder auf verschiedene Elemente des aktuellen Ordnerfensters blendet Windows ein Popupfenster bzw. eine QuickInfo mit zusätzlichen Textinformationen ein. Diese Funktion lässt sich durch Deaktivieren des Kontrollkästchens abschalten.

- **Statusleiste anzeigen**   Ermöglicht es, am unteren Fensterrand eine Statusleiste ein-/auszublenden. Dort werden am linken Rand die Zahl der Elemente eines Ordners, die Größe der markierten Datei(en), ggf. die Zahl der Orte einer gewählten Bibliothek, ggf. Netzwerkfreigaben sowie die Zahl der markierten Elemente angezeigt. Am rechten Rand finden sich zwei Schaltflächen zum Umschalten der Ordneranzeige.

- **Verschlüsselte oder komprimierte NTFS-Dateien in anderer Farbe anzeigen**   Markieren Sie dieses Kontrollkästchen, zeigt Windows komprimierte Dateien auf NTFS-Laufwerken in anderen Farben an. Die Verschlüsselungsfunktion steht nur in Windows 8/8.1 Pro und Enterprise zur Verfügung.

- **Versteckte Dateien und Ordner**   Windows unterdrückt die Anzeige versteckter Dateien und Ordner im Ordnerfenster und in den Suchfunktionen. Markieren Sie (z.B. per Mausklick) im Zweig *Versteckte Dateien und Ordner* das Optionsfeld *Ausgeblendete Dateien, Ordner und Laufwerke anzeigen*. Dies ist für Administratoren wichtig, die auf alle Ordner und Dateien des Systems zugreifen müssen. Um auch Systemdateien anzuzeigen, heben Sie die Markierung des Kontrollkästchens *Geschützte Systemdateien ausblenden* auf. Die Option ist auch im Menüband über das Kontrollkästchen *Ausgeblendete Elemente* der Registerkarte *Ansicht* anpassbar.

- **Vollständigen Pfad in der Titelleiste anzeigen**   Bei gesetzter Option wird der Pfad zum aktuell gewählten Ordner (z.B. *C:\Users\Public\Documents*) in der Titelleiste des Ordnerfensters einblendet

- **Vorherige Ordnerfenster bei der Anmeldung wiederherstellen** Markieren Sie dieses Kontrollkästchen, werden Ordnerfenster, die beim Abmelden von Windows auf dem Desktop geöffnet waren, bei einer erneuten Windows-Anmeldung auf dem Desktop wiederhergestellt

- **Vorschauhandler im Vorschaufenster anzeigen** Ein markiertes Kontrollkästchen ermöglicht die Anzeige von Dateiinhalten im Vorschaufenster. Löschen Sie die Markierung des Kontrollkästchens, wenn Sie die Leistung des Computers verbessern oder das Vorschaufenster nicht anzeigen möchten.

Die Schaltfläche *Standardwerte* ermöglicht es Ihnen, veränderte Einstellungen auf den Auslieferungszustand zurückzusetzen. Die Schaltfläche *Für Ordner übernehmen* überträgt Vorgaben für die Detailanzeige etc. für alle Ordner. Die Schaltfläche wird aber gesperrt, wenn im Navigationsbereich *Dieser PC* angewählt ist. Die Schaltfläche *Ordner zurücksetzen* ermöglicht es, die Ordnereinstellungen wieder aufzuheben.

HINWEIS   Auf der Registerkarte *Suchen* im Dialogfeld *Ordneroptionen* finden Sie noch diverse Optionen, um die Suche im Explorer zu steuern. So lassen sich komprimierte Archive (ZIP-Dateien), Systemverzeichnisse und Dateiinhalte in die Suche einbeziehen (siehe Kapitel 12).

Anpassen der Symbolgröße im Ordnerfenster

Auch in Windows 8 und Windows 8.1 lassen sich unterschiedliche Symbolgrößen in Ordnerfenstern verwenden. Diese Option befindet sich nun auf der Registerkarte *Ansicht* des Menübands in der Gruppe *Layout*. Wechseln Sie im Menüband zur betreffenden Registerkarte und wählen Sie einen der Einträge der Gruppe *Layout* aus (Abbildung 7.8). Über die Bildlaufleiste des Felds lässt sich zwischen den verfügbaren Anzeigemodi blättern. Weiterhin können Sie auf das in der rechten unteren Ecke des Felds befindliche Symbol *Mehr* (Startprogramm für Dialogfelder) klicken. Dann wird die Gruppendarstellung zu einer Palette erweitert, sodass alle Layoutoptionen sichtbar und anwählbar werden.

Abbildung 7.8 Anpassen des Darstellungsmodus für Ordnerfenster

HINWEIS   Es genügt, mit der Maus auf die Schaltflächen zu zeigen, um den Darstellungsmodus als Vorschau anzuzeigen. Ähnlich wie beim Windows-Desktop lässt sich die Symbolgröße im Ordnerfenster auch mit der Maus verändern. Halten Sie die ⌴Strg⌴-Taste gedrückt und drehen Sie das Mausrädchen, passt Windows die Symbolgröße im Ordnerfenster schrittweise gemäß den in der Gruppe *Layout* vorhandenen Modi an.

Die Modi *Liste* und *Details* zeigen die von Windows für die Dateitypen benutzten Dokumentsymbole der Dateien an. In der *Details*-Ansicht werden neben den Dateinamen in zusätzlichen Spalten weitere Informationen wie Dateigröße, Änderungsdatum etc. eingeblendet (Abbildung 7.9).

Welche Spalten dabei im Ordnerfenster erscheinen, hängt vom Ordnertyp und von den Einstellungen ab. Bei Bild-, Musik- und Videoordnern finden Sie beispielsweise eine Spalte mit der Bewertung der Dateien. Klicken Sie mit der rechten Maustaste auf einen Spaltenkopf (bei Fingerbedienung einfach etwas länger auf den Spaltenkopf drücken und loslassen) der im Ordnerfenster angezeigten Detaildarstellung, lassen sich über das

Kontextmenü weitere Anzeigekategorien abrufen (Abbildung 7.9, unteres Menü). Ein Häkchen vor dem jeweiligen Menübefehl weist darauf hin, dass die Kategorie als Spalte eingeblendet wird.

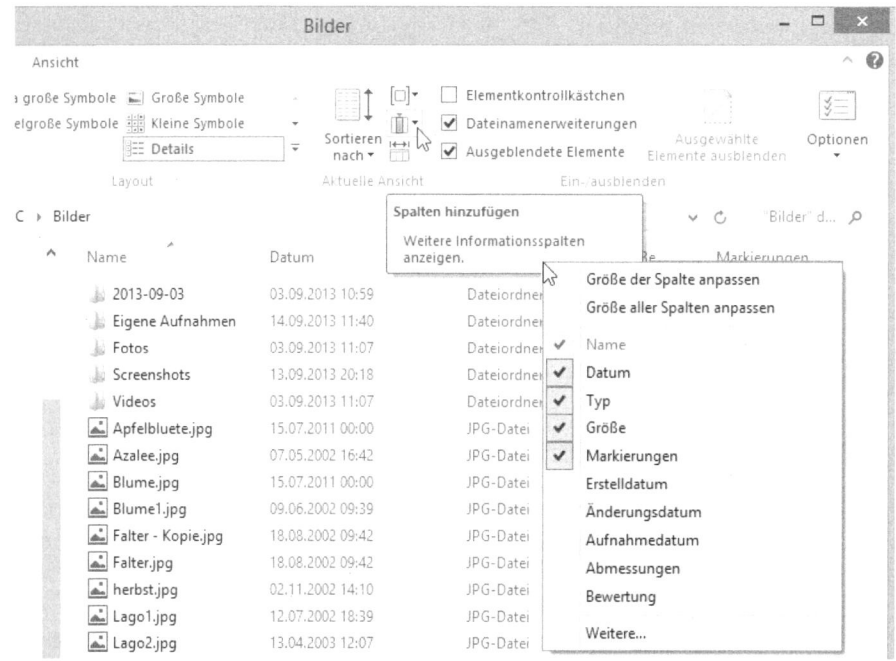

Abbildung 7.9 Ordnerfenster in der *Details*-Darstellung

HINWEIS   Zudem finden Sie auf der Registerkarte *Ansicht* des Menübands die Gruppe *Aktuelle Ansicht*. Die Schaltfläche *Spalten hinzufügen* am rechten Gruppenrand (Abbildung 7.9, oben) öffnet bei Anwahl ebenfalls das Menü zur Auswahl der anzuzeigenden Spalten. Mittels der Schaltfläche *Größe aller Spalten anpassen* der gleichen Gruppe lässt sich die Spaltenbreite des Ordnerfensters an den jeweils längsten Spalteneintrag anpassen.

Ordneranzeige sortieren und gruppieren

Die Symbole für Laufwerke, Dateien und Ordner lassen sich im Ordnerfenster über die Spaltenüberschriften oberhalb des Anzeigebereichs nach bestimmten Kriterien sortieren bzw. gruppieren.

1. Rufen Sie den Inhalt des gewünschten Speicherorts im Ordnerfenster auf und wählen Sie die gewünschte Darstellung (*Details*, *Kacheln*, *Liste*, *Große Symbole* etc.).

2. Markieren Sie einen freien Bereich im Inhaltsbereich des Ordnerfensters mit einem Rechtsklick und wählen Sie im Kontextmenü den Befehl *Sortieren nach* bzw. *Gruppieren nach*.

3. Sobald das Untermenü mit den Sortier- und Gruppierungskriterien erscheint (Abbildung 7.10), legen Sie das gewünschte Sortier- oder Gruppierungskriterium fest.

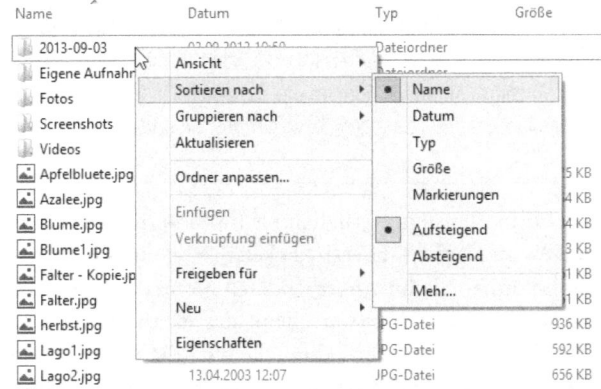

Abbildung 7.10 Aufsteigend nach Name sortieren

Um die Anzeige nach Namen zu ordnen, klicken Sie im Untermenü *Sortieren nach* auf den Befehl *Name* (Abbildung 7.10). Analog können Sie (bei angewähltem Symbol *Dieser PC*) den Befehl *Typ* verwenden, um nach Laufwerks- oder Dateitypen zu sortieren. Ist der Darstellungsmodus »Details« für ein Ordnerfenster eingestellt, reicht übrigens ein Mausklick auf einen Spaltenkopf zur Sortierung der Anzeige nach dem betreffenden Kriterium. Durch erneutes Anklicken des gleichen Spaltenkopfs lässt sich zudem zwischen einer auf- und absteigenden Sortierung (nach Name, Typ, Größe etc.) umschalten.

TIPP   Statt des Kontextmenüs können Sie auch die Registerkarte *Ansicht* des Menübands öffnen. In der Gruppe *Aktuelle Ansicht* finden Sie die Menüschaltflächen *Sortieren nach* und *Gruppieren nach* (Abbildung 7.9). Diese stellen ebenfalls Befehle zum Sortieren und Gruppieren bereit.

Über den Kontextmenübefehl *Gruppieren nach* können Sie zudem über das Untermenü ein zusätzliches Gruppierungskriterium wählen (Abbildung 7.11). Bei einer gruppierten Ordneranzeige fasst Windows die angezeigten Informationen nach den gewählten Gruppierungskriterien zusammen. In Abbildung 7.11 erfolgt die Gruppierung z.B. nach den aufgeführten Laufwerkstypen. Gegenüber Windows 8 ergibt sich aber die Änderung, dass eine eigene Gruppe *Ordner* mit den Benutzerordnern aufgeführt und auch nicht mehr nach Gruppen für Festplatten und Wechselmedien unterschieden wird. Der Kontextmenübefehl *(Keine)* hebt die Gruppierung wieder auf.

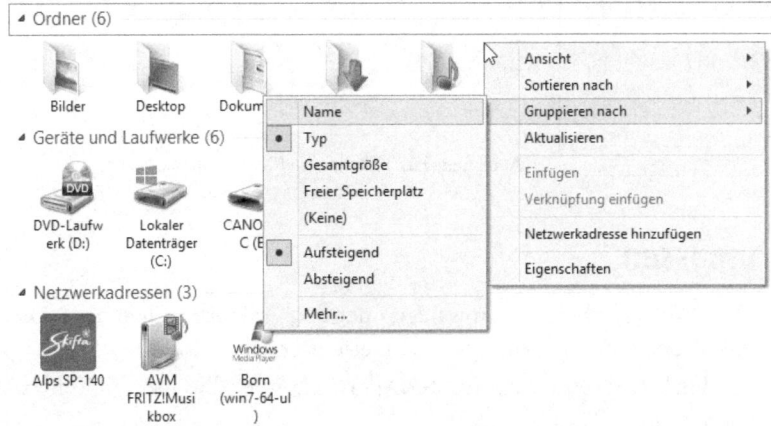

Abbildung 7.11 Der Befehl *Gruppieren nach*

HINWEIS   Über den Gruppierungstitel (in Abbildung 7.11, z.B. »Geräte und Laufwerke (6)«) lassen sich die Elemente der Gruppierung ein- oder ausblenden. Ein Doppelklick auf den Titeltext der Gruppe oder ein Mausklick auf das vor dem Gruppierungstitel sichtbare kleine Dreieck bewirkt das Umschalten der Anzeige. Alternativ können Sie den Titel der Gruppierung mit einem Rechtsklick anwählen und dann im Kontextmenü die Befehle *Gruppe reduzieren* bzw. *Gruppe expandieren* sowie *Alle Gruppen reduzieren* bzw. *Alle Gruppen expandieren* wählen.

Im Anzeigemodus *Details* lässt sich die Anzeige eines Ordnerfensters zusätzlich nach bestimmten Kriterien filtern (z.B. alle Dateien mit dem Anfangsbuchstaben »A« im Namen). Hierzu klicken Sie auf die Schaltfläche rechts neben dem Spaltenkopf (Abbildung 7.12). Dann können Sie im eingeblendeten Menü die Filterkriterien durch Markieren der Kontrollkästchen wählen. Bei der Spalte *Name* erscheint das in Abbildung 7.12, oben, gezeigte Menü. Oder Sie könnten beispielsweise die Darstellung der Laufwerke über die Spalte *Typ* auf Festplatten reduzieren, indem Sie das betreffende Kontrollkästchen *Lokale Datenträger* markieren. Wählen Sie die Menüschaltfläche der Datumsspalte aus, erscheint ein Menü mit einem Kalenderblatt zur Auswahl des Datums.

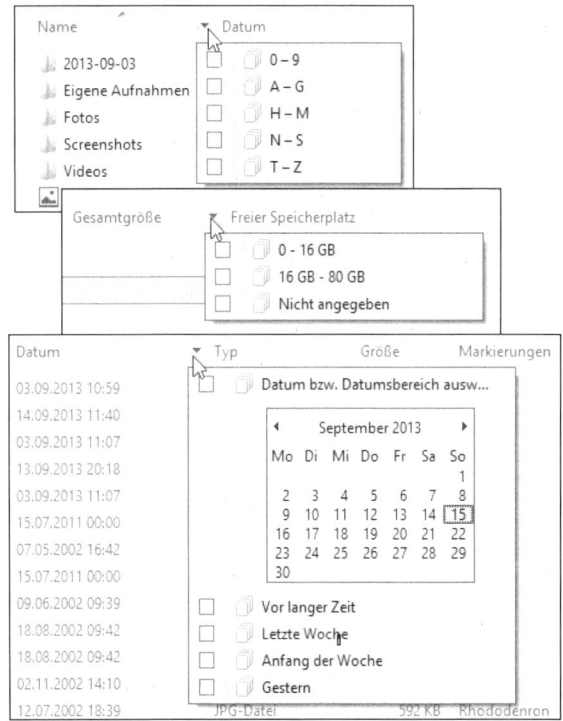

Abbildung 7.12 Filtern nach Namen, Typ und Datum

Die Ordnerdarstellung anpassen

Windows 8.1 ermöglicht es Ihnen, die Ordnersymbole frei zu wählen oder den Ordnertyp zu ändern. Dies beeinflusst das angezeigte Ordnersymbol sowie die Darstellung im Ordnerfenster.

1. Zum Anpassen des Ordnersymbols klicken Sie es mit der rechten Maustaste an und wählen im Kontextmenü den Befehl *Eigenschaften* (Abbildung 7.13, unten links).

2. Klicken Sie im Eigenschaftenfenster auf den Registerreiter *Anpassen* und legen Sie die gewünschten Optionen auf dieser Registerkarte (Abbildung 7.13, rechts) fest.

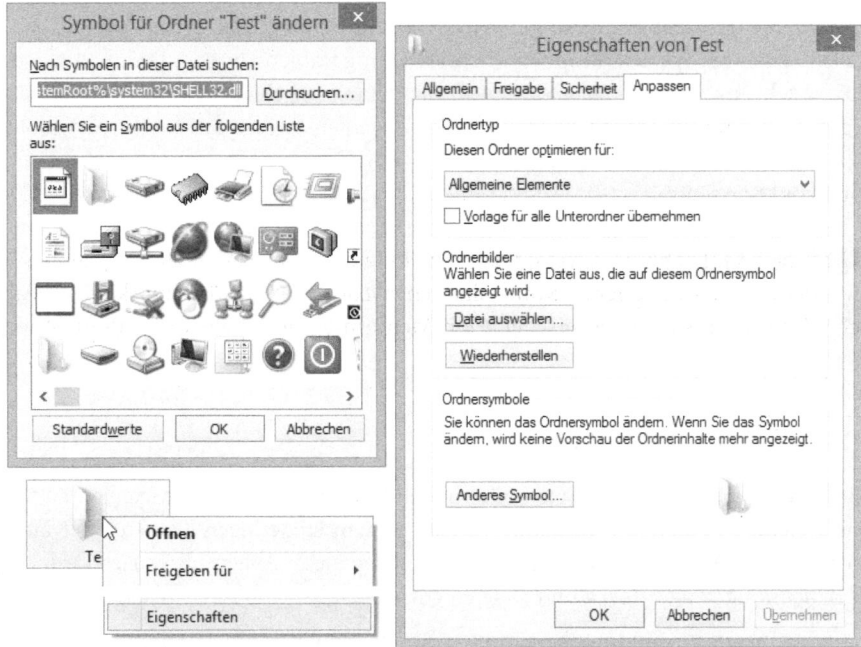

Abbildung 7.13 Ordnerdarstellung und -typ anpassen

HINWEIS Die Registerkarte *Anpassen* wird nicht eingeblendet, wenn Sie eine (optional einblendbare) Bibliothek anwählen. Achten Sie daher beim Aufruf des Kontextmenübefehls *Eigenschaften* darauf, dass ein Ordner im Benutzerprofil oder auf einem Laufwerk markiert ist.

Sobald Sie die Registerkarte über die *OK*-Schaltfläche schließen oder die Schaltfläche *Übernehmen* betätigen, werden die Einstellungen wirksam. Bezüglich der Einstellungen sollten Sie Folgendes wissen:

- Über das Listenfeld *Diesen Ordner optimieren für* der Gruppe *Ordnertyp* lässt sich eine Vorlage für den Ordnertyp wählen. Sie haben die Wahl zwischen den Werten *Allgemeine Elemente*, *Dokumente*, *Bilder*, *Musik* und *Videos*. Der Wert bestimmt, wie der Ordnerinhalt im Ordnerfenster angezeigt wird. Bei *Bilder*, *Musik* und *Videos* werden beispielsweise Schaltflächen zur Wiedergabe angewählter Dateien in der Symbolleiste des Ordnerfensters eingeblendet. Die Unterschiede zwischen den Vorlagen bestehen auch darin, dass der Anzeigemodus beim Öffnen des Ordners im Ordnerfenster verändert wird (z.B. Modus *Details* statt *Kacheln* oder *Große Symbole*). So enthält der Ansichtsmodus *Details* bei Medien wie Musik, Bilder oder Videos Bewertungsspalten. Verfügt ein Ordner über Unterordner, lässt sich die Vorlage für alle Unterordner durch Markierung des betreffenden Kontrollkästchens übernehmen.

- Bei Ordnern, die Fotos und Videos enthalten, blendet Windows die Miniaturabbilder der ersten im Ordner abgelegten Dateien im Ordnerfenster ein. Sie können aber das anzuzeigende Bild gezielt aus einer Grafikdatei auswählen, indem Sie auf der Registerkarte *Anpassen* auf die Schaltfläche *Datei auswählen* der Gruppe *Ordnerbilder* klicken. In einem separaten Dialogfeld kann dann eine Grafikdatei mit dem gewünschten Bild ausgewählt und mittels der Schaltfläche *Öffnen* übernommen werden. Das Motiv erscheint jedoch nur, wenn die Darstellung im Ordnerfenster Miniaturansichten ermöglicht. Als Bilddatei können Sie alle Grafikdateien verwenden, die unter Windows als Bilddateien registriert sind (z.B. *.bmp*, *.gif*, *.jpg*, *.png*).

Die Schaltfläche *Anderes Symbol* der Gruppe *Ordnersymbole* öffnet ein weiteres Dialogfeld (Abbildung 7.13, oben links), in dem Sie ein beliebiges Symbol für die Ordnerdarstellung wählen können. Die Symbole lassen sich dabei aus der im Dialogfeld angegebenen Datei *SHELL32.dll* oder aus beliebigen anderen Symboldateien beziehen. Klicken Sie dazu auf die Schaltfläche *Durchsuchen* und wählen Sie die gewünschte Symboldatei (*.exe*, *.dll*, *.ico*) aus.

Wissen zu Ordnern und Dateien

In diesem Abschnitt finden Sie einige Hinweise zur Benennung von Ordnern und Dateien sowie zu den unter Windows verwendeten Speicherorten.

Benennung von Ordnern und Dateien

Beim Schreiben von Briefen, Übernehmen von Fotos oder bei anderen Aufgaben fallen Dateien an, die in bestimmten Ordnern gespeichert werden. Dateien werden unter einem eindeutigen Namen auf Datenträgern (Festplatte des Computers, CDs etc.) abgelegt. Zur Strukturierung dieser Ablage lassen sich Ordner verwenden. Bezüglich der Benennung von Ordnern und Dateien gilt Folgendes.

■   Die Namen für Dateien müssen in Windows bestimmten Regeln genügen. Ein Dateiname darf zusammen mit der Pfadangabe (Laufwerkbuchstaben und Ordnernamen) maximal 255 Zeichen lang sein. Um sich unnötige Tipparbeit zu ersparen, sollten Sie Dateinamen aber auf ca. 20 Zeichen begrenzen. Sie dürfen im Namen die Buchstaben A bis Z, a bis z, die Ziffern 0 bis 9, das Leerzeichen und verschiedene andere Zeichen verwenden. Ein gültiger Name wäre *Brief an Müller 001*. Nicht zulässig sind aber die Zeichen " / \ | < > : ? * im Dateinamen.

■   Neben dem Namen dürfen Dateien noch eine sogenannte Dateinamenerweiterung (oder kurz Erweiterung bzw. Extension genannt) aufweisen. Hierbei handelt es sich um einen Punkt, dem meist weitere (in der Regel drei oder vier) Buchstaben folgen (z.B. *.txt*, *.bmp*, *.exe*, *.bat*, *.ini*, *.docx*, *.jpeg*, *.tiff* etc.). Diese Erweiterungen legen den Typ der Datei fest, d.h. mit welchem Programm eine Datei bearbeitet werden kann.

> **HINWEIS**   Standardmäßig zeigt Windows die Dateinamenerweiterungen nicht an. Im Abschnitt »Optionen des Ordnerfensters setzen« weiter vorne in diesem Kapitel ist beschrieben, wie Sie die betreffende Darstellung einrichten können. Sie dürfen den Dateinamen und die Erweiterung übrigens mit Groß- und Kleinbuchstaben schreiben. Dieses wird von Windows nicht unterschieden, d.h. die Dateinamen »Brief an Müller.docx« und »brief an müller.docx« werden in Windows gleich behandelt.

Die Dateinamenerweiterung bestimmt den Dateityp (d.h. welche Art von Daten in der Datei gespeichert werden können). Windows weist jedem Dateityp ein spezielles Symbol zu, das die Unterscheidung zwischen verschiedenen Dokumenttypen erleichtert (Abbildung 7.14).

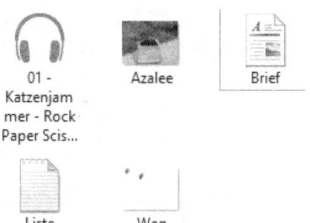

01 -
Katzenjam
mer - Rock
Paper Scis...

Azalee

Brief

Liste

Weg

Abbildung 7.14 Symbole verschiedener Dokumenttypen

An den Symbolen der Dokumentdateien lässt sich meist erkennen, welche Daten diese enthalten (da sich das Symbol oft an das Programm zur Bearbeitung der Dokumentdateien anlehnt). Das Symbol eines stilisierten Schreibblocks sowie die Erweiterung *.txt* stehen für Dateien, die einfache Texte enthalten. Solche Dateien können Sie zum Beispiel mit dem Windows-Editor erstellen. Dateien mit der Erweiterung *.docx* dienen ebenfalls zur Speicherung von Texten, die aber zusätzlich Bilder oder speziell formatierte Wörter bzw. Buchstaben (fett, kursiv etc.) enthalten können. Solche Dokumentdateien lassen sich mit dem Programm Microsoft Word oder mit dem Windows-Programm WordPad erstellen. Die Dateinamenerweiterung *.exe* steht für Programmdateien.

Ordner dienen zur Organisation der Dateiablage, wobei Ordner nicht nur Dateien, sondern ihrerseits weitere Ordner (sogenannte Unterordner) enthalten können. Ordner werden auf Speichermedien (Festplatten, CDs, DVDs etc.) angelegt und besitzen wie Dateien einen Namen sowie ein Symbol. Ordnernamen werden nach den gleichen Kriterien wie Dateien gebildet, wobei in der Regel die bei Dateien benutzte Dateinamenerweiterung entfällt.

HINWEIS   Dateien und Ordner müssen mit einem eindeutigen Namen versehen werden. Sie können in einem Ordner keine zwei Ordner oder Dateien gleichen Namens ablegen. Eine Datei darf jedoch unter ihrem (gleichen) Namen in unterschiedlichen Ordnern gespeichert werden.

Speicherorte für Ihre Dokumente

Grundsätzlich können Sie unter Windows Dokumente bzw. Dateien auf jedem beliebigen Speichermedium (Festplatte, USB-Stick, Speicherkarte, CD etc.) in Ordnern ablegen. Windows stellt zur Ablage von Dateien aber spezielle Speicherorte für die Dokumentkategorien Bilder, Dokumente, Musik und Videos bereit. Beim Speichern von Dokumenten sollten Sie folgende Kriterien zur Auswahl der Speicherorte verwenden.

- **Dokumente**   An diesem Speicherort legen Sie Dokumente wie Briefe, Kalkulationstabellen, Notizen, Präsentationen etc. ab

- **Bilder**   Dieser Ort ist zur Aufnahme von Fotos und Grafiken, die Sie z.B. von Digitalkameras und Scannern übernehmen oder aus dem Internet oder per E-Mail erhalten, vorgesehen

- **Musik**   Hier können Sie Ihre digitale Musiksammlung anlegen und über spezielle Funktionen abspielen oder verwalten. Musik können Sie als Dateien von Audio-CDs kopieren oder von legalen Musikseiten aus dem Internet herunterladen

- **Videos**   Besitzen Sie Videos (z.B. von Digital- oder Videokameras bzw. aus dem Internet), sollten Sie die Dateien hier ablegen

Diese Speicherorte sind über den Navigationsbereich eines Ordnerfensters erreichbar. Der Navigationsbereich eines Ordnerfensters enthält zudem noch einen Ordner *Downloads*, der zum Speichern von Dateien, die aus dem Internet heruntergeladen wurden, vorgesehen ist.

Private und öffentliche Ordner

Windows 8.1 kennt private und öffentliche Ordner, über die die Zugriffsmöglichkeiten auf die Dokumente bestimmt werden.

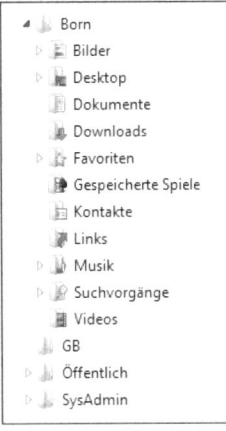

Abbildung 7.15 Profilordner und öffentliche Ordner im Navigationsbereich im Ordnerfenster

- **Private Ordner**   Für jedes Benutzerkonto wird ein sogenanntes Benutzerprofil mit verschiedenen Ordnern auf dem Systemlaufwerk angelegt (in Abbildung 7.15 sind dies die Ordner *Born*, *GB*, *SysAdmin*). Die Profilordner werden auf dem Windows-Laufwerk im Ordner *Benutzer* abgelegt und nach dem Namen des jeweiligen Benutzerkontos benannt. Diese Ordner nehmen Dateien auf, die spezifisch für das Benutzerkonto sind. Daher enthält das Benutzerprofil weitere Ordner zum Zugriff auf häufig besuchte Internetseiten (*Favoriten*), auf gespeicherte Suchergebnisse etc. Auch der Windows-Desktop ist letztendlich ein Ordner im Benutzerprofil. Benutzer anderer Konten haben standardmäßig keinen Zugriff auf diese Ordner, d.h. deren Inhalt ist privat.

- **Öffentliche Ordner**   Unter Windows wird zusätzlich ein allgemeines Benutzerprofil (für alle Benutzer) eingerichtet, das als Speicherort für gemeinsame Daten aller Benutzer des Computers dient. Legt ein Benutzer also eine Datei in einem öffentlichen Ordner wie *Öffentliche Bilder*, *Öffentliche Dokumente* etc. ab, können unter anderen Benutzerkonten angemeldete Personen direkt auf diesen öffentlichen Ordner und damit auf die Dokumente (Fotos, Musik etc.) zugreifen.

Durch die Auswahl der Speicherordner kann ein Benutzer also festlegen, wer auf seine Dateien zugreifen kann. Allerdings können sich Administratoren bei Bedarf entsprechende Zugriffsrechte für die Ordner des Benutzerprofils verschaffen und die Dateien einsehen.

ACHTUNG   Gegenüber Windows 8 hat Microsoft in Windows 8.1 das Konzept der Bibliotheken und Benutzerordner geändert. Die in Windows 8 in Bibliotheken zugeordneten privaten und öffentlichen Ordner (z.B. *Eigene Bilder* und *Öffentliche Bilder*) gibt es in Windows 8.1 nicht mehr. Die im Navigationsbereich eines Ordnerfensters sichtbaren Einträge *Bilder*, *Dokumente*, *Musik* und *Videos* verweisen direkt auf die korrespondierenden Profilordner. Die öffentlichen Ordner *Öffentliche Bilder*, *Öffentliche*

Dokumente etc. sind bei angewähltem Windows-Laufwerk z.B. im Navigationsbereich über den Zweig *Benutzer\Öffentlich* erreichbar. Sie können aber wie im Abschnitt »Bibliotheken: Ordner hinzufügen und entfernen« vorgehen und die öffentlichen Ordner bei Bedarf manuell zu den Bibliotheken hinzufügen.

HINWEIS   Auf dem Windows-Laufwerk sind noch weitere Ordner wie *Programme, Programme (x86)* etc. und *Windows* zu finden. Im Ordner *Programme* werden auf dem System installierte Anwendungsprogramme gespeichert, während der Ordner *Windows* zur Aufnahme der Windows-Dateien dient. Bei 64-Bit-Systemen gibt es zusätzlich den Ordner *Programme (x86)*, der zur Aufnahme von 32-Bit-Anwendungen dient, während 64-Bit-Programme im Ordner *Programme* zu finden sind. Diese Ordner sind nicht zum Speichern von Anwenderdateien vorgesehen. Die Zugriffe auf solche Systemordner werden durch Windows aus Sicherheitsgründen für normale Benutzer blockiert.

Strukturierung der Dateiablage über Unterordner

Zur besseren Strukturierung der Dokumentablage besteht zudem die Möglichkeit, dass Benutzer sich weitere Unterordner zum Ablegen von Dokumenten erzeugen. Sie könnten also einen Ordner *Briefe* unter *Dokumente* anlegen, der seinerseits wieder die Unterordner *Privat, Geschäftlich, Rechnungen* etc. enthält.

Dateien, die thematisch zusammengehören, werden dann in den betreffenden Ordnern bzw. Unterordnern abgelegt. Auf ähnliche Weise können Sie Fotos im Ordner *Bilder* oder Ihre Musiksammlungen im Ordner *Musik* strukturieren. Welche Kriterien Sie zur Aufteilung der Dateien in Ordner verwenden, bleibt Ihnen überlassen.

Das Konzept der Bibliotheken

Das Konzept der Bibliotheken zur Ordnerverwaltung wurde in Windows 7 neu eingeführt. Bibliotheken sind Verwaltungsstrukturen, über die sich der Inhalt mehrerer Ordner zusammenhängend im Ordnerfenster darstellen lässt (ohne deren Inhalt zu verändern). Einer dieser Ordner wird der Bibliothek dabei als »Standard« zugewiesen, d.h. dessen Inhalt wird beim Zugriff auf die Bibliothek (z.B. *Musik*) im Inhaltsbereich des Ordnerfensters angezeigt. Dies erleichtert die Verwaltung mehrerer Speicherorte. Sie können über den Navigationsbereich eines Ordnerfensters auf die Standardbibliotheken und die in der Bibliothek eingetragenen Ordner zugreifen.

Welche Ordner genau in die Bibliothek einbezogen werden, erkennen Sie im Navigationsbereich, da dort die Struktur der Unterordner *Bilder*, sowie ggf. weiterer hinzugefügter Ordner eingeblendet wird (in Abbildung 7.16 ist dies der Ordner *Test* auf dem Laufwerk *C:*). Bei Bedarf lassen sich benutzerspezifisch neue Ordner zu bestehenden Bibliotheken hinzufügen oder auch neue Bibliotheken anlegen (siehe den folgenden Abschnitt »Bibliotheken verwalten«).

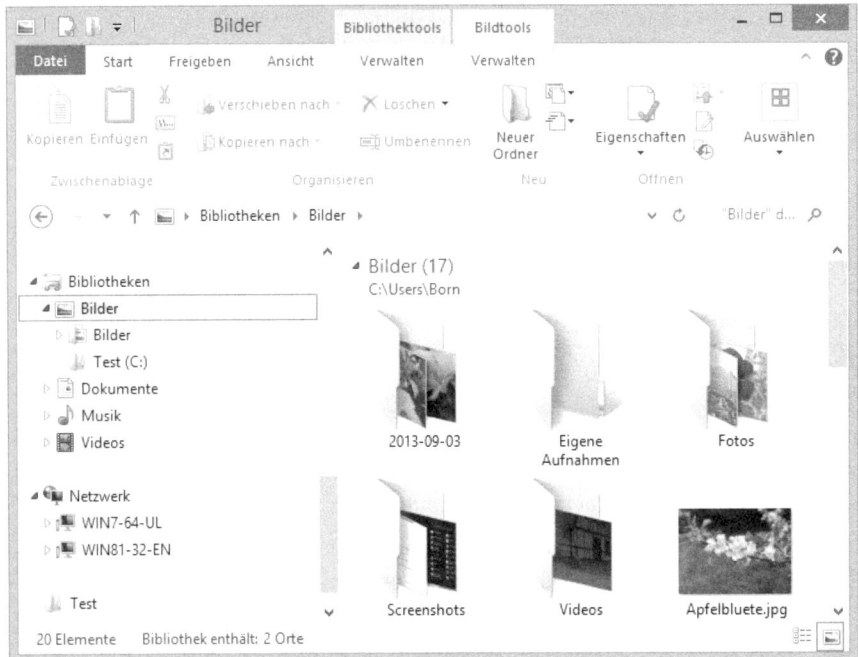

Abbildung 7.16   Bibliotheksanzeige in einem Ordnerfenster

HINWEIS   In Windows 8.1 wird das Konzept der Bibliotheken noch unterstützt. Microsoft stellt diese aber nicht mehr in den Vordergrund. So muss der Zweig *Bibliotheken* explizit (z.B. über das Kontextmenü des Navigationsbereichs) eingeblendet werden. Zudem werden in die Standardbibliotheken wie *Bilder, Dokumente* etc. nur noch die eigenen Profilordner, nicht aber die öffentlichen Ordner eingebunden. Bei Bedarf können Sie aber die öffentlichen Ordner über den Kontextmenübefehl *In Bibliothek aufnehmen* zu den Bibliotheken hinzufügen.

Bibliotheken verwalten

Zur Verwaltung von Bibliotheken blenden Sie diese im Navigationsbereich eines Ordnerfensters ein (z.B. Rechtsklick auf eine freie Stelle des Navigationsbereichs und dann im Kontextmenü den Befehl *Bibliotheken anzeigen* markieren). Dann lassen sich folgende Schritte zur Verwaltung durchführen:

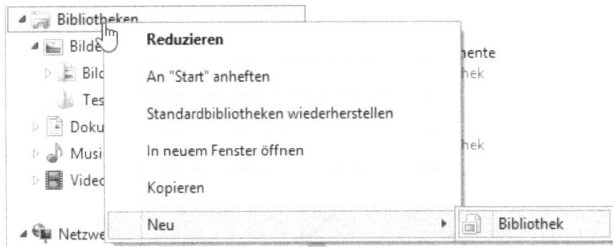

Abbildung 7.17   Bibliothek anlegen

1.   Klicken Sie im Navigationsbereich des Ordnerfensters den Eintrag *Bibliotheken* mit der rechten Maustaste an und wählen Sie den Kontextmenübefehl *Neu/Bibliothek* (Abbildung 7.17).

2. Anschließend tippen Sie im Navigationsbereich den Bibliotheksnamen für den neu angelegten Eintrag ein. Sobald Sie die $\boxed{\leftarrow}$-Taste drücken, wird der Name für die neue Bibliothek vergeben.

3. Solange der Bibliothek noch keine Ordner zugewiesen sind, lässt sich anschließend im Inhaltsbereich des Ordnerfensters die Schaltfläche *Ordner hinzufügen* (Abbildung 7.18) anwählen. Anschließend können Sie über ein angezeigtes Dialogfeld den gewünschten Ordner zuweisen.

Abbildung 7.18 Ordner in Bibliothek aufnehmen

HINWEIS   Die Ordner dürfen dabei auf allen lokal erreichbaren Festplatten (NTFS- und FAT-Dateisystem) liegen. Unzulässig sind jedoch nicht indizierte Ordner im Netzwerk. Das Gleiche gilt für Ordner auf Wechseldatenträgern, die nicht in der Gruppe *Festplatten* des Ordnerfensters auftauchen. Gerade Letzteres wird häufig ignoriert, was zu Problemen bei der Windows-Sicherung oder Apps führen kann. Diese geben Fehlermeldungen aus, wenn ein Wechseldatenträger in einer Bibliothek eingetragen, aber nicht mehr verfügbar ist. Wichtig ist auch, dass der Ordner bei der Aufnahme in eine Bibliothek nicht in Bearbeitung ist (gegebenenfalls alle Anwendungen beenden), da es sonst zu einer Fehlermeldung kommt. Bei Ordnern mit vielen Dateien kann es zudem eine ganze Weile dauern, bis diese in die Bibliothek aufgenommen sind.

Bei Bedarf können Sie diesen Bibliotheksnamen später über den Kontextmenübefehl *Umbenennen* ändern oder die Bibliothek mit dem Kontextmenübefehl *Löschen* entfernen. Die Ordner und Dateien, die dieser Bibliothek zugeordnet waren, bleiben dabei natürlich erhalten! Irrtümlich gelöschte Bibliotheken lassen sich gegebenenfalls aus dem Papierkorb restaurieren (siehe nächstes Kapitel).

Standardbibliotheken wiederherstellen

Haben Sie irrtümlich eine oder mehrere Standardbibliotheken (*Musik, Bilder, Videos, Dokumente*) gelöscht? Klicken Sie den Eintrag *Bibliotheken* im Navigationsbereich mit der rechten Maustaste an und wählen Sie den Kontextmenübefehl *Standardbibliotheken wiederherstellen*.

TIPP   Das Löschen und anschließende Wiederherstellen einer Standardbibliothek ist auch ganz hilfreich, falls diese nicht mehr funktioniert und der Explorer beim Öffnen bzw. beim Zugriff auf eine Bibliothek einen Fehler anzeigt (siehe auch *http://www.borncity.com/blog/2013/03/08/windows-bibliotheken-reparieren/* [Ms240-K07-03].

Bibliotheken: Ordner hinzufügen und entfernen

Um zu einem späteren Zeitpunkt Ordner zu bestehenden Bibliotheken hinzuzufügen oder wieder zu entfernen, haben Sie mehrere Möglichkeiten.

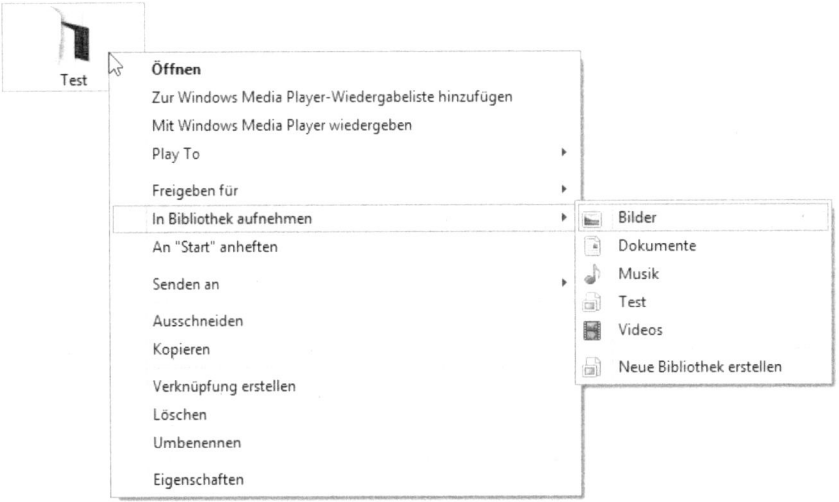

Abbildung 7.19   Weitere Ordner in Bibliothek aufnehmen

■ Sie klicken den aufzunehmenden Ordner mit der rechten Maustaste an, wählen den Kontextmenübefehl
   In Bibliothek aufnehmen und dann im Untermenü den Namen der gewünschten Bibliothek (Abbildung
   7.19)

■ Zum schnellen Entfernen eines Ordners wählen Sie dagegen im Navigationsbereich den Ordnereintrag
   einer Bibliothek mit einem Rechtsklick an. Dann lässt sich der Kontextmenübefehl *Ort aus Bibliothek entfernen* anklicken.

Abbildung 7.20   Ordner aus einer Bibliothek entfernen

Der Ordner selbst bleibt beim Entfernen aus einer Bibliothek unverändert.

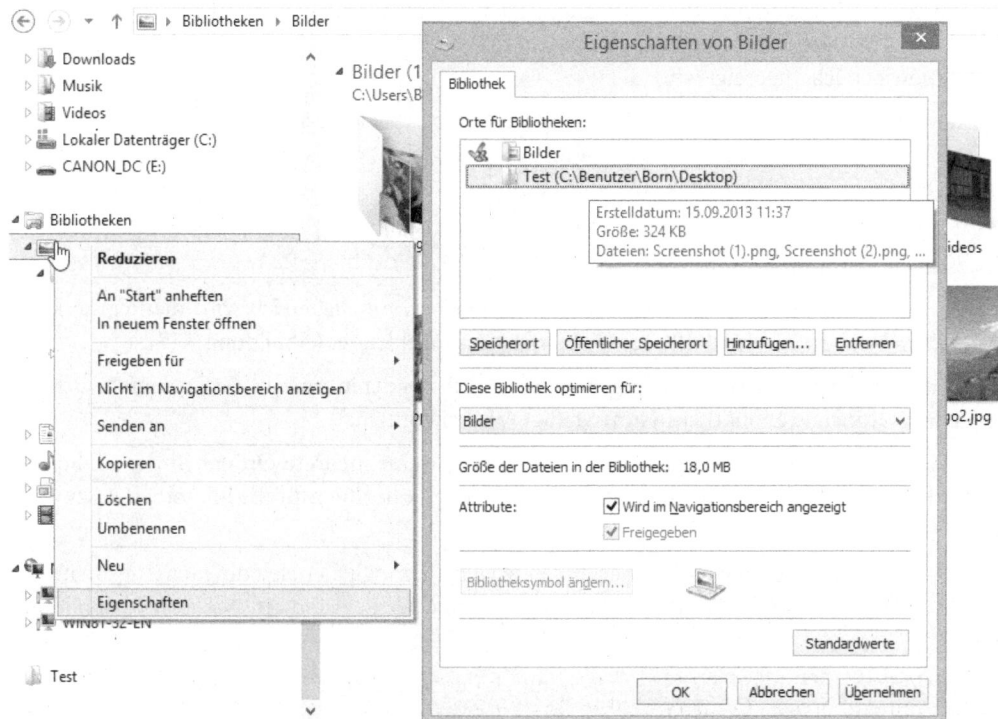

Abbildung 7.21 Eigenschaften einer Bibliothek ändern

Klicken Sie den im Navigationsbereich eines Ordnerfensters eingeblendeten Bibliothekseintrag (z.B. *Bilder*) mit der rechten Maustaste an und wählen Sie den Kontextmenübefehl *Eigenschaften*. Daraufhin wird ein Eigenschaftenfenster mit der Registerkarte *Bibliothek* eingeblendet (Abbildung 7.21, rechts).

- Dort finden Sie die Schaltfläche *Hinzufügen*, über die sich ein Dialogfeld zum Auswählen des Ordners öffnen lässt. Bestehende Ordner lassen sich in der Liste markieren und dann mittels der *Entfernen*-Schaltfläche der Registerkarte austragen.

- Sind der Bibliothek mehrere Ordner zugeordnet, können Sie einen als Standardspeicherort auswählen (dort speichert Windows die Dateien, falls Sie keinen Unterordner wählen). Zur Auswahl markieren Sie den gewünschten Ordner und klicken auf der Registerkarte *Bibliothek* auf die Schaltfläche *Speicherort*. Der betreffende Ordner wird in der Liste mit einem kleinen Häkchen markiert.

- Die ab Windows 8 hinzugekommene Schaltfläche *Öffentlicher Speicherort* ermöglicht das Kennzeichnen eines Bibliotheksordners zur öffentlichen Verwendung innerhalb eines Netzwerks (Heimnetzgruppe). Der Eintrag wird unter *Orte für Bibliotheken* mit einem grünen Häkchen, dem das Symbol zweier Benutzer überlagert ist, gekennzeichnet. Ein über *Speicherort* markierter Standardordner weist dagegen nur ein grünes Häkchen als Markierung auf.

- Über das Listenfeld *Diese Bibliothek optimieren für* können Sie eine Vorlage zuweisen. Diese bestimmt (ähnlich wie Vorlagen bei Ordnern), welche Funktionen in der Ordneranzeige für den Bibliotheksinhalt zur Verfügung stehen (z.B. Wiedergabe für Musik).

- Die im unteren Teil der Registerkarte *Bibliothek* angezeigten Kontrollkästchen für Attribute werden automatisch durch Windows verwaltet und signalisieren, ob eine Bibliothek im Heimnetzwerk freigegeben ist und im Navigationsbereich angezeigt wird.

- Die (in Windows 8 hinzugekommene) Schaltfläche *Bibliothekssymbol ändern* lässt sich auf benutzerdefinierte Bibliotheken anwenden und öffnet bei Anwahl das Dialogfeld *Anderes Symbol*, in dem Sie aus einer Liste ein neues Symbol für die Bibliothek auswählen können.

Auf diese Weise können Sie Ordner zu einer Bibliothek zuordnen. Dabei gelten die auf den vorherigen Seiten erwähnten Kriterien zur Auswahl der Ordner.

Bei Anwahl eines Bibliothekseintrags im Navigationsbereich oder im Inhaltsbereich wird die Registerkarte *Verwalten* der *Bibliothektools* in der Titelleiste des Ordnerfenster eingeblendet (Abbildung 7.22).

- Ist die Schaltfläche *Bibliothek verwalten* freigegeben, öffnet sich bei deren Anwahl das Dialogfeld *Orte für Bibliothek*, in dem Ordner zu Bibliotheken hinzugefügt werden können.

- Die Menüschaltfläche *Speicherort festlegen* ist nur anwählbar, wenn mehrere Ordner in der Bibliothek vorhanden sind. Die Schaltfläche ermöglicht es, direkt den Standardordner für die Bibliothek auszuwählen.

- Schaltflächen wie *Bibliothek optimieren für* oder *Anderes Symbol* ermöglichen den direkten Zugriff auf die oben beschriebenen Einstellungen des Eigenschaftenfenster mit der Registerkarte *Bibliothek* (Abbildung 7.21, rechts).

Die Standardeinstellungen der Bibliotheken lassen sich mittels der Schaltfläche *Einstellungen wiederherstellen* der Registerkarte *Verwalten* zurücksetzen.

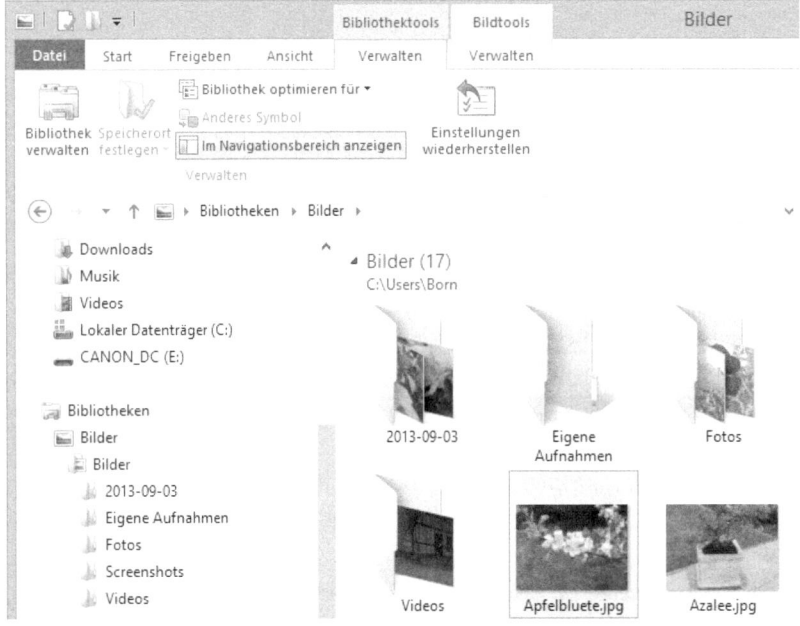

Abbildung 7.22   Registerkarte *Verwalten* der *Bibliothektools*

Kapitel 8

Arbeiten mit Datenträgern

In diesem Kapitel:

Zugriff auf Datenträger

Datenträger (Festplatten, Wechselmedien wie USB-Sticks oder Speicherkarten) ermöglichen das Speichern von Daten. In diesem Kapitel lernen Sie den Umgang mit Datenträgern kennen. Dazu gehört auch der Zugriff auf Wechseldatenträger oder auf virtuelle Laufwerke und ISO-Dateien.

Festplatten und Wechselmedien anzeigen

Informationen über die auf dem Computer vorhandenen Laufwerke liefert das Ordnerfenster *Dieser PC* (in früheren Windows-Version noch mit *Computer* benannt). Sobald Sie ein Ordnerfenster (z.B. über die Schaltfläche in der Taskleiste) öffnen, werden die Symbole unter *Dieser PC* im Navigationsbereich eingeblendet. Wählen Sie diesen Eintrag an, listet das Ordnerfenster alle gefundenen Festplatten, Wechseldatenträger, Geräte (z.B. USB-Sticks oder Kameras) sowie Netzwerkquellen (Medienserver) in der rechten Seite (Detailbereich) des Ordnerfensters auf. Die Abbildung 8.1 zeigt ein Ordnerfenster, in dem eine Festplatte, ein DVD-Laufwerk/-Brenner, mehrere Wechsellaufwerke (für Speichermedien von Digitalkameras und USB-Sticks) sowie eine Digitalkamera aufgelistet sind.

- Windows verwendet unterschiedliche Symbole für die verschiedenen Laufwerktypen (Diskettenlaufwerke, CD-/DVD-/BD-Laufwerke, Wechseldatenträger). Wechseldatenträger mit einem eingelegten Medium zeigt Windows ggf. sogar mit einem datenträgerspezifischen Symbol an. USB-Sticks oder externe Laufwerke werden nur angezeigt, wenn das betreffende Gerät auch angeschlossen und eingeschaltet ist. Erscheint ein neu angeschlossenes Gerät nicht sofort im Ordnerfenster, hilft unter Umständen das Drücken der Funktionstaste ⌐F5⌐.

- Gegenüber früheren Windows-Versionen gibt es im Ordnerfenster *Dieser PC* neben dem geänderten Namen noch einige zusätzliche Abweichungen. So tauchen in der Standardgruppierung die Benutzerordner *Bilder*, *Desktop*, *Dokumente* etc. als erste Gruppe *Ordner* auf. Diese Ordner ersetzen die Bibliotheken aus Windows 7/8. Statt einer Unterscheidung zwischen Festplatten und Wechseldatenträgern fasst Windows 8.1 nun alle Festplatten, DVD-Laufwerke, Flash-Speicher, USB-Sticks und Kameras in der Gruppe *Geräte und Laufwerke* zusammen.

- Die im Ordnerfenster angezeigten Laufwerke werden mit einem Buchstaben von *A* bis *Z*, gefolgt von einem Doppelpunkt, durchnummeriert. Zudem ist dem Laufwerk noch eine Datenträgerbezeichnung (z.B. *Lokaler Datenträger*, *Daten1*, *System* etc.) zugeordnet. Die erste Festplatte wird mit dem Buchstaben *C:* versehen. Weitere Festplatten, Speicherkartenleser, USB-Speichersticks, CD-/DVD-/BD-Laufwerke sowie verbundene Netzlaufwerke erhalten fortlaufend noch freie Buchstaben *D:*, *E:*, *F:* bis *Z:* zugewiesen, wobei durchaus Lücken in der Laufwerkbezeichnung auftreten können.

Die Reihenfolge der Benennung dieser Laufwerktypen hängt davon ab, ob das Laufwerk beim Windows-Start vorhanden war oder erst später eingeschaltet wurde. Nach Möglichkeit vergibt Windows zuerst Laufwerkbuchstaben an Festplatten (bzw. logische Laufwerke auf Partitionen). Danach werden angeschlossene CD-/DVD-/BD-Laufwerke und Wechseldatenträger durchnummeriert. Beachten Sie aber, dass die Laufwerkbuchstaben vom Administrator mittels der Datenträgerverwaltung neu vergeben werden können.

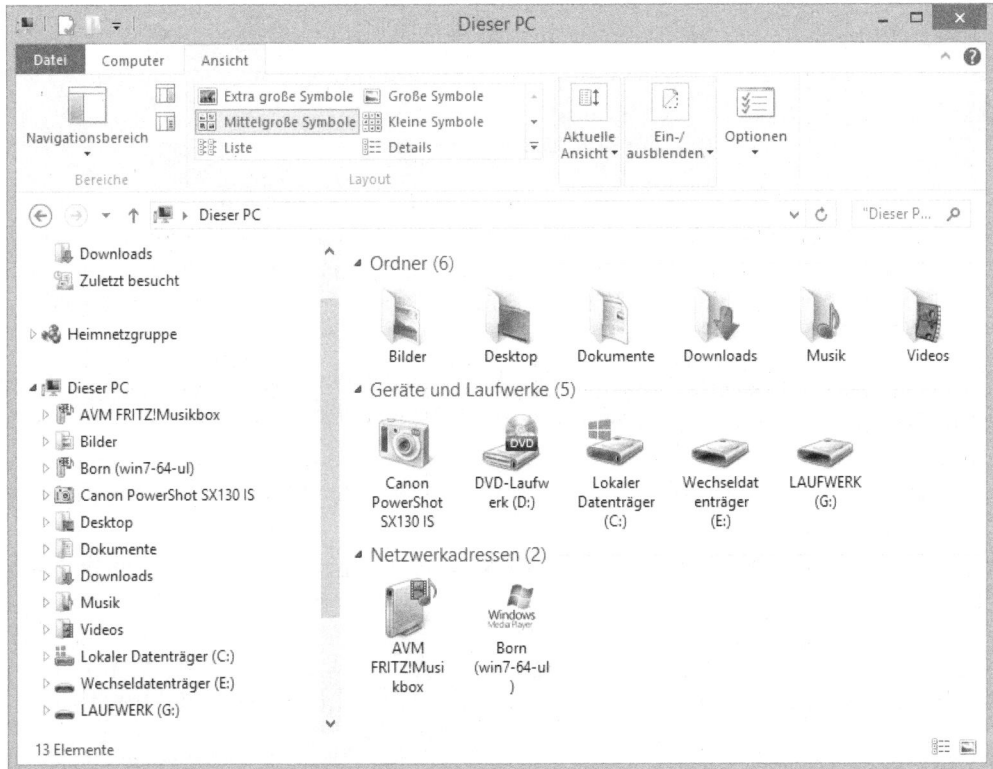

Abbildung 8.1   Ordnerfenster *Dieser PC* mit Laufwerkübersicht

Die Anzeige der Laufwerke innerhalb des Ordnerfensters lässt sich dabei vom Benutzer anpassen. Sie können beispielsweise die Symbolgröße über die Schaltflächen der Gruppe *Layout* der Registerkarte *Ansicht* umschalten. Auch die Gruppierung kann verändert werden. Klicken Sie eine freie Stelle im Detailbereich des Ordnerfensters mit einem Rechtsklick an und wählen Sie anschließend im Kontextmenü über das Untermenü des Befehls *Gruppieren nach* das gewünschte Gruppierungskriterium.

HINWEIS   Fehlen bei Ihnen CD-, DVD- oder BD-Laufwerke? Die Ursache kann eine fehlerhafte Software oder ein fehlender Registrierungseintrag sein. In meinem Blogbeitrag *www.borncity.com/blog/2012/03/10/windows-8-dvd-laufwerke-verschwunden/* [Ms240-K08-01] gehe ich auf verschiedene Lösungen für dieses Problem ein. Werden Speicherkartenleser nur angezeigt, falls eine Speicherkarte eingelegt ist, liegt dies dagegen an den Einstellungen für Ordnerfenster. Wechseln Sie im Ordnerfenster zur Registerkarte *Ansicht* und wählen Sie im Menü der Schaltfläche *Organisieren* den Befehl *Ordner- und Suchoptionen ändern*. Auf der Registerkarte *Allgemein* bewirkt die Option *Alle Ordner anzeigen*, dass auch Wechseldatenträger ohne eingelegtes Medium im Navigationsbereich eingeblendet werden. Das Kontrollkästchen *Leere Laufwerke ausblenden* der Registerkarte *Ansicht* erzwingt dagegen das Ausblenden der Laufwerke ohne Wechseldatenträger. Ob solche Laufwerke abgeblendet erscheinen, wird über die Option *Ausgeblendete Dateien, Ordner und Laufwerke anzeigen* der Registerkarte *Ansicht* gesteuert.

Informationen zu Laufwerken abfragen

Um zu überprüfen, welche Kapazität ein Laufwerk aufweist und wie viel davon noch frei ist, bietet Windows Ihnen verschiedene Möglichkeiten.

Abbildung 8.2 Anzeige der Laufwerkkapazitäten

- Stellen Sie den Anzeigemodus für das Ordnerfenster *Dieser PC* über die Gruppe *Layout* der Registerkarte *Ansicht* im Menüband auf den Wert *Kacheln* ein, blendet Windows die in Abbildung 8.2 gezeigte »Balkendarstellung« neben den Laufwerksymbolen ein. Sie erkennen bereits an der grafischen Darstellung den auf dem Laufwerk belegten Kapazitätsanteil. Zudem werden die genauen Laufwerkdaten unterhalb der Balkengrafik angezeigt.

- Zeigen Sie mit der Maus auf das Symbol einer Festplatte, blendet Windows in einer QuickInfo die Gesamtkapazität sowie den noch auf dem Datenträger verbliebenen freien Speicherplatz ein (Abbildung 8.2).

Möchten Sie detaillierte Informationen über ein Laufwerk haben oder dessen Bezeichnung anpassen, gehen Sie folgendermaßen vor:

1. Markieren Sie das Laufwerksymbol im Ordnerfenster *Dieser PC* (z.B. per Mausklick oder durch Antippen).

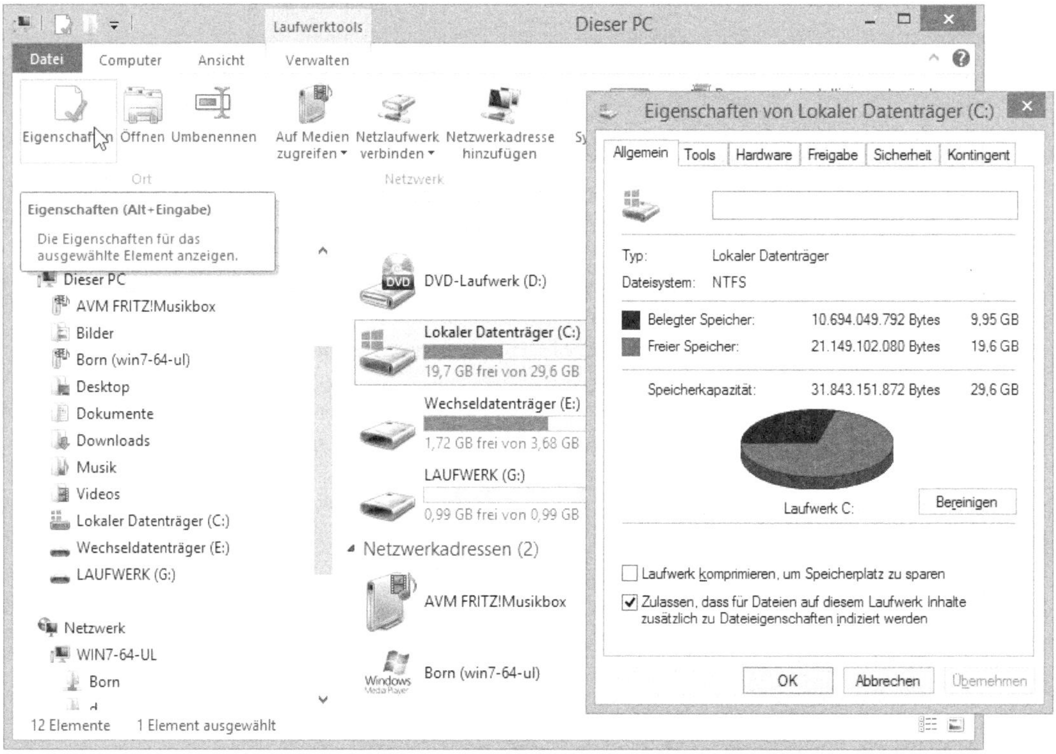

Abbildung 8.3 Anzeige der Laufwerkeigenschaften

2. Wählen Sie im Menüband auf der Registerkarte *Computer* die Schaltfläche *Eigenschaften* aus (Abbildung 8.3, Hintergrund links). Alternativ können Sie den gleichnamigen Kontextmenübefehl verwenden oder die Tastenkombination Alt+↵ drücken.

Dann öffnet sich das Eigenschaftenfenster des Laufwerks und zeigt auf der Registerkarte *Allgemein* die Laufwerkbezeichnung, die Laufwerkkapazität, das benutzte Dateisystem sowie weitere Informationen an (Abbildung 8.3, Vordergrund).

Datenträgereigenschaften ändern

Bei Bedarf können Sie auf der Registerkarte *Allgemein* verschiedene Eigenschaften eines Laufwerks ändern. Jedem Medium lässt sich eine aus bis zu 32 Zeichen (Buchstaben A bis Z und Ziffern) bestehende Datenträgerbezeichnung zuweisen.

1. Zum Ändern dieser Datenträgerbezeichnung rufen Sie dessen Eigenschaftenfenster und dann die Registerkarte *Allgemein* auf.

2. Klicken oder tippen Sie in das betreffende Textfeld, geben Sie den Text für die Datenträgerbezeichnung (z.B. »Daten«) ein und bestätigen Sie dies über die *OK-* bzw. *Übernehmen*-Schaltfläche der Registerkarte.

Zum Zuweisen einer geänderten Datenträgerbezeichnung für Festplatten ist allerdings eine Administratorberechtigung erforderlich. Führen Sie diesen Vorgang unter einem normalen Benutzerkonto aus, erscheint beim Anklicken der *OK*-Schaltfläche ein Dialogfeld *Zugriff verweigert* mit einem entsprechenden Hinweis. Klicken Sie auf die Schaltfläche *Fortsetzen* dieses Dialogfelds, wird die Benutzerkontensteuerung aufgerufen. Hier können Sie über ein zusätzliches Dialogfeld ein Administratorkonto auswählen und das zugehörige Kennwort eingeben. Anschließend wird die Datenträgerbezeichnung angepasst. Die Datenträgerbezeichnung von Wechselmedien (wie Speicherkarten oder USB-Sticks) können Sie auch unter einem Standardbenutzerkonto ändern.

Neben der Datenträgerbezeichnung lassen sich auf der Registerkarte *Allgemein* des Eigenschaftenfensters weitere Eigenschaften (auch als Attribute bezeichnet) anpassen.

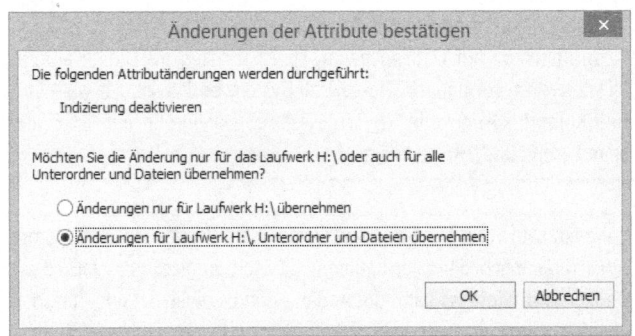

Abbildung 8.4 Attributänderungen bestätigen

- Ist ein Datenträger im NTFS-Dateisystem formatiert, können Sie das Kontrollkästchen *Laufwerk komprimieren, um Speicherplatz zu sparen* (Abbildung 8.3) auf der Registerkarte *Allgemein* aktivieren. Sobald Sie die *OK-* oder *Übernehmen*-Schaltfläche anklicken, erscheint das Dialogfeld aus Abbildung 8.4. Über die beiden Optionsfelder lässt sich festlegen, ob die Attributänderung nur auf das Hauptverzeichnis des Datenträgers oder auf alle Unterordner anzuwenden ist. Beim Schließen des Dialogfelds über die *OK-*

Schaltfläche passt Windows das betreffende Attribut an. Diese Änderung dauert aber bei Datenträgern, die viele Unterordner aufweisen, durchaus einige Zeit.

- Windows kann Laufwerkinhalte indizieren, um später bei der Suche nach Dateien schneller auf die relevanten Ergebnisse zugreifen zu können (siehe auch Kapitel 12). Die Indizierung kann dabei für die Suche nicht nur über Dateien, sondern auch deren Inhalte (z.B. Textinhalte oder Metadaten) ausgedehnt werden. Markieren Sie auf der Registerkarte *Allgemein* das Kontrollkästchen *Zulassen, dass für Dateien auf diesem Laufwerk Inhalte zusätzlich zu Dateieigenschaften indiziert werden* (Abbildung 8.3). Auch bei dieser Attributänderung ist nach dem Anklicken der *OK*-Schaltfläche in einem Dialogfeld (Abbildung 8.4) über die betreffenden Optionsfelder festzulegen, ob die Änderungen für das Laufwerk oder auch für dessen Unterordner zu übernehmen sind. Die Indizierung eines Laufwerks erfordert zudem eine Administratorberechtigung, d.h. beim Arbeiten unter einem Standardbenutzerkonto wird über das Dialogfeld der Benutzerkontensteuerung das Kennwort eines Administratorkontos abgefragt.

Bei Verwendung komprimierter NTFS-Laufwerke bzw. Ordner schreibt Windows die Dateien automatisch in komprimierter Form auf das Medium und entpackt diese bei Lesezugriffen. Durch die Komprimierung lässt sich die Kapazität des Mediums unter Umständen erhöhen.

- Erhebliche Vorteile bringt die Komprimierung dann, wenn auf einem Laufwerk ungepackte Daten wie Textdokumente oder unkomprimierte Bilder gespeichert werden

- Bei Fotos im JPEG-Format, bei MP3-Musikstücken, bei Videos (MPEG - oder DivX-Format etc.) oder bei der Ablage von ZIP-Archiven (ZIP-komprimierte Ordner) tritt jedoch kein Kapazitätsgewinn mehr auf, da diese Dateien die Daten bereits in gepackter Form enthalten

- Eine NTFS-Komprimierung ist zudem nur sinnvoll, wenn nicht allzu häufig auf die Dateien zugegriffen werden muss, da das ständige Entpacken von Systemdateien zu Leistungseinbußen führen kann

Die Komprimierung des Systemlaufwerks ist daher problematisch, da sich zudem im Zugriff befindliche Dateien nicht komprimieren lassen. Persönlich verwende ich eine Komprimierung eher bei Benutzerordnern oder bei zur Datenspeicherung verwendeten NTFS-Laufwerken.

HINWEIS   Das Dateisystem bestimmt, wie Windows die Daten auf dem Datenträger verwaltet. Festplatten sollten möglichst mit dem NTFS-Dateisystem formatiert werden. Dieses Dateisystem ermöglicht, den Inhalt kompletter Datenträger zu komprimieren, und stellt auch Sicherheitsmechanismen zum Zugriffsschutz auf Dateien bereit. Speicherkarten für Digitalkameras oder USB-Sticks werden meist mit dem FAT- bzw. FAT32-Dateisystem formatiert. Dieses Dateisystem besitzt jedoch viele Einschränkungen wie z.B. keine Zugriffsberechtigungen, keine Komprimierung oder Verschlüsselung, Dateigröße auf 4 GB und Datenträgergröße beim Formatieren z.B. auf 32 GB (und beim Lesen auf 2 TB) begrenzt.

TIPP   Das Komprimieren eines mit Dateien versehenen Laufwerks kann durchaus einige Stunden dauern. Daher empfiehlt es sich, bereits beim Anlegen eines neuen Laufwerks (bzw. nach dem Formatieren) die Komprimierung – falls diese gewünscht ist – einzuschalten. Dann ist das Laufwerk noch leer und Windows kann die Änderung in wenigen Sekunden durchführen. Kopieren Sie Dateien von einem komprimierten Laufwerk auf einen anderen Datenträger oder verschicken Sie diese Dateien per Internet, benutzt Windows automatisch die unkomprimierten Versionen. In diesem Fall sollten Sie die Dateien in ZIP-komprimierten Ordnern speichern und diese Ordner weitergeben (siehe die folgenden Kapitel).

Datenträger formatieren

Speichermedien wie Festplatten, Speicherkarten, USB-Sticks etc. müssen vor der ersten Benutzung formatiert werden. Das Formatieren sorgt dafür, dass Windows den Datenträger überhaupt erst benutzen kann.

1. Zum Formatieren eines Datenträgers markieren Sie dessen Symbol im Ordnerfenster *Dieser PC*.

2. Anschließend wählen Sie auf der Registerkarte *Verwalten* die Schaltfläche *Formatieren* (Abbildung 8.5, Hintergrund links). Alternativ lässt sich das Kontextmenü mit der rechten Maustaste öffnen und der Kontextmenübefehl *Formatieren* wählen.

3. Bei einer Festplatte erfordert das Formatieren die Bestätigung des Administrators, die über die Benutzerkontensteuerung abgefragt wird.

4. Im Dialogfeld zum Formatieren des Datenträgers (Abbildung 8.5, Vordergrund rechts) wählen Sie die gewünschten Optionen aus und bestätigen dies über die Schaltfläche *Starten*.

5. Da beim Formatieren der Inhalt des Datenträgers überschrieben wird, erscheint in einem weiteren Dialogfeld ein Warnhinweis, und das Formatieren wird erst nach der Bestätigung über die *OK*-Schaltfläche durchgeführt (Abbildung 8.6).

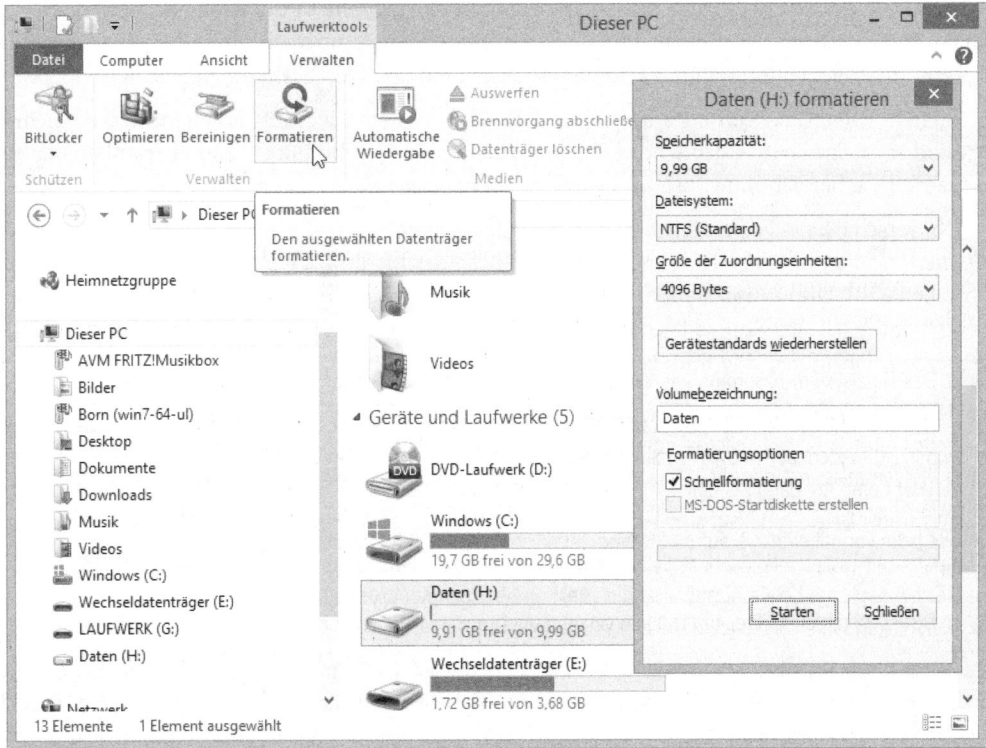

Abbildung 8.5 Dialogfeld zum Formatieren eines Datenträgers

Während des Formatierens informiert eine Fortschrittsanzeige über den Ablauf. Sobald ein Dialogfeld das Ende der Formatierung anzeigt, schließen Sie dieses per Klick auf die *OK*-Schaltfläche. Anschließend ist der Datenträger leer und kann zum Speichern von Daten benutzt werden. Im Feld *Speicherkapazität* des Dialogfelds zeigt Windows einen Wert für die voraussichtliche Speicherkapazität des formatierten Datenträgers an. Windows bietet in diesem Dialogfeld zudem verschiedene Optionen zum Formatieren eines Datenträgers an:

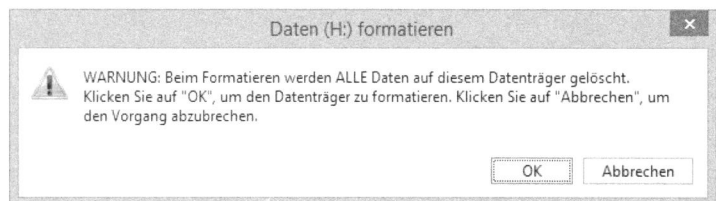

Abbildung 8.6 Warnung vor dem Formatieren eines Datenträgers

- Das Feld *Dateisystem* legt das beim Formatieren benutzte Dateisystem fest. Festplatten sollten mit dem NTFS-Dateisystem formatiert werden, während Wechseldatenträger wie Disketten oder Speicherkarten für Digitalkameras eine FAT-Formatierung erfordern. Beim FAT-Dateisystem wird noch zwischen den Varianten FAT, FAT32 (wurde von Windows 95/98/Millennium für große Festplatten benutzt) und exFAT unterschieden. Das exFAT-Dateisystem (*http://de.wikipedia.org/wiki/ExFAT#exFAT* [Ms240-K08-02]) ist für Flash-Speichermedien vorgesehen und hebt einige Einschränkungen des FAT32-Dateisystems auf.

- Über *Größe der Zuordnungseinheiten* lässt sich die Größe der logischen Zuordnungseinheit in Byte oder KB wählen. Diese bestimmt u. a. die maximale Kapazität des betreffenden Mediums bei einem gegebenen Dateisystem. Im Allgemeinen sollten Sie in diesem Listenfeld den Wert *Standardgröße* belassen.

- Der im Textfeld *Volumebezeichnung* angegebene Text wird auf dem Medium als Datenträgerbezeichnung abgelegt und erscheint beim Aufrufen des Eigenschaftenfensters (Abbildung 8.3). Bei Festplattenlaufwerken erscheint diese Bezeichnung auch im Ordnerfenster *Dieser PC*.

Es lassen sich verschiedene Formatierungsarten auf den Datenträger anwenden: Das Kontrollkästchen *Schnellformatierung* bewirkt eine sehr schnelle Formatierung des Mediums, bei der nur das Inhaltsverzeichnis überschrieben wird. Die Option steht nur dann zur Verfügung, wenn das betreffende Medium schon einmal formatiert wurde. Ist das Kontrollkästchen nicht markiert, formatiert Windows das Medium vollständig, d.h. es werden alle auf dem Medium gespeicherten Daten gelöscht.

HINWEIS   Das Kontrollkästchen *MS-DOS-Startdiskette erstellen* wird nur beim Formatieren einer Diskette (sofern noch ein Laufwerk vorhanden ist) freigegeben. Markieren Sie das Kontrollkästchen, legt Windows auf der Diskette Startdateien an. Mit der Diskette lässt sich der Computer dann mit einem minimalen MS-DOS hochfahren. Windows erzeugt beim Formatieren die Datenspuren zur Aufnahme der Dateien und legt auch ein leeres Inhaltsverzeichnis auf dem Datenträger an.

Bei einem Computer mit Diskettenlaufwerk stellt Windows Ihnen eine Funktion zum Kopieren des gesamten Datenträgers auf eine Diskette gleicher Kapazität bereit. Abrufbar ist die Funktion über den Kontextmenübefehl *Datenträger kopieren* des Diskettenlaufwerks. Dialogfelder führen Sie durch die Schritte zum Kopieren.

Beim Kopieren einer Diskette werden die Daten des Mediums spurweise auf das Zielmedium übertragen, d.h. dort ggf. bereits vorhandene Dateien werden unwiederbringlich überschrieben. Zum Kopieren von Festplatten oder Partitionen sind Sie auf Produkte von Drittherstellern (z.B. Paragon Festplatten Manager, *http://www.paragon-software.de* [Ms240-K08-03]) angewiesen.

Arbeiten mit VHD/VHDX- und ISO-Dateien

Bei Windows besteht die Möglichkeit, virtuelle Laufwerke in Form von VHD/VHDX-Dateien zu erzeugen und diese im Dateisystem einzubinden. Weiterhin unterstützt Windows den direkten Zugriff auf ISO-Dateien. Der folgende Abschnitt geht auf die Funktionen rund um das Arbeiten mit virtuellen Laufwerken und ISO-Dateien ein.

Virtuelle Festplatten anlegen

Virtuelle Laufwerke werden auf VHD- oder VHDX-Dateien abgebildet und lassen sich anschließend wie normale Laufwerke verwenden. Zum Anlegen eines virtuellen Laufwerks auf einem vorhandenen Datenträger sind folgende Schritte erforderlich.

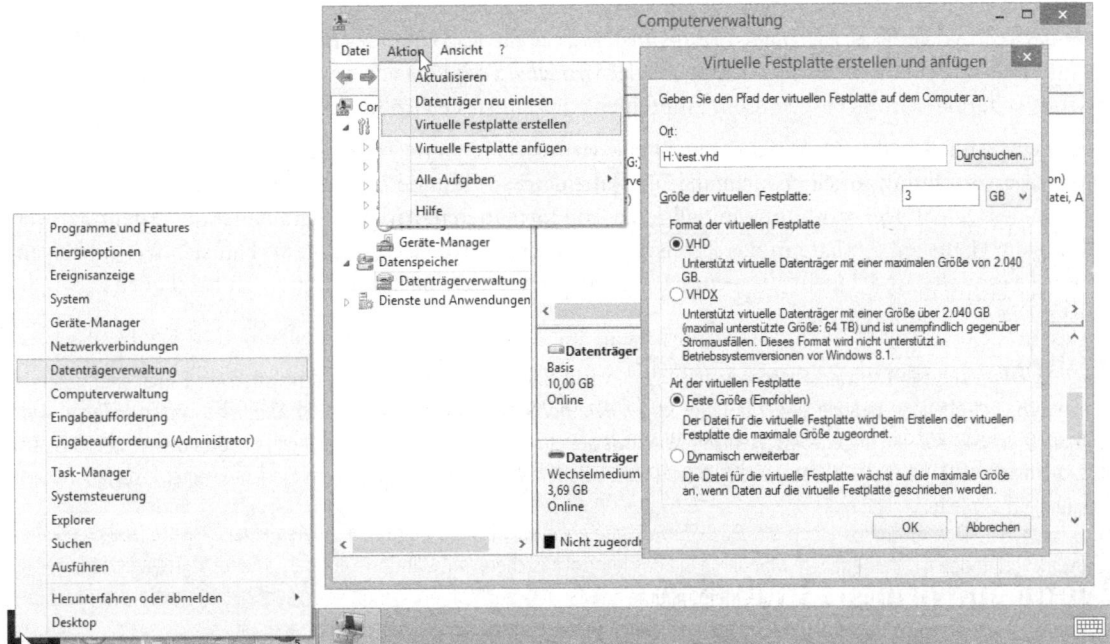

Abbildung 8.7 Virtuelle Festplatte erstellen

1. Starten Sie die Datenträgerverwaltung unter einem Administratorkonto – z.B. indem Sie in die linke untere Ecke des Bildschirms zeigen, nach dem Erscheinen des *Start*-Symbols die rechte Maustaste drücken und dann den Befehl *Datenträgerverwaltung* im Menü für den Schnellzugriff anwählen (Abbildung 8.7, links).

2. Öffnen Sie im Fenster der Datenträgerverwaltung das Menü *Aktion* und klicken Sie auf den Befehl *Virtuelle Festplatte erstellen* (Abbildung 8.7, Hintergrund, oben).

3. Im Dialogfeld *Virtuelle Festplatte erstellen und anfügen* (Abbildung 8.7, Vordergrund) legen Sie die Parameter der virtuellen Festplatte fest und klicken dann auf die *OK*-Schaltfläche.

HINWEIS   Bei Touchbedienung (und alternativ auch mit der Maus) öffnen Sie ein Ordnerfenster und wählen im Navigationsbereich *Dieser PC*. Auf der Registerkarte *Computer* lässt sich dann die Schaltfläche *Verwalten* anwählen. Nach Bestätigung der Benutzerkontensteuerung öffnet sich die Computerverwaltung, über die sich auf die Datenträgerverwaltung zugreifen lässt. Das VHDX-Format wird, entgegen den Hinweisen im Dialogfeld, übrigens bereits in Windows 8 unterstützt.

Über das Feld *Ort* legen Sie den Speicherort und den Namen der virtuellen Festplatte fest. Als Speicherort für eine VHD-/VHDX-Datei kommen nur NTFS-Datenträger infrage, bei denen weder eine Komprimierung noch eine Verschlüsselung eingeschaltet ist.

- Eine virtuelle Festplatte lässt sich als VHD-Datei auf einem logischen Laufwerk speichern. Dann ist die Festplatte auch mit Windows 7 kompatibel, aber auf 2 TB Kapazität begrenzt

- Ab Windows 8 ist über ein Optionsfeld außerdem das neue VHDX-Dateiformat wählbar. Diese virtuellen Festplatten können bis zu 64 TB groß werden, lassen sich aber nur ab Windows 8 und Windows Server 2012 sowie der R2-Variante verwenden

Über das Textfeld *Größe der virtuellen Festplatte* legen Sie die Kapazität des neuen Laufwerks fest. Geben Sie über die beiden Optionsfelder der Gruppe *Art der virtuellen Festplatte* vor, ob diese eine feste oder eine dynamisch erweiterbare Größe besitzen soll. Empfohlen wird eine feste Größe.

Nach dem Schließen des Dialogfelds taucht die virtuelle Festplatte im unteren Bereich des Fensters der Datenträgerverwaltung auf. Sie können die Festplatte dann – wie andere physische Laufwerke – per Kontextmenü in der Datenträgerverwaltung initialisieren und formatieren. Anschließend hängt die Datenträgerverwaltung die virtuelle Festplatte in das Dateisystem ein. Eine virtuelle Festplatte verhält sich wie eine eigenständige Festplatte und taucht als neues Laufwerk unter dem nächsten freien Laufwerkbuchstaben im Fenster *Dieser PC* auf.

HINWEIS   Virtuelle Laufwerke lassen sich auch mit dem Befehl *Diskpart* in einer administrativen Eingabeaufforderung anlegen. Die betreffenden Befehle sind z.B. unter *http://www.borncity.com/blog/2012/06/08/windows-8-vhd-installation-wird-abgelehnt/* [Ms240-K08-04] angegeben. Wenn Sie Windows auf ein virtuelles Laufwerk installieren, hat dies den Vorteil, dass sich die betreffende VHD- bzw. VHDX-Datei direkt kopieren lässt. Zudem ersparen Sie sich ggf. das Einrichten einer Installationspartition auf der Festplatte.

Zugriff auf virtuelle Laufwerke

Ein Problem bei virtuellen Laufwerken ist, dass diese beim nächsten Systemstart nicht mehr im Dateisystem eingehängt sind, sondern entladen werden. Sofern dieses Problem auftaucht: Unter *http://www.borncity.com/blog/2010/02/21/vhd-disks-automatisch-mounten/* [Ms240-K08-05] habe ich eine Möglichkeit beschrieben, um eine VHD-Datei bei der Benutzeranmeldung automatisch zu laden.

In Windows 8.1 wird das Einbinden virtueller Laufwerke ins Dateisystem direkt im Explorer unterstützt. Es genügt, im Explorer zum Ordner mit der VHD- oder VHDX-Datei zu navigieren und dann die Datei anzuwählen. Sobald der Eintrag *Datenträgerimagetools* in der Titelleiste erscheint, kann die Registerkarte *Verwalten* aktiviert werden. Über die Schaltfläche *Bereitstellen* lässt sich der Inhalt der virtuellen Disk im Ordnerfenster anzeigen (Abbildung 8.8, Vordergrund unten). Alternativ kann auch der Kontextmenübefehl *Bereitstellen* zum Laden der virtuellen Disk verwendet werden.

Zum Entladen des virtuellen Laufwerks markieren Sie dieses im Ordnerfenster. Anschließend lässt sich auf der Registerkarte *Verwalten* (Abbildung 8.8, Hintergrund oben) die Schaltfläche *Auswerfen* wählen. Alternativ kann der gleichnamige Kontextmenübefehl des Laufwerks verwendet werden. Dann wird das Medium ausgeworfen und das bereitgestellte Laufwerk verschwindet aus dem Ordnerfenster.

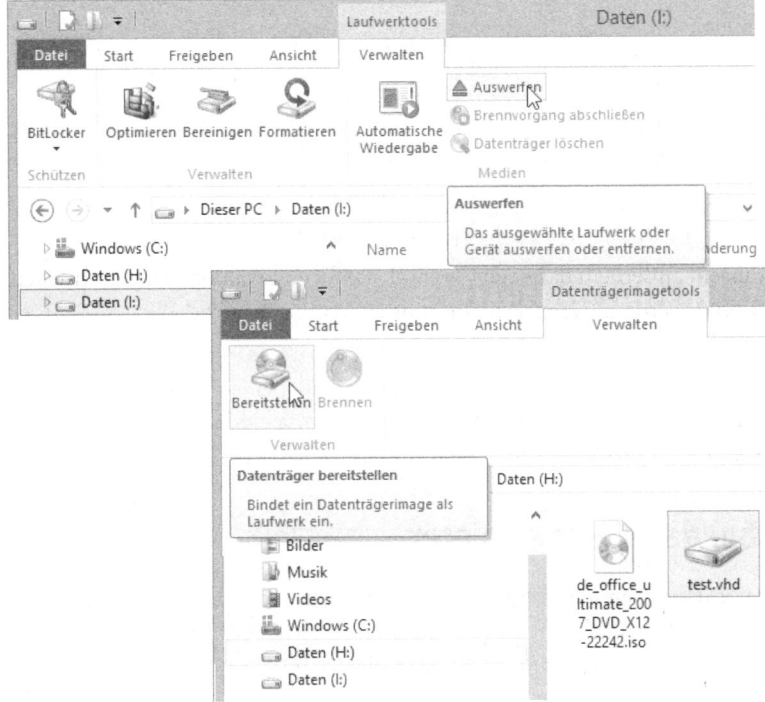

Abbildung 8.8 Virtuelle Festplatte bereitstellen und auswerfen

Zugriff auf ISO-Abbilddateien

Der Inhalt einer CD oder DVD lässt sich als ISO-Abbild in einer ISO-Datei auf der Festplatte ablegen. Solche Abbilder von CDs oder DVDs können mit Programmen wie ImgBurn (*http://www.imgburn.com/* [Ms240-K08-06]) angefertigt werden. Ab Windows 8 ist ein direkter Zugriff auf die Inhalte dieser ISO-Dateien aus einem Ordnerfenster möglich.

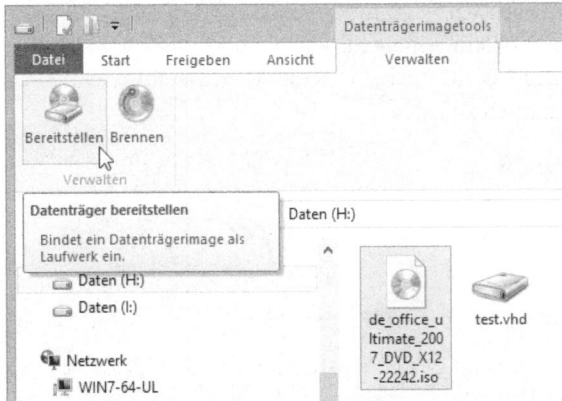

Abbildung 8.9 Zugriff auf ISO-Dateien

1. Navigieren Sie im Explorer zum Ordner mit der ISO-Datei und markieren Sie diese.
2. Erscheint der Eintrag *Datenträgerimagetools* in der Titelleiste, reicht es, auf der Registerkarte *Verwalten* des Menübands die Schaltfläche *Bereitstellen* anzuwählen (Abbildung 8.9).

Alternativ lässt sich auch der Kontextmenübefehl *Bereitstellen* zum Laden der ISO-Datei verwenden. Anschließend wird der Inhalt der ISO-Datei im Explorer-Fenster geöffnet.

HINWEIS   Zum Entladen der ISO-Datei markieren Sie das virtuelle DVD-Laufwerk im Ordnerfenster, wechseln zur Registerkarte *Verwalten* (Abbildung 8.8, Hintergrund oben) und wählen die Schaltfläche *Auswerfen*. Oder Sie verwenden den Kontextmenübefehl *Auswerfen* des Laufwerks.

Umgang mit Wechseldatenträgern

Bei Wechseldatenträgerlaufwerken ist es möglich, ein jeweils geeignetes Medium einzulegen und wieder zu entnehmen (Speicherkarte, CD/DVD, USB-Stick). Letztendlich sind die geladenen ISO-Dateien aus dem vorherigen Abschnitt auch Wechseldatenträger. Im nachfolgenden Abschnitt möchte ich daher noch etwas genauer auf die Handhabung von Wechseldatenträgern unter Windows eingehen.

Automatische Wiedergabe, das steckt dahinter

Windows besitzt eine Funktion »Automatische Wiedergabe«, die die Wiedergabe von Medieninhalten auf Wechseldatenträgern unterstützt. Betätigen Sie die Auswurftaste des DVD-/CD-Laufwerks und legen eine entsprechende Disk ein, laden Sie eine ISO-Datei, stöpseln Sie einen USB-Stick ein oder schieben eine Speicherkarte von einer Digitalkamera in den Speicherkartenleser (bzw. schließen Sie eine geeignete Digitalkamera per USB-Kabel an), erscheint eine Benachrichtigung in der rechten oberen Ecke des Bildschirms (Abbildung 8.10, oben rechts).

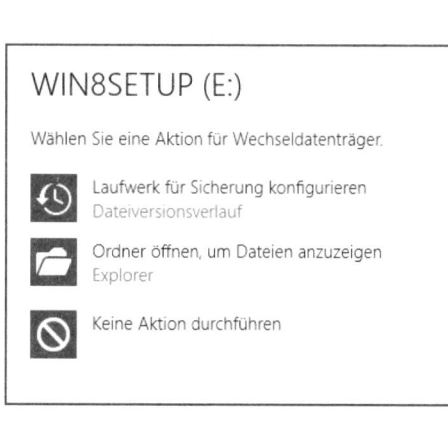

Abbildung 8.10   Benachrichtigung über erkannten Datenträger

Diese Benachrichtigung verschwindet aber, falls das Infofeld nicht innerhalb weniger Sekunden angeklickt oder angetippt wird. Bei Anwahl des Infofelds zeigt Windows eine Infobox mit den für den Datenträger verfügbaren Optionen (Abbildung 8.10, unten). Welche Befehle in der Infobox angezeigt werden, hängt dabei vom Inhalt des Datenträgers ab. In Abbildung 8.10 habe ich zwei verschiedene Infoboxen vereint. Die linke Infobox ist beim Einlegen einer Speicherkarte abrufbar und ermöglicht den Zugriff auf den Ordnerinhalt. In der rechten Infobox lässt sich zudem eine Importfunktion für Foto- und Videodateien starten. Handelt es sich beim eingelegten Medium um eine Installations-CD bzw. -DVD, zeigt die Infobox *Automatische Wiedergabe* ggf. eine Option zum Ausführen des Setupprogramms bzw. zum Installieren des Medieninhalts.

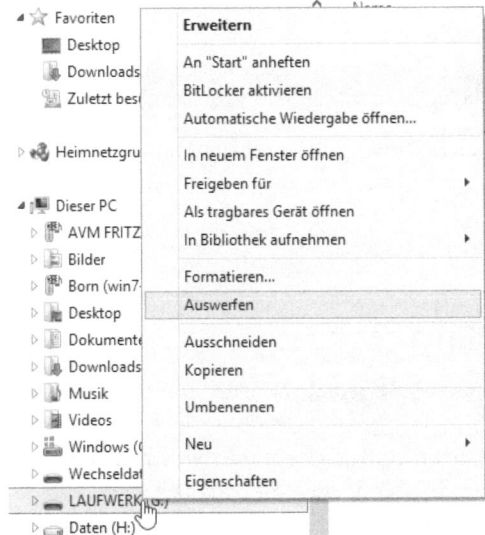

Abbildung 8.11 Ordnerfenster mit Kontextmenü bei Wechseldatenträgern

TIPP   Falls die Benachrichtigung zu schnell verschwindet, können Sie den Explorer öffnen und dann das Laufwerkssymbol des Wechseldatenträgers markieren (Abbildung 8.11). Auf der Registerkarte *Verwalten* befindet sich die Schaltfläche *Automatische Wiedergabe*. Zudem lässt sich das Laufwerkssymbol mit der rechten Maustaste anwählen und dann im Kontextmenü der Befehl *Automatische Wiedergabe öffnen* (Abbildung 8.11) wählen. Beide Befehle öffnen die Infobox mit den Befehlen der automatischen Wiedergabe (Abbildung 8.10, unten).

Der Kontextmenübefehl *Als tragbares Gerät öffnen* blendet das Laufwerkssymbol im Detailbereich des Ordnerfensters ein. Über das Laufwerkssymbol lässt sich dann ebenfalls auf das Medium zugreifen.

HINWEIS   Bei USB-Sticks bzw. USB-Festplatten erscheint ggf. auch ein Eintrag *System beschleunigen*, mit dem sich das Eigenschaftenfenster des Laufwerks öffnen lässt. Auf dessen Registerkarte *ReadyBoost* lässt sich über Optionsfelder das Medium zur Beschleunigung des Systems konfigurieren. Windows kann dann bei Bedarf Teile des Arbeitsspeichers auf den Datenträgern auslagern. Die ReadyBoost-Option funktioniert aber nur, wenn der eingelegte Wechseldatenträger mindestens 256 MB an freier Kapazität aufweist. Zudem muss das Datenträgerlaufwerk zwingend an einem USB 2.0- oder USB 3.0-Anschluss hängen. ReadyBoost bringt aber nach meinen Erfahrungen kaum einen echten Leistungsgewinn und ab 2 GB RAM-Ausbau wirkt der Einsatz von ReadyBoost sogar nachteilig. Beim Testen mit Windows musste ich die Erfahrung machen, dass von einer Handvoll USB-Sticks nur ein einziger die ReadyBoost-Leistungsprüfung bestand. Aus diesem Grund empfehle ich, auf diese Funktion zu verzichten.

Erkennt Windows beim Zugriff auf einen Wechseldatenträger, dass dieser Fehler aufweist, erscheint ein Dialogfeld, in dem Sie den Datenträger überprüfen und reparieren lassen können. Bei Datenträgern, die ggf. zwischen mehreren Geräten und Betriebssystemen gewechselt werden (z.B. USB-Speicherstick, der auch unter Linux verwendet wird), sollten Sie auf diese Prüfung verzichten. Nur wenn sich das Medium nicht mehr lesen lässt oder Daten beschädigt sind, lassen Sie das Wechselmedium reparieren.

Automatische Wiedergabezuordnung aufheben

Windows 8.1 weist der automatischen Wiedergabe den zuletzt gewählten Befehl als Standardvorgang zu. Dann wird beim nächsten Einlegen das Medium z.B. direkt im Ordnerfenster geöffnet. Möchten Sie diese Zuordnung aber wieder aufheben?

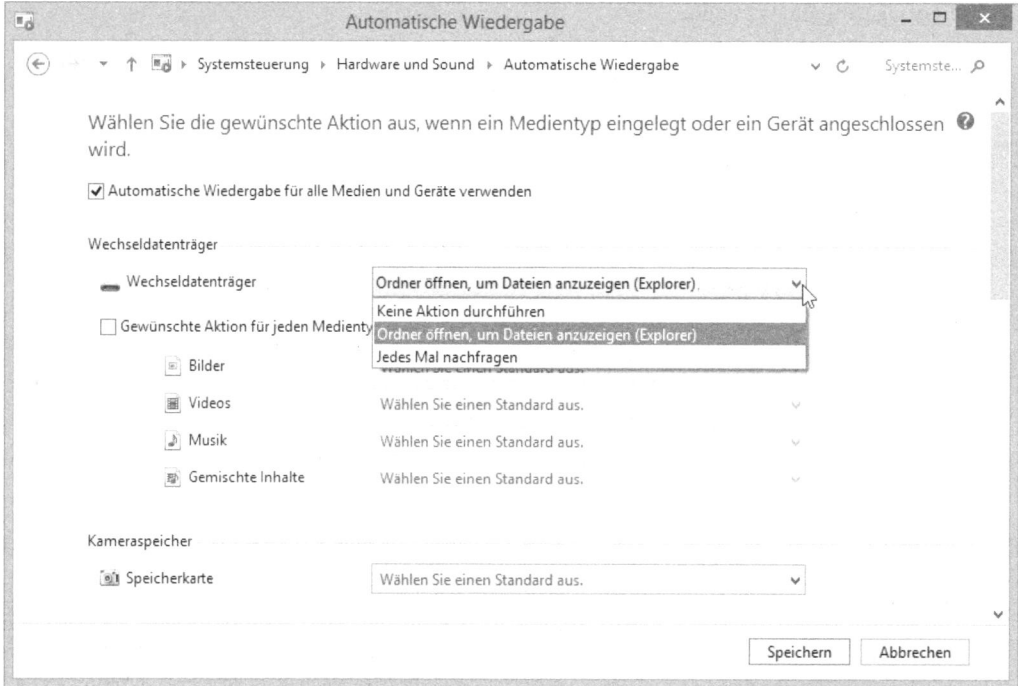

Abbildung 8.12   Anpassen der automatischen Wiedergabe

1. Öffnen Sie die Systemsteuerung (z.B. ein Ordnerfenster auf dem Windows-Desktop öffnen, das Symbol *Dieser PC* im Navigationsbereich anwählen und auf der Registerkarte *Computer* die Schaltfläche *Systemsteuerung öffnen* anwählen – bei angeschlossener Maus öffnen Sie das Schnellzugriffmenü mit einem Rechtsklick auf die Schaltfläche *Start* und wählen den Befehl *Systemsteuerung*).

2. Tippen Sie im Suchfeld des Systemsteuerungsfensters den Text »Auto« ein und wählen Sie den angezeigten Befehl *Automatische Wiedergabe*.

3. Im angezeigten Fenster *Automatische Wiedergabe* gehen Sie zur gewünschten Gruppe (z.B. Wechseldatenträger), öffnen das zum Medientyp passende Listenfeld und wählen einen der angebotenen Befehle aus (Abbildung 8.12).

Sobald Sie dieses Dialogfeld über die *Speichern*-Schaltfläche schließen, werden die Vorgaben für den Medientyp gesichert.

Wechseldatenträger richtig entfernen

Um eine CD oder DVD aus dem Laufwerk zu entfernen, drücken Sie in der Regel die Auswurftaste an der Laufwerkschublade. Aber Sie können den Auswurf solcher Medien auch durch Windows veranlassen.

Markieren Sie im Ordnerfenster *Dieser PC* das Laufwerksymbol des Wechseldatenträgers und wählen Sie auf der Registerkarte *Verwalten* die Schaltfläche *Auswerfen* (Abbildung 8.13). Alternativ können Sie den gleichnamigen Kontextmenübefehl verwenden. Bei CDs und DVDs fährt Windows dann die Laufwerkschublade aus und Sie können den Datenträger entnehmen. Bei Speicherkarten, die sich in einem Kartenlesegerät befinden, und USB-Speichersticks bewirkt der Befehl *Auswerfen*, dass ggf. noch im Speicher befindliche Daten auf das Medium geschrieben werden. Anschließend können Sie die Speicherkarte aus dem Laufwerk entnehmen bzw. den Speicherstick abziehen. Bei ISO-Dateien und VHD-/VHDX-Laufwerken werden die betreffenden Datenträgerinhalte entladen.

Abbildung 8.13 Datenträger auswerfen

HINWEIS   Windows verwendet zwar intern Einstellungen, die für ein schnelles Entfernen von Wechselmedien optimiert wurden. Sie sollten aber zur Sicherheit trotzdem die Funktion *Auswerfen* anwenden, um Wechseldatenträger oder andere mobile Geräte wie MP3-Player und Festplatten, die per USB-Schnittstelle an das System angeschlossen sind, sicher zu entfernen. Andernfalls kann es zu Beschädigungen an den Medieninhalten kommen, wenn das Caching für den Datenträger doch eingeschaltet sein sollte. Bei Wechseldatenträgern erkennen Sie in der Regel am Laufwerksymbol, dass das Medium nicht mehr im Zugriff ist (die Datenträgerbezeichnung wechselt dann ggf. von der Medienbezeichnung zu »Wechseldatenträger«).

Werden externe USB-Geräte ausgeworfen, blendet Windows eine QuickInfo mit einem entsprechenden Hinweis im Infobereich der Taskleiste ein (Abbildung 8.14, links). Per USB-Anschluss mit dem Computer verbundene Geräte können Sie auch auswerfen, indem Sie im Infobereich auf das Symbol *Sicher entfernen* klicken (notfalls erst die Schaltfläche *Ausgeblendete Symbole einblenden,* um das Gerät anzuzeigen, Abbildung 8.14, rechts). Danach sollte sich das auszuwerfende Gerät über einen Befehl des eingeblendeten Menüs auswählen lassen. Ist das Gerät noch in Benutzung, erscheint ein Dialogfeld mit einer entsprechenden Nachricht. Sie müssen dann Programme und Fenster schließen und den Vorgang wiederholen.

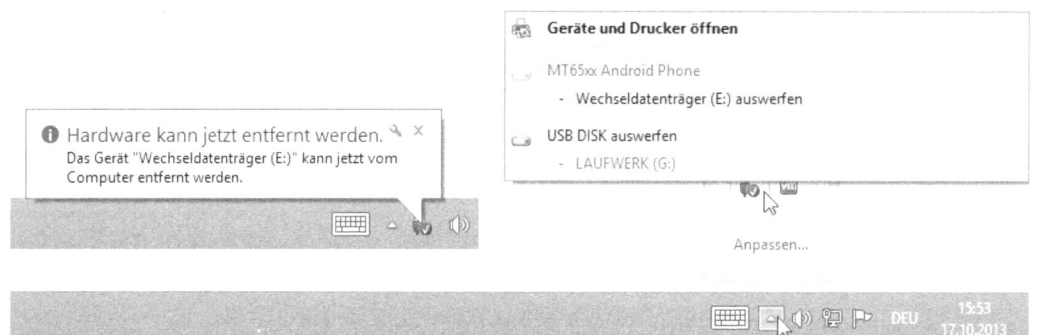

Abbildung 8.14   Information zum sicheren Entfernen von Hardware

Kapitel 9

Arbeiten mit Ordnern und Dateien

Ordner und Dateien verwalten

Dieses Kapitel widmet sich dem Umgang mit Ordnern und Dateien. Der folgende Abschnitt zeigt, wie Sie Ordner und Dateien anlegen, umbenennen, kopieren oder verschieben können.

Neue Ordner anlegen

Windows ermöglicht Ihnen, innerhalb eines Ordnerfensters neue Ordner auf einem Speichermedium wie beispielsweise einer Festplatte anzulegen.

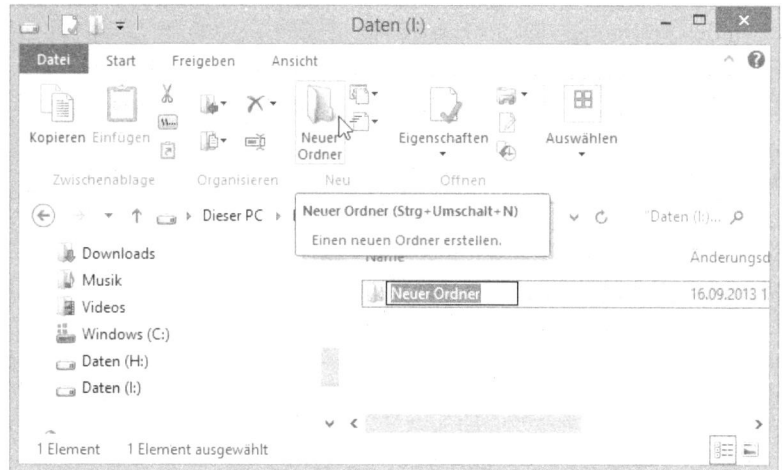

Abbildung 9.1 Neuen Ordner anlegen

1. Öffnen Sie das Ordnerfenster und navigieren Sie zum Speicherort, an dem der neue Ordner angelegt werden soll.

2. Wählen Sie auf der Registerkarte *Start* im Menüband des Ordnerfensters die Schaltfläche *Neuer Ordner* (Abbildung 9.1).

3. Windows legt ein Ordnersymbol mit dem Namen *Neuer Ordner* an. Solange der Symboltitel (d.h. der Ordnername) noch markiert angezeigt wird (Abbildung 9.1), können Sie einen (gültigen) Namen für den Ordner eintippen.

4. Sobald der Ordnername eingegeben wurde, drücken Sie zur Übernahme des neuen Ordnernamens entweder die ⏎-Taste oder klicken auf eine freie Stelle des Ordnerfensters.

Bezüglich der Eingabe des neuen Ordnernamens gilt Folgendes: Beim Eintippen des ersten Zeichens wird der markierte Text durch dieses Zeichen ersetzt. Über die Cursortasten ← und → können Sie die Schreibmarke im Text positionieren, und Zeichen lassen sich mittels der Tasten Entf und ⟵ rechts und links von der Einfügemarke löschen. Die Regeln zur Benennung der Ordner sind in Kapitel 7 erläutert. Beachten Sie, dass ein Ordnername eindeutig sein muss, d.h., der Name darf nicht bereits im aktuellen Ordner für einen anderen Unterordner vergeben sein.

TIPP Alternativ können Sie eine freie Stelle im Ordnerfenster per Rechtsklick anwählen und im Kontextmenü den Untermenübefehl *Neu/Ordner* aufrufen. Dieser Ansatz funktioniert auch auf dem Desktop und ermöglicht zudem, neben Ordnern auch ZIP-komprimierte Ordner anzulegen (siehe Kapitel 10). Weiterhin können Sie bei Bedarf über das Kontextmenü *Neu* auch neue leere Dokumentdateien erzeugen – auch wenn dies üblicherweise mittels der zugehörigen Anwendungsprogramme erfolgt.

Falls Sie dem neuen Ordner ein besonderes Symbol zuweisen möchten, können Sie dies über dessen Eigenschaftenfenster auf der Registerkarte *Anpassen* tun. Details hierzu finden Sie im Abschnitt »Die Ordnerdarstellung anpassen« in Kapitel 7.

Ordner und Dateien umbenennen

Ordner und Dateien lassen sich in Windows mit folgenden Schritten umbenennen:

1. Öffnen Sie ein Ordnerfenster, markieren Sie das gewünschte Element (Datei oder Ordner) per Mausklick und rufen Sie den Befehl zum Umbenennen auf. Die dafür verfügbaren Möglichkeiten sind nachfolgend beschrieben.

2. Sobald der Datei- oder Ordnername markiert wird, tippen Sie den neuen Datei- oder Ordnernamen ein.

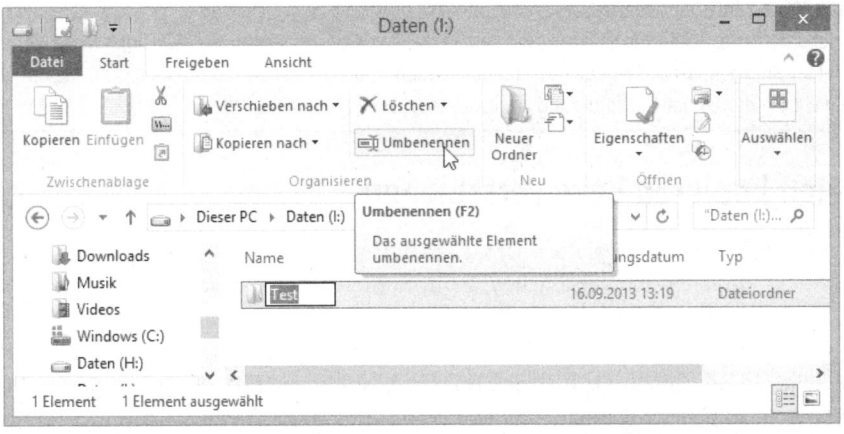

Abbildung 9.2 Umbenennen einer Datei

Um den Befehl zum Umbenennen aufzurufen, haben Sie mehrere Möglichkeiten. Sie können das Element beispielsweise per Mausklick markieren und nach ca. einer Sekunde ein zweites Mal auf den Namen klicken. Oder Sie markieren das Element und drücken die Funktionstaste F2. Eine weitere Alternative ist, den Befehl *Umbenennen* im Kontextmenü des Elements oder die Schaltfläche *Umbenennen* auf der Registerkarte *Start* des Menübands zu wählen (Abbildung 9.2).

Nach der Eingabe des neuen Namens bestätigen Sie dies mit der ↵-Taste oder klicken einfach auf eine Stelle außerhalb des Namenfelds. Dann übernimmt Windows die Eingabe als neuen Namen. Bei diesem neuen Namen muss es sich aber um einen gültigen Datei- oder Ordnernamen handeln (siehe dazu Kapitel 7). Weiterhin darf der Name noch nicht im aktuellen Ordner enthalten sein. Ist eines der beiden Kriterien nicht erfüllt, weist Windows die Änderung des Namens zurück.

HINWEIS   Windows markiert beim Umbenennen nur den Datei- oder Ordnernamen, nicht jedoch die optional eingeblendete Dateinamenerweiterung. Das erste eingetippte Zeichen überschreibt den kompletten Namen. Sie können diese Markierung
aufheben, indem Sie nach dem Aufruf des Befehls zum Umbenennen die Tasten ⬅ oder ➡ drücken. Achten Sie beim
Umbenennen von Dateinamen darauf, dass die ggf. eingeblendete Dateinamenerweiterung (z.B. *.txt*) erhalten bleibt. Drücken
Sie bei geänderter oder gelöschter Dateinamenerweiterung die ↵-Taste, zeigt Windows eine Warnmeldung an. Klicken Sie
auf die *Ja*-Schaltfläche, wird die Änderung übernommen. In diesem Fall erkennt aber Windows möglicherweise den Dateityp
nicht mehr und das Öffnen der Datei durch einen Doppelklick auf den Dateinamen scheitert.

TIPP   Sie können das Umbenennen eines Ordners oder einer Datei durch Drücken der Esc-Taste jederzeit abbrechen. Sofort nach dem Umbenennen lässt sich die Namensänderung durch Drücken der Tastenkombination Strg+Z wieder
rückgängig machen. Der letzte Befehl lässt sich ebenfalls zurücknehmen, wenn Sie sofort nach dessen Ausführung mit der rechten Maustaste auf eine freie Stelle des Ordnerfensters klicken und im Kontextmenü den Befehl *Umbenennen rückgängig machen*
wählen. Der Kontextmenübefehl *Umbenennen wiederholen* stellt dagegen den gerade rückgängig gemachten Namen wieder her.

Sie können sich bei Bedarf in der Symbolleiste für den Schnellzugriff auch die beiden Schaltflächen *Rückgängig* und *Wiederholen*
einblenden (siehe in Kapitel 7 den Abschnitt »Symbolleiste für den Schnellzugriff konfigurieren«). Dann lassen sich Dateioperationen wie Umbenennungen leicht über die Schaltfläche zurücknehmen.

Wurden mehrere Dateien zum Umbenennen markiert? Dann verwendet Windows den von Ihnen eingegebenen neuen Namen
zur Benennung aller markierten Elemente. Zur Unterscheidung wird aber eine Ziffer an die Namen der jeweiligen Einzelelemente
angehängt (z.B. »(2)«, «(3)« etc.). Um mehrere Dateien gezielt umzubenennen und Namensteile zu erhalten, sind Sie auf Dritt-
programme oder den Befehl *Rename* der Eingabeaufforderung angewiesen (z.B. *Rename Bld01*.tif Bld03*.tif*).

Ordner und Dateien kopieren bzw. verschieben

Dateien lassen sich zwischen Ordnern der Festplatte oder zwischen Festplatte und Wechseldatenträgern (z.B.
Speicherkarte oder USB-Stick) kopieren und verschieben. Beim Kopieren liegen anschließend zwei Exemplare der Datei vor, beim Verschieben wird die Datei an die neue Position »verschoben«. Nehmen wir als Beispiel Fotodateien, die von einer Speicherkarte zum Ordner *Bilder* der Festplatte übertragen werden sollen.
Oder Sie möchten Musikdateien aus einem Ordner der Festplatte auf einen MP3-Player kopieren. MP3-
Player lassen sich üblicherweise an eine USB-Buchse des Computers anschließen und werden von Windows
als Wechseldatenträger erkannt. Ein weiteres Beispiel ist eine CD oder DVD, die Dateien enthält, die in Ordner auf der Festplatte zu kopieren sind. Natürlich können Sie auch Dateien und Ordner der Festplatte zu
anderen Speicherorten (z.B. Onlinespeicher, Speicherkarten etc.) kopieren bzw. verschieben. Zum Verschieben oder Kopieren unterstützt Windows mehrere Ansätze. Hier die Schritte, wie es auf jeden Fall klappt:

1. Öffnen Sie das Ordnerfenster (z.B. *Bilder*) mit den zu kopierenden Elementen (z.B. Dateien oder Ordner).

2. Öffnen Sie zusätzlich das Ordnerfenster, in das die Elemente übertragen werden sollen (z.B. *Bilder/
   Urlaub*).

3. Positionieren Sie die beiden Ordnerfenster nebeneinander, sodass beide Fenster zu sehen sind (Abbildung 9.3).

4. Markieren Sie im Ordnerfenster mit den Quelldaten eine Datei oder einen Ordner mit einem Mausklick
   und ziehen Sie das markierte Element bei gedrückter rechter Maustaste zum Zielfenster.

5. Lassen Sie die rechte Maustaste los und wählen Sie im Kontextmenü einen der Befehle *Hierher kopieren*
   oder *Hierher verschieben* (Abbildung 9.4).

Windows kopiert dann beim Befehl *Hierher kopieren* die betreffende Datei in den Zielordner. Wurde der Befehl *Hierher verschieben* gewählt, verschwindet das Element aus dem Quellordner und wandert zum Zielordner.

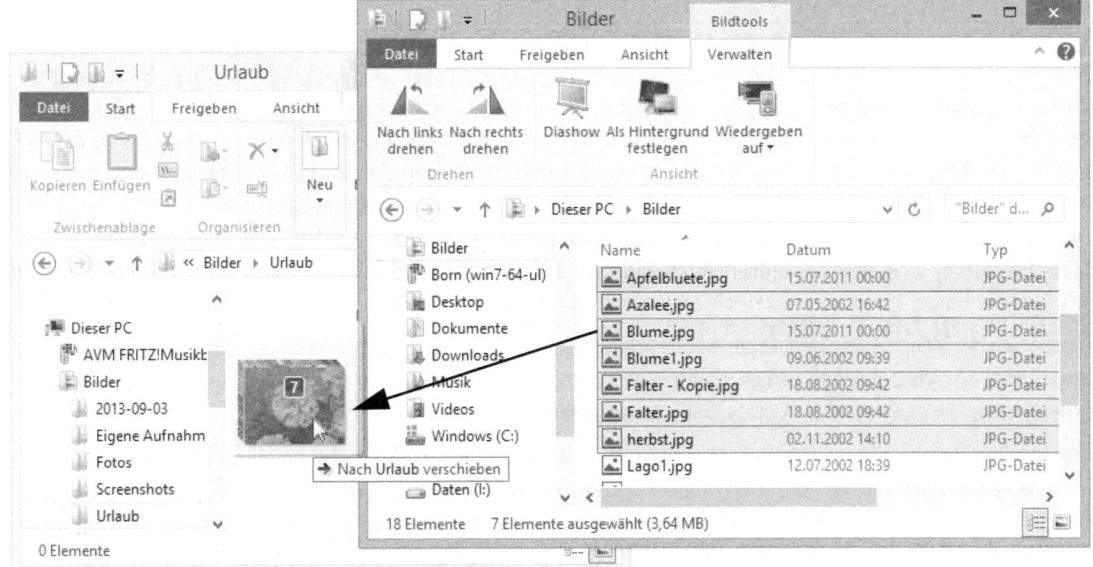

Abbildung 9.3   Kopieren oder verschieben zwischen Fenstern

HINWEIS   Bei der Fingerbedienung per Touchscreen fehlt ja die rechte Maustaste. Ziehen Sie einfach die gewünschte Datei oder den gewünschten Ordner mit dem Finger in den Zielordner, lassen den Finger aber noch ein paar Sekunden auf dem gezogenen Element. Wenn Sie dann den Finger wegnehmen, zeigt Windows das Kontextmenü aus Abbildung 9.4 an. Lassen Sie das Element dagegen direkt nach dem Ziehen mit dem Finger los, verschiebt oder kopiert Windows dieses ohne weitere Nachfrage.

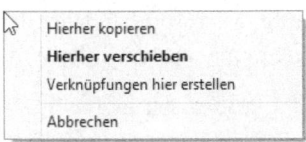

Abbildung 9.4   Kontextmenü beim Kopieren bzw. Verschieben

Auf diese Weise können Sie Dateien und Ordner samt Inhalt von einem Speicherort zu einem anderen Ort kopieren bzw. verschieben. Dabei ist es egal, ob die Quell- und Zielorte auf einem Laufwerk oder auf unterschiedlichen Laufwerken liegen. Dies bedeutet, das Kopieren von Dateien von einer Speicherkarte oder einem USB-Stick in Ordner der Festplatte lässt sich mit den obigen Schritten genauso gut durchführen wie das Kopieren von Dateien zwischen Ordnern der Festplatte.

Bei sehr großen Dateien oder umfangreichen Ordnern wird während des Kopiervorgangs oder beim Verschieben zusätzlich der Fortschritt in einem kleinen Dialogfeld angezeigt (Abbildung 9.5).

TIPP Falls Sie lieber mit einem einzigen Fenster arbeiten, können Sie sicherstellen, dass der Zielordner im Navigationsbereich des Ordnerfensters sichtbar ist. Dann lässt sich die markierte Datei oder der markierte Ordner einfach mit der Maus zum Zielordner im Navigationsbereich ziehen.

HINWEIS Die Ausführungen in diesem Abschnitt zum Kopieren/Verschieben setzen voraus, dass diese Operationen im eigenen Benutzerprofil, d.h. im Benutzerordner bzw. im Ordner *Öffentlich* erfolgen. Nur dann liegen bei NTFS-Datenträgern die erforderlichen Zugriffsberechtigungen vor. Zum Zugriff auf Ordner anderer Benutzerkonten sind dagegen Administratorrechte erforderlich. Dann erscheint u. U. eine Sicherheitsabfrage der Benutzerkontensteuerung, die Sie (ggf. unter Angabe des Administratorkennworts) bestätigen müssen. Beim Verschieben von Ordnern oder Dateien bleiben die Zugriffsberechtigungen erhalten. Um so etwas zu vermeiden, kopieren Sie Ordner und Dateien. Dann passt Windows die Zugriffsberechtigungen an den Zielordner an.

Änderungen beim Kopieren von Dateien

Microsoft hat in Windows 8 bzw. in Windows 8.1 im Vergleich zu den Vorgängerversionen einige Änderungen an der Kopierfunktion des Explorers vorgenommen:

- Kopiert der Benutzer Dateien über eine langsame WLAN-Verbindung, schließt dann aber ein LAN-Kabel an, erkennt Windows, ob sich die Netzwerkgeschwindigkeit erhöht. Tritt eine Verbesserung in der nutzbaren Bandbreite ein, wird das Netzwerk mit der größeren Übertragungsgeschwindigkeit zum Fortsetzen des Kopiervorgangs verwendet. Hierzu werden die Erweiterungen des Server-Message-Block-(SMB-)Protokolls, das mehrere Kanäle unterstützt, ausgewertet.

- Geht das System während einer Kopieroperation in den Energiespar- oder Ruhemodus, brach die Kopieroperation in früheren Windows-Versionen ab. Bei Windows 8.1 wird die Operation einfach vorübergehend angehalten. Nach dem Aufwachen des Systems erscheint ein Dialogfeld, in dem Sie wählen können, ob die Operation fortgesetzt oder abgebrochen werden soll.

Aber auch beim Ablauf des Kopiervorgangs gibt es eine Optimierung. Eines der Probleme beim Kopieren von Dateien ist, dass diese Operation unter Umständen sehr lange dauert. Häufig stellt man beim Kopieren mehrerer Dateien sogar fest, dass die Kopiergeschwindigkeit mit der Zeit abnimmt. Microsoft hat daher das während des Kopiervorgangs gezeigte Dialogfeld kräftig überarbeitet. Ablaufende Kopieraufträge listet Windows in einem Dialogfeld auf (Abbildung 9.5).

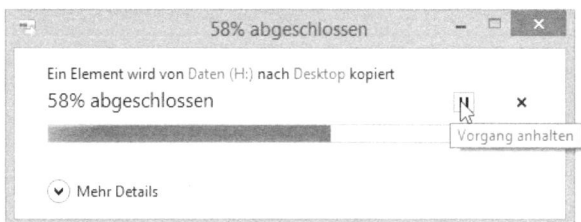

Abbildung 9.5 Fortschrittsanzeige bei längeren Kopiervorgängen

Eine Fortschrittsanzeige signalisiert für jede auszuführende Aktion, wie weit diese fortgeschritten ist. Über zwei Schaltflächen am rechten Rand der Fortschrittsanzeige kann der Benutzer den Kopiervorgang anhalten und bei Bedarf wieder fortsetzen. Das Anhalten ist beispielsweise ganz hilfreich, falls die Kopiergeschwindigkeit durch Mehrfachzugriffe beim Kopieren stark sinkt. Dann ist es oft nützlich, einen Kopiervorgang vorübergehend anzuhalten, bis eine laufende Aktion abgeschlossen ist. Die zweite Schaltfläche ganz rechts neben der Fortschrittsanzeige (das Kreuz) ermöglicht es, einen Kopiervorgang auch komplett abzubrechen.

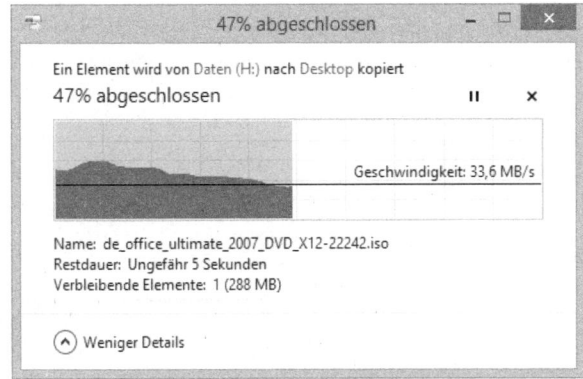

Abbildung 9.6 Anzeige der Kopiergeschwindigkeit

Um die Leistung von Kopiervorgängen besser einschätzen und gegebenenfalls überwachen zu können, wählen Sie in der linken unteren Ecke des Dialogfelds (Abbildung 9.5) die Schaltfläche *Mehr Details* aus. Windows erweitert die Darstellung des Dialogfelds, sodass die Kopiergeschwindigkeit über den zeitlichen Verlauf angezeigt wird (Abbildung 9.6). So können Sie beurteilen, ob Kopiervorgänge durch Überlastung der Ein-/Ausgabekanäle des Systems stark verlangsamt werden. In diesem Fall empfiehlt es sich, eine von mehreren laufenden Aktionen vorübergehend anzuhalten. Dann steht die Übertragungsbandbreite der oder den restlichen laufenden Aktionen zur Verfügung. Die Schaltfläche *Weniger Details* in der linken unteren Dialogfeldecke schaltet wieder zur kompakten Darstellung mit Fortschrittsanzeigen zurück.

HINWEIS   Diese Anzeige erfolgt nicht nur beim Kopieren von Dateien und Ordnern, sondern wird auch bei anderen Operationen wie z.B. beim Entpacken von ZIP-Archivdateien verwendet. Bei Fotodateien, die Lageinformationen enthalten, berücksichtigt Windows beim Kopieren diese Lage. Im Hochkantformat aufgenommene Motive werden dann um 90 Grad gedreht.

Kopieren oder verschieben mit der linken Maustaste oder dem Finger?

Sie können die oben beschriebenen Schritte zum Kopieren oder Verschieben von Dateien oder Ordnern auch durchführen, indem Sie die Elemente bei gedrückter linker Maustaste vom Quellfenster zum Zielfenster ziehen – was übrigens auch per Finger auf einem Touchscreen funktioniert – und dann die Maustaste loslassen. Windows führt die Operation dann ohne Anzeige eines Kontextmenüs aus. Allerdings gibt es eine Besonderheit zu beachten:

- Befinden sich die Quell- und Zielordner auf verschiedenen Laufwerken, kopiert Windows die per Maus (oder Finger) gezogenen Elemente zum Zielordner

- Befinden sich die Quell- und Zielordner auf dem gleichen Laufwerk, werden die per Maus (oder Finger) gezogenen Elemente dagegen verschoben

- Halten Sie die ⇧-Taste der Tastatur beim Ziehen der Elemente gedrückt, vertauscht Windows die obigen Regeln (d.h. Dateien werden innerhalb eines Laufwerks kopiert und zwischen Laufwerken verschoben)

- Halten Sie die Alt-Taste der Tastatur beim Ziehen der Elemente gedrückt, legt Windows beim Loslassen der linken Maustaste eine Verknüpfung auf die gezogenen Elemente im Zielordner an

Da häufig aber nicht klar ist, ob Ziel- und Quellordner auf dem gleichen Laufwerk liegen, sollten Sie die weiter vorne beschriebene Variante mit der rechten Maustaste bevorzugen.

Kopieren per (Kontext-)Menü und Zwischenablage

Arbeiten Sie lieber mit einem Ordnerfenster oder soll eine Datei bzw. ein Unterordner im gleichen Ordner kopiert werden?

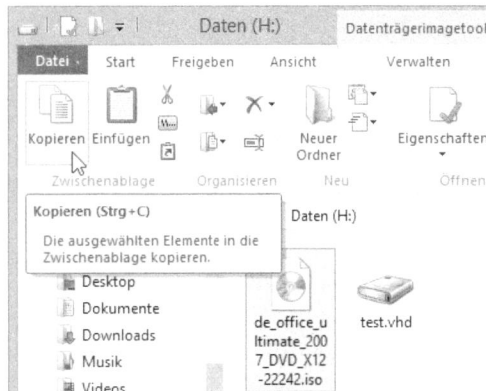

Abbildung 9.7   Zugriff auf die Zwischenablage

1. Markieren Sie die Datei oder den Ordner mit einem Mausklick oder durch Antippen mit dem Finger und wählen Sie auf der Registerkarte *Start* des Menübands in der Gruppe *Zwischenablage* die Schaltflächen *Ausschneiden* bzw. *Kopieren* (Abbildung 9.7).

   Alternativ können Sie das Kontextmenü öffnen und die gleichnamigen Befehle wählen.

2. Wechseln Sie im Ordnerfenster zum Zielordner und klicken Sie auf eine freie Stelle im Ordnerfenster.

3. Anschließend können Sie auf der Registerkarte *Start* des Menübands die Schaltfläche *Einfügen* oder im Kontextmenü den Befehl *Einfügen* wählen.

Wurde im ersten Schritt der Befehl *Ausschneiden* benutzt, verschiebt Windows beim Einfügen das markierte Element zum Zielordner und löscht es aus dem Quellordner. Beim Befehl *Kopieren* wird das markierte Element dagegen in den Zielordner kopiert und bleibt im Quellordner weiterhin erhalten.

HINWEIS   Windows merkt sich den Namen des markierten Elements in der sogenannten Zwischenablage, einem internen Arbeitsspeicher des Betriebssystems. Nach dem Befehl *Kopieren* können Sie anschließend den Befehl *Einfügen* sogar mehrfach wählen. Dann fügt Windows das markierte Element jedes Mal in den Zielordner ein. Werden die Befehle *Kopieren* und *Einfügen* im gleichen Ordner angewandt, erzeugt Windows eine Kopie des Ursprungselements. Um die Eindeutigkeit des Ordner- oder Dateinamens beim Kopieren im gleichen Ordner zu erzwingen, fügt Windows dem neuen Namen den Text »Kopie« und ggf. eine fortlaufende Nummer hinzu.

Die Schaltfläche *Pfad kopieren* in der Gruppe *Zwischenablage* auf der Registerkarte *Start* des Menübands kopiert übrigens den kompletten Dateipfad samt dem Namen des gewählten Elements (z.B. »C:\Text\Brief.doc«) in die Zwischenablage. Sie können diese Information aus der Zwischenablage z.B. in Textprogramme oder in Textfelder übernehmen.

TIPP   Statt der Menübefehle können Sie auch Tastenkürzel zum Kopieren bzw. Verschieben per Zwischenablage verwenden. Die Tastenkombination Strg+X entspricht dem Befehl *Ausschneiden*, während Strg+C das Kopieren veranlasst. Mit der Tastenkombination Strg+V wird der Inhalt der Zwischenablage wieder eingefügt.

Geht das Kopieren oder Verschieben schief, können Sie den letzten Vorgang sofort im Anschluss durch Drücken der Tastenkombination ⌈Strg⌉+⌈Z⌉ rückgängig machen. Beim Kopieren werden dann die Elemente im Zielverzeichnis gelöscht, während beim Verschieben die Elemente in den Zielordner zurückgeholt werden. Alternativ können Sie auf eine freie Stelle im Ordnerfenster klicken und im Kontextmenü *xxx rückgängig machen* wählen. Der Befehl *Rückgängig* steht zudem optional in der Symbolleiste für den Schnellzugriff als Schaltfläche zur Verfügung.

Kopieren und verschieben per Menüband

Bei Mausbedienung sind die oben erwähnten Kontextmenübefehle nicht so optimal geeignet. Windows unterstützt das Kopieren oder Verschieben aber auch über Schaltflächen im Menüband.

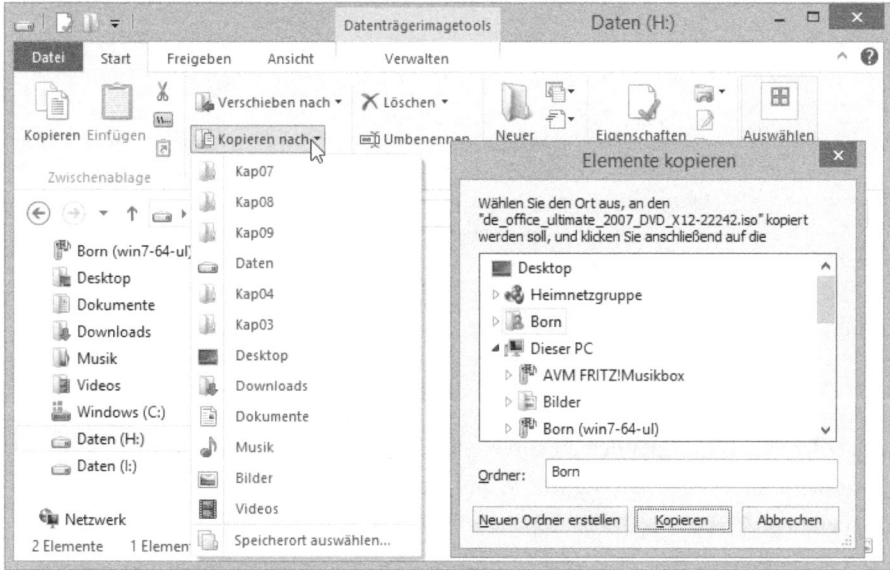

Abbildung 9.8   Kopieren und verschieben per Menüschaltflächen

1. Markieren Sie die zu verschiebende bzw. zu kopierende Datei oder den Ordner mit einem Mausklick oder durch Antippen mit dem Finger.

2. Wechseln Sie im Ordnerfenster zur Registerkarte *Start* des Menübands und öffnen Sie die Menüschaltfläche *Verschieben nach* bzw. *Kopieren nach* (Abbildung 9.8, Hintergrund links).

3. Anschließend wählen Sie im eingeblendeten Menü den Zielordner oder den Befehl *Speicherort auswählen*.

4. Wurde *Speicherort auswählen* aufgerufen, können Sie im eingeblendeten Dialogfeld (Abbildung 9.8, rechts) zum Zielordner navigieren.

5. Über die mit *Kopieren* oder *Verschieben* beschriftete Schaltfläche wird dann das gewählte Element zum Zielordner kopiert oder verschoben und das Dialogfeld verschwindet.

Das Dialogfeld *Elemente kopieren* bzw. *Elemente verschieben* ermöglicht Ihnen zudem, mittels der Schaltfläche *Neuen Ordner erstellen* einen Ordner am Zielort anzulegen, falls dieser noch nicht vorhanden ist.

Mit dem Menü »Senden an« geht das Kopieren auch

Windows unterstützt das Kopieren von Dateien auf spezielle Laufwerke, in spezielle Ordner oder das Versenden per E-Mail über das Menü *Senden an*.

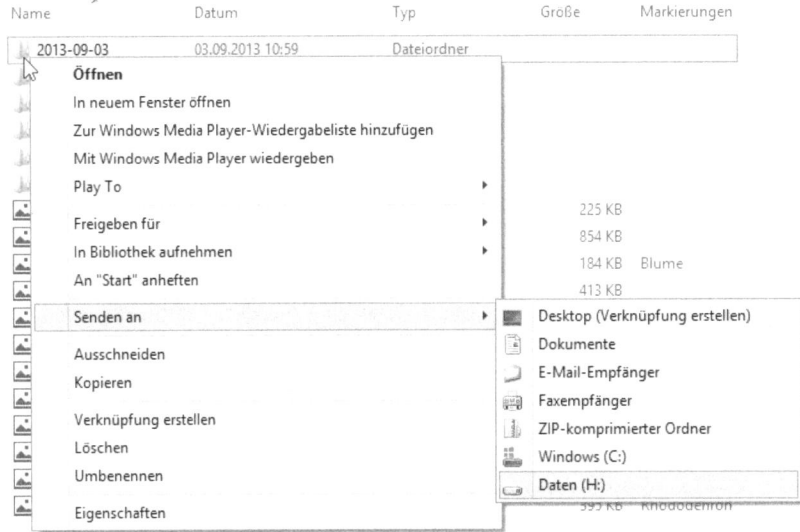

Abbildung 9.9   Kopieren über *Senden an*

1. Markieren Sie die zu kopierende Datei oder den zu kopierenden Ordner im Ordnerfenster.
2. Öffnen Sie das Kontextmenü mit der rechten Maustaste und wählen Sie den Befehl *Senden an*.
3. Wählen Sie im Untermenü den Zielort für das zu kopierende Element aus (Abbildung 9.9).

Sie können externe Wechseldatenträger, den Ordner *Dokumente*, CD-, DVD- oder BD-Laufwerke, die als Brenner fungieren, oder auch ZIP-komprimierte Ordner als Ziel wählen. Wird ein DVD-Brenner als Kopierziel gewählt, ermöglicht Ihnen dies auf sehr elegante Weise, Dateien auf einen Datenträger zu brennen (siehe Kapitel 14).

Wenn die Elemente bereits vorhanden sind

Beim Kopieren oder Verschieben von Dateien oder Ordnern kann es passieren, dass die betreffenden Elemente bereits im Zielordner vorhanden sind. Tritt ein Konflikt beim Kopieren, Verschieben etc. auf, erscheint das Dialogfeld mit einer Warnung (Abbildung 9.10).

- Wählen Sie die Option *Dateien im Ziel ersetzen*, wenn Sie sich sicher sind, dass die Elemente im Zielordner mit den Inhalten des Quellordners überschrieben werden sollen
- Möchten Sie die betreffenden Elemente im Zielordner erhalten, wählen Sie den Befehl *Diese Dateien überspringen*

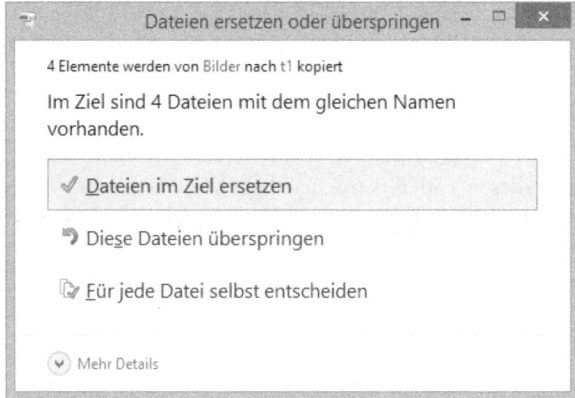

Abbildung 9.10 Anzeige der Dateikonflikte

■ Sind Sie unsicher, welche Auswirkungen ein Überschreiben hat, wählen Sie den Befehl *Für jede Datei selbst entscheiden* …

Bei Anwahl des Befehls *Für jede Datei selbst entscheiden* erweitert Windows das Dialogfeld um die in Abbildung 9.11 gezeigte Darstellung. Hier erhalten Sie detaillierte Informationen zu den aufgetretenen Konflikten und den Dateieigenschaften. Bei Dokumentdateien wie Fotos etc. wird gegebenenfalls eine Miniaturansicht der Versionen angezeigt. Dann lässt sich durch Markieren der jedem Element zugeordneten Kontrollkästchen festlegen, welche Dateien Sie beibehalten möchten.

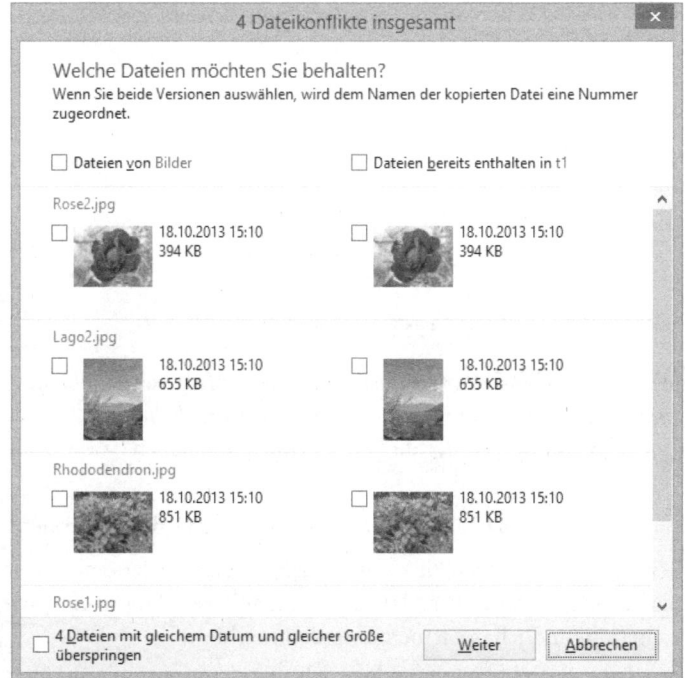

Abbildung 9.11 Anzeige der verschiedenen Dateiversionen

■ Werden beide Dateien in Quelle und Ziel per markiertem Kontrollkästchen ausgewählt, wird dem zu kopierenden/verschiebenden Element eine fortlaufende Nummer im Dateinamen angehängt.

- Das Dialogfeld enthält zudem in der linken unteren Ecke ein Kontrollkästchen *x Dateien mit gleichem Datum und gleicher Größe überspringen*. Markieren Sie dieses Kontrollkästchen, übergeht der Explorer beim Kopieren oder Verschieben alle Dateien, bei denen der Name, die Größe und das Datum zusammen mit der Uhrzeit übereinstimmen.

Die obige Vorgehensweise gilt sinngemäß auch beim Verschieben von Ordnern und Dateien sowie beim Kopieren/Verschieben von mehreren Elementen. In diesen Fällen werden lediglich die Bezeichnungen der Optionen im Dialogfeld angepasst.

ACHTUNG   Beachten Sie, dass sich eine überschriebene Datei nicht mehr durch den Kontextmenübefehl *Rückgängig machen* auf die vorherige Fassung zurücksetzen lässt. Wenn Sie irrtümlich eine Datei im Zielordner überschreiben lassen, ist der Inhalt der Originaldatei verloren. Sie haben höchstens noch die Möglichkeit, eine ältere Fassung über die Funktion *Dateiversionsverlauf* zu restaurieren (siehe in Kapitel 13 den Abschnitt »Persönliche Dateien wiederherstellen«).

Mehrere Dateien/Ordner gleichzeitig markieren

Windows ermöglicht Ihnen, mehrere Dateien oder Ordner gleichzeitig zu bearbeiten (d.h. zu kopieren, zu verschieben, zu löschen etc.), wenn die Elemente markiert sind.

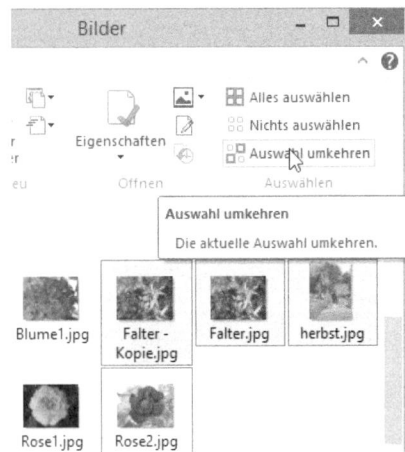

Abbildung 9.12 Markieren mehrerer Elemente

- Verwenden Sie auf der Registerkarte *Start* im Menüband des Ordnerfensters die Schaltflächen *Alles auswählen*, *Nichts auswählen* und *Auswahl umkehren* (Abbildung 9.12) der Gruppe *Auswählen*, um alle Elemente (Dateien, Unterordner) eines Ordners zu markieren oder die Markierung aufzuheben bzw. umzukehren

- Drücken Sie die Tastenkombination ⌈Strg⌋+⌈A⌋, werden ebenfalls alle Elemente eines Ordners markiert

- Zudem lassen sich Elemente durch Ziehen markieren. Setzen Sie dazu einfach die Maus oder den Finger an einer freien Stelle auf. Dann ziehen Sie bei gedrückter linker Maustaste oder mit dem Finger diagonal ein Rechteck auf. Die im Markierungsrechteck befindlichen Elemente werden markiert.

  Sofern Sie mit Maus und Tastatur arbeiten, lassen sich Elemente auch gezielt markieren (funktioniert per Finger am Touchscreen leider nicht).

Apfelbluete.jpg	15.07.2011 00:00	
Azalee.jpg	07.05.2002 16:42	
Blume.jpg	15.07.2011 00:00	
Blume1.jpg	09.06.2002 09:39	
Falter.jpg	18.08.2002 09:42	
herbst.jpg	02.11.2002 14:10	
Lago1.jpg	12.07.2002 18:39	
Lago2.jpg	13.04.2003 12:07	
Rhododendron.jpg	01.05.2003 14:55	
Rose1.jpg	09.06.2002 09:45	

Abbildung 9.13 Markieren mehrerer Elemente

- Um mehrere benachbarte Elemente gleichzeitig zu markieren, klicken Sie auf den ersten Eintrag, halten die ⇧-Taste gedrückt und klicken auf das letzte zu bearbeitende Element. Dann werden alle dazwischen liegenden Elemente markiert (Abbildung 9.13, oben).

- Um nicht direkt aufeinander folgende Elemente zu markieren, klicken Sie auf den ersten Eintrag, halten die Strg-Taste gedrückt und klicken danach auf die restlichen zu markierenden Elemente. Dann werden alle angeklickten Elemente markiert (Abbildung 9.13, unten).

Sie erkennen markierte Elemente an der farbigen Hinterlegung im Ordnerfenster. Anschließend können Sie die gewünschte Dateioperation (Kopieren, Verschieben, Löschen) wie oben bzw. nachfolgend beschrieben durchführen. Wenden Sie die Umbenennen-Funktion auf mehrere markierte Elemente an, vergibt Windows dagegen den neu eingegebenen Namen, hängt aber eine fortlaufende Nummerierung zur Unterscheidung der jeweiligen Dateien an.

Löschen und Umgang mit dem Papierkorb

Nicht mehr benötigte Ordner oder Dateien können Sie durch Verschieben in den Papierkorb löschen. Der folgende Abschnitt beschreibt die entsprechenden Schritte und zeigt, wie Sie gelöschte Elemente aus dem Papierkorb zurückholen sowie die Einstellungen des Papierkorbs anpassen.

Dateien und Ordner löschen

Benötigen Sie einen Ordner oder eine Datei nicht mehr? Dann können Sie diese Elemente auf einfache Weise löschen:

1. Öffnen Sie das Fenster des Ordners, das die nicht mehr benötigte Datei oder den zu löschenden Ordner enthält.

2. Markieren Sie die zu löschende(n) Datei(en) oder Ordner oder das zu löschende Dokument.

3. Anschließend können Sie auf der Registerkarte *Start* des Menübands die Schaltfläche *Löschen* (das rote Kreuz) wählen (Abbildung 9.14, Hintergrund).

Alternativ besteht die Möglichkeit, das Element auf das Symbol des Papierkorbs auf dem Windows-Desktop zu ziehen und dann den Finger zu heben oder die linke Maustaste loszulassen. Bei einem markierten Element können Sie auch das Kontextmenü mit der rechten Maustaste öffnen und den Kontextmenübefehl *Löschen* wählen (Abbildung 9.14). Windows verschiebt in allen Fällen die markierte(n) Datei(en) bzw. den/die markierten Ordner in den Papierkorb.

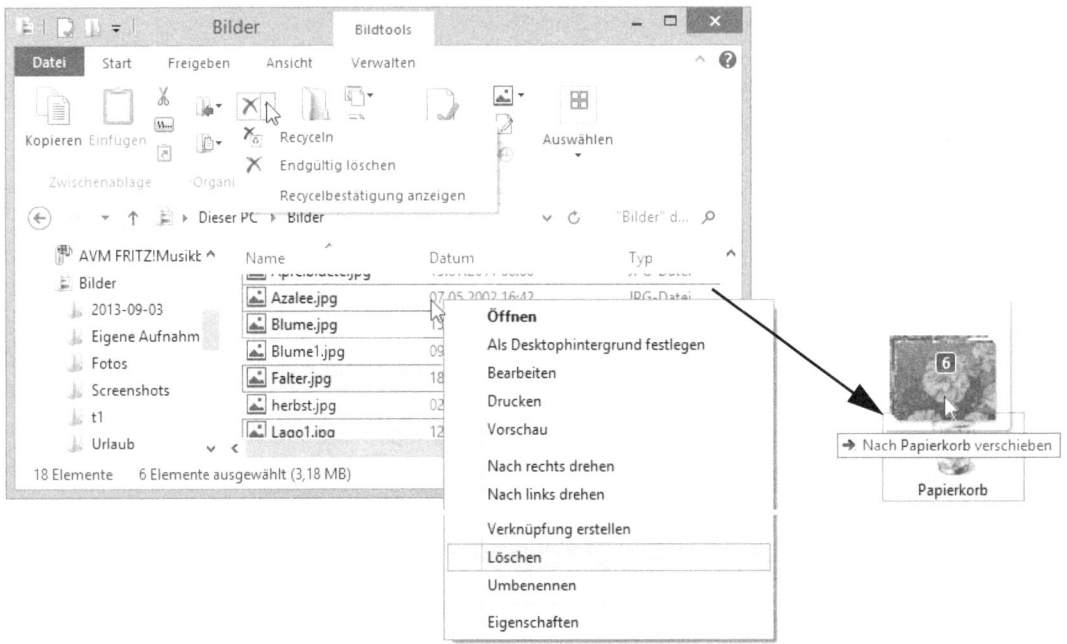

Abbildung 9.14   Löschen von Dateien oder Ordnern

Bei der Schaltfläche *Löschen* im Menüband lässt sich ein Menü mit drei unterschiedlichen Befehlen öffnen: Mit dem Befehl *Recyceln* wird die zu löschende Datei in den Papierkorb verschoben, während der Befehl *Endgültig löschen* die Datei oder den Ordner samt Inhalt endgültig vom Datenträger entfernt. Über den Befehl *Recycelbestätigung anzeigen* können Sie die Anzeige eines Dialogfelds beim Löschen ein- oder ausschalten.

Drücken Sie zum Löschen des markierten Elements die ⌈Entf⌋-Taste der Tastatur, wird das Element ebenfalls in den Papierkorb verschoben. Drücken Sie dagegen gleichzeitig die beiden Tasten ⌈⇧⌋+⌈Entf⌋, wird das markierte Element komplett vom Datenträger gelöscht (und nicht in den Papierkorb übernommen). Beachten Sie aber: Elemente, die auf Wechseldatenträgern wie SD-Karten oder USB-Sticks (nicht aber USB-Festplatten) gespeichert sind, werden beim Löschen sofort entfernt, da für diese Medien kein Papierkorb eingerichtet wird.

HINWEIS   Ist der Papierkorb durch Fenster verdeckt, hilft folgender Trick: Ziehen Sie das zu löschende Element einfach in die Taskleiste zur rechten unteren Ecke. Warten Sie bei weiterhin gedrückter linker Maustaste, bis alle Fenster minimiert wurden. Anschließend lässt sich das zu löschende Element zum Desktopsymbol des Papierkorbs ziehen.

ACHTUNG   Gelegentlich weigert sich Windows, Dateien oder Ordner zu löschen. Der Grund: Diese Elemente sind möglicherweise noch in Benutzung. Warten Sie einige Zeit und wiederholen Sie den Vorgang. Klappt dies immer noch nicht, starten Sie Windows neu und führen Sie den Löschvorgang noch einmal durch. Meist werden die in Benutzung befindlichen Elemente durch den Neustart freigegeben und lassen sich anschließend löschen. Dies gilt jedoch nicht für Systemdateien, die durch Windows ständig in Benutzung sind. Diese lassen sich nur löschen, nachdem der Rechner mit einer anderen Windows-Instanz gebootet wurde. Alternativ können Sie mit Tools wie LockHunter (*http://lockhunter.com/* [Ms240-K09-01]) probieren, ob die Blockade aufgehoben werden kann.

Gelöschte Elemente aus dem Papierkorb zurückholen

Haben Sie irrtümlich eine Datei oder einen Ordner gelöscht, die/den Sie noch brauchen? Solange sich das Element noch im Papierkorb befindet, können Sie zum Wiederherstellen Folgendes versuchen.

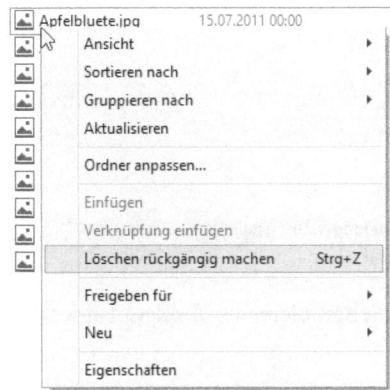

Abbildung 9.15 Löschen rückgängig machen

- Drücken Sie die Tastenkombination [Strg]+[Z], um die letzte Dateioperation zurückzunehmen

- Alternativ können Sie eine freie Stelle im Ordnerfenster mit der rechten Maustaste anklicken und den Kontextmenübefehl *Löschen rückgängig machen* wählen (Abbildung 9.15)

- Zudem lässt sich zur Fingerbedienung die (optional einblendbare) Schaltfläche *Rückgängig* in der Symbolleiste für den Schnellzugriff des Ordnerfensters einblenden und dann anwählen

Windows holt die zuletzt gelöschte(n) Datei(en) bzw. den oder die Ordner aus dem Papierkorb in das aktuelle Ordnerfenster zurück.

HINWEIS   Diese Methode funktioniert aber nur, wenn Sie sonst noch keine anderen Aktionen durchgeführt haben, da sich der Befehl *Rückgängig* immer auf den zuletzt ausgeführten Windows-Befehl im aktuellen Ordnerfenster bezieht. Weiterhin muss die Datei noch im Papierkorb vorhanden sein – was beim Löschen von Dateien/Ordnern auf Wechseldatenträgern nicht der Fall ist!

Sofern Sie den Fehler erst später bemerken, gibt es eine weitere Möglichkeit, um die gelöschten Dateien vielleicht doch noch aus dem Papierkorb zu retten:

1. Doppelklicken oder doppeltippen Sie auf das Desktopsymbol des Papierkorbs, um das zugehörige Ordnerfenster zu öffnen.

2. Markieren Sie im Fenster des Papierkorbs die wiederherzustellende(n) Datei(en) bzw. Ordner.

3. Wählen Sie im Menüband des Ordnerfensters auf der Registerkarte *Verwalten* die Schaltfläche *Ausgewählte Elemente wiederherstellen* bzw. *Alle Elemente wiederherstellen* (Abbildung 9.16).

   Alternativ können Sie das Kontextmenü mit der rechten Maustaste öffnen und darin den Befehl *Wiederherstellen* wählen.

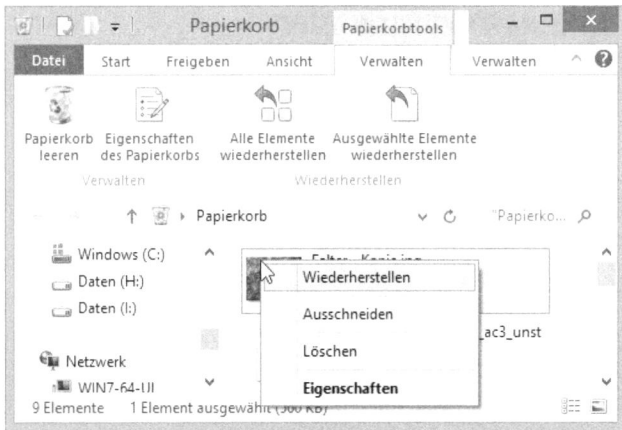

Abbildung 9.16 Wiederherstellen aus dem Papierkorb

Windows verschiebt anschließend das markierte Element bzw. die markierten Elemente aus dem Papierkorb in den ursprünglichen Ordner zurück.

HINWEIS   Dieses Wiederherstellen aus dem Papierkorb klappt aber nur, solange die Elemente dort noch gespeichert sind. Wurde der Papierkorb zwischenzeitlich geleert, sind die Dateien verloren. Das Gleiche gilt, wenn die zu löschende Datei zu groß für den Papierkorb ist oder falls Sie Dateien auf Wechseldatenträgern löschen.

Den Papierkorb leeren

Beim Löschen einer Datei oder eines Ordners von der Festplatte verschiebt Windows dieses »Element« lediglich in den Papierkorb. Dadurch ist die Datei oder der Ordner zwar aus dem aktuellen Fenster verschwunden, der von den Dateien auf dem Laufwerk benötigte Speicherplatz bleibt aber weiterhin belegt. Windows prüft zwar gelegentlich, ob der Papierkorb voll ist, und entfernt automatisch die ältesten als gelöscht eingetragenen Dateien. Sie können aber nachhelfen und den Papierkorb von Zeit zu Zeit selbst leeren:

- Klicken Sie mit der rechten Maustaste auf das Desktopsymbol des Papierkorbs und wählen Sie den Kontextmenübefehl *Papierkorb leeren* (Abbildung 9.17).

- Alternativ können Sie das Ordnerfenster *Papierkorb* öffnen und im Menüband auf der Registerkarte *Papierkorbtools/Verwalten* die Schaltfläche *Papierkorb leeren* wählen (Abbildung 9.16).

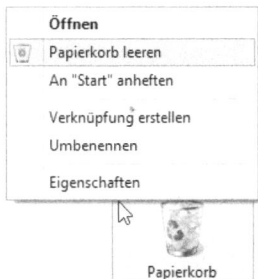

Abbildung 9.17 Papierkorb leeren

Die Sicherheitsanfrage durch Windows, ob Sie den Inhalt des Papierkorbs wirklich löschen wollen, bestätigen Sie über die Schaltfläche *Ja*. Anschließend entfernt Windows die Elemente aus dem Papierkorb und gibt den belegten Speicher auf dem Laufwerk wieder frei. Anschließend erscheint das Symbol eines leeren Papierkorbs. Jetzt sind die gelöschten Dateien endgültig verschwunden.

Die Eigenschaften des Papierkorbs anpassen

Windows reserviert für jedes Festplattenlaufwerk etwas Speicherkapazität für den Papierkorb. Je größer die Kapazität des Laufwerks ist, desto höher ist der vom Papierkorb belegte Speicherplatz. Sie können aber einstellen, ob und wie viel Speicherplatz auf einem Laufwerk für den Papierkorb reserviert wird:

1. Klicken Sie mit der rechten Maustaste auf das Desktopsymbol des Papierkorbs und wählen Sie den Kontextmenübefehl *Eigenschaften* (Abbildung 9.17). Alternativ können Sie die Schaltfläche *Eigenschaften des Papierkorbs* auf der Registerkarte *Verwalten* des Ordnerfensters *Papierkorb* wählen.

2. Sobald sich das Eigenschaftenfenster des Papierkorbs öffnet, stellen Sie die gewünschten Eigenschaften auf der Registerkarte *Allgemein* ein und schließen diese über die *OK*-Schaltfläche (Abbildung 9.18).

Das Kontrollkästchen *Dialog zur Bestätigung des Löschvorgangs anzeigen* (oder der Befehl *Recycelbestätigung anzeigen* der Menüschaltfläche *Löschen* im Menüband eines Ordnerfensters) steuert, ob eine Sicherheitsabfrage beim Löschen von Elementen erscheinen soll.

Über die beiden Optionsfelder der Gruppe *Einstellungen für ausgewählten Pfad* lässt sich festlegen, wie groß der Papierkorb sein darf und ob Dateien beim Löschen sofort von der Festplatte entfernt werden sollen. Markieren Sie hierzu zuerst das Laufwerk in der Liste *Papierkorbpfad*. Danach markieren Sie das gewünschte Optionsfeld der Gruppe.

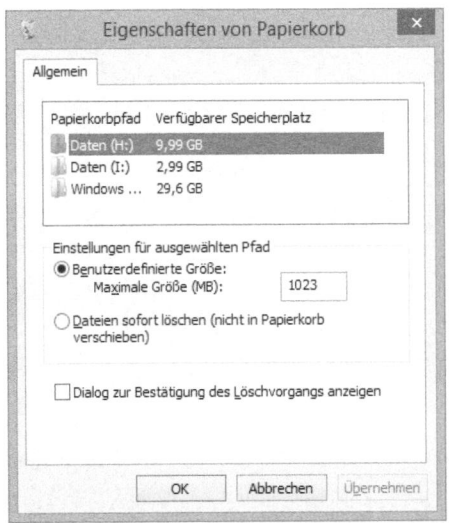

Abbildung 9.18 Eigenschaften des Papierkorbs anpassen

Benötigen Sie die Funktion des Papierkorbs für ein Laufwerk nicht, markieren Sie das Kontrollkästchen *Dateien sofort löschen (nicht in Papierkorb verschieben)*. Alternativ können Sie auch das Optionsfeld *Benutzerdefinierte Größe* markieren und den Wert im Feld *Benutzerdefinierte Größe* auf 0 setzen. Werte größer 0 im Feld *Benutzerdefinierte Größe* geben die Größe des Papierkorbs für das gewählte Laufwerk in MB an. Stimmen Sie die Werte für die Papierkorbgröße auf die Laufwerkskapazität ab.

Kapitel 10

Spezielle Dateifunktionen verwenden

In diesem Kapitel:

Ordner- und Dateieigenschaften verwalten

Sie können nicht nur die Eigenschaften von Laufwerken (Datenträgern) abfragen (siehe Kapitel 8). Windows ermöglicht auch, die Eigenschaften von Ordnern oder Dateien anzusehen und teilweise sogar über Attribute zu verändern.

Ordner- und Dateieigenschaften abrufen

Interessiert Sie, wie viele Dateien in einem Ordner samt Unterordnern gespeichert sind? Benötigen Sie einen Überblick über den belegten Speicherplatz oder möchten Sie die Eigenschaften von Dateien ansehen? Dann gehen Sie folgendermaßen vor:

1. Navigieren Sie in einem Ordnerfenster zum gewünschten Ordner und markieren Sie den zu untersuchenden Ordner oder Datei.

2. Wählen Sie auf der Registerkarte *Start* des Menübands die Schaltfläche *Eigenschaften*.

Sie können auch mit der rechten Maustaste das Kontextmenü des Ordner- oder Dateisymbols öffnen und den Befehl *Eigenschaften* wählen – oder Sie drücken die Tastenkombination `Alt`+`↵`. Windows öffnet das zugehörige Eigenschaftenfenster und zeigt die ermittelten Eigenschaften des Ordners oder der Datei auf verschiedenen Registerkarten an (Abbildung 10.1).

Diese Informationen erhalten Sie bei Ordnern

Bei Ordnern zeigt die Registerkarte *Allgemein* (Abbildung 10.1, links) in der obersten Gruppe den Namen des Ordners, der sich bei Bedarf auch ändern lässt. In der darunter liegenden Gruppe weist die Registerkarte die Kenndaten des Ordners wie den Speicherort, die belegte Speicherkapazität auf dem Datenträger sowie die Zahl der im Ordner enthaltenen Elemente aus. Weiterhin werden noch das Datum, an dem der Ordner erstellt wurde, sowie die sogenannten Attribute *Schreibgeschützt* und *Versteckt* mit aufgeführt.

HINWEIS   Über Attribute lassen sich verschiedene Eigenschaften von Ordnern und Dateien steuern. So kann einem Dateielement (oder allen Dateien des Ordners) beispielsweise ein Schreibschutz zugewiesen werden. Das Attribut *Versteckt* bewirkt, dass das betreffende Element standardmäßig nicht im Ordnerfenster angezeigt wird. Nur wenn die Anzeige versteckter Dateien eingeschaltet ist (siehe Kapitel 7), tauchen solche Dateien und Ordner im Ordnerfenster auf.

Die restlichen Registerkarten ermöglichen Ihnen, weitere Eigenschaften abzurufen bzw. zu verändern. Die Registerkarte *Freigabe* bestimmt z.B. die Freigabeoptionen des Ordners im Netzwerk. Die (optional vorhandene) Registerkarte *Anpassen* ermöglicht Ihnen, die Ordnersymbole sowie den Ordnertyp zu verändern (siehe Kapitel 7). Die Registerkarte *Sicherheit* dient dazu, die Zugriffsrechte auf den Ordner zu beeinflussen (siehe Kapitel 11).

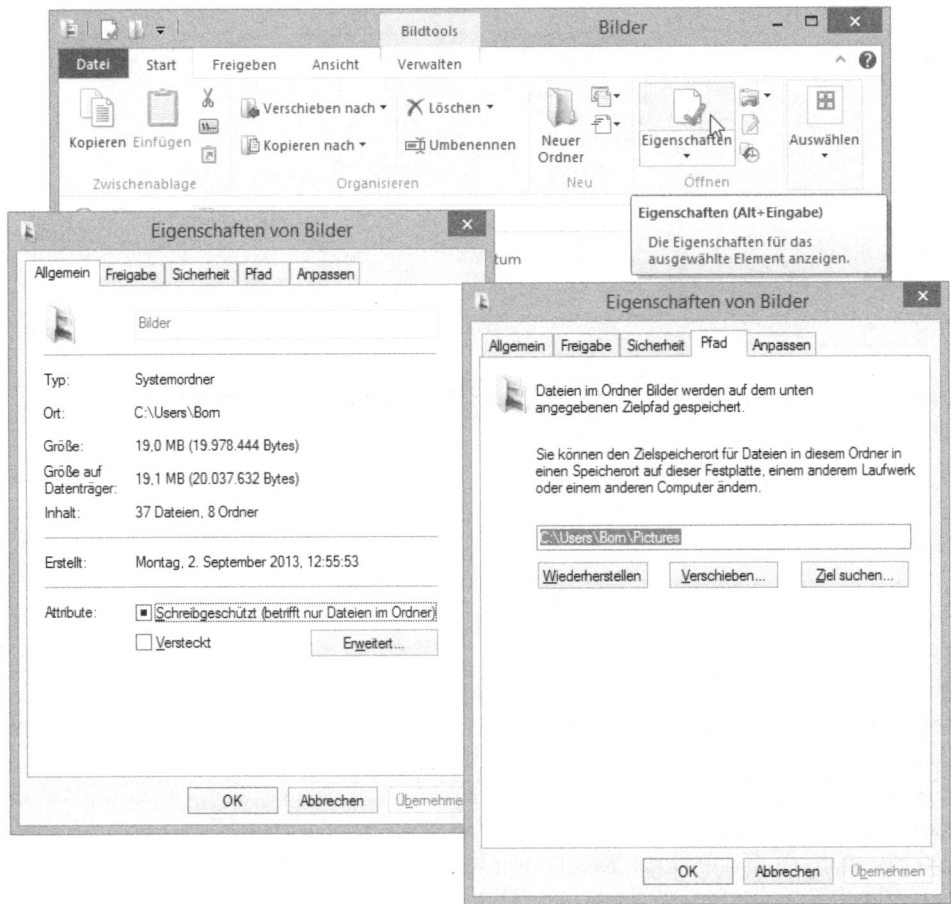

Abbildung 10.1 Eigenschaften von Ordnern

Die Registerkarte *Pfad* (Abbildung 10.1, rechts) ist nur bei den Spezialordnern (z.B. *Dokumente, Bilder, Musik, Videos*) des jeweiligen Benutzerkontos vorhanden und ermöglicht Ihnen, die Lage dieser Ordner (z.B. *Bilder*) anzupassen. Über die Schaltfläche *Verschieben* lässt sich ggf. ein anderer Ordner in einem Zusatzfenster auswählen und die Dateien des Ordners werden dann in diesem Ziel abgelegt. Die Schaltfläche *Ziel suchen* öffnet das Ordnerfenster, das die Dateien des betreffenden Ordners momentan enthält. Über die Schaltfläche *Wiederherstellen* können Sie den Pfad auf die Herstellervorgaben zurücksetzen.

Eigenschaften bei Dateien

Die Registerkarte *Allgemein* (Abbildung 10.2, links) listet bei Dateien deren Namen in der obersten Gruppe auf, wobei Sie diesen auch ändern können. In der darunter liegenden Gruppe werden der Dateityp sowie das Programm zum Öffnen des Dateityps angezeigt. Weitere Gruppen listen den Speicherort der Datei, die Dateigröße sowie die auf dem Datenträger belegte Kapazität, das Erstellungsdatum sowie das Datum der letzten Änderung und des letzten Zugriffs auf. Im unteren Bereich der Registerkarte werden zudem die Attribute *Schreibgeschützt* und *Versteckt* der Datei angezeigt.

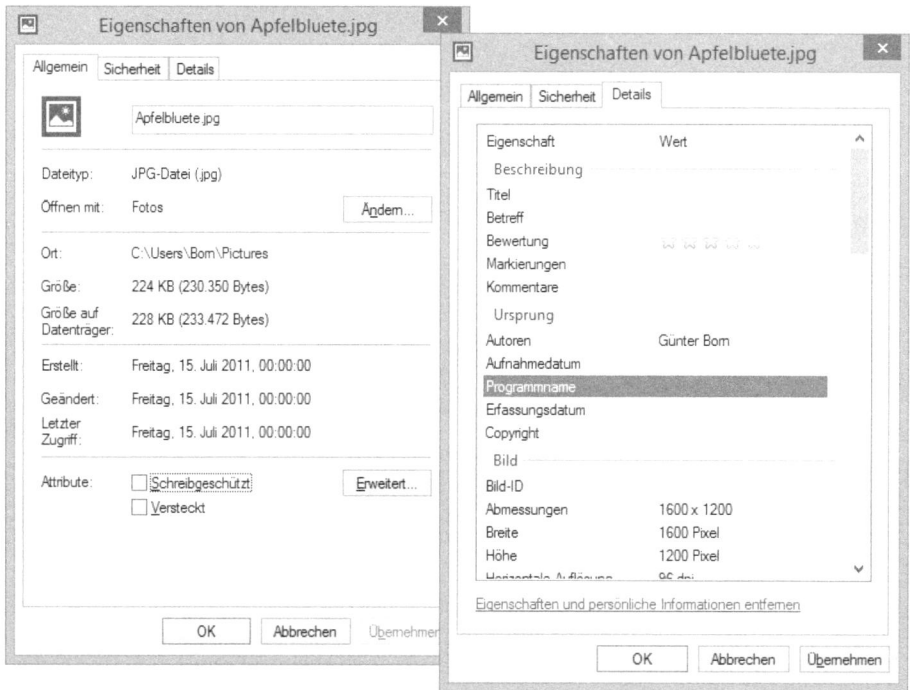

Abbildung 10.2 Eigenschaften von Dateien

HINWEIS Die unterschiedlichen Angaben für *Größe* und *Größe auf Datenträger* berücksichtigen den Overhead zum Speichern in verschiedenen Dateisystemen. Abhängig von der beim Formatieren gewählten Clustergröße muss eine unterschiedliche Anzahl an Sektoren belegt werden, auch wenn kleine Dateien vielleicht nur wenige Bytes im ersten Cluster belegen. Dies ist auch der Grund, warum die Angabe der *Größe auf dem Datenträger* stark zwischen Festplatten und CDs bzw. DVDs/BDs differiert. Auf CDs, DVDs und BDs kommt ein anderes Dateisystem (ISO oder UDF) zum Einsatz, das weniger Overhead zum Speichern der Daten benötigt.

Die Registerkarte *Sicherheit* ist nur bei Dateien verfügbar, die auf NTFS-Datenträgern gespeichert sind, und ermöglicht Ihnen, die Zugriffsrechte auf die Datei zu verwalten (siehe Kapitel 11). Interessant ist die Registerkarte *Details* (Abbildung 10.1, rechts), die bei verschiedenen Mediendateien wie Musik, Videos oder Fotos Detailinformationen zu weiteren Eigenschaften auflistet. Diese Detailinformationen werden bei bestimmten Dateiformaten (MP3, MPEG, WMA, WMV, JPEG) als Metadaten mit in den betreffenden Mediendateien gespeichert. Musikdateien können beispielsweise Angaben zum Interpreten, zum Album, zum Titel etc. enthalten. Bei Fotodateien im JPEG-Format werden die sogenannten EXIF-Daten (Kameramodell, Blende, Brennweite, Belichtungszeit etc.) der Kamera aufgelistet. Zudem können Sie verschiedene dieser Eigenschaften (z.B. Bewertung bei Fotos, Videos oder Musik, Titel, Copyright etc.) auf der Registerkarte ändern. Klicken Sie in der betreffenden Zeile auf die Spalte hinter dem Eigenschaftennamen, lässt sich der Wert der Eigenschaft in einem Textfeld anpassen. Mehrere Werte lassen sich durch Semikola getrennt in das Eigenschaftenfeld eingeben.

Abbildung 10.3 Eigenschaften entfernen

Möchten Sie Dokumentdateien an Dritte weitergeben, ist es unter Umständen unerwünscht, wenn persönliche Informationen in den Eigenschaften abgelegt sind. Sie können Windows aber anweisen, diese persönlichen Informationen aus der Datei zu entfernen. Ist die Datei im Ordnerfenster markiert? Wählen Sie auf der Registerkarte *Start* des Menübands den unteren Rand der Schaltfläche *Eigenschaften* an, und verwenden Sie im Menü den Befehl *Eigenschaften entfernen*. Oder Sie wählen auf der Registerkarte *Details* den am unteren Rand angezeigten Hyperlink *Eigenschaften und persönliche Informationen entfernen* (Abbildung 10.2, rechts). Markieren Sie im dann angezeigten Dialogfeld (Abbildung 10.3) das Optionsfeld *Kopie erstellen ...* und klicken Sie auf die *OK*-Schaltfläche, werden alle Detaileigenschaften gelöscht und das Ganze wird in einer automatisch angelegten Kopie der Dokumentdatei im aktuellen Ordner gespeichert. Über das Optionsfeld *Folgende Eigenschaften aus dieser Datei entfernen* werden die Kontrollkästchen im unteren Teil des Dialogfelds freigegeben. Sie können dann die Kontrollkästchen der zu entfernenden Informationen markieren und das Dialogfeld über die *OK*-Schaltfläche schließen. Daraufhin werden die Detaileigenschaften aus der aktuellen Dokumentdatei gelöscht.

Anpassen der Attribute

Über die Registerkarte *Allgemein* des Eigenschaftenfensters können Sie die Attribute von Dateien und Ordnern anpassen (Abbildung 10.1 und Abbildung 10.2). Zum Setzen oder Löschen eines Attributs ist lediglich das betreffende Kontrollkästchen zu markieren bzw. dessen Markierung zu löschen:

- Um einen Ordner oder eine Datei mit einem Schreibschutz auszustatten, markieren Sie das Kontrollkästchen *Schreibgeschützt* auf der Registerkarte. Dateien mit dem Schreibschutzattribut lassen sich durch Anwendungsprogramme nicht mehr überschreiben.

- Systemordnern und Dateien wird häufig das Attribut *Versteckt* zugewiesen. Sie können das Kontrollkästchen markieren, um eigene Dateien oder Ordner mit diesem Attribut auszustatten. In der Standarddarstellung werden die betreffenden Elemente in der Ordneranzeige ausgeblendet.

- Bei Datenträgern, die im FAT- oder FAT32-Dateisystem formatiert wurden (z.B. Speicherkarten), enthält die Registerkarte *Allgemein* noch ein drittes Attribut *Archiv*. Das *Archiv*-Attribut zeigt eine Veränderung der Datei an, d.h. diese wird bei einer Datensicherung durch ein Backup-Programm archiviert. Durch Löschen der Markierung des betreffenden Kontrollkästchens können Sie dieses Attribut für einen Ordner oder eine Datei zurücksetzen. Beim nächsten Ändern des Dateiinhalts wird das Attribut wieder gesetzt. Bei NTFS-Datenträgern finden Sie dieses Attribut in einem Zusatzdialogfeld *Erweiterte Attribute*.

Um auf NTFS-Datenträgern das Archivattribut und weitere Attribute anzusehen bzw. anzupassen, klicken Sie auf der Registerkarte *Allgemein* auf die Schaltfläche *Erweitert* (Abbildung 10.2, links). Klicken Sie diese an, öffnet Windows das in Abbildung 10.4 gezeigte Dialogfeld *Erweiterte Attribute* (bei Dateien sieht das Dialogfeld geringfügig anders aus), in dem Sie folgende Attribute finden.

- **Ordner/Datei kann archiviert werden**   Dieses Kontrollkästchen setzt das Archivierungsattribut, d.h. das Element ist als geändert markiert und bei einer Datensicherung (mit einem geeigneten Programm) wird der Ordner oder die Datei in die Sicherung mit einbezogen

- **Zulassen, dass für diese Datei (Dateien in diesem Ordner) Inhalte zusätzlich zu Dateieigenschaften indiziert werden**   Windows kann die Suche nach Dateielementen über einen Index vornehmen, was den Vorgang wesentlich beschleunigt. Ein markiertes Attribut bewirkt, dass das betreffende Element (Ordner oder Datei) zusätzlich nach seinen Inhalten (z.B. Wörtern bei Textdokumenten, Metadaten bei Mediendateien) indiziert wird (siehe auch Kapitel 12).

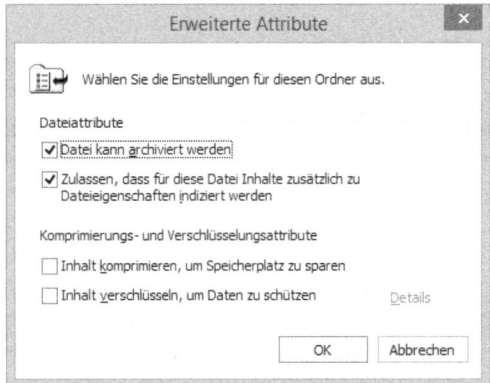

Abbildung 10.4 Dialogfeld *Erweiterte Attribute*

- **Inhalt komprimieren, um Speicherplatz zu sparen**   Ein markiertes Kontrollkästchen bewirkt bei NTFS-Datenträgern, dass Windows den Inhalt des Ordners oder der Datei automatisch komprimiert, um Speicherplatz zu sparen. Sinnvoll ist dies aber nur bei Ordnern oder Dateien, die nicht bereits komprimierte Daten enthalten (siehe auch in Kapitel 8 den Abschnitt »Datenträgereigenschaften ändern«).

- **Inhalt verschlüsseln, um Dateien zu schützen**   Ein markiertes Kontrollkästchen bewirkt bei NTFS-Datenträgern, dass Windows die Datei oder alle Dateien eines Ordners automatisch mit EFS verschlüsselt

Schließen Sie nach dem Anpassen der erweiterten Attributeinstellungen das Dialogfeld über die *OK*-Schaltfläche, bewirkt dies noch keinerlei Änderungen. Die Attributänderungen sind über die Schaltflächen *Übernehmen* bzw. *OK* der Registerkarte *Allgemein* explizit zu bestätigen (die Schaltfläche *Abbrechen* verwirft die Änderungen). Bei Ordnern erscheint anschließend das in Abbildung 10.5 gezeigte Dialogfeld. Wählen Sie dann über die Optionsfelder, ob die Attributänderung nur für den Ordner oder auch für die Unterordner und deren Dateien durchzuführen ist. Erst wenn Sie dieses Dialogfeld über die *OK*-Schaltfläche schließen, setzt Windows die Attribute um. Dies kann bei vielen Dateien durchaus einige Zeit dauern.

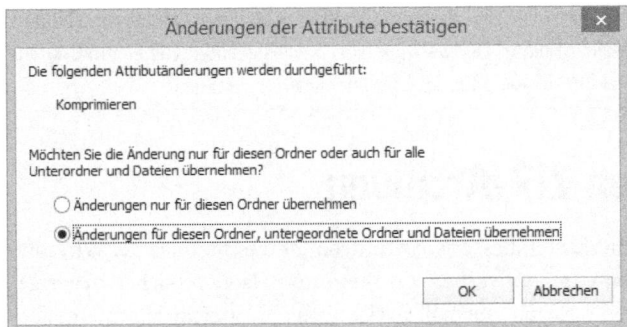

Abbildung 10.5 Attributänderungen bestätigen

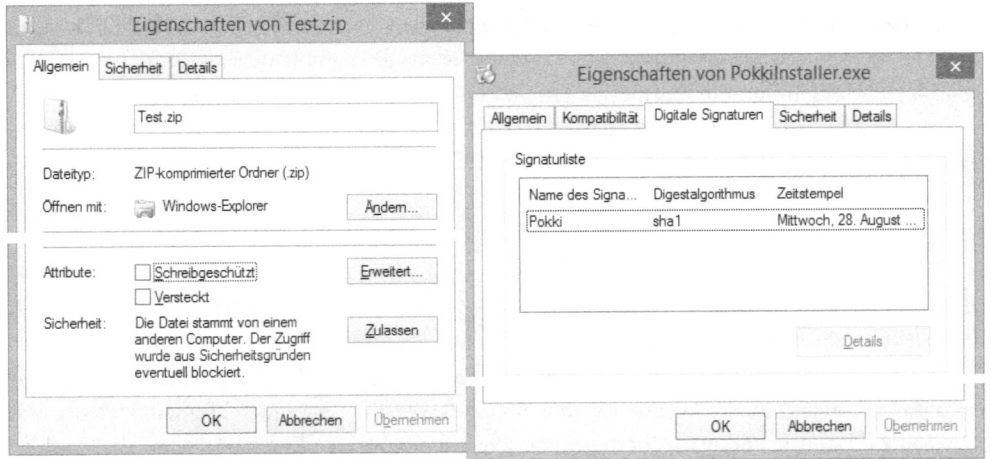

Abbildung 10.6 Sicherheitsattribut und Zertifikat

HINWEIS   Auf CDs, DVDs und BDs ist das Schreibschutzattribut automatisch gesetzt. Kopieren Sie schreibgeschützte Dateien von einem solchen Medium in Ordner der Festplatte, hebt Windows das Schreibschutzattribut automatisch auf.

Weist die Registerkarte *Allgemein* des Eigenschaftenfensters die Schaltfläche *Zulassen* auf (Abbildung 10.6, links)? Dies signalisiert, dass die Datei aus dem Internet heruntergeladen wurde. Bei CHM-Hilfedateien wird dann die Anzeige der Hilfeinhalte blockiert. Durch Anwahl der Schaltfläche *Zulassen* lässt sich die Sicherheitskennung zurücksetzen. Auf der Registerkarte *Digitale Signaturen* (Abbildung 10.6, rechts) lassen sich bei ausführbaren Programmdateien (*.exe, .msi* etc.) Informationen zum Ersteller, die digitale Signatur und das zugrunde liegende Zertifikat einsehen. Anhand dieser Angaben lässt sich ggf. entscheiden, ob der Ersteller der Programmdatei vertrauenswürdig ist.

TIPP   Das Kontrollkästchen *Inhalt verschlüsseln* ist in Windows 8.1 Core gesperrt, da diese Version die Funktion Encrypting File System (verschlüsselndes Dateisystem, EFS) nicht unterstützt. In Windows 8.1 Pro bzw. Enterprise lassen sich Ordner und Dateien sowohl mit dem verschlüsselnden Dateisystem als auch mit der Funktion BitLocker verschlüsseln. Wer in Windows 8.1 Core sicherheitsrelevante oder vertrauliche Daten auf einem System speichern möchte, kann sich die Open-Source-Lösung TrueCrypt (*http://www.truecrypt.org* [Ms240-K10-01]) anschauen. Das Programm unterstützt sowohl Containerdateien (Dateien, die auf einem physischen Datenträger angelegt und gegenüber Windows als Laufwerk ausgegeben werden) als auch das Verschlüsseln kompletter Laufwerke (Partitionen). Die Containerdateien zum Aufnehmen der verschlüsselten Daten können aber nur auf unkomprimierten NTFS-Datenträgern gespeichert werden (ggf. das betreffende Attribut unter Windows abschalten). Sofern Sie das Windows-Laufwerk mit TrueCrypt verschlüsseln, ist dieses Laufwerk vor einer Neuinstallation oder einem Upgrade des Betriebssystems zu entschlüsseln. Andernfalls klappt die Installation oder das Upgrade nicht.

Arbeiten mit komprimierten ZIP-Archiven

Um den Speicherplatz auf Festplatten oder Speicherkarten besser auszunutzen, unterstützt das bei Windows verwendete NTFS-Dateisystem das Komprimieren von Laufwerken, Ordnern und Dateien (siehe vorheriger Abschnitt und Kapitel 8). Komprimierte Dateien belegen normalerweise weniger Speicherplatz auf dem Datenträger als unkomprimierte Dateien. Windows übernimmt dabei automatisch das Packen bzw. Entpacken beim Speichern und Lesen von Dateien. Allerdings geht die Komprimierung verloren, sobald die Dateien auf Wechseldatenträger wie CDs, DVDs, BDs, Speicherkarten kopiert oder per E-Mail übertragen werden. In solchen Fällen können Sie die nachfolgend beschriebenen ZIP-komprimierten Ordner zum Speichern von Dateien verwenden.

Was sind ZIP-komprimierte Ordner?

Bei ZIP-komprimierten Ordnern handelt es sich um Archivdateien, die von Windows als spezieller Ordnertyp eingebunden und mit einem entsprechenden Symbol angezeigt werden. Anhand der Dateinamenerweiterung lässt sich aber erkennen, dass diese Ordner letztendlich ZIP-Dateien sind, die sich auch mit anderen ZIP-Programmen öffnen oder bearbeiten lassen.

Der Vorteil der ZIP-komprimierten Ordner besteht darin, dass Sie diese auch auf im FAT- oder FAT32-Dateisystem formatierten Datenträgern oder zum Archivieren auf CD/DVD/BD verwenden können. Dateien und Ordner lassen sich in ZIP-komprimierte Ordner ablegen. Die dabei von Windows angelegten ZIP-Archive enthalten die Dateien in komprimierter Form und lassen sich als Ganzes kopieren, auf CD/DVD/BD auslagern, per E-Mail versenden und auch löschen. Beim Versand per E-Mail besteht der Vorteil, dass die Übertragung schneller erfolgt. Erhalten Dritte solche ZIP-Archive, können diese sie mit einem ZIP-Programm wie FreeZip, Ultimate Zip oder der Windows-Funktion entpacken, einsehen und nutzen.

Einen komprimierten ZIP-Ordner anlegen

Um einen neuen komprimierten Ordner anzulegen, stehen Ihnen zwei Möglichkeiten zur Verfügung. Sie können z.B. die folgenden Schritte verwenden:

1. Klicken Sie mit der rechten Maustaste auf eine freie Stelle eines Ordnerfensters und wählen Sie im Kontextmenü den Befehl *Neu/ZIP-komprimierter Ordner* (Abbildung 10.7).
2. Benennen Sie den Ordner (letztendlich handelt es sich um eine ZIP-Datei) gemäß Ihren Wünschen um.

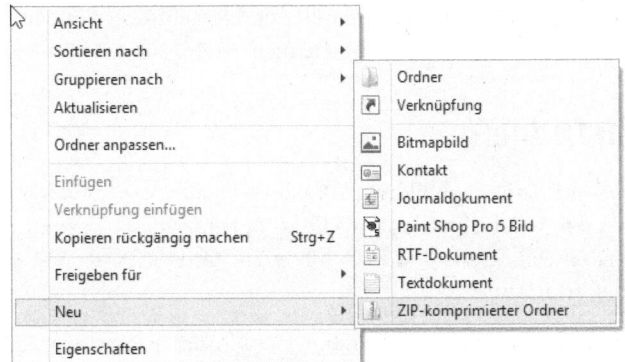

Abbildung 10.7 ZIP-komprimierten Ordner anlegen

Nach diesen Schritten liegt ein leeres ZIP-Archiv vor, das als Ordnersymbol mit einem stilisierten Reißverschluss dargestellt wird. Sie können nun Dateien oder komplette Ordner (z.B. durch Ziehen, siehe Kapitel 9) in diesen Ordner kopieren. Der Ordner selbst lässt sich wie jeder andere Ordner unter Windows kopieren, verschieben oder löschen.

Dateien in einen neuen ZIP-Ordner speichern

Möchten Sie auf die Schnelle gleich mehrere Dateien in ein ZIP-Archiv speichern, können Sie den Vorgang auch abkürzen.

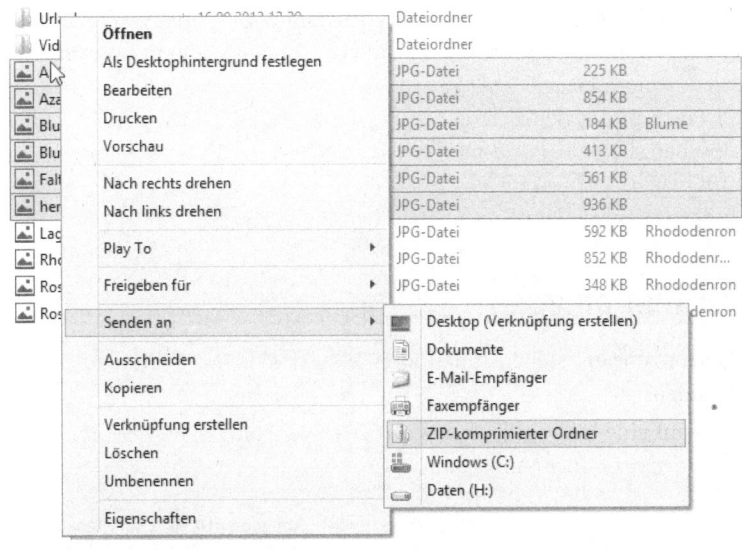

Abbildung 10.8 Dateien automatisch in ZIP-komprimierten Ordner kopieren

1. Markieren Sie die Dateien oder die Ordner, klicken Sie den markierten Bereich mit der rechten Maustaste an und wählen Sie die Kontextmenübefehle *Senden an/ZIP-komprimierter Ordner* (Abbildung 10.8).

2. Warten Sie, bis Windows die ZIP-Datei für den ZIP-komprimierten Ordner angelegt und alle markierten Elemente zum Archiv hinzugefügt hat. Benennen Sie anschließend ggf. den neu angelegten komprimierten Ordner nach Ihren Wünschen um.

Windows benennt das ZIP-Archiv nach dem Namen des (ggf. letzten) markierten Elements. Sie können den Ordnernamen aber wie bei anderen Ordnern bzw. Dateien jederzeit umbenennen.

Arbeiten mit ZIP-komprimierten Ordnern

ZIP-komprimierte Ordner werden in Windows mit dem in Abbildung 10.9, linke Spalte, gezeigten Symbol der Datei *Fotos.zip* dargestellt. Um zu kontrollieren, welche Dateien im ZIP-komprimierten Ordner enthalten sind, wählen Sie dessen Symbol z.B. per Doppelklick an. Windows öffnet ein Ordnerfenster mit dem Inhalt des betreffenden Archivs (Abbildung 10.9, rechte Spalte).

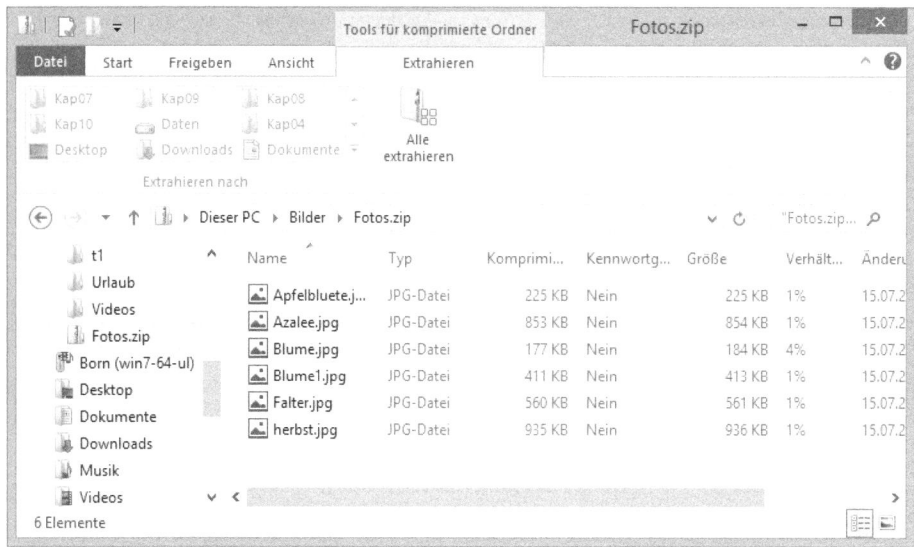

Abbildung 10.9   Anzeige eines ZIP-komprimierten Ordners

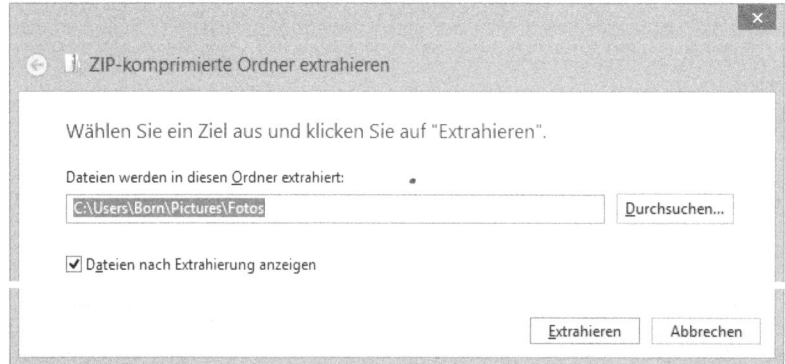

Abbildung 10.10   Entpacken aller Dateien eines ZIP-komprimierten Ordners

Sie sehen den Dateinamen, den Dateityp und auch die komprimierte Größe der Datei im Ordnerfenster. Bei Dateien, die bereits intern eine Komprimierung verwenden (z.B. JPEG-Fotos, WMV-Videos, MP3- oder WMA-Musikdateien), bringt die zusätzliche Komprimierung nichts. ZIP-Archive haben dort den Vorteil, dass sich mehrere Dateien darin ablegen lassen. Dies vereinfacht die Handhabung beim Archivieren auf Datenträger oder die Weitergabe an Dritte, da Sie sich nur noch um die Archivdatei kümmern müssen:

- Eine neue Datei oder einen neuen Ordner fügen Sie zum ZIP-Archiv hinzu, indem Sie diese einfach (z.B. bei gedrückter linker Maustaste oder per Finger) aus einem zweiten Ordnerfenster zum Symbol (oder geöffneten Fenster) des komprimierten Ordners ziehen. Sobald Sie die Maustaste loslassen, wird das Element komprimiert und im Archiv abgelegt.

- Zum Entpacken einer Datei aus dem Archiv ziehen Sie diese einfach bei gedrückter linker Maustaste aus dem geöffneten Ordnerfenster des ZIP-komprimierten Ordners zum Windows-Desktop oder zu einem zweiten geöffneten Zielordner. Sie können die Datei auch im Ordnerfenster zu einem im Navigationsbereich angezeigten Ordnersymbol ziehen. Sobald Sie die linke Maustaste loslassen, wird die betreffende Datei extrahiert und im Zielordner abgelegt.

- Möchten Sie alle Dateien eines ZIP-Archivs entpacken, wählen Sie die Schaltfläche *Alle extrahieren* auf der Registerkarte *Extrahieren* im Menüband des Ordnerfensters (Abbildung 10.9). Windows schlägt dann in einem Dialogfeld den Pfad und den Namen des Zielordners (Abbildung 10.10) vor. Über die Schaltfläche *Durchsuchen* lässt sich der Zielordner ändern. Über die Schaltfläche *Extrahieren* wird der Inhalt des Archivs entpackt.

- Löschen können Sie einen Eintrag, indem Sie diesen (z.B. per Mausklick) markieren und dann den Befehl *Löschen* im Kontextmenü oder die Schaltfläche auf der Registerkarte *Start* im Menüband des Ordnerfensters wählen. Nach einer Sicherheitsabfrage, die Sie über die *Ja*-Schaltfläche bestätigen, wird das markierte Element aus dem Archiv ausgetragen. Beachten Sie, dass diese Elemente endgültig gelöscht und nicht im Papierkorb abgelegt werden.

Öffnen Sie das Eigenschaftenfenster eines Eintrag im ZIP-komprimierten Ordnerfenster, sehen Sie, wie viel Speicherplatz die komprimierte und unkomprimierte Datei verbraucht. Die Handhabung eines ZIP-komprimierten Ordners entspricht also dem Umgang mit normalen Dateien und Ordnern unter Windows (siehe Kapitel 9).

HINWEIS   Beachten Sie aber, dass die hier beschriebene Funktionalität nur vorhanden ist, falls keine anderen ZIP-Archivprogramme installiert sind. Installieren Sie ein solches Programm unter Windows, wird dieses ggf. Teile oder alle der oben beschriebenen Funktionen deaktivieren. Dann sind die Funktionen des ZIP-Programms zum Packen und Entpacken von ZIP-Archiven zu verwenden! Allerdings kann dies auch einige Vorteile haben, da solche Programme in der Regel verschiedene Archivformate (*.zip*, *.arc*, *.lhz* etc.) unterstützen.

Einschränkungen bei ZIP-Archiven

Zum schnellen Komprimieren einiger Dateien in einem ZIP-Archiv ist die Windows-Funktion ganz hilfreich. Allerdings gibt es auch einige Einschränkungen und Probleme, die nachfolgend kurz aufgeführt sind:

- Die Funktion zum Schützen einer ZIP-Archivdatei per Kennwort wird übrigens seit Windows Vista nicht mehr unterstützt (da sich dieser Schutz leicht aushebeln lässt).

- Sie können allerdings eine per Kennwort geschützte Datei aus einem ZIP-Archiv öffnen. Dann erscheint ein Dialogfeld mit einer Kennwortabfrage. Im Kontextmenü einer solchen Archivdatei findet sich auch der Befehl *Kennwort entfernen*.

Möchten Sie eine Datei mit einem Kennwortschutz in einem ZIP-Archiv ablegen, empfiehlt es sich, Programme wie beispielsweise 7Zip zu verwenden. Die Downloadadressen solcher Programme lassen sich über Internetsuchmaschinen ermitteln.

HINWEIS   Die ZIP-Implementierung von Microsoft unterstützt nur einige Standard-Komprimier- und Verschlüsselungsverfahren. Andere ZIP-Archivprogramme können die Daten optional nach anderen Komprimier- oder Verschlüsselungsverfahren packen. Ein solches ZIP-Archiv liefert dann beim Entpacken mit Windows-Bordfunktionen den Fehlercode 0x80004005. Ich habe diesen Sachverhalt unter *http://www.borncity.com/blog/2013/05/21/windows-zip-datei-liefert-fehler-0x80004005-beim-ffnen/* [Ms240-K10-02] beschrieben.

Auf CAB-Archivdateien zugreifen

Windows kann übrigens auch auf die von Microsoft verwendeten Archive mit der Dateinamenerweiterung *.cab* zugreifen. Microsoft und andere Softwarehersteller verwenden *.cab*-Archive, um Installationsdateien zu packen. Doppelklicken Sie auf das Symbol der *.cab*-Datei, wird deren Inhalt in einem Ordnerfenster angezeigt. Zum Entpacken einer Datei ziehen Sie diese einfach zum Desktop oder zu einem zweiten Ordnerfenster – oder Sie wählen den Kontextmenübefehl *Extrahieren*. Alternativ können Sie den Kontextmenübefehl *Kopieren* wählen, um den Dateinamen in die Zwischenablage zu übernehmen. Wenn Sie dann zum Fenster des Zielordners wechseln, lässt sich die betreffende Datei mittels der Tastenkombination Strg+V oder mit dem Kontextmenübefehl *Einfügen* in diesen Zielordner extrahieren.

Selbstextrahierende Archive erstellen

Windows enthält das undokumentierte Programm IExpress 2.0, mit dem selbstentpackende Archivdateien erstellen lassen. Dies sind *.exe*-Programmdateien, bei deren Ausführung der Archivinhalt in einen vorgebbaren Ordner entpackt werden kann. Um eine solche Archivdatei zu erstellen, gehen Sie folgendermaßen vor.

1. Geben Sie auf der Startseite den Befehl *IExpress* ein und drücken Sie die ⏎-Taste.

   Daraufhin startet der IExpress-Assistent (Abbildung 10.11), der Sie dann über verschiedene Dialogfelder durch das Erstellen der selbstextrahierenden Archivdateien führt.

2. Wählen Sie in den Dialogfeldern die gewünschten Optionen zum Erstellen der Archivdatei.

Sobald alle Schritte durchlaufen sind, wird der Assistent über die *Fertig stellen*-Schaltfläche beendet.

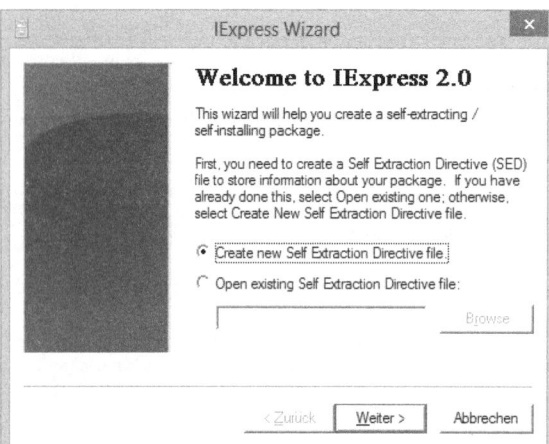

Abbildung 10.11   IExpress 2.0-Startdialog

Die so erstellte selbstentpackende Archivdatei im *.exe*-Format lässt sich anschließend per Doppelklick anwählen, um den Extrahier- oder Installationsvorgang zu starten.

SkyDrive-Integration in Windows

Windows 8.1 verfügt über eine SkyDrive-Integration, sodass sich Daten per Internetverbindung auf dem Onlinespeicher ablegen und von dort auch synchronisieren lassen. Nachfolgend wird das Konzept von Sky-Drive vorgestellt und gezeigt, wie sich SkyDrive verwenden lässt.

SkyDrive für Windows, das steckt dahinter

SkyDrive ist ein Onlinespeicher, den es schon eine ganze Weile gibt und der von Microsoft für registrierte Anwender bereitgestellt wird. Wird ein Microsoft-Konto (Live-ID-Konto) für Windows 8.1 eingerichtet, steht diesem ebenfalls ein 7 Gbyte großer Onlinespeicher kostenlos zur Verfügung.

Zum Zugriff werden lediglich die Zugangsdaten des Microsoft-Kontos sowie eine Internetverbindung benötigt. Dann kann der Benutzer per Browser, über den Explorer sowie über die SkyDrive-App auf diesen Onlinespeicher zugreifen. Auch Microsoft Office 2010/2013 sowie die Webversionen von Office verfügen über eine SkyDrive-Integration.

Bei Windows 8.1 gibt es (im Vergleich zu Windows 8) noch einige Neuerungen. So erfordern SkyDrive-Zugriffe im Explorer und in der SkyDrive-App die Anmeldung an einem Microsoft-Konto. Bereits beim Einrichten dieses Kontos fragt Windows 8.1 nach, ob die SkyDrive-Funktionen eingerichtet werden soll. Überspringt der Benutzer diesen Schritt, kann dies beim ersten Aufruf der SkyDrive-App nachgeholt werden.

Bei aktiviertem SkyDrive-Zugriff synchronisiert Windows die Dateien und zeigt dies in einem Zweig im Explorer an. Unter einem lokalen Benutzerkonto steht SkyDrive weder im Explorer noch in der SkyDrive-App zur Verfügung. Ein Zugriff ist nur per Browser möglich.

Zugriff auf SkyDrive per Browser

Der SkyDrive-Speicherbereich wird eingerichtet, sobald der Benutzer über ein Microsoft- bzw. Live-ID-Benutzerkonto verfügt. Dann reicht es, sich per Browser an der Webseite *skydrive.com* mit seinen Benutzerdaten anzumelden. Anschließend erscheint die Verwaltungsseite des SkyDrive-Kontos. Die Abbildung 10.12, Hintergrund oben, zeigt die Verwaltungsseite samt Ordnerstruktur meines SkyDrive-Speichers im Browser.

- Die Kacheln im Dokumentbereich stehen für verschiedene Ordner, die auf dem SkyDrive-Laufwerk angelegt wurden. Bei einigen Kacheln wird bereits eine Miniaturvorschau der im Ordner enthaltenen Dokumente eingeblendet.

- Über Symbole in der rechten Ecke, oberhalb des Dokumentinhalts, lässt sich die SkyDrive-Darstellung zwischen der Kachel-/Miniaturansicht und einer Listendarstellung umschalten

- Die SkyDrive-Menüleiste am oberen Dokumentrand ermöglicht den kontextabhängigen Aufruf von Befehlen, um Ordner anzulegen (Menü *Erstellen*), Dateien hochzuladen oder Ordner zu synchronisieren. Über das Menü *Erstellen* lassen sich auch Office-Dokumente anlegen und dann mittels Webanwendungen wie Word, Excel, PowerPoint und OneNote laden. Diese Dokumente werden im aktuell geöffneten Ordner gespeichert.

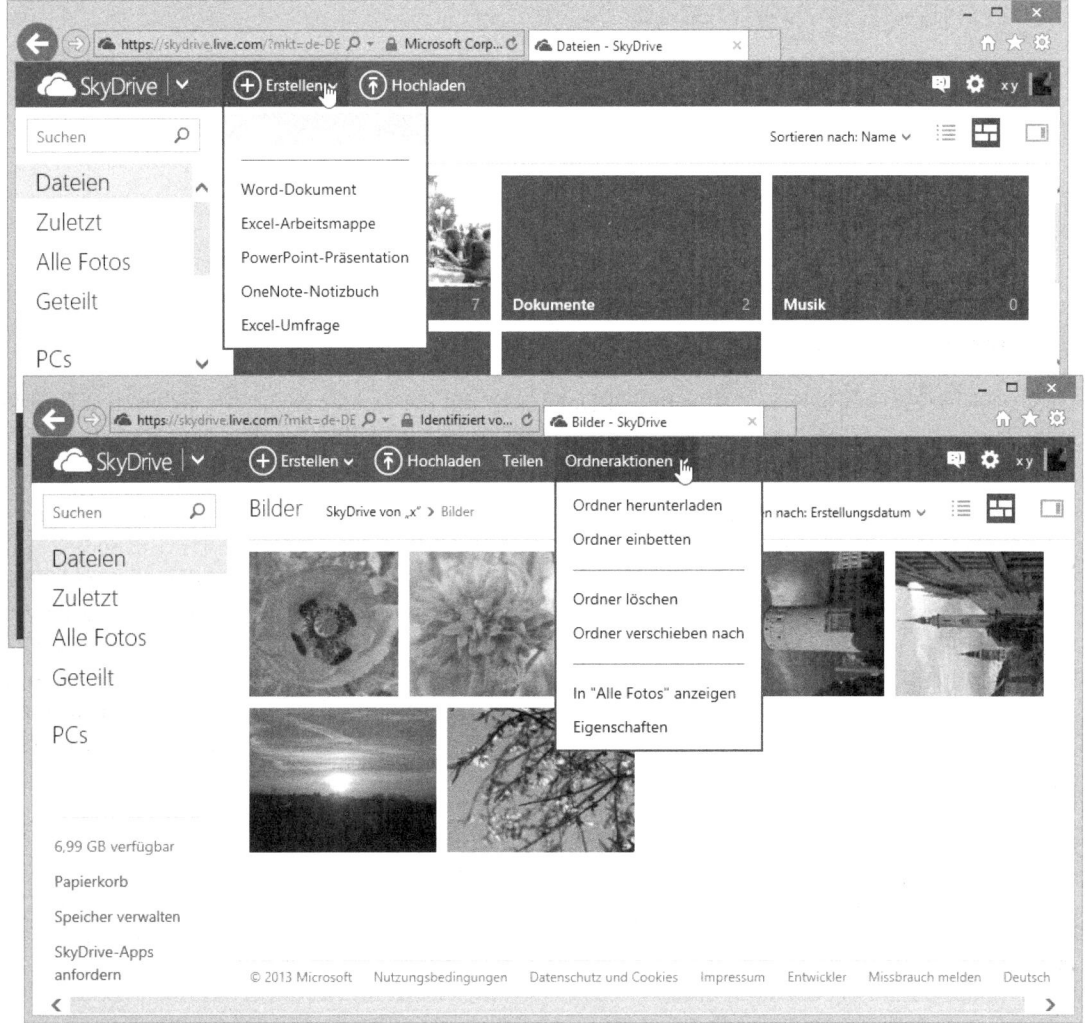

Abbildung 10.12 Zugriff auf SkyDrive aus dem Browser

- Wählen Sie eine Kachel in der Verwaltungsseite an, erscheint der Inhalt des betreffenden SkyDrive-Ord-
  ners im Browserfenster (Abbildung 10.12, Vordergrund unten). Anschließend lassen sich die Dokumente
  durch Anklicken abrufen.

- Um von der Anzeige eines Ordnerinhalts wieder zur SkyDrive-Verwaltungsseite zu wechseln, wählen Sie
  das Symbol *SkyDrive* in der linken oberen Ecke des Browserfensters an (Abbildung 10.12). Wählen Sie
  den am rechten Rand des Symbols *SkyDrive* sichtbaren Pfeil an, erscheinen die in Abbildung 10.13,
  unten, gezeigten Kacheln. Über diese Kacheln können Sie zu weiteren Live-ID-Diensten wie Out-
  look.com, Kalender etc. wechseln.

Abbildung 10.13 SkyDrive-Symbolleiste mit Zugriff auf Live-Dienste

- Klicken Sie eine Kachel, ein Foto oder ein Dokument mit der rechten Maustaste an, erscheint ein Kontextmenü, über dessen Befehle Sie das betreffende Element öffnen, löschen, kopieren, umbenennen, verschieben und teilen können

Einige Ordner sind bereits auf einem neu eingerichteten SkyDrive-Laufwerk vordefiniert. Im Ordner *Bilder* können Sie Grafikdateien und Fotos hochladen. Öffnen Sie diesen Ordner, zeigt SkyDrive.com die Fotos als Miniaturansichten an, und stellt auch Funktionen zum Sortieren der Fotoanzeige zum Herunterladen zur Verfügung. Öffnen Sie ein Foto in der Vorschau, stehen zudem Optionen zur Anzeige als Diashow oder zum Drehen bereit. Weiterhin können Sie ein Foto über die Funktion *Teilen* per E-Mail (per Outlook.com-E-Mail-Konto) versenden. Die Schaltfläche *Einbinden* generiert dagegen den HTML-Code, um ein Foto in eine Webseite oder in einen Blog einzubinden. Die Abmeldung vom SkyDrive-Konto erfolgt im Browser über das in der rechten oberen Ecke der Webseite eingeblendete Kontenabbild. Bei Anwahl erscheint ein Menü mit einem *Abmelden*-Befehl.

HINWEIS   Das Teilen eines Links auf eine SkyDrive-Datei oder einen Ordner stand beim Verfassen dieses Manuskripts im Browser, nicht aber in der SkyDrive-App zur Verfügung. Beim Explorer wählen Sie den Eintrag *SkyDrive* im Navigationsbereich des Ordnerfensters und markieren dann die Datei oder den Ordner im Fenster. Wählen Sie anschließend im Menüband auf der Registerkarte *Freigeben* in der Gruppe *Freigeben für* den Wert »SkyDrive«. Daraufhin wird der Browser mit einem Fenster geöffnet, in dem man wählen kann, ob der Ordner bzw. die Datei geteilt werden soll oder nicht.

SkyDrive-Integration im Explorer

Ist der Benutzer unter Windows 8.1 an einem Microsoft-Konto angemeldet, wird das SkyDrive-Laufwerk direkt im Navigationsbereich eines Ordnerfensters eingeblendet (Abbildung 10.14) und kann wie ein lokales Laufwerk verwendet werden. Wählen Sie den *SkyDrive*-Eintrag im Navigationsbereich, erscheinen die Sky-Drive-Ordner samt Inhalt im Inhaltsbereich des Explorers. Anschließend können Sie, wie bei lokalen Ordnern, neue Unterordner anlegen oder Dateien zwischen lokalen Ordnern und dem Onlinespeicher kopieren, verschieben oder löschen. Öffnen Sie einen Ordner, wird bei Fotos, Videos oder Office-Dokumenten ggf. eine Vorschau eingeblendet (Abbildung 10.14, unten). Die Darstellung kann dabei über die Registerkarte *Ansicht* der Menüleiste des Ordnerfensters zwischen einer Listenanzeige und der Anzeige der Miniaturdarstellung der Dokumentinhalte umgestellt werden.

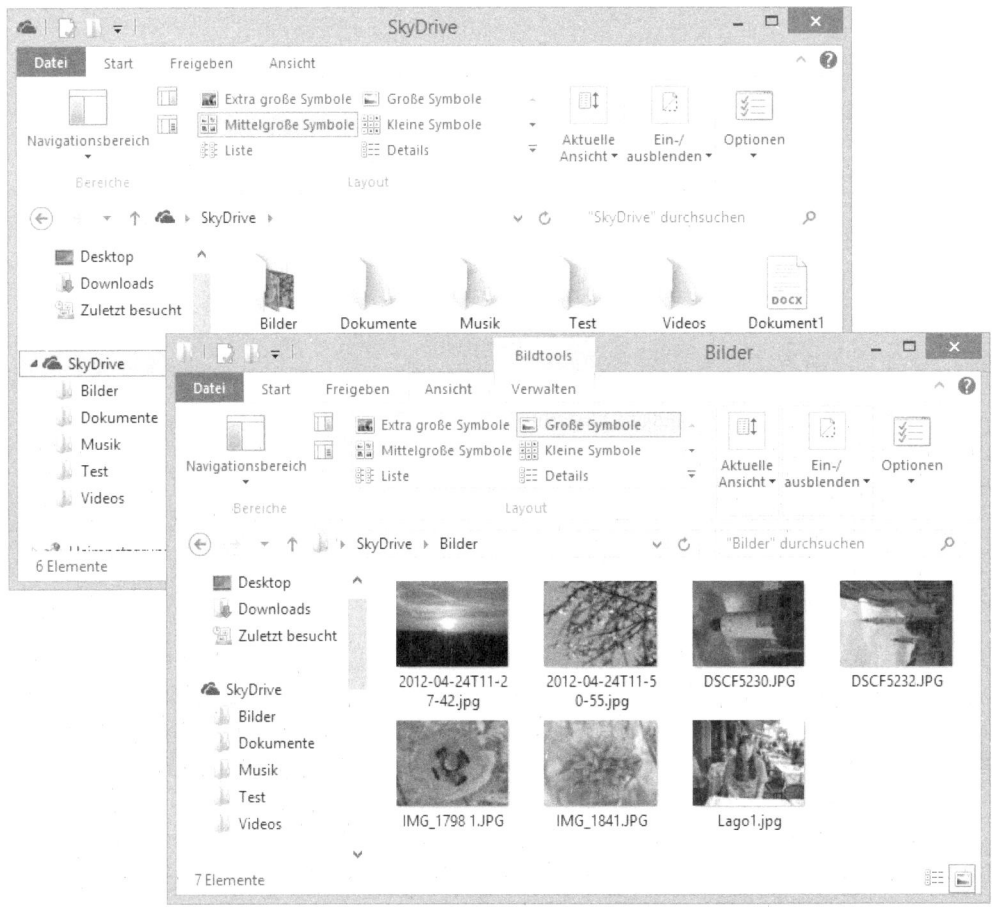

Abbildung 10.14   Zugriff auf SkyDrive-Ordner

HINWEIS   Windows puffert die Ordnerstruktur des SkyDrive-Laufwerks in einem lokalen Ordner des Benutzerprofils. Öffnen Sie das Kontextmenü des *SkyDrive*-Eintrags und wählen Sie den Befehl *Eigenschaften*, erscheint das gleichnamige Fenster. Über die Registerkarte *Pfad* lässt sich der Speicherort für diese Dateien anpassen.

Windows speichert zudem die Miniaturvorschau von Dateien auf dem SkyDrive-Laufwerk lokal im SkyDrive-Ordner. So erhalten Sie z.B. einen direkten Überblick über die Inhalte von Fotodateien, ohne dass diese erst von SkyDrive heruntergeladen werden müssen. Weiterhin finden Sie im Kontextmenü des *SkyDrive*-Laufwerks, eines Ordners oder einer Datei den Befehl *Offline verfügbar machen*. Bei Anwahl des Befehls hält Windows eine lokale Kopie des gewählten Elements im Benutzerprofil. Dies ermöglicht einen Zugriff auf Dateien, auch wenn keine Internetverbindung zum SkyDrive-Laufwerk besteht. Besteht zu einem späteren Zeitpunkt wieder eine Internetverbindung, synchronisiert Windows die Änderungen zwischen lokaler und SkyDrive-Kopie. Um die lokale Speicherung eines Elements aufzuheben, wählen Sie in dessen Kontextmenü den dann angezeigten Befehl *Nur online verfügbar machen*.

Verwenden der SkyDrive-App

Zum Zugriff auf die SkyDrive-Daten lässt sich auch die SkyDrive-App auf der Startseite verwenden. Wählen Sie das entsprechende Symbol an (Abbildung 10.15).

Abbildung 10.15 SkyDrive-App aufrufen

ACHTUNG   Voraussetzung für den Zugriff auf SkyDrive aus der App ist zwingend die Anmeldung unter einem gültigen Microsoft-Konto (Live-ID-Benutzerkonto). Die in Windows 8 bestehende Möglichkeit, sich innerhalb der App mit einem Live-IDE-Konto zu verbinden, ist in Windows 8.1 entfallen. Bei einem lokalen Benutzerkonto bietet die App in einer Hinweisseite den Wechsel zu den PC-Einstellungen an, wo das Benutzerkonto zum Microsoft-Konto hochgestuft werden kann.

Die SkyDrive-App öffnet die in Abbildung 10.16 dargestellte Übersichtsseite des zugeordneten SkyDrive.

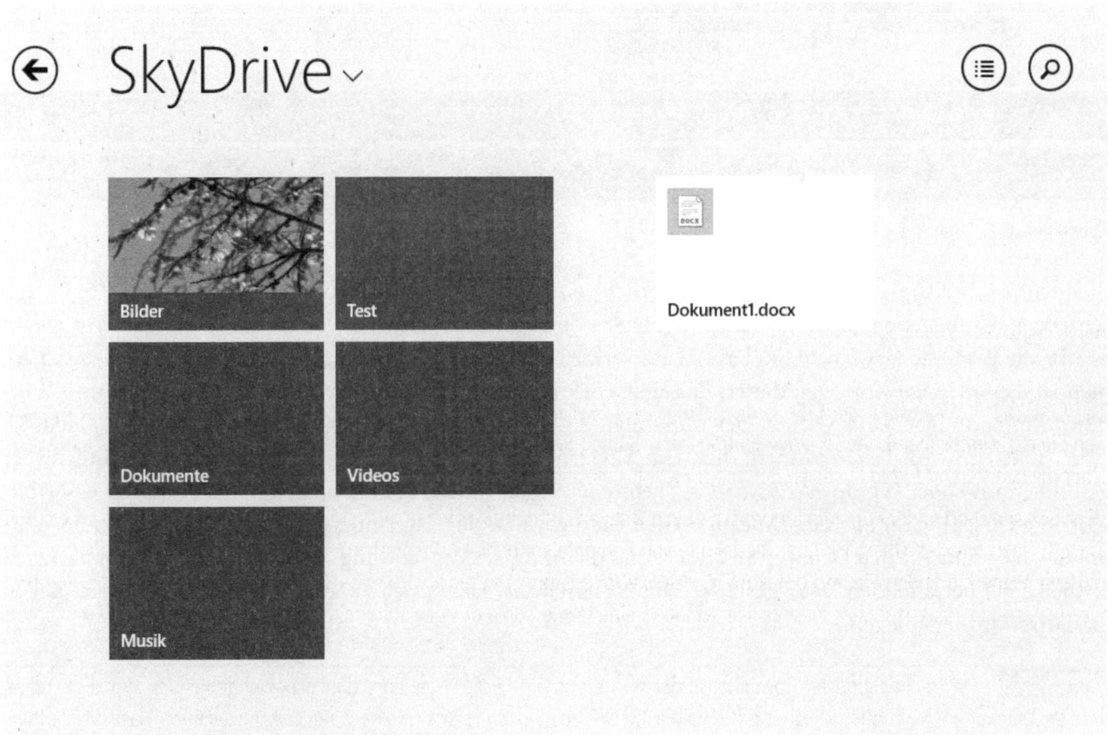

⬅ SkyDrive ⌄

Bilder

Test

Dokument1.docx

Dokumente

Videos

Musik

Abbildung 10.16   Anzeige des SkyDrive-Inhalts in der SkyDrive-App

Die Seite listet alle in SkyDrive eingerichteten Ordner als Kacheln auf. Sind Dokumente in Ordnern gespeichert, bei denen eine Vorschau möglich ist, wird ein Vorschaubild in der Übersicht eingeblendet. Wählt man eine Kachel an, wechselt die SkyDrive-App zur Inhaltsdarstellung des jeweiligen Ordners. In Abbildung

10.17 ist der Inhalt des Ordners *Bilder* mit einigen auf dem SkyDrive gespeicherten Fotos zu sehen. Durch Anwahl eines Dokuments wird dessen Darstellung geöffnet und Sie sehen die Vollbilddarstellung des Fotos (z.B. in der Fotos-App).

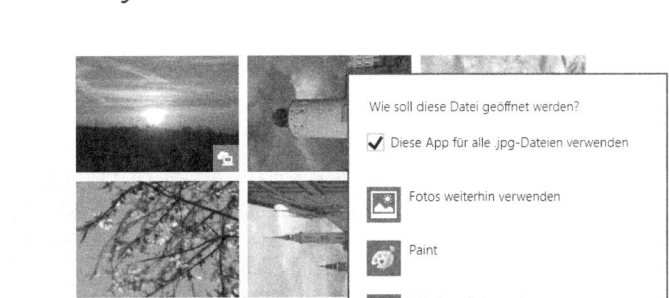

Abbildung 10.17   Inhalt des Bilderordners in der SkyDrive-App

Blenden Sie die App-Leiste (z.B. per Rechtsklick) ein, stehen Schaltflächen zum Löschen, Kopieren, Ausschneiden, Umbenennen etc. zur Verfügung. Die in der App-Leiste sichtbare Schaltfläche *Löschen* ermöglicht es z.B., die gewählte Datei vom SkyDrive-Laufwerk zu entfernen. Wählen Sie die Schaltfläche *Öffnen mit* an, blendet die SkyDrive-App (ggf. dauert das einige Sekunden) ein Popup-Fenster mit lokalen Apps und Windows-Anwendungen zum Öffnen der Dokumentdatei ein (Abbildung 10.17, Vordergrund). Wählen Sie einen Eintrag, wird das Dokument aus dem SkyDrive-Laufwerk auf den Rechner übertragen und in der gewählten App oder Windows-Anwendung geöffnet. Achten Sie bei diesem Schritt darauf, dass das Kontrollkästchen *Diese App für alle xxx-Dateien verwenden* nicht markiert ist. Andernfalls wird die betreffende Windows-Einstellung für den Dateityp verändert und die App bzw. Anwendung wird automatisch beim nächsten Öffnen einer betreffenden Datei gestartet. Mit *Neuer Ordner* lassen sich zusätzlich Unterordner im aktuellen SkyDrive-Ordner anlegen.

HINWEIS   Wird ein stilisierter Computer in der rechten unteren Ecke einer Vorschaukachel eingeblendet, signalisiert dies, dass die Datei offline verfügbar ist. Über die Schaltfläche *Offline schalten* lässt sich eine Datei so kennzeichnen, dass diese offline im SkyDrive-Ordner beim Öffnen lokal auf dem Computer abgelegt und dort vorgehalten wird. Offline synchronisierte Dateien lassen sich über die Schaltfläche *Nur online verfügbar machen* aus der Synchronisierung herausnehmen.

In der rechten oberen Ecke der SkyDrive-App finden sich eine Schaltfläche, um die Darstellung zwischen einer Kachelansicht mit Dateinamen und der in Abbildung 10.17 gezeigten Miniaturansicht umzuschalten. Zudem gibt es die Schaltfläche zum Suchen, die die Seitenleiste *Suche* einblendet. Dort lässt sich nach Dateien auf dem SkyDrive-Laufwerk suchen.

Eine Schaltfläche zum Herunterladen gibt es in der SkyDrive-App nicht mehr, da die Dateien automatisch bei der Anwahl auf den Computer heruntergeladen werden und dort im Explorer verfügbar sind.

Lokale Dateien per SkyDrive-App hochladen

In der App-Leiste findet sich die Schaltfläche *Dateien hinzufügen*. Bei deren Auswahl erscheint die Auswahlseite aus Abbildung 10.18, Hintergrund. Dort lässt sich über die Kacheln zu Ordnern auf dem lokalen System oder im Netzwerk navigieren, eine Datei auswählen und dann über die Schaltfläche *Nach SkyDrive kopieren* zum Onlinespeicher hochladen.

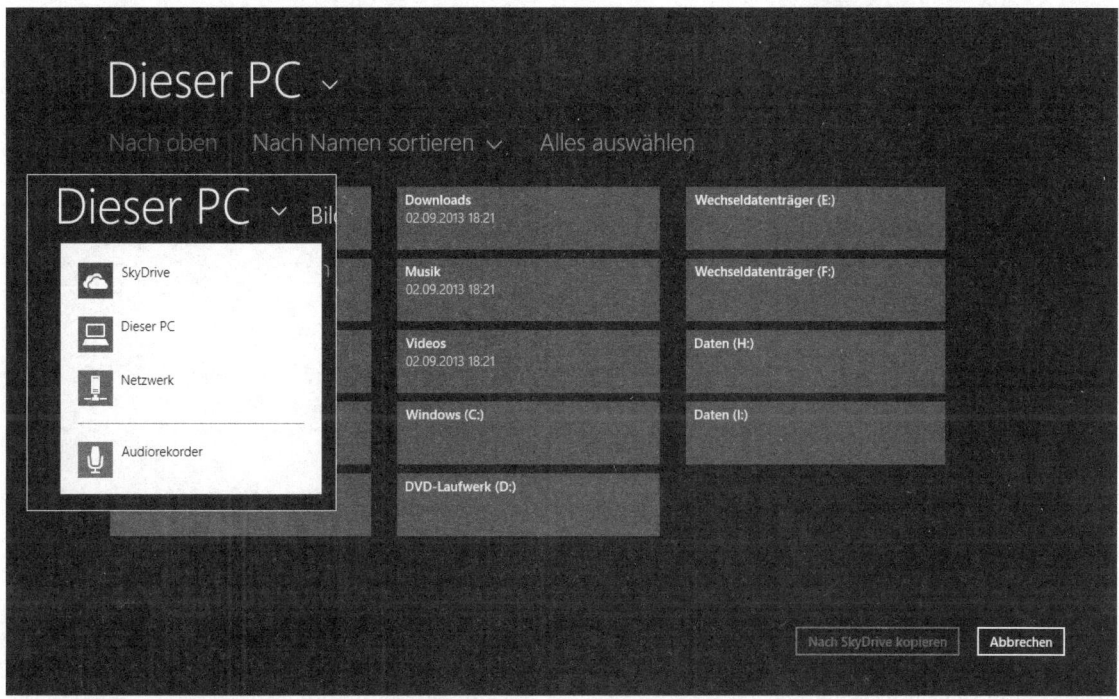

Abbildung 10.18   Dateiauswahl zum Hochladen auf SkyDrive

In der Kopfzeile findet sich unterhalb des Texts *Dieser PC* der Eintrag *Nach oben*, um zum übergeordneten Verzeichnis zurückzugehen. Ein Navigationspfeil rechts neben dem Text *Dieser PC* öffnet das in Abbildung 10.18 im Vordergrund eingeblendete Auswahlmenü, über welches Sie auf unterschiedliche Speicherordner zugreifen können.

SkyDrive-Einstellungen verwalten

Die Einstellungen für SkyDrive werden über die Seite *PC-Einstellungen* verwaltet. Dort kann eingestellt werden, was zu synchronisieren ist (z.B. die Startseiten-Einstellungen, die Synchronisierung der Dateien).

1. Blenden Sie die Charms-Leiste ein (z.B. durch Wischen vom rechten Seitenrand oder über [⊞]+[C]), und klicken Sie auf das Symbol *Einstellungen* (Abbildung 10.19, rechts).

2. Wählen Sie in der Seitenleiste *Einstellungen* den Befehl *Optionen* oder den Befehl *PC-Einstellungen ändern* aus (Abbildung 10.19).

3. Anschließend können Sie auf die gewünschten SkyDrive-Einstellungen zugreifen, um diese zu ändern.

Über den Befehl *Optionen* gelangen Sie zur gleichnamigen Seitenleiste, in der Sie die Synchronisierung für alle SkyDrive-Dateien ein- oder ausschalten können. Standardmäßig ist diese Option abgeschaltet.

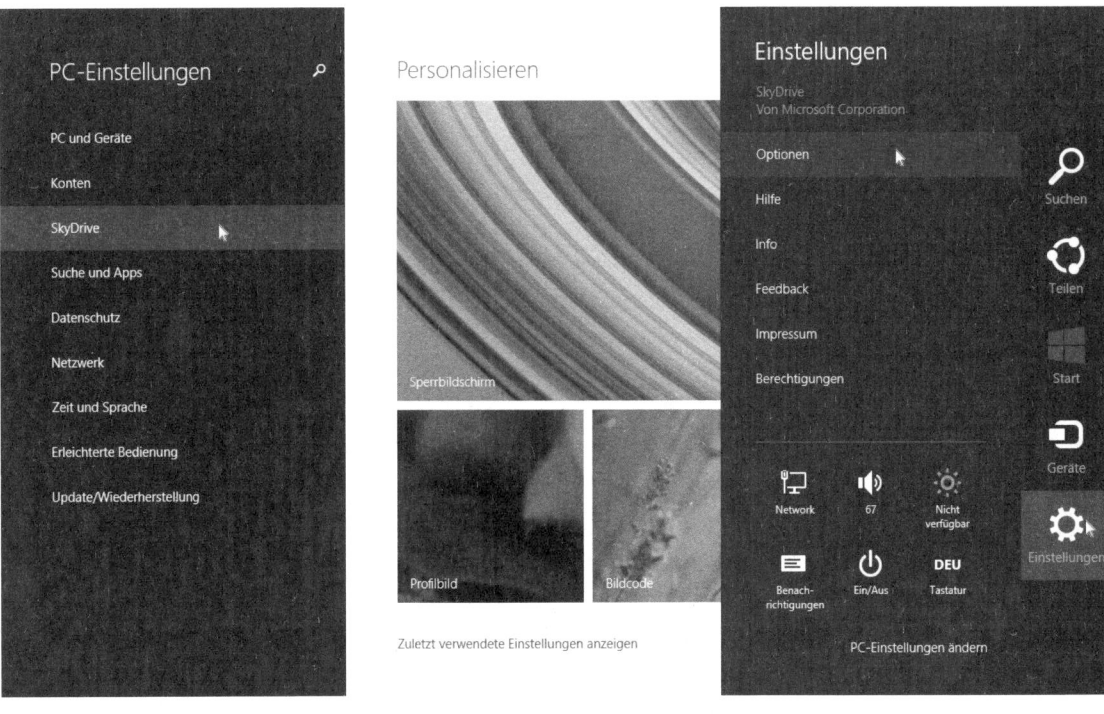

Abbildung 10.19   Zugriff auf die SkyDrive-Einstellungen

Verwenden Sie den Befehl *PC-Einstellungen ändern* in der Seitenleiste *Einstellungen*, wählen Sie auf der Seite *PC-Einstellungen* die Kategorie *SkyDrive* in der linken Spalte aus (Abbildung 10.19, links).

Auf der angezeigten Seite *SkyDrive* lassen sich in der linken Spalte verschiedene Unterkategorien auswählen (Abbildung 10.20). Über die Kategorie *Datenspeicher* können Sie im rechten Teil der Seite vorgeben, ob Dokumente standardmäßig auf dem SkyDrive-Speicher abgelegt werden sollen. Dann lässt sich von verschiedenen Geräten per Internet auf die Dokument zugreifen. Der Link *Eigene Dateien auf SkyDrive anzeigen* öffnet die Seite der SkyDrive-App und zeigt die Ordner des eigenen SkyDrive-Laufwerks an. Weiterhin können Sie über die Seite kostenpflichtig weitere Speicherkapazitäten zum SkyDrive-Laufwerk zubuchen.

Über die Unterkategorie *Eigene Aufnahmen* lässt sich mittels Optionsfeldern einstellen, ob Fotos und Videos hochzuladen sind und in welcher Qualität dies für Fotos erfolgen soll.

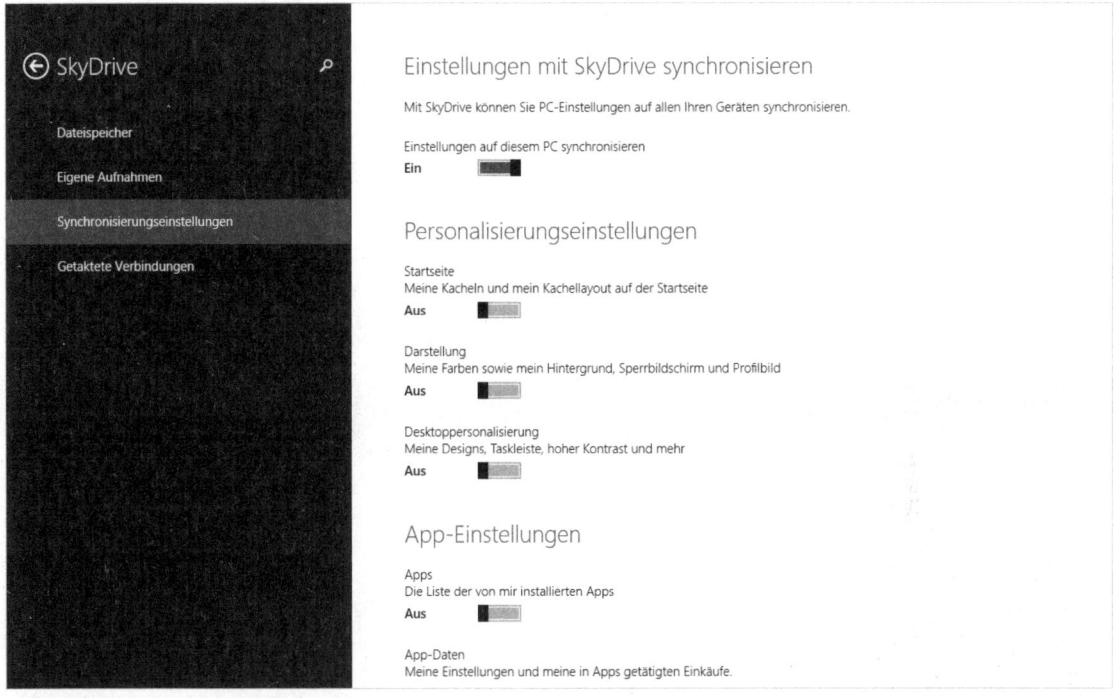

Abbildung 10.20   SkyDrive-Einstellungen synchronisieren

In der in Abbildung 10.20 gezeigten Unterkategorie *Synchronisierungseinstellungen* legen Sie über Schalter fest, ob Einstellungen des PCs mit dem SkyDrive-Laufwerk synchronisiert werden sollen. In Kategorien wie *Personalisieren*, *App-Einstellungen* etc. stellen Sie optional ein, welche Einstellungen (z.B. die Startseite, die Darstellung, Apps) per SkyDrive zwischen mehreren Rechnern für das Microsoft-Konto zu synchronisieren sind.

HINWEIS   Ist der Windows-Rechner über eine Mobilfunkverbindung (als getaktete Verbindung bezeichnet) mit dem Internet verbunden? Dann kontrollieren Sie in der Unterkategorie *Getaktete Verbindungen* die Einstellungen. Um unnötigen Datenverkehr zu vermeiden, lässt sich z.B. die Synchronisation von Einstellungen oder das Hochladen von Dateien über getaktete Verbindungen deaktivieren.

Kapitel 11

Dateitypen, Verknüpfungen, Berechtigungen

In diesem Kapitel:

Dateitypen unter Windows verwalten

Wählen Sie eine Dokumentdatei (z.B. per Doppelklick) an, wird diese in der Regel im zugehörigen Anwendungsprogramm geöffnet. Der Dateityp ist dann der betreffenden Anwendung zugeordnet. Wie Sie diese Vorgaben ändern, falls es mal Probleme gibt, oder wie Sie ggf. neue Dateitypen registrieren, wird nachfolgend gezeigt.

Unbekannte Dokumente öffnen

Mit den Dateinamenerweiterungen wird in Windows der Dokumenttyp festgelegt. Dieser spezifiziert nicht nur das angezeigte Dokumentsymbol, sondern bestimmt auch, mit welcher Anwendung solche Dokumente bei Anwahl (z.B. per Doppelklick) geöffnet werden.

Kennt Windows einen Dokumenttyp nicht (z.B. weil eine geänderte Dateinamenerweiterung benutzt wird), erscheint beispielsweise im Ordnerfenster das Symbol für unbekannte Dokumente (siehe Datei *Test.text* in Abbildung 11.2, Hintergrund oben). Um eine solche Datei direkt aus einem Ordnerfenster in einer passenden Anwendung zu öffnen, stellt Windows 8.1 entsprechende Funktionen bereit.

Wählen Sie eine solche Datei (z.B. per Doppelklick) an, blendet Windows eine Palette im Vordergrund ein. Der Inhalt der angezeigten Palette hängt dabei von der Dateinamenerweiterung bzw. vom Dateityp ab.

- Hat Windows keine Information über die Art des Dateityps, erscheint die Palette aus Abbildung 11.1, links. Über den Befehl *Im Store nach einer App suchen* wechseln Sie zum Windows Store, in dem Sie selbst nach einer App zum Öffnen des Dokuments suchen können.

Abbildung 11.1   Palette bei unbekanntem Dateityp

- Der Link *Weitere Optionen* erweitert die Palette zur Darstellung aus Abbildung 11.1, rechts. Sie können dann einen Eintrag aus einer Liste gefundener Windows-Anwendungen auswählen. Lassen Sie das Kontrollkästchen *Diese App für alle xxx-Dateien verwenden* deaktiviert, wird die Dokumentdatei versuchsweise mit der betreffenden Anwendung geladen, der Dokumenttyp aber nicht für die ausgewählte Anwendung registriert.

- Ist dagegen das Kontrollkästchen *Diese App für alle .xxx-Dateien verwenden* bei Anwahl der App markiert, registriert Windows die Anwendung beim Öffnen der Dokumentdatei und weist dem Dokumenttyp auch ein App-Symbol zu

---

HINWEIS   Wichtig ist allerdings, dass bei markiertem Kontrollkästchen *Diese App für alle .xxx-Dateien verwenden* das gewählte Anwendungsprogramm den Dokumenttyp auch öffnen kann. Dies ist beispielsweise häufig bei Textdateien gegeben, die sich im Editor oder in WordPad ansehen lassen. Grafikprogramme unterstützen häufig verschiedene Dateitypen wie *.bmp*, *.gif*, *.tif* und *.jpg*.

Konnte Windows den Dokumenttyp bereits klassifizieren (z.B. Textdatei, Grafikdatei), wird bei Anwahl der Datei die Palette aus Abbildung 11.2, links, eingeblendet.

- Das Betriebssystem schlägt bereits passende Anwendungen zum Öffnen vor. Bei Textdateien sind dies beispielsweise der Windows-Editor oder das Programm WordPad

- Es reicht dann, in der Palette den Eintrag mit der gewünschten Anwendung anzuwählen

Anschließend wird die Dokumentdatei in der gewählten Anwendung geöffnet. Gleichzeitig verknüpft Windows den Dokumenttyp anhand der Dateinamenerweiterung mit der gewählten Anwendung. Im Ordnerfenster sollte das Dokument mit dem Symbol der betreffenden Anwendung angezeigt werden.

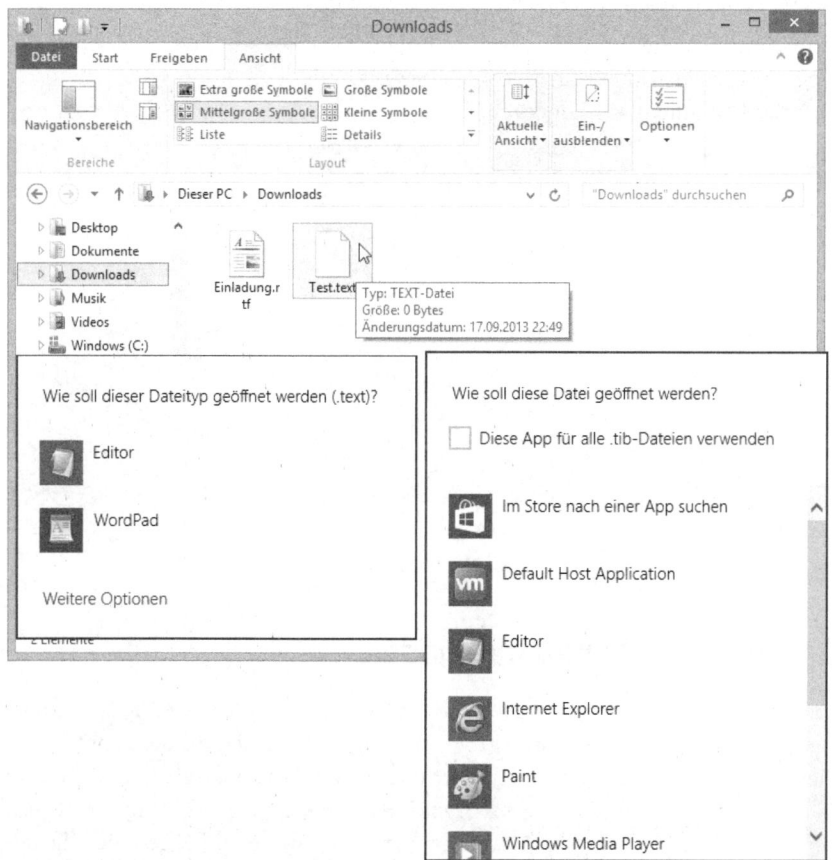

Abbildung 11.2   Palette zur Auswahl der Anwendung bei unbekanntem Dateityp

Sofern in der Palette keine passende App angezeigt wird, lässt sich der Link *Weitere Optionen* anwählen. Dann erscheint die Palette aus Abbildung 11.2, rechts, in der alle bekannten Apps (konkret sind es installierte Windows-Anwendungen) aufgelistet werden. Am unteren Listenrand finden sich noch die beiden Befehle, um im Windows Store oder auf dem PC nach einer passenden App zu suchen.

Wählen Sie den Link *Andere App auf diesem PC suchen* ganz unten in der Palette, erscheint das Dialogfeld *Öffnen mit* (Abbildung 11.3). Wählen Sie in diesem Dialogfeld eine Windows-Anwendung (*.exe*-Datei) zum Öffnen der Anwendung aus. Passende Windows-Anwendungen finden Sie im Windows-Ordner sowie natürlich im Ordner *Programme*, bei 64-Bit-Systemen zusätzlich im Ordner *Programme (x86)*. Bestätigen Sie die Auswahl über die *Öffnen*-Schaltfläche. Anschließend wird das gewählte Programm dem Dateityp zugewiesen. Das Symbol der Dokumentdatei ändert sich und das Dokument wird in der Anwendung geladen.

HINWEIS   Gegenüber Windows 7 ist der ganze Vorgang in Windows 8.1 weniger transparent, da das Kontrollkästchen zum dauerhaften Registrieren eines Dokumenttyps nur noch in einigen Fällen angeboten wird. Windows verwendet einen Automatismus, der u.U. selbstständig entscheidet, den Dokumenttyp zu registrieren. Falls ein solches Malheur passiert ist, können Sie die Datentypenzuordnung mit den Hinweisen im folgenden Abschnitt auch wieder korrigieren.

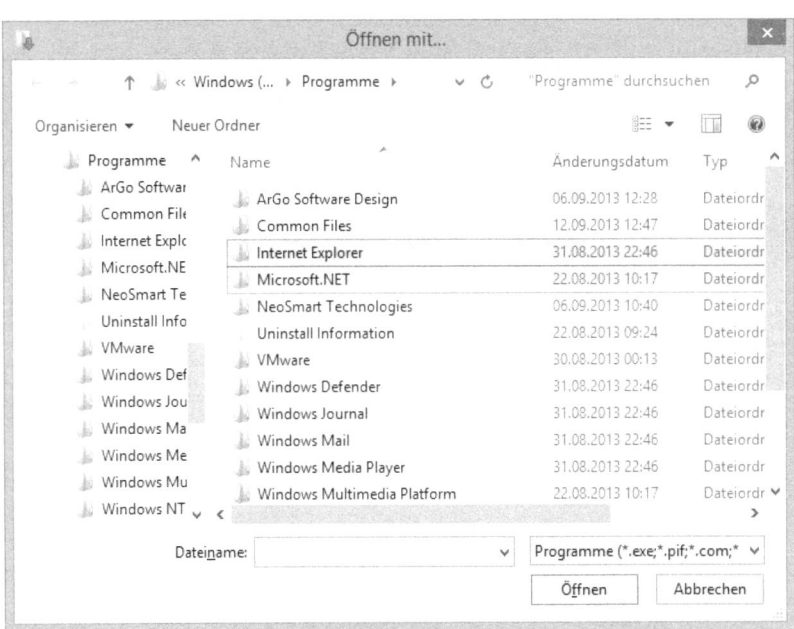

Abbildung 11.3   Dialogfeld *Öffnen mit* zur Auswahl der Anwendung

Registrierte Dokumente über »Öffnen mit« laden

Wurde beim Öffnen einer Datei mit einem unbekannten Dokumenttyp eine Windows-Anwendung automatisch registriert? Oder liegt bereits ein registrierter Dokumenttyp vor? Dann öffnet sich bei der Anwahl (z.B. per Doppelklick) einer solchen Dokumentdatei immer die registrierte Anwendung. Gelegentlich ist es aber erwünscht, ein Dokument in einem anderen Anwendungsprogramm zu laden, oder bei fehlerhaften Registrierungen muss die Zuordnung des Dokumenttyps zur Anwendung angepasst werden. Führen Sie folgende Schritte aus:

1. Markieren Sie die betreffende Datei in einem Ordnerfenster und wechseln Sie im Menüband zur Registerkarte *Start*.

2. Wählen Sie in der Gruppe *Öffnen* die Menüschaltfläche *Öffnen* (Abbildung 11.4, oben rechts).

3. Sobald die Palette »Wie soll diese Datei geöffnet werden?« angezeigt wird (Abbildung 11.4, Vordergrund links), wählen Sie die gewünschte Anwendung.

HINWEIS Alternativ können Sie im Kontextmenü den Befehl *Öffnen mit* wählen (Abbildung 11.4). Öffnet Windows ein Untermenü (Abbildung 11.5), lässt sich direkt eine Windows-Anwendungen zum Öffnen der Dokumentdatei auswählen. Andernfalls verwenden Sie den Untermenübefehl *Standardprogramm auswählen*, um nach weiteren Anwendungen zu suchen.

Die Vorgehensweise entspricht den Ausführungen im vorherigen Abschnitt. Sie können eine angezeigte Anwendung wählen. Verwenden Sie den Hyperlink *Weitere Optionen*, um im Store nach Apps oder auf dem Rechner nach Windows-Anwendungen zum Öffnen des Dokumenttyps zu suchen.

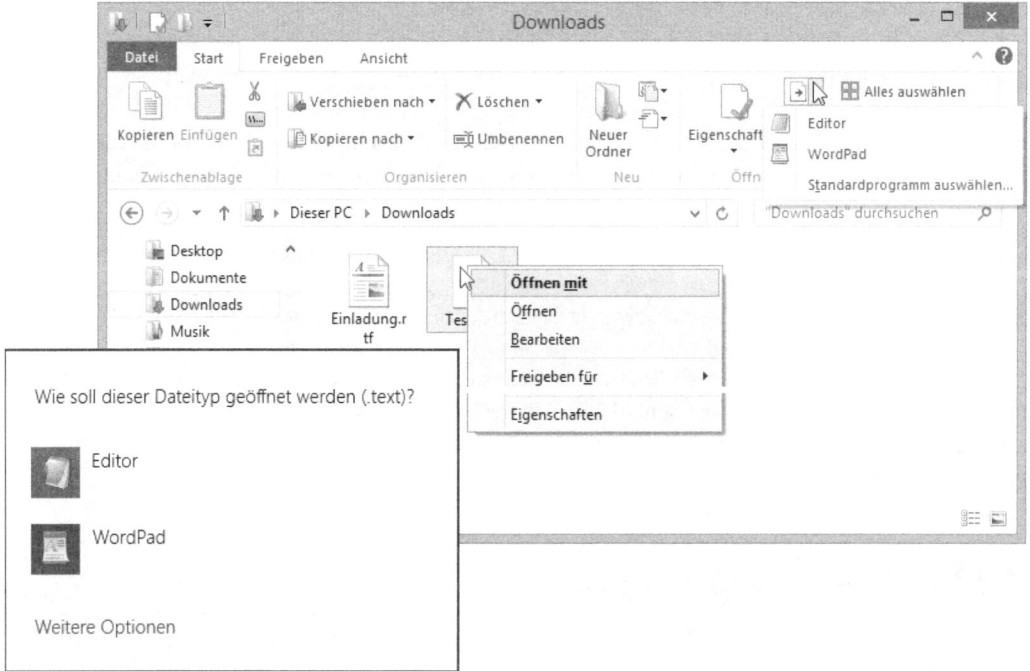

Abbildung 11.4 Kontextmenü zum Öffnen eines Dokuments

Dokumenttyp neu registrieren

Wurde ein Dokumenttyp ungewollt einer Anwendung zugeordnet oder hat eine Programminstallation diese Registrierung verändert? Dies lässt sich leicht korrigieren:

1. Wählen Sie die betreffende Dokumentdatei mit der rechten Maustaste an und klicken Sie im Kontextmenü auf den Befehl *Öffnen mit* (Abbildung 11.5).

2. Wählen Sie im Untermenü den Befehl *Standardprogramm auswählen*.

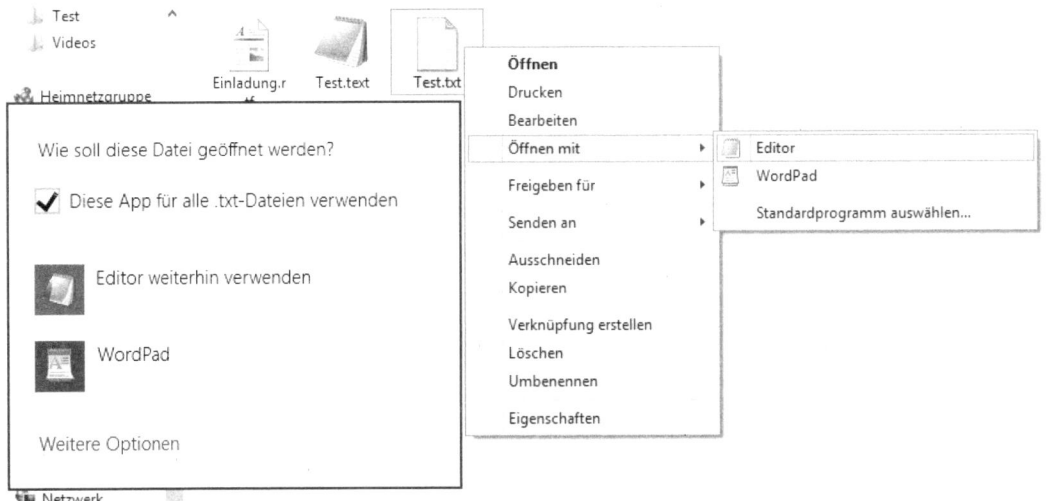

Abbildung 11.5 Dokumenttyp neu registrieren

3. Stellen Sie sicher, dass in der eingeblendeten Palette das Kontrollkästchen *Diese App für alle .xxx-Dateien verwenden* markiert ist und wählen Sie die gewünschte App bzw. Anwendung (Abbildung 11.5, unten links).

Anschließend passt Windows die Zuordnung des Dateityps zur Anwendung entsprechend an.

HINWEIS   Die Einträge für registrierte Dokumenttypen finden sich in der Registrierung im Schlüssel *HKEY_CLASSES_ROOT*. Für jeden Dateityp ist ein Unterschlüssel mit der Dateinamenerweiterung (z.B. *.txt*) vorhanden. Dessen Standardwert gibt den Namen des zweiten Unterschlüssels an, in dem die Registrierungsinformationen für Befehle wie Öffnen, Drucken etc. abgelegt sind. Einträge, die mit »AppX« beginnen, beziehen sich auf Apps. Erfahrene Anwender können daher auch direkt über den Registrierungs-Editor auf die Einstellungen für registrierte Dokumenttypen zugreifen. In den meisten Fällen sollte man aber mit den obigen Schritten weiterkommen.

Arbeiten mit Verknüpfungen

Verknüpfungen stellen eine elegante Methode zum schnellen Zugriff auf Programme, Dateien oder andere Elemente (z.B. Drucker, Startmenübefehle, Einträge der Systemsteuerung etc.) dar. Solche Verknüpfungen enthalten die Information, wo das eigentliche Zielelement abgelegt ist, und definieren das Verknüpfungssymbol, eine optionale QuickInfo etc. In Kapitel 4 wurde bereits erläutert, wie sich sogenannte Verknüpfungen durch Ziehen per Maus auf dem Desktop einrichten lassen. Nachfolgend erfahren Sie, wie sich Verknüpfungen gezielt anlegen und deren Eigenschaften anpassen lassen.

Verknüpfungen per Assistent einrichten

Sie können Verknüpfungen über einen Assistenten einrichten. Dies hat gegenüber der in Kapitel 4 gezeigten Methode den Vorteil, dass sich gleichzeitig die Verknüpfungseigenschaften definieren lassen.

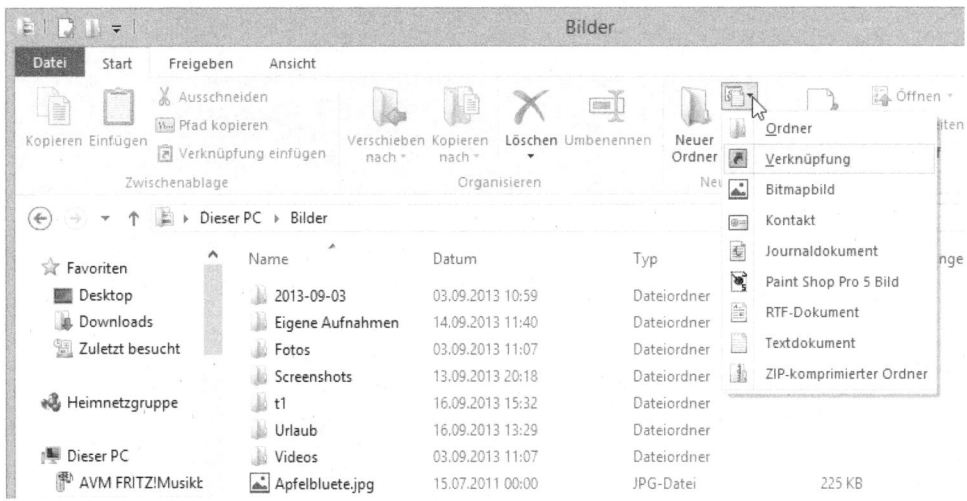

Abbildung 11.6 Einrichten einer Verknüpfung

1. Öffnen Sie ein Ordnerfenster und markieren Sie einen Ordner (auch der Ordner *Desktop* ist zulässig) in dem die Verknüpfung angelegt werden soll.

2. Wählen Sie im Menüband des Ordnerfensters auf der Registerkarte *Start* in der Gruppe *Neu* die Menüschaltfläche *Neues Element*.

3. Klicken oder tippen Sie im angezeigten Menü auf den Befehl *Verknüpfung* (Abbildung 11.6).

   Sie können auch mit der rechten Maustaste auf eine freie Stelle des Desktops oder eines Ordnerfensters klicken und im Kontextmenü den Untermenübefehl *Neu/Verknüpfung* wählen.

4. Windows startet einen Assistenten, in dessen Start-Dialogfeld (Abbildung 11.7, oben links) Sie die Befehlszeile zum Aufruf des gewünschten Programms mitsamt den gewünschten Optionen festlegen.

5. Falls Sie den Programmpfad nicht kennen, wählen Sie die Schaltfläche *Durchsuchen*. Windows öffnet ein Dialogfeld (Abbildung 11.7, oben rechts), in dem Sie den Ordner wählen, der die Programmdatei enthält. Schließen Sie das Dialogfeld über die *OK*-Schaltfläche und wählen Sie im Dialogfeld des Assistenten die Schaltfläche *Weiter*.

6. Tragen Sie im zweiten Dialogfeld des Assistenten (Abbildung 11.7, unten) einen Namen für die Verknüpfung in das betreffende Textfeld ein und klicken oder tippen Sie dann auf die Schaltfläche *Fertig stellen*.

Der Assistent richtet im aktuellen Ordner (bzw. auf dem Desktop) die neue Verknüpfung mit dem angegebenen Titel ein und wird anschließend beendet. In einem weiteren Schritt können Sie nun noch die Eigenschaften dieser Verknüpfung anpassen.

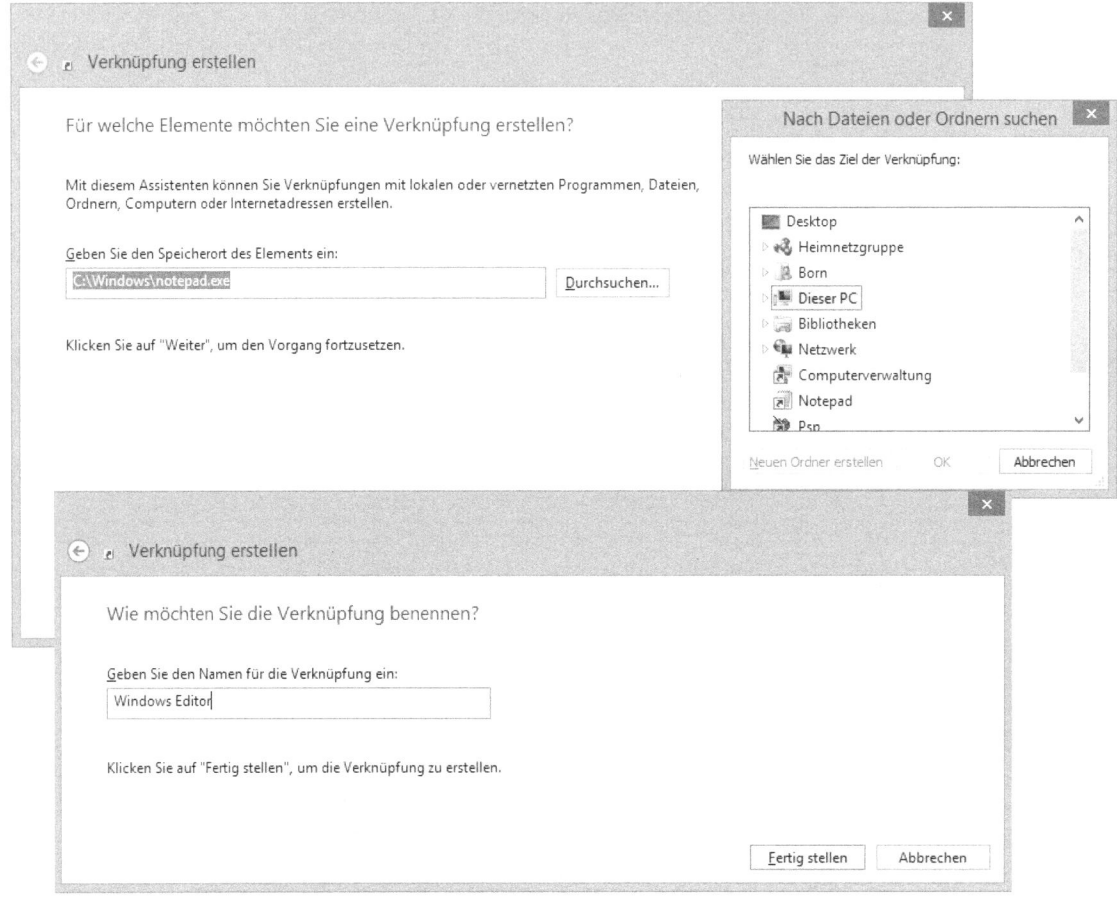

Abbildung 11.7   Dialogfelder zum Einrichten einer Verknüpfung

Eigenschaften einer Verknüpfung ändern

Jede Verknüpfung besitzt bestimmte Eigenschaften wie den Symboltitel, das benutzte Symbol, die Verknüpfung zur Zieldatei etc. Der Symboltitel lässt sich direkt durch Umbenennen der Verknüpfung anpassen. Die restlichen Eigenschaften werden über ein eigenes Eigenschaftenfenster geändert:

1. Markieren Sie das betreffende Verknüpfungssymbol, öffnen Sie das Kontextmenü und wählen Sie den Befehl *Eigenschaften*.

   Alternativ können Sie auch die Schaltfläche *Eigenschaften* auf der Registerkarte *Start* des Ordnerfensters wählen.

2. Wählen Sie im Eigenschaftenfenster der Verknüpfung die Registerkarte *Verknüpfung* (Abbildung 11.8, Hintergrund links) und passen Sie die Verknüpfungseigenschaften an.

Abbildung 11.8 Eigenschaften einer Verknüpfung

Die einzelnen Eigenschaften der Registerkarte *Verknüpfung* besitzen folgende Bedeutung:

- Das Textfeld *Ziel* enthält den Pfad und den Namen der Zieldatei, die bei Anwahl der Verknüpfung benutzt wird. Benötigt ein Programm z.B. bestimmte Aufrufoptionen (wie Dateinamen), sind diese in der betreffenden Zeile anzugeben. Mit *Notepad.exe Test.txt* würde beispielsweise der Editor gestartet und gleichzeitig die Textdatei *Test.txt* geöffnet. Der Zielordner, in dem die in der Verknüpfung angegebene Datei abgelegt ist, lässt sich über die Schaltfläche *Dateipfad öffnen* als Ordnerfenster öffnen.

- Einige Anwendungen benötigen einen eigenen Ordner, in dem Bibliotheksdateien (*.dll*) oder zusätzliche Dateien abgelegt werden. Dieser Ordner wird in das Feld *Ausführen* eingetragen.

- Auf dem Desktop abgelegte Verknüpfungen auf Programme können Sie mit einer Tastenkombination versehen. Dann lässt sich die Verknüpfung durch Drücken der Tastenkombination direkt aufrufen. Solche Tastenkombinationen beinhalten immer die Tasten ⌗Strg⌗ und ⌗Alt⌗ sowie eine dritte Taste. Die betreffende Eigenschaft wird über das Feld *Tastenkombination* definiert. Zum Festlegen der Tastenkombination ⌗Strg⌗+⌗Alt⌗+⌗E⌗ klicken Sie in das Feld *Tastenkombination* und drücken dann die Taste ⌗E⌗. Durch Drücken der ⌗←⌗-Taste lässt sich der Inhalt des Felds mit der Tastenkombination wieder aufheben. Windows zeigt den Text »Keine« an. Achten Sie aber darauf, nur Tastenkombinationen zu benutzen, die noch nicht durch Windows belegt sind. Weiterhin sind die Tasten ⎡Esc⎤, ⎡↵⎤, ⎡⇆⎤, ⎡Leertaste⎤, ⎡Druck⎤ oder ⎡⟵⎤ in Windows für andere Zwecke reserviert.

■ Die zur Verknüpfung gehörende Anwendung lässt sich im Vollbildmodus (*Maximiert*), als normales Fenster oder als Symbol (*Minimiert*) öffnen. Welcher Modus benutzt wird, kann über das Listenfeld *Ausführen* eingestellt werden.

■ Im Feld *Kommentar* lässt sich ein Text als Kommentar eintragen. Dieser Feldinhalt wird später als Quick-Info angezeigt, sobald Sie mit der Maus auf das Verknüpfungssymbol zeigen.

■ Die Schaltfläche *Erweitert* öffnet das in Abbildung 11.8, unten, gezeigte Dialogfeld. Dort können Sie (bei Programmdateien) über das Kontrollkästchen festlegen, dass die Anwendung ausschließlich unter einem Administratorkonto aufgerufen werden darf.

■ Windows verwendet standardmäßig das Symbol der Anwendung als Verknüpfungssymbol. Klicken Sie auf der Registerkarte *Verknüpfung* auf die Schaltfläche *Anderes Symbol*, öffnet Windows das gleichnamige Dialogfeld (Abbildung 11.8, oben rechts) mit den verfügbaren Symbolen. Windows-Programmdateien enthalten mindestens ein solches Symbol, meist jedoch mehrere. Bei Bedarf lässt sich im Textfeld des Dialogfelds der Pfad zu einer anderen Symboldatei (z.B. *Shell32.dll* im Windows-Ordner *System32*) angeben oder über die Schaltfläche *Durchsuchen* auswählen. Markieren Sie im Dialogfeld *Anderes Symbol* das gewünschte Symbol und schließen Sie das Dialogfeld über die *OK*-Schaltfläche.

Die Änderungen werden wirksam, sobald Sie die Registerkarte über die *OK*-Schaltfläche schließen oder auf die Schaltfläche *Übernehmen* klicken.

TIPP   Die im Windows-Ordner *System32* gespeicherten Dateien *Shell32.dll*, *Pifmgr.dll* und *Moricons.dll* enthalten eine ganze Sammlung von Symbolen. Auch viele *.exe*- und *.dll*-Dateien beinhalten Symbole.

Verknüpfung für Desktop und Startseite

Noch schneller funktioniert das Anlegen einer Verknüpfung auf dem Desktop, indem Sie die Programmdatei (oder einen Ordner oder eine Dokumentdatei) bei gedrückter rechter Maustaste zum Desktop ziehen, die Maustaste loslassen und im Kontextmenü den Befehl *Verknüpfungen hier erstellen* wählen.

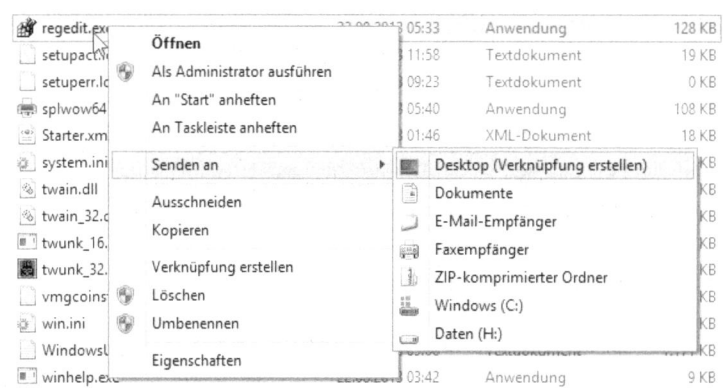

Abbildung 11.9 Verknüpfung per Kontextmenü anlegen

Oder Sie öffnen das Kontextmenü (Abbildung 11.9) der angewählten Datei bzw. des Ordners und wählen die Befehle *Senden an/Desktop (Verknüpfung erstellen)*. Windows richtet dann eine Verknüpfung auf dem Desktop ein, der bereits ein Symbol zugeordnet ist. Bei Bedarf ändern Sie den Verknüpfungstitel *xxx ? Verknüpfung* durch Umbenennen der Verknüpfungsdatei.

Um eine Verknüpfung zu einer Programmdatei auf der Startseite einzurichten, öffnen Sie das Kontextmenü der .*exe*-Datei und wählen den Befehl *An "Start" anheften* (Abbildung 11.9). Auf der Startseite erscheint dann eine Kachel zum Aufruf des Programms. Dahinter steckt aber letztendlich eine Verknüpfung, die automatisch in der in Windows 8.1 noch vorhandenen Startmenü-Ordnerstruktur eingerichtet wird.

NTFS-Zugriffsberechtigungen verwalten

Über das NTFS-Dateisystem lassen sich Zugriffsberechtigungen für Dateien und Ordner (und Geräte) zuweisen. Nachfolgend wird kurz erläutert, was es mit Zugriffsrechten auf sich hat und wie Sie diese anpassen.

Zugriffsberechtigungen, das steckt dahinter

Beim Anlegen von Dateien und Ordnern vergibt Windows automatisch Zugriffsrechte. Diese regeln, wer alles auf das betreffende Element zugreifen darf. Dabei lässt sich noch die Art des Zugriffs unterscheiden – z.B. nur lesen oder lesen und schreiben, bei Programmen gibt es die Berechtigung zum Ausführen oder bei Ordnern kann auch eine Berechtigung zum Anzeigen des Inhalts vergeben bzw. entzogen werden. Versucht ein Benutzer, ohne entsprechende Berechtigung auf eine Datei oder einen Ordner zuzugreifen oder ein Programm zu starten, verweigert Windows dies und weist den Zugriff über ein Dialogfeld ab (Abbildung 11.10).

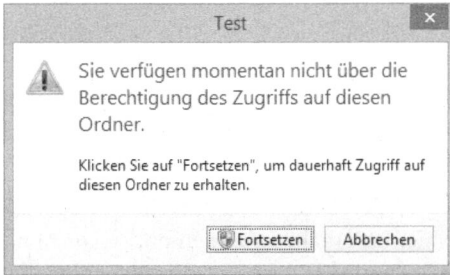

Abbildung 11.10 Dialogfeld bei fehlenden Zugriffsberechtigungen

Wählen Administratoren die angezeigte *Fortsetzen*-Schaltfläche an, passt Windows automatisch die Zugriffsberechtigungen des Objekts für das aktuelle Benutzerkonto an und gewährt dauerhaft Zugriffsrechte.

ACHTUNG   Seien Sie, speziell bei Systemordnern, vorsichtig bei dieser automatischen Anpassung über die Schaltfläche *Fortsetzen*. Zum einen ist es nicht immer erwünscht, dass die Zugriffsberechtigungen dauerhaft für ein Konto übertragen werden. Zudem hatte ich schon Fälle, wo die automatisch ergänzten Zugriffsberechtigungen anschließend zu Problemen führten (Backups nicht mehr zurücklesbar, Apps nicht mehr startbar etc.).

Um unter Standardbenutzerkonten das Anpassen der Zugriffsberechtigungen beim Zugriff auf Ordner, die administrative Zugriffsberechtigungen erfordern, zu vermeiden, nutze ich einen Trick. Ich starte einen portablen Datei-Manager wie beispielsweise Explorer++ (*http://www.explorerplusplus.com* [Ms240-K11-01]) über den Kontextmenübefehl *Als Administrator ausführen*. Im Gegensatz zum Explorer läuft der alternative Datei-Manager dann mit administrativen Berechtigungen. Dadurch lässt sich ohne Anpassung der Zugriffsberechtigungen auf andere Benutzer- und viele Systemordner zugreifen.

Als normaler Benutzer brauchen Sie sich mit Zugriffsberechtigungen für Dateien nicht zu befassen. Sie sollten lediglich folgende Grundregeln kennen, die Windows bei Dateien und Ordner anwendet, welche auf NTFS-Datenträgern abgelegt sind:

- Legen Sie eine neue Datei oder einen neuen Ordner an, vermerkt Windows, unter welchem Konto dies passiert ist. Der Benutzer dieses Kontos ist der Besitzer des betreffenden Dateielements. Dieser enthält den kompletten Zugriff und kann dieses Element also lesen, verändern, umbenennen, kopieren oder verschieben.

- Benutzer anderer Standardkonten können auf solche Ordner oder Dateien, die z.B. im Ordner *Dokumente*, *Bilder*, *Videos*, *Musik* oder in anderen Ordnern des Benutzerkontos gespeichert sind, in der Regel nicht zugreifen. Nur Administratoren verfügen über Berechtigungen, um auf solche Dateien zuzugreifen.

- Möchten Sie, dass andere Benutzer Ihre Dateien und Ordner einsehen, kopieren, löschen oder verändern können, legen Sie diese einfach im Ordnerzweig *C:\Benutzer/Öffentlich* (z.B. *Öffentliche Dokumente*) bzw. in dessen Unterordnern ab. Windows passt dann automatisch die Zugriffsberechtigungen so an, dass alle Benutzer Vollzugriff erhalten.

- Wenn Sie einen Ordner oder ein Laufwerk in einem Netzwerk freigeben, passt Windows ebenfalls die Zugriffsberechtigungen entsprechend Ihren Vorgaben an. Bei einer Netzwerkfreigabe lässt sich beispielsweise vorgeben, ob andere Netzwerkteilnehmer die Dateien nur einsehen oder auch ändern können.

- Kopieren Sie Dateien und Ordner, gleicht Windows automatisch die Berechtigungen an die Vorgaben des Zielorts an. Beim Verschieben von Dateien und Ordnern bleiben dagegen die Berechtigungen der betreffenden Elemente erhalten (wichtig für Administratoren, falls diese Elemente von einem Benutzerkonto zu einem anderen Konto übertragen möchten).

Mit diesen Regeln lässt sich problemlos mit Dateien und Ordnern auf NTFS-Dateisystemen arbeiten, ohne dass Sie sich mit den Details der Benutzerberechtigungen befassen müssen. Der Ansatz hat zudem noch den wesentlichen Vorteil, dass Windows automatisch sicherstellt, dass die Zugriffsrechte entsprechend den Einstellungen des Benutzerkontos vergeben werden. Daher wird von Microsoft die manuelle Veränderung der Zugriffsrechte nicht empfohlen.

Allerdings gibt es gelegentlich Gründe, Zugriffsrechte auf Dateien oder Ordner individuell zu vergeben. Wird beispielsweise ein Benutzerkonto gelöscht und die Dateien bleiben erhalten, können nur noch Administratoren auf diese Elemente zugreifen. Dann kann es hilfreich sein, wenn ein Administrator den Besitz der Dateien übernimmt oder diese in den Ordner *Öffentlich* kopiert. Erfahrene Benutzer können die Zugriffsrechte auch verwenden, um nur einigen Benutzern den Zugriff auf Dokumente in freigegebenen Ordnern zu gewähren.

HINWEIS Administratoren erhalten in der Regel die Möglichkeit, auf alle Dateisystemelemente zuzugreifen und dort auch Änderungen an den Berechtigungen vorzunehmen. Lediglich Dateisystemobjekte, die zum Ressourcenschutz den Besitzer »Trusted Installer« aufweisen, besitzen Einschränkungen auch für Administratoren. Dabei handelt es sich um Dateien, die bei der Installation im System von einem entsprechenden Dienst abgelegt wurden (z.B. im Ordner *Windows*). Hier muss der Administrator erst den Besitz des betreffenden Objekts übernehmen. Die Besitzübernahme von solchen Dateisystemobjekten sollte jedoch nur in Notfällen erfolgen, da der Trusted Installer einen weiteren Sicherheitsmechanismus gegen die unbeabsichtigte Manipulation von Systemdateien darstellt.

So können Sie Zugriffsrechte einsehen und verändern

Die aktuellen Zugriffsrechte einer Datei, eines Ordners oder eines Laufwerks lassen sich in Windows mit wenigen Mausklicks überprüfen:

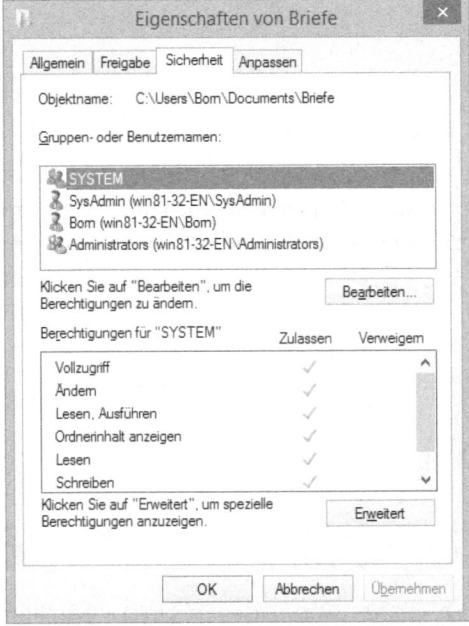

Abbildung 11.11 Registerkarte *Sicherheit*

1. Markieren Sie den gewünschten Ordner, das betreffende Laufwerk oder die gewünschte Datei und wählen Sie den Kontextmenübefehl *Eigenschaften* oder die gleichnamige Schaltfläche auf der Registerkarte *Start* im Menüband des Ordnerfensters.

2. Holen Sie im Eigenschaftenfenster die Registerkarte *Sicherheit* (Abbildung 11.11) in den Vordergrund, um die aktuellen Zugriffsrechte einzusehen.

In der Gruppe *Gruppen- oder Benutzernamen* werden die Namen der Gruppen- oder Benutzerkonten aufgeführt, die Zugriff auf das Objekt haben sollen. Abbildung 11.11 zeigt die Standardeinstellung für die Zugriffsrechte eines lokalen Ordners innerhalb des Benutzerkontos. Zugriff haben beispielsweise das *SYSTEM*, die Gruppe der lokalen *Administratoren* sowie der aktuelle Benutzer, d.h. der Besitzer der Datei oder des Ordners. Markieren Sie einen der Einträge, werden die aktuellen Berechtigungen in der unteren Liste angezeigt. Dabei signalisiert ein Häkchen in der Spalte *Zulassen*, dass der Benutzer (oder ein Mitglied der betreffenden Gruppe) Zugriff auf die betreffende Kategorie hat. Ein Häkchen in der Rubrik *Verweigern* entzieht das betreffende Zugriffsrecht. Um welches Zugriffsrecht (Ändern, Lesen, Anzeigen etc.) es sich handelt, wird in den einzelnen Zeilen angegeben.

Berechtigungen für Benutzer/Gruppen setzen

Um die Zugriffsberechtigung für eine auf der Registerkarte *Sicherheit* aufgelistete Gruppe oder für einen einzelnen Benutzer für eine Datei oder einen Ordner anzupassen, gehen Sie folgendermaßen vor:

1. Markieren Sie auf der Registerkarte *Sicherheit* im Feld *Gruppen- oder Benutzernamen* den gewünschten Gruppen- oder Benutzernamen (Abbildung 11.11) und wählen Sie die Schaltfläche *Bearbeiten*.

2. Anschließend passen Sie im Feld *Berechtigungen für xxx* des eingeblendeten Dialogfelds (Abbildung 11.12) die Markierung der Kontrollkästchen in den Spalten *Zulassen* und *Verweigern* gemäß Ihren Wünschen an.

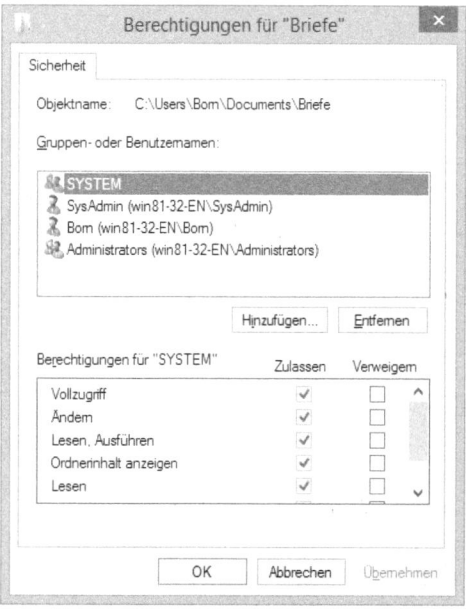

Abbildung 11.12 Berechtigungen anpassen

Wird beispielsweise die Markierung der Kategorie *Ändern* in der Spalte *Verweigern* gesetzt, darf der gewählte Benutzer die betreffende Datei oder den Inhalt des Ordners nicht mehr ändern. Haben Sie eine Gruppe gewählt, wirkt sich dies auf alle Benutzer dieser Gruppe aus. Auf ähnliche Weise können Sie Schreibrechte oder das Recht zum Ausführen von Programmen anpassen. Die Änderungen werden wirksam, sobald Sie die *OK*-Schaltfläche oder die *Übernehmen*-Schaltfläche anklicken und dann den Warnhinweis über die *Ja*-Schaltfläche bestätigen.

ACHTUNG   Bevor Sie die Berechtigungen ändern und Zugriffsrechte entziehen, sollten Sie sich aber über die Folgen im Klaren sein. Wenn Sie beispielsweise der Gruppe der Administratoren die Berechtigung zum Vollzugriff entziehen und keine Änderungsrechte zulassen, kann niemand mehr die Ordner und Dateien manipulieren. Bei den von Windows angelegten Benutzerordnern wie *Dokumente* kommt es bei Änderungen an den Berechtigungen meist zu Fehlermeldungen, dass keine Administratorrechte vorhanden sind. Nehmen Sie unter Standardbenutzerkonten nur Änderungen an Berechtigungen für Dateisystemelemente vor, die Sie selbst angelegt haben. In der Regel empfiehlt es sich, die im vorherigen Abschnitt beschriebenen Ansätze zu verwenden und Windows die Vergabe der Zugriffsberechtigungen zu überlassen.

Berechtigungsliste: Benutzer hinzufügen/entfernen

Um weitere Benutzer (oder Gruppen) zur Berechtigungsliste hinzuzufügen, gehen Sie in folgenden Schritten vor:

1. Wählen Sie im Dialogfeld *Berechtigungen für xxx* (Abbildung 11.12) die Schaltfläche *Hinzufügen* und warten Sie, bis Windows das Dialogfeld *Benutzer oder Gruppen auswählen* öffnet (Abbildung 11.13, unten rechts).

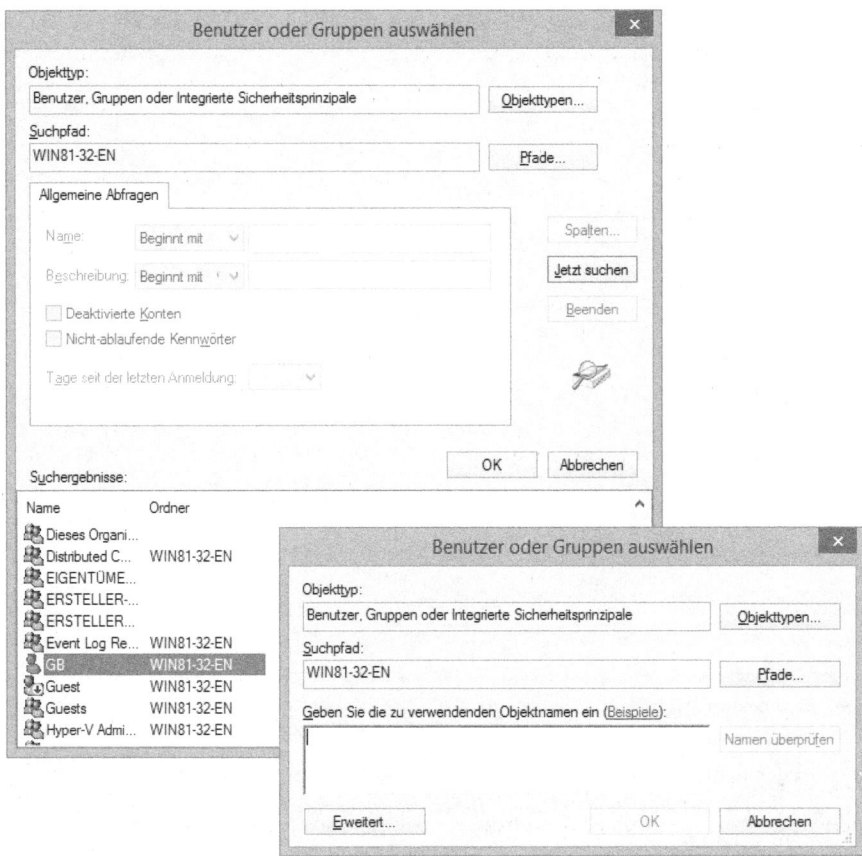

Abbildung 11.13 Benutzer bzw. Gruppe hinzufügen

2. Klicken oder tippen Sie auf die Schaltfläche *Erweitert*, um die Darstellung aus Abbildung 11.13, links, zu erreichen, und betätigen Sie die Schaltfläche *Jetzt suchen*.

3. Warten Sie, bis Windows die Liste der Benutzer/Gruppen im unteren Teil des Dialogfelds vervollständigt hat, markieren Sie dann den gewünschten Eintrag und schließen Sie die geöffneten Dialogfelder über die *OK*-Schaltfläche.

Der betreffende Benutzer- oder Gruppenname wird in die Liste im Dialogfeld *Berechtigungen für xxx* (Abbildung 11.12) eingefügt. Um Benutzer- oder Gruppennamen in dieser Liste zu entfernen, markieren Sie diese in der Liste *Gruppen- oder Benutzernamen* (Abbildung 11.12) und betätigen die *Entfernen*-Schaltfläche.

Erweiterte Sicherheitseinstellungen verwalten

Am unteren Rand der Registerkarte *Sicherheit* finden Sie die Schaltfläche *Erweitert* (Abbildung 11.11), um die erweiterten Sicherheitseinstellungen (spezielle Berechtigungen) einsehen oder anpassen, Überwachungen einrichten und den Besitz eines Elements übernehmen zu können.

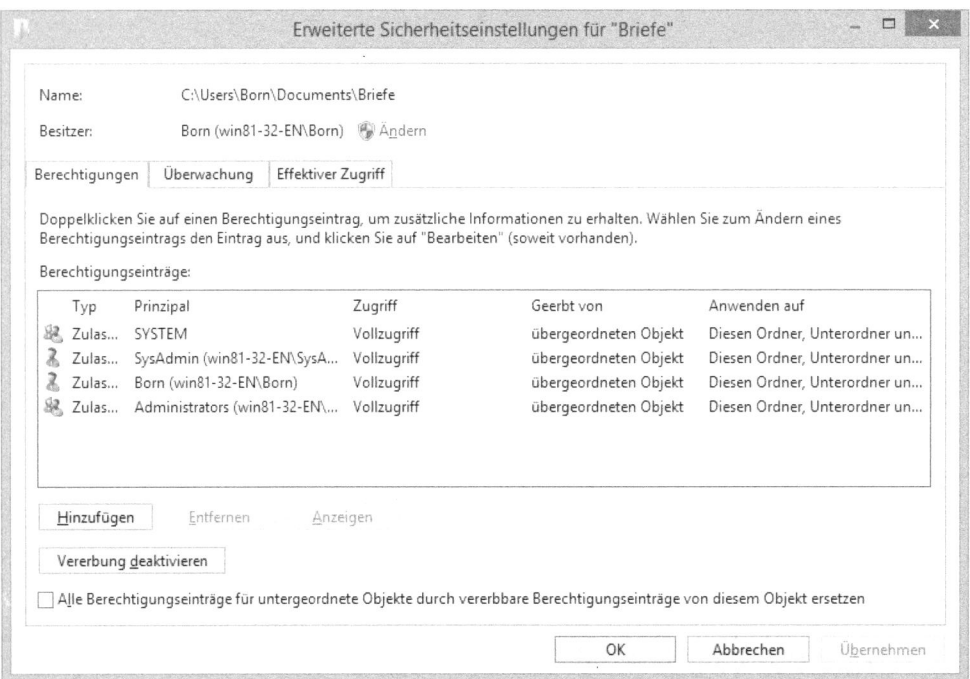

Abbildung 11.14   Erweiterte Sicherheitseinstellungen einsehen und verwalten

Windows öffnet bei Anwahl der Schaltfläche *Erweitert* das Eigenschaftenfenster *Erweiterte Sicherheitseinstellungen für xxx* (Abbildung 11.14). Auf der Registerkarte *Berechtigungen* können Sie die Berechtigungseinträge für das gewählte Element verwalten.

■ Möchten Sie eine neue Gruppe oder einen neuen Benutzer mit aufnehmen, klicken Sie auf die Schaltfläche *Hinzufügen*. Im Dialogfeld aus Abbildung 11.15 wählen Sie den Hyperlink *Prinzipal auswählen*. Anschließend wählen Sie, wie im vorherigen Abschnitt beschrieben, im Dialogfeld *Benutzer oder Gruppe auswählen* (Abbildung 11.13) einen Benutzer aus. Anschließend setzen Sie im Dialogfeld (Abbildung 11.15) die Zugriffsoptionen über die nun freigegebenen Kontrollkästchen.

■ Um das Zugriffsrecht für einen Benutzer oder eine Gruppe (darf nicht der aktuelle Benutzer sein) komplett zu entfernen, markieren Sie den Eintrag in der Liste *Berechtigungseinträge* (Abbildung 11.14) und wählen die nun freigegebene Schaltfläche *Entfernen*. Dann wird im markierten NTFS-Element (Ordner, Datei) der betreffende Berechtigungseintrag ohne Nachfrage gelöscht – Windows findet bei Zugriffen von diesem Konto auf das Objekt des Dateisystems die betreffenden Zugriffsberechtigungen nicht mehr und weist den Zugriff ab.

■ Zum Einsehen der aktuellen Zugriffsberechtigungen reicht es, den entsprechenden Prinzipal in der Liste *Berechtigungseinträge* anzuklicken oder anzutippen (Abbildung 11.14). Wählen die nun freigegebene Schaltfläche *Anzeigen*. Im eingeblendeten Dialogfeld (entspricht im Aufbau Abbildung 11.15) werden dann die Zugriffsberechtigungen aufgelistet – es lässt sich aber nichts ändern.

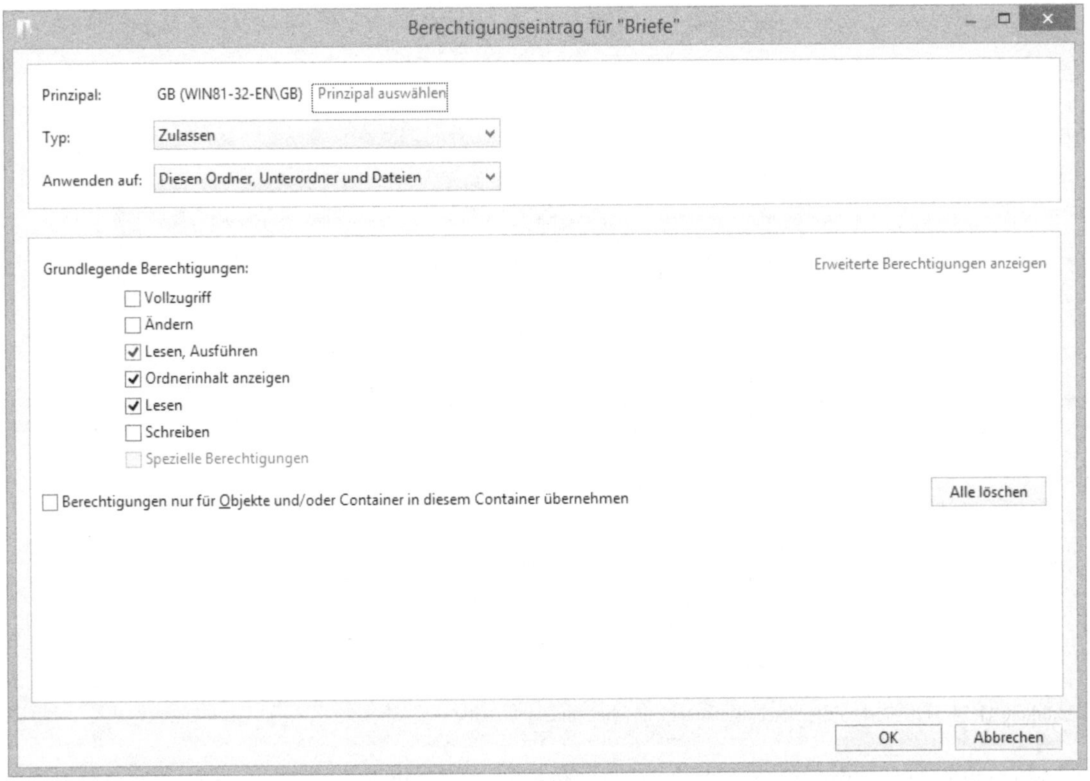

Abbildung 11.15 Berechtigungseinträge für einen Benutzer/eine Gruppe verwalten

Sobald Sie das jeweilige Dialogfeld und das Eigenschaftenfenster über die *OK*-Schaltflächen schließen, werden die Einstellungen für das Objekt übernommen.

Effektive Berechtigungen kontrollieren/anpassen

Wurden Zugriffsberechtigungen zugewiesen, kann es vorkommen, dass ein Benutzer Mitglied der Gruppe der Administratoren ist (die Vollzugriff besitzt) und gleichzeitig dem Konto individuelle Rechte zugewiesen wurden. Daher ermöglicht Windows, auf der Registerkarte *Effektiver Zugriff* des Dialogfelds *Erweiterte Sicherheitseinstellungen für xxx* eine Zusammenstellung aller gesetzten effektiven Berechtigungen abzurufen (Abbildung 11.16). Wählen Sie nach dem Wechsel zur Registerkarte den Benutzer über den Hyperlink *Einen Benutzer auswählen* und betätigen Sie danach die Schaltfläche *Effektiven Zugriff anzeigen*.

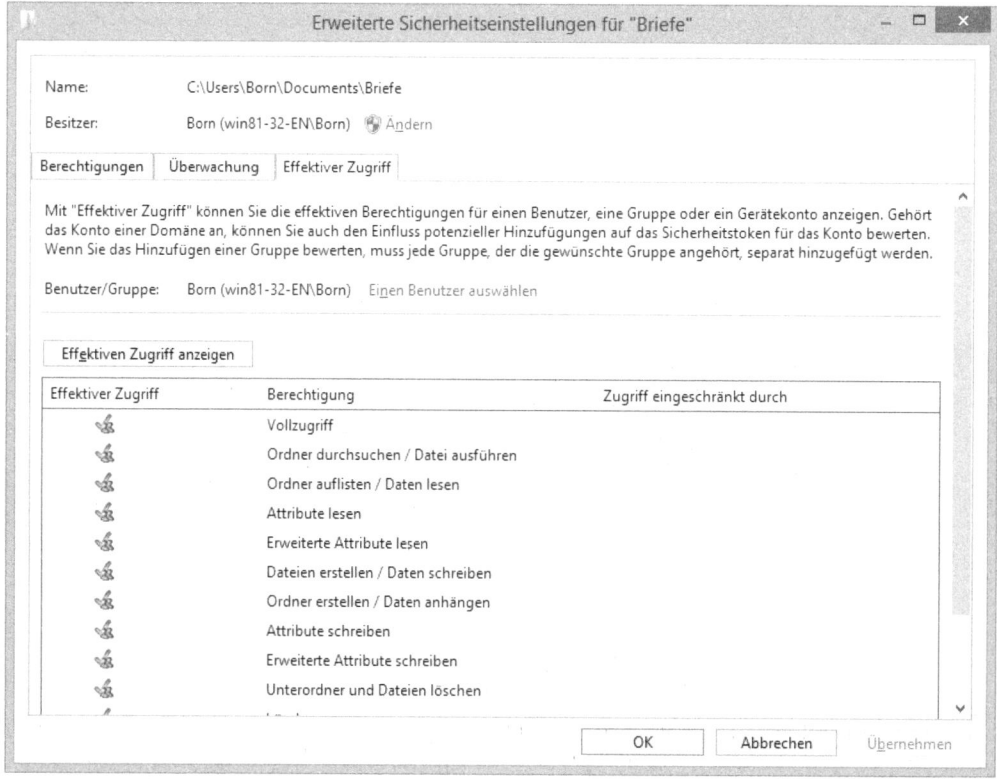

Abbildung 11.16   Kontrolle der effektiven Berechtigungen

Den Besitz eines Objekts übernehmen

Der Benutzer, der einen Ordner oder eine Datei erstellt, ist auch der Besitzer des Objekts. Der Besitzer erhält den Vollzugriff. Wenn ein Benutzer nun nicht mehr verfügbar ist, müsste sich ein anderer Benutzer zum Zugriff an dessen Konto anmelden. Existiert das Konto nicht mehr, aber die Dateien des Benutzerkontos (z.B. *Dokumente*) sind erhalten geblieben, wird die Sache schon schwieriger. Ein Administrator kann auf den Ordner zugreifen und die Dateien in den Ordner *Öffentlich* verschieben. Dann besitzt jeder volle Zugriffsrechte.

Sie können sich aber auch unter einem Administratorkonto anmelden und den Besitz der Datei übernehmen:

1. Hierzu wählen Sie die Registerkarte *Sicherheit* und klicken auf die Schaltfläche *Erweitert* (Abbildung 11.11).

2. Im Dialogfeld *Erweiterte Sicherheitseinstellungen* wird der aktuelle Besitzer im Feld *Besitzer* gezeigt (Abbildung 11.17, Hintergrund). Wählen Sie den Hyperlink *Ändern* und bestätigen Sie anschließend die Abfrage der Benutzerkontensteuerung.

3. Im Dialogfeld *Benutzer oder Gruppe auswählen* geben Sie den neuen Besitzer vor (siehe den Abschnitt »Berechtigungsliste: Benutzer hinzufügen/entfernen« weiter vorne in diesem Kapitel).

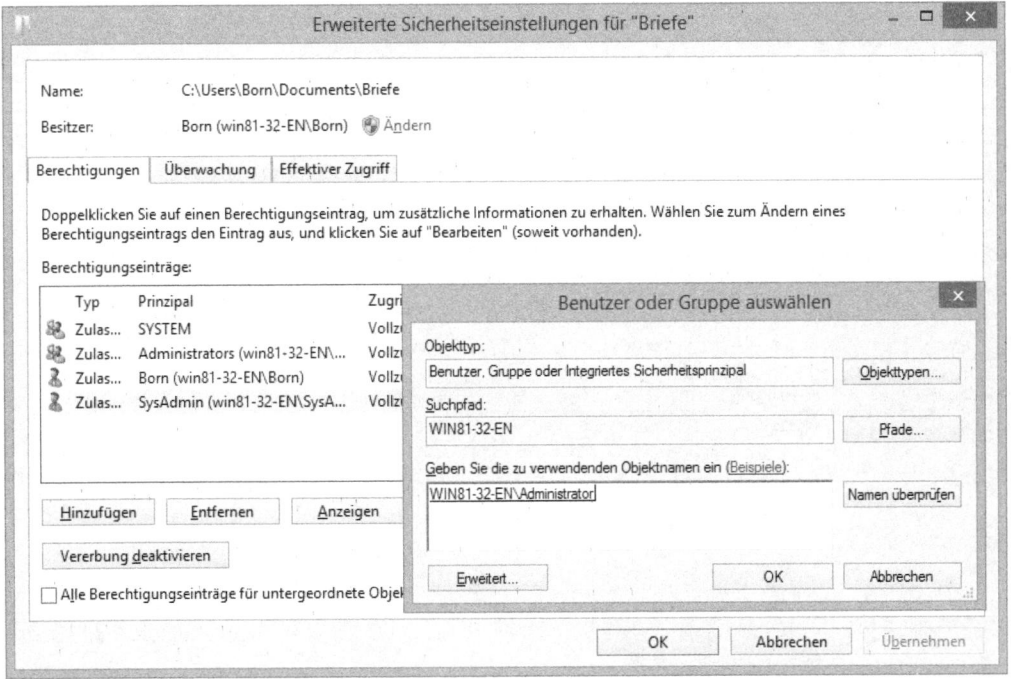

Abbildung 11.17 Besitzübernahme von Dateien und Ordnern

Schließen Sie das Dialogfeld über die *OK*-Schaltfläche, geht der Besitz an der Datei bzw. am Ordner an den gewählten Benutzer über. Der neue Benutzer wird direkt im Dialogfeld *Erweiterte Sicherheitseinstellungen für xxx* im Feld *Besitzer* eingeblendet.

HINWEIS War das Kontrollkästchen *Alle Berechtigungseinträge für untergeordnete Objekte durch vererbbare Berechtigungseinträge von diesem Objekt ersetzen* auf einer Registerkarte markiert, passt Windows auch die enthaltenen Unterordner und Dateien an.

Das Eigenschaftenfenster *Erweiterte Sicherheitseinstellungen* verfügt auch noch über die Registerkarte *Überwachung*, auf der Sie die Überwachung auf Zugriffe definieren können. Dann zeichnet Windows die erfolgreichen und abgelehnten Zugriffsversuche auf das Objekt in den Ereignisprotokollen auf.

Kapitel 12

Suchen in Windows

Die Suchfunktionen unter Windows

Windows unterstützt Sie bei der Suche nach Dokumenten und Ordnern auf dem lokalen Computer. Nach-folgend erhalten Sie einen kurzen Überblick, wie die Suchfunktionen auf der Startseite und in der System-steuerung zu verwenden sind.

Suche in der Startseite

Die Suchfunktion der Startseite ermöglicht Ihnen, gezielt auf Dateien, Windows-Funktionen, Windows-Anwendungen und auch auf Apps zuzugreifen. Die Vorgehensweise ist in Kapitel 3 im Abschnitt »Suche nach Apps, Befehlen und Dateien« erläutert.

■ Blenden Sie die Charms-Leiste am rechten Rand ein und wählen Sie *Suchen*. Dann tippen Sie einen Such-begriff ein.

■ Bei einem System mit angeschlossener Tastatur reicht es sogar, bei geöffneter Startseite einfach den Such-begriff einzutippen, um die Seitenleiste *Suchen* zu öffnen

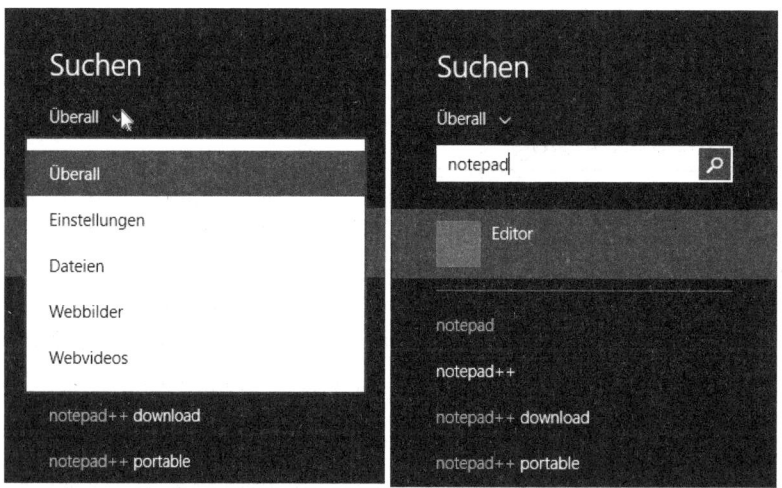

Abbildung 12.1 Seitenleiste *Suchen*

Die Seitenleiste *Suchen* ermöglicht Ihnen, gezielt nach Apps, Windows-Anwendungen, Windows-Funktio-nen und auch nach Benutzerdateien zu suchen (Abbildung 12.1).

■ Zur Suche nach Apps, Windows-Anwendungen und Funktionen ist lediglich sicherzustellen, dass der Menüeintrag *Überall* in der Seitenleiste sichtbar ist (trifft standardmäßig zu)

■ Markieren Sie dagegen den Eintrag *Einstellungen*, sucht Windows nach den Namen passender Befehle und Funktionen (z.B. »PC auffrischen«, »Windows Update«). Dies ist hilfreich, um schnell auf eine Win-dows-Betriebssystemfunktion zuzugreifen.

■ Wählen Sie dagegen den Eintrag *Dateien* in der Seitenleiste *Suchen* an, erfolgt die Suche über Dateien und Ordner, die in den Benutzerordnern gespeichert sind. Über die Tastenkombination ⊞+F lässt sich die Suche nach Dateien übrigens direkt voreinstellen. Über die Tastenkombination ⊞+Q wird der Suchmodus »Überall« in der Seitenleiste *Suche* voreingestellt.

Bereits während der Eingabe blendet Windows bei der Suche nach Apps oder Dateien Treffer in der Seitenleiste ein, die dem Suchbegriff entsprechen. Jeder weitere eingetippte Buchstabe verfeinert den zur Suche verwendeten Filter. Treffer tauchen in der linken Spalte des Anzeigebereichs auf. Dies ist eine schöne Sache, um schnell auf Apps, Programme oder Funktionen zuzugreifen.

Statt beispielsweise mühsam über die Systemsteuerung oder die Seitenleiste die Benutzerverwaltung oder die Seite mit den Firewalleinstellungen aufzurufen, reichen Eingaben wie »Benutzer« oder »Fire« und die Anwahl der Kategorie *Einstellungen* zum Einblenden der gewünschten Befehle.

HINWEIS   Allerdings gibt es in Windows 8.1 für meinen Geschmack einige logische Brüche in der Art, wie die Suche verwendet wird. Der Masterplan in Windows 8 sah vor, dass die Suche grundsätzlich über das Symbol *Suchen* der Charms-Leiste gestartet wird. Dies sollte für die Startseite, die Seite *Apps*, den Windows Store und auch für die Suche in Apps gelten. Problem war allerdings, dass die Mehrheit der Anwender die Suchfunktion überhaupt nicht fanden. Daher hat Microsoft in der Seite *Apps* oder in den Seiten des Windows Store ein eigenes Suchfeld in der rechten oberen Ecke der App-Seite eingefügt. Eine Suche über dieses Feld bezieht sich dann immer auf den Inhalt dieser Seite.

In Apps können wiederum andere Ansätze gelten. Bei der SkyDrive-App wird z.B. über die Seitenleiste *Suchen*, erreichbar über die Charms-Leiste, gesucht. In der Internet Explorer-App blendet die Tastenkombination $\boxed{\text{Strg}}$+$\boxed{\text{F}}$ eine Suchleiste am unteren Rand der App-Seite ein, über die dann in der Webseite gesucht werden kann. Die Suche nach Treffern im Web erfolgt dagegen über das Adressfeld des Browsers. Drücken Sie dagegen bei geöffneter Internet Explorer-App die Tastenkombination $\boxed{\text{⊞}}$+$\boxed{\text{Q}}$, wird der Suchmodus »Internet Explorer« in der Seitenleiste *Suchen* voreingestellt.

Schnellsuche in der Systemsteuerung

Verwenden Sie häufiger die Systemsteuerung (Aufruf z.B. über das Schnellzugriffmenü des Desktops)? Statt im Fenster der Systemsteuerung mühsam über die Kategorienansicht zu den Befehlen zu navigieren oder zur Einzelsymboldarstellung umzuschalten, gehen Sie folgendermaßen vor.

1. Wählen Sie das Suchfeld in der rechten oberen Ecke des Systemsteuerungsfensters an.
2. Tippen Sie den gewünschten Befehl (oder einen Teilausdruck) in das Suchfeld ein (Abbildung 12.2).

Windows blendet dann die Treffer im Fenster der Systemsteuerung ein und Sie können die Einträge anwählen, um direkt auf die betreffenden Funktionen zuzugreifen.

TIPP   Benötigen Sie eine Funktion der Systemsteuerung häufiger, ziehen Sie den Hyperlink der zugehörigen Befehlsgruppe (z.B. *System und Sicherheit, Hardware und Sound, Programme* etc.) bei gedrückter linker Maustaste einfach zum Windows-Desktop. Beim Loslassen der Maustaste richtet Windows ein Verknüpfungssymbol auf dem Desktop ein, über das sich das Ordnerfenster der Systemsteuerung mit vorausgewählter Befehlsgruppe aufrufen lässt.

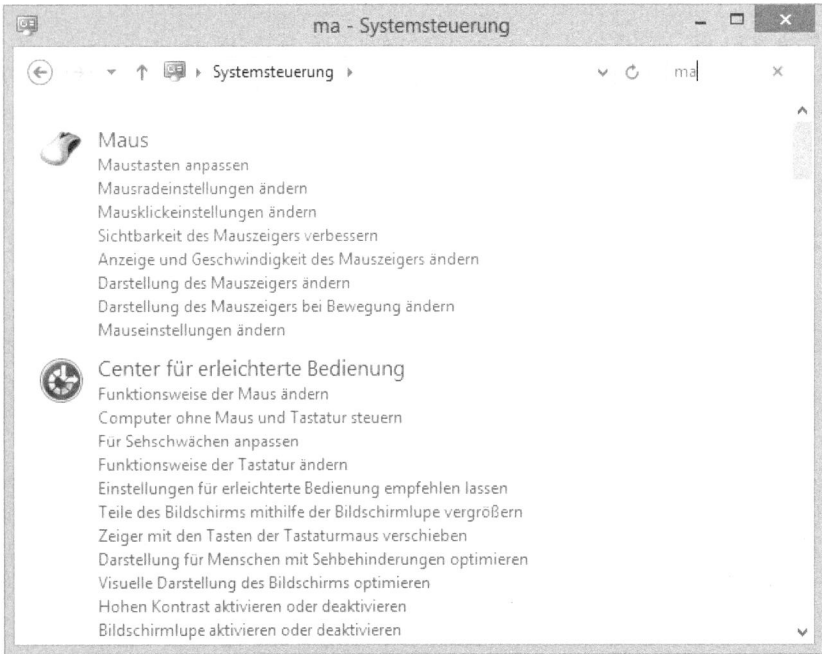

Abbildung 12.2   Suchen in der Systemsteuerung

Die Suche im Ordnerfenster

Zum Suchen nach bestimmten Dateien, Ordnern oder Dokumenten empfiehlt sich die direkte Suche im Ordnerfenster. Die nachfolgenden Abschnitt erklären, was dabei zu beachten ist.

Die Suche im Ordnerfenster verwenden

Zur Suche nach Dateien oder Ordnern lässt sich das Ordnerfenster verwenden. Hier die Schritte, um eine Suchanfrage durchzuführen:

1. Öffnen Sie ein Ordnerfenster und wechseln Sie ggf. zum Ordner, in dem die Suche stattfinden soll.
2. Wählen Sie das Suchfeld in der rechten Ecke des Ordnerfensters und tippen Sie den Suchbegriff ein (Abbildung 12.3).

Die Suchanfrage bezieht sich standardmäßig auf den aktuellen Ordner und dessen Unterordner. Bereits bei der Eingabe der ersten Zeichen eines Suchbegriffs filtert Windows die nicht zutreffenden Dateien und Ordner aus der Anzeige aus. Die Suche startet also direkt nach der Eingabe des ersten Zeichens und wird bei jedem zusätzlich eingegebenen Zeichen verfeinert. Abbildung 12.3 zeigt die im aktuellen Ordner und in dessen Unterordnern gefundenen Treffer, die dem Suchmuster »Blu« entsprechen. Farbig im Elementnamen markierte Stellen signalisieren eine Übereinstimmung des Dateinamens mit dem eingegebenen Suchbegriff.

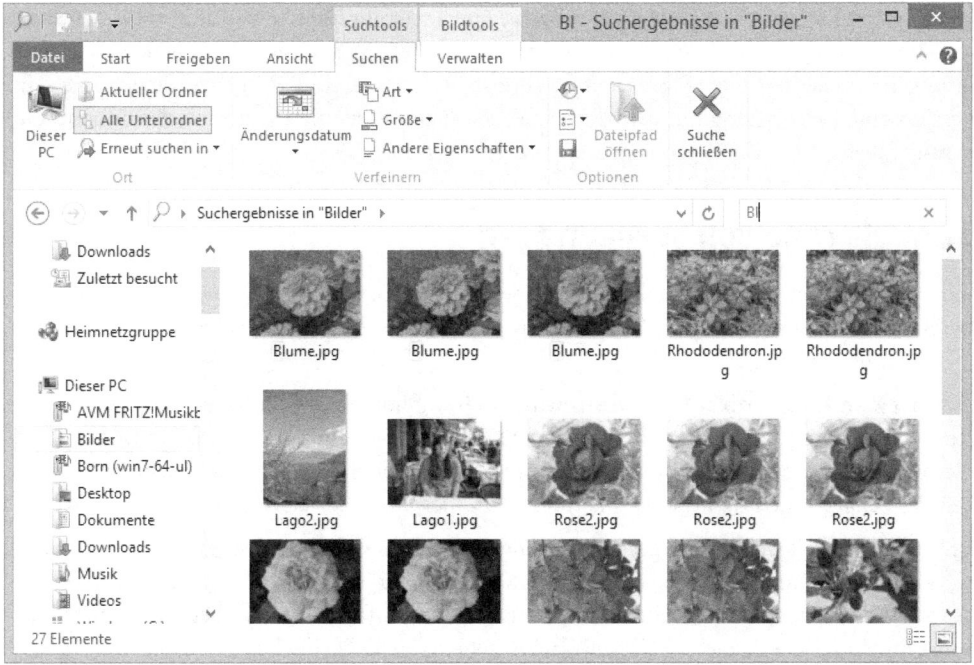

Abbildung 12.3   Suchen im Ordnerfenster

Klicken Sie auf das Kreuz am rechten Rand des Suchfelds (Abbildung 12.3), wird der eingegebene Filterausdruck aus dem Suchfeld entfernt – Windows zeigt wieder den ungefilterten Ordnerinhalt. Die gleiche Wirkung hat die Schaltfläche *Suche schließen* auf der Registerkarte *Suchen* des Menübands.

TIPP   Ziehen Sie den linken Rand des Suchfelds zwischen Adressfeld und Suchfeld (z.B. per Maus) nach links oder rechts, um die Größe des Suchfelds anzupassen. Sobald Sie mit der Eingabe des Suchbegriffs beginnen, blendet Windows eine Liste bereits eingetippter Suchbegriffe ein (Abbildung 12.4). Bei Bedarf können Sie einen passenden Begriff durch Anklicken in das Suchfeld übernehmen. Ein Mausklick auf ein leeres Suchfeld reicht ebenfalls, um die Liste der bereits eingegebenen Filterbegriffe einzublenden.

Mysteriös: Nicht passende Treffer in der Suche?

Bei der Betrachtung der Ergebnisse aus Abbildung 12.3 fällt auf, dass zwar nach »Bl« gesucht wird, aber neben Treffern der Art *Blume.jpg* auch Ergebnisse mit Namen wie *Rhododendron.jpg* oder *Rose.jpg* auftauchen. Ordner oder Dateien, in deren Namen der Suchbegriff vorkommt, lassen sich als Treffer erklären. Ist die Anzeige der Dateinamenerweiterungen eingeschaltet, ließe sich auch erklären, warum eine Datei mit der Bezeichnung »Rose.bmp« eventuell als Treffer bei der Suche nach »B« im Ordnerfenster auftaucht.

Aber wie ist die in Abbildung 12.3 auftauchende Grafikdatei *Rose.jpg* zu deuten? Weder der Dateiname noch die Dateinamenerweiterung passen zum Suchmuster. Windows hebt auch nichts farbig im Dateinamen hervor, sodass die fehlende Übereinstimmung mit dem Filterbegriff nicht bestätigt wird.

Die Erklärung für die Treffer: Windows benutzt standardmäßig eine intelligente Suche, die neben dem Datei- und Ordnernamen auch Dateiinhalte und Zusatzinformationen in die Suche einbezieht. Ein Textdokument »Einladung.txt« könnte z.B. das Stichwort »Blume« im Text aufweisen, so würde also bei der Suche nach dem Muster »B« angezeigt. Bei manchen Dateien (Fotos, Musik etc.) lassen sich zusätzliche Informationen (als Markierungen bezeichnet) über Eigenschaften zuordnen. In unserem Beispiel wurde der angezeigten Fotodatei *Rose.jpg* eine Beschriftung mit dem Text »Blume« zugewiesen, die Datei wird also anhand dieser Markierung ausgefiltert und in der Ergebnisliste angezeigt.

Tipps zur Formulierung von Suchanfragen

Wenn Sie in umfangreichen Datenbeständen suchen, können Sie den Zugriff auf die gewünschten Informationen durch Wahl des Suchbegriffs und des Suchbereichs gezielt steuern. Hier einige Hinweise und Tipps zur Formulierung von Suchanfragen.

- Navigieren Sie erst zum Hauptordner (oder zur gewünschten Bibliothek), bevor Sie eine Suche in einem Ordnerfenster starten. Dies grenzt die Suche auf die im Ordnerfenster einbezogenen Bibliotheken, Ordner und Unterordner ein. Über die Registerkarte *Suchen* des Menübands lässt sich die Suche im Ordnerfenster mittels der Schaltflächen *Aktueller Ordner* und *Alle Unterordner* gezielt begrenzen oder ausweiten.

- Ist Ihnen die genaue Schreibweise einer gesuchten Datei oder eines Ordners nicht geläufig? Tippen Sie einen Datei- oder Ordnernamen im Suchfeld ein, lassen sich auch Teilausdrücke der Art »Brief« oder »Rechnung« verwenden. Dann listet die Suchfunktion Ergebnisse auf, die mit dem betreffenden Teilausdruck übereinstimmen (also z.B. auch »Rechnungen2014« beim Suchbegriff »Rechnung«).

- Sie können im Suchmuster Platzhalterzeichen (sogenannte Wildcards) wie das Sternchen »*« oder das Fragezeichen »?« verwenden. Der Platzhalter »*« wird bei der Suche durch beliebige Zeichen im Dateinamen ersetzt. Das Suchmuster »M*ier« würde in einem Ordner mit den drei Dokumenten »Meier«, »Maier« und »Meister« nur die beiden Ergebnisse »Maier« und »Meier« liefern. Mit dem »?« wird dagegen nur ein Zeichen im Suchmuster ersetzt.

- Beachten Sie, dass Windows die Suchbegriffe auch auf die – normalerweise nicht angezeigte – Dateinamenerweiterung (z.B. *.bmp*, *.txt*, *.doc* etc.) ausdehnt. Der Suchbegriff »B« wird dann z.B. auch eine Bilddatei »Skizze.bmp« in der Ergebnisliste zeigen. Sie können dies nutzen, um gezielt nach Dateitypen zu suchen (z.B. indem Sie Suchmuster wie »*.doc«, »*.bmp«, »*.jpg« etc. verwenden).

- Weiterhin bezieht Windows standardmäßig auch die Dateiinhalte in die Suche mit ein. Speziell bei Textdateien oder Dateien mit Markierungen (Fotos, Videos, Musik) beeinflusst dies die Ergebnisliste ebenfalls. Sie können also nach einem Interpreten eines Musikstücks, nach Beschriftungen von Fotos etc. suchen lassen.

Wie Sie die Kriterien zur Suche eingrenzen oder mehrere Suchkriterien kombinieren, wird nachfolgend beschrieben.

HINWEIS   Werden Dateien bei der Suche nicht gefunden, sollten Sie testweise die Suchkriterien ändern bzw. überprüfen. Weiterhin kann es sein, dass die Anzeige versteckter Dateien und Ordner ausgeschaltet und die Datei mit diesen Attributen versehen ist. Dann ignoriert die Suche die betreffenden Einträge. Weiterhin kann es sein, dass die Datei in einem Ordner eines anderen Benutzerkontos oder in einer anderen Bibliothek liegt, sodass Sie als Standardbenutzer keinen Zugriff darauf haben.

Erweiterte Suchoptionen verwenden

Windows unterstützt die Steuerung der Suche in Ordnerfensters über verschiedene Optionen. Nachfolgend werden die erweiterten Möglichkeiten zur Suche beschrieben.

Den Suchbereich erweitern/einschränken

Fördert die Suche über das Suchfeld des Ordnerfensters nicht die gewünschten Treffer zutage? Vielleicht liegen die Informationen in einem anderen Ordnerzweig, auf einem anderen Laufwerk oder im Internet. Navigieren Sie im Ordnerfenster zum gewünschten Laufwerk bzw. Ordner und probieren Sie eine neue Suche aus. Versuchen Sie auch, den Suchbegriff zu variieren. Sobald das Suchfeld im Ordnerfenster angewählt wurde, erscheint die Registerkarte *Suchen* mit den Suchtools im Menüband des Ordnerfensters. Wechseln Sie im Menüband des Ordnerfensters zur Registerkarte *Suchen*, finden Sie verschiedene Bedienelemente, um die Suche zu beeinflussen:

- Über die Gruppe *Ort* der Registerkarte *Suchen* lässt sich vorgeben, wo gesucht werden soll. Wählen Sie die Schaltfläche *Dieser PC*, um alle Laufwerke des Computers in die Suche einzubeziehen.

- Wählen Sie im Navigationsbereich des Ordnerfensters ein einzelnes Laufwerk oder einen Ordner aus, wird die Suche auf diesen Ort beschränkt

- Über die Schaltfläche *Aktueller Ordner* der Gruppe *Ort* der Registerkarte *Suchen* lässt sich die Suche auf Treffer im aktuellen Ordner begrenzen. Die Schaltfläche *Alle Unterordner* bezieht die Unterverzeichnisse ein (Abbildung 12.4).

- Wenn Sie im Menüband des Ordnerfensters auf der Registerkarte *Suchen* die Menüschaltfläche *Erneut suchen in* anklicken (Abbildung 12.4), lässt sich der gewünschte Suchort (Heimnetzgruppe, Bibliotheken, Internet) in einem Menü auswählen

Der Eintrag *Internet* der Menüschaltfläche *Erneut suchen in* öffnet ein Browserfenster und startet die Suche nach dem vorher eingegebenen Begriff über die Standardsuchmaschine des Browsers. Bei Einträgen wie *Bibliotheken* oder *Heimnetzgruppe* wird die Suche im Ordnerfenster an den betreffenden Speicherorten fortgesetzt.

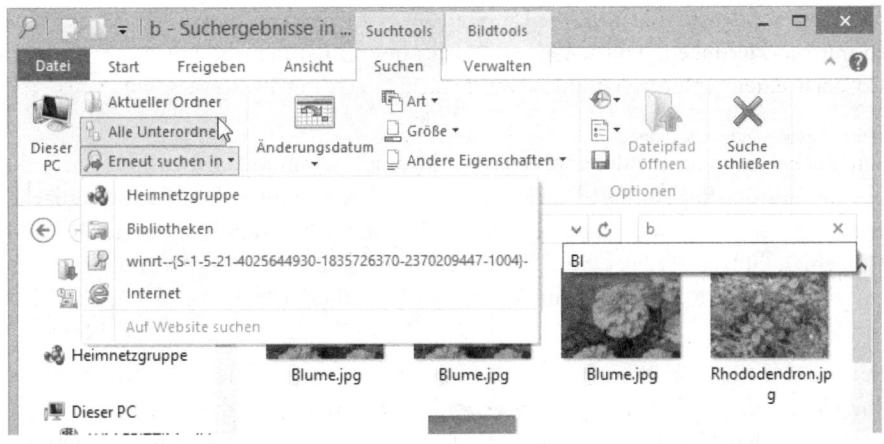

Abbildung 12.4   Suche erweitern

HINWEIS Der im Menü der Schaltfläche *Erneut suchen in* seit Windows 8 auftauchende Eintrag *Auf Webseite suchen* ist gesperrt und nicht funktional. Ähnliches gilt für den bei Ihnen eventuell auftauchenden Eintrag *winrt--{S-1-5-21 ...*, der sich wohl auf Apps bezieht, aber nicht funktioniert. Eine Nachfrage meinerseits bei Microsoft ergab leider keine Antwort, was mit diesen Einträgen geplant ist.

Suchvorgänge und Suchoptionen

Die Windows-Suche speichert die eingegebenen Suchbegriffe. Bei Bedarf lässt sich so auf vorher eingegebene Suchbegriffe zugreifen, um eine Suche zu wiederholen. Öffnen Sie im Menüband die Registerkarte *Suchen*, finden Sie in der Gruppe *Optionen* verschiedene Menüschaltflächen, um die Suche zu beeinflussen.

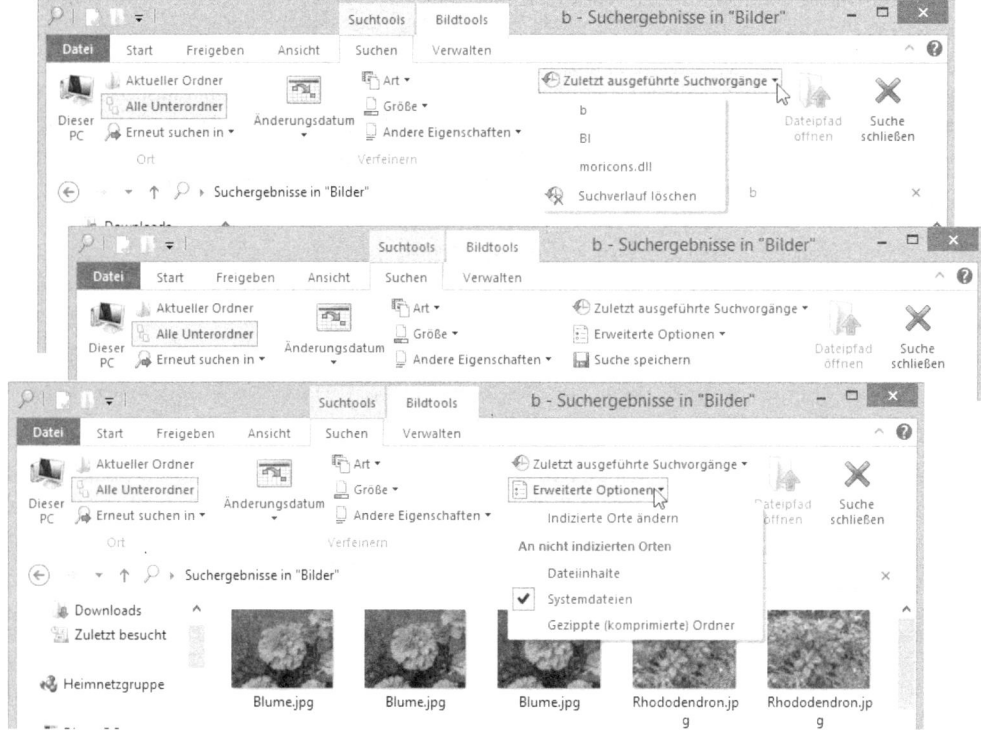

Abbildung 12.5 Ausgeführte Suchvorgänge und Suchoptionen

- Wählen Sie im Menüband auf der Registerkarte *Suchen* in der Gruppe *Optionen* die Menüschaltfläche *Zuletzt ausgeführte Suchvorgänge*. öffnet sich eine Liste der Suchbegriffe (Abbildung 12.5, oben). Klicken oder tippen Sie dort auf einen Eintrag der Liste, wird dieser in das Suchfeld übernommen und die Treffer erscheinen sofort im Ordnerfenster. Mit dem Befehl *Suchverlauf löschen* der Menüschaltfläche lässt sich die Liste der Suchbegriffe leeren.

- Die Schaltfläche *Erweiterte Optionen* öffnet ein Menü mit Befehlen, über die Sie die Suchoptionen steuern können (Abbildung 12.5, unten). Die Suche kann sowohl über indizierte und als auch über nicht indizierte Orte erfolgen. Die Befehle im Abschnitt *An nicht indizierten Orten* ermöglichen die Steuerung, ob die Suche über Dateiinhalte, Systemdateien und ZIP-Archive erfolgen soll.

Die Option *Teilweise Übereinstimmungen* aus Windows 8 ist in Version 8.1 des Betriebssystems entfallen.

Indizierungsoptionen ändern

Windows verwendet einen Indizierungsdienst, um im Hintergrund Ordner und Dateien auf NTFS-Datenträgern zu durchsuchen und die erforderlichen Schlüsselwörter (Datei- und Ordnernamen, Markierungen in Dateien etc.) in Indexdateien einzutragen. Ob ein Ordner oder eine Datei indiziert wird, lässt sich über ein Attribut festlegen (siehe Kapitel 10). Weiterhin bezieht Windows die Inhalte der von Ordnern wie *Musik*, *Fotos* etc. automatisch in die Indizierung ein. Weiterhin gibt es die Möglichkeit, die Indexpfade der Suche individuell anzupassen:

1. Gehen Sie im Menüband des Ordnerfensters zur Registerkarte *Suchen* und öffnen Sie das Menü der Schaltfläche *Erweiterte Optionen* (Abbildung 12.5, unten).

2. Wählen Sie im eingeblendeten Menü den angezeigten Befehl *Indizierte Orte ändern*.

3. Anschließend passen Sie die Einstellungen für die Indexpfade im Dialogfeld *Indizierungsoptionen* an (Abbildung 12.6, links).

HINWEIS Den Befehl *Indizierungsoptionen* finden Sie auch in der Systemsteuerung. Tippen Sie »Indi« im Suchfeld des Systemsteuerungsfensters ein, um den Befehl anzuzeigen. Sie finden dann in der Trefferliste auch einen Eintrag *Problembehandlung*, über den sich Probleme in der Windows-Suche ggf. beheben lassen. Alternativ können Sie bei angezeigter Startseite den Text »Indi« eintippen und den Treffer *Indizierungsoptionen* wählen.

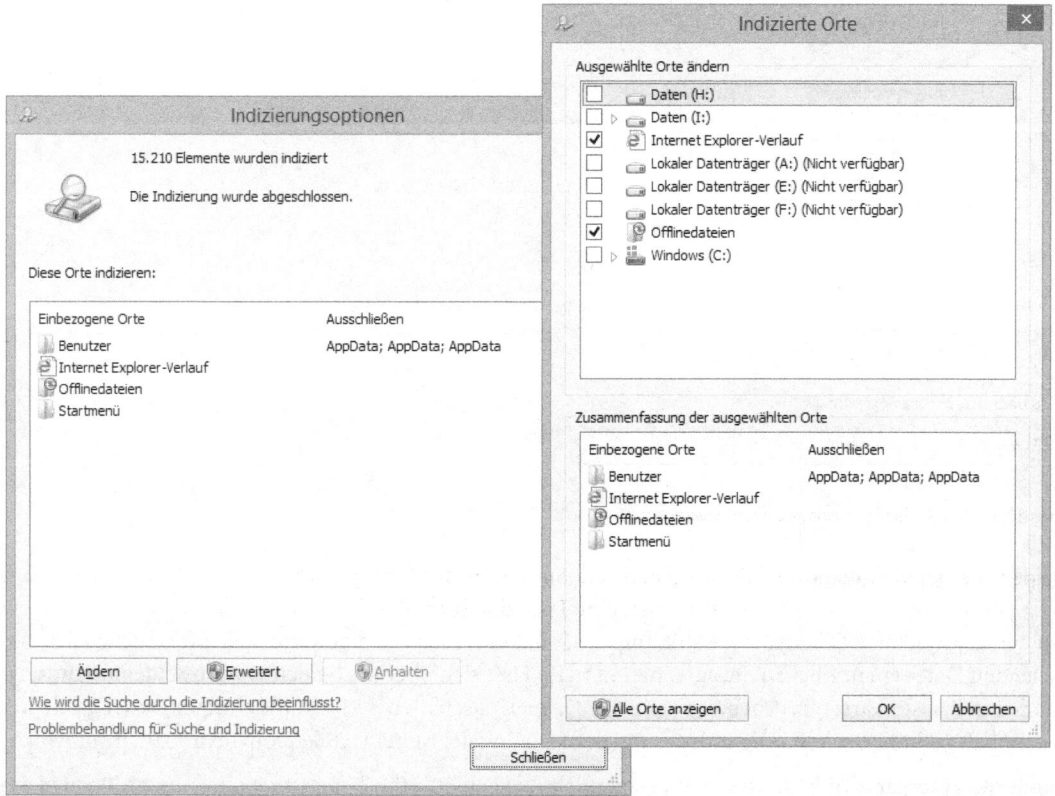

Abbildung 12.6 Anpassen der Indizierungsoptionen

Die Schaltfläche *Ändern* des Dialogfelds *Indizierungsoptionen* öffnet das in Abbildung 12.6, rechts, gezeigte Dialogfeld. Klicken Sie auf die Schaltfläche *Alle Orte anzeigen* und bestätigen Sie die Sicherheitsabfragen der Benutzerkontensteuerung, um alle verfügbaren Speicherorte einzublenden. Anschließend markieren Sie in der eingeblendeten Ordnerhierarchie die Kontrollkästchen der in die Indexsuche einzubeziehenden Ordner. Ähnlich wie beim Navigationsbereich eines Ordnerfensters können Sie eine eventuell vorhandene Ordnerhierarchie über das kleine Dreieck vor dem Laufwerk- oder Ordnersymbol ein- bzw. ausblenden. Die Vorgaben werden beim Schließen des Dialogfelds mittels der *OK*-Schaltfläche übernommen.

HINWEIS Über die Schaltfläche *Anhalten* des Dialogfelds *Indexoptionen* (Abbildung 12.6, links) lässt sich der Indexdienst von Administratoren stoppen. Da der Dienst aber wenig Systemleistung benötigt, dürfte dies nur selten erforderlich sein.

Die Schaltfläche *Erweitert* des Dialogfelds *Indexoptionen* (Abbildung 12.6, links) öffnet nach Bestätigung der Sicherheitsabfrage der Benutzerkontensteuerung das in Abbildung 12.7 gezeigte Eigenschaftenfenster *Erweiterte Optionen*.

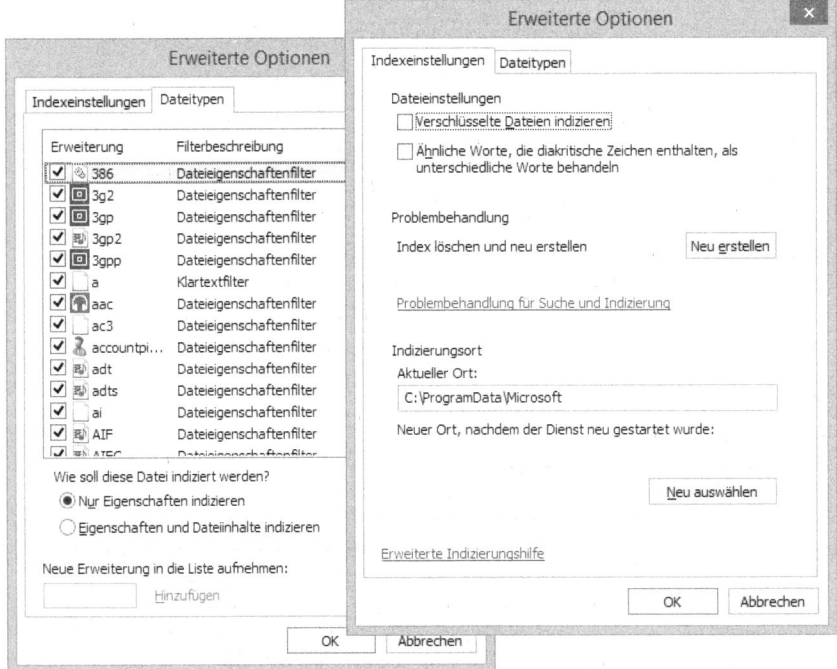

Abbildung 12.7 Erweiterte Optionen

- Auf der Registerkarte *Dateitypen* (Abbildung 12.7, links) finden Sie eine Liste der in die Suche einzubeziehenden Dateitypen. Klicken Sie auf einen Eintrag, lässt sich über die beiden Optionsfelder am unteren Rand der Registerkarte vorgeben, ob nur die Dateieigenschaften (z.B. Markierungen) oder auch der Dateiinhalt zu indizieren ist. Die Indizierung des Dateiinhalts ist bei Dateien mit Textinhalten sinnvoll.

- Auf der Registerkarte *Indexeinstellungen* ermöglicht die Schaltfläche *Neu erstellen* im Abschnitt *Problembehandlung* ausgewählte Speicherorte neu zu indizieren oder die ursprünglichen Indexeinstellungen wiederherzustellen. Die Kontrollkästchen im Abschnitt *Dateieinstellungen* beziehen sich auf verschlüsselte Dateien und auf die Behandlung von Schreibweisen mit diakritischen Zeichen (z.B. Akzente in französischen Namen, was in der deutschen Sprache weniger relevant ist). Bei der Anwahl des Kontrollkästchens *Verschlüsselte Dateien indizieren* erscheint ein Dialogfeld mit dem Hinweis, dass die Datensicherheit nicht geprüft werden kann. Die Funktion ist nur in Windows 8.1 Pro/Enterprise sinnvoll, wenn eine BitLocker-Laufwerkverschlüsselung (oder eine kompatible Lösung eines Drittherstellers) eingesetzt wird. Weiterhin können Sie den Indizierungsort, an dem die Indexdatei abgelegt wird, im gleichnamigen Abschnitt vorgeben (sinnvoll bei wenig Speicherplatz auf dem Systemlaufwerk).

Die Änderungen werden wirksam, sobald die Registerkarten über die *OK*-Schaltfläche geschlossen wurden.

Anpassen der Suchoptionen

Um die Kriterien, nach denen gesucht werden soll, anzupassen, gehen Sie in folgenden Schritten vor:

1. Klicken Sie im Ordnerfenster auf der Registerkarte *Ansicht* des Menübands auf die Schaltfläche *Optionen* und wählen Sie im eingeblendeten Menü den Befehl *Ordner- und Suchoptionen ändern*.

2. Wechseln Sie im Eigenschaftenfenster *Ordner- und Suchoptionen* zur Registerkarte *Suchen*.

3. Markieren Sie auf der Registerkarte *Suchen* (Abbildung 12.8) des Dialogfelds *Ordneroptionen* die gewünschten Suchoptionen und schließen Sie das Dialogfeld über die *OK*-Schaltfläche.

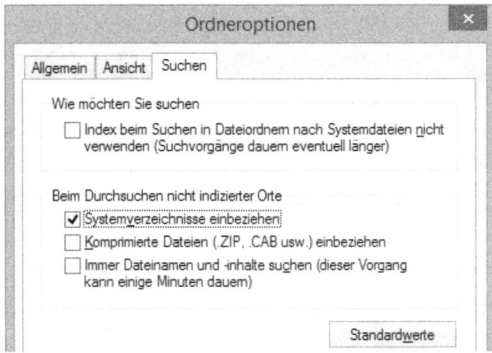

Abbildung 12.8 Suchoptionen anpassen

Für die Kontrollkästchen der Registerkarte *Suchen* gilt Folgendes:

- Markieren Sie das Kontrollkästchen *Index beim Suchen in Dateiordnern nach Systemdateien nicht verwenden*, prüft Windows bei Systemdateien die Dateiinhalte, ohne die Indexeinträge zu berücksichtigen. Dies verlangsamt die Suche erheblich.

- Mit der Markierung des Kontrollkästchens *Systemverzeichnisse einbeziehen* erreichen Sie, dass die Suche auch Verzeichnisse wie *Windows* oder *Programme* bzw. *Programme (x86)* einbezieht.

- Sollen auch ZIP-Archive und andere komprimierte Dateien in der Suche berücksichtigt werden, markieren Sie das Kontrollkästchen *Komprimierte Dateien (.ZIP, .CAB usw.) einbeziehen*.

- Markieren Sie das Kontrollkästchen *Immer Dateinamen und -inhalte suchen (dieser Vorgang kann einige Minuten dauern)*, um sicherzustellen, dass Treffer sowohl über Dateinamen als auch in allen auswertbaren Dateiinhalten gefunden werden. Diese Art der Suche ist sehr langsam, da Windows bei nicht indizierten Ordnern die einzelnen Dateien öffnen und die Markierungen bzw. bei Texten die Wörter lesen muss.

Über die Schaltfläche *Standardwerte* lassen sich die von Microsoft vorgesehenen Einstellungen zurückholen. Die Änderungen werden beim Schließen der Registerkarte über die *OK*-Schaltfläche wirksam.

Verfeinern der Suche

Sie können Windows anweisen, die Suche auf bestimmte Kriterien (z.B. Dokumenttypen, Dateigrößen, Datumswerte etc.) zu beschränken. Die Verfeinerung der Suche ist über entsprechende Filterkriterien recht komfortabel möglich.

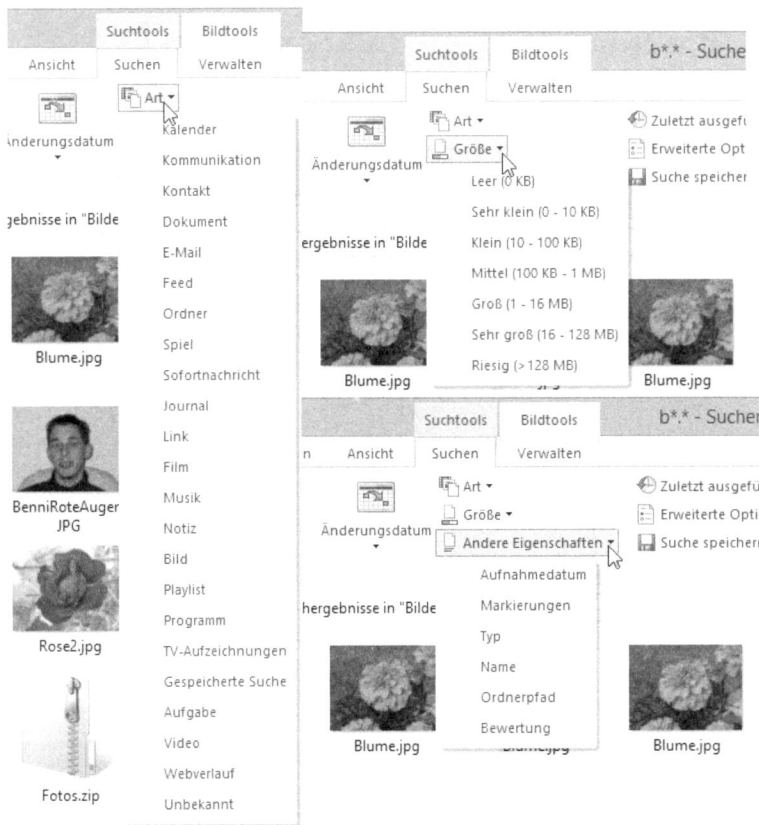

Abbildung 12.9 Suchfilter hinzufügen

1. Zum Hinzufügen der Suchfilter wählen Sie das Suchfeld des Ordnerfensters an und wechseln dann im Menüband zur Registerkarte *Suchen*.
2. Anschließend öffnen Sie die Menüschaltflächen *Änderungsdatum*, *Art* oder *Größe* der Gruppe *Verfeinern* und wählen im eingeblendeten Menü das gewünschte Filterkriterium aus (Abbildung 12.9).

Die Menüschaltfläche *Änderungsdatum* ermöglicht es, Zeitkriterien zum Eingrenzen der Suche festzulegen, während die Menüschaltfläche *Größe* die Treffer über Dateigrößen filtert. Die Menüschaltfläche *Art* ermöglicht, die Suche auf Kalendereinträge (sofern ein kompatibles Programm installiert ist), E-Mails, Kontakte, Spiele, Ordner etc. einzugrenzen.

Windows kann neben den Namen und den Dateiinhalten (bei Dokumenten mit Textinhalten) sowie den oben genannten Filterkriterien wie Datum, Größe auch spezielle Dateieigenschaften gezielt in die Suche einbeziehen. Dies könnten der Fotograf eines Fotos, ein Bildtitel, der Interpret eines Musikstücks etc. sein. Solche Dateieigenschaften lassen sich als Metadaten z.B. über die Eigenschaften der Datei in Foto-, Musik- und Videodateien ablegen (siehe Kapitel 10).

Um gezielt solche Dateieigenschaften bei der Suche zu berücksichtigen, öffnen Sie im Menüband des Ordnerfensters die Menüschaltfläche *Andere Eigenschaften*. Die Menüschaltfläche findet sich auf der Registerkarte *Suchen*, die bei Anwahl des Suchfelds erscheint. Welche Befehle angezeigt werden, hängt vom gewählten Ordner ab (ein Fotoordner zeigt andere Einträge als ein Musikordner). Wenn Sie Bibliotheken wie *Musik*, *Bilder* oder *Video* anwählen, lassen sich auch Suchfilter für Interpret, Titel etc. abrufen.

Wählen Sie einen der Einträge, übernimmt Windows das betreffende Schlüsselwort (z.B. »markierungen:«) im Suchfeld. Ergänzen Sie dann den gewünschten Wert im Suchfeld (z.B. »markierungen:autoren:=Born«). Über »typ:« kann die Suche gezielt über Dateinamenerweiterungen durchgeführt werden. Bei Bedarf können Sie die Filterkriterien auch kombinieren.

HINWEIS   Wird die Eigenschaft nicht im Menü der Menüschaltfläche *Andere Eigenschaften* angezeigt, lässt sich der Name auch manuell in das Suchfeld eintippen. Um beispielsweise die Eigenschaft »autoren« in Dateien zu berücksichtigen, können Sie den Eigenschaftennamen »autoren:Born« in das Suchfeld eintippen. Die Suche wird dann nur solche Dateien liefern, deren Eigenschaft *autoren* den betreffenden Wert aufweist. Sie können dabei alle Eigenschaftennamen im Suchfeld angeben, die auf der Registerkarte *Details* im Eigenschaftenfenster einer Datei aufgeführt werden.

Zudem unterstützt die Windows-Suche auch boolesche Ausdrücke zwischen mehreren Eigenschaftennamen. Für experimentierfreudige Leser möchte ich auf die Webseite *http://msdn.microsoft.com/de-de/library/ aa965711(v=vs.85).aspx* [Ms240-K12-01] verweisen. Dort finden Sie eine englischsprachige Beschreibung zur »Windows Search Advanced Query Syntax«. Allerdings enthält der Artikel nur eine Auflistung der englischsprachigen Eigenschaftennamen, während ein deutschsprachiges Windows in den Suchausdrücken die deutschen Eigenschaftennamen (also »autoren« statt »authors« oder »typ« statt »kind«) erwartet. Leider habe ich bis zur Drucklegung dieses Buchs keinen deutschsprachigen Artikel mit einer Beschreibung der Advanced Query-Syntax für Windows 7 bzw. Windows 8 gefunden, sodass Sie ggf. etwas experimentieren müssen, um die deutschen Eigenschaftennamen herauszufinden.

Suchergebnisse speichern

Beim Schließen des Ordnerfensters mit den Suchergebnissen gehen sowohl die Ergebnisse als auch die Einstellungen verloren. Möchten Sie eine bestimmte Suche häufiger durchführen, können Sie die Suchergebnisse speichern:

1. Wechseln Sie im Menüband des Ordnerfensters mit den Suchergebnissen zur Registerkarte *Suchen* und wählen Sie die dort sichtbare Schaltfläche *Suche speichern* (Abbildung 12.10, Hintergrund, oben).

2. Windows öffnet ein Dialogfeld *Speichern unter* zur Auswahl des Speicherziels (Abbildung 12.10, Vordergrund). Belassen Sie als Zielordner *Suchvorgänge*, passen Sie ggf. den Dateinamen an und klicken Sie anschließend auf die Schaltfläche *Speichern*.

Windows legt die Suchergebnisse im Zielordner ab. Der Dateiname gibt dabei auch die Suchkriterien an.

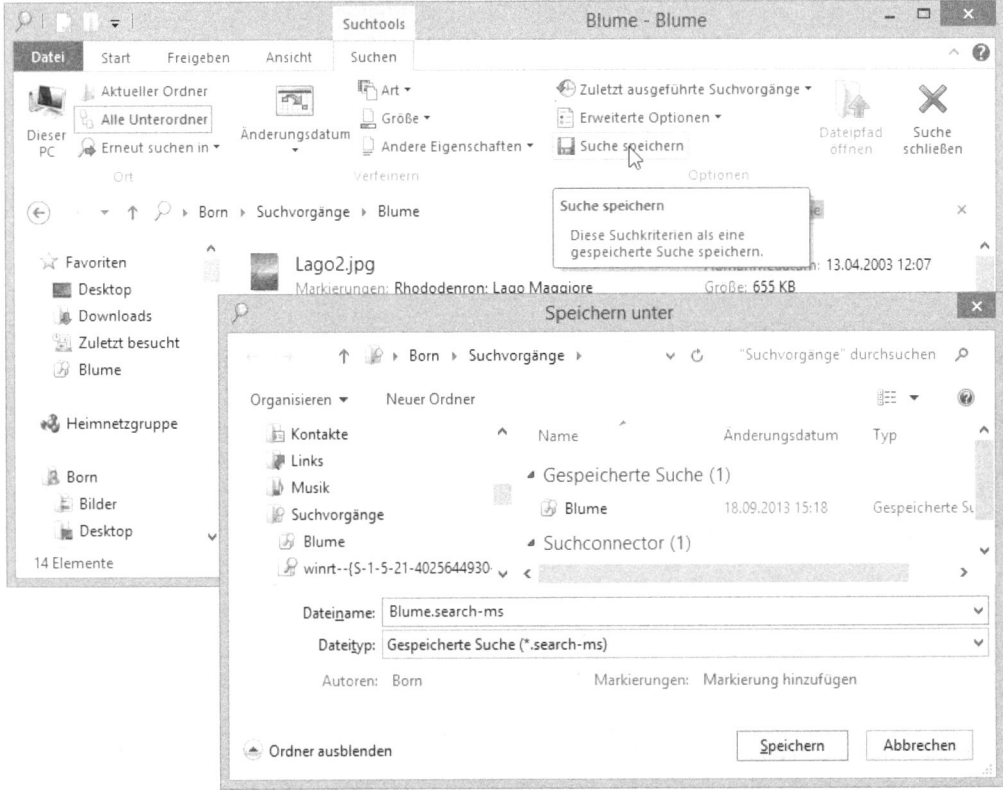

Abbildung 12.10   Suche speichern und erneut abrufen

Um die gespeicherte Suche erneut zu öffnen, wählen Sie im Navigationsbereich des Ordnerfensters den Sucheintrag unter *Favoriten* (Abbildung 12.10, Hintergrund). Oder navigieren Sie zum Eintrag des Benutzerprofils (z.B. *C:\Benutzer\SysAdmin*) und dann zum Untereintrag *Suchvorgänge*. Anschließend lässt sich der Eintrag für die gespeicherte Suche anwählen. Windows wird dann die Suche mit den gewählten Kriterien erneut durchführen und die Ergebnisse im Ordnerfenster anzeigen.

Fehlt bei Ihnen im Navigationsbereich der betreffende Eintrag? Oder wundern Sie sich, dass der Navigationsbereich den Papierkorb und auch die Einträge für die Systemsteuerung enthält? Dies lässt sich in den Optionen eines Ordnerfensters einstellen (Registerkarte *Ansicht* im Menüband, Menüschaltfläche *Optionen*, Befehl *Ordner- und Suchoptionen ändern*). Markieren Sie in den Ordnereigenschaften auf der Registerkarte *Allgemein* in der Gruppe *Navigationsbereich* das Kontrollkästchen *Alle Ordner anzeigen*. Dann tauchen u.a. das Benutzerprofil, der Papierkorb und die Systemsteuerungselemente im Navigationsbereich auf.

Kapitel 13

Datenträgerverwaltung und -wartung

In diesem Kapitel:

Funktionen zur Laufwerkwartung

Windows verfügt über einige Wartungsfunktionen, die Sie auf den Inhalt von Laufwerken anwenden können. In diesem Abschnitt lernen Sie die von Windows bereitgestellten Funktionen zur Wartung von Datenträgern wie Festplatten kennen.

Platz schaffen mit der Datenträgerbereinigung

Beim Arbeiten mit Windows sammelt sich im Laufe der Zeit eine ganze Menge Datenmüll im Papierkorb und in sogenannten temporären Ordnern an. Diese Dateien lassen sich durch die Datenträgerbereinigung entfernen.

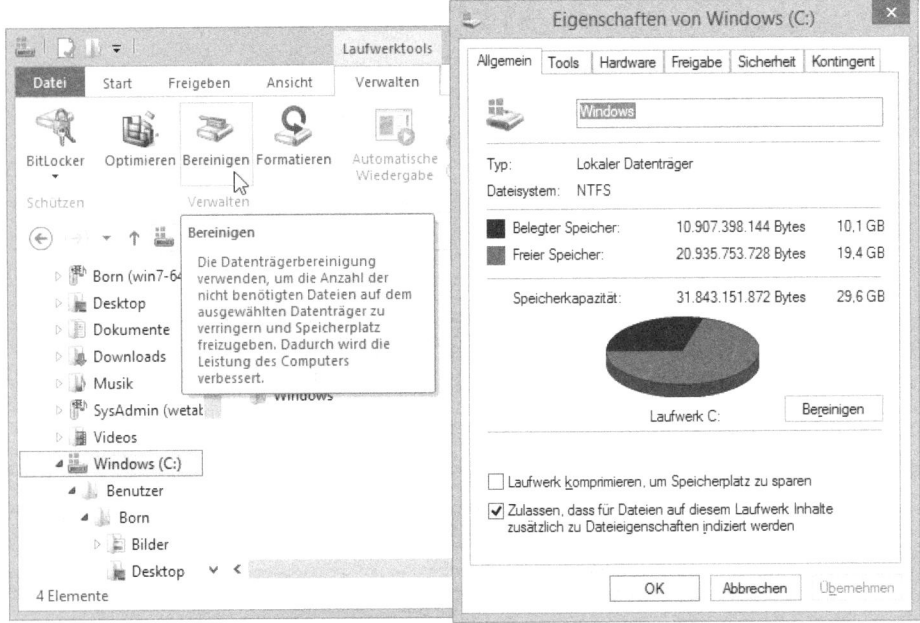

Abbildung 13.1   Aufrufen der Datenträgerbereinigung

- Markieren Sie in einem Ordnerfenster das gewünschte Laufwerk und wählen Sie anschließend im Menüband auf der Registerkarte *Verwalten* die Schaltfläche *Bereinigen* (Abbildung 13.1, Hintergrund)

- Alternativ lässt sich im Ordnerfenster das gewünschte Laufwerk markieren und dann auf der Registerkarte *Start* des Menübands die Schaltfläche *Eigenschaften* (oder der gleichnamige Kontextmenübefehl) wählen. Im Eigenschaftenfenster befindet sich auf der Registerkarte *Allgemein* ebenfalls die mit *Bereinigen* bezeichnete Schaltfläche zum Aufruf der betreffenden Funktion (Abbildung 13.1. rechts).

Windows analysiert beim Aufruf der Funktion den Datenträger, was einige Zeit dauern kann und über eine Fortschrittsanzeige signalisiert wird. Sobald das Dialogfeld mit der Registerkarte *Datenträgerbereinigung* erscheint, markieren Sie die Kontrollkästchen der Kategorien, in denen Dateien gelöscht werden sollen (Abbildung 13.2, links), und klicken auf die *OK*-Schaltfläche.

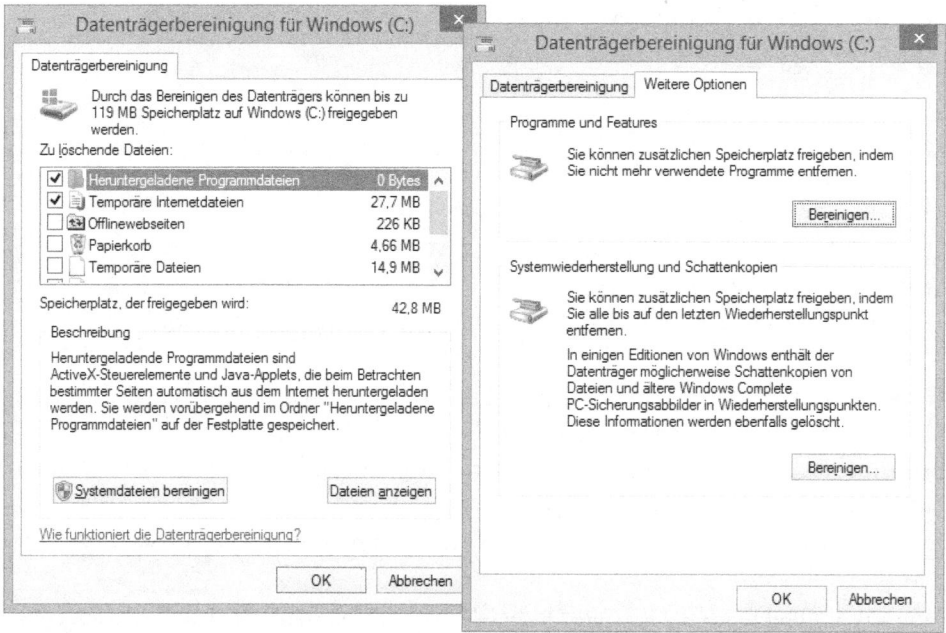

Abbildung 13.2 Registerkarten *Datenträgerbereinigung* und *Weitere Optionen*

Die Datenträgerbereinigung gibt für jede Kategorie die Größenordnung des belegten Bereichs an. Bei Bedarf können Sie einen Eintrag anklicken und die Schaltfläche *Dateien anzeigen* betätigen. Dann werden Ihnen die zu löschenden Dateien in einem separaten Dialogfeld angezeigt. Sobald Sie die Registerkarte über die *OK*-Schaltfläche schließen, entfernt die Laufwerkbereinigung alle Dateien der markierten Kategorien.

> **HINWEIS**   Um auch Systemdateien zu bereinigen, kann ein Administrator die Schaltfläche *Systemdateien bereinigen* anwählen (Abbildung 13.2, links). Nach Bestätigung der Sicherheitsabfrage ermittelt die Datenträgerbereinigung die verfügbaren Dateien und zeigt eine erweiterte Liste an Einträgen auf der Registerkarte *Datenträgerbereinigung*. So können Sie nun auch den ggf. vorhandenen Ordner *Windows.old* aus einer alten Windows-Installation löschen lassen. Zudem wird die Registerkarte *Weitere Optionen* eingeblendet (Abbildung 13.2, rechts). Auf dieser Registerkarte finden Sie in der Gruppe *Programme und Funktionen* die Schaltfläche *Bereinigen*. Diese öffnet das Fenster *Programme deinstallieren oder ändern*, in dem Sie nicht mehr benötigte Programme entfernen können. Die Schaltfläche *Bereinigen* der Gruppe *Systemwiederherstellung und Schattenkopien* ermöglicht Ihnen, die Wiederherstellungspunkte bis auf den letzten Sicherungssatz zu löschen.

Datenträgerprüfung durchführen

Ein Problem stellen beschädigte oder fehlerhafte Dateien auf Festplatten dar. Wenn Sie den Computer einfach abschalten, ohne Windows vorher zu beenden, können Dateien beschädigt werden. Oder ein Programmabsturz bewirkt, dass die Daten nicht richtig in die zugehörige Datei geschrieben werden. Bei nicht korrekt beendeten Windows-Sitzungen führt das Betriebssystem beim nächsten Start u.U. automatisch eine Datenträgerprüfung durch. Haben Sie den Verdacht, dass das Speichermedium eventuell beschädigt ist, können Sie diese Prüfung auch manuell aufrufen.

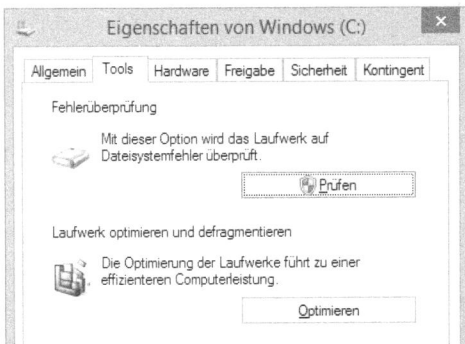

Abbildung 13.3   Registerkarte *Tools* mit Optionen zur Datenträgerwartung

1. Markieren Sie in einem Ordnerfenster das gewünschte Laufwerk und wählen Sie dann auf der Register-karte *Start* des Menübands die Schaltfläche *Eigenschaften*.

2. Im Eigenschaftenfenster lässt sich dann auf der Registerkarte *Tools* die mit *Prüfen* bezeichnete Schaltflä-che im Abschnitt *Fehlerüberprüfung* wählen (Abbildung 13.3).

3. Bestätigen Sie die Sicherheitsabfrage der Benutzerkontensteuerung, um den Vorgang fortsetzen zu kön-nen.

Windows öffnet dann das in Abbildung 13.4 gezeigte Dialogfeld, in dem der Status des Laufwerks angezeigt wird. In den meisten Fällen ist keine Überprüfung erforderlich, sodass Sie das Dialogfeld über die *Schließen*-Schaltfläche beenden können. Bei Bedarf lässt sich aber der im Dialogfeld eingeblendete Befehl *Laufwerk scannen* bzw. *Laufwerk scannen und reparieren* anwählen. Dann wird eine Datenträgerüberprüfung vorge-nommen, deren Ablauf in einem Statusfenster angezeigt wird.

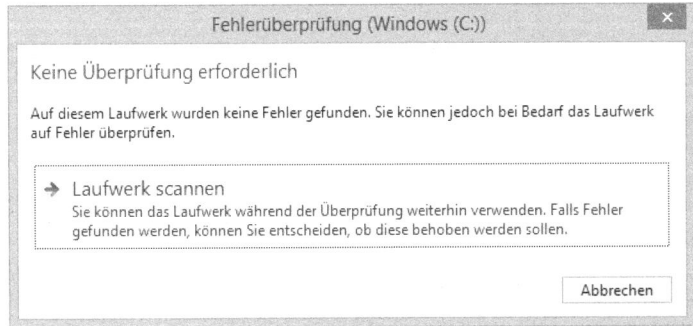

Abbildung 13.4   Dialogfeld der Datenträgerprüfung

HINWEIS   Ab Windows 8 hat Microsoft die Datenträgerprüfung (und das zugrunde liegende Tool *Chkdsk*) überarbeitet. Daher erkennt das Betriebssystem, wenn Fehler vorliegen und korrigiert diese automatisch. Zudem kann die Prüfung von Sys-temdatenträgern auch während des laufenden Betriebs ausgeführt werden. Der in früheren Windows-Versionen erforderliche Neustart zur Prüfung eines Systemlaufwerks kann also entfallen. Beachten Sie, dass sich die Datenträgerprüfung nur ausführen lässt, wenn Sie über Administratorrechte verfügen.

Die Datenträgerprüfung lässt sich auch aus einer administrativen Eingabeaufforderung mit dem Befehlszeilentool *Chkdsk* aus-führen. Der Befehl *Chkdsk /?* zeigt die Aufrufoptionen und mit *Chkdsk /r <lw:>* wird das in *<lw:>* angegebene Laufwerk einer Fehlerüberprüfung unterzogen. Gegenüber früheren Windows-Versionen hat Microsoft die Datenträgerprüfung Zudem lässt sich die Datenträgerprüfung des Windows-Laufwerks auch bei laufendem System durchführen. Einige Hinweise habe ich unter *http://www.borncity.com/blog/2012/05/17/windows-8-chkdsk-redesign-und-ntfs-healt-monitoring/* [Ms240-K13-01] veröffentlicht.

Laufwerke optimieren

Beim Schreiben von Dateien werden die Daten in freie Cluster auf dem Datenträger abgelegt. Dateioperationen (Vergrößern, Verkleinern oder Löschen von Dateien) führen dazu, dass Cluster freigegeben oder freie Cluster für die Dateidaten belegt werden. Die Daten einer Datei werden dann mit der Zeit nicht mehr zusammenhängend in benachbarten Clustern, sondern im ungünstigsten Fall über die Cluster des Datenträgers verstreut abgelegt. Man bezeichnet dies als Fragmentierung. Die Fragmentierung verringert die Zugriffsgeschwindigkeit auf die Dateien, da die Schreib-/Leseköpfe des Laufwerks jeweils die einzelnen Cluster ansteuern müssen, um auf die Daten der Datei zugreifen zu können.

Windows führt auf NTFS-Datenträgern (per Aufgabenplanung) automatisch eine Defragmentierung im Hintergrund durch. Allerdings können auch Wechselmedien fragmentiert sein. Sie können daher prüfen, ob eine Fragmentierung der betreffenden Laufwerke vorliegt, und eine Optimierung vornehmen. Hierbei werden die von den Dateien belegten Cluster auf dem Datenträger in benachbarte Cluster verschoben und freie Cluster zu kompletten Blöcken zusammengefasst.

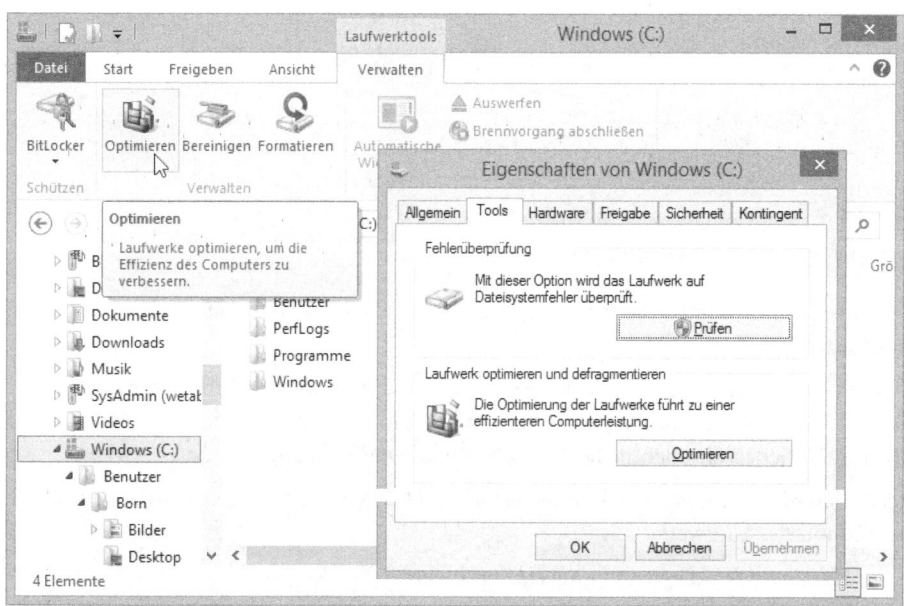

Abbildung 13.5 Datenträgeroptimierung aufrufen

Zur Überprüfung und Optimierung eines Datenträgers bietet Windows Ihnen verschiedene Wege an:

- Markieren Sie in einem Ordnerfenster das gewünschte Laufwerk und wählen Sie dann auf der Registerkarte *Verwalten* des Menübands die Schaltfläche *Optimieren* (Abbildung 13.5, Hintergrund)

- Alternativ kann im Ordnerfenster bei markiertem Laufwerk im Menüband auf der Registerkarte *Start* die Schaltfläche *Eigenschaften* gewählt werden. Im Eigenschaftenfenster lässt sich dann auf der Registerkarte *Tools* die mit *Optimieren* bezeichnete Schaltfläche im Abschnitt *Fehlerüberprüfung* wählen (Abbildung 13.5, Vordergrund).

Windows öffnet dann das in Abbildung 13.6 gezeigte Dialogfeld *Laufwerke optimieren*, in dem der Status des Laufwerks angezeigt wird. In den meisten Fällen ist keine Überprüfung erforderlich und Sie können das Dialogfeld über die *Schließen*-Schaltfläche beenden. Im Dialogfeld *Laufwerke optimieren* werden der Zeitpunkt der letzten Optimierung sowie der aktuelle Fragmentierungsstatus angezeigt.

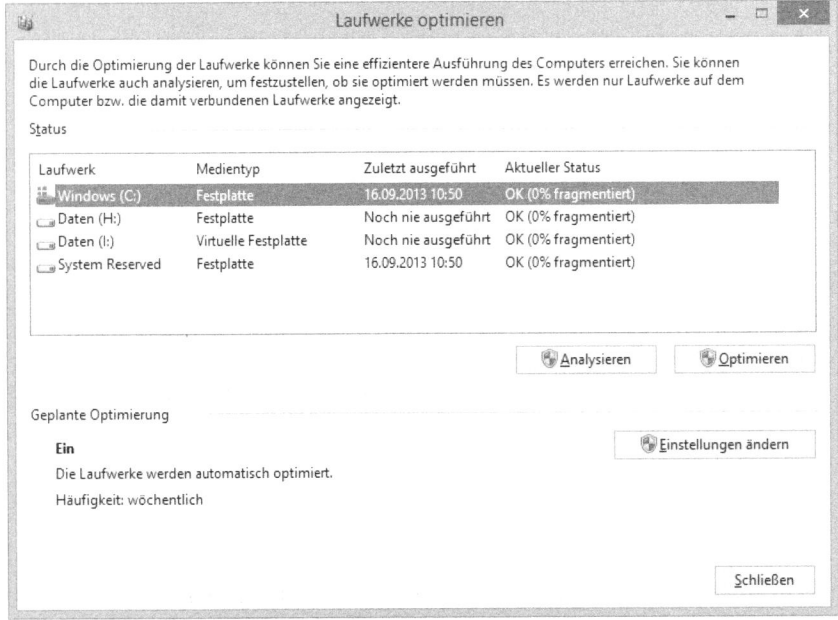

Abbildung 13.6   Dialogfeld zum Defragmentieren eines Datenträgers

- Markieren Sie ein Laufwerk und wählen Sie die Schaltfläche *Analysieren*, erfolgt eine Prüfung, ob eine Defragmentierung erforderlich ist

- Die Schaltfläche *Optimieren* startet zuerst eine Analyse und dann ggf. den Defragmentiervorgang, der im Hintergrund ausgeführt wird. Dieser Vorgang kann bei großen Laufwerken einige Stunden dauern. Sie können diesen Vorgang aber jederzeit über die Schaltfläche *Anhalten* des Dialogfelds unterbrechen.

- Über die Schaltfläche *Einstellungen ändern* öffnen Sie ein Dialogfeld (Abbildung 13.7) zur Auswahl des Optimierungsintervalls und des Laufwerks

Die Schaltfläche *Schließen* beendet das Dialogfeld *Laufwerke optimieren*.

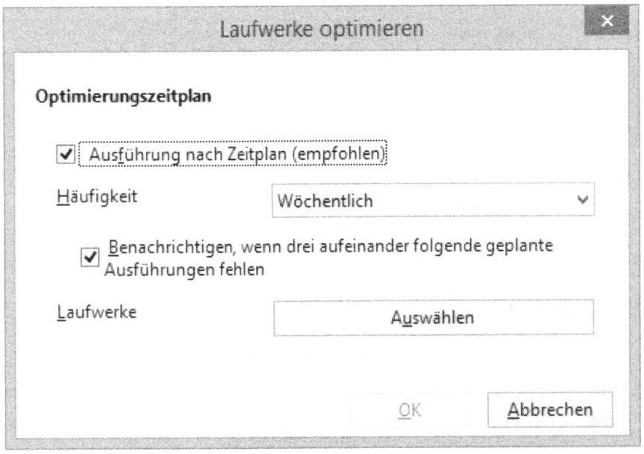

Abbildung 13.7   Optimierungszeitplan anpassen

Dateiversionen und Speicherplätze verwalten

Microsoft hat bereits in Windows 8 zwei Neuerungen, den Dateiversionsverlauf zum Verwalten von Sicherungskopien von Dateien sowie die Funktion Speicherplätze (Storage Spaces) zur dynamischen Verwaltung von Festplattenspeicher, eingebaut, die nachfolgend kurz vorgestellt werden.

Den Dateiversionsverlauf einrichten

Diese Funktion ermöglicht es, Kopien von geänderten Dateien aus den Bibliotheken, dem Windows-Desktop, den Kontakten und den Favoriten in festen Intervallen auf einem separaten Datenträger zu sichern. Bei Bedarf lässt sich dann auf die Vorgängerversionen der gesicherten Dateien zugreifen.

HINWEIS   Bereits unter früheren Windows-Versionen (z.B. Windows 7 Ultimate) gab es die auf dem NTFS-Dateisystem aufsetzende Funktion *Vorgängerversion wiederherstellen*, bei der Änderungen an Dateien in Volumenschattenkopien gespeichert wurden. Über diese Kopien ließen sich vorhergehende Dateiversionen wiederherstellen. Diese Funktion ist bereits unter Windows 8 entfallen. Beachten Sie zudem, dass die Funktion *Dateiversionsverlauf* keine verschlüsselten Dateien in die Sicherung einbezieht.

Die Funktion *Dateiversionsverlauf* kann sowohl auf separate interne Datenträger als auf externe Laufwerke oder auf Netzlaufwerke sichern. Auf dem Sicherungsdatenträger richtet die Funktion einen Ordner *FileHistory* zur Aufnahme der gesicherten Dateien ein.

1. Zum Einrichten der Funktion rufen Sie die Systemsteuerung (z.B. über den Navigationsbereich des Ordnerfensters) auf und wählen die Kategorie *System und Sicherheit* (Abbildung 13.8, oben links).
2. Auf der Folgeseite wählen Sie den Eintrag *Dateiversionsverlauf* (Abbildung 13.8, Mitte) und warten, bis die Folgeseite erscheint.
3. Auf der Seite *Dateiversionsverlauf* (Abbildung 13.8, unten) wählen Sie das gewünschte Laufwerk zur Sicherung aus und bestätigen mit einem Klick auf die Schaltfläche *Aktivieren*.

Dies schaltet den Dateiversionsverlauf ein. Ein auf der Seite *Dateiversionsverlauf* eventuell beim Laufwerk eingeblendeter Hyperlink *Jetzt ausführen* ermöglicht eine sofortige Sicherung der Dateien auf das Sicherungslaufwerk.

Über die Befehle der Aufgabenleiste lassen sich diverse Funktionen zur Konfigurierung der Funktion aufrufen.

- **Laufwerk auswählen**   Dieser Befehl öffnet ein Dialogfeld (Abbildung 13.8), in dem Sie das Ziellaufwerk für die Sicherung festlegen bzw. anpassen können. Über die Schaltfläche *Netzwerkadresse hinzufügen* öffnen Sie ein Dialogfeld, in dem eine Freigabe auf einem Netzwerkrechner als Sicherungsziel ausgewählt werden kann. Dann erfolgt die Sicherung auf diesem Netzlaufwerk.

- **Ordner ausschließen**   Mit diesem Befehl öffnen Sie das Dialogfeld aus Abbildung 13.9. Über die Schaltfläche *Hinzufügen* können Sie Ordner vorgeben, die von der Speicherung des Verlaufs auszunehmen sind. Die *Entfernen*-Schaltfläche ermöglicht es, eingetragene Ordner wieder auszutragen. Änderungen an der Konfiguration müssen Sie über die Schaltfläche *Änderungen speichern* bestätigen.

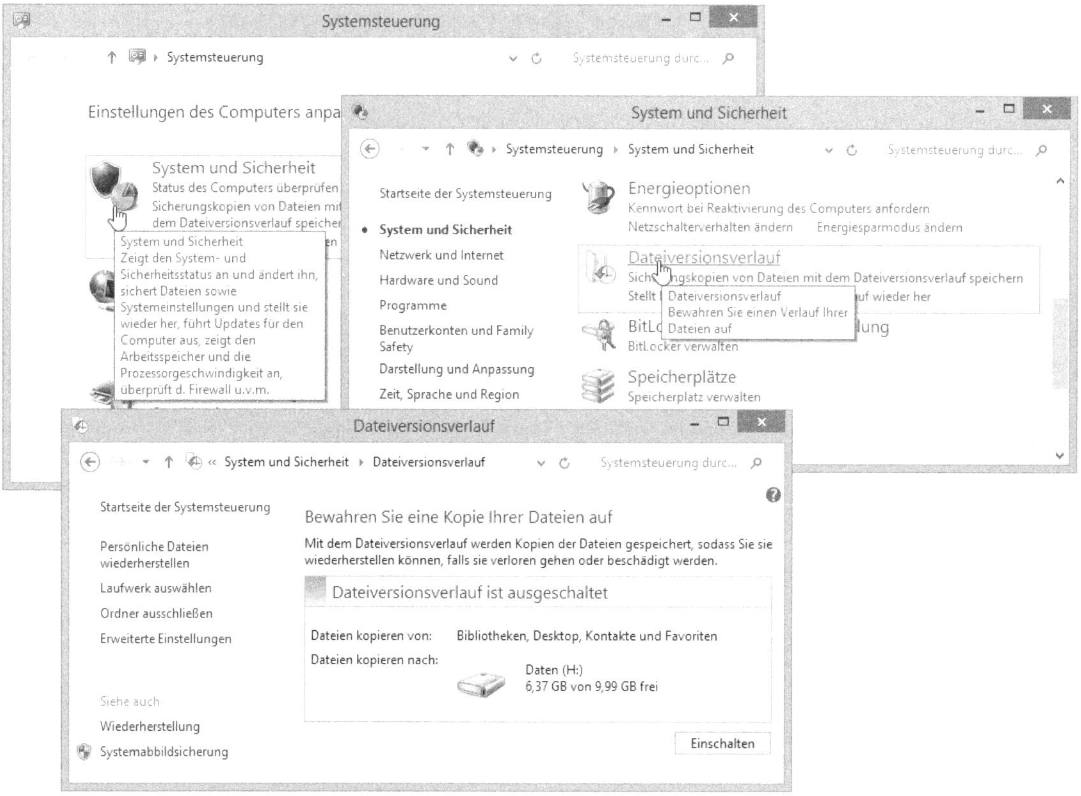

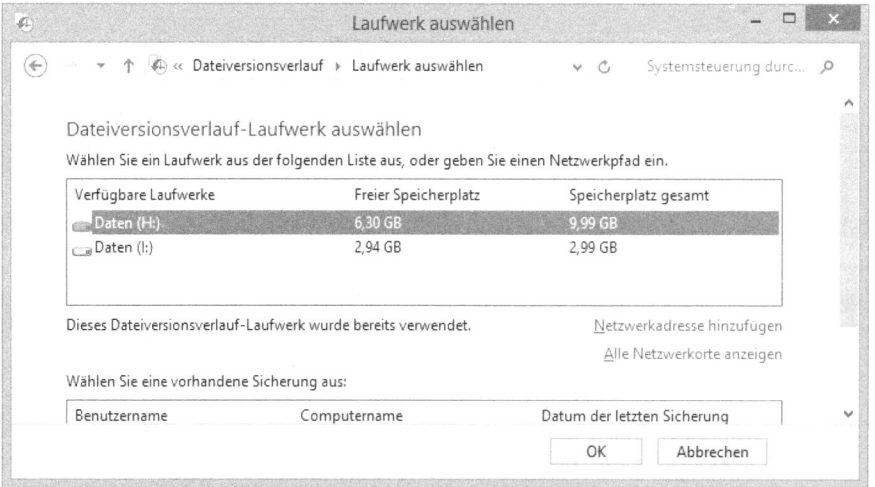

Abbildung 13.8 Dateiversionsverlauf aktivieren

Abbildung 13.9 Sicherungslaufwerk für den Dateiversionsverlauf auswählen

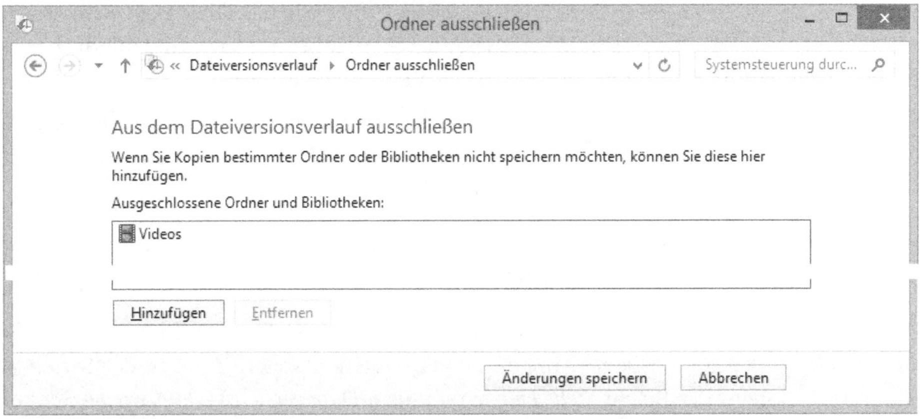

Abbildung 13.10   Ordner vom Dateiversionsverlauf ausschließen

Erweiterte Einstellungen verwalten

Der Befehl *Erweiterte Einstellungen* in der Aufgabenleiste der Seite *Dateiversionsverlauf* (Abbildung 13.8, unten) öffnet eine Verwaltungsseite (Abbildung 13.11), in der Sie das Zeitintervall zum Sichern der Dateikopien von »Alle 10 Minuten« über »Alle 12 Stunden« bis »Täglich« vorgeben können. Standardmäßig ist eine stündliche Sicherung voreingestellt. Weiterhin lässt sich die Größe des Offlinecaches in Prozent der Laufwerkkapazität des Zielmediums angeben.

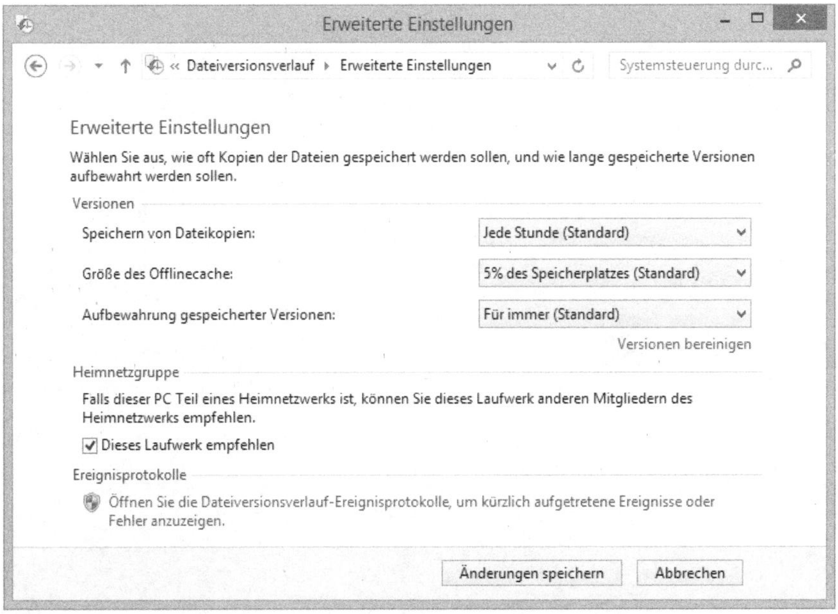

Abbildung 13.11   Erweiterte Einstellungen des Dateiversionsverlaufs

Über das Listenfeld *Aufbewahrung gespeicherter Versionen* können Sie festlegen, ob die Sicherungskopien für immer (Standard) aufbewahrt werden oder ob die Kopien irgendwann zu löschen sind. Der Modus zum Löschen reicht von Zeitangaben (z.B. 1 bis 9 Monate, 1 bis 2 Jahre) bis hin zur Option »Bis Platz benötigt wird«.

Über den Hyperlink *Versionen bereinigen* im Abschnitt *Versionen* öffnen Sie das Dialogfeld *Bereinigung des Dateiversionsverlaufs*, in dem Sie das Löschkriterium (z.B. »Älter als 1 Jahr«) wählen und dann die betreffenden Kopien mittels der Schaltfläche *Bereinigen* vom Datenträger entfernen können.

Über das Kontrollkästchen *Dieses Laufwerk empfehlen* haben Sie die Möglichkeit, das konfigurierte Sicherungslaufwerk auch anderen Mitgliedern in einem Heimnetzwerk zur Sicherung des Datenversionsverlaufs anzubieten.

Persönliche Dateien wiederherstellen

Zum Wiederherstellen von Dateien lässt sich in der Aufgabenleiste der Seite *Dateiversionsverlauf* der Befehl *Persönliche Dateien wiederherstellen* anklicken (Abbildung 13.8, unten). Weiterhin ist in der Systemsteuerungsseite (Abbildung 13.8, oben) der Befehl *Stellt Dateien mit dem Dateiversionsverlauf wieder her* verfügbar, und auf der Registerkarte *Start* im Menüband eines Ordnerfensters finden Sie in der Gruppe *Öffnen* die Schaltfläche *Verlauf* (Abbildung 13.12, oben).

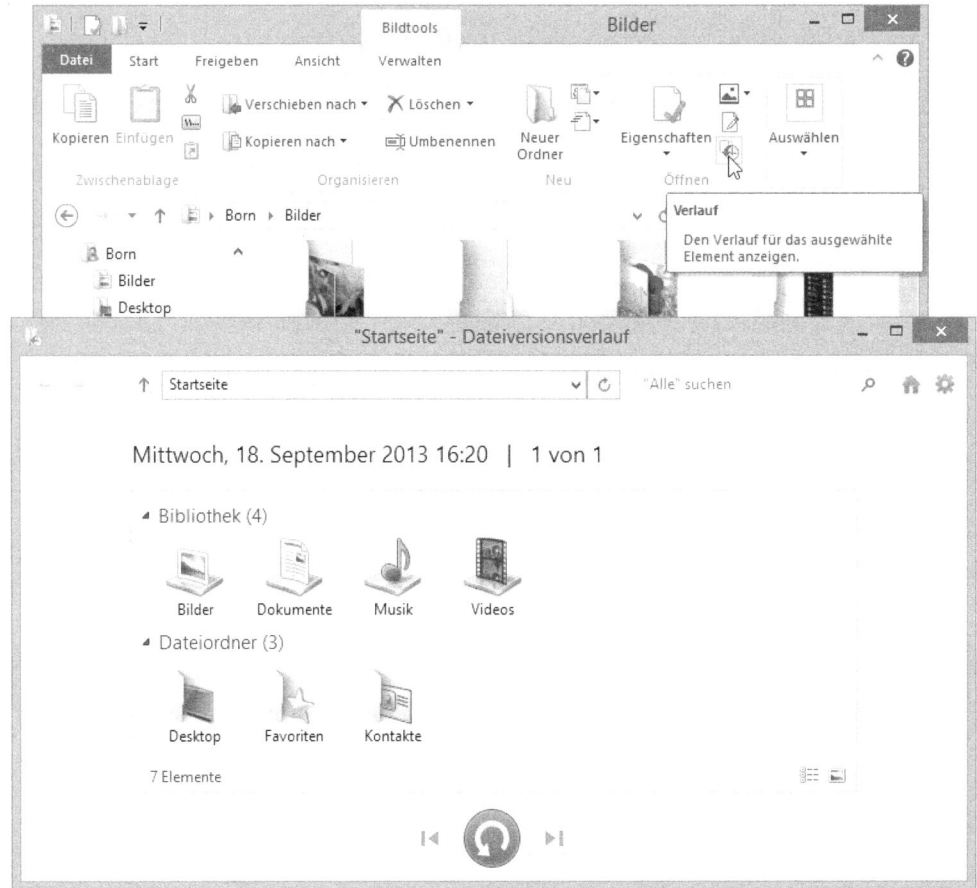

Abbildung 13.12   Persönliche Dateien aus dem Dateiversionsverlauf wiederherstellen

Über diese Wege öffnet Windows ein Dialogfeld (Abbildung 13.12, unten), in dem Sie einen angezeigten Ordner oder eine Datei markieren und dann die Schaltfläche zum Wiederherstellen am unteren Fensterrand wählen können. Anschließend kopiert Windows die Sicherungskopie aus dem Ordner *FileHistory* des Sicherungslaufwerks in den Originalordner zurück. Windows fragt dabei über das Dialogfeld *Dateien ersetzen oder überspringen* nach, ob die Datei überschrieben werden darf.

> **HINWEIS** Die in Windows 7 vorhandene Funktion zur Systemabbildsicherung ist in Windows 8.1 zwar noch enthalten, aber ziemlich versteckt. Sie können in der Systemsteuerung nach »Dateiversionsverlauf« suchen und diese Funktion anwählen. Dann finden Sie in der linken unteren Ecke des Fensters der Befehl *Systemabbildsicherung* vor, bei dessen Anwahl das Dialogfeld zum Anfertigen einer Systemabbildsicherung auf DVD oder einer separaten Festplatte erscheint. Allerdings ist die Backupfunktion etwas unzuverlässig und wird in diesem Buch nicht behandelt. In meinen Blog habe ich unter *http://www.borncity.com/blog/2012/12/10/windows-8-backup-mit-bordmitteln-teil-1/* [Ms240-K13-02] die Funktion zum Sichern und Wiederherstellen eines Systemabbilds sowie Fremdtools für Windows 8 beschrieben. Der Ansatz gilt auch für Windows 8.1. Um ein Backup anzufertigen, können Sie auf die im Artikel beschriebenen Tools von Fremdherstellern ausweichen. Die Windows 8-Funktion zum Anfertigen eines Systemreparaturdatenträgers auf CD ist in Windows 8.1 übrigens entfallen.

Speicherpools über Speicherplätze verwalten

Bei der Funktion Speicherplätze (Storage Spaces) handelt es sich um eine Funktion, mit der sich Festplatten zu virtuellen Speichereinheiten zusammenfassen lassen, sodass Inhalte fehlertolerant auf den Medien gespiegelt werden können. Die Verwaltung erfolgt über einen Speicherpool, der sich durch Hinzufügen neuer Datenträger – anschließbar über USB, SATA (Serial ATA) oder SAS (Serial Attached SCSI) – leicht erweitern lässt. Der Speicherpool kann dabei Datenträger unterschiedlicher Kapazität beinhalten, die zu virtuellen Laufwerken (Spaces) zusammengefasst werden.

> **HINWEIS** Diese virtuellen Festplatten verhalten sich wie physische Laufwerke, warten aber mit neuen Features wie einer Fehlertoleranz gegen Ausfall eines Datenträgers auf. Unter *http://www.borncity.com/blog/2012/01/06/windows-8-details-zum-storage-space/* [Ms240-K13-03] habe ich bereits zu Windows 8 einen Artikel veröffentlicht, der sich mit den Funktionen befasst.

Die Verwaltung der Speicherplätze erfolgt in der Systemsteuerung über den Befehl *Speicherplätze* in der Gruppe *System und Sicherheit* (Abbildung 13.8, oben links und Mitte).

- Beim Aufruf der Funktion erscheint die in Abbildung 13.13, oben, dargestellte Seite *Speicherplätze*. Wählt man den Befehl *Neuen Pool und Speicherplatz erstellen*, öffnet sich nach Bestätigung der Benutzerkontensteuerung die in Abbildung 13.13, unten, gezeigte Seite. Windows blendet dort alle gefundenen Speichermedien (formatiert oder unformatiert) ein, die in den Pool aufgenommen werden können.

- Markieren Sie die Kontrollkästchen der Laufwerke, die in Storage Spaces einzubeziehen sind, und wählen Sie danach die Schaltfläche *Pool erstellen*. Windows bereitet dann die Laufwerke entsprechend vor. Neue Laufwerke werden initialisiert und formatiert, bereits formatierte Laufwerke nimmt die Funktion einfach in den Speicherpool auf.

Über eine weitere Seite *Speicherplatz erstellen* (Abbildung 13.14) fordert Windows zur Konfigurierung des Speicherpools auf.

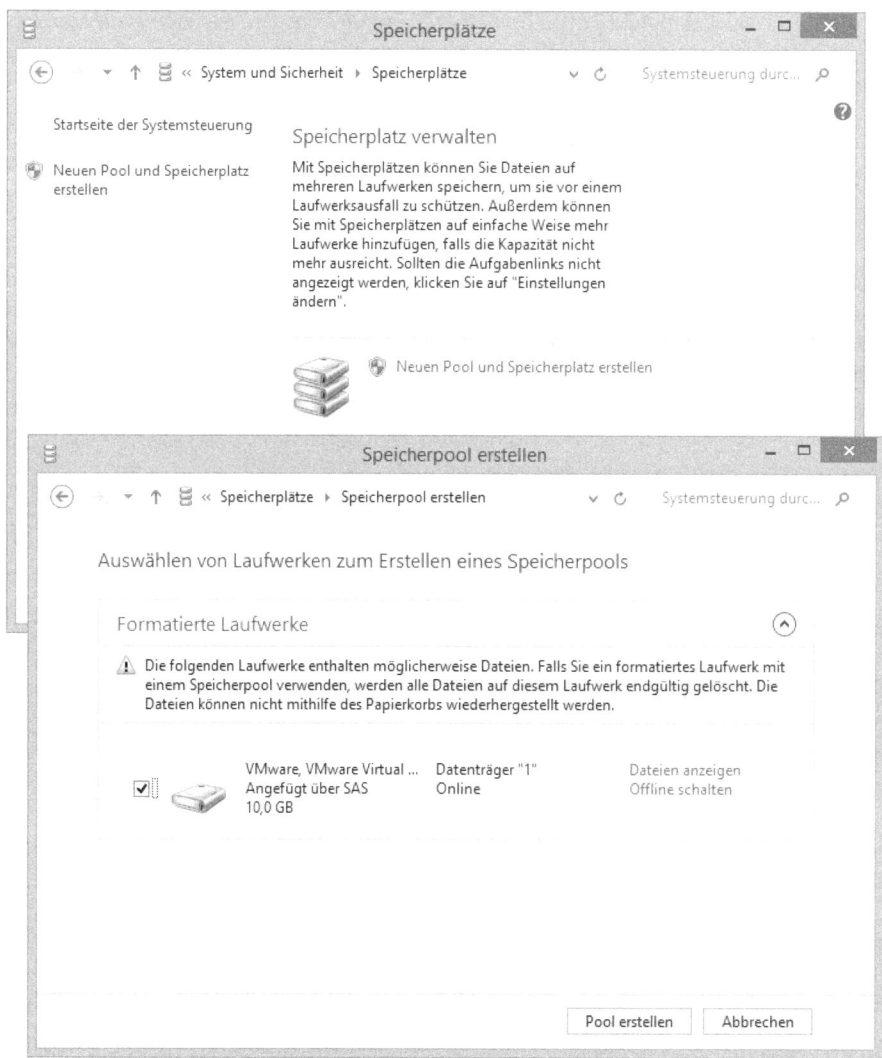

Abbildung 13.13   Speicherplätze (Storage Spaces) und Speicherpool verwalten

- Vergeben Sie im Abschnitt *Name und Laufwerkbuchstabe* einen Volumenamen und einen Laufwerkbuchstaben für das neue Laufwerk des Speicherpools.

- Im Feld *Resilienztyp* lässt sich der Modus für die Fehlertoleranz vorgeben. Dieser Modus bestimmt, wie die Daten auf die Laufwerke eines Pools aufzuteilen sind, sodass eine Fehlertoleranz bei Ausfall eines oder mehrerer Laufwerke erreicht wird. Bei einem einzigen Laufwerk ist keine Resilienz (Fehlertoleranz) möglich. Zwei Laufwerke ermöglichen eine Zwei-Wege-Spiegelung und so weiter.

- Weiterhin wird die logische Größe des Speichers in einem Feld angezeigt bzw. lässt sich dort auch begrenzen. In diesem Feld ist ein Wert zulässig, der größer als die vorhandene Kapazität ist.

Sobald Sie die Schaltfläche *Speicherplatz erstellen* anwählen, legt Windows den Speicherpool an. Nach dem Erstellen sollte der Speicherplatz als neues Laufwerk des Speicherpools im Explorer auftauchen und kann wie jedes andere Laufwerk zum Speichern von Dateien und Ordnern verwendet werden. Windows sorgt dann für die fehlertolerante Speicherung der Daten auf den angeschlossenen physischen Laufwerken.

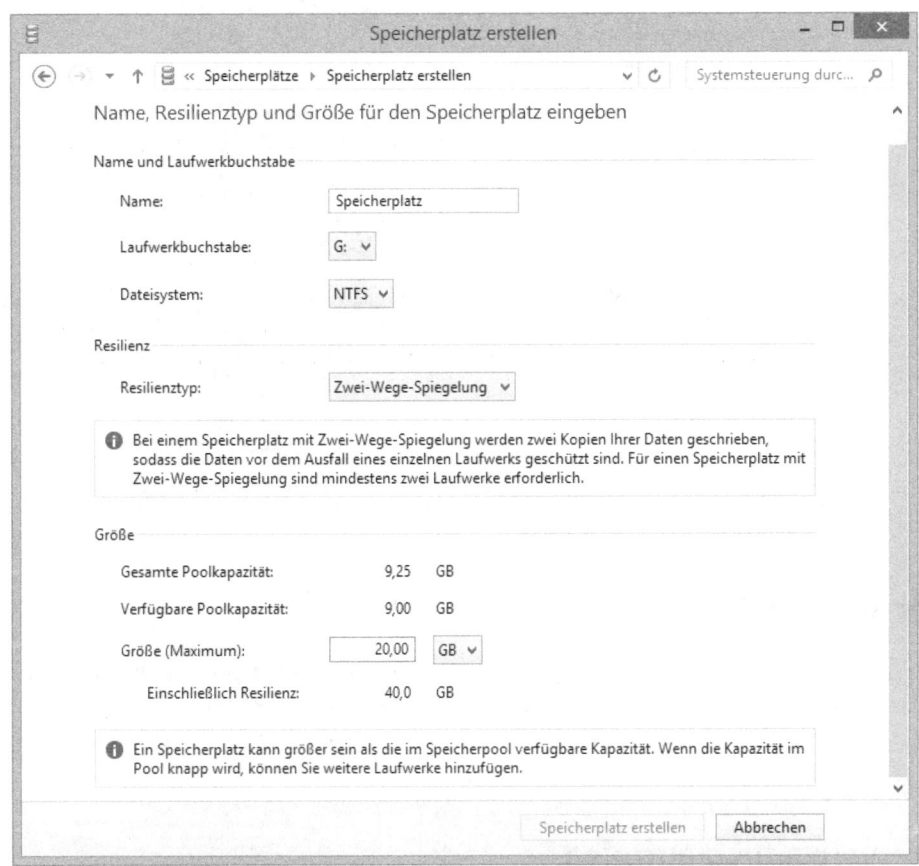

Abbildung 13.14 Speicherplatz erstellen

HINWEIS   Windows verwaltet den Pool dynamisch. Ist die Speicherkapazität erschöpft, lassen sich einfach neue Laufwerke an den Rechner anschließen und zum Speicherpool hinzufügen. Beachten Sie aber, dass die Funktion das gesamte Laufwerk belegt, dort vorhandene Daten also verloren gehen.

Sind bereits Speicherplätze konfiguriert, zeigt die Seite *Speicherplatz verwalten* (Abbildung 13.15) die verfügbaren Speicherpools, deren Kapazität und Belegung sowie die vorhandenen physischen Laufwerke an. Über die am rechten Rand des jeweiligen Speicherpools eingeblendeten Befehle (Abbildung 13.15) lassen sich weitere Speicherplätze (Pools) erstellen oder Laufwerke zu bestehenden Speicherpools hinzufügen. Zudem gibt es einen Befehl zum Umbenennen oder Löschen eines Speicherpools.

Die expandierte Gruppe *Physische Laufwerke* gibt die für den Speicherpool verwendeten Laufwerke samt dem Laufwerkbuchstaben, die verwendete und die verfügbare Kapazität sowie den Resilienztyp an. Am rechten Rand der einzelnen Einträge unter *Physische Laufwerke* finden Sie z.B. Befehle zum Umbenennen oder Löschen eines Laufwerks.

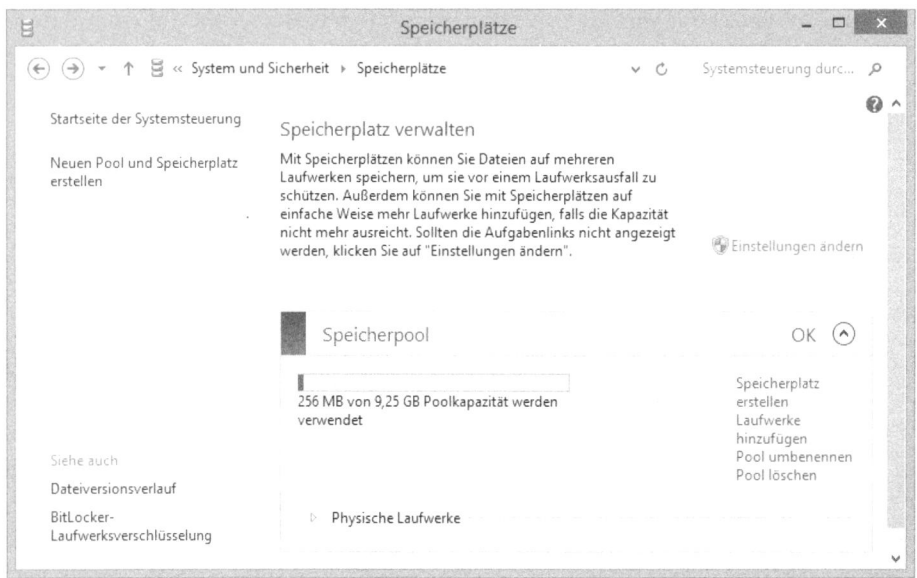

Abbildung 13.15   Anzeige des Speicherplatzes im Speicherpool

Datenträger verwalten

Windows stellt die Funktion *Datenträgerverwaltung* bereit, über die Sie neue Festplatten oder andere Datenträger in das System aufnehmen und deren Laufwerkbuchstaben anpassen können. Zudem bietet die Datenträgerverwaltung die Möglichkeit, Festplatten zu partitionieren und in logische Laufwerke aufzuteilen. Die Funktionen werden nachfolgend vorgestellt.

Die Datenträgerverwaltung aufrufen

Die Datenträgerverwaltung ist Bestandteil der Computerverwaltung – eines Werkzeugs, über das Sie verschiedene Administrationsaufgaben ausführen können. Die Verwendung der Computer- und damit der Datenträgerverwaltung erfordert jedoch die Ausführung unter einem Konto mit Administratorrechten. Sie haben verschiedene Möglichkeiten (z.B. über die Systemsteuerung), um die Computerverwaltung aufzurufen.

- Öffnen Sie ein Ordnerfenster und wählen Sie im Navigationsbereich das Symbol *Dieser PC*. Anschließend können Sie auf der Registerkarte *Computer* des Menübands die Schaltfläche *Verwalten* wählen. Nach Bestätigung der Benutzerkontenabfrage erscheint die Computerverwaltung.

- Blenden Sie die Charms-Leiste am rechten Bildschirmrand ein, wählen Sie *Suchen*, tippen Sie in das Suchfeld der Seitenleiste *Suchen* den Text »Verwa« ein und warten Sie, bis der Treffer *Verwaltung* angezeigt wird. Dann wählen Sie den Treffer an. Verwenden Sie im Ordnerfenster die angezeigte Verknüpfung *Computerverwaltung*, die Sie über den Kontextmenübefehl *Als Administrator ausführen* aufrufen.

- Bei Mausbedienung lässt sich in der linke Ecke der Taskleiste die Schaltfläche *Start* mit der rechten Maustaste anklicken. Wählen Sie im Menü für den Schnellzugriff den Befehl *Computerverwaltung* oder gleich *Datenträgerverwaltung*. Dies erfordert jedoch zwingend, dass Sie unter einem Administratorkonto angemeldet sind.

Wurde die Computerverwaltung mit administrativen Berechtigungen aufgerufen, wählen Sie in der linken Spalte den Zweig *Computerverwaltung/Datenspeicher/Datenträgerverwaltung* (Abbildung 13.16).

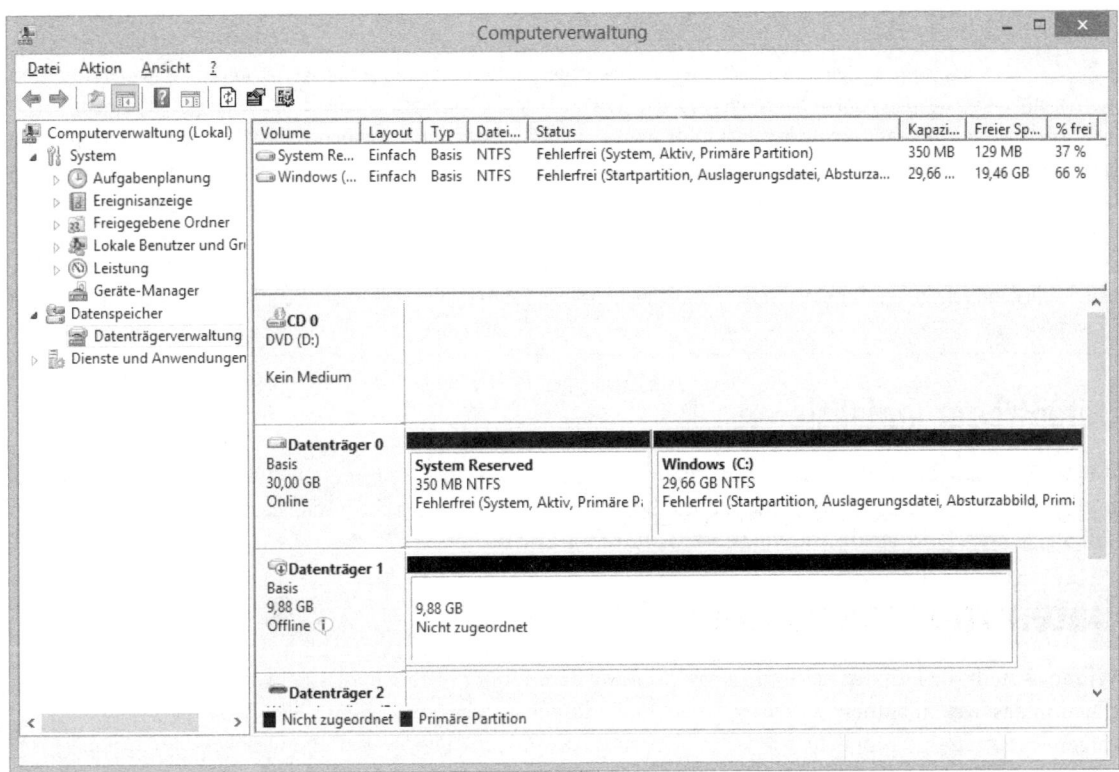

Abbildung 13.16   Datenträgerverwaltung in der Computerverwaltung

Die Datenträgerverwaltung nimmt Kontakt zum betreffenden Dienst auf und ermittelt die Datenträgerkonfiguration. Anschließend zeigt sie die erkannten logischen Laufwerke im oberen Teil des Fensters an (Abbildung 13.16). Im unteren Teil erscheinen die erkannten Datenträger (CD-/DVD-Laufwerke und physische Festplatten sowie Wechselmedien oder gemountete ISO- und VHD-Dateien). Sie erhalten einen Überblick über die zugewiesenen Laufwerkbuchstaben, über das benutzte Dateisystem, den Fehlerstatus sowie über die Laufwerkkapazität und die freie Kapazität der Datenträger. In der Spalte ganz rechts, in der Laufwerkliste, lässt sich übrigens erkennen, ob noch Teile des Datenträgers frei sind, d.h., noch nicht als Partitionen mit logischen Laufwerken belegt wurden.

HINWEIS   Sie können in das Suchfeld der Startseite auch den Befehl *Diskmgmt.msc* eintippen und dann die Tastenkombination Strg + ⇧ + ↵ drücken. Nach Bestätigung der Sicherheitsabfrage der Benutzerkontensteuerung gelangen Sie direkt zum Fenster der Datenträgerverwaltung (d.h. die linke Spalte der Computerverwaltung fehlt). Persönlich finde ich aber, dass der Weg über die Computerverwaltung leichter zu merken ist.

Die Computerverwaltung und Datenträgerverwaltung werden durch die Microsoft Management Console (MMC) bereitgestellt. Diese lässt sich über sogenannte Snap-Ins erweitern. Funktional besteht kein Unterschied zwischen der Computer- und der Datenträgerverwaltung, da das gleiche Snap-In für die benötigten Datenträgerfunktionen benutzt wird. In der Computerverwaltung erhalten Sie lediglich über die Einträge der linken Spalte Zugriff auf verschiedene Snap-Ins, während in der Datenträgerverwaltung lediglich das benötigte Snap-In eingebunden ist. Dann entfällt die linke Spalte zum Wechseln zwischen den Verwaltungsfunktionen und in der Titelleiste erscheint der Name *Datenträgerverwaltung*. Nachfolgend wird der Begriff *Datenträgerverwaltung* synonym für beide Werkzeuge verwendet.

ACHTUNG　　In den folgenden Abschnitten werden Funktionen zum Zugriff und zur Anpassung von Partitionen beschrieben. Die Datenträgerverwaltung zeigt in der rechten oberen Ecke die Liste der Laufwerke mit der freien Kapazität (Abbildung 13.16). Bei GPT-Datenträgern steht diese Anzeige der freien Kapazität bei Systemdatenträgern immer auf 100 %. Auf diese Datenträger kann dann i.d.R. auch nicht per Kontextmenübefehl zugegriffen werden, um Laufwerkbuchstaben zuzuweisen oder die Partitionsgröße zu ändern. Hintergrund ist, dass Microsoft bisher die entsprechenden Features nicht in der Datenträgerverwaltung implementiert hat. Laufwerkbuchstaben lassen sich solchen Partitionen ggf. in einer administrativen Eingabeaufforderung mittels des Programms *Diskpart* zuweisen (was in diesem Buch aus Umfangsgründen aber nicht besprochen wird). Wer solche Partitionen bearbeiten und einsehen möchte, ist auf Partitionierungstools von Fremdherstellern wie den Paragon Festplatten Manager 12 angewiesen.

Datenträger initialisieren

Datenträger (z.B. Festplatten oder Partitionen) werden durch Windows nur eingebunden, wenn diese bereits initialisiert sind. Standardmäßig erkennt die Datenträgerverwaltung nicht initialisierte Medien und zeigt ein entsprechendes Dialogfeld (Abbildung 13.17, Vordergrund).

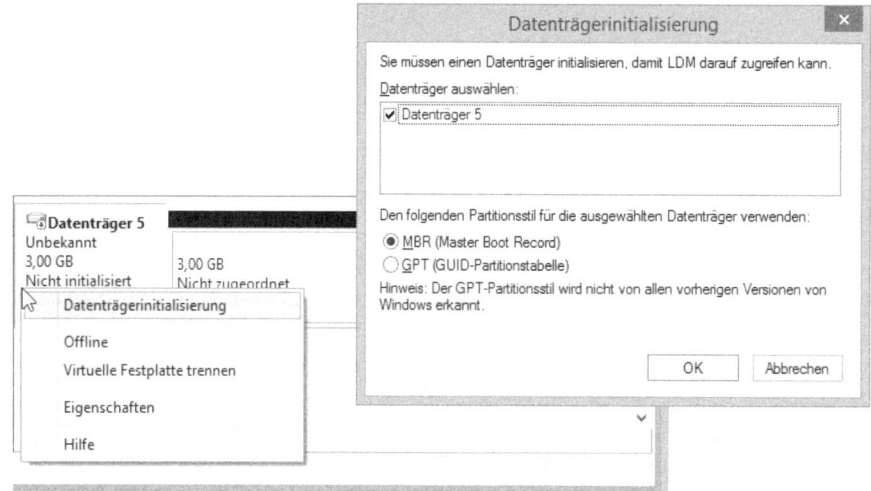

Abbildung 13.17　Datenträger in der Datenträgerverwaltung initialisieren

Wurde dieses Dialogfeld über die *Abbrechen*-Schaltfläche geschlossen, können Sie den nicht initialisierten Datenträger im Fenster der Datenträgerverwaltung mit einem Rechtsklick anwählen und den Kontextmenübefehl *Datenträgerinitialisierung* wählen (Abbildung 13.17, Hintergrund). Sind mehrere Datenträger aufgeführt, wählen Sie das zu initialisierende Element durch Markieren des Kontrollkästchens aus. Dann legen Sie über die Optionsfelder den Partitionsstil fest und klicken auf die *OK*-Schaltfläche.

HINWEIS   Bei Festplatten unter 2 TB (was bei privaten Systemen meist der Fall sein dürfte) sowie bei 32-Bit-Windows-Versionen wählen Sie die Option *MBR*. Das Gleiche gilt für BIOS-Systeme, falls Windows vom Datenträger gebootet werden soll. Dann legt Windows einen Master Boot Record auf dem Datenträger an, sodass dieser später auch zum Booten von Betriebssystemen benutzt werden kann. Datenträger größer als 2 TB erfordern eine GPT-Partitionierung sowie UEFI statt eines BIOS. Bei moderner Hardware mit einer UEFI-Umgebung und einem 64-Bit-Windows 8.1 werden die Festplatten zur Aufnahme des Betriebssystems dagegen mit einer GPT-Partitionierung initialisiert.

Spezielle Fragen zu Datenträgern und Volumes

Festplatten werden als Datenträger angesehen und lassen sich in Partitionen unterteilen. Eine formatierte Partition wird in der Datenträgerverwaltung als Volume bezeichnet. Datenträger lassen sich als Basisdatenträger oder logisches Volume einrichten.

- Bei vielen älteren (BIOS-) Systemen wird eine Festplatte als Basisdatenträger mit MBR-Partitionierung konfiguriert, der primäre Partitionen, erweiterte Partitionen und logische Laufwerke enthalten kann. Ein Basisdatenträger mit MBR-Partitionierung kann entweder vier primäre Partitionen oder drei primäre Partitionen und eine erweiterte Partition aufweisen. Die erweiterten Partitionen werden benutzt, um darauf eine Vielzahl logischer Laufwerke anzulegen (während auf einer primären Partition nur ein Laufwerk eingerichtet werden kann).

- Bei GPT-Datenträgern werden die Partitionstabellen auf der Festplatte nach einem neuen Standard (GUID Partition Table, kurz GPT) organisiert. GPT ist ein Standard für das Format von Partitionstabellen auf Festplatten, dessen Spezifikation ist Teil des EFI-Standards. Ziel des EFI-Standards ist es, das BIOS in Rechnern zu ersetzen und damit die gebräuchlichen MBR-Partitionstabellen zu ersetzen. Moderne Windows 8.1-Hardware kommt zwischenzeitlich durchweg mit einer UEFI-Unterstützung, sodass die Festplatte zur Installation des (64-Bit-) Betriebssystems mit GPT initialisiert ist.

- Weiterhin gibt es noch die Möglichkeit, ein sogenanntes übergreifendes Volume anzulegen. Dieses ermöglicht es, ein logisches Laufwerk über mehrere Festplatten einzurichten und so größere Kapazitäten bereitzustellen.

- Dynamische Datenträger können mehrere Festplatten innerhalb eines Computers nutzen, um dort Daten zu duplizieren und dadurch die Zuverlässigkeit bzw. Leistung zu erhöhen. Ein dynamischer Datenträger funktioniert wie eine primäre Partition auf einem Basisdatenträger, kann aber beliebig viele dynamische Volumes enthalten. Das Betriebssystem sieht nur die logischen Volumes, die sich aber auf zwei Festplatten erstrecken können. Alternativ können die Daten eines logischen Volumes auf mehreren Festplatten als Duplikate geführt werden, um eine Ausfallsicherheit zu erreichen.

- Zur Erhöhung der Leistungsfähigkeit kann die Datenträgerverwaltung Stripesets anlegen. Als Stripeset bezeichnet man das parallele Ansteuern von zwei bis 32 gleich großen Partitionen oder Festplatten im Lese- und Schreibzugriff. Die zu speichernden Daten werden dabei auf die im Stripeset vorhandenen Festplatten verteilt und getrennt abgespeichert. Dies bringt einen Geschwindigkeitsvorteil, hat aber den Nachteil, dass die Fehlertoleranz sich nicht erhöht. Fällt eine Partition oder Festplatte wegen eines Defekts aus, sind auch die restlichen Daten der anderen Laufwerke des Stripesets verloren.

Die detaillierte Diskussion dieser Datenträgerkonzepte führt aber über den Ansatz dieses Buches hinaus.

Datenträger partitionieren

Größere Festplatten mit zig GB Kapazität lassen sich in mehrere Partitionen unterteilen. Dies ermöglicht es, ggf. mehrere Betriebssysteme (z.B. Windows und Linux oder mehrere Windows-Versionen) auf unterschiedlichen Partitionen zu installieren oder Daten separat vom Betriebssystem zu halten. Muss das Systemlaufwerk neu formatiert werden (z.B. wegen einer Neuinstallation des Betriebssystems), bleiben die restlichen Laufwerke mit Datendateien davon meist unberührt. Auch die Windows-Sicherungsfunktion kann ein separates (logisches) Laufwerk als Sicherungsmedium nutzen. Aus diesem Grund ist die Festplatte vieler vorkonfektionierter Systeme bereits in mehrere logische Laufwerke unterteilt.

ACHTUNG   Bevor Sie sich mit der Neupartitionierung einer Festplatte befassen und nicht genau wissen, was dabei abläuft, empfehle ich die Lektüre einiger von mir verfasster Blogbeiträge. Der Beitrag *http://www.borncity.com/blog/2010/04/08/partitionierung-ein-buch-mit-7-siegeln/* [Ms240-K13-04] beschreibt die grundsätzlichen Techniken zur Partitionierung von MBR-Datenträgern und gilt auch für Windows 8.1. Lesen Sie auch den Blogbeitrag unter *http://www.borncity.com/blog/2012/06/29/vorsicht-partitionierungsfalle-bei-windows-8/* [Ms240-K13-05], um eine mögliche Falle bei MBR-Datenträgern zu kennen. Sofern Ihr System vom Hersteller mit UEFI-Unterstützung und GPT-Festplattenstruktur ausgeliefert wurde, empfehle ich dringend vor einer Änderung der Partitionsstruktur meine Artikelreihe unter *http://www.borncity.com/blog/2013/02/05/windows-8-uefi-gpt-partitionierung-entrtselt-teil-i/* [Ms240-K13-06] zur Lektüre.

Den Datenträger durch Zuordnen partitionieren

Windows bezeichnet das Partitionieren eines Datenträgers als »Zuordnen«. Um den Datenträger als logisches Laufwerk verwenden zu können, ordnen Sie diesen nach der Initialisierung in der Datenträgerverwaltung zu.

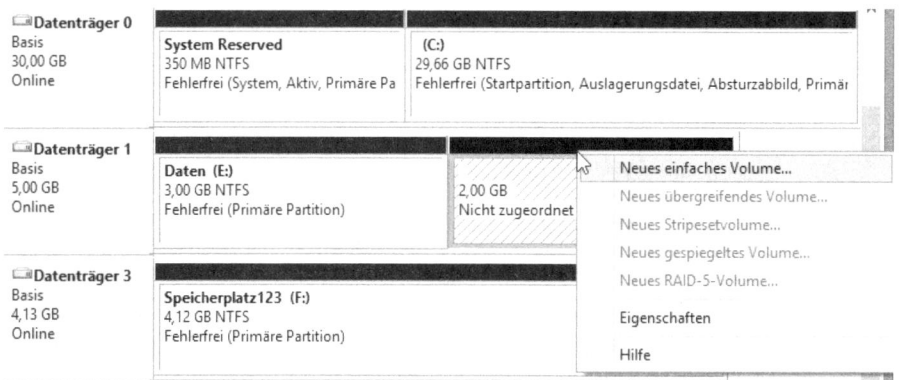

Abbildung 13.18   Befehle für einen neuen Datenträger abrufen

1. Öffnen Sie das Kontextmenü des betreffenden Eintrags im unteren Bereich der Datenträgerverwaltung (z.B. mit der rechten Maustaste) und wählen Sie den Kontextmenübefehl *Neues einfaches Volume* (Abbildung 13.18).

2. Sobald die Datenträgerverwaltung den Assistenten startet, klicken Sie im Willkommen-Dialogfeld auf die *Weiter*-Schaltfläche. Über die Schaltflächen *Weiter* und *Zurück* wechseln Sie zwischen den einzelnen Dialogschritten.

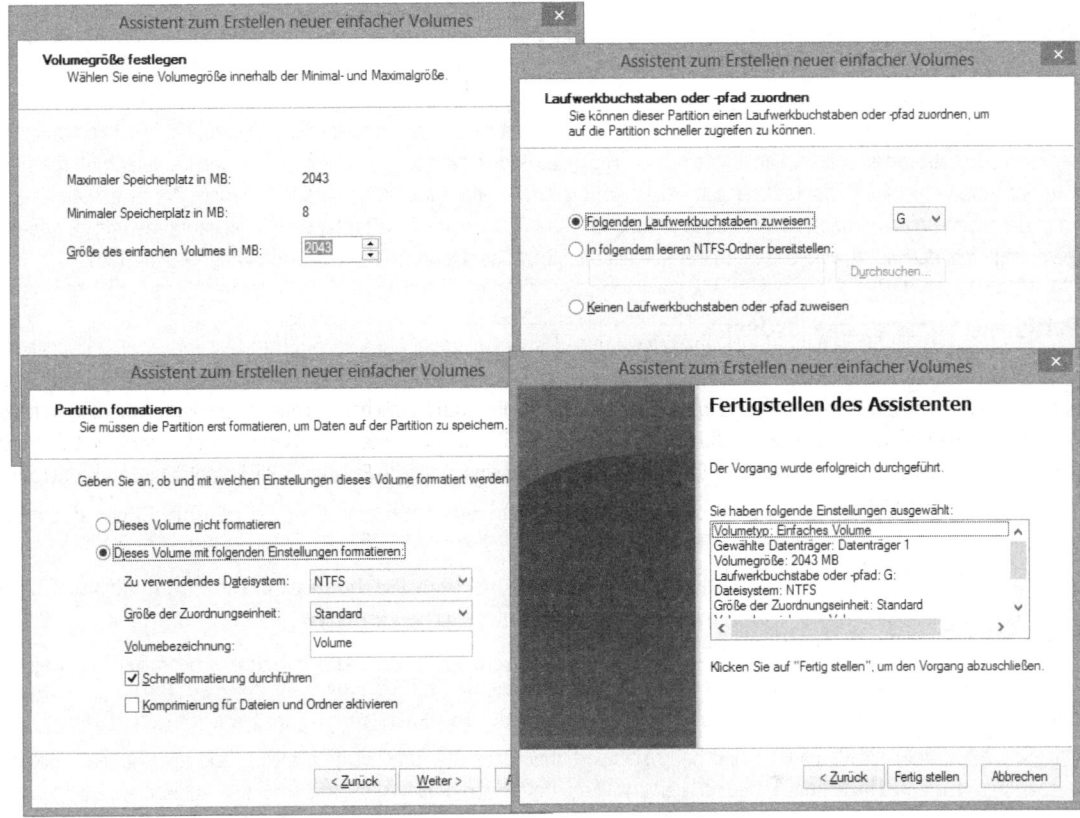

Abbildung 13.19 Optionen für ein neues Volume festlegen

3. Legen Sie im Dialogschritt *Volumegröße festlegen* (Abbildung 13.19, oben links) im Feld *Größe des einfachen Volumes in MB* die gewünschte Kapazität fest. Belegen Sie nur einen Teil des Datenträgers, falls dieser mehrere logische Laufwerke aufnehmen soll.

4. Über die *Weiter*-Schaltfläche gelangen Sie zum Folgedialog (Abbildung 13.19, oben rechts), in dem Sie das Optionsfeld *Folgenden Laufwerkbuchstaben zuweisen* markieren. Bei Bedarf können Sie den Laufwerkbuchstaben über das zugehörige Listenfeld anpassen und dann auf die *Weiter*-Schaltfläche klicken.

5. Im Dialogschritt *Partition formatieren* (Abbildung 13.19, unten links) wählen Sie das Dateisystem (NTFS, FAT) für das logische Laufwerk aus, tragen die Volumebezeichnung ein und können ggf. die Größe der Zuordnungseinheiten (Cluster) anpassen. Weiterhin lassen sich über Kontrollkästchen eine Schnellformatierung sowie eine Komprimierung des Laufwerks erzwingen.

6. Klicken Sie auf die *Weiter*-Schaltfläche und klicken Sie im letzten Dialogschritt (Abbildung 13.19, unten rechts) auf die *Fertig stellen*-Schaltfläche.

Die Datenträgerverwaltung wird das Laufwerk (ggf. nach einer Nachfrage) formatieren, den Laufwerkbuchstaben zuweisen und dann in das System einbinden. In der Datenträgerverwaltung erscheint das Laufwerk unter dem betreffenden Buchstaben und Volumenamen in der Liste der für Windows verfügbaren Datenträger. Gleichzeitig wird im unteren Teil des Datenträgerfensters der von der Partition belegte Anteil auf dem Datenträger grafisch dargestellt.

HINWEIS   Ein Laufwerk mit einem Master Boot Record (MBR) kann maximal vier Partitionen aufnehmen, wobei einer primären Partition immer nur ein logisches Laufwerk zugewiesen werden kann. Auf einer sekundären Partition lassen sich dagegen mehrere logische Laufwerke anlegen. Die Datenträgerverwaltung bietet das Anlegen einer sekundären Partition aber erst an, wenn drei Primärpartitionen existieren. Möchten Sie eine Festplatte nur in eine primäre und eine sekundäre Partition (mit mehreren logischen Laufwerken) unterteilen, hilft ein Trick: Legen Sie neben der ersten Systempartition zwei kleinere Primärpartitionen und dann die Sekundärpartition an. Danach lassen sich die zweite und dritte Primärpartition löschen. Der freie Speicherbereich kann der ersten Primärpartition zugeschlagen werden. Die Alternative wäre, das Fenster der Eingabeaufforderung zu öffnen und dort den Befehl *diskpart* zu verwenden. Dieser Befehl unterstützt über Optionen die Vorauswahl des Partitionstyps.

Partitionen anpassen und löschen

Die Windows-Datenträgerverwaltung unterstützt die Änderung der Partitionsgröße eines Volumes. Dies ermöglicht Ihnen, die Größe eines logischen Laufwerks einzuschränken oder, sofern noch freie Kapazität auf dem Datenträger vorhanden ist, zu erhöhen.

1. Um Partitionseinstellungen in der Datenträgerverwaltung anzupassen, wählen Sie den Partitionseintrag in der Auflistung der Datenträger (Abbildung 13.20) und öffnen das Kontextmenü (z.B. mit der rechten Maustaste).

2. Anschließend wählen Sie im Kontextmenü den gewünschten Befehl aus, um die Volumegröße anzupassen, das logische Laufwerk zu entfernen, die Partition als aktiv zu markieren etc.

Die Befehle *Öffnen* und *Durchsuchen* zeigen ein Ordnerfenster, in dem der Inhalt des betreffenden logischen Laufwerks angezeigt wird.

HINWEIS   Bei OEM-Partitionen und bei Systempartitionen auf GPT-Datenträgern bleiben die Kontextmenübefehle u.U. gesperrt (ausgegraut). Die Windows-Datenträgerverwaltung unterstützt dann keine Partitionsänderung für diese Partitionstypen.

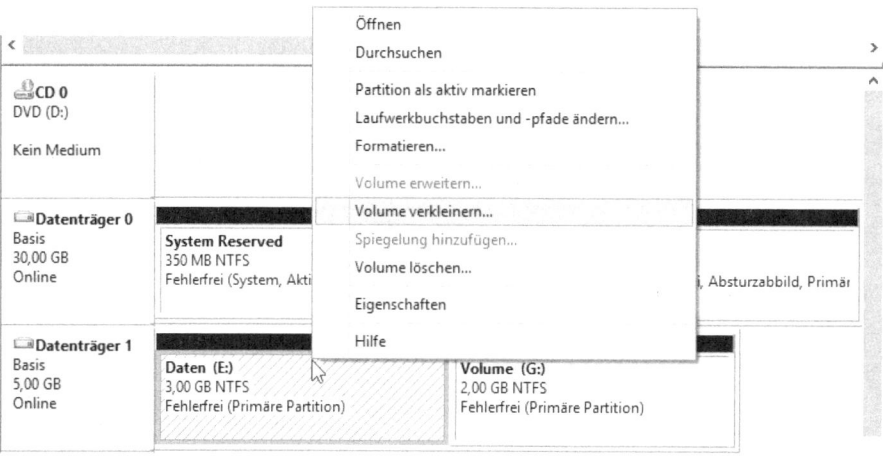

Abbildung 13.20   Partition verwalten

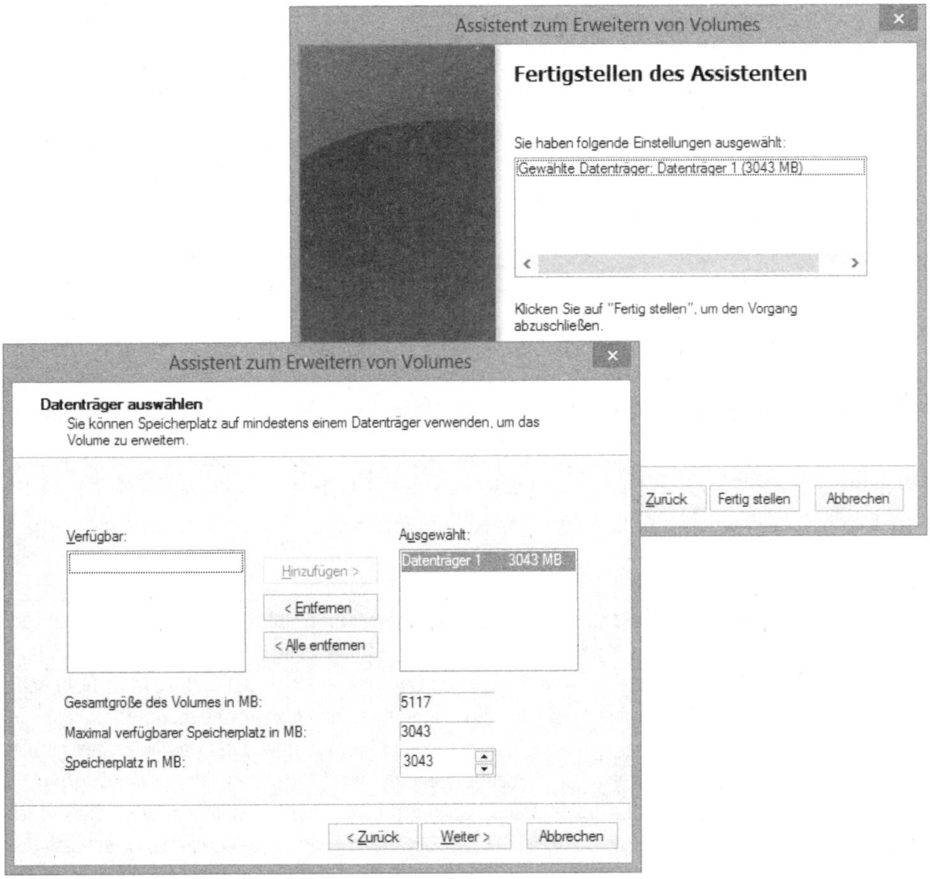

Abbildung 13.21 Partition vergrößern

Befindet sich hinter einer Partition noch freier, unpartitionierter Speicherbereich, lässt sich die Partition vergrößern. Zum Vergrößern der Partition wählen Sie den Kontextmenübefehl *Volume erweitern* (Abbildung 13.20). Ein Assistent führt Sie in verschiedenen Dialogfeldern durch die Schritte zum Anpassen der Partitionsgröße. Weist der Datenträger noch unbelegten freien Speicher auf, wird dies im Dialogfeld aus Abbildung 13.20, links, in der Spalte *Ausgewählt* angezeigt. Sie können dann den Anteil des unbelegten Speicherbereichs über das Drehfeld *Speicherplatz in MB* reduzieren. Oder Sie klicken auf die Schaltfläche *Entfernen*, um die komplette unbelegte Partition freizugeben.

Blättern Sie über die Schaltfläche *Weiter* zum Folgedialogfeld (Abbildung 13.20, rechts), wird die neue Kapazität angezeigt. Über *Zurück* lässt sich zum vorherigen Dialogfeld blättern. Klicken Sie im Abschlussdialog auf die Schaltfläche *Fertig stellen*, passt die Datenträgerverwaltung die Größe des Volumes entsprechend den Vorgaben an und reduziert auch die Größe des unbelegten Partitionsbereichs.

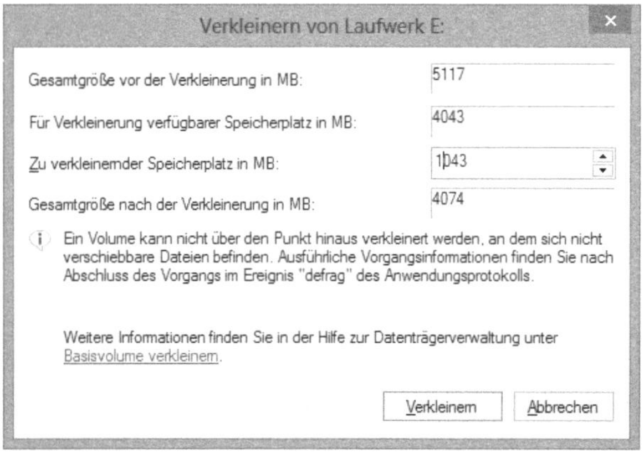

Verkleinern von Laufwerk E:	✕

Gesamtgröße vor der Verkleinerung in MB: 5117

Für Verkleinerung verfügbarer Speicherplatz in MB: 4043

Zu verkleinernder Speicherplatz in MB: 1043

Gesamtgröße nach der Verkleinerung in MB: 4074

ⓘ Ein Volume kann nicht über den Punkt hinaus verkleinert werden, an dem sich nicht verschiebbare Dateien befinden. Ausführliche Vorgangsinformationen finden Sie nach Abschluss des Vorgangs im Ereignis "defrag" des Anwendungsprotokolls.

Weitere Informationen finden Sie in der Hilfe zur Datenträgerverwaltung unter Basisvolume verkleinern.

Verkleinern   Abbrechen

Abbildung 13.22 Partition verkleinern

Wählen Sie den Kontextmenübefehl *Volume verkleinern* (Abbildung 13.20), erscheint das in Abbildung 13.22 gezeigte Dialogfeld. Über das Drehfeld *Zu verkleinernder Speicherplatz in MB* können Sie dann die Größe der Partition in MB-Schritten bis zu einer minimalen Grenze reduzieren. Die Änderung wird wirksam, sobald Sie die *OK*-Schaltfläche betätigen.

HINWEIS   Bei der Änderung der Partitionsgröße mittels der Datenträgerverwaltung bleibt der Inhalt des logischen Laufwerks erhalten. Sie sind daher zum Ändern der Partitionsgröße nicht mehr unbedingt auf Tools von Fremdherstellern angewiesen. Eine Verkleinerung kann sich jedoch nur auf den freien Teil des logischen Laufwerks erstrecken. Durch Löschen nicht benötigter Dateien, Reduzieren der Papierkorbgröße, Bereinigen des Laufwerks und Entfernen von Systemsicherungspunkten kann aber ggf. weiterer Speicherplatz freigegeben werden. Der durch die Reduzierung der Partitionsgröße frei werdende Speicherplatz kann einem neuen logischen Laufwerk zugewiesen werden. Falls sich ein Datenträger nicht verkleinern lässt, obwohl noch genügend freie Kapazität angezeigt wird, sind abgespeicherte Volumenschattenkopien oder Wiederherstellungspunkte die Ursache (siehe auch meinen Beitrag *http://www.borncity.com/blog/2007/05/18/wenn-vista-beim-verkleinernvergrern-der-partition-patzt/* [Ms240-K13-07] zu Windows Vista, der eingeschränkt auch für Windows 8.1 gilt). Zudem empfehle ich zusätzlich die Lektüre des Blogbeitrags *http://www.borncity.com/blog/2010/04/08/partitionierung-ein-buch-mit-7-siegeln/* [Ms240-K13-08], der sich mit speziellen Aspekten der Partitionierung befasst. Zur Vorsicht an dieser Stelle erneut der Hinweis, dass es bei MBR-Datenträgern noch eine Partitionierungsfalle gibt, die ich im Blog unter *http://www.borncity.com/blog/2012/06/29/vorsicht-partitionierungsfalle-bei-windows-8/* [Ms240-K13-09] beschrieben habe.

Die Datenträgerverwaltung unterstützt kein Verschieben von Partitionen oder das Ändern des Formats ohne Datenverlust. Möchten Sie Partitionen einer Festplatte ohne Datenverlust verschieben, zusammenfassen oder in andere Dateisysteme konvertieren, sind Sie auf Partitionierungsprogramme von Drittanbietern (z.B. Paragon Festplatten Manager 12, *http://www.paragon-software.com/de/index.html* [Ms240-K13-10]) angewiesen. Achten Sie aber darauf, eine auf Windows 8.1 abgestimmte Version einzusetzen, da es andernfalls zu Problemen mit formatierten NTFS-Medien kommen kann.

Über den Kontextmenübefehl *Volume löschen* geben Sie den durch ein logisches Laufwerk belegten Speicherplatz auf dem Datenträger wieder frei. Sobald Sie die betreffende Sicherheitsabfrage von Windows über die *Ja*-Schaltfläche bestätigen, wird das Volume entfernt. Dabei geht dessen Inhalt allerdings unwiederbringlich verloren.

Wählen Sie den Kontextmenübefehl *Partition als aktiv markieren*, verwendet der Computer das auf dieser Partition gespeicherte Ladeprogramm (Boot Record) zum Starten des Betriebssystems. Es kann nur eine aktive Partition auf der (MBR-/GPT-)Festplatte vorhanden sein, wobei es sich um eine primäre Partition handeln muss. Sobald Sie den Befehl einmalig angewandt haben, wird die gewählte Partition aktiviert und der Befehl gesperrt.

Auf MBR-Datenträgern enthaltene logische Laufwerke oder sekundäre Partitionen lassen sich nicht aktivieren. Sind mehrere Festplatten im System vorhanden, können Sie jeder Festplatte eine primäre Partition zuweisen und diese aktivieren. Windows startet aber immer über die aktive Partition der ersten beim Booten gefundenen Festplatte. Die Aktivierung einer Partition sollte nur von erfahrenen Benutzern angewandt werden, da bei Aktivierung der falschen Partition der Computer ggf. nicht mehr starten kann.

Laufwerkbuchstaben für logische Laufwerke anpassen

Beim Neupartitionieren von Festplatten und Zuweisen von logischen Laufwerken ändern sich u.U. die Laufwerkbuchstaben für Wechselmedien wie DVD-/CD-ROM-Laufwerke. Dies kann zu Problemen führen, wenn bestimmte Funktionen oder Programme einen bestimmten Laufwerkbuchstaben verlangen. Um den Laufwerkbuchstaben für ein Wechseldatenträger- oder ein Festplattenlaufwerk zu ändern, gehen Sie folgendermaßen vor.

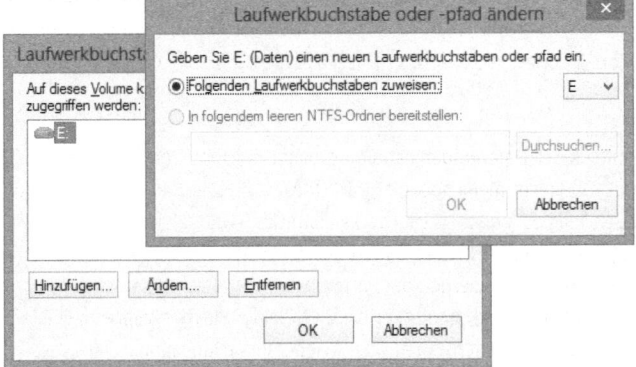

Abbildung 13.23 Laufwerkbuchstaben anpassen

1. Starten Sie die Computer- bzw. Datenträgerverwaltung gemäß den obigen Hinweisen und warten Sie, bis die logischen Laufwerke und Partitionen angezeigt werden.

2. Öffnen Sie (z.B. mit der rechten Maustaste) das Kontextmenü des gewünschten Laufwerkssymbols und wählen Sie den Kontextmenübefehl *Laufwerkbuchstaben und -pfade ändern* (Abbildung 13.20).

3. Wählen Sie im angezeigten Dialogfeld (Abbildung 13.23, links) die Schaltfläche *Ändern*, markieren Sie im Folgedialogfeld das Optionsfeld *Folgenden Laufwerkbuchstaben zuweisen* und wählen Sie den Buchstaben im Listenfeld aus (Abbildung 13.23, rechts).

Sobald Sie die Dialogfelder über *OK* schließen, wird der neue Laufwerkbuchstabe übernommen. Über die Datenträgerverwaltung können Sie jedoch nur solche Laufwerkbuchstaben zuweisen, die noch frei sind.

Laufwerkbuchstaben sollten Sie nur mit sehr großer Vorsicht anpassen, da dies unter Umständen zu Problemen mit anderen Programmen führen kann. Der Laufwerkbuchstabe für das Windows-Laufwerk C: sollte nicht umbenannt werden, da sonst das System nicht mehr booten kann.

Cacheeinstellung bei Datenträgern setzen

Windows benutzt zur effizienten Verwaltung von Datenträgern wie Festplatten und Wechsellaufwerken einen Schreibcache. Dieser ermöglicht, Dateien in Zeiten geringer Prozessorauslastung auf das Medium auszulagern. Wird das Medium aus dem Laufwerk entfernt, bevor der Cachespeicher geschrieben wurde, gehen die Daten verloren. Dies ist der Grund, warum Speichermedien wie USB-Sticks oder Speicherkarten unter Windows mittels der Funktion »Auswerfen« sicher entfernt werden sollen (siehe den Abschnitt »Wechseldatenträger richtig entfernen« in Kapitel 8). Die Datenträgerverwaltung gibt Ihnen aber die Möglichkeit, die internen Vorgaben des Betriebssystems zum Benutzen des Cachespeichers anzupassen. Um einem Datenverlust durch zu frühzeitiges Entfernen eines Wechseldatenträgers vorzubeugen, können Sie die Verwendung des Cachespeichers für das Gerät abschalten. Andererseits sollte bei Festplatten der Schreibcache aus Leistungsgründen aktiviert sein.

1. Rufen Sie die Datenträgerverwaltung unter einem Administratorkonto auf und warten Sie, bis die Datenträger im unteren Teil des Fensters angezeigt werden.

2. Öffnen Sie (z.B. mit der rechten Maustaste) das Kontextmenü des Datenträgers und wählen Sie den Kontextmenübefehl *Eigenschaften* (Abbildung 13.24).

3. Wechseln Sie im Eigenschaftenfenster des Datenträgers zur Registerkarte *Richtlinien* und passen Sie die Einstellungen an (Abbildung 13.25).

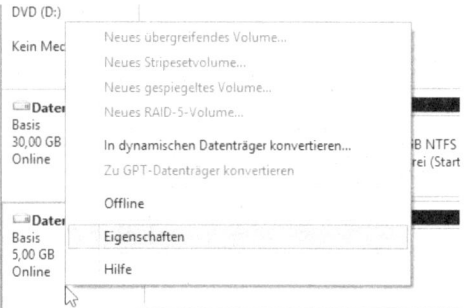

Abbildung 13.24 Erweiterte Laufwerkeigenschaften abrufen

Bei Wechseldatenträgerlaufwerken können Sie das Optionsfeld *Schnelles Entfernen* markieren (Abbildung 13.25, links), um den Schreibcache abzuschalten. Wenn Sie anschließend die geöffneten Registerkarten über die *OK*-Schaltflächen schließen, wird der Schreibcache für das betreffende Laufwerk abgeschaltet.

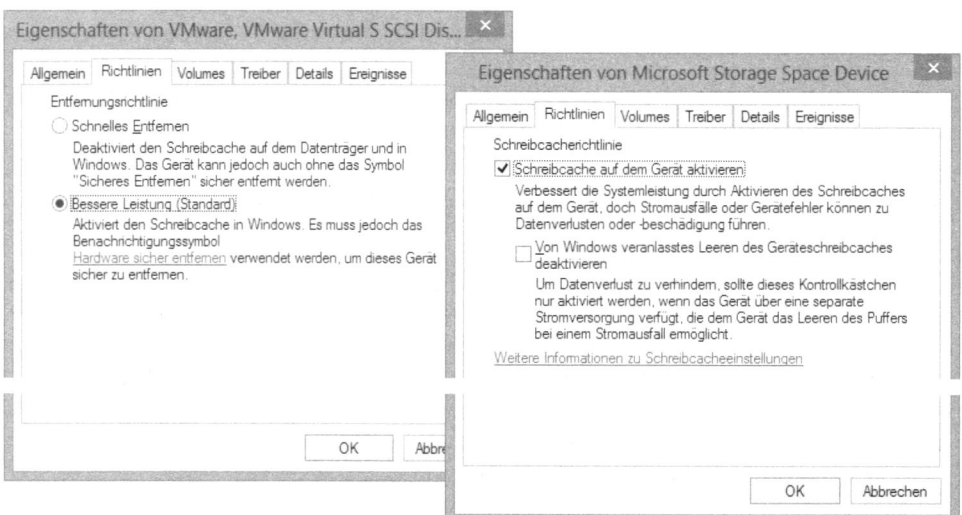

Abbildung 13.25 Anpassen der Cacheeinstellungen

HINWEIS   Benutzen Sie die obigen Schritte für ein Festplattenlaufwerk, das über die Speicherplätze-Funktion verwaltet wird, finden Sie auf der Registerkarte *Richtlinien* das Kontrollkästchen *Schreibcache auf dem Gerät aktivieren* (Abbildung 13.25, rechts). Stellen Sie sicher, dass dieses Kontrollkästchen markiert ist, um die Schreibvorgänge für dieses Laufwerk über den Schreibcache abzuwickeln. Das zweite Kontrollkästchen *Von Windows veranlasstes Leeren des Geräteschreibcaches deaktivieren* sollte nicht markiert sein.

Kontingente für die Datenträger vergeben

Arbeiten mehrere Benutzer an einem System, ist es ggf. erwünscht, jedem Benutzer nur ein bestimmtes Kontingent der Festplattenkapazität zuzuweisen. Bei NTFS-Laufwerken können Sie als Administrator den Benutzern einfach ein Speicherkontingent auf dem Laufwerk zuteilen. Erreicht der Benutzer die Kontingentgrenze, bleibt ihm nur die Möglichkeit, nicht benötigte Dateien zu löschen.

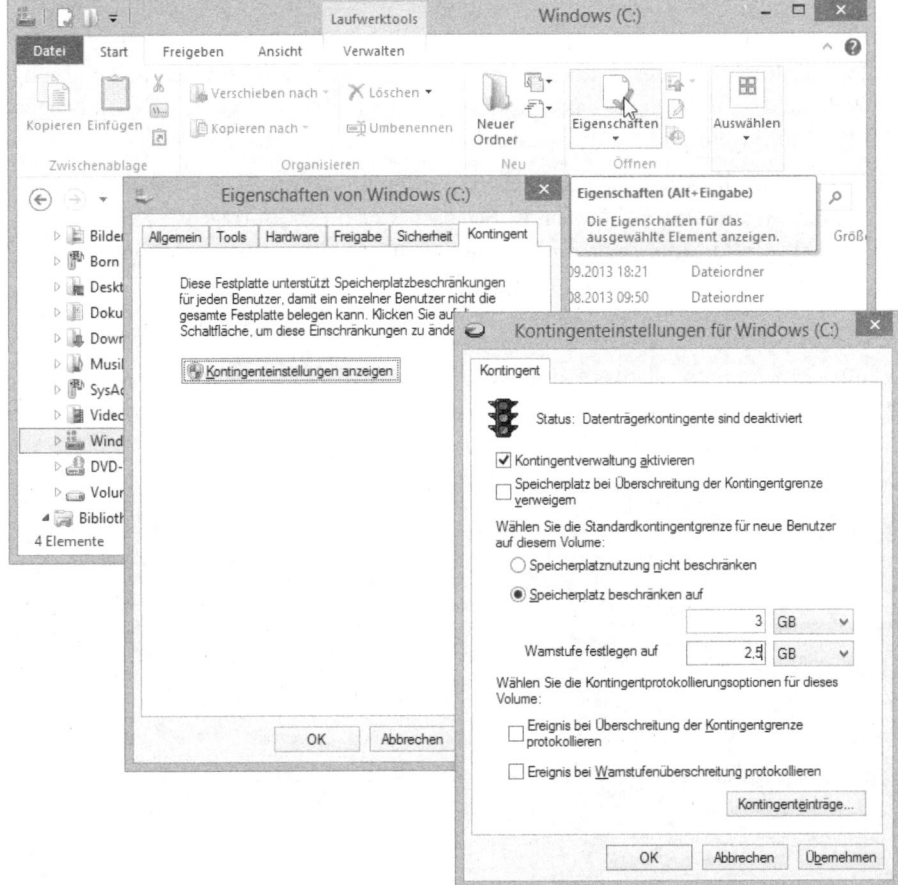

Abbildung 13.26   Festlegen der Kontingenteinstellungen

1. Öffnen Sie ein Ordnerfenster, markieren Sie das gewünschte Laufwerksymbol und wählen Sie die Schaltfläche *Eigenschaften* auf der Registerkarte *Start* des Menübands (Abbildung 13.26, Hintergrund).

2. Wechseln Sie im Eigenschaftenfenster zu der nur bei NTFS-Laufwerken vorhandenen Registerkarte *Kontingent*. Wählen Sie die angezeigte Schaltfläche *Kontingenteinstellungen anzeigen* (Abbildung 13.26, links) und bestätigen Sie die Abfrage der Benutzerkontensteuerung.

3. Markieren Sie die Kontrollkästchen *Kontingentverwaltung aktivieren*. Dann erhält der Benutzer beim Erreichen der Kontingentgrenze einen entsprechenden Hinweis. Markieren Sie zudem das Kontrollkästchen *Speicherplatz bei Überschreitung der Kontingentgrenze verweigern* (Abbildung 13.26, rechts), meldet Windows dem Benutzer beim Erreichen der Kontingentgrenze ein volles Speichermedium.

4. Um den Benutzer dieser Kontingenteinträge festzulegen, klicken Sie auf der Registerkarte *Kontingent* auf die Schaltfläche *Kontingenteinträge*. Windows öffnet ein separates Dialogfeld *Kontingenteinträge für ...* zur Kontingentverwaltung (Abbildung 13.27, Hintergrund oben).

5. Klicken Sie in der Symbolleiste des Fensters auf die Schaltfläche *Neuer Kontingenteintrag*, öffnet sich das in Abbildung 13.27, unten rechts, gezeigte Fenster, in dem Sie den Namen des Benutzerkontos eintragen. Falls Sie den Namen nicht kennen, klicken Sie auf die Schaltfläche *Erweitert* und im darauf folgenden Fenster auf die Schaltfläche *Jetzt suchen*. Windows listet daraufhin die auf dem Rechner vorhandenen Benutzerkonten auf. Sie können einen dieser Einträge markieren und dann auf die *OK*-Schaltfläche klicken.

6. Schließen Sie das Dialogfeld durch erneutes Anklicken der *OK*-Schaltfläche, erscheint das in Abbildung 13.27, links, gezeigte Dialogfeld. Markieren Sie das Optionsfeld *Speicherplatz beschränken auf* und geben Sie die Grenzwerte für das Kontingent und die Warnstufe ein.

Sobald Sie die Dialogfelder über die *OK*-Schaltfläche schließen, werden die Daten als eigener Datensatz im Fenster *Kontingenteinträge für ...* eingetragen. Sie können die Eigenschaften dieser Einträge per Kontextmenü ansehen (z.B. mit rechts anklicken und *Eigenschaften* im Kontextmenü wählen). Über den Kontextmenübefehl *Löschen* wird die Kontingentierung für das Konto aufgehoben.

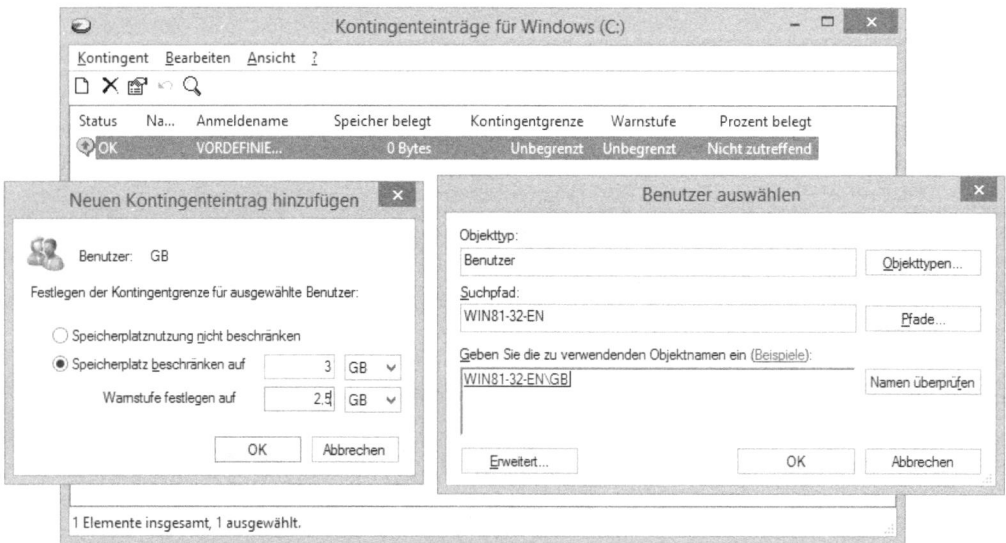

Abbildung 13.27   Zuweisen der Benutzerkonten zur Kontingenteinstellung

Auf diese Weise lassen sich mehreren Konten Kontingente auf dem Datenträger zuweisen. Verlassen Sie danach das Fenster über die *Schließen*-Schaltfläche. Sobald Sie die Registerkarte *Kontingent* über *OK* schließen oder die *Übernehmen*-Schaltfläche betätigen, wird die Kontingentverwaltung aktiv.

Kapitel 14

Brennen von CDs, DVDs und BDs

Wissenswertes zum Brennen

Windows unterstützt das Brennen von CDs, DVDs und Blu-ray Discs (BDs). Dieses Kapitel zeigt Ihnen, wie Sie mit den Brennfunktionen umgehen. Der folgende Abschnitt befasst sich mit Fragen zu den einzelnen CD-, BD- und DVD-Medien sowie zu Brennern.

Brenner und Rohlinge

Moderne Multiformatbrenner (DVD- oder BD-Brenner) können sowohl CDs als auch DVDs (und ggf. Blu-ray Discs, BDs) brennen. Zum Brennen müssen Sie daher darauf achten, geeignete Rohlinge zu verwenden. Die Tabelle 14.1 gibt einen Überblick über die gängigen Rohlingsformate.

Rohlingstyp	Bemerkung
CD-R	Es handelt sich um einen einmal beschreibbaren CD-Rohling. Das R steht für Recordable
CD-RW	Diese CD-Rohlinge sind wiederbeschreibbar und lassen sich in CD-/RW-Brennern ca. 1.000 Mal beschreiben und auch wieder löschen. Das RW steht für Rewriteable
DVD-R	Einmal beschreibbare DVD-Rohlinge mit einer Kapazität von 4,7 GB, die nach dem Minus-Standard hergestellt wurden
DVD+R	Einmal beschreibbare DVD-Rohlinge mit einer Kapazität von 4,7 GB, die nach dem Plus-Standard hergestellt wurden
DVD-RW	Wiederbeschreibbare DVD-Rohlinge mit einer Kapazität von 4,7 GB, die nach dem Minus-Standard hergestellt wurden
DVD+RW	Wiederbeschreibbare DVD-Rohlinge mit einer Kapazität von 4,7 GB, die nach dem Plus-Standard hergestellt wurden
DVD-RAM	Spezieller, ca. 100.000 Mal wiederbeschreibbarer Datenträger im DVD-Format, der aber nur auf speziellen Laufwerken bzw. Brennern gelesen und beschrieben werden kann
DVD+R DL	Einmal beschreibbarer Dual Layer-Rohling mit doppelter Kapazität (8,5 GB) nach dem Plusstandard
DVD-R DL	Einmal beschreibbarer Dual Layer-Rohling mit doppelter Kapazität (8,5 GB) nach dem Minusstandard
BD-R	Einmal beschreibbarer Single Layer-Blu-ray-Rohling mit 25 GB Kapazität
BD-RE	Wiederbeschreibbarer Single Layer-Blu-ray-Rohling mit 25 GB Kapazität
BD-R DL	Einmal beschreibbarer Dual Layer-Blu-ray-Rohling mit 50 GB Kapazität

Tabelle 14.1 Rohlingstypen

CD-Rohlinge hatten ursprünglich eine Kapazität von 650 MB (entspricht 74 Minuten Musik). Bei CD-Rs findet man mittlerweile praktisch nur noch 700-MB-Rohlinge (80 Minuten Aufzeichnungszeit) im Handel. Es gibt aber spezielle CD-R-Rohlinge mit Überlänge (z.B. mit 800 MB bzw. 90 Minuten Aufzeichnungszeit). Allerdings unterstützen nicht alle CD- bzw. DVD-Brenner bzw. die zugehörigen Brennprogramme die Verwendung solcher Überlängen.

Die Kapazität einer DVD wird durch die Zahl der Schichten (Layer) im Datenträger und durch die Möglichkeit, beide Seiten einer Datenschicht beschreiben zu können, bestimmt. DVDs gibt es deshalb mit verschiedenen Kapazitäten (4,7 GB = Single-sided/Single-layered; 8,5 GB = Single-sided/Dual-layered). Beachten Sie aber, dass die obigen Kapazitätsangaben der Hersteller auf einem Marketingtrick beruhen. Es wird 1 KB mit 1.000 Byte statt mit den in der Computertechnik üblichen 1.024 Byte angesetzt. Die rechnerisch korrekte Kapazität ist daher immer um den Multiplikator 0,93132 geringer (z.B. 4,37 GB statt der angegebenen

4,7 GB). Ähnliches gilt sinngemäß auch für Blu-ray Discs, die mit Single Layer (25 GB) und Dual Layer (50 GB) Kapazität angeboten werden.

HINWEIS   Weitere Informationen zu DVD-/BD-Typen finden Sie auf Internetseiten wie *http://www.afterdawn.com/ glossary* [Ms240-K14-01] oder *http://de.wikipedia.org* [Ms240-K14-02].

Achten Sie auch darauf, dass die Rohlinge für die Geschwindigkeit der benutzten Laufwerke zugelassen sind (sonst kann es Unwuchten beim Abspielen in schnellen Laufwerken sowie Fehler beim Brennen geben). Zudem sollten Sie bei CDs, DVDs und BDs auf das Anbringen von Etiketten (Labeln) verzichten, da dies neben Unwuchten auch zum Verziehen des Rohlings führen kann. Das Medium ist dann nicht mehr abspielbar – im schlimmsten Fall zerspringt der Rohling im Laufwerk und verursacht irreparable Schäden. Besser ist es in diesem Fall, auf Brenner mit LightScribe- oder LabelFlash-Technologie auszuweichen oder bedruckbare Rohlinge zu kaufen. Dann lässt sich die Beschriftung auf die Oberfläche des Rohlings aufbringen.

Es gibt Rohlinge von Markenherstellern und preiswertere »No-Name«-Produkte. Testen Sie, ob No-Name-Ware mit Ihrem Brenner harmoniert. Wenn Sie wichtige Daten (z.B. Ihre Fotosammlung) auf CD oder DVD sichern, kommt es auf eine lange Haltbarkeit an. Die preiswerteren Rohlinge (mit grünlicher Datenschicht) besitzen eine Haltbarkeit von etwa zehn Jahren. Hochwertige Rohlinge (meist mit einer golden oder silbern verspiegelten Datenschicht) sind am problemlosesten einsetzbar und am langlebigsten (manche Hersteller sprechen von 100 Jahren Lebensdauer). Unter *http://www.heise.de/ct/artikel/Silberne-Erinnerungen-291658.html* [Ms240-K14-03] finden Sie einen Artikel zu diesem Thema.

TIPP   Zur Archivierung sollten Sie bevorzugt CDs verwenden und, falls deren Kapazität nicht reicht, auf DVD-R ausweichen. Anbieter von zur Archivierung geeigneten Rohlingen finden Sie, wenn Sie in einer Suchmaschine nach Stichwörtern wie »CD Rohling für Archivierung« suchen.

Brenneinstellungen für das Laufwerk anpassen

Windows verwendet beim Brennen einen temporären Ordner auf dem Windows-Laufwerk zum Zwischenspeichern der Daten. Um die Brennoptionen einzustellen, gehen Sie in folgenden Schritten vor:

1. Melden Sie sich unter einem Administratorkonto an und öffnen Sie ein Ordnerfenster.
2. Öffnen Sie im Ordnerfenster das Kontextmenü des Brennerlaufwerks (z.B. mit der rechten Maustaste) und wählen Sie dann im Kontextmenü den Befehl *Eigenschaften*.

   Alternativ können Sie die Schaltfläche *Eigenschaften* im Menüband auf der Registerkarte *Computer* oder *Start* wählen.
3. Im Eigenschaftenfenster wählen Sie die Registerkarte *Aufnahme* (Abbildung 14.1, links), passen die Optionen an und schließen die Registerkarte über die *OK*-Schaltfläche.

Über das oberste Listenfeld lässt sich bei mehreren Brennern das Standardlaufwerk für Brennvorgänge unter Windows einstellen. Das untere Listenfeld öffnet ein Menü, über das Sie ein Festplattenlaufwerk, das zur Zwischenspeicherung der Daten verwendet wird, auswählen können. Verwenden Sie einen Datenträger, der über genügend freie Kapazität zur Datenaufnahme verfügt.

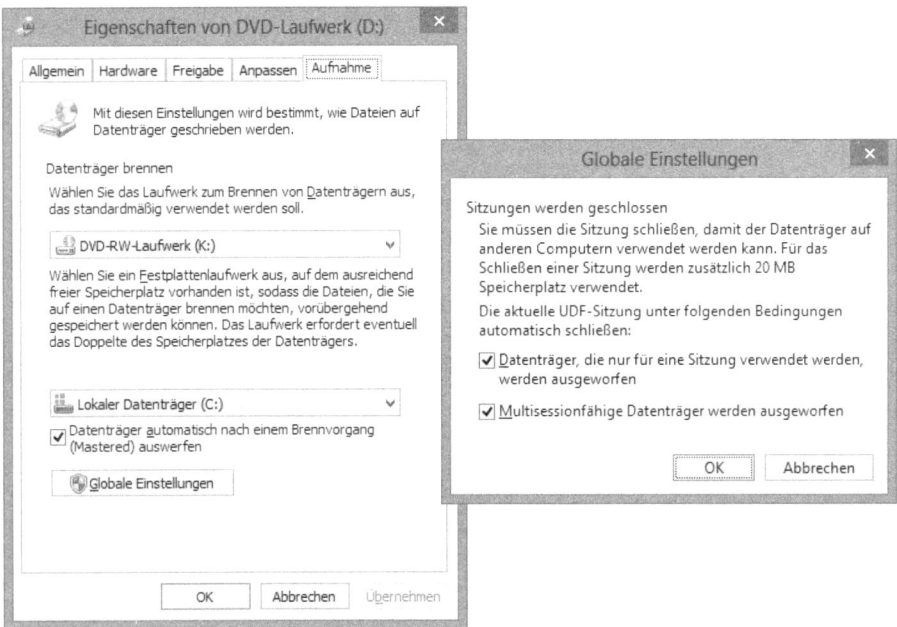

Abbildung 14.1   Anpassen der Brenneinstellungen

Möchten Sie verhindern, dass Windows den Rohling nach dem Brennen einer Sitzung automatisch auswirft, deaktivieren Sie das Kontrollkästchen *Datenträger automatisch nach einem Brennvorgang (Mastered) auswerfen.*

Eine weitere Frage stellt das Abschließen einer Sitzung dar. Dies ist erforderlich, um das Medium auf einem anderen Computer lesen zu können. Standardmäßig schließt Windows die Sitzung ab, sobald der Rohling nach dem Brennen ausgeworfen wird. Das Abschließen einer Sitzung belegt aber zusätzlich 20 MB auf dem Medium. Um dieses automatische Abschließen eines Brennvorgangs beim Auswerfen eines UDF-formatierten Datenträgers zu verhindern, klicken Sie auf die Schaltfläche *Globale Einstellungen* (Abbildung 14.1, links) und bestätigen ggf. die Sicherheitsabfrage der Benutzerkontensteuerung. Danach löschen Sie im Dialogfeld *Globale Einstellungen* (Abbildung 14.1, rechts) die Markierung der beiden Kontrollkästchen und schließen das Dialogfeld über die *OK*-Schaltfläche.

> **TIPP**   Um die Sitzung nach dem Brennen manuell zu schließen, klicken Sie das Laufwerk des Brenners im Ordnerfenster *Dieser PC* mit der rechten Maustaste an. Anschließend können Sie im Kontextmenü den Befehl *Sitzung schließen* wählen.

Während Sie die Eigenschaften samt der Registerkarte *Aufnahme* noch unter einem Standardbenutzerkonto ansehen können, müssen Sie zum Anpassen der globalen Einstellungen zwingend unter einem Administratorkonto angemeldet sein. Die Benutzerkontensteuerung fordert zwar bei Anwahl der Schaltfläche *Globale Einstellungen* ein Administratorkonto an und fragt das Kennwort ab. Windows verhindert aber die Anzeige des Dialogfelds *Globale Einstellungen*.

RW-Medien löschen

CD-RWs und DVD+RWs bzw. DVD-RWs sowie BD-RE können mehrfach beschrieben werden. Besitzen Sie einen solchen bereits einmal beschriebenen Datenträger, den Sie erneut verwenden möchten? Dann können Sie den Datenträger vor der Wiederverwendung löschen.

1. Legen Sie den Datenträger in den Brenner ein, öffnen Sie ein Ordnerfenster und wählen Sie das Laufwerk des Brenners an.

2. Wechseln Sie im Menüband des Ordnerfensters zur Registerkarte *Verwalten* und wählen Sie die Schaltfläche *Datenträger löschen*.

    Alternativ können Sie das Kontextmenü des Brennersymbols öffnen (z.B. mit der rechten Maustaste anklicken oder Finger länger auf dem Symbol belassen) und den Kontextmenübefehl *Datenträger löschen* (Abbildung 14.2, Hintergrund rechts) wählen.

3. Im Dialogfeld *Datenträger kann gelöscht werden* (Abbildung 14.2, links) markieren Sie ggf. das Kontrollkästchen zum automatischen Schließen des Assistenten nach Abschluss des Löschens.

4. Klicken Sie auf die *Weiter*-Schaltfläche und warten Sie, bis der Datenträger gelöscht wurde.

Das Löschen dauert bis zu einer Minute und der Ablauf wird durch eine Fortschrittsanzeige dargestellt. Anschließend können Sie das ggf. noch geöffnete Dialogfeld schließen und den Datenträger erneut zum Schreiben von Dateien verwenden.

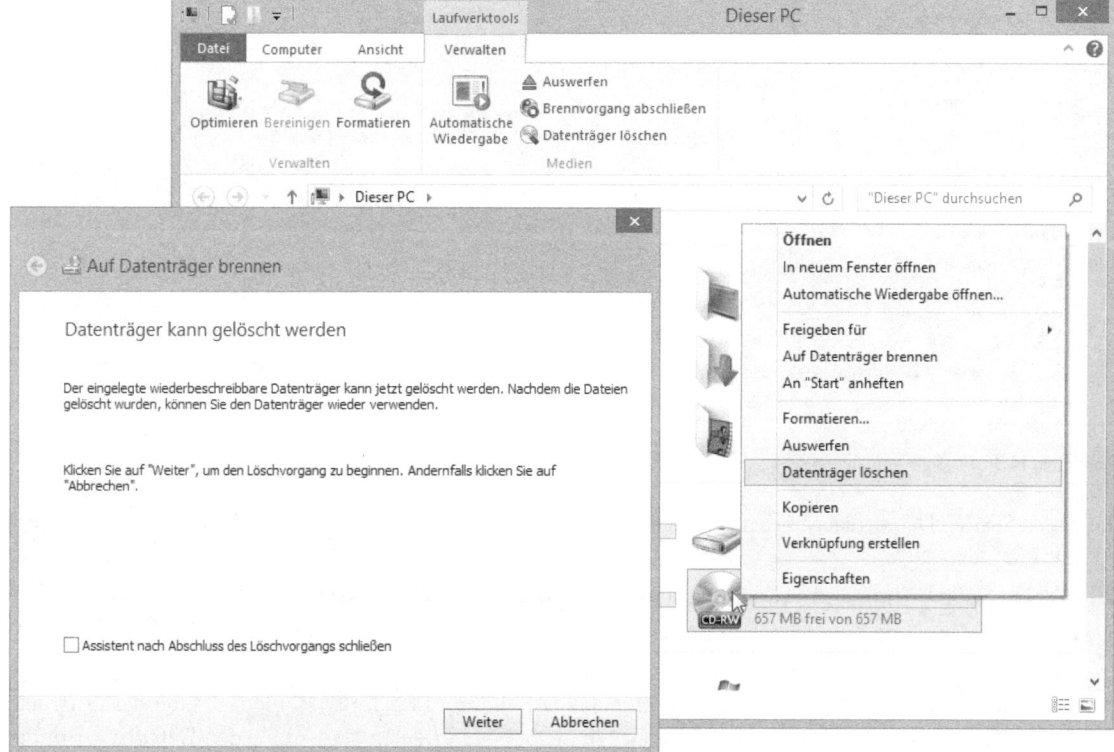

Abbildung 14.2   Löschen eines wiederbeschreibbaren Rohlings

Rohling im UDF-Dateisystem formatieren

CDs, DVDs und BDs können im ISO-Format oder im UDF-Dateiformat beschrieben werden. Das UDF-Dateiformat wurde als plattformunabhängiges Format für DVDs entwickelt, lässt sich aber auch für CDs/BDs nutzen. Windows unterstützt beide Varianten beim Brennen von Daten auf CDs, BDs oder DVDs. Dabei wird das

ISO-Dateisystem als »Mastered«-Modus bezeichnet, bei dem die Daten auf einen Rutsch auf das Medium gebrannt werden. Dieser Modus stellt sicher, dass die Daten-CD bzw. -DVD/-BD überall lesbar ist.

Sie können Daten aber auch im sogenannten Livedateisystem auf den Rohling schreiben. Dann wird das UDF-Dateisystem verwendet. Dieser Modus erlaubt das sogenannte »Packet Writing«, mit dem sich mehrfach Dateien auf den Rohling übertragen lassen – der Rohling lässt sich quasi wie ein USB-Laufwerk verwenden. Windows stellt Sie beim Einlegen eines neuen Rohlings vor die Wahl, welches Dateisystem zum Speichern der Daten verwendet werden soll (siehe die folgenden Seiten). Sie können den Rohling aber auch explizit mit folgenden Schritten für das UDF-Format vorbereiten:

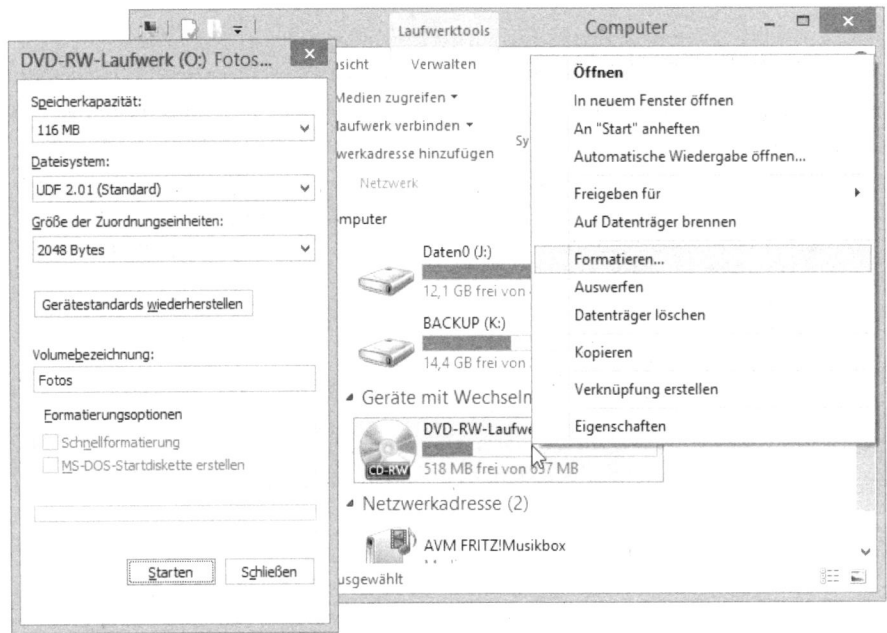

Abbildung 14.3   CD/DVD formatieren

1. Legen Sie den Datenträger in den Brenner ein, öffnen Sie ein Ordnerfenster und wählen Sie das Laufwerk des Brenners.

2. Wählen Sie im Menüband auf der Registerkarte *Verwalten* die Schaltfläche *Formatieren* an.

    Oder Sie öffnen das Kontextmenü des Laufwerksymbols des Brenners und wählen den Kontextmenübefehl *Formatieren* (Abbildung 14.3, rechts).

3. Im Dialogfeld *DVD-RW-Laufwerk xxx formatieren* (Abbildung 14.3, links) wählen Sie über das Listenfeld *Dateisystem* die gewünschte Variante aus. Geben Sie bei Bedarf einen Namen für den Datenträger in das Textfeld ein und klicken Sie auf die *Starten*-Schaltfläche.

4. Das Dialogfeld mit der Warnung, dass alle Daten beim Formatieren gelöscht werden, bestätigen Sie über die *OK*-Schaltfläche und warten dann, bis der Datenträger formatiert wurde.

Sobald die Meldung erscheint, dass der Datenträger formatiert ist, schließen Sie dieses Dialogfeld. Anschließend können Sie den Datenträger verwenden.

Der Ansatz der direkten Formatierung eignet sich beispielsweise dann, wenn Sie eine bereits benutzte, wiederbeschreibbare CD oder DVD für das Livedateisystem vorbereiten möchten. Beachten Sie aber, dass durch die UDF-Formatierung ca. 20 Prozent der Bruttokapazität des Datenträgers verloren gehen. Bei einer CD liegt die Nettokapazität daher bei 443 MB.

HINWEIS   Für das UDF-Dateisystem gibt es verschiedene Versionen, die sich über das Menü der Schaltfläche *Dateisystem* abrufen lassen. Die erste Version 1.02 lässt sich nur bei DVD-RAM nutzen und ist zur Verwendung unter Windows 98 bzw. Apple-Computer geeignet. Die Version 1.5 wird ab Windows 2000 und XP unterstützt, kann unter Windows 98 oder auf Macintosh-Systemen aber nicht gelesen werden. Standardmäßig wird die ab Windows XP und Windows 2003 Server unterstützte Version 2.01 beim Formatieren benutzt. Diese Variante wird auch von DVD-Videorecordern beim Aufzeichnen von DVD VR-Medien verwendet. Die derzeit aktuellste Version 2.5 wird erst ab Windows Vista unterstützt.

Automatische Wiedergabe beim Einlegen leerer Rohlinge

Legen Sie einen neuen, noch leeren CD-, DVD- oder BD-Rohling in den Brenner ein, erkennt Windows dies und zeigt eine Benachrichtigung in der rechten oberen Ecke des Bildschirms an (Abbildung 14.4, rechts). Wählen Sie dieses Benachrichtigungsfeld an, erscheint die Einblendung der automatischen Wiedergabe aus Abbildung 14.4, links. Sie können dann wählen, ob Sie Dateien auf den Datenträger brennen, eine Audio-CD anfertigen oder nichts tun möchten. Die eingeblendete Nachricht können Sie über *Keine Aktion durchführen* beenden. Der Befehl *Dateien auf Datenträger brennen* dient dazu, das Medium zum Brennen von Dateien vorzubereiten. Führen Sie hierzu folgende Schritte aus.

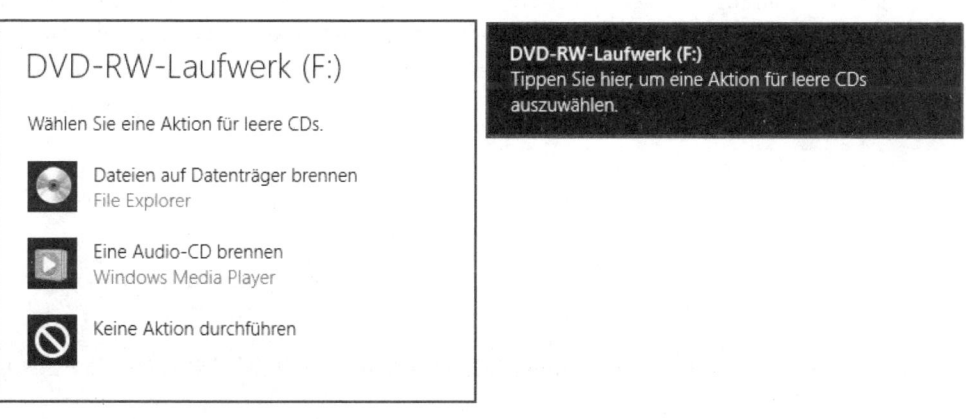

Abbildung 14.4   Benachrichtigung per »Automatische Wiedergabe« bei Medien

1. Wählen Sie im eingeblendeten Fenster der automatischen Wiedergabe den Befehl *Dateien auf Datenträger brennen* (Abbildung 14.4, links). Bei einer eingelegten, leeren DVD bzw. BD fehlt übrigens die Auswahl *Eine Audio-CD brennen*.

2. Markieren Sie im Dialogfeld *Auf Datenträger brennen* (Abbildung 14.5) ggf. das Textfeld *Datenträgertitel* und korrigieren Sie den bis zu 16 Zeichen langen Datenträgertitel.

3. Markieren Sie entweder das Optionsfeld *Wie ein USB-Speicherstick* (für eine Verwendung im Livedateisystem) oder das Optionsfeld *Mit einem CD/DVD-Player* (für Mastered-Betrieb) und wählen Sie im Dialogfeld die *Weiter*-Schaltfläche.

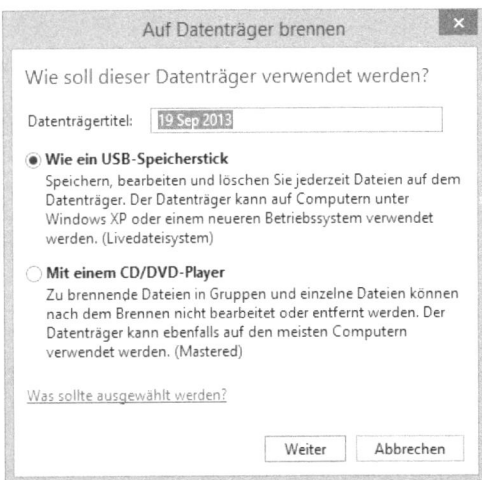

Abbildung 14.5 Leeren Datenträger vorbereiten

Den Brennmodus »Mastered« sollten Sie verwenden, um die Dateien in einem Schritt auf das Medium zu schreiben. Dann öffnet Windows sofort ein Ordnerfenster, in das Sie die zum Brennen vorgesehene Datei kopieren können (siehe unten). Um den Rohling quasi als mehrfach beschreibbaren Wechseldatenträger zu verwenden, wählen Sie dagegen die Option *Wie ein USB-Speicherstick*. Dann erscheint bei Anwahl der Schaltfläche *Weiter* das in Abbildung 14.6 gezeigte Dialogfeld mit dem Hinweis, dass das Formatieren des Datenträgers sehr lange dauern kann. Wählen Sie die *Ja*-Schaltfläche, um den Datenträger im UDF-Dateiformat zu formatieren. Der Vorgang wird über eine Fortschrittsanzeige signalisiert.

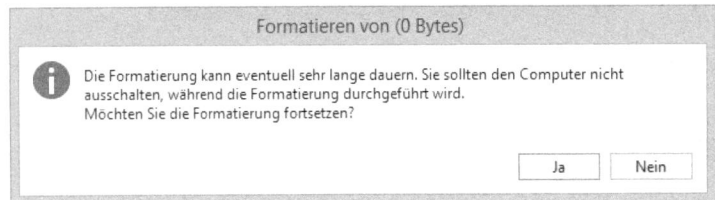

Abbildung 14.6 Dialogfeld beim Vorbereiten des Livedateisystems

Sobald das Dialogfeld verschwindet, können Sie den Datenträger wie einen Flashdatenspeicher verwenden.

Daten auf CDs, DVDs oder BDs brennen

Dieser Abschnitt zeigt beispielhaft, wie Sie Daten-CDs, -DVDs oder -BDs in den beiden Modi »Mastered« und »Livedateisystem« brennen können.

CDs/DVDs wie USB-Laufwerke nutzen

Wurde der Datenträger im Livedateisystem vorbereitet, können Sie diesen wie ein Wechseldatenlaufwerk verwenden. Es genügt, die gewünschten Dateien zum Symbol des Brenners zu kopieren. Sie können dazu den Befehl *Senden an* im Kontextmenü der gewählten Datei oder des Ordners verwenden. Oder Sie ziehen die Dateien und Ordner zum Symbol des Brenners im Navigationsbereich eines Ordnerfensters. Zudem findet Sie im Menüband des Ordnerfensters auf der Registerkarte *Freigeben* die Schaltfläche *Auf Datenträger brennen* vor. Die Dateien werden direkt auf das Medium geschrieben. Bei RW-Medien lässt sich der Datenträger sogar bei Bedarf löschen und erneut verwenden.

Daten im Mastered-Modus auf CD/DVD/BD brennen

Um verschiedene Dateien (oder komplette Ordner) von der Festplatte auf eine CD, DVD oder BD zu sichern, sollten Sie den Mastered-Modus für den Datenträger verwenden. Über diesen Modus lässt sich die Kapazität des Datenträgers bestmöglich ausnutzen und die Medien besitzen die höchste Kompatibilität beim Lesen auf anderen Systemen. Windows unterstützt verschiedene Ansätze, wie Sie beim Brennen vorgehen. Diese Ansätze gliedern sich in das Vorbereiten des Datenträgers für den Mastered-Modus, das Zusammenstellen der Dateien zum Brennen und das eigentliche Brennen.

Zusammenstellen der Daten zum Brennen

Um Dateien im Mastered-Modus auf eine CD oder DVD zu brennen, können Sie in folgenden Schritten vorgehen:

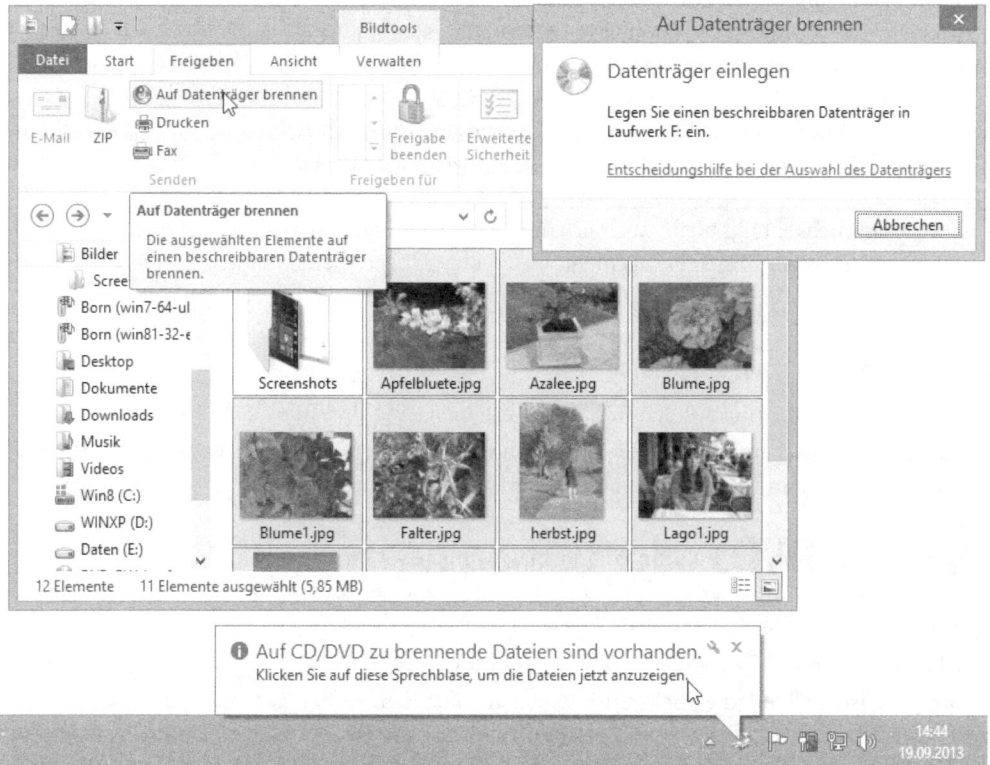

Abbildung 14.7   Vorbereiten zum Brennen von Dateien im Mastered-Modus

1. Öffnen Sie ein Ordnerfenster (z.B. über die Schaltfläche der Taskleiste) und suchen Sie den Ordner mit den zu sichernden Dateien.

2. Markieren Sie anschließend die zu brennenden Dateien und Ordner (z.B. durch Ziehen per Maus).

3. Wechseln Sie im Menüband des Ordnerfensters zur Registerkarte *Freigeben* und wählen Sie die Schaltflä-che *Auf Datenträger brennen* (Abbildung 14.7, Hintergrund oben).

4. Falls die Aufforderung aus Abbildung 14.7, oben rechts, erscheint, legen Sie den Rohling in den Brenner ein.

5. Wird das Dialogfeld *Auf Datenträger brennen* (Abbildung 14.5) eingeblendet, wählen Sie die Option *Mit einem CD/DVD-Player* und bestätigen die *Weiter*-Schaltfläche.

HINWEIS   Beachten Sie, dass die Abläufe ggf. etwas abweichen können. Wird beispielsweise ein im Mastered-Modus vor-bereiteter Datenträger eingelegt, entfällt die Anzeige des Dialogfelds *Auf Datenträger brennen*. Liegt bei Anwahl der Schaltfläche *Auf Datenträger brennen* bereits ein Datenträger im Brenner, entfällt natürlich auch die Anzeige des Dialogfelds, das Sie zum Ein-legen des Rohlings auffordert.

Liegen Daten als Zusammenstellung zum Brennen vor, informiert Windows Sie über eine entsprechende QuickInfo (Abbildung 14.7, unten) im Infobereich der Taskleiste. Dieser Hinweis ist hilfreich, da die Dateien einer Zusammenstellung im Mastered-Modus nicht sofort auf den Datenträger gebrannt, sondern in einem Zwischenspeicher auf der Festplatte abgelegt werden.

Die Zwischenspeicherung gibt Ihnen die Gelegenheit, weitere Dateien aus verschiedenen Ordnern zum Brennen auszuwählen. Falls erforderlich, können Sie das Brennersymbol im Navigationsbereich eines Ord-nerfensters anwählen, um die im Zwischenspeicher zum Brennen abgelegten Dateien in einem Ordnerfens-ter anzusehen (Abbildung 14.8, Hintergrund oben). Bei Bedarf lassen sich dann Dateien (z.B. durch Ziehen zum Papierkorb) aus der Zusammenstellung entfernen. Erst wenn alle gewünschten Dateien in der Zusam-menstellung enthalten sind, können diese auf den Datenträger gebrannt werden.

HINWEIS   Die Zusammenstellung bleibt auch erhalten, wenn Sie sich von Windows abmelden oder den Rechner herunterfahren. Dies gibt Ihnen Gelegenheit, Daten über längere Zeit zu sammeln und abzuwarten, bis die Größe der Zusammenstellung die Kapazität des Rohlings weitgehend ausnutzt.

Brennen der Zusammenstellung auf das Medium

Um die Daten der Zusammenstellung auf den Rohling zu brennen, sind folgende Schritte auszuführen:

1. Öffnen Sie ein Ordnerfenster und wählen Sie das Symbol des Brenners. Dann wechseln Sie zur Register-karte *Verwalten* des Menübands und wählen die Schaltfläche *Brennvorgang abschließen* (Abbildung 14.8, Hintergrund oben).

2. Sobald Windows den eingelegten Rohling erkannt hat, können Sie im Dialogfeld *Auf Datenträger bren-nen* im Schritt *Datenträger vorbereiten* den Datenträgertitel und die Brenngeschwindigkeit korrigieren (Abbildung 14.8, Vordergrund, unten links).

3. Klicken Sie danach auf die Schaltfläche *Weiter*, um das Brennen zu starten.

    Windows brennt anschließend die markierten Dateien über den vorher gewählten Brenner auf den Datenträger. Der Ablauf wird durch eine Fortschrittsanzeige im Dialogfeld *Auf Datenträger brennen* angezeigt (Abbildung 14.8, Vordergrund, unten rechts). Das Brennen kann, abhängig vom Datenträger, von der Brenngeschwindigkeit und der Menge der zu brennenden Daten, eine Weile dauern. Sobald der Brennvorgang abgeschlossen ist, wird die Schublade des Brenners ausgefahren.

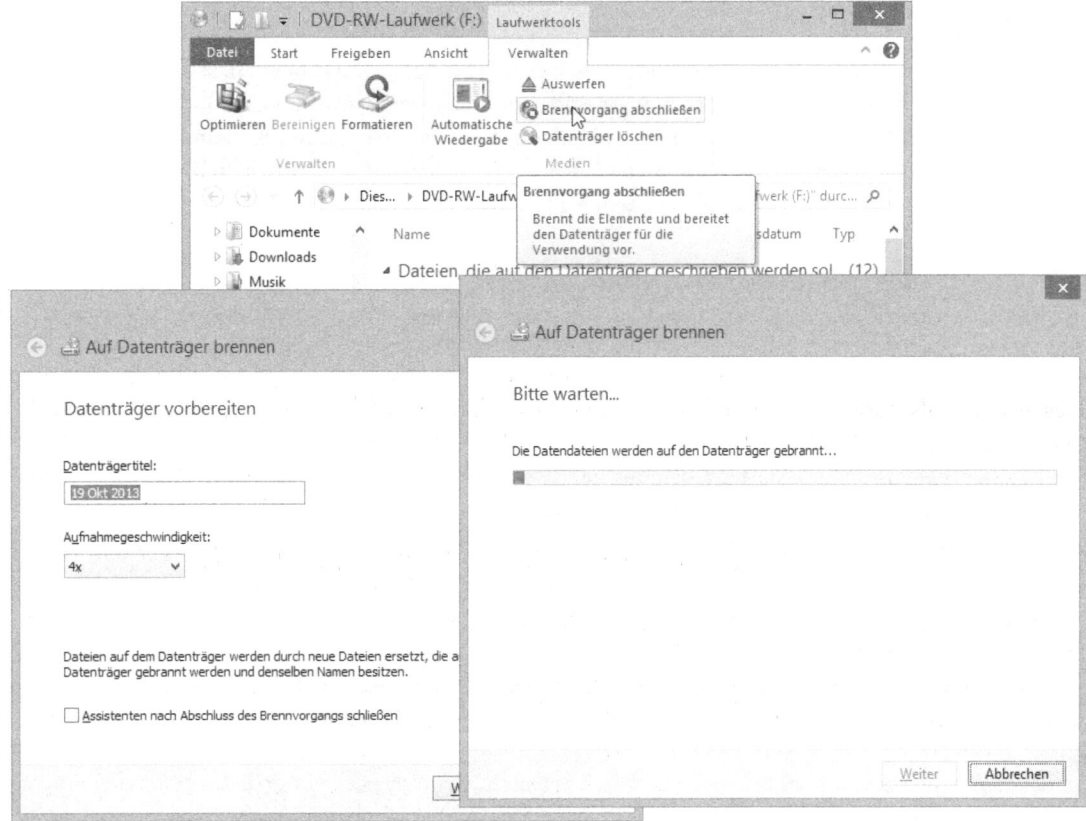

Abbildung 14.8 Brennvorgang abschließen

4. Schließen Sie die Schublade des Brenners und klicken Sie ggf. im noch geöffneten Dialogfeld *Auf Datenträger brennen* auf die Schaltfläche *Fertig stellen*.

Ist der gebrannte Rohling beim Einfahren noch im Laufwerk, lässt sich direkt auf dessen Inhalt zugreifen.

TIPP Sie können im Mastered-Modus als Multisession erstellte Datenträger ein weiteres Mal in den Brenner einlegen. Ist noch freie Kapazität vorhanden, lassen sich weitere Dateien zur Zusammenstellung hinzufügen. Öffnen Sie das Ordnerfenster des Datenträgers, werden die bereits vorhandenen Inhalte und die neu hinzugefügten Elemente aufgeführt. Brennen Sie die Zusammenstellung erneut, fügt Windows einfach die neu aufgenommenen Dateien in eine weitere Sitzung ein und verlinkt die bereits vorhandenen Dateien in einem modifizierten Inhaltsverzeichnis. Wird das Medium später auf einem Rechner eingelesen, kann dieser auf alle Dateien in den verschiedenen Sessions zugreifen. Beachten Sie aber, dass ältere CD-Laufwerke Multisession-CDs nicht immer erkennen können. Zudem reduziert der Multisession-Modus die Nettokapazität des Datenträgers etwas, da zum Abschluss der Sitzung ebenfalls ca. 20 MB auf das Medium geschrieben werden.

ISO-Dateien brennen

Bei ISO-Dateien handelt es sich um Abbilder des Inhalts von CDs, DVDs oder BDs, die als Datei mit der Dateinamenerweiterung *.iso* auf der Festplatte des Rechners abgelegt wurden. Solche ISO-Dateien stehen oft im Internet zur Softwareverteilung zum Download zur Verfügung. Windows 8.1 kann ISO-Dateien nicht nur als Laufwerke einbinden, sondern bietet auch die Möglichkeit zum direkten Brennen dieser ISO-Dateien. Die Brennoption lässt sich mit wenigen Mausklicks verwenden.

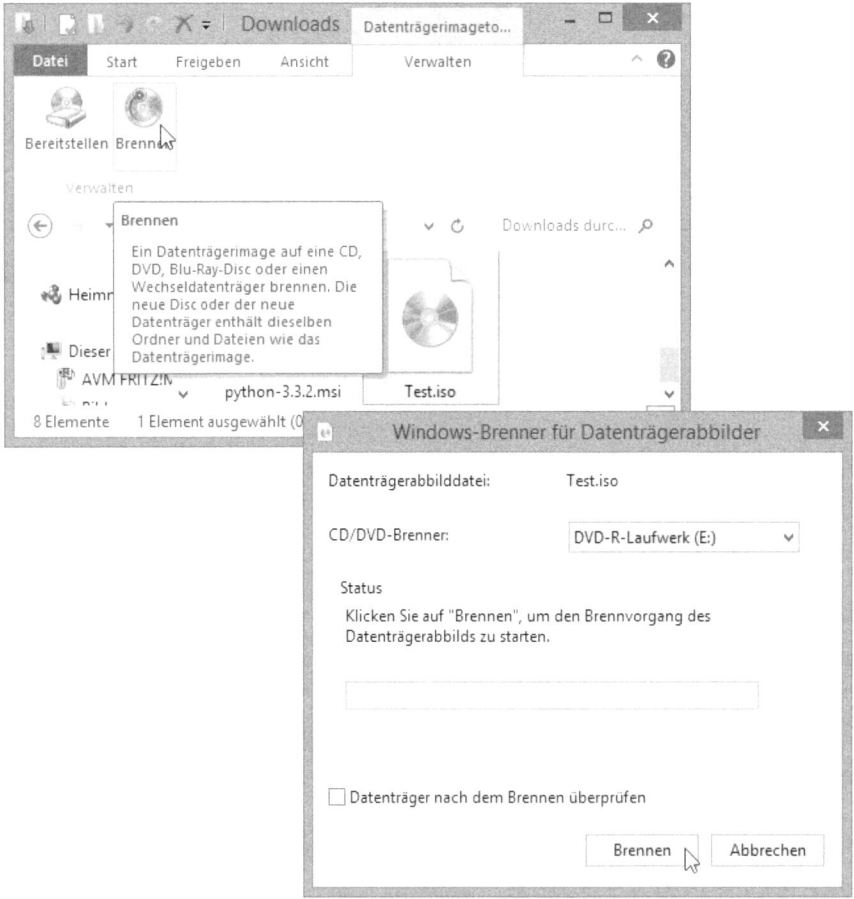

Abbildung 14.9   Datenträgerabbild (ISO-Datei) brennen

1. Markieren Sie die ISO-Datei im Ordnerfenster und wählen Sie auf der Registerkarte *Verwalten* die Schaltfläche *Brennen* (Abbildung 14.9, Hintergrund). Alternativ lässt sich das Kontextmenü der ISO-Datei mit der rechten Maustaste öffnen und der Kontextmenübefehl *Datenträgerabbild brennen* wählen.

2. Wählen Sie im Dialogfeld *Windows-Brenner für Datenträgerabbilder* (Abbildung 14.9, Vordergrund) ggf. das Laufwerk mit dem Brenner aus (sofern mehrere Brenner vorhanden sind).

3. Markieren Sie zur Sicherheit das Kontrollkästchen mit der Option zum Überprüfen des Datenträgers nach dem Brennen und klicken Sie anschließend auf die *Brennen*-Schaltfläche.

Windows fordert Sie zum Einlegen eines Rohlings in den Brenner auf und zeigt dann den Brennablauf in einer Fortschrittsanzeige. Nach einem erfolgreichen Brennvorgang entnehmen Sie dem Brenner den Rohling, beschriften diesen und schließen das Dialogfeld.

ACHTUNG   Windows enthält eigentlich alle benötigten Brennfunktionen. Sofern Sie trotzdem andere Brennprogramme (z.B. Nero) einsetzen möchten, achten Sie darauf, dass die verwendete Version für dieses Betriebssystem zugelassen ist. Ein Problem im Zusammenhang mit der Installation von Brennprogrammen mit Videobearbeitungsfunktionen besteht darin, dass diese eigene DirectShow-Filter mit Decodern und Encodern für Videoformate einrichten und damit die Windows-DirectShow-Filter blockieren. Dies führt dann ggf. bei der Wiedergabe von Videomaterial im Windows Media Player zu Problemen.

Teil C
Apps und Windows-Anwendungen

Kapitel 15

Arbeiten mit dem Internet Explorer

In diesem Kapitel:

Neuerungen bei Browsern

In diesem Kapitel finden Sie eine Übersicht über die Funktionen des Internet Explorers sowie einige Hinweise, was beim Einsatz anderer Browser zu beachten ist.

Der Internet Explorer in mehreren Varianten

Bereits seit Windows 8 sind gleich mehrere Browservarianten des Internet Explorer vorinstalliert. Je nach Windows-Version gibt es folgende Varianten:

- Microsoft stellt den Internet Explorer einmal in Form einer konventionellen Windows-Anwendung bereit. Diese Variante des Internet Explorers lässt sich, sofern kein anderer Browser installiert wurde, über ein entsprechendes Symbol in der Taskleiste des Windows-Desktops starten (Abbildung 15.1, unten).

- Alternativ steht auf der Startseite noch die Version des Internet Explorers als App bereit. Durch Anwahl der betreffenden Kachel (Abbildung 15.1, oben) der Startseite wird die App-Version des Browsers aufgerufen.

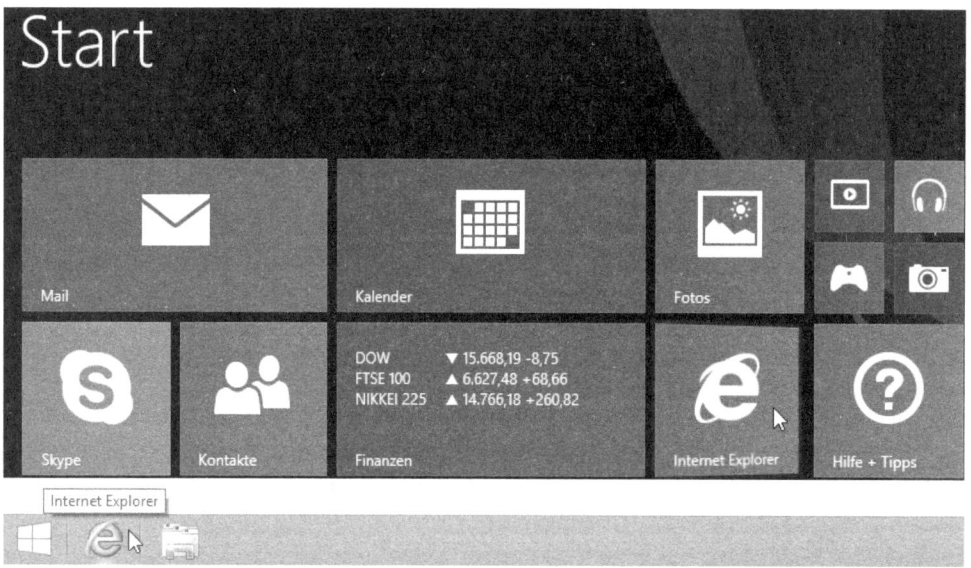

Abbildung 15.1   Varianten zum Aufruf des Internet Explorers

Der konventionelle Internet Explorer läuft als Windows-Anwendung in einem Fenster und gleicht im Aussehen dem aus früheren Windows-Versionen bekannten Browser. Bei einem 64-Bit-Windows gibt es zusätzlich noch die Besonderheit, dass der Internet Explorer in der Desktopvariante als 32- sowie als 64-Bit-Version vorliegt. Über das Symbol des Internet Explorers in der Taskleiste wird dabei immer die Desktopvariante aus dem Ordner *Program Files* gestartet. Bei einem 32-Bit-System läuft also der 32-Bit-Browser, während bei einem 64-Bit-Windows die 64-Bit-Desktopvariante des Internet Explorers aufgerufen wird.

> **HINWEIS**   Bei Ihrem System wird beim Einrichten oder kurz nach der Installation das, aufgrund von EU-Auflagen eingeführte, Browserauswahlfenster erscheinen (siehe den Abschnitt »Das Browserauswahlfenster gibt's auch noch«). Das zugehörige Programm löscht den Eintrag des Internet Explorers aus der Taskleiste und ermöglicht Ihnen die Installation alternativer Browser. In den nachfolgenden Abschnitten setze ich voraus, dass der Internet Explorer als Standardbrowser unter Windows belassen wurde.

Besonderheiten beim Internet Explorer

Wird der Internet Explorer über die Kachel der Startseite aufgerufen, startet die Internet Explorer-App und belegt mit dem App-Fenster den gesamten Bildschirm (Abbildung 15.2).

Abbildung 15.2   Die App-Variante des Internet Explorers

Im Unterschied zum konventionellen Internet Explorer unterstützt die App keine Plug-Ins. Allerdings hat Microsoft den Adobe Flash-Player in Windows und in der Internet Explorer-App implementiert, sodass Flash-Inhalte auch in der App-Version angezeigt werden können. Andere Erweiterungen wie spezielle Suchanbieter sind in der Browser-App nicht mehr einsetzbar. Wer auf solche Zusätze angewiesen ist, sollte auf den konventionellen Internet Explorer oder andere Browser ausweichen.

HINWEIS   Microsoft begründete bereits bei Windows 8 den Verzicht auf die Plug-In-Unterstützung einmal mit der längeren Laufzeit bei akkubetriebenen Geräten wie Tablet-PCs. Plug-Ins verhindern dort unter Umständen das Umschalten in energiesparende Betriebszustände. Als weiterer Grund wird die Erhöhung der Zuverlässigkeit angeführt. Schlecht programmierte oder inkompatible Plug-Ins führen immer wieder zu Abstürzen und Hängen des Internet Explorers. Der Verzicht auf Plug-Ins eliminiert daher eine weitere Fehlerquelle. Zudem deutet Microsoft an, dass dies beim App-basierenden Internet Explorer zur Verbesserung der Privatsphäre beim Surfen führt. Plug-Ins lassen sich z.B. auch einsetzen, um Benutzerdaten (besuchte Webseiten, Kenndaten des benutzten Windows etc.) zu sammeln und an Betreiber von Webseiten zu übertragen.

Flash-Unterstützung beim Internet Explorer

Wie bereits im vorherigen Abschnitt ausgeführt, hat Microsoft den Adobe Flash Player bereits ab Windows 8 im Betriebssystem integriert. Sowohl die Desktopversion als auch die App von Internet Explorer unterstützen Adobe Flash. Es ist also keine Installation eines solchen Add-Ons mehr erforderlich.

HINWEIS   Die bei der Einführung von Windows 8 bestehende Restriktion, dass aus Sicherheitsgründen nur bestimmte Flash-Seiten aus einer Positivliste ausgeführt werden, ist zwischenzeitlich entfallen. Der Sachverhalt ist in diesem Blogbeitrag *http://www.borncity.com/blog/2013/03/12/microsoft-aktiviert-heute-flash-im-ie-10/* [Ms240-K15-01] beschrieben.

Welche Browser soll ich verwenden?

Ob Sie den Internet Explorer oder einen anderen Browser verwenden, bleibt Ihnen überlassen. Solange Sie diese Browser als Desktopprogramme einsetzen, gibt es auch keine Einschränkungen. Um einen alternativen Browser als App zu verwenden, muss diese App auf Windows 8 abgestimmt sein. Zur Zeit, als dieses Buch verfasst wurde, ließ sich nur Google Chrome als App-fähiger Browser einsetzen. Die Version von Firefox war zu dieser Zeit noch nicht verfügbar.

Problem beim Einsatz eines Browsers als App ist jedoch, dass Windows immer nur einen Browser als App akzeptiert. Daher kann es passieren, dass bei der Installation eines alternativen Browsers als Standardbrowser plötzlich die Internet Explorer-App verschwindet und nur noch eine Kachel zum Aufruf des Desktop-Internet Explorers angezeigt wird.

HINWEIS   Wie man den Internet Explorer wieder als App einrichten kann, habe ich in meinem Blog (*http://www.borncity.com/blog/2012/03/27/windows-8-bug-gelst-metro-ie-verschwunden/* [Ms240-K15-02] erläutert. Der Beitrag bezieht sich zwar auf eine Vorabversion von Windows 8 – die technischen Hintergründe gelten aber auch für die endgültige Version des Betriebssystems.

Das Browserauswahlfenster gibt's auch noch

Auf Druck der EU bietet Microsoft das Browserauswahlfenster früherer Windows-Versionen auch unter Windows 8.1 an. Wird dieses Auswahlfenster über Windows-Update installiert, erhalten Sie eine entsprechende Benachrichtigung (Abbildung 15.3, oben). Wählen Sie die *Weiter*-Schaltfläche, gelangen Sie zum Browserauswahlfenster (Abbildung 15.3, unten). In diesem Fenster lassen sich neben dem Internet Explorer auch andere Browser wie der Firefox oder der Google Chrome auswählen, herunterladen und installieren.

Eine wichtige Entscheidung: Ihr Browser

Der Browser ist eine wichtige Software auf Ihrem PC. Sie verwenden ihn, um im Internet zu surfen. Er ist das Fenster, in dem die von Ihnen besuchten Websites angezeigt werden. Es sind viele Browser mit unterschiedlichen Features verfügbar. Auf dem nächsten Bildschirm können Sie ggf. zusätzliche Browser auswählen und installieren.

Hinweis: Durch die Aktualisierung der Browserauswahl wurde Ihr Browser (Microsoft Windows Internet Explorer) von der Taskleiste gelöst, Sie können ihn jedoch wieder anheften. Klicken Sie hier, um weitere Informationen anzuzeigen.

Internet Explorer ist weiterhin auf der Startseite verfügbar.

Überprüfen Sie bitte, ob Sie mit dem Internet verbunden sind, bevor Sie fortfahren.

Weiter

Browserwahl

Wählen Sie Ihre(n) Webbrowser

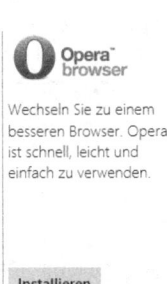 Opera browser	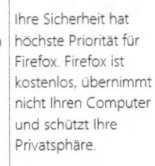 Firefox	Maxthon Browser	chrome	Explorer
Wechseln Sie zu einem besseren Browser. Opera ist schnell, leicht und einfach zu verwenden.	Ihre Sicherheit hat höchste Priorität für Firefox. Firefox ist kostenlos, übernimmt nicht Ihren Computer und schützt Ihre Privatsphäre.	Unübertroffen schnell und benutzerfreundlich, mit Funktionen, die Sie nur bei Maxthon 3 finden. Nicht nur Ansehen, sondern Mitgestalten! 600 Millionen Downloads.	Ein schneller, neuer Browser von Google. Jetzt testen!	Schnell, übersichtlich, vertrauenswürdig. Der beliebteste Windows-Browser der Welt ... jetzt kostenlos von Microsoft!
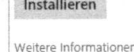 Installieren	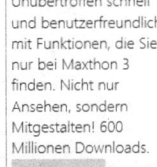 Installieren	Installieren	Installieren	Installieren
Weitere Informationen	Weitere Informationen	Weitere Informationen	Weitere Informationen	Weitere Informationen

Später auswählen

Weitere Informationen, Nutzungsbedingungen und Datenschutzbestimmungen.

Abbildung 15.3 Browserauswahlfenster

Weiterhin fügt das Update eine Kachel in die Startseite ein, über die Sie jederzeit auf das Browserauswahlfenster zugreifen und einen alternativen Browser installieren können. In der von mir getesteten Fassung wirkte sich die Installation alternativer Browser nicht auf die Internet Explorer-App aus, die auch weiterhin auf der Startseite verfügbar war. Die neuen Browser wurden als Windows-Anwendungen zur Taskleiste des Windows-Desktops hinzugefügt. Ob sich dies zukünftig ändert, ist aber offen.

HINWEIS   Sobald Sie einen alternativen Browser (z.B. Google Chrome) als Standardbrowser einrichten lassen, ist die Kachel der Internet Explorer-App verschwunden. Lassen Sie den Internet Explorer später wieder als Standardbrowser zu und fehlt die Kachel in der Startseite? Suchen Sie über die Seitenleiste nach »Internet Explorer« und heften Sie die fehlende Kachel erneut an der Startseite an. Gibt es Probleme, weil nach der Anzeige des Browserauswahlfensters das Taskleistensymbol des Internet Explorers fehlt und sich der Browser nicht mehr installieren lässt? Unter *http://www.borncity.com/blog/2012/09/12/windows-8-app-genatzt-wie-krieg-ich-den-ie-10-wieder/* [Ms240-K15-03] gehe ich in meinem Blog auch auf diesen Sachverhalt ein. Die Lösung lässt sich auch unter Windows 8.1 verwenden.

Einstieg in den Internet Explorer

In diesem Abschnitt wird die Bedienung der App-Variante des Internet Explorers vorgestellt.

Arbeiten mit dem Internet Explorer

Die App-Variante des Internet Explorers ist für die Touchbedienung ausgelegt. Rufen Sie die Internet Explorer-App über die Startseite auf, erscheint die in Abbildung 15.2 gezeigte Darstellung. Für die Suche ist die Suchseite Bing standardmäßig eingestellt, was sich aber ändern lässt.

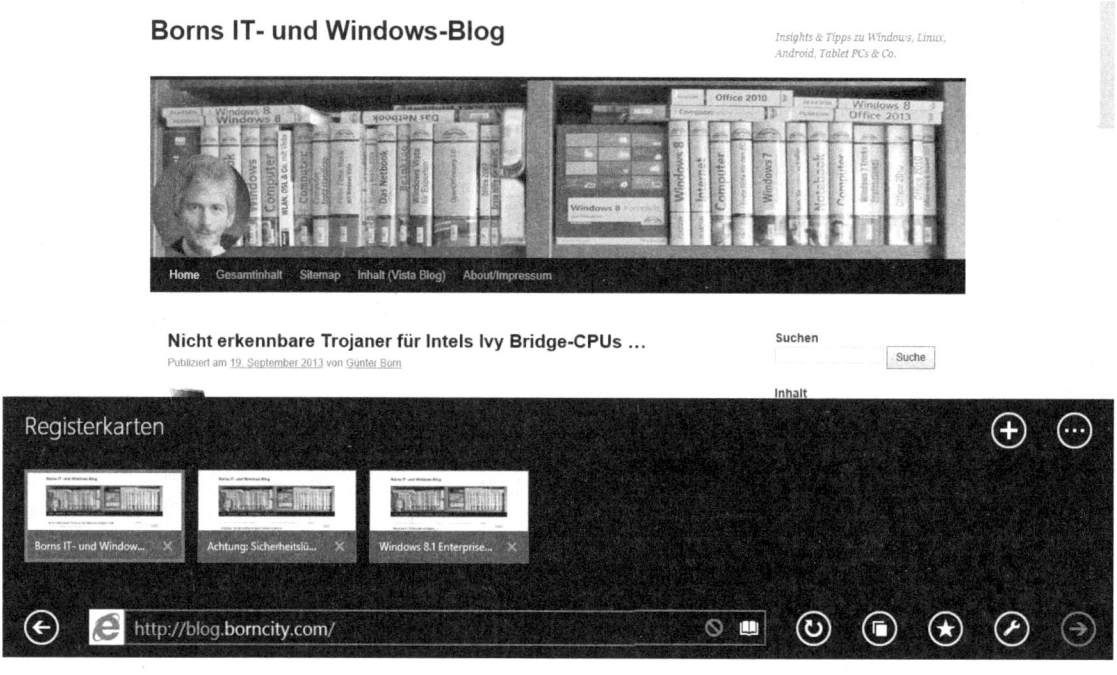

Abbildung 15.4   Anzeige mit App-Leiste und geöffneten Registerkarten

Der Internet Explorer wurde so entworfen, dass die Anzeige der Bedienelemente nur bei Bedarf erfolgt:

- Beim Start des Browsers ist zwar noch die App-Leiste mit dem Adressfeld sowie einigen Bedienelementen sichtbar. Tippen oder klicken Sie auf den Dokumentbereich, verschwindet auch die App-Leiste. Dadurch ist der gesamte Bildschirmbereich komplett für die Darstellung der abgerufenen Webseite verwendbar.

- Erst wenn der Benutzer bei Fingerbedienung vom unteren Bildschirmrand nach oben wischt, die Tastenkombination ⊞+Z drückt oder mit der rechten Maustaste an den (unteren) Rand bzw. auf eine freie Fläche des Browserfensters klickt, wird die App-Leiste am unteren Desktoprand sichtbar (Abbildung 15.4).

Abbildung 15.5   Element zum Einblenden der App-/Adressleiste

> **HINWEIS**   Die in Windows 8 noch am oberen Rand verfügbare App-Leiste ist in Windows 8.1 entfallen. Dafür zeigt die
> Internet Explorer-App in Windows 8.1 bei ausgeblendeter App-Leiste einen schmalen Farbstreifen mit drei Pünktchen am unteren
> Seitenrand (Abbildung 15.6). Durch Anwahl dieser drei Pünktchen lässt sich die App-Leiste ebenfalls einblenden.

Die App-Leiste ist für die Bedienung des Browsers zuständig (Abbildung 15.6). Hier eine Aufstellung der
angezeigten Elemente und der verfügbaren Bedientechniken:

- Sind mehrere Browserseiten auf sogenannten Registerkarten geöffnet, werden diese als Miniaturen in der
  App-Leiste eingeblendet (in Windows 8 erscheinen die Miniaturen in einer Leiste am oberen Desktoprand). Die aktive Seite wird durch einen blauen Rahmen um die Miniaturansicht der Registerkarte
  gekennzeichnet. Durch Antippen oder Anklicken lässt sich zur gewünschten Seite umschalten.

- Wählen Sie die in der rechten unteren Ecke einer Miniaturansicht eingeblendete *Schließen*-Schaltfläche
  (das X-Symbol) an, entfernt der Browser die Seitenvorschau und schließt auch die zugehörige Webseite

- Über die Schaltfläche *Neue Registerkarte* der App-Leiste oder mittels der Tastenkombination $\boxed{\text{Strg}}$+$\boxed{\text{T}}$
  öffnen Sie eine neue, leere Registerkarte zum Abrufen einer Webseite über das Adressfeld der Navigationsleiste.

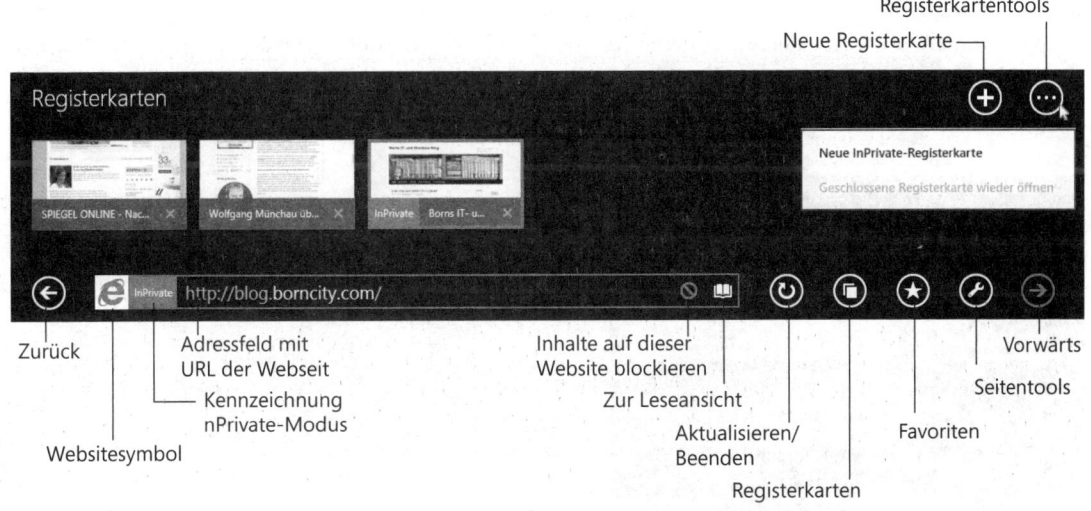

Abbildung 15.6   Bedienelemente der App-Leiste

- Mit der Schaltfläche *Registerkartentools* (Abbildung 15.6) öffnen Sie ein Menü. Verwenden Sie den Befehl
  Geschlossene Registerkarte wieder öffnen, um eine Registerkarten erneut zu öffnen. Der Befehl *Neue InPri-
  vate-Registerkarte* des Menüs öffnet eine neue Registerkarte im InPrivate-Modus. Der InPrivate-Modus
  wird durch eine Einblendung in der unteren App-Leiste gekennzeichnet und hindert den Internet Explorer daran, Daten zu Ihrer Browsersitzung zu speichern. Beim Schließen des Browserfensters werden alle
  Daten (z.B. der Verlauf der besuchten Webseiten) verworfen.

- Die beiden Schaltflächen *Zurück* und *Vorwärts* am rechten und linken Rand der App-Leiste dienen zum
  Blättern zwischen besuchten Webseiten

- Das Adressfeld ermöglicht die Eingabe der Webseitenadressen. Während des Ladens einer Webseite blendet der Internet Explorer eine Fortschrittsanzeige oberhalb der Adressleiste ein. Zudem werden in der Adressleiste Statusinformationen (z.B. grüner Hintergrund beim Abrufen per SSL abgesicherter HTTPS-Seiten) angezeigt.

- Links neben dem Adressfeld zur Eingabe der Webadressen werden optional die Kennzeichnung bei benutztem InPrivate-Modus und daneben das Logo der aktuellen Webseite eingeblendet

- Am rechten Rand des Adressfelds findet sich die Schaltfläche *Inhalte auf dieser Website blockieren?*, bei deren Anwahl ein Fenster des Tracking-Schutzes geöffnet wird. Über die Schaltfläche *Blockieren* weisen Sie den Browser an, die Benutzerverfolgung (Tracking) besuchter Webseiten durch Fremdanbieter zu blockieren.

- Die Schaltfläche *Zur Leseansicht* schaltet die Darstellung der Webseite in der Browser-App in einen besonderen Anzeigemodus. Die Webseiteninhalte werden wie bei einem Buch oder einer Zeitung spaltenweise nebeneinander und mit einer über in der Seitenleiste *Optionen* einstellbaren Hintergrundfarbe angezeigt. Dies ermöglicht ein sehr entspanntes Lesen, allerdings werden Webseiteninhalte nicht immer korrekt angezeigt oder gar unterdrückt. Eine erneute Anwahl des Symbols schaltet zur normalen Ansicht zurück.

- Rechts neben dem Adressfeld befindet sich eine Schaltfläche, die kontextbezogen die Funktion *Aktualisieren* (zum erneuten Abrufen einer bereits angezeigten Webseite) oder *Beenden* (Abbrechen eines laufenden Webseitenabrufs) besitzt

Die Menüschaltfläche *Seitentools* (Abbildung 15.6) zeigt verschiedene Befehle zur Auswahl (Abbildung 15.7).

Abbildung 15.7 Menü der Schaltfläche *Seitentools*

- Über den Befehl *App für diese Webseite abrufen* gelangen Sie zum Windows Store. Ein grau abgeblendeter Befehl *App für diese Webseite abrufen* signalisiert, dass keine Angebote für die aktuell geöffnete Website existieren. Ist bereits eine passende App installiert, finden Sie den Befehl *Zu folgender App wechseln: xxx*, wobei *xxx* für den App-Namen (z.B. Bing-App) steht.

- Beim Befehl *Auf Seite suchen* (Abbildung 15.7) wechselt die App-Leiste zur Darstellung aus Abbildung 15.8. Es lässt sich ein Suchbegriff im Textfeld eintippen und dann in der aktuellen Webseite suchen. Treffer werden farbig unterlegt. Mittels der Schaltflächen *Zurück* und *Weiter* der App-Leiste können die vorherigen oder folgenden Treffer abgerufen werden. Über die Schaltfläche *Schließen* blenden Sie die Leiste wieder aus.

Abbildung 15.8 Suchen in der Webseite

HINWEIS Die App des Internet Explorers besitzt kein separates Suchfeld. Tippen Sie einen Begriff im Adressfeld ein, der keiner Webadresse entspricht und auch nicht mit Treffern im Verlauf übereinstimmt, wechselt der Browser zur Standardsuchmaschine (meist Bing)). Anschließend wird dort automatisch eine Suche nach dem Begriff gestartet. Den Standardsuchanbieter wechseln Sie in der Desktopversion des Internet Explorers (siehe den Abschnitt »Suchmaschine einstellen und Anbieter hinzufügen« weiter hinten in diesem Kapitel). Nach dem Neustart der IE-App sollte der neue Suchanbieter verwendet werden.

- Der Menübefehl *Auf dem Desktop anzeigen* (Abbildung 15.7) der Menüschaltfläche *Seitentools* wechselt zum Windows-Desktop, startet den Internet Explorer und zeigt die aktuelle Webseite in dieser Windows-Anwendung an

- Der in Windows 8.1 neu hinzugekommene Befehl *Downloads anzeigen* blendet eine Liste der eingeleiteten Downloads in der App-Leiste ein

- Die in der QuickInfo mit *Favoriten* und *Registerkarten* benannten Schaltflächen der App-Leiste ermöglichen die Darstellung der Kacheln von Registerkarten (Abbildung 15.6) oder Favoriten (Abbildung 15.9) abwechselnd abzurufen

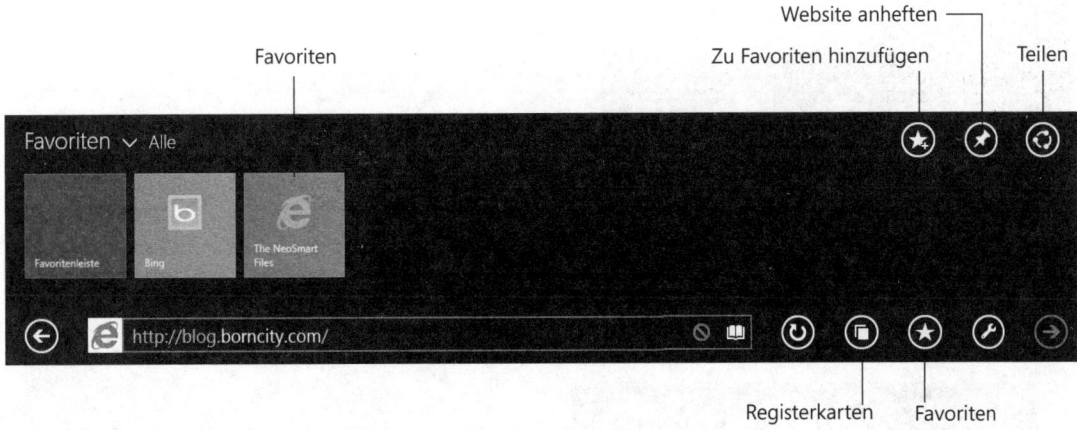

Abbildung 15.9 App-Leiste mit Favoritenanzeige

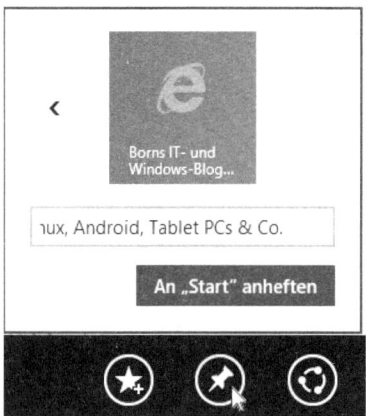

Abbildung 15.10 Webseite an Startseite anheften

- Die im Modus »Favoriten« in der App-Leiste sichtbare Schaltfläche *Website anheften* (Abbildung 15.9) ermöglicht es, die aktuelle Webseite als Kachel zur Startseite hinzuzufügen. Bei Anwahl erscheint die in Abbildung 15.9 gezeigte Einblendung. Korrigieren Sie ggf. den Seitentitel über das betreffende Textfeld und bestätigen Sie mit der Schaltfläche *An "Start" anheften*. Dann wird eine Kachel mit dem vorgegebenen Seitentitel in der Startseite eingetragen. Gleichzeitig wird die Webseite in die Liste »An "Start" angeheftet« des Browsers aufgenommen.

- Über die Schaltfläche *Zu Favoriten hinzufügen* (Abbildung 15.9) nehmen Sie die aktuell angezeigte Webseite in die Favoritenliste auf. Sobald die Einblendung aus Abbildung 15.11 erscheint, passen Sie den Titel im oberen Textfeld bei Bedarf an. Anschließend können Sie über das Listenfeld zwischen den Einträgen »Alle«, »Favoritenleiste« und ggf. angelegten weiteren Ordnern wählen. Über die Schaltfläche *Neuer Ordner* lässt sich in einem eingeblendeten Textfeld ein Ordnername angeben. Wählen Sie anschließend die *Hinzufügen*-Schaltfläche, wird der Favoriteneintrag in der gewählten Kategorie eingetragen. Neu angelegte Ordner lassen sich übrigens in der Desktop-Version des Internet Explorer über die Funktion »Favoriten verwalten« (siehe gleichnamiger Abschnitt in diesem Kapitel) löschen.

Abbildung 15.11 Favoriten definieren

Abbildung 15.12 Seitenleiste *Teilen*

- Die in der Favoritenanzeige sichtbare Schaltfläche *Teilen* (Abbildung 15.9) blendet die gleichnamige Seitenleiste ein (Abbildung 15.11). Dort wird in der obersten Zeile der Titel der aktuellen Webseite eingeblendet. Darunter folgen Symbole verschiedener Apps. Wählen Sie ein App-Symbol, um den Inhalt der aktuellen Webseite in dieser App zu übernehmen. So können Sie beispielsweise eine Webseite in die App *Leseliste* aufnehmen oder per E-Mail mittels der *Mail*-App verschicken.

Gegenüber der Internet Explorer-App von Windows 8 hat sich also in Windows 8.1 einiges verändert. Wie sich festgelegte Favoriten oder angeheftete Webseiten in der Internet Explorer-App abrufen lassen, wird im folgenden Abschnitt erläutert.

TIPP   Zeigt der Benutzer mit der Maus auf ein Bedienelement oder lässt er den Finger etwas länger auf der betreffenden Position des Touchscreens verweilen, blendet Windows einen Tooltipp mit dem Funktionsnamen der Schaltfläche ein.

Favoriten und angeheftete Webseiten abrufen

Die Internet Explorer-App unterstützt Sie beim Abrufen von Webseiten, indem Sie auf angeheftete Sites, Favoriten oder bereits besuchte Webseiten einfacher zugreifen können. Bereits beim Eintippen eines URL blendet die App eine Liste passender (oder häufig verwendeter) Webseiten ein (Abbildung 15.13).

Abbildung 15.13   Vorschläge bei der Eingabe einer Webseitenadresse

Es reicht dann, die Kachel der eventuell übereinstimmenden Webseite anzuwählen, um deren URL in das Adressfeld zu übernehmen und die Seite abzurufen.

Um sich die Eingabe häufig verwendeter Webseiten per Bildschirmtastatur zu ersparen, lässt sich recht komfortabel auf häufig besuchte oder mittels der Schaltfläche *An "Start" anheften* festgepinnte Webseiten zugreifen.

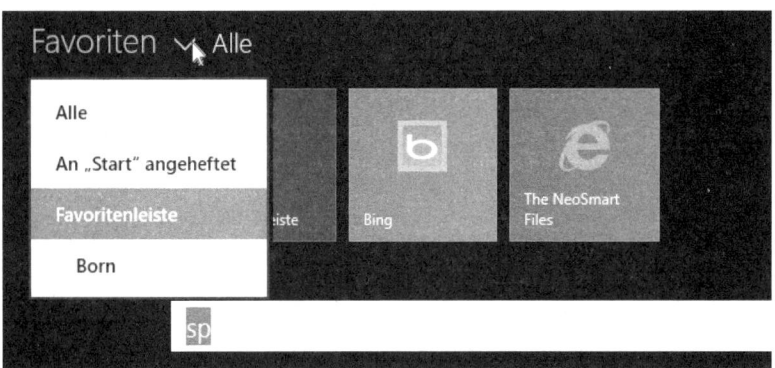

Abbildung 15.14   Häufig verwendete und angeheftete Webseiten abrufen

Tippen oder klicken Sie in der App-Leiste auf die Schaltfläche *Favoriten* (Abbildung 15.6). Die IE-App schaltet zur Darstellung aus Abbildung 15.14 um. Über das Menü *Favoriten* lässt sich die Kategorie der angezeigten Kacheln zwischen »Alle«, »Favoritenleiste«, den an der Startseite angehefteten Elementen und selbst definierten Kategorien umstellen. Wählen Sie eine Kachel an, um die Webseite abzurufen.

HINWEIS   Die Navigationskacheln der Kategorie »Favoriten« wurden über den Befehl *Zu Favoriten hinzufügen* des Desktop-Internet Explorers oder der Schaltfläche *Website anheften* der App-Leiste (siehe vorhergehende Seite) als Lesezeichen festgelegt. Verwenden Sie das Mausrad oder den Finger, um horizontal nach rechts zur betreffenden Kategorie zu blättern. Die Anwahl der gewünschten Kachel genügt, um zur betreffenden Webseite zu wechseln.

Eingaben beim Internet Explorer

Eingaben in Textfelder (z.B. das Such- und Adressfeld) der Internet Explorer-App können sowohl mit einer physischen Tastatur als auch über die Windows-Bildschirmtastatur per Touchscreen erfolgen. Tippen Sie auf ein Textfeld (z.B. das Adressfeld), blendet Windows bei Touchbedienung automatisch die Bildschirmtastatur ein (Abbildung 15.15). Bereits beim Eingeben eines URL filtert der Browser passende Adressen aus der Liste der Favoriten und zuletzt besuchten Seiten. Die gewünschten Seiten können über die angezeigte Navigationskachel direkt abgerufen werden.

HINWEIS   Sind Sie bei einem Microsoft-Konto (Live-ID) angemeldet, wird automatisch die Roamingfunktion zum Abgleich der URL-Listen (Browserverlauf, Favoriten, kürzlich besuchte Websites) benutzt. So können Sie mithilfe dieses Kontos auf mehreren Windows 8- bzw. Windows 8.1-Systemen dank automatischem Roaming mit individuellen URL-Listen arbeiten.

Weiterhin passt sich die Bildschirmtastatur automatisch an den Browser an, um Eingaben zu vereinfachen. Ist die Adressleiste angewählt, werden Zeichen wie »/« und die Kennung ».com« oder ».de« automatisch eingeblendet. Dies beschleunigt die Eingabe der URLs von Webseiten. Ähnliche Kontextanpassungen erfolgen bei Formularen oder speziellen Feldern. Wird beispielsweise eine E-Mail-Adresse in einem Eingabefeld erwartet, passt der Internet Explorer die Bildschirmtastatur automatisch diesem Kontext an. Dann werden z.B. »@« und ».com« oder ».de« angezeigt. Über die mit »&123« beschriftete Taste in der linken unteren Ecke wechseln Sie zum Layout mit den Zifferntasten und weiteren Sonderzeichen. Eine Eingabe bestätigen Sie über die mit *Gehe zu* bzw. mit dem nach rechts zeigendem Pfeil gekennzeichnete Taste.

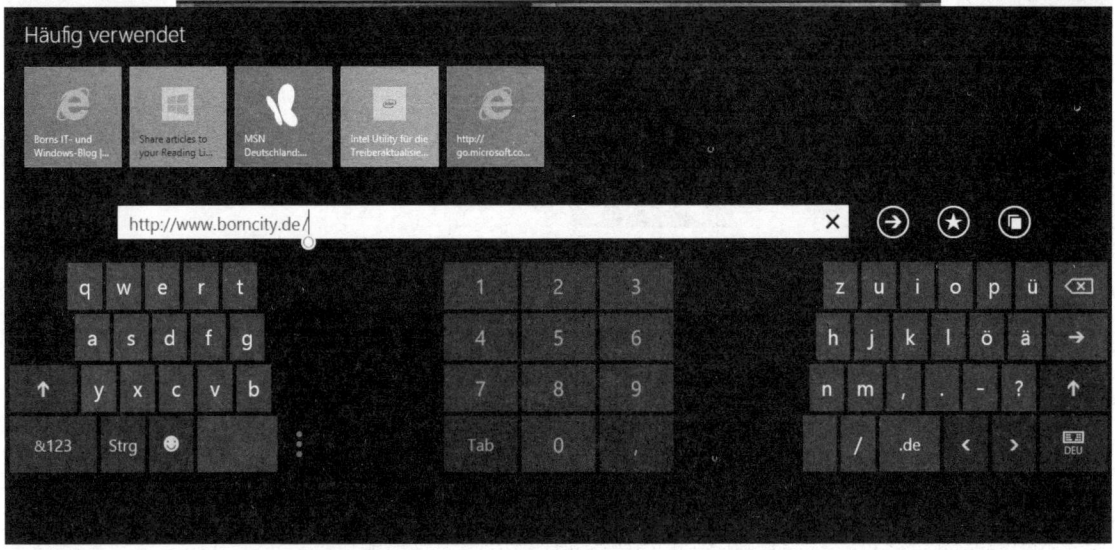

Abbildung 15.15   Eingaben per Bildschirmtastatur beim IE

Weitere Arbeitstechniken für den Internet Explorer

Der Internet Explorer unterstützt verschiedene Arbeitstechniken, die den Umgang per Touchbedienung oder das Arbeiten mit der Maus erleichtern bzw. die Funktionalität von Windows erst richtig zur Geltung bringen:

- Statt die App-Leiste am unteren Desktoprand einzublenden und dann über die beiden Schaltflächen *Zurück* und *Vorwärts* zwischen verschiedenen Webseiten zu blättern, geht dies auch einfach per Fingergesten. Wischen Sie mit dem Finger im Browserfenster nach links oder rechts, um zur vorherigen bzw. nächsten Webseite zu scrollen. Bei Mausbedienung zeigen Sie auf den linken/rechten Dokumentrand und klicken anschließend auf die zum Blättern eingeblendete Schaltfläche.

- Wischen Sie mit dem Finger im Browserfenster nach oben oder unten, um in der aktuellen Webseite vertikal zu scrollen. Bei Mausbedienung lässt sich das Rädchen oder die eingeblendete Bildlaufleiste zum Blättern verwenden. Zudem stehen bei Tastaturbedienung die Cursortasten $\boxed{\uparrow}$ und $\boxed{\downarrow}$ zum Blättern zur Verfügung.

- Doppeltippen Sie am Touchscreen per Finger auf das Browserfenster, um die Darstellung zu vergrößern oder anschließend wieder zu verkleinern. Natürlich können Sie durch Spreizen oder Zusammenziehen zweier Finger auf dem Touchscreen den Zoom stufenlos anpassen. Bei einem normalen PC lässt sich bei gedrückter $\boxed{\text{Strg}}$-Taste das Mausrädchen zum Zoomen drehen. Alternativ funktionieren die Tastenkombinationen $\boxed{\text{Strg}}+\boxed{+}$ und $\boxed{\text{Strg}}+\boxed{-}$, um die Browseranzeige zu vergrößern oder zu reduzieren.

- Tippen oder klicken Sie auf einen Hyperlink, wird die betreffende Webseite abgerufen. Klicken Sie den Link mit der rechten Maustaste an oder drücken Sie mit dem Finger ein paar Sekunden auf den Hyperlink, zeigt die IE-App beim Loslassen ein Kontextmenü (Abbildung 15.16). Dort finden Sie Befehle, um den Link in die Zwischenablage zu kopieren oder die Folgeseite auf der aktuellen oder einer neuen Registerkarte zu öffnen. In Windows 8.1 ist der Befehl *Link in neuem Fenster öffnen* hinzugekommen. Bei Anwahl wird die Seite in einem separaten Fenster der IE-App geöffnet, wobei der Bildschirm im Split-View-Modus aufgeteilt wird. Die beiden Webseiten sich auf dem geteilten Bildschirm nebeneinander sichtbar.

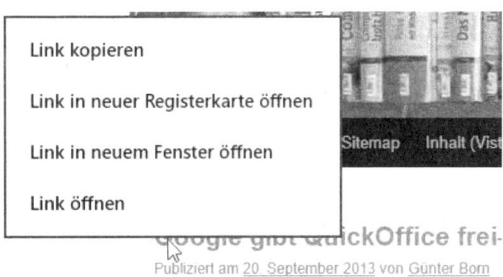

Abbildung 15.16   Kontextmenü von Hyperlinks im IE

■ Texte wie Wörter lassen sich durch Antippen mit dem Finger oder per Doppelklick mit der Maus markieren. Windows zeigt dann (bei Touchbedienung) am Anfang und Ende des markierten Textbereichs zwei kleine Kreise (Abbildung 15.17). Sie können dann den Markierungsbereich durch Verschieben der kleinen Kreise anpassen. Tippen Sie per Finger auf einen der Markierungskreise oder klicken Sie den markierten Bereich mit der rechten Maustaste an, wird der Kontextmenübefehl *Kopieren* im Kontextmenü eingeblendet. Durch Anwahl überträgt die App (hier der Browser) den markierten Bereich in die Windows-Zwischenablage. Wechseln Sie zu einem Bedienelement, das Eingaben ermöglicht, blendet Windows bei Touchbildschirmen die Bildschirmtastatur ein. Sie können dann den Inhalt der Zwischenablage mittels der Tastenkombination ⌴Strg⌴+⌴V⌴ einfügen.

Abbildung 15.17   Markieren und Kopieren beim IE

HINWEIS   Drücken Sie in Windows mit dem Finger ein paar Sekunden auf den Hyperlink, erscheint ebenfalls das obige Kontextmenü. Unter Windows 8.1 gibt es dabei eine Neuerung: Lassen Sie den Finger etwas länger auf einen Hyperlink, wird dieser beim Loslassen markiert und eine App-Leiste erscheint. Diese enthält dann die Schaltflächen zum Öffnen des Links in einer neuen Registerkarte, in einem neuen Fenster sowie zum Kopieren des Links in die Zwischenablage. Wählen Sie den Link bei sichtbarer App-Leiste erneut durch Drücken an, erscheint auch noch die Schaltfläche *Kopieren*, um den markierten Text in die Zwischenablage zu übertragen.

Neben den obigen Gesten lässt sich der Internet Explorer auch durch Tastenkombinationen steuern. Die Tabelle 15.1 enthält eine kurze Übersicht der möglichen Befehle.

Tastenkombination	Wirkung
Strg + ⇧ + P	Eine neue Registerkarte im InPrivate-Modus öffnen
Strg + T	Öffnet eine neue Registerkarte zum Abrufen einer Webseite und wechselt dann zur Seite mit den Navigationskacheln häufig aufgerufener Seiten
Strg + F4	Schließt die aktive Registerkarte mit der geöffneten Webseite
⇥	Zwischen den Elementen einer Webseite wechseln
⇧ + ⇥	Zwischen den Elementen einer Webseite rückwärts wechseln
↵	Selektiertes Element aktivieren (z.B. Webseite aufrufen)
Strg + P	Webseite drucken
Strg + F	Öffnet am unteren Bildschirmrand die App-Leiste mit dem Suchfeld zur Suche innerhalb der Webseite
Strg + L	Öffnet die App-Leiste mit dem Adressfeld und blendet die Seite mit den Navigationskacheln häufig aufgerufener Seiten ein
←	Zur vorherigen Webseite zurückblättern
Esc	Den aktuellen Modus beenden

Tabelle 15.1 Tastenkombinationen zur Bedienung des Internet Explorers

Schutz durch den SmartScreen-Filter

Bei Downloads schützt der Internet Explorer Sie per SmartScreen-Filter mittels Benachrichtigungen vor möglicher Schadsoftware (Abbildung 15.18, oben).

Abbildung 15.18 Benachrichtigung durch Windows SmartScreen

Wählen Sie den Hyperlink *Weitere Informationen*, lässt sich auf der angezeigten Seite (Abbildung 15.18, unten) entscheiden, ob der Zugriff auf die Datei zugelassen oder abgebrochen werden soll. Zusätzlich überprüft Windows Defender (oder ein installierter Zusatzvirenscanner) den Download auf mögliche Schadfunktionen und informiert Sie bei erkannter Malware.

Drucken aus der Internet Explorer-App

Zum Drucken aus einer App wie dem Internet Explorer sind nur wenige Handgriffe erforderlich:

1. Rufen Sie die gewünschte Webseite in der Internet Explorer-App auf und blenden Sie die Charms-Leiste (z.B. per Maus in die obere rechte Ecke zeigen oder ⊞ + C drücken) am rechten Bildschirmrand ein.

2. Wählen Sie das Symbol *Geräte* (Abbildung 15.19, rechts), um die Liste der verfügbaren Geräte anzuzeigen. Standardmäßig ist auf jeden Fall der »Windows XPS Document Writer« verfügbar (Abbildung 15.19, mittlere Spalte).

3. Wählen Sie in der Seitenleiste *Geräte* den Eintrag *Drucken* und in der Seitenleiste *Drucken* das Symbol des gewünschten Druckers aus.

TIPP   Sofern das System über eine Tastatur verfügt, lässt sich die Tastenkombination Strg + P drücken. Dann öffnet sich die Seitenleiste *Drucker*, in der alle installierten Drucker angezeigt werden.

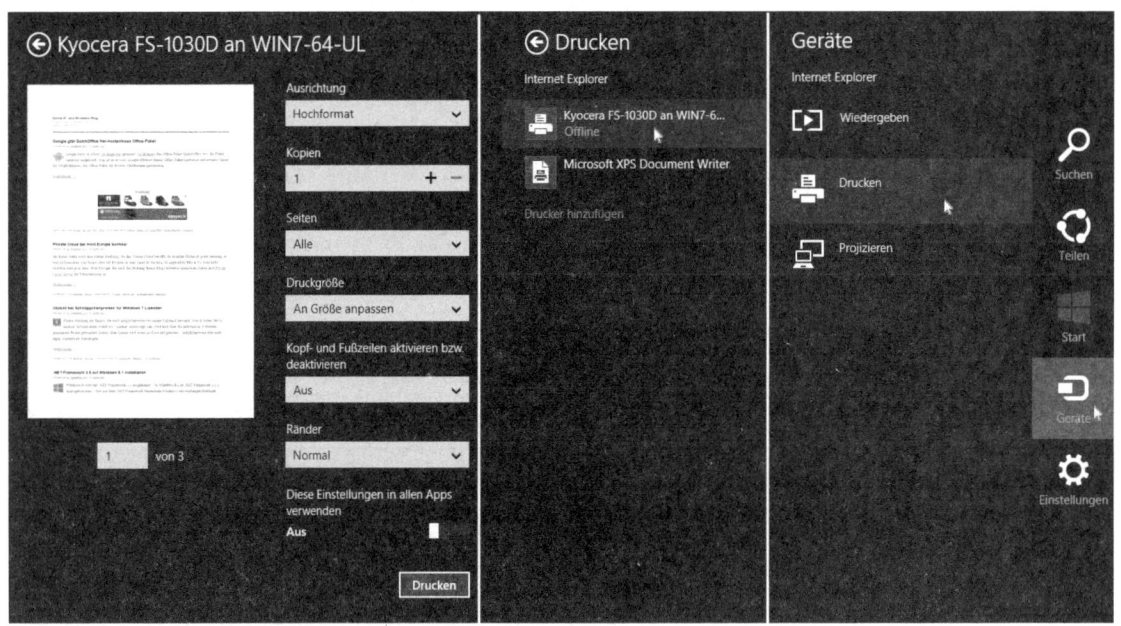

Abbildung 15.19   Drucken beim IE einleiten

4. Nun erscheint die Seitenleiste des gewählten Druckers (Abbildung 15.19, links) mit der Seitenvorschau. Stellen Sie die gewünschten Optionen für die Druckausgabe ein.

5. Bei Bedarf lässt sich in der Seitenleiste der Hyperlink *Weitere Einstellungen* wählen. Dann erscheint die Seitenleiste mit den druckerspezifischen Einstelldetails. Über die *Zurück*-Schaltfläche in der linken oberen Ecke der Seitenleiste geht es zur vorherigen Seitenleiste zurück.

6. Ist alles eingestellt, wählen Sie die in der Seitenleiste angezeigte Schaltfläche *Drucken*.

Windows beginnt mit der Druckausgabe und zeigt nach dem Abschluss des Druckauftrags oder bei Fehlern kurzzeitig eine Benachrichtigung auf dem Bildschirm an.

TIPP Die Seitenleiste des Druckers stellt im Listenfeld *Seiten* Optionen bereit, um die aktuelle Seite, einen Seitenbereich oder einen markierten Dokumentbereich zu drucken.

Zugriff auf die Webeinstellungen der IE-App

In der Internet Explorer-App gibt es die Möglichkeit, auf die am häufigsten benötigten Konfigurationseinstellungen zuzugreifen. Hierzu rufen Sie die App auf und gehen folgendermaßen vor:

Abbildung 15.20   Zugriff auf die Einstellungen der IE-App

1. Blenden Sie die Charms-Leiste am rechten Rand ein (z.B. ⊞ + Ⓒ drücken) und wählen Sie *Einstellungen* (Abbildung 15.20, rechts).
2. Wählen Sie in der Seitenleiste *Einstellungen* (Abbildung 15.20, Mitte) den gewünschten Befehl (z.B. *Optionen*) an.
3. Anschließend passen Sie in der angezeigten Seitenleiste (Abbildung 15.20, links) die Vorgaben an.

Über diesen Weg können Sie den Browserverlauf löschen, die Berechtigungen zum Zugriff auf den Standort kontrollieren, den Zoomwert einstellen und die Codierung (d.h. den verwendeten Zeichensatz) vorgeben. Über den Befehl *Berechtigungen* der Seitenleiste *Einstellungen* lassen sich die Benachrichtigungen ein-/ausschalten.

HINWEIS   Um auf weitere Einstellungen zuzugreifen, starten Sie die Desktopvariante des Internet Explorers. Über das Zahnradsymbol (*Extras*) und Auswahl des Befehls *Internetoptionen* erhalten Sie Informationen zu allen Browsereinstellungen.

Arbeiten mit dem Desktopbrowser

Neben dem auf den vorhergehenden Seiten vorgestellten Internet Explorer steht die Desktopvariante des Internet Explorers über das betreffende Symbol der Taskleiste zur Verfügung. Die Funktionen dieser in einem Fenster auf dem Windows-Desktop laufenden Variante des Internet Explorers werden in diesem Abschnitt vorgestellt.

Der Desktop-Internet Explorer im Überblick

Die Desktopvariante des Internet Explorers (oder ein anderer Browser) lässt sich über eine Schaltfläche in der Taskleiste aufrufen. Der Standardbrowser wird geöffnet, wenn Sie eine lokal gespeicherte HTML-Dokumentdatei z.B. per Doppelklick anwählen. Der Inhalt des Browserfensters hängt dabei von den Voreinstellungen ab. Die Abbildung 15.21 zeigt das Anwendungsfenster des Internet Explorers mit den wichtigsten Bedienelementen. Die Fenster anderer Browser (z.B. Google Chrome oder Firefox) können leicht unterschiedlich aussehen. Die wichtigsten Elemente sind aber weitestgehend identisch.

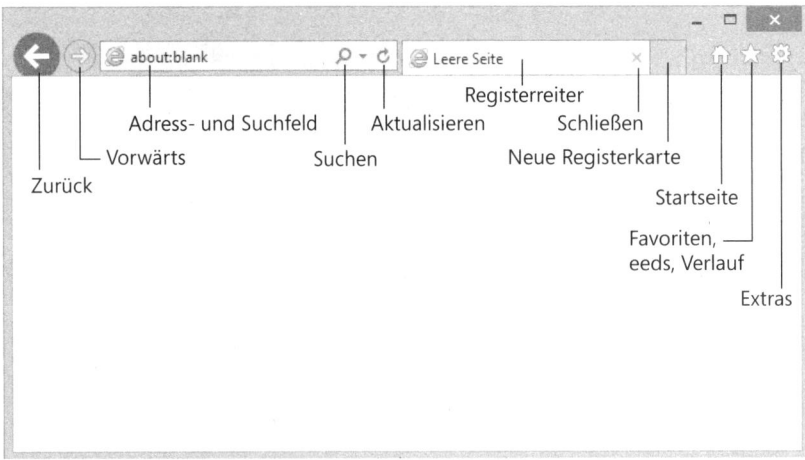

Abbildung 15.21   Internet Explorer im Überblick

- In das Adressfeld tragen Sie die Adresse (URL) der gewünschten Webseite ein. Im Internet Explorer fungiert dieses Adressfeld auch als Suchfeld. Sie können einen Begriff eingeben und dann über die *Suchen*-Schaltfläche des Felds im Internet mittels einer Suchmaschine danach suchen lassen.

- Rechts neben der Schaltfläche zur Suche findet sich noch eine Schaltfläche, die kontextabhängig mit *Aktualisieren* (zum erneuten Abrufen der aktuellen Webseite) oder mit *Abbrechen* (zum Abbrechen eines Webseitenabrufs) belegt wird. Sie können auch die Funktionstaste F5 drücken, um die Seite nochmals anzufordern. Möchten Sie das Laden der Webseite abbrechen (z.B. weil der Aufbau extrem lange dauert), klicken Sie auf die rechte *Stopp*-Schaltfläche (das Symbol mit dem roten X). Alternativ können Sie auch die Esc-Taste drücken, um das Laden einer Seite abzubrechen.

- Links neben dem Adressfeld finden sich zwei Schaltflächen, über die sich zur letzten besuchten Webseite zurück und danach vorwärts zu nächsten aufgerufenen Webseite blättern lässt.

- Rechts neben dem Adressfeld findet sich mindestens ein Registerreiter einer geöffneten Webseite. In Abbildung 15.21 wird eine leere Seite »about:blank« angezeigt. In modernen Browsern wie dem Internet Explorer können mehrere Internetseiten gleichzeitig geöffnet sein, wobei deren Anzeige über separate Registerkarten erfolgt. Durch Anklicken der betreffenden Registerreiter lässt sich die jeweilige Webseite in den Vordergrund holen. Der Registerreiter der Seite besitzt eine *Schließen*-Schaltfläche zum Schließen der Registerkarte mit der Webseite.

- Der Internet Explorer weist am rechten Rand noch eine Befehlsleiste mit Menüschaltflächen zum Zugriff auf die Programmfunktionen auf. Über die Schaltfläche *Startseite* (das Haussymbol) rufen Sie die im Browser festgelegte Startseite ab. Die Menüschaltfläche *Favoriten, Feeds und Verlauf anzeigen* (das Stern-symbol) ermöglicht den Zugriff auf diese Funktionen, während über die Menüschaltfläche *Extras* (das Zahnradsymbol) der Zugriff auf weitere Browserfunktionen wie *Internetoptionen* erfolgt.

Die bei früheren Versionen des Internet Explorers standardmäßig am unteren Fensterrand eingeblendete Statusleiste fehlt seit Windows 8. Um den Webseiteninhalt größer oder kleiner darzustellen, können Sie bei einem Touchscreen mit dem Finger zoomen. Auf einem Desktopsystem drücken Sie die Tastenkombinationen Strg+[+] und Strg+[-], um den Zoomfaktor zur Anzeige des Dokumentinhalts zu erhöhen bzw. zu reduzieren. Bei einer Maus mit Rädchen halten Sie die Strg-Taste gedrückt, während Sie am Mausräd-chen drehen, um den Zoomfaktor zu ändern. Zudem finden Sie den Befehl *Zoom* im Menü der Schaltfläche *Extras*, in dessen Untermenü Sie den Zoomfaktor wählen können.

TIPP Sie können die Titelleiste des Internet Explorers mit der rechten Maustasten anwählen. Dann finden Sie im Kontextmenü Befehle, um die Statusleiste, die Menüleiste, die Favoritenleiste etc. früherer Browserversionen einzublenden. Bei eingeblendeter Statusleiste finden Sie in der rechten unteren Ecke des Browserfensters ein Bedienelement, um den Zoomfaktor anzupassen.

HINWEIS Wird eine Webseite angezeigt, blendet der Internet Explorer ggf. zwischen den Schaltflächen *Suchen* und *Aktualisieren* noch die Schaltfläche *Kompatibilitätsansicht* ein (wenn die Seite Anzeigeelemente verwendet, die ggf. zu Kompatibilitätsproblemen führen können). Wählen Sie die Schaltfläche an, verwendet der Internet Explorer den Darstellungsmodus älterer Browserversionen, um die Seite korrekt anzuzeigen.

Wenn der Browser abstürzt

Ist der Internet Explorer beim Anzeigen von Webseiten abgestürzt oder musste das Programm über den Task-Manager beendet werden (weil es nicht mehr reagiert), brauchen Sie den Browser nur neu zu starten. Anschließend bietet Ihnen das Programm über eine Schaltfläche das Wiederherstellen der letzten Browsersit-zung an (Abbildung 15.22).

Abbildung 15.22   Sitzung wiederherstellen

TIPP   Verursachen geladene Add-Ons beim Aufruf einen Absturz des Internet Explorers? Dann starten Sie das Programm über den Befehl *Iexplore.exe -extoff*. Sie können sich auf dem Desktop eine entsprechende Verknüpfung auf die im Ordner *Program Files/Internet Explorer* gespeicherte *.exe*-Datei anlegen. Oder Sie öffnen das Dialogfeld *Ausführen* mittels der Tastenkombination ⊞ + R und geben den Befehl ein. Der Befehl unterbindet das Laden von Add-Ons beim Starten.

Webseiten im Browser abrufen

Sobald Ihr Rechner mit dem Internet verbunden und der Browser gestartet ist, können Sie Webseiten abrufen. Hierzu tragen Sie die Adresse der gewünschten Webseite in das Adressfeld ein und drücken die ↵-Taste.

Abbildung 15.23   Eingeben der Webseitenadresse

Beim Eintippen der Adresse einer Internetseite öffnet der Browser das Listenfeld der Adressleiste und schlägt Adressen ähnlicher Internetseiten vor (Abbildung 15.23). Neben der Liste mit bereits eingegebenen Webadressen werden auch Vorschläge aus der Verlaufsliste, ggf. aus den Favoriten und auch von der verwendeten Suchmaschine etc., eingeblendet. Klicken Sie auf die Menüschaltfläche *Favoriten, Feeds und Verlauf anzeigen* (das Sternsymbol), öffnet sich eine Palette, in der Sie festgelegte Favoriten, die Verlaufsliste oder RSS-Feeds über Registerkarten abrufen können.

Befindet sich die gewünschte Adresse in der Liste, können Sie deren Adresse durch Anklicken des Listeneintrags übernehmen. Der Browser ruft die betreffende Webseite ab und zeigt diese im Programmfenster an. Dieser Vorgang kann aber, je nach Übertragungsgeschwindigkeit, einige Sekunden dauern.

TIPP   Zeigen Sie im Internet Explorer auf einen Eintrag des geöffneten Listenfelds, blendet der Browser am rechten Rand das *Löschen*-Symbol ein. Klicken Sie auf dieses Symbol, wird der Eintrag aus der Verlaufsliste gelöscht. Dies ermöglicht Ihnen, fehlerhaft eingetippte oder gegenüber Dritten als kompromittierend empfundene Webseitenadressen auf einfache Weise aus der Liste zu entfernen.

HINWEIS Die Nutzung von Vorschlägen für ähnliche Webseiten erfordert, dass der Internet Explorer Informationen über angesurfte Internetangebote sammeln darf. Im Menü der Schaltfläche *Extras* finden Sie den Befehl *Datei/Vorgeschlagene Sites*. Ist dieser markiert, verwendet der Browser die Funktion. Durch erneute Anwahl des Befehls lässt sich die Funktion deaktivieren. Zudem findet sich das Kontrollkästchen *"Vorgeschlagene Sites" aktivieren* auf der Registerkarte *Erweitert* des Eigenschaftenfensters *Internetoptionen* (Menüschaltfläche *Extras*, Befehl *Internetoptionen*).

Die Adressen von Internetseiten werden meist in der Form *www.xxx.com* angegeben. Das Ganze wird als Domainadresse bezeichnet und gibt dem Kenner einige Hinweise auf die Art der Website. Mit *www* wird meist die Hauptseite eines Webangebots versehen. Die Zeichen *xxx* stehen hier für den Namen der Domain (z.B. Firmennamen wie *microsoft, adobe* etc.). Die Endungen geben einen Hinweis auf das Land (*.de, .at, .ch* etc.) oder die Organisation (*.com, .org, .net* etc.). Der Browser ergänzt die Adresse anschließend noch um den Vorspann *http://*, d.h. Sie brauchen diese Kennung nicht anzugeben. An diese Adresse schließt sich gelegentlich noch eine Buchstabenfolge mit dem Pfad zu Unterordnern auf dem betreffenden Webserver an (z.B. *www.microsoft.com/de/de/*). Manchmal taucht in diesem Zusammenhang auch der Begriff URL auf. Dieser ist aber nichts anderes als die englische Abkürzung für »Uniform Resource Locator« und bezeichnet eine Adressangabe im Internet.

Navigieren in Internetseiten

Das Navigieren in Internetseiten bzw. das Abrufen von Folgeseiten ist in einem Browser mit einfachen Mausklicks möglich. Haben Sie eine Webseite durch Eingabe der Adresse abgerufen, können Sie Folgeseiten durch Anklicken der in der Webseite enthaltenen Hyperlinks abrufen. Beim Zeigen auf Hyperlinks nimmt der Mauszeiger die Form einer stilisierten Hand an. Der Browser signalisiert mit der Änderung des Mauszeigers bzw. dem Symbol der stilisierten Hand, dass es sich bei der betreffenden Dokumentstelle um einen sogenannten Hyperlink handelt.

Zum Blättern zwischen bereits besuchten Webseiten bieten die Browser am linken Rand der Adressleiste zwei, beim Internet Explorer mit *Zurück* und *Vorwärts* beschriftete Navigationsschaltflächen (Abbildung 15.24).

Abbildung 15.24 Abrufen der besuchten Seiten über Navigationsschaltflächen

- Zeigen Sie in der Symbolleiste auf die links vom Adressfeld angezeigte Schaltfläche *Zurück*, blendet der Internet Explorer bereits eine QuickInfo mit dem Text *Zurück zu ?* ein, wobei der Titel der vorherigen Seiten mit angezeigt wird. Klicken Sie in der Symbolleiste auf die Schaltfläche *Zurück*, um die vorher besuchte Webseite anzuzeigen.

- Haben Sie mehrere Webseiten in Folge aufgerufen, können Sie durch mehrfaches Anklicken der Schaltfläche *Zurück* schrittweise durch die vorher »besuchten« Webseiten zurückblättern. Gelangen Sie zur ersten aufgerufenen Webseite, wird die Schaltfläche *Zurück* gesperrt. Um gezielt zu einer Webseite zu gehen, wählen Sie den Pfeil der Schaltfläche *Vorwärts* etwas länger an oder klicken mit der rechten Maustaste. Dann wird ein Menü eingeblendet, über dessen Befehle Sie auf eine Seiten zugreifen können (Abbildung 15.24).

■   Haben Sie über die Schaltfläche *Zurück* eine der Vorgängerseiten abgerufen, gelangen Sie über die rechts
daneben befindliche Schaltfläche *Vorwärts* zur Folgeseite zurück. Durch mehrfaches Anklicken der Schaltflächen können Sie ggf. seitenweise bis zum Anfang bzw. Ende der besuchten Seitenfolge blättern. Dies
funktioniert übrigens ähnlich wie beim Navigieren zwischen angesehenen Ordnern in Ordnerfenstern.

Beim Firefox oder Google Chrome sehen die Schaltflächen leicht unterschiedlich aus, funktionieren aber
genau wie beim Internet Explorer. Der Browser gibt die Schaltflächen *Zurück* und *Vorwärts* nur frei, wenn
während der aktuellen Sitzung bereits Folgeseiten abgerufen und diese im Dokumentfenster angezeigt wurden bzw. wenn bereits von einer angezeigten Seite zur Vorgängerseite zurückgeblättert wurde.

Browserverlauf löschen und Privatmodus nutzen

Stört es Sie, dass Dritte ggf. über die URL-Liste kontrollieren können, welche Webseiten Sie aufgerufen
haben? Dann klicken Sie in der Symbolleiste des Internet Explorers auf die Menüschaltfläche *Extras*, gehen
zum Menüeintrag *Sicherheit* und wählen den Befehl *Browserverlauf löschen* (Abbildung 15.25). In einer eingeblendeten Palette legen Sie über Kontrollkästchen den Löschumfang fest und wählen dann die Schaltfläche
Löschen.

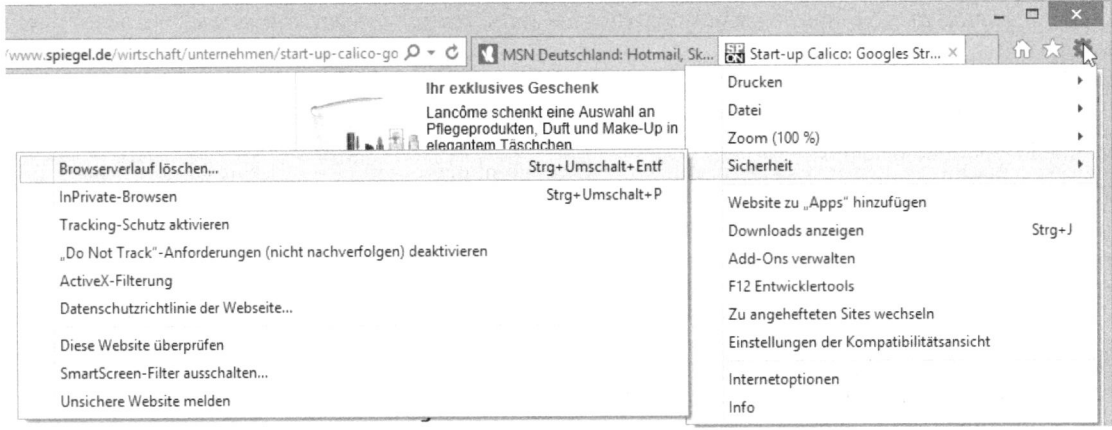

Abbildung 15.25   Abrufen der Sicherheitsfunktionen

Möchten Sie beim Surfen möglichst wenige Spuren auf dem Rechner hinterlassen und auch wenige Informationen gegenüber besuchten Internetseiten preisgeben, lässt sich der Privatmodus verwenden. Im Internet
Explorer wählen Sie hierzu den Befehl *InPrivate-Browsen* der Menüschaltfläche *Extras/Sicherheit* (Abbildung
15.25). Oder Sie drücken die Tastenkombination Strg + ⇧ + P, um den Privatmodus aufzurufen.

Mehrere Seiten gleichzeitig anzeigen

Je nach Verbindungsgeschwindigkeit und Datenlast auf den Internetleitungen dauert das Laden von Webseiten ggf. etwas länger. Manchmal ist es günstiger, gleich mehrere Seiten über die betreffenden Hyperlinks zu öffnen. Sind die Seiten fertig geladen, können Sie diese in Ruhe lesen. Ähnlich wie andere Browser bietet der Internet Explorer Möglichkeiten, um mehrere Webseiten gleichzeitig aufzurufen.

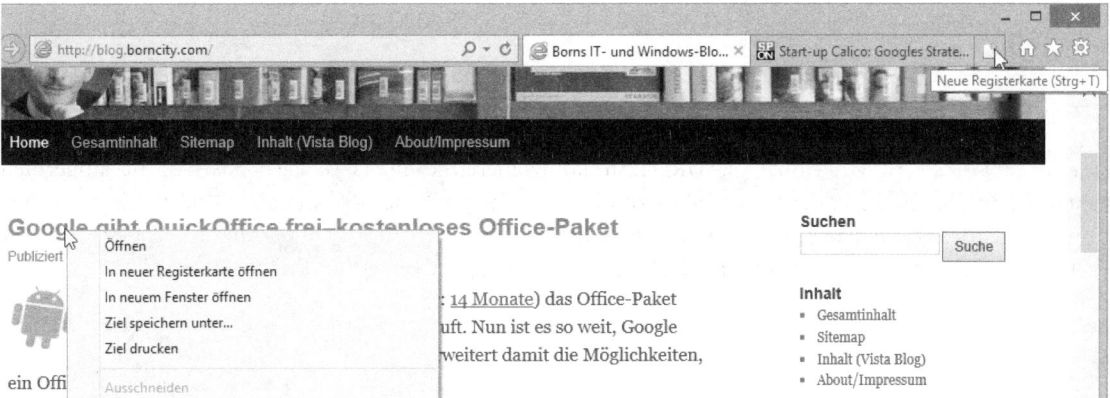

Abbildung 15.26   Webseiten in neuer Registerkarte abrufen

- Klicken Sie nach dem Abrufen der ersten Webseite auf den nächsten freien Registerreiter *Neue Registerkarte* (Abbildung 15.26) oder drücken Sie die Tastenkombination ⌨Strg⌨+⌨T⌨. Sobald der Browser eine neue Registerkarte im Dokumentfenster anzeigt, klicken Sie in das Adressfeld, tippen den gewünschten URL der abzurufenden Seite ein und bestätigen dies mittels der ⌨↵⌨-Taste.

- Oder Sie klicken den Hyperlink zum Abrufen der Folgeseite mit der rechten Maustaste an und wählen im Kontextmenü den Befehl *In neuer Registerkarte öffnen* bzw. *In neuem Fenster öffnen* (Abbildung 15.26).

Dann wird die neue Webseite auf der geöffneten Registerkarte angezeigt. Bei Bedarf können Sie so gleich mehrere Webseiten auf separaten Registerkarten abrufen und dann durch Anklicken der jeweiligen Registerreiter zwischen den Dokumentseiten wechseln. Wurde die Folgeseite durch Verwendung des entsprechenden Hyperlinks in einem separaten Fenster geöffnet, lässt sich über die Taskleiste (oder durch Drücken der Tastenkombination ⌨Alt⌨+⌨⇆⌨) zum Browserfenster der Hauptseite wechseln.

HINWEIS   Möchten Sie eine Registerkarte schließen, klicken Sie auf die am rechten Rand des Registerreiters eingeblendete Schaltfläche *Registerkarte schließen* (das X-Symbol), oder Sie drücken die Tastenkombination ⌨Strg⌨+⌨W⌨.

Das Verhalten beim Öffnen neuer Webseiten über Hyperlinks lässt sich beim Internet Explorer auf der Registerkarte *Allgemein* des Eigenschaftenfensters *Internetoptionen* über die Schaltfläche *Registerkarten* einstellen.

TIPP   Klicken Sie einen Registerreiter des Internet Explorer mit der rechten Maustaste an, öffnet sich ein Kontextmenü mit Befehlen, um Registerkarten zu schließen, neue zu öffnen, eine Gruppierung aufzuheben und mehr. Der Befehl *Im immersiven Browser öffnen* schaltet zur Internet Explorer-App um und zeigt die Webseite dort an. Der Befehl findet sich auch im Menü *Datei*, welches beim Drücken der ⌨Alt⌨-Taste erscheint. Das Ganze klappt aber nur, wenn der Internet Explorer der Standardbrowser ist.

Schnellinfos, das steckt dahinter

Die Funktion »Schnellinfo« ermöglicht Ihnen den schnellen Zugriff auf bestimmte Informationen von Onlinediensten aus einer angezeigten Internetseite heraus.

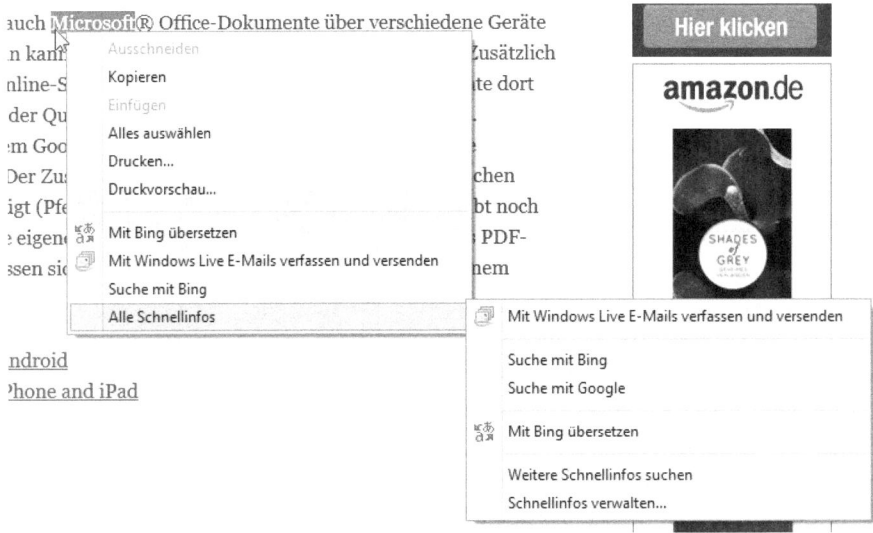

Abbildung 15.27 Schnellinfos im Internet Explorer abrufen

1. Zum Abrufen einer Schnellinfo reicht es, wenn Sie den gewünschten Begriff in der angezeigten Webseite markieren (Abbildung 15.27).
2. Öffnen Sie das Kontextmenü und wählen Sie anschließend die gewünschten Befehle aus.

Sie finden Befehle, um den Begriff mit dem Microsoft-Dienst Bing zu übersetzen, per Windows Live E-Mails (sofern installiert) zu verfassen oder mittels der Standardsuchmaschine nach dem markierten Begriff suchen zu lassen. Über den Befehl *Alle Schnellinfos* blenden Sie ein Untermenü ein, in dem weitere Schnellinfo-Funktionen abrufbar sind. Beim Zeigen auf einen Befehl des Schnellinfo-Anbieters (z.B. eBay), blendet der betreffende Schnellinfo-Anbieter gefundene Dateien (z.B. zum markierten Begriff passende Artikel dieses Anbieters) in einem Infofenster ein. Der Vorteil dieser Funktion besteht darin, dass Sie Informationen abrufen können, ohne die aktuell angezeigte Webseite verlassen zu müssen. Das Verhalten hängt aber vom Schnellinfo-Anbieter ab – bei manchen Anbietern öffnet sich auch eine neue Seite zum Anzeigen der Informationen.

HINWEIS   Wird der Befehl zum Verfassen von E-Mails per Windows Live im Kontextmenü angewählt und sind die Windows Essentials 2012 nicht installiert, erscheint die Anmeldeseite für den Microsoft-Dienst Outlook.com (sofern Sie an einem Microsoft-Konto angemeldet sind). Arbeiten Sie mit einem lokalen Konto, erscheint bei Anwahl des Befehls zum Versenden von E-Mails die Anmeldeseite für das Microsoft-Konto.

Schnellinfo-Anbieter verwalten

Um auf Schnellinfos zugreifen zu können, müssen Sie zunächst entsprechende Schnellinfo-Anbieter installieren. Wählen Sie hierzu im Schnellinfo-Menü den Befehl *Weitere Schnellinfos suchen* (Abbildung 15.27). Der Internet Explorer zeigt dann eine von Microsoft bereitgestellte Webseite an, auf der Schnellsuchanbieter aufgelistet werden (Abbildung 15.28, Hintergrund). Navigieren Sie durch das Angebot, bis sich das Dialogfeld aus Abbildung 15.28, Vordergrund, öffnet.

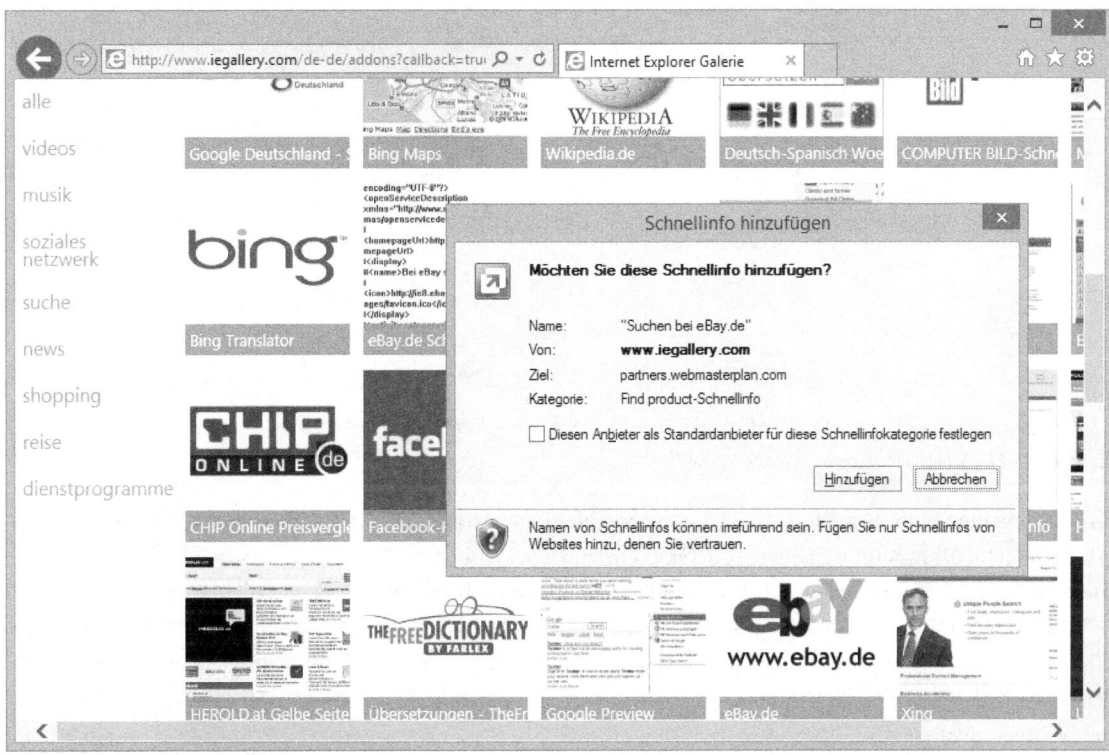

Abbildung 15.28   Schnellinfo-Anbieter installieren

Es reicht, die beim Anbieter in der Webseite gezeigte Schaltfläche *Zum Internet Explorer hinzufügen* anzuklicken und dann im eingeblendeten Dialogfeld (Abbildung 15.28, Vordergrund) mit der Schaltfläche *Hinzufügen* zu bestätigen. Über ein Kontrollkästchen lässt sich im Dialogfeld der Anbieter als Standard für die Schnellsuche vorgeben. Nach der erfolgreichen Installation sollte ein betreffender Eintrag im Schnellinfo-Menü auftauchen, der bei Anwahl dieses Anbieters eine Schnellinfo mit Treffern zum markierten Suchbegriff anzeigt.

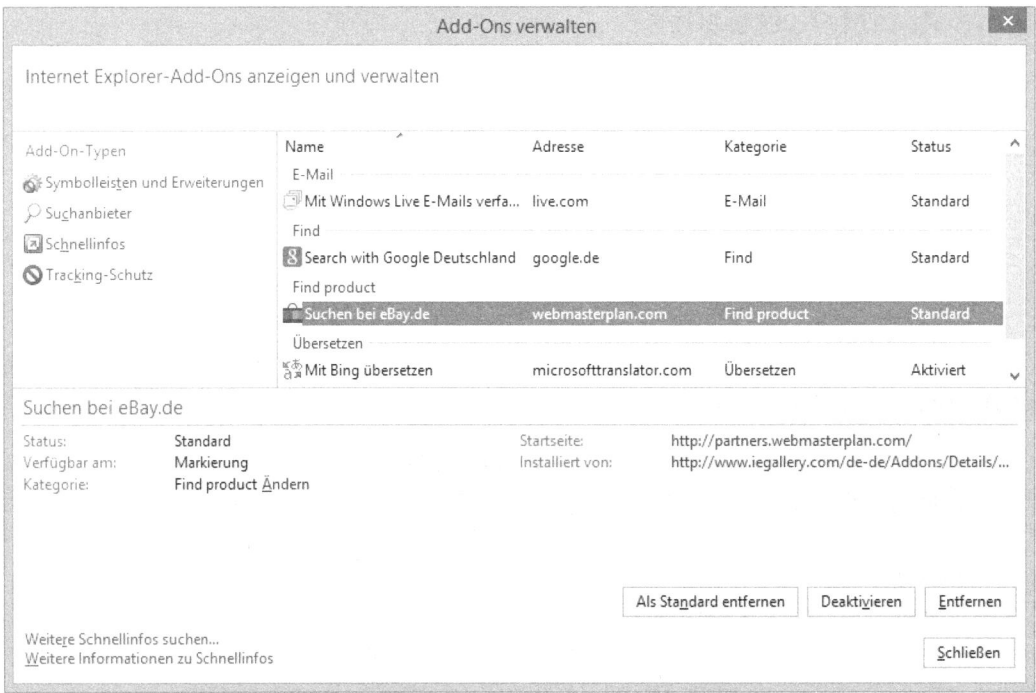

Abbildung 15.29   Schnellinfo-Anbieter verwalten

Über den Menübefehl *Schnellinfo verwalten* (Abbildung 15.27) lässt sich das Dialogfeld *Add-Ons verwalten* (Abbildung 15.29) mit der Liste der Add-Ons öffnen. Dabei ist bereits die Kategorie *Schnellinfo* vorselektiert und das Dialogfeld zeigt die installierten Add-Ons für Schnellinfos. Wählen Sie einen Eintrag in der Liste der Schnellinfo-Anbieter an, lassen sich dessen Statusinformationen im unteren Teil des Dialogfelds ansehen. Über eingeblendete Schaltflächen lässt sich das betreffende Add-On deaktivieren, als Standard wählen oder auch deinstallieren (entfernen).

Lesezeichen für Webseiten festlegen

Webseiten, die Sie häufiger besuchen, lassen sich als Lesezeichen (im Internet Explorer als Favoriten bezeichnet) festhalten. Verwenden Sie die folgende Schrittfolge, um einen Favoriteneintrag im Internet Explorer zu definieren.

1. Rufen Sie die gewünschte Webseite im Internet Explorer auf, sodass die Seite angezeigt wird.

2. Wählen Sie die Schaltfläche *Favoriten, Feeds und Verlauf anzeigen* (das Sternsymbol) und dann in der eingeblendeten Palette die Menüschaltfläche *Zu Favoriten hinzufügen* (Abbildung 15.30) an.

3. Dann wählen Sie im Menü den Befehl *Zu Favoriten hinzufügen*. Oder Sie drücken einfach die Tastenkombination [Strg]+[D]. Alternativ können Sie auch direkt die Menüschaltfläche *Zu Favoriten hinzufügen* anwählen.

4. Legen Sie im Dialogfeld *Favoriten hinzufügen* (Abbildung 15.30, links) den Namen für den Eintrag fest, wählen Sie ggf. einen Unterordner im Listenfeld *Erstellen in* aus und klicken Sie anschließend auf die Schaltfläche *Hinzufügen*.

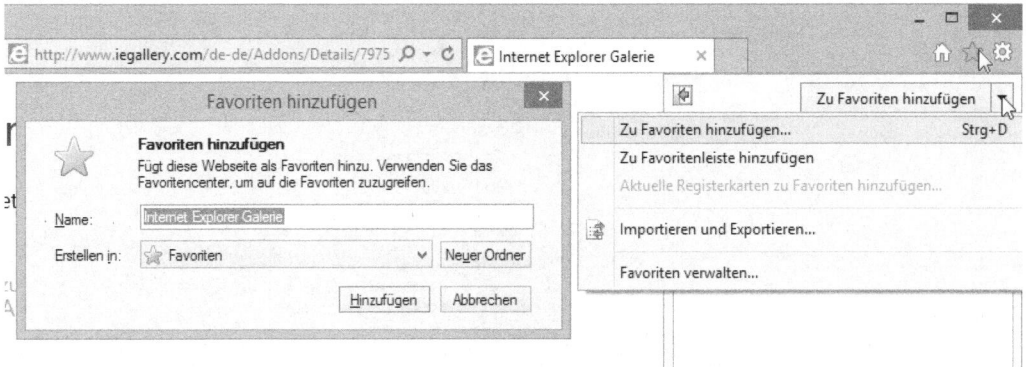

Abbildung 15.30   Menüschaltfläche *Zu Favoriten hinzufügen*

Die Favoritenliste wird über Ordnersymbole in Kategorien unterteilt. Das Listenfeld *Erstellen in* zeigt Ihnen die unter *Favoriten* vorhandene Ordnerstruktur und ermöglicht Ihnen, eine bestehende Kategorie für den neuen Eintrag zu wählen:

- Um benutzerdefinierte Kategorien anzulegen, klicken Sie im Dialogfeld *Favoriten hinzufügen* auf die Schaltfläche *Neuer Ordner*

- In einem zusätzlichen Dialogfeld können Sie dann den Ordnernamen eintippen, über das Listenfeld *Erstellen in* einem Eintrag der Favoritenliste zuordnen und über *Erstellen* anlegen

Der Internet Explorer trägt beim Schließen des Dialogfelds *Favoriten hinzufügen* die Adresse der Webseite unter dem angegebenen Namen in die Ordnerstruktur der Favoritenliste ein. Verwenden Sie den Befehl *Zu Favoritenleiste hinzufügen* der Menüschaltfläche, wird der neue Eintrag direkt der Kategorie *Favoritenleiste* der Palette zugeordnet.

TIPP   Drücken Sie die Tastenkombination ⎣Strg⎦+⎣⇧⎦+⎣I⎦, wird das Favoritencenter am linken Rand des Browser-fensters eingeblendet (Abbildung 15.31, links). Ziehen Sie dann das im Adressfeld des Browserfensters vor der Webadresse ange-zeigte Symbol per Maus aus dem Adressfeld in die Leiste des Favoritencenters zu einem der angezeigten Ordnersymbole der Favoritenliste. Wenn Sie die linke Maustaste loslassen, wird der URL an der betreffenden Stelle der Favoritenliste eingeblendet.

Favoriten verwalten

Möchten Sie viele Favoriten definieren, ist es günstiger, diese in Gruppen (Ordnern) zu verwalten.

1. Wählen Sie die Schaltfläche *Favoriten, Feeds und Verlauf anzeigen* und in der eingeblendeten Palette die Menüschaltfläche *Zu Favoriten hinzufügen* (Abbildung 15.31, rechts) an.

2. Dann wählen Sie den Befehl *Favoriten verwalten* und führen im angezeigten Dialogfeld (Abbildung 15.31, links) die gewünschten Funktionen aus.

Im Dialogfeld *Favoriten verwalten* (Abbildung 15.31, links) können Sie über Schaltflächen Favoriteneinträge löschen, umbenennen, Ordner zur Aufnahme der Favoriten anlegen und Einträge verschieben.

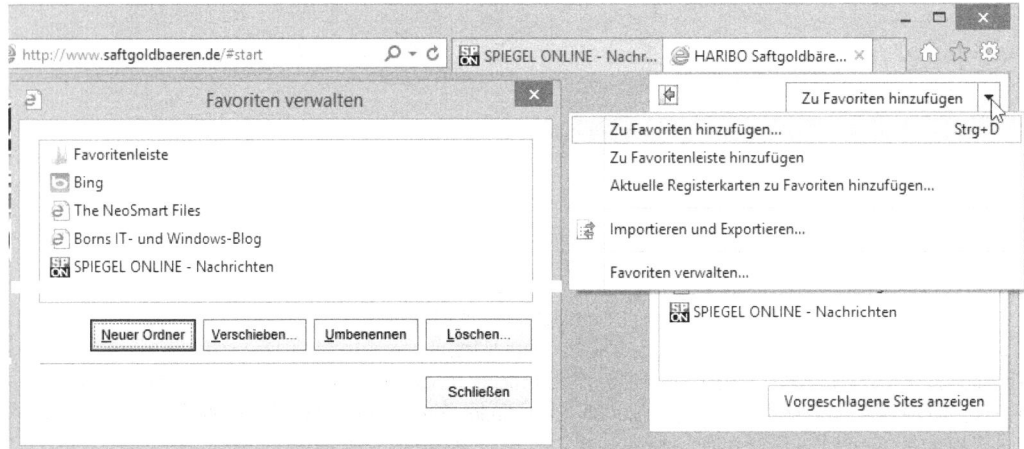

Abbildung 15.31   Favoriten verwalten

TIPP   Eine erstellte Favoritenliste geht beim Wechsel zu einem anderen Rechner oder bei der Neuinstallation des Betriebssystems verloren. Der Internet Explorer stellt Ihnen im Menü der Schaltfläche *Zu Favoriten hinzufügen* den Befehl *Importieren und Exportieren* zur Verfügung (Abbildung 15.31, rechts). Bei Anwahl des Befehls startet ein Assistent, der Sie über verschiedene Dialogfelder durch den Im- und Export führt. Die Favoriten lassen sich in eine HTML-Dokumentdatei im Dokumentordner sichern und aus dieser Datei auch wieder importieren.

Zugriff auf Favoriten

Um später per Internet Explorer auf die Liste der Favoriten (bzw. Lesezeichen) zuzugreifen, klicken Sie auf die Schaltfläche *Favoriten, Feeds und Verlauf anzeigen*. Anschließend wählen Sie auf der Registerkarte *Favoriten* den gewünschten Eintrag an (Abbildung 15.32).

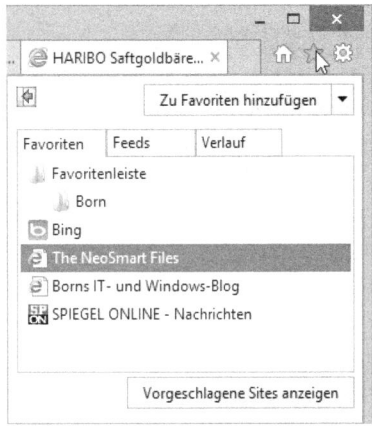

Abbildung 15.32   Favoriten abrufen

Einträge mit Ordnersymbolen strukturieren die Favoritenliste. Klicken Sie auf ein Ordnersymbol, wird dessen Inhalt eingeblendet. Sobald ein Lesezeichen (bzw. ein Favoriteneintrag) erscheint, können Sie es anklicken. Die Leiste mit der Registerkarte *Favoriten* wird bei Anwahl eines Eintrags wieder ausgeblendet und die Webseite in den Dokumentbereich geladen.

TIPP   Blenden Sie die Menüleiste des Internet Explorers durch kurzzeitiges Drücken der `Alt`-Taste im Browserfenster ein, lassen sich die Favoriten über die Einträge des Menüs *Favoriten* abrufen.

Die Registerreiter in der Kopfzeile des Favoritencenters (Abbildung 15.32) ermöglichen Ihnen, auch den Verlauf oder die eingerichteten RSS-Feeds anzuzeigen. Stört es Sie, dass das Favoritencenter bei Anwahl eines Eintrags verschwindet? Klicken Sie in der Kopfzeile der Leiste auf die am linken oberen Rand angezeigte Schaltfläche *Favoritencenter anheften*. Dann wird das Favoritencenter permanent am linken Rand des Browserfensters sichtbar. Diese Leiste lässt sich anschließend über die am rechten Rand der Kopfzeile eingeblendete Schaltfläche *Favoritencenter schließen* wieder ausblenden. Im angehefteten Modus klicken Sie die Einträge des Favoritencenters mit der rechten Maustaste an. Dann finden Sie Kontextmenübefehle, um Einträge zu löschen, umzubenennen, neue Ordner hinzuzufügen oder die Webseiten auf neuen Registerkarten zu öffnen.

Vorgeschlagene Sites aktivieren

Der Internet Explorer stellt am unteren Rand des Favoritencenters (Abbildung 15.32) die Schaltfläche *"Vorgeschlagene Sites" aktivieren* zur Verfügung. Bei aktivierter Funktion wechselt die Beschriftung der Schaltfläche in *Vorgeschlagene Sites anzeigen*. Die Anwahl dieser Schaltfläche öffnet eine Auswahlseite mit Vorschlägen, über die Sie auf Webseiten wie YouTube, Google etc. zugreifen können. Alternativ können Sie im Internet Explorer die Menüschaltfläche *Extras* öffnen und den Befehl *Zu angehefteten Sites wechseln* wählen.

TIPP   Statt Favoriten zu definieren, können Sie die Menüschaltfläche *Extras* öffnen und den Befehl *Website zu "Apps" hinzufügen* wählen. Dann öffnet sich das gleichnamige Dialogfeld, in dem Sie ggf. den URL anpassen und dann die *Hinzufügen*-Schaltfläche bestätigen können. Anschließend steht eine Kachel zum Aufruf der Webseite in der Startseite zur Verfügung.

Verlauf der besuchten Webseiten anzeigen

Haben Sie es versäumt, eine kürzlich besuchte Webseite in die Favoriten aufzunehmen, kennen aber deren Adresse nicht mehr? Um in allen (also auch durch Anwahl von Hyperlinks) besuchten Webseiten zu recherchieren, lässt sich der im Browser gespeicherte Verlauf (im Firefox als Chronik bezeichnet) verwenden.

1. Um eine kürzlich besuchte Webseite, die nicht in der Favoritenliste enthalten ist, erneut abzurufen, drücken Sie die Tastenkombination `Strg`+`H` (steht für History), oder Sie wählen die Schaltfläche *Favoriten, Feeds und Verlauf anzeigen* und wechseln dann zur Registerkarte *Verlauf*.

2. Anschließend können Sie die auf der Registerkarte *Verlauf* eingeblendeten Verlaufseinträge anklicken und so die zugehörige Webseite öffnen (Abbildung 15.33).

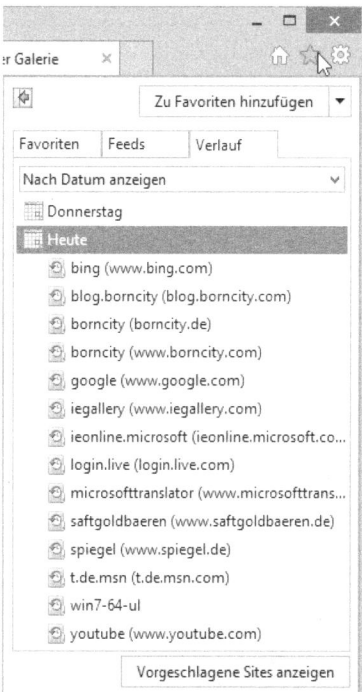

Abbildung 15.33 Verlauf im Favoritencenter abrufen

Über das Listenfeld im Kopfbereich der Registerkarte *Verlauf* lassen sich die Einträge nach verschiedenen Kriterien wie Datum sortieren. Im Listenfeld findet sich auch eine Option, um nach Treffern in der Verlaufsliste zu suchen.

TIPP   Um zu verhindern, dass Dritte sehen, welche Webseiten Sie angesurft haben, löschen Sie den Verlauf im Browser, oder Sie verwenden den Privatmodus beim Surfen. Beide Techniken sind im Abschnitt »Browserverlauf löschen und Privatmodus nutzen« weiter vorne in diesem Kapitel beschrieben.

RSS-Feeds abonnieren und abrufen

Statt sich mühsam durch verschiedene Webseiten und Blogs zu hangeln, um nachzusehen, was dort an aktualisierten Informationen vorhanden ist, können Sie auf sogenannte RSS-Feeds (RSS steht für Really Simple Syndication) setzen. Bei RSS-Feeds handelt es sich um ein plattformunabhängiges XML-Nachrichtenformat, bei dem Webseiten Nachrichten an einen RSS-Reader übertragen können. Der RSS-Reader zeigt diese Inhalte dann als Nachrichtenticker oder Webseite an. Sie können interessante Nachrichten anwählen, um sich die Details als Webseite zeigen zu lassen.

Der Internet Explorer ist (im Gegensatz zu Google Chrome) mit einem RSS-Reader ausgestattet, der RSS-Feeds abonnieren, anzeigen und verwalten kann. Um einen RSS-Feed zu abonnieren, gehen Sie folgendermaßen vor:

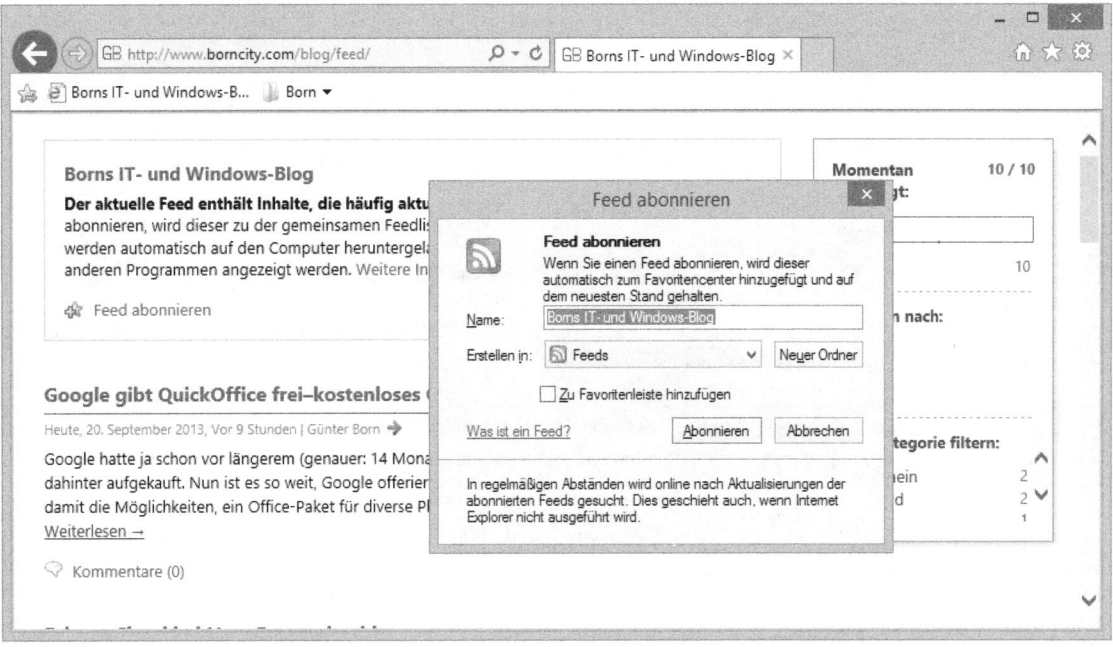

Abbildung 15.34 Abonnieren eines RSS-Feeds

1. Rufen Sie die gewünschte Webseite (die RSS-Feeds unterstützen muss) im Internet Explorer auf.

2. Wählen Sie in der Webseite den Hyperlink (meist mit *RSS* bezeichnet) zum Abrufen der Feeds an (bei meiner Webseite *blog.borncity.com* findet sich das RSS-Symbol in der rechten er Link am Seitenende).

3. Nachdem der Browser den Inhalt der RSS-Feedseite im Dokumentfenster eingeblendet hat, suchen Sie das Hinweisfeld mit dem Hyperlink *Feed abonnieren* (Abbildung 15.34, Hintergrund) und wählen diesen an.

4. Im dann angezeigten Dialogfeld (Abbildung 15.34, Vordergrund) lässt sich der Name des Feeds ändern und über die Liste *Erstellen in* können Sie eine Kategorie in der RSS-Feedliste wählen. Bei Bedarf klicken Sie, wie bei Favoriten, die Schaltfläche *Neuer Ordner* an und definieren eine benutzerdefinierte Kategorie.

Sobald Sie das Dialogfeld über die *Abonnieren*-Schaltfläche schließen, wird der RSS-Feed in der Feedliste des Favoritencenters abgelegt und der RSS-Reader lädt die betreffenden Daten herunter.

RSS-Feeds abrufen

Die abonnierten RSS-Feeds lassen sich im Internet Explorer über das Favoritencenter abrufen. Wählen Sie die Schaltfläche *Favoriten, Feeds und Verlauf anzeigen* in der Symbolleiste an. Auf der Registerkarte *Feeds* (Abbildung 15.35) werden dann die konfigurierten Feedeinträge angezeigt (Abbildung 15.34).

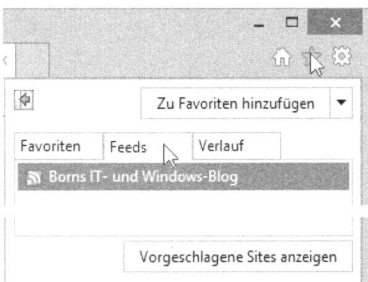

Abbildung 15.35 RSS-Feed abrufen

Wenn Sie anschließend einen der abonnierten Einträge in der Feedliste anwählen, wird die zugehörige Seite im Dokumentfenster des Browsers angezeigt.

TIPP   Klicken Sie auf der Registerkarte *Feeds* des Favoritencenters (Abbildung 15.35) einen Eintrag mit der rechten Maustaste an, lässt sich dieser über Kontextmenübefehle umbenennen oder zum Beenden des Abonnements löschen.

Die Alternative besteht darin, über den Windows Store eine RSS-Feed-Reader-App herunterzuladen. Diese stellt die abonnierten Feeds dann in aufbereiteter Form dar. In meinem Blog habe ich unter *http://www.borncity.com/blog/2012/12/29/rss-reader-fr-windows-8-teil-1/* [Ms240-K15-04] einige Windows-Apps vorgestellt.

Webseiten im World Wide Web suchen

Zur Suche nach Webseiten lassen sich Suchmaschinen verwenden. Im Internet Explorer erfolgt die Suche über das Adressfeld:

1. Klicken Sie in das Adressfeld des Browsers und tippen Sie den Suchbegriff ein (Abbildung 15.36).
2. Klicken Sie auf die am rechten Rand des Suchfelds angezeigte Schaltfläche *Suchen* oder drücken Sie die ⏎-Taste bzw. die Tastenkombination Alt + ⏎ .

Der letzte Schritt startet die Suchanfrage an der eingestellten Standardsuchmaschine. Die Tastenkombination Alt + ⏎ bewirkt, dass das Suchergebnis auf einer neuen Registerkarte angezeigt wird.

Abbildung 15.36 Suchen im Web per Internet Explorer

Der Browser listet gefundene Webseiten mit einem als Hyperlink ausgeführten Seitentitel sowie einer Kurzbeschreibung in einer Ergebnisseite auf. Über die Hyperlinks lassen sich die gefundenen Dokumente im aktuellen Browserfenster oder in separaten Registerkarten öffnen.

HINWEIS Die obige Vorgehensweise bewirkt, dass die Suche über den im Browser eingestellten Standardsuchanbieter ausgeführt wird. Da eine Suchmaschine u. U. nicht die gewünschten Suchergebnisse liefert, ist es gelegentlich hilfreich, alternative Suchmaschinen mit den gleichen Begriffen zu konsultieren. Bereits bei der Eingabe des Suchbegriffs öffnet sich eine Vorschlagsliste (Abbildung 15.36). Sie können dann einen passenden Vorschlag wählen. Am unteren Rand der Liste werden die Symbole der installierten Suchmaschinen (in Abbildung 15.36 sind das Bing und Google) eingeblendet. Durch Anwahl eines Suchmaschinensymbols erfolgt die Suche über diesen Anbieter.

TIPP Ein Problem bei der Verwendung von Suchmaschinen ist es, dass der Suchanbieter genaue Kenntnisse über die von Ihnen gesuchten Begriffe und die dann angesurften Webseiten erhält. Aus Gründen des Persönlichkeits- und Datenschutzes verzichte ich auf die direkte Suche bei Google oder Microsofts Suchmaschinen, sondern greife auf Dienste wie DuckDuckGo (*https://duckduckgo.com/*) und Ixquick (*www.ixquick.com*) zurück. Diese leiten meine Suchanfragen anonymisiert an Google und/oder andere Suchanbieter weiter und beziehen mehrere Suchmaschinen in die Suche ein. Die beiden oben genannten Suchmaschinen speichern zudem die Daten einer Suchanfrage maximal über einen Zeitraum von wenigen Stunden, sodass die Rückverfolgung von Anfragen zum Surfer kaum möglich ist. Den Anbieter Ixquick können Sie wie nachfolgend beschrieben zum Internet Explorer hinzufügen.

Inhaltssuche in der Webseite

Möchten Sie in einer angezeigten Internetseite nach einem bestimmten Begriff suchen lassen? Dies ist im Internet Explorer mit einem kleinen Kniff möglich.

1. Drücken Sie die Tastenkombination Strg+F (steht für Find), um die Suchleiste im Browserfenster einzublenden. Alternativ können Sie im Menü der Schaltfläche *Extras* den Befehl *Datei/Auf dieser Seite suchen* anwählen.

2. Klicken Sie auf das Textfeld *Suchen* und tippen Sie den gewünschten Suchbegriff ein (Abbildung 15.37).

Bereits beim Eintippen beginnt die Inhaltssuche innerhalb der Webseite. Übereinstimmende Begriffe werden farbig hervorgehoben. Über die Schaltflächen *Weiter* und *Zurück* der Suchleiste suchen Sie bei Bedarf im Dokument in Richtung Dokumentanfang oder -ende nach weiteren Treffern. Zudem lässt sich über eine Menüschaltfläche *Optionen* die Suche nach ganzen Wörtern und/oder unter Berücksichtigung der Groß-/Kleinschreibung eingrenzen. Über die am linken Rand sichtbare *Schließen*-Schaltfläche blenden Sie die Suchleiste wieder aus.

Abbildung 15.37   Suchen in einer Webseite

Suchmaschine einstellen und Anbieter hinzufügen

Der Internet Explorer verwendet Microsoft Bing als Standardsuchmaschine. Sie können aber jederzeit andere Suchmaschinen in die Konfigurierung aufnehmen und diese auch als Standard zur Suche vorgeben:

1. Öffnen Sie das Menü des Adressfelds, indem Sie auf das Lupensymbol klicken (Abbildung 15.38), und wählen Sie in der eingeblendeten Palette die Schaltfläche *Hinzufügen*.

2. Sobald die in Abbildung 15.38 im Hintergrund sichtbare Webseite erscheint, wählen Sie den gewünschten Suchmaschinenanbieter an.

3. In der Webseite mit dem aufgeführten Anbieter wählen Sie die angezeigte Schaltfläche *Zum Internet Explorer hinzufügen*.

4. Im Dialogfeld *Suchanbieter hinzufügen* (Abbildung 15.38) lässt sich im Dialogfeld über zwei Kontrollkästchen zusätzlich festlegen, ob der neue Anbieter als Standard bei der Suche zu verwenden ist und ob Suchvorschläge des Anbieters beim Eintippen eines Suchbegriffs eingeblendet werden dürfen.

Sobald Sie die *Hinzufügen*-Schaltfläche bestätigen, wird der Suchanbieter zum Internet Explorer hinzufügt und kann verwendet werden.

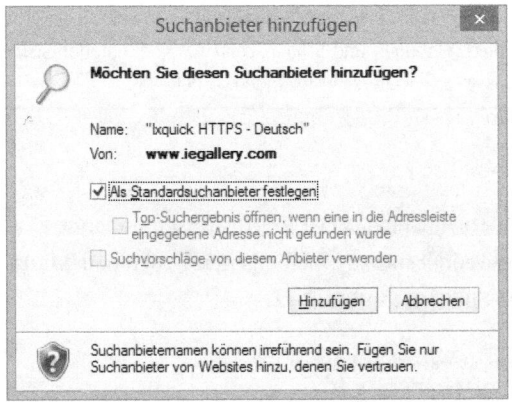

Abbildung 15.38   Hinzufügen eines Suchanbieters

Abbildung 15.39   Konfigurieren der Optionen für den Suchanbieter

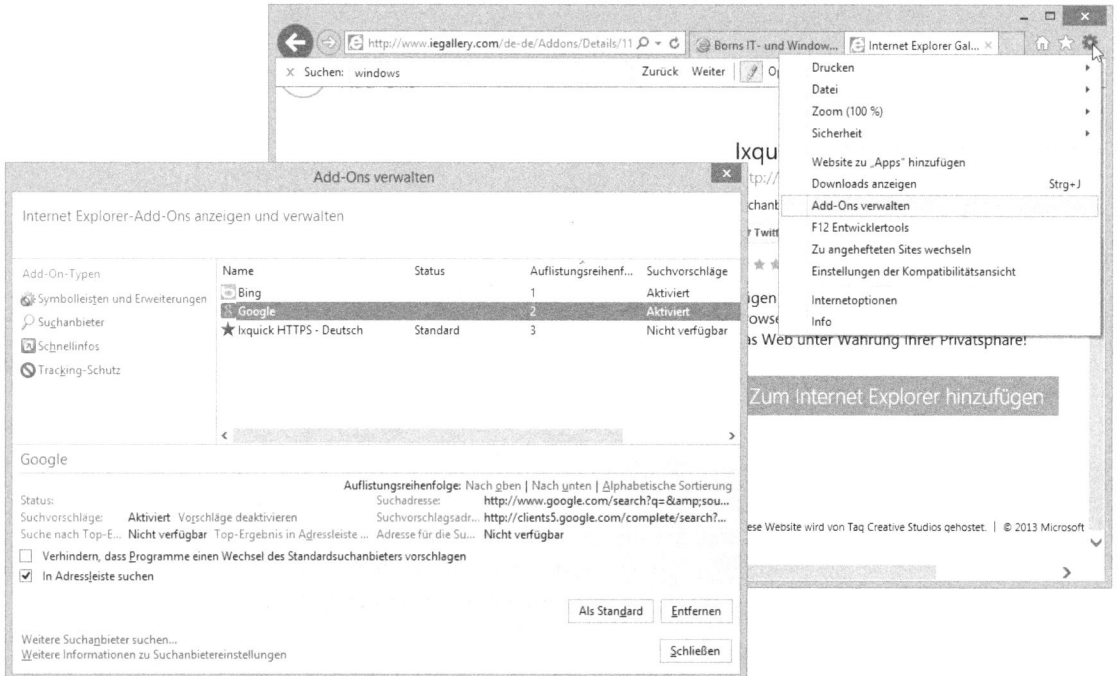

Abbildung 15.40   Suchanbieter verwalten

HINWEIS   Um Suchanbieter zu verwalten und ggf. zu löschen, wählen Sie in der Symbolleiste des Browsers die Menüschalt-fläche *Extras* und klicken auf den angezeigten Befehl *Add-Ons verwalten* (Abbildung 15.39, oben rechts). Markieren Sie im Dialogfeld *Add-Ons verwalten* (Abbildung 15.39, unten links) die Kategorie *Suchanbieter* und klicken Sie anschließend auf einen Eintrag der Liste mit den Anbietern. Der Browser blendet im unteren Bereich des Dialogfelds Optionen und Schaltflächen zur Konfiguration sowie zum Entfernen des Anbieters ein. Über das Kontextmenü eines Eintrags lassen sich weitere Einstellungen vornehmen.

Download von Dateien

Wählen Sie auf einer Webseite einen Downloadlink an, wird die zugehörige Datei auf den Windows-Rechner in einen Ordner heruntergeladen. Der Internet Explorer verwendet hierzu einen eigenen Download-Mana-ger. Dieser blendet während eines Downloads eine Infoleiste ein (Abbildung 15.41).

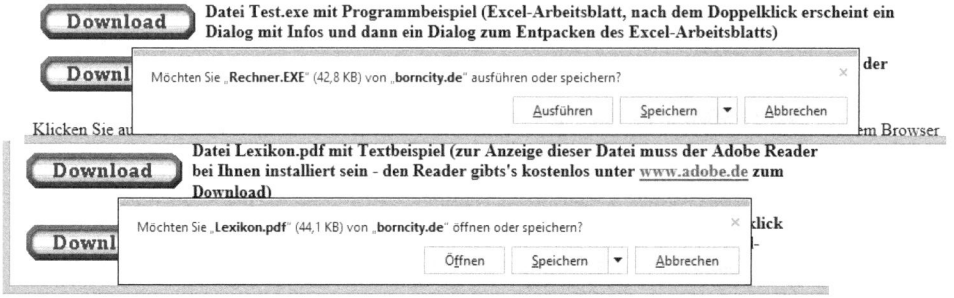

Abbildung 15.41   Datei aus einer Webseite herunterladen

Deren Aussehen hängt aber vom Dateityp des Downloads ab. Bei Dokumentdateien finden Sie die Schaltfläche *Öffnen* vor, während *Programmdateien* die Schaltfläche *Ausführen* zur Anzeige bringen. Über die Menüschaltfläche *Speichern* lässt sich der Download im Standardordner ablegen. Wahlweise lässt sich im Menü der Schaltfläche auch der Befehl *Speichern unter* zur Auswahl des Downloadordners anwählen. Die Schaltfläche *Ausführen* ermöglicht es, Programmdateien nach dem Download sofort auszuführen, ohne diese auf dem Rechner zu speichern.

Der Browser lädt die Datei in den angegebenen Zielordner herunter, was durchaus einige Zeit dauern kann. Während der Download durchgeführt wird, sehen Sie eine Statusleiste (Abbildung 15.42). Über die Schaltfläche *Anhalten* und *Fortsetzen* lässt sich der Download unterbrechen und danach wieder aufnehmen.

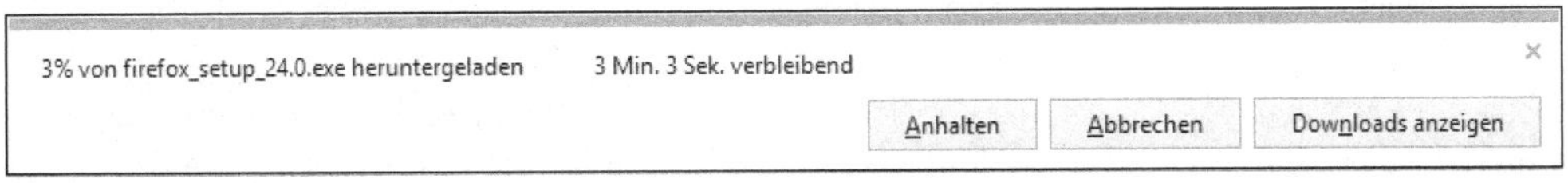

Abbildung 15.42   Programmdatei aus einer Webseite herunterladen

Nach erfolgreichem Download können Sie über die in der Leiste angezeigte Schaltfläche *Ausführen* eine heruntergeladene Programmdatei ausführen. Die vorher mit *Abbrechen* benannte Schaltfläche wird jetzt mit *Ordner öffnen* beschriftet und ermöglicht, direkt das Ordnerfenster für den Download aufzurufen.

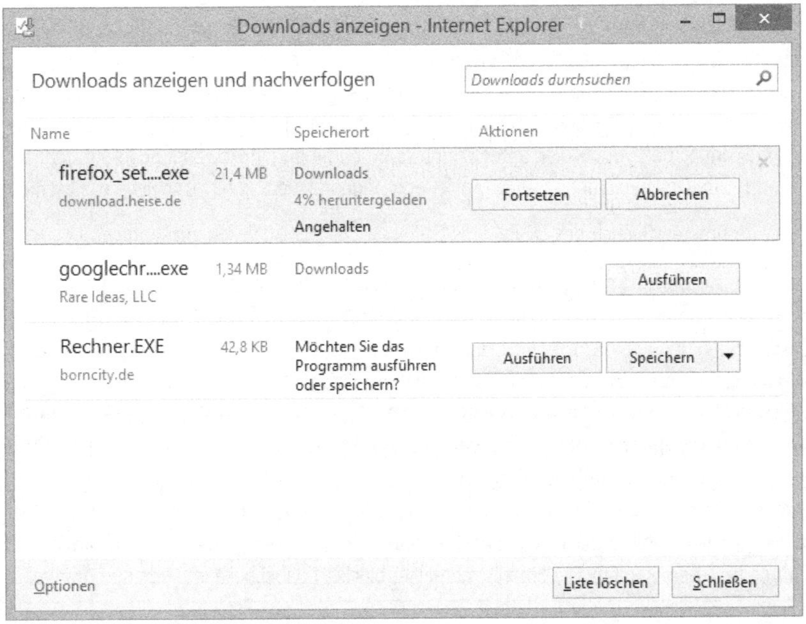

Abbildung 15.43   Dialogfeld *Downloads anzeigen*

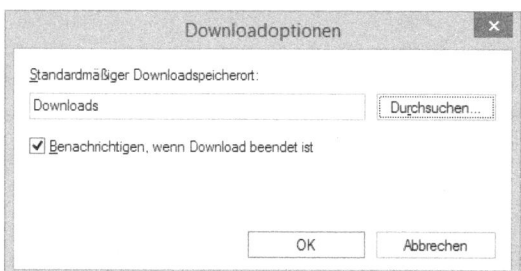

Abbildung 15.44 Dialogfeld *Downloadoptionen*

HINWEIS   Wurde die Informationsleiste zum Download ausgeblendet, können Sie im Browserfenster die Menüschaltfläche *Extras* und dann den Befehl *Downloads anzeigen* anwählen. Oder Sie drücken die Tastenkombination ⎡Strg⎤+⎡J⎤. Dann erscheint das Dialogfeld aus Abbildung 15.43, in dem alle Downloads aufgelistet sind. Über Schaltflächen lassen sich abgeschlossene Downloads ausführen und angehaltene Downloads fortsetzen. Mit der Schaltfläche *Liste löschen* entfernen Sie die Einträge. Downloads werden standardmäßig im *Downloads*-Ordner des Benutzerkontos gespeichert. Über den Hyperlink *Optionen* lässt sich das Dialogfeld aus Abbildung 15.43 öffnen, in dem Sie den *Downloads*-Ordner festlegen können. Die Downloadeinstellungen gelten (wie viele andere Einstellungen) für die Desktopversion und die App-Variante des Internet Explorers.

TIPP   Häufig werden im Internet Dokumentdateien im Adobe PDF-Format oder als Microsoft Office-Dokumente zum Download angeboten. Klicken Sie einen solchen Download-Hyperlink an, versucht der Browser u.U., die Datei direkt als Dokument zu öffnen. Dabei kommt es immer wieder vor, dass die betreffenden Plug-Ins im Browser »hängen« und das Dokument nicht angezeigt werden kann. Vermeiden lässt sich dies, indem Sie den Hyperlink mit der rechten Maustaste anklicken und den Kontextmenübefehl *Ziel speichern unter* wählen. Anschließend können Sie im geöffneten Dialogfeld *Speichern unter* ein Downloadziel angeben, um so das Dokument unter dem angegebenen Namen als Datei zu speichern. Dieses lässt sich nach einer Überprüfung durch einen aktuellen Virenscanner per Doppelklick unter Windows im zugehörigen Anwendungsprogramm öffnen. Der obige Ansatz ist auch hilfreich, um zum Download angebotene Musik- oder Videodateien direkt zu speichern, statt diese im Windows Media Player zu öffnen.

Eine aus dem Internet heruntergeladene Datei kann potenziell durch Viren oder andere Schädlinge infiziert sein. Laden Sie daher Dateien nur von vertrauenswürdigen Internetseiten (z.B. Download-Bereiche von Computerzeitschriften wie *www.chip.de*, *www.computerbild.de*, *www.pcwelt.de* oder *www.heise.de*) herunter. Zudem sollten Sie den in Windows 8.1 integrierten Virenscanner (Windows Defender) aktuell halten (oder einen Dritthersteller-Virenscanner verwenden). Dieser schlägt beim Zugriff auf die heruntergeladenen Dateien Alarm, wenn Schadfunktionen entdeckt werden.

HINWEIS   Weiterhin überprüft der im Internet Explorer integrierte SmartScreen-Filter den Download und warnt den Benutzer, falls ausführbare Dateien aus unbekannten Quellen heruntergeladen und dann geöffnet werden sollen (siehe den Abschnitt »Schutz durch den SmartScreen-Filter« weiter vorne in diesem Kapitel). Der SmartScreen-Filter blockiert dabei bekannte Schadprogramme.

Bilder und Webseiten speichern

Webseiten können Bilder und Fotos enthalten, die man gelegentlich lokal auf der Festplatte speichern möchte. Aber auch das Sichern einer Webseite in eine lokale Datei auf der Festplatte ist möglich.

Abbildung 15.45 Kontextmenü für Bilder

1. Um ein Bild von einer Webseite auf dem Computer zu speichern, klicken Sie dieses im Browserfenster mit der rechten Maustaste an (Abbildung 15.45) und wählen den Kontextmenübefehl *Bild speichern unter*.

2. Anschließend lassen sich im Dialogfeld *Bild speichern* der Zielordner sowie der Dateiname für die Grafik anpassen und über die *Speichern*-Schaltfläche bestätigen.

Die Bilder werden üblicherweise im Ordner *Bilder* des Benutzerkontos im JPEG-, PNG- oder GIF-Format (abhängig vom Ausgangsformat der Webseitengrafik) gesichert. Sie können teilweise auch das BMP-Format zum Speichern einstellen.

> **HINWEIS**   Wählen Sie im Internet Explorer den Kontextmenübefehl *Bild drucken*, um das betreffende Bild der Webseite direkt zu drucken – hilfreich z.B. bei Landkarten, die auf Webseiten angezeigt werden. Der Kontextmenübefehl *Als Hintergrund* ermöglicht es, das Bild der Webseite als Desktophintergrund abzulegen.

Beachten Sie bei der Verwendung gespeicherter Bilder und Fotos (insbesondere auch bei Kartenmaterial), dass diese in der Regel urheberrechtlich geschützt sind. Solange Sie die gespeicherten Grafiken nur privat nutzen, wird dies Dritte wenig interessieren. Bevor solche Fotos aber auf eigene Webseiten, in Foren etc. eingestellt oder z.B. in öffentlichen Vorführungen verwendet werden dürfen, benötigen Sie das Einverständnis des Rechteinhabers.

1. Um eine komplette Webseite zu speichern, öffnen Sie das Menü der in der Bedienleiste des Internet Explorers gezeigten Schaltfläche *Extras* und wählen den Untermenübefehl *Datei/Speichern unter* (Abbildung 15.46, oben rechts).

2. In einem Dialogfeld wählen Sie den Zielordner, passen ggf. den Dateinamen und das Speicherformat an (Abbildung 15.46, Vordergrund links) und bestätigen dies über die *Speichern*-Schaltfläche.

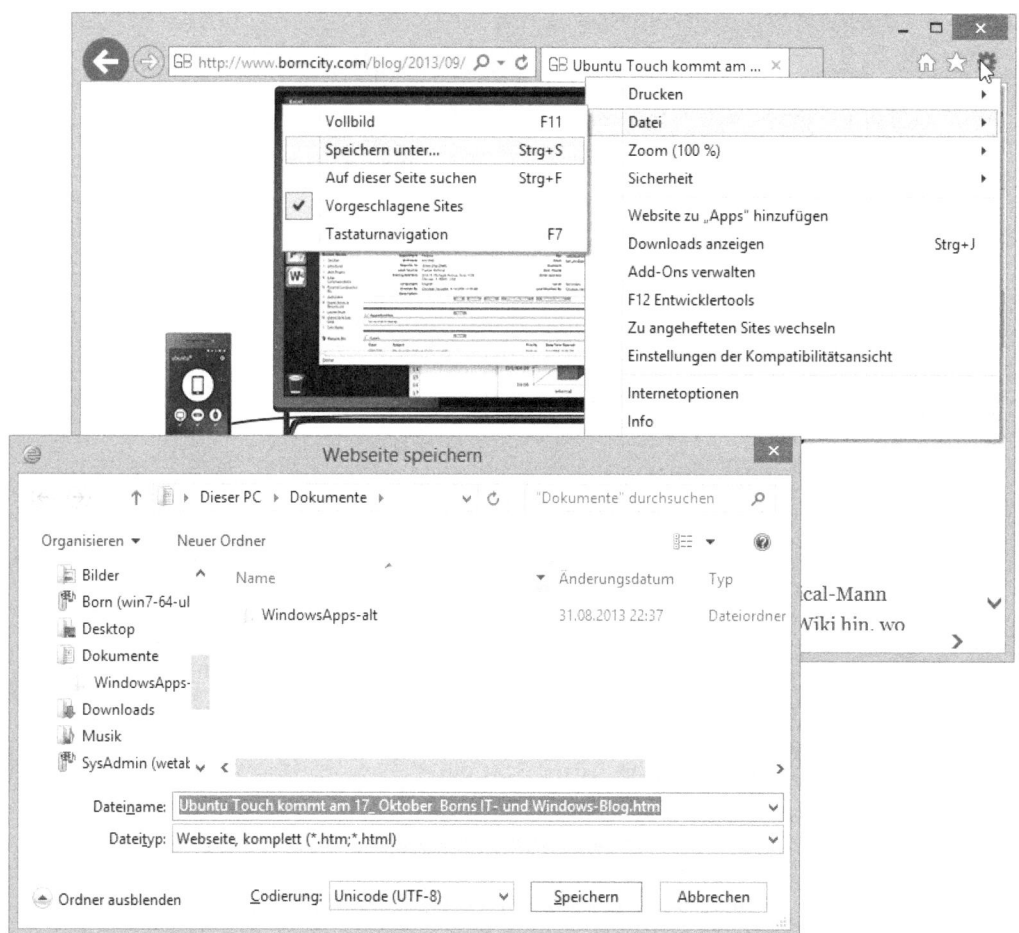

Abbildung 15.46   Speichern einer Webseite

Sie können den Seiteninhalt über das Listenfeld *Dateityp* als Webarchiv (*.mht*) oder als HTML-Dokument (*.htm*, *.html*) sichern lassen. Beim *.htm*- bzw. *.html*-Format werden enthaltene Grafiken in separaten Dateien im Zielordner abgelegt. Zudem besteht die Möglichkeit, nur die Textinhalte der Webseite als *.htm*- oder als reine Textdatei (*.txt*) zu sichern. Beachten Sie aber bei der Verwendung heruntergeladener Inhalte das Urheberrecht desjenigen, der sie erstellt hat.

Webseiten drucken

Sie können den Inhalt von Webseiten oder Teile davon auf dem Drucker ausgeben, um diese zu archivieren oder später zu lesen. Gehen Sie in folgenden Schritten vor, um eine Webseite oder Teile davon auszudrucken:

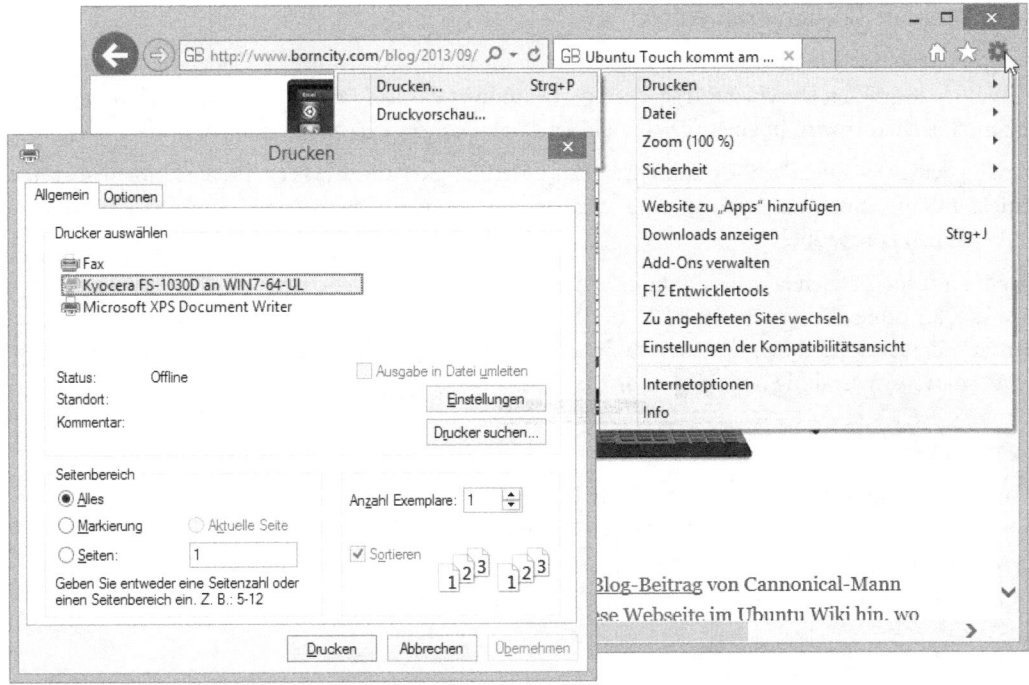

Abbildung 15.47 Drucken einer Webseite

1. Markieren Sie ggf. den auszudruckenden Teil der Seite durch Ziehen mit der Maus (oder dem Finger).

2. Wählen Sie in der Bedienleiste des Internet Explorers die Schaltfläche *Extras*. Anschließend wählen Sie im Untermenü des Befehls *Drucken* den Eintrag *Drucken* (Abbildung 15.47, Hintergrund). Oder Sie drücken die Tastenkombination [Strg]+[P].

3. Legen Sie im Dialogfeld *Drucken* (Abbildung 15.47, Vordergrund) die gewünschten Optionen fest und bestätigen Sie diese über die *Drucken*-Schaltfläche.

Um beispielsweise den markierten Ausschnitt der Webseite auszudrucken, aktivieren Sie das Optionsfeld *Markierung*. Die gesamte Seite wird mit der Option *Alles* gedruckt.

Der Browser druckt anschließend den Inhalt der aktuell angezeigten Dokumentseite(n) samt Grafiken aus. Dieser Ausdruck umfasst auch die nicht sichtbaren Dokumentteile, falls das Anzeigefenster kleiner als das Dokument ist.

TIPP Da viele Webseiten Werbung oder Inhalte aufweisen, die für den Ausdruck nicht interessieren, ist die Ausgabe der gesamten Seite oft unerwünscht. Sie können die gewünschten Inhalte vor dem Ausdruck markieren. Bei manchen Webseiten findet sich auch ein Link, über den eine Druckversion der betreffenden Webseite abgerufen werden kann. Dieser Link ist auch ganz hilfreich, falls die Schrift beim Ausdrucken der Webseite extrem klein ausfällt.

Ausgabe per Microsoft XPS Document Writer

Unter Windows ist standardmäßig ein Drucker mit der Bezeichnung »Microsoft XPS Document Writer« eingerichtet. Wählen Sie diesen Druckereintrag, speichert Windows das Dokument in einen wählbaren Ordner. Der Pfad zum Speicherort wird in einem Dialogfeld *Druckausgabe speichern unter* abgefragt.

Standardmäßig wird eine OpenXPS-Dokumentdatei mit der Erweiterung *.oxps* erstellt. Sie können aber über das Listenfeld *Dateityp* auch das Speichern als *.xps*-Datei erzwingen. Dieses Dateiformat ist mit früheren Windows-Versionen kompatibel.

Solche *.oxps*- und *.xps*-Dateien lassen sich durch einen Doppelklick auf das Dateisymbol in der Reader-App von Windows 8/8.1 öffnen. Alternativ lässt sich der Kontextmenübefehl *Öffnen mit* der betreffenden Dateien verwenden, um die *.oxps*- und *.xps*-Dateien wahlweise mit der Reader-App oder mit der nach wie vor vorhandenen Windows-Anwendung XPS-Viewer anzuzeigen.

Drucken von Frames

Manche Webseiten sind in mehrere Teile, auch als Frames (deutsch: Rahmen) bezeichnet, unterteilt. Dann werden im Internet Explorer die Optionsfelder der Gruppe *Frames drucken* auf der Registerkarte *Optionen* freigegeben (Abbildung 15.48).

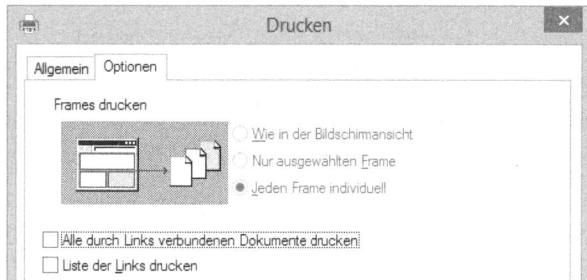

Abbildung 15.48   Registerkarte *Optionen*

Über diese Optionen können Sie die auf dem Bildschirm angezeigten Frames im Layout der Bildschirmansicht oder getrennt auf separate Blätter ausgeben. Weiterhin lässt sich der aktuell angewählte Frame drucken. Markieren Sie auf der Registerkarte *Optionen* des Dialogfelds *Drucken* das Kontrollkästchen *Liste der Links drucken*, druckt der Browser am Ende der Dokumentseite eine Liste mit den Adressen aller im Dokument enthaltenen Hyperlinks. Das Kontrollkästchen *Alle durch Links verbundenen Dokumente drucken* der gleichen Registerkarte ermöglicht im Internet Explorer, eine ganze Sequenz von Dokumenten auszudrucken, die per Hyperlinks erreichbar sind. Wenden Sie diese Option aber sehr zurückhaltend und mit Bedacht an, da die Folgelinks eine erhebliche Anzahl von Druckseiten ergeben können.

Druckvorschau abrufen

Der Befehl *Druckvorschau* im Untermenü des Befehls *Drucken* der Menüschaltfläche *Extras* (Abbildung 15.47, Hintergrund) öffnet ein Fenster, in dem eine Vorschau des Ausdrucks wiedergegeben wird (Abbildung 15.49). Über die Schaltflächen der Symbolleiste können Sie die Seitenausrichtung ändern und das Layout beurteilen. Die Schaltfläche mit dem Druckersymbol ermöglicht es, die Ausgabe anzustoßen.

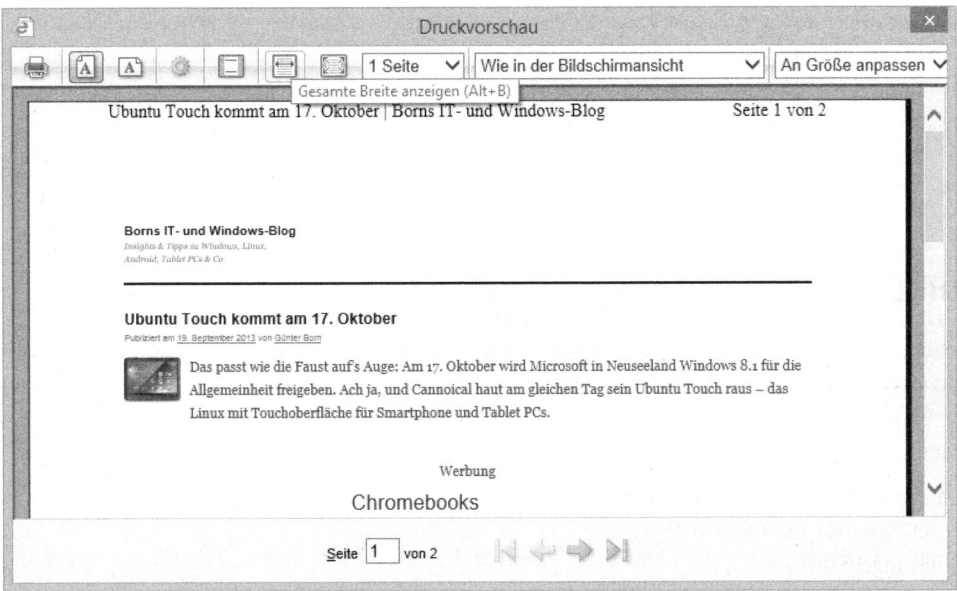

Abbildung 15.49   Druckvorschau einer Webseite

Druckseite einrichten

Wählen Sie im Internet Explorer die Menüschaltfläche *Extras*, lässt sich im Untermenü des Befehls *Drucken* der Eintrag *Seite einrichten* wählen (Abbildung 15.47, Hintergrund). Es öffnet sich das gleichnamige Dialogfeld (Abbildung 15.50).

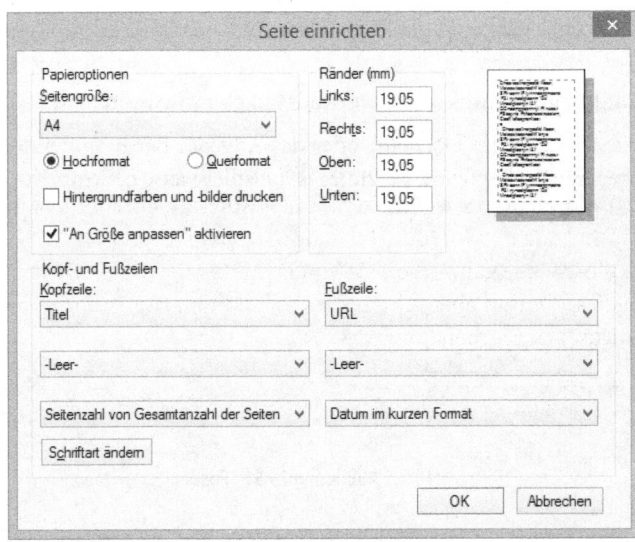

Abbildung 15.50   Druckseite einrichten

Dort wählen Sie das Papierformat, die Ausrichtung der Seite, die Ränder sowie den Schacht für die Papierzufuhr. Über die Listenfelder *Kopfzeile* und *Fußzeile* in der Gruppe *Kopf- und Fußzeilen* wählen Sie unter verschiedenen Optionen, um Zusatzinformationen wie den URL oder eine Seitennummer im betreffenden Bereich mit auszudrucken. Gegenüber früheren Versionen des Internet Explorers ist das Einstellen dieser Optionen sehr komfortabel geworden. Sie können über die Listenfelder jeweils bis zu drei Zusatzinformationen für die Kopf- oder Fußzeile festlegen.

Sicher surfen

Browser wie der Internet Explorer, der Firefox, Google Chrome etc. stellen verschiedene Funktionen bereit, um sicherer im Internet zu surfen, das Ausspionieren von Informationen zu unterbinden oder Optionen einzustellen. Nachfolgend werden die betreffenden Funktionen im Internet Explorer 10 besprochen.

Verwenden des Popupblockers

Manche Webseiten versuchen beim Aufrufen im Vordergrund automatisch weitere Fenster mit Werbung, sogenannte Popups, zu öffnen. Moderne Browser wie der Internet Explorer besitzen einen sogenannten Popupblocker (Werbefilter), der das Einblenden bestimmter Werbefenster unterbindet. Erscheint beim Internet Explorer im unteren Dokumentbereich die Informationsleiste mit dem Hinweis »Ein Popup von ... wurde geblockt« (Abbildung 15.51, unten)? In diesem Fall wurde ein solches Werbefenster vom Internet Explorer unterdrückt.

Manchmal ist es aber erforderlich, dass Sie den Inhalt des geblockten Fensters ansehen müssen (z.B. weil Sie ein seriöses bzw. erwünschtes Angebot mit Informationen abrufen möchten):

1. Wählen Sie in der Informationsleiste die Schaltfläche *Einmal zulassen*, um das Popup anzuzeigen. Oder Sie wählen in der Informationsleiste die Menüschaltfläche *Optionen für diese Site*, um das in Abbildung 15.51, oben, gezeigte Menü zu öffnen.
2. Wählen Sie im Menü den Befehl *Immer zulassen*, um Popups der Site grundsätzlich zuzulassen.

Die Befehle bewirken, dass das geblockte Informationsfenster erscheint oder das Angebot der betreffenden Webseite einmalig oder immer vom Popupblocker freigegeben wird. Letzteres ist beispielsweise bei Anmeldeseiten hilfreich, die beim Aufruf vielleicht geblockt werden.

Abbildung 15.51 Popupblocker-Optionen

TIPP   Halten Sie bei Anwahl eines Hyperlinks die Tastenkombination (Alt)+(Strg) gedrückt, um den Popupblocker für die aufzurufende Seite vorübergehend abzuschalten.

Einstellungen zum Popupblocker anpassen

Um Popups von Sites grundsätzlich zuzulassen oder irrtümlich angelegte Einträge zu bereinigen, lassen sich die Popupblockereinstellungen einsehen und ggf. anpassen. Sie können in der Informationsleiste die Menüschaltfläche *Optionen für diese Site* anwählen und dann den Befehl *Weitere Einstellungen* wählen (Abbildung 15.51, oben). Oder Sie verwenden den Befehl *Internetoptionen* der Menüschaltfläche *Extras*, um das Eigenschaftenfenster des Internet Explorers zu öffnen. Auf der Registerkarte *Datenschutz* finden Sie auch die Schaltfläche *Einstellungen*, um die Popupblockereinstellungen anzupassen.

Beide Ansätze öffnen das Dialogfeld *Popupblockereinstellungen* (Abbildung 15.52). In diesem Dialogfeld können Sie Ausnahmen vereinbaren, indem Sie die zuzulassenden URL-Adressen im Textfeld *Adresse der Website, die zugelassen werden soll* des Dialogfelds ablegen und die Schaltfläche *Hinzufügen* betätigen. Wenn Sie auf diese Weise z.B. die Adressen der Homebanking-Seiten eintragen, werden diese beim Aufrufen nicht blockiert, sondern wie gewohnt angezeigt.

Über die Kontrollkästchen der Gruppe *Benachrichtigungen und Blockierungsstufe* lässt sich steuern, wie der Browser blockierte Fenster signalisiert und wie Popups zu blockieren sind. Über das Listenfeld *Blockierungsstufe* wählen Sie, welcher Modus (schwach, mittel, stark) beim Blockieren verwendet werden soll.

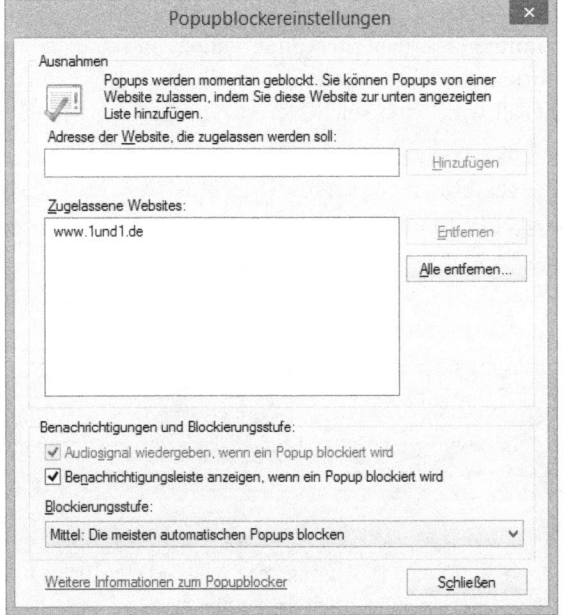

Abbildung 15.52 Popupblockereinstellungen beim Internet Explorer

Layer Ads und Flash-Werbung blockieren

Zum Einblenden von Werbefenstern werden verschiedene Techniken benutzt. Im einfachsten Fall öffnet ein Skriptprogramm in der angesurften Webseite das Popupfenster. Dies wird vom Popupblocker abgefangen. Manche Websites setzen aber sogenannte Layer Ads für Werbeeinblendungen ein: Dabei wird über ein Skriptprogramm die Werbeeinblendung als Layer über den eigentlichen Seiteninhalt gelegt. In einigen Fällen bedienen sich die Layer Ads der Adobe Flash-Technik zum Anzeigen der Werbeeinblendung. Mit Layer Ads lassen sich die Popupblocker des Browsers umgehen.

Diese Art der Werbung über Layer Ads ist äußerst nervig. Solange die Einblendung vorhanden ist, kommt der Benutzer nicht an das Angebot der eigentlichen Webseite heran. Die Werbung verdeckt die komplette Webseite und die *Schließen*-Schaltfläche lässt sich nur finden, wenn der Benutzer über die horizontale Bildlaufleiste zum rechten Zeilenrand blättert.

Bei solchen, mit der Adobe Flash-Technik realisierten Werbeeinblendungen empfiehlt es sich, das Plug-In *Shockwave Flash Object* abzuschalten. Wählen Sie im Menü der Schaltfläche *Extras* des Internet Explorers den Befehl *Add-Ons verwalten*. Im Dialogfeld *Add-Ons verwalten* suchen und markieren Sie den Eintrag *Shockwave Flash Object* (Abbildung 15.53). Wird im unteren Teil des Dialogfelds die Schaltfläche *Deaktivieren* eingeblendet, klicken Sie diese an und schließen das Dialogfeld wieder. Das Flash-Add-On ist deaktiviert und mit Flash realisierte Layer Ads werden wirksam geblockt. Möchten Sie später Flash-Seiten ansehen, schalten Sie den Flash Player über die obigen Schritte wieder ein.

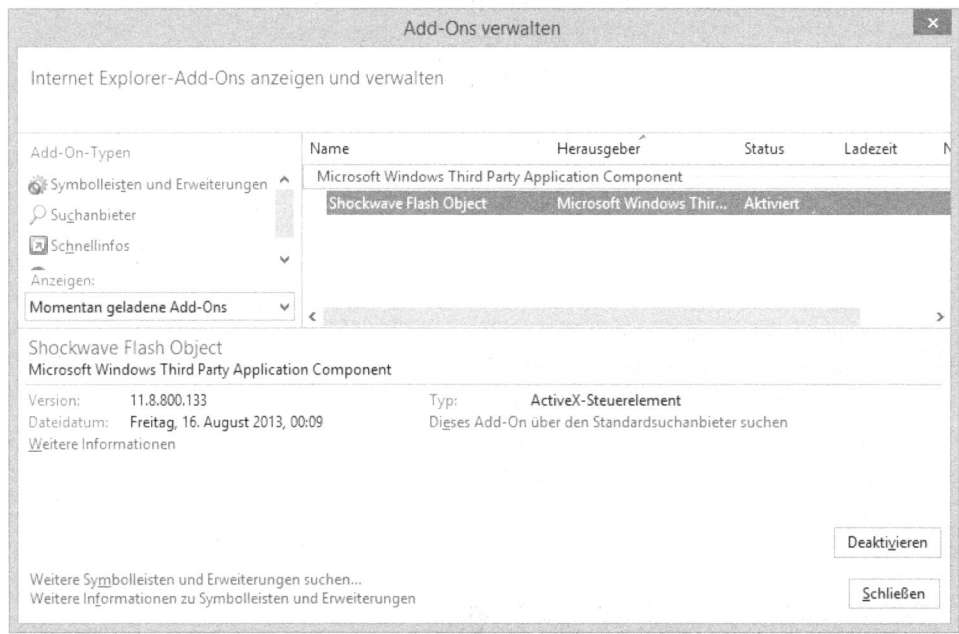

Abbildung 15.53   Add-Ons im Internet Explorer verwalten

HINWEIS   Tauchen weitere Werbeeinblendungen durch Layer Ads auf? Als Radikalkur könnten Sie die Sicherheitsstufe für Internetseiten im Internet Explorer auf »Hoch« setzen (siehe folgende Abschnitte) und damit die Ausführung von Skripts, Java oder ActiveX-Komponenten deaktivieren. Leider führt dies dazu, dass andere Webseiten u.U. nicht oder nicht mehr richtig angezeigt werden. Müssen Sie eine Webseite mit Layer Ads häufiger besuchen, empfiehlt es sich, diese in die Liste der eingeschränkten Websites aufzunehmen (siehe die folgenden Abschnitte). Dort steht die Sicherheitsstufe automatisch auf »Hoch«, und Werbeeinblendungen werden unterdrückt.

SmartScreen-Filter: Phishing- und Malwareschutz

Ein Risiko stellen Webseiten dar, die dem Benutzer entweder Schadsoftware per Download unterschieben oder vertrauliche Daten entlocken wollen. E-Mails oder Webseiten versuchen, den Benutzer z.B. über Phishingangriffe dazu zu bringen, persönliche oder finanzielle Informationen (z.B. Zugangsdaten für Internetkonten) preiszugeben. Typisch sind E-Mails, die vorgeblich von einer Bank, von eBay etc. stammen und eine Aufforderung enthalten, sich zur Überprüfung der Zugangsdaten oder Zahlungsvorgänge am Onlinekonto anzumelden. Ein Mausklick auf den in der E-Mail enthaltenen Hyperlink öffnet dann aber nicht die angegebene Webseite, sondern leitet Sie zu einer gefälschten Webseite um. Deren Aufmachung ähnelt meist dem erwarteten Angebot oder benutzt sogar Teile des Internetauftritts des vermeintlichen Absenders. Gibt der Benutzer nun Zugangsdaten in das Anmeldeformular der Phishingwebseite ein, werden diese Daten durch die Betrüger »abgefischt« und später zur Anmeldung am betreffenden Onlinekonto missbraucht. Dies ermöglicht den Betrügern, ggf. Bankkonten zu leeren oder Internetzugangsdaten für E-Mail- bzw. eBay-Konten etc. für kriminelle Machenschaften zu missbrauchen.

Der Internet Explorer besitzt einen eingebauten SmartScreen-Filter, der verschiedene Schutzmechanismen bietet.

- Beim Surfen im Web analysiert der SmartScreen-Filter Webseiten anhand des enthaltenen Codes und anhand einer dynamischen Liste von gemeldeten Phishingwebsites und Websites mit Schadsoftware. Werden verdächtige Webseiten abgerufen, zeigt der SmartScreen-Filter eine Meldung mit einer entsprechenden Warnung an.

- Zudem vergleicht der SmartScreen-Filter aus dem Web heruntergeladene Dateien mit einer Liste von gemeldeten Websites mit Schadsoftware und Programmen, die als unsicher bekannt sind. Wurde eine Übereinstimmung gefunden, blendet der SmartScreen-Filter eine Warnung ein (siehe Abschnitt »Schutz durch den SmartScreen-Filter« weiter vorne in diesem Kapitel), dass der Download blockiert wurde.

Parallel dazu führt der in Windows enthaltene Windows Defender noch eine Überprüfung heruntergeladener Dateien auf Schadsoftware durch und meldet infizierte Dateien.

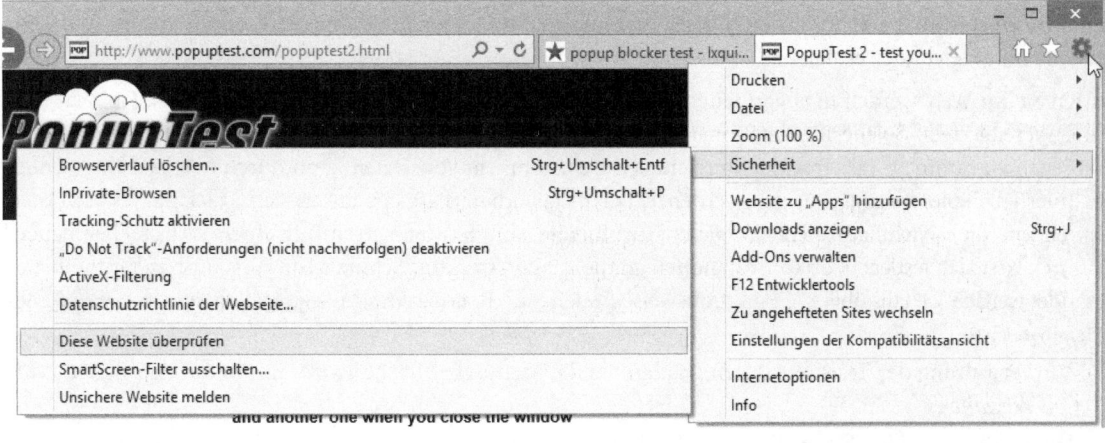

Abbildung 15.54 Phishingfilter aufrufen

1. Um eine aktuell geladene Webseite im SmartScreen-Filter zu überprüfen, wählen Sie in der Symbolleiste des Internet Explorers die Menüschaltfläche *Extras*.

2. Dann wählen Sie im Menü den Eintrag *Sicherheit* und im Untermenü den Befehl *Diese Website überprüfen* (Abbildung 15.54).

3. Das Dialogfeld mit dem Ergebnis dieser Überprüfung schließen Sie über die *OK*-Schaltfläche.

Beim Aufruf des Befehls *Diese Website überprüfen* fragt der Phishingfilter einen Microsoft-Server ab, ob die gerade geladene Adresse zu einer bekannten Phishingwebseite gehört oder ob die Seite bekannte Phishing-techniken verwendet. Eine Negativmeldung stellt aber keine Unbedenklichkeitsbescheinigung dar. Über den Befehl *SmartScreen-Filter ausschalten* des Untermenüs kann die Funktion bei Bedarf auch komplett deakti-viert werden. Anschließend finden Sie im Untermenü einen Befehl, um den SmartScreen-Filter wieder ein-zuschalten.

HINWEIS   Um nicht Opfer von Phishingattacken zu werden, sollten Sie einige Regeln beachten: Banken oder andere seri-öse Anbieter, bei denen Sie ein Konto unterhalten, werden Sie niemals telefonisch oder per E-Mail nach Anmeldedaten oder Kennwörtern fragen! Diese Anbieter verlangen auch nicht per E-Mail mit integriertem Link, dass Sie Ihr Konto reaktivieren. Selbst beim Telefonbanking fragt die Bank bei der Authentifizierung nur einzelne Ziffern der Geheimnummer ab. Zugangsdaten zu Bankkonten werden von Banken niemals per E-Mail verschickt, sondern immer per Post. Die Informationen (z.B. PIN-Code) sind in verschlossenen Umschlägen enthalten. Wird Ihnen ein solcher Umschlag beschädigt oder geöffnet zugestellt, sollten Sie unverzüglich die Bank bzw. den betreffenden Anbieter verständigen und die PIN sperren lassen. Klicken Sie niemals auf einen per E-Mail zugesandten Link, um eine Anmeldeseite für ein Konto abzurufen, sondern tippen Sie die Ihnen bekannte Internetadresse der Bank bzw. des Anbieters manuell in die Adressleiste Ihres Browsers ein. Das Gleiche gilt sinngemäß für andere Konten (E-Mail, eBay, PayPal etc.). Wichtig ist auch, dass der Rechner frei von Trojanern ist, da diese u.U. Benutzereingaben aufzeichnen und per Internet weiterleiten. Prüfen Sie unbedingt, ob aufgerufene Anmeldeseiten beispielsweise eine abgesicherte HTTPS-Ver-bindung benutzen und sich durch ein gültiges Zertifikat ausweisen können.

Tracking-Schutz beim Internet Explorer

Der Internet Explorer unterstützt über den Befehl *Sicherheit/InPrivate-Browsen* der Menüschaltfläche *Extras* einen InPrivate-Modus beim Surfen. Dieser verhindert, dass Daten über angesurfte Internetseiten auf dem Rechner aufgezeichnet werden.

Surfen Sie im Web, werden in abgerufenen Webseiten eventuell Inhalte weiterer Webseiten (z.B. Google-Wer-bung) bereitgestellt. Solche Informationen lassen sich verwenden, um Informationen über die abgerufenen Webseiten zu sammeln (als Tracking bezeichnet). Das Sammeln von Daten kann durch den Tracking-Schutz des Internet Explorers unterbunden werden. Über installierbare Plug-Ins lassen sich Tracking-Schutz-Listen verwenden, die »Nicht aufrufen«-Vorgaben für Inhalte von Drittanbietern auf einer Website beinhalten. Dadurch lässt sich festlegen, ob Informationen an die auf der Tracking-Schutz-Liste aufgeführten Drittanbieter gesendet werden. Details über die Funktionsweise finden Sie z.B. unter *http://www.iegallery.com/de-DE/tpl/FAQ* [Ms240-K15-05].

1. Zur Verwaltung der Tracking-Listen wählen Sie die Menüschaltfläche *Extras* und dann den Befehl *Add-Ons verwalten*.

2. Anschließend wählen Sie im Dialogfeld *Add-Ons verwalten* (Abbildung 15.55, Hintergrund) die Katego-rie *Tracking-Schutz* an und setzen die Einstellungen.

Im oberen rechten Teilfenster listet das Dialogfeld alle bereits installierten Tracking-Schutz-Listen auf:

- Ist keine Liste angewählt, lässt sich im unteren Teilfenster der Link *Liste für den Tracking-Schutz online abrufen* wählen. Dann öffnet sich die Internet Explorer-Galerie. In der Kategorie »Tracking-Schutz-Listen« finden Sie diverse Add-Ons mit vorkonfigurierten Tracking-Schutz-Listen.

- Über die neben der Liste befindliche *Hinzufügen*-Schaltfläche der Website öffnen Sie das Dialogfeld *Tracking-Schutz* (Abbildung 15.55, Vordergrund). Bestätigen Sie mit der Schaltfläche *Liste hinzufügen*, wird das Add-On mit der Tracking-Liste zum Browser hinzugefügt.

- Wählen Sie eine Tracking-Liste im Dialogfeld *Add-Ons verwalten* (Abbildung 15.55, Hintergrund) an, kann dieses Add-On über Schaltflächen am unteren Dialogfeldrand deaktiviert oder entfernt werden

Über den Hyperlink *Weitere Informationen* lassen sich Details zur Tracking-Liste abrufen.

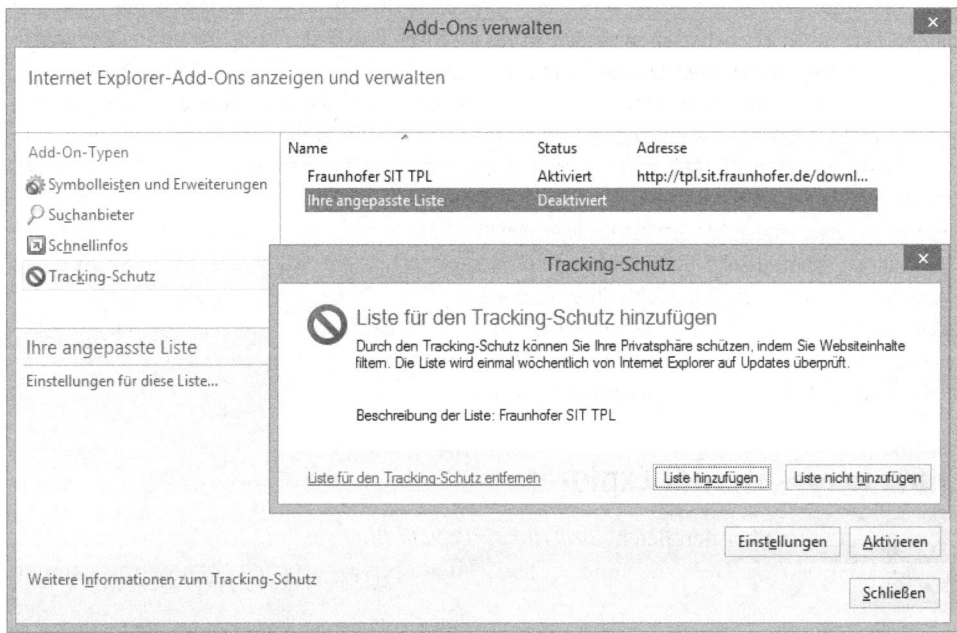

Abbildung 15.55   Tracking-Schutz verwalten

Rufen Sie eine Webseite im Internet Explorer auf, wird im Adressfeld über ein Symbol angezeigt, wenn Inhalte gefiltert wurden.

ActiveX-Filterung beim Internet Explorer einsetzen

Eine weitere Sicherheitstechnik, die im Internet Explorer zum Einsatz kommt, ist die ActiveX-Filterung. Bei ActiveX-Steuerelementen und Add-Ons handelt es sich letztendlich um im Browser ausführbare Programme, mit denen Webseiteninhalte wie beispielsweise Videos angezeigt werden können. Potenziell besteht die Gefahr, dass die ActiveX-Steuerelemente und Add-Ons Schadcode enthalten oder durch Dritte über Sicherheitslücken angreifbar sind. Über die ActiveX-Filterung lässt sich verhindern, dass Websites solche Programme installieren und verwenden:

1. Zum Einschalten der ActiveX-Filterung wählen Sie die Menüschaltfläche *Extras* und dann den Befehl *Sicherheit*.

2. Anschließend wählen Sie im Untermenü den Befehl *ActiveX-Filterung* (Abbildung 15.54, Hintergrund).

Der betreffende Menübefehl wird dann mit einem Häkchen markiert, um zu kennzeichnen, dass die ActiveX-Filterung aktiv ist. Problem ist aber, dass Inhalte vertrauenswürdiger Websites, die ggf. auf ActiveX-Elemente oder Add-Ons angewiesen sind, u. U. nicht mehr korrekt angezeigt werden.

Abgesicherte HTTPS-Datenübertragung zu Websites

Viele Webseiten enthalten Formulare, in die sich Daten wie Name, Adresse oder andere Angaben eintippen lassen. Bei der Übertragung an den Webserver werden die Daten u. U. über verschiedene Rechner geleitet und es besteht die Gefahr, dass Dritte die Daten mitlesen. Gerade bei Bestell- und Bezahlvorgängen oder bei der Übertragung von Daten an Anmeldeseiten (z.B. für Internetbanking) ist es wichtig, die zugehörigen Daten vor Missbrauch zu schützen. Verhindern lässt sich dies über eine sogenannte SSL-Verschlüsselung der übertragenen Formulardaten an einen HTTPS-Server. Selbst wenn Dritte die Daten abfangen, können diese aufgrund der Verschlüsselung damit nichts anfangen.

Abbildung 15.56 Abgesicherte Websites

Achten Sie deshalb bei allen sicherheitskritischen Dateneingaben (Kreditkartendaten, Zugangsdaten für E-Mail-, Bank- oder eBay-Konten etc.) auf Webseiten darauf, dass der Anbieter eine sichere Verbindung zu einem HTTPS-Server über das HTTPS-Protokoll bereitstellt. In Abbildung 15.56 sehen Sie das Fenster des Internet Explorers mit einer Bankingseite.

Ob eine abgesicherte Verbindung zu einem HTTPS-Webserver vorliegt, erkennen Sie daran, dass in der Adressleiste der Text »https://« anstelle von »http://« angezeigt wird. Zudem wird beim Internet Explorer das Symbol eines stilisierten Schlosses am rechten Rand des Adressfelds eingeblendet. Außerdem wird der Hintergrund des Adressfelds grün eingefärbt.

Klicken Sie auf das stilisierte Schloss, blendet der Internet Explorer Informationen zur Websiteidentifizierung ein. Sie können im eingeblendeten Fenster überprüfen, wer das Zertifikat für wen ausgestellt hat. Über *Zertifikate anzeigen* lässt sich das Zertifikat mit allen Details anzeigen.

HINWEIS   Das Kürzel HTTPS steht für Hypertext Transfer-Protokoll Secure, ein Übertragungsverfahren, bei dem die Daten mit SSL (steht für Secure Sockets Layer) verschlüsselt und dann zum Server übertragen werden.

ACHTUNG   Eine Verbindung zu einem HTTPS-Server per *HTTPS*-Protokoll stellt aber lediglich sicher, dass die von Ihnen in das Browserfenster eingetippten Daten im Internet verschlüsselt übertragen werden. Es besteht noch die Möglichkeit, dass Dritte einen *HTTPS*-Server mit gefälschten Webseiten betreiben. Sie müssen daher sicherstellen, dass beim Aufruf einer entsprechenden Webseite (z.B. Zugangsseite für Internetbanking) auch wirklich der erwartete Anbieter dahintersteht. Dies lässt sich über die Details des Zertifikats überprüfen.

Wichtig ist, dass das Zertifikat noch gültig und nicht abgelaufen ist und dass es auf die erwartete Person bzw. Institution ausgestellt wurde. Auch der Zertifikatsaussteller (Trustcenter) sollte eine vertrauenswürdige Institution wie VeriSign sein.

Bei einem abgelaufenen Zertifikat sollte der Browser (ähnlich wie bei den oben beschriebenen Phishingversuchen) automatisch Alarm schlagen, statt die Internetseite anzuzeigen. Erkundigen Sie sich ggf. bei Ihrer Bank bzw. auf den Informationsseiten der Bank, wie das Zertifikat aussehen muss und was zu beachten ist. Ähnliches gilt bei anderen Anbietern, die HTTPS-Server betreiben.

Was Sie über Cookies wissen sollten

Zur Wahrung Ihrer Privatsphäre beim Surfen im Internet gehört auch, dass Sie über Cookies Bescheid wissen. Der Begriff Cookies ist das englische Wort für Plätzchen oder Keks und beschreibt einen Mechanismus, bei dem ein Webserver eine kleine Textdatei auf Ihrem Rechner abgelegt. Dies ist an sich nichts Schlimmes, da auf diesem Weg keine Schädlinge auf den Computer eingeschleppt werden können. Bei einer Bestellabwicklung sind Cookies sogar notwendig, da der Inhalt des Warenkorbs dort gespeichert wird. Die Gefahr besteht darin, dass in Cookies gespeicherte Informationen von Webservern geschickt kombiniert werden, um Ihre Surfgewohnheiten auszuspionieren. Eine Website speichert beispielsweise Informationen zu abgerufenen Seiten in einem Cookie. Der Server kann zusätzlich vom Browser noch die Betriebssystemversion, den benutzten Browser, den Provider sowie die für den Internetzugang vergebene IP-Adresse des Computers abrufen und im Cookie speichern. Geben Sie nun in einer anderen angesurften Webseite in einem Formular z.B. Ihre E-Mail-Adresse oder weitere persönliche Daten preis, könnten diese ebenfalls in einem Cookie landen. Ein Server, der den Aufbau der Cookies verschiedener Webserver kennt, kann nun diese Informationen abrufen und zu einem Benutzerprofil kombinieren. Um sich vor der Datensammelwut der Webseitenanbieter zu schützen, sollten Sie die automatische Annahme der Cookies abschalten:

1. Rufen Sie im Internet Explorer das Eigenschaftenfenster über den Befehl *Internetoptionen* im Menü der Schaltfläche *Extras* auf.

2. Auf der Registerkarte *Datenschutz* klicken Sie auf die Schaltfläche *Erweitert* (Abbildung 15.57, links).

3. Im Dialogfeld *Erweiterte Datenschutzeinstellungen* lässt sich die automatische Cookiebehandlung abschalten und anschließend individuell konfigurieren (Abbildung 15.57, oben rechts).

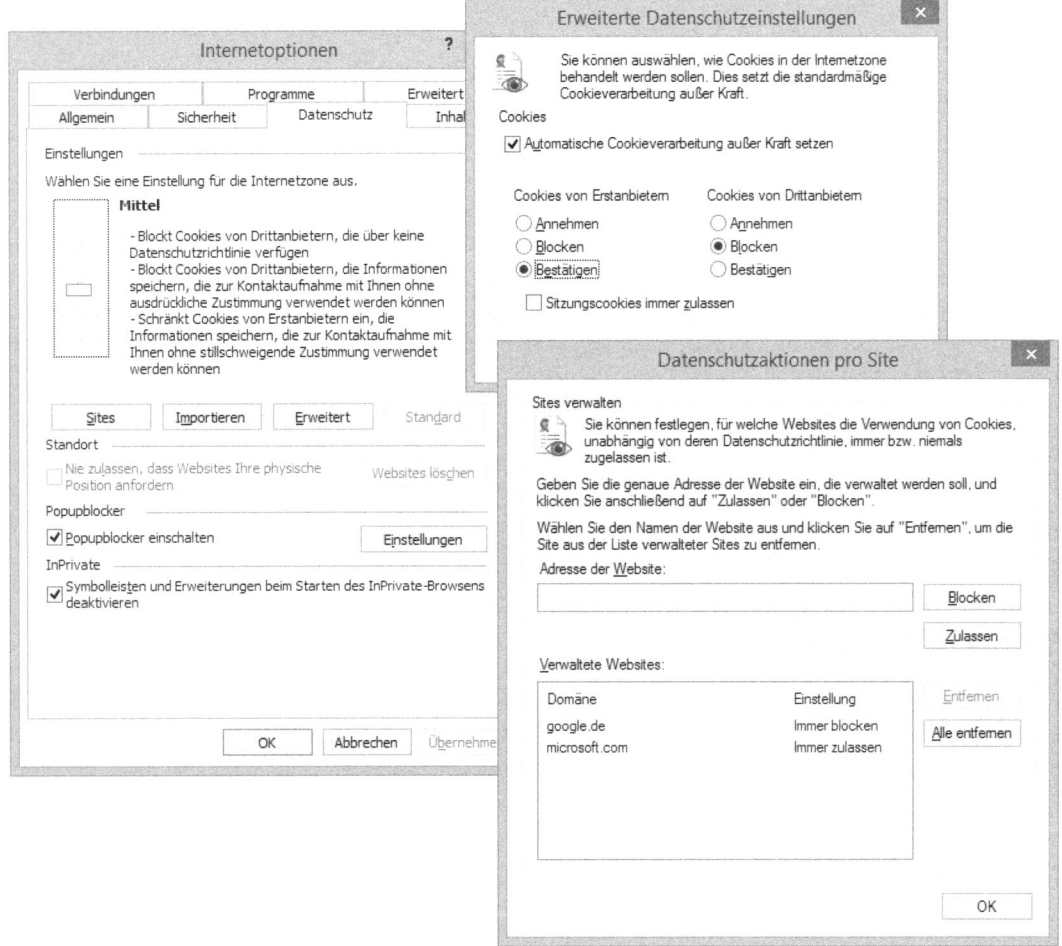

Abbildung 15.57 Cookieeinstellungen verwalten

Um die Annahme von Cookies individuell zu konfigurieren, markieren Sie das Kontrollkästchen *Automatische Cookieverarbeitung außer Kraft setzen* im Dialogfeld *Erweiterte Datenschutzeinstellungen* und setzen z.B. die Cookieannahme auf *Bestätigen*.

TIPP   Da viele Webserver Cookies voraussetzen, werden etliche Webseiten bei gesperrter Cookieannahme nicht mehr korrekt angezeigt. Sie können diese Server aber austricksen, indem Sie das Kontrollkästchen *Sitzungscookies immer zulassen* markieren. Jetzt nimmt der Browser zwar Cookies während der aktuellen Sitzung vom Server an, löscht diese aber beim Beenden des Browsers wieder. Das Sammeln umfangreicher persönlicher Daten wird damit zumindest erheblich erschwert. Ich selbst blockiere die Cookies von Drittanbietern und gebe den Modus zum Bestätigen bei Cookies von Erstanbietern vor. Dies reduziert die Zahl der Cookiebehandlungsanfragen.

Versucht ein Webserver beim Abruf der Webseite ein Cookie auf dem Rechner zu platzieren, erscheint beim Internet Explorer ein Dialogfeld *Datenschutzwarnung* mit einer Nachfrage (Abbildung 15.58). Sie können dann die Schaltfläche *Zulassen* oder *Ablehnen* wählen. Markieren Sie das Kontrollkästchen *Festlegung auf alle*

Cookies dieser Webseite anwenden, trägt der Browser die Webseite beim Anklicken der jeweiligen Schaltfläche mit dem betreffenden Cookiemodus in eine interne (Datenschutz-)Liste ein.

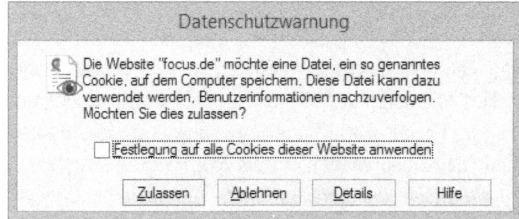

Abbildung 15.58 Datenschutzwarnung beim Surfen in Webseiten

Über das Dialogfeld *Datenschutzwarnung* kann es Ihnen aber passieren, dass Sie eine Website zur Annahme von Cookies zulassen oder ungewollt blockieren. Entfernen Sie dann ggf. den betreffenden Eintrag aus der Datenschutzliste.

1. Rufen Sie die Registerkarte *Datenschutz* (Abbildung 15.57, links) auf und wählen Sie die Schaltfläche *Sites*. Es erscheint das Dialogfeld *Datenschutzaktionen pro Site* mit den bereits verwalteten Sites (Abbildung 15.57, rechts unten).

2. Markieren Sie den Eintrag der Website in der Liste *Verwaltete Websites* und löschen Sie ihn über die Schaltfläche *Entfernen*.

Danach können Sie die geöffneten Dialogfelder und Registerkarten schließen. Anschließend lässt sich die Cookiebehandlung beim nächsten Besuch der Website neu vorgeben.

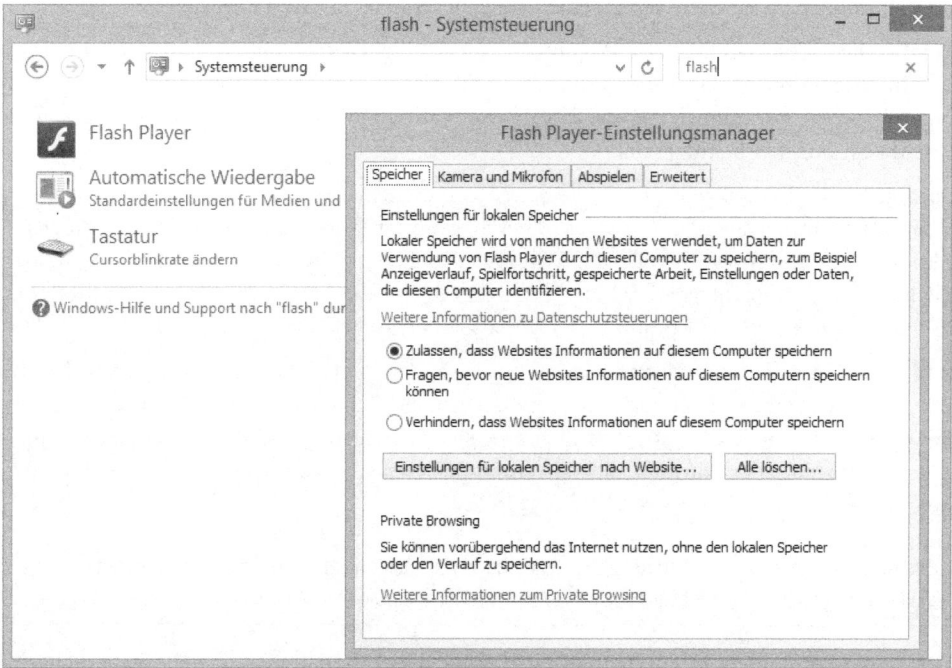

Abbildung 15.59 Flash Player-Einstellungsmanager

HINWEIS   Insider wissen, dass Browser z.B. Informationen in DOM Storage Objects auf dem Rechner ablegen können. Wählen Sie die Menüschaltfläche *Extras* und dann den Befehl *Internetoptionen*. Anschließend lässt sich auf der Registerkarte *Erweitert* der Eigenschaftenseite *Internetoptionen* die Markierung der Option *DOM-Storage aktivieren* löschen – das Speichern von Daten im DOM-Storage unterbleibt dann.

Auch der Adobe Flash Player (oder Microsoft Silverlight) kann Informationen über besuchte Webseiten in Flash-Cookies (sogenannten Shared Objects) speichern. Um dieses Speichern von Flash-Cookies zu unterbinden, öffnen Sie die Systemsteuerung und tippen im Suchfeld des Fensters »flash« ein. Dann wählen Sie den Eintrag für den Flash-Player an (Abbildung 15.59, Hintergrund). Auf der Registerkarte *Speicher* (Abbildung 15.59, Vordergrund) des Eigenschaftenfensters *Flash Player-Einstellungsmanager* ist das Optionsfeld *Verhindern, dass Websites Informationen auf diesem Computer speichern* zu markieren. Über die Schaltfläche *Alle löschen* lassen sich Flash-Cookies entfernen.

Wissen zu Webinhaltszonen

Webseiten lassen sich im Hinblick auf Sicherheitsaspekte in verschiedene Kategorien einordnen. Eine Webseite, über die Sie Internetbanking betreiben, Webseiten bekannter Firmen etc. werden Sie sicherlich als vertrauenswürdig einstufen. Bei Webseiten unbekannter Anbieter oder gar zwielichtiger Charaktere sollte man eher zurückhaltend sein. Der Internet Explorer benutzt sogenannte Webinhaltszonen, um Webseiten mit unterschiedlichem Vertrauensgrad zu kategorisieren:

■ **Internet**   Hierunter fallen alle Websites, die in keiner der anderen Zonen enthalten sind. Da die meisten angesurften Webseiten in diese Zone fallen, lauern hier die größten Risiken. Idealerweise sollte diese Zone mit sehr restriktiven Sicherheitseinstellungen konfiguriert werden – allerdings gibt es das Problem, dass sich bei zu starken Restriktionen viele Seiten nicht mehr richtig oder überhaupt nicht anzeigen lassen.

■ **Lokales Intranet**   Diese Zone umfasst alle Webinhalte, die sich lokal in einem Netzwerk mit Internetfunktionen (als Intranet bezeichnet) befinden. Für diese Site gibt es die Möglichkeit, die einzubeziehenden Freigaben und Server zu konfigurieren. Bei Privatanwendern besitzt diese Zone kaum Bedeutung, da in diesem Umfeld kein Intranet benutzt wird.

■ **Vertrauenswürdige Sites**   Diese Zone ist für alle Seiten vorgesehen, deren Anbieter bekannt sind und deren Inhalt Sie als vertrauenswürdig einstufen. Hierzu gehören beispielsweise Seiten mit Internetbanking-Funktionen, die Microsoft-Seiten zum Windows Update etc. In dieser Zone können Sie beispielsweise die Nutzung der für Internetbanking benötigten Java- oder JavaScript-Funktionen freigeben oder die Nutzung signierter ActiveX-Komponenten gestatten (siehe die folgenden Seiten).

■ **Eingeschränkte Sites**   In diese Zone gehören alle Webseiten, denen Sie keinesfalls vertrauen oder von denen Sie eventuell schon vorab wissen, dass diese möglicherweise schädigende Inhalte enthalten könnten. Für diese Zone sind möglichst restriktive Sicherheitseinstellungen zu wählen, um eine maximale Sicherheit zu gewährleisten. Hier könnten alle aktiven Funktionen (Active Scripting, ActiveX, Java etc.) deaktiviert werden.

HINWEIS   Der Begriff Site kommt aus der englischen Sprache und bezeichnet ein Fabrikgelände oder einen Aufstellungsort für die Produktion. Eine Firmenpräsenz im Internet wird auch als Website bezeichnet. Die Startseite nennt man auch Homepage.

Für Sie als Benutzer hat dieses Zonenkonzept den Vorteil, dass Sie diesen Zonen verschiedene Sicherheitseinstellungen zuordnen können. Hierzu gehen Sie in folgenden Schritten vor:

1. Wählen Sie im Menü der Schaltfläche *Extras* des Internet Explorers den Befehl *Internetoptionen*.
2. Holen Sie im nun eingeblendeten Dialogfeld *Internetoptionen* die Registerkarte *Sicherheit* in den Vordergrund (Abbildung 15.60, links) und passen Sie die Einstellungen der verfügbaren Webinhaltszonen an.

Um die Änderungen zu übernehmen, klicken Sie auf die *Übernehmen*-Schaltfläche oder schließen die Registerkarte über die *OK*-Schaltfläche.

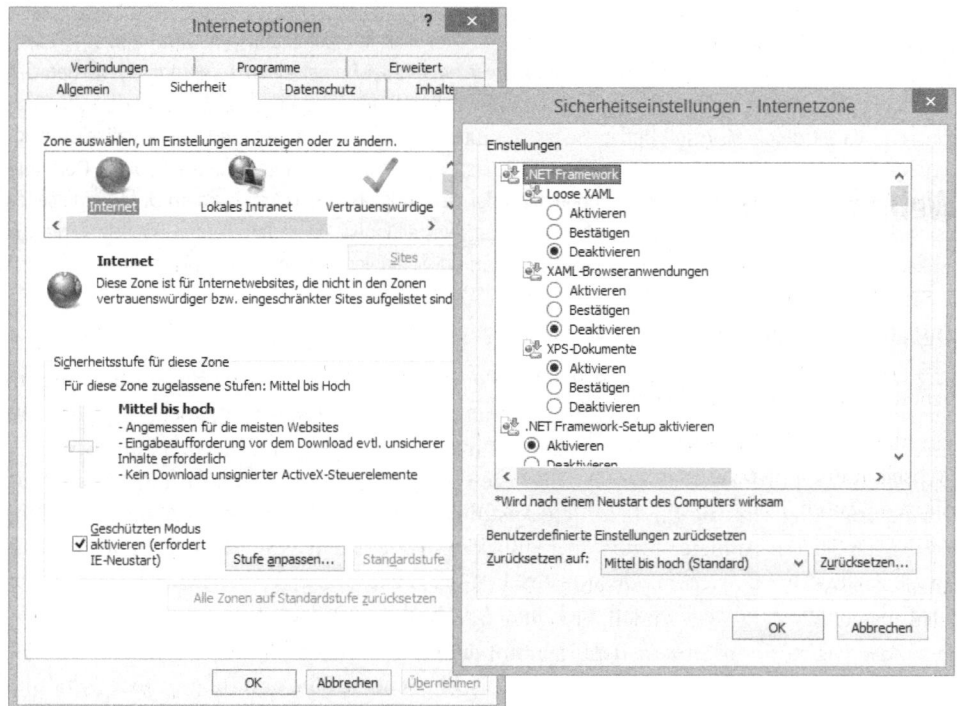

Abbildung 15.60   Webinhaltszonen anpassen

In Abbildung 15.60, links, sehen Sie die Registerkarte *Sicherheit* mit den Webinhaltszonen. Fehlt bei Ihnen eine Zone, verwenden Sie die horizontale Bildlaufleiste zum Blättern zwischen den Zonen. Klicken Sie auf das Symbol einer Webinhaltszone, blendet der Internet Explorer die Sicherheitsstufe dieser Zone im unteren Teil der Registerkarte *Sicherheit* ein.

Die genaue Darstellung der Registerkarte hängt davon ab, ob die Standardvorgaben oder benutzerdefinierte Einstellungen wirksam sind. Falls noch keine Anpassungen vorgenommen wurden, verwendet der Internet Explorer Standardeinstellungen für die Sicherheit der einzelnen Webinhaltszonen. Die Zone *Internet* bekommt die Sicherheitsstufe »Mittel bis hoch« zugeordnet. Die Zone *Lokales Intranet* weist die Sicherheitsstufe »Niedrig« auf, während die Zone *Vertrauenswürdige Sites* auf »Mittel« gesetzt ist. Nur die Zone *Eingeschränkte Sites* erhält die Sicherheitsstufe »Hoch«.

Je höher die Sicherheitsstufe für eine Zone gesetzt ist, umso sicherer ist das Surfen. Der Nachteil ist aber, dass damit die Funktionalität des Internet Explorers eingeschränkt wird. Internetbanking wird beispielsweise in der Sicherheitsstufe »Hoch« kaum noch möglich sein. Die Stufen »Niedrig« lassen dagegen alle Funktionen zu, d.h. aktive Inhalte und Skriptprogramme sind zulässig (daher sind die Stufen standardmäßig für die Internetzone blockiert). Daher herrscht dort ein erhöhtes Risiko für Angriffe. Bei Standardvorgaben können

Sie den Schieberegler auf der Registerkarte nach oben oder unten ziehen, um die Sicherheitsstufe einer markierten Webinhaltszone anzupassen.

Der Schieberegler in der Gruppe *Sicherheitsstufe für diese Zone* auf der Registerkarte *Sicherheit* ermöglicht aber nur eine sehr grobe Auswahl der im Browser zulässigen Funktionen. Über die Schaltfläche *Stufe anpassen* öffnet sich das in Abbildung 15.60, rechts, gezeigte Dialogfeld. Dort können Sie Funktionseinschränkungen wesentlich detaillierter festlegen.

HINWEIS   Sie können z.B. die Optionen zum Ausführen von ActiveX- oder Java-Komponenten sowie JavaScript auf *Deaktiviert* stellen. Dies erhöht zwar die Sicherheit dramatisch. In der Praxis wird man aber immer einen Kompromiss zwischen den Sicherheitsanforderungen und den Erfordernissen der Webseiten wählen müssen. Rufen Sie häufiger eine Website auf, die ActiveX, Plug-Ins (Add-Ons) oder Java (z.B. die Microsoft Update-Seiten, YouTube, Chaträume) oder gelockerte Sicherheitseinstellungen benötigt, und vertrauen Sie dem Anbieter, können Sie diesen in die Liste der vertrauenswürdigen Sites eintragen. Dort können dann Scripting oder die Ausführung von ActiveX-Komponenten oder Java-Applets zugelassen werden. Die Internetseiten unbekannter Anbieter sollten aber möglichst mit restriktiveren Sicherheitseinstellungen abgerufen werden. Websites, die mit Layer Ads arbeiten, stufe ich in der Zone der eingeschränkten Sites ein, um Werbeeinblendungen zu unterbinden.

So stufen Sie einzelne Websites ein

Ohne Ihr weiteres Zutun werden alle angesurften Webseiten der Webinhaltszone *Internet* zugeordnet und im betreffenden Sicherheitskontext angezeigt. Setzen Sie die Sicherheitseinstellungen zu hoch, werden viele Webseiten nicht mehr korrekt angezeigt. Sie können aber bestimmte Websites den Zonen *Vertrauenswürdige Sites* und *Eingeschränkte Sites* zuordnen. Dies ermöglicht Ihnen beispielsweise, in Seiten für Internetbanking über die Zone *Vertrauenswürdige Sites* die ggf. benötigte Ausführung von Java oder Skripts zuzulassen. Häufiger angesurfte Webseiten, deren Anbieter Ihnen aber unbekannt oder nicht besonders vertrauenswürdig erscheinen, tragen Sie in die Zone *Eingeschränkte Sites* ein. Um die Adresse einer Webseite in die Zonen *Vertrauenswürdige Sites* oder *Eingeschränkte Sites* aufzunehmen, gehen Sie folgendermaßen vor:

1. Markieren Sie auf der Registerkarte *Sicherheit* das Symbol der gewünschten Webinhaltszone (*Vertrauenswürdige Sites* oder *Eingeschränkte Sites*) und klicken Sie anschließend auf die nun freigegebene Schaltfläche *Sites* (Abbildung 15.60, links).

2. Im nun erscheinenden Dialogfeld *Eingeschränkte Sites* bzw. *Vertrauenswürdige Sites* tippen Sie die Adresse (URL) für die betreffende Website in das Feld *Diese Website zur Zone hinzufügen* ein (Abbildung 15.61).

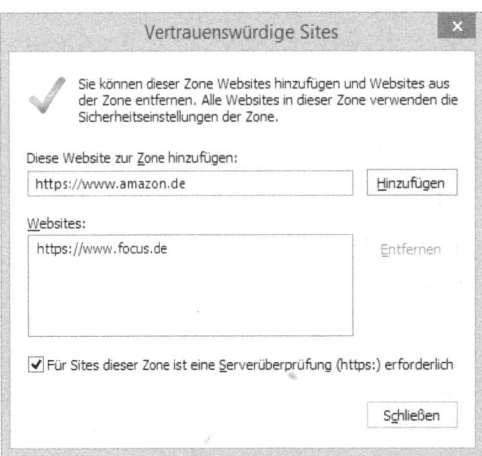

Abbildung 15.61 Website zu einer Zone hinzufügen

Bereits beim Eintippen eines URL wird Ihnen ggf. eine Liste bereits besuchter Websites mit ähnlichen URLs angezeigt. Erscheint der URL, können Sie die zugehörige Adresse durch Anklicken übernehmen. Zum Entfernen einer Website wählen Sie die betreffende Adresse (URL) in der Liste an und betätigen die *Entfernen*-Schaltfläche.

HINWEIS Bei vertraulichen Inhalten (z.B. beim Internetbanking oder beim E-Mail-Austausch) wird das bereits oben erwähnte HTTPS-Protokoll benutzt, bei dem die Seiten verschlüsselt übertragen werden. Beim Eintippen der Internetadresse (URL, Uniform Resource Locator) wird der Vorspann für das Protokoll normalerweise weggelassen. Markieren Sie aber im Dialog-feld *Vertrauenswürdige Sites* das Kontrollkästchen *Für Sites dieser Zone ist eine Serverüberprüfung (https:) erforderlich*, werden nur Sites in der Liste der vertrauenswürdigen Sites akzeptiert, denen das Kürzel *https://* vorangestellt ist. Der Browser prüft dann, ob die Seiten auf einem abgesicherten HTTPS-Server liegen. Möchten Sie beide Protokollvarianten in der Liste der vertrauens-würdigen Sites verwenden, lassen Sie das Kontrollkästchen unmarkiert. Webseiten, die auf HTTPS-Servern liegen, muss dann beim Eintragen in die Liste der vertrauenswürdigen Sites der Vorspann *https://* vorangestellt werden.

Der Heise-Verlag bietet unter *http://www.heise.de/security/dienste/Browsercheck-2107.html* [Ms240-K15-06] deutschsprachige Informationen rund um das Thema Sicherheit sowie Testseiten, um die Anfälligkeit verschiedener Browser (Internet Explorer, Mozilla/Firefox etc.) gegenüber bestimmten Sicherheitslücken zu überprüfen.

Add-Ons verwalten

Beim Internet Explorer lässt sich die Funktionalität über Add-Ons erweitern. Zum Verwalten der Add-Ons wählen Sie im Internet Explorer über die Menüschaltfläche *Extras* den Befehl *Add-Ons verwalten*. Anschlie-ßend können Sie im eingeblendeten Dialogfeld (Abbildung 15.62) das Add-On wählen. In der Liste *Add-On-Typen* lässt sich beim Internet Explorer dabei zwischen diversen Kategorien umschalten. Anschließend kön-nen Sie, bei angewähltem Add-On, über eingeblendete Schaltflächen die Einstellungen des Add-Ons anpas-sen oder die Funktion deaktivieren sowie das Add-On deinstallieren.

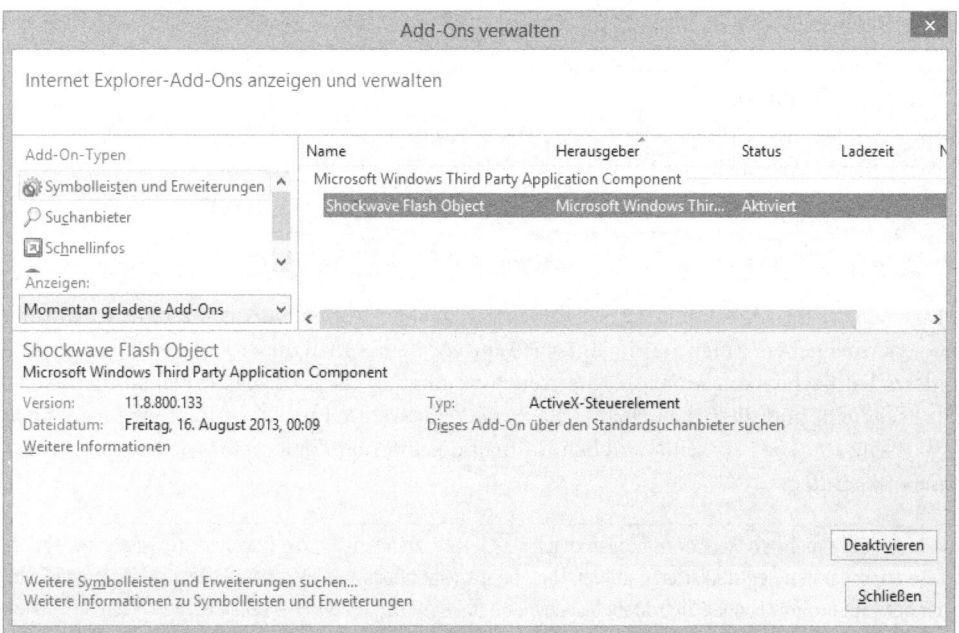

Abbildung 15.62 Add-Ons verwalten

Anpassen der Browsereinstellungen

Beim Internet Explorer lassen sich diverse Einstellungen anpassen. Einige dieser Optionen sind auf den vorherigen Seiten beschrieben. Nachfolgend finden Sie noch einige Hinweise zu verschiedenen Optionen.

Internetoptionen beim Internet Explorer

Über den Befehl *Internetoptionen* im Menü der Schaltfläche *Extras* öffnen Sie ein Eigenschaftenfenster (Abbildung 15.63), auf dessen Registerkarten Sie das Verhalten des Browsers beeinflussen können.

Abbildung 15.63   Registerkarte *Allgemein*

Auf der Registerkarte *Allgemein* (Abbildung 15.63) finden Sie in der Gruppe *Startseite* Elemente, um die Startseite des Browsers vorzugeben. Rufen Sie eine Internetseite vor dem Aufruf dieser Registerkarte auf, lässt sich diese mittels der Schaltfläche *Aktuelle Seite* als Startseite vereinbaren. Die Schaltfläche *Standardseite* stellt eine Microsoft-Startseite ein, und die neue Schaltfläche *Neue Registerkarte verwenden* trägt eine leere Seite »about:tabs« als Startseite ein. Die Startseite wird beim Aufruf des Internet Explorers sowie bei Anwahl der Schaltfläche *Startseite* abgerufen.

> **TIPP**　　　Sie können auch mehrere Startseiten (Zeilen durch ⏎ -Taste trennen) auf der Registerkarte *Allgemein* eintragen. Dann werden diese auf separaten Registerkarten geöffnet. Die Angabe »about:blank« bewirkt die Anzeige einer leeren Seite. Über die Optionsfelder der Gruppe *Start* können Sie zudem festlegen, ob beim Aufruf des Browsers die Registerkarten der letzten Browsersitzung oder die Startseite anzuzeigen sind.

In der Gruppe *Browserverlauf* lässt sich über die Schaltfläche *Löschen* das Dialogfeld zum Löschen des Verlaufs, festgelegter Cookies, temporärer Internetdateien, Formulardaten und gespeicherter Kennwörter aufrufen. Verwenden Sie die Schaltfläche *Einstellungen*, um in einem Dialogfeld festzulegen, wann die temporären Internetdateien im Browsercache zu aktualisieren sind und wie groß der Cache sein soll.

Über die Schaltfläche *Registerkarten* der gleichnamigen Gruppe lässt sich die Anzeige der Webseiten auf den Registerkarten beeinflussen. Die Schaltflächen der Gruppe *Darstellung* öffnen Dialogfelder zur Anpassung der Seitenanzeige.

Auf der Registerkarte *Inhalte* lassen sich die Family-Safety-Einstellungen (siehe Kapitel 22) sowie der Inhaltsratgeber aufrufen. Über beide Funktionen kann festgelegt werden, welche Webseiteninhalte (kein Sex, keine Gewaltszenen) abgerufen werden dürfen.

Über die Registerkarte *Erweitert* lässt sich eine Reihe von Einstelloptionen über Kontrollkästchen festlegen. Auf der Registerkarte *Programme* finden Sie die Option zur Aktivierung der Überwachung, ob der Internet Explorer der Standardbrowser ist. Die Registerkarte bietet weitere Schaltflächen zum Aufrufen der Add-On-Verwaltung oder zur Anpassung des Programms, das zur HTML-Quellcodebearbeitung benutzt wird.

Weitere Funktionen des Internet Explorers

Neben den auf den vorhergehenden Seiten beschriebenen Funktionen wartet der Internet Explorer mit einigen weiteren interessanten Features auf.

- **Tastaturnavigation** Über die Funktionstaste `F7` oder über den Befehl *Datei/Tastaturnavigation* der Menüschaltfläche *Extras* lässt sich die Funktion der Tastaturnavigation ein- oder ausschalten. Bei eingeschalteter Tastaturnavigation kann mittels der Cursortasten (`←`, `→` etc.) innerhalb der Webseite zwischen Hyperlinks und Inhalten navigiert werden. Dies verbessert den barrierefreien Zugang zu Internetangeboten.

- **Entwicklertools** Über die Funktionstaste `F12` bzw. den Befehl *F12 Entwicklertools* der Menüschaltfläche *Extras* lässt sich im Internet Explorer ein zusätzliches Programmfenster öffnen. Entwickler von Webseiten können in diesem Fenster den HTML-Quellcode, die zur Darstellung verwendeten CSS-Definitionen sowie Skripts einsehen oder die Funktion des Profilers starten. Zudem bietet das Fenster in einer Menüleiste weitere Funktionen, um HTML-Code oder CSS-Vorgaben zu überprüfen, Skripts zu debuggen und vieles mehr.

Im Kontextmenü finden Sie zudem Befehle, um über den Internet Explorer direkt auf die Microsoft Live-Dienste zuzugreifen. Sie können z.B. Texte im Browser markieren und dann mit dem Dienst Bing übersetzen lassen, mit Windows Live Mail E-Mails verfassen oder über *Suche mit Bing* in der Suchmaschine nach dem Begriff suchen lassen.

Kapitel 16

E-Mails und Kontakte verwalten

In diesem Kapitel:

Die Mail-App einrichten

Die in Windows enthaltene Mail-App ermöglicht den Zugriff auf E-Mail-Postfächer (Exchange, Hotmail, Google-Mail etc.). Nachfolgend werden die Einrichtung der E-Mail-Konten und der Umgang mit der App erläutert.

Welche E-Mail-Anbieter unterstützt die Mail-App?

Die Mail-App kann auf die Postfächer verschiedener E-Mail-Anbieter zugreifen. Der Austausch von Nachrichten funktioniert jedoch nur, wenn der E-Mail-Server des betreffenden Anbieters folgende Übertragungsprotokolle unterstützt:

- **Exchange ActiveSync (EAS)**   Über dieses Protokoll können Postfächer auf Microsoft Exchange-Servern, bei Hotmail, bei Outlook.com und bei Google Mail verwaltet werden

- **IMAP**   Bei E-Mail-Servern, die das Internet Message Access-Protokoll (IMAP) unterstützen, kann die Mail-App auf die Ordner eines E-Mail-Postfachs zugreifen und die dort vorhandenen Inhalte anzeigen

- **SMTP**   Sofern ein E-Mail-Server dieses Protokoll (Simple Mail Transfer-Protokoll) unterstützt, kann die Mail-App über den Postausgangsserver neue Nachrichten versenden

Exchange ActiveSync und IMAP ist gemeinsam, dass die E-Mails auf dem Server verbleiben, bis diese explizit von Ihnen gelöscht werden. Die Mail-App holt während einer Sitzung lediglich die Inhalte der betreffenden Postfachordner über das Internet ab und zeigt die neuesten Nachrichten bei Bedarf an.

HINWEIS   Anbieter wie Microsoft Hotmail oder Google Mail lassen sich problemlos in der Mail-App einrichten. Bei anderen Postfachanbietern informieren Sie sich, welche Protokolle unterstützt werden. Die erforderlichen Daten wie die IMAP- und SMTP-Adressen erfahren Sie vom betreffenden Anbieter. Bei 1&1 ist eine IMAP-Unterstützung generell, bei Web.de nur bei kostenpflichtigen Web.de-Club-Postfächern möglich.

POP3-Server, wie sie von vielen Anbietern verwendet werden, können dagegen in der Mail-App nicht konfiguriert werden. Stellt der Anbieter eines E-Mail-Postfachs nur einen Mail-Abruf per POP3 bereit, verwenden Sie einen Windows-Client wie Windows Live Mail aus den Windows Essentials 2012 oder Microsoft Outlook oder das Programm Thunderbird. Viele E-Mail-Postfächer unterstützen zudem Web-Mail, sodass der Zugriff auf das Postfach über einen Browser möglich ist. Weiterhin besteht die Möglichkeit, solche Postfächer auf ein Hotmail-Konto umzuleiten und dieses per Mail-App abzufragen.

Die Mail-App aufrufen

Zum Aufrufen der App reicht die Anwahl der Kachel *Mail* auf der Startseite (Abbildung 16.1). Die Darstellung der Kachel hängt davon ab, ob die Mail-App eingerichtet wurde oder nicht.

Abbildung 16.1 Kachel der Mail-App auf der Startseite

Bei einem konfigurierten Mail-Konto zeigt die App auf der Kachel die neuesten Nachrichten sowie die Zahl der neu eingetroffenen Mails (Abbildung 16.1, rechte Kachel). Zum Arbeiten mit der App muss mindestens ein E-Mail-Konto mit den zugehörigen Zugangsdaten eingerichtet sein. Zudem erfordert die App die einmalige Anmeldung an einem Microsoft-Konto, über das der Zugriff auf weitere E-Mail-Konten verwaltet wird.

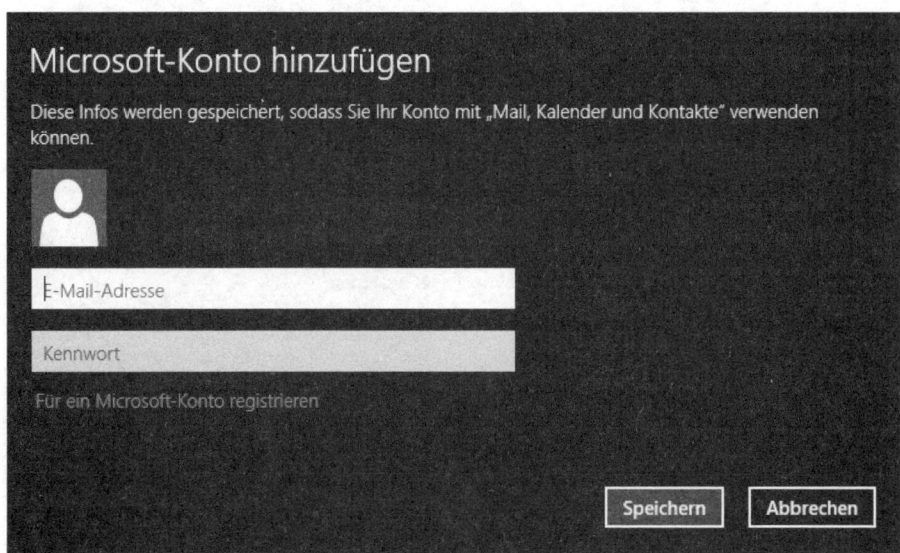

Abbildung 16.2 Anmeldung beim Microsoft-Konto

Besteht keine solche Verbindung, erscheint beim Aufruf der Mail-App das Anmeldeformular für ein Microsoft-Konto (Abbildung 16.2). Tragen Sie die Anmeldedaten eines bestehenden Microsoft-Kontos (Live-ID-Konto) ein oder registrieren Sie sich für ein solches Konto neu.

HINWEIS Sofern Sie bereits unter einem Microsoft-Konto angemeldet sind, wird dieses zur Verwaltung der Mail-Konten verwendet. Das Anmeldeformular für das Microsoft-Konto aus Abbildung 16.2 erscheint dann nicht. Sind Sie unter einem lokalen Benutzerkonto angemeldet, wird beim Aufruf der Mail-App einmalig ein Formular eingeblendet, welches den Wechsel zu einem Microsoft-Konto anbietet. Es reicht, das aktuelle Kennwort des Benutzerkontos im Kennwortfeld einzutragen. Dann werden Sie durch die Schritte zum Umstufen des lokalen Kontos zu einem Microsoft-Konto geführt. Sofern Sie dies nicht möchten (ich arbeite z.B. weitgehend mit einem lokalen Benutzerkonto), wählen Sie am unteren Rand des angezeigten Formulars den Hyperlink *Stattdessen bei jeder App separat anmelden (nicht empfohlen)*. Dann erscheint das Anmeldeformular aus Abbildung 16.2.

E-Mail-Konten in der Mail-App einrichten

Zum Zugriff auf E-Mail-Postfächer ist das einmalige Einrichten der jeweiligen E-Mail-Konten erforderlich:

1. Blenden Sie bei geöffneter Mail-App die Charms-Leiste am rechten Bildschirmrand ein (z.B. [⊞]+[C] drücken, per Maus in die rechte untere Ecke des Bildschirms zeigen oder per Finger vom rechten Bildschirmrand nach links wischen).

2. Klicken Sie auf *Einstellungen* (Abbildung 16.3, rechts). In der nun eingeblendeten Seitenleiste *Einstellungen* wählen Sie den Befehl *Konten* (Abbildung 16.3, Mitte).

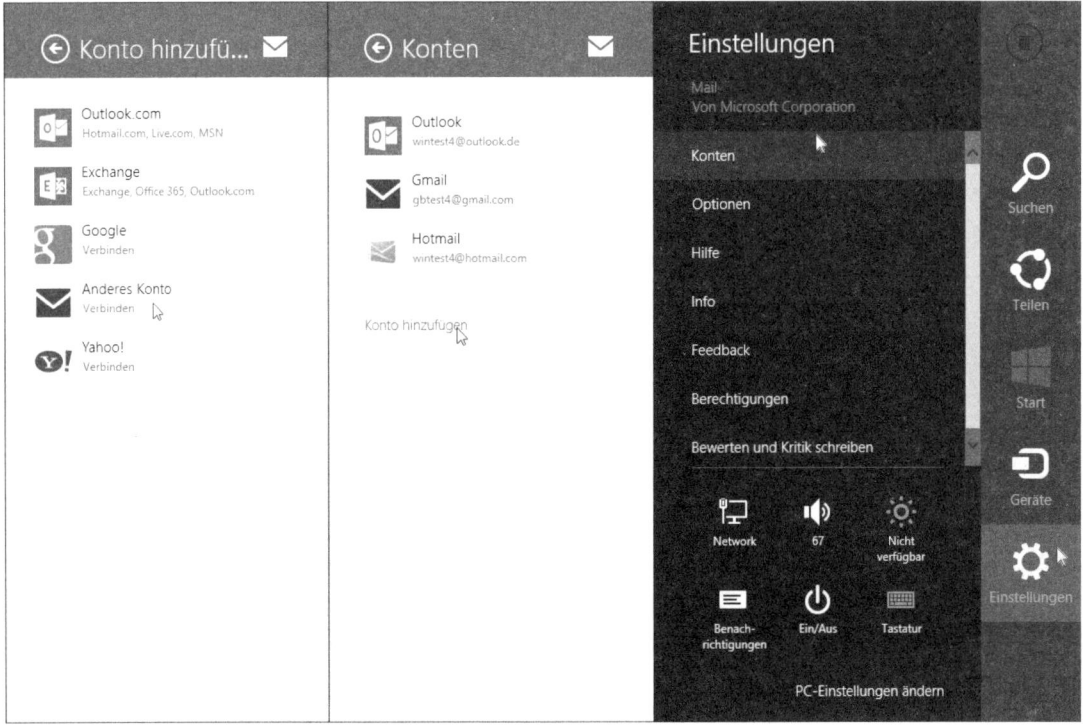

Abbildung 16.3   E-Mail-Konto zur Mail-App hinzufügen

3. Sobald die Seitenleiste *Konten* erscheint, wählen Sie den Link *Konto hinzufügen*.

4. In der Seitenleiste *Konto hinzufügen* (Abbildung 16.3, links) wählen Sie den gewünschten Anbieter *Out-look.com*, *Exchange*, *Google*, *Yahoo!* oder *Anderes Konto* aus.

5. Geben Sie die Anmeldedaten in die betreffenden Felder des angezeigten Formulars ein und klicken Sie auf die *Verbinden*-Schaltfläche.

Das angezeigte Formular zum Eingeben der Anmeldedaten hängt vom gewählten Anbieter ab. Bei den Einträgen Outlook.com, Exchange und Google hat Microsoft die Anmeldeformulare bereits auf den Anbieter abgestimmt:

- Standardmäßig werden bei solchen Konten lediglich die E-Mail-Adresse und das Kennwort für den gewählten Anbieter im Formular abgefragt (Abbildung 16.4, links). Die App ergänzt bei E-Mail-Anbietern wie Outlook.com oder Google-Mail zusätzlich benötigte Einstelloptionen.

- Ist der E-Mail-Anbieter in der Seitenleiste *Konto hinzufügen* (Abbildung 16.3, links) nicht aufgeführt, wählen Sie den Befehl *Anderes Konto*. Im eingeblendeten Fenster (Abbildung 16.4, rechts) markieren Sie eines der Optionsfelder, um das zu verwendende Protokoll (Exchange ActiveSync oder IMAP) einzustellen und wählen anschließend die *Verbinden*-Schaltfläche. Anschließend sind die Anmeldedaten im Formular einzutragen.

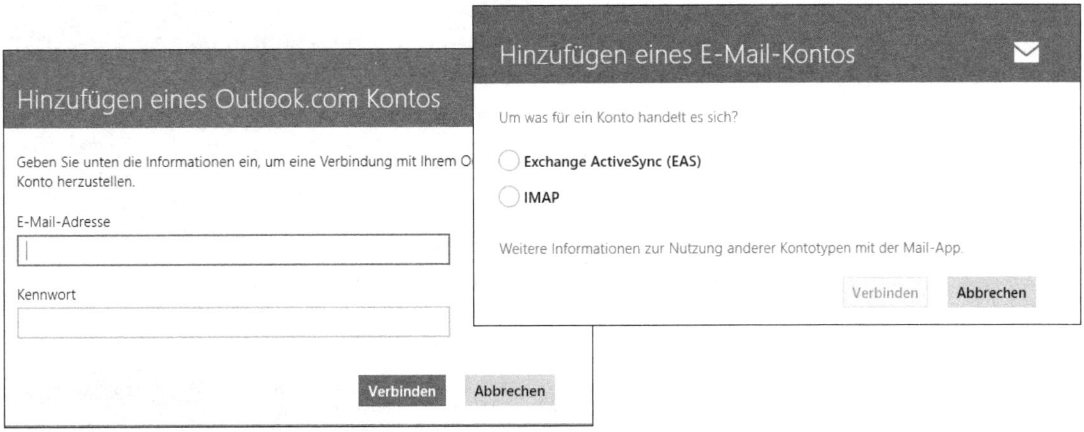

Hinzufügen eines Outlook.com Kontos

Geben Sie unten die Informationen ein, um eine Verbindung mit Ihrem O
Konto herzustellen.

E-Mail-Adresse

Kennwort

Verbinden   Abbrechen

Hinzufügen eines E-Mail-Kontos   ✉

Um was für ein Konto handelt es sich?

◯ **Exchange ActiveSync (EAS)**

◯ **IMAP**

Weitere Informationen zur Nutzung anderer Kontotypen mit der Mail-App.

Verbinden   **Abbrechen**

Abbildung 16.4 Kontenanmeldedaten konfigurieren

■ Bei manchen Kontentypen (z.B. Exchange) befindet sich am unteren Formularrand der Hyperlink *Mehr Details anzeigen* (Abbildung 16.5, links), mit dem sich zusätzliche Felder zur Kontenanmeldung einblenden lassen (Abbildung 16.5, rechts). Tragen Sie dann die Zugangsdaten Ihres E-Mail-Anbieters in die Felder des eingeblendeten Formulars ein, falls die Anmeldung am E-Mail-Konto mittels Benutzername und Kennwort scheitert.

Neben der E-Mail-Adresse des betreffenden Kontos werden im erweiterten Formular der Benutzername und das Kennwort zur Authentifizierung abgefragt. Im unteren Teil des Formulars finden Sie zudem die Felder, in denen die Adressen der SMTP- und IMAP-Server einzutragen sind.

Die benötigten Daten erfragen Sie beim Anbieter Ihres Postfachs bzw. schlagen diese auf dessen Webseiten nach. Nachfolgend finden Sie die Daten einiger E-Mail-Anbieter.

Anbieter	IMAP (Posteingang)	SMTP (Postausgang)
1&1	imap.1und1.de TLS: Port 143 SSL: Port 993	smtp.1und1.de Port 25
Web.de	imap.web.de Port 993	smtp.web.de Port 587
T-Online	imapmail.t-online.de Port 143 secureimap.t-online.de SSL: Port 993	smtpmail.t-online.de Port 587 oder 25 securesmtp.t-online.de SSL: Port 587 oder 25

Tabelle 16.1 IMAP- und SMTP-Adressen

HINWEIS   SSL ist ein abgesichertes Transportprotokoll für Daten im Web. TLS ist die nachfolgende Bezeichnung für höhere SSL-Versionen (siehe *http://de.wikipedia.org/wiki/Transport_Layer_Security* [Ms240-K16-01]. Bei Verbindungsproblemen sollten Sie versuchsweise den SSL-Port und im nächsten Durchgang den TLS-Port im Feld *Port* des Mail-Formulars eingeben.

Ob der Posteingangs- bzw. Postausgangsserver eine SSL-Verschlüsselung unterstützt, müssen Sie beim Anbieter Ihres Postfachs erfragen.

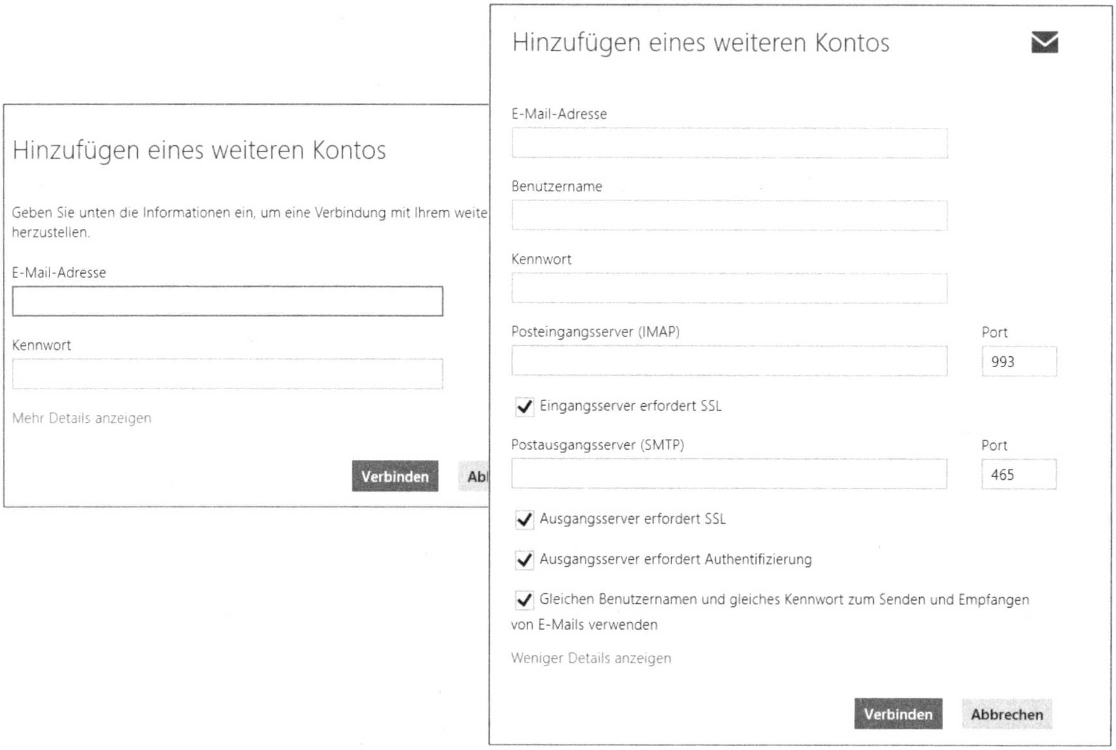

Abbildung 16.5 E-Mail-Konto zur Mail-App hinzufügen

Sind die Anmeldedaten korrekt, fügt die Mail-App diese nach Betätigung der *Verbinden*-Schaltfläche zur Konfigurierung (des zur Verwaltung benutzten Microsoft-Kontos) hinzu und beginnt mit der Synchronisation des betreffenden Postfachs. Dabei werden die Kopfzeilen der Nachrichten, nicht aber die Nachrichtentexte und Anhänge heruntergeladen und von der App bei Anwahl des Kontos angezeigt.

ACHTUNG Verzichten Sie bei Windows-Live-ID-Benutzerkonten auf Sonderzeichen wie Umlaute im Benutzernamen bzw. im Kennwort, da es andernfalls Probleme bei der Anmeldung geben kann. Gibt es Anmeldeprobleme mit Google-Konten, geben Sie *@googlemail.com* statt *@gmail.com* in der E-Mail-Adresse an.

Bei Google-Mail erschien zudem bei meinen Tests ein zweites Anmeldeformular, in dem ich mich nochmals mittels E-Mail-Adresse und Kennwort beim betreffenden Google-Dienst anmelden musste. In diesem Schritt wird bestätigt, dass man auch die Google-Kontakte verwaltet. Hier hat Microsoft die Abläufe in Windows 8.1 gegenüber der Mail-App aus Windows 8 etwas verändert.

Anpassen der Konteneinstellungen

Soll der Name des angezeigten Postfachs in der Mail-App umbenannt werden? Zeigt die Mail-App weniger E-Mails im Posteingang als mit anderen Programmen? Möchten Sie die Signatur, die durch die Mail-App unter jede ausgehende Nachricht eingefügt wird, anpassen? Soll der Zeitraum des Mailabrufs geändert werden? Diese Einstellungen lassen sich für jedes in der Mail-App konfigurierte E-Mail-Konto individuell anpassen.

Abbildung 16.6 Kontendaten anpassen

1. Blenden Sie die Charms-Leiste am rechten Seitenrand ein und wählen Sie *Einstellungen*.

2. In der Seitenleiste *Einstellungen* wählen Sie den Eintrag *Konten* (siehe Abbildung 16.3) und in der Seitenleiste *Konten* (Abbildung 16.6, rechts) den Eintrag des gewünschten E-Mail-Kontos.

3. Anschließend passen Sie in der Seitenleiste des Kontos (Abbildung 16.6, links) die gewünschten Einstellungen an.

Standardmäßig sind die in Abbildung 16.6, links, gezeigten Felder sichtbar, und Sie können die Daten kontrollieren:

■ Sofern E-Mails in der Anzeige des Posteingangs fehlen, prüfen Sie, ob der Wert des Listenfelds *E-Mail herunterladen* auf »Immer« gesetzt ist – standardmäßig erfolgt die Synchronisierung des Postfachs nur für die letzten zwei Wochen

■ Lässt der E-Mail-Anbieter nur den Abruf von E-Mails alle 15 Minuten zu oder möchten Sie den Datenverkehr begrenzen, passen Sie den Wert des Felds *Neue E-Mail herunterladen* entsprechend an

■ Ob eine Signatur unter jede ausgehende Mail eingefügt wird, lässt sich über den Schiebeschalter *E-Mail-Signatur verwenden* steuern. Den Text der Signatur passen Sie über das zugehörige Textfeld an.

■ In der Seitenleiste befindet sich zudem das Listenfeld *E-Mail-Benachrichtigungen anzeigen*. Stellen Sie die Option auf »Nie«, wenn neue Mails nicht zu Benachrichtigungen führen sollen.

Um ein Mail-Konto zu löschen, blättern Sie in dessen Seitenleiste (Abbildung 16.6, links) per Bildlaufleiste zum unteren Rand. Dort finden Sie die Schaltfläche *Konto entfernen*. Beim Microsoft-Konto, das zur Verwaltung der Kontenzugriffe verwendet wird, ist die Schaltfläche mit *Konten entfernen* benannt. Diese Schaltfläche löst die Verknüpfung mit dem Microsoft-Konto und damit auch den Zugriff auf alle konfigurierten E-Mail-Konten.

ACHTUNG   Sind Sie an einem Microsoft-Konto angemeldet, wird die Schaltfläche *Konto entfernen* abgeblendet (das Konto wird ja als Anmeldekonto bei Windows verwendet). Dann gibt es den zusätzlichen Hinweis, dass man zu *Einstellungen/PC-Einstellungen ändern* wechseln soll, um dieses Konto zu ändern oder zu entfernen.

Optionen/Berechtigungen der Mail-App anpassen

Apps können auf dem Sperrbildschirm Benachrichtigungen anzeigen. Die Mail-App kann beispielsweise Benachrichtigungen über eintreffende E-Mails auf der Kachel der Startseite sowie auf dem Sperrbildschirm einblenden. Zudem lassen sich weitere Optionen für die Mail-App setzen. Die Einstellungen lassen sich in den Seitenleisten *Berechtigungen* und *Optionen* anpassen (Abbildung 16.7):

1. Blenden Sie bei angezeigter Mail-App-Seite die Charms-Leiste am rechten Seitenrand ein (z.B. ⊞+Ⓒ drücken) und wählen Sie *Einstellungen*.

2. In der Seitenleiste *Einstellungen* wählen Sie den Befehl *Berechtigungen* bzw. *Optionen* (Abbildung 16.7, rechts) an.

3. Anschließend passen Sie in der Seitenleiste *Berechtigungen* (Abbildung 16.7, links) oder in der Seitenleiste *Optionen* (Abbildung 16.7, Mitte) die gewünschten Einstellungen an.

Schalten Sie in der Seitenleiste *Berechtigungen* (Abbildung 16.7, links) die Optionen für die Benachrichtigung auf der Kachel sowie für Statusinformationen auf dem Sperrbildschirm durch Anwählen ein oder aus. In der Seitenleiste *Optionen* legen Sie z.B. die Schriftart für Nachrichten oder die Farbe fest und wählen, ob die Nachrichtenliste beispielsweise zu gruppieren ist. Die Seitenleiste verschwindet, sobald Sie eine andere Stelle des Mail-App-Fensters anklicken oder antippen.

Abbildung 16.7 Berechtigungen und Optionen der Mail-App anpassen

Arbeiten mit der Mail-App

Sobald E-Mail-Konten in der Mail-App eingerichtet sind, können Sie die Postfächer einsehen, auf E-Mails zugreifen, Nachrichten beantworten und auch selbst E-Mails schreiben. Gegenüber der Mail-App aus Windows 8 hat Microsoft die Funktionalität in Windows 8.1 etwas überarbeitet. Nachfolgend werden die Funktionen vorgestellt.

Die Mail-App im Überblick

Ist die Mail-App mit einem Microsoft-Konto verbunden, kann die App zum Zugriff auf die konfigurierten Postfächer verwendet werden. Nach dem Start der Mail-App erscheint die App-Seite mit der Kontenübersicht, dem Inhalt des angewählten Ordners und der gewählten Nachricht (Abbildung 16.8):

- In der linken Spalte werden die konfigurierten Benutzerkonten im unteren Bereich aufgelistet (hier Outlook und Google-Mail). Im oberen Bereich der linken Spalte finden sich die Symbole zum Zugriff auf den Posteingang, die Favoriten etc. (Abbildung 16.9).

- Nach Anwahl eines Kontos und des Posteingangs blendet die Mail-App den Inhalt des Posteingangs in der Nachrichtenliste ein. Über das Menüelement »Alle« in der Kopfzeile der Nachrichtenliste öffnen Sie ein Menü, über dessen Befehle Sie die Anzeige der Nachrichtenliste zwischen gelesenen E-Mails und allen E-Mails umschalten können.

- Markieren Sie eine Nachricht in der Nachrichtenliste, wird diese in der rechten Spalte eingeblendet. Auf diese Weise lassen sich als eingetroffene E-Mails sehr einfach lesen.

- Wählen Sie eines der anderen Symbole in der linken Spalte an, zeigt die Mail-App den betreffenden Inhalt in den rechten Spalten an.

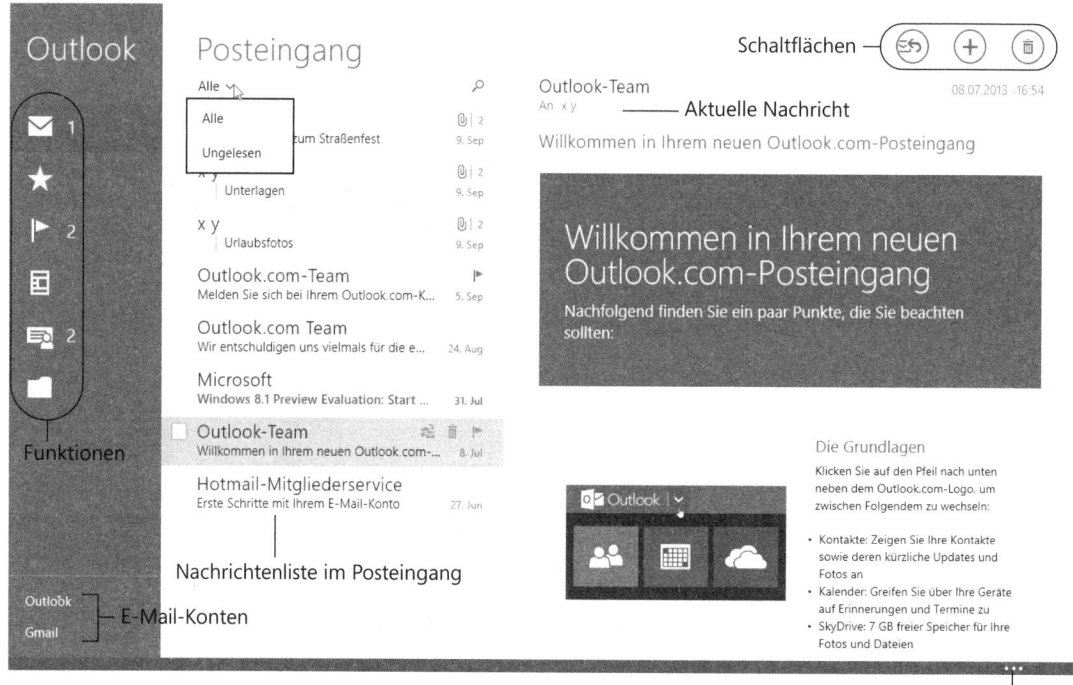

Abbildung 16.8   Fenster der Mail-App mit Postfächern und Mails

- Über das in der linken Spalte (Abbildung 16.8) gezeigte Symbol *Ordner* werden die Ordner des Postfachs temporär eingeblendet (Abbildung 16.9).

Die Mail-App bildet die Ordnerstruktur des Mail-Servers für das Postfach ab. Es tauchen also die Ordner auf, die der Mailanbieter auf seinem Server verwaltet. Die Anbieter von E-Mail-Postfächern filtern eintreffende Mails und sortieren Spamnachrichten (unerwünschte Werbemails) in den Ordner *Junk-E-Mail* ein. Dies verhindert, dass Ihr Posteingang mit Werbung oder Ähnlichem überflutet wird. Wählen Sie von Zeit zu Zeit den Ordner *Junk-E-Mail* in der linken Spalte der Mail-App an und löschen Sie diese unerwünschten Werbenachrichten.

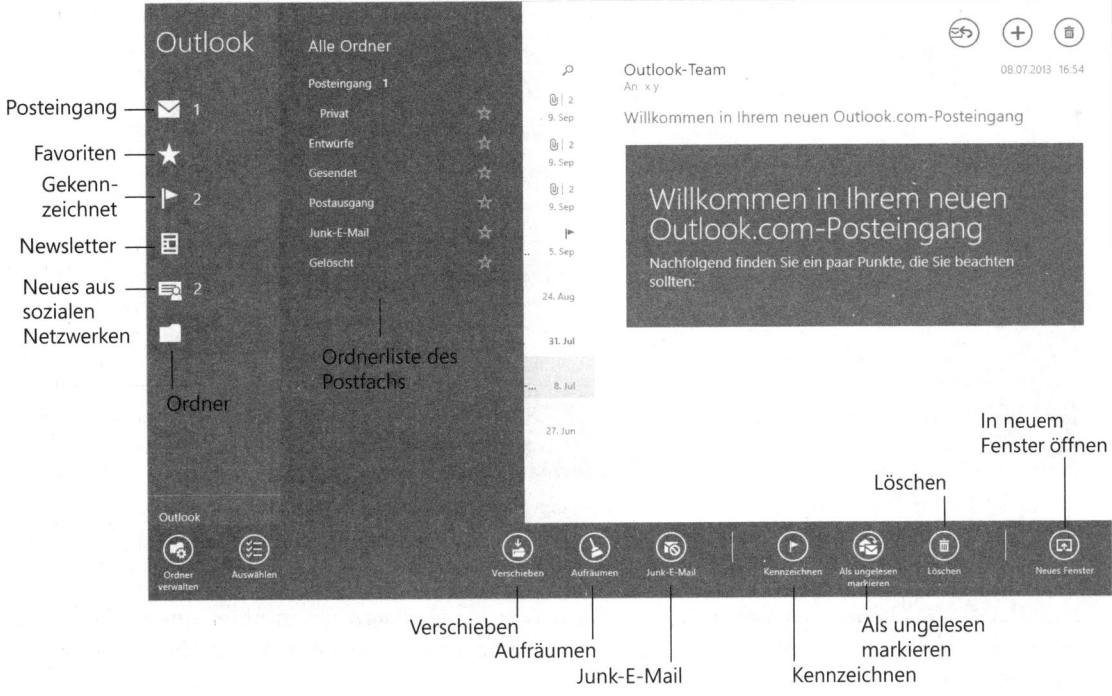

Abbildung 16.9   Bedeutung der Symbole in der linken Spalte

TIPP   In der Mail-App finden Sie standardmäßig eine dünne Fußzeile am unteren Rand, die drei Pünktchen aufweist (Abbildung 16.8). Klicken oder tippen Sie auf diese drei Pünktchen, blendet Windows die App-Leiste ein.

Und hier noch eine Zusammenfassung hilfreicher Informationen und Arbeitstechniken:

- Über die in der oberen rechten Ecke des App-Fensters (oder in der App-Leiste) angebrachte Schaltfläche *Löschen* (Symbol des Mülleimers) wird die aktuell angezeigte Nachricht ohne weitere Nachfragen entfernt

- Neu eintreffende Nachrichten werden mit einer fetten Betreffzeile in der Nachrichtenliste angezeigt. Wählen Sie die Nachricht in der Spalte des Posteingangs an, hebt die Mail-App die Fettschrift nach einigen Sekunden auf. Dies kennzeichnet gelesene Mails.

- Blenden Sie die App-Leiste am unteren Seitenrand ein, lässt sich die Schaltfläche *Als ungelesen markieren* wählen. Die Nachrichtenzeile wird in der linken Spalte wieder als ungelesen (also in fetter Schrift) angezeigt.

- Über die Schaltfläche *Kennzeichnen* können Sie ein Fähnchen in der Nachrichtenliste ein- (Abbildung 16.10) und auch wieder ausblenden, um so zu verfolgende Nachrichten zu kennzeichnen

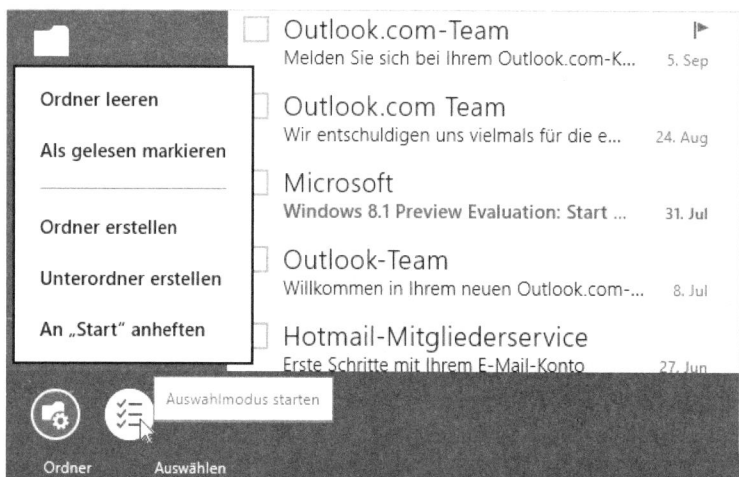

Abbildung 16.10   Ordner verwalten und Auswahlmodus verwenden

- Die Schaltfläche *Auswahlmodus starten* der App-Leiste blendet Kontrollkästchen zur Auswahl der Nachrichten in der Nachrichtenliste ein. Diese Elemente lassen sich anschließend über die mit *Auswahlmodus beenden* beschrifteten Schaltfläche wieder ausblenden.

- Die Schaltfläche *Ordner verwalten* ganz links in der App-Leiste blendet das in Abbildung 16.10 gezeigte Menü ein. Über dessen Befehle lassen sich alle Nachrichten des gewählten Ordners löschen oder als gelesen markieren.

- Weiterhin lassen sich (für die gängigen E-Mail-Anbieter) im Menü der Schaltfläche *Ordner verwalten* über zusätzliche Befehle Ordner und Unterordner erstellen. Diese werden dann auf dem IMAP-Server des Mail-Anbieters angelegt.

Werden in der linken Spalte Zahlen neben einzelnen Symbolen eingeblendet? Diese geben die Anzahl der ungelesenen Mails in der betreffenden Kategorie (z.B. Posteingang) an.

Ein Postfach an die Startseite anheften

Sind mehrere E-Mail-Konten in der Mail-App eingerichtet und möchten Sie einen schnellen Zugriff auf spezielle Postfächer haben? Dann bietet es sich an, das Postfach als Kachel auf der Startseite einzufügen. Anschließend genügt die Anwahl dieser Kachel, um das zugehörige Postfach direkt in der Mail-App zu öffnen. Zum Einrichten der Kachel gehen Sie in folgenden Schritten vor:

1. Wählen Sie das Postfach und ggf. den Posteingang in der linken Spalte des Mail-App-Fensters an.
2. Blenden Sie die App-Leiste am unteren Rand des App-Fensters ein und wählen Sie die Schaltfläche *Ordner verwalten*.
3. Wählen Sie im angezeigten Menü den Befehl *An "Start" anheften* (Abbildung 16.11, links).
4. Korrigieren Sie ggf. den im eingeblendeten Fenster (Abbildung 16.11, rechts) sichtbaren Titeltext für die neue Kachel und bestätigen Sie die Schaltfläche *An "Start" anheften*.

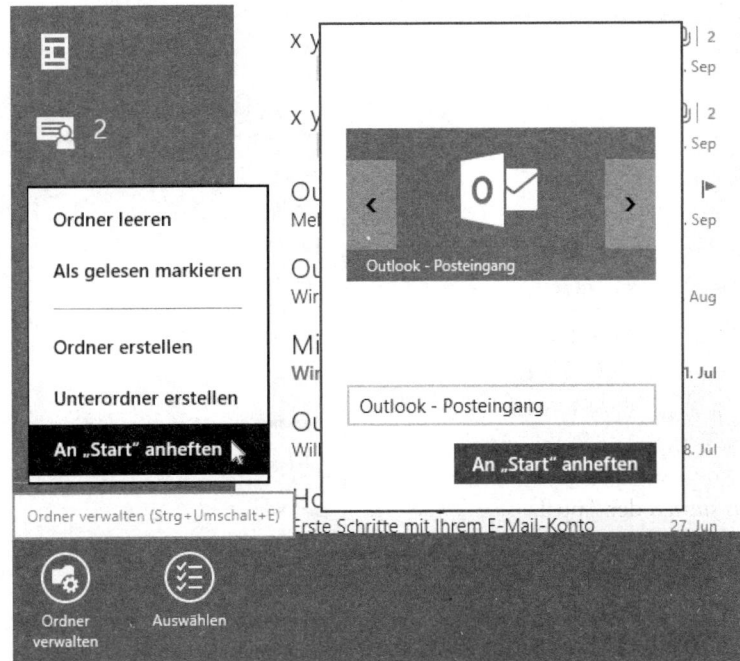

Abbildung 16.11 Postfach an Start-seite anheften

Anschließend sollte ein Symbol zum Aufruf des Postfachs auf der Startseite zu finden sein. Bei einem an die Startseite angehefteten Postfach wird die Schaltfläche mit *Von "Start" lösen* bezeichnet und ermöglicht das Entfernen der Kachel.

Nachrichten verschieben

Nachrichten werden auf dem E-Mail-Server in die im vorherigen Abschnitt beschriebenen Postfachordner wie Posteingang, Postausgang, Entwürfe, gesendete Elemente, eventuell gelöschte Elemente und Junk-E-Mail einsortiert. Landen Mails unbegründet im Ordner *Junk-E-Mail* oder finden Sie Spamnachrichten im Post-eingang? Diese fehlsortierten Mails können Sie verschieben:

1. Markieren Sie die zu verschiebende Nachricht im Fenster der Mail-App (Abbildung 16.12), sodass der Nachrichteninhalt im rechten Teil des Fensters erscheint.
2. Blenden Sie die App-Leiste am unteren Rand des App-Fensters ein und wählen Sie die Schaltfläche *Ver-schieben* (Abbildung 16.12) oder drücken Sie die Tastenkombination Strg + M .
3. Sobald die Mail-App die Liste der Postfachordner in einem Menü anzeigt, wählen Sie den Zielordner aus.

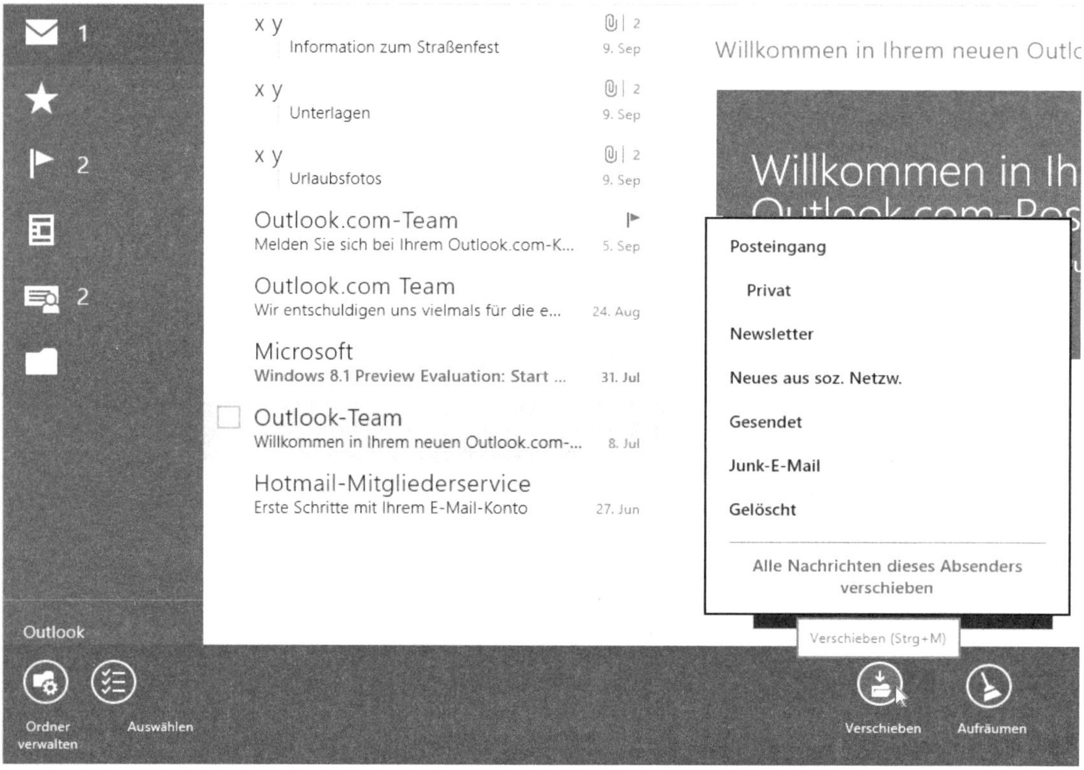

✉ 1	x y Information zum Straßenfest	📎 | 2 9. Sep	Willkommen in Ihrem neuen Outlc
★	x y Unterlagen	📎 | 2 9. Sep	
⚑ 2	x y Urlaubsfotos	📎 | 2 9. Sep	Willkommen in Ih
▤	Outlook.com-Team Melden Sie sich bei Ihrem Outlook.com-K...	⚑ 5. Sep	Outlook com Pos
▤ 2	Outlook.com Team Wir entschuldigen uns vielmals für die e...	24. Aug	Posteingang
▦	Microsoft Windows 8.1 Preview Evaluation: Start ...	31. Jul	Privat Newsletter
	☐ Outlook-Team Willkommen in Ihrem neuen Outlook.com-...	8. Jul	Neues aus soz. Netzw. Gesendet
	Hotmail-Mitgliederservice Erste Schritte mit Ihrem E-Mail-Konto	27. Jun	Junk-E-Mail Gelöscht

Alle Nachrichten dieses Absenders
verschieben

Outlook

Verschieben (Strg+M)

⚙ Ordner verwalten   ☰ Auswählen   📥 Verschieben   🕐 Aufräumen

Abbildung 16.12 Mails verschieben

Die Nachricht wird dann auf dem E-Mail-Server in diesen Ordner verschoben. Auf diese Weise können Sie sehr einfach fehlerhaft im *Junk-E-Mail*-Ordner gelandete Nachrichten in den Posteingang verschieben.

Mail-App synchronisieren

Die Mail-App tauscht die Nachrichten gemäß den eingestellten Optionen (siehe den Abschnitt »Anpassen der Konteneinstellungen« weiter vorne in diesem Kapitel) mit dem E-Mail-Server aus. Benötigen Sie einen unmittelbaren Abgleich zwischen Mail-App und dem Mail-Server, wählen Sie das gewünschte Postfach im App-Fenster an. Dann reicht es, die App-Leiste am unteren Bildschirmrand einzublenden, auf die Schaltfläche *Mehr* zu klicken und dann im Menü den Befehl *Synchronisieren* (Abbildung 16.12) zu wählen.

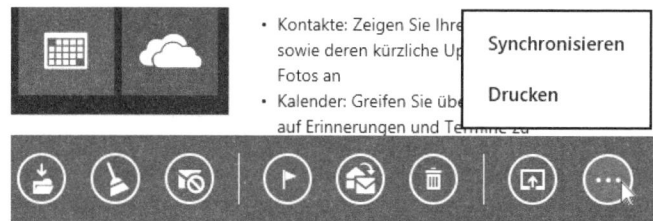

- Kontakte: Zeigen Sie Ihre
  sowie deren kürzliche U
  Fotos an
- Kalender: Greifen Sie übe
  auf Erinnerungen und Te

Synchronisieren

Drucken

Abbildung 16.13 Mails synchronisieren

Suchen nach E-Mails

Treffen in Ihrem Postfach sehr viele Nachrichten ein, geht leicht der Überblick verloren. Es ist dann sehr aufwendig, eine bestimmte E-Mail in der Liste der eingetroffenen Nachrichten des Posteingangs zu finden.

1. Stellen Sie sicher, dass der Posteingang des gewünschten E-Mail-Postfachs in der Mail-App angezeigt wird (Abbildung 16.14).

2. Tippen oder klicken Sie im Kopfbereich der Nachrichtenliste auf das Symbol der Lupe, um das *Suchen*-Feld einzublenden.

3. Tippen Sie den Suchbegriff im Suchfeld ein und bestätigen Sie mit der rechts neben dem Eingabefeld befindlichen *Suchen*-Schaltfläche (Abbildung 16.14) oder drücken Sie die ⏎-Taste.

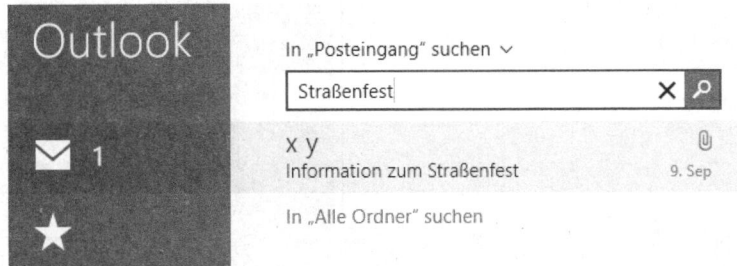

Abbildung 16.14 Suchen nach Mails

Dann werden die Treffer im Postfach in Spalte der Nachrichtenliste (Abbildung 16.14) des Mail-App-Fensters angezeigt und Sie können den Inhalt der Mails durch Anwahl der Einträge im App-Fenster abrufen.

HINWEIS   Um wieder zur Anzeige aller E-Mails zurückzukehren, löschen Sie die Filterung über das angezeigte Element *X* des Suchfelds.

E-Mails drucken

Um eine Nachricht aus der Mail-App auszudrucken, gibt es mehrere Möglichkeiten. Gehen Sie in folgenden Schritten vor:

1. Rufen Sie den Text der auszudruckenden Nachricht im Fenster der Mail-App auf (Abbildung 16.15, oben links).

2. Rufen Sie die Druckfunktion auf und wählen Sie in der eingeblendeten Seitenleiste den Drucker aus (Abbildung 16.15, rechts).

   Zum Aufrufen der Druckfunktion können Sie die App-Leiste am unteren Fensterrand einblenden, die Schaltfläche *Mehr* und dann den Befehl *Drucken* anwählen (Abbildung 16.15). Oder Sie blenden die Charms-Leiste am rechten Seitenrand ein, wählen das Symbol *Geräte* und dann den Befehl *Drucken*.

3. Passen Sie in der eingeblendeten Seitenleiste ggf. die Druckoptionen an und betätigen Sie danach die *Drucken*-Schaltfläche.

Abbildung 16.15   Mail drucken

Anschließend sollte die Mail auf dem angeschlossenen Drucker ausgegeben werden.

E-Mail-Anlagen speichern

An E-Mails lassen sich Anlagen (Fotos, Dokumente etc.) anhängen. Treffen E-Mails mit einem Anhang ein, wird dies in der Mail-App in der Spalte der Nachrichtenliste durch eine stilisierte Büroklammer (Abbildung 16.16, linke Spalte) angezeigt. Sie können diese Dateien zur weiteren Verwendung speichern oder direkt in anderen Apps oder Windows-Anwendungen laden.

1. Wählen Sie die Nachricht mit dem Anhang in der linken Spalte der Mail-App an (Abbildung 16.16, linke Spalte), um den Mail-Inhalt anzuzeigen.

2. Öffnen Sie das Kontextmenü der angehängten Datei (Abbildung 16.16, rechte Spalte) und wählen Sie einen der angezeigten Kontextmenübefehle den Befehl *Speichern* bzw. *Öffnen mit.*

   Der Befehl *Öffnen mit* ermöglicht Ihnen in einer eingeblendeten Palette die Auswahl der zum Öffnen des Anhangs zu verwendenden App oder Windows-Anwendung.

3. Haben Sie im Kontextmenü *Speichern* gewählt, navigieren Sie über die Kopfzeile *Dateien* der angezeigten App-Seite (Abbildung 16.17) zum Zielordner.

4. Ändern Sie bei Bedarf den Dateinamen und wählen Sie danach die *Speichern*-Schaltfläche.

Abbildung 16.16 Mailanlage speichern

Fotos sollten Sie im Ordner *Bilder* (oder in dessen Unterordner) ablegen. Andere Anhänge wandern ggf. in die Ordner *Dokumente*, *Musik*, *Videos* oder in den Ordner *Downloads*.

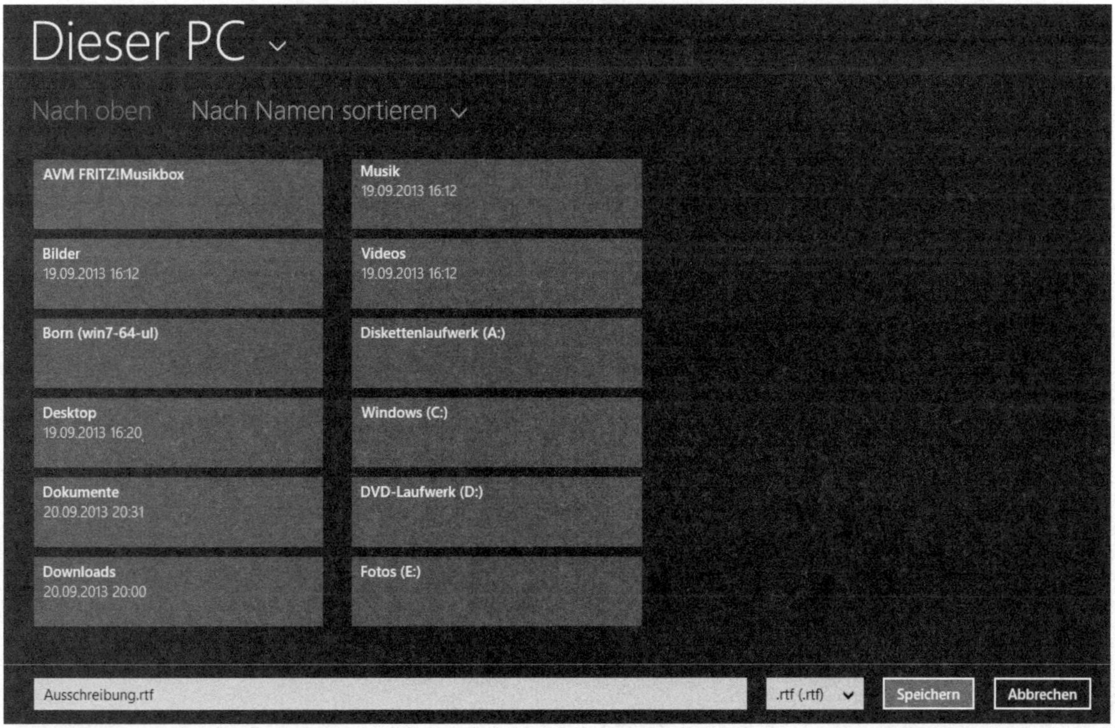

Dieser PC ∨

Nach oben   Nach Namen sortieren ∨

AVM FRITZ!Musikbox	**Musik** 19.09.2013 16:12
Bilder 19.09.2013 16:12	**Videos** 19.09.2013 16:12
Born (win7-64-ul)	**Diskettenlaufwerk (A:)**
Desktop 19.09.2013 16:20	**Windows (C:)**
Dokumente 20.09.2013 20:31	**DVD-Laufwerk (D:)**
Downloads 20.09.2013 20:00	**Fotos (E:)**

Ausschreibung.rtf

.rtf (.rtf) ∨   Speichern   Abbrechen

Abbildung 16.17   Zielordner auswählen

ACHTUNG   An Mails angehängte Dateien stellen ein Sicherheitsrisiko dar und können Schadfunktionen enthalten. Angehängte Dokumente im PDF-Format mit einem angeblichen Brief kommt eventuell mit einem trojanischen Pferd daher, welches Ihren Rechner ausspioniert. Oder es ist ein Virus in der angehängten Programmdatei enthalten, der Windows unbrauchbar macht. Stellen Sie sicher, dass die Signaturdateien von Windows Defender oder der eingesetzten Sicherheitssoftware aktuell sind, und benutzen Sie den gesunden Menschenverstand. Anhänge von unbekannten Absendern, die Ihnen das neueste Windows-Update oder einen speziellen Virenscanner versprechen, sind mit Sicherheit Fälschungen. Ähnliches gilt, falls der Anhang irgendwie nicht zum Text der Mail passt. Bedenken Sie auch, dass Systeme aus dem Bekanntenkreis von Schadsoftware befallen sein können, sodass deren Computer infizierte Mail-Anhänge übermitteln.

E-Mails beantworten und weiterleiten

Haben Sie eine Nachricht empfangen, die Sie an Dritte weiterreichen möchten? Möchten Sie auf eine Nachricht antworten?

1. Wählen Sie die betreffende Nachricht in der Spalte der Nachrichtenliste des Posteingangs an (Abbildung 16.18).

2. In der rechten Spalte des App-Fensters mit dem Nachrichtentext tippen oder klicken Sie auf die Schaltfläche *Antworten*.

3. Danach wählen Sie im eingeblendeten Menü einen der drei Befehle *Antworten*, *Allen antworten* oder *Weiterleiten*.

Welchen der drei Menübefehle Sie wählen, hängt davon ab, was geplant ist:

Abbildung 16.18   Mail beantworten oder weiterleiten

■ **Antworten**   Die Mail-App öffnet ein neues Fenster, in dem bereits die Empfängeradresse und der Betreff eingetragen sind, zum Beantworten der Nachricht. Der Vorspann »Re:« im Betreff kennzeichnet die Nachricht als Antwort. Außerdem wurde der Text der empfangenen Nachricht bereits als Zitat in der Antwort übernommen.

- **Allen antworten**   Eine elektronische Nachricht kann an mehrere Empfänger verschickt werden – die Empfänger sind dann im Feld *An* oder *Cc* eingetragen. Um allen auf dem Verteiler stehenden Empfängern eine Antwort zukommen zu lassen, wählen Sie diesen Befehl. Die Mail-App übernimmt die Empfängerliste aus *An* und *Cc* in die Antwort-Mail – alles andere bleibt wie beim Beantworten.

- **Weiterleiten**   Der Menübefehl ermöglicht Ihnen, die Nachricht an einen weiteren (oder weitere) Empfänger zu schicken. Bei Anwahl des Befehls wird die empfangene Nachricht automatisch in das neue Fenster übernommen. Die Betreffzeile enthält den alten Text, dem aber ein »Fw:« (steht für »Forward«) vorangestellt ist. Außerdem wird automatisch der alte Nachrichtentext in das Fenster des Nachrichten-Editors übernommen. Bei einer Weiterleitung ist von Ihnen die Empfängeradresse im Feld *An* zu ergänzen.

Im neuen Fenster können Sie anschließend den Antworttext zur Nachricht hinzufügen und danach versenden. Dies funktioniert wie beim Erstellen einer neuen Nachricht (siehe folgenden Abschnitt).

> **HINWEIS**   Die Mail-App übernimmt beim Beantworten oder Weiterleiten automatisch den Text der Ursprungsnachricht und hängt diesen an das Ende der neuen Mail an. Wenn eine Nachricht mehrfach zwischen Personen pendelt, wird der zitierte Teil der vorhergehenden Nachrichten immer länger. Im Hinblick auf die Netiquette sollten Sie die nicht mehr relevanten Teile der vorherigen Nachricht vor dem Versenden löschen (z.B. den Text markieren und dann die Entf-Taste drücken).

Neue E-Mails verfassen und senden

Die Schaltfläche *Neu* im Fenster der Mail-App (Abbildung 16.19, oben) ermöglicht Ihnen, eine neue E-Mail-Nachricht zu verfassen. Die App zeigt bei Anwahl der Schaltfläche das Formular zum Erstellen der neuen Nachricht (Abbildung 16.19, unten).

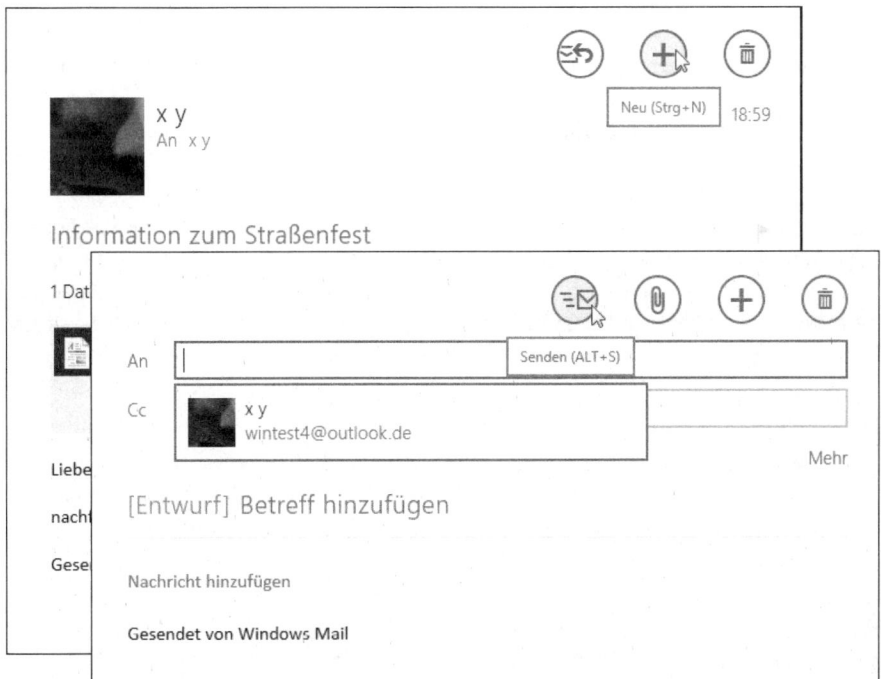

Abbildung 16.19   Neue Mail erstellen

- Tragen Sie in den Feldern *An* sowie ggf. in *Cc* die Empfängeradressen ein. Das Feld *Cc* steht für »Carbon copy« und dient quasi als Verteiler für »Durchschläge« an weitere Empfänger zur Kenntnisnahme.

- Tragen Sie im Feld *Betreff hinzufügen* einen aussagekräftigen Nachrichtentitel und im darunter befindlichen Feld *Nachricht hinzufügen* den Inhalt der Nachricht ein

HINWEIS   Über den in der Seite eingeblendeten Hyperlink *Mehr* lässt sich zu einer erweiterten Anzeige des Kopfbereichs umschalten (Abbildung 16.20). Sind mehrere E-Mail-Konten in der Mail-App eingetragen, können Sie in der Spalte des Absenderfelds das Kontenmenü öffnen und das gewünschte Absenderkonto auswählen. Im erweiterten Kopfbereich wird auch das Feld *Bcc* (steht für »Blind carbon copy«) angezeigt. Tragen Sie in dieses Feld Empfängeradressen ein, die bei der Mailzustellung nicht angezeigt werden dürfen (z.B. vertrauliche Verteiler, Kundenlisten etc.). Über das Listefeld *Priorität* geben Sie vor, ob die Nachricht beim Empfänger ggf. mit einer erhöhten oder reduzierten Priorität angezeigt werden soll. Standardmäßig ist der Wert »Normal« gewählt, sodass dem Empfänger keine Priorität signalisiert wird.

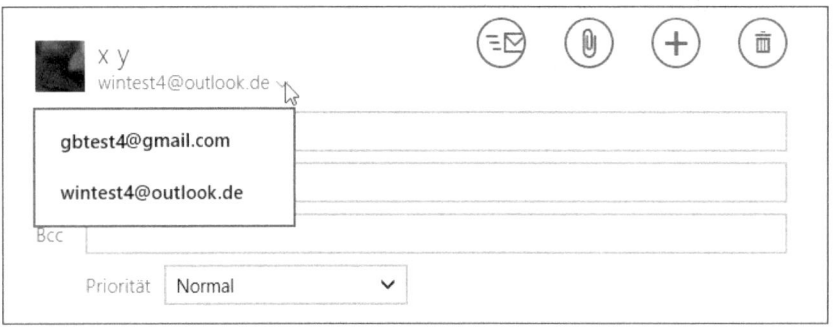

Abbildung 16.20   Erweiterter Kopfbereich einer neuen Mail mit Bcc-Feld und Prioritäten

Die fertiggestellte E-Mail verschicken Sie über die *Senden*-Schaltfläche. Falls Sie die Nachricht doch nicht versenden möchten, lässt sich die App-Leiste am unteren Bildschirmrand einblenden. Wählen Sie in der App-Leiste ganz links eingeblendete Schaltfläche *Entwurf speichern*. Die neue Mail wird dann ohne Nachfrage im Ordner *Entwürfe* abgelegt.

HINWEIS   Um auf die als Entwurf gespeicherten Nachrichten zuzugreifen, wählen Sie in der linken Spalte der Mail-App das gewünschte Konto und dann das Symbol *Ordner*. In der eingeblendeten Zusatzspalte ist der Ordner *Entwürfe* zu wählen. Jetzt taucht der Inhalt des Ordners *Entwürfe* in der Spalte der Nachrichtenliste auf und Sie können den gewünschten Entwurf anwählen. Dann wird der Nachrichtenentwurf in der rechten Spalte der Mail-App geöffnet. Die Nachricht lässt sich dann fertig stellen, über die betreffende Schaltfläche versenden sowie über die *Löschen*-Schaltfläche verwerfen.

Zum Eintragen der Empfängeradressen in die Felder des E-Mail-Formulars verwenden Sie folgende Techniken:

- Tippen Sie ggf. die Adressen direkt in die Felder *An* und *Cc* ein. Sind Kontakte (z.B. über die App *Kontakte*) bekannt, blendet die Mail-App bereits bei der Eingabe erster Zeichen in eines der Adressfelder die Liste der passenden Kontakte in einer Palette (Abbildung 16.21, links) ein. Die Trefferliste wird dann anhand der Eingaben gefiltert. Wählen Sie eine Adresse komfortabel in der Liste aus, um diese in das Adressfeld zu übernehmen.

- Klicken oder tippen Sie im Adressfeld auf die Adresse, erscheint ein Menü mit Befehlen zum Entfernen oder Bearbeiten des Eintrags (Abbildung 16.22). Die angezeigten Befehle hängen vom Ursprung der Adresse ab (Adressen aus der App *Kontakte* besitzen z.B. einen Kontextmenübefehl zum Anzeigen der Details).

- Klicken Sie auf den Hyperlink *An* und *Cc* oder *Bcc* (Abbildung 16.21, links), um zur Kontakte-App umzuschalten (Abbildung 16.21, rechts). Wählen Sie im angezeigten Fenster der Kontakte-App einen Kontakt aus und übernehmen Sie diesen dann mittels der *Hinzufügen*-Schaltfläche in das Empfängerfeld der Mail-App.

Abbildung 16.21   Empfängeradressen eintragen

Abbildung 16.22   Bearbeiten und Entfernen von Adressen

Tragen Sie bei Bedarf einen oder mehrere Empfänger in die Adressfelder ein. Nicht über die Kontakte-App verifizierte Empfänger werden farbig eingerahmt. Rot eingerahmte Einträge signalisieren einen Fehler in der E-Mail-Adresse.

HINWEIS   Tragen Sie E-Mail-Adressen manuell in die Empfängerfelder ein und achten Sie auf eine gültige Schreibweise, da die Nachricht andernfalls als unzustellbar zurückkommt. E-Mails werden in der Form *name@anbieter.xxx* geschrieben. *name* steht für den E-Mail-Namen des Empfängers. Dann kommt das als AT oder Klammeraffe bezeichnete Zeichen @. Dahinter folgt eine Art »Ortsangabe« mit der Adresse des E-Mail-Servers, auf dem das Postfach des Empfängers zu finden ist (z.B. zeigt mir *outlook.de*, dass der Betreiber die Firma Microsoft mit dem deutschen Ableger des Outlook-Diensts ist). Um das in allen E-Mail-Adressen vorkommende Zeichen @ auf einer externen Tastatur einzutippen, drücken Sie gleichzeitig die Tasten AltGr und Q.

Nachrichtentext formatieren

Die Mail-App stellt Ihnen Funktionen zum Formatieren des Nachrichtentexts (Fettschrift, Farben etc.) zur Verfügung. Markieren Sie (z.B. durch Ziehen per Maus) einen Textbereich der Nachricht, blendet die Mail-App automatisch die App-Leiste (Abbildung 16.23) am unteren Fensterrand ein.

Abbildung 16.23   App-Leiste mit Formatschaltflächen

- Wählen Sie in der App-Leiste die gewünschte Formatschaltfläche (z.B. *Fett*, *Kursiv*, *Unterstreichen*), um das Format dem markierten Text zuzuweisen. Durch erneute Anwahl der Schaltfläche wird die zugehörige Formatierung des markierten Textbereichs wieder aufgehoben.

- Über die Schaltflächen *Schriftart* und *Textfarbe* variieren Sie das Schriftbild oder weisen farbige Textauszeichnungen zu. Die Schaltfläche *Liste* öffnet ein Menü, über dessen Befehle Sie Aufzählungen und Nummerierungen für Textabsätze zuweisen können

- Die Schaltfläche *Emoticons* öffnet eine Palette, über die Sie sogenannte Smileys (stilisierte Gesichter) als Symbole im Nachrichtentext einfügen. Weiterhin können Sie über eine eigene Schaltfläche *Links* Verknüpfungen auf Webseiten in der Mail ablegen.

- Über die Schaltfläche *Mehr* wird ein Menü angezeigt, über das Sie die Formatierung des markierten Texts löschen sowie die letzten Befehle zurücknehmen oder wiederholen können

Formatierte Nachrichten werden als HTML-Mail verschickt. Bedenken Sie aber beim Einsatz solcher Formate, dass nicht jeder Empfänger der Nachricht dies wünscht. Häufig leidet zum Beispiel die Lesbarkeit des Texts, wenn dieser zu stark formatiert oder gar farbig ausgezeichnet ist. Zudem sind solche HTML-Mails größer als Textnachrichten ohne Formatierung – was zu einer längeren Übertragungszeit führt.

> **TIPP** Zeigen Sie auf eine Schaltfläche der App-Leiste, wird deren Funktionsname in einem Tooltipp angezeigt.

Nachrichten mit Anhängen verfassen

Einer E-Mail können Sie Dateien (Fotos, Textdokumente etc.) als Anhang zuordnen. Diese werden mit der Nachricht übertragen und können vom Empfänger bei Bedarf separat gespeichert werden (siehe den Abschnitt »E-Mail-Anlagen speichern«).

1. Wählen Sie in der fertig gestellten Nachricht die Schaltfläche *Anlagen* (Abbildung 16.24, oben) am oberen Rand der Mail-App an.
2. Navigieren Sie in der angezeigten Auswahlseite (Abbildung 16.24, unten) über die Kacheln sowie den Titel »Dieser PC« bzw. »Nach oben« zum Ordner mit der (den) anzuhängenden Datei(en).
3. Markieren Sie die gewünschten Elemente und bestätigen Sie über die *Anfügen*-Schaltfläche.
4. Zurück im Fenster der Mail-App wählen Sie die im Kopfbereich sichtbare Schaltfläche *Senden* (Abbildung 16.24, oben).

Abbildung 16.24 Nachricht mit Anhang verfassen

Dann werden die angehängten Dateien bei Anwahl der *Senden*-Schaltfläche mit der E-Mail zum Server übertragen. Bei sehr großen Anhängen kann es aber passieren, dass der E-Mail-Server des Empfängers diese Nachricht aufgrund ihrer Größe abweist. Stimmen Sie also vor dem Versand mit dem Empfänger ab, ob dieser die Anhänge auch haben will und empfangen kann.

> **TIPP**　　　　Große Anhänge lassen sich auf das jedem Microsoft-Konto zugeordnete SkyDrive-Laufwerk hochladen. Melden Sie sich im Browser mit ihren Microsoft-Kontendaten unter *skydrive.live.com* an. Wählen Sie dann den SkyDrive-Ordner mit der hochgeladenen Datei, lässt sich in der Kopfzeile der Befehl *Teilen* wählen (siehe in Kapitel 10 den Abschnitt »Zugriff auf SkyDrive per Browser«). Dann erhalten Sie die Möglichkeit, direkt aus SkyDrive heraus einen Link auf den SkyDrive-Ordner zu einem wählbaren Absender zu verschicken. Oder Sie lassen sich den Link anzeigen, übertragen diesen in die Windows-Zwischenablage, wechseln zur Mail-App und fügen diesen Link aus der Zwischenablage ein. Das Kopieren des markierten Links kann z.B. mittels der Tastenkombination ⌷Strg⌷ + ⌷C⌷ und das Einfügen mittels der Tastenkombination ⌷Strg⌷ + ⌷V⌷ erfolgen.

Kleiner E-Mail-Knigge

E-Mail ist ein komfortables Medium, um schnell mittels Texten mit Dritten zu kommunizieren oder Informationen zu übermitteln. Um das Ganze möglichst effizient für beide Seiten zu gestalten, sollten Sie Folgendes berücksichtigen.

- Zeit ist Geld, speziell beim Empfänger Ihrer E-Mail. Formulieren Sie die Nachrichten so, dass neben einem aussagekräftigen und verständlichen Betreff (kein »Hallo«) auch der Text vom Empfänger verstanden wird. Fassen Sie sich kurz und beschreiben Sie das Anliegen in klaren Sätzen. Kürzen Sie beim Beantworten von Nachrichten nicht relevante Teile des vorherigen Texts.

- Verwenden Sie einen sachlichem Ton in Ihren E-Mails. Eine geharnischte E-Mail ist schneller als ein Brief verschickt, kann aber unbeabsichtigte Folgen nach sich ziehen. Falls Sie sich über etwas ärgern, warten Sie mit dem Formulieren der E-Mail einige Zeit. Manches stellt sich, wenn der erste Ärger verraucht ist, doch anders dar.

- Schicken Sie niemandem eine Anlage zu, wenn Sie nicht sicher sind, dass dies erwünscht ist! Vergewissern Sie sich, dass der Empfänger Ihre Dokumentdateien auch öffnen kann. Nicht jeder verfügt über das von Ihnen zum Erstellen der Datei benutzte Programm.

- Reduzieren Sie nach Möglichkeit die Dateigröße von Anhängen. Fotos lassen sich mit einem Bildbearbeitungsprogramm ggf. in der Größe schrumpfen. Dokumente oder Programme können Sie mit einem Komprimierungsprogramm oder der Windows-Funktion »ZIP-komprimierter Ordner« in einem ZIP-Archiv speichern, wodurch sich die Dateigröße um den Faktor 10 bis 100 reduziert.

- Große Anhänge wie Videos laden Sie auf Laufwerke im Internet (z.B. SkyDrive) hoch und versenden den Link auf den Speicherort, um die Datenlast auf den E-Mail-Servern zu reduzieren. Der Empfänger hat dann die Möglichkeit, den Anhang bei Bedarf von dem Internetlaufwerk herunterzuladen.

- Geben Sie keine E-Mail-Adressen bei Gewinnspielen oder auf Webseiten ein, wenn Sie den Zweck und die Verwendung nicht kennen. Solche E-Mail-Adressen werden häufig zum Versenden von Werbemails missbraucht und Sie brauchen sich über die Zunahme von Spammails nicht zu wundern.

- Löschen Sie E-Mails von unbekannten Absendern, die ggf. noch einen Anhang mit Virenscannern, einem Windows-Update, einem BKA-Schreiben etc. angefügt haben, ungeöffnet. Die Gefahr, sich Schadprogramme einzufangen, ist einfach zu hoch.

- Vorgebliche Nachrichten Ihrer Bank oder anderer Dienstleister wie z.B. Onlineshops mit dem Hinweis, das Konto durch Eingabe Ihrer Anmeldedaten zu überprüfen, sollten Sie unbedingt ignorieren. Keine Bank wird eine Kontenverifizierung per E-Mail verlangen. Meist handelt es sich bei solchen unaufgefordert zugegangenen Mails um Phishingversuche. Betrüger leiten Sie über Links im Nachrichtentext auf gefälschte Anmeldeseiten und versuchen Ihre Zugangsdaten für Bank- oder E-Mail-Konten etc. herauszufinden. Gelingt dies, übernehmen die Betrüger Ihre Onlineidentität und treiben ggf. in Ihrem Namen Missbrauch.

Wenn Sie bei der E-Mail-Kommunikation den gesunden Menschenverstand einsetzen und aktuelle Virenschutzsoftware verwenden, sollten die Risiken überschaubar und beherrschbar bleiben.

> **HINWEIS**   Sofern Sie Nachrichten offline auf dem Rechner erstellen oder lesen möchten, benötigen Sie ein E-Mail-Programm, welches das POP3-Protokoll zum Nachrichtenabruf unterstützt. Neben Microsoft Outlook oder dem Programm Thunderbird können Sie auch auf Windows Live Mail aus den Windows Essentials 2012 zurückgreifen.

Kontakte mit der App verwalten

Neben der Mail-App wird Windows mit einer App zur Verwaltung von Kontakten ausgeliefert. Nachfolgend werden die Funktionen der App *Kontakte*, die auch Kontakte bei sozialen Netzwerken wie Facebook einbezieht, vorgestellt.

Die Kontakte-App im Überblick

Zur Verwaltung von Kontakten (Adressdaten, E-Mail-Adressen) steht in Windows 8 die Kontakte-App zur Verfügung. Es handelt sich aber um mehr als ein simples Adressbuch. Die App ist quasi eine Nachrichtenzentrale, über die sich auf alle Kontakte aus sozialen Netzwerken oder Onlinekonten zugreifen lässt. Neben Facebook-Freunden, Outlook-Kontakten etc. lassen sich auch Twitter-Nachrichten oder Statusbenachrichtigungen aus sozialen Netzwerken wie Facebook einsehen. Aufgerufen wird die App über das in Abbildung 16.25 gezeigte Symbol.

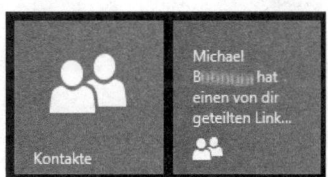

Abbildung 16.25   Kachel der Kontakte-App auf der Startseite

Je nach Konfigurierung werden auf der Kachel Kontaktinformationen eingeblendet (Abbildung 16.25, rechts), oder es erscheint die Kachel aus Abbildung 16.25, links.

- Nach dem Aufrufen erscheint die in mehrere Spalten unterteilte App-Startseite (Abbildung 16.26, oben). Über den Link *Alle Kontakte* lässt sich zur Darstellung aus Abbildung 16.26, unten, umschalten. Weiterhin finden Sie in der rechten oberen Ecke das Suchfeld, um direkt nach einem Kontakt zu suchen.

- In der rechten unteren Ecke des App-Fensters (Abbildung 16.26, unten) wird eine Auswahl der bereits konfigurierten Onlinekonten (Facebook, Windows Live, Twitter etc.) angezeigt. Wählen Sie einen dieser Einträge an, gelangen Sie direkt zur Seitenleiste *Konten* und können hier die Konten verwalten.

- In der linken Spalte (Abbildung 16.26, oben) wird Ihr Foto eingeblendet, das Sie dem zur Anmeldung verwendeten Microsoft-Konto zuweisen können. Darunter zeigt die App Benachrichtigungen aus sozialen Netzwerken, während rechts die Felder zum Zugriff auf Ihre Kontakte zu sehen sind.

- Wählen Sie den Eintrag »Ich« (Abbildung 16.26, oben) an, blendet die App über Twitter, Facebook etc. eingetroffene Nachrichten in einer Folgeseite ein (siehe den Abschnitt »Eigenes Profil und Details einsehen« weiter hinten in diesem Kapitel)

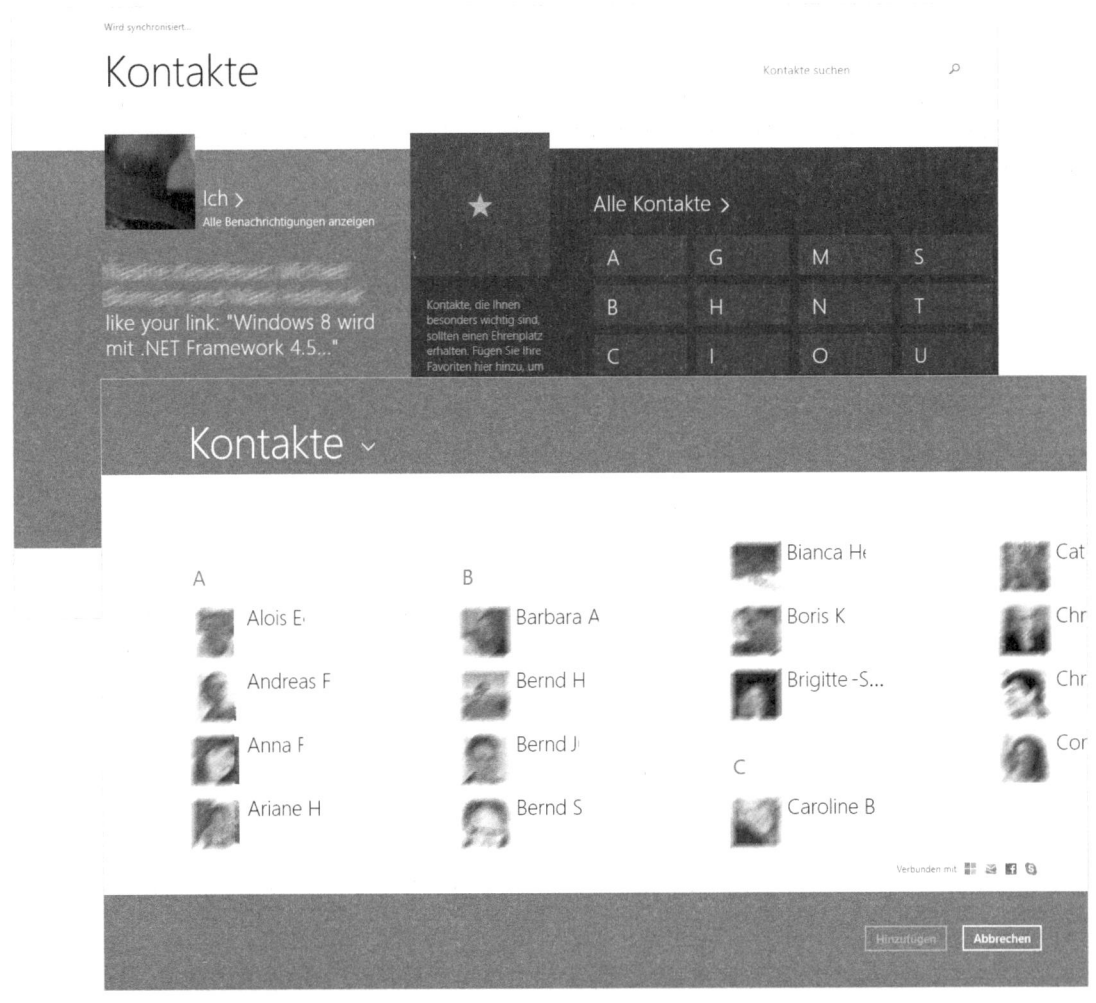

Abbildung 16.26 Seiten der Kontakte-App

Die *Zurück*-Schaltfläche in der linken oberen Ecke einer jeweils angezeigten (und angewählten) Seite bringt Sie zur Startseite der App zurück.

Konten zum Synchronisieren von Kontakten einrichten

Sie können Kontakte manuell eintragen (siehe den folgenden Abschnitt) oder aus anderen Onlinekonten übernehmen (importieren) und synchronisieren lassen. So synchronisiert sich die Kontakte-App z.B. automatisch mit dem Hotmail- oder Outlook-Adressbuch des zur Benutzeranmeldung verwendeten Microsoft-Live-ID-Kontos. Neben diesen Adressbüchern können Adressbücher anderer Onlinepräsenzen wie Facebook, Hotmail, Twitter, LinkedIn, Google und Exchange synchronisiert werden. Voraussetzung ist, dass die betreffenden Konten in den Einstellungen der Kontakte-App konfiguriert wurden.

HINWEIS Beim ersten Aufruf der App zeigt diese in der linken Spalte eine Liste mit den unterstützten Kontentypen und gibt die Möglichkeit, direkt auf die Einstellungen zuzugreifen. Diese Information lässt sich überspringen und wird bei späteren Aufrufen der App nicht mehr angezeigt. Nachfolgend beschreibe ich daher die Schritte, um Konten jederzeit festlegen oder Einstellungen anpassen zu können.

Um ein weiteres Konto in der Kontakte-App zu konfigurieren, gehen Sie in folgenden Schritten vor:

1. Blenden Sie bei geöffnetem App-Fenster die Charms-Leiste am rechten Bildschirmrand ein (z.B. mittels den Tasten ⊞+C) und wählen Sie *Einstellungen* (Abbildung 16.27, rechte Spalte).

2. Dann wählen Sie in der eingeblendeten Seitenleiste *Einstellungen* (Abbildung 16.27, Mitte) den Befehl *Konten*.

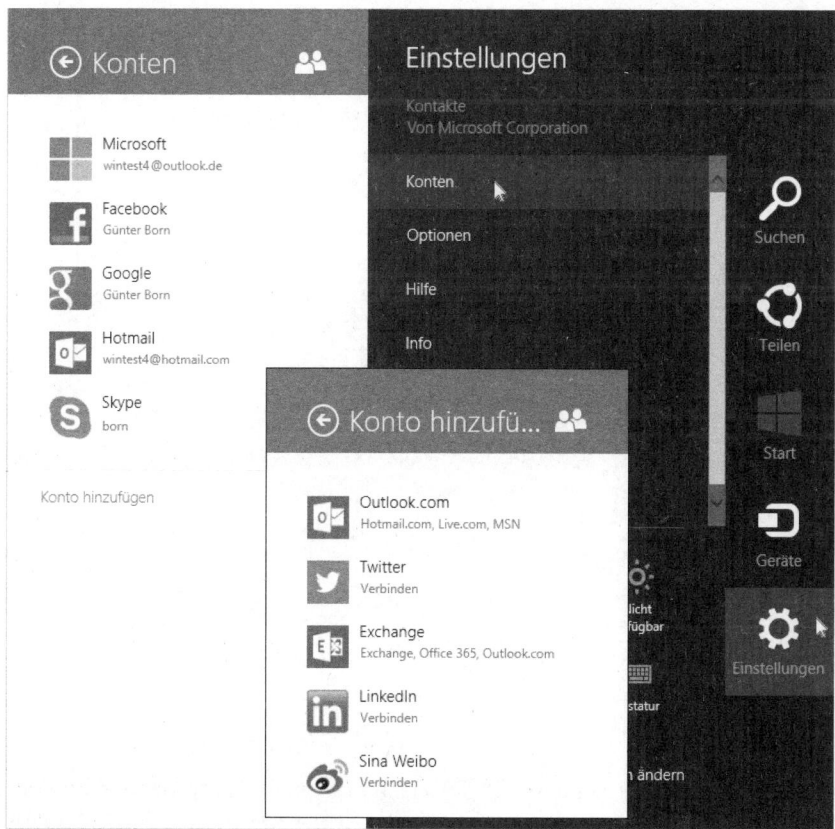

Abbildung 16.27 Konten der Kontakte-App einrichten

3. Sobald die Spalte *Konten* als Seitenleiste erscheint (Abbildung 16.27, oben links), wählen Sie den Hyperlink *Konto hinzufügen*.

4. In der Seitenleiste *Konto hinzufügen* (Abbildung 16.27, Vordergrund unten) wählen Sie das Symbol für den gewünschten Kontentyp.

5. Dann befolgen Sie die Schritte des eingeblendeten Anmeldeformulars (Abbildung 16.28) für den gewählten Webdienst und geben die Anmeldedaten des Kontos ein.

Das angezeigte Anmeldeformular (Abbildung 16.28) hängt vom gewählten Dienst bzw. vom Anbieter ab. Nachfolgend finden Sie einige Hinweise, was zu beachten ist:

- Für Hotmail-Konten fragt die App lediglich die Live-ID-Anmeldedaten (Benutzername und Kennwort) in einem eingeblendeten Fenster ab. Nach erfolgreicher Anmeldung werden die Kontakte angezeigt.

- Bei Fremddiensten wie Facebook oder Twitter erscheint ein Formular mit dem Hinweis »Was geschieht noch, wenn ich eine Verbindung herstelle?« (Abbildung 16.28, oben). Lesen Sie ggf. nach, welche Daten ausgetauscht werden. Klicken Sie anschließend – falls Sie einverstanden sind – auf die Schaltfläche *Verbinden*.

- Danach tragen Sie bei Twitter oder Facebook die betreffenden Anmeldedaten im Folgeformular ein, bestätigen Sie anschließend die Schaltfläche *Anmelden* und warten Sie, bis die Verbindung erfolgreich eingerichtet wurde

Sobald das Abschlussformular erscheint, bestätigen Sie die *Fertig*-Schaltfläche.

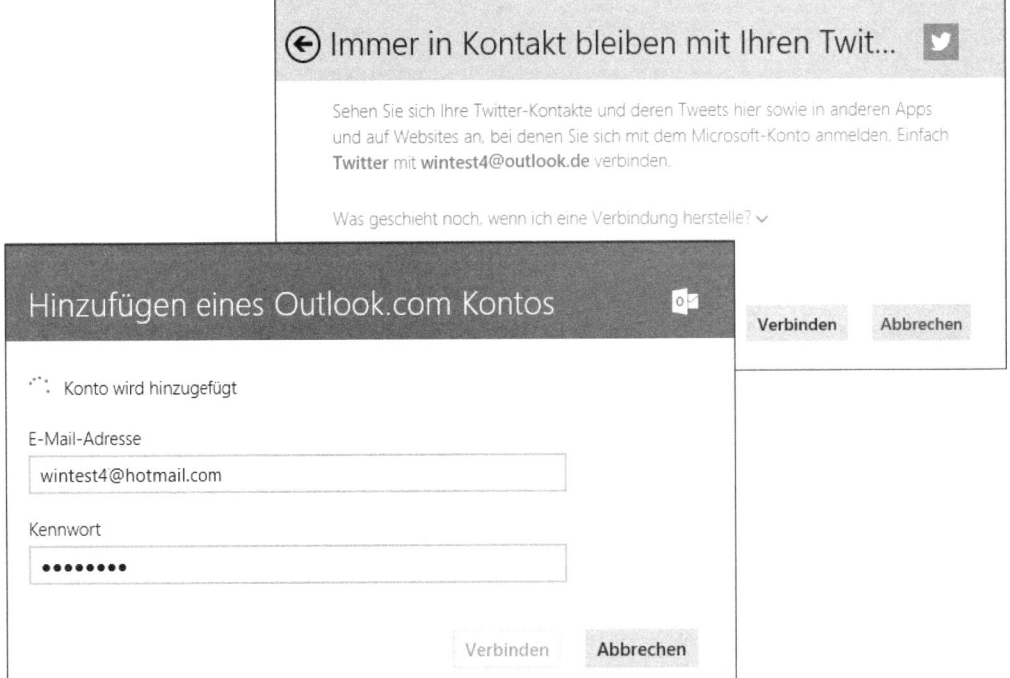

Abbildung 16.28 Anmeldeformular für Konten der Kontakte-App

Sie gelangen dann zur Kontakte-Seite zurück. Sind die Konten erfolgreich eingetragen, werden die Kontakte mit dem betreffenden Dienst synchronisiert. Anschließend erscheinen die Kontakte, Nachrichten, Tweets und Statusmeldungen der jeweiligen Dienste in der App-Seite.

Die Einstellungen eines Kontos anpassen

Wurde ein Konto erfolgreich angelegt, Sie möchten die Kontendaten aber einsehen, ändern oder den Konteneintrag löschen? Verwenden Sie die nachfolgenden Schritte:

1. Blenden Sie die Charms-Leiste am rechten Fensterrand der Kontakte-App ein, wählen Sie *Einstellungen* und in der angezeigten Seitenleiste den Befehl *Konten*.

2. Wählen Sie in der Seitenleiste *Konten* (Abbildung 16.29, oben rechts) den gewünschten Konteneintrag an, um dessen Detailseite des Kontos einzusehen.

3. Passen Sie in der Seitenleiste des Kontos (Abbildung 16.29, links und unten) die gewünschten Daten an.

Über die *Zurück*-Schaltfläche der Seitenleiste springen Sie bei Bedarf zu den Vorgängerseiten zurück. Der genaue Aufbau der Seitenleiste mit den Kontendaten (Abbildung 16.29, links und unten) hängt vom angewählten Konto ab. Für Microsoft-Konten (Live ID-Konten) gilt folgendes.

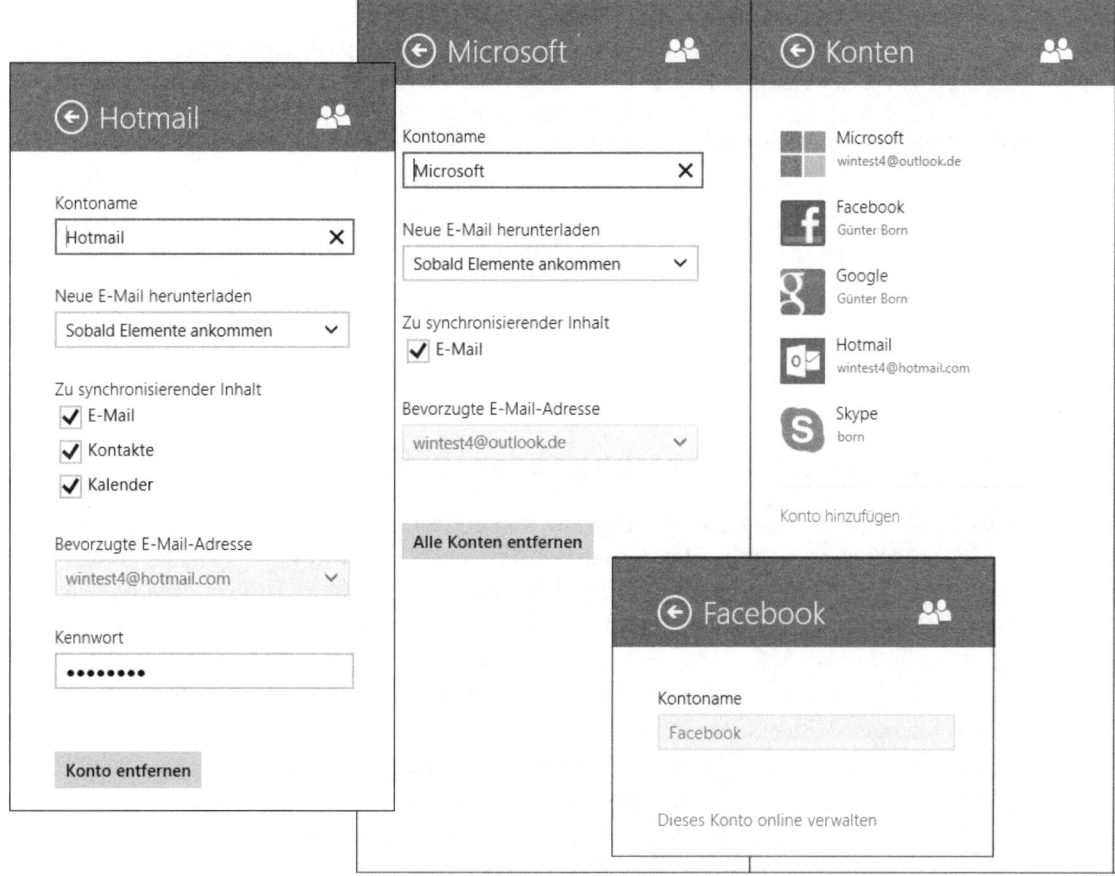

Abbildung 16.29   Seitenleisten der Kontakte-App zur Kontendatenverwaltung

- Im Feld *Kontoname* passen Sie bei Bedarf den für das Konto angezeigten Text an

- Das Listenfeld *Neue E-Mail herunterladen* ermöglicht Ihnen, den Synchronisationsmodus zwischen verschiedenen Werten (»Sobald Elemente ankommen«, »Alle 15 Minuten« etc.) auszuwählen

- Über die Kontrollkästchen der Gruppe *Zu synchronisierender Inhalt* stellen Sie ein, welche Elemente (z.B. E-Mail, Kontakte, Kalender) von der App abgerufen werden dürfen. Welche Kontrollkästchen dort angezeigt werden, hängt vom jeweiligen Anbieter und dem Konto ab. Hotmail ermöglicht z.B. E-Mail, Kontakte und Kalender zu synchronisieren.

- Bei einigen Konten können Sie im Feld *Kennwort* das benötigte Kennwort zum Zugriff auf den Dienst eintragen

- Die Schaltfläche *Konto entfernen* ermöglicht Ihnen, das betreffende Konto aus der Synchronisierung der Kontakte-App auszutragen

HINWEIS   Beim Microsoft-Konto, das zur App-Anmeldung verwendet wird, ist die Schaltfläche mit *Alle Konten entfernen* (Abbildung 16.29, Mitte) benannt. Der Grund: Über dieses primäre Konto erfolgt die Verwaltung der Zugriffsdaten zu weiteren Konten, die bei weiteren Anbietern wie Google-Mail geführt werden. Wählen Sie diese Schaltfläche, wird die Verbindung zum primären Microsoft-Konto, das auch die Synchronisation der restlichen Onlinekonten verwaltet, entfernt. Dann ist keine Synchronisation mehr möglich. Stellen Sie die Verbindung zu diesem primären Microsoft-Konto später durch eine erneute Anmeldung wieder her, sollten die Kontakte der eingerichteten Sekundärkonten wieder zugreifbar sein.

Beachten Sie aber: Sind Sie an einem Microsoft-Konto als Benutzer angemeldet, wird die Schaltfläche *Konto entfernen* abgeblendet (das Konto wird ja als Anmeldekonto bei Windows verwendet und lässt sich berechtigterweise nicht löschen). Dann gibt es den zusätzlichen Hinweis, dass man zu *Einstellungen/PC-Einstellungen ändern* wechseln soll, um dieses Konto zu ändern (sprich: zu einem lokalen Konto herunterzustufen) oder zu entfernen.

Bei Fremdkonten (Google, Twitter etc.) wählen Sie den Hyperlink *Dieses Konto online verwalten* an. Anschließend befolgen Sie die im Browser angezeigten Hinweise der betreffenden Diensteseiten.

Pflege der Kontendaten für Facebook oder Twitter

Bei Konten wie Facebook oder Twitter ist die Pflege der Konteneinstellungen (z.B. das Teilen auf Facebook zulassen) per Seitenleiste nicht möglich. Hintergrund ist, dass diese Daten nicht in der Kontakte-App, sondern über das primäre Microsoft-Konto verwaltet werden. Zum Anpassen dieser Einstellungen ist daher ein Zugriff auf das primäre Microsoft-Konto in einem Browser erforderlich. Hier die Schritte, wie Sie vorgehen können.

1. Gehen Sie, gemäß den Beschreibungen der vorhergehenden Seiten, zur Seitenleiste *Konten* und wählen Sie das Facebook- oder Twitter-Konto an.

2. Die Kontakte-App zeigt für diese Konten eine reduzierte Darstellung in der Seitenleiste (Abbildung 16.29, Einblendung unten). Wählen Sie den Hyperlink *Dieses Konto online verwalten*.

3. Warten Sie, bis die Internet Explorer-App gestartet wurde, und melden Sie sich über die automatisch eingeblendete Live-ID-Seite an.

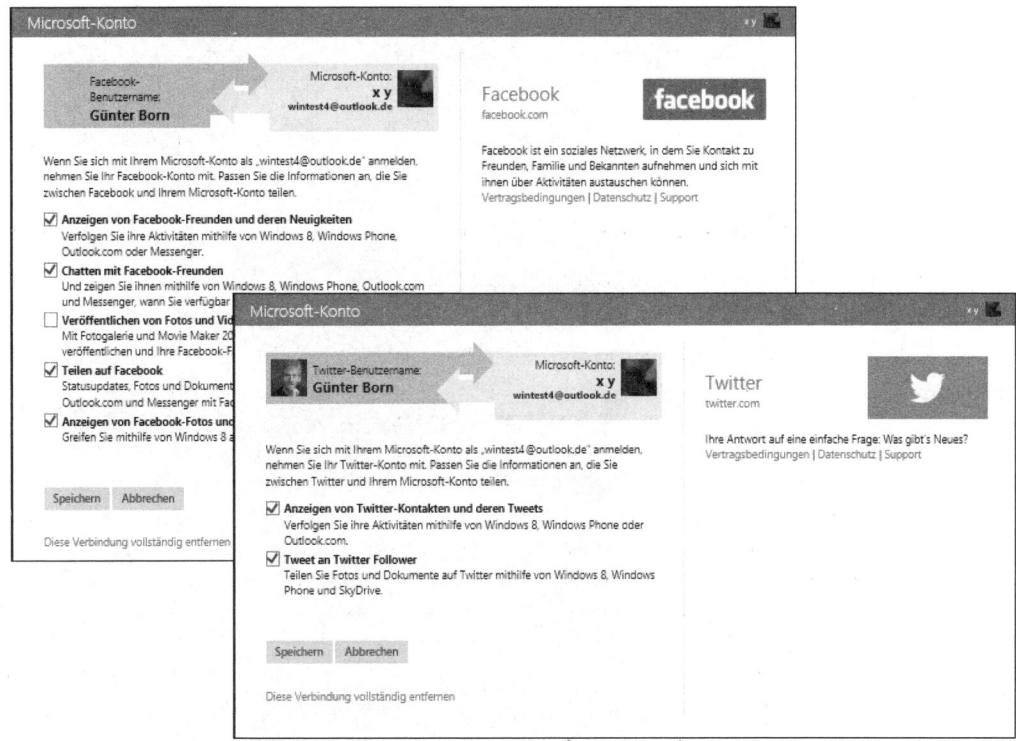

Abbildung 16.30 Fremdkonten im Browser verwalten

4. Sobald Sie zur Kontenverwaltungsseite (Abbildung 16.30) gelangen, legen Sie die gewünschten Optionen fest (z.B. wird durch die Deaktivierung eines Kontrollkästchens das Zugriffsrecht entzogen).

5. Sobald Sie die *Speichern*-Schaltfläche der Seite wählen, werden die Änderungen im Microsoft-Konto gesichert.

Über den Hyperlink *Diese Verbindung vollständig entfernen* können Sie die Zugriffsberechtigungen des Microsoft-Kontos auf das Facebook- oder Twitter-Konto vollständig entziehen.

Anpassen der Kontakte-Optionen

Über die Optionen können Sie die Kontaktliste filtern sowie die Kontakte nach Nachname sortieren. Hier die Schritte, um diese Optionen anzupassen.

1. Blenden Sie die Charms-Leiste am rechten Seitenrand ein und wählen Sie *Einstellungen* (Abbildung 16.31, rechts).

2. Wählen Sie in der Seitenleiste *Einstellungen* den Befehl *Optionen* (Abbildung 16.31, Mitte).

3. Anschließend passen Sie dann in der angezeigten Seitenleiste (Abbildung 16.31, links) die gewünschten Einstellungen an.

Abbildung 16.31 Anpassen der Optionen der Kontakte-App

Über den Schiebeschalter der Seitenleiste *Optionen* lassen Sie ggf. die Sortierung über den Nachnamen zu. Die Kontrollkästchen ermöglichen Ihnen, die Kontaktliste nach den Konten zu filtern. Die Werte der markierten Optionen tauchen in der Kontaktliste auf.

Eigenes Profil und Details einsehen

Möchten Sie die Daten des eigenen Profils und weitere Details wie Facebook-Benachrichtigungen einsehen? Dies ist in der Kontakte-App mit wenigen Schritten durchführbar:

1. Wählen Sie in der linken Spalte der App-Seite neben dem Profilfoto den Eintrag »Ich« (Abbildung 16.32, links) an.

2. In der angezeigten Detailseite (Abbildung 16.32, rechts) öffnen Sie in der Spalte mit dem Profilbild das Menü des Elements *Profil anzeigen*.

3. Wählen Sie einen der Menüeinträge aus, um zur Detailseite des Profils zu gelangen.

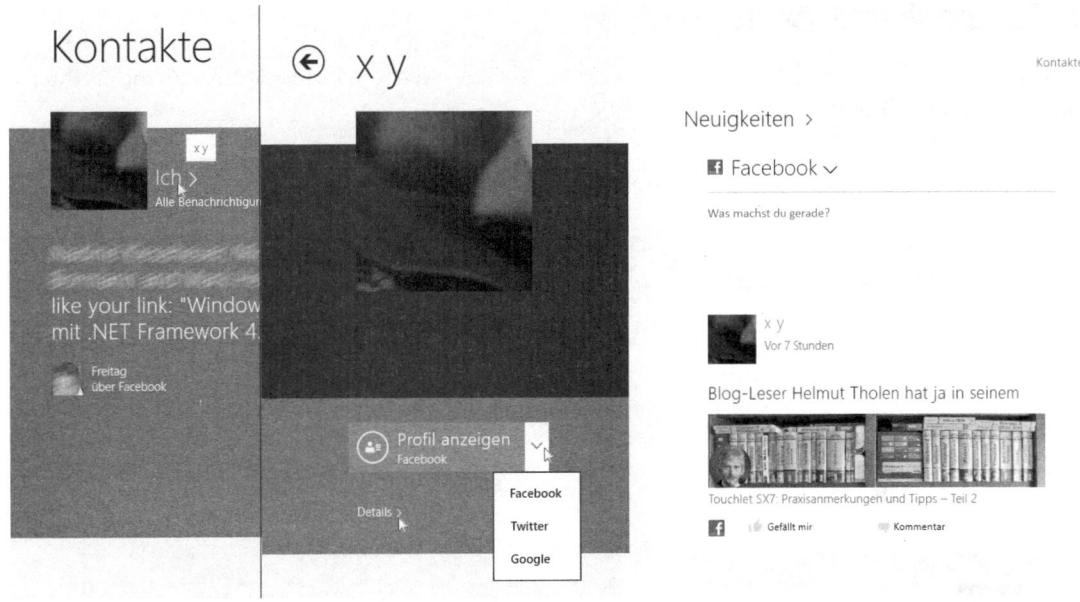

Abbildung 16.32 Profilseite in der Kontakte-App einsehen

Bei Anwahl von *Facebook* oder *Twitter*, im Menü des Elements *Profil anzeigen*, öffnet sich die Browser-App. Diese zeigt dann die eigene Profilseite bei Facebook bzw. Twitter an. Schließen Sie die Browser-App, um zum Profil im Kontakte-App-Fenster zurückzukehren.

> **HINWEIS** Bei Anwahl des Profilbilds (Abbildung 16.32, links) gelangen Sie zu einer Seite, in der sich das Profilbild ändern lässt. Der Befehl *Details* (Abbildung 16.32, mittlere Spalte) blendet die Detailseite mit den von Ihnen definierten Profildaten mit Name und Vorname im App-Fenster ein. Wählen Sie den Eintrag *Alle Benachrichtigungen*, zeigt die Kontakte-App eine Seite, auf der alle Benachrichtigungen aus externen Diensten (Facebook-Kommentare, Tweets von Leuten, denen Sie folgen etc.) angezeigt werden.

An dieser Stelle vielleicht noch ein paar Worte zur angezeigten Profilseite der Kontakte-App (Abbildung 16.32, rechts). Neben der linken Spalte mit dem Profilfoto und den oben beschriebenen Optionen zum Zugriff auf das Profil enthält die Seite weitere Informationen, die von Fremddiensten (Facebook, Twitter etc.) bezogen wurden:

- Innerhalb der Profilseite zeigt die Spalte »Neuigkeiten« (Abbildung 16.32, rechts) am unteren Rand, was gerade los ist. Sie sehen z.B. die letzten eigenen Posts bei Facebook oder Twitter. Wählen Sie einen Post an, um die Detailseite mit Ihren zuletzt geposteten Facebook- und Twitter-Nachrichten anzuzeigen.

- Am rechten Rand der Profilseite (Abbildung 16.32, rechts) werden in der Spalte »Benachrichtigungen« Nachrichten aus Diensten (z.B. Facebook-Kommentare, Tweets von Personen, denen Sie auf Twitter folgen) angezeigt. Wählen Sie die Spalte an, gelangen Sie ebenfalls zur Detailseite mit allen Benachrichtigungen.

- Blättern Sie weiter nach rechts, erscheint die Spalte »Fotos« mit den von Ihnen bei Facebook veröffentlichten Alben

Verwenden Sie die in der linken oberen Fensterecke der jeweiligen Unterseite angezeigte Schaltfläche *Zurück*, um zu den Vorgängerseiten zurückzukehren.

In Facebook und Twitter posten

Möchten Sie aus der Kontakte-App einen Tweet bei Twitter oder eine neue Statusnachricht an Ihrer Facebook-Pinnwand posten?

Abbildung 16.33   Bei Facebook/Twitter posten

1. Öffnen Sie das Menü des Eintrags »Facebook« oder »Twitter« (Abbildung 16.33, Hintergrund) und wählen Sie im angezeigten Menü einen Eintrag für Facebook oder Twitter aus.
2. Tippen Sie in das eingeblendete Feld »Was machst du gerade?« (Abbildung 16.33, Vordergrund) einen Text ein.
3. Wählen Sie danach die oberhalb des Textfelds eingeblendete Schaltfläche *Senden*.

Die Kontakte-App übermittelt dann den eingetragenen Text direkt an das ausgewählte Twitter- oder Facebook-Konto.

So sehen Sie Details der Kontakte an

Möchten Sie auf die Details und Informationen Ihrer Kontakte zugreifen, ist das im Handumdrehen erledigt:

1. Wählen Sie im Hauptfenster der Kontakte-App entweder den Eintrag *Alle Kontakte* oder einen Buchstaben, um zur Übersichtsseite mit den Kontakten zu gelangen.

2. Wählen Sie auf der Seite *Alle Kontakte* den gewünschten Kontakt (Abbildung 16.34, Hintergrund oben) aus.

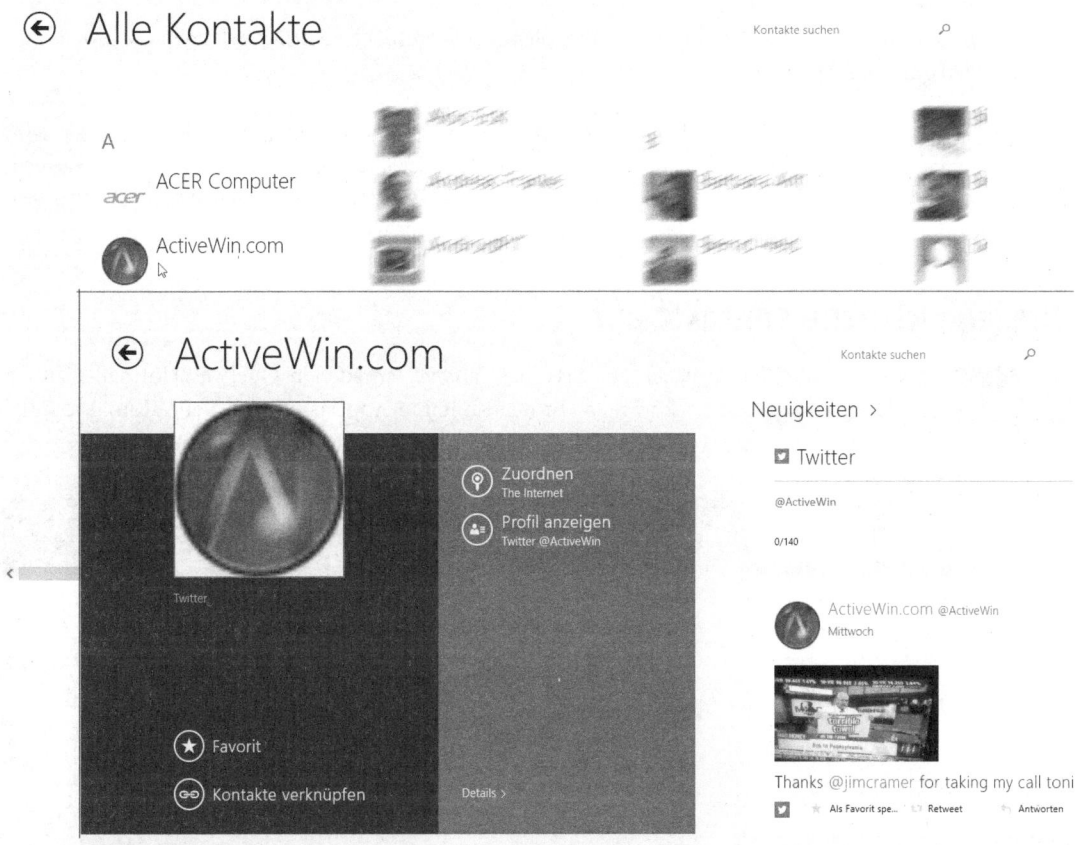

Abbildung 16.34 Kontaktdetails ansehen

Nun erscheint die Seite des Kontakts mit dessen Details (Abbildung 16.34, unten). Der Umfang der angezeigten Informationen in der Detailseite des Kontakts hängt von den vorhandenen Daten ab.

- In der angezeigten Seite werden auf jeden Fall die Daten des Kontakts (links) sowie dessen Neuigkeiten (rechte Spalte) in Form von Tweets (bei Twitter-Kontakten) oder Facebook-Statusbenachrichtigungen eingeblendet. Bei Bedarf können Sie in der Spalte »Neuigkeiten« direkt an die Facebook-Pinnwand des Kontakts posten oder Tweets an dessen Twitter-Konto senden.

- In der roten Spalte des Kontakts (Abbildung 16.34, unten) werden ggf. E-Mail-Adressen, Telefonnummern, Einträge zum Nachrichten senden etc. einblendet. Wählen Sie z.B. den ggf. sichtbaren Eintrag *E-Mail senden*, lässt sich anschließend eine neue Nachricht über die Mail-App erstellen und absenden.

- Taucht z.B. der Befehl *Nachricht senden* oder eine Telefonnummer in der Kontaktspalte auf, öffnet sich bei Anwahl die App Skype. Sie können dann mit dem Kontakt telefonisch oder per SMS in Verbindung treten.

- Ein Befehl *Zuordnen* in der Kontaktspalte öffnet die Karten-App, sodass Sie die Adresse in der Karte lokalisieren können. Mit den Schaltflächen *Favorit* und *Kontakte verknüpfen* in der linken Spalte können Sie den Kontakt als Favorit kennzeichnen sowie mit einem zweiten Kontakt (z.B. Ehepartner) verknüpfen.

- Der Befehl *Details* in der Spalte zeigt die Detailseite mit Informationen zum Kontakt (z.B. Adresse, Name etc.)

Über die in der linken oberen Ecke der Seite eingeblendete Schaltfläche *Zurück* gelangen Sie jeweils zur vorhergehenden Seite der App.

HINWEIS   Reduzieren Sie in der Kontakte-Hauptseite den Zoomfaktor, erscheinen Kacheln mit den Buchstaben des Alphabets, über die Sie auf die sortierten Kontaktgruppen zugreifen können. Optional können Sie die App-Leiste am oberen und unteren Rand einblenden. Sie finden dann Schaltflächen, um zur Startseite der App, zur eigenen Profilseite, zur Anzeige aller Apps umzuschalten, um einen Kontakte zu bearbeiten oder an die Startseite anzuheften.

Wie lege ich neue Kontakte an?

Zur Pflege der Kontaktdaten ist zu beachten, dass diese aus verschiedenen Quellen (Hotmail-Adressbuch, Facebook-Konto, Twitter-Konto etc.) kommen. In der Kontakte-App lassen sich neue Kontakte nur lokal anlegen und dem Microsoft-Konto (Live-ID-Konto der Benutzeranmeldung) zuordnen.

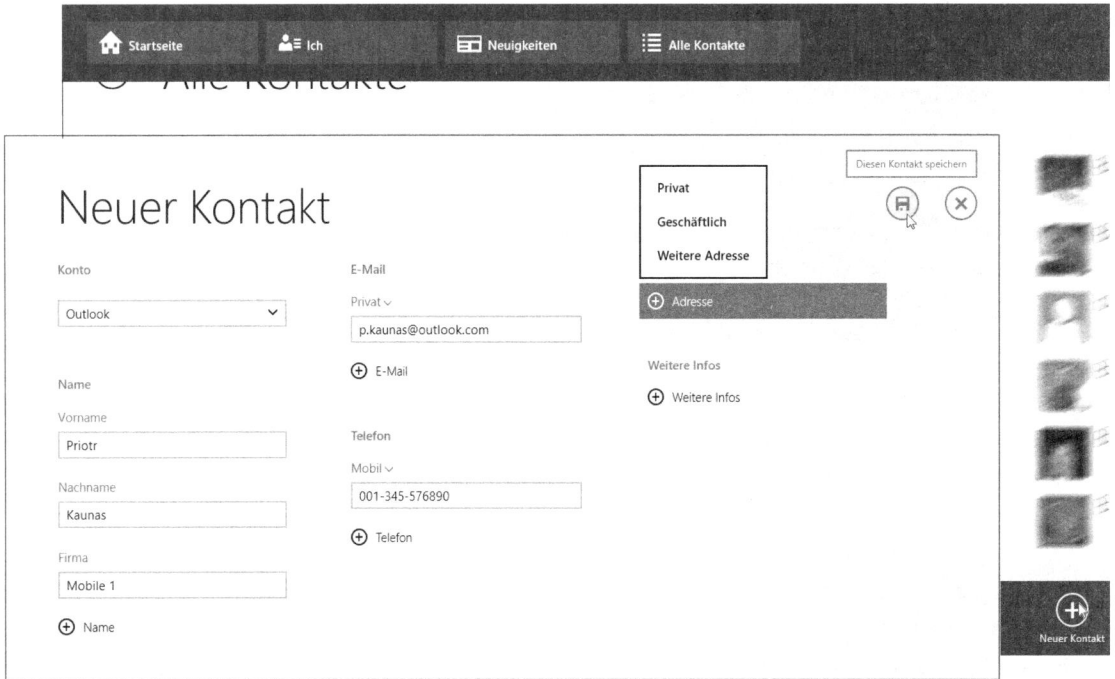

Abbildung 16.35   Neuen Kontakt eintragen

1. Blenden Sie die App-Leiste (z.B. per Rechtsklick oder durch Wischen) am unteren Fensterrand ein und wählen Sie die Schaltfläche *Neuer Kontakt* (Abbildung 16.35, Hintergrund unten rechts).

2. Wählen Sie im angezeigten Formular der App (Abbildung 16.35, Vordergrund, unten links) zuerst im Feld *Konto* das Onlinekonto, dem der Kontakt zugeordnet werden soll.

3. Tragen Sie danach in dem angezeigten Formular die gewünschten Kontaktdaten in die betreffenden Felder ein.

4. Bei Bedarf können Sie über die Schaltflächen mit dem +-Zeichen ein Kontextmenü (Abbildung 16.35, Vordergrund) einblenden und über dessen Befehle zusätzlich anzuzeigende Eingabefelder wie zweiter Name, geschäftliche/private E-Mail-Adressen, Namen von Partnern, Websites etc. hinzufügen und durch Daten ergänzen.

5. Sind alle Informationen eingetragen, betätigen Sie die Schaltfläche *Speichern*, die am oberen rechten Seitenrand der App angezeigt wird.

6. Der Kontakt wird dann unter dem Microsoft-Primärkonto angelegt. Verwenden Sie die *Abbrechen*-Schaltfläche in der rechten oberen Ecke der App-Seite, um das Anlegen eines neuen Kontakts abzubrechen. Nach dem Speichern gelangen Sie zur Einzelansicht des Kontakts (Abbildung 16.36) und können über die in der linken oberen Ecke angezeigte Schaltfläche *Zurück* zur Hauptseite der App-Vorschau wechseln.

Wie pflege ich Kontakte?

Möchten Sie die Daten Ihrer Kontakte nachträglich bearbeiten und um Informationen ergänzen? Oder soll ein Kontakt gelöscht werden?

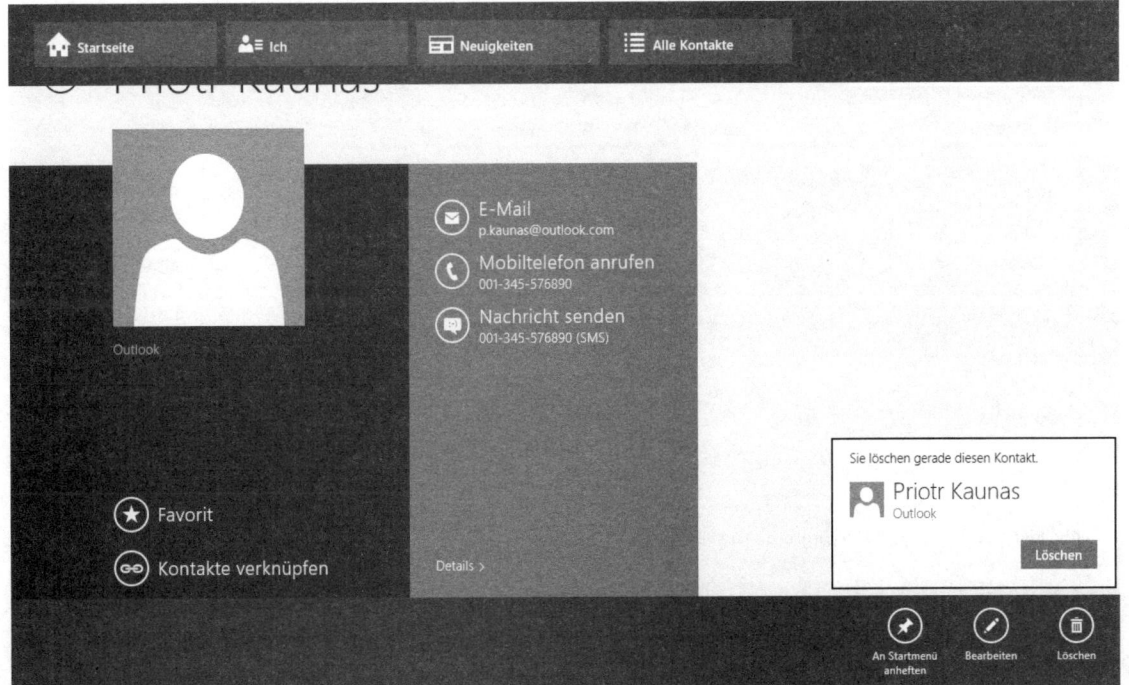

Abbildung 16.36 Kontaktdetail mit App-Leiste am oberen und unteren Rand

1. Navigieren Sie in der Kontakte-App zur Detailseite des zu löschenden Kontakts (Abbildung 16.36).
2. Blenden Sie die App-Leiste am unteren Fensterrand ein. Dies kann per Rechtsklick oder durch Wischen mit dem Finger vom unteren Bildschirmrand erfolgen.
3. Um einen Kontakt zu entfernen, wählen Sie dann in der App-Leiste die Schaltfläche *Löschen* und bestätigen dies im eingeblendeten Popup-Fenster (Abbildung 16.36, Einblendung) über die gleichnamige Schaltfläche.

TIPP   Benötigen Sie öfters einen Zugriff auf einen Kontakt? Navigieren Sie in der Kontakte-App zur Detailseite dieses Kontakts, blenden Sie die App-Leiste ein und wählen Sie dann die Schaltfläche *An Startmenü anheften*. Anschließend lässt sich in einem eingeblendeten Fenster der Name des Kontakts anpassen. Bestätigen Sie die *An "Start" anheften*-Schaltfläche, wird der Kontakt als Kachel auf der Startseite abgelegt. Bei Anwahl öffnet sich direkt die Detailseite des Kontakts in der Kontakte-App.

---

4. Sollen Daten des Kontakts geändert werden, wählen Sie die Schaltfläche *Bearbeiten* der App-Leiste (Abbildung 16.36), um das in Abbildung 16.37 gezeigte Formular zu öffnen.
5. Passen Sie dann die Kontaktdaten in den angezeigten Feldern an. Bei Bedarf lassen sich weitere Felder über die Schaltflächen mit den Pluszeichen hinzufügen. Möchten Sie einen Wert entfernen, wählen Sie das Feld an. So lässt sich der Feldinhalt über die am rechten Rand des Felds angezeigte *x*-Schaltfläche löschen (Feld »Mobil« in Abbildung 16.37).
6. Sind alle Korrekturen durchgeführt, betätigen Sie die in der App-Leiste angezeigte *Speichern*-Schaltfläche in der rechten oberen Seitenecke.

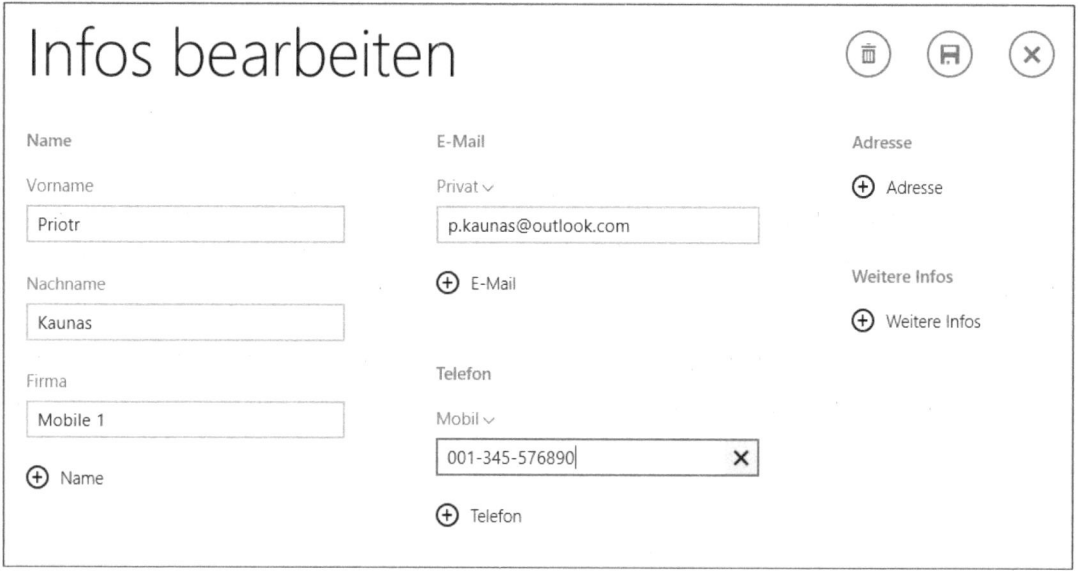

Abbildung 16.37   Kontaktdetail bearbeiten und löschen

Sie gelangen wieder zur Einzelansicht des Kontakts und können über die Schaltfläche *Zurück* oder durch Wischen mit dem Finger zur Hauptseite mit der App-Vorschau aller Kontakte zurückkehren.

HINWEIS   Auf der Bearbeitungsseite eines Kontakts stehen Ihnen in der rechten oberen Ecke eine Schaltfläche zum Löschen des Kontakts sowie eine Schaltfläche zum Verwerfen der Änderungen zur Verfügung (Abbildung 16.37).

Welche Bearbeitungsoptionen für Kontakte angeboten werden, hängt aber vom verwendeten Onlinekonto ab. Die Schaltfläche *Löschen* steht z.B. bei Microsoft-Konten, nicht aber bei Facebook-Kontakten zur Verfügung. Um Kontakte von Onlinediensten zu löschen, melden Sie sich am Konto des betreffenden Onlinedienst an und führen dort die entsprechenden Schritte zum Löschen durch.

In den Kontakten suchen

Möchten Sie in den Kontakten suchen? Zur Suche enthält die Kontakte-App-Seite ein eigenes Suchfeld in der rechten oberen Ecke. Wählen Sie das Feld *Kontakte suchen* an und tragen Sie dort einen Suchbegriff ein. Die Reaktion hängt dann von der angezeigten Seite ab. Auf der Startseite der App werden Treffer in einer Art Aufklappmenü eingeblendet (Abbildung 16.38, oben) und lassen sich anwählen.

Abbildung 16.38   Suchen in den Kontakten

Verwenden Sie das Suchfeld der Seite *Alle Kontakte* (Abbildung 16.38, unten), werden die Treffer in der linken Spalte der Seite aufgeführt. Die Suche unterscheidet nicht zwischen Eigenschaften (z.B. Name, Vorname) eines Kontakts. Vielmehr werden die im Suchfeld eingegebenen Begriffe quasi als »Volltextsuche« auf alle Eigenschaften der Kontakte angewandt. Übereinstimmungen mit dem Suchbegriff werden in farbiger Schrift in der Ergebnisliste hervorgehoben. Bei Anwahl eines Treffers öffnet sich die Detailseite des Kontakts.

HINWEIS   Anstelle der Kontakte-App können Sie Ihre Kontakte über alternative Windows-Anwendungen verwalten. Installieren Sie beispielsweise Windows Live Mail aus den Windows Essentials 2012, steht eine Funktion zur Kontaktverwaltung zur Verfügung. Diese kann die Kontakte von Onlinekonten einbeziehen, ermöglicht aber auch, lokale Kontakte anzulegen, die ohne Onlineanbindung verwendbar sind.

Kapitel 17

Kalender, Nachrichten und weitere Apps

In diesem Kapitel:

Terminverwaltung mit dem Kalender

Windows enthält eine eigene Kalender-App zur Synchronisierung und zur Verwaltung von Terminen – auch mit Kalendern anderer Anbieter. Nachfolgend werden die Funktionen der Kalender-App vorgestellt.

Die Kalender-App im Überblick

Die Kalender-App lässt sich über die betreffende Kachel der Startseite aufrufen. Beim Start der App sollte die in Abbildung 17.1, Hintergrund oben, sichtbare Übersicht erscheinen.

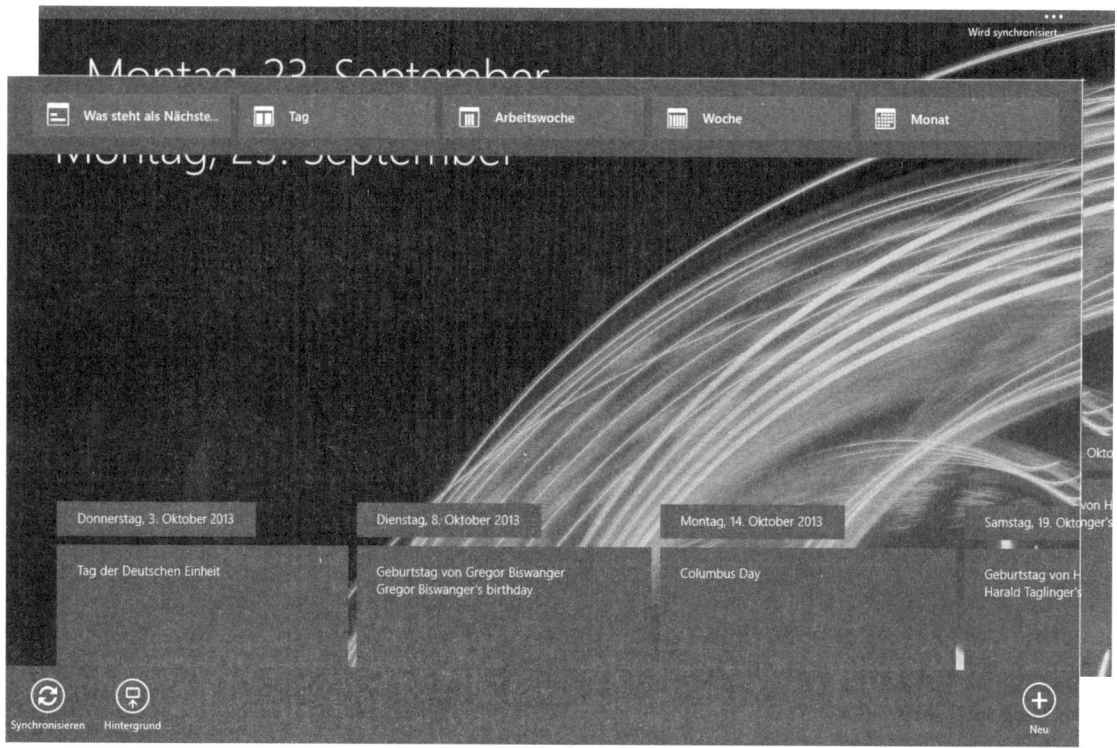

Abbildung 17.1   Startseite der Kalender-App mit App-Leisten

Im Gegensatz zur App aus Windows 8 erscheinen bei Windows 8.1 in der Startseite nur die wichtige Kalenderereignisse (Geburtstage, die nächsten Termine etc.) als Kacheln vor einem Hintergrundbild. Wählen Sie eine dieser Kacheln an, gelangen Sie direkt zur Terminseite mit den Termindetails.

Die in der rechten oberen Ecke angezeigten drei Pünktchen blenden bei Anwahl die App-Leisten am oberen und unteren Seitenrand ein (Abbildung 17.1, Vordergrund unten). In der unteren App-Leiste findet sich die Schaltfläche zum Anlegen neuer Termine, zum Synchronisieren mit Onlinediensten und (bei angezeigter Startseite) zum Anpassen des Hintergrundmotivs.

TIPP Alternativ lassen sich die App-Leisten mittels der rechten Maustaste, durch Wischen oder über $\boxed{\blacksquare}$ + $\boxed{Z}$ einblenden.

Bei angeschlossener Tastatur lässt sich die Darstellung des Kalenderblatts mittels der Tastenkombinationen $\boxed{Strg}$ + $\boxed{1}$ (als Nächstes anstehend), $\boxed{Strg}$ + $\boxed{2}$ (Tag) , $\boxed{Strg}$ + $\boxed{3}$ (Arbeitswoche), $\boxed{Strg}$ + $\boxed{4}$ (Woche) und $\boxed{Strg}$ + $\boxed{5}$ (Monat) umschalten. Die Tastenkombination $\boxed{Strg}$ + $\boxed{T}$ stellt den aktuellen Tag im Kalenderblatt ein.

Am oberen Seitenrand enthält die App-Leiste Kacheln zum Umschalten zwischen nächstem anstehenden Termin, Tages-, Arbeitswochen-, Wochen- und Monatsansicht. Wählen Sie die Kachel *Tag*, um zur Darstellung des Kalenderblatts mit den Tagesterminen zu gelangen.

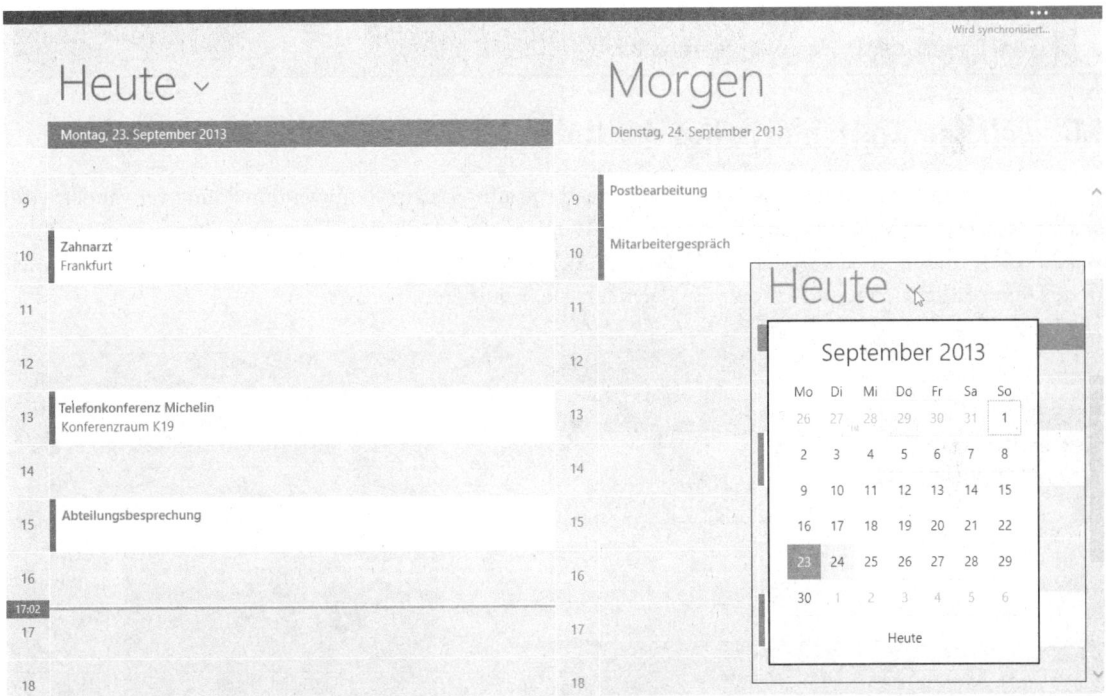

Abbildung 17.2 Fenster der Kalender-App mit Tagesdarstellung

- In der Tagesdarstellung zeigt die App immer den aktuellen Tag (»Heute«) und mindestens den Folgetag an (Abbildung 17.2, Hintergrund). Bei einer höheren Auflösung kommen sogar die zwei folgenden Tage zur Anzeige. Termine sind in der Darstellung farbig gekennzeichnet.

- Über die Kopfzeile der linken Spalte (in Abbildung 17.2 *Heute*) lässt sich das Kalenderblatt für die aktuellen Monat als Fenster einblenden (Abbildung 17.2, Vordergrund). Das Tagesdatum wird mit einem grauen Hintergrund im Kalenderblatt markiert.

- Zur Navigation innerhalb des Kalenders können Sie in der Tages- und Wochenansicht über eine Bildlaufleiste per Maus oder mit dem Mausrädchen nach oben bzw. unten blättern

- Bei der Monatsansicht geschieht das Blättern horizontal über das Mausrad oder die Pfeilschaltflächen links und rechts von der Monatsanzeige

- Ist kein Kalenderelement angewählt, lassen sich alternativ die Cursortasten →, ←, ↑, ↓ einer externen Tastatur zur Navigation im Kalenderblatt verwenden

- Auf einem Touchscreen navigieren Sie durch Wischen mit dem Finger. Mit Wischen nach links oder rechts blättern Sie zwischen Tages-, Wochen- und Monatsansichten. Ein Wischen nach oben oder unten ermöglicht es z.B. in der Tagesansicht, im Zeitverlauf zu scrollen.

Die Umschaltung in der Kalenderdarstellung zwischen einer Tages-, Wochen- und Monatsansicht erfolgt hier ebenfalls über die einzublendende App-Leiste am oberen Fensterrand. Die Kachel *Tag* der einblendbaren App-Leiste bringt Sie zum Kalenderausschnitt mit dem aktuellen Tagesdatum zurück.

HINWEIS　　　Beim Kalender ist keine Suche implementiert worden. Blenden Sie die Charms-Leiste am rechten Fensterrand ein, bezieht sich das *Suchen*-Symbol auf Apps, Einstellungen, Dateien etc., und nicht auf den Kalender. Weiterhin fehlt der Kalender-App eine Funktion zum Drucken eines Terminblatts.

Mit welchen Konten arbeitet der Kalender?

Die Kalender-App wird automatisch mit dem Live-ID-Konto, das zur Benutzeranmeldung verwendet wird, synchronisiert. Haben Sie also beispielsweise mit Windows Live Mail unter Windows Termine eingerichtet, werden diese automatisch von der Kalender-App übernommen. Bei Bedarf können Sie aber weitere Konten in der App konfigurieren und so mehrere Kalender synchronisieren.

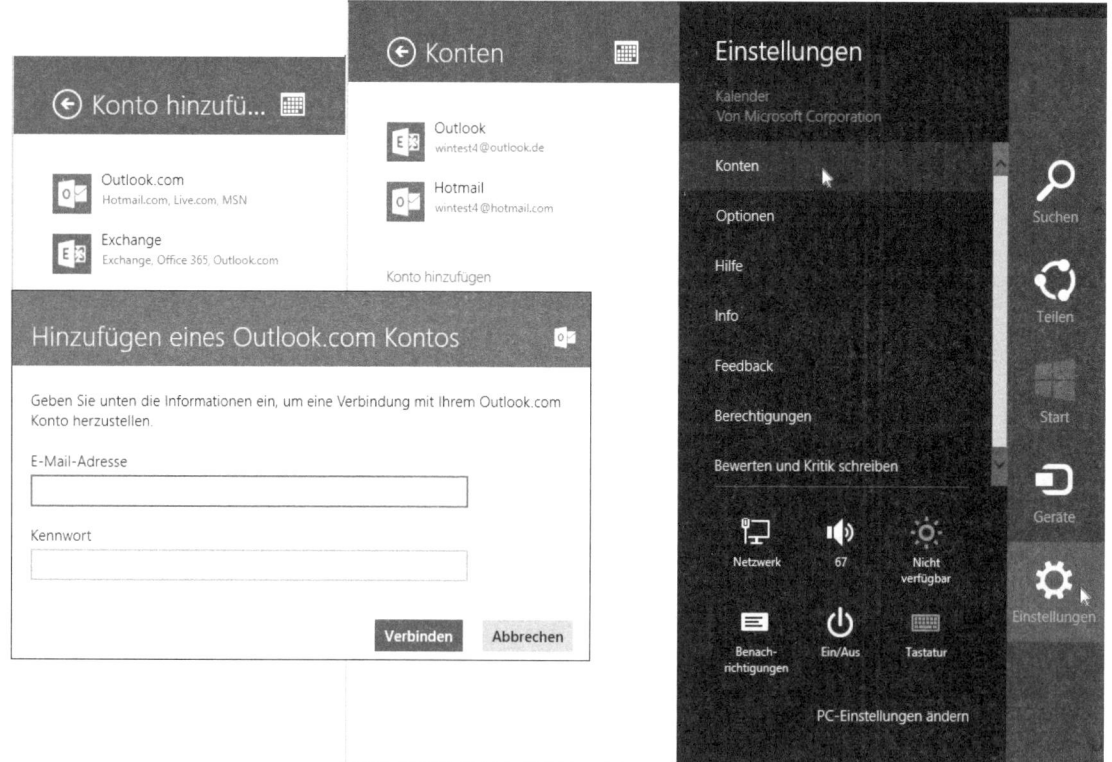

Abbildung 17.3　　Konten der Kalender-App verwalten

1. Blenden Sie bei sichtbarem App-Fenster die Charms-Leiste am rechten Bildschirmrand ein (z.B. durch Wischen von links oder die Tastenkombination ⊞ + C) und wählen Sie *Einstellungen* (Abbildung 17.3, rechts).

2. Wählen Sie in der *Einstellungen*-Leiste den Befehl *Konten* zur Verwaltung der Benutzerkonten aus.

3. In der eingeblendeten Seitenleiste *Konten* (Abbildung 17.3, oben Mitte) werden die bereits (z.B. in der Mail-App) eingerichteten Konten aufgelistet. Wählen Sie den Befehl *Konto hinzufügen* aus.

4. In der neu angezeigten Seitenleiste (Abbildung 17.3, oben links) wählen Sie einen der angezeigten Anbieter.

5. Anschließend ergänzen Sie im eingeblendeten Eingabeformular (Abbildung 17.3, unten links) die Anmeldedaten des Kontos und wählen dann die Schaltfläche *Verbinden*.

Die Kalender-App stellt eine Verbindung zum betreffenden Konto her und synchronisiert dort vorhandene Termine.

Konten löschen oder anpassen

Soll ein bestehendes Konto wieder entfernt werden, oder möchten Sie die Einstellungen anpassen?

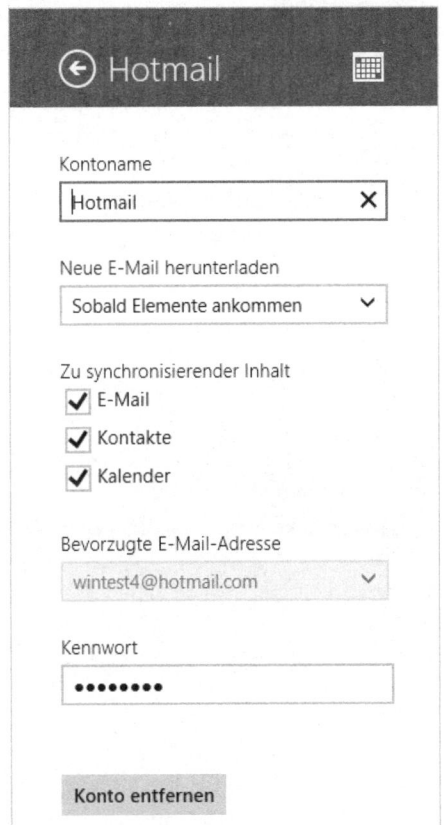

Abbildung 17.4 Löschen bzw. Anpassen eines Kalender-Kontos

1. Gehen Sie wie im vorherigen Abschnitt beschrieben vor und navigieren Sie über die Charms-Leiste mit dem Symbol *Einstellungen* und den Befehl *Konten* zur Seitenleiste *Konten* (Abbildung 17.3, Mitte oben).
2. Wählen Sie in der Seitenleiste *Konten* das betreffende Konto an und ändern Sie in der Seitenleiste des Kontos (Abbildung 17.4) die gewünschten Einstellungen.

Die Schaltfläche *Konto entfernen* ermöglicht Ihnen, das betreffende Konto komplett zu löschen. Es findet dann kein Kalenderabgleich mehr statt. Beachten Sie aber, dass sich das Ganze auch auf andere Apps wie Mail oder Kontakte bezieht.

Im Formular mit den Kontendaten können Sie das Textfeld *Kontoname* sowie weitere Einstellungen wie das Kennwort ändern, um den angezeigten Kontennamen vorzugeben oder ein geändertes Kennwort zu berücksichtigen.

Berechtigungen/Optionen anpassen

Sie können mehr als einen Kalender in der App einbinden und verwalten. Dann empfiehlt es sich, die Farben der einzelnen Kalender anzupassen.

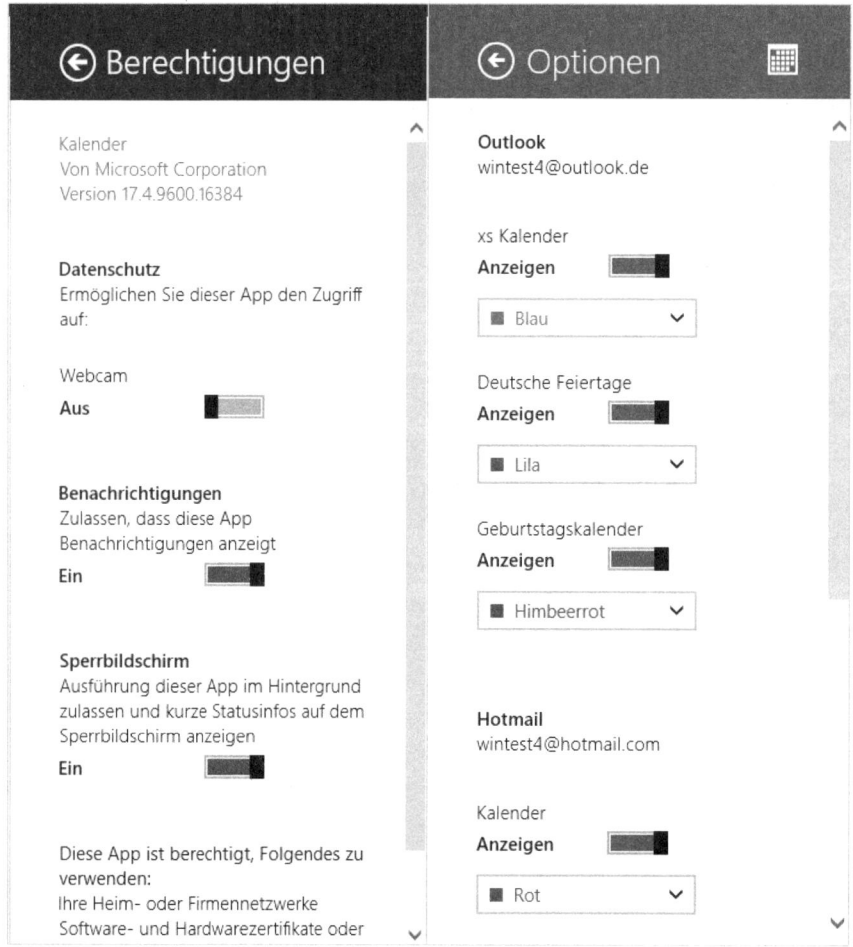

Abbildung 17.5   Berechtigungen und Optionen eines Kalender-Kontos

1. Hierzu blenden Sie die Charms-Leiste am rechten Seitenrand des Kalender-App-Fensters ein und wählen *Einstellungen*.

2. In der Seitenleiste *Einstellungen* wählen Sie den Befehl *Optionen* und passen dann in der gleichnamigen Seitenleiste die Farbe für die gewünschten Konten an (Abbildung 17.5, rechts).

In der Seitenleiste *Optionen* werden die definierten Kalender mit den jeweiligen Namen aufgelistet. Für jeden dieser Kalender lässt sich über einen Schiebeschalter festlegen, ob dieser angezeigt werden soll. Zudem können Sie über ein Listenfeld eine Kalenderfarbe wählen.

Über den Befehl *Berechtigungen* der Seitenleiste *Einstellungen* lässt sich die Seitenleiste aus Abbildung 17.5, links, einblenden. Dort legen Sie über Schiebeschalter fest, ob die Kalender-App Benachrichtigungen (z.B. Terminerinnerungen) auf dem Desktop und auf dem Sperrbildschirm einblenden darf.

Neue Termine eintragen

Um Termine neu im Kalender einzutragen, haben Sie verschiedene Möglichkeiten:

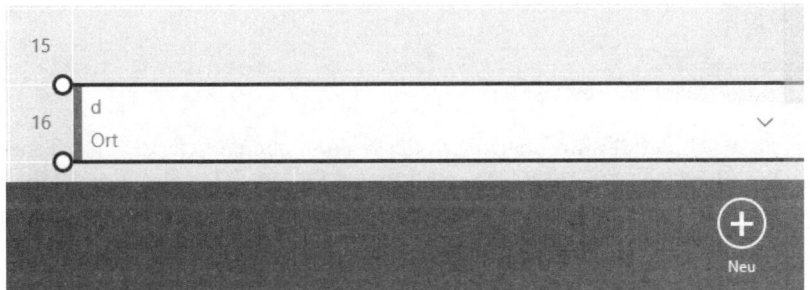

Abbildung 17.6   Neuen Termineintrag im Kalender anlegen

1. Wählen Sie eine Terminzeile in der Tagesansicht (bzw. in der Wochen- oder Monatsansicht) des Kalenders durch Antippen oder Anklicken aus (Abbildung 17.6).

2. Anschließend tragen Sie einfach den Termin als Text unter dem gewählten Datum unter der angezeigten Uhrzeit ein.

Die Alternative: Drücken Sie die Tastenkombination $\boxed{\text{Strg}}$+$\boxed{\text{N}}$ oder blenden Sie die App-Leiste am unteren Fensterrand ein und wählen Sie die Schaltfläche *Neu* (Abbildung 17.6). Dann schaltet die Kalenderdarstellung zur Seite mit den Termindetails (Abbildung 17.7) um, in der Sie die Einzelheiten des Termins festlegen:

1. Passen Sie als Erstes über die Felder der linken Spalte des App-Fensters die Eigenschaften (Wann, Startzeit, Dauer, Ort) des Termins an.

2. Klicken Sie in der rechten Spalte des App-Fensters in das Feld für den Betreff und tragen Sie den Titeltext des Termins ein.

3. Ergänzen Sie im darunter befindlichen Feld weitere Informationen wie z.B. zur Besprechung benötigtes Material, Stichpunkte zur Erinnerung etc.

Abbildung 17.7 Details des neuen Termineintrags im App-Fenster festlegen

Sind alle Angaben eingetragen, lässt sich der Termin über die in der rechten oberen Ecke des App-Fensters eingeblendete Schaltfläche speichern bzw. senden. Verwerfen können Sie einen Termin, indem Sie in der linken oberen Ecke der App-Seite auf die *Zurück*-Schaltfläche gehen und dann im eingeblendeten Menü den Befehl *Änderungen verwerfen* wählen.

HINWEIS   Die Schaltfläche in der rechten oberen Ecke des App-Fensters (Abbildung 17.7) kann mit *Diesen Termin speichern* oder mit *Einladung senden* (falls Einladungen im Feld *Wer* enthalten sind) bezeichnet sein. Die Schaltfläche *Einladung senden* wird nur angezeigt, falls in der linken Spalte im Feld *Wer* »Teilnehmen« eingetragen ist. Bei Anwahl der Schaltfläche speichert die App den Termin und verschickt gegebenenfalls eine Mail an den oder die Eingeladenen.

Zur Handhabung der Einstellungen in der Spalte *Details* (Abbildung 17.7) gibt es einige Besonderheiten zu beachten:

- Passen Sie in den Feldern *Wann* das Datum an. Bei Anwahl des Felds wird ein Kalenderblatt mit der Monatsübersicht eingeblendet, über das Sie den Termin komfortabel wählen können. Zeigen Sie auf das Kalenderblatt, werden am rechten und linken Rand zwei Navigationsschaltflächen eingeblendet, über die Sie monatsweise vor- oder zurückblättern.

- Legen Sie im Feld *Start* den Besprechungsbeginn mit Stunden- und Minutenwert fest – es ist ein Intervall von fünf Minuten möglich. Das Feld *Dauer* ermöglicht Ihnen, vorgegebene Werte (0 oder 30 Minuten, 1 Stunde, 90 Minuten, 2 Stunden, Ganztätig oder Benutzerdefiniert) abzurufen.

- Wählen Sie im Feld *Dauer* den Wert »Benutzerdefiniert«, wechselt die linke Spalte zur Darstellung aus Abbildung 17.8. Sie können dann über die Felder der Gruppen *Start* und *Ende* auch mehrtägige Termine sowie die genauen Zeiten für Anfang und Ende des Termins vorgeben.

- Das Kontrollkästchen *Ganztägig* belegt die Terminspalte des kompletten Tags, beginnend vom Starttermin.

Abbildung 17.8 Details eines Termineintrags

- Sind mehrere Kalender in der App eingebunden, können Sie über das Menü der Kopfzeile (hier »xs Kalender«) ein Listenfeld einblenden und einen dieser Kalender zum Festlegen des neuen Termins auswählen.

Weitere Optionen stehen Ihnen nach Anwahl des am unteren Rand der linken Spalte eingeblendeten Hyperlinks *Mehr anzeigen* zur Verfügung (siehe den folgenden Abschnitt).

Termine mit Einladungen erstellen

Möchten Sie Personen zu einer Besprechung einladen, lässt sich dies in der linken Spalte der Terminseite über die Kalenderoptionen im Feld *Wer* vornehmen.

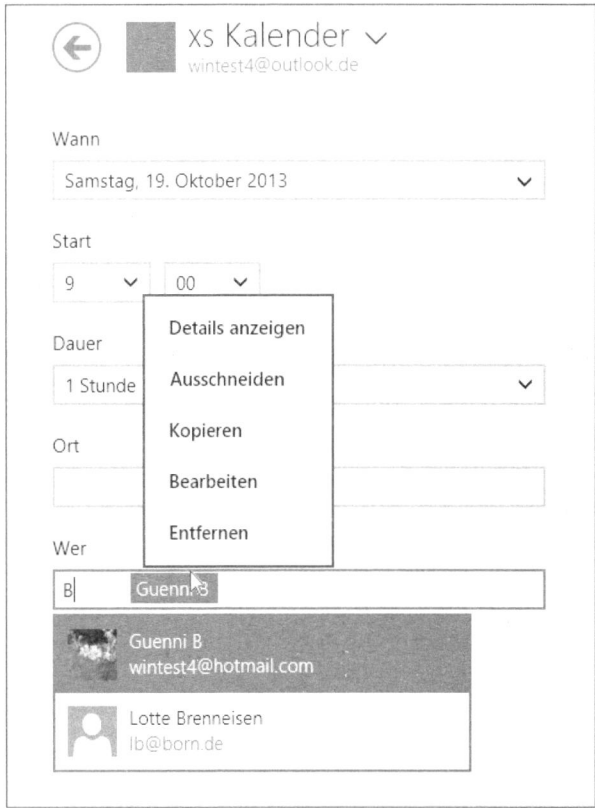

Abbildung 17.9   Einladung für einen Termin festlegen

1. Wählen Sie in der linken Spalte der Kalender-App das am unteren Rand eingeblendete Feld *Wer* (Abbildung 17.9) an.

2. Tragen Sie im Feld *Wer* die Empfänger für die Termineinladung entsprechend den nachfolgenden Hinweisen ein.

Zum Eintragen der Empfänger haben Sie verschiedene Möglichkeiten. Sie können z.B. einen Namen oder eine E-Mail-Adresse in das Feld *Wer* eintragen, um diese Person einzuladen. Sobald Sie etwas in das Feld *Wer* eintippen, blendet die App eine Liste passender Kontakte (aus der Kontakte-App) ein. Sie können dann den gewünschten Kontakt durch Anwahl des Listeneintrags in das Feld übernehmen. Bei ungültigen E-Mail-Adressen wird der Eintrag in roter Farbe dargestellt.

Existieren E-Mail-Einladungen, verschwindet die Schaltfläche *Diesen Termin speichern* (Abbildung 17.7) in der rechten oberen Ecke der App-Seite und wird durch *Einladung senden* ersetzt. Wählen Sie diese Schaltfläche, trägt die App den Termin im gewählten Kalender ein und verschickt zudem Einladungen mit den Termindetails an die im Feld *Wer* eingetragenen Empfänger.

> **TIPP**   Einträge im Feld *Wer* löschen oder korrigieren Sie, indem Sie deren Kontextmenü (z.B. mit einem Rechtsklick) öffnen. Dort finden Sie Befehle zum Entfernen, Bearbeiten, Kopieren oder Ausschneiden (Abbildung 17.9).

Arbeiten mit Serienterminen und Erinnerungen

Möchten Sie Serientermine vergeben oder im Vorfeld an Termine erinnert werden, können Sie dies in der Kalender-App beim Erstellen eines neuen Termins festlegen. Hierzu ist in der linken Spalte der Terminseite der Hyperlink *Mehr anzeigen* (Abbildung 17.8) anzuwählen. Die Kalender-App erweitert dann die linke Spalte um zusätzliche Felder (Abbildung 17.10).

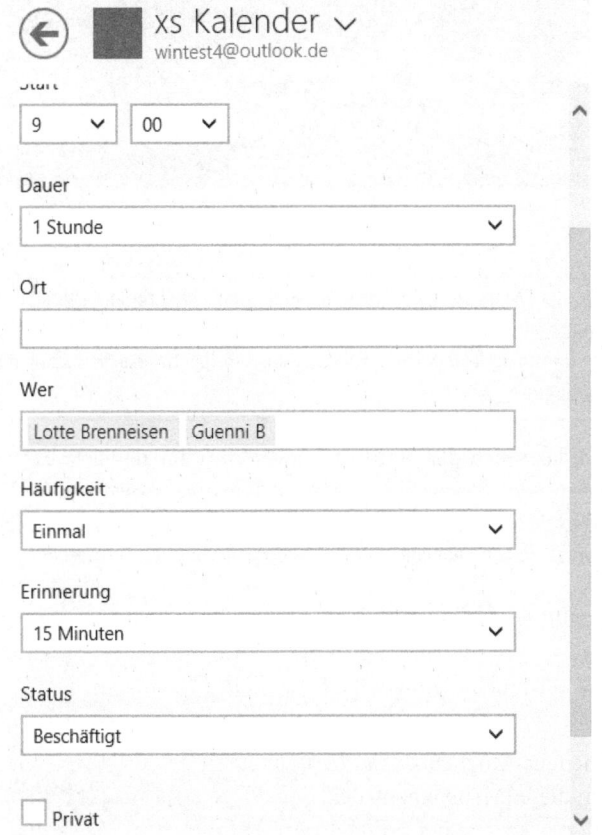

Abbildung 17.10 Wiederkehrenden Termin und Erinnerung festlegen

- **Wiederkehrende Termine** Wählen Sie das Listenfeld *Häufigkeit* in der erweiterten Darstellung der linken Spalte der Kalender-App an und stellen Sie das Wiederholungsintervall auf den gewünschten Wert (Jeden Tag, Jeden Werktag, Jede Woche, Jeden Monat, Jedes Jahr etc.) ein.

- **Terminerinnerung** Öffnen Sie im Fenster der Kalender-App in der erweiterten Darstellung der linken Spalte das Feld *Erinnerung* und legen Sie das Erinnerungsintervall auf den gewünschten Wert fest.

Abbildung 17.11 Terminerinnerung

HINWEIS   Bei Eintritt des Erinnerungszeitpunkts blendet Windows eine entsprechende Benachrichtigung (Abbildung 17.11, Vordergrund) in der rechten oberen Ecke des Bildschirms ein. Da diese Benachrichtigung aber schnell verschwindet, wird der aktuelle Termin sowohl auf der Startseite in der Kachel der Kalender-App angezeigt als auch in der Übersichtsdarstellung der Kalender-App (Abbildung 17.11, Hintergrund links) eingeblendet.

Um Kalender mehrerer Personen zu koordinieren, lässt sich der Status einer Person über das Feld *Status* (Abbildung 17.12) der linken Spalte zwischen Werten wie »Beschäftigt«, »Mit Vorbehalt«, »Abwesend« oder »Frei« setzen. Über das Kontrollkästchen *Privat* der Detailspalte können Sie einen Termin im geschäftlich genutzten Kalender als privat kennzeichnen.

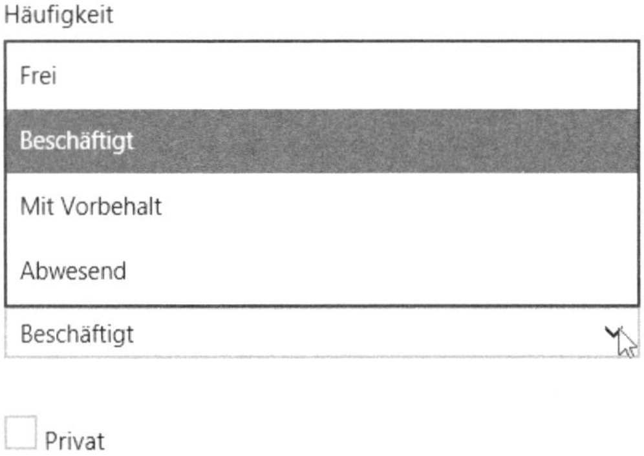

Häufigkeit

Frei
Beschäftigt
Mit Vorbehalt
Abwesend

Beschäftigt

 Privat

Abbildung 17.12 Kalenderstatus vorgeben

Termine verschieben oder löschen

Soll ein Termin verschoben oder gelöscht werden, wählen Sie diesen im Kalenderblatt durch Anklicken oder Antippen an. Sie gelangen dann in die Detailseite des Termins (Abbildung 17.13).

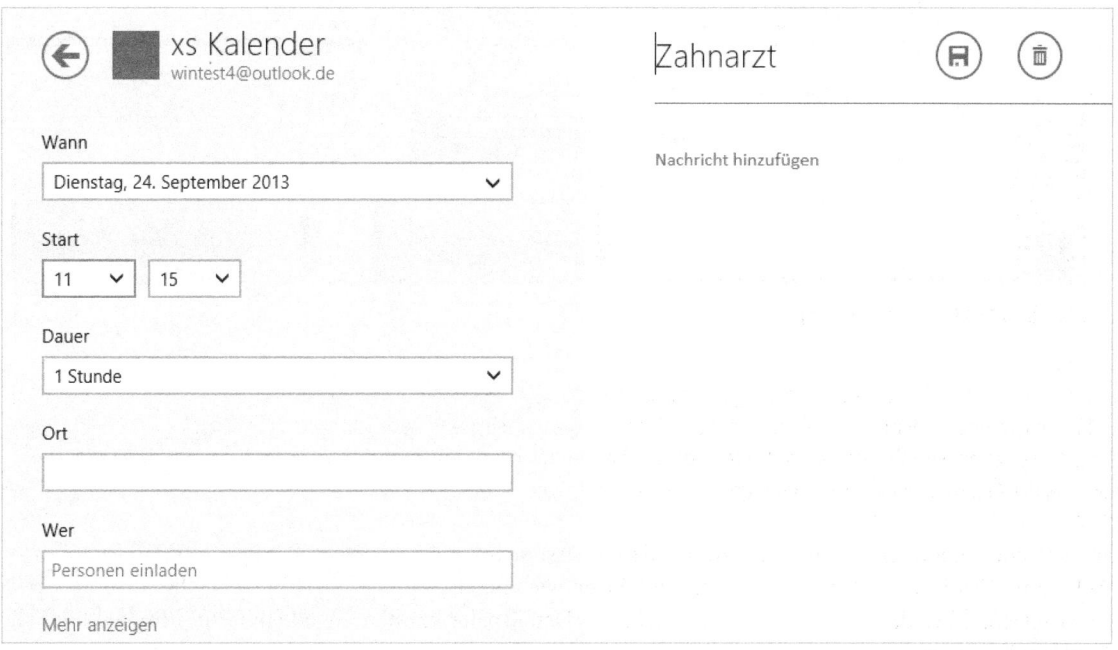

Abbildung 17.13 Termin verschieben oder löschen

- Zum Verschieben passen Sie einfach die Werte der Felder *Wann* und *Start* in der linken Spalte der App-Seite an und bestätigen dies über die Schaltfläche *Diesen Termin speichern* in der rechten oberen Fensterecke. Sind im Feld *Wer* Kontakte eingetragen, erscheint statt der Schaltfläche *Diesen Termin speichern* die Schaltfläche *Einladung senden*.

- Einen Termin entfernen Sie durch Anwahl der Schaltfläche *Termin löschen* (Abbildung 17.13, oben rechts) aus dem Kalender. Dieser Vorgang ist über die Schaltfläche *Löschen* im eingeblendeten Fenster zu bestätigen.

Um eine vorgenommene, aber noch nicht gespeicherte Terminänderung zu verwerfen, wählen Sie in der linken oberen Ecke der App-Seite die *Zurück*-Schaltfläche und bestätigen im eingeblendeten Menü den Befehl *Änderungen verwerfen*.

Arbeiten mit mehreren Kalendern

Sind mehrere Kalender über Konten eingerichtet, können Sie in der Detailseite eines Termins in der linken oberen Ecke klicken oder den Eintrag *xxx Kalender* (Abbildung 17.14, Vordergrund rechts) tippen. Dann erscheint ein Menü zur Auswahl des gewünschten Kalenders.

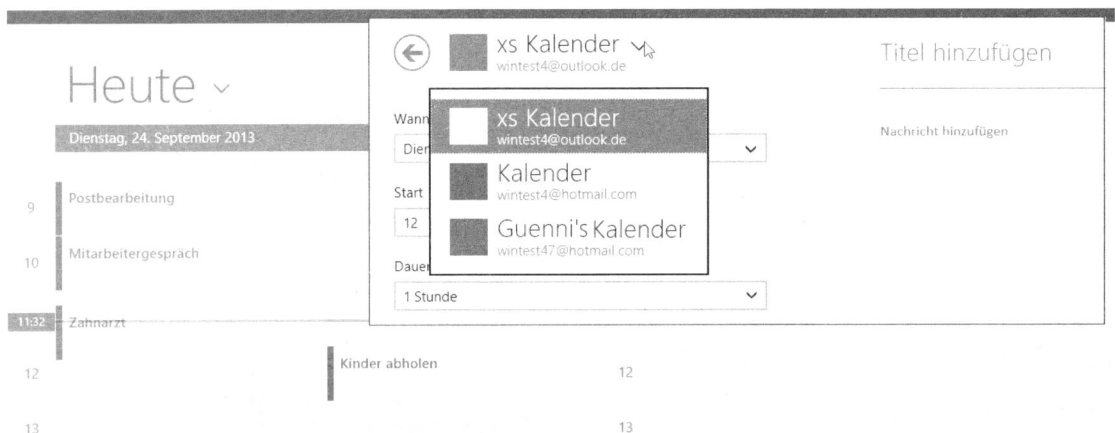

Abbildung 17.14　Mehrere Kalender verwalten

Legen Sie Termine für einen anderen Kalender im Terminblatt fest, werden diese in einer anderen Farbe (Abbildung 17.14, Hintergrund links) angezeigt. Auf den gleichen Zeitraum fallende Termine zeigt die App in der Tagesansicht nebeneinander an.

> **HINWEIS**　　Beachten Sie aber, dass die Kalender-App keine Möglichkeit besitzt, mehrere Kalender separat zu führen. Falls Sie dies benötigen, bleibt nur auf andere Apps auszuweichen oder die App unter mehreren Benutzerkonten zu verwenden

Skype zur Kommunikation verwenden

In Windows 8.1 ist die App Skype zum Telefonieren und zum Austausch von Nachrichten hinzugekommen. Nachfolgend erfahren Sie, welche Funktionen diese App bietet.

Skype aufrufen und einrichten

Skype ist einerseits eine App, die in Windows 8.1 mitgeliefert wird, und andererseits ein Dienst, der von Microsoft bereitgestellt wird. Mit Skype lassen sich weltweit Telefonate per Internet mit anderen Skype-Benutzern durchführen. Aufrufen können Sie die App über eine Kachel auf der Startseite (Abbildung 17.15).

Abbildung 17.15　Kachel der App Skype

Skype funktioniert nur, wenn der Benutzer unter einem Microsoft-Konto angemeldet oder die App einem solchen Konto zugeordnet ist. Dieses Konto dient zur Verwaltung des Skype-Zugangs. Fehlt die Verbindung zu einem Microsoft-Konto, erscheint eine Anmeldeseite (Abbildung 17.16), um das lokale Benutzerkonto zu einem Microsoft-Konto umzustufen.

Zu einem Microsoft-Konto auf diesem PC wechseln

Viele Apps und Dienste (wie z. B. dieser Dienst) erfordern ein Microsoft-Konto, um Inhalte und Einstellungen geräteübergreifend synchronisieren zu können. Wir helfen Ihnen jetzt dabei, Ihr Microsoft-Konto einzurichten.

Bestätigen Sie zuerst Ihr aktuelles lokales Kennwort (wir müssen überprüfen, ob es sich auch wirklich um Sie handelt).

SysAdmin

Aktuelles Kennwort

Stattdessen bei jeder App separat anmelden (nicht empfohlen)

[Weiter]   [Abbrechen]

Abbildung 17.16   Anmelden an einem Microsoft-Konto bei Skype

Über den Hyperlink *Stattdessen bei jeder App separat anmelden (nicht empfohlen)* lässt sich die App unter einem lokalen Benutzerkonto auch mit einem Microsoft-Konto verbinden.

HINWEIS   Mit Skype sind weltweit Telefonate per Internet mit anderen Skype-Benutzern kostenlos – es fallen ggf. allerdings Kosten für den Internetzugang an. Skype-Anrufe an Handy- oder Festnetznummern sind dagegen kostenpflichtig. Die Details der Tarifstruktur lassen sich unter *www.skype.com/de/rates/* abrufen. Guthaben laden Sie auf das Skype-Konto auf, indem Sie die Charms-Leiste einblenden, das Symbol *Einstellungen* und in der Seitenleiste den Befehl *Profil* wählen. Dann öffnet sich die Webseite des Skype-Kontos, auf der Sie die Schaltfläche zum Erwerb eines Guthabens vorfinden. Die Bezahlung kann per Kreditkarte, über den Zahlungsdienstleister PayPal oder per Sofortüberweisung erfolgen.

Als weitere Bedingung muss ein Benutzerkonto beim Skype-Dienst bestehen und dieses Benutzerkonto mit dem Microsoft-Konto verknüpft sein. Die Skype-App ermöglicht beim ersten Aufruf eine Verbindung mit einem bestehenden Skype-Benutzerkonto einzurichten (Abbildung 17.17). Alternativ können Sie beim ersten Start kostenlos ein neues Skype-Benutzerkonto in einem Browserfenster einrichten lassen. Zum Anmelden an einem bestehenden Konto sind nur die Skype-Zugangsdaten in Form des Skype-Namens und des Kennworts in die betreffenden Felder des Anmeldeformulars einzutragen (Abbildung 17.17, links unten).

Sobald die Anmeldung am Skype-Konto erfolgt und die Zuordnung zum Microsoft-Konto bestätigt ist, kann Skype verwendet werden.

Abbildung 17.17　Skype-Konto erstellen oder anmelden

ACHTUNG　　Das Skype-Konto wird eng mit dem Microsoft-Konto verknüpft. Um diese Verknüpfung aufzuheben, blenden Sie die Charms-Leiste am rechten Bildschirmrand ein, wählen das Symbol *Einstellungen* und in der Seitenleiste *Einstellungen* den Befehl *Profil* (Abbildung 17.18, rechts). Dann wird die Seitenleiste mit den Profildaten eingeblendet und Sie können am unteren Rand den Befehl *Konto* anwählen (Abbildung 17.18, zweite Spalte von rechts). Windows teilt den Bildschirm und öffnet im rechten Teil die IE-App mit dem Skype-Konto. In der Rubrik *Kontoinformationen* der Kontenseite lässt sich der Hyperlink *Kontoeinstellungen* wählen. Dann werden die Kontoeinstellungen angezeigt und Sie können in der Rubrik *Verknüpfte Konten* den Befehl *Verknüpfung aufheben* wählen. Sie werden durch die Schritte zum Trennen der Konten geführt. Allerdings gibt es eine deutliche Warnung, dass dieses Trennen nicht beliebig häufig erfolgen kann.

Einstellungen der Skype-App anpassen

Ähnlich wie bei anderen Apps lassen sich auch bei Skype diverse Einstellungen anpassen, indem Sie die Charms-Leiste am rechten Seitenrand einblenden und das Symbol *Einstellungen* wählen. Über die Befehle der Seitenleiste *Einstellungen* können Sie auf verschiedene Einstellungen zugreifen:

- **Profil**　Öffnet die in Abbildung 17.18, sichtbare, zweite Spalte von links, in der der Skype-Name, das verknüpfte Microsoft-Konto und der Status angezeigt werden. Im Feld *Persönliche Nachricht* lässt sich ein Text ablegen, der den Skype-Nachrichtenpartnern angezeigt wird. Markieren Sie den Befehl *Als offline anzeigen*, wenn Sie beim Arbeiten am Rechner eine Skype-Verfügbarkeit nicht signalisieren möchten. Der Befehl *Abmelden* am unteren Rand ermöglicht es, sich am Skype-Konto abzumelden (die Verbindung zum Microsoft-

Konto bleibt aber erhalten). Der Befehl *Konto* öffnet die bereits erwähnte Skype-Webseite in der IE-App. Dort können Sie die Konteneinstellungen anpassen und ggf. das Skype-Konto vom Microsoft-Konto trennen.

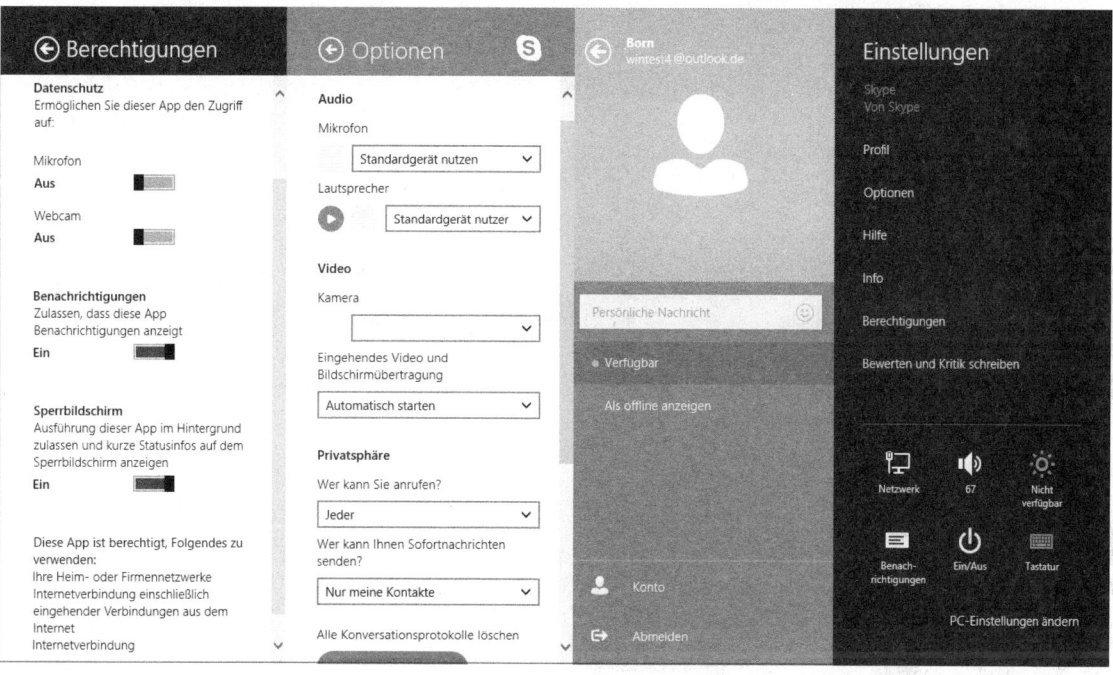

Abbildung 17.18   Einstellungen anpassen

- **Optionen**   Mit dem Befehl öffnen Sie die gleichnamige Seitenleiste, in der Sie die Verwendung von Mikrofon und Kamera, den automatischen Start von Skype und weitere Einstellungen anpassen

- **Berechtigungen**   Dieser Befehl ermöglicht Ihnen über eine Seitenleiste die Datenschutzeinstellungen sowie Benachrichtigungseinstellungen auf dem Desktop und dem Sperrbildschirm ein-/auszuschalten

Einige Seitenleisten bieten eine Bildlaufleiste am rechten Rand, um in den Einstellungen nach oben oder unten zu scrollen.

Telefonieren mit Skype

Ist die Skype-App eingerichtet, erscheint nach dem Aufruf die Skype-Startseite. In diversen Rubriken werden Ihnen Nachrichten- und Anrufprotokolle (Spalte »Konversationen«), Favoriten, ggf. Informationen zum Erwerb von Guthaben etc. angeboten.

- In einer separaten Spalte werden die in Skype verfügbaren Kontakte aufgelistet. Blenden Sie die App-Leiste (z.B. per Rechtsklick) ein, finden Sie zwei Schaltflächen, über die Sie Kontakte hinzufügen oder Teilnehmer mit ihrer Handy- bzw. Festnetztelefonnummer eintragen.

- Wird der Skype-Teilnehmer nicht in der Kontaktliste aufgeführt, können Sie das Lupensymbol im Kopfbereich der App-Seite anwählen. Sie gelangen zu einer separaten Seite mit einem Suchfeld. Dort lassen sich Skype-Kontakte über den Namen, den Skype-Namen oder per E-Mail-Adresse suchen.

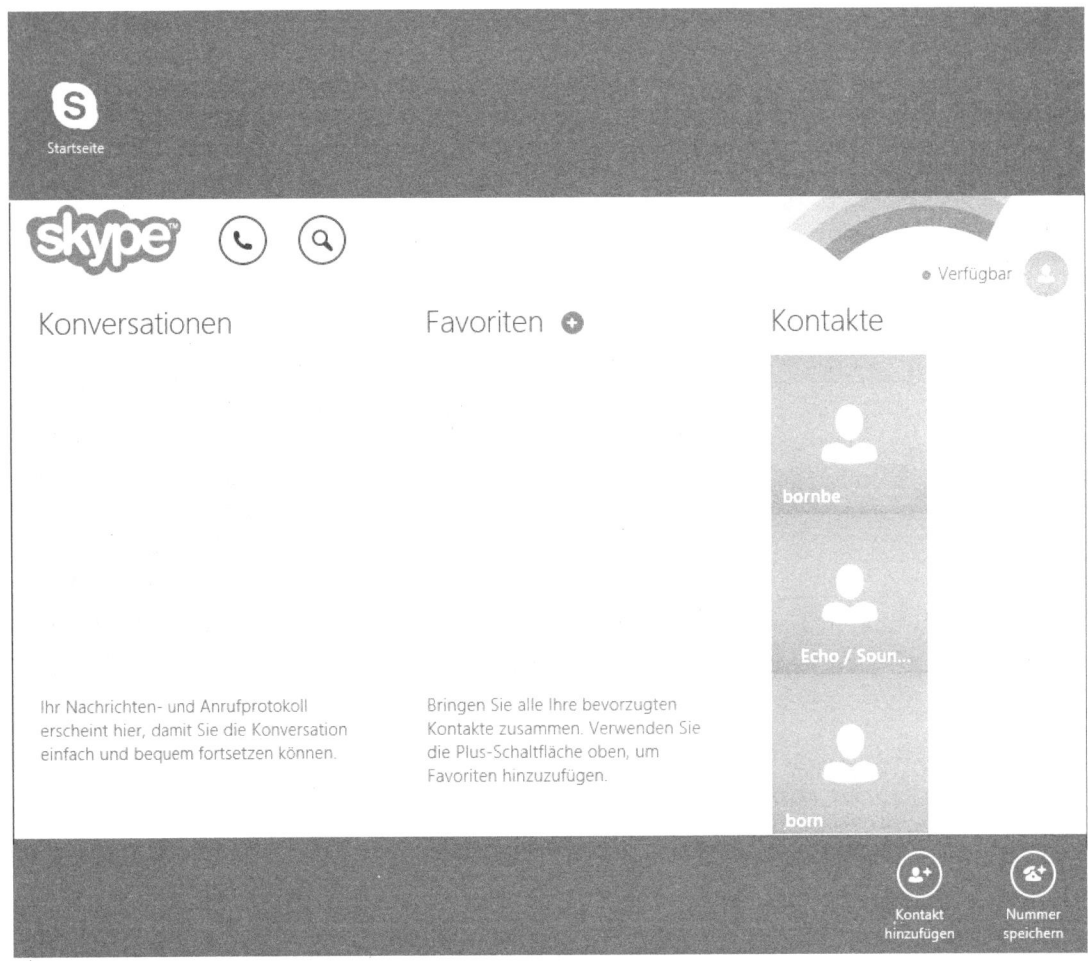

Abbildung 17.19 Skype-Startseite und App-Leiste

- Durch Anwahl eines Kontakts lässt sich die betreffende Person anrufen. Ein grüner Punkt vor dem Namen signalisiert, dass der Teilnehmer an Skype angemeldet und damit erreichbar ist. Der Eintrag *Echo* ermöglicht die Kontaktaufnahme mit einem Skype-Server, um die Mikrofon- und Lautstärkeeinstellungen zu testen.

HINWEIS   Anrufe an Handy- oder Festnetznummern sind kostenpflichtig, aber relativ günstig. Die Details lassen sich unter *www.skype.com/de/rates/* abrufen. Guthaben laden Sie auf das Skype-Konto auf, indem Sie die Charms-Leiste einblenden, das Symbol *Einstellungen* und in der Seitenleiste den Befehl *Profil* wählen. Dann öffnet sich die Webseite des Skype-Kontos, auf der Sie die Schaltfläche zum Erwerb eines Guthabens vorfinden. Die Bezahlung kann per Kreditkarte, über den Zahlungsdienstleister PayPal oder per Sofortüberweisung erfolgen.

- Sobald ein Kontakt, die Schaltfläche mit dem Telefonhörer oder der Videokamera (Abbildung 17.20, linke Spalte) angewählt wird, startet Skype einen Video- bzw. Telefonanruf zur Skype-Software des Teilnehmers

- Auf dem Bildschirm des Angerufenen erscheint eine Benachrichtigungsleiste (Abbildung 17.20, oben rechts), und es klingelt. Der Angerufene erkennt, wer der Anrufer ist, und kann das Gespräch über verschiedene Schaltflächen als Videotelefonat bzw. als Telefonat mit Sprache annehmen oder auch ablehnen.

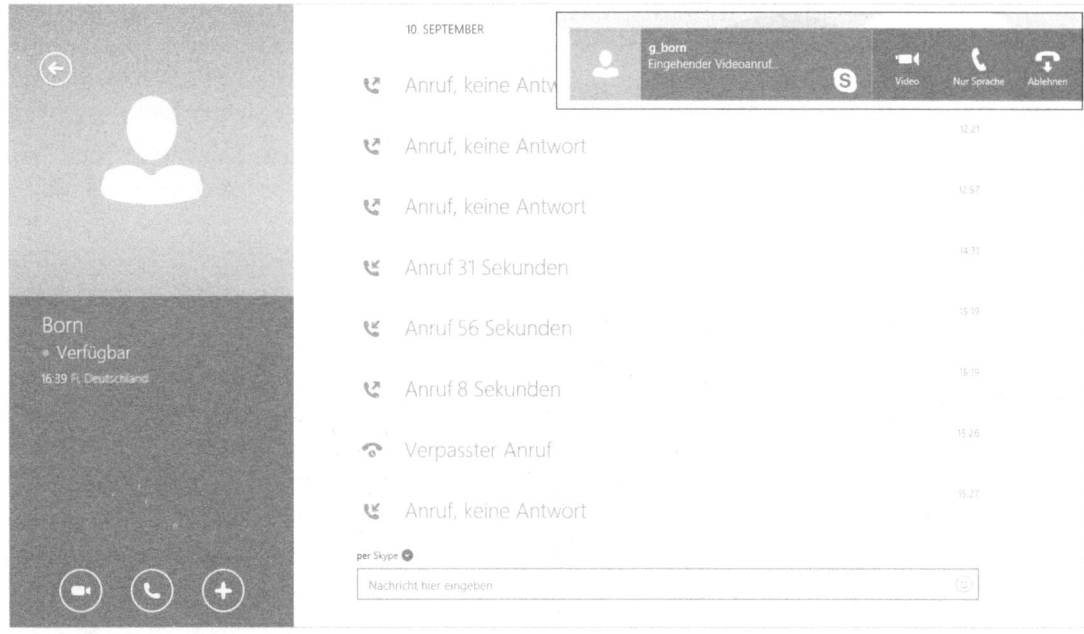

10. SEPTEMBER

g_born
Eingehender Videoanruf...

Video Nur Sprache Ablehnen

↩ Anruf, keine Antw

↩ Anruf, keine Antwort   12.21

↩ Anruf, keine Antwort   12.57

↙ Anruf 31 Sekunden   14.11

↙ Anruf 56 Sekunden   15.19

↩ Anruf 8 Sekunden   15.19

☊ Verpasster Anruf   15.26

↙ Anruf, keine Antwort   15.27

per Skype ◔

Nachricht hier eingeben

Born
• Verfügbar
16.39 Fr, Deutschland

Abbildung 17.20 Skype-App-Seite mit Bedienelementen für Anrufe

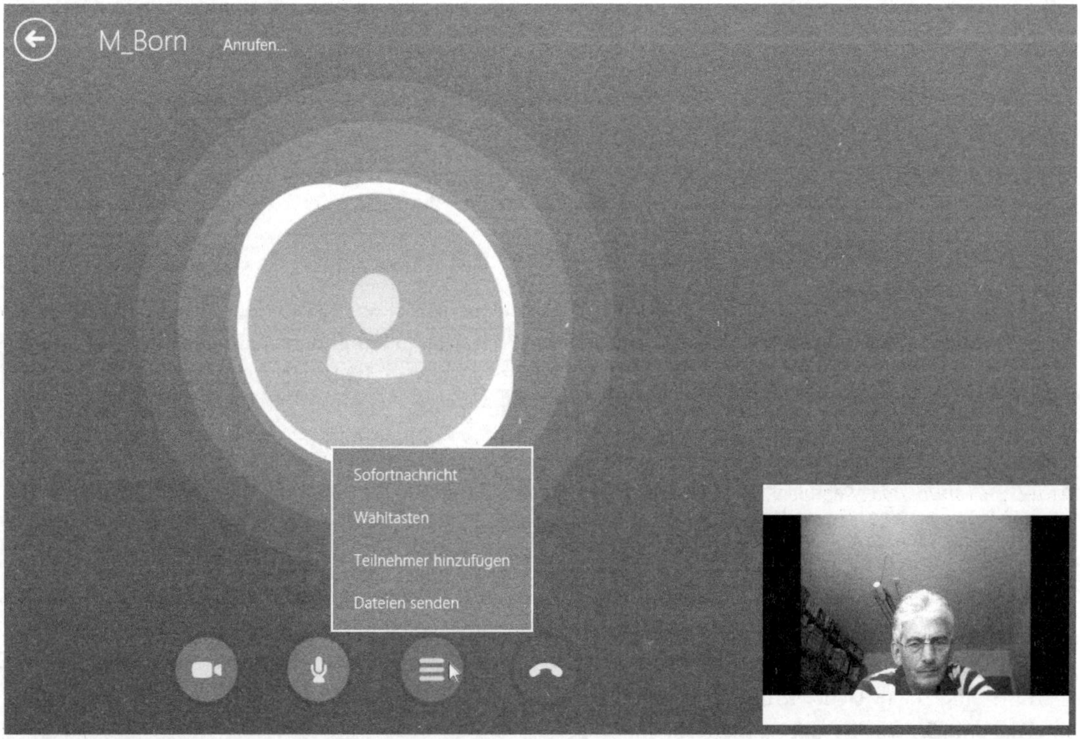

M_Born   Anrufen...

Sofortnachricht

Wahltasten

Teilnehmer hinzufügen

Dateien senden

Abbildung 17.21 Skype-App-Fenster während eines Anrufs

- Anschließend lässt sich ein Telefonat führen. Über Schaltflächen unterhalb des Teilnehmerfensters (Abbildung 17.20) können Webkamera und Mikrofon ein- oder ausgeschaltet werden. Die Listenschaltfläche öffnet ein Menü, über das Sie Dateien oder Sofortnachrichten versenden oder Wähltasten einblenden können. Die rote Schaltfläche mit dem Telefonhörer beendet ein Skype-Gespräch.

Über Skype sind sowohl Videoanrufe (bei angeschlossener und funktionsfähiger Kamera) als auch normale Telefonate ohne Bild möglich. Interessant ist das Ganze für Anrufe ins Ausland, da diese sehr günstig oder, falls der Angerufene Skype besitzt, sogar kostenlos sind.

Wetter, Karten und Reiseinfos

Windows kann Sie bei Reisen mit verschiedenen Apps wie Wetter, Reiseinfos oder dem Bing-Kartendienst unterstützen. Die Funktionen dieser Apps werden nachfolgend kurz vorgestellt.

Wettervorhersage im Blick

Die Wetter-App blendet bereits in der Kachel (Abbildung 17.22) der Startseite aktuelle Wetterinformationen (Temperatur, Wettervorhersage etc.) ein.

Abbildung 17.22 Kachel der Wetter-App

- Beim Start der App erscheint die Wettervorhersage für mehrere Tage für den eingestellten Ort in der App-Seite (Abbildung 17.23). Die Anordnung der Wetterdaten hängt dabei von der Bildschirmauflösung ab. Bei einer Auflösung unterhalb von 1.366 × 768 Pixel werden die Wetterdaten gemäß Abbildung 17.23 als vertikal scrollbare Liste angezeigt. Ab der Auflösung von 1.366 × 768 Pixel zeigt die Wetter-App die Wettervorhersage horizontal (mindestens für sechs Tage) an (Abbildung 17.24).

- Durch horizontales Blättern lässt sich zu einer Seite mit stündlichen Wettervorhersagen blättern (in Abbildung 17.23 am rechten Rand als Ausschnitt zu sehen). Zusätzlich können auf diese Weise Karten (Niederschlag, Temperatur etc.) oder historische Wetterdaten abgerufen werden.

- Sind die Wetterdaten wie in Abbildung 17.23 aufgelistet und zeigt der Benutzer per Maus auf die Wettervorhersage eines Tages, erscheint eine Bildlaufleiste, um vertikal in der 10-Tage-Vorschau zu blättern. Bei einer horizontal eingeblendeten Wettervorhersage (Abbildung 17.24) findet sich am rechten Rand der Liste eine Schaltfläche (Kreis mit nach rechts bzw. links zeigendem Pfeil), um zum Ende bzw. Anfang der Liste mit der Vorhersage zu blättern.

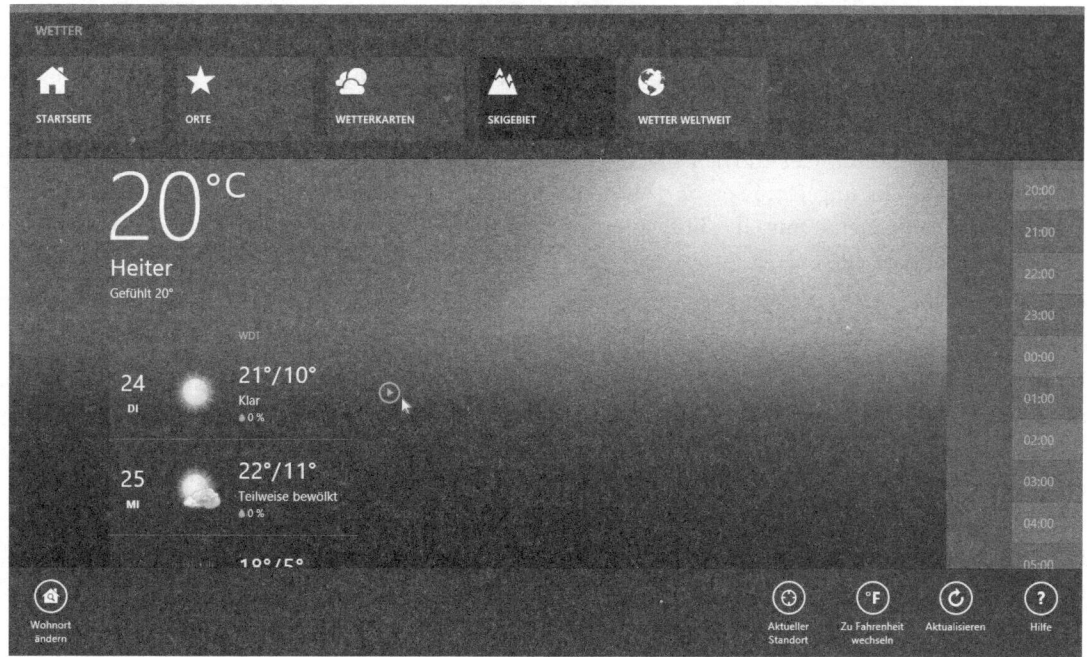

Abbildung 17.23 App-Fenster mit Wetterinformationen und App-Leiste (Auflösung 1.280 x 768 Pixel)

■ Rechts neben den Kacheln mit der Vorhersage findet sich ein runde Schaltfläche mit einem Dreieck. Die Anwahl dieses Schaltflächenelements blendet Daten zu Windgeschwindigkeit und Feuchtigkeit sowie die Vorhersage weiterer Anbieter wie AccuWeather (am rechten oder unteren Rand der Vorhersage) ein.

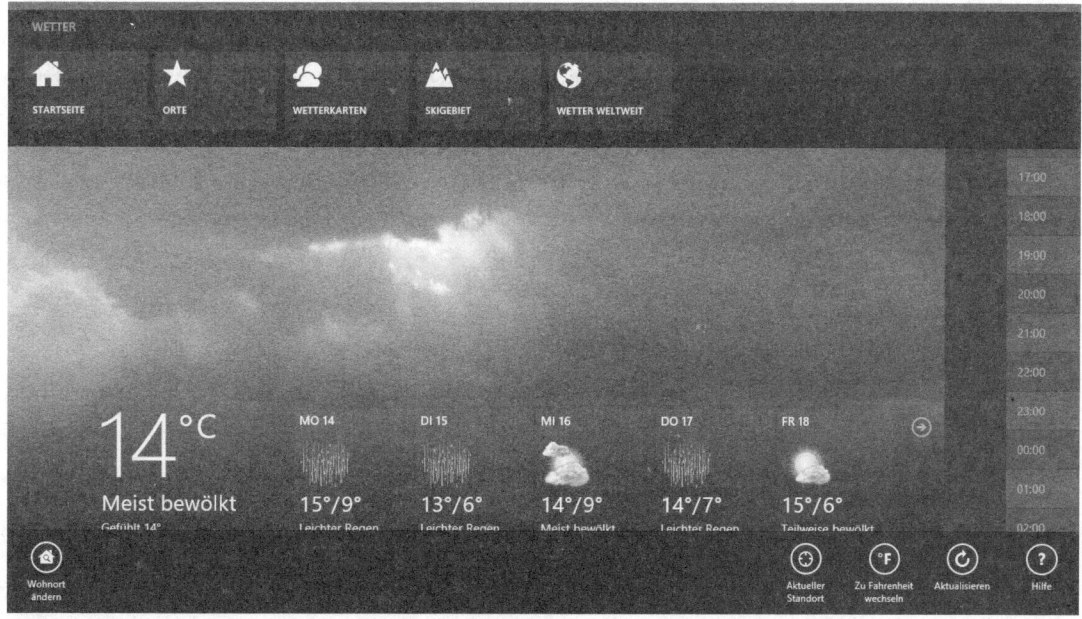

Abbildung 17.24 Wetteranzeige ab der Auflösung von 1.366 x 768 Pixel

- Um die Temperaturanzeige umzustellen, genügt das Anklicken oder Antippen der aktuell angezeigten Temperatur. Oder Sie blenden die App-Leiste ein und wählen die in der unteren App-Leiste sichtbare Schaltfläche *Zu Fahrenheit wechseln* (Abbildung 17.23) oder *Zu Celsius wechseln.*

- Auf einem Tablet-PC mit GPS-Sensor kann die Wetter-App den Standort automatisch aus den Positionierungsdaten bestimmen und den angezeigten Ort einstellen. Auch bei Mobilfunk- oder WLAN-Anbindung lässt sich der ungefähre Standort ableiten. Die Schaltfläche *Aktueller Standort* der App-Leiste ermittelt diesen auf Geräten mit GPS-Empfänger oder über die Internetverbindung und trägt diesen für die Wettervorhersage ein.

Abbildung 17.25 Standort in der Wetter-App festlegen

- Den angezeigten Ort ändern Sie manuell, indem Sie die App-Leiste einblenden und in der unteren App-Leiste (Abbildung 17.23) die Schaltfläche *Wohnort ändern* wählen. Danach tragen Sie im eingeblendeten Formular (Abbildung 17.25) den Wohnort ein. Bereits bei der Eingabe erscheint ein Auswahlmenü, aus dem Sie die gewünschte Stadt wählen und durch Anwahl der Schaltfläche *Hinzufügen* als Ort übernehmen. Sind Wohnorte als Favoriten definiert, öffnet sich bei Anwahl der Schaltfläche ein Menü, über welches Sie verschiedene Wohnorte aus den Favoriten auswählen oder einen neuen Standort hinzufügen können.

- Bei Bedarf lassen sich weitere Orte für die Wettervorhersage in eine Favoritenliste aufnehmen. Wählen Sie hierzu in der eingeblendeten oberen App-Leiste die Kachel *Orte* (Abbildung 17.23). Danach wählen Sie in der eingeblendeten Seite die Kachel mit dem Pluszeichen in der Rubrik *Favoriten* (Abbildung 17.26, Hintergrund). Tragen Sie im eingeblendeten Formular (Abbildung 17.26, Einblendung im Vordergrund) den neuen Standort ein und bestätigen Sie die *Hinzufügen*-Schaltfläche.

Abbildung 17.26 Orte als Favoriten in der Wetter-App festlegen

- Die Wettervorhersage für einen solchen Ort der Favoritenliste rufen Sie ab, indem Sie die App-Leiste einblenden, die Kachel *Orte* (Abbildung 17.23) wählen und dann die Kachel mit dem gewünschten Ort in der Spalte *Favoriten* anklicken oder antippen.

- Um einen so definierten Ort wieder zu löschen, wechseln Sie über die Kachel *Orte* der oberen App-Leiste (Abbildung 17.23) erneut zur Seite mit den Orten. Dann markieren Sie die Kachel mit dem betreffenden Ort (Abbildung 17.26, Hintergrund oben), indem Sie z.B. diese Kachel mit der rechten Maustaste anklicken oder mit dem Finger etwas nach unten ziehen. Sobald die Kachel markiert ist, lässt sie sich mittels der in der rechten oberen Kachelecke sichtbaren *Entfernen*-Schaltfläche löschen.

Die App-Leiste zeigt, abhängig vom jeweiligen Kontext, weitere Schaltflächen an. Hier noch einige zusätzliche Hinweise:

- Ist die Seite *Orte* sichtbar, können Sie auch die App-Leiste einblenden und am unteren Rand die Schaltfläche *Hinzufügen* wählen. Dann wird das in Abbildung 17.26 im Vordergrund sichtbare Formular *Standort eingeben* ebenfalls angezeigt.

- Ist die Wettervorhersage für eine Seite aus den Favoriten im App-Fenster sichtbar, enthält die untere App-Leiste eine *Entfernen*-Schaltfläche, um den betreffenden Ort aus den Favoriten zu löschen

- Die Schaltfläche *Als Wohnort festlegen* der unteren App-Leiste richtet den Ort so ein, dass dessen Wetterdaten beim Start der App eingeblendet werden. Diese Schaltfläche erscheint ebenfalls nur, wenn die Wettervorhersage für eine Seite aus den Favoriten im App-Fenster-sichtbar ist.

- Mittels der Schaltfläche *An "Start" anheften* der unteren App-Leiste kann der ausgewählte Ort als Kachel in die Startseite eingefügt werden. Die Schaltfläche erscheint nur, wenn die Wettervorhersage für eine Seite aus den Favoriten im App-Fenster-sichtbar ist. Bei Anwahl der Kachel öffnet dann die Wetter-App die Anzeige mit den Wetterdaten dieses Orts.

Die Wetter-App bezieht die Wetterdaten online von Bing Wetter, kann also nur Informationen anzeigen, die dort bekannt sind. Zudem ist eine Onlineverbindung erforderlich, damit die App funktioniert.

HINWEIS   Beim ersten Start fordert die App den Benutzer auf, den Zugriff auf die Positionsdienste zuzulassen oder abzulehnen. Um die Verwendung der Positionsdaten nachträglich anzupassen, blenden Sie die Charms-Leiste am rechten Seitenrand ein und wählen *Einstellungen*. Über den Befehl *Einstellungen* in der gleichnamigen Seitenleiste lässt sich der Befehl *Berechtigungen* wählen (ggf. per Bildlaufleiste in der Seitenleiste nach unten blättern). Werden die Positionsdaten nicht freigegeben, lässt sich der Befehl *PC-Einstellungen ändern* der Seitenleiste *Einstellungen* wählen. In der Kategorie *Datenschutz/Position* finden Sie die Option, um den Zugriff von Apps auf die Standorteinstellungen freizugeben. Sind auch diese Optionen gesperrt (abgeblendet), rufen Sie die Systemsteuerung auf und geben im Suchfeld »Pos« ein. Anschließend wählen Sie den eingeblendeten Befehl *Standorteinstellungen* und markieren in der Seite *Standorteinstellungen ändern* das Kontrollkästchen *Plattform für Windows-Position aktivieren*. Das Kontrollkästchen *Verbesserung des Positionsdiensts von Microsoft unterstützen* ermöglicht Windows Positionen regelmäßig an Microsoft zur Verbesserung der ortsbezogenen Dienste zu übermitteln. Über den Befehl *Optionen* der Seitenleiste *Einstellungen* lässt sich die Skalierung zwischen Fahrenheit und Celsius umstellen sowie die Wettersuche löschen.

Karten und Routenplanung

Maps ist ein von Microsoft angebotener Kartendienst, der sich als Pendant zu Google Maps darstellt und sowohl Karten anzeigen als auch Routen planen kann. Die Karten-App wird über eine Kachel auf der Startseite aufgerufen (Abbildung 17.27) und ermöglicht bei einer bestehenden Online-Verbindung den Zugriff auf diesen Kartendienst. Anschließend wird eine Karte (Abbildung 17.28) eingeblendet.

Abbildung 17.27 Kachel der Startseite zum Aufruf des Kartendiensts

HINWEIS   Beim ersten Aufruf erscheint eine Nachfrage der App, ob die Positionsdienste aktiviert werden dürfen. Dies ist bei Verwendung der Karten-App als Navigationshilfe erforderlich. Die Verwendung des Standorts lässt sich sperren, indem Sie in der eingeblendeten Charms-Leiste auf *Einstellungen* klicken und dann in der Seitenleiste *Einstellungen* den Befehl *Berechtigungen* wählen. Über den Befehl *Optionen* der Seitenleiste erhalten Sie Zugriff auf weitere Einstellungen und können die Regionseinstellung der App, die Entfernungsanzeige oder die Temperaturanzeige zwischen verschiedenen Werten umstellen.

- Sie können per Maus oder Finger im Kartenausschnitt blättern. Zwei eingeblendete Kreise mit Plus- und Minuszeichen (Abbildung 17.28, rechter Kartenrand) ermöglichen es, die Kartenausschnitte zu vergrößern oder zu verkleinern. Alternativ ist bei Touchbedienung der Zoom durch Spreizen oder Zusammenziehen zweier Finger möglich.

- Blenden Sie die App-Leiste (z.B. durch Wischen mit dem Finger oder per Rechtsklick) ein, finden Sie am unteren Rand Schaltflächen, um den eigenen Standort, Verkehrsinformationen oder den Kartenstil (Abbildung 17.28, unterer Rand, Einblendung rechts) abzurufen. Der eigene Standort ist nur verfügbar, wenn Positionsdaten (z.B. von einem GPS-Sensor) vorliegen. Beim Kartenstil können Sie zwischen der in Abbildung 17.28 gezeigten Stadtplanansicht und dem Modus *Luftaufnahmen* (erstellt aus Satelliten- und Luftbildern) umschalten sowie Verkehrsinformationen ein-/ausblenden.

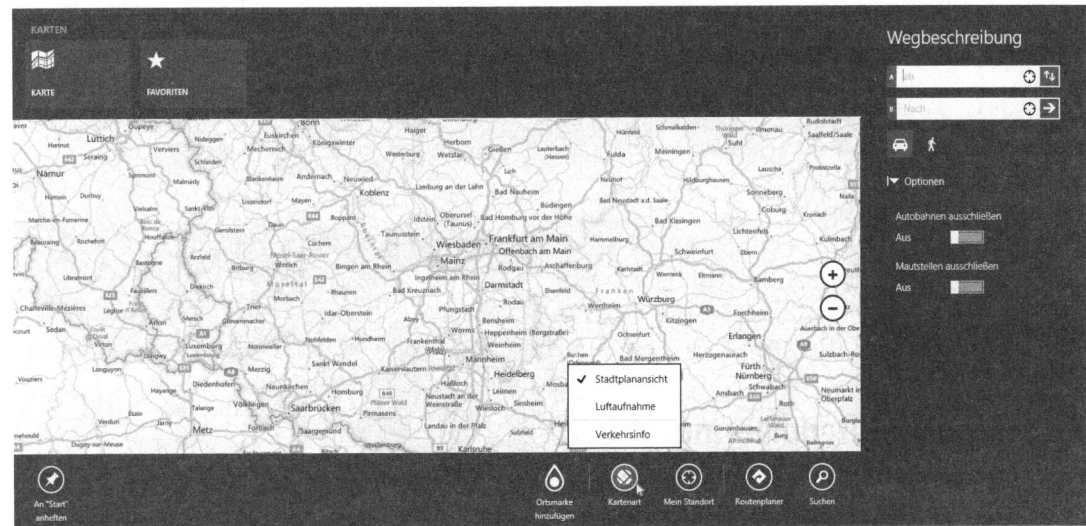

Abbildung 17.28 Routenplanung und Suchen mit der Karten-App

Eine Routenplanung ist über die Schaltfläche *Routenplaner* der unteren App-Leiste möglich:

- Bei Anwahl werden in der Seitenleiste (Abbildung 17.28, rechter Rand) zwei Eingabefelder für Start und Ziel eingeblendet

- Über die rechts neben dem Feld »Nach« eingeblendete Schaltfläche oder über die ⏎-Taste lässt sich dann eine Fahrtroute zwischen den angegebenen Orten berechnen

Diese Wegbeschreibung wird dann farbig in der Karte angezeigt. Zudem finden Sie am Kartenrand eine Wegbeschreibung in Textform.

Zur Suche in der Karte blenden Sie die App-Leiste am unteren Bildschirmrand ein und wählen die Schaltfläche *Suchen*. Anschließend lässt sich in der Seitenleiste ein Suchbegriff (Ort oder Geschäft) eingeben und die Suche starten. Die Schaltfläche *Ortsmarke hinzufügen* der App-Leiste lässt sich per Maus in den Kartenausschnitt ziehen und an einem Ort als Marke festpinnen. Klicken Sie auf die Ortsmarke, erscheint eine Legende mit zusätzlichen Schaltflächen, um eine Wegbeschreibung vom Standort zur Ortsmarke oder Informationen über Geschäfte etc. in der Nähe usw. abzurufen.

HINWEIS   Die App erfordert eine Onlineverbindung zum Laden der Onlinekarten. Die eigene Position wird nach Anwahl der Schaltfläche *Mein Standort* per App-Leiste entweder über einen GPS-Sensor oder aus anderen Angaben (z.B. WLAN-Standort) ermittelt und durch ein Symbol in der Karte gekennzeichnet.

Reiseinfos direkt per App abrufen

Über die Reisen-App lassen sich Informationen über auswählbare Reiseziele abrufen oder Flug- und Hotelbuchungen vornehmen. Starten können Sie die App über das Symbol *Reisen* der Startseite (Abbildung 17.29). Fehlt die Kachel auf der Startseite, wechseln Sie zur Darstellung *Apps* und heften das App-Symbol über die Schaltfläche *An "Start" anheften* der App-Leiste als Kachel an der Startseite an. Das nach dem Start angezeigte App-Fenster (Abbildung 17.30) ermöglicht das Abrufen von Informationen über wählbare Reiseziele.

Abbildung 17.29   Kachel der Reisen-App auf der Startseite

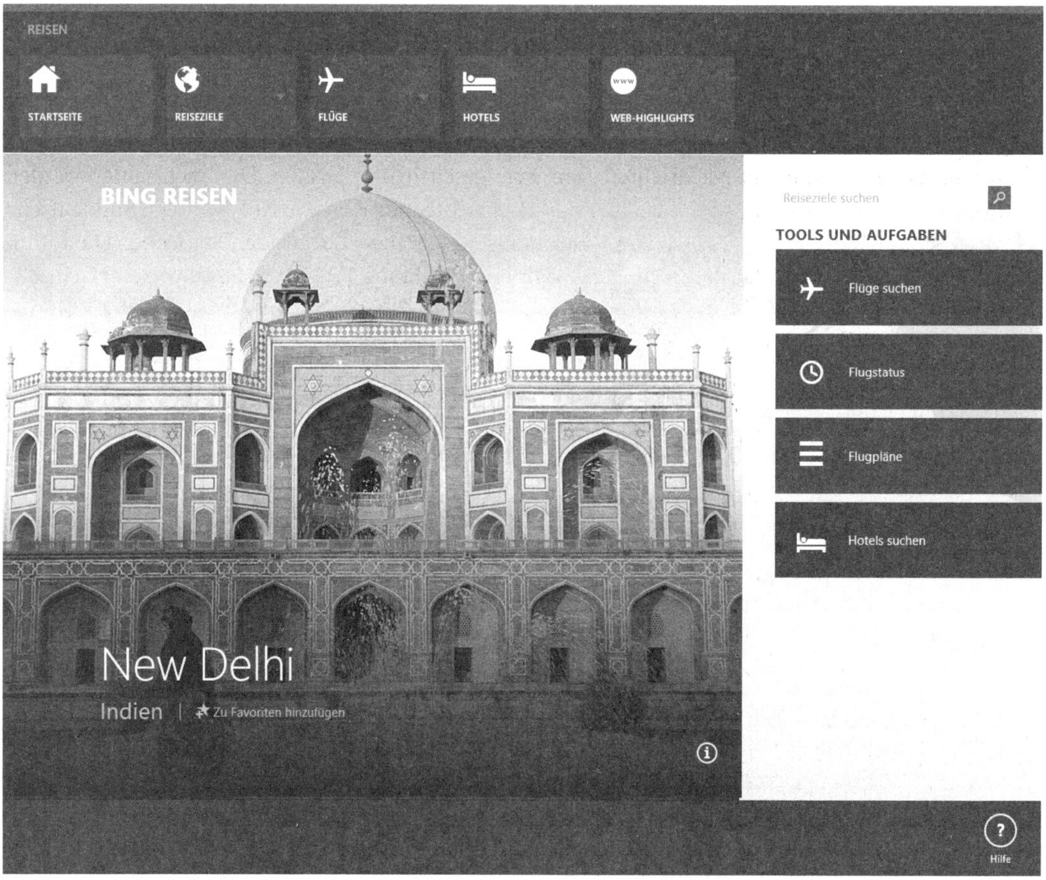

Abbildung 17.30   Fenster der Reisen-App mit Informationen

- Im Fenster der Reisen-App (Abbildung 17.30) lässt sich horizontal in der Darstellung blättern. In verschiedenen Kategorien werden Ihnen ausgesuchte Zielorte und Artikel angeboten. Wählen Sie eine Kachel mit einem Zielort, lassen sich Fotos, ggf. Panoramaaufnahmen, Beschreibungen und weitere Informationen in der Detailseite einsehen. Die Informationen werden durch horizontales Blättern eingeblendet.

- Öffnen Sie die App-Leiste, erscheinen verschiedene Kacheln am oberen Fensterrand. Über diese Kacheln wechseln Sie zwischen der Startseite, allen unterstützten Reisezielen sowie Buchungsseiten für Flüge und Hotels.

- Auf der Seite *Ausgewählte Reiseziele* greifen Sie über Kacheln auf vorgegebene Orte zu oder wählen über ein Listenfeld Regionen wie Afrika, Asien, Europa aus, um Zielorte zu filtern.

- Über die in der rechten oberen Ecke sichtbare Suchleiste lässt sich zudem direkt nach Reisezielen suchen.

Eine Unterstützung für die Druckerausgabe ist in der App nicht implementiert. Aufgerufene Seiten lassen sich aber über die Windows-Funktion *Teilen* über die Mail-App versenden.

Informationen per App abrufen

Benötigen Sie einen schnellen Überblick über Finanzdaten oder möchten Sie aktuelle Nachrichten bzw. Hinweise zu Sportereignissen auf einen Blick sehen? Auch hier kann Windows Sie mit vorinstallierten Apps unterstützen.

App zum Beziehen von Nachrichten

Windows enthält die News-App, um Nachrichten zum Tagesgeschehen abzurufen. Die Nachrichten werden durch den Dienst Bing bereitgestellt, stammen aber aus Nachrichtenportalen wie AFP, Reuters, Süddeutsche etc. Aufrufen lässt sich die App über die in Abbildung 17.31 gezeigte Kachel der Startseite. Daraufhin erscheint das App-Fenster mit der aktuellen Bing-Schlagzeile (Abbildung 17.32), die aus diversen Nachrichtenportalen extrahiert wird.

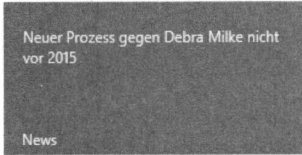

Abbildung 17.31   Kachel der News-App auf der Startseite

Abbildung 17.32   Anzeige von Schlagzeilen und Nachrichten im App-Fenster

- Blättern können Sie per Maus oder Touchbedienung waagerecht, um weitere, am rechten Rand einge-stellte Nachrichtenschlagzeilen anzuzeigen

- Klicken oder tippen Sie auf das App-Fenster, wird der zur Schlagzeile passende Artikel eingeblendet

- Über die in der linken oberen Seitenecke eingeblendete Schaltfläche *Zurück* gelangen Sie erneut zur Übersichtsseite

Öffnen Sie die App-Leiste, lassen sich am oberen Rand (Abbildung 17.32) verschiedene Kacheln anwählen:

- Über *Bing News* wird das von Bing zusammengestellte Standard-Nachrichtenangebot angezeigt

- Eine Übersicht der Nachrichtenquellen erhalten Sie, wenn Sie die Kachel *Quellen* in der App-Leiste wäh-len. Dann werden im App-Fenster die zur Auswertung der Schlagzeilen verwendeten Nachrichtenportale aufgelistet.

Analog können Sie auf Themen oder Videos zugreifen. Möchten Sie eine neue Nachrichtenquelle (z.B. ein RSS-Feed eines Blogs) in die News-App aufnehmen, gehen Sie folgendermaßen vor:

Abbildung 17.33 Thema zur News-App hinzufügen

1. Blenden Sie in der Startseite der News-App die App-Leiste ein und wählen Sie am unteren Rand die Schalt-fläche *Anpassen* (Abbildung 17.32).

2. Wählen Sie in der Seite *Anpassen* (Abbildung 17.33, Hintergrund links) den Eintrag *Quellen*.

3. Klicken oder tippen Sie auf der Seite *Thema hinzufügen* auf die gewünschte Kategorie, geben Sie danach den URL des Feeds der gewünschten Seite in das Suchfeld ein (Abbildung 17.33, oben) und wählen Sie dann das Lupensymbol.

4. Sobald die Seite gefunden wurde (Abbildung 17.33, unten rechts) wählen Sie die Kachel mit dem Treffer an. Diese wird durch ein Häkchen gekennzeichnet.

Anschließend sollten Sie die Nachrichten der abonnierten Webseite in der News-Startseite sehen (notfalls ganz nach rechts blättern).

> **HINWEIS** Per Klick auf *Einstellungen* in der Charms-Leiste lässt sich die gleichnamige Seitenleiste einblenden. Der Befehl *Optionen* wechselt zu einer Seitenleiste, in der Sie über einen Schalter wählen können, ob die Nachrichten offline gelesen werden können.

Sportnachrichten auf Abruf

Die Sport-App stellt Ihnen aktuelle Sportnachrichten, die über den Microsoft-Dienst Bing bezogen werden, im App-Fenster zusammen. Aufrufen lässt sich die App über die in Abbildung 17.34 gezeigte Kachel der Startseite.

Abbildung 17.34 Kachel der Sport-App

- Im Fenster der App (Abbildung 17.35) blättern Sie bei Bedarf per Maus oder durch Scrollen mit dem Finger auf einem Touchscreen horizontal in den Sportnachrichten

- Wählen Sie eine Kachel mit einer Sportnachricht an, gelangen Sie zur Detailseite des jeweiligen Nachrichtenportals (z.B. Zeit, DAPD etc.)

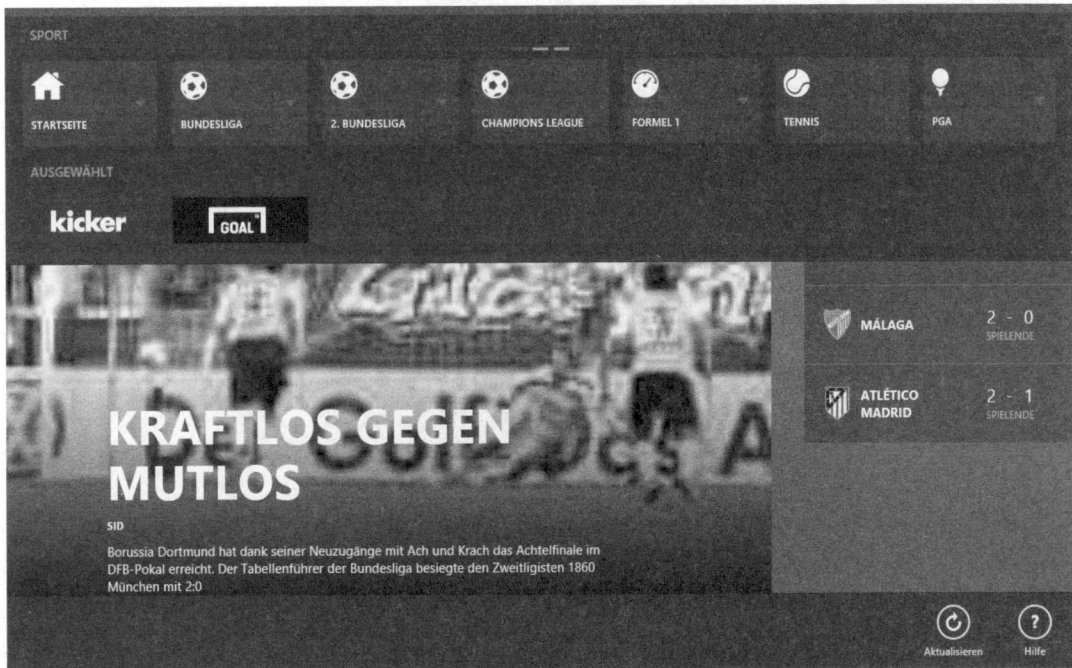

Abbildung 17.35 Anzeige der Sportnachrichten

Über die am oberen Rand per rechtem Mausklick einblendbare App-Leiste lassen sich verschiedene Kategorien wie Bundesliga, Formel 1, Golf etc. auswählen. Die Sportnachrichten werden dann nach diesen Kategorien gefiltert.

Finanznachrichten und Kurse per App im Blick

Die Finanzen-App bezieht ihre Informationen ebenfalls über den Dienst Bing und stellt verschiedene Finanzdaten auf einer Seite zusammen. Die App zeigt abwechselnd Kenndaten wie die Kurse von DAX und TECDAX auf der Kachel der Startseite an (Abbildung 17.36). Über diese Kachel rufen Sie die App auch auf.

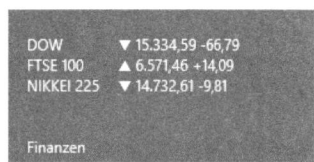

Abbildung 17.36 Kachel der Finanzen-App

- Beim Start erscheint eine Seite mit einer Headline und den Börsenkursen des DAX und TECDAX (Abbildung 17.37). Verwenden Sie die Maus oder die Finger bei Touchscreens, um horizontal zu den am rechten Rand befindlichen Finanznachrichten, zur Watchliste mit ausgesuchten Börsenkursen etc. zu blättern.

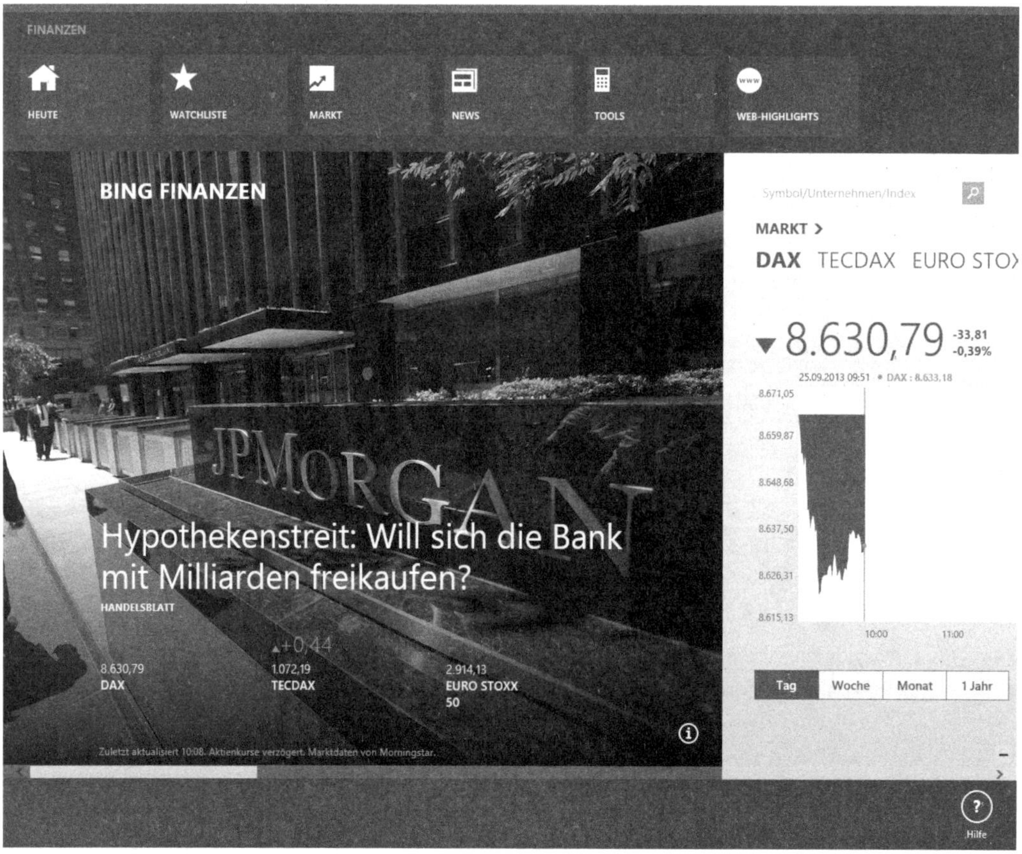

Abbildung 17.37 Anzeige von Finanzdaten

- Über die am oberen Bildrand per rechtem Mausklick einblendbare App-Leiste lassen sich verschiedene Nachrichtenseiten wie aktueller Kurs, ausgewählte Aktien (Watchliste), Wirtschaftsmeldungen (News), Tools etc. aus dem Web abrufen

- Um neue Börsenkurse zur Watchliste hinzuzufügen, wählen Sie das betreffende Symbol in der oberen App-Leiste an. In der Einzelseite der Watchliste (Abbildung 17.38) werden die bereits ausgewählten Kurse eingeblendet. Über die letzte Zeile der Watchliste mit dem Pluszeichen öffnen Sie ein Formular (Abbildung 17.38, Einblendung im Vordergrund), in dem Sie einen Firmennamen oder eine Wertpapierkennung eintragen und über die Schaltfläche *Hinzufügen* in die Watchliste aufnehmen können.

- Blenden Sie die App-Leiste bei angezeigter Watchliste ein, lässt sich die Darstellung zwischen einer Listen- (Abbildung 17.38) und einer Gitteransicht mit Kacheln umstellen. Über die Schaltfläche *An "Start" anheften* der App-Leiste lässt sich die Watchliste als Kachel auf der Startseite ablegen.

- Wählen Sie einen Zeile oder Kachel in der Watchliste mit der rechten Maustaste (oder durch Herunterziehen mit dem Finger) an, wird diese markiert. Über die in der rechten oberen Ecke der Markierung sichtbare *Löschen*-Schaltfläche lässt sich der Kurseintrag aus der Watchliste entfernen. In der App-Leiste am unteren Fensterrand finden sich Schaltflächen, um das markierte Element in der Liste nach oben oder nach unten zu verschieben oder die Liste zu sortieren.

Die App unterstützt keine Druckausgabe, der angezeigte Inhalt kann aber per Klick auf *Teilen* in der Charms-Leiste über die Mail-App verschickt werden. Über das Symbol *Einstellungen* der Charms-Leiste und den Befehl *Optionen* der Seitenleiste lässt sich lediglich die Spracheinstellung der App anpassen.

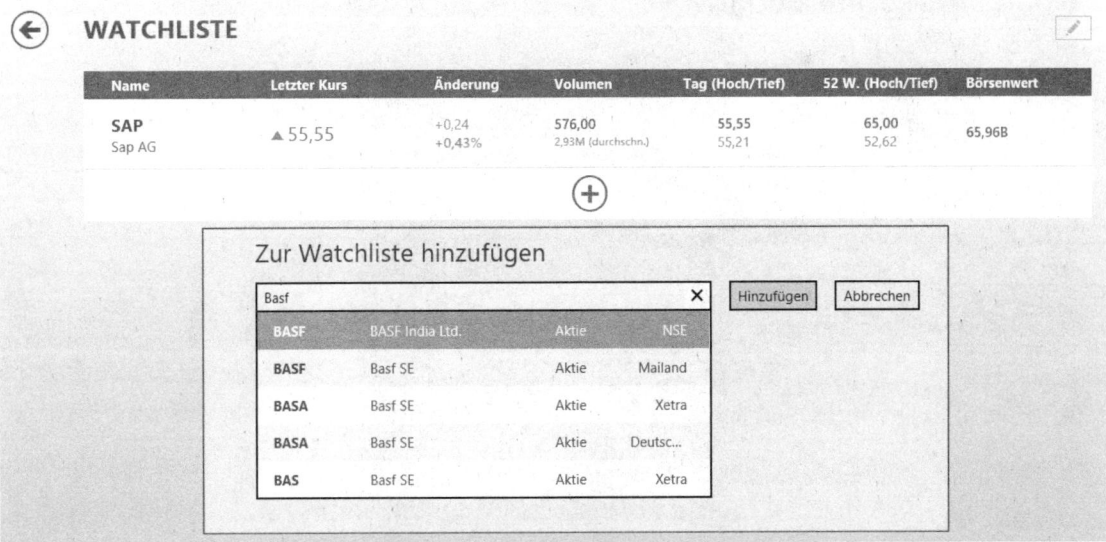

Abbildung 17.38   Aktien zur Watchliste hinzufügen

> **TIPP**   Falls bei Ihnen die in diesem Kapitel erwähnten Kacheln zum Aufruf einzelner Apps auf der Startseite fehlen, schalten Sie zur Darstellung der Seite *Apps* um. Dort werden alle Apps aufgeführt und lassen sich über die App-Leiste als Kacheln an der Startseite anheften.

Kochen & Genuss

Über die App Kochen & Genuss verwalten Sie Rezepte, erstellen Speisepläne oder führen Einkaufslisten. Die App rufen Sie über eine Kachel der Startseite auf (Abbildung 17.36).

Abbildung 17.39   Kachel der App Kochen & Genuss

- Beim Start zeigt die App eine Seite mit verschiedenen Kacheln, über die Sie einzelne Rezepte ansehen, die Rezeptsammlung durchsuchen oder auf bestimmte Rubriken (Rezepte, Wein, Cocktails) zugreifen können (Abbildung 17.40). Rezeptdetails rufen Sie z.B. durch Antippen oder Anklicken der betreffenden Kachel ab. Über die *Zurück*-Schaltfläche in der linken oberen Ecke einer Seite gelangen Sie zur vorherigen Seite zurück.

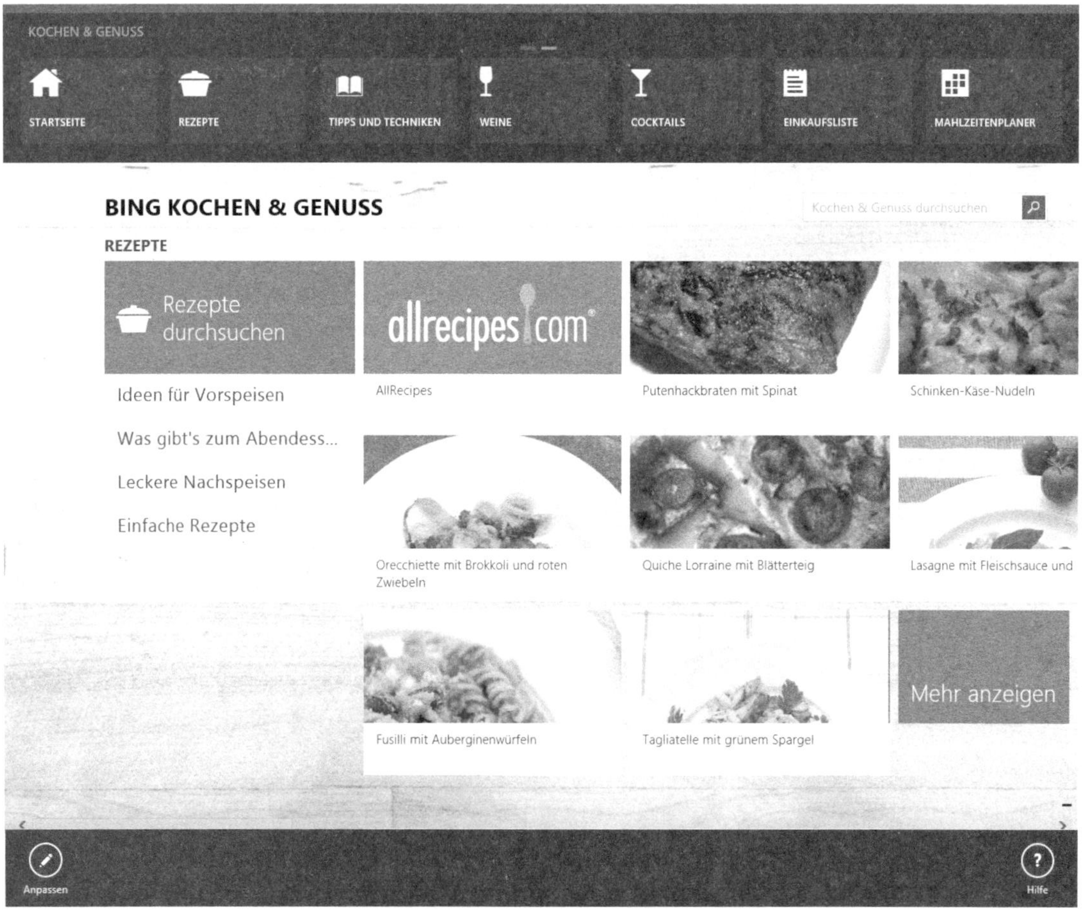

Abbildung 17.40   Startseite der App Kochen & Genuss

- Verwenden Sie die Maus oder die Finger bei Touchscreens, um horizontal in der Startseite (oder in Unterseiten) zu blättern. Sie gelangen zu Rubriken mit Kacheln, um Rezepte einzusehen, Rezeptsammlungen anzulegen, Rezepte hinzuzufügen, Einkaufslisten oder Speisepläne zu erstellen.

- Am rechten App-Rand gibt es die Rubrik *Nächste Schritte*, über deren Einträge Sie Rezepte suchen oder anlegen, die App anpassen oder andere Elemente wie Speisepläne und Einkaufslisten führen können

Über die am oberen und unteren Bildrand per rechtem Mausklick einblendbare App-Leiste erhalten Sie ebenfalls Zugriff auf die verschiedenen Rubriken oder können die App anpassen. In der Anpassungsseite lassen sich Kategorien wie Rezepte aus der App entfernen oder neu aufnehmen.

Die App kann Rezepte oder Einkaufslisten über das Symbol *Geräte* der Charms-Leiste nach Auswahl des Druckbefehls und des Druckers drucken. Bei Einkaufslisten wird sogar ein *Drucken*-Symbol in der rechten unteren Ecke eingeblendet. Der angezeigte Inhalt kann zudem über das Symbol *Teilen* der Charms-Leiste über die Mail-App verschickt werden. Über das Symbol *Einstellungen* der Charms-Leiste erscheint eine Seitenleiste, in der sich Nutzungsbedingungen und weitere Informationen abrufen lassen.

Gesundheit & Fitness

Benötigen Sie Gesundheits- oder Fitness-Tipps, kann die App Gesundheit & Fitness möglicherweise helfen. Diese App rufen Sie über eine Kachel der Startseite auf (Abbildung 17.41).

Abbildung 17.41 Kachel der App Gesundheit & Fitness

Die App greift auf Fitness-Tipps der Seite Bing zurück und zeigt beim Start die Übersichtsseite aus (Abbildung 17.42):

- Über die am rechten Seitenrand der Startseite gezeigten Kacheln der Rubrik *Schnellzugang* oder über die Kacheln der optional einblendbaren, oberen App-Leiste erhalten Sie einen direkten Zugriff auf Seiten mit Fitnessübungen, den Gesundheitstracker, Kalorienpläne oder die Diagnoseseite für Krankheitssymptome

- Verwenden Sie die Maus oder die Finger bei Touchscreens, um horizontal in der Startseite (oder in Unterseiten) zu blättern. Sie gelangen zu Rubriken mit Fitness- und Ernährungstipps sowie medizinischen Informationen.

Abbildung 17.42   Startseite der App Gesundheit & Fitness

Wählen Sie eine Kachel, um zur Detailseite zu gehen und dort Funktionen oder Informationen abzurufen. Über die Kachel *Übungen* gelangen Sie z.B. zu einer Seite, in der Ihnen Fitness-Übungen für diverse Körperteile in Bild- und Videoform angezeigt werden. Per Übungs-Tracker lässt sich ein Training verfolgen und auswerten. Der Gesundheits-Tracker ermöglicht Ihnen, Daten wie Gewicht, Cholesterin, Blutdruck oder Impftermine einzutragen und im zeitlichen Verlauf anzuzeigen. Die Kategorie *Der menschliche Körper in 3D* ermöglicht Ansichten des männlichen und weiblichen Körpers vom Muskelaufbau, von den Organen, vom Skelett etc. abzurufen. Über die *Zurück*-Schaltfläche in der linken oberen Ecke einer Seite gelangen Sie zur vorherigen Seite zurück.

HINWEIS   Leider unterstützt die App keine Druckausgabe, der angezeigte Inhalt kann aber per Klick auf *Teilen* in der Charms-Leiste über die Mail-App verschickt werden. Über das Symbol *Einstellungen* der Charms-Leiste erscheint eine Seitenleiste, in der Sie auf Optionen zugreifen und weitere Informationen abrufen können.

Weitere hilfreiche Apps

Mit Windows 8.1 werden einige zusätzliche Apps wie ein Rechner, ein Wecker, die Leseliste oder der Reader mitgeliefert. Diese werden nachfolgend kurz vorgestellt. Apps zur Fotobearbeitung, zum Scannen, der Audiorecorder, die Video- und Musik-Apps werden in den folgenden Kapiteln besprochen.

Arbeiten mit der Leseliste

Die Leseliste, die über eine Kachel der Startseite (Abbildung 17.43) aufgerufen wird, ermöglicht Ihnen interessante Webseiten aufzuheben und später gezielt zu lesen.

Leseliste   **Abbildung 17.43**   Kachel der Leseliste

Abbildung 17.44   Arbeiten mit der Leseliste-App

1. Um einen Eintrag in die Leseliste aufzunehmen, rufen Sie die gewünschte Webseite in der Internet Explorer-App auf.

2. Blenden Sie die Charms-Leiste am rechten Seitenrand ein und wählen Sie die Schaltfläche *Teilen*.

3. In der Seitenleiste *Teilen* (Abbildung 17.44, oben rechts) wählen Sie den Eintrag der Leseliste-App.

4. Warten Sie, bis die Seitenleiste *Leseliste* angezeigt wird (Abbildung 17.44, oben Mitte), und betätigen Sie die *Hinzufügen*-Schaltfläche.

Windows überträgt dann die betreffende Webseite in die Leseliste. Rufen Sie die Leseliste-App später auf, werden die vorher eingetragenen Webseiten als Kacheln in der Startseite der App aufgeführt (Abbildung 17.44, unten). Wählen Sie einen Eintrag, öffnet die Leseliste diesen in einem zweiten App-Fenster in der Internet Explorer-App. Beide App-Fenster werden dabei nebeneinander angezeigt. Markieren Sie einen Eintrag in der Leseliste per Rechtsklick oder durch kurzes Herunterziehen mit dem Finger. Dann lässt sich dieser Eintrag mittels der in der App-Leiste eingeblendeten *Löschen*-Schaltfläche aus der Leseleiste entfernen.

HINWEIS   Die App unterstützt keine Druckausgabe. Über das Symbol *Einstellungen* der Charms-Leiste erscheint eine Seitenleiste, in der Sie auf den Befehl *Optionen* zugreifen. Dort lässt sich einstellen, nach wie vielen Tagen die Einträge der Leseliste automatisch zu löschen sind.

Rechner und Wecker

Diese beiden Apps lassen sich über die in Abbildung 17.43 gezeigten Kacheln der Startseite aufrufen und stellen die Funktion eines Taschenrechners sowie eines Weckers bzw. einer Stoppuhr bereit. Standardmäßig sind die Kacheln aber nicht in der Startseite vorhanden. Wechseln Sie zur Seite *Apps*, markieren Sie die App und heften Sie diese per App-Leiste an der Startseite an.

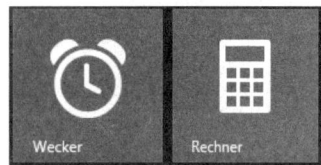

Abbildung 17.45 Kacheln von Wecker und Rechner

Abbildung 17.46 App-Seite des Rechners

Beim Rechner wird nach dem App-Start ein Tastenfeld und das Feld für die Ergebnisanzeige angezeigt (Abbildung 17.46). Rechenoperationen lassen sich durch Anwählen der einzelnen Tasten ausführen. Über die Befehle der Kopfzeile lässt sich der Rechner zwischen den Betriebsarten *Standard*, *Wissenschaftlich* und *Konverter* umstellen. Im Modus *Konverter* lassen sich Einheiten wie Volumen, Länge, Gewicht etc. zwischen verschiedenen Maßsystemen umrechnen. Die Auswahl der Maßeinheit erfolgt über einen Eintrag (z.B. »Volumen«) im Kopfbereich der App. Bei Anwahl des Eintrags öffnet sich ein Popupmenü, in der die verfügbaren Einheiten aufgeführt sind.

Abbildung 17.47 App-Seiten des Weckers

Die Wecker-App startet mit der in Abbildung 17.47, unten rechts, sichtbaren Seite, in der die festgelegten Weckzeiten oder Zeitgeber oder Stoppuhren aufgeführt sind:

- Über die Kopfzeile lässt sich die Anzeige zwischen Wecker (Abbildung 17.47, unten rechts), Zeitgeber (Abbildung 17.47, unten links) und Stoppuhr umstellen. Dabei lassen sich mehr als eine Wecker-, Zeitgeber- oder Stoppuhr-Anzeige in der Seite einblenden.

- Bei Weckern wird deren Status (Ein oder Aus) im unteren Bereich angezeigt. Ist die Weckzeit erreicht, ertönt ein Wecksignal und es erscheint eine Toast-Benachrichtigung in der rechten oberen Bildschirmecke (Abbildung 17.47, Einblendung im Vordergrund). Dort finden sich Schaltflächen, um den Alarm abzustellen oder sich erneut erinnern zu lassen.

- Bei Zeitgebern (Abbildung 17.47, unten links) zählt ein Countdown-Geber die eingestellte Zeit rückwärts bis auf 0. Die Schaltfläche (Kreis mit Dreieck) startet und stoppt den Zeitgeber.

- Bei einer Stoppuhr startet die gleiche Schaltfläche die Erfassung. Die verstrichene Zeit wird in einer Digitalanzeige eingeblendet. Eine Schaltfläche ermöglicht es, Runden- oder Zwischenzeiten festzuhalten.

- Das Stellen der Zeiten erfolgt über den inneren und äußeren Ring der angezeigten Analoguhr. Klicken oder tippen Sie auf einen Ring, wird ein kreisförmiger Anfasser sichtbar, den Sie per Maus oder Finger mit oder gegen den Uhrzeitsinn verschieben können. Der innere und der äußere Ring beeinflusst dabei immer nur einen Wert (z.B. Ring außen: Stundenwert des Weckers, Ring innen: Minutenwert der Weckzeit).

- Über die in der rechten oberen Ecke der App-Seite sichtbare Schaltfläche mit dem Pluszeichen rufen Sie die in Abbildung 17.47, oben, sichtbare Konfigurationsseite auf. Dort lassen sich neue Wecker oder Zeitgeber hinzufügen. Je nach Kategorie können neben den Zeiten zusätzliche Einstellungen wie tägliche wiederholende Weckzeiten, der Sound etc. vorgenommen werden. Über die *Speichern*-Schaltfläche wird ein neues Wecker-Element zur App-Seite hinzugefügt.

Wählen Sie einen Wecker in der App-Seite an, gelangen Sie zur Detailseite. Dort finden Sie dann eine Schaltfläche, um einen Wecker zu löschen. Bei Zeitgebern findet sich die *Löschen*-Schaltfläche direkt in der Anzeige.

PDF- und OXPS-Dokumente mit dem Reader lesen

Die Reader-App kann Adobe PDF-Dateien sowie vom XPS-Writer erzeugte Dokumente im Microsoft OXPS- und XPS-Format anzeigen. Starten Sie die Reader-App über die betreffende Kachel der Startseite, erscheint die App-Seite.

HINWEIS   Die Startseite enthält standardmäßig keine Kachel für die Reader-App. Wechseln Sie zur Seite *Apps* und heften sie die Reader-App über die Schaltfläche *An "Start" anheften* der App-Leiste an die Startseite an.

Arbeiten Sie auf dem Windows-Desktop mit dem Explorer, reicht z.B. ein Rechtsklick auf die PDF-, OXPS- oder XPS-Datei. Dann findet sich im Kontextmenü der Befehl *Öffnen*, der die Anzeige des Dokuments in der Reader-App ermöglicht.

- Sind alle Dokumente geschlossen, erscheint eine Übersichtsseite (Abbildung 17.48, unten rechts). Über die angezeigten Miniaturansichten lässt sich direkt auf bereits einmal geöffnete PDF- und OXPS-/XPS-Dokumente zugreifen.

- Um ein neues Dokument zu laden, verwenden Sie den Befehl *Durchsuchen* in der App-Seite (Abbildung 17.48, Hintergrund unten). In der angezeigten Folgeseite *Dieser PC* lässt sich im Ordner *Dokumente* und in anderen Ordnern nach passenden Dokumenten suchen (funktioniert wie bei anderen Apps).

Ist ein Dokument im App-Fenster des Readers geladen, wird dieses in der Seitenansicht im Reader dargestellt (Abbildung 17.48, oben).

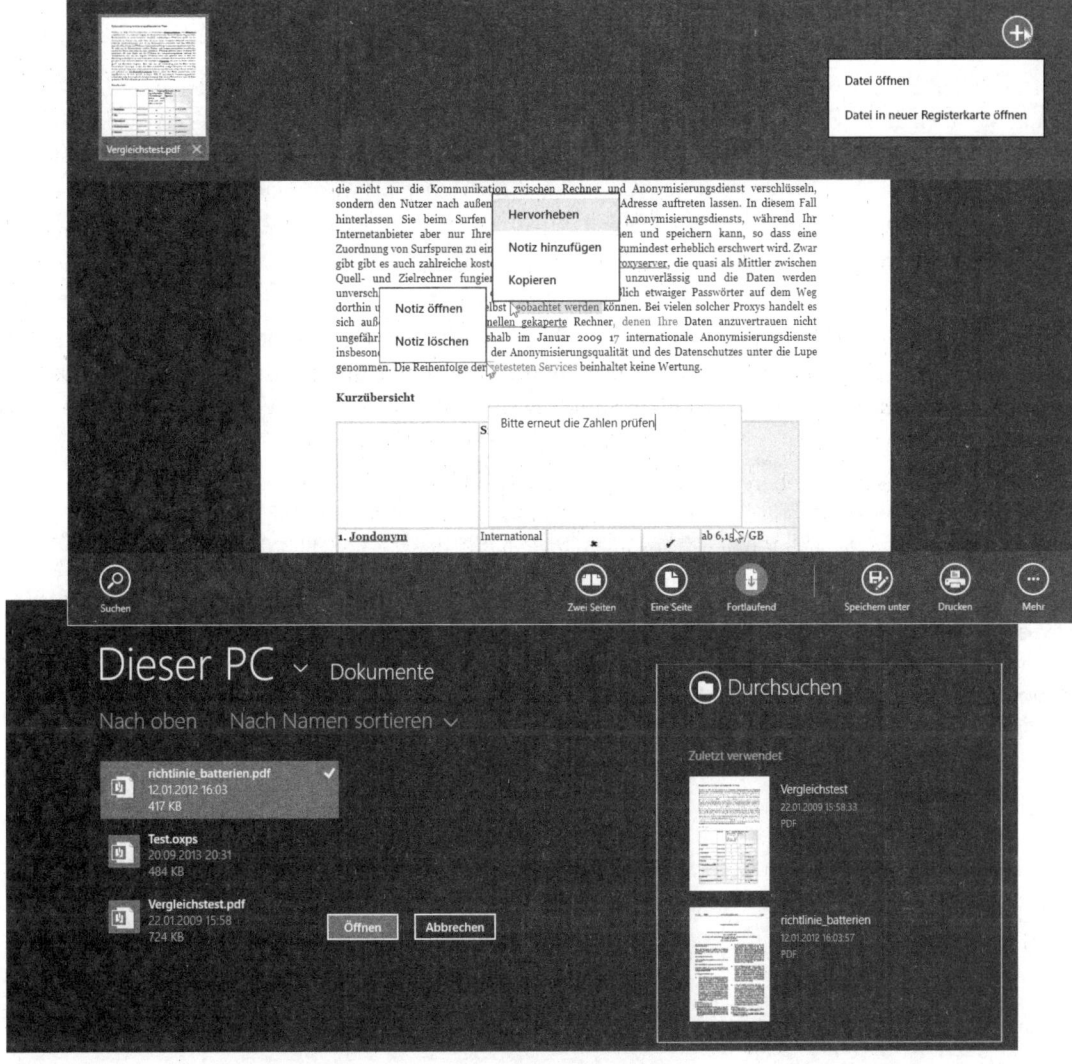

Abbildung 17.48 Anzeigen der Reader-App

- Eine Seitenanzeige in der linken oberen Ecke gibt die aktuelle Seitennummer und die Gesamtseiten des Dokuments an. Per Mausrädchen, Bildlaufleiste oder durch Wischen mit dem Finger lässt sich zwischen den Dokumentseiten blättern.

- Über die in der rechten unteren Ecke der App-Seite eingeblendeten Plus- und Minuszeichen ändern Sie den Zoomfaktor. Das Minuszeichen reduziert den Zoom bis 100 % und schaltet danach zur Anzeige der Miniaturseiten um. Durch Anwahl einer Miniaturansicht wird die betreffende Seite wieder mit einer Skalierung von 100 % angezeigt.

- Blenden Sie die App-Leiste am unteren Bildschirmrand ein, können Sie über verschiedene Schaltflächen auf die Darstellung des Dokuments zwischen einer Seite, zwei Seiten oder fortlaufender Darstellung umschalten

- Über die Schaltfläche *Suchen* der App-Leiste wird ein Suchfeld eingeblendet, über das Sie nach Textstellen im Dokument suchen können.

- Die Schaltfläche *Eine weitere Datei öffnen* (der Kreis mit dem Pluszeichen in der rechten oberen Ecke) blendet ein Menü ein, über dessen Befehle Sie neue Dokumente in der Anzeige oder in einer neuen Registerkarte laden können. Weiterhin werden in der oberen App-Leiste die Miniaturansichten der Registerkarten geöffneter PDF-Dokument angezeigt. Diese lassen sich über die *Schließen*-Schaltfläche in der rechten unteren Ecke entladen oder durch Anwählen öffnen.

- Das geladene Dokument sichern Sie mittels der in der unteren App-Leiste angezeigten *Speichern unter*-Schaltfläche in einem Ordner. Die Schaltfläche *Mehr* zeigt ein Menü mit Befehlen zum Drehen der Anzeige oder zum Abrufen des Info-Fensters mit den Eigenschaften des Dokuments.

Ist ein Drucker lokal oder im Netzwerk eingerichtet, können Sie auch Dokumente ausgeben, indem Sie die *Drucken*-Schaltfläche in der App-Leiste wählen. Dann sollte in der Seitenleiste *Geräte* ein Drucker auswählbar sein.

TIPP   Markieren Sie einen Text in einem PDF-Dokument und öffnen Sie das Kontextmenü, finden Sie Befehle (Abbildung 17.48, oben), um diesen Text farbig hervorzuheben, in die Zwischenablage zu kopieren oder eine Notiz hinzuzufügen. Notizen lassen sich in einem Popupfenster eingeben und später durch Zeigen auf den markierten Textbereich per Menü öffnen oder löschen. Bei Touchscreens mit aktiver Stifterkennung lassen sich ggf. handschriftliche Anmerkungen vornehmen. Zudem gibt es alternative Apps zur Anzeige von PDF-Dokumenten. Die Serie an Blogbeiträgen unter *http://www.borncity.com/blog/2013/07/15/windows-8-pdf-dokumente-in-der-reader-app-anzeigen-und-mit-anmerkungen-versehen/* [Ms240-K17-01] gehen auf diese Sachverhalte näher ein und gelten auch für Windows 8.1.

Kapitel 18

Fotos verwalten und anzeigen

Fotos zum Computer übertragen

Besitzen Sie eine Digitalkamera (oder ein Fotohandy) und möchten Sie die Fotos auf den Computer übertragen, um diese dort zu speichern, zu verwalten oder zu bearbeiten? Windows stellt Funktionen zum Scannen oder zum Importieren von Fotos von Digitalkameras bereit. Zudem besteht die Möglichkeit, Fotos von Speicherkarten, CDs/DVDs oder direkt von Geräten über verschiedene Ansätze zu übernehmen.

Fotoimport von Digitalkameras

Die meisten Anwender bevorzugen es, die Fotos direkt von der Digitalkamera auf den Rechner zu übertragen. Papierabzüge können Sie über einen Scanner digitalisieren. Zudem kann Windows Fotos auch von Speicherkarten oder CDs/DVDs importieren und in die Bibliothek *Bilder* einsortieren. Nachfolgend erfahren Sie, was dabei beachtet werden sollte.

Diese Voraussetzungen müssen zum Import gegeben sein!

Damit Windows das betreffende Gerät oder die Quelle mit den Fotos erkennt, muss dieses (z.B. über ein USB-Kabel) mit dem Rechner verbunden und eingeschaltet sein:

- Manche Digitalkameras unterstützen den Standard »Digital Storage Class«, das Picture Transfer-Protokoll (PTP) oder das Media Transfer-Protokoll (MTP). Solche Kameras werden durch Windows beim Anschluss über die USB-Schnittstelle entweder als Wechseldatenträger erkannt oder können über den Fotoimport-Assistenten direkt angesprochen werden.

- Android-Smartphones können den internen Speicher oder die externe microSD-Karte ebenfalls als USB-Wechseldatenträger gegenüber Windows bereitstellen. Dann lässt sich direkt auf den Speicher zugreifen, sofern der Zugriff auf den Speicher am Android-Gerät zugelassen ist (siehe z.B. *http://www.borncity.com/blog/2012/09/25/simvalley-sp-140-dateiaustausch-mit-windows/* [Ms240-K18-01]).

- Bei Apple-Geräten wie dem iPhone oder iPad greift ein ähnlicher Mechanismus, der den internen Speicherbereich mit den Fotos gegenüber Windows als Wechseldatenträger ausgibt, sobald das Gerät über die Dock- bzw. Lightning-Schnittstelle per USB-Kabel mit dem Windows-Rechner verbunden wird

Weder für Android- noch für Apple-Geräte werden dabei zusätzliche Treiber gebraucht. Bei allen Geräten (Digitalkameras, Smartphones), die sich gegenüber Windows nicht als Laufwerk ausgeben, benötigen Sie einen für Windows 8.1 geeigneten Gerätetreiber mit WIA-Unterstützung. Falls kein Treiber existiert, lässt sich bei Digitalkameras oder Fotohandys die Speicherkarte zum Fototransfer direkt über einen Speicherkartenleser (Abbildung 18.1) am Computer einlesen (siehe auch Kapitel 9). Verwenden Sie diesen Ansatz, um den Inhalt von CDs oder DVDs mit Fotos in Windows zurückzulesen.

Abbildung 18.1 Speicherkartenleser

TIPP Falls die Digitalkamera oder das Smartphone nicht erkannt wird, prüfen Sie am Gerät, ob sich dort das Picture Transfer-Protokoll (PTP) einschalten lässt. Beim Smartphone schauen Sie nach, ob es eine Option zum Einschalten des Media Transport-Protokolls (MTP) gibt. Näheres sollten die Bedienhandbücher der Kamera oder des Handys verraten.

So funktioniert der Fotoimport

Wie Sie Fotos von Vorlagen scannen, ist in den folgenden Abschnitten sowie in Kapitel 24 erläutert. Neben dem Kopieren der Fotodateien von einer Speicherkarte per Kartenleser oder von CD/DVD (siehe Kapitel 9 und folgende Seiten) lassen sich die Fotos auch über Import-Assistenten in Windows übernehmen. Dabei gibt es sowohl einen Import-Assistenten für Windows als auch einen Assistenten der Fotos-App. Hier die Vorgehensweise zum Fotoimport:

1. Verbinden Sie das Gerät (Kamera, Smartphone etc.) z.B. per USB-Kabel mit dem Computer und schalten Sie es ein. Oder legen Sie den Datenträger (Speicherkarte, Foto-CD/-DVD) in das entsprechende Laufwerk ein.

2. Sobald Windows das Gerät (z.B. Kamera) oder ein Medium mit Fotodateien erkennt, erscheint auf dem Bildschirm die Benachrichtigung aus Abbildung 18.2, rechts. Wählen Sie das Benachrichtigungsfeld an.

3. Sobald die Benachrichtigung der automatischen Wiedergabe (Abbildung 18.2, links) eingeblendet wird, wählen Sie den Befehl *Fotos und Videos importieren*.

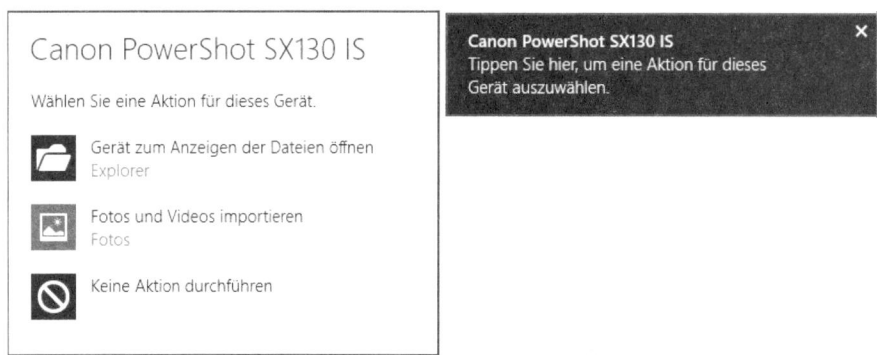

Abbildung 18.2 Benachrichtigungen beim Import

Die Benachrichtigung verschwindet und Windows startet die Importfunktion der Fotos-App zur Foto-übernahme vom Medium. Der Import-Assistent der Fotos-App wertet anschließend den Datenträger aus und zeigt alle gefundenen Fotos an (Abbildung 18.3).

HINWEIS   Die obigen Schritte werden beim erstmaligen Import angezeigt. Nach Auswahl einer Aktion verwendet Windows sie beim nächsten Import automatisch und startet die Importfunktion. Haben Sie *Gerät zum Anzeigen der Dateien öffnen* gewählt, erscheint ein Ordnerfenster. Dieses ermöglicht Ihnen, die Dateien direkt von der Speicherkarte der Kamera in den Bilderordner zu kopieren oder zu verschieben.

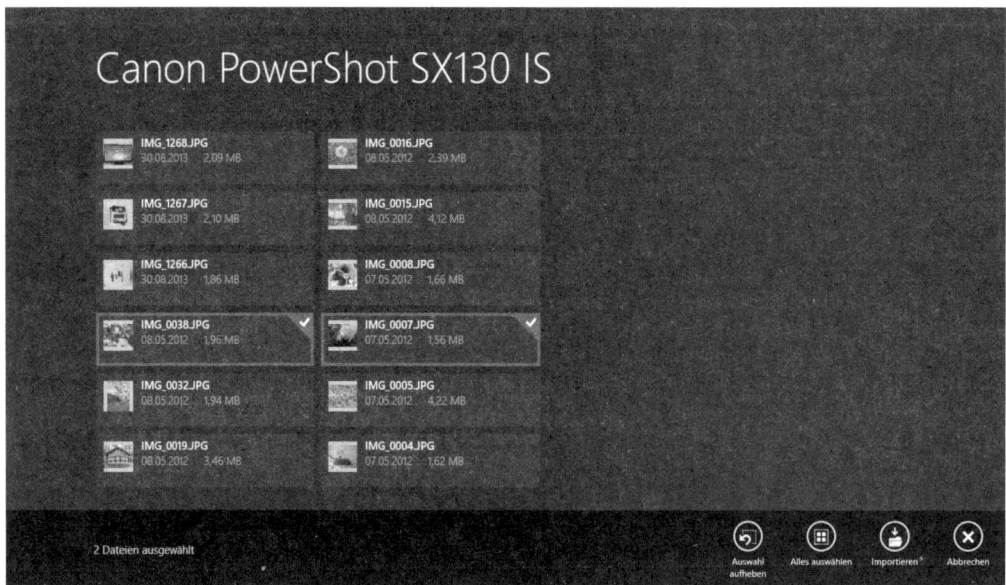

Abbildung 18.3 Auswahl der Fotos zum Import

4. Markieren Sie die zu importierenden Fotos und wählen Sie danach die *Importieren*-Schaltfläche.

Zum Import markierte Fotos werden mit einem Häkchen in der rechten oberen Ecke gekennzeichnet. Ein Rechtsklick auf das Foto oder kurzes Herunterziehen mit dem Finger ermöglicht, diese Markierung zu setzen oder zu löschen.

HINWEIS   Windows importiert dann die ausgewählten Fotos in einen Unterordner des Ordners *Bilder*. Als Name für den Unterordner wird das Dateidatum der ersten zu importierenden Fotodatei verwendet.

Abbildung 18.4 Importfunktion erneut aufrufen

Haben Sie die Anwahl der Importbenachrichtigung (Abbildung 18.2) verpasst, möchten die Fotos aber in die Fotos-App importieren? Dann rufen Sie die Fotos-App über deren Kachel per Startseite auf. Anschließend öffnen Sie die App-Leiste (z.B. mit der rechten Maustaste oder durch Wischen nach oben) und wählen die Schaltfläche *Importieren* (Abbildung 18.4). Gegebenenfalls erscheint eine Info zur Auswahl des Importgeräts. Nach Anwahl der gewünschten Bilderquelle gelangen Sie erneut zur Importseite (Abbildung 18.3).

Nach dem Import erscheint der Inhalt des Ordners *Bilder* und Sie können auf die Kachel des beim Import angelegten Ordners zugreifen, um die Fotos anzusehen.

Import über den Import-Assistenten von Windows

Sofern Sie zum Importieren und zum Zugriff auf Foto- oder Videodateien die Windows-Ordneranzeige und Windows-Anwendungen bevorzugen, lässt sich der Import auch vom Windows-Desktop aus vornehmen. Dieses Vorgehen ist auch dann hilfreich, falls die Benachrichtigung der automatischen Wiedergabe nicht erscheint oder bereits geschlossen wurde.

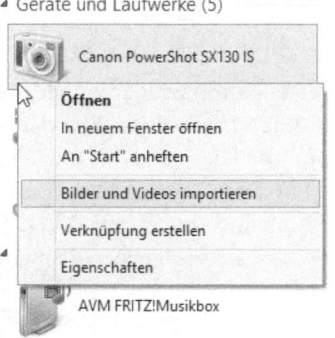

Abbildung 18.5 Aufrufen des Windows-Import-Assistenten

1. Öffnen Sie (z.B. über die Taskleiste) ein Ordnerfenster und suchen Sie das Symbol des Geräts oder des Wechselmediums mit den Fotos.

2. Öffnen Sie das Kontextmenü des Datenträgers und wählen Sie den Befehl *Bilder und Videos importieren* (Abbildung 18.5).

3. Warten Sie, bis der Import-Assistent die Bilder und Videos gefunden hat (Abbildung 18.6, oben), und wählen Sie im angezeigten Dialogfeld *Bilder und Videos importieren* (Abbildung 18.6, unten) die Import-optionen. Bestätigen Sie dies über die *Weiter*-Schaltfläche.

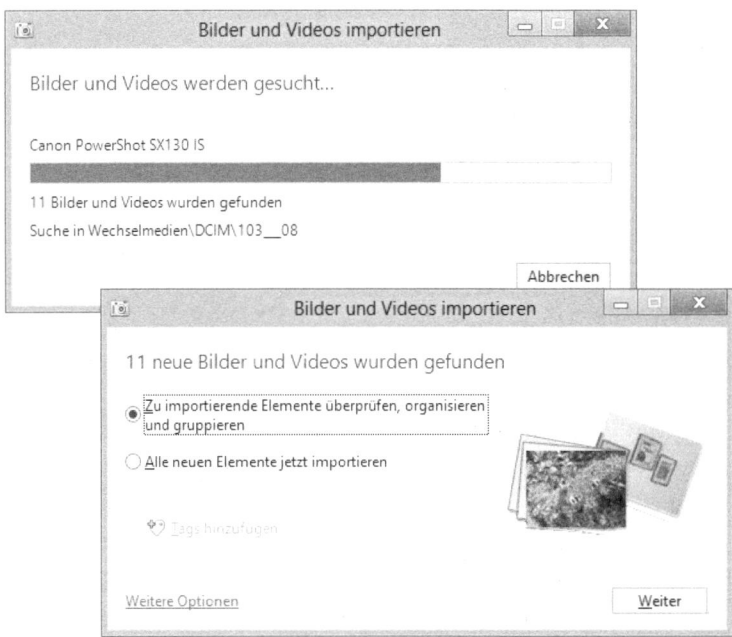

Abbildung 18.6 Dialogfelder des Import-Assistenten

Über die Option *Alle neuen Elemente jetzt importieren* des Dialogfelds aus Abbildung 18.6, unten, können Sie einen Ordnertitel zum Import im zugehörigen Textfeld angeben und ggf. auf *Tags hinzufügen* klicken, um allen importierten Fotodateien eine Bezeichnung anzuheften. Der Import wird dann über die *Weiter*-Schalt-fläche angestoßen. Das Optionsfeld bleibt gesperrt, wenn keine neuen Video- oder Fotodateien zum Import gefunden werden.

Das Optionsfeld *Zu importierende Elemente überprüfen, organisieren und gruppieren* ermöglicht Ihnen, über die *Weiter*-Schaltfläche ein zusätzliches Dialogfeld (Abbildung 18.7) zur Auswahl einzelner Fotos zu öffnen.

Die Fotos werden nach ihrem Aufnahmedatum zu Gruppen zusammengefasst. Sie können dann über markierte Kontrollkästchen einzelne Gruppen in den Import einbeziehen oder durch Löschen der Markierung den Import verhindern. Die *Importieren*-Schaltfläche startet die Übernahme der Foto- und Videodateien. Die Fotodateien werden in den Ordner *Bilder* (oder *Videos* bei Videos) oder in deren Unterordnern gespei-chert. Die Namen der Unterordner werden dabei automatisch aus dem Aufnahmedatum abgeleitet. Sie haben aber die Möglichkeit, im Dialogfeld aus Abbildung 18.7 den Eintrag *Namen eingeben* neben dem Ord-nersymbol anzuwählen und einen neuen Ordnernamen anzugeben.

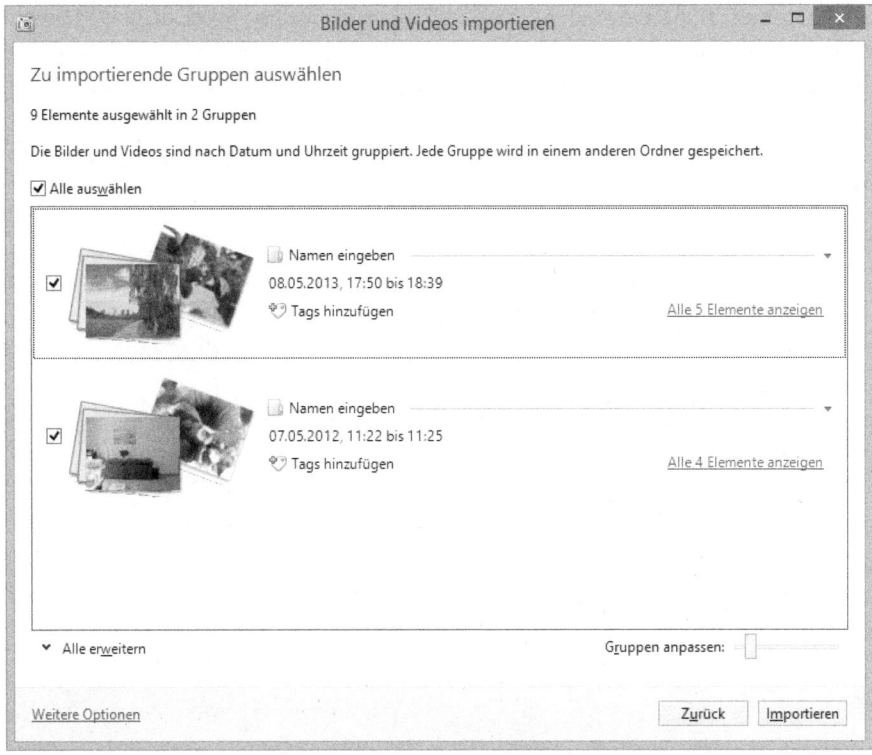

Abbildung 18.7   Gruppen von Fotos beim Import

Der Hyperlink *Weitere Optionen* in der linken unteren Dialogfeldecke öffnet das nachfolgend beschriebene Dialogfeld, in dem Sie die Importoptionen vorgeben können.

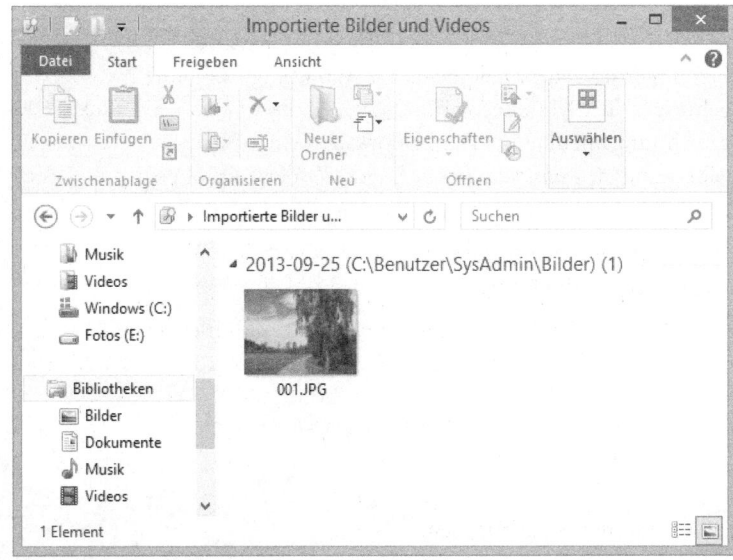

Abbildung 18.8   Bibliotheksanzeige mit importierten Fotos

Ist der Import abgeschlossen, öffnet Windows automatisch die Bibliothek (selbst wenn diese Anzeige in Windows 8.1 abgeschaltet ist) mit den importierten Fotos in einem Ordnerfenster (Abbildung 18.8). Das Ordnerfenster einer Bibliothek fasst dabei die Inhalte von Speicherorten zu sogenannten Gruppen zusammen. Oberhalb der importierten Fotos werden dann der Name des Fotoordners sowie dessen Pfad angegeben.

HINWEIS   Diese Art des Imports funktioniert sowohl für Kameras und andere Geräte als auch für Speichermedien wie Speicherkarten oder CDs/DVDs, die Foto- bzw. Videomaterial enthalten und in Wechseldatenträgerlaufwerke eingeschoben werden.

Der Assistent überträgt eigenständig neue Inhalte des Quellmediums auf den Rechner. Löschen Sie die importierten Fotodateien auf dem Rechner, meldet der Import-Assistent, dass keine neuen Fotos oder Videos gefunden wurden. Sie haben aber die Möglichkeit, im Import-Assistent das Optionsfeld *Zu importierende Elemente überprüfen, organisieren und gruppieren* zu wählen. Dann lassen sich die gewünschten Fotos im nächsten Dialogfeld gezielt zum Import auswählen.

Die hier beschriebenen Ansätze zum Umgang mit dem Import-Assistenten von Windows 8.1 funktionieren übrigens auch noch, wenn die Fotogalerie aus den Windows Essentials 2012 installiert sind.

Importeinstellungen anpassen

Bei Bedarf können Sie die Importeinstellungen des Windows-Import-Assistenten über Optionen anpassen.

Abbildung 18.9 Importeinstellungen

1. Klicken Sie hierzu im Dialogfeld *Bilder und Videos importieren* des Import-Assistenten auf den Hyperlink *Weitere Optionen* (Abbildung 18.6).

2. Passen Sie im Dialogfeld *Importeinstellungen* (Abbildung 18.9) die jeweiligen Optionen an und schließen Sie das Dialogfeld über die *OK*-Schaltfläche.

Über Listenfelder wie *Bilder importieren in* und über die *Durchsuchen*-Schaltflächen geben Sie den jeweiligen Hauptordner vor, in den die Foto- oder Videodateien gespeichert werden sollen:

- Das Listenfeld *Ordnername* ermöglicht die Auswahl des Schemas zur Benennung des anzulegenden Unterordners mit den importierten Dateien. Setzen Sie den Wert z.B. auf »Name«, wird der von Ihnen im Dialogfeld *Bilder und Videos importieren* eintragbare Text zur Ordnerbenennung verwendet.

- Kameras benennen die Fotodateien mit einem herstellerspezifischen Text (z.B. IMG, PICT etc.), gefolgt von einer fortlaufenden Bildnummerierung sowie mit der Dateinamenerweiterung *.jpg*. Das Feld *Dateiname* im Dialogfeld *Importeinstellungen* ermöglicht, das Schema zum Umbenennen der importierten Dateien vorzugeben (z.B. »Name«, »Ursprünglicher Dateiname«).

Über die Kontrollkästchen der Gruppe *Andere Optionen* legen Sie fest, ob die Beschriftung beim Import abgefragt wird, ob Fotos beim Import gedreht und vom Quellmedium gelöscht werden sollen und ob ein Ordnerfenster nach dem Importieren zu öffnen ist.

> **HINWEIS** Das automatische Drehen funktioniert aber nur, wenn die Lageinformation durch die Kamera bei der Aufnahme der Fotos in den EXIF-Informationen gespeichert wurde.

Direktes Kopieren von Fotos

Der Nachteil beim Anschluss von Kameras zum Fotoimport besteht darin, dass das Gerät eingeschaltet werden muss (kostet Akkulaufzeit). Der Importvorgang ist mit seinen Automatismen nicht sonderlich transparent. Auch das Zurückspeichern der (bearbeiteten) Fotodateien auf die Speicherkarte (um beispielsweise über die in Elektromärkten und Drogerien aufgestellten Fotostationen Papierabzüge anfertigen zu lassen) ist nicht möglich. Am komfortabelsten empfinde ich den direkten Zugriff auf die Speicherkarte mittels eines Speicherkartenlesers, um Fotos per Ordnerfenster (Abbildung 18.10) hin und her zu transferieren.

> **HINWEIS** Die Hersteller von Digitalkameras haben sich auf den DCF-Standard (Digital Camera Format) zur Ablage der Fotodateien auf den Speichermedien geeinigt. Auf der Speicherkarte finden Sie den Ordner *DCIM*, der wiederum Unterordner aufweist. Die Unterordner mit den Bilddateien setzen sich oft aus einer Ziffernfolge, gelegentlich kombiniert mit dem Herstellernamen (z.B. »114_08«, »136CANON«) zusammen. Dieser Ansatz ermöglicht Ihnen, die Fotos vor dem Import in einer Miniaturvorschau anzusehen, ggf. direkt auf der Speicherkarte zu löschen und die Dateien selektiv in Zielordner zu speichern. Zudem funktioniert auch das Zurückschreiben von bearbeiteten Fotos auf die Speicherkarte.

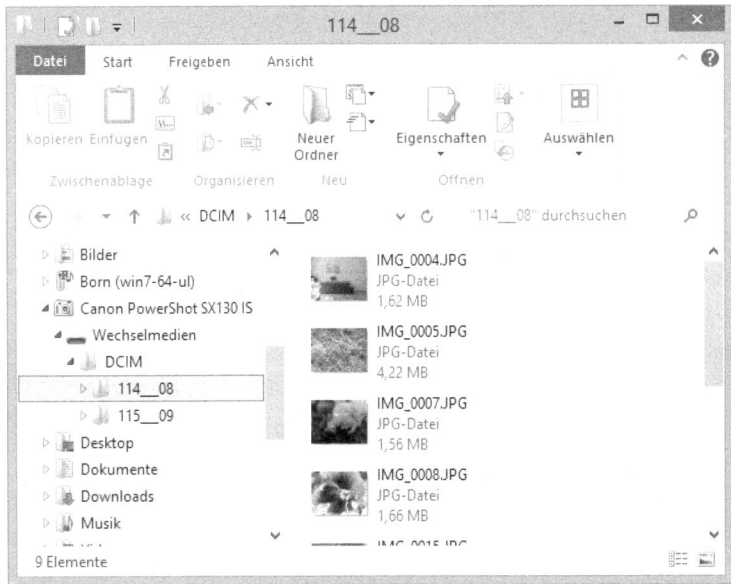

Abbildung 18.10 Ordnerstruktur einer Speicherkarte

Zum Kopieren reicht es, das Ordnerfenster der Speicherkarte bzw. des Wechseldatenträgers zu öffnen und neben das geöffnete Fenster des Zielordners zu positionieren. Dann lassen sich die Fotodateien, wie in Kapitel 9 beschrieben, komfortabel zwischen den beiden Ordnerfenstern kopieren oder verschieben.

TIPP   Windows 8.1 unterstützt im Explorer das verlustfreie Drehen von JPEG-Fotomotiven, sofern die Bildabmessungen ganzzahlig durch 16 teilbar sind. Bei der Übernahme von Fotos, die im Hoch- und Querformat aufgenommen wurden, sind Hochformataufnahmen (Porträtaufnahmen) um 90 Grad zu drehen.

Besitzt die Kamera Lagesensoren und speichert die Kameraausrichtung während der Aufnahme im EXIF-Datensatz der JPEG-Fotodatei, berücksichtigt Windows die Bildausrichtung beim Kopieren. Sofern die Kamera den Metawert zur Bildausrichtung korrekt im EXIF-Datensatz ablegt, sollte die Anzeige automatisch in der korrekten Form erfolgen (Hochkantfotos werden automatisch gedreht dargestellt). Konkret wird das EXIF-Feld *Orientation* ausgewertet, das nach meinen Informationen den Wert 1 = Portrait oder 6 = Landscape aufweisen sollte. Es gibt auch Kameras, die den Wert 8 für *Portrait* speichern.

Scannen mit der Scanner-App

In Windows ist die Scanner-App dabei, die über die in Abbildung 18.11 gezeigte Kachel aufgerufen wird. Die App zeigt nach dem Start die in Abbildung 18.12 dargestellte Seite.

Abbildung 18.11 Kachel der Scanner-App

Abbildung 18.12   Scannen per App

In der linken Spalte lassen sich das Gerät, das Speicherformat, der Farbmodus, die Auflösung sowie der Ziel-ordner ändern. Fehlende Elemente sind bei Bedarf durch Anwahl des Hyperlinks *Mehr anzeigen* einzublen-den. Wählen Sie die Schaltfläche *Vorschau*, wird das Vorschaubild erfasst und in der rechten Spalte des App-Fensters eingeblendet. Über die vier Ziehmarken an den Ecken lässt sich der Scanbereich anpassen. Verwen-den Sie die *Scannen*-Schaltfläche, um den Scanvorgang anzustoßen. Die App speichert die erfasste Vorlage automatisch im Ordner *Bilder/Scans* und blendet anschließend in einer Leiste die in Abbildung 18.12 am oberen Rand sichtbare Leiste ein. Über die *Anzeigen*-Schaltfläche öffnet die gescannte Grafikdatei in der Fotos-App. Dabei werden die Fenster der Fotos-App und der Scanner-App nebeneinander auf einem geteil-ten Bildschirm dargestellt.

HINWEIS   Voraussetzung ist, dass der Scanner durch einen für Windows 8.1 geeigneten WIA-Treiber unterstützt wird. Nur dann erkennt Windows dieses Gerät und blendet dieses in der Scanner-App im Feld *Scanner* ein. Unter *http://www.borncity.com/blog/2009/12/03/scanner-unter-windows-7/* [Ms240-K18-02] habe ich bereits zu Windows 7 einen Blogbeitrag zum Thema Scan-nertreiber verfasst, der auch für Windows 8.1 gilt. Lesen Sie den Beitrag durch, falls Ihr Scanner nicht erkannt wird.

Fotoverwaltung unter Windows

Windows stellt einige Funktionen zur Fotoverwaltung zur Verfügung, von der Fotos-App bis hin zur Foto-anzeige. Nachfolgend werden die Funktionen zur Fotoverwaltung vorgestellt.

Einführung in die Fotos-App

Zur Anzeige von Fotos steht die Fotos-App auf der Startseite zur Verfügung. Standardmäßig besitzt die Kachel einen unifarbenen Hintergrund mit dem Schriftzug »Fotos« (Abbildung 18.13, links). Findet die App Fotos im Ordner *Bilder* (in der App auch als Bildbibliothek bezeichnet), wird eines der Fotos als Miniatur in der Kachel eingeblendet (Abbildung 18.13, rechts).

Abbildung 18.13 Kacheln der App Fotos

HINWEIS   Die Fotos werden in zufälliger Folge aus dem Ordner *Bilder* eingeblendet. Blenden Sie die Charms-Leiste am rechten Bildschirmrand der Fotos-App ein (z.B. ⊞ + Ⓒ drücken oder vom rechten Bildschirmrand wischen) und wählen Sie *Einstellungen*. Wählen Sie in der angezeigten Seitenleiste *Einstellungen* den Befehl *Optionen*, lässt sich in der angezeigten Seiten-leiste die zufällige Fotowiedergabe abschalten.

Die Anzeige von Fotos auf der Kachel schalten Sie komplett ab, indem Sie die Kachel mit der rechten Maustaste markieren und in der angezeigten App-Leiste die Schaltfläche *Live-Kachel deaktivieren* wählen. Über den gleichen Weg lässt sich die Fotoanzeige auf der Kachel auch wieder zulassen.

Optional lässt sich ein Foto auch gezielt zur Anzeige auf der Kachel auswählen (siehe den Abschnitt »Fotos in der Fotos-App ansehen« weiter hinten in diesem Kapitel).

1. Wählen Sie die Kachel der Fotos-App in der Startseite an, um die Fotos anzusehen, zu verwalten und zu bearbeiten.

   Nach dem Aufruf der App erscheint die App-Seite mit einer Übersicht des Ordners *Bilder*. In der Seite werden die dort abgelegten Fotodateien sowie eventuell vorhandene Unterordner (für Screenshots, Scans, Fotoimport etc.) eingeblendet (Abbildung 18.14).

HINWEIS   In Abbildung 18.14 steht die Kachel *Fotos* für einen entsprechenden Unterordner, den ich im Ordner *Bilder* ein-gerichtet und mit einigen Fotos versehen habe. Der Ordner *Videos* wurde von mir ebenfalls manuell als Unterordner angelegt, und ich habe eine Videodatei im Explorer in diesen Ordner kopiert. Der Ordner mit dem Datumswert als Name wurde beim Import einiger Fotos angelegt. Die Kacheln im rechten Teil stehen für die im aktuellen Ordner (hier *Bilder*) gespeicherten Foto-dateien.

Die in Windows 8 in der Fotos-App vorhandene Integration von Diensten wie Facebook oder Flickr ist in Windows 8.1 entfallen.

Abbildung 18.14 Startseite der Fotos-App mit der Bildbibliothek

2. Wählen Sie eine Kachel an, um deren Inhalte (Ordner, Foto, Video) anzuzeigen oder die Fotos zu bearbeiten.

Was dabei genau zu beachten ist, erfahren Sie in den folgenden Abschnitten. Über die in der Startseite der App einblendbare App-Leiste erhalten Sie am unteren Seitenrand Zugriff auf verschiedene Schaltflächen. Die Schaltfläche *Neuer Ordner* ermöglicht, einen neuen Unterordner zum Speichern von Fotos anzulegen. Weitere Schaltflächen ermöglichen, alle Fotos auszuwählen oder die Darstellung der Dateien zwischen einer Detailleiste und der hier sichtbaren Miniaturansicht umzuschalten (Schaltfläche oben rechts).

Ausschneiden, kopieren, löschen

Welche Schaltflächen in der App-Leiste der Fotos-App angezeigt werden, hängt von der aktuellen Situation ab. Sind beispielsweise mehrere Fotos in der Bildbibliothek oder in einem Unterordner markiert, finden sich die in Abbildung 18.15 gezeigten Schaltflächen.

Abbildung 18.15 App-Leiste der Fotos-App bei markierten Fotos

- Über die Schaltflächen *Ausschneiden* und *Kopieren* werden die markierten Fotos in die Windows-Zwischenablage übertragen. Navigieren Sie anschließend in der Fotos-App zu einem anderen Ordner (siehe den folgenden Abschnitt »Navigieren in der Fotos-App«), lassen sich die Fotos aus der Zwischenablage über die Schaltfläche *Einfügen* der erneut eingeblendeten App-Leiste übertragen.

- Wurde vorher die *Ausschneiden*-Schaltfläche verwendet, verschiebt die Fotos-App die markierten Fotos in den neuen Ordner. Bei der Schaltfläche *Kopieren* werden die Fotos aus der Zwischenablage als Kopie im Zielordner eingefügt.

Befinden sich Dateien mit gleichem Namen im Zielordner, wird beim Einfügen eine Fehlermeldung in der rechten oberen Ecke des App-Fensters angezeigt (Abbildung 18.16, oben).

Abbildung 18.16   Meldungen beim Kopieren von Fotodateien

Klicken oder tippen Sie auf diese Meldung, gelangen Sie zur Seite »Fortschritt« (Abbildung 18.16, unten). Wählen Sie dort den Fehlereintrag erneut an, werden drei Schaltflächen angezeigt, über die Sie festlegen, ob die Dateien zu ersetzen oder mit neuem Namen einzufügen sind oder über der Vorgang mit *Überspringen* abzubrechen ist. Sie brauchen also nicht zu einem Ordnerfenster auf dem Desktop zu wechseln, um Fotos oder Videos zwischen Ordnern zu verschieben bzw. zu kopieren.

TIPP   Ist nur ein Foto markiert, enthält die App-Leiste gegenüber Abbildung 18.15 zwei weitere Schaltflächen *Umbenennen* und *Öffnen mit*. Mit der erstgenannten Schaltfläche lässt sich der Dateiname des Fotos ändern. Die letztgenannte Schaltfläche zeigte eine Palette zur Auswahl der Anwendung, in der das Foto zu öffnen ist, an.

Navigieren in der Fotos-App

Das Navigieren in der Fotos-App, also der Wechsel zu einem Fotoordner, der Weg zurück etc. ist in Windows 8.1 sehr einfach. Die App kann z.Z. nur auf Dateien der Bildbibliothek im Ordner *Bilder* sowie dessen Unterordner und auf die SkyDrive-Ordner zugreifen.

Abbildung 18.17 Zugriff auf die Bildbibliothek oder SkyDrive

- Befinden sich die Mediendateien in einem Unterordner des Ordners *Bilder*, öffnen Sie diesen durch Anwahl der betreffenden Kachel

- In der in Abbildung 18.17 gezeigten Darstellung des Ordnerinhalts *Fotos* wird in der Kopfzeile des App-Fensters die Ordnerhierarchie mit dem Unterordner *Fotos* eingeblendet. Durch Anwahl des neben *Fotos* angezeigten Ordnernamens gelangen Sie zu diesem Ordner zurück. Bei Anwahl der Bildbibliothek öffnet sich ein Menü, in dem Sie zwischen SkyDrive und Bildbibliothek als Speicherort wählen können.

- Wählen Sie die in der linken oberen Ecke sichtbare Schaltfläche *Zurück* (mit dem nach links zeigenden Pfeil), um ggf. zur vorherigen Ebene der App-Anzeige zurückzugehen

Das Navigieren innerhalb der Ordner und Unterordner von Fotos ist also sehr einfach in der Fotos-App möglich. Der Zugriff auf andere Ordner wie *Videos* ist bisher allerdings nicht möglich.

Fotos in der Fotos-App ansehen

Um ein Foto oder Video anzuzeigen, gehen Sie folgendermaßen vor.

1. Navigieren Sie in der Fotos-App zum gewünschten Ordner (siehe den vorherigen Abschnitt).
2. Wählen dann die betreffende Kachel mit der Foto- oder Videodatei an.

Bei Anwahl einer Fotokachel zeigt die Fotos-App das betreffende Foto in Großdarstellung an. Tippen oder klicken Sie das App-Fenster des angezeigten Fotos an, wird die App-Leiste mit den in Abbildung 18.18 sichtbaren Schaltflächen eingeblendet.

Abbildung 18.18   Foto in Großbilddarstellung mit Schaltflächen der App-Leiste

- Über die Schaltfläche *Zurück* (mit dem Pfeil in der linken oberen Ecke) gelangen Sie zur vorherigen Ordnerebene zurück

- Enthält ein Ordner mehrere Fotodateien, lässt sich über die am rechten (und ggf. am linken) Rand eingeblendeten Schaltflächen zwischen diesen Fotos blättern

- Bei Anwahl der App-Seite wird am unteren Rand die App-Leiste automatisch eingeblendet. Über die Schaltfläche *Löschen* können Sie die Fotodatei direkt aus der Fotos-App entfernen.

- Über die Schaltfläche *Öffnen mit* wird eine Palette eingeblendet, in der sich die zum Öffnen zu verwendende Anwendung oder App auswählen lässt

- Die Schaltfläche *Festlegen als* öffnet ein Menü, in dem Sie das Fotos als Motiv für den Sperrbildschirm oder als Hintergrund für die Kachel der Fotos-App festlegen können

Weiterhin finden Sie in der App-Leist Schaltflächen, um das Foto zu drehen, zuzuschneiden und zu bearbeiten. Auf diese Funktionen gehe ich nachfolgend teilweise noch detaillierter ein.

TIPP   Bei nicht eingeblendeter App-Leiste werden in der rechten unteren Ecke des Fotos ggf. ein kleines Plus- und Minuszeichen eingeblendet. Durch Anklicken per Maus lässt sich die Fotoanzeige vergrößern oder verkleinern. Auf einem Touchscreen vergrößern oder verkleinern Sie das Foto durch Spreizen oder Zusammenziehen zweier Finger und blättern durch Wischen mit dem Finger nach links oder rechts durch die Fotos. Ist ein Foto größer als die Anzeige, lässt sich der sichtbare Bildausschnitt bei gedrückter linker Maustaste oder per Finger auf dem Touchscreen verschieben.

Fotos als Diashow wiedergeben

Mehrere, in einem Fotoordner gespeicherte, Fotos lassen sich mit der Fotos-App auch als Diashow wiedergeben:

1. Navigieren Sie, wie im vorherigen Abschnitt gezeigt, zum ersten Foto der Diashow und rufen Sie dieses als Vollbild ab.
2. Blenden Sie die App-Leiste (z.B. durch einen Rechtsklick oder Wischen vom unteren Rand) ein und wählen Sie die Schaltfläche *Diashow*.

Abbildung 18.19   Diashow aufrufen

Dann werden die im lokalen Ordners gespeicherten Fotos als Diashow automatisch in der App-Seite wiedergegeben.

3. Zum Beenden einer Diashow drücken Sie die ⌈Esc⌉-Taste. Oder Sie blenden die App-Leiste mit einem Rechtsklick der Maus ein.

Mit der ⌈Esc⌉-Taste gelangen Sie direkt zur vorherigen Anzeigeseite zurück, während die rechte Maustaste die Diashow zwar unterbricht, aber die App-Leiste mit den in obigem Bild gezeigten Schaltflächen einblendet. Beachten Sie auch, dass die Diashow keine Funktionen besitzt, um die Reihenfolge der Bilder und Videos oder die Bildanzeigedauer vorzugeben.

So funktioniert die Videowiedergabe

Befinden sich Videodateien in der Bildbibliothek? Bei Videodateien funktioniert die Anzeige auf ähnliche Weise. Wählen Sie die Kachel eines Videoordners, wird dessen Inhalt angezeigt. Videodateien erkennen Sie bereits an einem in der Kachel eingeblendeten Kreis mit einem Dreieck (Abbildung 18.20, oben im Hintergrund). Der Kreis mit dem Dreieck symbolisiert die Wiedergabeschaltfläche.

Wählen Sie ein als Kachel angezeigtes Video, wird dieses in Großansicht in der App-Seite wiedergegeben (Abbildung 18.20, unten).

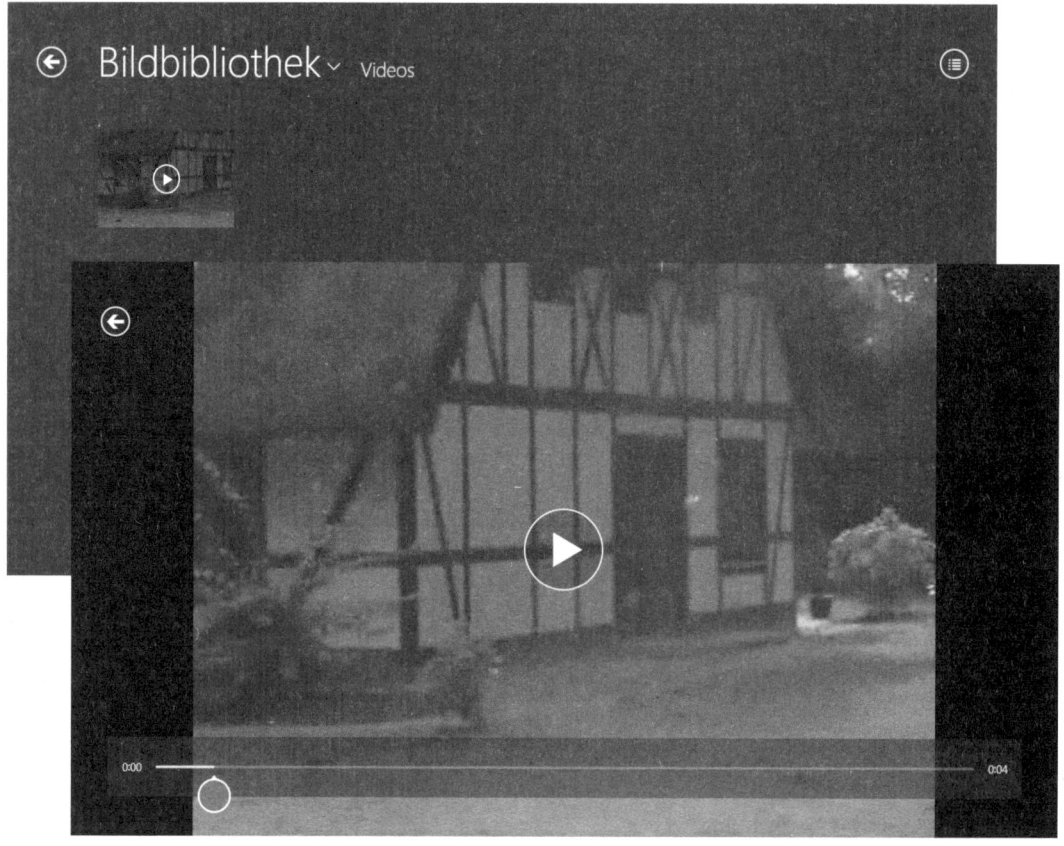

Abbildung 18.20   Video per Fotos-App wiedergeben

- Tippen oder klicken Sie auf das Video, um die Wiedergabe anzuhalten bzw. erneut fortzusetzen. Bei gestoppter Wiedergabe erscheint in der Mitte des Videos ein Kreis mit einem Dreieck. Klicken oder tippen Sie auf das Video, wird die Wiedergabe fortgesetzt.

- Bei gestoppter Wiedergabe oder direkt nach dem Start der Anzeige wird eine Zeitleiste samt dem Positionsanzeiger (kleiner Kreis) am unteren Rand des Videos sichtbar. Der Positionsanzeiger signalisiert, welcher Teil der Videodatei gerade abgespielt wird. Die links neben der Zeitleiste eingeblendete Zahl zeigt die Spielzeit vom Videoanfang bis zur aktuellen Position, während die rechte Zeitangabe die Gesamtspielzeit des Videos angibt.

- Ziehen Sie mit der Maus oder dem Finger den Positionsanzeiger (kleiner Kreis) auf der Zeitleiste nach links oder rechts, um in der Wiedergabe zur gewünschten Wiedergabeszene zu springen

Die Wiedergabeleiste verschwindet bei der Videowiedergabe nach kurzer Zeit. Zeigen Sie während der Wiedergabe mit dem Mauszeiger auf den Videobereich, werden die Wiedergabeleiste sowie ein Bedienelement (Kreis mit Dreieck zum Videostart oder zwei Vierecken zum Anhalten) in der Bildschirmmitte sichtbar.

Fotos und Videos bearbeiten

Die Fotos-App besitzt einige einfache Funktionen, um Videos zu kürzen oder Fotos zu bearbeiten (löschen, drehen, zuschneiden, aufhellen etc.). Nachfolgend lernen Sie die wichtigsten Funktionen kennen.

Fotos löschen, drehen und beschneiden

Sobald Sie die App-Leiste bei angezeigter Einzelbilddarstellung (z.B. durch Wischen) am unteren Fensterrand einblenden, werden auch Schaltflächen zum Bearbeiten des Fotos eingeblendet (Abbildung 18.21).

Abbildung 18.21   App-Leiste mit Schaltfächen zum Löschen, Drehen und Beschneiden

- Verwenden Sie die Schaltfläche *Löschen*, um ein Foto (oder ein Video) aus dem Ordner (und damit auch von der Festplatte) zu entfernen. Das Löschen muss in einem zweiten Schritt über die in einem kleinen Fenster eingeblendete *Löschen*-Schaltfläche bestätigt werden.

- Liegt ein Foto als Porträtaufnahme hochkant vor? Wählen Sie die Schaltfläche *Drehen*, um das Motiv um 90 Grad im Uhrzeigersinn zu drehen. Durch weiteres Antippen oder Anklicken der Schaltfläche lässt sich das Foto schrittweise drehen, bis die ursprüngliche Ausrichtung wieder erreicht ist.

- Um ein Foto zuzuschneiden, wählen Sie die Schaltfläche *Zuschneiden* in der App-Leiste (Abbildung 18.21). Das Foto wird dann mit einem Rahmen markiert (Abbildung 18.22). Verschieben Sie die an den Ecken sichtbaren weißen Punkte, um den durch den Rahmen festgelegten Bildausschnitt zu vergrößern oder zu verkleinern. Über die Schaltfläche *Seitenverhältnis* der App-Leiste wird ein Menü in der linken unteren Ecke eingeblendet, über dessen Befehle Sie z.B. verschiedene Fotoformate (9 × 13 cm) zum Zuschneiden wählen können. Die Schaltfläche *Anwenden* führt den Zuschnitt aus, während die *Abbrechen*-Schaltfläche den Modus ohne Änderungen beendet.

Abbildung 18.22   Funktionen zum Zuschneiden von Fotos

Über weitere Schaltflächen stehen zusätzliche Funktionen bereit. Die Schaltfläche *Festlegen als* öffnet ein Menü, über dessen Befehle Sie ein Foto als Sperrbildschirm oder als Miniaturbild für die Kachel der Fotos-App festlegen können. Die Schaltfläche *Öffnen mit* öffnet eine Palette, in der Sie die Namen verschiedener Programme wie Paint oder Windows-Fotoanzeige finden. Bei Anwahl eines Programmeintrags wird dann das Foto in der jeweiligen App oder Windows-Anwendung geöffnet.

Automatische Fotokorrektur

Ist ein Foto zu hell oder zu dunkel geraten? Stimmen die Farben irgendwie nicht? Gerade Handy-Schnappschüsse leiden unter solchen Bildfehlern. Manchmal lässt sich die Aufnahme aber noch retten. Microsoft hat eine Sammlung an Funktionen zur Verbesserung von Fotos in der Fotos-App eingebaut.

1. Öffnen Sie das Foto in der Vollbilddarstellung der Fotos-App und blenden Sie anschließend die App-Leiste (z.B. durch Wischen) am unteren Fensterrand ein.

2. Wählen Sie die Schaltfläche *Bearbeiten* in der App-Leiste (Abbildung 18.23, unten) an, um die in Abbildung 18.23, oben, gezeigte Darstellung abzurufen.

3. Wählen Sie die am linken Rand eingeblendete Schaltfläche *Automatische Korrektur*, um die Korrekturfunktion abzurufen.

4. Rufen Sie anschließend über eine der am rechten Rand angezeigten Kacheln oder Schaltflächen die gewünschte Korrektur ab.

Abbildung 18.23 Automatische Korrekturfunktionen der Fotos-App

In Abbildung 18.23, oben, ist links die Schaltfläche *Automatische Korrektur* gewählt (erkennbar am weiß ausgefüllten Kreis). Bei der automatischen Korrektur wird das Bild entsprechend der am rechten Fotorand ausgewählten Kachel angepasst (z.B. heller, dunkler, Schwarzweiß etc.). Die aktuelle Auswahl ist an einem blauen Rahmen um die Kachel zu erkennen. Sie sehen in der Vorschau übrigens sofort die Wirkung eines jedes Bearbeitungsschritts, obwohl dieser noch nicht dauerhaft ausgeführt wurde.

Abbildung 18.24 App-Leiste bei vorgenommenen Korrekturen

5. Zum Abschließen der Korrektur blenden Sie erneut die App-Leiste am unteren Seitenrand ein und wählen eine der angezeigten Schaltflächen (Abbildung 18.24).

Die Schaltflächen der App-Leiste ermöglichen Ihnen, genau vorzugeben, was passieren soll:

■ Die Schaltfläche *Rückgängig* am linken Rand ermöglicht Ihnen, die letzten, noch nicht abgeschlossenen, Bearbeitungsschritte schrittweise zurückzunehmen. Haben Sie also ein Foto aufgehellt, in der Farbe angepasst und Effekte angewandt, wird bei jeder Anwahl ein Schritt zurückgenommen.

■ Die Schaltfläche *Abbrechen* verwirft alle während der Bearbeitung gewählten Korrekturen. Da dabei alle im aktuellen Bearbeitungsschritt am Bild vorgenommenen Änderungen verloren gehen, ist dies in einem eingeblendeten Fenster über eine Schaltfläche *Trotzdem abbrechen* zu bestätigen. Sie gelangen zur Einzelbildansicht der App zurück.

- Die Schaltfläche *Original aktualisieren* veranlasst, dass die Korrekturen am betreffenden Foto vorgenommen werden. Dies birgt in meinen Augen aber die Gefahr, eine unwiederbringliche Aufnahme irrtümlich zu verfälschen (nach Anwahl der Korrektur ist die Schaltfläche *Rückgängig* nicht mehr verwendbar). Daher empfehle ich die Verwendung der Schaltfläche *Kopie speichern*. Dann bleibt das Original unverändert erhalten und alle Korrekturen werden als Kopie des Fotos in eine separate Datei abgelegt.

Neben der automatischen Korrektur bietet die Fotos-App die Möglichkeit zur individuellen Bearbeitung eines Fotos. Die betreffenden Techniken werden nachfolgend vorgestellt.

Retusche und Rote-Augen-Korrektur

Blitzlichtaufnahmen führen gerne zu roten Augen, bei Personen, die in die Kamera blicken. Moderne Kameras besitzen daher eine Anti-Rote-Augen-Funktion, die diesen Effekt durch eine Art Vorblitz zu vermeiden versucht. Und bei Portraitaufnahmen fallen Pickel oder Hautunreinheiten besonders ins Auge. Hat eine Person in einer Portraitaufnahme rote Augen oder Pickel auf der Haut? Dies lässt sich in der Fotos-App u.U. korrigieren.

Abbildung 18.25   Rote-Augen-Korrektur bei Fotos

1. Laden Sie das Foto in der Einzelbildansicht in der Fotos-App und vergrößern Sie die Anzeige des Fotos (siehe den Abschnitt »Fotos in der Fotos-App ansehen«), sodass die Korrekturen leicht vorzunehmen sind.

2. Wählen Sie die Schaltfläche *Bearbeiten* in der App-Leiste (Abbildung 18.23, unten).

3. Anschließend klicken oder tippen Sie auf die am linken Rand eingeblendete Schaltfläche *Allgemeine Korrektur*, um die Korrekturfunktion abzurufen (Abbildung 18.25).

4. Zur Rote-Augen-Korrektur wählen Sie in der rechten Spalte die Schaltfläche *Rote Augen* (Abbildung 18.25, rechts).

5. Anschließend klicken oder tippen Sie im Foto auf den Bereich der roten Pupillen.

   Statt des Mauszeigers zeigt die App beim Bewegen der Maus einen violetten Kreis. Beim Klicken auf eine Bildstelle korrigiert die Funktion rote Bildstellen mit schwarzer Farbe. Treffen Sie die rote Pupille, wird diese schwarz eingefärbt.

6. Um Pickel oder andere Hautunreinheiten bzw. Bildfehler (Staubfussel etc.) wegzuretuschieren, wählen Sie in der Kategorie *Allgemeine Korrekturen* die Schaltfläche *Retuschieren* (Abbildung 18.25).

7. Dann klicken oder tippen Sie auf die zu retuschierenden Bildstellen (in Abbildung 18.25 z.B. der dunkle Pigmentfleck an der Unterlippe.

Auch hier wird statt des Mauszeigers ein blau-violetter Kreis sichtbar, der den Bearbeitungsbereich markiert. Beim Anklicken/Antippen einer Bildstelle gleicht die Retuschefunktion dann Farbunterschiede aus. Der dunkle Pigmentfleck wird ebenso korrigiert wie z.B. glänzende Stellen auf der Nase, störende Pickel oder Haare.

Die Funktionen *Rote-Augen* und *Retusche* werden bei Anwahl einer anderen Schaltfläche oder beim Drücken der Esc-Taste beendet. Sie können also nach Anwahl einer Funktion durchaus zwei rote Augen oder mehrere Bildfehler korrigieren.

TIPP   Falls eine Retusche nicht gefällt, lässt sich diese über die Schaltfläche *Rückgängig* der App-Leiste zurücknehmen.

Lichteffekte: Helligkeit, Kontrast etc. korrigieren

Zu dunkel oder zu hell geratene Fotos lassen sich mit Hilfe der Fotos-App eventuell korrigieren.

Abbildung 18.26   Helligkeitskorrekturen an Fotos mittels der Funktion »Licht«

1. Laden Sie das gewünschte Foto in die Einzelbildansicht und passen Sie ggf. den Vergrößerungsfaktor an.

2. Rufen Sie den Bearbeitungsmodus über die App-Leiste auf und wählen Sie anschließend in der linken Spalte die Schaltfläche *Licht* an (Abbildung 18.26).

3. Wählen Sie anschließend in der rechten Spalte die gewünschte Kategorie *Helligkeit*, *Kontrast*, *Hervorheben* oder *Schatten* an.

   Nun wird ein größerer Kreis mit einer Zahl, die für den Wert steht, angezeigt (Abbildung 18.26, rechte Spalte). Gleichzeitig erscheint daneben ein weiter Kreis mit einer kleinen Spitze, die in den äußeren Ring des großen Kreises hineinragt.

4. Ziehen Sie den weißen Kreis per Maus (links Maustaste gedrückt halten) oder mit dem Finger wie einen Uhrzeiger um den Kreisrand, um den Wert zu verändern.

Ziehen im Uhrzeigersinn erhöht und Ziehen gegen den Uhrzeigersinn reduziert den angezeigten Wert. Vielleicht noch einige Hinweise zu den einzelnen Funktionen. Die am rechten Rand der Fotos-App von der Funktion Licht eingeblendeten Optionen ermöglichen Korrekturen über verschiedene Effekte vorzunehmen.

- **Helligkeit**   Diese Schaltfläche wirkt auf alle Bildpunkte des Fotos und hebt deren Helligkeitswert an oder verringert diesen. Damit wird das Foto insgesamt heller oder dunkler. Ein generell zu dunkles oder überbelichtetes Foto lässt sich dadurch verbessern.

- **Kontrast**   Bei Anwendung dieser Funktion werden die Abstände für die Helligkeitswerte zwischen sehr hellen und sehr dunklen Bildstellen vergrößert oder reduziert. Hoher Kontrast hebt die Details hervor, führt aber oft zu unnatürlich harten Bildübergängen (z.B. bei Schatten).

- **Hervorheben**   Diese Funktion wirkt auf die hellen Bildbestandteile (Lichter, sonnenbeschienene Szenen) und hebt diese Stellen zusätzlich (durch Veränderung des Helligkeitswerts der einzelnen Pixel) hervor oder schwächt deren Helligkeit ab

- **Schatten**   Mit dieser Schaltfläche erreichen Sie das genaue Gegenteil der Funktion *Hervorheben*. Denn die Funktion wirkt auf die dunklen Bildbereiche und verstärkt Schatten oder schwächt diese ab, je nachdem, welchen Wert Sie wählen.

Die Änderungen werden sofort am Foto angezeigt. Zum Übernehmen oder Verwerfen der Korrekturen blenden Sie die App-Leiste ein und wählen eine der angezeigten Schaltflächen (siehe den Abschnitt »Automatische Fotokorrektur«).

Farbkorrekturen an Fotos vornehmen

Sind die Farben eines Fotos zu flau oder zu grell? Oder gibt es gar einen Farbstich? Aufnahmen ohne Blitz bei Glühlampenbeleuchtung neigen zu einem Gelbstich, Fotos bei Neonbeleuchtung sind blaustichig und wirken kalt. Solche Farbstiche lassen sich im Labor z.B. über die sogenannte Farbtemperatur abmildern oder gar korrigieren. Auch die Fotos-App stellt über die am linken Rand angezeigte Schaltfläche *Farbe* mehrere Optionen zur Farbkorrektur eines Fotos bereit:

1. Gehen Sie wie in den vorherigen Abschnitten besprochen vor und laden Sie das gewünschte Foto in die Einzelbildansicht.

2. Rufen Sie den Bearbeitungsmodus über die App-Leiste auf und wählen Sie anschließend in der linken Spalte die Schaltfläche *Farbe* an (Abbildung 18.26).

3. Führen Sie anschließend über die in der rechten Spalte angezeigten Optionen die gewünschte Farbkorrektur aus und speichern Sie die Korrekturen über die Schaltflächen der App-Leiste.

Abbildung 18.27   Farbkorrekturen eines Fotos per Fotos-App

Für die am rechten Rand der Fotos-App im Bearbeitungsmodus *Farbe* angezeigten Bedienelemente gilt Folgendes:

- **Temperatur**   Die Farbtemperatur ist ein Maß, um einen Farbeindruck einer Lichtquelle quantitativ zu bestimmen. Über die Schaltfläche *Temperatur* lässt sich die Farbtemperatur in Richtung Rot oder Blau verschieben.

- **Farbton**   Mittels dieser Schaltfläche korrigieren Sie die in einem Foto vorkommenden Farben im Farbton (z.B. Rot wird zu Rosa etc.)

- **Sättigung**   Über diese Schaltfläche beeinflussen Sie, wie grell die Farben eines Fotos herauskommen sollen. Durch Reduktion der Sättigung kann ein Foto mit zu knalligen Farben eventuell abgeschwächt werden.

- **Farbverbesserung**   Diese Schaltfläche ermöglicht Ihnen, einzelne Teile eines Motivs farblich zu korrigieren. Wählen Sie die Schaltfläche, lässt sich anschließend eine Marke in Form eines Tropfens auf einer Fläche des Bilds (in Abbildung 18.26 das Meer) durch Anklicken/Antippen positionieren. Ziehen Sie anschließend den eingeblendeten weißen Kreis im oder gegen den Uhrzeigersinn am größeren Kreis entlang, lässt sich die Farbe der markierten Fläche verstärken oder reduzieren.

Experimentieren Sie ggf. etwas, um die Wirkung der Bearbeitungsfunktionen auf Fotos zu ergründen. Die Änderungen werden, wie bei den anderen Funktionen, über die Schaltflächen der App-Leiste übernommen oder verworfen.

Vignetten und selektiver Fokus

Für besondere Effekte stellt die Fotos-App noch die Funktionen zur Vignettierung und einen selektiven Fokus bereit. Mit diesen Funktionen lassen sich Bildteile hervorheben bzw. die Ecken abdunkeln.

Abbildung 18.28   Vignettierung eines Fotos

1. Gehen Sie zum Anwenden dieser Effekte wie in den vorherigen Abschnitten beschrieben vor und rufen Sie den Bearbeitungsmodus der Fotos-App für das angezeigte Foto auf.

2. Anschließend wählen Sie in der linken Spalte der Fotos-App die Schaltfläche *Effekte* (Abbildung 18.28).

3. Danach verwenden Sie die in der rechten Spalte angebotenen Schaltflächen *Vignette* oder *Selektiver Fokus*, um die Effekte abzurufen.

Über die Bearbeitungsfunktion *Vignette* dunkeln Sie die Ecken des Fotos ab (Abbildung 18.28). Stellen Sie nach Anwahl der Schaltfläche, wie auf den vorherigen Seiten erläutert, über den weißen Kreis einen Wert für die Vignettierung ein.

Die Schaltfläche *Selektiver Fokus* (Abbildung 18.28) bietet die Möglichkeit, einen Bildausschnitt, der im Fokus liegen soll, zu fokussieren:

- Wählen Sie die Schaltfläche an, wird eine Markierungsellipse für den Fokusbereich eingeblendet (Abbildung 18.29)

- Über die weißen Kreise verändern Sie die Größe der Ellipse. Zudem lässt sich die Ellipse per Maus oder Finger im Bildausschnitt verschieben.

- Mittels der Schaltfläche *Stärke* wird der Effekt zwischen verschiedenen Vorgabewerten eingestellt

Abbildung 18.29   Anwenden der Funktion Selektiver Fokus

Bei Betätigung der Schaltfläche *Anwenden* zeigt die Funktion nur die im Fokus liegenden Bildteile scharf, während alle anderen Fotobestandteile unscharf dargestellt werden. Dies ermöglicht Ihnen, ein Objekt in einem Foto nachträglich für den Betrachter herauszuheben.

Videoclips in der Fotos-App kürzen

Ich hatte bereits erwähnt, dass im Ordner *Bilder* gespeicherte Videoclips in der Fotos-App wiedergegeben werden können. Die App bietet sogar die Möglichkeit, ein Videoclips am Anfang und/oder am Ende zu beschneiden.

Abbildung 18.30   App-Leiste der Fotos-App bei geladenem Videoclip

1. Rufen Sie das Video in der Fotos-App auf, sodass die Wiedergabe erfolgen kann.
2. Blenden Sie die App-Leiste am unteren Rand ein und wählen Sie die Schaltfläche *Kürzen* (Abbildung 18.30).
3. Verschieben Sie die am Anfang und Ende der Zeitleiste sichtbaren weißen Punkte (Abbildung 18.31) per Maus oder Finger nach rechts bzw. links, um den Ausschnitt festzulegen.

4. Stimmt der markierte Ausschnitt, bestätigen Sie die in der App-Leiste eingeblendete Schaltfläche *Kopie speichern*.

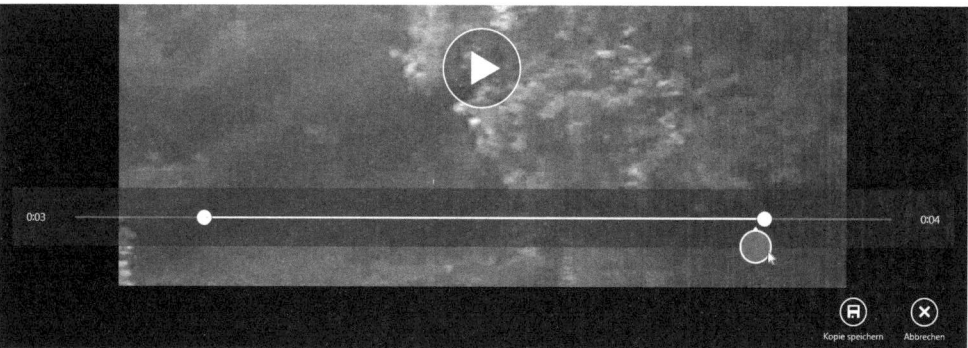

Abbildung 18.31   Setzen der Schnittmarken im Videoclip

Die Fotos-App erzeugt dann eine Kopie der Videodatei mit dem gekürzten Ausschnitt.

HINWEIS   Die obigen Funktionen standen beim Schreiben dieses Buchs in der Fotos-App zur Verfügung. Beachten Sie aber, dass Microsoft die App im Laufe der Zeit durch Updates um weitere Funktionen zur Fotobearbeitung ergänzen kann.

Fotofunktionen und Kamera-App

Per Fotos-App lassen sich auch Fotos ausdrucken oder mit anderen Apps teilen. Ist der Computer mit einer Webcam ausgestattet, lassen sich Fotos und Videos aufnehmen. Nachfolgenden lernen Sie diese Funktionen kennen.

Fotos drucken, so geht's

Fotos lassen sich direkt aus der Fotos-App auf einem Fotodrucker auf Papier ausgeben.

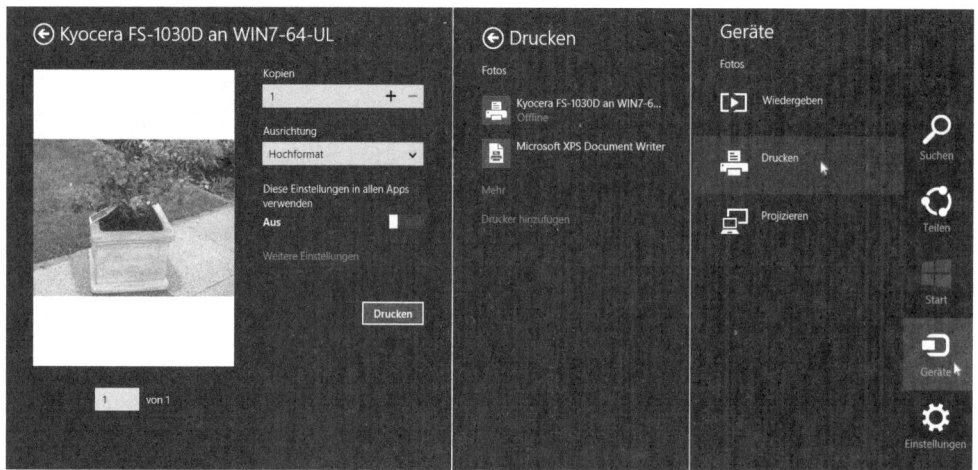

Abbildung 18.32   Ein Foto in der Fotos-App drucken

1. Rufen Sie in der Fotos-App die Vollbilddarstellung des gewünschten Fotos auf (siehe vorherige Seiten).

2. Blenden Sie die Charms-Leiste am rechten Rand ein (🪟 + Ⓒ oder Wischen vom rechten Bildschirmrand) und wählen Sie das Symbol *Geräte* (Abbildung 18.32, rechts).

3. Wählen Sie in der angezeigten Seitenleiste *Geräte* den Befehl *Drucken* und in der dann angezeigten Seitenleiste den gewünschten Drucker aus.

4. Legen Sie in der nun eingeblendeten Seitenleiste (Abbildung 18.32, linke Spalten) die Druckoptionen fest und betätigen Sie die *Drucken*-Schaltfläche.

Über den in der Seitenleiste des Druckers angezeigten Link *Weitere Einstellungen* können Sie eine zusätzliche Seitenleiste mit druckerspezifischen Einstelloptionen öffnen. Über die *Zurück*-Schaltfläche (der Pfeil im Kreis) in der linken oberen Ecke geht es zur vorherigen Seitenleiste zurück.

TIPP   Meldet die Seitenleiste *Drucken*, dass die App momentan nicht drucken kann? Dann haben Sie die Druckfunktion vermutlich nicht aus der Fotoansicht, sondern aus der Startseite der Fotos-App mit der Fotoübersicht aufgerufen.

HINWEIS   Das Drucken von Fotoabzügen erfordert spezielle Fotodrucker und Fotopapier. Günstiger ist es meist, die Fotodateien auf eine Speicherkarte zu kopieren und dann die Ausdrucke an einer im Handel aufgestellten Fotodruckstation vorzunehmen. Oder Sie laden die Fotodateien an einer solchen Station zu einem Fotolabor hoch und lassen sich die Papierabzüge zuschicken. Im Windows Store gibt es kostenlose Apps (z.B. CEWE FOTO), mit denen sich Fotos zu solchen Labors hochladen und Abzüge bestellen lassen.

Fotos teilen, das steckt dahinter

Die Fotos-App ermöglicht das Teilen eines Fotos, d.h., das Foto wird direkt an eine andere App zur weiteren Verarbeitung übertragen. Sie können z.B. ein Foto per Mail-App versenden an Apps zur Fotobearbeitung übergeben.

1. Rufen Sie das Foto in der Fotos-App als Vollbilddarstellung auf, blenden Sie die Charms-Leiste am rechten Rand ein und wählen Sie *Teilen* (Abbildung 18.33, rechts).

2. Wählen Sie in der Seitenleiste *Teilen* die gewünschte App aus, und sobald das zweite App-Fenster (Abbildung 18.33, links) geöffnet wird, bearbeiten Sie dort das Foto weiter.

Bei der Mail-App finden Sie z.B. eine Formularseite, in der Sie die Empfängeradresse und ggf. einen Betreff hinzufügen und dann die Nachricht versenden können.

TIPP   Klicken Sie in der Seitenleiste *Teilen* auf das Häkchen neben dem Text »1 Foto«, öffnet sich ein Menü, in dem Sie auswählen können, ob das Foto selbst oder ein Bildschirmabzug (Screenshot) versendet werden soll.

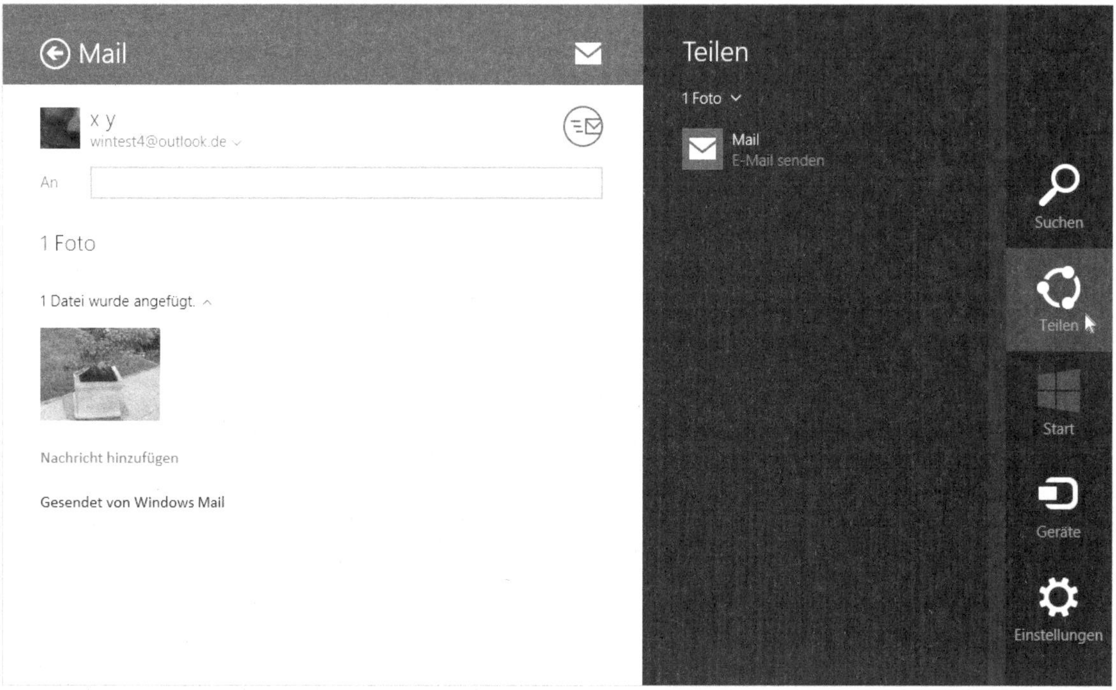

Abbildung 18.33   Foto per Fotos-App mit einer anderen App teilen

Zugriff auf die Webcam mit der Kamera-App

Ist der Rechner mit einer Webcam ausgestattet, lässt sich deren Bild über die Kamera-App anzeigen und als Video oder Standbild aufzeichnen.

Abbildung 18.34   Kachel der Kamera-App

- Zum Anzeigen der Webcam wählen Sie die Kamera-App auf der Startseite an (Abbildung 18.34)
- Beim ersten Aufruf der Kamera-App wird die Bestätigung zur Verwendung von Kamera und Mikrofon abgefragt, der Sie über die Schaltfläche *Zulassen* zustimmen.

TIPP   Fordert Windows Sie nach dem Aufruf der Kamera-App zum Einschalten der Kamera auf? Viele Net- und Note-books besitzen eine Tastenkombination (z.B. Fn + F6), mit der sich die Webkamera ein- und ausschalten lässt.

Um den Zugriff auf die Webcam und das Mikrofon wieder zu entziehen, blenden Sie die Charms-Leiste am rechten Bildschirm-rand ein, wählen *Einstellungen* und dann in der Seitenleiste *Kamera* den Befehl *Berechtigungen*. Deaktivieren Sie in der angezeig-ten Seitenleiste den Zugriff auf die Webcam und das Mikrofon.

Nach dem Start sollte die App das laufende Bild der Webcam zeigen. Am rechten Rand werden zwei Schaltflächen (Abbildung 18.35) zum Einschalten des Video- bzw. Fotoaufzeichnungsmodus eingeblendet. Über die am unteren Fensterrand einblendbare App-Leiste greifen Sie auf die Kamerasteuerung und Optionen zu.

Abbildung 18.35 Kamera-App mit App-Leiste und Optionen

- Die Schaltfläche *Belichtung* öffnet eine Palette mit einem Schieberegler (Abbildung 18.35), über den Sie die Helligkeit der Aufnahme anpassen können

- Um ein Foto (Screenshot) des aktuellen Videobilds anzufertigen, tippen oder klicken Sie auf den Bildbereich. Es wird ein Countdown, je nach eingestellter Verzögerungszeit, von 3 oder 10 Sekunden heruntergezählt. Die Kamera-App speichert danach das aktuelle Standbild in einer Grafikdatei.

- Soll das Bild der Webcam als Video aufgezeichnet werden, wählen Sie in der rechten Leiste die Schaltfläche *Videomodus* und tippen oder klicken Sie auf das Videobild. Während der Aufnahme läuft ein Zeitzähler am linken unteren Bildrand mit. Die Anwahl der während der Aufnahme in der rechten Seitenleiste angezeigten *Stopp*-Schaltfläche beendet die Aufzeichnung.

- Zum Anpassen der Verzögerungszeit bei Foto- oder Videoaufzeichnungen wählen Sie in der App-Leiste die Schaltfläche *Timer*. Jede Anwahl der Schaltfläche schaltet den Timer zwischen 3 und 10 Sekunden um.

Nach erfolgter Aufzeichnung können Sie per Finger, Mausrädchen oder Cursortasten nach rechts blättern. Dann zeigt die Kamera-App die angefertigten Einzelbilder oder Videos an. Die zugehörigen Dateien werden im Ordner *Bilder/Eigene Aufnahmen* als JPG-Grafik oder als MP4-Video gespeichert.

HINWEIS In Windows 8.1 unterstützt eine weitere Funktion Photo Loop eine vorhandene Kamera. Wird die Kamera aktiviert, beginnt sie Fotos aufzunehmen (ohne, dass der Auslöser betätigt wird). Anschließend lässt sich durch diese Einzelaufnahmen blättern, um den bestmöglichen Schnappschuss auszuwählen. Diese Funktion ist aber nur dann verfügbar, wenn die Kamerahardware dies unterstützt (dies ist z.B. beim Microsoft Surface 2-Tablet der Fall).

Fotoverwaltung mit Windows-Anwendungen

Wer lieber mit dem Windows-Desktop anstatt mit der Fotos-App arbeitet, findet verschiedene Desktopfunktionen und Windows-Anwendungen zur Fotoverwaltung. Nachfolgend möchte ich diese Möglichkeiten kurz vorstellen.

Fotoverwaltung per Ordnerfenster

Die Fotos-App ermöglicht zwar einen komfortablen Zugriff auf Fotogalerien, die lokal und online gehalten werden, stellt aber keine Funktionen zur Fotobearbeitung bereit. Auch sind die Möglichkeiten zum Zugriff auf lokal gespeicherte Fotos bescheiden – nur was in der Bibliothek *Bilder* enthalten ist, gelangt zur Anzeige. Um lokale Fotos anzusehen, als Diashow wiederzugeben oder zu drehen, reichen ein Ordnerfenster sowie die in Windows enthaltene Fotoanzeige und Diashow.

Abbildung 18.36 Miniaturansichten über die Bildtools einschalten

- Navigieren Sie in einem Explorer-Fenster auf dem Desktop zu einem Ordner mit Fotodateien (z.B. die Bibliothek *Bilder*) und lassen sich die Dateiinhalte über Darstellungsmodi wie »Große Symbole« der Registerkarte *Ansicht* (Abbildung 18.36) als Miniaturansicht anzeigen

- Zudem stehen über die Bildtools in der Menüleiste eines Ordnerfensters Schaltflächen zum Drehen der Fotos nach links bzw. rechts oder zur Wiedergabe als Diashow auf der Registerkarte *Verwalten* bereit (Abbildung 18.37)

- Klicken Sie eine Fotodatei mit der rechten Maustaste an, finden Sie im Kontextmenü zudem verschiedene Funktionen zum Drehen, zum Aufrufen einer Vorschau in der Windows-Fotoanzeige, zum Drucken oder zum Öffnen

Das Kontextmenü *Öffnen mit* wird angezeigt, falls ein Foto markiert ist. Das Menü ermöglicht es, über angezeigte Befehle die Fotodatei gezielt in der Fotos-App oder in anderen Anwendungen wie der Windows-Fotoanzeige, dem Programm Paint oder in eventuell installierten Zusatzprogrammen zu öffnen.

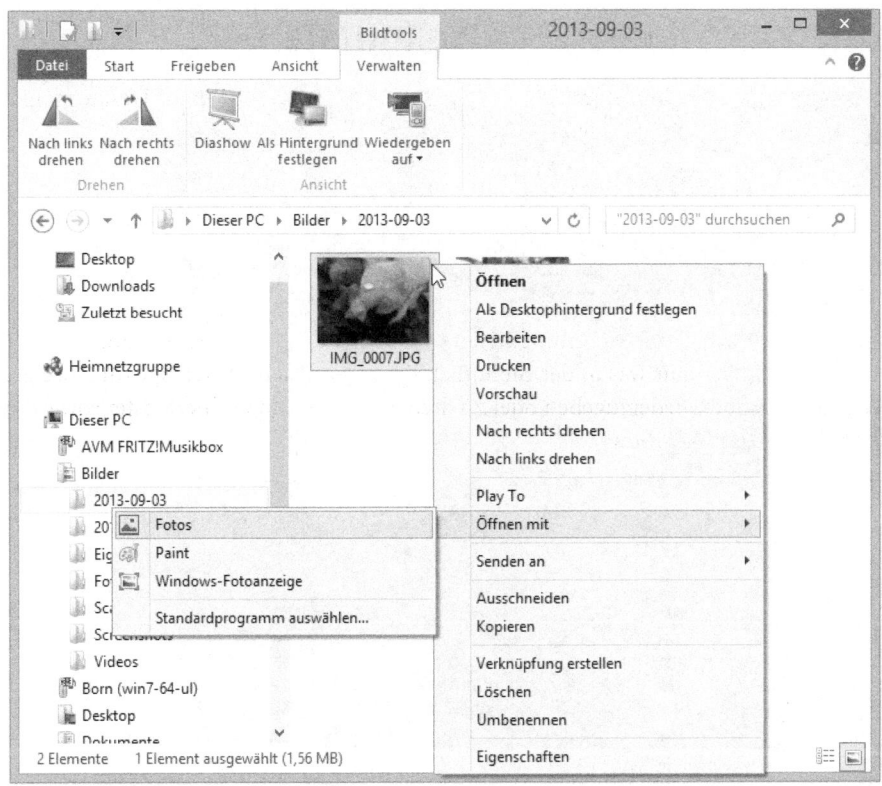

Abbildung 18.37   Fotofunktionen im Explorer

Verwenden der Windows-Fotoanzeige

Zum komfortablen Ansehen der Fotos lässt sich auch die Windows-Fotoanzeige verwenden. Öffnen Sie das Kontextmenü einer Grafikdatei und wählen Sie den Befehl *Öffnen mit*. In dessen Untermenü lässt sich der Befehl *Windows-Fotoanzeige* auswählen (Abbildung 18.37).

HINWEIS   Sie können auch direkt den Befehl *Vorschau* im Kontextmenü zur Anzeige der Fotodatei verwenden. Dieser Befehl startet aber die für die Vorschau eingerichtete Windows-Anwendung. Standardmäßig ist dies die Windows-Fotoanzeige. Werden weitere Grafikprogramme installiert, können sich diese für die Vorschau registrieren und werden dann vom Kontextmenübefehl automatisch geöffnet.

Die Fotoanzeige öffnet das Fenster aus Abbildung 18.38, über dessen Schaltflächen und Menüleiste Sie Zugriff auf verschiedene Funktionen erhalten. Die Bedienelemente in der Fußleiste der Fotoanzeige besitzen folgende Funktionen.

Abbildung 18.38   Fotodarstellung in der Windows-Fotoanzeige

- Die Schaltfläche *Zoom* öffnet einen Schieberegler, über den sich der Zoomfaktor der Fotoanzeige stufenlos vergrößern lässt

- Ist das Foto größer als der Darstellungsbereich der Fotoanzeige, lässt sich der sichtbare Ausschnitt per Maus oder Finger im Fenster verschieben

- Die Schaltfläche *Tatsächliche Größe* passt den Zoomfaktor so an, dass die Anzeige des Fotos dessen tatsächlicher Größe entspricht. Die Schaltfläche ändert sich dann in *An Fenster anpassen*, sodass das Foto bei Anwahl der Schaltfläche in der Darstellung an die Fenstergröße der Fotoanzeige angepasst wird.

- Über die beiden Schaltflächen *Vorwärts* und *Zurück* der Fußleiste können Sie zwischen Grafikdateien des aktuellen Ordners blättern

- Verwenden Sie die beiden mit *Drehen* bezeichneten Schaltflächen, um das angezeigte Foto um 90 Grad im oder gegen den Uhrzeigersinn zu drehen

- Mittels der *Löschen*-Schaltfläche lässt sich die aktuell angezeigte Fotodatei aus dem Fotoordner entfernen

- Über die mittlere Schaltfläche der Fußleiste wird die Wiedergabe der im Ordner enthaltenen Fotos als Diashow gestartet (siehe den folgenden Abschnitt)

Neben den Bedienelementen der Fußleiste stellt die Windows-Fotoanzeige noch eine Menüleiste am oberen Fensterrand bereit, über die sich verschiedene Funktionen abrufen lassen:

- Der Menüeintrag *Datei* enthält z.B. Befehle zum Löschen der aktuellen Datei, um Kopien der Datei zu erstellen (*Kopie erstellen*), um den Pfad samt Dateinamen in die Zwischenablage zu übertragen (*Kopieren*), um das Eigenschaftenfenster zu öffnen und um das Programm zu beenden. Beim Menübefehl *Kopieren* lässt sich anschließend auf der Registerkarte *Start* eines Ordnerfensters die Schaltfläche *Einfügen* wählen. Dann legt Windows das Bild als Kopie in einer Datei ab. Der Befehl *Kopieren* funktioniert nicht mit anderen Programmen.

Abbildung 18.39 Dialogfeld zum Verkleinern von Bildanhängen

- Über das Menü *E-Mail* lässt sich ein Foto einer E-Mail anfügen, sofern ein entsprechendes E-Mail-Programm (z.B. Windows Live Mail) installiert wurde. Bei Anwahl des Menüs *E-Mail* erscheint zudem ein Dialogfeld (Abbildung 18.39), welches das Verkleinern der Fotodatei ermöglicht. Sobald Sie die *Anhängen*-Schaltfläche anwählen, startet Windows das E-Mail-Programm, erzeugt eine neue E-Mail und hängt die Fotodatei als Anlage an.

- Über das Menü *Brennen* ist der Befehl *Daten-CD* abrufbar. Dieser stellt das Foto in den Sammlungsbereich einer Daten-CD, die anschließend gebrannt werden kann. In den meisten Fällen dürfte es aber einfacher sein, die gewünschten Fotos manuell auf eine Daten-CD oder -DVD zu brennen (siehe Kapitel 14).

Im Menü *Öffnen* finden Sie Befehle, um das aktuell angezeigte Foto in einer frei wählbaren Anwendung zu öffnen. Dies kann z.B. das mit Windows gelieferte Programm Paint oder die Fotos-App sein. Sind weitere Grafikbearbeitungsprogramme installiert, werden deren Namen ebenfalls im Menü aufgeführt.

Fotos per Windows-Diashow wiedergeben

Um die Fotos eines Ordners in Form einer Diashow am Bildschirm wiederzugeben, klicken Sie in der Windows-Fotoanzeige auf die am unteren Fensterrand angezeigte Schaltfläche *Diashow* (Abbildung 18.38). Alternativ können Sie die Funktionstaste `F11` drücken, um die Diashow zu starten.

Der Desktop verschwindet und Windows zeigt das erste Foto der Diashow (Abbildung 18.40). Das Motiv wechselt dann in festen Zeitabständen zwischen den Bilddateien des aktuellen Ordners. Die Bildreihenfolge wird von der Diashow anhand der Dateinamen vorgegeben.

Abbildung 18.40   Wiedergabe der Diashow

Klicken Sie den Bildbereich mit der rechten Maustaste an oder öffnen Sie das Kontextmenü mit einem längeren Fingerdruck, finden Sie Befehle, um die Diashow anzuhalten, fortzusetzen, vor- oder zurückzublättern, zu beenden oder die Ablaufgeschwindigkeit zu erhöhen. Über die Cursortasten ⬅ und ➡ der Tastatur können Sie ebenfalls zwischen den Bildern der Diashow blättern. Die Diashow lässt sich jederzeit durch Drücken der Esc-Taste beenden.

Fotoabzüge bestellen und Fotos drucken

Von den mit der Digitalkamera geschossenen Fotos können Sie in Fotolabors Papierabzüge anfertigen lassen. Hierzu stellt der Befehl *Drucken* der Windows-Fotoanzeige die Option *Abzüge bestellen* bereit (Abbildung 18.41, oben rechts), der die Auswahl der Fotoanbieter ermöglicht und dann die Fotodateien per Internetverbindung zu den Fotolabors übertragen kann.

TIPP   Günstiger ist es jedoch, die in Kaufhäusern, Elektronikmärkten oder Fotogeschäften aufgestellten Lesestationen zu verwenden. Dort können Sie die Speicherkarten der Kamera einlesen, die Fotos auswählen, ggf. bearbeiten und dann zum Labor übertragen. Manche dieser Stationen bieten auch die Möglichkeit, direkt vor Ort Papierabzüge auszudrucken. Labors bieten die preisgünstigste Möglichkeit, an Papierabzüge zu gelangen.

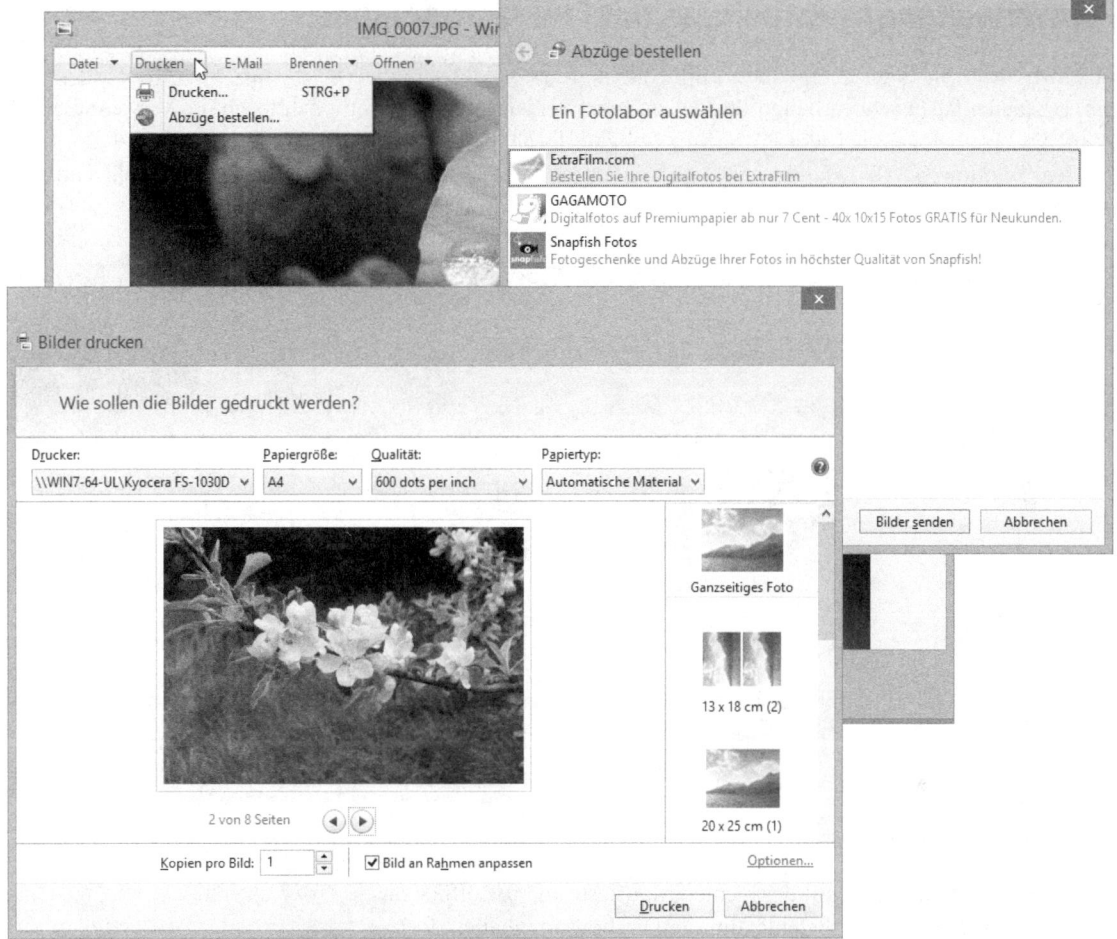

Abbildung 18.41 Fotoabzüge bestellen und Fotos drucken

1. Öffnen Sie den Ordner, der Ihre Fotodateien enthält (z.B. *Bilder* bzw. *Eigene Bilder* oder deren Unterordner), und markieren Sie das oder die zu druckenden Fotos.

2. Klicken Sie eine der markierten Fotodateien mit der rechten Maustaste an und wählen Sie im Kontextmenü den Befehl *Drucken*. Alternativ können Sie auch die Windows-Fotoanzeige aufrufen und dort die *Drucken*-Schaltfläche verwenden (Abbildung 18.41, oben links).

3. Sobald Windows das Dialogfeld des Fotodruck-Assistenten öffnet (Abbildung 18.41, unten), legen Sie die Optionen zur Druckausgabe fest und starten die Ausgabe über die *Drucken*-Schaltfläche.

Den Drucker, die Papiergröße oder weitere Geräteoptionen lassen sich über die Listenfelder im Kopfbereich des Dialogfelds auswählen. Im Fußbereich wählen Sie, wie viele Kopien pro Bild angefertigt werden sollen und ob die Bilder an den Rahmen angepasst werden müssen. Das Druckformat lässt sich über die Vorgaben in der rechten Spalte einstellen.

Fotoverwaltung/-bearbeitung mit Fremdprogrammen

Möchten Sie lokale Fotos komfortabel importieren, in einer Fotogalerie nach verschiedenen Kriterien sortieren, gegebenenfalls nachbearbeiten (aufhellen, beschneiden etc.)? Dann empfiehlt sich die Verwendung der Windows Live Fotogalerie (oder Picasa von Google). Es handelt sich zwar um Windows-Anwendungen, die auf dem Windows-Desktop laufen. Aber die beiden genannten Programme bieten wesentlich mehr Funktionen als die Fotos-App.

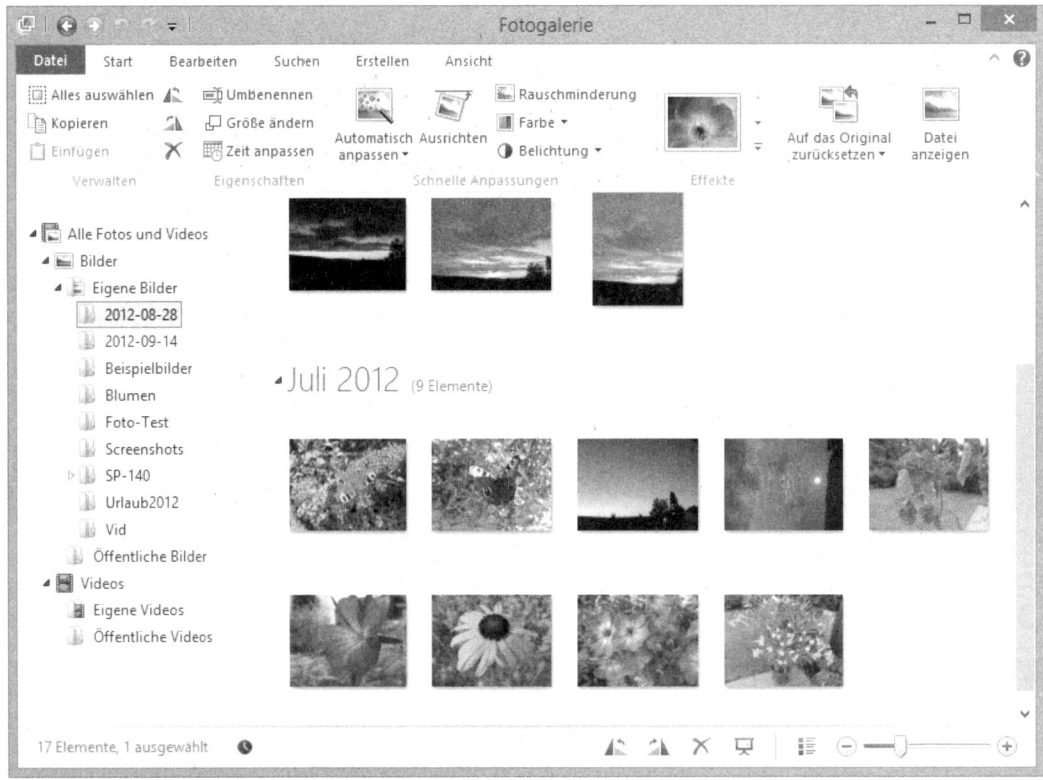

Abbildung 18.42   Fotogalerie der Windows Essentials 2012

Ist die Fotogalerie unter Windows installiert, lässt sich das Programm auch über eine Kachel des Startbildschirms aufrufen. Anschließend bietet das Programm über einen Navigationsbereich und ein Menüband (Abbildung 18.42) vielfältige Funktionen zur Navigation, Verwaltung, Anzeige und Bearbeitung von Fotodateien.

HINWEIS   Die Fotogalerie ist Bestandteil der Windows Essentials 2012, die kostenfrei von Microsoft (unter *http:// windows.microsoft.com/de-DE/windows-live/essentials* [Ms240-K18-03]) zu beziehen sind. Unter *http://www.borncity.com/ blog/2012/08/08/windows-essentials-2012-freigegeben/* [Ms240-K18-04] finden Sie einen Blogbeitrag, in dem sich die Downloadlinks der Version 2012 (einschließlich des Full-Installers) befinden.

Grafikdateien mit Microsoft Paint bearbeiten

In Windows ist das Programm Paint enthalten, das sich über das Suchfeld der Startseite mit der Eingabe »Paint« finden und dann aufrufen lässt.

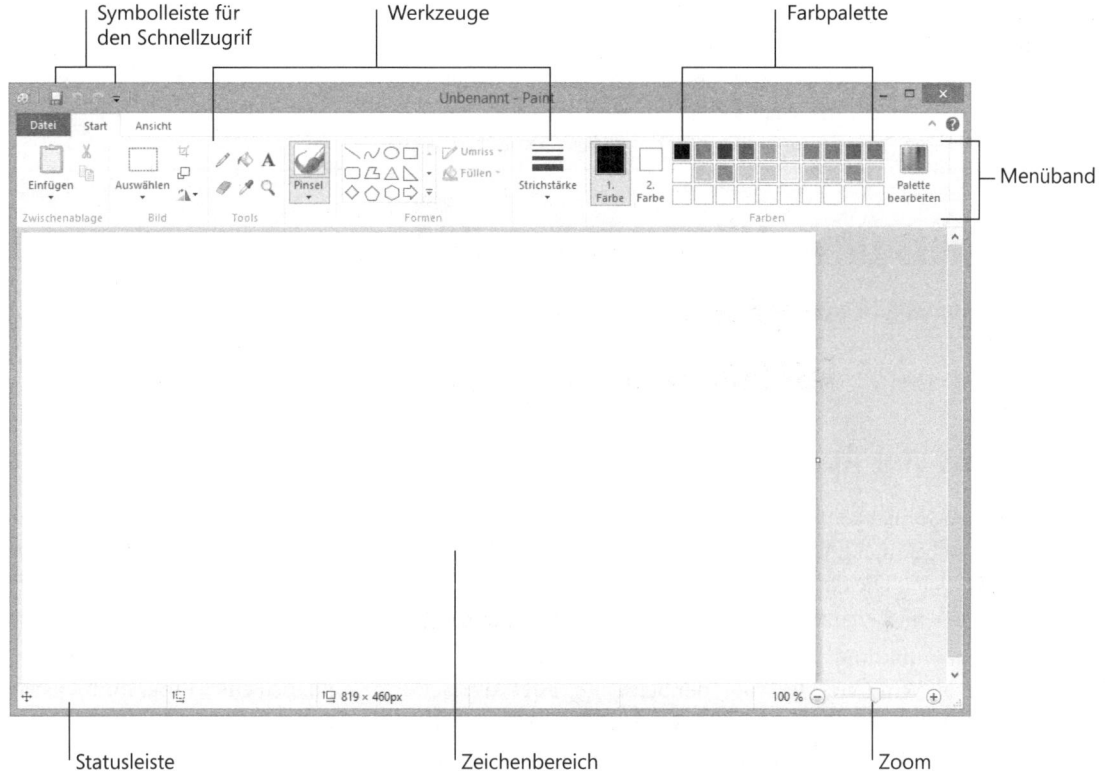

Abbildung 18.43   Paint-Anwendungsfenster

- Nach dem Start meldet sich das Programm mit einem leeren Programmfenster (Abbildung 18.43), das eine Titelleiste mit der Symbolleiste für den Schnellzugriff und ein Menüband mit mehreren Registerkarten sowie die *Paint*-Schaltfläche enthält. Die *Paint*-Schaltfläche öffnet ein Auswahlmenü, über das Sie Befehle zum Drucken, zum Öffnen und Speichern von Grafikdokumenten etc. erreichen.

- Das Menüband enthält die beiden Registerreiter *Start* und *Ansicht* mit den Bedienelementen des Programms. Auf der Registerkarte *Ansicht* finden Sie Kontrollkästchen, um ein Gitter im Zeichenbereich oder Lineale im Dokumentbereich ein-/auszublenden (den gleichen Effekt erreichen Sie über die Tastenkombination ⌜Strg⌝+⌜G⌝) sowie Bedienelemente, um zwischen Vollbild- und Miniaturansicht umzuschalten oder um den Zoomfaktor anzupassen. Die Registerkarte *Start* enthält alle Bedienelemente zur Auswahl von Werkzeugen, Formen, Strichstärken etc. und zum Arbeiten mit der Zwischenablage. Die Bedienelemente des Menübands sind dabei in verschiedene Gruppen unterteilt.

- Die Statusleiste am unteren Rand liefert beim Zeichnen die Position des Mauszeigers, zeigt die Bildabmessungen in Pixel an und enthält am rechten Rand einen Schieberegler, um den Zoomfaktor für die Ansichtsvergrößerung anzupassen.

Beim Zeigen auf Schaltflächen des Menübands blendet Paint eine QuickInfo mit dem Funktionsnamen ein. Reicht der Platz zur Darstellung aller Bedienelemente im Menüband nicht mehr aus, fasst Paint die Elemente einzelner Gruppen zu einer Gruppenschaltfläche zusammen. Klicken Sie auf das am unteren Rand einer Gruppenschaltfläche sichtbare kleine Dreieck, blendet Paint eine Palette mit den Elementen der Gruppe ein. Befindet sich der Mauszeiger im Zeichenbereich des Dokuments, nimmt er die Form eines Stifts, eines Kreuzes oder des zuletzt gewählten Zeichenwerkzeugs an.

HINWEIS   Paint kann verschiedene Dateien mit verschiedenen Grafikformaten (JPEG, BMP, PNG etc.) öffnen und lässt sich zur Not auch zum Beschneiden von Fotos verwenden. Allerdings sind die Grafikbearbeitungsfähigkeiten des Programms recht begrenzt. In vielen Fällen wird man auf Tools von Drittherstellern ausweichen müssen.

Screenshots unter Windows erstellen

Die vom Computerbildschirm erstellten Abbildungen werden als Screenshots bezeichnet. Windows bietet verschiedene Möglichkeiten, um Screenshots von Programmfenstern, von einer App-Seite sowie vom kompletten Windows-Desktop anzufertigen. Nachfolgend werden die Funktionen kurz vorgestellt.

Screenshots von Apps und des Desktops

Die einfachste Möglichkeit zum Anfertigen eines Screenshots besteht darin, die Tastenkombination ⊞ + `Druck` zu betätigen. Windows 8.1 fertigt dann ein Abbild des aktuellen Bildschirms an und speichert dieses als PNG-Datei. Die Grafikdateien finden sich im Ordner *Screenshots* der Bibliothek *Bilder* und werden mit *Screenshot (x).png* benannt. Das in Klammern stehende x symbolisiert eine fortlaufende Nummerierung.

Der obige Ansatz funktioniert, um sowohl App-Seiten als auch den Windows-Desktop »zu fotografieren«. Um ein Abbild des Windows-Desktops, der Startseite, einer App-Seite oder lediglich eines Programmfensters anzufertigen, können Sie auch folgende Tastenkombinationen verwenden:

- `Druck`   Diese Tastenkombination fertigt einen Screenshot des gesamten Bildschirms (Windows-Desktop, Startseite, App-Seite) an und überträgt dieses in die Windows-Zwischenablage
- `Alt` + `Druck`   Diese Tastenkombination fertigt einen Screenshot des aktuellen Programmfensters oder Dialogfelds/Eigenschaftenfensters an und stellt die Daten in die Windows-Zwischenablage

Bei angezeigter Startseite oder geöffneter App übertragen die beiden obigen Tastenkombinationen dagegen den gesamten Bildschirminhalt in die Zwischenablage. Sie können den Inhalt der Zwischenablage dann z.B. über die Tastenkombination `Strg` + `V` in eine Grafikanwendung wie das Windows-Programm Paint einfügen und dort weiter bearbeiten.

HINWEIS   Sind zwei Apps nebeneinander auf dem Bildschirm geöffnet, fertigt die Tastenkombination `Alt` + `Druck` ein Abbild des aktuell aktiven App-Fensters an.

Screenshots mit dem Snipping-Tool

Windows 8.1 enthält das Snipping-Tool, welches das Anfertigen von Bildschirmfotos (Screenshots) vom Windows-Desktop unterstützt. Aufrufen lässt sich das Snipping-Tool, indem Sie bei angezeigter Startseite einfach den Text »Snip« eintippen. Dann sollten die Seitenleiste *Suchen* sowie als Treffer unter »Apps« der Eintrag *Snipping Tool* angezeigt werden. Wählen Sie den Eintrag für das Snipping-Tool an.

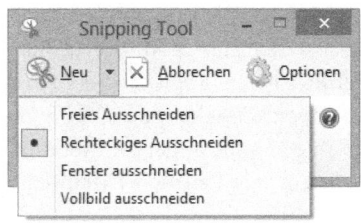

Abbildung 18.44 Ausschneidetyp wählen

1. Sobald das Programm startet, erscheint das in Abbildung 18.44 gezeigte Programmfenster. Klicken Sie dann auf den rechten Teil der Schaltfläche *Neu* und wählen Sie im Menü den gewünschten Ausschneidetyp.

2. Nachdem der Bildschirminhalt abgeblendet dargestellt wird, legen Sie den Bereich, der im Screenshot enthalten sein soll, durch Klicken oder Ziehen per Maus fest.

Die weitere Aktion hängt vom gewählten Ausschneidetyp ab:

■ Bei den beiden Ausschneidetypen *Freies Ausschneiden* und *Rechteckiges Ausschneiden* können Sie den gewünschten Bereich durch Ziehen mit der Maus markieren

■ Beim freien Ausschneiden lassen sich bei gedrückter linker Maustaste beliebige Bereiche umfahren und damit markieren

■ Haben Sie die Option *Rechteckiges Ausschneiden* gewählt, klicken Sie auf die linke obere Ecke des gewünschten Bereichs und markieren bei gedrückter linker Maustaste den Rechteckausschnitt per Maus. Der auszuschneidende Bereich wird mit einem roten Rahmen markiert.

■ Beim Modus *Fenster ausschneiden* ist das abzubildende Fenster per Maus anzuklicken

Wird die Maustaste beim Ziehen oder Klicken losgelassen, fertigt das Snipping-Tool den Screenshot an. Im Modus *Vollbild ausschneiden* wird der Screenshot dagegen direkt nach Anwahl des Befehls angefertigt.

HINWEIS   Stellen Sie fest, dass der Windows-Desktop nicht den gewünschten Inhalt anzeigt, klicken Sie im Fenster des Snipping-Tools auf die *Abbrechen*-Schaltfläche. Anschließend können Sie die gewünschten Fenster öffnen bzw. in den Vordergrund bringen und danach das Snipping-Tool erneut aufrufen.

Im Blogbeitrag *http://www.borncity.com/blog/2012/11/10/screenshots-unter-windows-8-teil-ii/* [Ms240-K18-05] beschreibe ich einen Ansatz, um auch Ausschnitte von App-Seiten oder der Startseite unter Windows anzufertigen.

Nach dem Anfertigen des Screenshots wird der Bildschirmabzug im Fenster des Snipping-Tools angezeigt (Abbildung 18.45). Über die Schaltflächen der Symbolleiste des Snipping Tool-Fensters lässt sich der angefertigte Bildschirmabzug noch markieren bzw. korrigieren:

■ **Stift**   Diese Schaltfläche ermöglicht es, über das zugehörige Menü verschiedenfarbige Markierungsstifte abzurufen. Anschließend können Sie bei gedrückter linker Maustaste mit dem Stift bestimmte Bereiche des Bildschirmabzugs anzeichnen. Der Stift zieht eine dünne Linie in der gewählten Farbe.

■ **Textmarker**   Klicken Sie diese Schaltfläche an, wird der Textmarker-Modus eingeschaltet. Sie können dann den Mauszeiger bei gedrückter linker Maustaste über Bereiche des Screenshots ziehen und diese gelb markieren.

■ **Radierer**   Klicken Sie diese Schaltfläche an, wird der Radierer eingeschaltet. Sie können dann mit dem Stift oder per Textmarker ausgezeichnete Stellen anklicken und so die Markierungen wieder löschen.

Das Snipping-Tool legt die Screenshots automatisch in der Zwischenablage ab. Haben Sie jedoch Markierungen im Fenster des Snipping-Tools am Bildschirmabzug vorgenommen, lässt sich der modifizierte Bildschirmabzug durch Drücken der Tastenkombination Strg + C oder über den Befehl *Kopieren* des Menüs *Bearbeiten* in die Zwischenablage übertragen. Den gleichen Effekt besitzt die *Kopieren*-Schaltfläche der Symbolleiste (dritte Schaltfläche von links). Sie können dann ein Grafikprogramm oder eine andere Anwendung starten und den Inhalt der Zwischenablage über die Tastenkombination Strg + V in den Dokumentbereich einfügen.

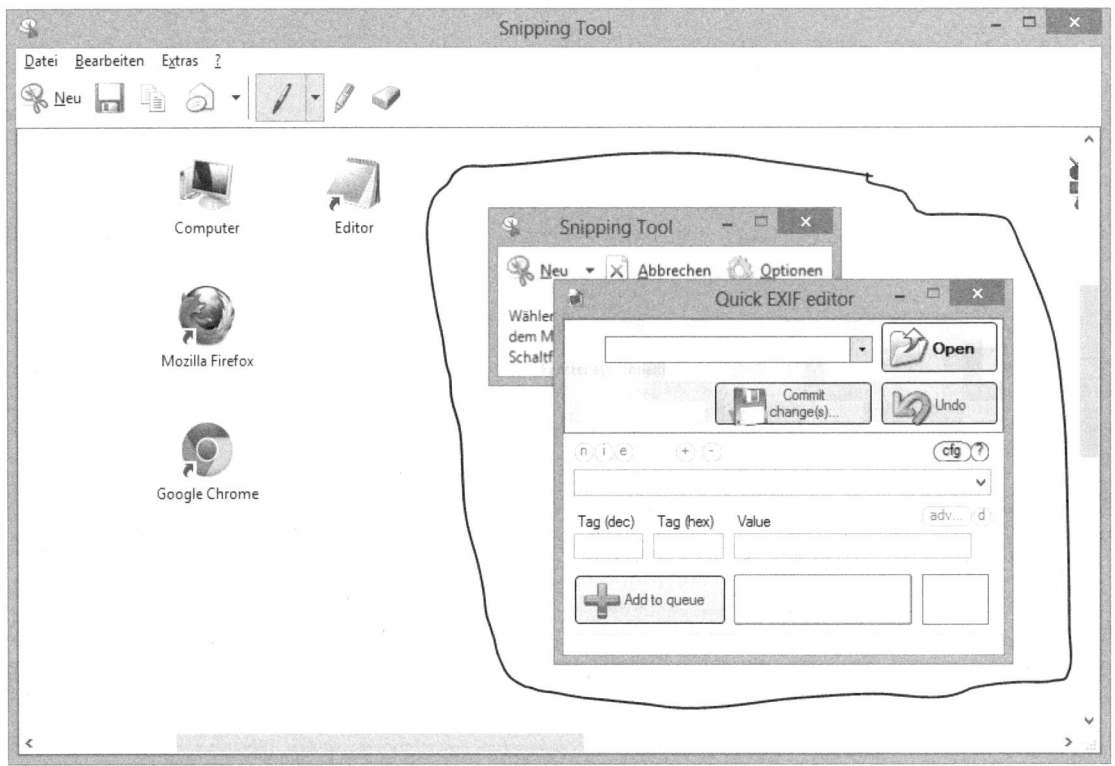

Abbildung 18.45   Screenshot bearbeiten

Die Menüschaltfläche *Ausgeschnittenes senden* bzw. der Befehl *Senden an* des Menüs *Datei* ermöglicht, eine neue E-Mail-Nachricht in einem Fenster zu öffnen und das Ausgeschnittene als Anhang oder als eingefügtes Bild zu versenden. Die Variante wählen Sie über die Befehle des Untermenüs bzw. des Menüs der Schaltfläche *Ausgeschnittenes senden*. Voraussetzung ist allerdings, dass ein kompatibler E-Mail-Client installiert ist.

- Über die Schaltfläche *Neu* der Symbolleiste wird der Screenshot verworfen und das verkleinerte Fenster (Abbildung 18.44) zur Auswahl des Ausschneidetyps erscheint wieder

- Die Schaltfläche *Speichern* der Symbolleiste, die Tastenkombination Strg + S oder der Befehl *Speichern* im Menü *Datei* öffnen das Dialogfeld *Speichern unter*, um das ausgeschnittene Bild in einer Datei zu speichern

Die *Speichern*-Funktion ermöglicht Ihnen, im Dialogfeld *Speichern unter* den Zielordner zu wählen und einen Dateinamen für die zu sichernde Datei einzutragen. Zudem lässt sich das Speicherformat wählen. Das

Programm unterstützt das Speichern der Grafik im JPEG-, GIF-, PNG-Format und als HTML-Dokument. Die einzige Besonderheit besteht darin, dass im Dialogfeld *Speichern unter* ein Hyperlink *Aufnahmedatum angeben* unterhalb des Listenfelds zur Auswahl des Dateityps eingeblendet wird. Klicken Sie auf diesen Hyperlink, erscheint ein Textfeld, in das Sie das Datum, an dem der Screenshot angefertigt wurde, eintragen können. Dieser wird als sogenannte Markierung mit in den Eigenschaften der Grafikdatei abgespeichert. Sobald Sie die *Speichern*-Schaltfläche wählen, wird das Dialogfeld geschlossen und die Datei im gewählten Format unter dem angegebenen Namen im Zielordner abgelegt.

Abbildung 18.46 Optionen des Snipping-Tools

HINWEIS   Um die Optionen des Snipping-Tools anzupassen, klicken Sie in der Symbolleiste des Programmfensters auf die Schaltfläche *Optionen* (Abbildung 18.44). Ist das Fenster mit dem angefertigten Screenshot zu sehen (Abbildung 18.45), wählen Sie im Menü *Extras* den Befehl *Optionen*. Anschließend können Sie im Dialogfeld *Snipping Tool-Optionen* (Abbildung 18.46) die gewünschten Einstellungen anpassen und dann mittels der *OK*-Schaltfläche übernehmen. Das Dialogfeld ermöglicht Ihnen, die Farbe der Freihandmarkierungen anzupassen oder festzulegen, ob die Freihandlinie im Bildschirmabzug mit angezeigt werden soll. Weiterhin lässt sich auf Wunsch bestimmen, dass die Screenshots automatisch in die Zwischenablage eingefügt werden.

Kapitel 19

Apps zur Musik- und Videowiedergabe

Musikwiedergabe mit der Musik-App

Zur Wiedergabe von Musik unter Windows ist die Musik-App vorinstalliert. Nachfolgend werden die Funktionen dieser App vorgestellt.

Die Musik-App im Überblick

Die Musik-App ermöglicht Ihnen, beim Dienst Xbox Musik zu kaufen und später wiederzugeben. Weiterhin können Sie im Ordner *Musik* gespeicherte Audiodateien abspielen. Die App wird über eine Kachel der Startseite aufgerufen (Abbildung 19.1).

Abbildung 19.1   Kachel der Musik-App

Die Musik-App blendet übrigens das Cover des aktuell wiedergegebenen Albums oder den gerade abgespielten Titel als Miniaturansicht in der Kachel ein (Abbildung 19.1, links). Gegenüber Windows 8 wurde die Startseite der Musik-App kräftig überarbeitet (Abbildung 19.2). In der Startseite der App werden in der linken Spalte verschiedene Kategorien mit Angeboten aufgeführt:

- **Sammlung**   Wählen Sie diese Kachel in der linken Spalte, erscheinen die Alben (und sofern das Album bekannt ist, mit Coverbild) der im Ordner *Musik* auf dem Rechner gespeicherten Musikstücke. Bei Bedarf lässt sich aber auch Musik aus anderen Ordnern, vom SkyDrive-Laufwerk oder aus dem Netzwerk wiedergeben. Über die Kacheln in der rechten Spalte lässt sich die Anzeige zwischen Alben, Künstlern und Titel umschalten.

- **Radio**   Diese Kachel ruft die Funktion des integrierten Internetradios ab, um Musik von vorgegebenen Künstlern zufallsgesteuert abzuspielen. Die App verwendet allerdings ausschließlich Xbox Music als Dienst, um Titel abzurufen.

- **Erkunden**   Ermöglicht Ihnen, im Shop von Xbox Music nach Alben zu suchen, diese zu kaufen und Titel probeweise anzuspielen

Die beiden letztgenannten Kategorien erfordern jedoch eine Anmeldung an einem Microsoft-Konto, um Musik aus Xbox Music wiederzugeben. Weiterhin finden Sie am unteren Rand der linken Spalte Befehle zum Anlegen und Importieren von Wiedergabelisten sowie die Namen der bereits eingerichteten Wiedergabelisten.

Wird ein Musiktitel abgespielt, blendet die App die Leiste mit den Elementen zur Wiedergabesteuerung am unteren Seitenrand ein (siehe den Abschnitt »Lokale Musik aus einer Sammlung wiedergeben« weiter hinten in diesem Kapitel).

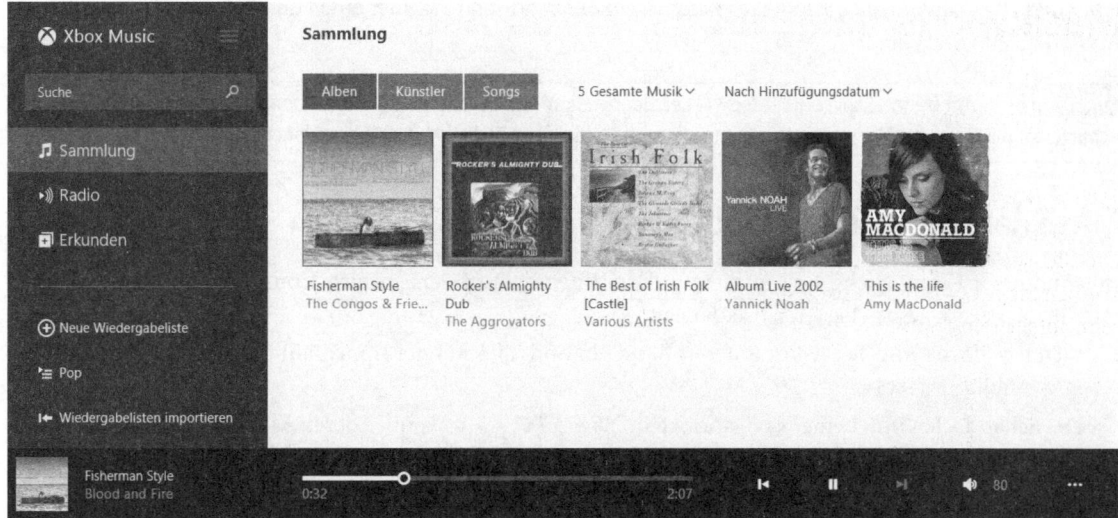

Abbildung 19.2   Startseite der Musik-App

Die drei grünen wagerechten Striche, rechts neben dem Xbox Music-Eintrag, ermöglichen, die linke Spalte zu einer Symbolleiste zu reduzieren und auch wieder zu der in Abbildung 19.2 gezeigten Darstellung zu erweitern.

Musikquellen festlegen

Beim ersten Aufruf zeigt die App beim Anwahl der Rubrik *Sammlung* u.U. die in Abbildung 19.3 sichtbare Seite. Dann wurde keine lokal gespeicherte Musik gefunden und die Meldung »Es ist einsam hier« erscheint.

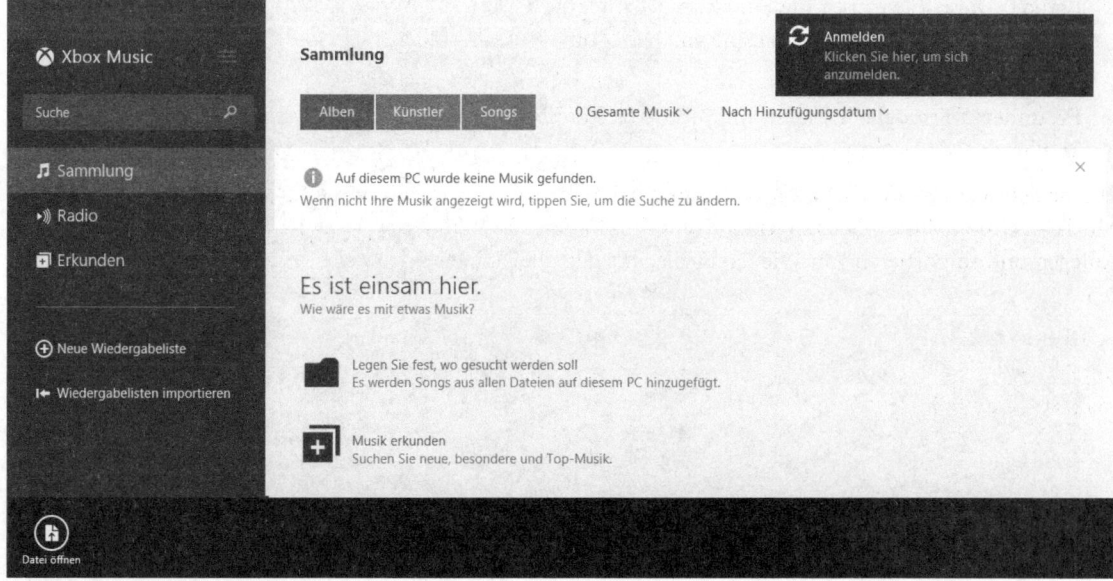

Abbildung 19.3   Musikquellen festlegen

Über den Hyperlink *Legen Sie fest, wo gesucht werden soll* können Sie über eine Folgeseite die Ordner mit den Audiodateien vorgeben.

HINWEIS   Am besten kopieren Sie die wiederzugebende Musik in den Ordner *Musik* oder in Unterordner des eigenen Benutzerkontos. Bei Bedarf können Sie auch andere, lokale Ordner zur Bibliothek *Musik* hinzufügen.

Musikdateien suchen und öffnen

In Windows 8.1 ermöglicht die Musik-App das Öffnen der auf dem lokalen Computer, auf dem SkyDrive oder im Netzwerk gespeicherter Musikdateien.

1. Blenden Sie die App-Leiste am unteren Rand ein und klicken oder tippen auf die Schaltfläche *Datei öffnen* (Abbildung 19.3).

    Die Schaltfläche öffnet eine Navigationsseite *Dieser PC – Musik*, über deren Menü (Abbildung 19.4) Sie auf das SkyDrive-Laufwerk, auf Ordner und Laufwerke des PC oder auf das Netzwerk zugreifen und Musikdateien öffnen können. Zudem lässt sich die Audiorekorder-App zur Tonaufzeichnung starten und als Tonquelle verwenden.

2. Navigieren Sie in der angezeigten Seite (Abbildung 19.4) zum gewünschten Audioordner.

Abbildung 19.4 Musikdateien suchen und öffnen

3. Markieren Sie die gewünschten Audiodateien (z.B. per Rechtsklick) und bestätigen Sie die *Öffnen*-Schaltfläche.

Dann werden die Titel geladen und in der Musik-App direkt wiedergegeben. Sie sehen die Wiedergabeleiste mit den Bedienelementen am unteren Seitenrand (siehe auch die folgenden Seiten).

HINWEIS   Beim Zugriff auf das Netzwerk stellt die App allerdings keine Navigationselemente bereit, sondern erwartet die Eingabe eines UNC-Netzwerkpfads der Art *\\Win8-64-ul\Musik* zum freigegebenen Ordner mit den Audiodateien. Da die Eingabe mitunter etwas kniffelig ist, empfehle ich, ein Ordnerfenster zu öffnen und zum gewünschten Musikordner zu navigieren. Öffnen Sie das Kontextmenü der wiederzugebenden Audiodatei und wählen Sie die Befehle *Öffnen mit/Musik*, erfolgt die Wiedergabe ebenfalls in der Musik-App.

Album abgleichen

Im Ordner *Musik* gefundene Musikstücke fasst die App zu Alben zusammen und versucht deren Albencover sowie die Titel abzugleichen und anzuzeigen. Dies geschieht über die in MP3-Dateien enthaltenen Metadaten (Künstler, Album, Titel etc.). Schlägt dieser automatische Abgleich per Internet fehl, wird kein Albencover eingeblendet (Abbildung 19.5). Bei Bedarf tragen Sie die Albeninformationen manuell nach bzw. korrigieren falsche Einträge.

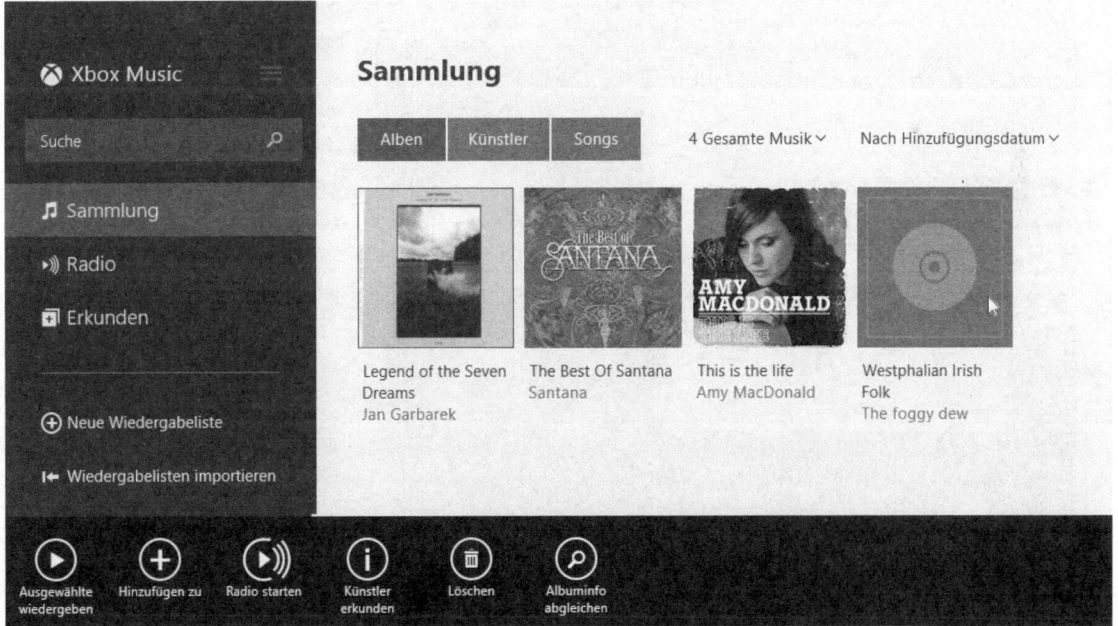

Abbildung 19.5   Album ohne Cover in Sammlung und eingeblendete App-Leiste

1. Markieren Sie in der Kategorie *Sammlung* ein Album und blenden die App-Leiste am unteren Rand ein (Abbildung 19.5).

In der App-Leiste finden Sie Schaltflächen, um das ausgewählte Album komplett wiederzugeben, zu einer Wiedergabeliste hinzuzufügen, zu löschen, Informationen zum Künstler abzurufen und das Album abzugleichen.

2. Wählen Sie nun die Schaltfläche *Albuminfo abgleichen* und warten Sie, bis die in Abbildung 19.6, unten links, gezeigte Seite erscheint.

   Der genaue Aufbau der Seite kann variieren. Ist das Album bekannt, werden die Albencover zur Auswahl angezeigt. Ist nichts Passendes in der Liste der Übereinstimmungen dabei?

3. Sofern keine Alben oder kein passender Eintrag angezeigt werden, wählen Sie den Hyperlink *Sehen Sie das richtige Album nicht?* Dann tragen Sie den Künstlernamen und ggf. den Albentitel in das Suchfeld der Seite ein und lassen durch Anwahl des Lupensymbols nach dem Album suchen.

4. Wählen Sie anschließend ein passendes Album in der linken Spalte an (Abbildung 19.6, unten links), um die zugehörigen Titel in der rechten Spalte einzublenden.

5. Wählen Sie die *Weiter*-Schaltfläche und legen Sie in der Folgeseite (Abbildung 19.6, oben rechts) den Titel fest.

Sie können für jeden Eintrag ein Listenfeld öffnen, um die in Abbildung 19.6, oben rechts, eingeblendete Titelliste des Albums anzuzeigen und einen Titel auszuwählen. Sobald Sie die *Fertigstellen*-Schaltfläche wählen, schließt die App die Seite und übernimmt die Albeninformationen in die Sammlung.

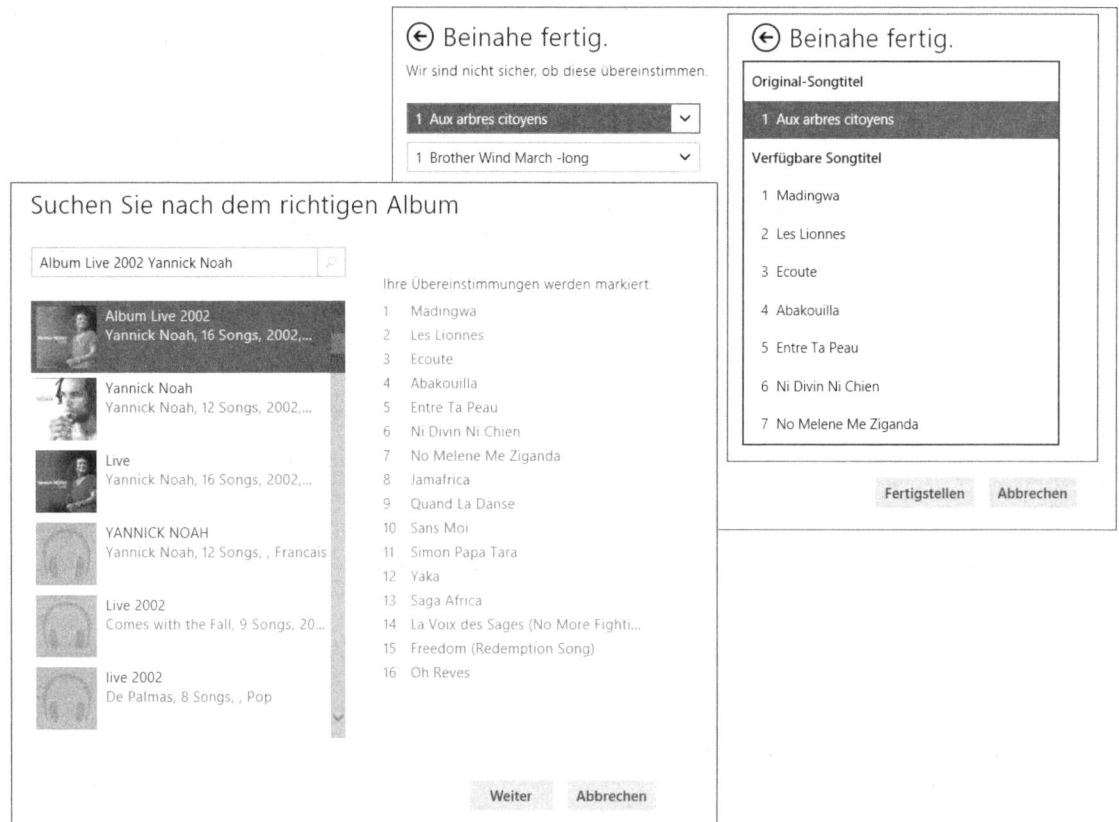

Abbildung 19.6   Albeninformationen suchen und auswählen

HINWEIS   Die Schaltfläche *Löschen* der App-Leiste ermöglicht, das Album aus der Sammlung zu entfernen. Mit der Schaltfläche *Künstler erkunden* wird eine Seite mit Informationen zu neuesten Alben des Künstlers sowie Alben in der Sammlung eingeblendet. Über die *Zurück*-Schaltfläche in der linken oberen Ecke der Seite geht es zur Startseite mit den Alben der Sammlung zurück.

Konten, Berechtigungen, Präferenzen einstellen

Zum Zugriff auf Xbox Music ist eine Anmeldung an einem Microsoft-Konto erforderlich. Zudem erhält die App die Berechtigung, den abgespielten Titel auf der Kachel der Startseite anzuzeigen. Diese Einstellungen lassen sich über Seitenleisten verwalten und anpassen.

1. Blenden Sie bei angezeigter Musik-App die Charms-Leiste am rechten Rand ein und wählen Sie das Symbol *Einstellungen* (Abbildung 19.7, rechts).

2. Wählen Sie in der Seitenleiste *Einstellungen* (Abbildung 19.7) den gewünschten Befehl.

3. Passen Sie dann in der angezeigten Seitenleiste die gewünschten Einstellungen an.

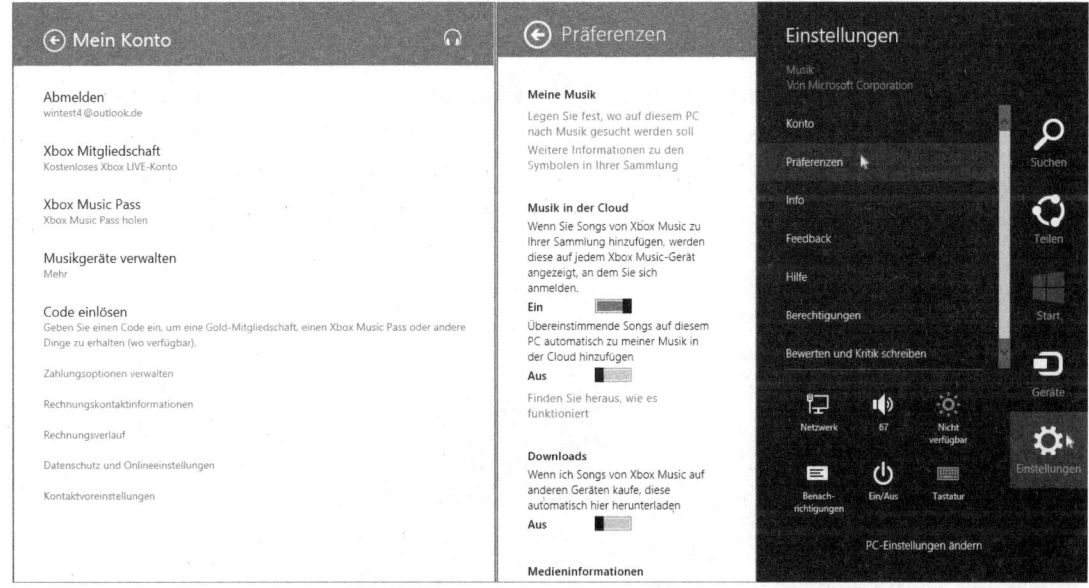

Abbildung 19.7   Präferenzen der Musik-App anpassen

Über den Befehl *Berechtigungen* legen Sie lediglich fest, ob die App die aktuell gespielten Titel in der Kachel anzeigen darf. Über den Befehl *Konten* sehen Sie, mit welchem Microsoft-Konto die Musik-App ggf. verbunden ist (Abbildung 19.7, links) und welche Xbox Music-Mitgliedschaft gilt. Arbeiten Sie unter einem lokalen Benutzerkonto, ist in der Seitenleiste *Mein Konto* auch eine Abmeldung vom Microsoft-Konto möglich. In der Seitenleiste *Präferenzen* finden Sie verschiedene Optionen, die sich über Schiebeschalter ein- oder ausschalten lassen.

HINWEIS   Der genaue Inhalt der Seitenleisten wie *Ihr Konto* oder *Präferenzen* hängt vom aktuellen Kontext ab. Sind Sie unter einem Microsoft-Konto angemeldet, zeigt die Seitenleiste *Ihr Konto* nicht den Abschnitt »Abmelden«, sondern »Ihr Konto«. Und in der Seitenleiste *Präferenzen* wird die Kateogie *Downloads* nur angezeigt, wenn eine Verbindung mit einem Microsoft-Konto besteht. Möglicherweise gibt es dann auch einen Eintrag »Monatliches Limit für Streaming«, in der Infos zum Xbox Music Pass oder Begrenzungen für Streaming zu finden sind.

Lokale Musik aus einer Sammlung wiedergeben

Sind Musikstücke lokal im Ordner *Musik* gespeichert, lassen sich diese über die Kategorie *Sammlung* des App-Fensters wiedergeben. Zur Wiedergabe haben Sie mehrere Möglichkeiten:

- Markieren Sie die Kachel eines Albums (z.B. mit der rechten Maustaste), um die App-Leiste am unteren Seitenrand einzublenden (Abbildung 19.8). Dann lässt sich die Schaltfläche *Ausgewählte wiedergeben* anwählen, um alle Titel des Albums abzuspielen. Die *Löschen*-Schaltfläche entfernt dagegen das Album (nach einer Bestätigung) aus der Sammlung.

- Wählen Sie die Kachel eines Albums an, um dessen Wiedergabefenster samt Detailansicht im Vordergrund anzuzeigen (Abbildung 19.9). Verwenden Sie dann die angezeigten Schaltflächen zur Wiedergabe eines Titels oder des gesamten Albums.

Die Abbildung 19.9 zeigt die Schaltflächen zur Wiedergabe, die sowohl oberhalb der Titelliste eines Albums als auch im gewählten Titel eingeblendet werden. Während der Wiedergabe eines Titels erscheint zudem die Leiste der Wiedergabesteuerung in der Fußzeile.

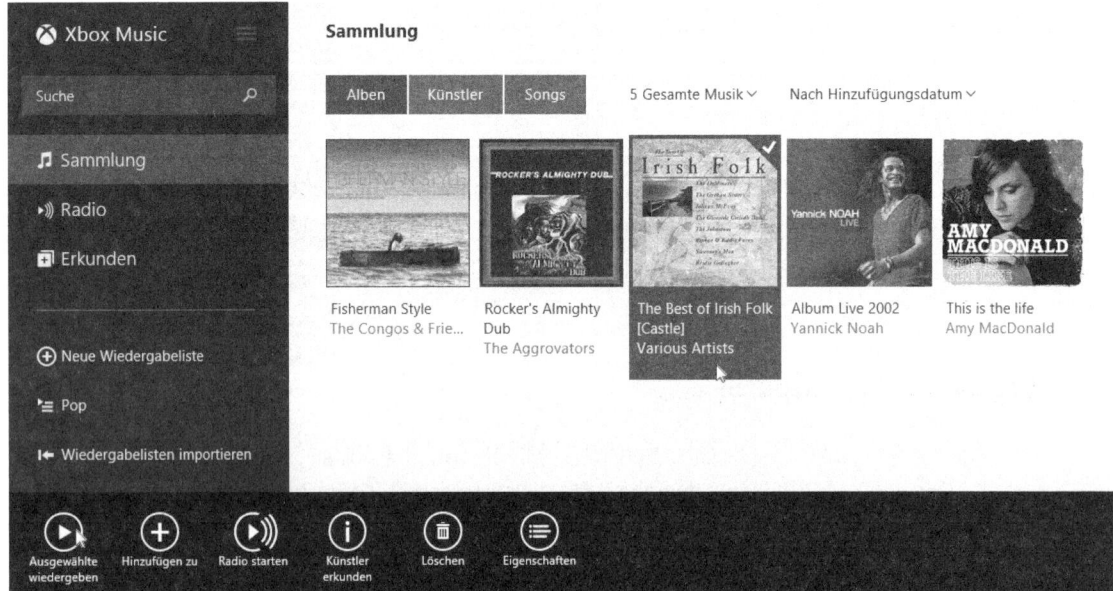

Abbildung 19.8   Album wiedergeben

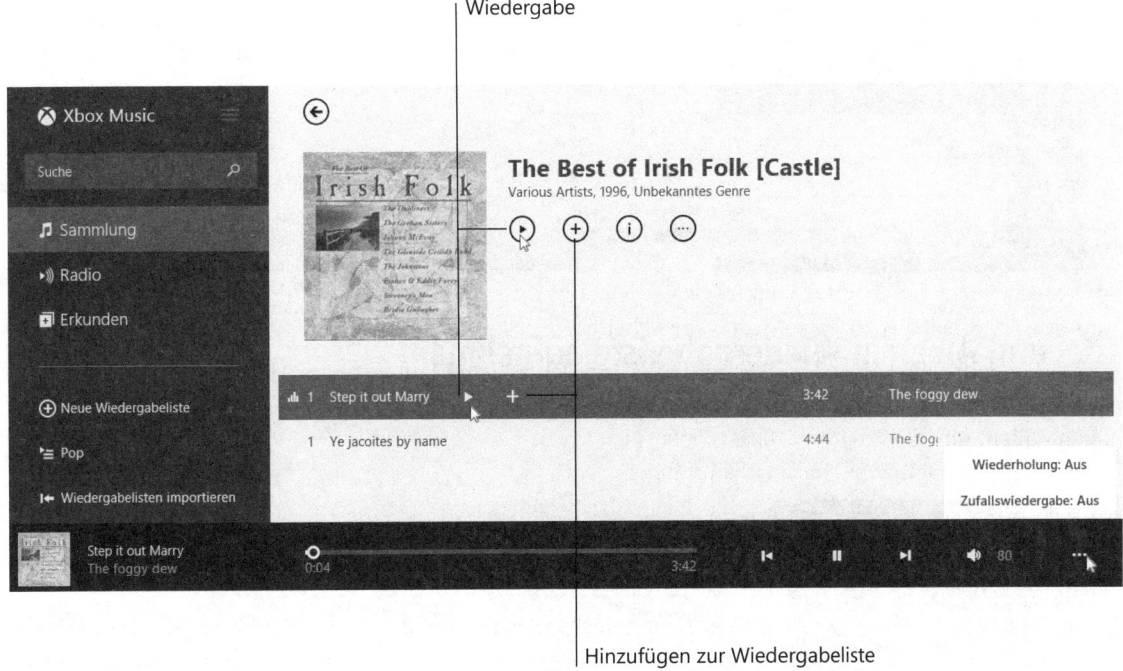

Wiedergabe

Hinzufügen zur Wiedergabeliste

Abbildung 19.9   Titel oder Album wiedergeben

- Eine Zeitleiste gibt während der Wiedergabe an, welche Position des Audiotitels gerade abgespielt wird

- Mit *Start* bzw. *Stopp* lässt sich der Titel wiedergeben und anhalten

- Über die Schaltflächen *Titelanfang* und *Titelende* lässt sich ein Titel erneut starten bzw. zum nächsten Titel des Albums springen

- Die Schaltfläche mit den drei Pünktchen öffnet ein Menü, um die Titelwiederholung und -zufallswiedergabe ein-/auszuschalten

Über die Schaltfläche *Zurück* in der linken oberen Ecke oder durch Anwahl der Kategorie *Sammlung* gelangen Sie zur Albenübersicht zurück.

Wiedergabelisten anlegen

Einzelne Musiktitel lassen sich in Wiedergabelisten organisieren, die anschließend abgespielt werden können.

1. Zum Anlegen einer neuen Wiedergabeliste wählen Sie in der linken Spalte der App-Seite den Befehl *Neue Wiedergabeliste* an (Abbildung 19.10).

2. Tippen Sie im angezeigten Fenster den Titel der Liste ein und wählen Sie die Schaltfläche *Speichern*.

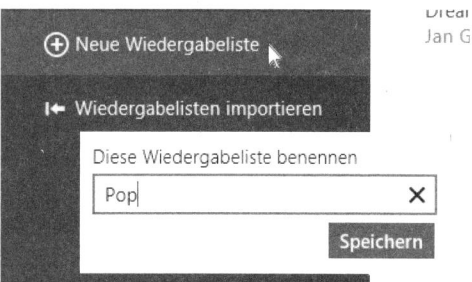

Abbildung 19.10 Wiedergabeliste anlegen

Titel und Alben in Wiedergabeliste aufnehmen

Um einzelne Titel eines Albums zu einer Wiedergabeliste hinzuzufügen, sind nur wenige Handgriffe erforderlich.

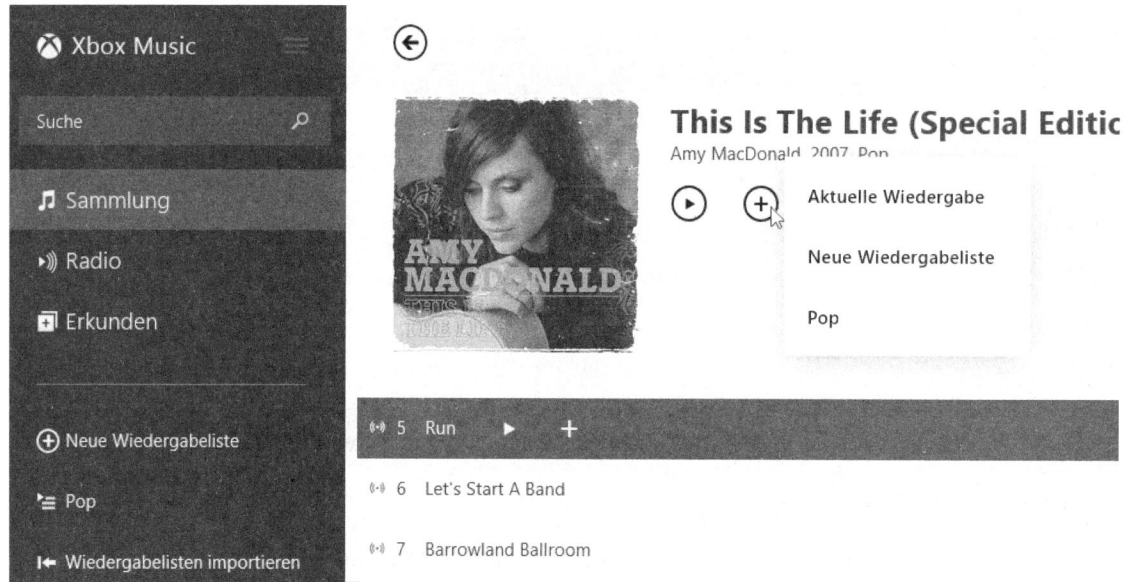

Abbildung 19.11 Titel zu Wiedergabeliste hinzufügen

1. Navigieren Sie in der Kategorie *Sammlung* der Musik-App zum Wiedergabefenster des Albums.
2. Wählen Sie den gewünschten Albentitel und betätigen Sie die Schaltfläche mit dem Pluszeichen (Abbildung 19.11).

   Sie finden die Schaltfläche sowohl beim Albumtitel als auch bei den Einzeltiteln des Albums.
3. Wählen Sie im eingeblendeten Menü den Namen der gewünschten Wiedergabeliste aus (Abbildung 19.11).

Über den Befehl *Neue Wiedergabeliste* lässt sich ebenfalls eine solche Liste anlegen. Zudem können Sie Titel der aktuell gespielten Wiedergabeliste zuordnen oder in der sogenannten Cloud-Sammlung ablegen. Die Cloud-Sammlung verwaltet die Musiktitel über das Microsoft-Konto, unter dem Sie bei Xbox Musik angemeldet sind.

HINWEIS   Alternativ können Sie in der Kategorie *Sammlung* ein Album markieren und die App-Leiste am unteren Rand einblenden. Die Schaltfläche *Hinzufügen zu* der App-Leiste öffnet ebenfalls ein Menü, in dem Sie eine Wiedergabeliste auswählen. Dann werden alle Titel des Albums aufgenommen.

Titel aus Wiedergabeliste abspielen

Wählen Sie anschließend in der linken Spalte der App eine aufgeführte Wiedergabeliste an, tauchen die dort eingetragenen Titel in der rechten Fensterhälfte auf (Abbildung 19.12).

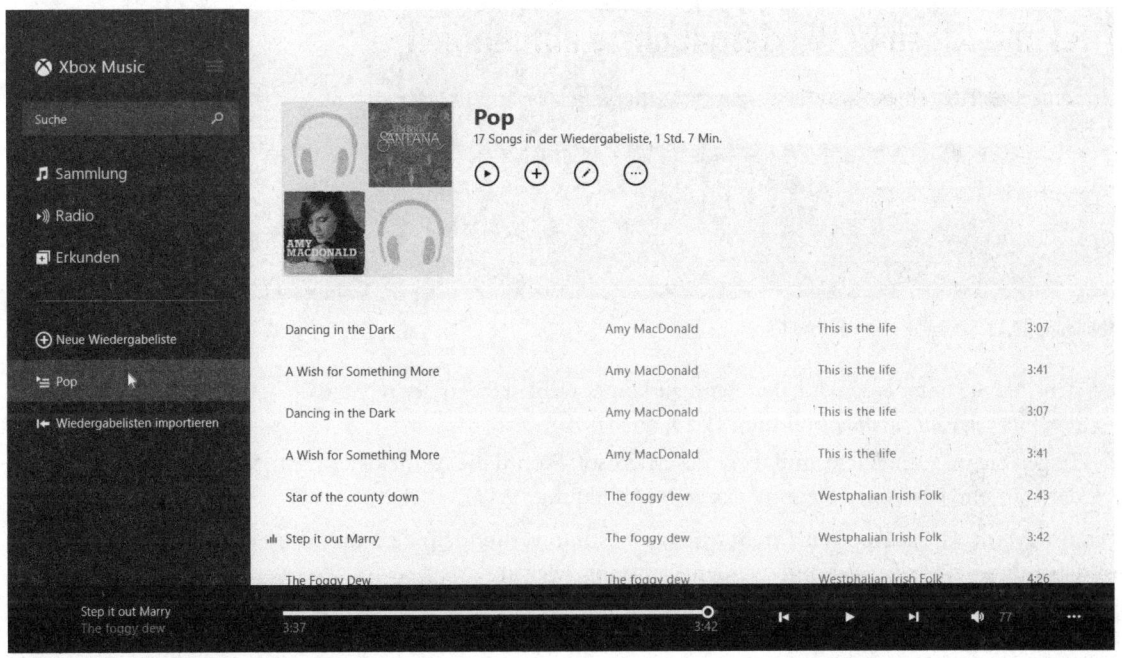

Abbildung 19.12   Wiedergabeliste abspielen

Die Titel der Wiedergabeliste lassen sich wie bei einem Album anwählen und dann komplett oder titelweise wiedergeben.

Wissen zum Xbox Music-Angebot

Um in der Musik-App auf die Onlineinhalte der Kategorien *Radio* und *Erkunden* zuzugreifen, ist eine Anmeldung an einem Microsoft-Konto und an einem Xbox Music-Konto erforderlich. Nachfolgend finden Sie die benötigten Informationen, um das Angebot zu nutzen.

Microsoft-Konto hinzufügen

Um auf Onlinemusik zuzugreifen und ggf. zu kaufen, ist eine Anmeldung am Microsoft-Konto erforderlich. Diesem Microsoft-Konto ist automatisch ein Xbox LIVE-Konto zugeordnet, über welches Käufe abgewickelt werden. Arbeiten Sie unter einem Microsoft-Konto, können die folgenden Schritte entfallen.

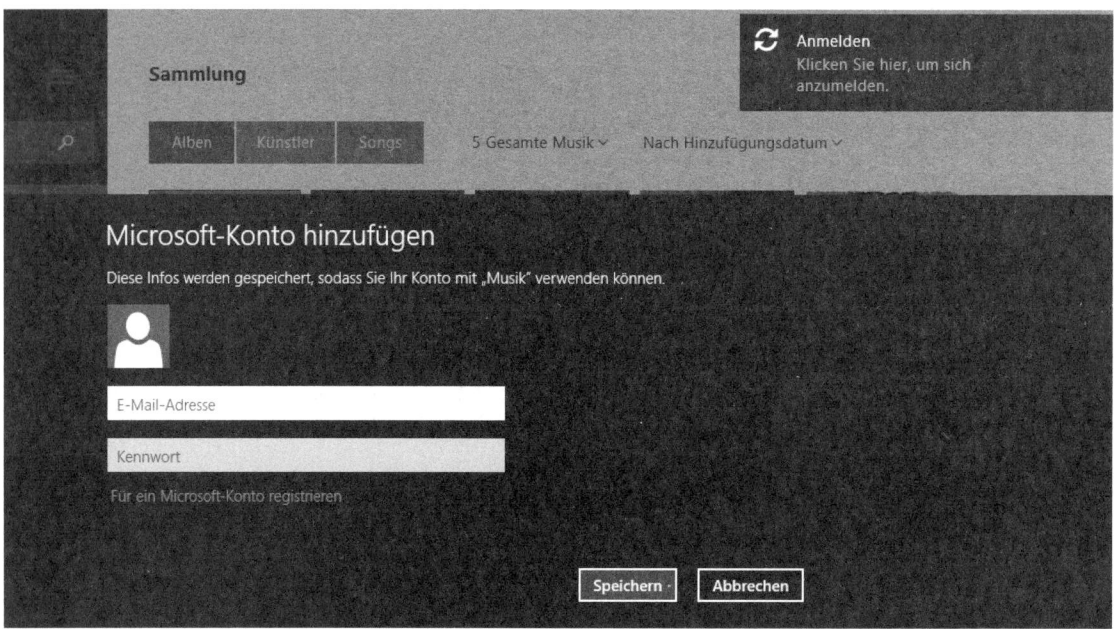

Abbildung 19.13   Anmelden am Microsoft-Konto

1. Arbeiten Sie unter einem lokalen Benutzerkonto, wählen Sie in der rechten oberen Ecke des App-Fensters den Eintrag *Anmelden* (Abbildung 19.13, oben).

2. Tragen Sie im Anmeldeformular für das Microsoft-Konto die Anmeldedaten in den betreffenden Textfeldern ein und bestätigen Sie mit *Speichern* (Abbildung 19.13).

Dann wird die Musik-App mit Ihrem Microsoft-Konto verbunden, dem das Xbox LIVE-Konto zugeordnet ist. Über dieses Xbox LIVE-Konto werden Käufe abgewickelt.

| **HINWEIS** | Direkt nach der Anmeldung bietet die App Ihnen an, die Musik auf diesem PC auf mehreren Geräten abzuspielen (Abbildung 19.14, oben). Bei Anwahl des angezeigten Bereichs erscheint die in Abbildung 19.14, unten, sichtbare Seite. Über die Schaltfläche *Meine Musik übereinstimmen* lassen sich Seiten durchlaufen, in der für mehrere Windows 8.1-PCs übereinstimmende Musiktitel festgelegt werden können.

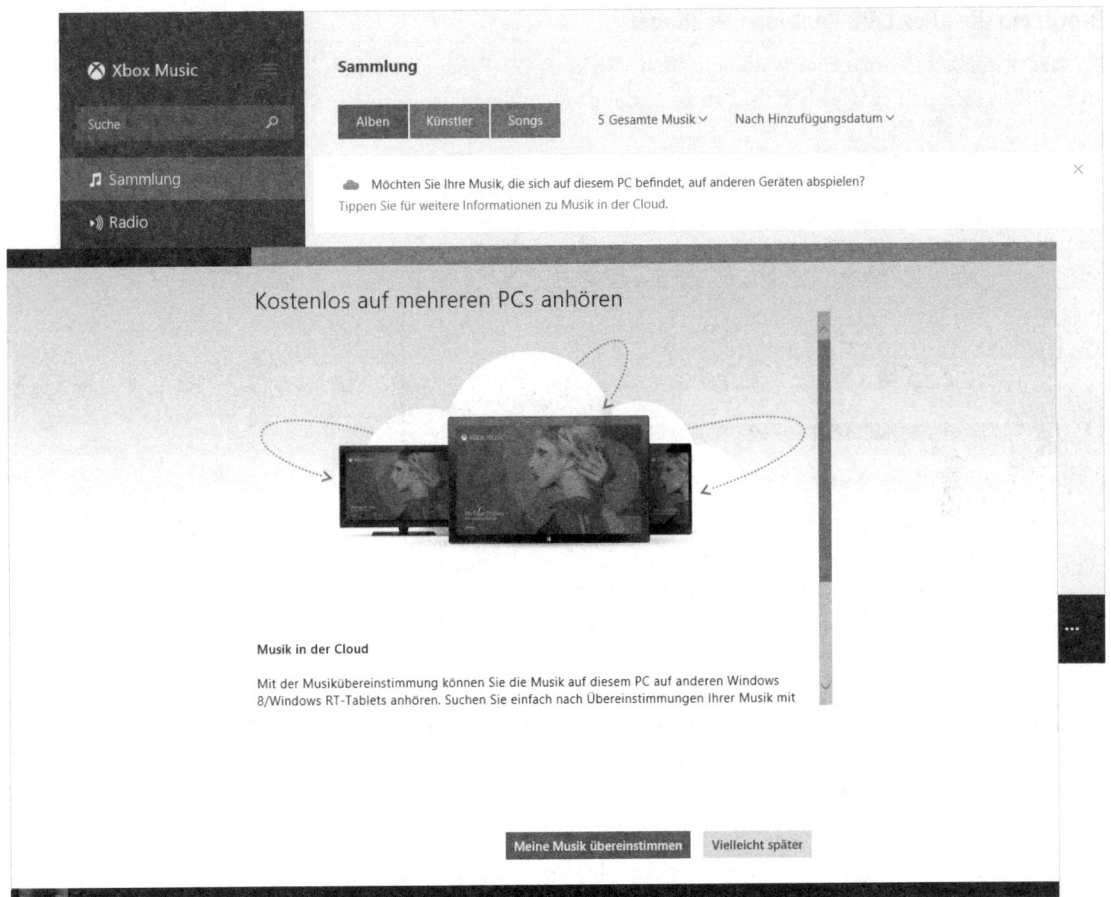

Abbildung 19.14   Musik mit mehreren PCs synchronisieren

Wissen zum Xbox LIVE-Konto

Das zusätzliche Xbox LIVE-Konto wird automatisch beim Anlegen des Microsoft-Kontos eingerichtet und mit dem Microsoft-Konto verknüpft. Dieses Xbox LIVE-Konto dient zur Verwaltung der Musik-, Video- und Xbox-Spielekäufe:

- Dem Xbox LIVE-Konto ist ein eigener Xbox-Benutzername (von Microsoft als Gamertag bezeichnet) zugeordnet

- Dieser Name (bei einem meiner Testkonten lautet z.B. »EbenenMoewe169«) wird beim Anlegen des Microsoft-Kontos automatisch aus zwei Wörtern und einer Zahl erzeugt und taucht z.B. auf, wenn Xbox LIVE-Spiele benutzt werden

Wem dieser Gamertag nicht gefällt, kann diesen innerhalb der ersten 14 Tage nach dem Anlegen des Microsoft-Kontos kostenfrei ändern. Soll der Gamertag später umbenannt werden, ist dies u.U. kostenpflichtig.

Zugriff auf die Xbox LIVE-Konteneinstellungen

Um den aktuellen Benutzernamen einzusehen, die Xbox LIVE-Mitgliedschaft, Zahlungsoptionen oder Rechnungsinformationen einzusehen und zu verwalten, gehen Sie folgendermaßen vor.

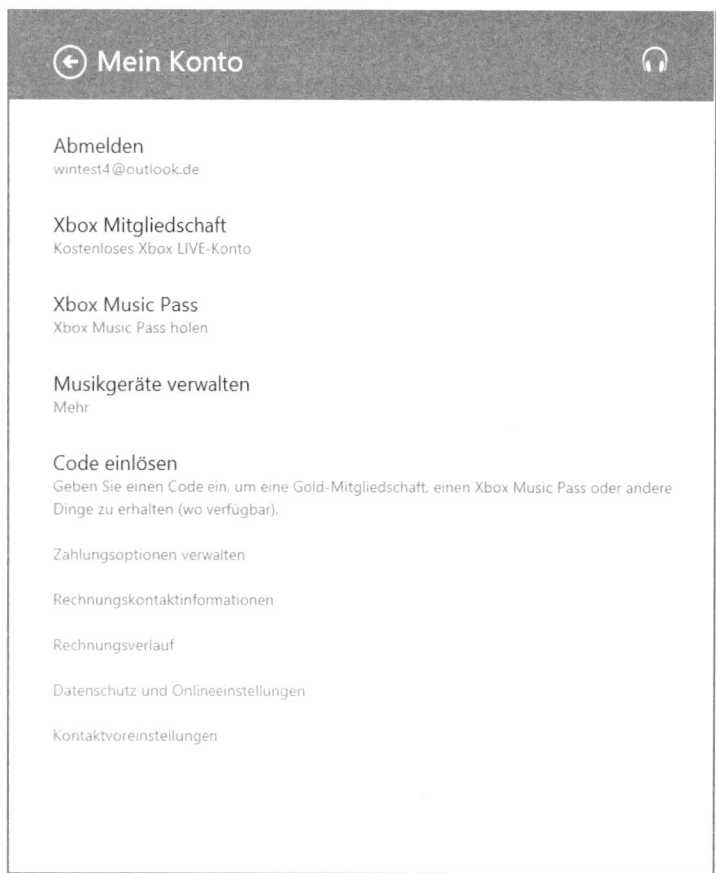

Abbildung 19.15   Befehle zum Zugriff auf das Xbox LIVE-Konto

1. Blenden Sie bei geöffneter Musik-App die Charms-Leiste am rechten Seitenrand ein und wählen Sie *Einstellungen*.
2. Wählen Sie den Befehl *Konto* in der eingeblendeten Seitenleiste.
3. Greifen Sie in der Seitenleiste *Mein Konto* (Abbildung 19.15) über die betreffenden Befehle auf das Xbox LIVE-Benutzerkonto zu.

Über diese Befehle lassen sich die Mitgliedschaft für ein Xbox LIVE-Konto, Zahlungsoptionen, Rechnungsdaten etc. einsehen und verwalten, Gutscheincodes einlösen oder den Music-Pass und Geräte zur Wiedergabe verwalten. Sofern nach einem Benutzerkennwort gefragt wird, verwenden Sie dort die Anmeldedaten Ihres Microsoft-Kontos zur Anmeldung.

HINWEIS   Auch hier die Anmerkung, dass der Inhalt der Seitenleiste *Ihr Konto* (Abbildung 19.15) davon abhängt, ob Sie mit einem lokalen Benutzerkonto in der App an einem Microsoft-Konto angemeldet sind oder ob Sie direkt unter einem Microsoft-Konto arbeiten. Bei einem Microsoft-Konto fehlt die Kategorie *Abmeldungen* und es findet sich der Eintrag *Ihr Konto* in der Seitenleiste.

Musik mit Radio über Xbox Music hören

Die Musik-App kann auch Musik über das Internet beziehen und wiedergeben. Das Ganze wird als »Streaming« (kommt von strömen) bezeichnet, weil ein Rechner die Musik als Datenstrom über das Internet sendet. Microsoft bietet den Dienst Xbox Music an, über den man kostenlose Musik hören, aber auch Musik über ein Abonnement beziehen kann.

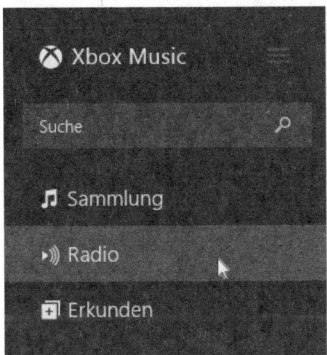

Abbildung 19.16   Zugriff auf die Kategorie *Radio*

1. Wählen Sie in der linken Spalte der App-Seite die Kachel *Radio* an, und klicken/tippen Sie in der rechten Spalte auf *Sender starten* (Abbildung 19.16).
2. Wählen Sie in der angezeigten Liste einen der vorgeschlagenen Künstler oder tippen Sie einen Künstlernamen im Suchfeld *Künstler eingeben* ein und wählen Sie dann den angezeigten Treffer (Abbildung 19.17).

Bereits beim Eintippen des Künstlernamens wird eventuell eine Liste der verfügbaren Treffer angezeigt. Einen passenden Treffer übernehmen Sie durch Antippen oder Anklicken. Die Musik-App sucht dann zu diesem Künstler passende Titel und gibt diese nach einer Zufallsauswahl wieder. Ähnlich wie bei der Wiedergabe lokaler Titel finden Sie am unteren Rand des App-Fensters eine Wiedergabeleiste, in der auch der Titel und ggf. das enthaltene Album angezeigt werden.

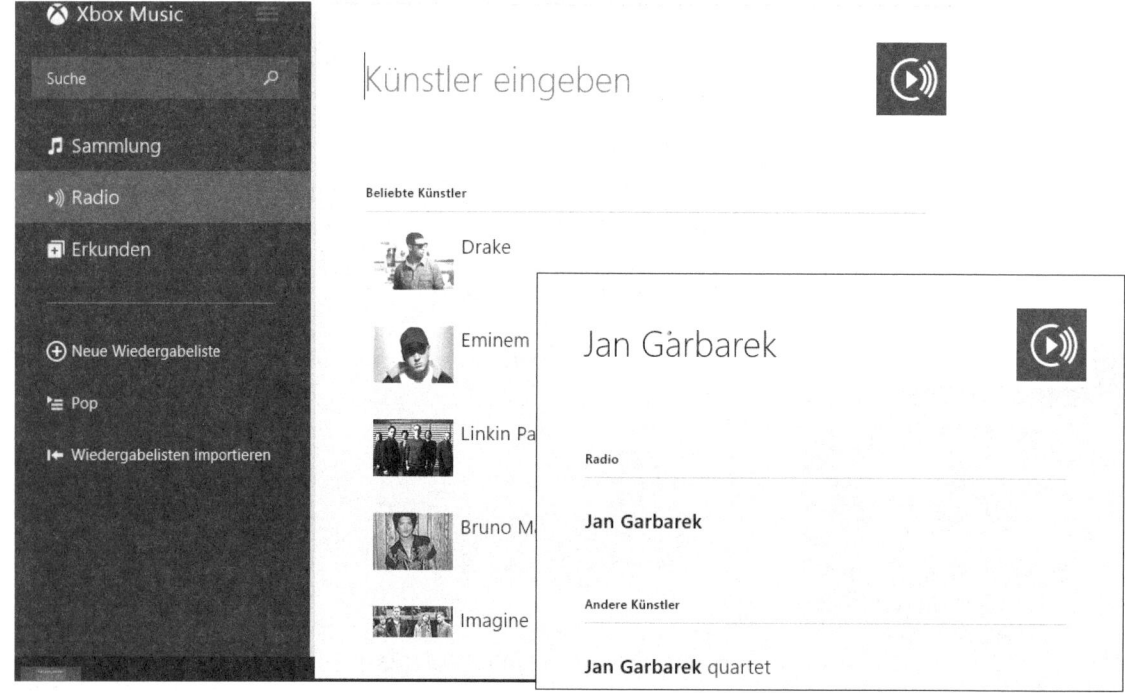

Abbildung 19.17   Künstler für Radio auswählen

Alben in Xbox Music erkunden, suchen und kaufen

Sind Sie am Microsoft-Konto angemeldet, können Sie über Xbox Music Alben erkunden, anhören und auch erwerben:

1. Wählen Sie in der linken Spalte der App-Seite die Kategorie *Erkunden*, um die in Abbildung 19.18 angezeigte Seite mit dem Angebot des Musik-Shops abzurufen.

2. Blättern Sie dann in der Liste nach unten, um ein Album auszuwählen und so zur Titelliste dieses Albums zu gelangen.

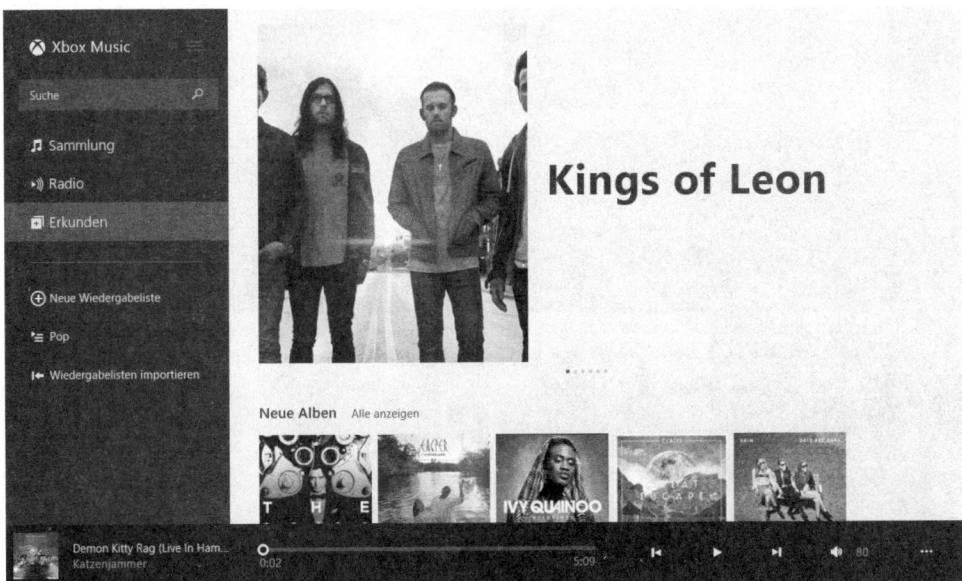

Abbildung 19.18   Alben in Xbox Music erkunden

Durch Anwahl eines Albums werden dessen Detailinformationen im Fenster angezeigt (Abbildung 19.19). Im eingeblendeten Albumfenster werden die Songs aufgelistet und Sie finden Schaltflächen, um das Album oder einen Titel wiederzugeben. Blenden Sie die App-Leiste am unteren Rand ein, finden Sie Schaltflächen, um diese Musik über die Funktion Radio zu hören, den Künstler zu erkunden oder um den Song zu kaufen.

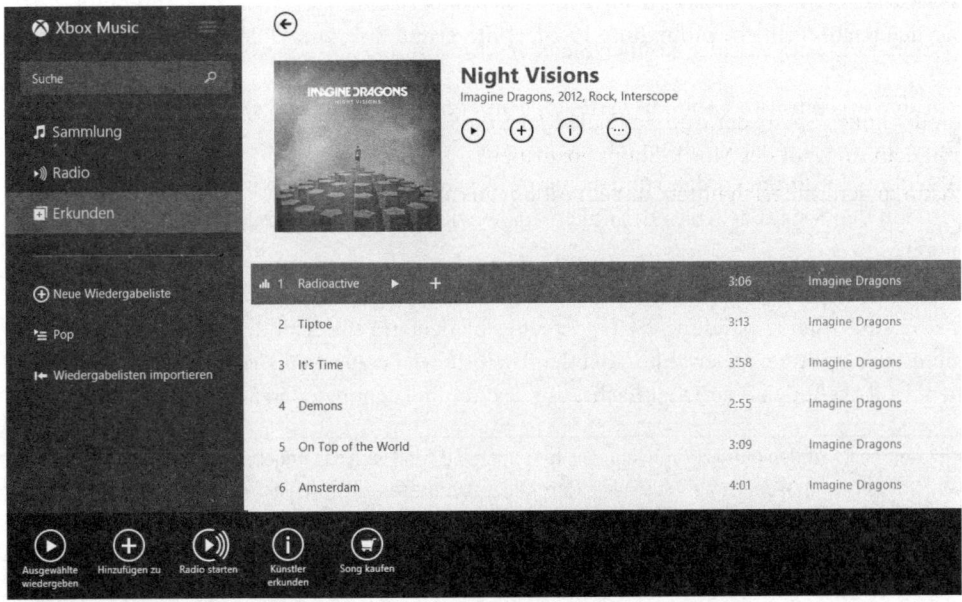

Abbildung 19.19   Album wiedergeben

Sind einzelne Titel ausgewählt, werden auch Schaltflächen zum Hinzufügen zu Wiedergabelisten angezeigt.

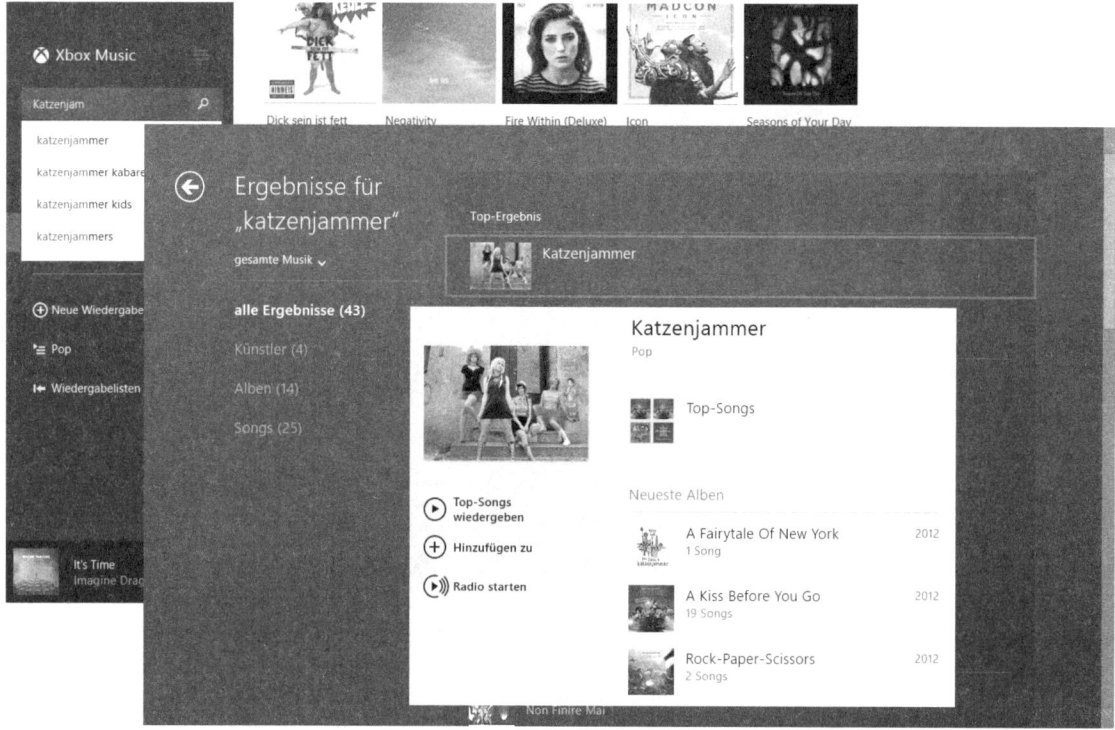

Abbildung 19.20　Suchen nach Musik

1. Um gezielt nach Künstlern oder Musik zu suchen, wählen Sie in der linken Spalte der App das Suchfeld aus und geben den Suchbegriff ein (Abbildung 19.20, Hintergrund links) und klicken bzw. tippen auf das Lupensymbol.

2. Wählen Sie in der Ergebnisliste (Abbildung 19.20, Hintergrund unten rechts) einen Eintrag für den Künstler aus.

Sobald das in Abbildung 19.20 im Vordergrund sichtbare Fenster eingeblendet wird, können Sie die Top-Songs der Auswahl mit den Schaltflächen in der linken Spalte wiedergeben, zu Wiedergabelisten hinzufügen oder im Radio hören.

Alternativ lassen sich Einträge aus der Einblendung anwählen. Dann werden die Titel eines Albums im eingeblendeten Fensters aufgelistet (Abbildung 19.21). Im eingeblendeten Fenster finden Sie Schaltflächen, um das gesamte Album oder einzelne, angewählte Titel der Titelliste wiederzugeben sowie in eine Wiedergabeliste aufzunehmen. Und Sie finden eine Schaltfläche, um das Album (oder ggf. den Song) zu kaufen.

HINWEIS　　Microsoft begrenzt den Musikkonsum auf eine bestimmte Zeit und wird das Angebot aus dem Internet auch mit Werbung finanzieren. Um zeitlich unbegrenzt auf Musik aus Xbox Music zuzugreifen, lässt sich ein kostenpflichtiger Xbox Music Pass erwerben. Microsoft zeigt hierzu einen entsprechenden Link im Fenster an, über den Sie ein kostenloses Probeabonnement abschließen und dieses später kostenpflichtig verlängern können. Beachten Sie aber, dass das 30-tägige Probeabo automatisch in ein kostenpflichtiges Abo übergeht. Sie müssen das Probeabonnement also explizit kündigen, falls dieses nicht weitergeführt werden soll!

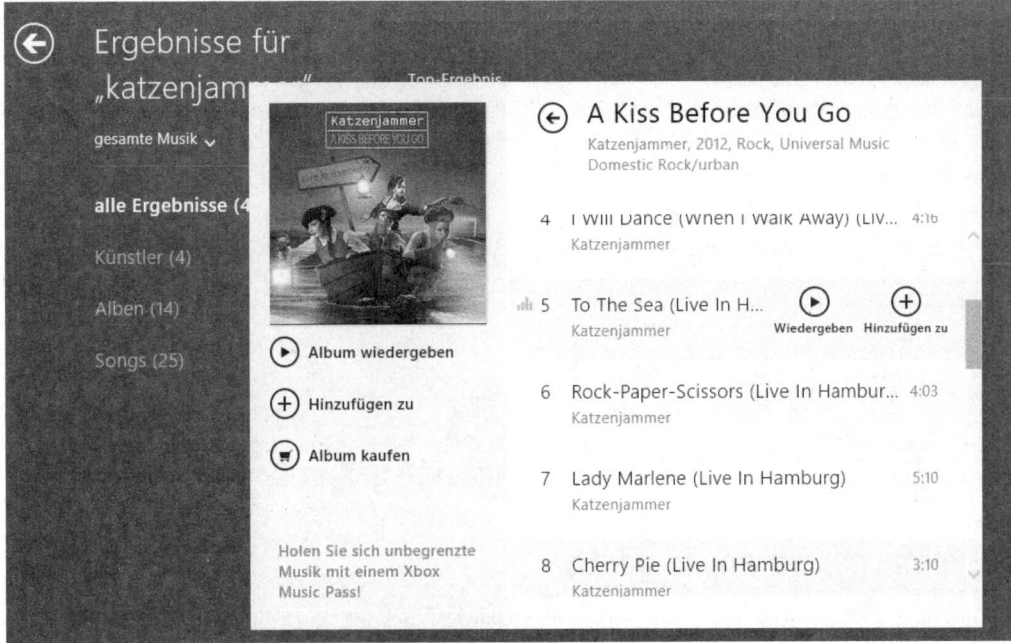

Abbildung 19.21 Einzeltitel aus einem Album abspielen

TIPP Treten gelegentlich Fehler bei der Wiedergabe auf, kann das Problem meist durch Beenden der App samt Neustart von Windows behoben werden.

Soll ein Album oder ein Musiktitel gekauft werden, lassen sich die angezeigten Schaltfläche *Album kaufen* oder *Song kaufen* anwählen. Sie gelangen dann zur Seite »Kauf bestätigen«, in dem der Preis angezeigt und der Einkauf erneut bestätigt werden muss.

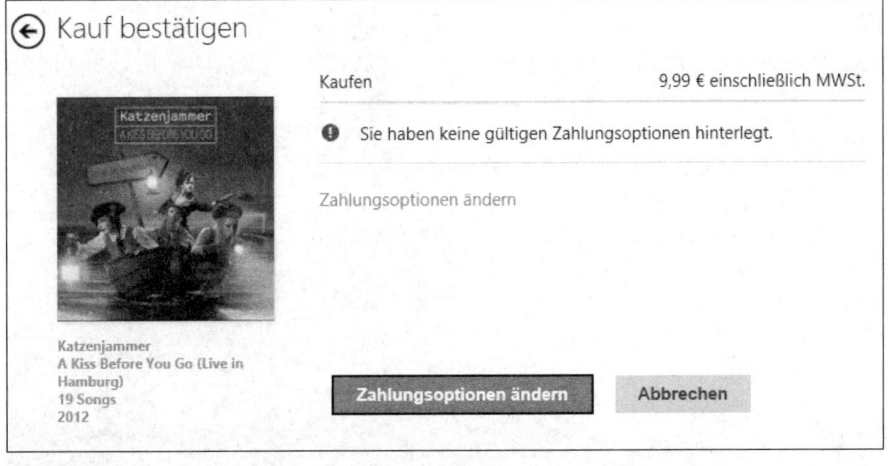

Abbildung 19.22 Xbox Musik-Seite zum Bestätigen des Kaufs

Je nach Konteneinstellung ist dazu eine erneute Anmeldung am Microsoft-Konto erforderlich (wird abgefragt).

HINWEIS   Voraussetzung für einen Kauf ist, dass im Xbox LIVE-Kundenkonto eine Kreditkarte zur Abrechnung eingetragen ist. Bei fehlender Zahlungsmethode lässt sich die Schaltfläche *Zahlungsoptionen ändern* und dann das Element *Neue Kreditkarte hinzufügen* auf der Seite anwählen. Sie werden durch Shopseiten geführt, in denen Sie die Kreditkarten- und Rechnungsinformationen ergänzen können.

Die gekauften Musikalben und Musikstücke werden dann im Xbox LIVE-Konto vermerkt. Mit dem Kauf erwerben Sie die entsprechenden DRM-Berechtigungen zur Wiedergabe in der Musik-App. Die Abkürzung DRM steht übrigens für Digital Rights Management.

Weitere Audio-Apps

Neben der Musik-App besteht die Möglichkeit, über zusätzliche Apps Webradio oder Musik-Videos zu hören sowie Audioaufnahmen anzufertigen. Nachfolgend stelle ich einige Apps für diesen Zweck vor.

Webradio einfacher hören, so geht's

Die Radio-Funktion der Musik-App ist an Xbox Music von Microsoft gekoppelt. Es gibt aber auch Radiosender im Internet (Webradio). Diese übertragen dabei Musik von einer Radiostation per Internet. Alles, was Sie zum Hören von Internetradio benötigen, ist eine schnelle Internetverbindung (DSL-Breitband) sowie die kostenlose App TuneIn aus dem Windows Store. Wenn Sie diese App installieren und über ihre Kachel von der Startseite aufrufen, zeigt diese eine Übersichtsseite der Radiostationen an (Abbildung 19.23, Hintergrund).

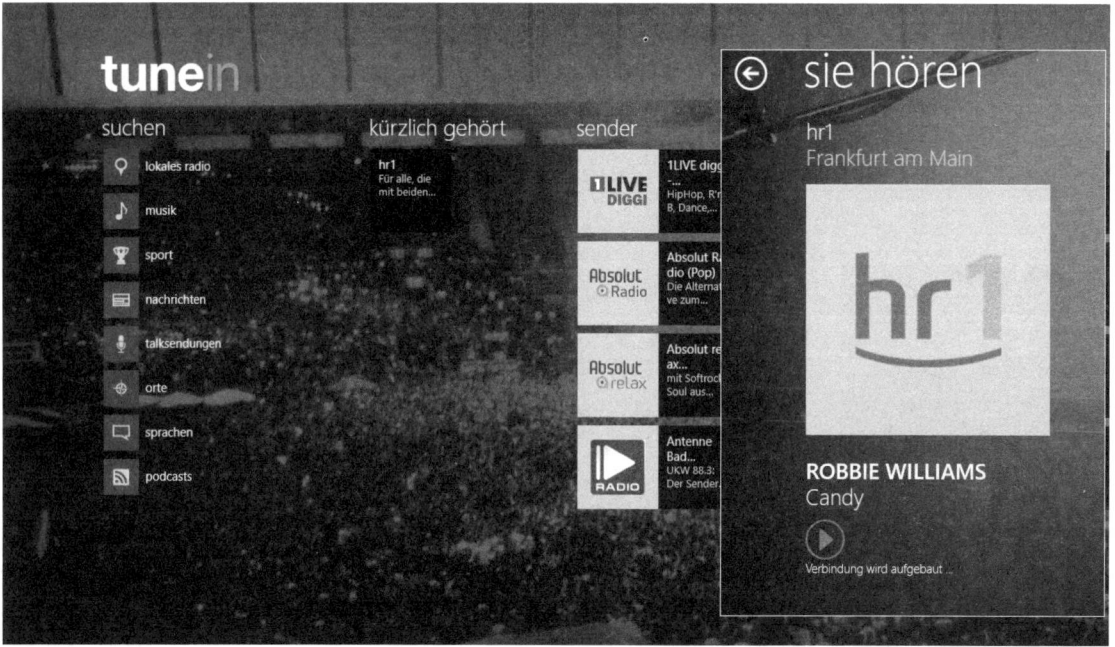

Abbildung 19.23   Webradio hören mit TuneIn

In der linken Spalte lassen sich die angezeigten Sender nach Genre (lokale Stationen, Musik, Sport, Nachrichten etc.) filtern. Zum Radiohören reicht die Anwahl der betreffenden Kachel. In der Folgeseite (Abbildung 19.23, Vordergrund rechts) erscheinen das Logo des Senders, die Programmangabe und eine Schaltfläche zum Pausieren und Wiederaufnehmen der Radiowiedergabe. Sobald genügend Daten per Internet übertragen wurden, sollten Sie das Radioprogramm hören.

HINWEIS Sie können auch die Internetseite *www.surfmusik.de* im Internet Explorer aufrufen. Die Seite stellt die Radiostationen geordnet nach Erdteilen und Ländern übersichtlich in Verweislisten zusammen. Wählen Sie das Lautsprechersymbol einer Radiostation an, öffnet der Browser ein zweites Fenster mit dem eingebetteten Windows Media Player. Dort finden Sie Schaltflächen, um die Wiedergabe anzuhalten, fortzusetzen und die Lautstärke anzupassen.

Audiorekorder zur Tonaufzeichnung

Um kurze Sprachnachrichten aufzuzeichnen und wiederzugeben, enthält Windows 8.1 die Audiorekorder-App. Die Kachel ist nicht auf der Startseite angeheftet und muss ggf. über die Seite *Apps* aufgerufen oder an die Startseite angeheftet werden. Nach dem Aufrufen über die Kachel fragt die App beim ersten Start nach, ob das Mikrofon benutzt werden darf. Stimmen Sie dem zu, erscheint die in Abbildung 19.24, Einblendung im Vordergrund, gezeigte Seite:

- Durch Anklicken oder Antippen des Mikrofonsymbols wird die Aufzeichnung gestartet. Während der Aufzeichnung zeigt die App die Aufzeichnungszeit an.

- Wählen Sie das angezeigte Stopp-Symbol an, um die Aufzeichnung zu beenden. Dann wird die Darstellung aus Abbildung 19.24, Hintergrund, sichtbar.

Abbildung 19.24 Fenster der Audiorekorder-App zur Aufzeichnung/Wiedergabe

In der rechten Spalte des Wiedergabefensters werden die Aufzeichnungen aufgelistet. Wählen Sie diese an, lässt sich die Aufzeichnung über die in der Fußzeile sichtbare Wiedergabeleiste abspielen. Eine Zeitleiste gibt während der Wiedergabe an, welche Position des Audiotitels gerade abgespielt wird. Die mit *Wiedergabe* bzw. *Anhalten* beschriftete Schaltfläche ermöglicht, die Wiedergabe abzuspielen und zu beenden. Weiterhin finden Sie in der eingeblendeten App-Leiste ein Schaltfläche, um die Aufzeichnung zu löschen, umzubenennen und am Anfang bzw. Ende zu kürzen.

Video-App zur Wiedergabe von Filmen

Neben der Musik-App existiert in Windows noch eine App, um lokale Videos abzuspielen oder um Videos aus einem Shop erwerben und anzeigen zu können. Nachfolgend wird die App kurz vorgestellt.

Die Video-App im Überblick

Die Video-App wird über die Kachel *Video* der Startseite aufgerufen und lässt sich wie die Musik-App bedienen.

- Die Video-App zeigt mehreren Kategorien im App-Fenster an (Abbildung 19.25) und lässt sich ähnlich wie die Musik-App bedienen
- Standardmäßig ist die Kategorie »Startseite« und die Liste der empfohlenen Videos sichtbar
- Es gibt zusätzlich die Kategorien »Persönliche Videos« (ganz links) zum Zugriff auf lokal im Ordner *Videos* gespeicherte Filme und den Shop »Filme-Marktplatz«

Bei Bedarf blättern Sie horizontal zwischen diesen Kategorien, um die Angebote einzusehen. Am Touchscreen verwenden Sie den Finger zum Scrollen. Bei Tastatur- und Mausbedienung blättern Sie per Mausrädchen oder über die am unteren Rand gezeigte Bildlaufleiste.

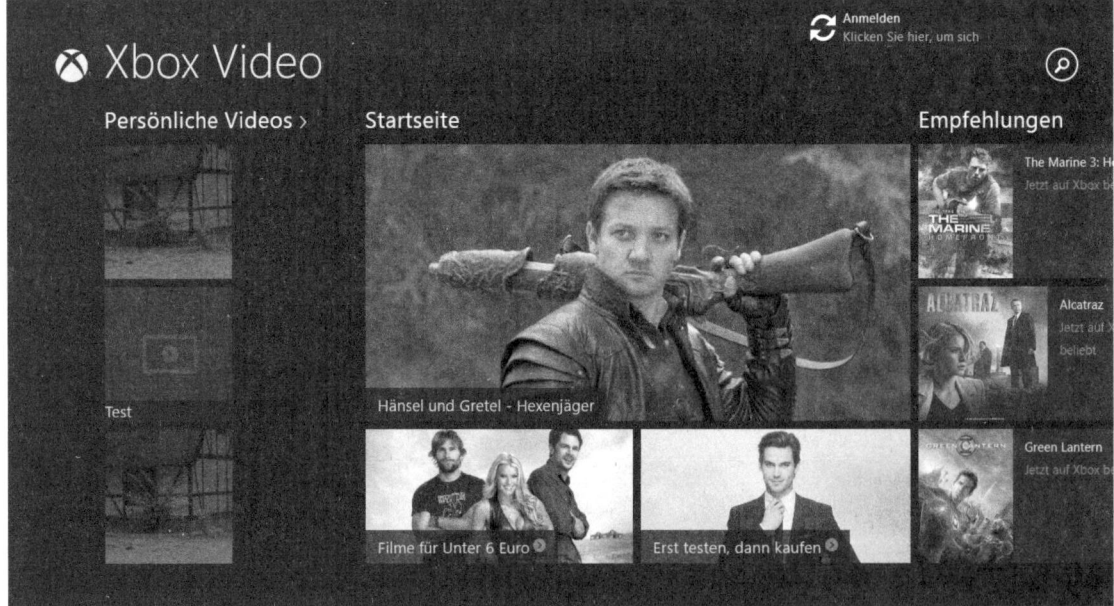

Abbildung 19.25   Startseite der Video-App

Der Zugriff auf ein Video erfolgt durch Anwahl der betreffenden Kachel in der App-Seite. Am oberen rechten Fensterrand findet sich ebenfalls die Schaltfläche *Anmelden*, um sich am Xbox-LIVE-Konto anzumelden.

HINWEIS   Findet die App keine Videos im Ordner *Videos*, wird in der linken Spalte der Hinweis »Es ist einsam hier« eingeblendet und Sie erhalten Gelegenheit, die Videoordner auszuwählen. Ich empfehle allerdings, die wiederzugebenden Videos in den *Videos*-Ordner oder Unterordner zu kopieren.

Lokale Videos wiedergeben

Die Video-App ermöglicht Ihnen, lokale Videos abzuspielen und Filme aus Marktplatz zu erwerben und anzuzeigen. Um eine im Ordner *Videos* gespeicherte Videodatei mit dieser App abzuspielen, gehen Sie folgendermaßen vor.

1. Wählen Sie diese Kachel der Video-App in der Startseite an.
2. Blättern Sie bei Bedarf nach links zur Rubrik »Persönliche Videos« (Abbildung 19.25) und wählen Sie die Kachel des gewünschten Videos an.

Das Blättern kann z.B. durch Wischen mit dem Finger, durch Drehen am Mausrädchen oder durch Ziehen über die Bildlaufleiste am unteren Rand erfolgen. Die App sollte alle im Ordner *Videos* gespeicherten Videodateien in der Rubrik »Persönliche Videos« auflisten. Die App gibt das Video bei Anwahl in der App-Seite wieder.

- Wird ein Kreis im Video angezeigt und die Wiedergabe läuft nicht, klicken oder tippen Sie auf das Videobild, um das Abspielen zu starten. Anhalten ist durch erneutes Antippen möglich. Klicken Sie neben den Kreis, sollte dieser ausgeblendet werden.

- Ist das Video im Fenster angewählt, blendet die App die Zeitleiste (auch als Suchleiste bezeichnet) mit der Fortschrittsanzeige im Videobereich ein. Ein Kreissymbol zeigt die aktuelle Wiedergabeposition im Video an. Ziehen Sie das kreisförmige Symbol der Suchleiste per Finger oder Maus an die gewünschte Position der Videowiedergabe, um an diese Stelle des Videos zu springen.

- Blenden Sie die App-Leiste (z.B. durch Wischen vom unteren Rand nach oben oder mit einem Rechtsklick der Maus) ein, erhalten Sie Zugriff auf Schaltflächen zum Starten bzw. Anhalten der Wiedergabe, um an den Anfang bzw. das Ende des Videos zu springen und um über die Schaltfläche *Wiedergabeoptionen* die automatische Wiederholung ein-/auszuschalten. Die Schaltfläche *Wiedergeben auf* ermöglicht, das Video auf ggf. angeschlossenen, kompatiblen Geräten anzuzeigen.

Über die in der linken oberen Ecke sichtbare Schaltfläche *Zurück* beenden Sie die Anzeige des Videos und gehen zur Übersichtsseite der App zurück.

Wiedergeben/Pause   Wiedergeben/Pause

Zeitleiste   Wiedergabeposition

Abbildung 19.26   Videowiedergabe per App

HINWEIS   Videodaten lassen sich in verschiedenen, sogenannten Videoformaten wie MPEG2, MPEG4, WMV, 3GP, MOV etc. speichern. In Windows 8.1 können einige dieser Videoformate nicht abgespielt werden. Sofern keine Vorschau in der Kachel eines Videos angezeigt wird, deutet dies auf ein nicht unterstütztes Videoformat hin.

Zugriff auf Kaufvideos

Über die Kategorien »Startseite« und rechts daneben werden Filme zum Kaufen oder Leihen angezeigt (Abbildung 19.27, Hintergrund oben). Sind Sie am Xbox LIVE-Konto angemeldet, lassen sich die angezeigten Kacheln anwählen. Die App blendet dann das Detailfenster ein (Abbildung 19.27, Vordergrund unten), in dem Sie Informationen zum Film sowie Schaltflächen zum Kaufen, Leihen und Wiedergeben der Vorschau (Trailer) anwählen können.

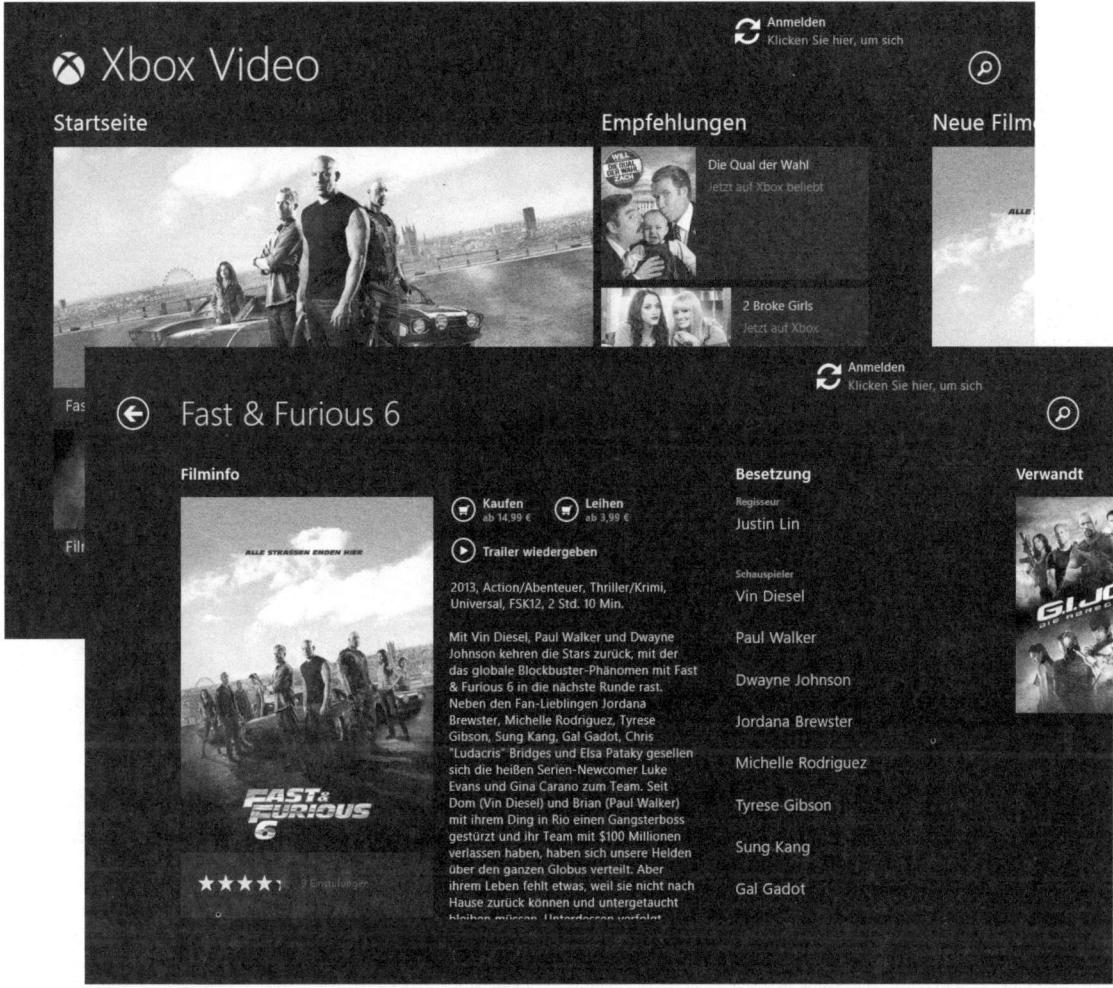

Abbildung 19.27 Kaufvideos ansehen

Der Kauf oder die Ausleihe eines Videos gleicht im Prinzip dem Kauf eines Musikalbums. Nach Anwahl der betreffenden Schaltfläche gelangen Sie zur Seite mit den Zahlungsinformationen, wo der Preis angezeigt wird. Über die *Weiter*-Schaltfläche durchlaufen Sie dann Seiten, um den Kaufpreis z.B. per Kreditkarte zu begleichen.

HINWEIS Gekaufte oder geliehene Filme werden über das Xbox LIVE-Konto verwaltet und lassen sich im Rahmen der Lizenzbedingungen mittels der Video-App wiedergeben. In der App-Leiste eines wiedergegebenen Videos finden Sie zusätzliche Schaltflächen, um dieses für die Microsoft Spielekonsole Xbox zu erwerben oder dort wiederzugeben.

Videos bei YouTube ansehen

Eine weitere Alternative besteht darin, Musikvideos über YouTube zu beziehen. Dies ist ebenfalls kostenlos und erfordert lediglich eine schnelle Breitbandverbindung sowie eine passende App. Starten Sie die Internet Explorer-App und geben Sie am unteren Seitenrand die Webadresse *www.youtube.com* im Adressfeld ein.

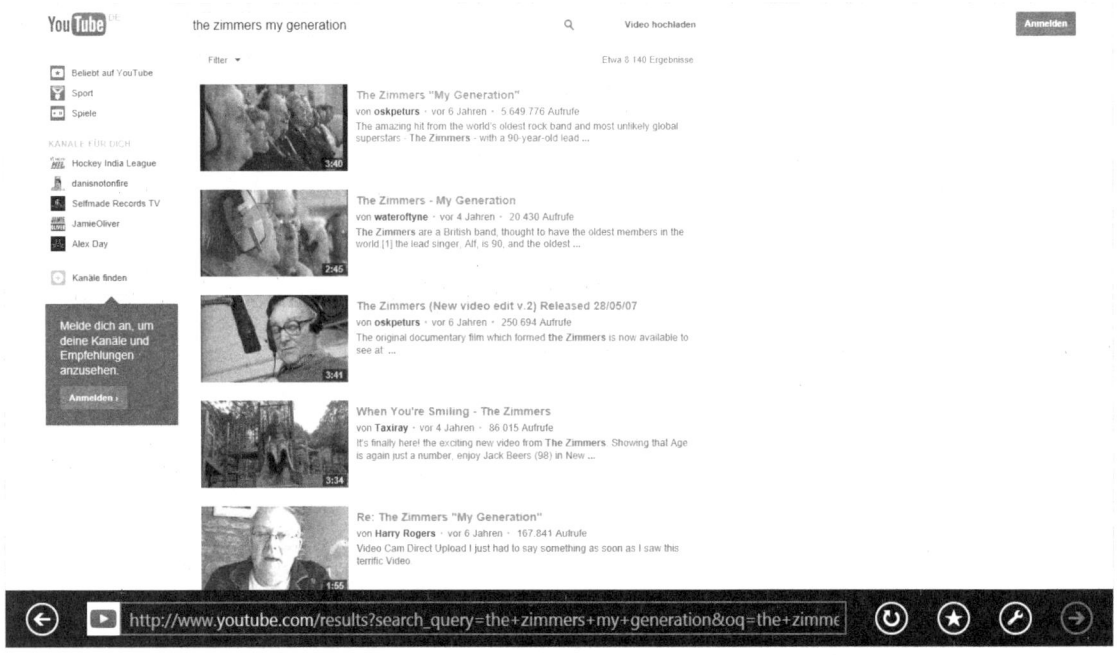

Abbildung 19.28   YouTube-Seite in der Internet Explorer-App

Tragen Sie am oberen Seitenrand den Musiktitel oder den Künstler in das Suchfeld ein und lassen Sie über die Schaltfläche mit dem Lupensymbol nach Treffern suchen. Wählen Sie das Video in der Ergebnisliste an, um dieses im Browser wiederzugeben. Alternativ installieren Sie sich zusätzliche YouTube-Apps zum Abspielen von YouTube-Videos aus dem Windows-Store.

Im Windows Store finden sich eine ganze Sammlung an kostenlosen YouTube-Apps. Einige dieser Apps ermöglichen den Download von YouTube-Videos. Bei der App YouTube DJ lässt sich über ein Suchfeld nach Musikvideos suchen (Abbildung 19.29, oben). Die App blendet standardmäßig Playlists anderer Benutzer ein (Abbildung 19.29, Mitte). Über das Listenfeld oberhalb der Ergebnisse lässt sich aber die Darstellung zwischen Playlists und Videos umstellen. Wird eine Kachel mit dem Video angewählt, ermöglicht die App, das Video über die angezeigte Seite wiederzugeben (Abbildung 19.29, unten).

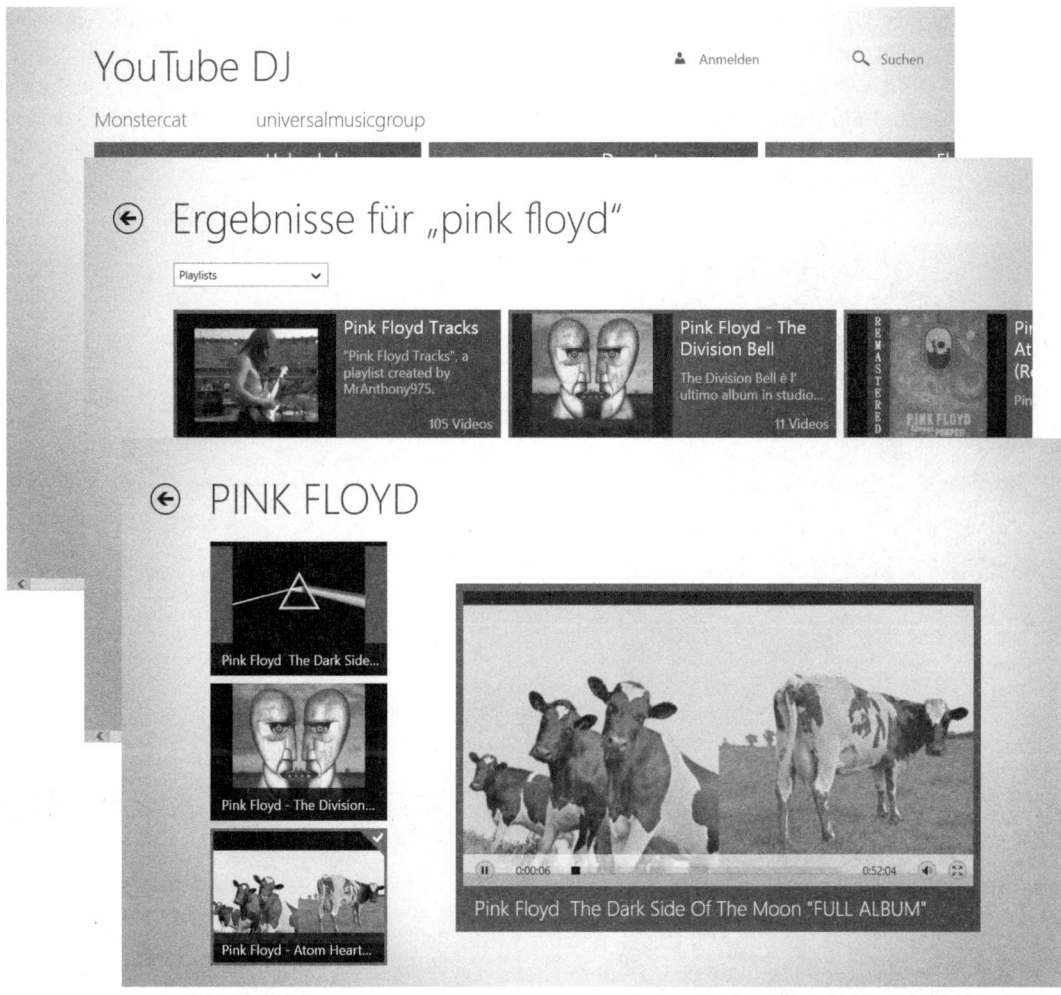

Abbildung 19.29 YouTube DJ-App

Streaming aus Musik- und Video-Apps

Zwischenzeitlich besteht die Möglichkeit, Audio- und Videoinhalte drahtlos über WiFi-Netzwerke auf Empfänger wie TV-Geräte oder zwischen Smartphones und Tablet PCs zu übertragen. Dabei kommen verschiedene Standards wie DLNA oder Miracast zum Einsatz.

HINWEIS   Das Kürzel DLNA steht für Digital Living Network Alliance, einem Konsortium, welches sich dem Thema drahtlose Übertragung von Bildern, Videos und Musik zwischen verschiedenen Geräten im Wohnzimmer angenommen hat. Von diesem Konsortium wurde gleichzeitig ein Standard zur Übertragung dieser Daten zwischen Geräten festgelegt. In meinem Blogbeitrag *http://www.borncity.com/blog/2013/07/23/dlna-im-hands-on-experiment/* [Ms240-K19-01] finden sich einige zusätzliche Informationen. Bei Miracast handelt es sich ebenfalls um einen herstellerübergreifenden Standard, mit dem sich der komplette Bildschirminhalt samt Audiosignal per Wi-Fi Direct-Funkübertragung auf spezielle Empfänger übertragen lässt. Im Blogbeitrag *http://www.borncity.com/blog/2013/07/22/miracast-bei-windows-8-1/* [Ms240-K19-02] gehe ich kurz auf diesen Sachverhalt ein.

Ist ein entsprechender DLNA-Empfänger in Reichweite eines WLAN-Netzwerks, lässt sich aus Apps wie Musik und YouTube DJ auf diesen Empfänger streamen. Voraussetzung ist jedoch, dass der DLNA-Empfänger unter Windows 8.1 als Gerät erkannt wurde. Kontrollieren lässt sich dies, indem Sie die Charms-Leiste einblenden, das Symbol *Einstellungen* und dann den Befehl *PC-Einstellungen ändern* wählen. In der Kategorie *PC und Geräte* lässt sich in der Unterkategorie *Geräte* nach dem Gerät suchen. Dieses sollten dann als Digital-Media-Renderer auftauchen.

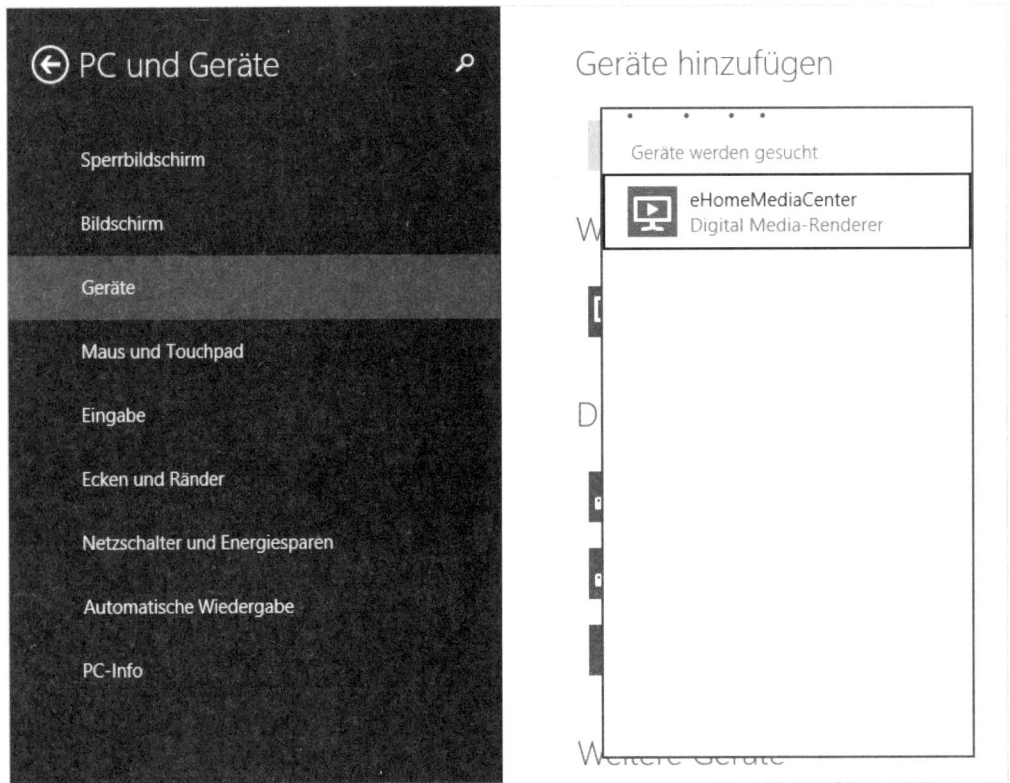

Abbildung 19.30   DLNA-Empfänger in der Geräteliste

TIPP   Das Problem bei Windows 8.1 ist, dass nur durch Microsoft zertifizierte DLNA-Empfänger standardmäßig erkannt werden. Es gibt aber diverse DLNA-Empfänger, die zwar DLNA-, nicht aber Microsoft-zertifiziert sind. Dieses Problem lässt sich aber durch einen Eingriff in die Registrierung lösen. Das entsprechende Vorgehen habe ich im Blogbeitrag unter *http://www.borncity.com/blog/2013/07/27/dlna-streaming-in-windows-8-1-fr-apps-freigeben/* [Ms240-K19-03] beschrieben.

Ist der DLNA-Empfänger als Gerät in Windows 8.1 bekannt, lässt sich über Apps, die dies unterstützen, auf diesen Empfänger streamen:

1. Starten Sie die App (z.B. die Musik-App und die App YouTube DJ) und beginnen Sie mit der Medienwiedergabe.

2. Blenden Sie die Charms-Leiste am rechten Seitenrand ein und wählen Sie das Symbol *Geräte* (Abbildung 19.31, rechts).

3. Wählen Sie in der Seitenleiste *Geräte* den Eintrag *Wiedergeben*. In der Seitenleiste *Wiedergeben* ist dann der DLNA-Empfänger zu wählen.

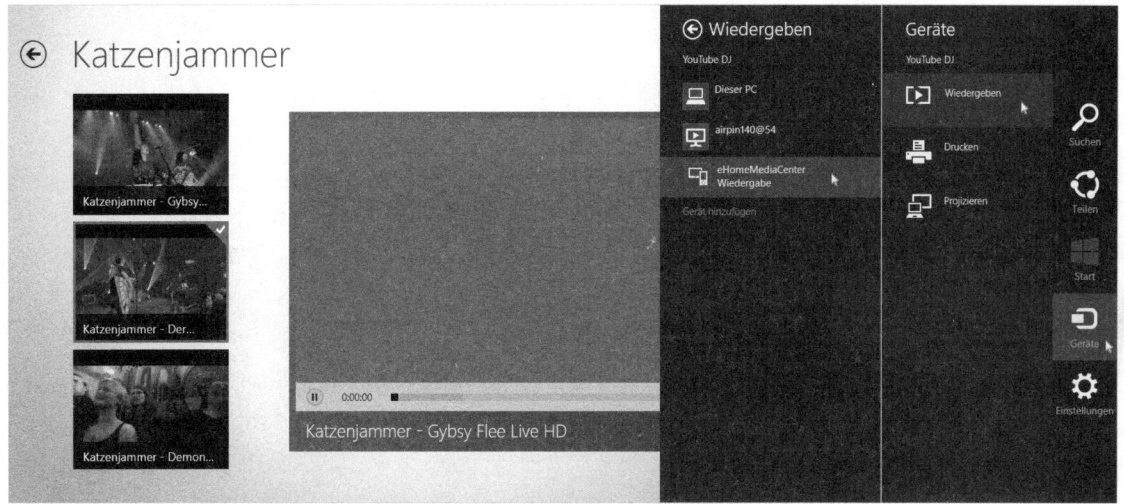

Abbildung 19.31 Videoausgabe aus YouTube DJ auf einen DLNA-Empfänger legen

Windows stellt eine Verbindung mit dem DLNA-Empfänger her und gibt dann das Audio- und/oder Videosignal an diesem Gerät wieder.

HINWEIS   Einen HDMI-Stick, mit dem sich ein TV-Empfänger in einen DLNA-/Miracast-Empfänger verwandeln lässt, habe ich im Blogbeitrag *http://www.borncity.com/blog/2013/09/04/tvpecee-hdmi-stick-miracastwifi-directdlna-mms-894-mira/* [Ms240-K19-04] beschrieben. In der Artikelreihe wird auch gezeigt, wie man den Stick einrichtet und dann unter Windows 8.1 als DLNA-Empfänger einsetzt. Die in der Artikelreihe für Android beschriebene Miracast-Wiedergabe ließ sich mangels geeigneter Hardware leider nicht unter Windows 8.1 testen. Die prinzipielle Vorgehensweise beim Koppeln mit einem Miracast-Empfänger ist unter *http://www.borncity.com/blog/2013/07/22/miracast-bei-windows-8-1/* [Ms240-K19-05] nachzulesen. Eine Übertragung zum Google Chromecast-HDMI-Empfänger kann dagegen in Windows nur im Chrome-Browser erfolgen. Wie dies für YouTube-Videos funktioniert, demonstriere ich in diesem Blogbeitrag *http://www.borncity.com/blog/2013/08/11/nodecast-chromecast-emulator-im-hands-on-teil-3/* [Ms240-K19-06].

Kapitel 20

Musik- und Videowiedergabe per Media Player

In diesem Kapitel:

Media Player-Grundlagen und Technikwissen

Wem die in Kapitel 19 beschriebenen Möglichkeiten der Musik- und Video-App zu bescheiden sind, verwendet den in Windows enthaltenen Windows Media Player zur Wiedergabe von Musik-CDs sowie Audio- und Videodateien. Die Möglichkeit zur Wiedergabe von DVD-Video wurde allerdings von Microsoft bereits in Windows 8 entfernt – dies ist dem Windows Media Center vorbehalten. Dieses Kapitel befasst sich mit der Handhabung des Windows Media Player (WMP), wobei in diesem Abschnitt einige Grundlagen zur Bedienung des Windows Media Players sowie etwas Technikwissen vermittelt werden.

Windows Media Player im Überblick

Der Windows Media Player lässt sich über die Startseite aufrufen, indem Sie den Begriff »media« eintippen. Bereits bei der Eingabe des ersten Buchstabens wird die Seitenleiste *Suchen* eingeblendet und während der Eingabe taucht auch der Eintrag *Windows Media Player* in der Trefferliste auf (Abbildung 20.1). Wählen Sie den betreffenden Eintrag zum Aufrufen des Windows Media Player.

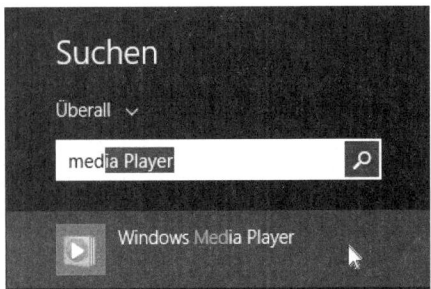

Abbildung 20.1 Den Windows Media Player suchen und aufrufen

TIPP   Öffnen Sie das Kontextmenü des Treffers *Windows Media Player* in der Seitenleiste *Suchen*, finden Sie zwei Befehle, um das Windows-Programm als Kachel an die Startseite oder als Symbol an die Taskleiste des Desktops anzuheften. Läuft der Windows Media Player als Fenster auf dem Desktop? Öffnen Sie das Kontextmenü der in der Taskleiste angezeigten Schaltfläche und wählen Sie den Kontextmenübefehl *Dieses Programm an Taskleiste anheften*. Dann richtet Windows dauerhaft eine Schaltfläche zum Aufruf des Windows Media Players in der Taskleiste ein.

HINWEIS   Beim ersten Aufruf zeigt der Windows Media Player einige Dialogfelder zum Festlegen der Grundkonfigurierung des Programms. Wählen Sie im Startdialogfeld die Option *Empfohlene Einstellungen* und dann die *Fertig*-Schaltfläche, wird der Windows Media Player automatisch eingerichtet. Mehr Kontrolle erhalten Sie, wenn Sie im Dialogfeld des Einrichtungs-Assistenten die Option *Benutzerdefinierte Einstellungen* markieren. Bei einer benutzerdefinierten Einstellung werden Sie über die am unteren Dialogfeldrand angezeigten und mit *Weiter* bzw. *Fertig* beschriftete Schaltfläche durch verschiedene Dialogfelder geführt, in denen Sie dann die gewünschten Einstellungen festlegen können.

Das Programm öffnet nach dem Aufruf ein Anwendungsfenster auf dem Windows-Desktop (Abbildung 20.2). Am unteren Fensterrand des Programmfensters finden sich die Schaltflächen zur Wiedergabesteuerung des Media Players:

- Über die Schaltfläche *Wiedergabe/Anhalten* lässt sich ein Multimediatitel abspielen bzw. anhalten. Mit der Schaltfläche *Stopp* wird die Wiedergabe beendet.

- Der Schieberegler *Lautstärke* dient zum Einstellen der Lautstärke und die Anwahl des Lautsprechersymbols schaltet den Ton ein oder aus

- Die Schaltflächen der Wiedergabesteuerung (*Zurück/Weiter*) ermöglichen Ihnen, schrittweise zwischen den Medientiteln (bei Musik zwischen den Musikstücken und bei Videos zwischen den ggf. vorhandenen Kapiteln) vor oder zurück zu gehen

- Klicken Sie auf die Schaltfläche *Weiter* und halten die linke Maustaste länger gedrückt, wechselt der Player (bei der Wiedergabe von Videos) in den schnellen Vorlaufmodus

- Weiterhin finden Sie noch zwei Schaltflächen, mit denen sich die Titel in zufälliger Reihenfolge wiedergeben bzw. wiederholen lassen

Die Fortschrittsanzeige der Suchleiste bewegt sich beim Abspielen der Medientitel nach rechts. Sie sehen also, welcher Teil des aktuellen Titels bereits abgespielt wurde bzw. noch wiederzugeben ist.

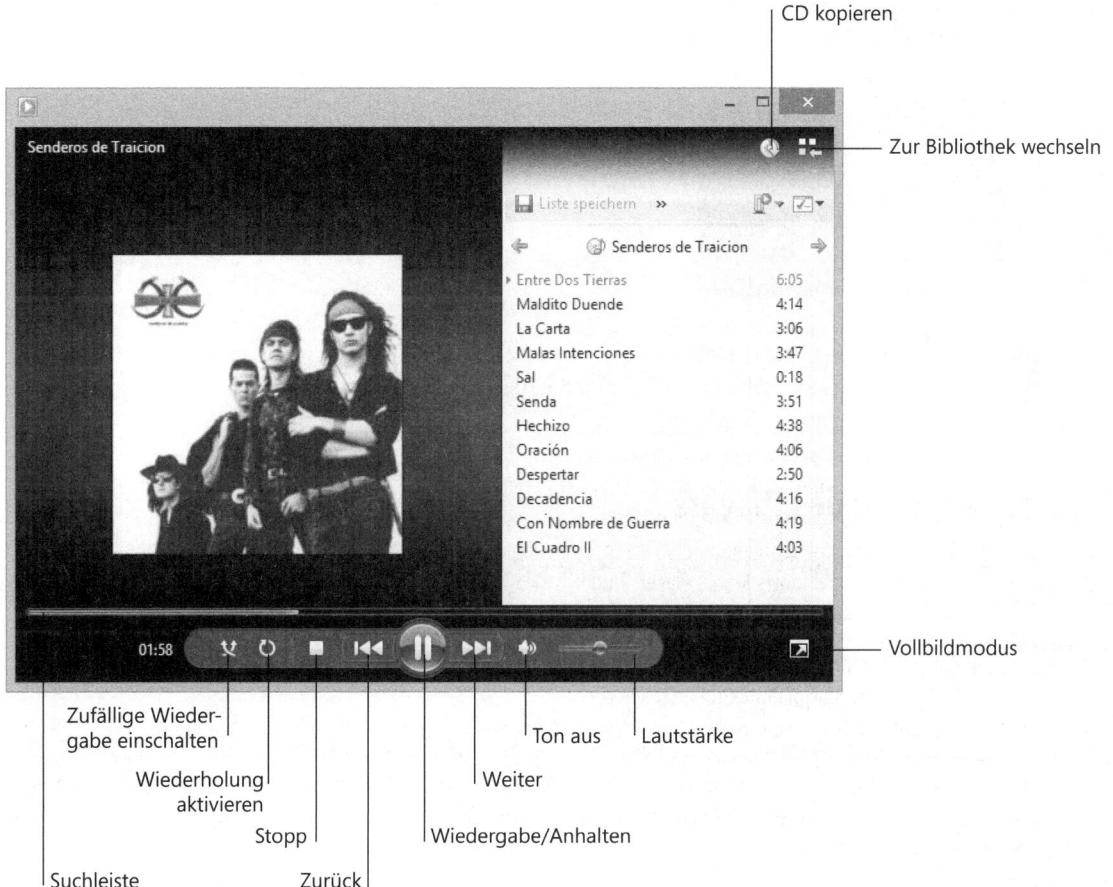

Abbildung 20.2 WMP-Bedienelemente während der Musikwiedergabe

| TIPP | Fehlt die Bedienleiste im Playerfenster, klicken oder tippen Sie dieses an. Zeigen Sie per Maus auf die Suchleiste, |

TIPP Fehlt die Bedienleiste im Playerfenster, klicken oder tippen Sie dieses an. Zeigen Sie per Maus auf die Suchleiste, wird eine Art Schieber sichtbar. Durch Ziehen des Schiebers mit der Maus lässt sich zu einer bestimmten Stelle im aktuellen Titel springen.

Playerbedienung bei minimiertem Fenster

Minimieren Sie den Windows Media Player (z.B. über die entsprechende Schaltfläche in der Titelleiste), können Sie diesen direkt über dessen Schaltfläche in der Taskleiste bedienen. Zeigen Sie einfach auf die in der Taskleiste sichtbare Schaltfläche des Windows Media Players.

Abbildung 20.3   Miniplayeransicht in der Taskleiste

In der Vorschau des Windows Media Player-Minifensters (Abbildung 20.3) werden Schaltflächen zur Bedienung eingeblendet. Über diese Schaltflächen können Sie die Wiedergabe anhalten oder fortsetzen, ohne das Media Player-Fenster öffnen zu müssen.

Anzeigevarianten des Players

Das Fenster des Windows Media Players kann verschiedene Darstellungsmodi (Aktuelle Wiedergabe, Bibliothek) aufweisen.

- Beim Abspielen einer Audio-CD erscheint standardmäßig die in Abbildung 20.2 gezeigte Darstellung »Aktuelle Wiedergabe« mit dem Albumcover. Geben Sie eine Audiodatei wieder, erscheint dagegen das Fenster der Medienbibliothek (Abbildung 20.4).

- Die Umschaltung des Anzeigemodus erfolgt über zwei Schaltflächen am rechten Fensterrand. Im Modus »Aktuelle Wiedergabe« klicken Sie auf die Schaltfläche *Zur Bibliothek wechseln* (Abbildung 20.2). Beim Modus »Bibliothek« wählen Sie dagegen in der rechten unteren Fensterecke die Schaltfläche *Zur aktuellen Wiedergabe wechseln* (Abbildung 20.4) an.

Abbildung 20.4 Bibliotheksmodus des Windows Media Players

In der rechten unteren Ecke des Programmfensters finden Sie im Modus »Aktuelle Wiedergabe« eine Schaltfläche (Abbildung 20.2), um den Media Player in eine Vollbildansicht zu schalten. Diese ist bei der Videowiedergabe hilfreich. Verwenden Sie die Esc-Taste (oder einen Doppelklick auf die Anzeige), um von der Vollbildansicht zur Fensterdarstellung zurückzuschalten.

TIPP   Zeigen Sie mit der Maus auf ein Bedienelement, erscheint eine QuickInfo mit einem Hinweis auf die betreffende Funktion. Drücken Sie kurz die Alt-Taste, wird ein Menü in der linken oberen Fensterecke geöffnet, über dessen Befehle Sie direkt auf die Funktionen des Windows Media Players zugreifen können.

Die Media Player-Optionen anpassen

Sie können die Einstellungen des Windows Media Players auch nachträglich über das Eigenschaftenfenster *Optionen* anpassen.

1. Öffnen Sie im Windows Media Player das Menü der Schaltfläche *Organisieren* und klicken Sie auf den Befehl *Optionen* (Abbildung 20.5, Hintergrund). Fehlt die Symbolleiste, drücken Sie kurz die Alt-Taste und wählen Sie im Menü *Extras* den Befehl *Optionen*.

2. Anschließend rufen Sie im Eigenschaftenfenster *Optionen* (Abbildung 20.5, Vordergrund) die einzelnen Registerkarten ab und passen die jeweiligen Einstellungen an.

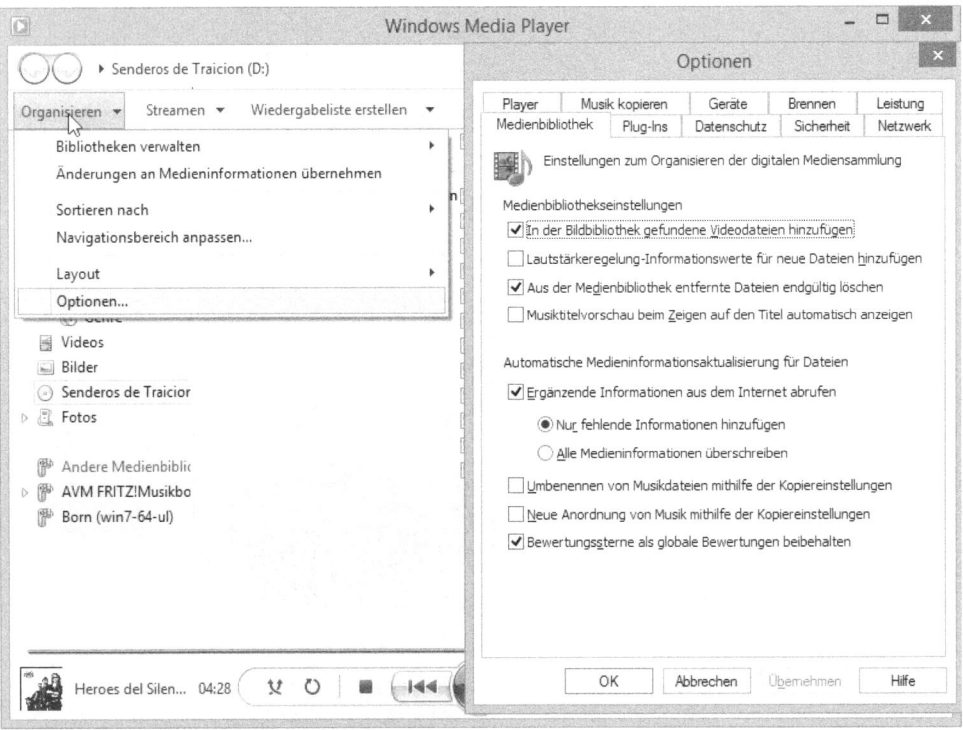

Abbildung 20.5   Optionen des Windows Media Players

Auf der Registerkarte *Datenschutz* lässt sich beispielsweise vorgeben, ob Player-IDs gesendet, Wiedergabelisten aufgezeichnet oder Mediennutzungsrechte automatisch erworben werden sollen. Die Registerkarte *Musik kopieren* ermöglicht Ihnen, die Formate (WMA, MP3) beim Kopieren von Musik-CDs einzustellen. Eine Beschreibung der jeweiligen Optionen erhalten Sie, wenn Sie nach Anwahl der Registerkarte die Schaltfläche *Hilfe* anwählen. Die Änderungen werden nach dem Anklicken der *OK*-Schaltfläche übernommen.

Musikwiedergabe im Media Player

Der Windows Media Player kann sowohl einzelne Musikdateien (z.B. MP3- oder WMA-Dateien) als auch Audio-CDs abspielen. Nachfolgend wird kurz erläutert, wie dies geschieht und was es dabei zu beachten gibt.

Musik-CDs wiedergeben

Mit einem CD- oder DVD-Laufwerk und einer Soundkarte mit angeschlossenen Lautsprechern lässt sich unter Windows auch Musik von Audio-CDs hören.

Zum Abspielen einer Musik-CD genügt es, wenn Sie diese in das CD- bzw. DVD-Laufwerk einlegen. Sobald das Medium erkannt wurde, beginnt die Wiedergabe der Musik-CD mit dem ersten Titel (Abbildung 20.6). Über die Schaltflächen der Wiedergabesteuerung am unteren Fensterrand können Sie schrittweise zwischen den Musiktiteln wechseln, die Lautstärke verändern oder die Wiedergabe anhalten (siehe den Abschnitt »Windows Media Player im Überblick« zu Beginn dieses Kapitels).

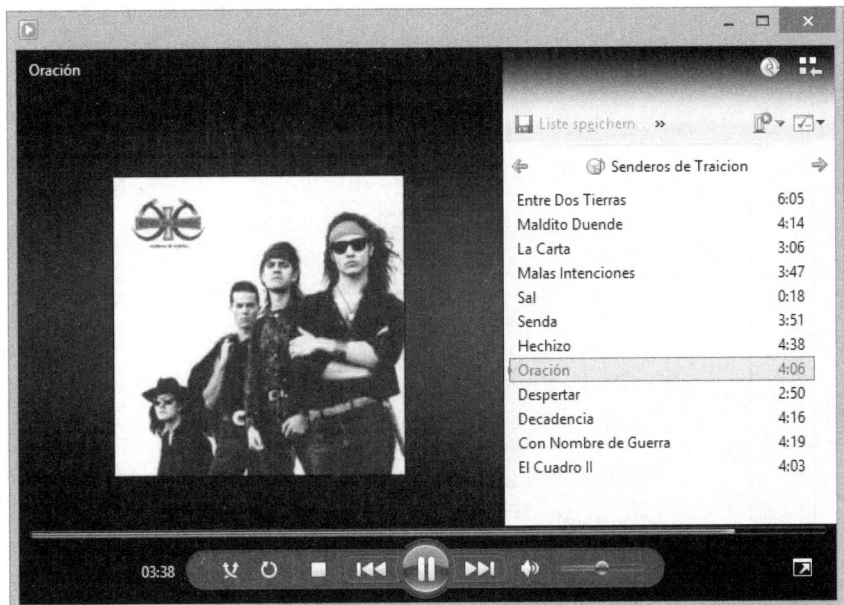

Abbildung 20.6 Wiedergabe einer Audio-CD

HINWEIS Beim ersten Wiedergeben einer Audio-CD zeigt Windows eventuell eine Benachrichtigung in der rechten oberen Ecke des Bildschirms. Bei deren Anwahl lässt sich in einer eingeblendeten Palette der Windows Media Player zur Wiedergabe auswählen (siehe in Kapitel 8 den Abschnitt »Automatische Wiedergabe, das steckt dahinter«).

- Wird der Listenbereich am rechten Rand angezeigt (z.B. über den Kontextmenübefehl *Liste anzeigen* des Playerfensters einblendbar), listet der Player die Musikstücke bei unbekannten Alben als »Spur 1«, »Spur 2« etc. auf

- Erkennt der Media Player das Album und konnte er die Zusatzinformationen aus dem Internet abrufen, werden Albumtitel, die einzelnen Musiktitel sowie das Albumcover eingeblendet

- Einzelne Musikstücke lassen sich gezielt abspielen, indem Sie die Titel in der Wiedergabeliste per Doppelklick anwählen

Über den Menübefehl *Liste ausblenden* der in der rechten oberen Ecke angezeigten Schaltfläche *Listenoptionen* beenden Sie die Anzeige dieser Titelliste. Alternativ öffnen Sie das Menü der Schaltfläche *Organisieren* und wählen die Befehle *Layout/Liste anzeigen*.

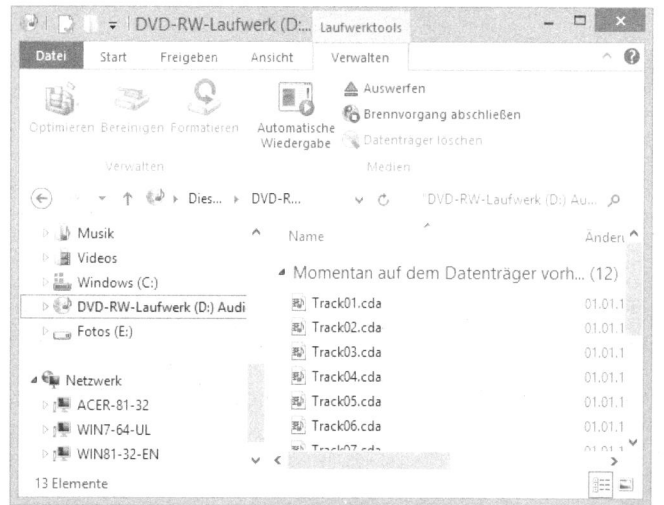

Abbildung 20.7   Automatische Wiedergabe aufrufen

TIPP   Funktioniert die automatische Wiedergabe von Audio-CDs im Windows Media Player nicht? Öffnen Sie ein Ord-
nerfenster und wählen Sie das Laufwerkssymbol, in dem die Audio-CD liegt. Gehen Sie im Menüband des Ordnerfensters zur
Registerkarte *Verwalten* und wählen Sie die Schaltfläche *Automatische Wiedergabe* (Abbildung 20.7, links). Anschließend wählen
Sie im Benachrichtigungsfenster der automatischen Wiedergabe (Abbildung 20.7, rechts) den Befehl *Audio-CD wiedergeben*.
Alternativ können Sie den Windows Media Player über die Startseite aufrufen, die ⌈Alt⌋-Taste drücken und dann im eingeblen-
deten Menü den Untermenübefehl *Wiedergabe/VCD- oder CD-Audio* wählen.

HINWEIS   Einige Audio-CDs sind vom Hersteller mit einem Kopierschutz für Computer versehen, die das Abspielen per
CD- oder DVD-Laufwerk im Windows Media Player verhindern.

Audiodateien wiedergeben

Musikstücke lassen sich aufzeichnen und in Audiodateien im Microsoft-eigenen WMA-Format, im MP3-
Format oder im WAV-Format in Dateien speichern. Weiterhin können Sie Audiodateien per Internet von
Musikshops wie beispielsweise dem Xbox Musik-Marktplatz herunterladen oder von Datenträgern auf die
Festplatte kopieren. Der Windows Media Player kann solche Audiodateien von der Festplatte wiedergeben.

1.   Öffnen Sie den Ordner (z.B. *Musik*), in dem die Musikdatei gespeichert ist.

2.   Öffnen Sie das Kontextmenü der abzuspielenden Musikdatei (z.B. per Rechtsklick) und wählen Sie den
     Kontextmenübefehl *Mit Windows Media Player wiedergeben* (Abbildung 20.8).

Windows startet dann die Wiedergabe der Audiodatei im dem jeweiligen Audioformat zugewiesenen Wie-
dergabeprogramm. In der Regel wird dies der Windows Media Player sein.

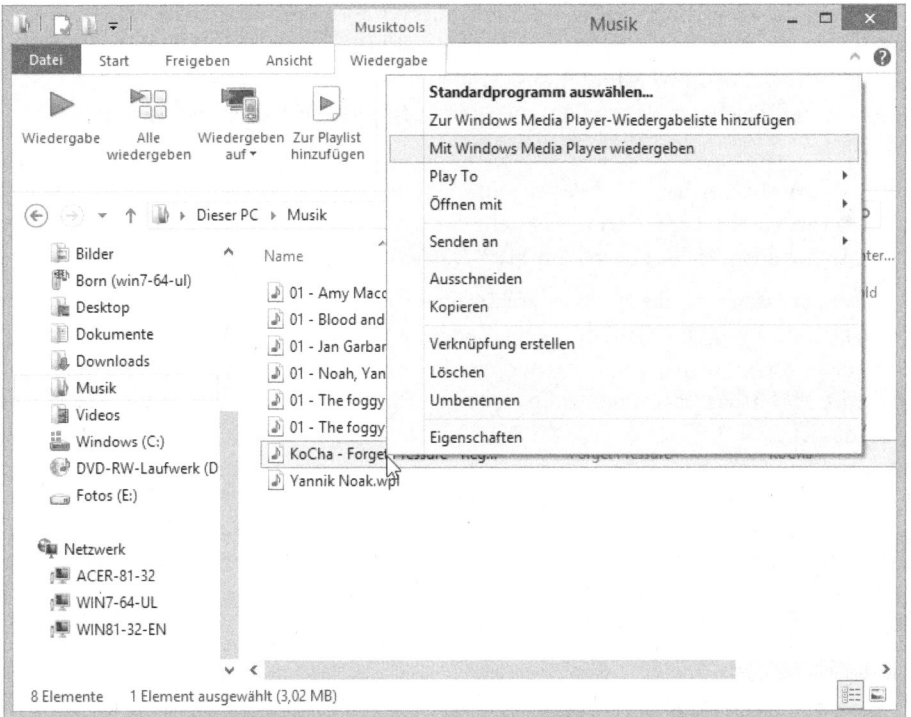

Abbildung 20.8 Audiodatei wiedergeben

HINWEIS   Wählen Sie eine Audiodatei per Doppelklick im Ordnerfenster an oder die Schaltfläche *Wiedergabe* auf der gleichnamigen Registerkarte des Menübands (Abbildung 20.8), startet Windows diese Wiedergabe mit dem Standard-Player. In der Regel wird dies die Musik-App sein. Sollen alle Musikdateien im Ordnerfenster nacheinander wiedergegeben werden, wählen Sie im Ordnerfenster die Schaltfläche *Alle wiedergeben*. Zudem enthält die Registerkarte eine Schaltfläche, um den markierten Titel in eine sogenannte Wiedergabeliste der Musiktitel einzutragen. Die Menü-Schaltfläche *Wiedergeben auf* des Menübands ermöglicht es, den Musiktitel drahtlos auf einem erkannten DLNA-Player zu streamen (siehe in Kapitel 19 den Abschnitt »Streaming aus Musik- und Video-Apps« sowie den Abschnitt »Medienstreaming im Netzwerk« in diesem Kapitel).

Audioformate im Überblick

Zur Speicherung von Musik kommen verschiedene Audioformate zum Einsatz.

- Das WAV-Format (*.wav*) speichert Audiodaten in unkomprimierter Form mit diversen Abtastraten (z.B. CD-Qualität im 16-Bit-Stereoton mit 44,1 kHz Abtastrate). Das Aufzeichnungsverfahren führt zu recht großen Dateien (ca. 10 MB pro Minute). Dieses Format wird auf Audio-CDs zum Speichern der Musiktitel benutzt.

- Elektronische Musikstücke (Instrumentalstücke) werden häufig in MIDI-Dateien abgelegt. Diese sehr kompakten Dateien enthalten Angaben hinsichtlich der zu spielenden Noten und der zu verwendenden Instrumente (Stimmen). Im Internet finden sich viele im MIDI-Format aufgezeichnete Instrumentalstücke. Die Wiedergabe erfolgt über den Synthesizer der Soundkarte.

- Das vom Fraunhofer Institut als verlustbehaftetes Komprimierverfahren für Musikdateien entwickelte MP3-Verfahren zeichnet sich durch eine sehr hohe Klangqualität (Datenrate von 128 kbit/s) bei sehr kompakten Audiodateien (ca. 1 MB pro Minute) aus. Eine neuere MP3Pro-Variante kommt mit einer Datenrate von 64 kbit/s bei gleicher Klangqualität aus und reduziert die Dateigröße gegenüber MP3 nochmals um rund 50 %.

- Von Microsoft wurde das WMA-Format (WMA, steht für Windows Media Audio) zur Speicherung von Audiodaten entwickelt. Der Vorteil dieses Formats besteht darin, dass es bei einer durchaus brauchbaren Klangqualität nur die Hälfte des Speicherplatzes von MP3-Dateien belegt.

Der Windows Media Player besitzt bereits alle zur Wiedergabe dieser Audioformate benötigten sogenannten Codecs (steht für Coder/Decoder, also eine Funktion zum Codieren/Decodieren im betreffenden Format). Liegt die Audiodatei in einem Fremdformat vor, kann der Windows Media Player diese nicht wiedergeben. Manchmal kann der Media Player das benötigte Audiocodec per Internet abrufen, oft sind aber separate Abspielprogramme erforderlich.

HINWEIS Dateien im Microsoft WMA-Format, die aus Musikshops per Internet abgerufen werden können, sind häufig mit einem DRM-Schutz (Digital Rights Management) versehen. Diese Dateien lassen sich nur dann im Windows Media Player wiedergeben, wenn dieser die zugehörigen Abspiellizenzen findet. Probleme gibt es, wenn die Dateien auf einen anderen Rechner kopiert werden oder wenn Sie Windows erneut installieren. Details zum Erwerb der Abspiellizenzen oder zum erneuten Herunterladen der benötigten Abspiellizenzen finden Sie im jeweiligen Musikshop.

Videowiedergabe im Media Player

Haben Sie Videodateien zur Wiedergabe in den Ordnern der Bibliothek *Videos* gespeichert oder möchten Sie VCDs am Computer abspielen? Dies ist mit dem Windows Media Player möglich.

Videodateien wiedergeben

Camcorder und viele Digitalkameras oder Videohandys liefern Videodateien. Zudem lassen sich Videodateien aus dem Internet herunterladen. Solche Videodateien können Sie mit dem Windows Media Player wiedergeben.

1. Öffnen Sie den Ordner (z.B. *Videos*), in dem die Videodateien gespeichert sind.
2. Öffnen Sie das Kontextmenü der gewünschten Videodatei (z.B. per Rechtsklick) und wählen Sie den Befehl zur Wiedergabe (Abbildung 20.9).

Welcher Befehl zur Wiedergabe zu verwenden ist, hängt vom Format der Videodatei ab. Bei Videodateien im Microsoft WMV-Format wird der Kontextmenübefehl *Mit Windows Media Player wiedergeben* angeboten (Abbildung 20.9, oberes Menü). Bei Videomaterial im MP4-Format wählen Sie dagegen den Kontextmenübefehl *Öffnen mit* und im Untermenü *Windows Media Player* (Abbildung 20.9, unteres Kontextmenü).

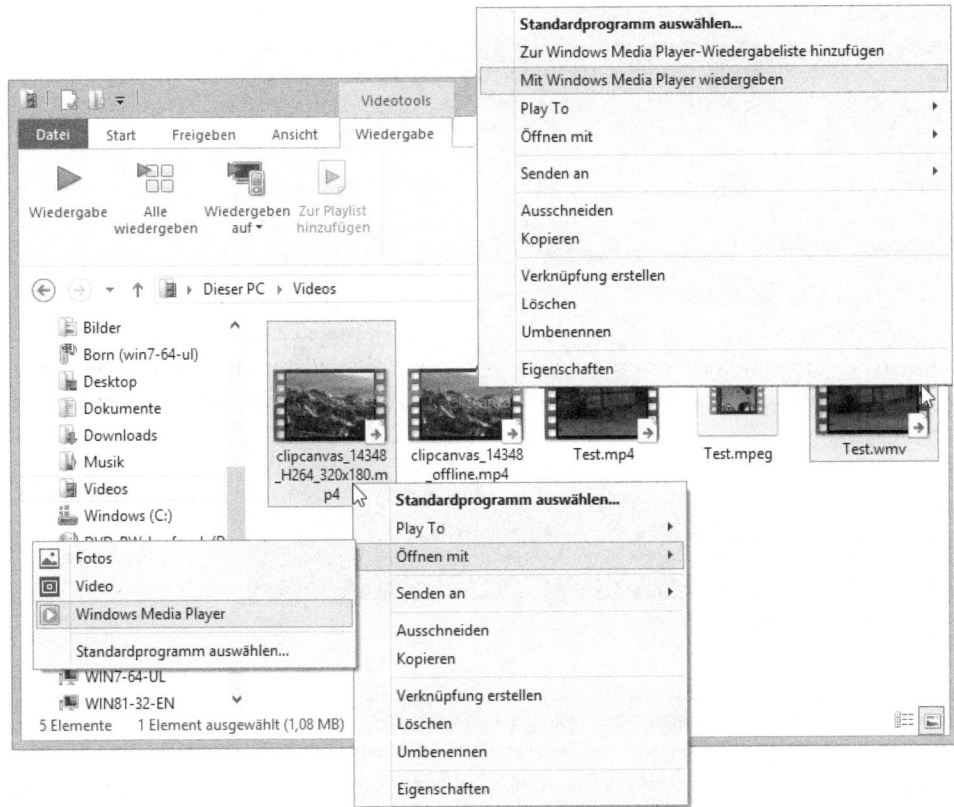

Abbildung 20.9 Wiedergabe einer Videodatei starten

HINWEIS Seit Windows 8 liefert Microsoft keinen Decoder für MPEG-2-Videomaterial mehr im Betriebssystem mit (nur im kostenpflichtig zu erwerbenden Windows Media Center ist der Decoder enthalten). Daher wurde auch die Funktion zur Wiedergabe von DVD-Video aus dem WMP entfernt und die MPEG-Datei in Abbildung 20.9 wird als MPEG-Videoformat ohne Vorschau dargestellt. Diese Datei lässt sich auch nicht korrekt im Windows Media Player abspielen (der Ton ist da, aber das Bild fehlt). Verwenden Sie ein Programm wie den VLC Player (*http://www.videolan.org/vlc/* [Ms240-K20-01]) zur Wiedergabe von MPEG-2-Videomaterial.

Windows startet den Windows Media Player, der das Video im Medienbereich des Fensters anzeigt (Abbildung 20.10). Die Tonspur wird über die Soundkarte und die angeschlossenen Lautsprecher oder den Audio-/Kopfhörerausgang wiedergegeben. Die Bedienung erfolgt über die Schaltflächen der Wiedergabeleiste, die am unteren Rand des Playerfensters unterhalb des Videobereichs angezeigt werden (siehe Kapitelanfang).

Bei Videos lässt sich die Bildgröße per Kontextmenü anpassen. Klicken Sie den Bildbereich mit der rechten Maustaste an und wählen Sie den Befehl *Video*. Dann lässt sich in einem Untermenü der Zoomfaktor wählen. Eine Vollbilddarstellung erreichen Sie über den Befehl *Vollbild*. Zurück zur Fensterdarstellung bringt Sie der Kontextmenübefehl *Vollbild schließen*. Schneller geht das Umschalten zwischen den beiden Modi, indem Sie den Videobereich jeweils per Doppelklick anwählen oder die Tastenkombination Alt + ↵ verwenden.

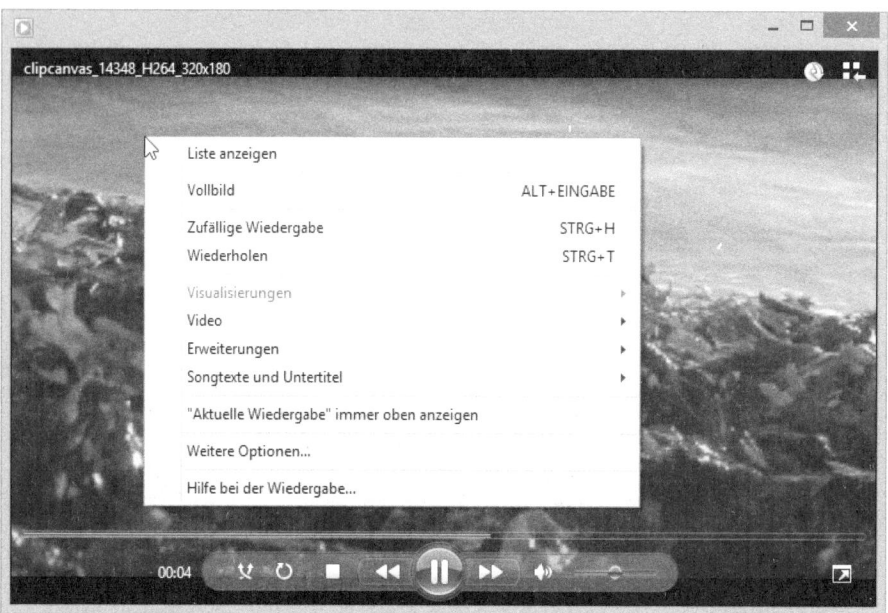

Abbildung 20.10   Wiedergabe von Videodateien

HINWEIS   Ähnlich wie bei Musikdateien können Sie Videodateien im Ordnerfenster des Explorers über die Schaltflächen *Alle wiedergeben* und *Wiedergabe* auf der Registerkarte *Wiedergeben* des Menübands abspielen. Diese Schaltflächen starten aber den Standard-Player, d.h., in den Windows-Voreinstellungen startet dann die Video-App.

TIPP   Zur Wiedergabe unterstützter Audio- und Videodateien können Sie den Windows Media Player öffnen und dann die abzuspielenden Mediendateien aus dem Ordnerfenster zum Windows Media Player ziehen. Lassen Sie die Maustaste über dem Fenster des Windows Media Players los, gibt der Player die betreffenden Mediendateien wieder.

WMP als Standard-Player einrichten

Möchten Sie den Windows Media Player (WMP) statt der Musik- und Video-Apps als Standard-Player zur Wiedergabe von Audio- und Videodateien verwenden? Dies ist mit folgenden Schritten möglich:

1. Öffnen Sie das Kontextmenü der Audio- oder Videodatei und wählen Sie die Befehle *Öffnen mit/Standardprogramm auswählen* (Abbildung 20.11, links).

2. Im eingeblendeten Fenster (Abbildung 20.11, rechts) wählen Sie dann den Windows Media Player als Programm.

Sofern das Kontrollkästchen *Diese App für alle .mp4-Dateien verwenden* markiert ist (wobei *.mp4* hier als Platzhalter für das Dateiformat steht), wird Windows den ausgewählten Windows Media Player zum Öffnen verwenden. Verwenden Sie den fett hervorgehobenen Kontextmenübefehl *Standardprogramm auswählen,* erscheint ebenfalls das Fenster (Abbildung 20.11, rechts) zur Auswahl der Anwendung. Dort fehlt aber die Option *Diese App für alle .mp4-Dateien verwenden* und Windows weist automatisch das Standardprogramm zu.

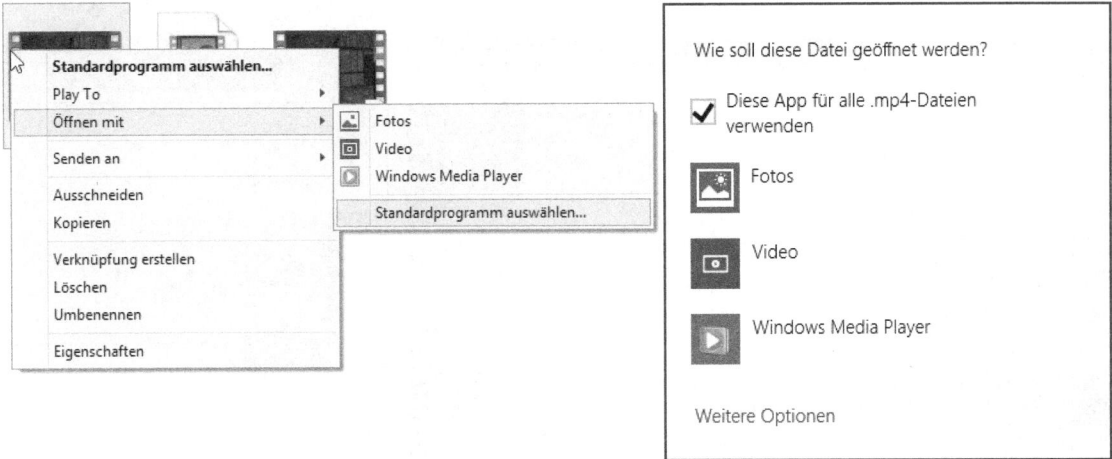

Abbildung 20.11   Windows Media Player als Standard-Player einrichten

Anschließend reicht zur Wiedergabe im Windows Media Player ein Doppelklick auf die Mediendateien des betreffenden Formats. Oder Sie wählen im Ordnerfenster des Explorers die *Wiedergabe*-Schaltfläche auf der Registerkarte *Wiedergabe* des Menübands.

ACHTUNG   Achten Sie beim Zuweisen aber darauf, dass Sie nur solche Mediendateien dem Windows Media Player als Standard-Player zuweisen, die dieser auch tatsächlich wiedergeben kann. Fehlerhafte Zuweisungen lassen sich über den Kontextmenübefehl *Öffnen mit* einer Mediendatei korrigieren.

Wiedergabe von Video-CDs

Videos können auf CDs (Video-CD oder Super Video-CD) sowie auf DVDs und BDs gespeichert sein. Während in Windows 7 auch die Wiedergabe von S-Video-CDs oder DVD-Videos unterstützte, fehlt diese Wiedergabemöglichkeit ab Windows 8. Hintergrund ist, dass seit Windows 8 kein MPEG-2-Decoder mehr im Betriebssystem enthalten ist (der Media Center MPEG-2-Decoder oder Fremd-Decoder sind nicht im Windows Media Player verwendbar). Standardmäßig lassen sich nur noch Video-CDs, die Filmmaterial im MPEG-1-Format enthalten, im Windows Media Player abspielen.

- Zur Wiedergabe des Inhalts einer Video-CD reicht es, das Medium in das betreffende Laufwerk einzulegen. Dann sollte standardmäßig die Wiedergabe beginnen.

- Oder Windows zeigt die Benachrichtigung aus Abbildung 20.12, oben rechts. Wählen Sie das Feld der Benachrichtigung an, erscheint das in Abbildung 20.12, rechts, sichtbare Auswahlfenster, in dem Sie den Eintrag *Video-CD wiedergeben* auswählen.

Startet die automatische Wiedergabe nicht, können Sie das DVD-Laufwerk in einem Ordnerfenster anwählen, zur Registerkarte *Verwalten* wechseln und dort auf die Schaltfläche *Automatische Wiedergabe* klicken oder tippen. Dann erscheint ebenfalls das Fenster (Abbildung 20.12, rechts) zur Auswahl des Players.

1. Alternativ starten Sie den Windows Media Player – die Video-CD muss im DVD-Laufwerk eingelegt sein.
2. Drücken Sie die Alt-Taste und wählen Sie im eingeblendeten Menü (Abbildung 20.12, links) den Untermenübefehl *Wiedergabe/VCD- oder CD-Audio*.

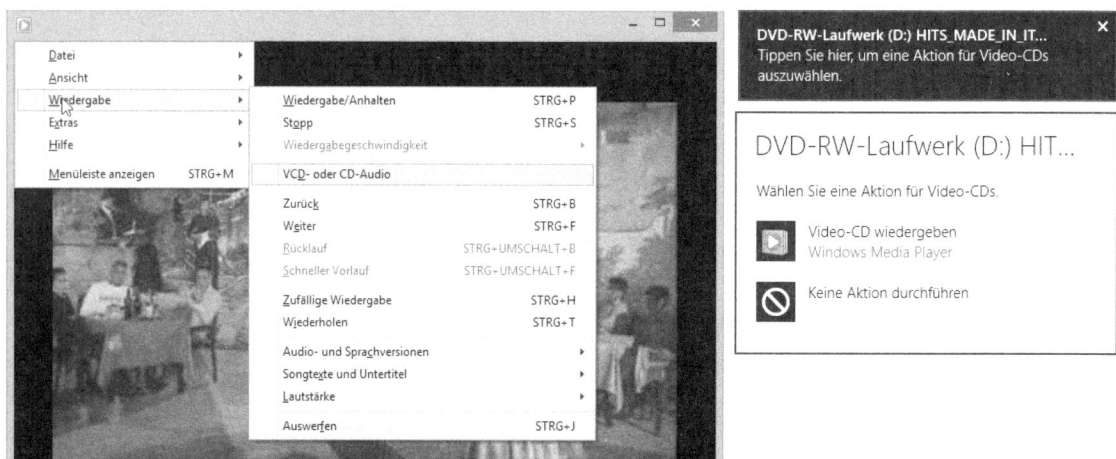

Abbildung 20.12   Wiedergabe einer Video-CD im Media Player

Anschließend sollte die Video-CD wiedergegeben werden. Sofern der Befehl *VCD- oder CD-Audio* nicht freigegeben wird, liegt entweder kein Medium im Laufwerk oder das eingelegte Medium ist nicht im Video-CD-Format beschrieben.

HINWEIS   Sofern Sie Windows auf das Windows Media Center aufgerüstet haben, wird die Wiedergabe von DVD-Video im Media Center unterstützt.

Videoformate und Codecs

Videodateien lassen sich in verschiedenen Videoformaten (AVI, WMV, MPEG-1, MPEG-2, MPEG-4 etc.) in lokalen Dateien oder auf CDs bzw. DVDs speichern. Die Dateinamenerweiterung gibt dabei oft einen Hinweis auf das benutzte Videoformat (*.avi* = AVI-Format, *.mpg* oder *.mpeg* = MPEG-Format, *.wmv* = Windows Media-Format, eine MPEG-4-Variante, *.qt* = Apple QuickTime-Format). Die Entschlüsselung der Videodaten erfolgt auch bei Videos durch sogenannte Decoder (landläufig auch als Codecs bezeichnet). Dies sind Softwarebausteine, die unter Windows (als DirectShow-Filter bzw. Media Foundations) installiert werden.

In Windows liefert Microsoft bereits viele Decoder zur Wiedergabe von Videomaterial im AVI-, im MPEG-1-, und MPEG-4-Format (*.wmv, .mp4, .avi*) mit. Gegenüber Windows 7 ist die Anzahl der im Betriebssystem unterstützten Decoder aber limitiert. So werden keine MPEG-2-Videodateien unterstützt. Auch bei DivX- und 3GP-Videoformaten kommt es darauf an, welche Encodierung für das Videoformat vorliegt. Bei meinen Tests konnte ich diverse DivX-Videos abspielen, während andere Videos nicht sauber wiedergegeben wurden. Bei manchen *.3gp*-Videodateien von Handys war ebenfalls keine Bildwiedergabe möglich.

HINWEIS   Sie können zwar sogenannte Codec-Packs (z.B. K-Lite-Codec Pack) unter Windows installieren. Dies führt aber nicht dazu, dass der WMP DVD-Videos abspielen kann. Zudem können Codec-Packs zu vielfältigen Problemen führen, wenn die verwendeten DirectShow-Filter nicht mit Windows 8.1 harmonieren. Ich habe einige dieser Probleme in meinem Blog unter *http://www.borncity.com/blog/2011/08/05/wmp-video-wiedergabeprobleme-bild-ton/* [Ms240-K20-02] behandelt. Einige dieser

Probleme fallen allerdings weg, da Microsoft auch den Windows DVD-Maker aus Windows 8.1 entfernt hat. Das Betriebssystem stellt daher auch keine Funktionen zum Authoring von DVD-Videos bereit. Über den Windows Movie Maker aus den Windows Essentials 2012 lassen sich zwar Videodateien schneiden und Filme exportieren – DVD-Authoring wird aber nicht unterstützt.

Videodateien, MPEG-2-Material und DVD-Video wiedergeben

Sofern Sie nicht auf die Wiedergabe von DVD-Video verzichten möchten und auch mit den vom Windows Media Player unterstützten Videoformaten unzufrieden sind, empfehle ich die Verwendung des VLC Player. Dieses Programm bringt seine eigenen Decoder mit und diese kollidieren auch nicht mit den Windows-DirectShow-Filtern. Ist der VLC Player in Windows vorhanden, können Sie auch FLV-Videos (Flash-Video-format) und eine Reihe anderer Videoformate problemlos abspielen.

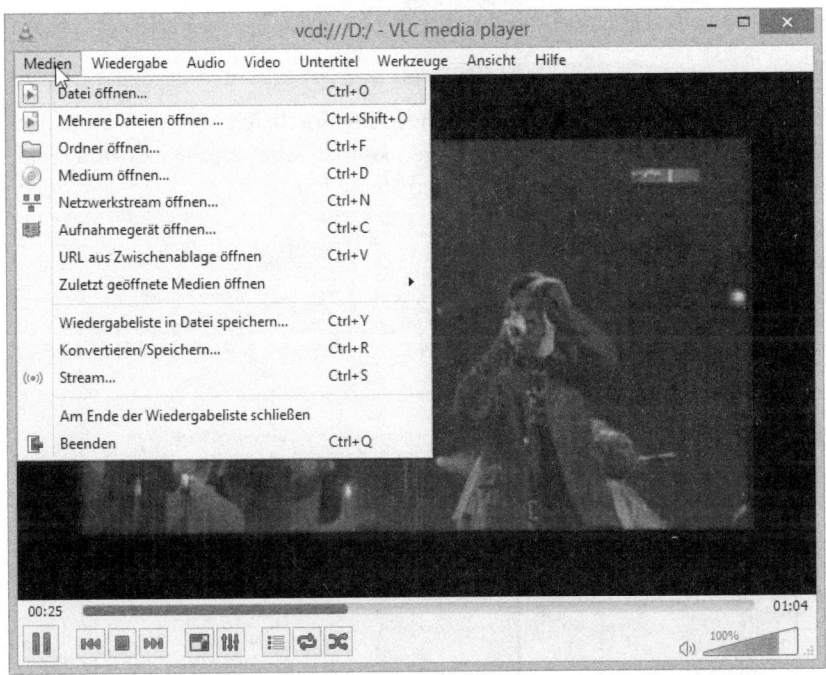

Abbildung 20.13   Wiedergabe einer DVD-Video im VLC Player

Sie können das Programm starten und dann die Videodateien in das geöffnete Programmfenster ziehen, um die Wiedergabe zu starten. Das Programm unterstützt aber im Menü *Datei* (Abbildung 20.13) den Zugriff auf Dateien (Befehl *Datei öffnen*) und auf CDs bzw. DVDs (Befehl *Medium öffnen*), sodass eine komfortable Auswahl möglich ist.

TIPP   Der VLC Player für Windows lässt sich kostenfrei einsetzen und über die Webseite *http://www.videolan.org/vlc/* [Ms240-K20-01] herunterladen. Neben einer installierbaren Version finden Sie auf der angegebenen Webseite auch eine portable Version, die in Form einer ZIP-Archivdatei bereitgestellt wird. Nach dem Entpacken der ZIP-Archivdatei verwenden Sie die Programmdatei *vlc.exe* zum Starten des Players. Legen Sie sich eine Verknüpfung auf dem Windows-Desktop an, um komfortabel auf den VLC Player zuzugreifen. Dann lassen sich Videodateien auch durch Ziehen zu diesem Desktopsymbol im VLC Player wiedergeben.

Arbeiten mit der Medienbibliothek

Mit der Medienbibliothek können Sie Ihre Multimediadateien (Musik, Videos, Bilder etc.) komfortabel verwalten. Nachfolgend lernen Sie den Umgang mit der Medienbibliothek kennen.

Inhalte zur Medienbibliothek hinzufügen

Der Windows Media Player ist standardmäßig so eingestellt, dass aus Ordnern der Festplatte abgespielte Musiktitel automatisch zur Medienbibliothek hinzugefügt werden. Nur beim Abspielen von Mediendateien von CDs, DVDs und Wechseldatenträgern werden die Titel nicht eingetragen.

> **TIPP**   Einstellen lässt sich dieses Verhalten über das Kontrollkästchen *Lokale Mediendateien bei Wiedergabe der Bibliothek hinzufügen* auf der Registerkarte *Player* des Eigenschaftenfensters *Optionen* (aufrufbar über den Befehl *Optionen* im Menü der Schaltfläche *Organisieren*).

Ähnlich wie bei Ordnerfenstern stellt der Windows Media Player eine Funktion bereit, mit der Sie Mediendateien aus vorgebbaren Ordnern zur Medienbibliothek hinzufügen können. Dies ermöglicht Ihnen eine elegante Verwaltung der auf dem Computer gespeicherten Medieninhalte.

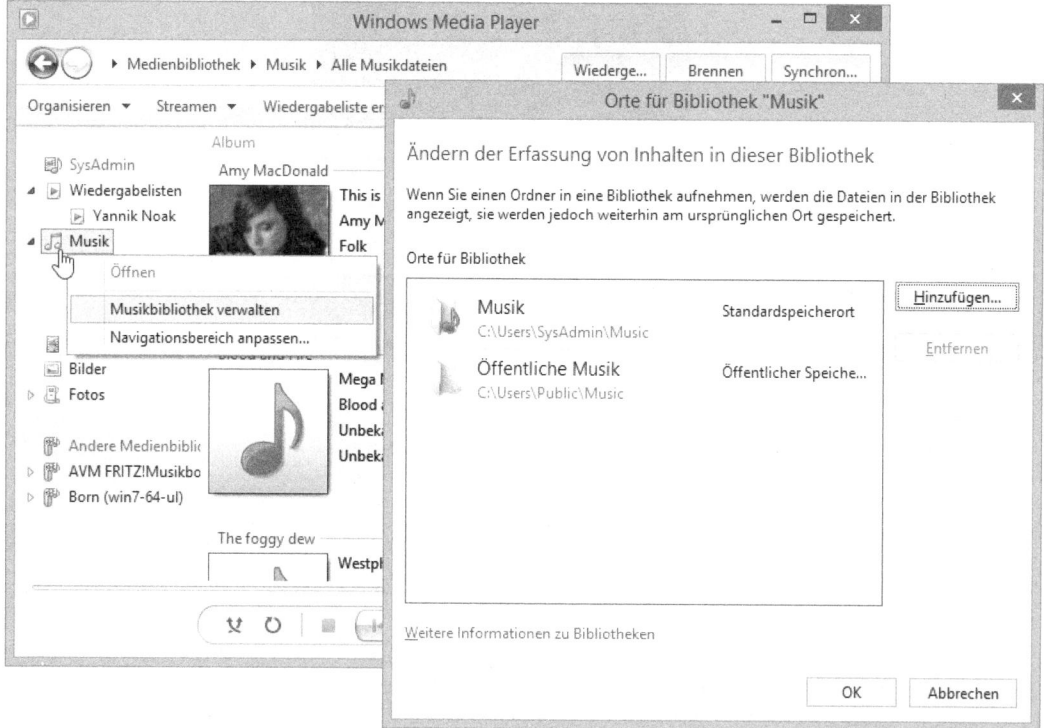

Abbildung 20.14   Auswahl der zu überwachenden Ordner

1. Öffnen Sie im Navigationsbereich der Medienbibliothek das Kontextmenü des Bibliothekseintrags *Musik*.

2. Wählen Sie den Kontextmenübefehl *Musikbibliothek verwalten* (Abbildung 20.14, Hintergrund, links). Alternativ finden Sie den Befehl *Bibliotheken verwalten* im Menü der *Organisieren*-Schaltfläche.

3. Im angezeigten Dialogfeld *Orte für Bibliothek "Musik"* verwenden Sie die Schaltfläche *Hinzufügen* (Abbildung 20.14, rechts), um weitere Ordner in die Liste der Orte für Bibliotheken aufzunehmen.

Bei Bedarf können Sie einen Ordnereintrag in der Liste *Orte für Bibliothek* anwählen. Im Kontextmenü finden Sie Befehle, um Einträge zu entfernen, in der Liste nach oben oder unten zu verschieben oder als Standardordner für die Bibliothek auszuweisen. Die *Entfernen*-Schaltfläche ermöglicht, einen markierten Ordner aus der Bibliothek auszutragen. Schließen Sie das Dialogfeld über die *OK*-Schaltfläche. Bei den restlichen Bibliothekseinträgen (*Videos*, *Bilder* etc.) können Sie die gleichen Anweisungen verwenden, um zusätzliche Ordner aufzunehmen.

TIPP Beim Hinzufügen eines Ordners zur Bibliothek sollten die Dateien automatisch aufgenommen werden. Sie können aber im Fenster des Windows Media Player das Menü der Schaltfläche *Organisieren* öffnen und den Befehl *Änderungen an Medieninformationen übernehmen* anwählen. Dann aktualisiert der Windows Media Player die intern gespeicherten Medieninformationen.

Inhalte der Medienbibliothek abrufen

Um die Inhalte der Medienbibliothek anzusehen und die Titel wiederzugeben, gehen Sie in folgenden Schritten vor:

Abbildung 20.15 Navigieren in der Medienbibliothek

1. Starten Sie den Windows Media Player und wählen Sie (falls der Modus »Aktuelle Wiedergabe« erscheint) die Schaltfläche *Zur Bibliothek wechseln*.

2. Wählen Sie in der linken Spalte des Navigationsbereichs (Abbildung 20.15) die gewünschte Bibliothekskategorie aus (z.B. *Musik*).

3. Expandieren Sie den Zweig der Bibliothekskategorie (über die Dreiecke vor dem jeweiligen Eintrag) und wählen Sie einen Eintrag wie *Interpret*, *Album* etc.

4. Sobald der Inhalt der Medienbibliothek nach diesem Kriterium im rechten Teil des Fensters erscheint, wählen Sie zum Abspielen eines Titels diesen z.B. per Doppelklick in der Liste an.

Über den Navigationsbereich des Windows Media Players können Sie also sehr bequem auf bereits abgespielte Musik, Videos, Bilder etc. zugreifen. Wählen Sie einen der Einträge des Bereichs an, um die betreffenden Medieneinträge nach Kategorien geordnet abzurufen.

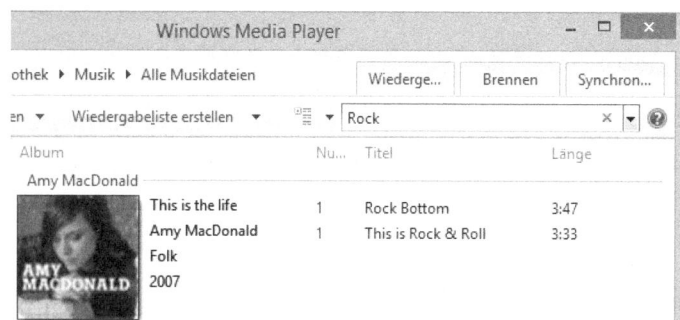

Abbildung 20.16 Suchen in der Medienbibliothek

- Die Navigationsleiste ermöglicht Ihnen darüber hinaus, über weitere Einträge wie *Wiedergabelisten* auf abzuspielende Titel zuzugreifen

- Bei Bedarf tippen Sie den Namen eines Interpreten, Titels etc. in das Suchfeld der Symbolleiste ein (Abbildung 20.16). Der Media Player durchsucht dann die Medienbibliothek nach den entsprechenden Stichwörtern und listet Übereinstimmungen auf.

- Öffnen Sie das Menü der Schaltfläche *Organisieren*, finden Sie im Untermenü des Befehls *Sortieren nach* Befehle, um den Inhaltsbereich nach diversen Kriterien (z.B. Interpret, Album etc.) zu sortieren

Möchten Sie einen Medientitel aus der Medienbibliothek entfernen? Öffnen Sie das Kontextmenü eines Titeleintrags (z.B. mit der rechten Maustaste) und wählen Sie den Kontextmenübefehl *Löschen* aus. In einem zusätzlichen Dialogfeld wählen Sie dann über Optionsfelder, ob der Eintrag nur aus der Bibliothek entfernt oder auch von der Festplatte gelöscht werden soll.

Eigenschaften der Bibliothekseinträge anpassen

Die Einträge der Bibliothek werden durch Windows automatisch per Internet mit Medieninformationen (z.B. Albumtitel, Interpret etc. bei Audio-CDs) ergänzt. Falls keine Informationen gefunden werden oder diese fehlerhaft sind, können Sie auch manuell die Einträge in der Medienbibliothek ergänzen bzw. anpassen:

1. Öffnen Sie das Kontextmenü des zu ändernden Bibliothekseintrags im Detailbereich (z.B. mit der rechten Maustaste) und wählen Sie den gewünschten Kontextmenübefehl (Abbildung 20.17).

2. Legen Sie anschließend die gewünschten Eigenschaften im markierten Bibliothekseintrag oder in den angezeigten Dialogfeldern fest.

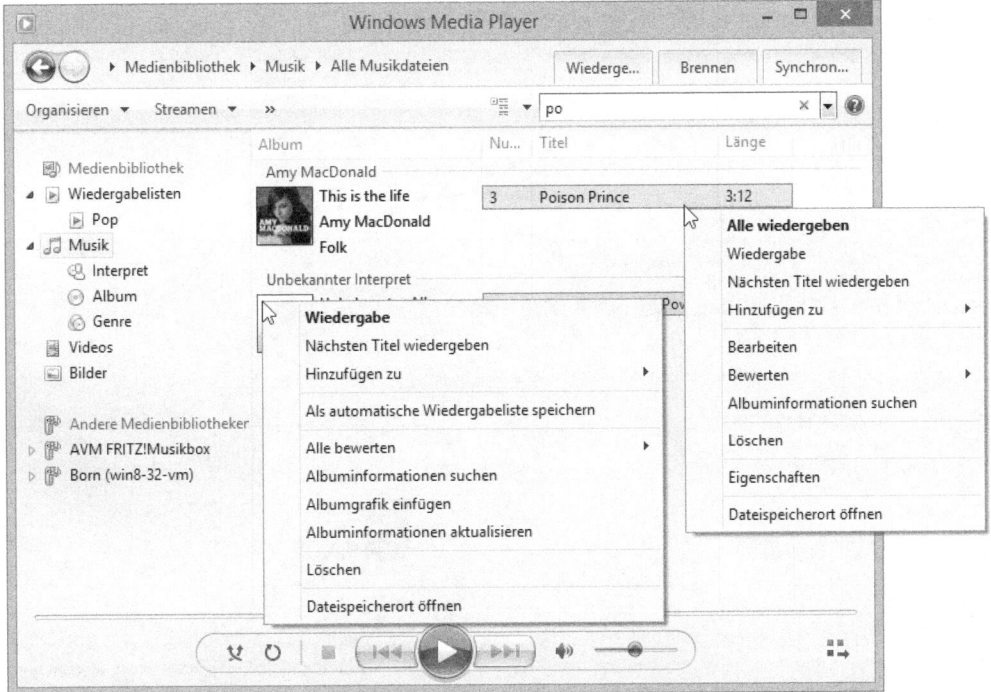

Abbildung 20.17 Eigenschaften von Bibliothekseinträgen anpassen

Die angebotenen Kontextmenübefehle hängen davon ab, ob Sie ein Album oder einen Musiktitel anwählen:

- Über den Kontextmenübefehl *Bearbeiten* eines Musiktitels wird dieser z.B. markiert und Sie können einen neuen Titeltext eingeben

- Der Befehl *Bewerten* öffnet ein Untermenü, über dessen Befehle Sie dem gewählten Bibliothekseintrag eine Bewertung zwischen einem und fünf Sternen zuweisen können. Diese Bewertung wird im Detailbereich des Media Players sowie des Ordnerfensters angezeigt.

- Der Befehl *Hinzufügen zu* ermöglicht, über Befehle im Untermenü den Titel zu bestehenden oder neuen Wiedergabe-, Brenn- und Synchronisationslisten hinzuzufügen

Wird in der Bibliothek kein oder ein fehlerhafter Albumtitel für ein Musikalbum angezeigt? Sie können ein Cover in einem Grafikprogramm laden und in die Zwischenablage kopieren. Dann lässt sich dieses Cover über den Kontextmenübefehl *Albumgrafik einfügen* (Abbildung 20.17, linkes Menü) in die Bibliothek übernehmen. Diesen Befehl sollten Sie aber nur einsetzen, wenn das Albumcover nicht über Internetdatenbanken eingepflegt werden kann. Besser ist es, den Kontextmenübefehl *Albuminformationen aktualisieren* zu verwenden. Dieser versucht, die eingetragenen Daten über das Internet abzugleichen und fehlende Informationen zu ergänzen.

1. Werden keine Informationen zu einem Album oder dessen Titeln angezeigt, wählen Sie den Kontextmenübefehl *Albuminformationen suchen*.

2. Verwenden Sie die angezeigten Dialogfelder (Abbildung 20.18), um einen Abgleich der Albuminformationen vorzunehmen.

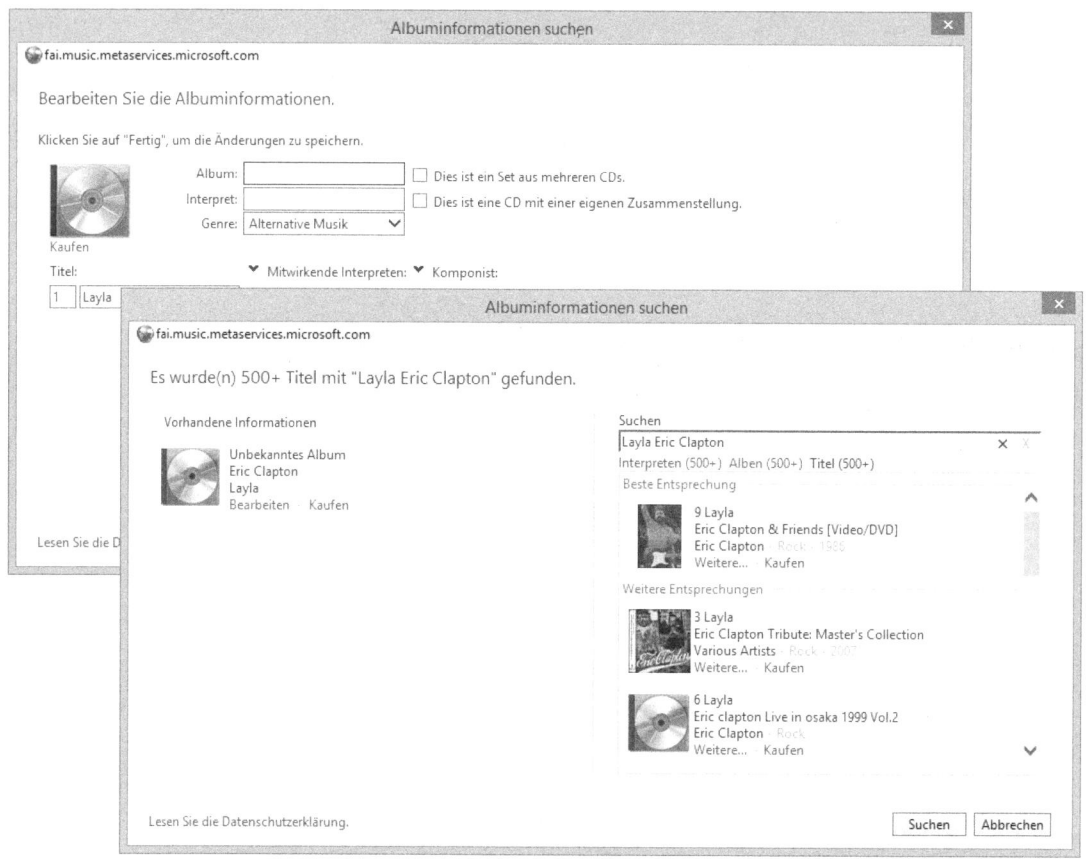

Abbildung 20.18 Albuminformationen suchen

Der vom Windows Media Player gestartete Assistent (Abbildung 20.18) ermöglicht nicht nur einen Abgleich der Albuminformationen mit Musikdatenbanken im Internet, sondern auch das manuelle Einpflegen von Interpret und Titel für den Albumtitel sowie die Musikstücke. Es reicht, den mit *Bearbeiten* beschrifteten Hyperlink unterhalb des Albums anzuwählen. Es werden Textfelder angezeigt, um die Albuminformationen (Albumtitel, Titel der Musikstücke etc.) manuell zu ergänzen.

> **TIPP**   Sie können den Assistenten durchaus mehrfach aufrufen und die Informationen über die gezeigten Dialogfelder korrigieren bzw. ergänzen. Allerdings habe ich die Erfahrung gemacht, dass die betreffenden Funktionen nicht immer zuverlässig arbeiten und sich Titel eventuell nicht korrekt aus den Internetdatenbanken übernehmen lassen. Dann bleibt ggf. nur die manuelle Ergänzung im Dialogfeld.

- Bei Bedarf können Sie die Einträge der Bibliothek bereinigen. Mit dem Kontextmenübefehl *Löschen* lässt sich z.B. ein Titel bzw. ein Album aus der Bibliothek austragen. In einem Dialogfeld ist dann über Optionsfelder zu wählen, ob nur der Bibliothekseintrag oder auch die auf der Festplatte gespeicherten Dateien zu entfernen sind.

- Um einen gelöschten Bibliothekseintrag (oder ein komplettes Album) erneut zur Bibliothek hinzuzufügen, ziehen Sie einfach die betreffenden Musikdateien oder den kompletten Ordner per Maus aus einem geöffneten Ordnerfenster zum Bibliotheksbereich des Windows Media Players. Nach einer Nachfrage werden die Informationen in der Bibliothek aktualisiert.

■ Wurden Titel eines Albums als separate Einträge in die Bibliothek eingefügt? Ziehen Sie ein Album oder einen Titel im Detailbereich des Media Players per Maus zum Coverbild eines zweiten Albums. Sobald die QuickInfo »Mit ... kombinieren« erscheint, lassen Sie die Maustaste los und bestätigen im anschließend angezeigten Dialogfeld die Übernahme. Dann wird der betreffende Eintrag in der Bibliothek zum gewünschten Album verschoben.

Sie können auch im Ordnerfenster den Kontextmenübefehl *Eigenschaften* für Musik- und Videodateien wählen, zur Registerkarte *Details* wechseln und dort (ähnlich wie bei Fotos) die Dateieigenschaften anpassen. Die Eigenschaften werden in der Bibliothek des Media Players übernommen.

TIPP   Der Windows Media Player speichert die Bibliothekseinträge im Benutzerprofil im Zweig *Users*\ *<Benutzername>**AppData**Local**Microsoft**Media Player* in einer Datenbank mit dem Namen *CurrentDatabase_400.wmdb*. Die Datenbankdatei ist mit dem Attribut »System« versehen und wird nur sichtbar, wenn Sie in den Optionen des Ordnerfensters die Anzeige geschützter Systemdateien zulassen. Wird die Bibliothek beschädigt, können Sie die Datenbankdatei löschen oder umbenennen. Der Windows Media Player legt beim nächsten Start eine neue Bibliotheksdatenbank an.

Arbeiten mit Wiedergabelisten

Wiedergabelisten ermöglichen Ihnen, beliebige Musiktitel (oder auch Videotitel) zur Wiedergabe zusammenzustellen. Statt anschließend die Einzeltitel anzuwählen, können Sie den Windows Media Player anweisen, die komplette Wiedergabeliste abzuspielen. Über Wiedergabelisten lassen sich zudem die wiederzugebenden Musikstücke, Videos etc. in beliebiger Reihenfolge zusammenstellen. Um eine solche Wiedergabeliste anzulegen, gehen Sie in folgenden Schritten vor:

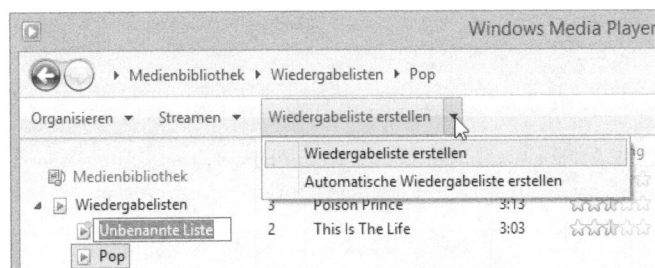

Abbildung 20.19 Anlegen einer neuen Wiedergabeliste

1. Starten Sie den Windows Media Player und stellen Sie sicher, dass der Eintrag *Medienbibliothek* in der Adressleiste angezeigt wird (in Abbildung 20.19 unterhalb der Titelleiste sichtbar).

2. Wählen Sie in der Symbolleiste des Fensters die Schaltfläche *Wiedergabeliste erstellen* (Abbildung 20.19). Erscheint ein Menü, wählen Sie dort den gleichnamigen Befehl.

3. Tippen Sie anschließend im Navigationsbereich im hervorgehobenen Feld einen Namen für die neue Wiedergabeliste ein.

4. Erweitern Sie anschließend im Navigationsbereich die Kategorie (z.B. *Musik*) und wählen Sie den Eintrag, um die gewünschten Titel in der mittleren Spalte einzublenden.

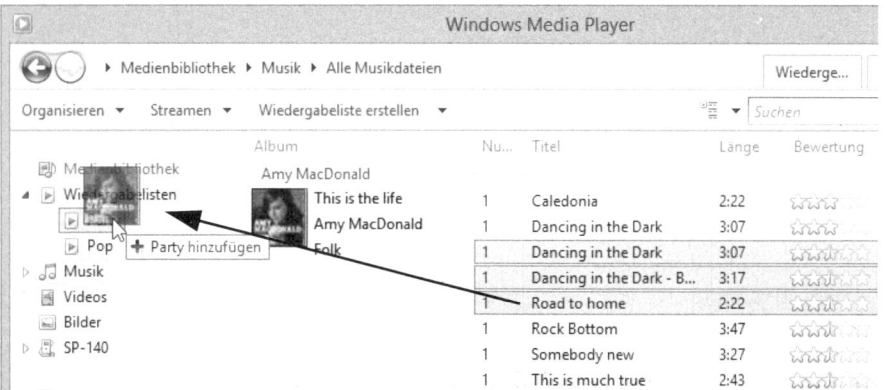

Abbildung 20.20   Titel zur Wiedergabeliste hinzufügen

5. Markieren Sie den oder die gewünschten Titel in der mittleren Spalte und ziehen Sie diese bei gedrückter linker Maustaste zur Wiedergabeliste im Navigationsbereich (Abbildung 20.20).

Beim Loslassen werden die Titel in die Liste einsortiert. Wiederholen Sie die letzten Schritte, bis alle gewünschten Titel in der Wiedergabeliste aufgeführt werden.

Zur Pflege der Wiedergabelisten wählen Sie den betreffenden Eintrag im Navigationsbereich an (Abbildung 20.21). Dann lässt sich die Reihenfolge der Titel durch Ziehen per Maus oder über das Kontextmenü eines Titels in der Wiedergabeliste sortieren. Über den Kontextmenübefehl *Aus Liste entfernen* tragen Sie einen Eintrag aus der Wiedergabeliste aus. Und der Befehl *Bearbeiten* ermöglicht Ihnen, einen Titel umzubenennen, und mit *Dateispeicherort öffnen* wechseln Sie zum Ordnerfenster mit der betreffenden Datei.

Abbildung 20.21   Wiedergabeliste pflegen

Wählen Sie später im Windows Media Player die Wiedergabeliste im Navigationsbereich per Doppelklick aus, startet die Wiedergabe mit dem ersten Titel. Alternativ können Sie nach Anwahl der Wiedergabeliste einen eingeblendeten Titel per Doppelklick wiedergeben.

TIPP   Öffnen Sie im Navigationsbereich das Kontextmenü einer Wiedergabeliste (z.B. mit der rechten Maustaste), finden Sie Befehle, um die Liste umzubenennen, zu löschen, um die Einträge zu bewerten, um die komplette Titelliste wiederzugeben etc. Die hier am Beispiel von Musik gezeigten Techniken lassen sich auch zum Erstellen von Wiedergabelisten für Videomedien oder für Bilder verwenden. Bei Anwahl der Wiedergabeliste für Fotos werden diese z.B. als Diashow wiedergegeben. Da Sie die Einträge der Fotos in der Wiedergabeliste sortieren können, lässt sich auf diesem Umweg die Reihenfolge der wiederzugebenden Motive in der Diashow festlegen.

Kopieren, Brennen, Synchronisieren

Der Windows Media Player ermöglicht Ihnen, den Inhalt von Musik-CDs als Audiodateien auf die Festplatte zu übernehmen, solche Audiodateien als eigene Zusammenstellung auf CD zu brennen oder Musikstücke zwischen Computer und MP3-Player zu übertragen. Der folgende Abschnitt zeigt, wie sich diese Funktionen nutzen lassen.

Musik-CD auf die Festplatte kopieren

Der Windows Media Player kann den Inhalt nicht kopiergeschützter Musik-CDs auf die Festplatte kopieren. Dann lassen sich die Musikstücke direkt von der Festplatte abspielen (siehe vorhergehende Seiten).

Abbildung 20.22 Kopieren von CD

1. Legen Sie die Original-CD in das Laufwerk ein, starten Sie – falls nicht automatisch geschehen – den Windows Media Player und wählen Sie anschließend im Navigationsbereich den Eintrag für das Medium an (Abbildung 20.22).

2. Sobald die Titelliste angezeigt wird, können Sie die Markierung der Kontrollkästchen aller nicht zu kopierenden Musiktitel (z.B. durch Anklicken per Maus) aufheben.

3. Bei Bedarf können Sie das Menü der in der Symbolleiste sichtbaren Schaltfläche *Kopiereinstellungen* öffnen (Abbildung 20.23). Über den Befehl *Format* lässt sich im Untermenü das gewünschte Audioformat (z.B. MP3) zum Kopieren auswählen. Die Audioqualität beim Speichern legen Sie über das Untermenü des Befehls *Audioqualität* fest.

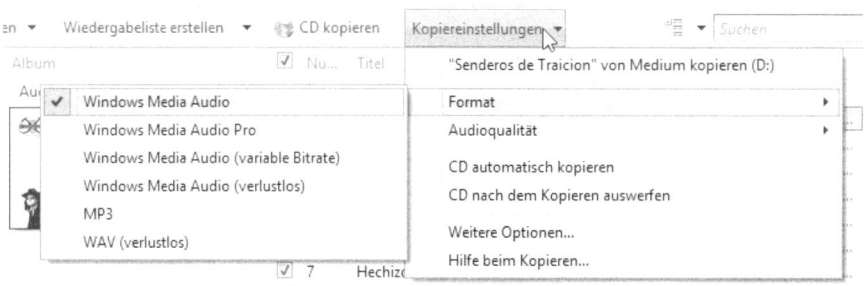

Abbildung 20.23   Auswahl der Kopieroptionen

4. Klicken Sie abschließend in der Symbolleiste des Playerfensters auf die Schaltfläche *CD kopieren* (Abbildung 20.23).

Der Windows Media Player beginnt dann mit dem Auslesen der markierten Musiktitel und kopiert diese im angegebenen Format in den Ordner *Eigene Musik*. Dabei wird für jedes Album ein eigener Unterordner und für jeden Musiktitel eine separate Datei angelegt. Eine Textanzeige in der Titelliste (Abbildung 20.24) informiert Sie, welcher Titel gerade kopiert wird. Über die während des Vorgangs angezeigte Schaltfläche *Kopieren beenden* können Sie den Vorgang jederzeit abbrechen.

Abbildung 20.24   Anzeige des Kopierstatus

TIPP   Möchten Sie die Musik in einen anderen Ordner der Festplatte kopieren? Wählen Sie im Menü der Schaltfläche *Organisieren* den Befehl *Optionen*. Auf der Registerkarte *Musik kopieren* des Eigenschaftenfensters lässt sich über die Schaltfläche *Ändern* der Pfad zum Speicherort anpassen. Die Schaltfläche *Dateiname* öffnet ein Dialogfeld, in dem Sie die im automatisch erzeugten Dateinamen zu verwendenden Informationen (Interpret, Titel etc.) wählen können.

Musiktitel auf CD brennen

Verfügt der Computer über einen CD-, DVD- oder BD-Brenner, lassen sich auf der Festplatte gespeicherte Musikstücke mit dem Windows Media Player als Audio-CD brennen. Voraussetzung ist, dass die Musikstücke in einem von Windows Media Player unterstützten Format vorliegen und nicht kopiergeschützt sind. Führen Sie folgende Schritte zum Erstellen der neuen Audio-CD aus:

Abbildung 20.25 Audiodateien in Brennliste übertragen

1. Starten Sie den Windows Media Player und wählen Sie in der rechten oberen Ecke des Programmfensters die Registerkarte *Brennen*.

2. Wählen Sie im Navigationsbereich die Wiedergabelisten oder die Einträge der Medienbibliothek, um die gewünschten Musiktitel im Programmfenster anzuzeigen.

3. Ziehen Sie die gewünschten Musiktitel mit der Maus nach rechts in die Brennliste (Abbildung 20.25).

4. Sobald die gewünschten Titel zusammengestellt sind, klicken Sie in der Brennliste auf die Schaltfläche *Brennen starten* (Abbildung 20.25).

5. Sobald die Schublade des Brenners ausgefahren wird, legen Sie einen leeren Rohling ein, schließen die Schublade und befolgen die Hinweise des Programms.

Nachdem der Rohling erkannt wurde, beginnt der Windows Media Player mit dem Brennen der Musiktitel auf das Medium. Während des Brennens werden Sie über Fortschrittsanzeigen im Programmfenster über den Ablauf informiert. Sie können den Brennvorgang zwar über die im Media Player-Fenster eingeblendete Schaltfläche *Brennen abbrechen* jederzeit beenden – riskieren dann aber den Verlust des Rohlings. Nach dem Brennen des letzten Titels wirft der Media Player das Medium standardmäßig aus. Sie können dann den

Windows Media Player beenden und die gebrannte Audio-CD nach der Entnahme aus dem Laufwerk erneut einlegen und testen.

Eine MP3- oder WMA-Musik-CD brennen

Standardmäßig brennt der Windows Media Player die Musiktitel als Audiospuren im Format der Audio-CDs auf den Rohling. Die Musikstücke liegen dort im WAV-Audioformat vor, benötigen also recht viel Speicherplatz. Andererseits ermöglichen sowohl das MP3- als auch das WMA-Audioformat, die Musikstücke komprimiert in Audiodateien abzuspeichern. Moderne Audio-Player oder der Windows Media Player ermöglichen es, diese MP3- und WMA-Dateien von CD oder ggf. sogar von DVD wiederzugeben. Dann werden einfach die einzelnen Audiodateien abgespielt.

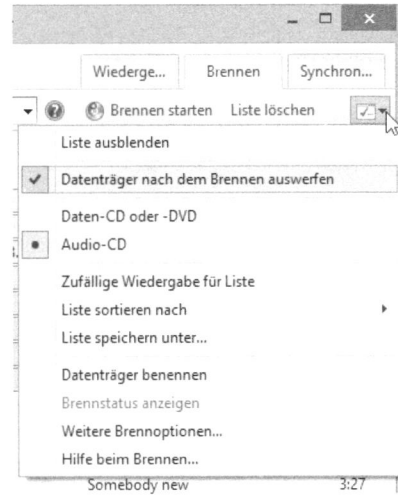

Abbildung 20.26　Optionen zum Brennen einer Daten-CD

Möchten Sie eine MP3- oder WMA-CD bzw. -DVD brennen? Dann öffnen Sie im Windows Media Player das Menü der Schaltfläche *Brennoptionen* (Abbildung 20.26) und wählen nun den Befehl *Daten-CD oder -DVD*. Anschließend gehen Sie wie oben gezeigt vor, klicken auf die Registerkarte *Brennen* und fügen die Audiodateien zur Brennliste hinzu. Wenn Sie danach den Brennvorgang starten, überträgt der Windows Media Player die Audiodateien im vorliegenden Format separat auf den Rohling. Öffnen Sie einen solchen Rohling später in einem Ordnerfenster, finden Sie dort die einzelnen Audiodateien. Sie können diese dann in einem geeigneten DVD-Player oder am Computer abspielen.

TIPP　　　　Im Menü der Schaltfläche *Brennoptionen* (Abbildung 20.26) finden Sie den Befehl *Weitere Brennoptionen*, über den sich die Registerkarte *Brennen* des Eigenschaftenfensters *Optionen* öffnen lässt. Dort können Sie z.B. eine Angleichung der Lautstärke aller Musikstücke vornehmen oder das Unterdrücken von Pausen zwischen Tracks bei Audio-CDs zu- oder abschalten.

Gemäß Urheberrecht dürfen Sie Kopien von Musiktiteln aus legalen Quellen und für private Zwecke anfertigen. Allerdings nur dann, wenn hierfür kein wirksamer technischer Kopierschutz umgangen werden muss.

Musik mit einem portablen Player synchronisieren

Besitzen Sie einen MP3- oder WMA-Player (oder ein Smartphone) und möchten Sie Musikstücke auf dieses portable Abspielgerät übertragen? Mit dem Windows Media Player aus Windows ist dies kein Problem.

Abbildung 20.27   Audiodateien mit MP3-Player synchronisieren

1. Starten Sie den Windows Media Player und verbinden Sie den portablen Media Player (MP3-Player) über die USB-Schnittstelle mit dem Computer.

2. Warten Sie, bis das portable Gerät erkannt wird, und klicken Sie im Windows Media Player auf die Registerkarte *Synchronisieren* (Abbildung 20.27, oben rechts).

3. Wählen Sie im Navigationsbereich Wiedergabelisten oder Einträge der Medienbibliothek aus, um deren Titellisten im Programmfenster einzublenden (Abbildung 20.27, links).

4. Markieren Sie die gewünschten Musiktitel im Inhaltsbereich des Windows Media Players und ziehen Sie diese mit der Maus nach rechts in die Synchronisationsliste des Geräts.

5. Auf dem Player nicht mehr erwünschte Titel können Sie in der Synchronisationsliste markieren und über den Kontextmenübefehl *Aus Liste entfernen* löschen.

6. Sobald alle Musiktitel ausgewählt sind, wählen Sie in der Symbolleiste (oberhalb der Synchronisationsliste) die Schaltfläche *Synchronisierung starten*.

Der Windows Media Player gleicht dann die Titelliste des portablen Geräts mit der Synchronisationsliste ab, fügt neue Titel zum Player hinzu und löscht ggf. unerwünschte Titel. Eine Fortschrittsanzeige im Fenster des Windows Media Players informiert Sie über den Ablauf. Nach dem Beenden der Synchronisierung wird die

Titelliste im Synchronisationsbereich gelöscht. Sie können dann einen angezeigten Hyperlink zum Trennen des Geräts wählen und dann den portablen (MP3-)Player von der USB-Schnittstelle abziehen.

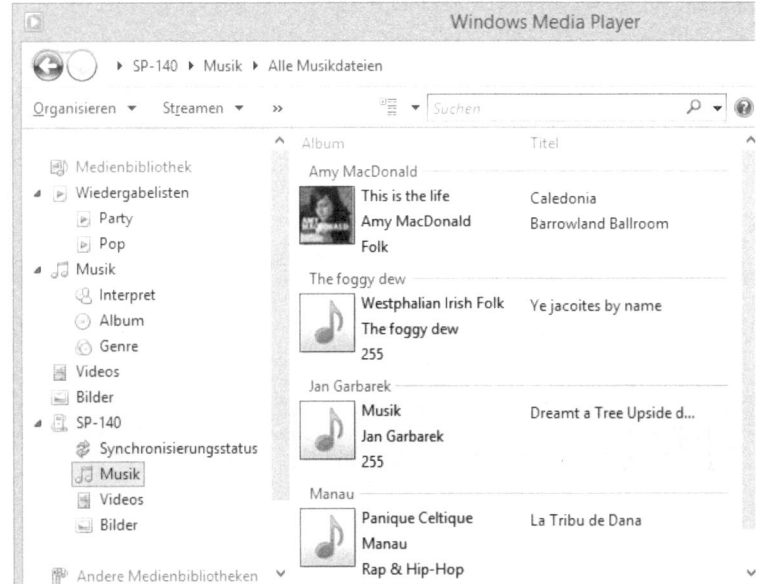

Abbildung 20.28   Audiodateien des Abspielgeräts einsehen

TIPP   Wird das Abspielgerät vom Windows Media Player unterstützt, können Sie dessen Inhalte über den Navigations-bereich einsehen und verwalten. Verbinden Sie einfach das Abspielgerät per USB-Kabel mit Windows. Anschließend taucht das Gerät im Navigationsbereich auf und bei dessen Anwahl lässt sich auf Kategorien wie Musik, Videos oder Bilder zugreifen. In Abbildung 20.28 ist beispielsweise ein Android-Smartphone (Simvalley SP-140 des Anbieters Pearl) angeschlossen. Dessen Inhalt der microSD-Karte ist hinsichtlich Fotos, Videos und Musik direkt über den WMP einsehbar. Im Kontextmenü der angezeigten Titel finden sich Befehle, um diese zu löschen oder zur Synchronisierungsliste hinzuzufügen.

HINWEIS   Gibt es Probleme mit der Gerätesynchronisation? Moderne MP3-Player mit USB-Anschluss werden von Win-dows als Wechseldatenträgerlaufwerk erkannt. Sie können also den MP3-Player mit dem USB-Anschluss Ihres Rechners verbin-den und dann dessen Inhalt in einem Ordnerfenster anzeigen. Anschließend lassen sich Dateien vom MP3-Player zur Festplatte kopieren, verschieben, löschen und auch Dateien von der Festplatte zum MP3-Player kopieren. Das Ganze entspricht dem Vorge-hen beim Kopieren normaler Dateien und erfordert nicht den Start des Windows Media Players.

Sofern Sie einen iPod-Player, ein iPad oder ein iPhone von Apple besitzen, können Sie diese Geräte ebenfalls per USB-Kabel mit dem Computer verbinden. Sie benötigen dann aber das kostenlose Programm iTunes von der Internetseite *http:// www.apple.com/de/itunes/* [Ms240-K20-03], um im Apple-Store gekaufte Musik unter Windows auf das Gerät zu übertragen.

Medienstreaming im Netzwerk

Der Windows Media Player ermöglicht die Übertragung und Wiedergabe von Mediendaten über Netzwerke. Damit können Sie digitale Medieninhalte an allen Stellen, die durch ein Netzwerk (oder eine Drahtlosüber-tragung) erreichbar sind, abrufen. Ist das Empfangsgerät mit entsprechenden Videoausgängen versehen, werden die Bilder und Videos auf dem angeschlossenen Bildschirm angezeigt oder an einem Fernseher bzw.

Videoprojektor (Beamer) ausgegeben. Der Ton zum Film oder die Musik lässt sich mittels Lautsprecherboxen bzw. über die Hi-Fi-Anlage wiedergeben. Nachfolgend wird gezeigt, welche Funktionen Windows bzw. der Windows Media Player in dieser Hinsicht bieten.

Medienstreaming zulassen

Um anderen Teilnehmern im Netzwerk den Zugriff auf die eigenen Bibliotheken mit Musik, Videos, Fotos etc. zu ermöglichen, muss der betreffende Benutzer die Medienfreigabe zulassen (dann dient dessen Rechner mit dem Windows Media Player als Medienserver). Hierzu starten Sie den Windows Media Player und führen die folgenden Schritte aus.

1. Öffnen Sie im Media Player das Menü der Schaltfläche *Streamen* und wählen Sie den Befehl *Medienstreaming für Heimnetzgruppe zulassen* (Abbildung 20.30, Hintergrund).

2. Im Dialogfeld *Medienstreamingoptionen* (Abbildung 20.30, Vordergrund) wählen Sie den Befehl *Medienstreaming zulassen* und bestätigen ggf. die Abfrage der Benutzerkontensteuerung.

Anschließend durchlaufen Sie die Schritte zum Einrichten der Heimnetzgruppe (Benutzerordner freigeben, etc.).

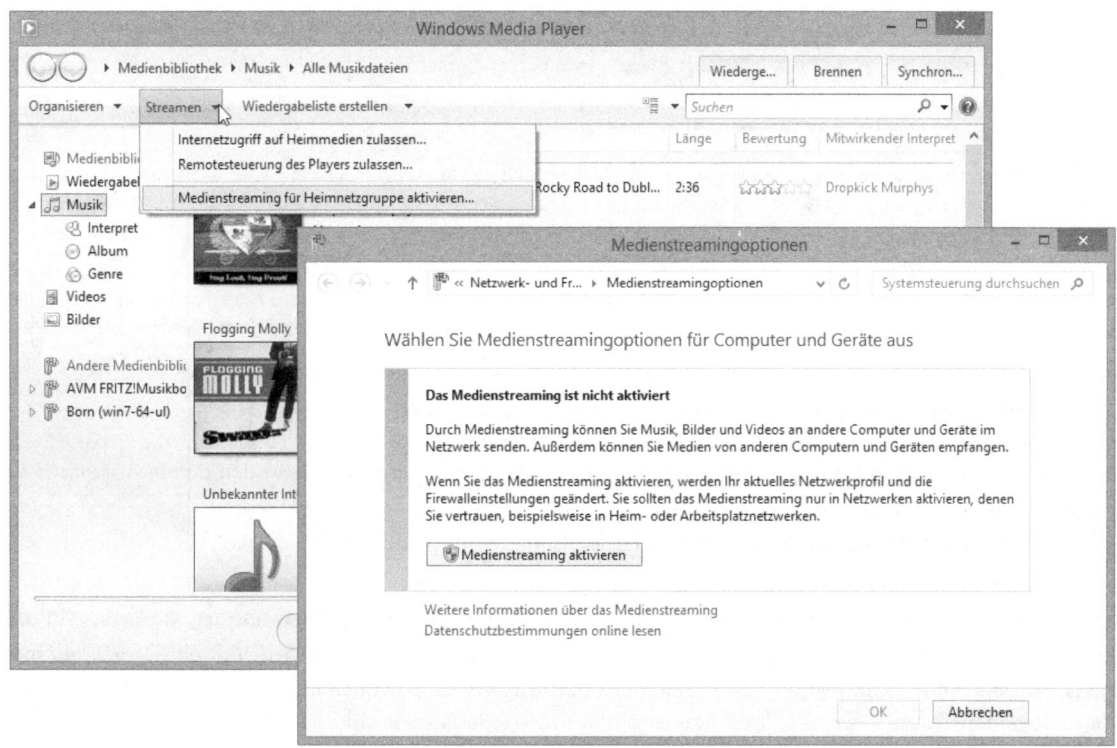

Abbildung 20.29   Medienstreaming zulassen

Gerätezugriff auf Medienbibliotheken zulassen

Um anderen Teilnehmern im Netzwerk den Zugriff auf die eigenen Bibliotheken mit Musik, Videos, Fotos etc. zu ermöglichen, muss der betreffende Benutzer die Medienfreigabe zulassen (dann dient dessen Rechner mit dem Windows Media Player als Medienserver). Dies lässt sich in Windows z.B. mit den folgenden Schritten bewerkstelligen.

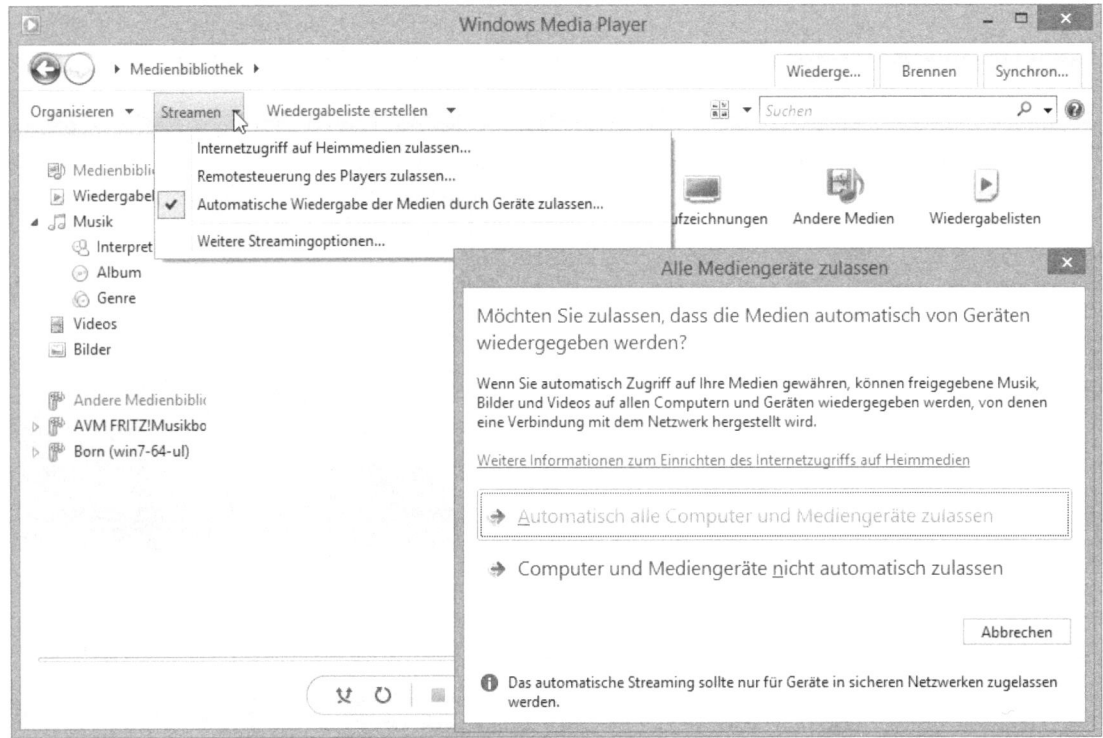

Abbildung 20.30   Automatische Wiedergabe zulassen

1. Öffnen Sie im Media Player das Menü der Schaltfläche *Streamen* und wählen Sie den Befehl *Automatische Wiedergabe der Medien durch Geräte zulassen* (Abbildung 20.30, Hintergrund).

2. Im Dialogfeld *Alle Mediengeräte zulassen* (Abbildung 20.30, Vordergrund) klicken Sie auf den Befehl *Automatisch alle Computer und Mediengeräte zulassen.*

Dann wird der Windows Media Player des Rechners als Medienserver konfiguriert. Öffnen Sie das Menü der Schaltfläche *Streamen* erneut, sollte der Befehl *Automatische Wiedergabe der Medien durch Geräte zulassen* markiert sein. Zum Deaktivieren der Streamingfunktion reicht es, die obigen Schritte erneut auszuführen, dann aber den Befehl *Computer und Mediengeräte nicht automatisch zulassen* (Abbildung 20.30, Vordergrund) zu wählen.

HINWEIS   Die Medienstreaming-Funktion von Windows arbeitet innerhalb des Netzwerks als DLNA-Server und kann von geeigneten Empfangsgeräten erkannt und angesprochen werden. Bereits in Windows Vista unterstützte der Windows Media Player 11 die Funktionen eines Medienservers. Ab Windows 7 sind im Windows Media Player 12 zusätzliche Funktionen hinzugekommen, die eine Medienfreigabe weiter vereinfachen. Das Konzept ermöglicht sogar, dass Sie eine Medienbibliothek auf einem lokalen Rechner unter einem Benutzerkonto im Windows Media Player einrichten und diese freigeben. Dann kann von anderen Benutzerkonten auf die freigegebene Medienbibliothek zugegriffen werden.

Streamingoptionen anpassen

Mit den obigen Schritten überlassen Sie dem Windows Media Player, wie er das Medienstreaming einstellt. Möchten Sie die Streamingeinstellungen überprüfen oder gezielt anpassen? Dies ist ebenfalls über das Menü der Schaltfläche *Streaming* möglich.

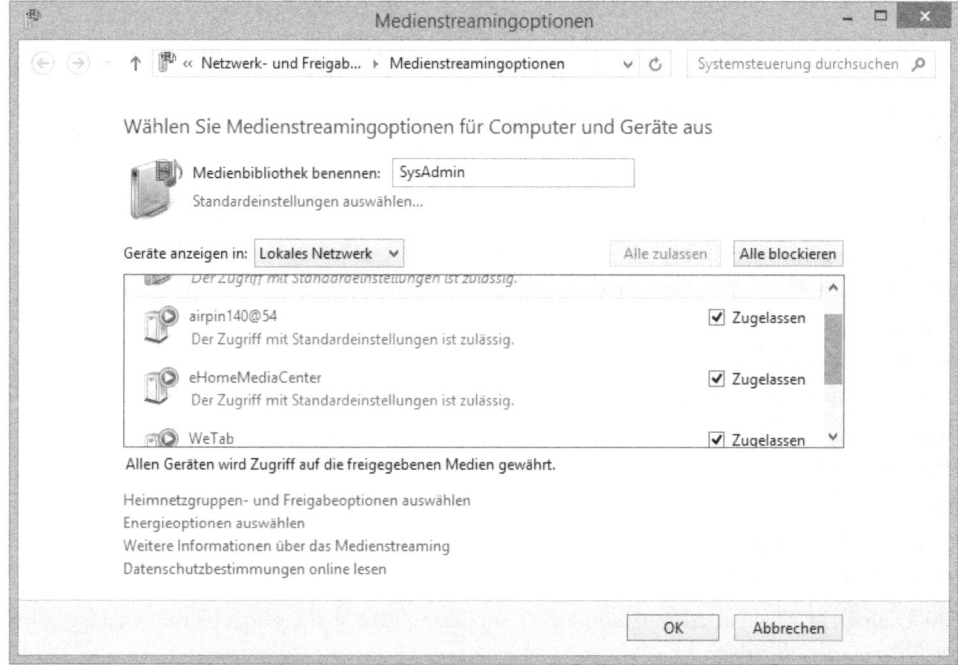

Abbildung 20.31   Medienstreamingoptionen anpassen

1. Wählen Sie den Befehl *Weitere Streamingoptionen* der Menüschaltfläche *Streamen* an (Abbildung 20.30, Hintergrund).

2. Danach nehmen Sie im Dialogfeld *Medienstreamingoptionen* (Abbildung 20.31) die gewünschten Anpassungen vor.

Das Dialogfeld *Medienstreamingoptionen* (Abbildung 20.31) enthält Bedienelemente, um das Streaming auf lokale Netzwerke zu begrenzen, generell zu blockieren oder einzelne Geräte innerhalb eines Netzwerks vom Zugriff auszuschließen. Hier ein kurzer Überblick über die einzelnen Optionen:

- Im Feld *Medienbibliothek benennen* taucht standardmäßig der Name des Benutzerkontos auf. Sie können den Inhalt des Felds aber umbenennen. Die freigegebene Bibliothek taucht unter diesem Namen im Navigationsbereich des Windows Media Players anderer Netzwerkteilnehmer auf.

- Das Listenfeld *Gerät anzeigen in* legt fest, wo der zum Streaming freigegebene Windows Media Player als Gerät auftauchen darf. Setzen Sie den Wert *Lokales Netzwerk*, taucht der Windows Media Player des

Rechners mit einem eigenen Symbol im Netzwerk auf. Der Wert *Alle Netzwerke* ermöglicht den Zugriff auf den Media Player von anderen Netzwerken (z.B. von anderen Arbeitsgruppennetzwerken).

- Über die Schaltfläche *Alle blockieren* des Dialogfelds kann die Streamingfunktion des lokalen Rechners abgeschaltet bzw. der Zugriff durch andere Geräte auf die Bibliotheken blockiert werden. Mittels der Schaltfläche *Alle zulassen* werden die Bibliotheken wieder freigegeben.

Bei Bedarf lässt sich auch festlegen, von welchen Geräten andere Benutzer auf die eigenen Bibliotheken zugreifen und Inhalte wiedergeben dürfen. Das Dialogfeld *Medienstreamingoptionen* listet alle im Netzwerk gefundenen Wiedergabegeräte auf:

- Der erste Eintrag *Medienprogramme auf diesem PC ...* bezieht sich auf Medienprogramme, die auf dem eigenen Rechner laufen. Meist handelt es sich um den Windows Media Player, der z.B. auch unter anderen Benutzerkonten ausgeführt werden und auf für das Streaming freigegebene Bibliotheken zugreifen kann.

- Zudem erscheinen die im Netzwerk gefundenen Geräte (z.B. die als Medienserver fungierenden Windows Media Player) als separate Einträge. Eine Bezeichnung der Art »WIN7-64-UL« signalisiert dann, dass ein Rechner mit dem angegebenen Netzwerknamen gefunden wurde und dieser als Medienserver fungieren kann.

- Um den Zugriff eines bestimmten Geräts auf die Streamingfunktionen des eigenen Windows Media Players zu blockieren, löschen Sie die Markierung des Kontrollkästchens *Zugelassen* dieses Geräts im Dialogfeld *Medienstreamingoptionen* (Abbildung 20.31). Später können Sie das Kontrollkästchen erneut markieren, um den Zugriff auf die Medienbibliothek wieder zuzulassen.

- Um den Zugriff eines Geräts auf die eigene Medienbibliothek lediglich zu trennen, reicht es, dessen Eintrag im Dialogfeld *Medienstreamingoptionen* (Abbildung 20.31) zu markieren und dann auf den eingeblendeten Hyperlink *Entfernen* zu klicken. Dies funktioniert aber nur, wenn das Gerät nicht online ist. Notfalls müssen Sie das betreffende Gerät ausschalten oder die Netzwerkverbindung trennen.

Möchten Sie die Standardeinstellungen für das Medienstreaming oder die Streamingeinstellungen für ein bestimmtes Gerät detaillierter anpassen?

- Wählen Sie im Dialogfeld *Medienstreamingoptionen* (Abbildung 20.31) den eingeblendeten Hyperlink *Standardeinstellungen auswählen* an

- Wählen Sie im Dialogfeld *Medienstreamingoptionen* (Abbildung 20.31) den in der Zeile des betreffenden Geräts eingeblendeten Hyperlink *Anpassen* an

Je nach gewähltem Link wird dann das Dialogfeld *Standardeinstellungen für Medienstreaming anpassen* (Abbildung 20.32, oben) oder das Dialogfeld *Einstellungen für Medienstreaming anpassen* (Abbildung 20.32, unten) eingeblendet. Setzen Sie dann die gewünschten Optionen und schließen das geöffnete Dialogfeld über die *OK*-Schaltfläche.

Abbildung 20.32 Einstellungen für Medienstreaming anpassen

- Zum Zugriff auf die Optionen eines Geräts löschen Sie die Markierung des Kontrollkästchens *Standardeinstellungen verwenden* (Abbildung 20.32, unten)

- Über das Kontrollkästchen *Alle Medien in der Bibliothek für dieses Gerät verfügbar machen* können Sie den Zugriff auf Videos, Musik, Bilder in den eigenen Bibliotheken für das betreffende Gerät zulassen

- In der Gruppe *Bewertungssterne auswählen* lassen sich über die beiden Optionsfelder alle Medien mit Bewertungen (ein bis fünf Sterne) oder Medien mit einer Bewertung von mindestens x Sternen zulassen. Das Kontrollkästchen *Unbewertete Dateien einschließen* ermöglicht auch Mediendateien, die noch nicht bewertet wurden, zum Streaming freizugeben.

- In der Kategorie *Jugendschutz auswählen* lässt sich über die Optionsfelder wählen, ob alle Bewertungen oder spezielle Bewertungen in Kategorien wie Musik, Bilder, Videos heranzuziehen sind

Die Änderungen werden wirksam, sobald Sie das Dialogfeld über die *OK*-Schaltfläche schließen.

TIPP   Gelegentlich dauert es etwas, bis Änderungen an den Medienfreigaben oder Optionen im Netzwerk wirksam werden. Sie können aber im Menü der Schaltfläche *Organisieren* den Befehl *Änderungen an Medieninformationen aktualisieren* wählen. Hilft dies nichts, empfiehlt es sich, den Windows Media Player zu beenden und sich vom Benutzerkonto abzumelden. Nach einer erneuten Anmeldung sollten die neuen Einstellungen verfügbar sein.

Zugriff auf andere Medienbibliotheken

Sobald das Streaming von Mediendateien zugelassen wurde, können Geräte innerhalb des Netzwerks die betreffenden Daten vom Medienserver abrufen. Um sich eine Übersicht über die Medienfreigaben im Netzwerk zu verschaffen, öffnen Sie ein Ordnerfenster.

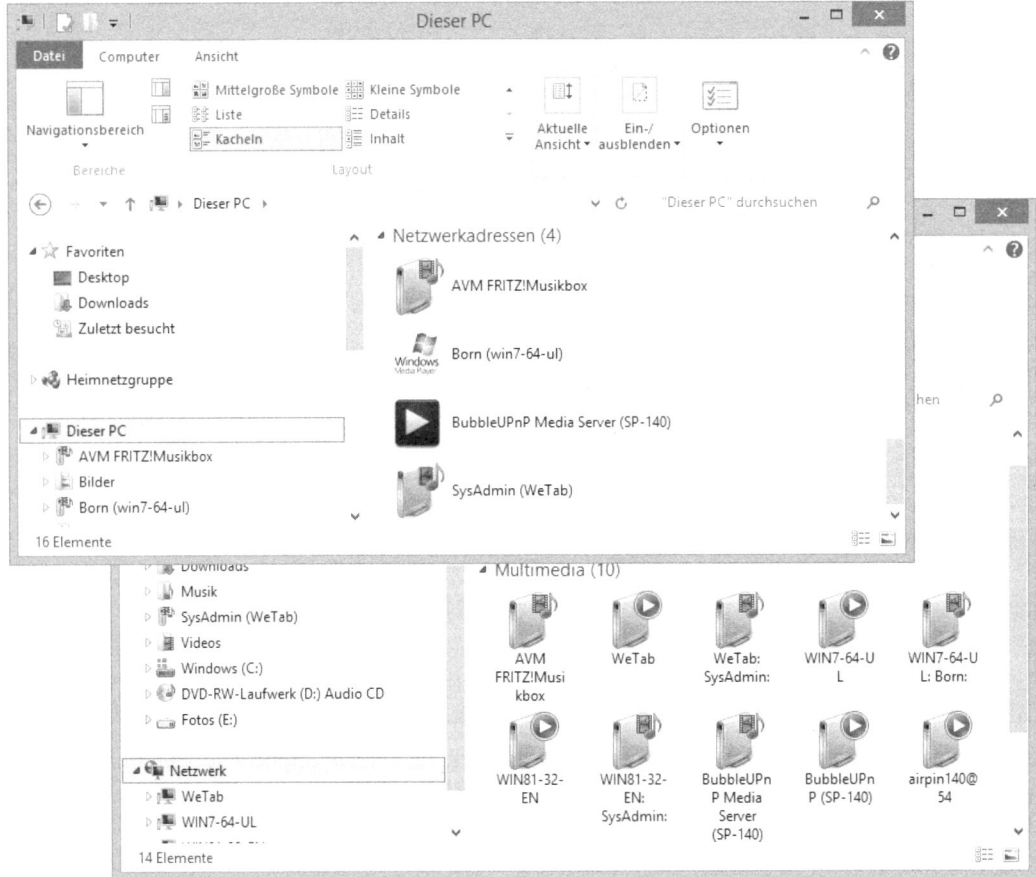

Abbildung 20.33   Zugriff auf einen Medienserver

Die erkannten Medienserver tauchen im Navigationsbereich unter *Dieser PC* auf (Abbildung 20.33, oben). Wählen Sie im Navigationsbereich des Ordnerfensters die Einträge *Heimnetzgruppe* oder *Netzwerk* an, tauchen die Medienserver ebenfalls auf (Abbildung 20.33, unten). Erkennen können Sie einen Medienserver am Symbol eines stilisierten Rechners, der in der rechten oberen Ecke ein Notensymbol und einen Filmausschnitt aufweist.

HINWEIS   In der Netzwerkumgebung (Abbildung 20.33, unten) tauchen Netzwerkstationen wie *WeTab* gleich mit mehreren Symbolen auf. Neben dem Symbol eines Netzwerkrechners gibt es weitere Einträge. Ein Medienserver auf dem Netzwerkgerät wird in der Kategorie »Multimedia« z.B. als *WeTab:SysAdmin* angezeigt und besitzt im Symbol eine stilisierte Filmrolle. Die Bezeichnung »SysAdmin« wurde bei der Freigabe der Mediendateien im betreffenden Dialogfeld (Abbildung 20.31) als Name der Bibliothek eingetragen. Das dritte Symbol *WeTab* aus Abbildung 20.33, unten, dargestellt als stilisiertes hochkant stehendes Gerät mit grünem Kreis und weißem Dreieck, ist nur sichtbar, wenn auf dem betreffenden Rechner der Windows Media Player ausgeführt wird. Wählen Sie ein solches Symbol per Doppelklick an, erscheint ein Dialogfeld mit den Eigenschaften des Media Players. Über das Kontextmenü lässt sich über den Befehl *Medienstreamingoptionen* auf die Einstellungen (Abbildung 20.31) des eigenen Windows Media Players zugreifen.

Abbildung 20.34   Zugriff auf einen Medienserver im Windows Media Player

Sobald Streamingserver wie der Windows Media Player im Netzwerk erkannt werden, listet der Windows Media Player diese im Navigationsbereich im Zweig *Andere Medienbibliotheken* auf. Sie können dann den betreffenden Eintrag anwählen, den Zweig expandieren und über dessen Bibliothekseinträge die betreffenden Bibliotheksinhalte wie Musik oder Videos wiedergeben (Abbildung 20.34).

Fernsteuerung eines Windows Media Players

In Windows ist es möglich, Mediendateien per Fernsteuerung über das Netzwerk auf einem anderen Rechner per Windows Media Player wiederzugeben. Hierzu gehen Sie folgendermaßen vor.

1. Starten Sie auf dem fernzusteuernden Rechner den Windows Media Player, öffnen Sie das Menü der Schaltfläche *Streamen* und stellen Sie sicher, dass der Befehl *Remotesteuerung des Players zulassen* markiert ist (Abbildung 20.35, Hintergrund, oben links).

2. Starten Sie anschließend auf dem fernsteuernden Hauptrechner den Windows Media Player, wechseln Sie ggf. zur Bibliotheksanzeige und wählen Sie in der Bibliothek einen Titel oder eine Wiedergabeliste mit den abzuspielenden Medientiteln aus.

3. Stellen Sie sicher, dass der Listenbereich sichtbar ist (notfalls blenden Sie diesen über den Befehl *Layout/ Liste einblenden* der Menüschaltfläche *Organisieren* ein).

4. Öffnen Sie in der Kopfzeile des Listenbereichs die Menüschaltfläche *Wiedergeben auf* und wählen Sie im Menü *Play To* (Abbildung 20.35, Hintergrund, oben rechts) den fernzusteuernden Player aus.

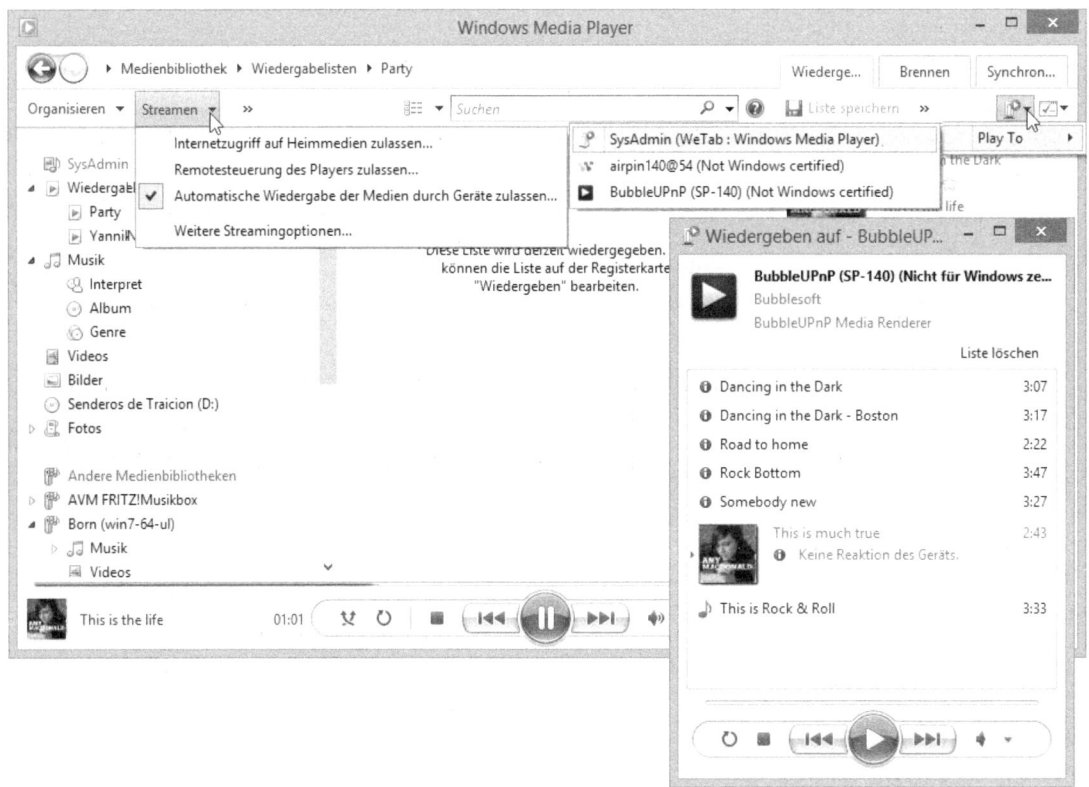

Abbildung 20.35 Medienwiedergabe auf anderen Geräten

Sobald das Playerfenster erscheint (Abbildung 20.35, Vordergrund), erhalten Sie Zugriff auf die Steuerungsfunktionen des Players. Sie können die Titel zur Wiedergabe auswählen und die Wiedergabe über die Bedienleiste steuern.

HINWEIS   Gelegentlich dauert es etwas, bis der Abgleich über das Netzwerk vorgenommen wurde und der fernzusteuernde Rechner im Menü der Schaltfläche *Wiedergeben auf* auftaucht. Bei meinen Tests musste ich zudem den Media Player des Fremdrechners beenden und gleich wieder starten, damit die Fernsteuerung möglich wurde. Ist am Fernrechner der Zugriff durch Geräte freigegeben, können Sie im Navigationsbereich des eigenen Rechners versuchsweise die Medienbibliothek des Netzwerkrechners in der Kategorie *Andere Medienbibliotheken* anwählen. Dann greift der Windows Media Player zwangsweise über das Netzwerk auf das Gegenstück zu und dieser Rechner wird auch im Menü der Schaltfläche *Wiedergeben zu* aufgeführt.

Der hier gezeigte Ansatz funktioniert nicht nur mit dem Windows Media Player unter Windows, sondern auch mit anderen DLNA-Empfängern. Dies können auch DLNA-Apps auf Android-Geräten sein. Der Blogbeitrag *http://www.borncity.com/blog/ 2013/07/23/dlna-im-hands-on-experiment/* [Ms240-K20-04]) befasst sich u.a. mit dieser Thematik.

Internetzugriffe auf Heimmedien zulassen

In Windows besteht die Möglichkeit, per Internet auf die Bibliotheken (als Heimmedien bezeichnet) des Windows Media Players zuzugreifen und diese per Streaming wiederzugeben. Die Authentifizierung dieser Zugriffe erfolgt über ein Microsoft-Konto, d.h., Sie müssen das Benutzerkonto zum Microsoft-Konto umstufen.

Abbildung 20.36 Internetzugriff auf Heimmedien zulassen

1. Zur Freigabe dieser Zugriffe auf Heimmedien starten Sie den Windows Media Player, öffnen das Menü der Schaltfläche *Streamen* und wählen den Befehl *Internetzugriff auf Heimmedien zulassen*.

2. Wählen Sie im angezeigten Dialogfeld (Abbildung 20.36) den Befehl *Internetzugriff auf Heimmedien zulassen* und bestätigen Sie die Sicherheitsabfrage der Benutzerkontensteuerung.

Windows passt dann die Einstellungen für den Zugriff per Internet auf die Medienbibliothek an und bestätigt dies über ein Dialogfeld.

HINWEIS   Um den Zugriff später wieder zu entziehen, gehen Sie mit den gleichen Schritten vor, wählen aber im Dialogfeld aus Abbildung 20.36 den Befehl *Internetzugriff auf Heimmedien nicht zulassen*.

Zugriff per Internet auf Heimmedien testen und einsetzen

Haben Sie den Internetzugriff auf Heimmedien auf dem als Server fungierenden Rechner gemäß den obigen Schritten freigegeben? Dann gehen Sie folgendermaßen vor:

1. Wiederholen Sie die Schrittfolge aus dem vorherigen Abschnitt auf dem als Client fungierenden Windows-Rechner.

2. Starten Sie den Browser (Internet Explorer) und rufen Sie die Konfigurationsseiten des WLAN-Routers auf. Definieren Sie dort für das TCP-Protokoll zwei Portumleitungen – die externen Ports *443* und *44656* sind auf den internen Port *10245* weiterzuleiten.

Nachdem die Portumleitung erfolgt ist und beide Rechner über deren Benutzerkonto mit dem Microsoft-Konto verknüpft sind, können Sie im Windows Media Player die Verbindung testen:

1. Klicken Sie im Windows Media Player auf die Menüschaltfläche *Streamen* und wählen Sie erneut den Befehl *Internetzugriff auf Heimnetzwerk zulassen*.

2. Im eingeblendeten Dialogfeld wählen Sie den Befehl *Verbindungen diagnostizieren*.

Anschließend warten Sie, bis im Dialogfeld die Testergebnisse angezeigt werden. Wenn die Portweiterleitung am Router korrekt vorgenommen wurde, sollte eine Verbindung bestätigt werden. In diesem Fall erfolgt der Zugriff auf die Heimmedien per Internet wie in einem lokalen Netzwerk: Sie wählen in der Navigationsleiste des Windows Media Players einfach den in der Gruppe *Andere Medienbibliotheken* angezeigten Remoterechner.

Internetradio und Streaming

Der Windows Media Player lässt sich zur Wiedergabe von Internetradiostationen einsetzen. Um eine Radiostation im Internet auf dem Computer über eine schnelle Internetverbindung wiederzugeben, haben Sie zwei Möglichkeiten.

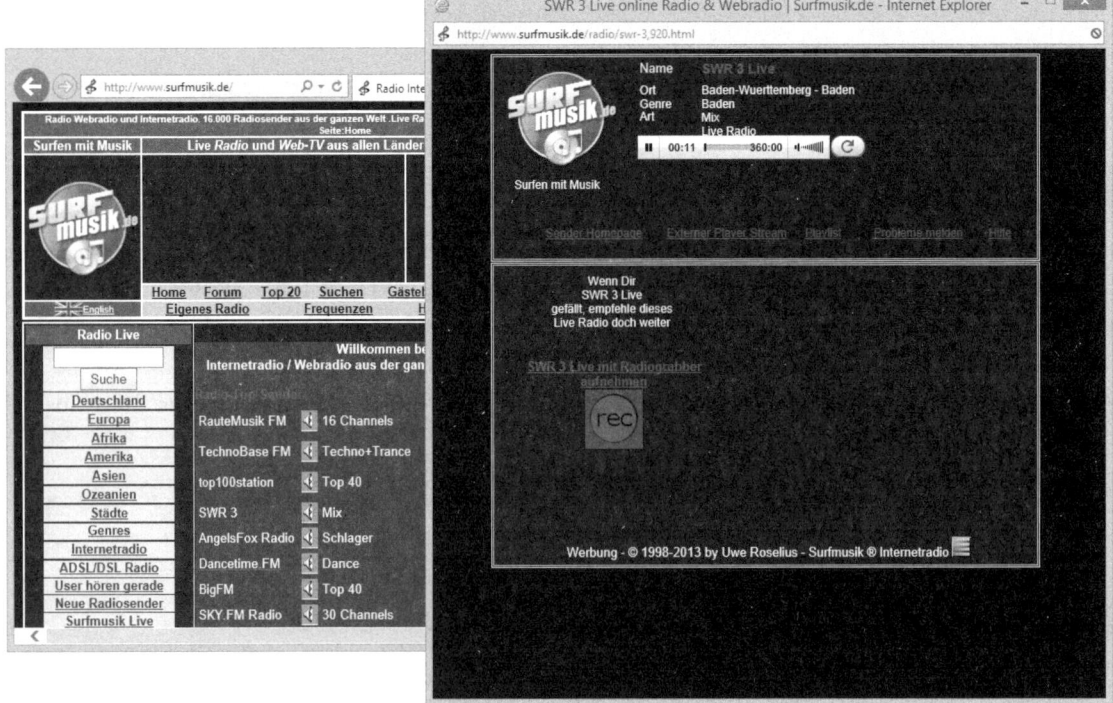

Abbildung 20.37   Internetradio per Browser wiedergeben

Sie können die Internetseite der Radiostation im Browser aufrufen und dort den gewünschten Radiosender auswählen. Auf der Internetseite *http://www.surfmusik.de/* [Ms240-K20-05] finden Sie beispielsweise eine Übersicht über Internetradiostationen (Abbildung 20.37, Hintergrund). Haben Sie eine Radiostation gefunden, wählen Sie den entsprechenden Hyperlink (bei surfmusik.de mit »Live« bezeichnet) an. Der Browser öffnet ein zweites Fenster mit dem eingebetteten Windows Media Player (Abbildung 20.37, Vordergrund). Dort finden Sie Schaltflächen, um die Wiedergabe anzuhalten, fortzusetzen und die Lautstärke anzupassen.

HINWEIS   Internetradiostationen können im Format des Windows Media Players oder des RealPlayers senden. Verzichten Sie nach Möglichkeit auf die Installation angebotener alternativer Player, da dies zu Problemen unter Windows führen kann.

Kapitel 21

Das Windows Media Center

Das Windows Media Center im Überblick

In diesem Abschnitt erhalten Sie einen kurzen Überblick über das Windows Media Center (WMC) und erfahren, wie Sie dieses einrichten und starten.

Das Windows Media Center nachrüsten

Das Windows Media Center ist eine optionale Komponente, die in Windows 8.1 Pro nachgerüstet werden kann. Hierbei gibt es verschiedene Möglichkeiten:

- **Windows 8.1 Core**   Sofern Sie einen Rechner mit dieser Windows-Variante gekauft haben, bietet Microsoft das Windows 8.1 Pro Pack zum Nachrüsten. Dieses Paket aktualisiert Windows 8.1 Core auf Windows 8.1 Pro und beinhaltet auch das Windows Media Center.

- **Windows 8.1 Pro**   Verfügen Sie über die Pro-Variante von Windows 8.1 (z.B. als Upgrade von Windows 8.1 Core), lässt sich das Windows Media Center als Upgrade erwerben und installieren

Sofern Sie einen Produktschlüssel für das Windows Media Center besitzen, lässt sich dieser für das Upgrade verwenden. Um das System auf das WMC hochzurüsten, führen Sie folgende Schritte aus:

Abbildung 21.1   Features zu Windows hinzufügen

1. Blenden Sie die Seitenleiste *Suchen* (z.B. über die Charms-Leiste) am rechten Bildschirmrand ein und geben Sie den Begriff »Feat« im Suchfeld ein (Abbildung 21.1).
2. Wählen Sie den angezeigten Treffer *Features zu Windows 8.1 hinzufügen*
3. Bestätigen Sie die Sicherheitsabfrage der Benutzerkontensteuerung. Anschließend durchlaufen Sie die Dialogfelder des Assistenten (Abbildung 21.3), um das neue Feature zu beziehen.

HINWEIS   Sie können auch die Seite *System* (z.B. über die Tastenkombination ⊞ + Pause oder über die Schaltfläche *Eigenschaften* des Ordnerfensters *Dieser PC*) öffnen und dort den Hyperlink *Weitere Features mit einer neuen Edition von Windows beziehen* anwählen (Abbildung 21.2).

Abbildung 21.2   Seite *System* mit Option zum Hinzufügen von Features

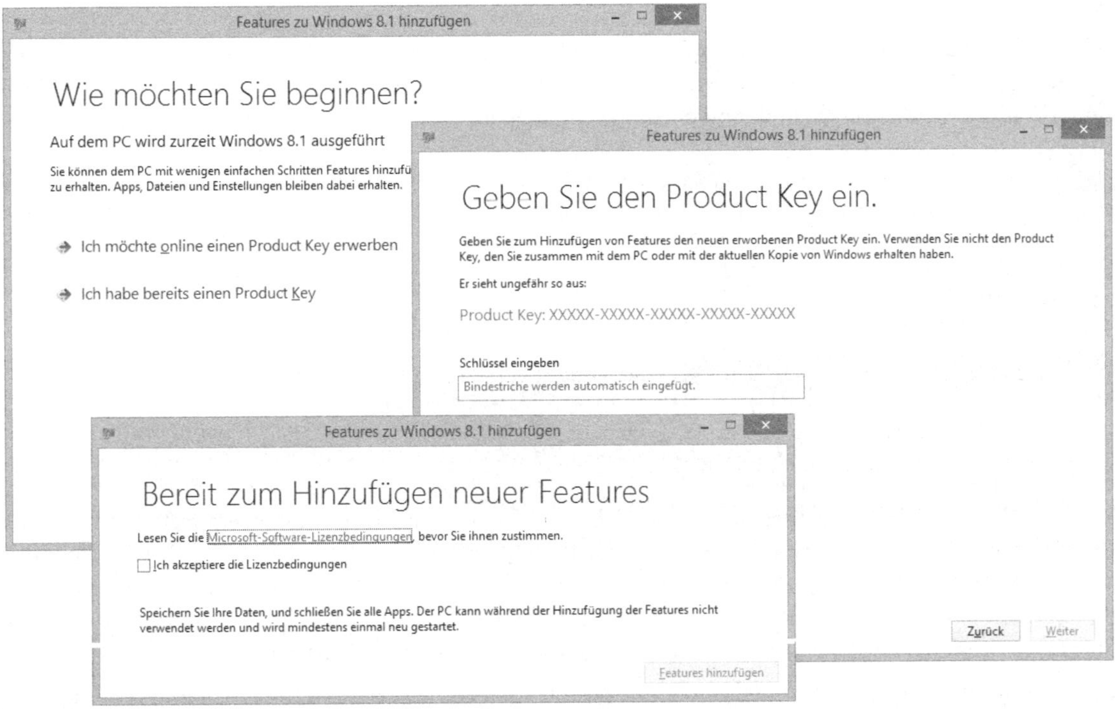

Abbildung 21.3   Media Center als Feature hinzufügen

Im ersten Dialogfeld (Abbildung 21.3, oben links) erhalten Sie Gelegenheit, einen Produktschlüssel online zu beziehen. Besitzen Sie bereits einen Produktschlüssel für das Windows Media Center-Pack, wählen Sie den unteren Befehl *Ich habe bereits einen Product Key* und gehen über die *Weiter*-Schaltfläche zum nächsten Dialogfeld (Abbildung 21.3, oben rechts). Dort tragen Sie den Produktschlüssel ein und gehen über die *Weiter-*

Schaltfläche zum letzten Dialogfeld (Abbildung 21.3, unten), in dem Sie die Anerkennung der Lizenzbedingungen über ein Kontrollkästchen bestätigen.

Sobald Sie die Schaltfläche *Features hinzufügen* bestätigen, beginnt Windows mit dem Einrichten dieser Features. Das Betriebssystem wird dabei heruntergefahren und ggf. mehrfach neu gestartet. Während dieses Vorgangs werden Sie über Statusanzeigen (Abbildung 21.4) über den Fortgang informiert.

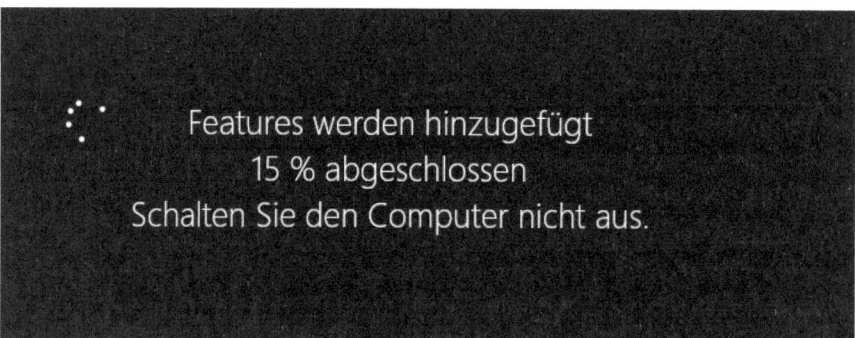

Abbildung 21.4   Statusanzeige bei Features hinzufügen

Sobald der Vorgang abgeschlossen ist, können Sie sich erneut unter Windows anmelden und das Media Center einrichten. Das Windows Media Center bringt auch die benötigten Decoder zur Wiedergabe von MPEG-2-Videos und DVD-Video mit und ermöglicht das Ansehen und Aufzeichnen von TV-Sendungen.

HINWEIS   Sofern Sie über Windows 8 mit Media Center verfügen, enthält dieser Blogbeitrag *http://ingoboettcher.word-press.com/2013/09/12/windows-8-1upgrade-via-iso-mit-windows-8-key/* [Ms240-K21-01] eine Anleitung zum Upgrade, bei der sich die alten Produktschlüssel zur Windows 8.1 Pro-Aktivierung und zum Aktualisieren auf die Media Center-Edition verwenden lassen.   Unter   *http://www.borncity.com/blog/2013/10/07/windows-8-1-media-center-upgrade-tricks-auch-msdn-versionen/* [Ms240-K21-02] habe ich noch einige Infos und Tipps rund um das Windows Media Center-Upgrade veröffentlicht.

Hardwarevoraussetzungen für das Media Center

Das Windows Media Center sollte sich auf älteren, für Windows 7/8 geeigneten Rechnern mit halbwegs aktuellem Grafikprozessor verwenden lassen und Audiodateien, Musik-CDs oder Videos flüssig wiedergeben können. Allerdings sind schnellere Prozessoren (ab 2,5 GHz) zu empfehlen – auf einem Netbook mit 1 GB RAM und 1,6 GHz Atom-CPU lief hier die Videowiedergabe zwar ruckelfrei, aber die Bedienung und der TV-Empfang waren doch etwas zäh. Die Bedienung des Windows Media Centers kann per Tastatur und Maus erfolgen. Die Software unterstützt aber auch Infrarotfernbedienungen. Am Computer muss dazu ein IR-Empfänger vorhanden sein, der durch Windows 8.1-Treiber eingebunden werden kann.

Ein spezieller Punkt ist der TV-Empfang über integrierte Tunerkarten oder externe USB-Empfangseinheiten. Ein von mir verwendeter USB-DVB-T-Empfänger (terrestrisch) wurde von Windows 8.1 direkt mit Treibern unterstützt (Abbildung 21.5) und ließ sich problemlos im Windows Media Center einbinden. Einige Empfänger für DVB-S (Satellit) oder DVB-C (Kabel) werden ebenfalls direkt von Windows mit entsprechenden Treibern unterstützt. Für andere Hardware benötigen Sie BDA-Treiber (BDA steht für Broadcasting Digital Architecture) des Herstellers. Ideal ist es, wenn der Hersteller sogar PBDA-Treiber (P steht für Protected, d.h. Kopierschutz) bereitstellt. Ist der Treiber korrekt installiert, finden Sie im Zweig *Audio-, Video- und Gamecon-*

troller des Geräte-Managers einen Eintrag für die Treiber der DVB-Karte bzw. den DVB-T-Stick – manche Geräte weisen sogar zwei Einträge auf.

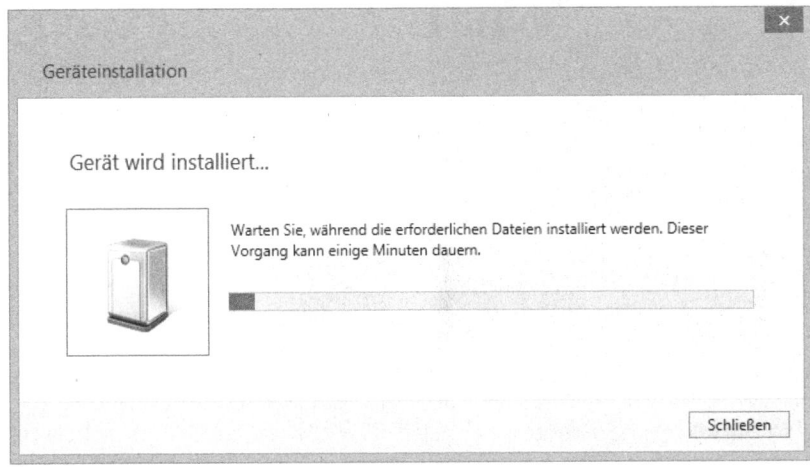

Abbildung 21.5   Treiberinstallation für den TV-Empfänger

Was bietet das Windows Media Center?

Sie können nach dem Start des Windows Media Centers über Tastatur und Maus oder über eine Fernbedienung eine Vielzahl an Funktionen zur Wiedergabe von Multimediainhalten (Fotos, Musik, Videos) abrufen:

- Es gibt Funktionen, mit denen Sie die auf dem Computer gespeicherten Fotos als Diashow wiedergeben oder Videos aus Dateien sowie von CD/DVD ansehen können. Sie können zudem Musik hören, indem Sie Audiodateien oder Audio-CDs im Media Center abspielen.

- Ist eine TV-Empfangseinheit installiert, können Sie Fernsehsendungen im Windows Media Center ansehen. Beim TV-Empfang ist eine zeitversetzte Wiedergabe (Timeshift) möglich. Sie können eine laufende Sendung anhalten und zu einem späteren Zeitpunkt fortsetzen. Das Media Center zeichnet in der Zwischenzeit die Sendung auf und gibt beim Fortsetzen der Anzeige die zwischengespeicherten Teile zeitversetzt wieder.

- Das Windows Media Center bietet eine Funktion, um Fernsehsendungen aufzuzeichnen. Optional lassen sich aufgezeichnete TV-Sendungen, Video-DVDs wiedergeben.

Über einen Internetzugang können zudem Zusatzinformationen (wie das aktualisierte Fernsehprogramm) abgerufen werden.

Das Windows Media Center aufrufen

Das Windows Media Center wird direkt über eine Kachel der Startseite aufgerufen (Abbildung 21.6) und läuft als Windows-Anwendung. Sofern keine Kachel auf der Startseite angezeigt wird, tippen Sie einfach »media« auf der Tastatur ein und wählen dann den Eintrag für das Windows Media Center in der Trefferliste der Suchfunktion.

Abbildung 21.6 Treiberinstallation für den TV-Empfänger

TIPP   Um schneller vom Windows-Desktop auf das Media Center zuzugreifen, markieren Sie auf der Startseite die Kachel des Windows Media Centers mit der rechten Maustaste und wählen in der eingeblendeten App-Leiste (Abbildung 21.6, unten) den Befehl *An Taskleiste anheften*. Dann steht eine Schaltflächen zum Aufruf des WMC in der Taskleiste des Desktops zur Verfügung.

Einrichten des Windows Media Centers

Beim ersten Start des Windows Media Centers werden Sie über eine Willkommensmeldung zur Konfigurierung aufgefordert. Bei diesen Schritten können Onlineinhalte wie beispielsweise ein TV-Programm abonniert und eine TV-Empfangskarte eingerichtet werden. Über die im Fenster eingeblendete *Weiter*-Schaltfläche lässt sich durch die Konfigurationsdialoge blättern.

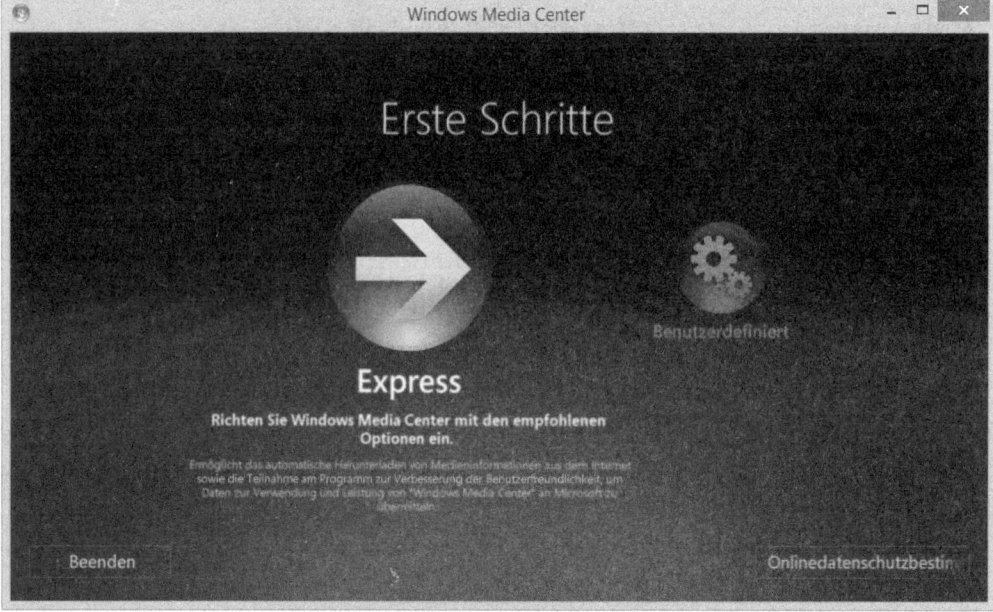

Abbildung 21.7 Setup-Optionen des Media Centers

Sobald das in Abbildung 21.7 gezeigte Fenster erscheint, empfiehlt es sich, die *Express*-Option zu wählen. Dann gelangen Sie direkt zum WMC, und Windows übernimmt die Einrichtung selbstständig. Erfahrene Anwender können über die Option *Benutzerdefiniert* die einzelnen Funktionen des Programms schrittweise konfigurieren.

Setup nachträglich ausführen

Möchten Sie die Konfiguration nachträglich anpassen, gehen Sie in folgenden Schritten vor:

1. Rufen Sie das Windows Media Center über die Kachel der Startseite auf und führen Sie einen Bildlauf zur Kategorie *Aufgaben* durch.

2. Wählen Sie den Punkt *Einstellungen* (Abbildung 21.8, unten) an (siehe auch den nachfolgenden Punkt »Das Media Center bedienen«).

3. Anschließend wählen Sie im Formular *Einstellungen* (Abbildung 21.8, oben) die gewünschte Option aus.

Je nach gewählter Kategorie werden Sie über weitere Untermenüs zu den einzelnen Konfigurationsseiten geführt (Abbildung 21.9).

- Ist eine Kategorie erreicht, bietet das betreffende Formular (Abbildung 21.9, unten links) die verfügbaren Optionen als Optionsfelder, Kontrollkästchen und Schaltflächen an. Wählen Sie die Optionen per Maus oder über die Fernbedienung aus.

- Bei umfangreichen Optionen erscheinen am Ende der Optionsliste zwei als spitze Winkel ausgeführte Schaltflächen (siehe Abbildung 21.9, rechts), über die sich in den Optionen blättern lässt

- Mit *Weiter* und *Zurück* bezeichnete Schaltflächen am unteren Seitenrand ermöglichen das Blättern zwischen verschiedenen Konfigurationsseiten

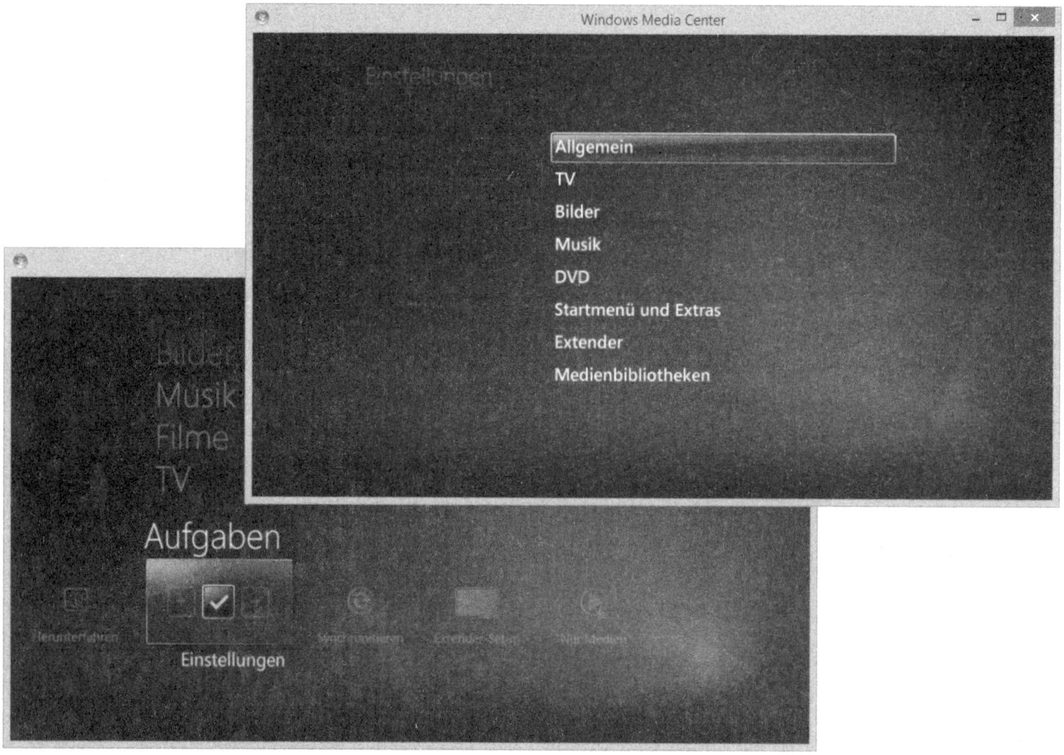

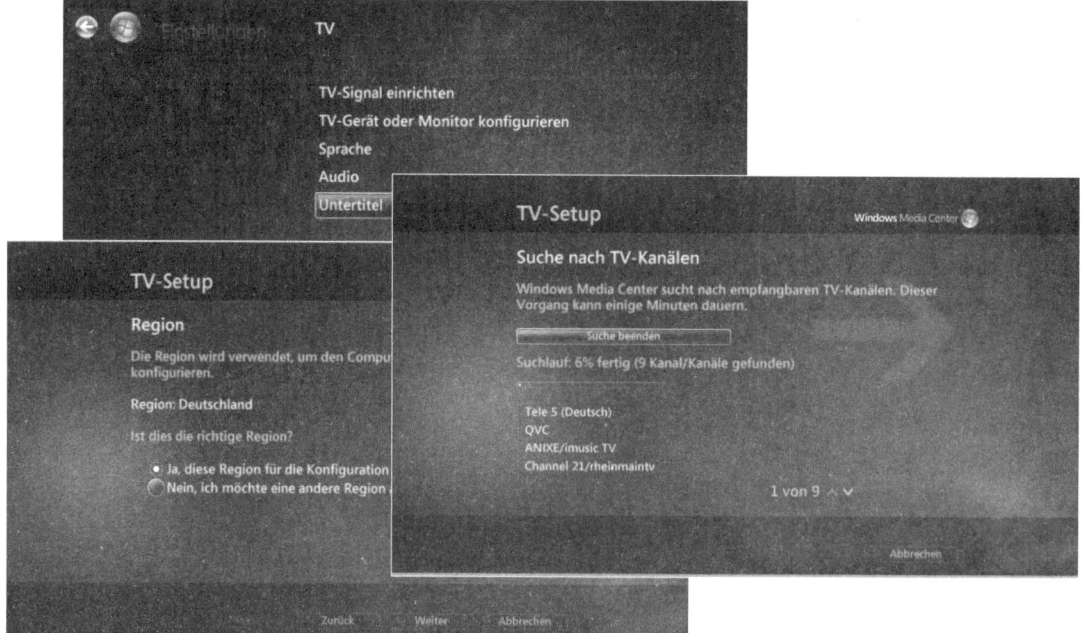

Abbildung 21.8   Kategorie *Aufgaben/Einstellungen* und Setup-Seite des Media Centers

Abbildung 21.9   Konfigurationsseiten im Media Center

Eine mit *Speichern* bezeichnete Schaltfläche im Formular ermöglich Ihnen, die Änderungen abzulegen, die *Abbrechen*-Schaltfläche verwirft Änderungen. Zeigen Sie per Maus in die linke obere Ecke (Abbildung 21.9, oben links) der Seite, finden Sie eine blaue, mit einem nach links zeigenden Pfeil versehene Schaltfläche, um einen Schritt zurückzuspringen. Die zweite Schaltfläche mit dem Media Center-Logo bringt Sie zur Startseite des Windows Media Centers zurück.

- In der Gruppe *Allgemein* der Seite *Einstellungen* (Abbildung 21.8, oben) lassen sich das Start- und Anzeigeverhalten, visuelle Effekte und Sound, Optionen für die Programmbibliothek, das Windows Media Center-Setup, Jugendschutzeinstellungen und Download-Optionen festlegen sowie Informationen zum Datenschutz abrufen

- Über das Menü *TV* der Kategorie *Einstellungen* können Sie die TV-Funktionen (z.B. ein externes TV-Gerät oder den Monitor) einrichten. Über den Befehl *TV-Signal* gelangen Sie zu Seiten, um bei einer eingebauten TV-Tunerkarte den Sendersuchlauf aufzurufen. Erst wenn dieser Sendersuchlauf erfolgreich durchgeführt wurde und Kanäle gefunden hat, lassen sich diese später über die Kanalwahl bei der TV-Anzeige abrufen.

Über die restlichen Menübefehle der Seite *Einstellungen* können Sie festlegen, wie Bilder, Musik und DVDs wiedergegeben werden sollen. Der Befehl *Extender* ist nur sinnvoll, wenn Sie einen Media Center-Extender (Xbox) über ein Netzwerk angeschlossen haben und dieses Gerät zum Windows Media Center hinzufügen möchten. Über *Medienbibliotheken* lassen sich zu überwachende Medienordner angeben. Musik, Bilder und Videos können dann, ähnlich wie bei der Medienbibliothek des Windows Media Players, automatisch oder manuell in das Windows Media Center eingebunden werden und lassen sich später abrufen.

HINWEIS Je nach gewählter Option wird Ihnen die Anerkennung bestimmter Lizenzbedingungen (z.B. Play Ready-Installation) angeboten. Lesen Sie sich diese genau durch, bevor Sie diese bestätigen.

Windows Media Center-Kurzanleitung

Sobald das Windows Media Center eingerichtet wurde, können Sie über die betreffenden Funktionen Videos, Bilder, Musik und TV-Sendungen wiedergeben. Zudem besteht die Möglichkeit, Medieninhalte auf CD oder DVD zu brennen. Die Funktionen sind menügeführt und weitgehend selbsterklärend. Nachfolgend finden Sie eine Kurzübersicht zur Bedienung der Media Center-Funktionen.

Das Media Center bedienen

Beim Aufruf zeigt das Windows Media Center die Startseite (Abbildung 21.10) mit den verfügbaren Funktionen und Navigationselementen. Wählen Sie das Symbol einer Funktion per Maus oder über die Fernbedienung an, gelangen Sie zur betreffenden Bedienseite, in der Sie die Einzelfunktionen abrufen können.

- Über die Steuerungstasten (←, →, ↑, ↓) der Fernbedienung lässt sich dabei sowohl horizontal als auch vertikal ein Bildlauf durchführen, um durch das Funktionsmenü zu scrollen. Die aktuelle Funktion wird im Zentrum des Bildschirms mit einem Symbol eingeblendet und lässt sich über die OK-Taste anwählen.

Zurück

Start   Navigation

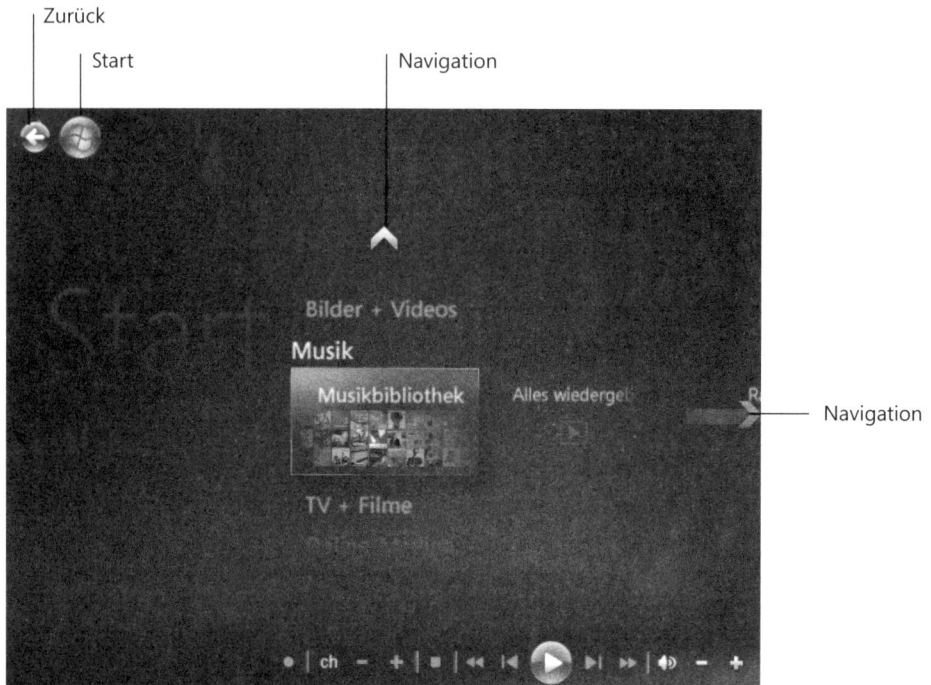

Navigation

Abbildung 21.10   Navigation in der Startseite

- Arbeiten Sie mit der Maus, lässt sich über die (beim Zeigen) am rechten/linken und oberen/unteren Bildschirmrand eingeblendeten Navigationssymbole ein horizontaler und vertikaler Bildlauf durchführen. Ein Mausklick auf die in der Mitte des Bildschirms angezeigte Funktion ruft diese auf. Per Mausrädchen lässt sich ebenfalls ein vertikaler Bildlauf durchführen.

- Alternativ können Sie die Cursortasten (←, →, ↑, ↓) der Tastatur zum Ausführen eines Bildlaufs und zum Abrufen der Funktionen verwenden. Die ↵-Taste ruft die Funktion auf. Die ⟵-Taste bringt Sie eine Bedienebene zurück.

Die beiden beim Zeigen mit der Maus in der linken oberen Ecke eingeblendeten Schaltflächen ermöglichen Ihnen, eine Ebene zurückzugehen bzw. die Startseite aufzurufen. Am unteren Bildrand eingeblendete Elemente dienen zur Wiedergabesteuerung.

Wird das Windows Media Center in den Vollbildmodus geschaltet, verschwinden sowohl der Windows-Desktop als auch die Taskleiste.

Abbildung 21.11   Darstellungsmodi beim Media Center anpassen

- Sie können aber die Tastenkombination Alt + ⇆ drücken, um die Taskleiste aufzurufen. Dann erscheint die Windows-Taskleiste am unteren Rand des Bildschirms. Durch ein weiteres Drücken der ⇆-Taste lassen sich dann geöffnete Fenster in den Vordergrund schalten.

- Zeigen Sie mit der Maus in die rechte obere Ecke des Windows Media Center-Bildschirms, werden die in Abbildung 21.11 gezeigten drei Schaltflächen sichtbar. Über die linke Schaltfläche lässt sich das Vollbildfenster des Media Centers zu einer Schaltfläche in der Taskleiste minimieren und die rechte Schaltfläche schließt die Anwendung. Über die mittlere Schaltfläche wechseln Sie in den Fenstermodus des Media Centers, d.h., Sie können die Inhalte weiterer geöffneter Anwendungsfenster sehen.

Die beiden in der linken oberen Fensterecke angezeigten Schaltflächen (Abbildung 21.10) bringen Sie zur vorherigen Ebene oder zur Startseite des WMC zurück.

Live-TV empfangen

Zum Abrufen eines TV-Programms führen Sie in der Startseite einen Bildlauf zum Eintrag *TV* durch und klicken anschließend auf den Menüeintrag *Live-TV*. Oder Sie drücken auf der Windows Media Center-Fernbedienung die Taste für LIVE-TV. Sie gelangen in den Empfangsmodus für den TV-Empfänger. Voraussetzung ist, dass eine TV-Empfangskarte funktionsfähig im Rechner installiert und eingerichtet ist.

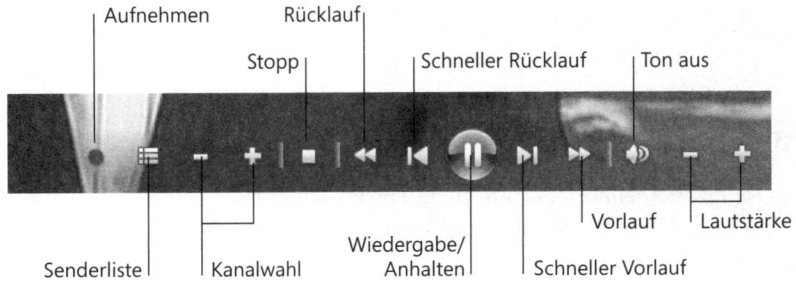

Abbildung 21.12   Bedienelemente beim TV-Empfang

Das Windows Media Center zeigt bei Anwahl der Funktion das Fernsehbild des aktuell gewählten Kanals an. Zum Wechseln des Kanals bewegen Sie die Maus zum unteren Teil des Bildschirms, um die Bedienelemente einzublenden (Abbildung 21.12).

- Zur *Kanalwahl* klicken oder tippen Sie auf eine der beiden Tasten –/+. Diese Tasten stellen jeweils den nächsthöheren bzw. niedrigeren Kanal ein. Über die mit *Senderliste* bezeichnete Schaltfläche lässt sich eine elektronische Programmvorschau als Liste abrufen. Dann können Sie einen Sender durch Anwahl des Programmplatzes in der Liste auswählen. Weiterhin können Sie die Kanäle auch direkt über die Kanalnummern abrufen. Diese lassen sich per Tastatur oder über die Tasten der Fernbedienung in der Form 01, 02, 11 etc. eingeben. Die Kanalliste wird beim Sendersuchlauf automatisch eingerichtet und lässt sich über die Setup-Optionen auch individuell belegen.

- Um die *Lautstärke* anzupassen, finden Sie zwei weitere Tasten im Bedienfeld am unteren Bildrand. Die Taste mit dem Lautsprechersymbol ermöglicht, den Ton stumm zu schalten.

- Die Taste *Wiedergabe/Anhalten* des Bedienblocks ermöglicht Ihnen, TV-Sendungen zeitversetzt anzusehen. Hierzu bewegen Sie die Maus zur Schaltfläche *Anhalten* und klicken darauf. Das Symbol der Taste wechselt dann zu einem kleinen Dreieck und das Windows Media Center zeichnet die Sendung im Hintergrund auf. Zum Fortsetzen der Wiedergabe klicken Sie erneut auf die Taste *Wiedergabe/Anhalten*.

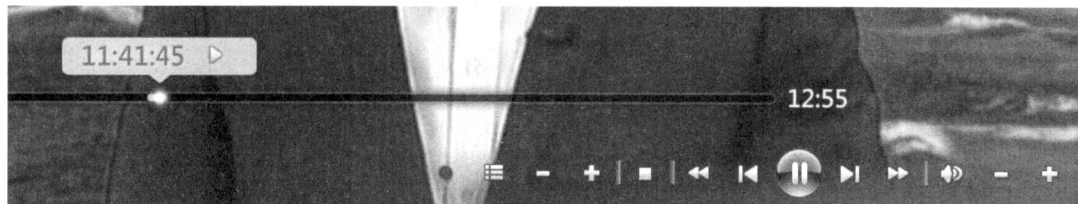

Abbildung 21.13   Anzeige beim Vor-/Zurückspulen bzw. bei zeitversetzter Wiedergabe

- Über die rechts und links von der Taste *Wiedergabe/Anhalten* befindlichen Steuerungstasten (*Vorlauf, Schneller Vorlauf, Rücklauf, Schneller Rücklauf*) können Sie bei der Wiedergabe von TV-Sendungen und Videos innerhalb des Films vor- oder zurückspulen. Bei der zeitversetzten Wiedergabe wird die in Abbildung 21.13 sichtbare Leiste eingeblendet. Sie erkennen dann, welcher Zeitbereich durch das Windows Media Center erfasst wurde und welcher Zeitabschnitt gerade wiedergegeben wird.

Beenden lässt sich die Wiedergabe des Live-TV-Programms (oder eines abgespielten Videos), indem Sie im Bedienfeld auf die *Stopp*-Taste klicken – oder indem Sie in der linken oberen Ecke zur Startseite zurückspringen.

TV-Sendungen mitschneiden

Möchten Sie eine TV-Sendung mitschneiden, klicken Sie auf die in der Bedienleiste angezeigte Aufnahmeschaltfläche (Abbildung 21.12). Während der Aufzeichnung wird links neben der Zeitleiste ein roter Punkt (Abbildung 21.14, unten) eingeblendet.

Dieser signalisiert, dass eine Aufnahme läuft – Sie können dann keinen anderen TV-Kanal mehr anwählen. Sie können die Aufnahmeschaltfläche erneut anwählen, um die Aufzeichnung zu beenden.

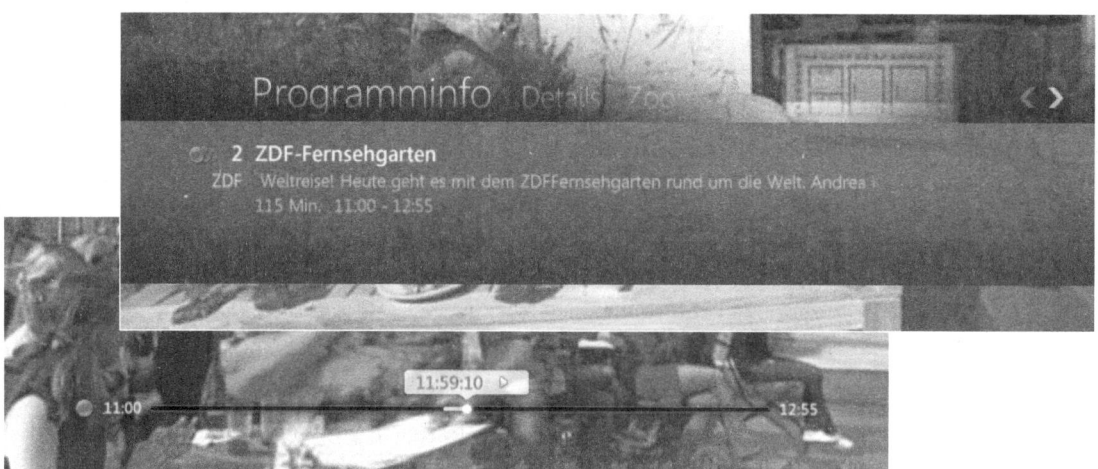

Abbildung 21.14   TV-Sendung aufzeichnen

Wählen Sie den roten Punkt neben der Zeitleiste (z.B. mit der rechten Maustaste) an, werden Informationen zur Aufzeichnung eingeblendet (Abbildung 21.14, oben). Wählen Sie den eingeblendeten Bereich (z.B. per Mausklick) an, blendet das WMC die Seite zur Steuerung der Aufzeichnungsoptionen (Häufigkeit, Zeitdauer etc.) im Vordergrund ein (Abbildung 21.15).

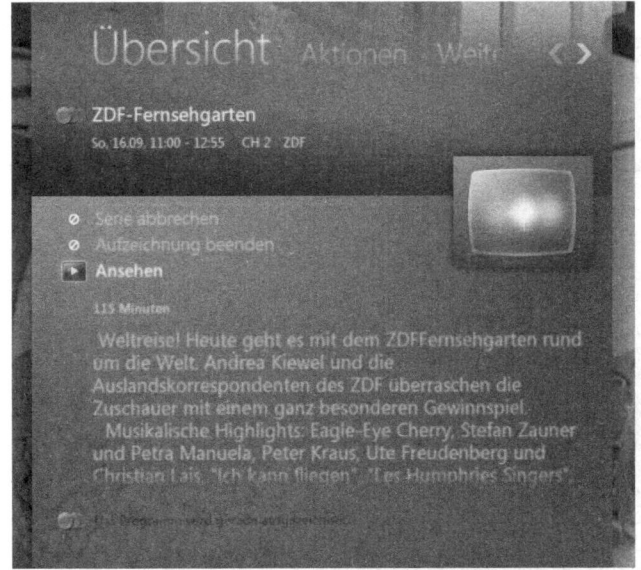

Abbildung 21.15 Einstellungen für TV-Aufzeichnung anpassen

Sie finden dort Optionen, um Serienaufnahmen zu konfigurieren, die Aufzeichnung zu beenden oder anzusehen. Wählen Sie einen Bereich außerhalb des eingeblendeten Fensters an, verschwindet das Fenster wieder.

HINWEIS Die TV-Aufnahmen werden in den öffentlichen Bibliotheken unter *TV-Aufzeichnungen* abgelegt. Öffnen Sie ein Ordnerfenster, findet sich ein entsprechender Eintrag im Navigationsbereich, über den Sie auf den Ordner mit den TV-Aufzeichnungen zugreifen können. Die Aufzeichnungen liegen in einem speziellen Microsoft-WTV-Format vor.

Aufzeichnungen, Videos, Musik und Bilder wiedergeben

Aufgezeichnete TV-Sendungen, auf der Festplatte abgespeicherte Videos, Fotos oder Musiktitel lassen sich im Windows Media Center wiedergeben:

1. Hierzu rufen Sie die Startseite des WMC (z.B. über die in der oberen linken Ecke des Bildschirms eingeblendete Schaltfläche) auf.

2. Anschließend führen Sie einen Bildlauf im Menü der Startseite durch, um die betreffende Kategorie (*Musik, Bilder + Videos, TV*) anzuwählen (Abbildung 21.16).

3. Wählen Sie in den Folgeseiten die gewünschte Unterkategorie und navigieren Sie zu den Medieninhalten (z.B. *Bildbibliothek, Videobibliothek* etc.).

Anschließend können Sie die Medienwiedergabe über die Schaltflächen des am unteren Bildrand eingeblendeten Bedienteils steuern (siehe Abbildung 21.12).

- Die Kategorie *TV* ermöglicht Ihnen über den Befehl *TV-Programm* oder *Live-TV* die Wiedergabe von TV-Sendungen über einen im Rechner eingebauten TV-Tuner. Unter dem Befehl *Aufzeichnungen* finden Sie auch die aufgezeichneten TV-Sendungen, die Sie durch Anwählen wiedergeben können.

- In der Kategorie *Filme* finden Sie den Punkt *DVD wiedergeben*, über den Sie Video-DVDs auf einem DVD-/BD-Laufwerk abspielen können. Über *Filmbibliothek* können Sie auf die auf dem Computer abgelegten Videodateien zugreifen und diese wiedergeben.

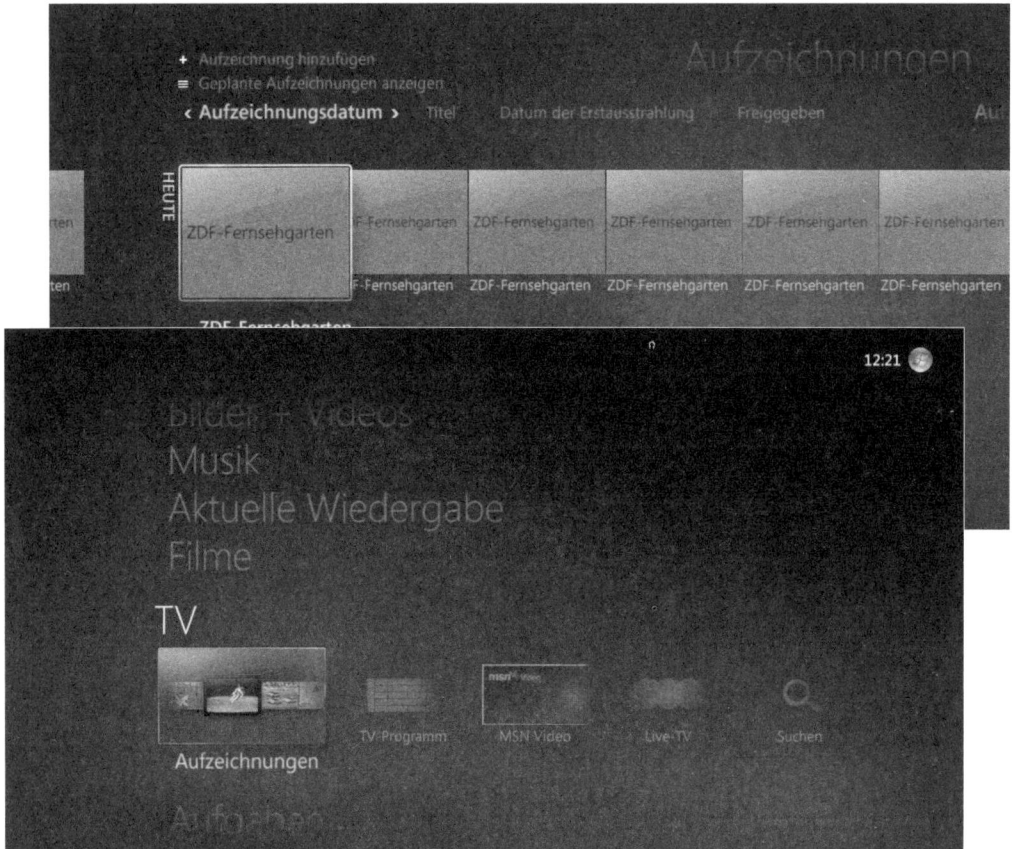

Abbildung 21.16　Medieninhalte abrufen

- Unter der Kategorie *Musik* finden Sie die Funktionen, um Musik aus verschiedenen Quellen wiederzugeben. Die Funktion *Musikbibliothek* listet alle im Media Center bekannten Musiktitel auf und ermöglicht deren Wiedergabe. Ist ein Radiotuner im Rechner eingebaut, ermöglicht der Befehl *Radio* den Zugriff auf Radioprogramme. Mit dem Befehl *Suchen* öffnet sich ein Formular zur Eingabe eines Suchbegriffs, über den Sie Titel in der Musikbibliothek suchen können (hilfreich bei umfangreichen Musiksammlungen).

- Wählen Sie die Kategorie *Bilder + Videos*, um auf Fotos oder gespeicherte Videodateien zugreifen zu können. Der Befehl *Bildbibliothek* listet alle gefundenen Fotos auf und ermöglicht, diese als Diashow abzurufen. *Favoriten wiedergeben* ermöglicht Ihnen, die in der Medienbibliothek erfassten Favoriten der Medientitel wiederzugeben. Der Befehl *Videobibliothek* listet die gespeicherten Videodateien auf und ermöglicht deren Wiedergabe.

Die Funktionen lassen sich während eines Bildlaufs per Maus anwählen und mit einem Mausklick (oder der OK -Taste der Fernbedienung) aufrufen. Sie werden dann über weitere Menüs durch die Optionen zum Abrufen der Funktionen geführt.

HINWEIS　Viele Funktionen des Windows Media Centers lassen sich intuitiv bedienen. Aus Platzgründen wurde das Kapitel auf eine Kurzeinführung begrenzt. Sie können Details und Hilfestellungen zu speziellen Fragen über die Windows-Hilfe abrufen (z.B. indem Sie den Begriff »Media Center« in das Suchfeld eingeben).

Kapitel 22

Spiele, Jugendschutz und Kompatibilitätseinstellungen

Spiele im Kurzüberblick

Seit Windows 8 sind keine Spiele mehr im Betriebssystem enthalten. Sie können aber Kartenspiele wie Solitär, Brettspiele wie Mahjong und mehr als Apps aus dem Windows Store beziehen. Nachfolgend erhalten Sie einen Kurzüberblick über dieses Thema.

Zugriff auf Xbox-Spiele

Über Xbox-Spiele erhalten Sie Zugriff auf eine ganze Sammlung kostenpflichtiger Spiele-Apps. Dabei ist auch der Kauf von Xbox 360-Spielen, die für die Microsoft Xbox 360-Spielekonsole geschrieben wurden, möglich. Über die Kachel *Spiele* (Abbildung 22.1) der Startseite gelangen Sie zum Spieleangebot.

Abbildung 22.1 Kachel zum Zugriff auf Xbox-Spiele

Nach dem Aufruf erhalten Sie per Onlineverbindung Zugriff auf die Xbox-Spiele-Seite (Abbildung 22.2, unten). Diese listet, ähnlich wie bei Musik und Videos, in einer Startseite verschiedene Kategorien mit Inhalten auf.

- Standardmäßig wird die Kategorie »Startseite« eingeblendet, über deren Kacheln Sie auf populäre oder empfohlene Spiele zugreifen können. Bei einigen Spielen wie beispielsweise Minesweeper werden Sie aber zum Windows Store weitergeleitet.

- Die Kategorie »Windows Spiele-Marktplatz« ermöglicht den Zugriff auf die Shopseiten zum Erwerb von Spielen.

- Am linken Rand werden Ihr Profil als Spieler sowie die Rubrik »Freunde« (Abbildung 22.2, oben) angezeigt. Die Rubrik »Freunde« zeigt Benutzer an, die Sie in Xbox LIVE in diese Kategorie aufgenommen haben (wird in diesem Buch nicht besprochen). Im Profil taucht der Xbox-Benutzername (Gamertag, siehe in Kapitel 19 den Abschnitt »Wissen zum Xbox LIVE-Konto«) auf.

Und es gibt eine Rubrik »Spielaktivitäten«, unter der Spiele (nach einer Anmeldung) aufgeführt werden, die Sie bei Xbox LIVE spielen.

Abbildung 22.2   Xbox-Spiele-Startseite und Rubrik »Freunde«

Die Minesweeper-App

Das Spiel Minesweeper können Sie kostenlos aus dem Windows Store herunterladen und installieren. Die App bildet ein Strategiespiel ab, in dem Sie ein Minenfeld räumen und die sicheren Bereiche in möglichst kurzer Zeit herausfinden sollen.

1. Zum Aufrufen der installierten Minesweeper-App wählen Sie die entsprechende Kachel der Startseite (Abbildung 22.3, linke untere Ecke).

2. Sobald die Startseite der App erscheint, wählen Sie den Spielmodus (z.B. »Einfach 9 × 9«) über eine der in der Seite angezeigte Kachel (Abbildung 22.3, oben) aus.

3. Melden Sie sich bei Bedarf im eingeblendeten Formular (Abbildung 22.4) am Microsoft-Konto an.

4. Nach der Auswahl des Spielmodus wird eine Infoseite mit Hinweisen zur Spielstrategie eingeblendet, die Sie über die angezeigte *Weiter*-Schaltfläche verlassen.

Anschließend können Sie mit dem »Minenräumen« auf dem Spielfeld beginnen, indem Sie ein Feld anwählen.

Abbildung 22.3   Spiele-App Minesweeper

Xbox LIVE-Spiele erwarten, dass sich der Benutzer mit einem Xbox LIVE-Konto verbindet, um Spielstände, Freunde etc. verwalten zu können. Dabei genügt eine einmalige Anmeldung am Xbox LIVE-Konto, um die Xbox LIVE-Spiele mit dem Konto zu verbinden.

Abbildung 22.4   Anmeldung am Microsoft-Konto

Sofern Sie nicht unter einem Microsoft-Konto angemeldet sind, erscheint bei jedem Start eines Xbox LIVE-Spiels das in Abbildung 22.4 gezeigte Fenster. Es genügt, die Anmeldedaten anzugeben, um sich am Microsoft-Konto anzumelden und die Verbindung zum Xbox LIVE-Konto herzustellen.

TIPP   Diese Anmeldung ist bei vielen Xbox LIVE-Spielen aber nur erforderlich, sofern die Spielstände in Ihrem Xbox Spiele-Konto einsehbar sein sollen. Die z.B. automatisch bei der Anwahl eines Minesweeper-Spielmodus angezeigte Anmeldeseite des Microsoft-Kontos können Sie daher über die *Abbrechen*-Schaltfläche beenden.

Das Minesweeper-Spielfeld (Abbildung 22.3, unten), das Minenfeld, ist in einzelne Kästchen unterteilt. Am oberen Fensterrand sehen Sie das gewählte Spiellevel, die verstrichene Zeit sowie die Zahl der im Spielfeld verbleibenden Minen. Beim Start des Spiels finden Sie am oberen Fensterrand noch einen Hinweis zum Aufdecken der Felder, der aber beim Spielstart verschwindet.

- Wählen Sie jeweils die einzelnen Felder an, um das betreffende Feld aufzudecken. Dadurch lässt sich herausfinden, ob ein Feld minenfrei ist und ob sich Minen in der Nachbarschaft befinden.

- Die Zahl 1 in einem Feld bedeutet, dass sich eine Mine auf einem der benachbarten Felder befindet. Die Zahl 2 weist auf die entsprechende Minenzahl auf den Nachbarfeldern hin.

- Vermuten Sie auf einem Feld eine Mine, können Sie dieses mit der rechten Maustaste anklicken. Minesweeper markiert dieses Feld mit einem kleinen Fähnchen.

Ziel ist es, möglichst viele minenfreie Felder in kürzester Zeit aufzudecken. Haben Sie ein Feld gewählt, das eine Mine enthält, ist das Spiel leider verloren.

- Dann erscheint eine Ergebnisseite, in der Sie ein neues oder das vorhandene Spiel starten, das Spielfeld zeigen und die Punkte anzeigen können

- Über die Schaltfläche *Mitteilen* dieser Ergebnisseite öffnen Sie die Seitenleiste *Teilen*. Dort können Sie eine App (z.B. die Mail-App) auswählen, um das Ergebnis zu teilen. Die Schaltfläche *Zurück* bringt Sie zur Startseite der App.

- Um das Spiel während des Ablaufs neu zu beginnen, öffnen Sie die App-Leiste (Abbildung 22.3, unten) und wählen die Schaltfläche *Neues Spiel*

- Die Schaltfläche *Dasselbe Spielfeld spielen* der App-Leiste stellt den Zustand beim Spielstart wieder her und Sie erhalten einen neuen Versuch

Nach Anwahl von *Einstellungen* in der Charms-Leiste können Sie auf den Befehl *Spieloptionen* zugreifen und dann in der angezeigten Seitenleiste diverse Einstellungen anpassen. Weitere Informationen erhalten Sie über die Hilfe des Spiels, die Sie über die in der App-Leiste eingeblendete Schaltfläche *So wird gespielt* abrufen können.

Das Kartenspiel Solitaire

Bei Solitaire handelt es sich um ein Patience-Kartenspiel, dessen Nachbildung Sie kostenlos als Solitaire-App aus dem Windows Store installieren können.

1. Aufgerufen wird das Kartenspiel Solitaire nach der Installation über die Kachel *Microsoft Solitaire Collection* der Startseite (Abbildung 22.5, unten).

2. Sind Sie nicht mit einem Xbox LIVE-Konto verbunden, erscheint nach dem Start die obligatorische Aufforderung, sich am Microsoft-Konto anzumelden.

Diese Aufforderung können Sie, sofern keine Onlineverbindung verfügbar ist oder keine Spielstände in Ihr Xbox LIVE-Spielekonto übertragen werden sollen, über die *Abbrechen*-Schaltfläche beenden.

Die App Microsoft Solitaire Collection stellt Ihnen in der Rubrik »Spiele« eine ganze Sammlung unterschiedlicher Solitaire-Varianten und in der Rubrik »Aktuelles Design« zumindest das klassische Design zum Spielen bereit.

3. Wählen Sie in der Startseite eine der angezeigten Varianten (z.B. Klondike) an, um das Spiel zu starten. Wie bei Minesweeper erscheint ein Hinweis mit den Spielregeln, den Sie über die *Schließen*-Schaltfläche beenden.

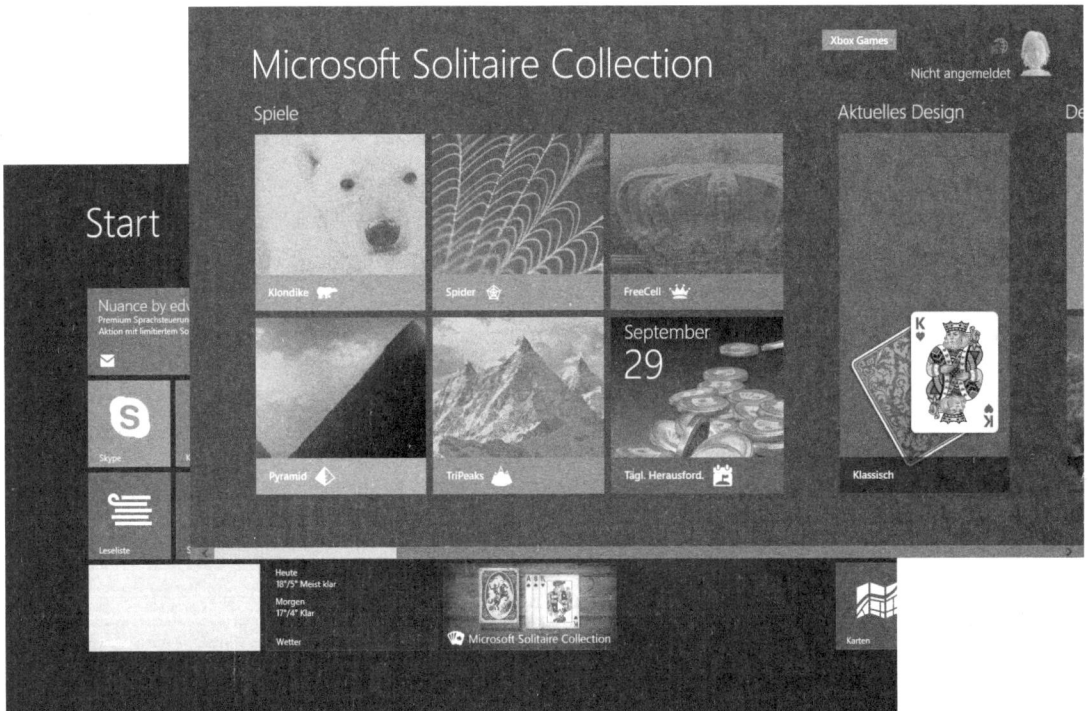

Abbildung 22.5   Xbox LIVE-App Solitaire aufrufen

Anschließend können Sie mit dem Spiel beginnen. Ziel des Spiels ist es, Karten nach vorgegebenen Regeln auf dem Spielfeld (Abbildung 22.6, links) umzuschichten. Für die Variante Klondike gelten folgende Regelungen.

4. Vom Ausgangsstapel in der linken Ecke sind die aufgedeckten Karten auf die vier Zielstapel in der rechten oberen Ecke in der Reihenfolge As, 2, 3 bis Bube, Dame, König und geordnet nach der jeweiligen Spielfarbe (Karo, Kreuz, Herz und Pik) abzulegen.

5. Die Karten des Ausgangsstapels lassen sich durch Anwählen aufdecken und dann auf die unteren sieben Zwischenstapel anlegen. Dabei sind Karten abwechselnd in den Spielfarben Schwarz und Rot in absteigender Wertigkeit (König, Dame, Bube, 10 bis 2) an die Zwischenstapel anlegbar.

Bei Bedarf blenden Sie die App-Leiste am unteren Bildschirmrand ein. Dort finden Sie eine Schaltfläche, um neue Karten zu geben (startet ein neues Spiel) oder einen Tipp bzw. die Hilfe abzurufen. In der oberen App-

Leiste (Abbildung 22.6, links) können Sie auf die Spielevarianten zugreifen. Die Anwahl einer neuen Variante startet auch ein neues Spiel.

1. Um die Spieleinstellungen anzupassen, blenden Sie die Charms-Leiste am rechten Seitenrand ein und wählen dann *Einstellungen*.

2. Wählen Sie in der Seitenleiste *Einstellungen* (Abbildung 22.6, rechte Spalte) den Befehl *Spieloptionen*.

3. In der angezeigten Seitenleiste passen Sie nun den Sound an die gewünschten Optionen (z.B. Abheben von einer oder drei Spielkarten) an.

Am oberen Spielfeldrand (Abbildung 22.6, links) werden die erreichte Punktzahl sowie die verstrichene Zeit angezeigt. Das Spiel ist gewonnen, wenn alle Karten auf den vier Zielstapeln am oberen Spielfeldrand abgelegt sind.

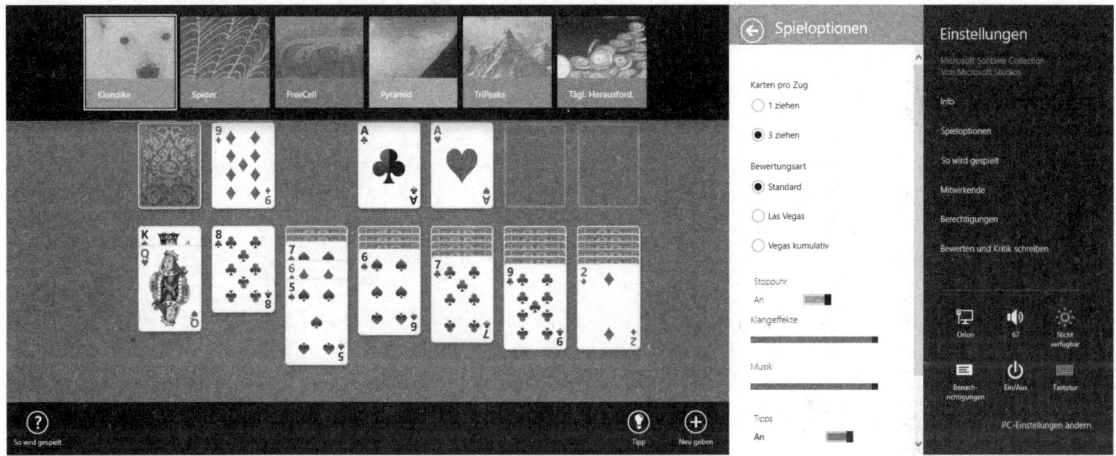

Abbildung 22.6 Xbox LIVE-Spiel Solitaire in der Klondike-Variante mit Optionen

---

HINWEIS Beachten Sie, dass die diversen Solitaire-Varianten etwas abweichende Regeln haben. Diese werden in der Hilfe des jeweiligen Programms erklärt. Abrufen lässt sich diese Hilfe über den Befehl *So wird gespielt* der Seitenleiste *Einstellungen* (Abbildung 22.6, rechte Spalte).

Microsoft Mahjong

Bei Mahjong handelt es sich um ein altes chinesisches Brettspiel, dessen Xbox LIVE-Fassung sich per Maus oder mittels Touchbedienung spielen lässt. Die App beziehen Sie kostenlos aus dem Windows Store.

1. Nach der Installation wird das Spiel über eine Kachel der Startseite aufgerufen (Abbildung 22.7, unten links).

2. Die Anmeldeaufforderung am Microsoft-Konto können Sie über die *Abbrechen*-Schaltfläche übergehen.

3. Sie gelangen zur Startseite der App (Abbildung 22.7, Hintergrund oben), in der Sie über Kacheln der Rubriken »Spiele« und »Designs« die Spielvariante wählen.

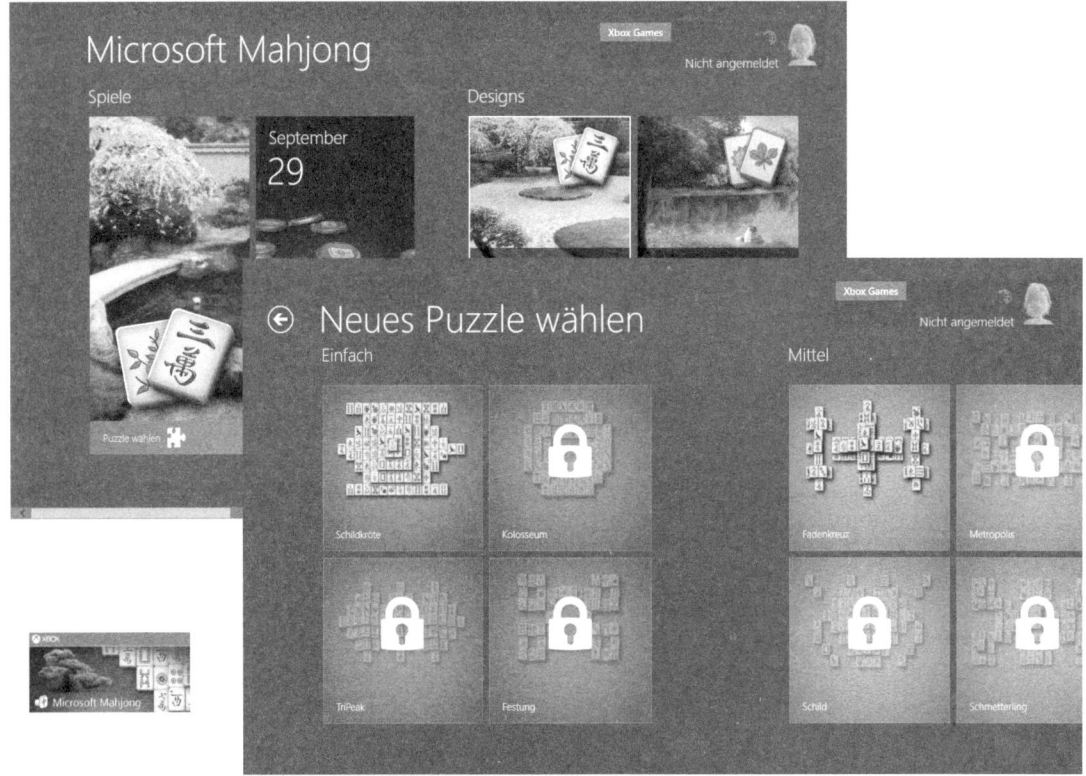

Abbildung 22.7 Aufruf des Xbox LIVE-Spiels Mahjong

Die Einträge in der Spalte »Designs« bestimmen das Hintergrundmotiv, während die Kachel der Rubrik »Spiele« Sie zur Auswahl der als »Puzzle« bezeichneten Spielaufstellung (Abbildung 22.7, Vordergrund, unten rechts) bringt. Mit einem Schloss gekennzeichnete Varianten sind in der kostenlosen Version der App gesperrt. Wählen Sie die nachfolgend beschriebene Variante »Schildkröte«:

- Nach dem Spielstart lässt sich ein Lernprogramm absolvieren oder überspringen. Abhängig vom gewählten Spiellevel wird beim Spielstart dann das Spielfeld mit den Steinen eingeblendet.

- Ziel ist es, passende Pärchen an Spielsteinen durch Anwählen abzuräumen. Bei der »Schildkröte« (Abbildung 22.8) sind nur Spielsteine abräumbar, deren rechte oder linke Seite frei ist.

- Lassen sich keine Spielsteine mehr abheben, können Sie ggf. über das Element *Neu mischen* in der linken unteren Ecke die restlichen Spielsteine neu mischen lassen

- Das Element *Rückgängig* in der rechten unteren Ecke des App-Fensters ermöglicht Ihnen, die letzten abgehobenen Spielsteine wieder zurückzuschieben. Dann lassen sich ggf. neue Kombinationen ausprobieren.

- Blenden Sie die App-Leiste am unteren Fensterrand ein (Abbildung 22.8), finden Sie Schaltflächen, um sich mit einem Tipp helfen zu lassen oder das Spiel zu unterbrechen. Zudem können Sie über eine Schaltfläche ein neues Spiel beginnen.

Abbildung 22.8   Spielfeld der Mahjong-Variante Schildkröte

Ähnlich wie bei anderen Apps lässt sich per Klick auf *Einstellungen* in der Charms-Leiste der Befehl *Spieloptionen* in der Seitenleiste *Einstellungen* wählen. Sie gelangen dann zu einer Seitenleiste, in der Sie einige Spieloptionen anpassen können.

HINWEIS   Es gibt eine Reihe weiterer, kostenloser Spiele im Windows Store, die hier aus Platzgründen nicht behandelt werden. Pinball FX ist z.B. die Nachbildung eines Flipper-Automaten. Probieren Sie bei Interesse einfach die verfügbaren Spiele-Apps aus.

Programmeinstellungen verwalten

In diesem Abschnitt lernen Sie, wie sich die Jugendschutzeinstellungen für Benutzerkonten über die Windows-Funktion »Family Safety« verwalten und Kompatibilitätsoptionen für Windows-Anwendungsprogramme (z.B. ältere Spiele) anpassen lassen.

Einstellungen mit Family Safety verwalten

Eltern können in Windows Einstellungen über Family Safety verwalten und damit kontrollieren, welche Spiele ihre Sprösslinge nutzen. Zudem lässt sich die Verwendung verschiedener Programme limitieren. Die Verwaltung der Family Safety-Einstellungen kann dabei nur von einem Benutzerkonto mit Administratorrechten erfolgen. Das von Family Safety verwaltete, eingeschränkte Konto muss zum Kreis der Standardbenutzer gehören und sollte als »Kind« markiert sein. Wenn Ihre Kinder also das Administratorkennwort kennen (oder es keines gibt), ist Family Safety wirkungslos. Um die Family Safety-Einstellungen für ein Standardbenutzerkonto anzupassen, gehen Sie in folgenden Schritten vor:

Abbildung 22.9   Family Safety-Funktionen aufrufen

1. Blenden Sie die Charms-Leiste am rechten Rand ein und wählen Sie *Einstellungen*.

2. Geben Sie im Suchfeld »famil« ein und wählen Sie den angezeigten Treffer *Family Safety*, um auf die Funktionen zuzugreifen.

Nach dem Aufruf des Befehls *Family Safety* erscheint ein Fenster mit dem gleichen Titel, in dem Sie die Funktion aktivieren, vorhandene Konten verwalten oder neue Konten anlegen können (Abbildung 22.10, unten). Die Darstellung aus Abbildung 22.10, oben, wird angezeigt, wenn noch kein Benutzerkonto vom Typ »Kind« vorhanden ist. Dieses lässt sich über den Hyperlink *Konten* in den PC-Einstellungen einrichten (siehe folgender Abschnitt).

- Wählen Sie eines der Konten vom Typ »Kind«, um dessen Family Safety-Einstellungen verwalten zu können. Bei jedem Konto ist vermerkt, ob es sich um einen Standardbenutzer handelt und ob Family Safety bereits aktiviert ist.

- Existiert bereits ein Konto mit der Kennzeichnung, dass es sich beim Benutzer um ein Kind handelt (d.h., Family Safety ist eingerichtet), können Sie am unteren Rand auf den Eintrag *Einstellungen auf der Family Safety-Website verwalten* klicken, um Berichte einzusehen. Es erfordert jedoch ein Microsoft-Konto, um die Einstellungen zu sehen.

- Ist noch kein Konto für das Familienmitglied vorhanden (Abbildung 22.10, oben), wählen Sie den Hyperlink *Konto*, um ein Benutzerkonto für das Kind einzurichten

Abhängig von Ihrer Auswahl führen Sie anschließend die benötigten Schritte zur Konfigurierung einer Funktion aus.

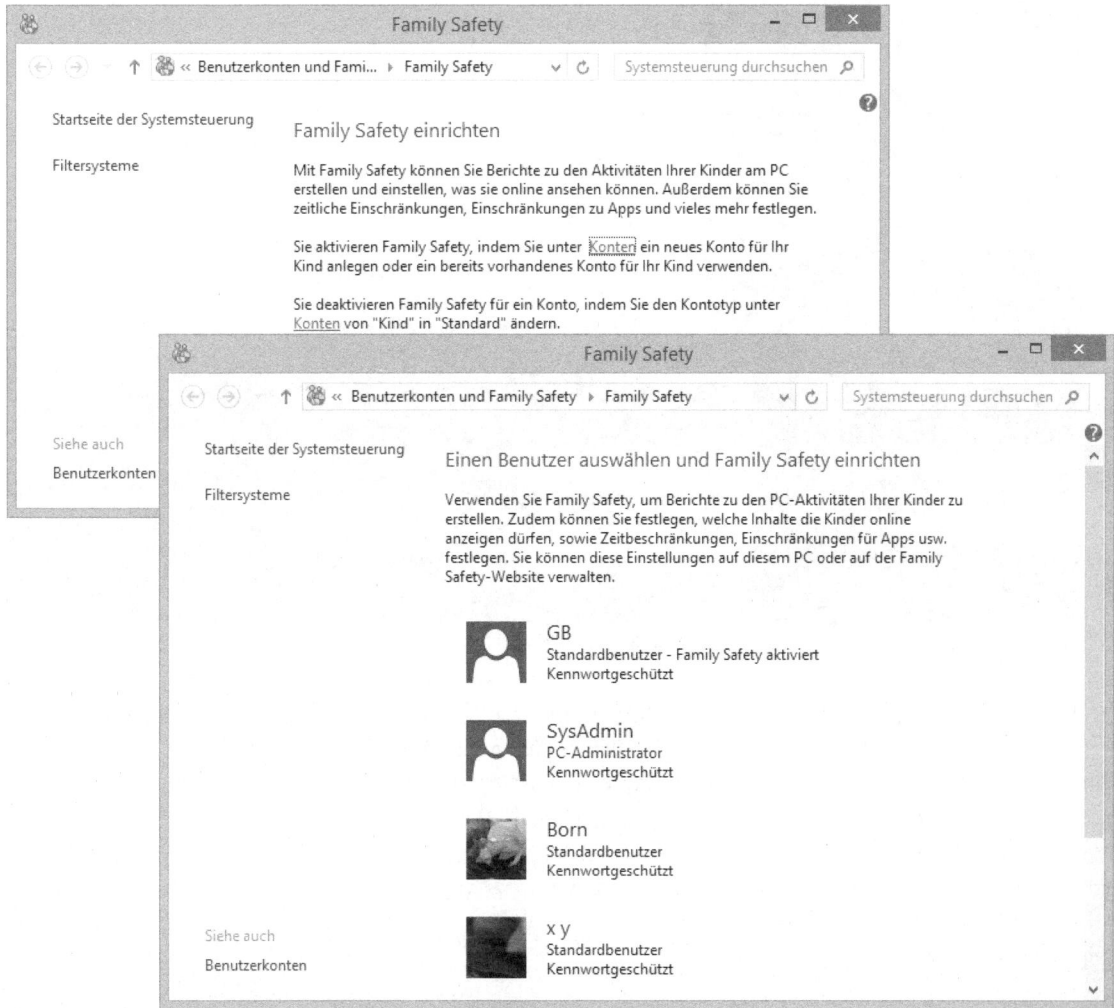

Abbildung 22.10 Auswahl der Konten bei Family Safety

Benutzerkonto für ein Kind einrichten

Das Einrichten eines Benutzerkontos vom Typ »Kind« erfolgt in den PC-Einstellungen unter *Konten/Weitere Konten* (Abbildung 22.11, oben).

■ Sie können im Family Safety-Fenster den Befehl *Konto* zum Einrichten eines neuen Benutzerkontos anwählen, um zur Formularseite *Konten/Weitere Konten* (Abbildung 22.11, oben) zu gelangen

■ Oder Sie wählen in der Charms-Leiste das Symbol *Einstellungen* und navigieren über den Hyperlink *PC-Einstellungen ändern* zur Einstellungsseite für die Konten

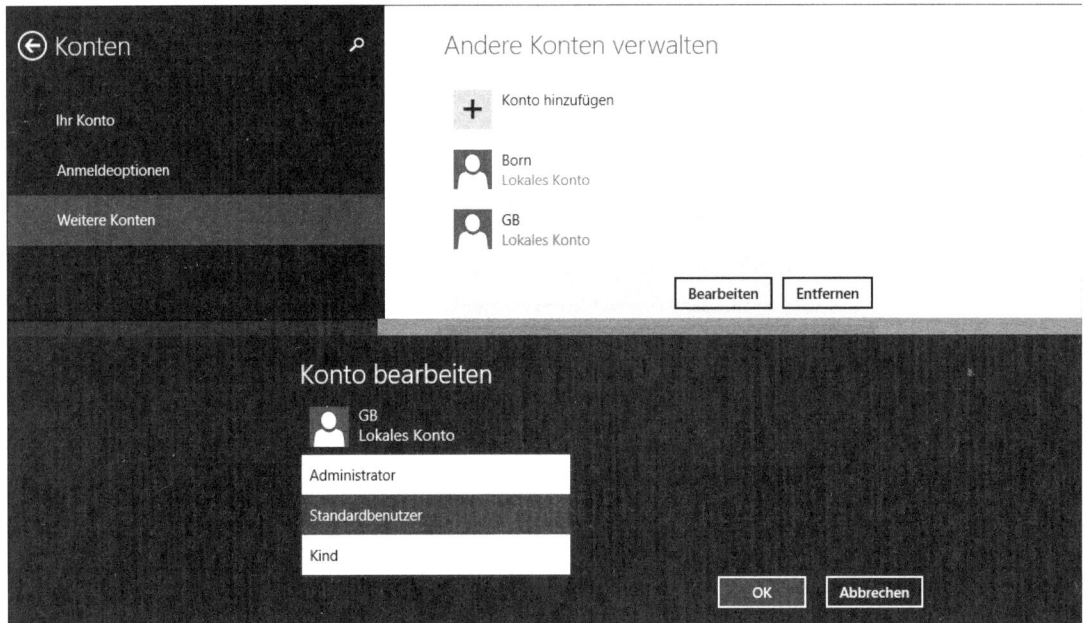

Abbildung 22.11 Benutzerkonto vom Typ »Kind« einrichten

In der Kontenverwaltungsseite können Sie dabei wahlweise ein Microsoft-Konto mit E-Mail-Adresse und Kennwort oder ein lokales Benutzerkonto mit Benutzername und Kennwort über den Befehl *Konto hinzufügen* anlegen (siehe auch Kapitel 29). Oder Sie stufen ein bestehendes Standardbenutzerkonto um:

1. Markieren Sie im Formular aus Abbildung 22.11, oben, das Konto und wählen die Schaltfläche *Bearbeiten.*

2. Dann stellen Sie über das Listenfeld den Type auf »Kind« (Abbildung 22.11, unten).

Bestätigen Sie die Schaltfläche *OK*, um die Änderung abzuschließen. Anschließend können Sie auf dieses Konto in den Family Safety-Einstellungen zugreifen.

Filtersystem für Spielfreigaben wählen

Um Spielfreigaben zu verwalten, benötigen Sie ein Filtersystem, das die Altersfreigabe von Spielen auswertet. Wählen Sie in der Aufgabenleiste der Seite *Family Safety* (Abbildung 22.10) den Befehl *Filtersysteme.*

Abbildung 22.12 Auswahl des Family Safety-Filtersystems

Family Saftey-Benutzereinstellungen verwalten

Haben Sie ein Benutzerkonto zum Verwalten der Family Safety-Einstellungen angewählt, gelangen Sie zur Seite *Benutzereinstellungen* (Abbildung 22.13), in der Sie die gewünschten Optionen einstellen.

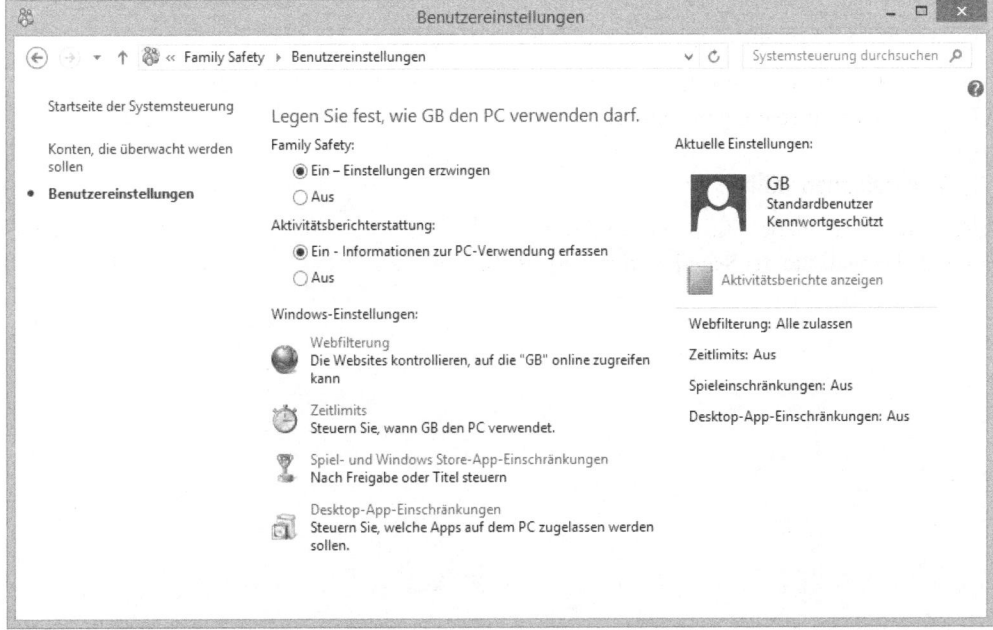

Abbildung 22.13 Benutzereinstellungen bei Family Safety

- Markieren Sie das Optionsfeld *Ein – Einstellungen erzwingen* der Gruppe *Family Safety*, um den Schutz einzuschalten

- Anschließend rufen Sie über die Hyperlinks der Gruppe *Windows-Einstellungen* die gewünschten Einstellseiten auf und passen deren Einstellungen an

Zur Verwaltung führt Sie die Family Safety-Funktion durch verschiedene Konfigurationsseiten, die alle über einen ähnlichen Aufbau verfügen. Daher wird die Vorgehensweise am Beispiel der Spielefreigabe skizziert.

Spielfreigaben verwalten

Um Spielfreigaben (App-Installation aus dem Store bzw. Aufruf von Apps) zu verwalten, wählen Sie den Hyperlink *Spiel- und Windows-Store-Einschränkungen* an. Dann erscheint die gleichnamige Detailseite mit den Optionen zur Verwaltung der Einstellungen (Abbildung 22.14).

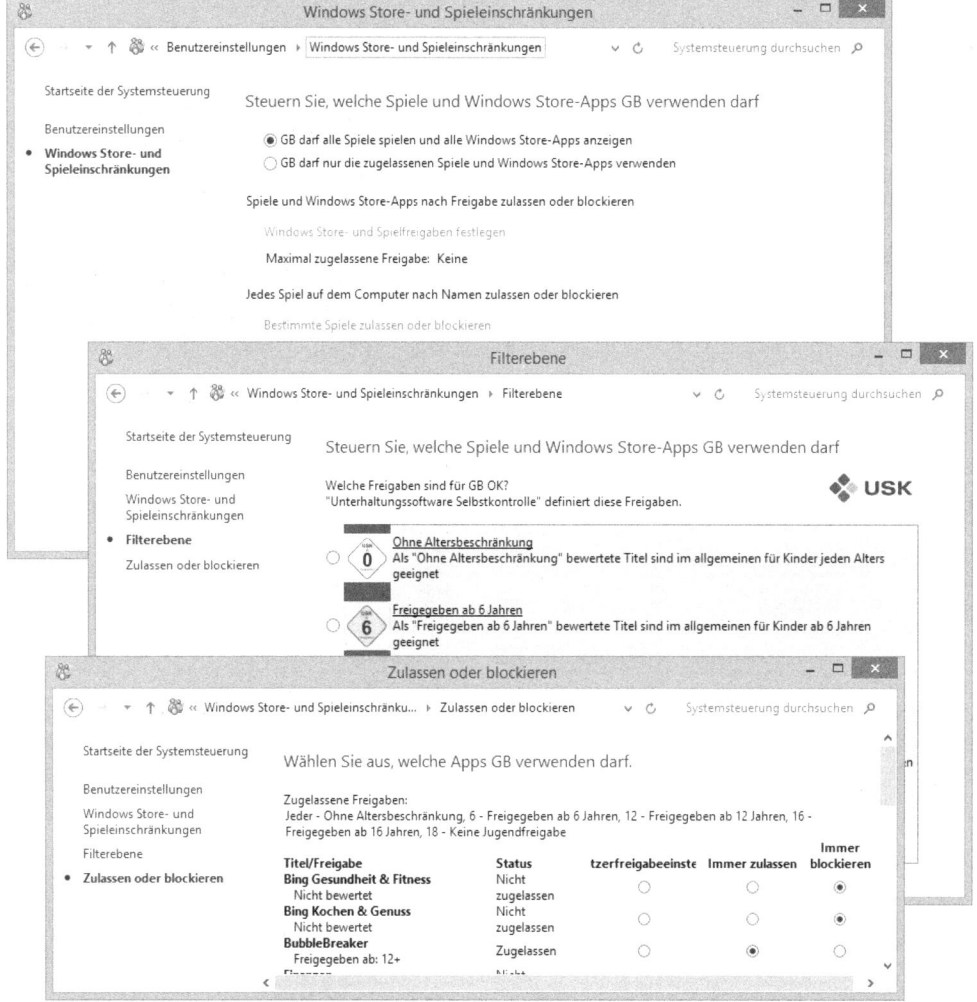

Abbildung 22.14   Windows Store- und Spieleinschränkungen

- Markieren Sie im Formular (Abbildung 22.14, oben) über ein Optionsfeld, ob das Kind Spiele unbeschränkt oder nur zugelassene Spiele aufrufen darf

- Bei Beschränkungen können Sie den Hyperlink *Windows Store- und Spielfreigaben festlegen* und *Bestimmte Spiele zulassen oder blockieren* wählen

- In der Seite aus Abbildung 22.14, Mitte, lässt sich über Optionsfelder vereinbaren, ob Spiele ohne Altersfreigabe (z.B. der Unterhaltungssoftware Selbstkontrolle – USK) überhaupt zur Installation aufgerufen werden dürfen und welche Altersstufe für die Spielfreigabe gelten soll

- Über den Hyperlink *Bestimmte Spiele zulassen oder blockieren* (Abbildung 22.14, oben) öffnen Sie ein Formular (Abbildung 22.14, unten), in dem die installierten (Spiele-)Apps aufgeführt werden und über dessen Optionsfelder diese zugelassen oder blockiert werden können

Die Einstellungen werden sofort nach dem Setzen der Option wirksam, eine Schaltfläche zum Bestätigen gibt es nicht.

Zugangs- oder Sperrzeiten festlegen

Möchten Sie die Zugangszeiten zu einem Benutzerkonto einschränken, wählen Sie im Formular (Abbildung 22.13) den Hyperlink *Zeitlimits*. Anschließend können Sie im Folgeformular (Abbildung 22.15, oben) die Zeiten der Benutzung freigeben bzw. Zeitfenster blockieren. Abhängig vom gewählten Hyperlink lassen sich Zeitintervalle (Abbildung 22.15, Mitte) oder Sperrzeiten (Abbildung 22.15, unten) zur Nutzung einrichten.

Um Sperrzeiten vorzugeben, markieren Sie einfach die betreffenden Felder *Zeittafel* (Abbildung 22.15, unten) per Maus. Blau gefüllte Zeitfelder stehen für einen blockierten Zugang, weiße Zeitfelder erlauben den Zugang. Durch erneutes Markieren eines Felds wird der Zugang abwechselnd blockiert oder freigegeben. Versucht der Benutzer, sich außerhalb der freigegebenen Zeiten am Benutzerkonto anzumelden, erhält er eine entsprechende Meldung, dass ein Zugang zu diesen Zeiten nicht vorgesehen ist.

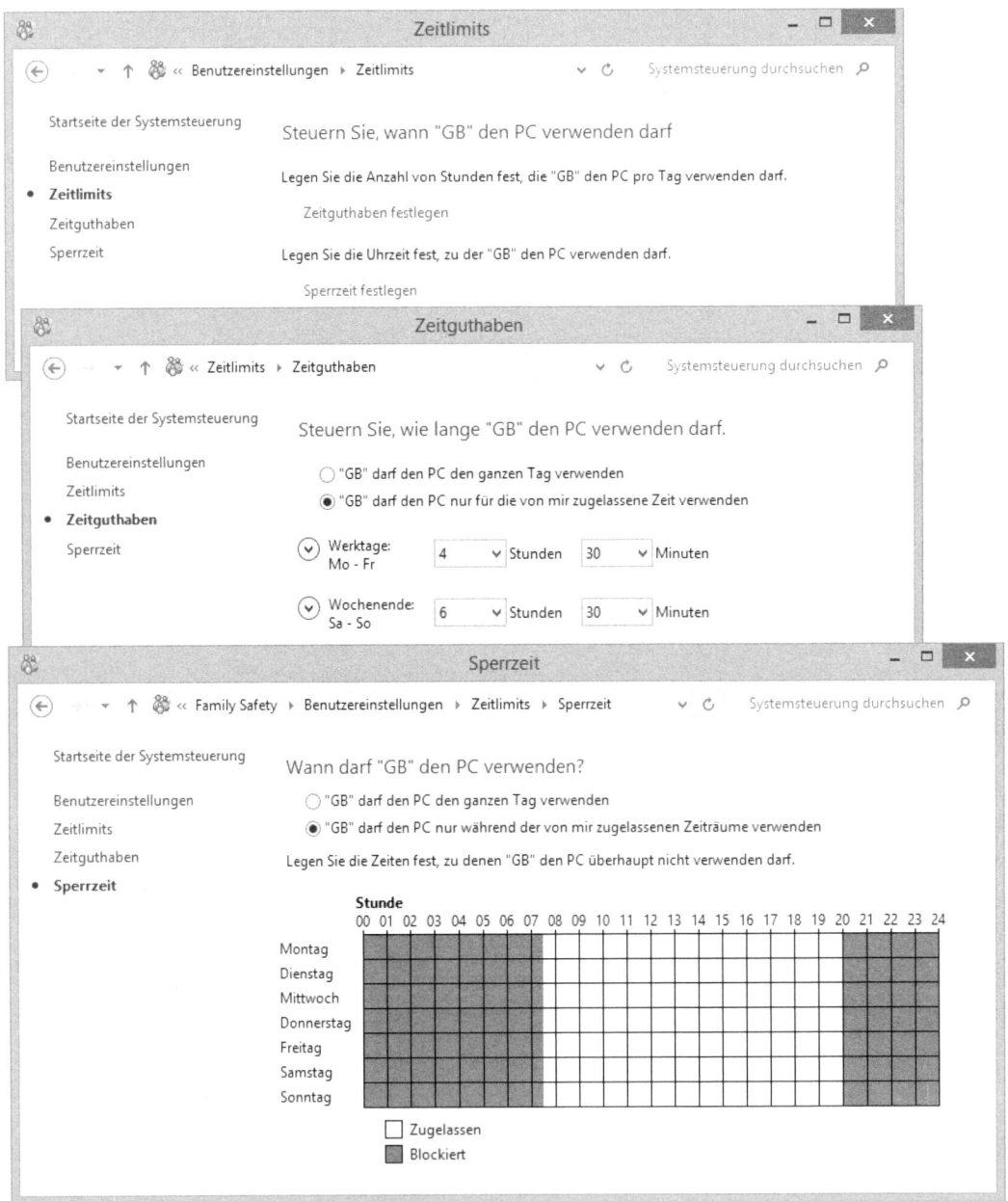

Abbildung 22.15   Zeitlimits oder Sperrzeiten festlegen

Windows-Apps blockieren

Möchten Sie verhindern, dass Ihre Kinder bestimmte Programme unter Windows nutzen, wählen Sie im Formular aus Abbildung 22.13, den Hyperlink *Desktop-App-Einschränkungen*.

■ Im Folgeformular *Welche App darf ... verwenden?* markieren Sie das Optionsfeld ... *darf nur die zugelassenen Apps verwenden*

- Anschließend markieren Sie in der angezeigten Liste (Abbildung 22.16) der installierten Programme die Kontrollkästchen aller Anwendungen, die für das Benutzerkonto freigegeben sind

Abbildung 22.16   Apps freigeben oder sperren

Microsoft bezeichnet in dieser Seite auch Windows-Anwendungen als Apps. Sofern Sie Anwendungen blockieren, prüfen Sie (z.B. durch eine Anmeldung des Benutzers), ob sich andere Programme noch verwenden lassen.

HINWEIS   Um den Aufruf bestimmter Internetseiten durch Kinder zu verhindern, lässt sich der Hyperlink *Webfilterung* (Abbildung 22.13) wählen. In der Folgeseite lässt sich ein Filter einschalten und dann vorgeben, welche Websites und -dienste (z.B. Kommunikation) abrufbar sind. Zudem können Sie auf der Seite *Benutzereinstellungen* den Hyperlink *Aktivitätsbericht anzeigen* anwählen. Es wird ein Bericht eingeblendet, in denen die am häufigsten besuchten Webseiten, die Zeiten der PC-Verwendung und die am häufigsten verwendeten Apps und Spiele aufgelistet sind.

Kompatibilitätseinstellungen für Anwendungen

Bei älteren Anwendungen und Spielen gibt es eventuell Probleme bei der Ausführung unter Windows. Sie können dann Kompatibilitätsoptionen für das Programm setzen, sodass es sich möglicherweise doch ausführen lässt.

Kompatibilitätsoptionen einstellen

Gibt es bei älteren Anwendungen und Spielen Probleme bei der Ausführung unter Windows 8.1, setzen Sie die Kompatibilitätsoptionen und probieren Sie diese aus.

1. Klicken Sie das Symbol der Programmdatei oder der Verknüpfungsdatei mit der rechten Maustaste an und wählen Sie den Kontextmenübefehl *Eigenschaften*.
2. Wechseln Sie im Eigenschaftenfenster zur Registerkarte *Kompatibilität* und stellen Sie dort die gewünschten Optionen ein (Abbildung 22.17).

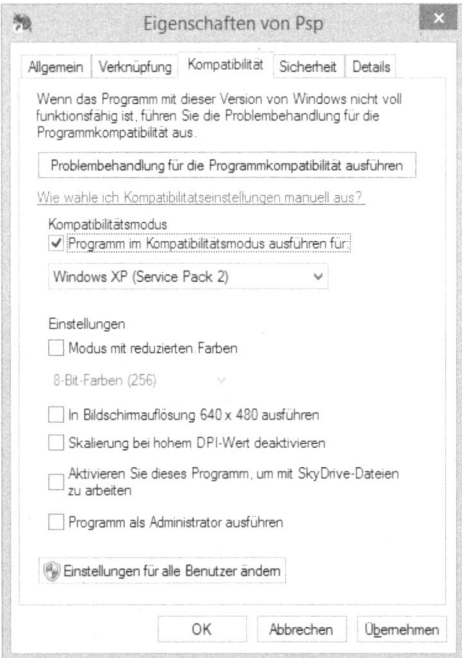

Abbildung 22.17   Kompatibilitätsoptionen

Auf der Registerkarte können Sie das Kontrollkästchen *Programm im Kompatibilitätsmodus ausführen für* der Gruppe *Kompatibilitätsmodus* markieren und dann die erforderliche Betriebssystemversion für die Anwendung über das zugehörige Listenfeld auswählen. Außerdem lassen sich in der Gruppe *Einstellungen* über verschiedene Kontrollkästchen bestimmte Optionen aktivieren (z.B. die Bildschirmauflösung auf 640 × 480 Bildpunkte begrenzen).

Benötigt das Programm Administratorrechte zur Ausführung, klicken Sie auf die Schaltfläche *Einstellungen für alle Benutzer anzeigen*. Dann wird eine neue Registerkarte *Kompatibilität für alle Benutzer* mit den gleichen Optionen wie in Abbildung 22.17 eingeblendet. Markieren Sie auf dieser Registerkarte das Kontrollkästchen *Programm als Administrator ausführen* und legen Sie ggf. die restlichen Kompatibilitätsoptionen fest. Beim späteren Aufruf der Anwendung fragt die Benutzerkontensteuerung dann den Namen und das Kennwort des Administratorkontos ab.

Sobald Sie das Dialogfeld über die *OK*-Schaltfläche schließen, wird die Anwendung für den gewählten Modus konfiguriert.

Windows die Kompatibilität ermitteln lassen

Ist unklar, welche Kompatibilitätsoptionen für ein Programm unter Windows erforderlich sind? Dann besteht die Möglichkeit, sich von Windows unterstützen zu lassen. Sie können im Dialogfeld *Eigenschaften* (Abbildung 22.18) die Schaltfläche *Problembehandlung für die Programmkompatibilität ausführen* der Registerkarte *Kompatibilität* wählen.

Noch einfacher ist es, das Verknüpfungssymbol oder die *.exe*-Programmdatei mit der rechten Maustaste anzuklicken und dann den Kontextmenübefehl *Behandeln von Kompatibilitätsproblemen* zu wählen.

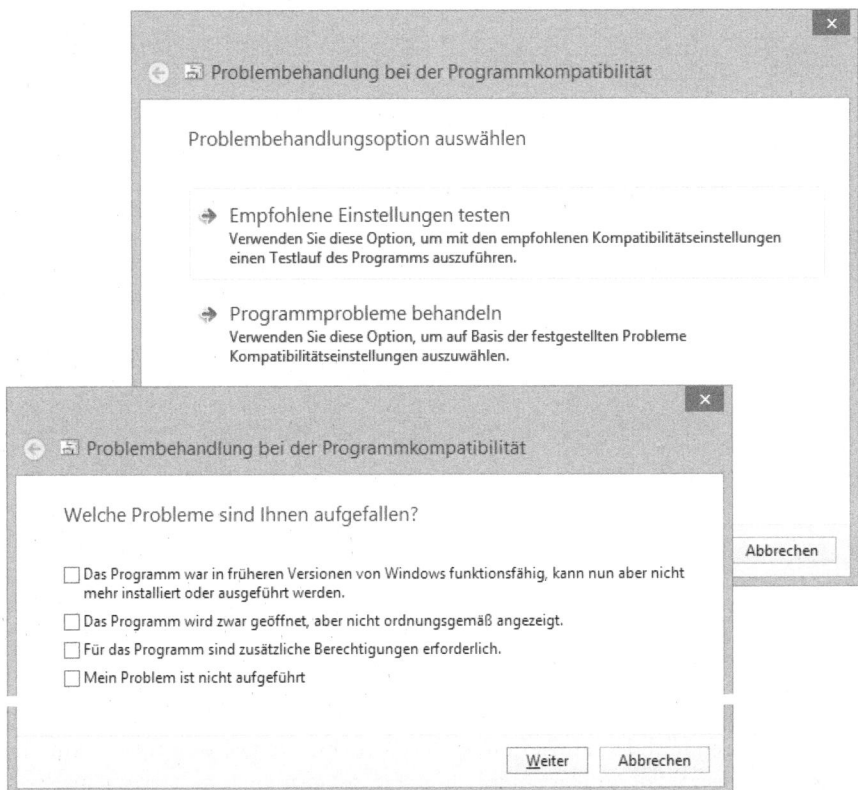

Abbildung 22.18 Programmkompatibilität per Assistent einstellen

■ Windows startet einen Assistenten, in dessen Dialogfeld *Programmkompatibilität* (Abbildung 22.18, oben) Sie zwischen den Befehlen *Empfohlene Einstellungen testen* und *Programmprobleme behandeln* wählen können. Beim erstgenannten Befehl legt Windows selbst Kompatibilitätseinstellungen fest und zeigt anschließend das Dialogfeld zum Testen der Einstellungen an.

■ Beim letztgenannten Befehl erscheint ein Dialogfeld (Abbildung 22.18, unten), in dem Sie über Kontrollkästchen zutreffende Aussagen markieren können. Über die *Weiter*-Schaltfläche gelangen Sie zu einem Dialogfeld, in dem Sie eines der aufgeführten Betriebssysteme wählen. Danach gelangen Sie ebenfalls zum Dialogfeld zum Testen der Einstellungen. Wählen Sie im Dialogfeld die Schaltfläche *Programm starten*.

Funktioniert das Programm wie gewünscht, beenden Sie es und schalten zum Folgedialogfeld des Assistenten um. Dann klicken Sie auf den Befehl *Ja, diese Einstellungen für dieses Programm speichern*. Bei Problemen lässt sich die Schrittfolge durch Anwahl des Befehls *Nein, mit anderen Einstellungen wiederholen* erneut durchlaufen. Optional gibt es zudem einen Befehl, um die Kompatibilitätsprobleme an Microsoft zu melden.

Erleichterte Bedienung

Zugriff auf die erleichterte Bedienung

Windows stellt über die erleichterte Bedienung verschiedene Funktionen zur Unterstützung von Menschen mit Behinderungen zur Verfügung. In diesem Abschnitt erfahren Sie, wie sich die Einstellungen der erleichterten Bedienung aufrufen und unter der neuen Benutzeroberfläche anpassen lassen.

Einstellungen zur erleichterten Bedienung anpassen

Die Einstellungen zur erleichterten Bedienung lassen sich in der Seite *PC-Einstellungen* einsehen (Abbildung 23.1, links).

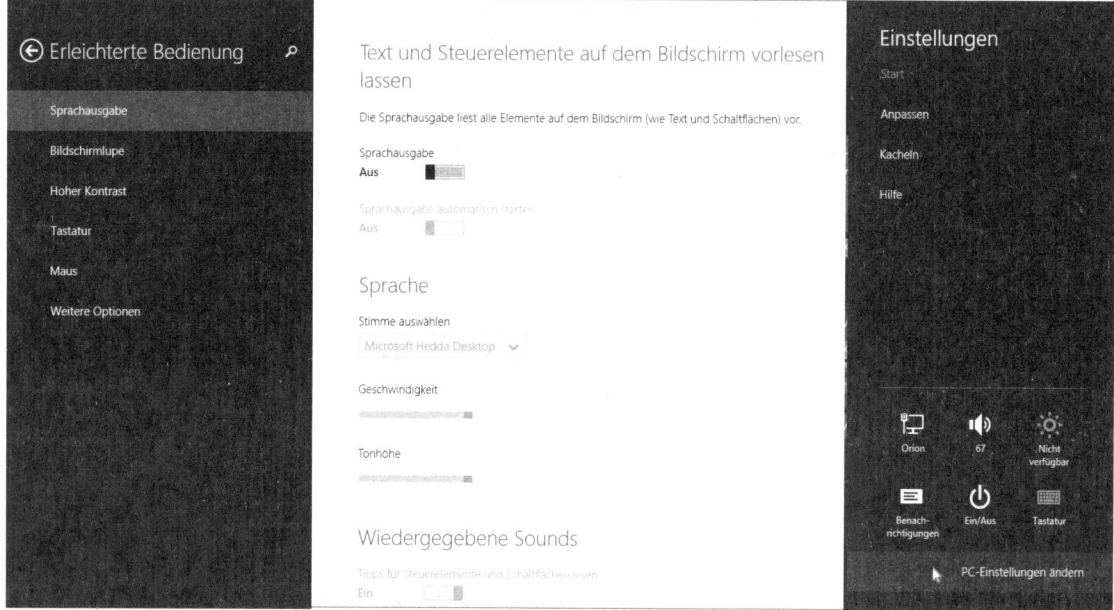

Abbildung 23.1   Erleichterte Bedienung anpassen

1. Öffnen Sie die Charms-Leiste (z.B. mit der Tastenkombination [⊞]+[C]) und wählen Sie das Symbol *Einstellungen*.

2. In der angezeigten Seitenleiste *Einstellungen* wählen Sie den Befehl *PC-Einstellungen ändern* (Abbildung 23.1, rechts).

3. Anschließend lässt sich auf der Seite *PC-Einstellungen* die Kategorie *Erleichterte Bedienung* anwählen.

In der Kategorie *Erleichterte Bedienung* (Abbildung 23.1, links) wählen Sie in der linken Spalte eine Unterkategorie und passen dann die einzelnen Einstellungen zur erleichterten Bedienung in der rechten Spalte an:

■ **Sprachausgabe**   Ermöglicht, die Sprachausgabe einzuschalten und deren Einstellungen anzupassen. Die Sprachausgabe liest dem Benutzer Bildschirminhalte vor.

■ **Bildschirmlupe**   Hier lassen sich die Vergrößerung des Bildschirms einschalten und verschiedene Optionen anpassen

- **Hoher Kontrast** Über ein Listenfeld lässt sich ein Schema mit höherem Kontrast (z.B. die Darstellung mit weißem Text auf schwarzem Hintergrund) wählen, um Menschen mit visuellen Beeinträchtigungen eine bessere Erkennbarkeit des Bildschirminhalts zu ermöglichen

- **Tastatur** Hier schalten Sie die Bildschirmtastatur ein und geben hilfreiche Tastenkombinationen frei

- **Maus** Ermöglicht, die Zeigergröße und Farbe zu ändern sowie die Tastenmaus (Mausfunktionen über die Zehnertastatur emulieren) einzuschalten

Im unteren Bereich der Rubrik *Erleichterte Bedienung* legen Sie über die Kategorie *Weitere Optionen* fest, ob Animationen oder der Windows-Hintergrund angezeigt werden soll, und legen die Cursorbreite sowie die Zeitdauer für die Anzeige von Benachrichtigungen fest.

Center für erleichterte Bedienung aufrufen

Die Eingabehilfen lassen sich sehr komfortabel über das Center für erleichterte Bedienung starten. Dieses Center stellt auch Assistenten bereit, um spezielle Einstellungen vorzunehmen.

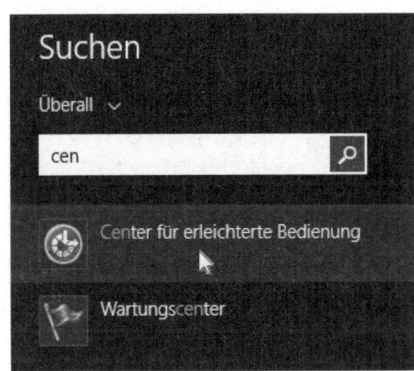

Abbildung 23.2 Center für erleichterte Bedienung aufrufen

- Sie können das Center für erleichterte Bedienung über die Suchfunktion der Startseite aufrufen, indem Sie im Suchfeld den Begriff »cen« eintippen und den Programmeintrag *Center für erleichterte Bedienung* anwählen (Abbildung 23.2)

- Falls die Systemsteuerung geöffnet ist, wählen Sie die Kategorie *Erleichterte Bedienung* und auf der Folgeseite *Center für erleichterte Bedienung*

- Haben Sie die Systemsteuerung von der Kategorie- in die Symbolansicht umgestellt, finden Sie dort ein Symbol *Center für erleichterte Bedienung* vor. Ein Doppelklick oder Doppeltippen auf das Symbol öffnet ebenfalls die in Abbildung 23.3, unten, gezeigte Seite.

Das Center für erleichterte Bedienung schaltet zum Windows-Desktop um und meldet sich mit der in Abbildung 23.3, unten, gezeigten Seite. Die Bedienung des Programms ist recht einfach:

- Im oberen Bereich finden Sie vier Einträge, um die Bildschirmlupe, die Bildschirmtastatur (Beschreibung in Kapitel 3), die Sprachausgabe und die Umschaltung auf hohen Kontrast direkt aufzurufen. Nach Anwahl des betreffenden Befehls startet die zugeordnete Anwendung (z.B. Bildschirmlupe).

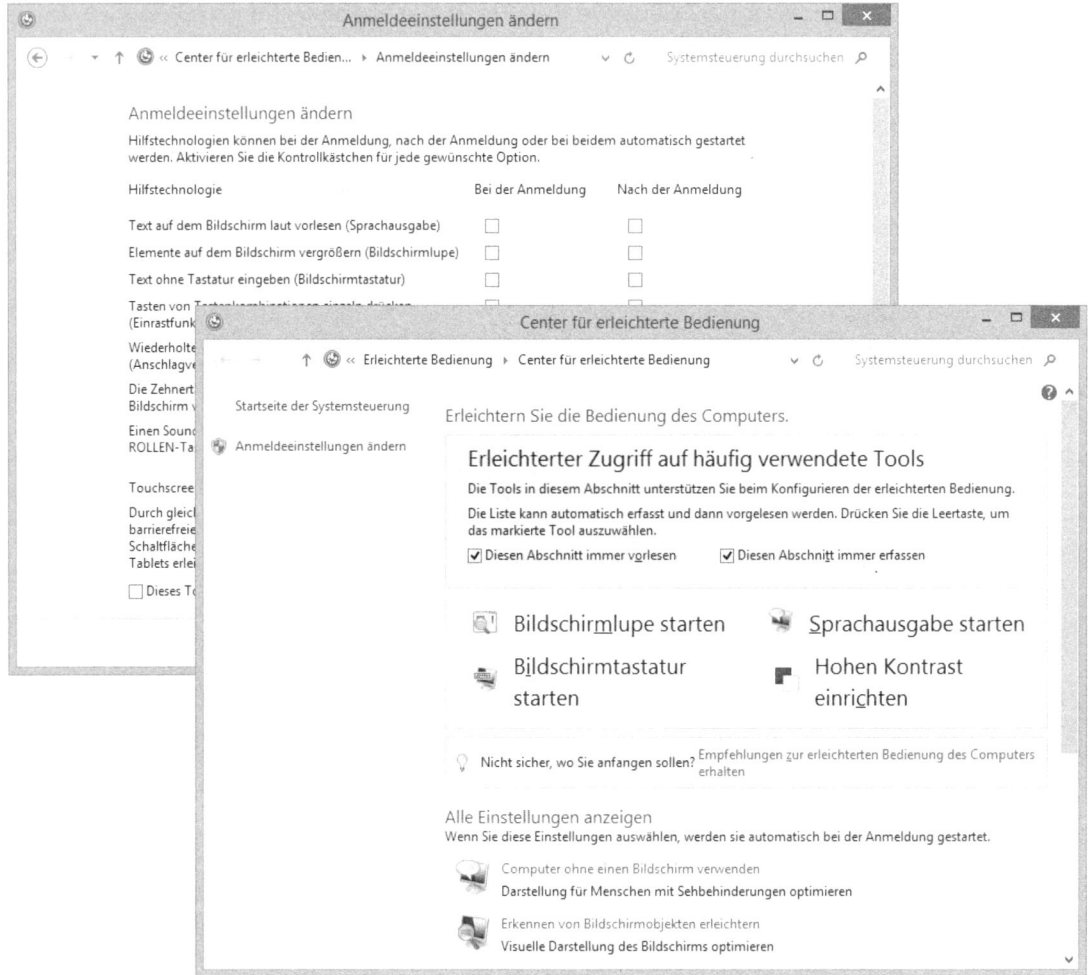

Abbildung 23.3 Center für erleichterte Bedienung

- Administratoren können in der Aufgabenleiste (Abbildung 23.3, unten, linke Spalte) des Centers für erleichterte Bedienung den Befehl *Anmeldeeinstellungen ändern* wählen. Dann erscheint die in Abbildung 23.3, oben, gezeigte Informationsseite. Über Kontrollkästchen lässt sich die Verwendung der Einstellungen während und nach der Benutzeranmeldung vorgeben. Zudem besteht die Möglichkeit, vor Änderungen am System einen Wiederherstellungspunkt zu erzeugen (um Windows über die Systemwiederherstellung ggf. wieder zurücksetzen zu können).

- Im unteren Abschnitt *Alle Einstellungen anzeigen* des Centers für erleichterte Bedienung (Abbildung 23.3, unten) finden Sie eine Liste mit Befehlen, um Windows für Menschen mit unterschiedlichen (visuellen, motorischen oder anderen) Einschränkungen anzupassen und Unterstützung bei der Bedienung zu gewähren. Nach Anwahl des betreffenden Befehls öffnet sich eine Seite (Abbildung 23.4, unten), auf der die gewünschten Optionen über Kontrollkästchen und Optionsfelder gewählt und mittels der *OK*-Schaltfläche übernommen werden können.

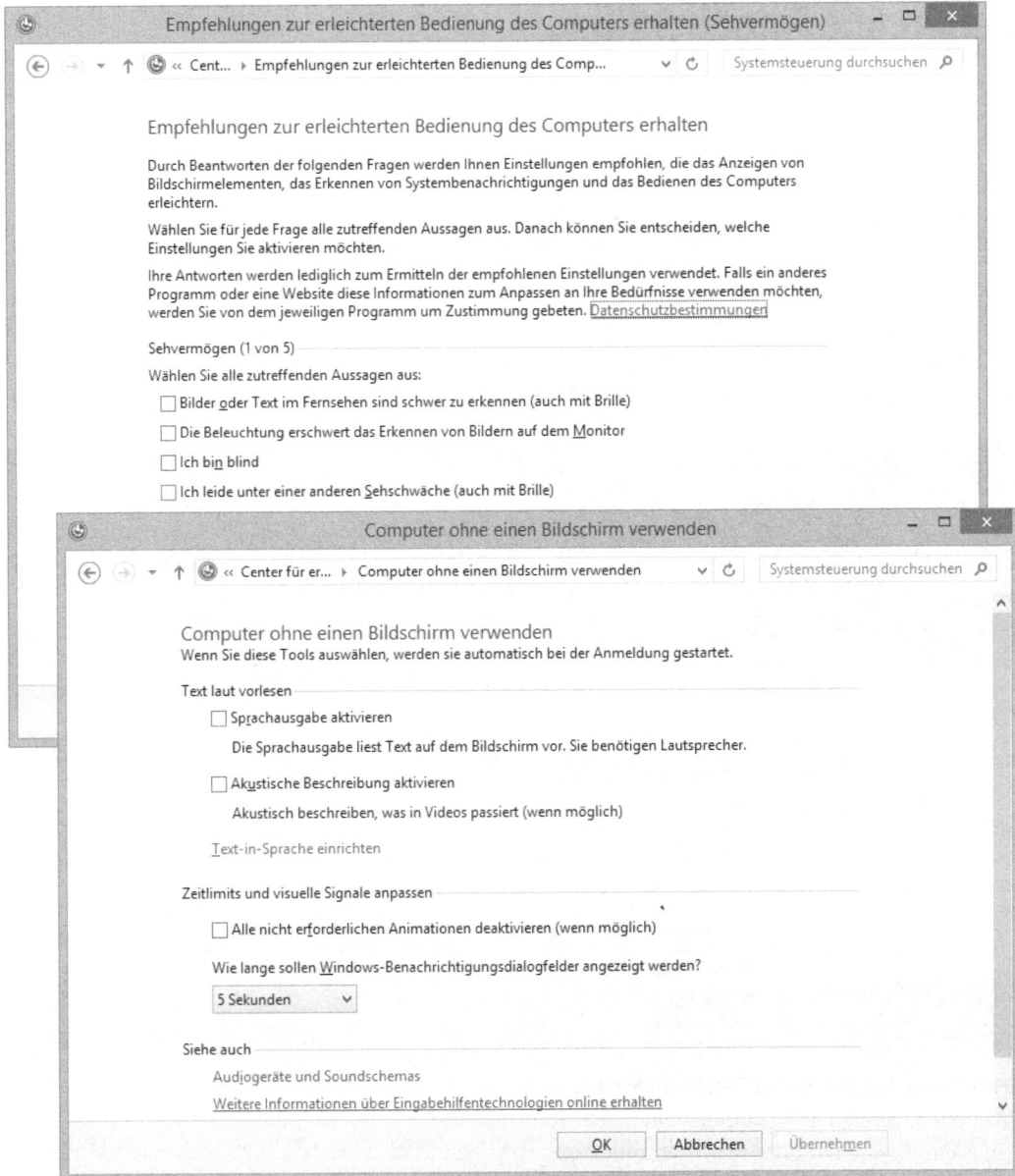

Abbildung 23.4 Konfigurationsseiten zur erleichterten Bedienung

- Benutzer, die unsicher sind, welche Befehle zu verwenden sind, können im gelb eingefärbten Informations-bereich »Nicht sicher, wo Sie anfangen sollen?« den Hyperlink *Empfehlungen zur erleichterten Bedienung des Computers erhalten* anwählen. Dann startet ein Konfigurations-Assistent (Abbildung 23.4, oben), der Sie durch mehrere Schritte führt. In einzelnen Seiten lassen sich Kontrollkästchen mit zutreffenden Aussagen markieren. Über die *Weiter*-Schaltfläche am unteren Fensterrand sowie über die *Zurück*-Schaltfläche in der linken oberen Fensterecke lässt sich zwischen den Schritten des Assistenten blättern.

Weitere Hinweise zu den einzelnen Optionen finden Sie in den nachfolgenden Abschnitten.

Arbeiten mit Eingabehilfen

Windows unterstützt die Anpassung der Eingabehilfen durch Assistenten und Konfigurationsseiten. Nachfolgend wird kurz erläutert, wie Sie diese Assistenten zur Konfiguration einsetzen und Eingabehilfen verwenden.

Zugriff auf die Eingabehilfen bei der Anmeldung

Speziell bei der Benutzeranmeldung stehen Menschen mit Einschränkungen vor dem Problem, dass gegebenenfalls noch kein Zugriff auf die Funktionen zur erleichterten Bedienung möglich ist. Sofern Sie diese Hilfen nicht über die Administratoreinstellungen (siehe die vorherige Seite) bei der Anmeldung erzwingen, lassen sich einige Optionen auch auf der Anmeldeseite abrufen.

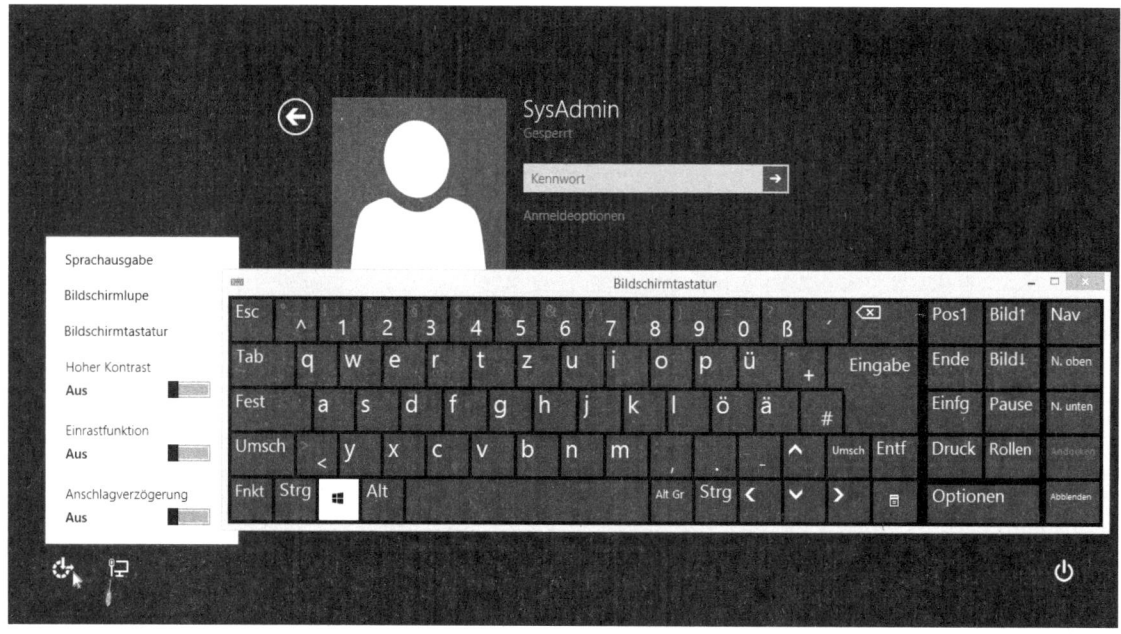

Abbildung 23.5   Erleichterte Bedienung bei der Anmeldung

1. Es genügt, in der Anmeldeseite auf die am unteren linken Desktoprand sichtbare Schaltfläche *Erleichterte Bedienung* zu klicken (Symbol in Abbildung 23.5, links unten).

2. Eine daraufhin eingeblendete Palette ermöglicht es, durch Aktivieren verschiedener Schiebeschalter die gewünschten Funktionen (z.B. Hoher Kontrast, Anschlagverzögerung etc.) zur erleichterten Bedienung einzuschalten.

Die Bildschirmtastatur zur Eingabe des Anmeldekennworts lässt sich direkt über einen Befehl *Bildschirmtastatur* einblenden. Der Befehl *Sprachausgabe* schaltet die betreffende Funktion ein und *Bildschirmlupe vergrößern* bringt die Bildschirmlupe zur Anzeige.

Barrierefrei trotz Sehbehinderung

Menschen mit einer stärkeren Sehbehinderung oder mit nur noch geringem Restsehvermögen können einerseits die in Kapitel 30 beschriebenen Funktionen zur Anpassung der Bedienoberfläche (z.B. Bildschirmauflösung reduzieren, DPI-Auflösung erhöhen) verwenden, um Inhalte kontrastreicher oder vergrößert darzustellen. Windows unterstützt die Anpassung durch verschiedene Funktionen, von der Bildschirmlupe bis hin zu besonders kontrastreichen Anzeigeschemata. Auch Vorlesefunktionen (Screenreader) sind vorhanden. Der Befehl *Erkennen von Bildschirmobjekten erleichtern* im Center für erleichterte Bedienung zeigt die Konfigurationsseite aus Abbildung 23.6, in der Sie die jeweils gewünschten Optionen durch Markieren der Kontrollkästchen einschalten können.

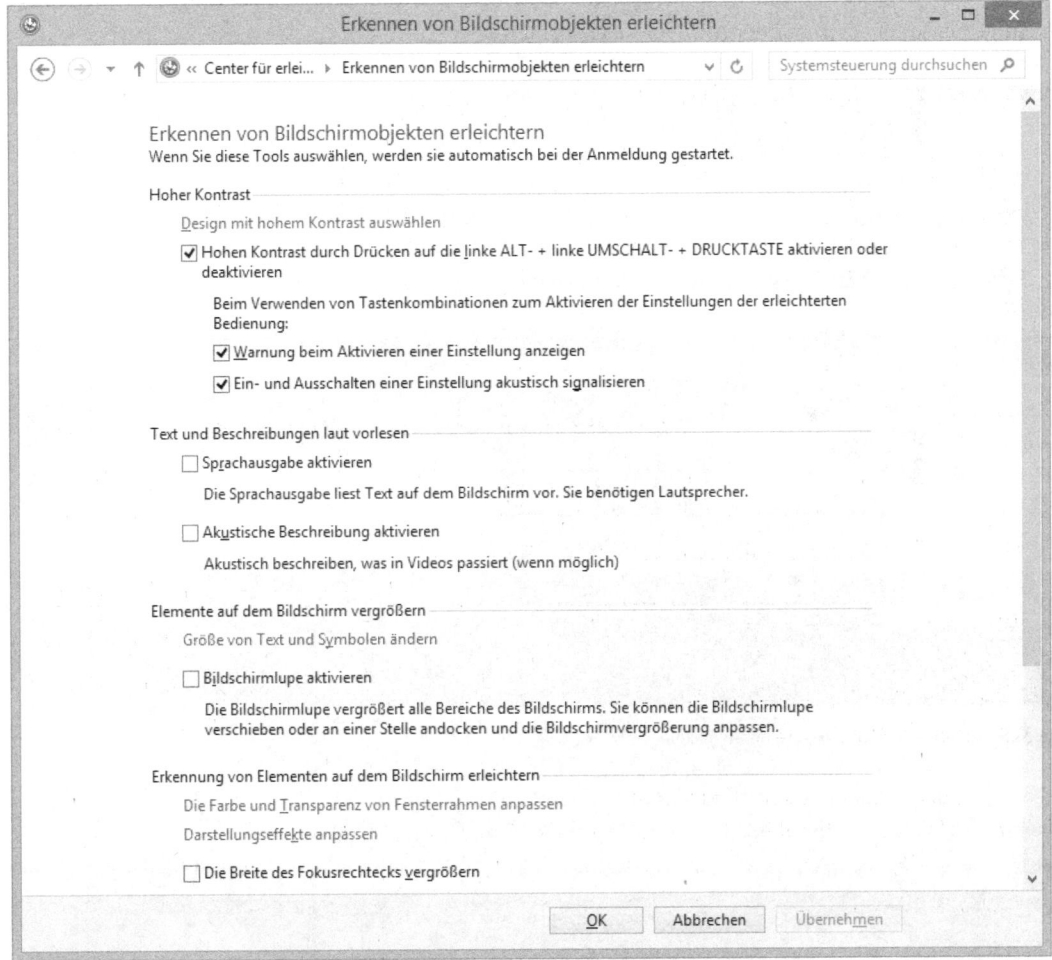

Abbildung 23.6   Erkennen von Bildschirmobjekten erleichtern

Verwendung der Bildschirmlupe

Die Bildschirmlupe ist bei Menschen mit starker Sehbehinderung hilfreich, um Teile des Bildschirms vergrößert anzuzeigen:

- Die Aktivierung kann über die Seitenleiste *Suchen* durch Eingabe des Begriffs »Bild« (Kategorie »Überall«) und anschließende Anwahl des Treffers *Bildschirmlupe*, über das Center für erleichterte Bedienung oder direkt durch Drücken der Tastenkombination ⊞+⊞ eingeschaltet werden.

- Die oben erwähnte Tastenkombination der ⊞-Taste mit der Lautstärkeregelung lässt sich ebenfalls zum Aktivieren der Sprachausgabe, der Bildschirmlupe oder Bildschirmtastatur konfigurieren.

Die aktivierte Bildschirmlupe zeigt einen vergrößerten Bildschirmbereich (Abbildung 23.7), in dem eine stilisierte Lupe oder eine Bedienleiste eingeblendet wird:

- Die Bedienleiste *Bildschirmlupe* enthält zwei Schaltflächen mit den Symbolen + und –, über die sich die Vergrößerung schrittweise erhöhen bzw. reduzieren lässt.

- Den gleichen Effekt erhalten Sie bei eingeschalteter Bildschirmlupe durch Drücken der Tastenkombinationen ⊞+⊞ und ⊞+⊞.

Windows blendet aber die Bedienleiste nach kurzer Zeit aus und zeigt stattdessen ein Lupensymbol an. Ein Mausklick auf dieses Lupensymbol bringt die Bedienleiste wieder zur Anzeige. Durch Wischen mit dem Finger oder Ziehen mit der Maus lässt sich der vergrößerte Lupenbereich verschieben.

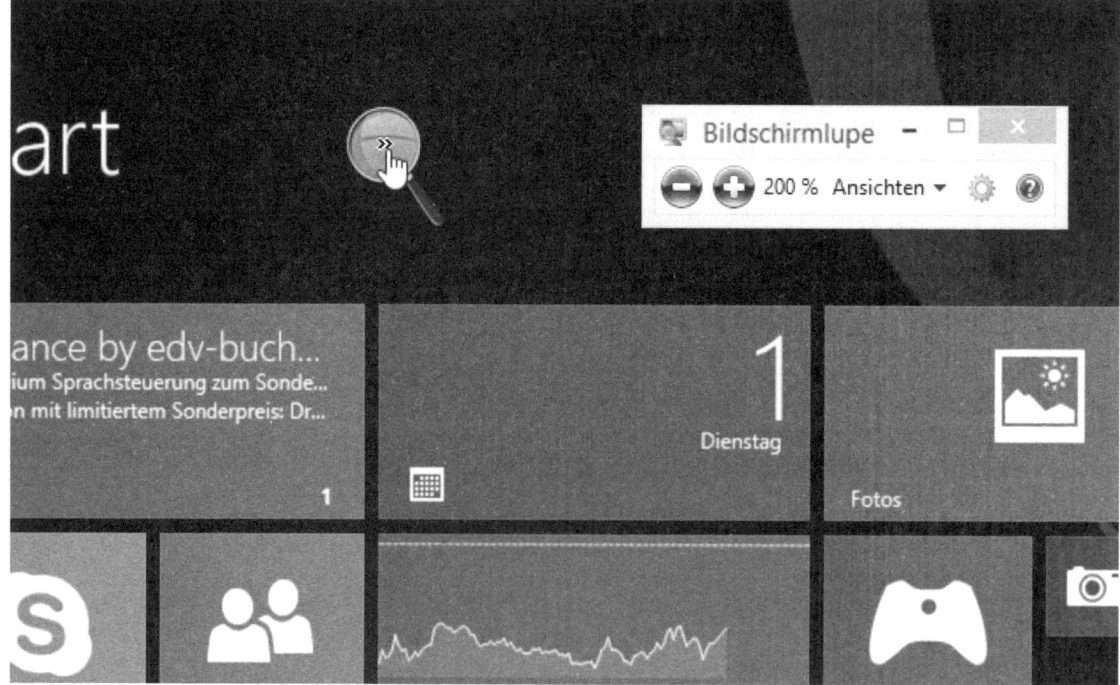

Abbildung 23.7   Fenster der Bildschirmlupe, Bedienleiste und Optionen

Über das Menü der Schaltfläche *Ansichten* (Abbildung 23.8) lässt sich festlegen, wie die Bildschirmlupe verwendet werden darf:

- Im Modus »Angedockt« (nur bei Anzeige des Windows-Desktops freigeschaltet) wird der Vergrößerungsbereich am oberen Desktoprand über die volle Bildschirmbreite eingeblendet. Der Modus lässt sich auch über die Tastenkombination ⌜Strg⌟+⌜Alt⌟+⌜D⌟ abrufen.

- Beim Modus »Lupe« wird ein rechteckiger Lupenbereich zur Anzeige des vergrößerten Bildschirmbereichs angezeigt. Die Bildschirmlupe führt den Vergrößerungsbereich dabei den Mausbewegungen nach. Der Modus wird über die Tastenkombination ⌜Strg⌟+⌜Alt⌟+⌜L⌟ eingeschaltet.

- Im Vollbildmodus wird der komplette Bildschirm vergrößert dargestellt. Diesen Modus empfinde ich am angenehmsten, wenn Bildschirminhalte nicht nur gelesen, sondern auch Eingaben und Bedienungen in Fenstern oder Dialogfeldern erfolgen sollen. Die Tastenkombination ⌜Strg⌟+⌜Alt⌟+⌜F⌟ schaltet zur Vollbilddarstellung. In diesem Modus lässt sich die Tastenkombination ⌜Strg⌟+⌜Alt⌟+⌜Leer⌟ drücken. Dann dunkelt Windows den Desktop ab, setzt die Vergrößerung zurück und markiert mit einem hellen Ausschnitt den momentan auf dem Desktop vergrößerten Bereich. Beim Loslassen der Tasten erscheint erneut die vergrößerte Vollbilddarstellung.

Um das Verhalten der Bildschirmlupe anzupassen, lässt sich in der Bedienleiste *Bildschirmlupe* die Schaltfläche *Optionen* (das Zahnrad-Symbol) anklicken. Dann öffnet die Bildschirmlupe das Dialogfeld *Bildschirmlupenoptionen* (Abbildung 23.8, links und rechts). Dessen Aussehen hängt vom eingestellten Anzeigemodus ab:

- Die Abbildung 23.8, rechts, zeigt die Optionen für den Modus »Lupe«. Dort lässt sich über die Schieberegler nur die Breite und Höhe des Lupenbereichs anpassen – der Vergrößerungsbereich wird ja automatisch dem Mauszeiger nachgeführt. Abhängig von der Sehbeeinträchtigung lässt sich in diesem Modus noch das Kontrollkästchen *Farbinversion aktivieren* markieren, da diese einen starken Kontrast (schwarzer Hintergrund mit weißer Schrift) ermöglicht.

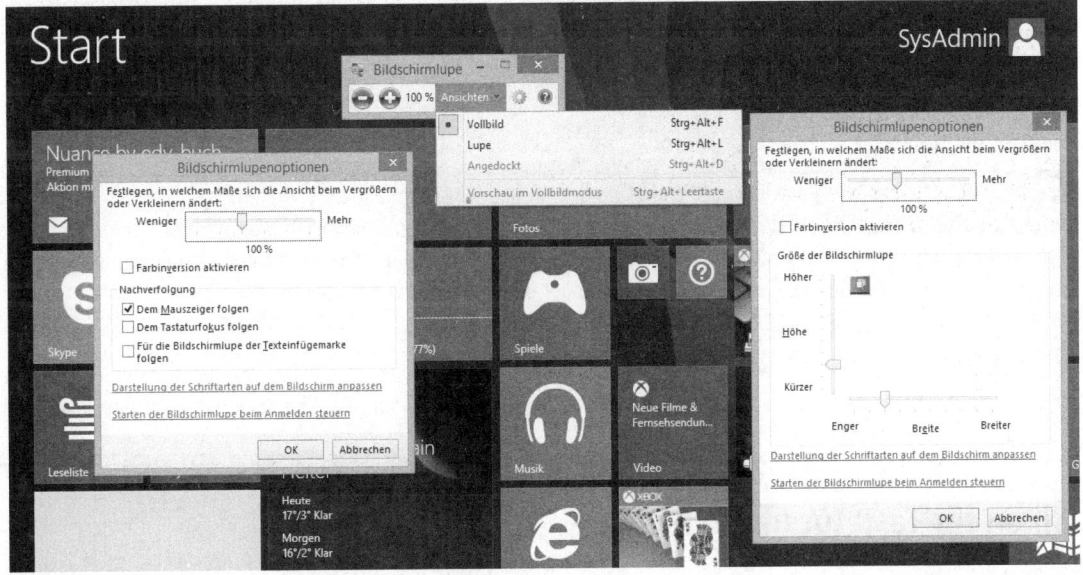

Abbildung 23.8 Bedienleiste und Optionen der Bildschirmlupe

- In den anderen Anzeigemodi erscheint dagegen das in Abbildung 23.8, links, gezeigte Dialogfeld *Bildschirmlupenoptionen*. Dort lässt sich über einen Schieberegler die Vergrößerung wählen. Über Kontrollkästchen geben Sie vor, ob die Bildschirmlupe dem Mauszeiger, dem Tastaturfokus (beim Drücken der

⌨-Taste) und/oder der Texteinfügemarke folgen soll. Die Option, um den Vergrößerungsbereich automatisch dem Mauszeiger nachzuführen, ist standardmäßig markiert. Abhängig von der Sehbeeinträchtigung lässt sich das Kontrollkästchen *Farbinversion aktivieren* markieren, da diese einen starken Kontrast (schwarzer Hintergrund mit weißer Schrift) ermöglicht.

Sobald Sie die *Schließen*-Schaltfläche der Bedienleiste anwählen, wird die Bildschirmlupe beendet.

Abbildung 23.9   Bildschirmlupe bei Touchscreens

HINWEIS   Bei Systemen mit Touchbedienung werden an den Bildschirmrändern Leisten mit den Zeichen + und − eingeblendet (Abbildung 23.9). Über diese Symbole kann die betreffende Person den Zoomfaktor anpassen. Beim Vergrößerungsfaktor von 100 Prozent findet sich in der rechten oberen Ecke eine *X*-Schaltfläche zum Schließen der Bildschirmlupe. Und mit dem Finger lässt sich im Innenbereich des Displays der Ausschnitt der Bildschirmlupe verschieben.

TIPP   Im Internet Explorer reicht ein Doppelklick oder ein Doppeltippen auf das Dokumentfenster, um die Anzeige zwischen einer vergrößerten und der normalen Darstellung umzuschalten. Zudem lässt sich der Inhalt auch ohne Bildschirmlupe per Finger stufenlos zoomen.

Hilfen für Tastatur und Maus

Menschen mit sensomotorischen Beeinträchtigungen oder Defiziten haben oft Schwierigkeiten, eine Maus sowie Tastatureingaben zu betätigen. Hier bieten die beiden Befehle *Verwenden der Maus erleichtern* und *Bedienung der Tastatur erleichtern* im Center für erleichterte Bedienung eine entsprechende Unterstützung.

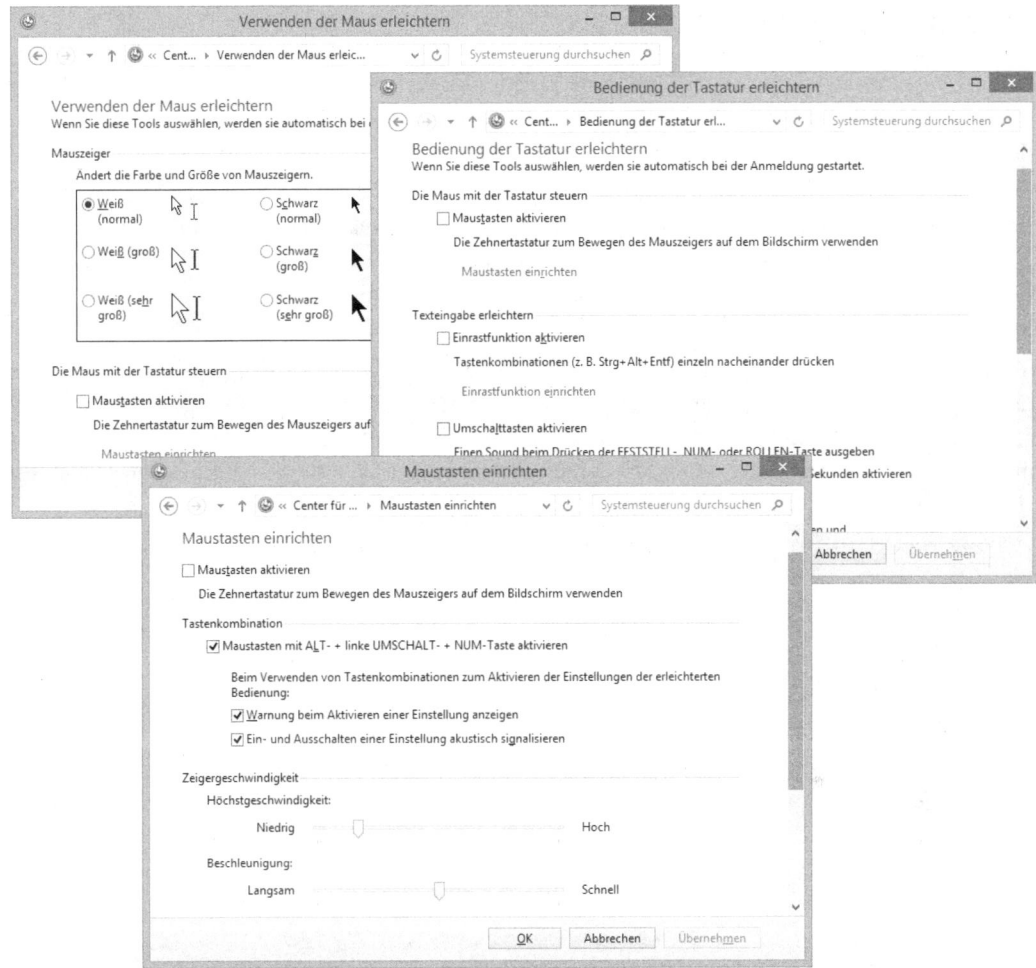

Abbildung 23.10   Verwenden von Maus und Tastatur erleichtern

- Die Option *Verwenden der Maus erleichtern* öffnet das in Abbildung 23.10, oben links, sichtbare Fenster, in dem Sie z.B. spezielle, besser zu erkennende Mauszeiger wählen, die Funktionen der »Tastaturmaus« (Maussteuerung erfolgt über die Zehnertastatur) oder das Umschalten auf Fenster durch Zeigen aktivieren können. Die Tastaturmaus wird über das Kontrollkästchen *Maustasten aktivieren* eingeschaltet. Über den Hyperlink *Maustasten einrichten* öffnet sich die in Abbildung 23.10, unten, sichtbare Konfigurationsseite, über die Sie Tastenkombinationen zum Umschalten auf die Tastaturmaus, die Beschleunigung und weitere Optionen vorgeben können.

- Über den Befehl *Bedienung der Tastatur erleichtern* im Center für erleichterte Bedienung öffnen Sie die in Abbildung 23.10, oben rechts, gezeigte Seite, über deren Optionen Sie ebenfalls die Maussteuerung über die Tastatur aktivieren können. Zusätzliche Optionen ermöglichen z.B., die Einrastfunktion der Tastatur (hilfreich bei Einfingerbedienung, um Tastenkombinationen wie Strg + C einzugeben), die Anschlagverzögerung (sinnvoll bei spastischem Muskeltonus oder Tremor) einzuschalten bzw. einzurichten usw.

Am Ende der betreffenden Konfigurationsseiten finden Sie Hyperlinks, über die sich Informationsseiten zu den betreffenden Optionen abrufen lassen.

Sprachausgabe unter Windows

In Windows 8.1 beginnt die Sprachausgabe sofort nach dem Öffnen des Centers für erleichterte Bedienung mit dem Vorlesen des Seiteninhalts. Das Center für erleichterte Bedienung ermöglicht, die Sprachausgabe auch explizit zu starten. Diese Sprachausgabe ist für blinde oder stark sehbehinderte Menschen hilfreich, da sie alle Änderungen auf dem Windows-Desktop, auf der Startseite oder in App-Fenstern akustisch meldet:

- Sie erfahren, wenn ein Desktopsymbol markiert wurde, ob sich ein Dialogfeld oder ein Fenster auf dem Desktop öffnet, ob die Taskleiste angewählt oder ob Apps gestartet wurden. Bei Fenstern, App-Seiten und Dialogfeldern wird dabei der Titel und ggf. der Dialogfeldinhalt vorgelesen. Das Gleiche gilt für Schaltflächen oder andere Bedienelemente.

- Zudem sagt die Spracheingabe alle Texteingaben an. Markieren Sie einen eingetippten Text, wird dieser bei manchen Anwendungen wie dem Windows-Editor oder WordPad komplett vorgelesen. Rufen Sie eine Internetseite auf, sagt die Sprachausgabe deren URL an. Zeigen Sie in der Webseite auf Hyperlinks, die mit einer QuickInfo versehen sind, wird deren Text vorgelesen. Wird ein Hyperlink angeklickt, die linke Maustaste aber gedrückt gehalten, liest Windows den Hyperlink vor.

Ab Windows 8 liefert Microsoft eine deutsche Stimme mit, sodass die Sprachausgabe gut verständlich ist.

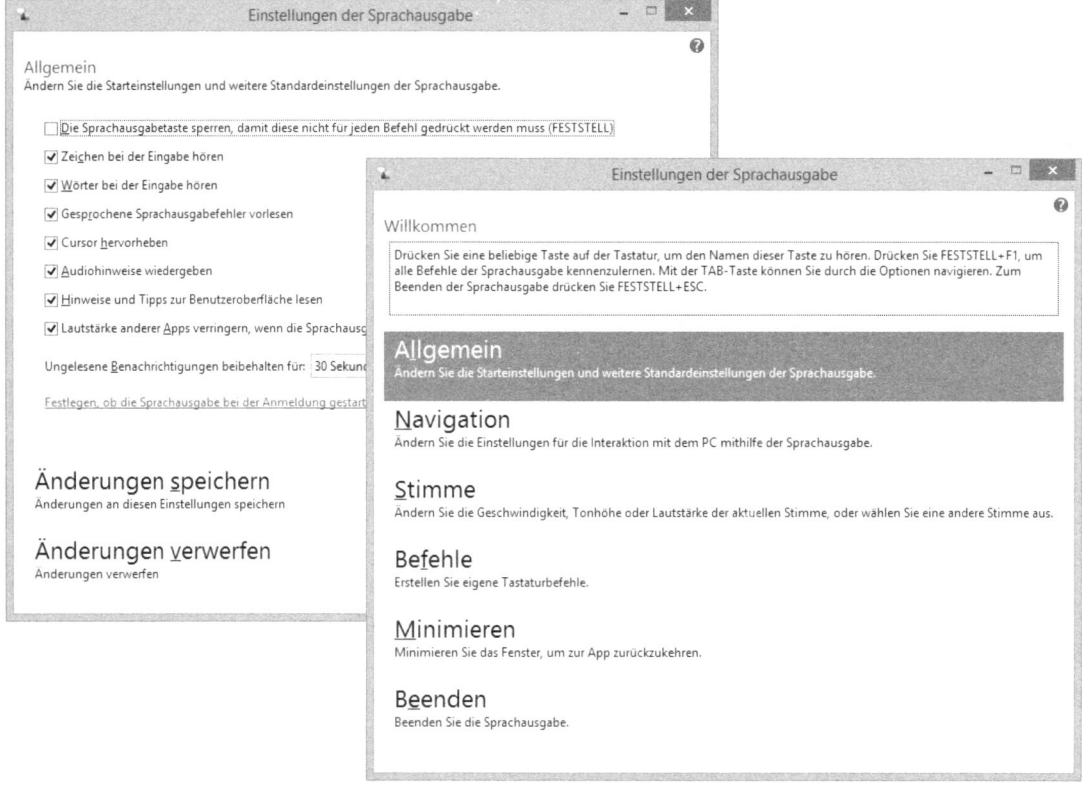

Abbildung 23.11 Einstellungen der Sprachausgabe

- Die Sprachausgabe meldet sich nach dem Start mit einer Schaltfläche in der Taskleiste. Bei deren Anwahl öffnet sich ein Fenster (Abbildung 23.11, unten rechts), in dem sich verschiedene Optionen anwählen lassen. Der Inhalt des Fensters wird sofort vorgelesen.

- Wählen Sie eine Option der Sprachausgabe an, zeigt das Fenster die zugehörigen Einstelloptionen (Abbildung 23.11, oben links). Durch Markieren der Kontrollkästchen können Sie vorgeben, ob Optionen ein- oder ausgeschaltet werden sollen.

Unter *Allgemein* lässt sich beispielsweise festlegen, ob Audiohinweise gegeben werden sollen, ob die Lautstärke anderer Apps bei aktiver Sprachausgabe reduziert werden soll und vieles mehr. Am unteren Rand des Fensters finden sich dann zwei Befehle, um Änderungen an den Einstellungen zu speichern oder zu verwerfen. Der Befehl *Stimme* (Abbildung 23.11, unten rechts) ermöglicht Ihnen, die Sprecherstimme zwischen zwei Varianten umzuschalten.

HINWEIS Je nach Beeinträchtigung des Benutzers kann es erforderlich werden, auf einen kommerziell angebotenen Screenreader wie JAWS, SuperNova etc. zurückzugreifen. Achten Sie beim Einsatz solcher Programme aber darauf, dass die Produkte kompatibel zu Windows 8.1 sind. Dies gilt auch für Zusatzgeräte wie Braillezeilen.

Spracherkennung und -steuerung

Für Menschen mit einer Sehbehinderung oder motorischen Beeinträchtigungen bzw. Lähmungen, die sich sprachlich mitteilen können, dürfte die Sprachsteuerung des Computers ein interessantes Thema darstellen. Neben der Steuerung von Windows ist auch die Erfassung geschriebener Texte durch Diktieren denkbar. Windows wird mit einer Funktion zur Spracheingabe ausgeliefert. Um die Spracheingabe zu nutzen, wird ein am Computer angeschlossenes und eingerichtetes Mikrofon benötigt. Zudem muss die Spracherkennung trainiert werden und der Bediener muss die betreffenden Sprachbefehle kennen. Nachfolgend möchte ich kurz erläutern, wie sich die Spracherkennung von Windows einrichten und verwenden lässt.

Die Spracherkennung aufrufen und anpassen

Zum Aufrufen der Spracherkennung verwenden Sie die Systemsteuerung. Diese ist z.B. über das Schnellzugriffmenü der *Start*-Schaltfläche der Taskleiste des Desktops aufrufbar.

1. Wählen Sie den Eintrag *Erleichterte Bedienung* und in der Folgeseite (Abbildung 23.12, oben) den Befehl *Spracherkennung*.

2. Dann erscheint das Fenster *Spracherkennung* auf dem Windows-Desktop (Abbildung 23.12, unten), in dem Sie die gewünschten Befehle abrufen.

Über den Befehl *Spracherkennung starten* aktivieren Sie die Spracherkennung (diese muss aber eingerichtet sein, andernfalls erscheint der Assistent zum Einrichten des Mikrofons):

- **Mikrofon einrichten** Wählen Sie als Erstes diesen Befehl, um die Eingangslautstärke des Mikrofons zu überprüfen. Ein Assistent führt Sie in verschiedenen Dialogfeldern durch das Einrichten (Abbildung 23.13).

- **Sprachlernprogramm ausführen** Dieser Befehl öffnet das Fenster eines Lernprogramms zum Umgang mit der Spracheingabe. Über Schaltflächen am unteren Fensterrand können Sie zwischen verschiedenen Lektionen umschalten.

- **Computer trainieren**   Dieser Befehl startet ebenfalls einen Assistenten, der Sie in verschiedenen Dialogfeldern durch das Training führt. In den Dialogfeldern werden Ihnen Texte angezeigt, die Sie per Mikrofon einsprechen sollen. Die eingesprochenen Sätze ermöglichen der Spracheingabe ein Training, um Sie als Sprecher besser zu erkennen.

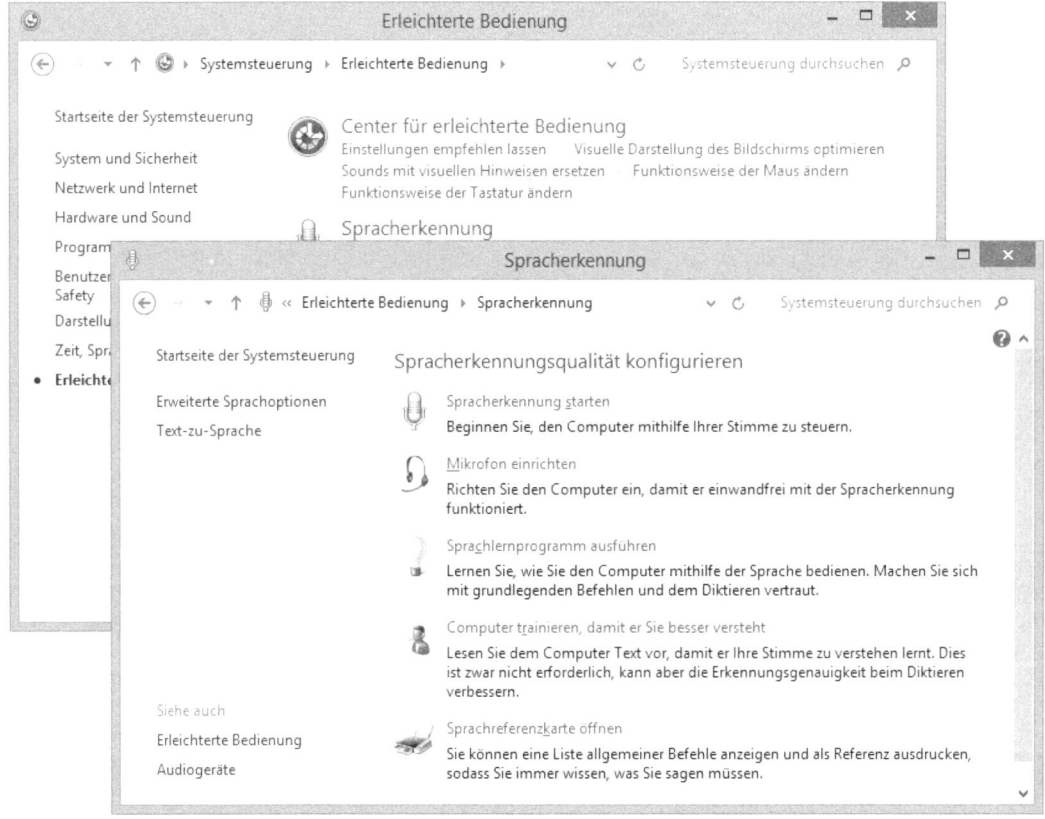

Abbildung 23.12   Spracherkennung konfigurieren

Der Befehl *Sprachreferenzkarte öffnen* öffnet das Fenster *Windows-Hilfe und Support*, in dem Sie Informationen zur Verwendung der Spracherkennung finden.

Mikrofon zur Spracherkennung einrichten

Eine Spracherkennung am Computer ist sprecherabhängig, d.h., die Funktion muss vor der Verwendung konfiguriert werden. Daher startet beim ersten Aufruf der Spracherkennung über den Befehl *Windows-Spracherkennung* ein Einrichtungs-Assistent. Zum nachträglichen Einrichten der Spracherkennung gehen Sie wie im vorherigen Abschnitt besprochen vor und wählen den Befehl *Mikrofon einrichten*. Ein Assistent führt Sie dann durch die wichtigsten Schritte zum Einrichten der Spracherkennung (Abbildung 23.13):

- Sie müssen die Art des Mikrofons wählen (Abbildung 23.13, links) und erhalten danach einen Hinweis zur Positionierung des Mikrofons (Abbildung 23.13, unten)

- Gehen Sie über die *Weiter*-Schaltfläche zum nächsten Dialogfeld, ist der angezeigte Text in normaler Lautstärke vorzulesen (Abbildung 23.13, oben rechts). Windows verwendet diesen Schritt zum Einpegeln des Mikrofons.

Sie sollten dann im Fortschrittsbalken eine Pegelanzeige in grüner Farbe sehen. Die Pegelausschläge sollten in den grünen Bereich reichen. Pegelausschläge im rot markierten Bereich deuten auf eine zu hohe Lautstärke hin. Bei einem fehlenden Pegelausschlag liegt ein Fehler vor oder das Mikrofon ist ausgeschaltet (siehe folgende Erläuterungen). Sobald das Mikrofon erkannt wurde, lässt sich die *Weiter*-Schaltfläche anwählen. Bei der Erstkonfigurierung werden Sie dann durch weitere Dialogfelder zur Konfigurierung geführt.

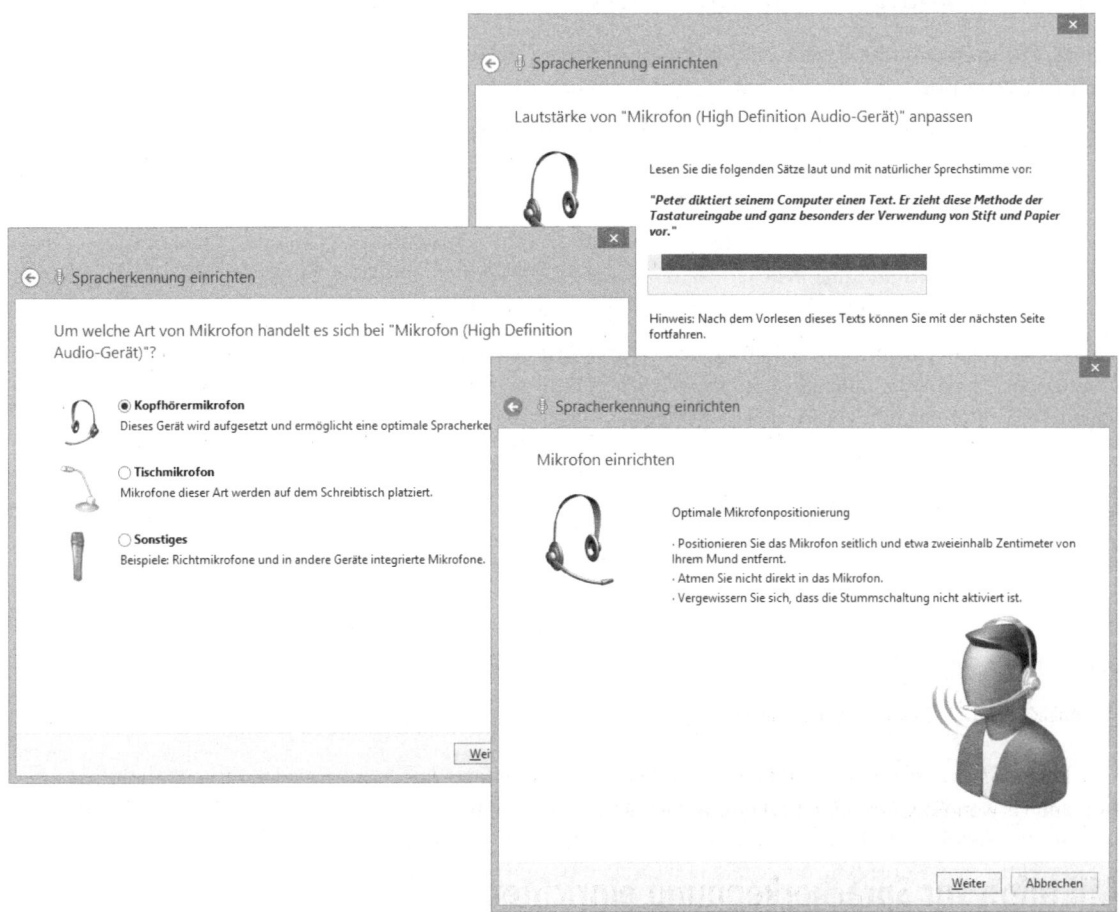

Abbildung 23.13   Mikrofon zur Spracherkennung konfigurieren

TIPP   Zeigt das Dialogfeld zum Testen des Mikrofons keinen Pegelausschlag? Dann ist irgendetwas mit der Mikrofonabstimmung nicht in Ordnung. Prüfen Sie als Erstes, ob das Mikrofon an der richtigen Audiobuchse angeschlossen ist (grüne Buchse = Lautsprecher, orange Buchse = Mikrofon). Falls es bei einem Desktopcomputer mit dem Mikrofonanschluss an der vorderen Gehäusebuchse nicht klappt, schauen Sie nach, ob eine Mikrofonbuchse an der hinteren Gehäuseseite existiert, und testen Sie diese. Ist dort kein Fehler zu finden, klicken Sie auf dem Windows-Desktop mit der rechten Maustaste auf das Lautsprechersymbol der Taskleiste und wählen den Kontextmenübefehl *Aufnahmegeräte*.

Im Eigenschaftenfenster *Sound* lässt sich auf der Registerkarte *Aufnahme* nachsehen, ob ein Mikrofon konfiguriert wurde. Wird auf der Registerkarte *Aufnahme* kein Mikrofoneingang angezeigt, klicken Sie eine Stelle der Registerkarte mit der rechten Maustaste an und markieren die Kontextmenübefehle *Deaktivierte Geräte anzeigen* sowie *Getrennte Geräte anzeigen*. Der Mikrofoneingang muss mit einem grünen Kreis mit weißem Häkchen versehen sein. Sie können den Mikrofoneingang mit der rechten Maustaste anklicken und über den Kontextmenübefehl *Als Standardgerät wählen* entsprechend markieren. Wenn Sie dann ins Mikrofon sprechen, sollte die Pegelanzeige auf der Registerkarte in Form eines grünen Balkens ausschlagen. Dann ist das Mikrofon arbeitsbereit.

Stimmentraining der Sprachsteuerung

Um die Spracherkennung besser auf den Benutzer abzustimmen, lässt sich ein Stimmentraining durchführen. Beim Erstaufruf der Sprachausgabe folgen nach der Mikrofonkalibrierung die entsprechenden Schritte.

- Um die Spracherkennung nachträglich zu konfigurieren, starten Sie z.B. die Sprachausgabe (siehe unten), klicken die Steuerleiste mit der rechten Maustaste an und wählen den Kontextmenübefehl *Sprachlernprogramm starten* (Abbildung 23.14)

- Die Spracherkennung startet ebenfalls einen Assistenten, der Sie in verschiedenen Dialogfeldern durch das Stimmentraining führt. Klicken Sie jeweils auf die *Weiter*-Schaltfläche. Lesen Sie die in den einzelnen Dialogfeldern angezeigten Texte in normaler Sprechlautstärke vor.

Sobald das Dialogfeld mit der Schaltfläche *Fertig stellen* erscheint, beenden Sie den Assistenten über diese Schaltfläche. In den Dialogfeldern gibt die Spracherkennung Ihnen zudem die Möglichkeit, eine Sprachreferenzkarte (mit Hinweisen zur Sprachsteuerung) zu drucken.

Die Spracherkennung verwenden

Ist das Mikrofon eingerichtet und das Stimmentraining abgeschlossen, können Sie die Spracherkennungsfunktion verwenden. Zum Aufruf der Spracherkennung verwenden Sie die im Abschnitt »Die Spracherkennung aufrufen und anpassen« weiter vorne in diesem Kapitel besprochenen Techniken. Die Spracherkennung blendet ein kleines Fenster mit einer Statusanzeige auf dem Windows-Desktop ein (Abbildung 23.14). Die Farbe der Mikrofonschaltfläche sowie ein Statustext signalisieren den Modus der Spracherkennung. Klicken Sie die Statusanzeige der Spracherkennung mit der rechten Maustaste an, erscheint das in Abbildung 23.14 gezeigte Kontextmenü.

- Über den Menüeintrag *Optionen* lässt sich über Untermenübefehle festlegen, ob die Spracherkennung ein hörbares Feedback geben soll, ob das Programm beim Windows-Start auszuführen ist, ob Text zur Korrektur in ein Korrekturdialogfeld einzutragen ist und ob sich die Spracherkennung immer im Diktatmodus (zur Texteingabe) befinden soll

- Das Untermenü *Konfiguration* stellt Befehle zum Einrichten des Mikrofons, zum Stimmentraining sowie zum Zugriff auf die Seite *Spracherkennung* (Abbildung 23.12) der Systemsteuerung zur Verfügung

Über weitere Befehle lässt sich der Zuhörenmodus der Spracherkennung ein-/ausschalten, das Sprachlernprogramm starten oder die Hilfeseite mit der Sprachreferenzkarte aufrufen. Über die Sprachreferenzkarte erhalten Sie detaillierte Erläuterungen zum Umgang mit dem Programm sowie Hinweise zum Aufrufen von Funktionen.

Abbildung 23.14 Statusanzeige der Spracherkennung

HINWEIS   Zum besseren Erkennen von Wörtern beim Diktat lassen sich Einträge im Sprachwörterbuch ergänzen. Rufen Sie das betreffende Dialogfeld über den Kontextmenübefehl *Sprachwörterbuch öffnen* (Abbildung 23.14) auf. Im Startdialogfeld können Sie einen der angezeigten Befehle wählen, um Wörter hinzuzufügen, zu ändern oder vom Diktat auszuschließen. Die Zahl der angezeigten Befehle hängt davon ab, ob bereits Wörter vereinbart sind oder nicht. In Folgedialogfeldern lassen sich dann Wörter per Tastatur eintippen, Optionen vergeben und die Aussprache per Mikrofon erfassen. Mit einem gut abgestimmten Mikrofon und entsprechend trainierter Spracherkennung können erfahrene Sprecher das System sprachgesteuert bedienen.

An dieser Stelle beende ich die Einführung in die Funktionen zur erleichterten Bedienung. Aus Platzgründen konnte vieles nur angerissen werden. Andererseits erfordert der Einsatz unterstützender Technologien häufig auch eine Abstimmung der Hardware mit Spezialein-/-ausgabegeräten, die über den Ansatz dieses Buchs hinausführen.

Kapitel 24

Eingabeaufforderung und Windows-Anwendungen

Arbeiten mit der Eingabeaufforderung

Das Fenster der Eingabeaufforderung ist ganz hilfreich, um DOS-Anwendungen auszuführen oder um über Befehle auf spezielle Funktionen zuzugreifen. Der nachfolgende Abschnitt zeigt Ihnen den Umgang mit der Eingabeaufforderung.

Die Eingabeaufforderung aufrufen und beenden

Das Fenster der Eingabeaufforderung lässt sich über verschiedene Methoden aufrufen. Hier eine Variante:

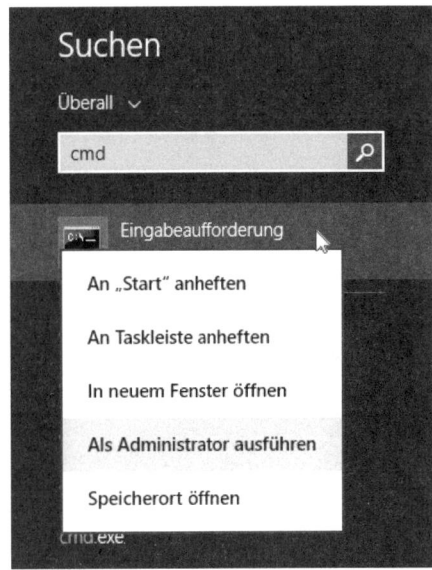

Abbildung 24.1 Eingabeaufforderung aufrufen

1. Verwenden Sie die Suche der Startseite, indem Sie die Charms-Leiste am rechten Bildschirmrand einblenden, das Sie das Symbol *Suchen* wählen und den Befehl »cmd« im Suchfeld der Seitenleiste eingeben.

2. Anschließend wählen Sie den angezeigten Befehl *Eingabeaufforderung* (Abbildung 24.1). Benötigen Sie die Eingabeaufforderung mit administrativen Berechtigungen, öffnen Sie das Kontextmenü des Treffers, wählen *Als Admin ausführen* und bestätigen die Sicherheitsnachfrage der Benutzerkontensteuerung.

TIPP   Sie können zum Öffnen der Eingabeaufforderung auch den Text »cmd« in das Suchfeld der Startseite eintippen und die ⏎-Taste drücken. Benötigen Sie die Eingabeaufforderung mit administrativen Berechtigungen, drücken Sie die Tastenkombination Strg + ⇧ + ⏎.

Das Fenster der Eingabeaufforderung (Abbildung 24.2) zeigt dann die Meldung des Befehlsprozessors.

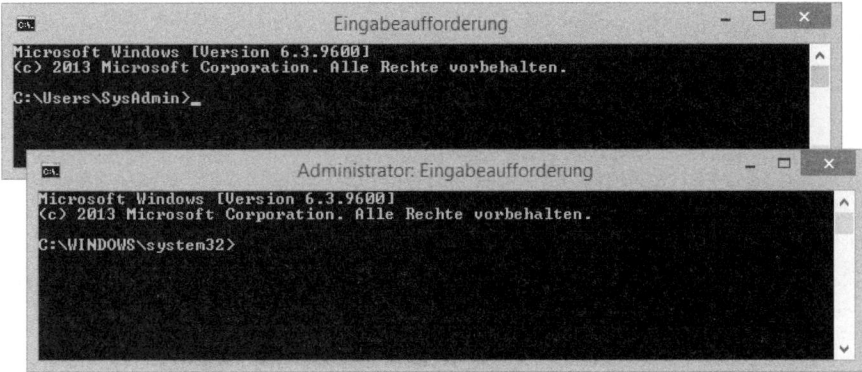

Abbildung 24.2   Fenster der Eingabeaufforderung (oben ohne und unten mit Administratorrechten)

In der Zeile mit der Eingabeaufforderung werden das aktuelle Laufwerk und das aktuelle Verzeichnis angezeigt. Welches Verzeichnis voreingestellt ist, hängt von der Aufrufart auf:

- Starten Sie die Eingabeaufforderung normal, zeigt der Pfad auf die Ordner des Benutzerkontos. In der Titelleiste findet sich dann der Hinweis »Eingabeaufforderung« (Abbildung 24.2, oben).

- Haben Sie die Eingabeaufforderung über *Als Administrator ausführen* aufgerufen, ist der Windows-Ordner *system32* voreingestellt (Abbildung 24.2, unten). Zudem enthält die Titelleiste den Text »Administrator: Eingabeaufforderung«.

- Beim Aufruf über das Dialogfeld *Ausführen* (Befehl *cmd*) oder beim Aufruf über die Registerkarte *Datei* eines Ordnerfensters wird in der Titelleiste der Pfad auf die Datei *cmd.exe* angezeigt

Sie können anschließend in beiden Varianten Befehle in der Eingabezeile eingeben oder MS-DOS- sowie Windows-Programme aufrufen. Um bestimmte Administratoraufgaben auszuführen (z.B. schreibender Zugriff auf Registrierungseinträge im Zweig *HKLM* oder auf Systemdateien), ist eine administrative Eingabeaufforderung erforderlich. Starten Sie aus einer administrativen Eingabeaufforderung z.B. den Windows-Editor mit dem Befehl *Notepad*, erbt das Programm ebenfalls Administratorrechte. Sie können dann z.B. Systemdateien wie *Hosts* etc. im Editor öffnen und anschließend auch Änderungen zurückspeichern.

Zum Schließen der Eingabeaufforderung tippen Sie den Befehl *Exit* ein und bestätigen mit der ⏎-Taste. Das Fenster der Eingabeaufforderung lässt sich zudem über die *Schließen*-Schaltfläche in der rechten oberen Ecke beenden.

Weitere Varianten zum Öffnen der Eingabeaufforderung

Die obigen Schritte zum Aufruf der Eingabeaufforderung eignet sich für Touchbedienung. Bei Desktopsystemen mit Maus und Tastatur bieten sich weitere Aufrufvarianten an:

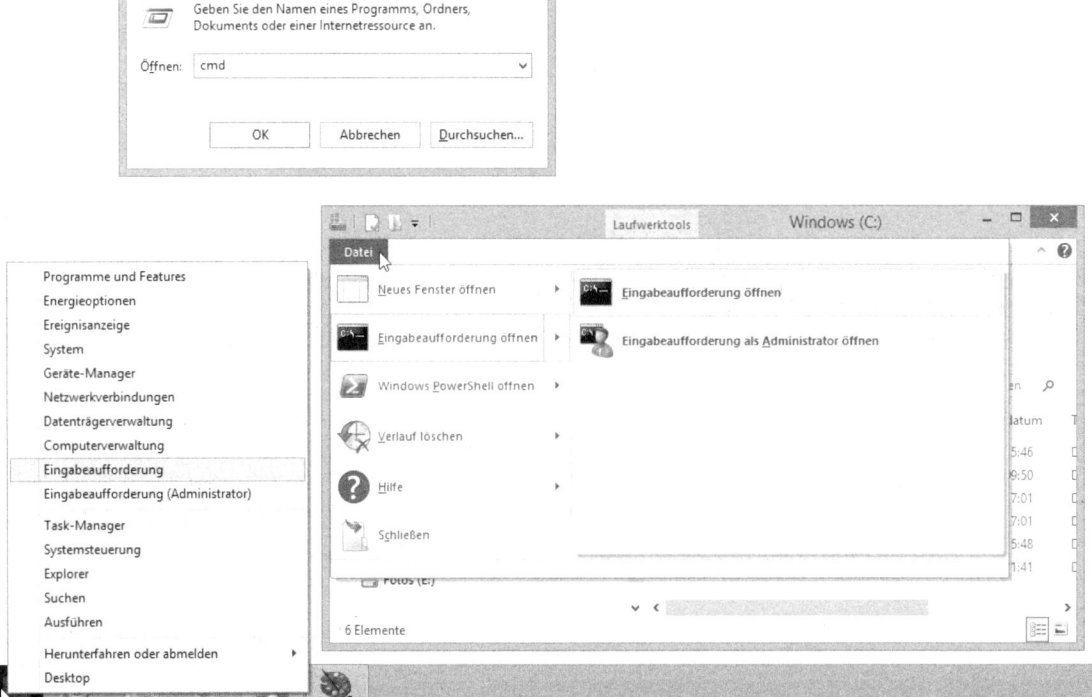

Abbildung 24.3   Eingabeaufforderung aufrufen

- Drücken Sie die Tastenkombination ⊞+R, können Sie im Dialogfeld *Ausführen* (Abbildung 24.3, oben) den Text »cmd« eingeben und die Eingabeaufforderung über die *OK*-Schaltfläche öffnen

- Öffnen Sie in einem Ordnerfenster das Kontextmenü eines Ordners bei gedrückter ⇧-Taste, blendet Windows den Befehl *Eingabeaufforderung hier öffnen* ein. Wählen Sie diesen Befehl, stellt Windows automatisch den Pfad zu diesem Ordner in der Befehlszeile ein.

Eine administrative Eingabeaufforderung lässt sich aber mit den beiden obigen Varianten nicht öffnen. Ist ein Ordnerfenster geöffnet und ein Laufwerk oder ein Ordner im Navigationsbereich markiert, finden Sie im Menüband auf der Registerkarte *Datei* der Befehl *Eingabeaufforderung öffnen* vor (Abbildung 24.3, rechts). Dort ist die Auswahl zwischen dem Aufruf der Eingabeaufforderung oder der administrativen Eingabeaufforderung möglich.

Den gleichen Ansatz ermöglicht das Schnellstartmenü:

1. Klicken Sie mit der rechten Maustaste auf die in der Taskleiste sichtbare *Start*-Schaltfläche – oder drücken Sie die Tastenkombination ⊞+X.

2. Wählen Sie im eingeblendeten Schnellstartmenü (Abbildung 24.3, unten links) die Befehle *Eingabeaufforderung* oder *Eingabeaufforderung (Administrator)*.

Beim Aufruf der administrativen Eingabeaufforderung muss anschließend noch die Abfrage der Benutzerkontensteuerung bestätigt werden.

Desktopverknüpfung auf Eingabeaufforderung

Benötigen Sie das Fenster der Eingabeaufforderung häufiger, empfiehlt es sich, eine entsprechende Verknüpfung auf dem Desktop einzurichten. Administratoren können hierzu z.B. das Symbol der Datei *Cmd.exe* aus dem Ordner *Windows\System32* bei gedrückter rechter Maustaste auf den Desktop ziehen und im Kontextmenü den Befehl *Verknüpfungen hier erstellen* wählen.

Beim Doppelklick auf dieses Verknüpfungssymbol zeigt die Eingabeaufforderung jedoch auf den Windows-Ordner *System32*. Wählen Sie den Kontextmenübefehl *Eigenschaften* der Verknüpfungsdatei, lassen sich die Verknüpfungseigenschaften auf der Registerkarte *Verknüpfung* anpassen (Abbildung 24.4):

- Der angezeigte Pfad der eingerichteten Verknüpfung wird im Wert der Eigenschaft *Ausführen in* festgelegt. Dort ist der feste Wert *C:\Windows\System32* eingetragen. Setzen Sie den Wert der Eigenschaft *Ausführen in* auf *%HOMEDRIVE%%HOMEPATH%*, um den Pfad auf das Benutzerprofil zeigen zu lassen. Tragen Sie einen anderen Pfad in der Eigenschaft *Ziel* ein, wird dieser beim Öffnen der Eingabeaufforderung in der Befehlszeile eingestellt.

- Soll die Verknüpfung das Fenster mit der Eingabeaufforderung im Administratormodus öffnen, wählen Sie auf der Registerkarte *Verknüpfung* die Schaltfläche *Erweitert* und markieren im angezeigten Dialogfeld *Erweiterte Eigenschaften* das Kontrollkästchen *Als Administrator ausführen*. Dann erscheint beim Aufruf der Eingabeaufforderung das Dialogfeld der Benutzerkontensteuerung und die Eingabeaufforderung zeigt den Text »Administrator« in der Titelleiste.

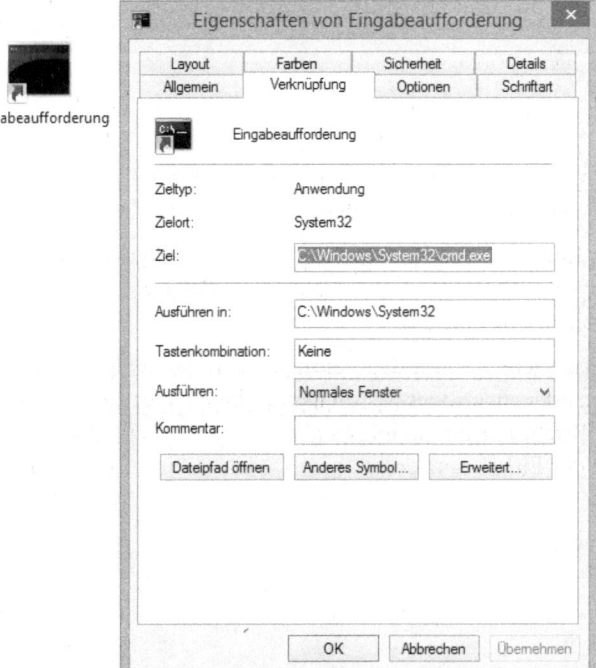

Abbildung 24.4 Verknüpfungseigenschaften der Eingabeaufforderung

Bei Bedarf weisen Sie auf der Registerkarte *Verknüpfung* über die Schaltfläche *Anderes Symbol* ein solches für die Verknüpfungsdatei zu.

Der Befehlsprozessor *Cmd.exe* lässt sich zudem mit verschiedenen Optionen aufrufen (z.B. *Cmd /c*). Wenn Sie in der Eingabeaufforderung den Befehl *Cmd.exe /?* eintippen und durch Drücken der ⏎-Taste ausführen, wird Ihnen eine Informationsseite mit den Aufrufoptionen und den zugehörigen Erläuterungen angezeigt. Diese Befehlsoptionen lassen sich im Eigenschaftenfenster der Verknüpfung im Feld *Ausführen in* eintragen. Geben Sie einfach den Befehl *%SystemRoot%\System32\Cmd.exe* in das Feld *Ausführen in* ein und hängen Sie die Optionen an diesen Befehl an.

HINWEIS   Neben dem 32-Bit-Befehlsprozessor *Cmd.exe* finden Sie bei 32-Bit-Systemen noch den 16-Bit-Befehlsprozessor *Command.com* im Ordner *System32* vor. Diesen sollten Sie möglichst nicht mehr verwenden.

Befehle in der Eingabeaufforderung ausführen

Die Eingabeaufforderung stellt Ihnen verschiedene Konsolenbefehle zur Verfügung. Um einen Befehl auszuführen, tippen Sie ihn im Fenster der Eingabeaufforderung ein und bestätigen Sie diesen durch Drücken der ⏎-Taste. Mit dem Befehl

```
Dir
```

veranlassen Sie zum Beispiel, dass das Inhaltsverzeichnis des aktuellen Ordners im Fenster der Eingabeaufforderung angezeigt wird.

Beim Aufruf der Eingabeaufforderung wird der Inhalt des Ordners des Benutzerkontos (im Pfad *C:\Users*) als Verzeichnis angezeigt. Der Befehl

```
Cd Text
```

veranlasst den Wechsel zum angegebenen Unterordner (hier *Text*). Mit *Cd ..* lässt sich eine Ordnerebene höher gehen. Eine Auflistung der von der Eingabeaufforderung unterstützten Befehle erhalten Sie, wenn Sie die Anweisung

```
Help
```

in das Fenster der Eingabeaufforderung eintippen. Benötigen Sie detailliertere Informationen zu einem der Befehle, geben Sie diesen als Argument in der *Help*-Anweisung an. Alternativ können Sie den Befehl, gefolgt von einem /?, eintippen, um die Hilfeseite abzurufen. Mit den Befehlen

```
Help dir
```

oder

```
Dir /?
```

erhalten Sie beispielsweise zusätzliche Erläuterungen zum *Dir*-Befehl.

HINWEIS   Eine ausführliche Übersicht über die in der Eingabeaufforderung verfügbaren Befehle finden Sie auf der Microsoft-Webseite *http://technet.microsoft.com/en-us/library/cc754340.aspx* [Ms240-K24-01]. Unter *http://winows.microsoft.com/de-DE/windows-vista/Command-Prompt-frequently-asked-questions* [Ms240-K24-02] gibt es noch einige Hinweise zum Umgang mit der Eingabeaufforderung.

Stapelverarbeitungsdateien zum Ausführen von Befehlen

Die Eingabeaufforderung von Windows 8.1 unterstützt das Ausführen von sogenannten Stapelverarbeitungsdateien (Batchprogrammen). Es handelt sich dabei um Textdateien mit der Dateinamenerweiterung *.bat* (oder *.cmd*), die sich im Windows-Editor erstellen und pflegen lassen. In der BAT-Datei können Sie die im Fenster der Eingabeaufforderung zulässigen Befehle angeben, wobei jeder Befehl in eine eigene Zeile geschrieben wird. Mit dem Befehl *REM* lassen sich Kommentare auszeichnen.

Die in Listing 24.1 gezeigte Befehlssequenz des Batchprogramms *Test.bat* zeigt den Inhalt des Benutzerordners an. Anschließend legt das Programm einen neuen Unterordner *Test* im Benutzerprofil an, erzeugt dort eine Textdatei mit dem Verzeichnisinhalt und löscht abschließend sowohl die neue Datei als auch den neuen Ordner.

```
@Echo off
REM Anzeige des Benutzerordnerinhalts,
REM anlegen, Löschen von Ordnern
REM Wechsle zum Benutzerordner "Dokumente"
cd %HOMEDRIVE%%HOMEPATH%
REM Zeige den Ordnerinhalt an
dir
MD Test
REM Zeichne Inhalt auf Screen und schreibe dir.txt
dir
dir *.* > .\Test\dir.txt
REM Warte auf Benutzereingabe
Echo Der Ordner 'Test' wurde angelegt
Pause Bitte eine Taste drücken
del Test /q /s
rd Test
Echo Der Ordner 'Test' wurde gelöscht
Pause Bitte eine Taste drücken
REM Wir sind fertig
```

Listing 24.1 Beispiel eines Batchprogramms

Die erste Zeile *@Echo off* unterdrückt die Anzeige der ausgeführten Befehle im Fenster der Eingabeaufforderung. Die mit *REM* beginnenden Anweisungen sind Kommentare. Der Ablauf des Stapelverarbeitungsprogramms wird durch *Pause*-Befehle unterbrochen. Erst wenn der Benutzer eine Taste drückt, setzt die Eingabeaufforderung den Programmablauf fort. Über die *Echo*-Anweisung lassen sich Informationen im Fenster der Eingabeaufforderung ausgeben.

Programmstart aus der Eingabeaufforderung

Neben den in den vorhergehenden Abschnitten erwähnten Befehlen des Windows-Befehlsprozessors *Cmd.exe* können Sie aus dem Fenster der Eingabeaufforderung beliebige Programme aufrufen. Hierzu sind lediglich der Name der ausführbaren Datei und ggf. die benötigten Parameter als Kommando einzugeben.

Um beispielsweise den Windows-Editor aus dem Fenster der Eingabeaufforderung aufzurufen, tippen Sie den Befehl *Notepad.exe* ein und drücken dann die ⏎-Taste. Windows-Programme starten in separaten Fenstern.

Um eine Dokumentdatei direkt in der zugehörigen Anwendung aus dem Fenster der Eingabeaufforderung zu öffnen, geben Sie hinter dem Programmnamen ein Leerzeichen und dann den Namen der Dokument-datei in der Form *<Pfad>\<Name>.<Erweiterung>* ⏎-Taste ein (z.B. *Notepad.exe Extras.txt* oder *Note-pad.exe .\Test\Dir.txt*). Windows öffnet die betreffende Datei im Windows-Editor.

HINWEIS   Windows verwendet die Umgebungsvariable *Path*, um bestimmte Standardordner für die Befehlsausführung zu berücksichtigen. Auf diese Weise lassen sich Programme direkt ohne Pfadangabe aufrufen. Der Inhalt der *Path*-Umgebungsvari-ablen wird Ihnen angezeigt, wenn Sie in das Fenster der Eingabeaufforderung den Befehl *Path* eintippen und mit der ⏎-Taste abschließen. Befindet sich das auszuführende Programm nicht im aktuellen Verzeichnis oder im Pfad, müssen Sie beim Befehl für die aufzurufende Anwendung das Programmverzeichnis mit angeben.

Steuertasten zur Befehlseingabe

Der Befehlsprozessor *Cmd.exe* speichert die letzten Befehle und stellt Ihnen einige Tastenabkürzungen zur optimalen Befehlseingabe zur Verfügung:

- Verwenden Sie die Cursortasten ↑ und ↓, um zwischen den zuletzt eingegebenen Befehlen zu blät-tern und diese durch Drücken der ⏎-Taste erneut ausführen

- Drücken Sie die Funktionstaste F7, erscheint in der Eingabeaufforderung sogar ein Menü mit den Namen der zuletzt eingegebenen Befehle. Sie können dann mittels der Cursortasten ↑ und ↓ in der Befehlsliste navigieren und durch Drücken der ⏎-Taste Befehle aufrufen. Die Esc-Taste schließt das Menü.

- Die Funktionstaste F3 ruft den letzten Befehl in der Eingabezeile ab

- Mit der ⟵-Taste lassen sich Zeichen links von der Einfügemarke in der Befehlszeile löschen. Die Cur-sortaste → bringt dagegen die gelöschten Zeichen rechts von der Einfügemarke wieder in die Eingabe-zeile zurück.

- Über die Cursortaste ← können Sie die Einfügemarke im Befehlstext nach links versetzen

- Tippen Sie neue Zeichen ein, werden diese an der aktuellen Position der Einfügemarke eingefügt oder sie überschreiben den Befehlsteil rechts von der Marke. Die Umschaltung zwischen Überschreiben und Ein-fügen erfolgt durch Drücken der Einfg-Taste.

- Mit der Funktionstaste F9 erscheint eine Abfrage »Auszuführender Befehl« und Sie können die Num-mer des auszuführenden Befehls eintippen – wobei die Nützlichkeit dieses Befehls begrenzt ist

Durch Verwenden dieser Abkürzungstasten ist eine sehr komfortable Befehlseingabe in der Eingabeaufforde-rung möglich.

Verwendung des Start-Befehls

Windows unterstützt in der Eingabeaufforderung den Befehl *Start*, mit dem sich weitere Optionen beim Auf-ruf einer Anwendung angeben lassen. Es gilt die folgende Aufrufsyntax:

```
Start [option] Programmname [parameter]
```

Über das Argument *[Option]* unterstützt Windows verschiedene Schalter. Der Befehl *Start* öffnet beim Aufruf von Konsolenbefehlen standardmäßig ein zweites Konsolenfenster. Dabei kann der Fenstertitel beim Aufruf über die Option *"Titeltext"* angegeben werden (z.B. *Start "Verzeichnis" Dir* erzeugt ein zweites Fenster mit dem Titel »Verzeichnis« und der Ausgabe des *Dir*-Befehls). Die Option */Min* bewirkt, dass die Anwendung minimiert als Schaltfläche in der Taskleiste erscheint. Möchten Sie, dass der Befehlsprozessor auf das Beenden der aufgerufenen Anwendung wartet, geben Sie beim Aufruf zusätzlich den Schalter */Wait* an. Mit den Optionen */Low*, */Normal*, */High* und */Realtime* lässt sich die Priorität zur Ausführung der betreffenden Anwendungen einstellen. Eine Übersicht aller unterstützten Optionen erhalten Sie, indem Sie den Befehl *Start /?* im Fenster der Eingabeaufforderung eingeben.

16-Bit-Anwendungsunterstützung

MS-DOS-Programme sind häufig als 16-Bit-Anwendungen ausgeführt. Solche Anwendungen sind aber nur in einer 32-Bit, nicht aber in einer 64-Bit-Windows-Umgebung ausführbar. Die Ausführung einer 16-Bit-Anwendung in einer 32-Bit-Windows-Umgebung erfordert aber zunächst die Installation der 16-Bit-Anwendungsunterstützung. Während sich in Windows 8 noch die 16-Bit-Anwendungsunterstützung in einem Dialogfeld ein-/ausschalten ließ, hat sich das in Windows 8.1 geändert. Beim ersten Aufruf einer 16-Bit-Anwendung (z.B. Starten des MS-DOS-Editors *Edit.com* aus der Eingabeaufforderung) erscheint ein Dialogfeld (Abbildung 24.5). Administratoren können dann das Feature NTVDM (NT Virtual DOS Machine) nachinstallieren lassen.

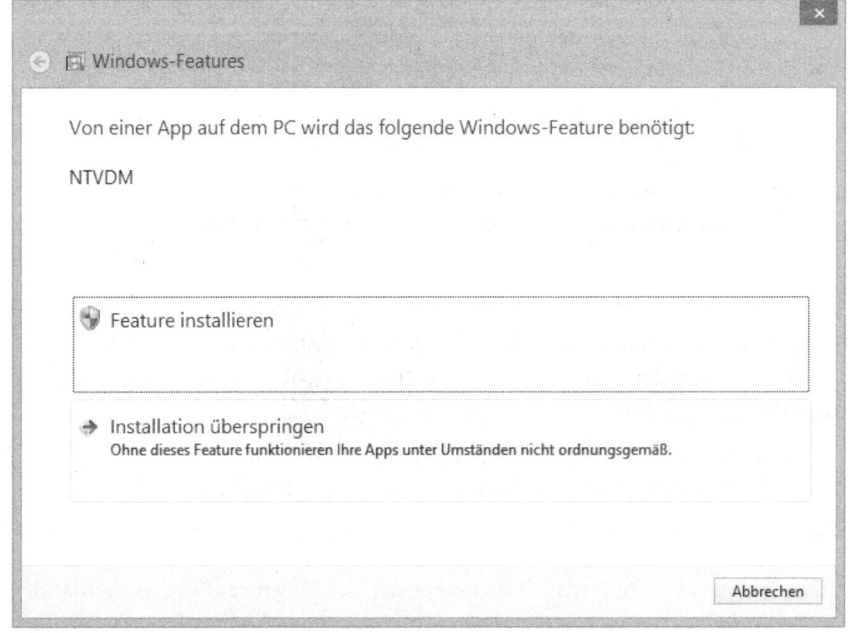

Abbildung 24.5 NTVDM installieren

Datenaustausch mit Windows per Zwischenablage

Inhalte im Fenster der Eingabeaufforderung lassen sich markieren, in die Windows-Zwischenablage kopieren und anschließend in andere Fenster von Anwendungsprogrammen (Windows- oder MS-DOS-Anwendungen) übernehmen:

- Zum Markieren von Texten im Fenster der Eingabeaufforderung klicken Sie auf das Systemmenü ganz links in der Titelleiste und wählen den Untermenübefehl *Bearbeiten/Markieren* (Abbildung 24.6, unten). Anschließend können Sie beliebige Textstellen im Fenster der Eingabeaufforderung durch Ziehen per Maus markieren.

- Zum Kopieren des markierten Textes der Zwischenablage öffnen Sie das Systemmenü und wählen den Untermenübefehl *Bearbeiten/Kopieren*. Anschließend können Sie zum Fenster der Anwendung wechseln und den Inhalt der Zwischenablage über den Befehl *Einfügen* des Menüs *Bearbeiten* (bzw. sofern unterstützt, über die Tastenkombination $\boxed{\text{Strg}}$+$\boxed{\text{V}}$) einfügen.

- Haben Sie Textinhalte aus dem Fenster der Eingabeaufforderung oder aus anderen Anwendungsfenstern in die Zwischenablage übertragen? Möchten Sie diesen Text (z.B. einen Befehl) in das Fenster der Eingabeaufforderung einfügen? Drücken Sie die $\boxed{\leftarrow}$-Taste, um in eine neue Befehlszeile zu gelangen. Danach wählen Sie im Systemmenü den Untermenübefehl *Bearbeiten/Einfügen*.

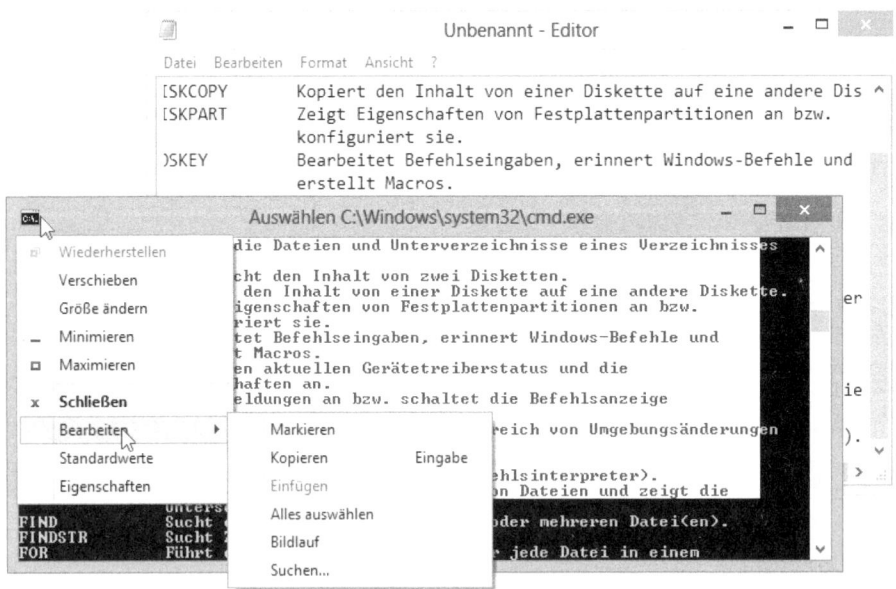

Abbildung 24.6 Markieren und Kopieren in der Eingabeaufforderung

Auf diese Weise können Sie Teile bereits ausgeführter Befehle im Fenster der Eingabeaufforderung markieren, in die Zwischenablage kopieren und wieder in die Befehlszeile einfügen. Oder Sie transferieren die Ausgaben im Fenster der Eingabeaufforderung in das Fenster einer Anwendung. Die Abbildung 24.6 zeigt das Fenster der Eingabeaufforderung mit einem markierten Text, das geöffnete Systemmenü und ein Fenster des Windows-Editors im Hintergrund, in das Text aus der Zwischenablage eingefügt wurde.

> Über den Befehl *Bearbeiten* des Systemmenüs der Eingabeaufforderung können Sie auch den Befehl *Suchen*
> wählen. Dann öffnet sich ein Dialogfeld, über das Sie, ähnlich wie im Windows-Editor, im Fenster der Eingabeaufforderung nach
> Texten suchen können. Über die Bildlaufleiste am rechten Bildschirmrand oder über das Rädchen einer Maus lässt sich im Fenster
> der Eingabeaufforderung blättern.

Eigenschaften der Eingabeaufforderung

Haben Sie eine Verknüpfung auf die Eingabeaufforderung angelegt, können Sie über deren Kontextmenü-
befehl *Eigenschaften* auf das Eigenschaftenfenster zurückgreifen. Alternativ können Sie im Systemmenü des
Fensters der Eingabeaufforderung den Befehl *Eigenschaften* (Abbildung 24.6) wählen, um das Eigenschaften-
fenster zu öffnen. Auf den verschiedenen Registerkarten des Eigenschaftenfensters (Abbildung 24.7) finden
Sie die Eigenschaften des Anwendungsfensters. Für die Registerkarten mit den Eigenschaften des Fensters der
Eingabeaufforderung gilt Folgendes:

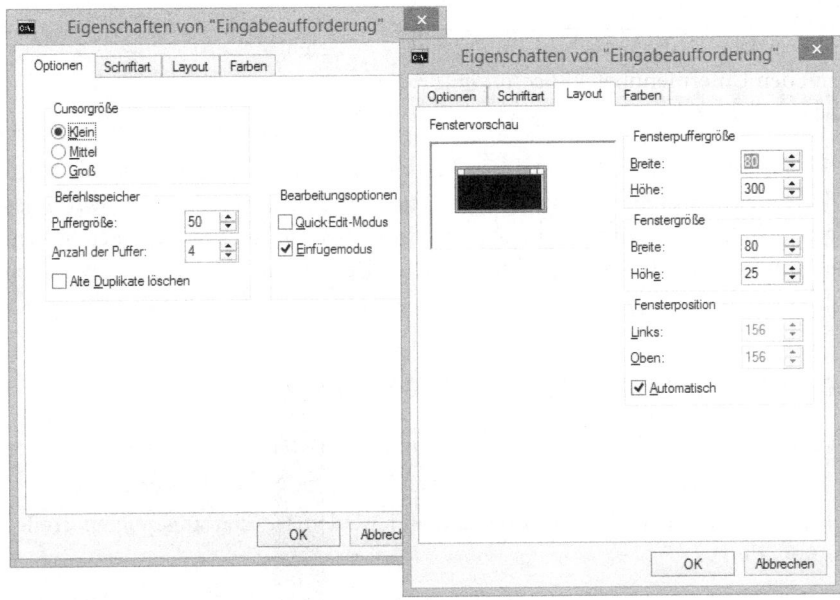

Abbildung 24.7 Eigenschaften der Eingabeaufforderung

Registerkarte »Optionen«

Auf der Registerkarte *Optionen* (Abbildung 24.7, links) finden Sie in der Gruppe *Cursorgröße* Optionsfelder,
um die Cursorgröße einzustellen. Die Gruppe *Befehlsspeicher* definiert die Größe der einzelnen Puffer (zur
Aufzeichnung eingegebener Befehle) sowie deren Anzahl.

In der Gruppe *Bearbeitungsoptionen* der Registerkarte *Optionen* können Sie festlegen, wie das Fenster auf die
Maus und auf die Zwischenablage reagiert. Markieren Sie das Kontrollkästchen *QuickEdit-Modus*, lassen sich
Texte im Fenster der Eingabeaufforderung direkt per Maus markieren. Erkennbar ist dieser Modus am Mar-
kierungszeichen, das sich von einem Unterstrich zu einem weißen Viereck ändert. Eine Markierung des Kon-
trollkästchens *Einfügemodus* bewirkt, dass Texte aus der Zwischenablage in das Fenster eingefügt werden.
Ohne Markierung überschreibt Windows die Texte im Fenster der Eingabeaufforderung.

Registerkarten »Schriftart«, »Layout« und »Farben«

Auf der Registerkarte *Schriftart* lässt sich festlegen, welche Schriftarten und Schriftgrößen Windows im Fenster der Eingabeaufforderung verwenden soll. Die Registerkarte *Layout* (Abbildung 24.7, rechts) definiert die Fensterabmessungen und -position. Zusätzlich lässt sich in der Gruppe *Fensterpuffergröße* angeben, wie viele Zeichen pro Zeile und wie viele Zeilen der Puffer zur Zeichenausgabe aufnehmen soll. Dieser Puffer bestimmt den Bereich des Fensters, in dem Sie über die Bildlaufleiste im Fenster blättern können. Ist das Kontrollkästchen *Automatisch* markiert, positioniert Windows das Fenster beim Öffnen automatisch gemäß den Angaben auf der Registerkarte.

Die Registerkarte *Farben* ermöglicht die Anpassung der Farbeinstellungen für bestimmte Fensterelemente (z.B. Hintergrund). Markieren Sie eines der Optionsfelder und klicken Sie dann auf ein Farbfeld der angezeigten Farbpalette, um die Farbe einzustellen. Die Änderungen der Eigenschaften werden übernommen, sobald Sie das Eigenschaftenfenster über die *OK*-Schaltfläche einer Registerkarte schließen.

HINWEIS   Über den Befehl *Standardwerte* im Systemmenü des Eigenschaftenfensters lassen sich die Windows-Voreinstellungen wieder zurücksetzen.

Windows-Fax und -Scan

Windows 8.1 enthält nach wie vor die Windows-Anwendung Windows-Fax und -Scan, über die Sie einen Scanner zum Erfassen von Bildvorlagen ansteuern können. Zudem steht im Fenster *Geräte und Drucker* das Gerät *Fax* zur Verfügung. Sofern ein Modem samt Telefonanschluss bei Ihnen verfügbar ist, können Sie den Rechner zum Versenden und Empfangen von Faxnachrichten nutzen. Nachfolgend werden die Funktionen kurz vorgestellt.

Programm aufrufen und Fax-Funktionen einrichten

Das Programm Windows-Fax- und -Scan lässt sich über die Suchfunktion der Startseite aufrufen:

1. Blenden Sie die Charms-Leiste am rechten Seitenrand ein und wählen Sie das Symbol *Suchen*.
2. Tippen Sie in der Seitenleiste *Suchen* den Begriff »Fax« ein und wählen Sie den angezeigten Treffer *Windows-Fax und -Scan* (Abbildung 24.8).

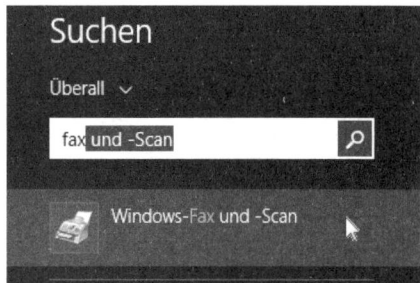

Abbildung 24.8 Windows-Fax und -Scan aufrufen

TIPP   Sofern Sie das Programm häufiger verwenden, markieren Sie den Eintrag (z.B. per Rechtsklick) und wählen in der App-Leiste den Befehl *An "Start" anheften* oder *An Taskleiste anheften.* Dann lässt sich das Programm über eine Kachel der Startseite bzw. über eine Schaltfläche der Taskleiste aufrufen.

Bevor Sie mit dem Faxversand (bzw. -empfang) beginnen können, muss Windows-Fax und -Scan zunächst eingerichtet werden. Dabei wird das zum Faxversand benötigte Modem identifiziert und Sie können das Faxkonto anlegen. Ist diese Einrichtungen noch nicht erfolgt, startet ein Einrichtungs-Assistent (Abbildung 24.10), sobald Sie das erste Fax senden möchten.

Alternativ lässt sich im Fenster *Windows-Fax und -Scan* der Befehl *Faxkonten* im Menü *Extras* wählen. Im Dialogfeld *Faxkonten* (Abbildung 24.9) wählen Sie dann die Schaltfläche *Hinzufügen*, um den Assistenten zu starten und das erste Dialogfeld abzurufen. Der Einrichtungs-Assistent fragt in mehreren Dialogschritten das zu verwendende Gerät ab (Abbildung 24.10).

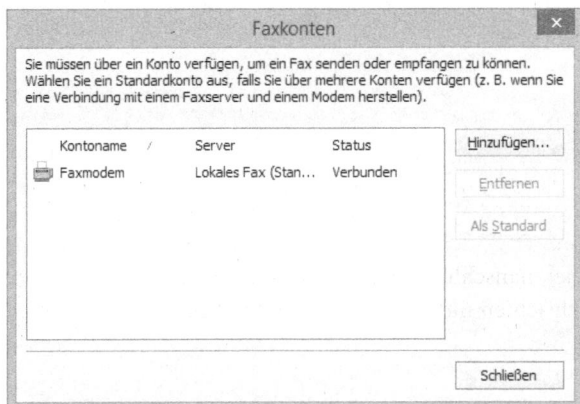

Abbildung 24.9 Faxkonten einrichten

- Im ersten Schritt (Abbildung 24.10, oben links) stellen Sie über die angebotenen Befehle eine Verbindung zu einem Faxserver in einem Netzwerk oder zu einem lokalen Faxmodem her. Ist ein analoges Modem im Rechner eingebaut, wird dieses automatisch identifiziert und zum Faxversand bzw. -empfang vorbereitet.

- Im Folgedialogfeld ist bei Verwendung eines Faxservers der UNC-Netzwerkpfad in ein Textfeld einzutragen. Verwenden Sie ein lokales Modem, kann ein Name für das Modem eingetragen werden (Abbildung 24.10, Mitte links).

- Im dritten Dialogfeld (Abbildung 24.10, unten) des Einrichtungs-Assistenten lässt sich wählen, wie eingehende Faxnachrichten zu behandeln sind. Administratoren können die automatische Annahme oder die Benachrichtigung konfigurieren.

- Die Warnung der Firewall für Windows-Fax und -Scan (Abbildung 24.10, Vordergrund rechts) bestätigen Sie über die Schaltfläche *Zugriff zulassen.* Anschließend geben Sie die Funktion über die Benutzerkontensteuerung frei.

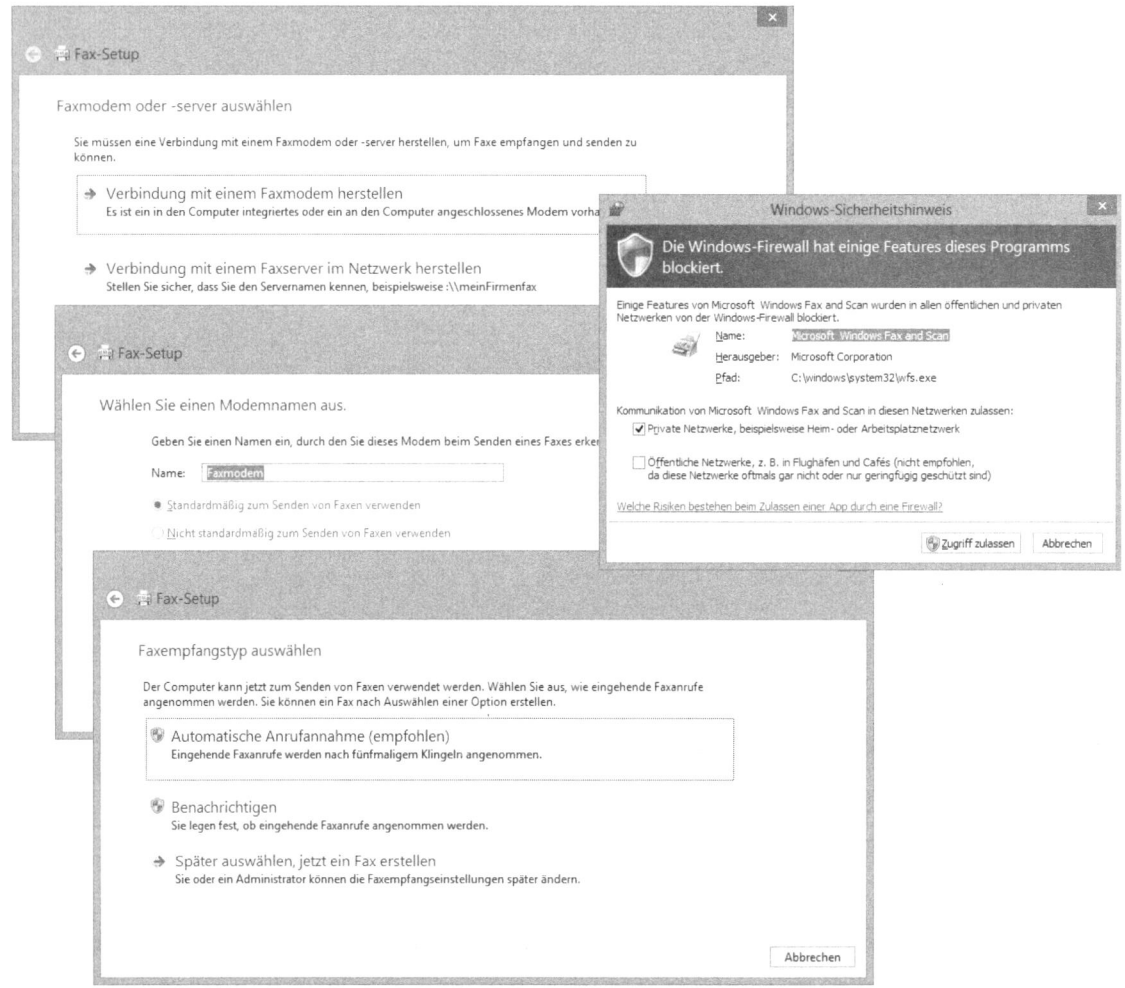

Abbildung 24.10   Dialogfelder des Assistenten zur Fax-Einrichtung

HINWEIS   Die Einbindung geeigneter Hardware zum Versenden von Faxnachrichten kann sich als Problem erweisen. Ist eine (aktive) ISDN-Karte installiert, muss vom Hersteller ein entsprechender Treiber bezogen und installiert werden, der ein Softmodem für die ISDN-Karte über eine CAPI 2.0-Schnittstelle bereitstellt (siehe auch meinen Blogbeitrag unter *http://www.borncity.com/blog/2007/08/14/faxen-unter-windows-vista/* [Ms240-K24-03], der auch für Windows 8.1 herangezogen werden kann). Sofern diese Konstellation bei Ihnen vorliegt, schauen Sie auf den Webseiten des Geräteherstellers nach, ob entsprechende Treiber angeboten werden. Eine Übersichtsbeitrag, was beim Faxen unter Windows zu berücksichtigen ist, habe ich unter *http://www.borncity.com/blog/2009/10/15/faxen-in-windows-7/* [Ms240-K24-04] veröffentlicht (gilt sinngemäß auch für Windows 8.1).

Über den Befehl *Faxeinstellungen* des Menüs *Extras* lässt sich das in Abbildung 24.11 gezeigte Dialogfeld mit den verschiedenen Registerkarten abrufen. Auf der Registerkarte *Allgemein* können Sie einstellen, ob der Faxempfang durch das Modem unterstützt wird. Die Schaltfläche *Weitere Optionen* öffnet ein Dialogfeld, in dem Sie die Absenderkennung für Faxnachrichten eintragen können. Auf der Registerkarte *Sicherheit* lassen sich für die Benutzerkonten Zugriffsberechtigungen auf den Faxausgang festlegen.

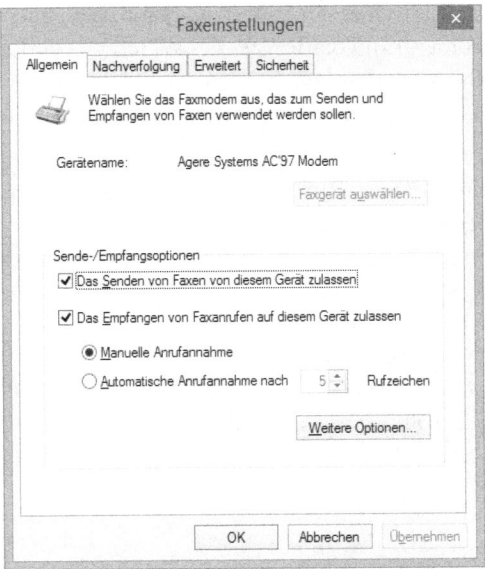

Abbildung 24.11 Faxeinstellungen anpassen

Der Befehl *Optionen* im Menü *Extras* öffnet ein weiteres Dialogfeld, in dem Sie festlegen können, ob beim Eintreffen einer Faxnachricht eine Benachrichtigung (z.B. per E-Mail) erfolgen soll.

Ein Fax erstellen und senden

Zum Erstellen einer Faxnachricht gibt es mehrere Möglichkeiten. Viele Benutzer bevorzugen es, die Texte in der gewohnten Anwendung (z.B. einem Textbearbeitungsprogramm wie Microsoft Word) zu verfassen.

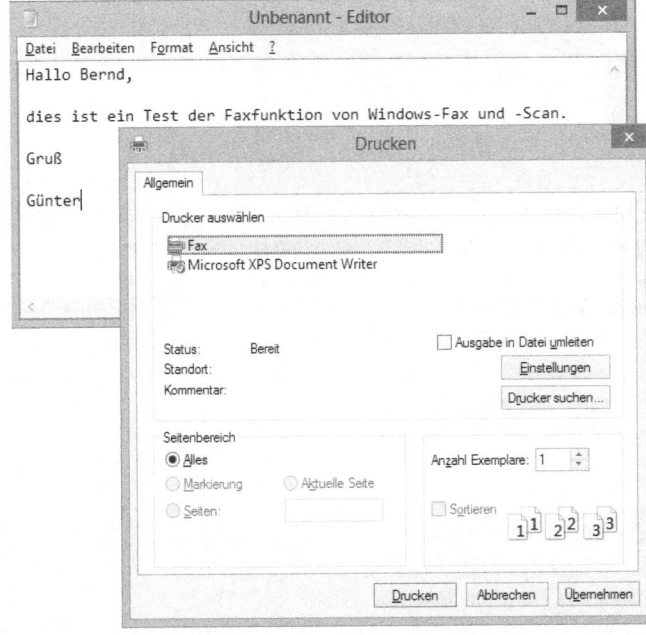

Abbildung 24.12 Dokument auf dem Faxausgang drucken

Dies ist kein Problem, da Windows automatisch einen Fax-Druckertreiber einrichtet und den betreffenden Druckausgaben bereitstellt. In Abbildung 24.12 sehen Sie im Hintergrund das Fenster des Windows-Editors Notepad, bei dem die Druckfunktion aufgerufen wurde. Wählen Sie den Drucker *Fax* aus, schickt dieses Gerät die Ausgaben an Windows-Fax und -Scan. Dort wird dann eine neue Faxnachricht angelegt und die Druckausgabe als TIF-Grafikdatei angehängt (Abbildung 24.13, oben).

Die andere Möglichkeit besteht darin, die Faxnachricht direkt in Windows-Fax und -Scan zu erstellen. Rufen Sie das Programm über das Startmenü auf und klicken Sie in der Symbolleiste auf die Schaltfläche *Neues Fax*. Sobald sich das Fenster zum Erstellen der Nachricht öffnet, können Sie den Betreff und den Nachrichtentext ergänzen (Abbildung 24.13, unten). Anschließend tragen Sie in das Empfängerfeld die Faxnummer ein. Hängt das Modem an einer Telefonanlage und benötigen Sie für den Anruf ein Amt, das über eine Ziffer (z.B. 0) bereitgestellt wird, können Sie dies über die Wählregeln in Windows vereinbaren. Diese Wählregeln lassen sich dann über das Listenfeld im Fenster des Faxnachrichteneditors abrufen. Die Alternative besteht darin, die Ziffer für das Amt einfach vor der Empfängernummer einzutragen. Sobald Sie auf die *Senden*-Schaltfläche klicken, wird das Fenster geschlossen und die Faxnachricht im Ordner *Postausgang* des Windows-Fax und -Scan-Fensters abgelegt (Abbildung 24.14).

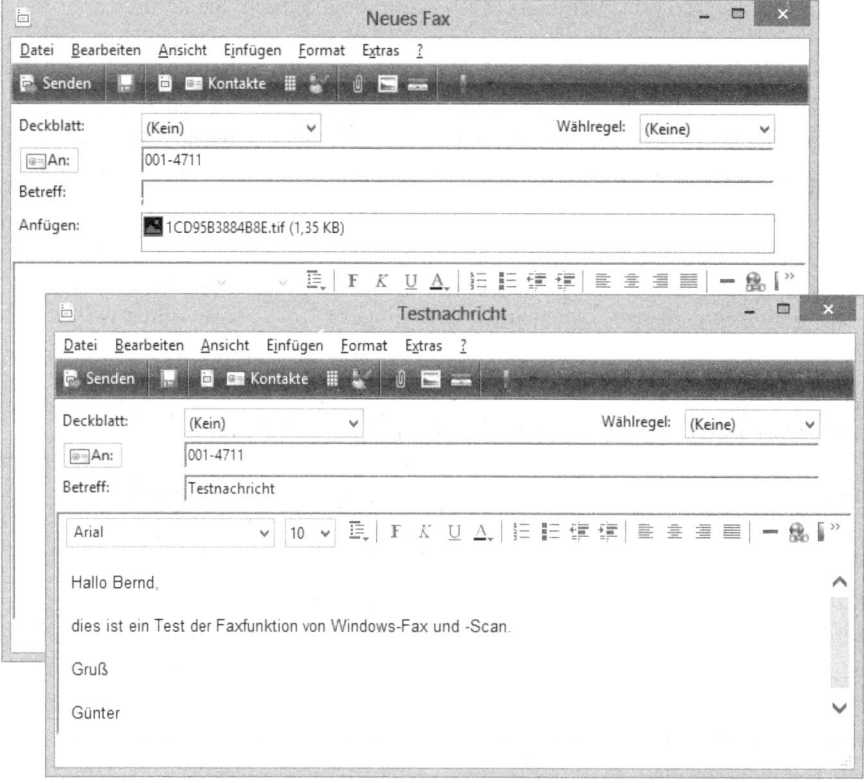

Abbildung 24.13   Neue Faxnachricht erstellen

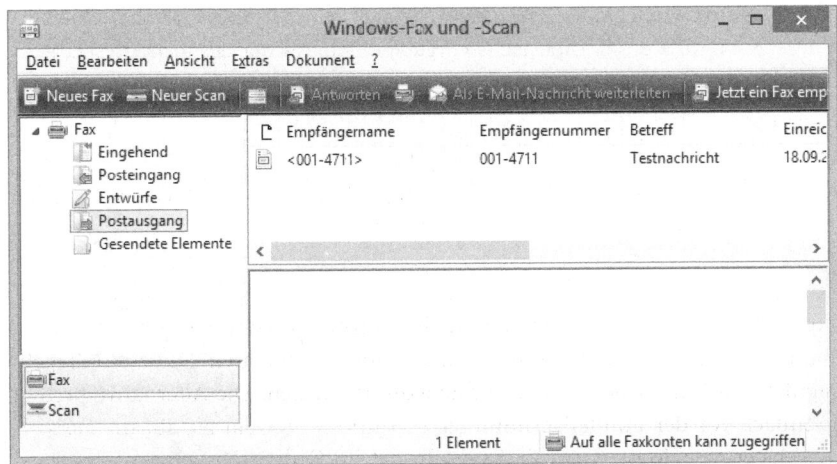

Abbildung 24.14 Faxnachrichten verwalten

Windows-Fax und -Scan verwaltet den Faxversand aus diesem Ordner automatisch. Sie können aber Einträge im Ordner *Postausgang* mit der rechten Maustaste anwählen und über Kontextmenübefehle löschen, anhalten und erneut zum Versand freigeben. Möchten Sie sich über den Status des Faxversands informieren, wählen Sie im Menü *Extras* den Befehl *Faxstatusmonitor*. Dann wird das Dialogfeld mit den Statusmeldungen eingeblendet. Über die Schaltfläche *Details einblenden/Details ausblenden* des Dialogfelds können Sie die Anzeige des Dialogfelds erweitern oder einschränken. In der erweiterten Darstellung wird der Status der letzten Nachrichten angezeigt.

Haben Sie das Faxmodem so konfiguriert, dass Anrufe nicht automatisch angenommen werden (dies ist z.B. hilfreich, wenn das Modem mit am normalen Telefonanschluss hängt), lässt sich ein eingehendes Fax über die Schaltfläche *Anruf annehmen* des Dialogfelds entgegennehmen. Eingehende Faxnachrichten werden im Ordner *Posteingang* abgelegt.

Scans mit Windows-Fax und -Scan anfertigen

Windows-Fax und -Scan ermöglicht Ihnen (neben der Scanner-App, siehe Kapitel 18), Scans über einen angeschlossenen Scanner anzufertigen. Dies macht z.B. beim Einscannen von Texten und Textvorlagen Sinn. Um eine Vorlage zu scannen, gehen Sie in folgenden Schritten vor:

1. Starten Sie Windows-Fax und -Scan und klicken Sie in der Symbolleiste des Anwendungsfensters auf die Schaltfläche *Neuer Scan* (Abbildung 24.15, Hintergrund).

2. Wählen Sie im angezeigten Dialogfeld *Neuer Scan* (Abbildung 24.15, Vordergrund) über das Listenfeld *Profil* den Eintrag *Dokumente*. Soll eine Bildvorlage gescannt werden, stellen Sie das Profil auf *Foto* um.

3. Wählen Sie im Listenfeld *Farbformat* einen Eintrag aus. Für Fotos ist der Eintrag *Farbe* einzustellen, während beim Scannen von Texten die Vorgabe *Graustufen* oder *Schwarz und Weiß* genügt.

4. Stellen Sie das Dateiformat zum Speichern der gewünschten Scandatei ein und passen Sie ggf. die Auflösung in DPI (Dot Per Inch, Punkte pro Zoll) an. Über die beiden Regler *Helligkeit* und *Kontrast* lässt sich ggf. die Qualität der Scans bei blassen Vorlagen verbessern.

5. Die Einstellungen kontrollieren Sie im Vorschaufenster, indem Sie auf die Schaltfläche *Vorschau* klicken. Dort lässt sich bei Bedarf auch die Größe des Scanbereichs vorgeben. Ist das Ergebnis in Ordnung, starten Sie den Scan durch Anklicken der Schaltfläche *Scannen*.

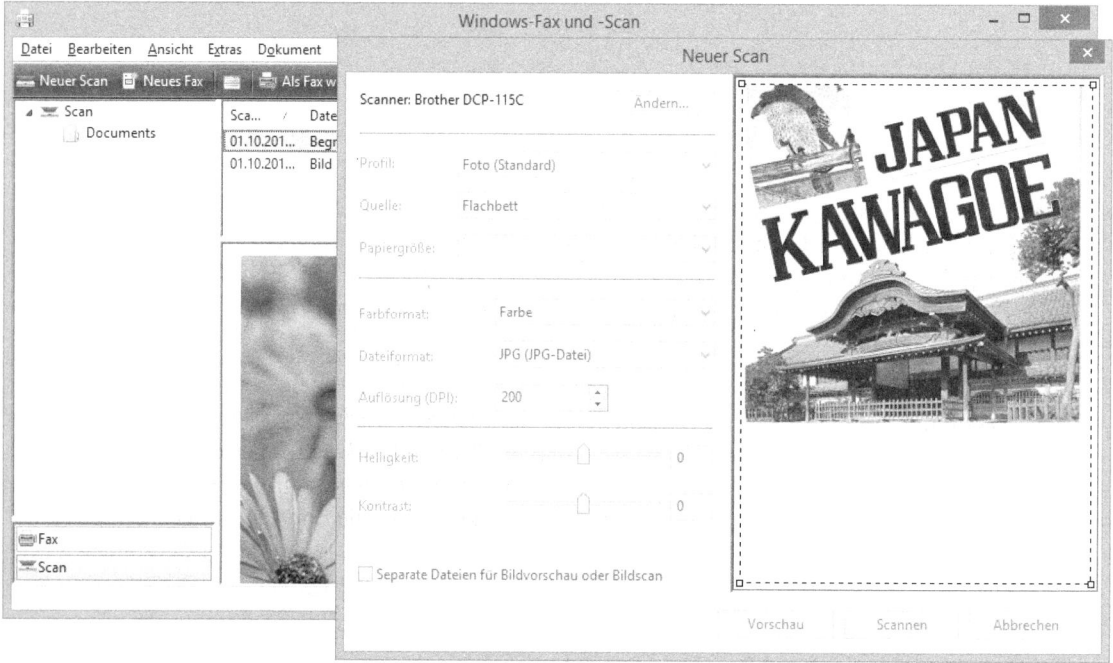

Abbildung 24.15 Scans in Windows-Fax und -Scan

Warten Sie, bis Windows-Fax und -Scan die Vorlage eingescannt hat. Das Dialogfeld *Neuer Scan* verschwindet automatisch und das eingescannte Motiv taucht in der rechten Spalte des Programmfensters auf (Abbildung 24.15, Hintergrund). Windows-Fax und -Scan sichert die eingescannte Grafikdatei automatisch im Ordner *Dokumente/Gescannte Dokumente*. Sie können dann die Darstellung durch Anklicken des Eintrags im Ansichtsfenster abrufen.

HINWEIS Bei Fotos, die farbig erfasst und per E-Mail verschickt oder in Farbdokumente eingebunden werden sollen, sollten Sie als Farbformat *Farbe* und als Grafikformat *JPG* einstellen. Eine Auflösung von 200 DPI reicht für die meisten Druckerzeugnisse aus. Nur bei der Erstellung hochwertiger Fotoscans, die ggf. noch vergrößert werden sollen, ist eine höhere Auflösung von 300 oder mehr DPI beim Scannen einzustellen. Beachten Sie: Je höher die Auflösung in DPI, umso größer wird die Scandatei. Texte sollten Sie versuchsweise als *Schwarzweiß*- oder als *Graustufen*-Bild scannen. Scans von Vorlagen, die grafisch weiterverarbeitet und in Druckqualität gespeichert werden müssen, sollten Sie dagegen im Dateiformat *TIFF* ablegen lassen. Dies führt zwar zu größeren Dateien, aber die beim JPEG-Format durch die Komprimierung auftretenden Qualitätsverluste kommen beim TIFF-Format nicht vor.

Verwalten der gescannten Vorlagen

Alle gescannten Vorlagen werden in der rechten Spalte des Programmfensters in chronologischer Folge aufgelistet. Das Windows-Fax und -Scan-Programmfenster stellt Ihnen eine Reihe von Funktionen zur Verwaltung und Weiterverarbeitung der gescannten Vorlagen bereit. Über die Schaltflächen der Symbolleiste, über Kontextmenübefehle (Abbildung 24.16) sowie über die Menüleiste lassen sich die gescannten Vorlagen bearbeiten und organisieren:

- Mit der Schaltfläche *Speichern unter* der Symbolleiste oder über den Befehl *Speichern unter* des Menüs *Datei* lässt sich ein Dialogfeld öffnen, in dem Sie den Speicherort, den Namen und das Grafikformat der anzufertigenden Kopie der Scandatei wählen können

- Die Schaltfläche *Als Fax weiterleiten* erzeugt eine Faxnachricht, an die die gescannte Vorlage als Grafik automatisch angefügt wird. Sie brauchen lediglich die Empfängeradresse, den Betreff und ggf. noch einen Text für das Deckblatt zu verfassen und können das gesamte Dokument als Fax versenden.

- Ist ein mit Windows 8.1 kompatibler E-Mail-Client installiert, wird mit der Schaltfläche *Als E-Mail-Nachricht weiterleiten* das Fenster des Nachrichteneditors mit einer neuen Nachricht geöffnet, wobei die Grafikdatei der gescannten Vorlage als Anlage angehängt ist. Ergänzen Sie die E-Mail-Adresse des Empfängers, die Betreffzeile und den Nachrichtentext. Anschließend lässt sich die Nachricht mit dem angehängten Scan per E-Mail versenden.

- Klicken Sie die im Programmfenster aufgelisteten Scaneinträge mit der rechten Maustaste an, erscheint ein Kontextmenü mit verschiedenen Befehlen. Über den Befehl *Ansicht* lässt sich eine Scandatei in der Einzelbildansicht in der Fotos-App öffnen (siehe Kapitel 18). Mit den Befehlen *Löschen* und *Umbenennen* können Sie Scandateien aus der Liste entfernen oder mit einem neuen Namen versehen. Über den Befehl *Zoom* öffnen Sie ein Untermenü mit den Vergrößerungsfaktoren für die Darstellung in der Vorschau.

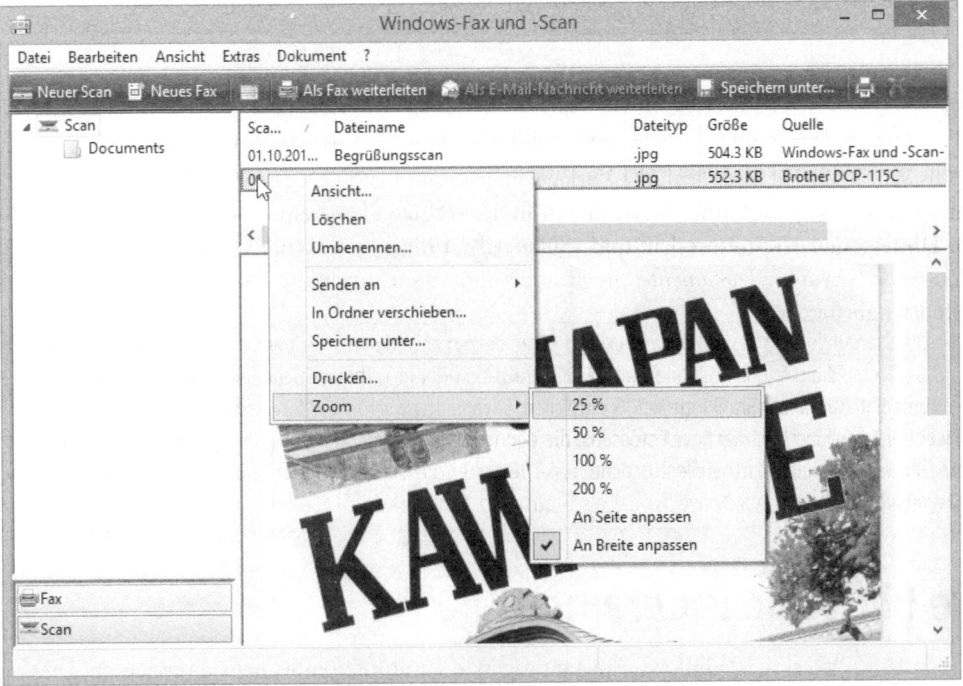

Abbildung 24.16 Kontextmenübefehle in Windows-Fax und -Scan

- Wählen Sie in der linken Spalte des Programmfensters den Eintrag *Scan* mit einem Rechtsklick an, lässt sich im Kontextmenü ein neuer Dokumentordner anlegen. Ein Rechtsklick auf einen solchen neu angelegten Ordner zeigt ein Kontextmenü mit Befehlen, um diesen Ordner umzubenennen, zu löschen oder zu verschieben. Öffnen Sie das Kontextmenü einer Scandatei in der rechten Spalte des Programmfensters, lässt sich der Befehl *In Ordner verschieben* wählen. In einem Dialogfeld werden Ihnen dann die in der linken Spalte aufgeführten Ordner als Zielordner angeboten. Das Programm verschiebt die Scandateien beim Schließen des Dialogfelds in den gewählten Zielordner.

Über diese Funktionen können Sie die gescannten Vorlagen strukturiert in einer Ordnerhierarchie ablegen. Über die beiden unteren Einträge in der linken Spalte des Anwendungsfensters lässt sich zwischen der Fax- und der Scandarstellung umschalten.

Scanprofile festlegen – das steckt dahinter

Die Werte im Listenfeld *Profil* ermöglichen Ihnen bereits werkseitig, zwischen Fotos und Dokumenten zu wechseln. Zudem können Sie auf die zuletzt verwendeten Einstellungen zurückgreifen. Wenn Sie häufiger verschiedene Dokumenttypen (Fotos, Magazine, Texte etc.) einscannen, sind jeweils die Einstellungen (z.B. Farbformat und Auflösung oder das Grafikformat) vor jedem Scan im Dialogfeld *Neuer Scan* anzupassen. Alternativ ermöglicht der Eintrag *Profil hinzufügen* im Listenfeld, die Einstellungen unter einem Namen als Profil abzuspeichern. Dann lassen sich die Einstellungen unter dem Profilnamen abrufen und zum Scannen verwenden.

1. Um ein Profil festzulegen, wählen Sie den Wert *Profil hinzufügen* im Listenfeld *Profil*. Oder Sie verwenden den Befehl *Scaneinstellungen* im Menü *Extras*, um das Dialogfeld *Scanprofile* aufzurufen, und klicken dort auf die *Hinzufügen*-Schaltfläche.

2. Das Dialogfeld *Neues Profil hinzufügen* entspricht im Aufbau dem Dialogfeld *Neuer Scan*. Tragen Sie in das Feld *Profilname* den Namen für das gewünschte Profil ein und stellen Sie dann die restlichen Optionen auf die gewünschten Vorgabewerte.

Sobald Sie die Schaltfläche *Profil speichern* wählen, wird das Dialogfeld geschlossen und die Profildaten werden in eine Datei gesichert. Sie können später über den Profilnamen jederzeit auf diese Einstellungen zurückgreifen.

> **HINWEIS**   Die Scanfunktionen von Windows-Fax und -Scan setzen auf den WIA-Treibern des Scanners auf. Leider existiert das Problem, dass Microsoft die Treiberarchitektur im Hinblick auf den Kontext, in dem Scandienste ablaufen, bereits bei Windows Vista geändert hat (für Windows 8.1 gelten die gleichen Voraussetzungen). Als Konsequenz werden Scanner nur dann funktionieren, wenn vom Gerätehersteller mindestens ein für Windows Vista entwickelter und freigegebener WIA-Treiber angeboten wird. Die Problematik habe ich bereits für Windows 7 unter *http://www.borncity.com/blog/2009/12/03/scanner-unter-windows-7/* [Ms240-K24-05] beschrieben.

Weitere hilfreiche Programme

Windows 8.1 enthält noch einige Windows-Anwendungen, die mitunter gute Dienste verrichten. Dies reicht vom Taschenrechner über Editoren bis hin zu einem Journal. Nachfolgend stelle ich einige dieser Programme vor.

Der Windows-Rechner

Windows 8.1 besitzt neben der App *Rechner* noch eine entsprechende Windows-Anwendung. Aufrufen können Sie diese über die Seitenleiste *Suche*, indem Sie »Rechner« eingeben und die Windows-Anwendung *Rechner* (Abbildung 24.17, rechts) anwählen. Über die Kontextmenübefehle des Eintrags lässt sich die Windows-Anwendung an der Startseite oder an der Taskleiste anheften. Der Windows-Rechner läuft auf dem Desktop und besitzt einige zusätzliche Funktionen, die ganz hilfreich sind (Abbildung 24.17, links).

Öffnen Sie das Menü *Ansicht*, lässt sich der Rechner zwischen den Modi *Standard, Wissenschaftlich, Programmierer* und *Statistik* umschalten. Mit dem Befehl *Verlauf* werden die letzten Rechenschritte in der Art einer Rechenmaschine im Display mit angezeigt – Sie können also Rechnungen leichter überprüfen. Der Befehl *Zifferngruppierung* blendet in der Anzeige einen Punkt hinter der Tausenderstelle ein. Interessant sind auch die Funktionen *Einheitenumrechnung, Datumsberechnung* und *Arbeitsblätter*, die einen Erweiterungsbereich am rechten Fensterrand einblenden. In diesem Bereich lassen sich unterschiedliche Funktionen wie Einheitenumrechnung, Kraftstoffverbrauch etc. über die Befehle des Menüs *Ansicht* einblenden. Über den Befehl *Basismodus* wird der Erweiterungsbereich wieder ausgeblendet. Details zu den einzelnen Funktionen lassen sich in der Programmhilfe nachlesen (abrufbar über das *?*-Menü).

Abbildung 24.17 Windows-Rechner

Windows-Editor zur Textbearbeitung

Textdateien (Dateinamenerweiterungen wie *.txt, .ini, .log, .bat* etc.), die ausschließlich Text enthalten, lassen sich mit dem Windows-Editor Notepad ansehen und bearbeiten. Um eine Textdatei im Windows-Editor Notepad (Abbildung 24.18, oben) zu laden, wählen Sie diese per Doppelklick an. Dies funktioniert aber nur, wenn der Befehl *Öffnen* des Dateityps mit dem Windows-Editor verknüpft ist. Andernfalls können Sie versuchsweise das Symbol der Textdatei mit der rechten Maustaste anwählen und im Kontextmenü den Befehl *Bearbeiten* wählen. Stehen weder die Befehle *Bearbeiten* noch *Öffnen* bereit, verwenden Sie im Kontextmenü den Befehl *Öffnen mit* und wählen den Windows-Editor als Anwendung zum Öffnen.

Sie können das Programm *Notepad.exe* auch über die Seitenleiste *Suche* der Startseite (Eingabe des Suchbegriffs »Editor«) oder durch Eingabe des Befehls *Notepad.exe* in das Textfeld des Dialogfelds *Ausführen* aufrufen. Anschließend lässt sich eine Textdatei per Maus aus einem Ordnerfenster in das geöffnete Fenster des Editors ziehen. Das Programm öffnet die Textdatei und zeigt den Inhalt an.

Im geöffneten Fenster des Windows-Editors (Abbildung 24.18) kann über den Befehl *Öffnen* des Menüs *Datei* oder über die Tastenkombination Strg+O das *Öffnen*-Dialogfeld aufgerufen werden (Abbildung 24.18, unten). Das Dialogfeld entspricht im Aufbau weitgehend einem Ordnerfenster. Sie können über den Navigationsbereich den Ordner suchen, in dem die Textdatei gespeichert ist. Standardmäßig zeigt das Ordnerfenster nur Textdateien mit der Dateinamenerweiterung *.txt* an. Über die Schaltfläche neben dem Textfeld *Dateiname* lässt sich aber ein Menü öffnen und der Dateifilter auf *Alle Dateien (*.*)* stellen. Dann zeigt Windows alle Dateien im Dialogfeld *Öffnen* an. Anschließend lässt sich die gewünschte Textdatei markieren und abschließend über die Schaltfläche *Öffnen* im Editor laden.

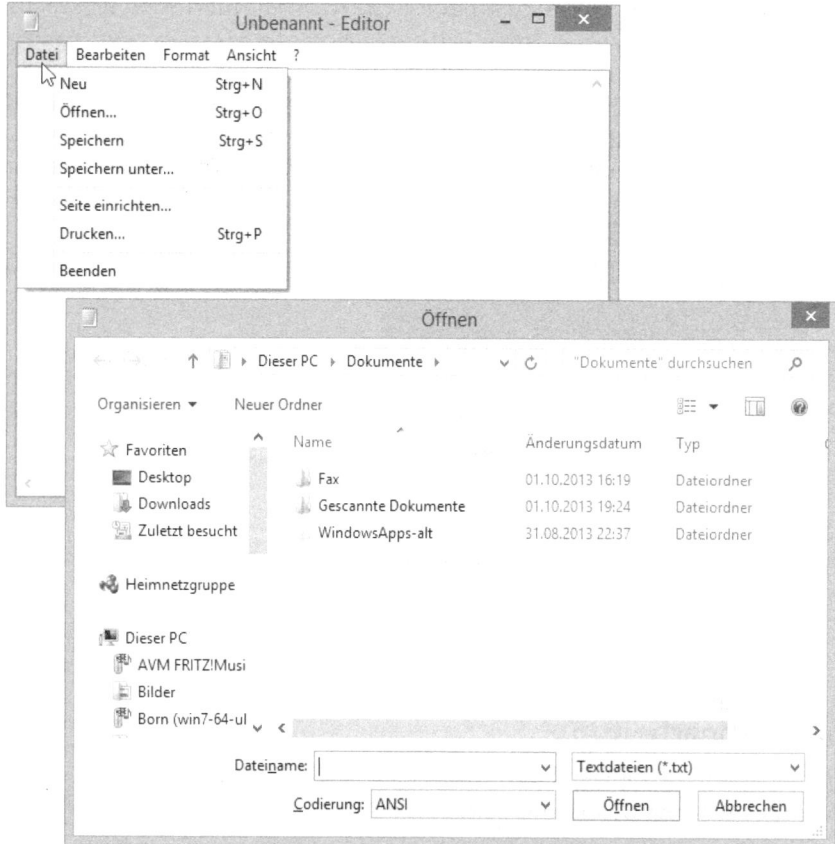

Abbildung 24.18   Windows-Editor und Dialogfeld *Öffnen*

HINWEIS   Textdateien können in verschiedenen Zeichencodierungen gespeichert werden. Neben dem von Windows benutzten Unicode-Zeichensatz werden der in älteren Windows-Versionen verwendete ANSI-Zeichensatz sowie der reduzierte Unicode-Zeichensatz UTF-8 (enthält 256 Zeichen der westeuropäischen Sprachen) beim Laden von Textdateien unterstützt. Der Eintrag *Unicode Big Endian* berücksichtigt die abweichende Codierung bei der Speicherung von 16-Bit-Werten auf Motorola-CPUs (dort wird zuerst das höherwertige Byte und dann das niederwertige Byte gespeichert) zum Intel »Little Endian«-Speicherformat. Die verschiedenen Varianten lassen sich über das Listenfeld *Codierung* im Dialogfeld *Öffnen* vorgeben.

Zum Speichern eines bearbeiteten Textdokuments verwenden Sie den Befehl *Speichern* im Menü *Datei* (bzw. die Tastenkombination Strg+S). Haben Sie das Dokument aus einer bestehenden Datei geladen, wird der aktuelle Inhalt des Editors in diese Datei geschrieben. Bei neuen Textdokumenten, die Sie über den Befehl *Neu* im Menü *Datei* angelegt haben, öffnet sich das Dialogfeld *Speichern unter*, in dem Sie den Zielordner und den Namen der Textdatei angeben müssen. Möchten Sie ein bestehendes Dokument in einer neuen Datei sichern, wählen Sie im Menü *Datei* den Befehl *Speichern unter*.

Im Feld *Dateityp* wird der zu speichernde Dateityp (standardmäßig *.txt*) vorgegeben. Bei Bedarf lässt sich hier auch der Eintrag *Alle Dateien (*.*)* abrufen. Dann geben Sie die Dateinamenerweiterung im Dateinamen mit an. Tragen Sie anschließend den Namen der Dokumentdatei in das Textfeld *Dateiname* ein. Das Listenfeld *Codierung* ist standardmäßig auf *ANSI* gesetzt. Der Editor speichert den Text in der Zeichencodierung älterer Windows 95/98-Versionen. Benötigen Sie die Dateien im Unicodeformat, lässt sich die betreffende Zeichencodierung über das Listenfeld abrufen. Hierbei gilt das Gleiche wie beim Laden von Textdateien (siehe den vorhergehenden Abschnitt).

HINWEIS Ist die im Editor geöffnete Textdatei schreibgeschützt oder wird sie von einem anderen Programm benutzt, erscheint beim Speichern das Dialogfeld *Speichern unter*. Speichern Sie dann die Datei unter einem neuen Dateinamen, da der Editor die Originaldatei nicht überschreiben kann. Informationen über die Funktionen des Windows-Editors erhalten Sie über dessen Hilfe.

Textbearbeitung mit WordPad

Das Windows-Programm WordPad ermöglicht Ihnen neben der Texteingabe die Gestaltung von Textdokumenten durch veränderte Schriftgröße, Fettdruck etc., was auch als Formatierung bezeichnet wird. Um Texte mit dem Windows-Programm WordPad zu erfassen oder zu bearbeiten, rufen Sie die Anwendung über die Seitenleiste *Suchen* durch Eingabe des Begriffs »WordPad« auf.

- Die Titelleiste des Fensters (Abbildung 24.19) enthält die Symbolleiste für den Schnellzugriff und zeigt den geladenen Dokumenttitel an. Die Symbolleiste für den Schnellzugriff kann Schaltflächen zum Zugriff auf häufig benötigte Funktionen (Speichern, Rückgängig machen etc.) aufweisen. Zudem lässt sich die Symbolleiste (wie beim Explorer) vom Benutzer anpassen (z.B. Schaltflächen für Drucken, neues Dokument holen etc. hinzufügen).

- Am unteren Fensterrand finden Sie noch die Statusleiste, in der WordPad ggf. Meldungen anzeigt. Zudem findet sich am rechten Rand der Statusleiste ein Schieberegler, über den der Zoomfaktor für die Anzeige des Dokumentbereichs einstellbar ist.

- Unterhalb der Titelleiste ist ganz links die Registerkarte *Datei* angeordnet. Diese zeigt ein Menü mit Befehlen zum Öffnen oder Speichern von Dokumenten etc.

- Weiterhin enthält der Kopfbereich des Fensters noch ein Menüband mit den Registerkarten *Start* und *Ansicht*. Diese Registerkarten enthalten die Schaltflächen und Elemente, um den Text zu bearbeiten (suchen, ausschneiden etc.) und mit Formatierungen wie Schriftarten und -größen zu versehen oder die Darstellung anzupassen. Die Schaltflächen sind dabei in Funktionsgruppen wie *Zwischenablage*, *Schriftart*, *Absatz* etc. zusammengefasst.

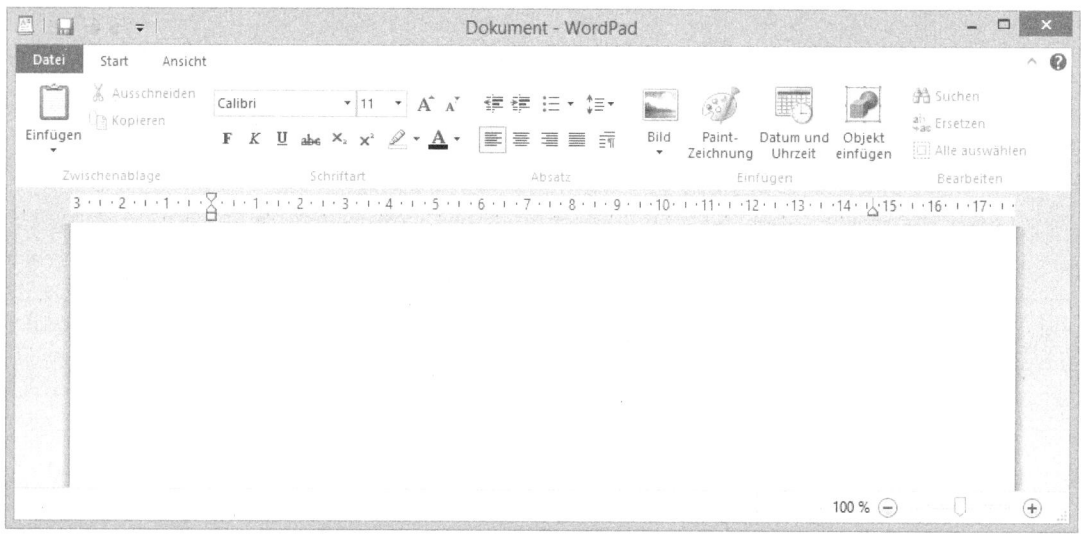

Abbildung 24.19 WordPad-Fenster

- Der Dokumentbereich dient zur Aufnahme des Texts. Beim Aufruf des Programms ist der Dokumentbereich leer. Oberhalb des Dokumentbereichs wird ein Lineal angezeigt, an dem sich die Position im Text ablesen lässt. Im Dokumentfenster sehen Sie zudem die Einfügemarke (auch als Schreibmarke bezeichnet), die als blinkender schwarzer Strich im Text dargestellt wird. Weiterhin nimmt der Mauszeiger die Form des Textcursors an, sobald Sie mit der Maus auf den Dokumentbereich zeigen. Diese Marke zeigt an, wo das nächste einzugebende Zeichen auf dem Bildschirm eingefügt wird. Einfügemarken werden in Windows überall verwendet, wo Texte einzugeben sind. Die Einfügemarke haben Sie schon in den vorherigen Kapiteln (z.B. beim Umbenennen von Dateinamen) kennengelernt.

Zeigen Sie auf den Textbereich, erscheint anstelle des Mauszeigers der Textcursor. Dieser lässt sich genauso wie der Mauszeiger handhaben. Sie können mit dem Textcursor auf ein Wort zeigen, etwas markieren oder klicken. Der Zeilenabstand, die Art des Zeilenumbruchs oder ein fehlendes Lineal lassen sich auf der Registerkarte *Ansicht* des Menübands konfigurieren. Ähnlich wie beim Editor lassen sich in WordPad Textdokumente unterschiedlicher Formate laden und speichern. Weitere Hinweise zum Umgang mit dem Programm finden Sie in dessen Programmhilfe.

TIPP   Sie können die Anzeige in der Dokumentansicht des WordPad-Fensters per Maus zoomen, indem Sie die Strg -Taste drücken und dann an der Maus das Scrollrädchen verstellen. Weiterhin enthält das WordPad-Anwendungsfenster in der rechten unteren Ecke einen Schieberegler zum Anpassen des Zoomfaktors.

Arbeiten mit Kurznotizen

Sicherlich kennen Sie die kleinen gelben Haftnotizen, auf die man sich zu Merkendes notiert. Arbeiten Sie viel mit dem Computer? Dann können Sie solche Notizen direkt unter Windows erstellen und verwalten.

1. Blenden Sie die Seitenleiste *Suchen* am rechten Rand ein, geben Sie »Kur« im Suchfeld ein und wählen Sie die angezeigte Kachel *Kurznotizen*.

2. Um im Programmfenster die Kurznotizen zu verfassen, klicken Sie in das Fenster und tippen einfach den gewünschten Text ein.

Die Stelle, an der Sie gerade Text eingeben, wird durch einen senkrechten blinkenden Strich, die Einfüge-marke, gekennzeichnet. Drücken Sie die ⏎-Taste, um eine neue Zeile in die Notiz einzufügen. Die Einfü-gemarke lässt sich auch über die Cursortasten ← und → im Text verschieben. Die Cursortasten ↑ und ↓ dienen auch zum Blättern im Fenster der Notiz.

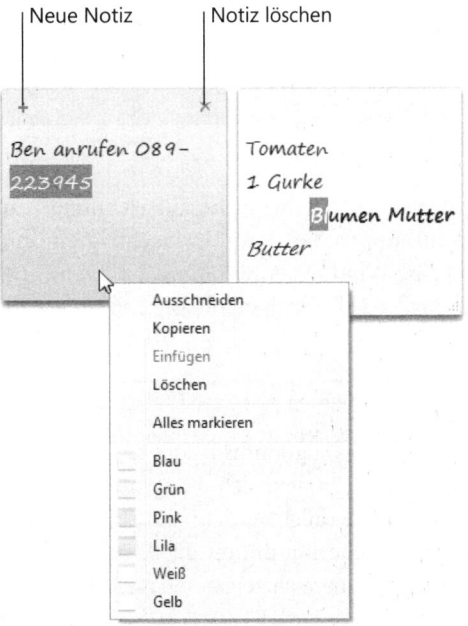

Abbildung 24.20 Kurznotizen verfassen

Möchten Sie eine weitere Notiz anlegen, klicken Sie auf die Schaltfläche *Neue Notiz*. Anschließend können Sie den Text in das neu eingeblendete Fenster eintippen. Eine nicht mehr benötigte Notiz lässt sich durch die in der rechten oberen Ecke sichtbare Schaltfläche löschen. Klicken Sie mit der rechten Maustaste auf das Fenster einer Notiz, öffnet sich ein Kontextmenü (Abbildung 24.20) mit Befehlen zum Arbeiten mit der Zwi-schenablage (Ausschneiden, Kopieren, Einfügen), zum Markieren und Löschen sowie zum Einfärben der Notizzettel.

Tasten	Bedeutung	Tasten	Bedeutung
Strg + +	Text wird tiefgestellt	Strg + T	Text durchstreichen
Strg + ⇧ + +	Text wird hochgestellt	Strg + I	Text kursiv
Strg + L	Text linksbündig	Strg + U	Text unterstreichen
Strg + R	Text rechtsbündig	Strg + B	Text fett
Strg + E	Text zentriert	Strg + D	Notiz löschen
Strg + ⇧ + L	Aufzählungspunkt	Strg + N	Neue Notiz

Tabelle 24.1 Tasten zur Formatierung und Steuerung

HINWEIS　　Das Programm bietet keine Möglichkeit zum Anpassen der Schriftart und zum Ausdruck von Notizen. Das Speichern der Texte erfolgt automatisch im Benutzerprofil unter *AppData\Roaming\Microsoft\Sticky Notes* in der Datei *StickyNotes.snt*, stehen also auch nach einem Windows-Neustart weiterhin zur Verfügung. Die Tabelle 24.1 enthält Tastenkombinationen, um den Text der Notiz zu formatieren oder Notizen anlegen und löschen zu können. Die Tastenkombinationen `Strg`+`X`, `Strg`+`C` und `Strg`+`V` zum Arbeiten mit der Zwischenablage lassen sich ebenfalls einsetzen. Durch mehrmaliges Drücken der Tastenkombination `Strg`+`⇧`+`L` kann die Art der Aufzählung (Punkt, Nummer, kleine/große Buchstaben, kleine/große römische Ziffern und vieles mehr) umgestellt werden.

Arbeiten mit dem Windows-Journal

Das Windows-Journal ermöglicht Ihnen auf einfache Weise, Notizen als handschriftliche Aufzeichnungen zu erfassen. Blenden Sie die Seitenleiste *Suchen* am rechten Rand ein, tippen Sie »Jour« im Suchfeld ein und wählen Sie die angezeigte Kachel *Windows-Journal*. Dann startet eine Windows-Anwendung, in deren Fenster Sie die handschriftlichen Notizen anfertigen können (Abbildung 24.21). Die Symbolleiste enthält Schaltflächen, um die Zeichenwerkzeuge zu wählen oder anzupassen.

HINWEIS　　Beim ersten Aufruf der Anwendung erscheint ein Dialogfeld mit der Frage, ob man einen Drucktreiber für Journalnotizdruck installieren möchte. Wählen Sie den Befehl *Installieren*, sodass Sie anschließend ein elektronische Abbild des Dokuments aufzeichnen können. In dem Journal lässt sich navigieren und Sie können Anmerkungen hinzufügen sowie das Ergebnis auf einem installierten Drucker ausgeben.

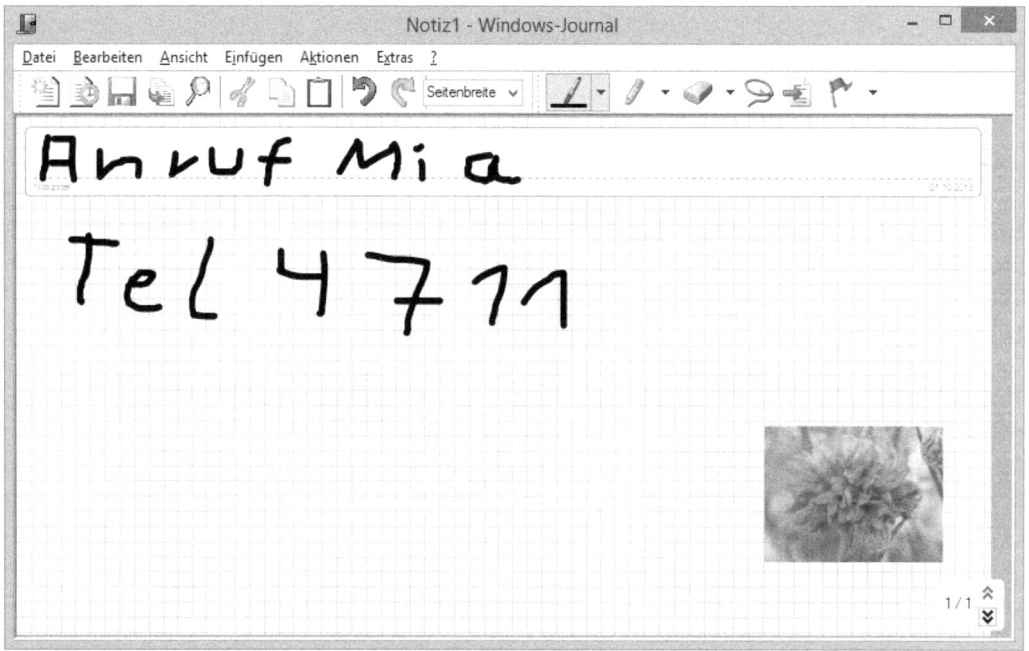

Abbildung 24.21　Notizen im Windows-Journal erstellen

- Über das Menü der Schaltfläche *Stift* lässt sich die Stärke des Stiftwerkzeugs anpassen, die Schaltfläche *Textmarker* ermöglicht, Textstellen farblich zu markieren. Wählen Sie die Schaltfläche *Radierer*, können Sie Journalinhalte entfernen.

- Das Auswahltool ermöglicht Ihnen, einen handschriftlichen Textbereich mit einer Freihandlinie einzurahmen. Der Auswahlbereich wird dann als Umrisslinie dargestellt.

- Die Schaltfläche *Kennzeichen* stellt ein Menü zur Auswahl verschiedenfarbiger Flaggensymbole bereit. Klicken Sie anschließend in den Textbereich, wird dieser durch eine kleine stilisierte Flagge gekennzeichnet.

Über das Menü *Einfügen* lassen sich Seiten, Textbereiche und Bilder in einem Journal einfügen. Ein Textbereich ist ein Container im Journal, in dem Sie per Tastatur Textnachrichten einfügen können. Die Notizen lassen sich über die Schaltfläche *Speichern* bzw. über den gleichnamigen Befehl und über den Befehl *Speichern unter* im Menü *Datei* in einer Journaldatei im Ordner *Dokumente/Notizen* sichern. Aus diesem Ordner lassen sich neue Notizen über Vorlagen mittels des Befehls *Neue Notiz von Vorlage* erzeugen. Das Menü *Datei* enthält auch den Befehl *Drucken*, um die Notiz auf einem Drucker auszugeben.

Mathematik-Eingabebereich

Über die Seitenleiste *Suchen* können Sie über die Eingabe »math« die Kachel *Mathematik-Eingabebereich* finden und das zugehörige Programm aufrufen. Dieses meldet sich mit einem kleinen Eingabefenster (Abbildung 24.22).

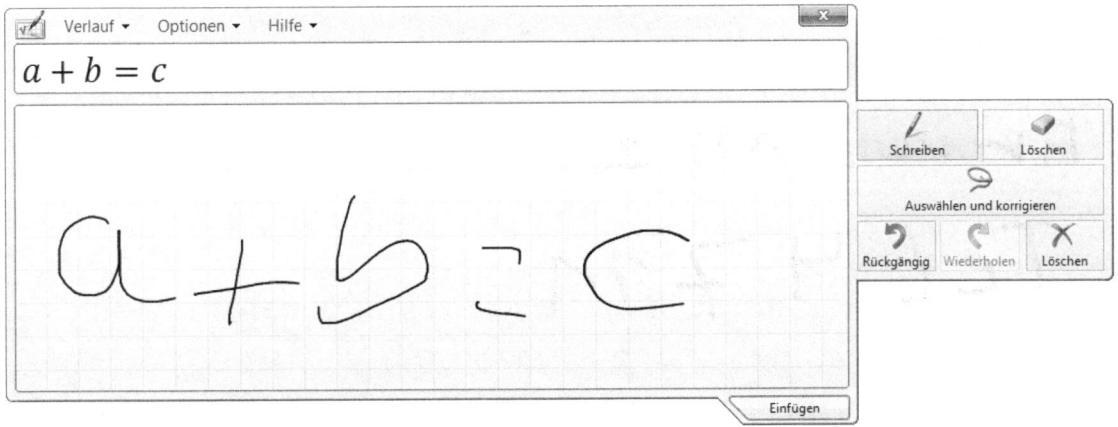

Abbildung 24.22 Mathematik-Eingabebereich

Über das Menü der Schaltfläche *Optionen* lässt sich der hier links sichtbare Seitenbereich am linken bzw. rechten Rand des Eingabefensters ein-/ausblenden. Das Menü stellt auch Befehle bereit, um das Raster im Schreibbereich oder die Tasten ⌈Entf⌋ und ⌈↵⌋ der Bildschirmtastatur in der rechten oberen Ecke ein-/auszublenden. Die *Schließen*-Schaltfläche des Anwendungsfensters minimiert dieses. Sie können aber das Anwendungssymbol im Infobereich der Taskleiste anklicken (ggf. vorher die Schaltfläche *Ausgeblendete Symbole einblenden* anwählen) und das Fenster über den Befehl *Einblenden* wieder anzeigen. Der Menübefehl *Beenden* schließt dagegen die Anwendung.

- Zur Eingabe schreiben Sie die mathematische Formel freihändig (per Eingabestift oder per Finger auf Touchscreens) in den Eingabebereich des Fensters. Das Programm versucht die Formel zu erkennen und zeigt diese im Textbereich (am oberen oder unteren Fensterrand) an.

- Wurden Teile der Formel fehlerhaft erkannt, klicken Sie im Seitenbereich auf die Schaltfläche *Auswählen und korrigieren*, kreisen den fehlerhaften Bereich per Stift im Eingabebereich ein und wählen aus der eingeblendeten Liste den zutreffenden Term aus

- Wird kein zutreffender Term angezeigt, müssen Sie die einzelnen Zeichen der bereits eingegebenen Formel entfernen. Wählen Sie im Seitenbereich die Schaltfläche *Löschen* und radieren Sie anschließend den unzutreffenden Teil der Formel im Eingabebereich aus.

- Mittels der Schaltfläche *Löschen* lässt sich der gesamte Eingabebereich leeren, die Schaltflächen *Rückgängig* und *Wiederholen* können die letzten Eingabeoperationen zurücknehmen bzw. erneut anwenden

Korrekt erkannte Formeln lassen sich mittels der am unteren Rand des Eingabebereichs sichtbaren Schaltfläche *Einfügen* an geeignete Anwendungen wie Word 2010/2013 übertragen. Die optional über das Menü *Optionen*, Befehl *Tasten der Bildschirmtastatur anzeigen*, in der Titelleiste einblendbaren Tasten [Entf] und [↵] ermöglichen, Zeichen im Text rechts von der Einfügemarke des Anwendungsfensters zu löschen bzw. neue Zeilen einzufügen.

Teil D

Installation, Wartung und Administration

Netzwerke einrichten und verwenden

Netzwerkgrundlagen

Rechner lassen sich per Kabel oder Funkverbindung über einen DSL-(W)LAN-Router zu einem Netzwerk zusammenschalten. Dieser Router kann auch einen Internetzugang bereitstellen. Zudem lässt sich ein Internetzugang per UMTS-Verbindung herstellen (die Abkürzung UMTS steht für Universal Mobile Telecommunications System, einem Mobilfunkstandard). Nachfolgend erfahren Sie, wie sich Netzwerke unter Windows in Betrieb nehmen lassen, was es zu UMTS-Verbindungen zu wissen gibt und wie Netzwerkfunktionen verwendet werden. Sofern Sie bisher noch nie etwas mit einem Netzwerk zu tun hatten, können Sie nachfolgend das Wissen zu den Netzwerkgrundlagen erwerben. Dies hilft Ihnen bei der Planung des eigenen Netzwerks.

Netzwerkvarianten im Überblick

Bei Netzwerken können die Rechner auf verschiedene Arten per WLAN-Funknetz oder Kabel zusammengeschaltet werden. Ein häufig verwendeter Ansatz besteht darin, die Rechner über Netzwerkkabel oder Funkstrecken mittels eines (W)LAN-Routers zu verbinden (Abbildung 25.1).

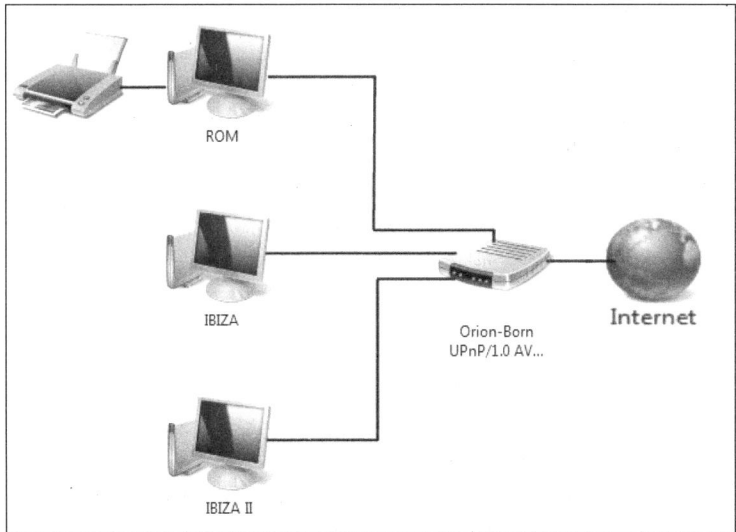

Abbildung 25.1 Netzwerkvarianten

Alle Rechner im Netzwerk sind gleichberechtigte Teilnehmer. Ein Benutzer kann Ressourcen wie Festplatten, Verzeichnisse oder Drucker seines Rechners für andere Anwender im Netzwerk freigeben und auf im Netzwerk freigegebene Ressourcen zugreifen. Man spricht auch von Heim- oder Arbeitsgruppennetzwerken. Auch die unter Windows 8.1 mögliche Heimnetzgruppe fällt in diese Kategorie.

HINWEIS   Bei größeren Netzwerken mit sehr vielen Rechnern und Benutzern ist es erforderlich, die Ressourcen sowie die Zugangskontrolle zentral zu verwalten. In diesem Fall kommen auf Servern basierende Netzwerklösungen zum Einsatz, wobei ein Rechner ausschließlich als Server fungiert und mit einer Serversoftware wie Windows Server 2012 R2 läuft. Der Server stellt die gemeinsam benutzbaren Ressourcen (Drucker, Festplatten) bereit, während die anderen Rechner, als Clients bezeichnet, nur auf den Server zugreifen. Diese Netzwerkkonfiguration wird in diesem Buch aber nicht behandelt.

Netzwerkverkabelung und Netzwerkstandards

Die Vernetzung von Computern lässt sich über Kabel oder Funktechnik durchführen. Zwischenzeitlich sind eigentlich alle Rechner mit einer RJ-45-Buchse für den LAN-Betrieb oder mit einem WLAN-Adapter für Funknetzwerke ausgestattet. Zur Vernetzung mehrerer Computer über Kabel wird mittlerweile fast ausschließlich die sogenannte Twisted-Pair-Verkabelung (10Base2) verwendet, die verdrillte Telefonkabel (CAT-5-UTP-Kabel, maximale Leitungslänge ca. 90 m) benutzt. Für die Twisted-Pair-Verkabelung bietet der Handel bereits vorkonfektionierte und ungeschirmte sogenannte Cat-5-UTP-Kabel (UTP steht für Unshielded Twisted Pair) an. Diese besitzen den in Abbildung 25.2, oben, gezeigten Stecker, der in die RJ-45-Anschlussbuchsen des Netzwerkausgangs passt.

Abbildung 25.2   RJ-45-LAN-Buchse und RJ-45-Stecker an einem Cat-5-UTP-Kabel

Um mehrere Rechner zu vernetzen, wird eine sternförmige Verkabelung über CAT-5-UTP-Kabel oder über Drahtlosnetzwerke vorgenommen. Im Knotenpunkt kommt dann ein Koppelelement zum Einsatz, das als aktiver oder passiver Hub, als Switch oder als (W)LAN-Router (Abbildung 25.3) ausgeführt werden kann. Je nach Netzwerkkarte kann über die Twisted Pair-Verkabelung ein Netzwerk mit 10 Mbit (veraltet), 100 Mbit oder 1 Gbit Übertragungsgeschwindigkeit aufgebaut werden. Die Angabe 10/100 bei Netzwerkkarten besagt, dass die Karte wahlweise beide Geschwindigkeiten unterstützt. Bei einem gemischten Betrieb, bei dem Netzwerkkarten unterschiedlicher Geschwindigkeit verwendet werden, stellen sich alle Karten im Netzwerk auf diese niedrigere Geschwindigkeit ein.

Abbildung 25.3   DSL-WLAN-Router mit Funkanschluss (Quelle: AVM)

HINWEIS   Ein Hub ist nichts anderes als ein Knoten, der die sternförmige Verkabelung der Rechner über CAT-5-UTP-Leitungen ermöglicht. Alle Datenpakete eines Rechners werden an alle anderen Netzwerkteilnehmer geleitet, was deren Datenlast erhöht und die Übertragungsleistung reduziert. Ein Switch ist eine intelligente Verteilstation, die ebenfalls mehrere Rechner über CAT-5-UTP-Kabel sternförmig miteinander verbindet, Datenpakete aber direkt zwischen Quell- und Zielrechner vermittelt. Ein Router ist eine intelligente Koppelstation zur Vernetzung mehrerer Rechner, wobei eine Verbindung zwischen Netzwerksegmenten (z.B. lokalem LAN und externem Internet) möglich ist. Datenpakete, die an Rechner des internen Netzwerks gehen, werden direkt an die betreffenden Stationen geleitet. Datenpakete an das externe Netzwerk werden entsprechend an dieses Segment weitergeleitet. Faktisch kommen heutzutage nur noch (W)LAN-DSL-Router zur Vernetzung im privaten Bereich zum Einsatz. Der WLAN-Teil ermöglicht Funknetzwerke, während das integrierte DSL-Modem einen Breitband-Internetzugang für alle Rechner des Netzwerks bereitstellt.

Abbildung 25.4   Koppeladapter für die PowerLine-Technologie
(Quelle: Devolo)

Sind die zu vernetzenden Rechner sehr weit auseinander, erfordert eine Verkabelung mit CAT-5 UTP-Kabeln einen gewissen Aufwand. Um die erforderlichen Installationsarbeiten zu vermeiden, bietet – neben anderen Anbietern – die Firma Devolo spezielle Adapter an (Abbildung 25.4), die eine Netzwerkverbindung über das heimische Stromnetz ermöglichen. Sie brauchen dann nur zwei dieser Koppelstationen in die im jeweiligen Raum vorhandenen Steckdosen zu stecken und dann diese Stationen über CAT-5-Kabel mit den RJ-45-Netzwerkanschlüssen des Rechners zu verbinden. Dann sorgt die Devolo PowerLine-Technik für die Übertragung der Datenpakete über die Stromleitung.

Die zweite, sehr populäre Variante besteht in der Verwendung von Funknetzwerken (auch als WiFi-LAN bezeichnet). Hierbei werden WiFi-LAN-Netzwerkkarten bzw. WLAN-USB-Sticks zur Vernetzung der jeweiligen Rechner benutzt.

HINWEIS   Bei Funknetzwerken gibt es mehrere Standards. Die ältere und langsamere 802.11b-Norm ermöglicht eine (theoretische) Übertragungsgeschwindigkeit von 11 Megabit. Moderne WiFi-LAN-Komponenten unterstützen dagegen die 802.11g-Norm, die Übertragungsraten bis zu 54 Megabit zulässt, oder die noch schnellere 802.11n-Norm (150 Mbit). Beachten Sie aber, dass die praktisch erreichbaren Übertragungsgeschwindigkeiten deutlich unter diesen theoretischen Werten liegen können. Vom Autor durchgeführte Versuche zeigten, dass z.B. bei einer stahlbewehrten Betondecke die Nettodatenübertragungsrate eines 54-Mbit-802.11g-Netzwerks auf unter 1 MB pro Sekunde sinken kann. Der Standard 802.11n ermöglicht eine theoretische Bruttodatenübertragung von bis zu 150 Mbit/Sekunde, benötigt aber mehrere Antennen.

Wireless-LAN-Verbindung einrichten

Bei kabelgebundenen Netzwerken verbinden Sie lediglich die Rechner mittels Netzwerkkabeln mit dem LAN-Router, fertig ist die Netzwerkinfrastruktur. Die Inbetriebnahme eines Funknetzwerks (WiFi-LAN) erfordert dagegen mehrere Schritte.

WLAN-Router konfigurieren

In der Regel wird ein WLAN-Router als Zugangspunkt (WLAN-Router) für das Funknetzwerk verwendet. Die einzelnen Rechner nehmen über die Funkstrecke Verbindung zum WLAN-Router auf, der dann die Daten verteilt und den Internetzugang bereitstellt. Die Hersteller statten die Geräte zwar mit einer Grundkonfiguration aus, sodass diese beim Einschalten funktionsfähig sind. Meist sind aber ein Standardname wie »default«, »devolo« etc. für den Netzwerknamen (SSID, steht für Service Set Identifier) und eine ungesicherte Übertragung voreingestellt. Aus Sicherheitsgründen empfiehlt es sich, die betreffenden Einstellungen bereits bei der Erstinbetriebnahme des WLAN-Routers zu ändern.

> **HINWEIS** Theoretisch können Sie die Konfigurierung des WLAN-Routers über eine Funkstrecke vornehmen, indem Sie die WLAN-Karte in den Standardeinstellungen belassen und das Webinterface ansprechen. Da Sie aus Sicherheitsgründen die Zugangsdaten des Herstellers im WLAN-Router ändern sollten, kommt es bei diesem Vorgang zu einem Verbindungsabbruch. Da es anschließend Probleme beim erneuten Verbindungsaufbau geben kann, empfiehlt es sich, den WLAN-Router zur Konfigurierung über ein CAT-5-Netzwerkkabel mit einem Rechner zu verbinden.
>
> Manche WLAN-Router lassen sich auch mittels eines USB-Sticks konfigurieren. Der USB-Stick wird am Router angeschlossen, sodass die Konfigurationsdaten übertragen werden. Dann ist der USB-Stick am Windows-Rechner einzustöpseln und die Konfiguration zu übernehmen. Details zur genauen Vorgehensweise entnehmen Sie den Unterlagen des WLAN-Routers.

Die Inbetriebnahme und Konfiguration des WLAN-Routers erfolgt herstellerspezifisch entweder über eine spezielle Konfigurationssoftware oder über den Browser:

- Stellt der WLAN-Router ein Webinterface zur Verfügung, starten Sie den Browser und tippen dann die in den Herstellerunterlagen angegebene Webadresse in das Adressfeld ein (Abbildung 25.5). Bei den FRITZ!Box-WLAN-Routern der Firma AVM wird z.B. *http://fritz.box* als Adresse verwendet. Manche Router verlangen auch die Eingabe einer IP-Adresse in der Art *http://192.168.178.1*, wobei der genau Wert von den Geräteeinstellungen abhängt.

- Unterstützt der WLAN-Router UPnP (Universal Plug and Play), können Sie ein Ordnerfenster öffnen und im Navigationsbereich das Symbol *Netzwerk* wählen. Taucht das Symbol für den UPnP-Router in der Netzwerkumgebung auf, öffnen Sie dessen Kontextmenü und wählen den Befehl *Gerätewebseite anzeigen*, um die Konfigurationsseite im Browser zu öffnen. In Einzelfällen kann es sein, dass der Browser eine Meldung anzeigt, dass die Seite nicht angezeigt werden kann. In diesem Fall ist zum Zugriff auf die Konfigurationsseite die IP-Adresse des Routers im Adressfeld des Ordnerfensters einzugeben.

Bei einem per Kennwort abgesicherten Gerät tippen Sie die vom Hersteller vorgegebenen (oder die vom Administrator geänderten) Anmeldedaten in der Anmeldeseite des Routers ein. Anschließend sollte eine Webseite mit den Konfigurationsoptionen des WLAN-Routers erscheinen und Sie können die WLAN-Einstellungen vornehmen (Abbildung 25.5). Details zur Konfigurierung und zur Absicherung des WLAN-Routers gegen unbefugte Nutzung finden Sie in der Herstellerdokumentation sowie in den nachfolgenden Abschnitten.

ACHTUNG   Aus Sicherheitsgründen sollten Sie in den Konfigurationsseiten des WLAN-Routers das herstellerspezifische Kennwort abändern. Verwenden Sie ein Kennwort, das von Dritten nicht so einfach erraten werden kann (z.B. »Swmd7Z« als Synonym für »Schneewittchen mit den sieben Zwergen«).

- Standardmäßig gibt das Gerät einen Funkkanal vor, auf dem der WLAN-Router sendet und empfängt. Kommt es zu Interferenzen mit einer Nachbar-WLAN-Station, setzen Sie den Funkkanal um drei Stufen hoch oder herunter. Falls Sie Probleme mit dem WLAN-Zugang an Notebooks haben, verwenden Sie versuchsweise die Kanäle 1 bis 9 (höhere Kanalnummern führen manchmal zu Problemen).

- Legen Sie ggf. den Übertragungsmodus des WLAN-Routers auf die von den Geräten benötigten Funkstandards (z.B. 802.11g+b oder 802.11n) fest. Bei der Einstellung »802.11g+b« kann der WLAN-Router automatisch die Geschwindigkeit für Geräte anpassen.

- Ändern Sie auch den Netzwerknamen (SSID) so ab, dass er keinen direkten Rückschluss auf die Art des Funknetzwerks zulässt. Das häufig empfohlene Abschalten der Bekanntgabe des Netzwerknamens (SSID-Broadcasting) ist in meinen Augen wenig hilfreich. Versteckte Netzwerke lassen sich mit geeigneten Mitteln durchaus für »Einbruchsversuche« aufspüren, schaffen andererseits Probleme für den regulären Betreiber. So lässt sich z.B. nicht mehr erkennen, wenn zwei WLAN-Stationen auf dem gleichen Kanal senden und sich so gegenseitig stören. Zudem lassen sich solche WLAN-Netzwerke in Windows 8.1 nur sehr schwierig einrichten.

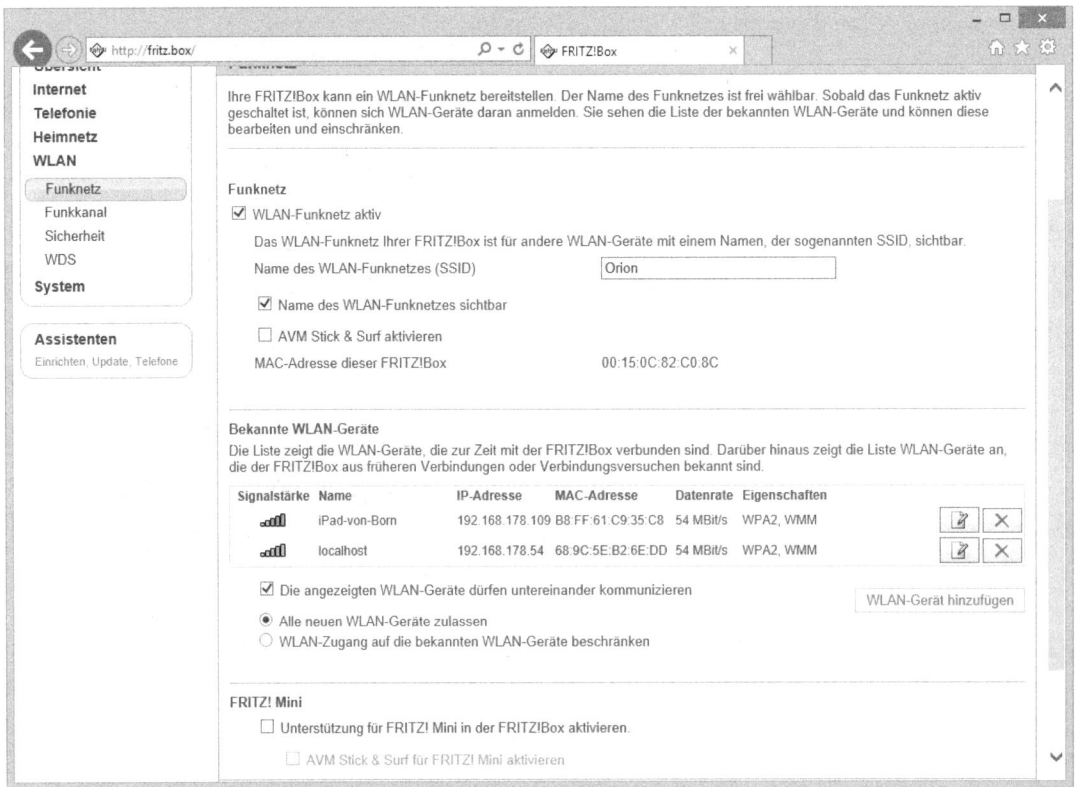

Abbildung 25.5 Webseite zur Konfigurierung des WLAN-Routers

- Der Zugriff auf den WLAN-Router ist (schon aus Gründen der sogenannten Störerhaftung bei Missbrauch durch Dritte) durch eine Verschlüsselung zu schützen. Die Übertragung der Daten zwischen den Teilnehmern des Funknetzes lässt sich mit den Methoden WEP (Wireless Equivalent Privacy), WPA (WiFi Protected Access) oder WPA2 absichern. Da eine WEP-Verschlüsselung leicht geknackt werden kann, stellen Sie die WPA- bzw. WPA2-Verschlüsselung für den Zugriff auf den WLAN-Router ein. Beim WPA-Verfahren lassen sich noch die Verschlüsselungsvarianten TKIP und AES (bei WPA2) verwenden. Bei Problemen sollten Sie die ältere TKIP-Variante versuchen, da AES bzw. WPA2 noch nicht auf allen WLAN-Karten implementiert ist. Den vom WLAN-Router angezeigten Schlüssel notieren Sie sich, da er auf den anzubindenden Geräten benötigt wird.

Die meisten Router unterstützen die Filterung der Datenpakete über die MAC-Adressen (steht für Media Access Code) der verwendeten Netzwerkkarte. Die MAC-Adresse eines Rechners lässt sich über den Befehl *Ipconfig /all* in der Eingabeaufforderung ermitteln. Diese MAC-Adressen sind dann bei der Konfigurierung des WLAN-Routers in eine Tabelle einzutragen. Der WLAN-Router blockt anschließend alle MAC-Adressen, die nicht in der Tabelle aufgeführt sind, bei Verbindungsaufnahmen über WLAN ab. Dies erhöht die Sicherheit gegen versehentliches Eindringen Dritter und gegen Gelegenheitshacker. Beachten Sie aber, dass sich die MAC-Adressen mit Spezialprogrammen fälschen lassen.

> **TIPP** Aus Praxiserfahrung rate ich von der Verwendung einer MAC-Filterung ab. Zu häufig sind mir Fälle vorgekommen, wo Leute stunden- oder tagelang nach Fehlern beim WLAN-Zugang gesucht haben und dass die »vor langer Zeit« aktivierte MAC-Filterung schlichtweg in Vergessenheit geraten war. Zudem sind mir auch schon Geräte in die Finger gekommen, wo die MAC-Adresse ständig wechselte, sodass der Zugang zum WLAN-Router nicht möglich war.

WLAN-Verbindung herstellen und trennen

Bereits bei der Installation erscheint eine Seite zum Einrichten des WLAN-Zugangs. Um zu einem späteren Zeitpunkt WLAN-Zugangsdaten einzugeben oder die Verbindung mit einem WLAN-Zugangspunkt (WLAN-Router, Hotspot) herzustellen bzw. zu trennen, gibt es folgende Möglichkeiten:

Abbildung 25.6 Zugriff auf Netzwerkeinstellungen vom Desktop

- Wählen Sie auf dem Desktop im Infobereich der Taskleiste das Symbol des Netzwerk- oder Drahtlosnetzwerkadapters (Abbildung 25.6)

- Blenden Sie die Charms-Leiste am rechten Seitenrand ein und klicken Sie auf das Symbol *Einstellungen*. Danach wählen Sie in der Seitenleiste *Einstellungen* das Drahtlosnetzwerksymbol (Abbildung 25.7, unten rechts).

Anschließend wird eine Seitenleiste *Netzwerke* eingeblendet (Abbildung 25.7, links). Dort werden alle gefundenen (Funk-)Netzwerke (WLAN, LAN, 3G, 4G), ggf. mit ihrem Namen, aufgelistet.

> **TIPP** Taucht Ihr WLAN-Router nicht in der Liste auf, prüfen Sie bitte, ob am WLAN-Router die Funknetzfunktion und die Bekanntgabe des Netzwerknamens eingeschaltet sind. Findet der Rechner keine Funknetzwerke, prüfen Sie, ob der WLAN-Adapter am Notebook oder Tablet-PC eingeschaltet ist und ob die Treiber für den WLAN-Adapter korrekt installiert sind. Gelegentlich sind veraltete WLAN-Treiber die Ursache für Verbindungsprobleme. Kommt keine Verbindung zustande, überprüfen Sie den benutzten WLAN-Kanal und ob ein MAC-Filter die Datenübertragung blockiert. Ist das Funksignal sehr schwach oder kommt

es häufig zu Verbindungsabbrüchen? Stahlbetondecken oder feuchte Holz- und Gipskartonwände schwächen das Funksignal stark. Die Signalstärke lässt sich an den stilisierten Balken erkennen (Abbildung 25.7).

Störungen ergeben sich auch durch Funktelefone, andere WLAN-Stationen, die auf dem gleichen Kanal senden, sowie Mikrowellen etc. Suchen Sie ggf. einen anderen Standort bzw. beseitigen Sie die Störquellen oder wechseln Sie den WLAN-Kanal. Unter *http://www.borncity.com/blog/2010/03/08/first-aid-faq-zur-netzwerkeinrichtung/* [Ms240-K25-01] findet sich ein auf Windows 7 bezogener, aber auch für Windows 8.1 verwendbarer Artikel, der sich mit Fragen zur Netzwerkeinbindung befasst.

1. Klicken Sie in der eingeblendeten Liste der Verbindungen auf den Eintrag für das gewünschte Funknetzwerk.

2. Verwenden Sie die in der Seitenleiste eingeblendeten Steuerelemente, um Verbindungen herzustellen oder zu trennen.

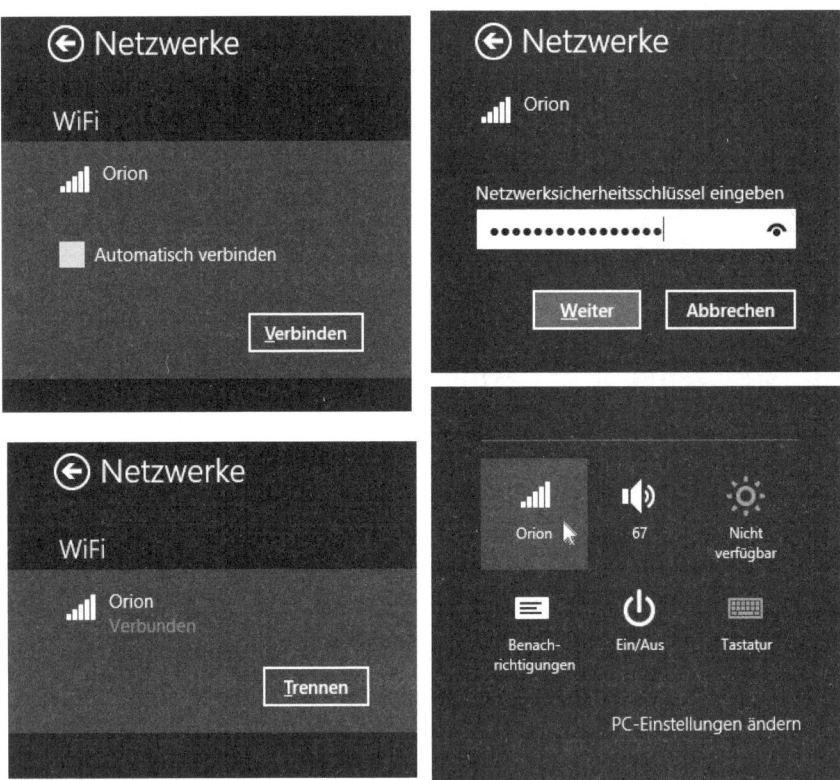

Abbildung 25.7   Zugriff auf ein WLAN-Netzwerk

Hier noch einige Hinweise zu den angebotenen Einstellungen und Verbindungsmöglichkeiten:

- Setzen Sie ggf. die Markierung des Kontrollkästchens *Automatisch verbinden* (Abbildung 25.7, oben links), um die Verbindung automatisch herzustellen. Dann stellt Windows später beim Hochfahren die WLAN-Verbindung automatisch her, sobald das Notebook in die Nähe des Zugangspunkts kommt.

- Falls die automatische Verbindungsaufnahme nicht klappt, wählen Sie die *Verbinden*-Schaltfläche, um eine getrennte Verbindung aufzubauen. Eine bestehende Verbindung lässt sich über die *Trennen*-Schaltfläche beenden.

- Beim ersten Zugriff auf ein WLAN fehlen noch die Verbindungsdaten. Tragen Sie ggf. den angefragten Netzwerksicherheitsschlüssel in das angezeigte Textfeld (Abbildung 25.7, oben rechts) ein und wählen Sie die Schaltfläche *Weiter*, um eine Verbindung zum WLAN-Router herzustellen.

Der Netzwerkschlüssel entspricht dem Wert, der am WLAN-Router für den Zugang festgelegt wurde. Die am Router eingestellte Verschlüsselungsmethode (WPA, WPA2 etc.) ermittelt Windows selbstständig.

TIPP   Kennworteingaben deckt Windows mit Punkten ab, um deren Ausspähung durch Dritte zu verhindern. Klicken oder tippen Sie auf das rechts vom Kennwortfeld sichtbare stilisierte Auge, um die eingegebenen Zeichen kurzzeitig im Klartext anzuzeigen (Sie müssen dabei die Maustaste oder den Finger gedrückt halten).

Bei korrekt eingegebenem Netzwerkschlüssel wird Windows versuchen, bei Anwahl der *Verbinden*- bzw. *Weiter*-Schaltfläche eine Verbindung zum WLAN-Router herzustellen.

In einem Netzwerk lassen sich Geräte wie Drucker oder Festplatten bzw. Ordner für andere Teilnehmer im Netzwerk freigeben. Windows 8.1 fragt bei der erstmaligen Verbindungsaufnahme des Rechners mit einem neuen Netzwerk nach, ob nach Geräten und Inhalten gesucht werden darf (Abbildung 25.8). Wählen Sie die *Ja*-Schaltfläche, falls Sie Freigaben in Heim- oder Arbeitsnetzwerken verwenden möchten.

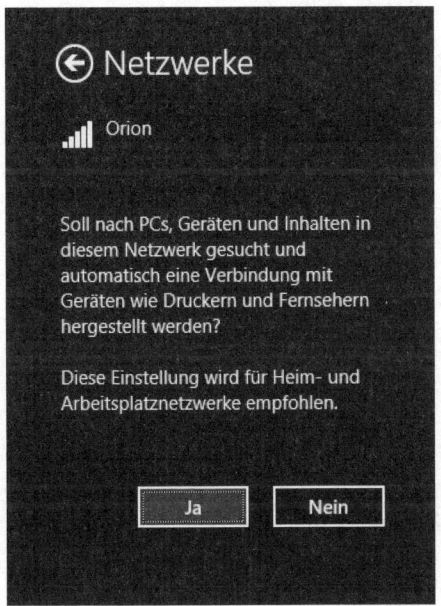

Abbildung 25.8 Nach Geräten und Freigaben suchen zulassen

HINWEIS   Die in Windows 8 verfügbare Möglichkeit, durch Zeigen auf einen Eintrag der Seitenleiste eine QuickInfo mit den Kenndaten (Funktyp, Verschlüsselung) *Netzwerke* abzurufen, ist in Windows 8.1 entfallen. Benötigen Sie Informationen über eine aktive Netzwerkverbindung, wechseln Sie zum Desktop, klicken das Netzwerksymbol im Infobereich der Taskleiste an und wählen den Kontextmenübefehl *Netzwerk- und Freigabecenter öffnen*. Im Netzwerk- und Freigabecenter wählen Sie in der linken Leiste den Hyperlink *Adaptereinstellungen ändern*. Wenn Sie im angezeigten Fenster den WLAN-Adapter per Doppelklick anwählen, zeigt Windows die Verbindungseigenschaften in einem Dialogfeld.

Weiterhin können Sie die Seite *PC-Einstellungen* über das Symbol *Einstellungen* der Charms-Leiste und den Befehl *PC-Einstellungen ändern* aufrufen. In der Kategorie *Netzwerk* gibt es die Unterkategorie *Verbindungen*, die alle Netzwerkverbindungen auflistet (siehe die Abbildung 25.12 im Abschnitt »Verwalten einer mobilen Internetverbindung« weiter hinten in diesem Kapitel). Bei der Anwahl bestehender Verbindungen wird bei Detailseite mit Verbindungseigenschaften eingeblendet.

Besonderheiten bei Hotspotverbindungen

Bei einem öffentlichen WLAN-Zugangspunkt (als Hotspot bezeichnet) erfolgt die Verbindungsaufnahme per WLAN mit den gleichen Schritten wie beim eigenen Drahtlosnetzwerk. Allerdings gibt es einige Besonderheiten.

■ Da öffentliche Hotspots in der Regel nicht mit einem Netzwerkschlüssel abgesichert sind, entfällt die Abfrage dieses Schlüssels. Ein solches öffentliches Funknetzwerk ist ungesichert, d.h., Dritte können sowohl Ihre übertragenen Daten aufzeichnen als ggf. auch per Funk auf Ihren Rechner zugreifen.

■ Windows markiert ungesicherte WLAN-Verbindungen mit einem stilisierten Schild mit Ausrufezeichen in der Netzwerkliste und informiert Sie bei Anwahl der Verbindung durch einen entsprechenden Hinweis (Abbildung 25.9) in der Verbindungsliste über die unsichere Verbindung

Abbildung 25.9 Zugriff auf ein ungesichertes WLAN-Netzwerk

Aus Sicherheitsgründen sollten Sie das Kontrollkästchen zur automatischen Verbindungsaufnahme unmarkiert lassen. Stellen Sie die WLAN-Verbindung manuell her, um sicherzugehen, dass Sie nicht unbeabsichtigt online sind.

HINWEIS   Sollte die Nachfrage aus Abbildung 25.8 erscheinen, verwenden Sie die Schaltfläche *Nein*. Achten Sie bei Verwendung einer ungesicherten Internetverbindung auch darauf, dass bei Eingaben von sensiblen Daten in Internetformulare (z.B. Internetbanking, Kennwortdialoge zur Anmeldung an E-Mail-Konten etc.) immer eine sichere SSL-Verbindung (Anzeige des Vorspanns *https:* in der Adresszeile statt *http:*) im Browser benutzt wird. Dann werden zumindest die Daten SSL-verschlüsselt zum Anmeldeserver übertragen.

Die Betreiber eines Hotspots beschränken den Zugriff auf das Internet auf einen »berechtigten Benutzerkreis«. Beim Aufruf der ersten Internetseite im Browser erscheint daher meist die Startseite des Hotspotanbieters mit einem Formular zur Eingabe der Benutzerkennung.

Die Abbildung 25.10 zeigt die Anmeldeseite eines öffentlichen Hotspots, in die Sie eine Handynummer eintragen können. Über den per SMS auf das Handy übermittelten Freigabecode lässt sich dann eine Stunde kostenlos surfen. Erst bei erfolgreicher Anmeldung gelangen Sie ins Internet.

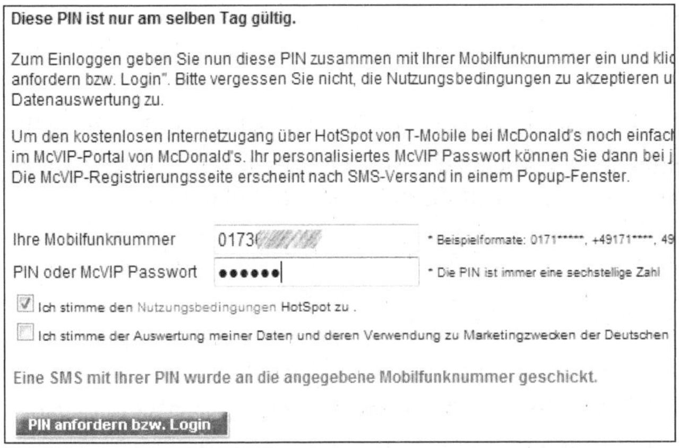

Diese PIN ist nur am selben Tag gültig.

Zum Einloggen geben Sie nun diese PIN zusammen mit Ihrer Mobilfunknummer ein und klic
anfordern bzw. Login". Bitte vergessen Sie nicht, die Nutzungsbedingungen zu akzeptieren u
Datenauswertung zu.

Um den kostenlosen Internetzugang über HotSpot von T-Mobile bei McDonald's noch einfac
im McVIP-Portal von McDonald's. Ihr personalisiertes McVIP Passwort können Sie dann bei j
Die McVIP-Registrierungsseite erscheint nach SMS-Versand in einem Popup-Fenster.

Ihre Mobilfunknummer   0173   * Beispielformate: 0171*****, +49171****, 49

PIN oder McVIP Passwort   ●●●●●   * Die PIN ist immer eine sechsstellige Zahl

☑ Ich stimme den Nutzungsbedingungen HotSpot zu .

☐ Ich stimme der Auswertung meiner Daten und deren Verwendung zu Marketingzwecken der Deutschen

Eine SMS mit Ihrer PIN wurde an die angegebene Mobilfunknummer geschickt.

[PIN anfordern bzw. Login]

Abbildung 25.10   Ausschnitt aus einer Anmeldeseite eines Hotspotbetreibers

---

HINWEIS   Bei Hotels oder Cafés erfragen Sie die Zugangsdaten beim Betreiber, der auch die Zahlungsmodalitäten vor Ort regelt. Erkundigen Sie sich beim Anbieter eines Hotspots nach den Zugangsbedingungen. Bei kostenpflichtigen Hotspots sollten Sie nachfragen, wie die Verbindungsgebühren abgerechnet werden und was eine Zeit- oder Volumeneinheit kostet.

Internetzugang per Mobilfunkverbindung

Speziell bei Mobilgeräten (Net- und Notebooks) besteht die Möglichkeit, eine Funkverbindung über GPRS (14 bis ca. 56 Kbit/s, mit EDGE bis zu 220 Kbit/s), UMTS (max. 384 Kbit/s, mit HSDPA bis zu 7 Mbit/s) oder LTE (bis 100 Mbit/s) zur Herstellung einer Internetverbindung zu verwenden. Sofern kein entsprechendes Modem vorhanden ist, lässt sich ein UMTS- oder LTE-USB-Surfstick verwenden (Abbildung 25.11).

Abbildung 25.11   UMTS-USB-Stick zur mobilen Internetanbindung

Hürden beim Einrichten einer Mobilfunkverbindung

Windows 8.1 enthält bereits eine Unterstützung für Mobilfunkverbindungen. Daher sollten bei vorhandenem 3G- oder 4-G-Modem die Treiber installiert und auch die benötigten Funktionen zum Aufbau der Mobilfunkverbindung eingerichtet werden. Anschließend kann die Verwaltung der Mobilfunkverbindung über Windows-Funktionen erfolgen.

Die Schwierigkeit besteht darin, dass die aktuell für Windows 8.1 erhältlichen UMTS-/LTE-Modems und Surfsticks keine wirkliche Windows 8/8.1-Unterstützung bieten. Ich habe den Sachverhalt bereits für Windows 8 in einem Blogbeitrag unter *http://www.borncity.com/blog/2012/09/20/windows-8-status-zur-3g-4g-untersttzung/* [Ms240-K25-02] dokumentiert. Auch unter Windows 8.1 hat sich da aktuell nichts Wesentliches geändert. Einzelne UMTS-Surfsticks der Firma Huawei unterstützen zwar von der Firmware das Mobile Broadband Interface Model (MBIM). Aber in der Praxis werden keine funktionierenden Treiber über Windows Update bereitgestellt.

Auf meinem WeTab Tablet-PC war ich daher gezwungen, eine geeignete Mobile-Partner-Einwahlsoftware für das verbaute Huawei EM770-Modem zu installieren. Diese Mobile-Partner-Software bringt auch geeignete Treiber mit, um eine ganze Reihe von UMTS-Modems zu unterstützen. Aus dieser Erkenntnis heraus habe ich eine Artikelreihe zur UMTS-Anbindung mit diversen Huawei-UMTS-Modems bzw. -Surfsticks unter Windows 8.1 verfasst und in meinem Blog unter *http://www.borncity.com/blog/2013/08/07/windows-8-1-3g-verbindungen-auf-dem-wetab-teil-1/* [Ms240-K25-03] veröffentlich. Mein Fazit: Am einfachsten ist die Verwendung eines UMTS-Surfsticks, der einen WLAN-Hotspot aufspannt. Dann lässt sich ein einfacher WLAN-Zugang einrichten und man verfügt über ein mobiles Internet. Im nachfolgenden Text wird allerdings davon ausgegangen, dass die Mobile Partner-Software installiert ist.

Stellen Sie eine mobile Internetverbindung per Smartphone über Tethering oder mittels UMTS-Hotspot bereit, sind die gleichen Schritte wie beim Verbinden mit einem WLAN-Router zu verwenden.

Verwalten einer mobilen Internetverbindung

Ist eine Mobilfunkverbindung per UMTS/LTE funktionsfähig (z.B. durch Installation der Mobile Partner-Software) eingerichtet, lässt sich die Mobilfunkverbindung unter Windows 8.1 über die Seitenleiste *Netzwerke* verwalten (Abbildung 25.12, unten rechts).

Das Auf- und Abbauen einer mobilen Internetverbindung per UMTS/LTE funktioniert in der Seitenleiste *Netzwerke* genau so, wie auf den vorhergehenden Seiten gezeigt.

1. Blenden Sie die Seitenleiste über das *Einstellungen*-Symbol der Charms-Leiste und das Netzwerksymbol der gleichnamigen Seitenleiste ein.

2. Wählen Sie in der Seitenleiste *Netzwerke* den Eintrag der Mobilfunkverbindung und klicken bzw. tippen Sie auf die *Verbinden*-Schaltfläche.

Bei bestehenden Mobilfunkverbindungen weist die Seitenleiste *Netzwerke* bei Anwahl des Breitband-Eintrags noch die bereits übertragenen Datenmengen auf (Abbildung 25.12, unten). Über die Schaltfläche *Trennen* wird die Mobilfunkverbindung wieder beendet.

Blenden Sie die Charms-Leiste ein, wählen Sie das Symbol *Einstellungen* und in der gleichnamigen Seitenleiste den Befehl *PC-Einstellungen ändern*, gelangen Sie zu den PC-Einstellungen. In der Kategorie *Netzwerk* zeigt die Unterkategorie *Verbindungen* die vorhandenen Breitbandverbindungen an (Abbildung 25.12, Hintergrund unten). Wählen Sie eine Breitbandverbindung an, öffnet sich die in Abbildung 25.12, oben, gezeigte Seite. Dort finden Sie Detailinformationen zur Schnittstelle. Der Schiebeschalter *Als getaktete Verbindung festlegen* signalisiert Windows, dass die Verbindung entweder zeitabhängig oder über das Datenvolumen abgerechnet wird. Weiterhin können Sie die Anzeige der Datennutzung zu- oder abschalten.

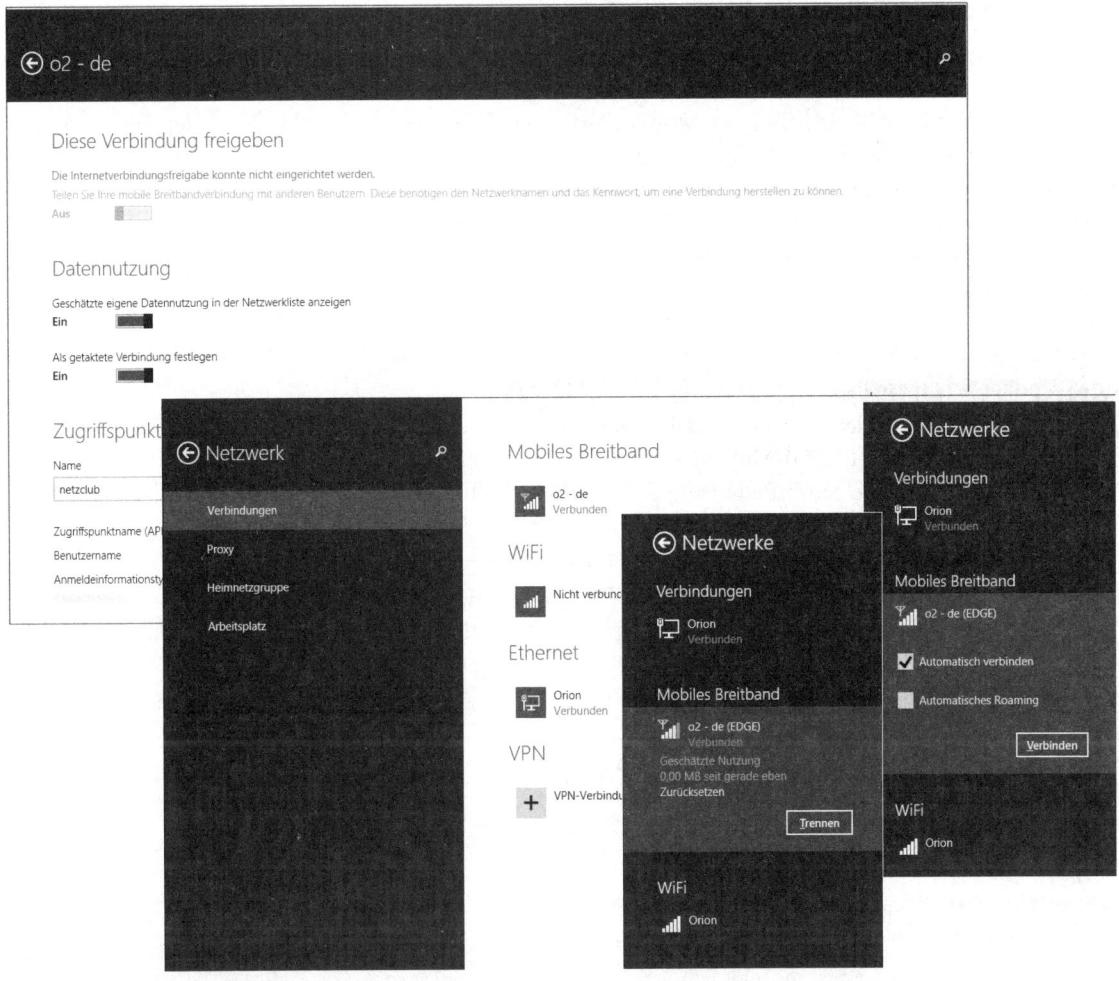

Abbildung 25.12   Verwaltung einer mobilen Internetverbindung

HINWEIS   Die Kategorie *Datennutzung* finden Sie auch auf der Detailseite einer WLAN-Verbindung. Bei einer LAN-Verbindung gibt es einen Schiebeschalter, um die Suche nach Geräten und Inhalten ein- oder auszuschalten. Bei (manchen) Mobilfunkadaptern für Breitbandverbindungen ist eine Option *Diese Verbindung freigeben* zum Einschalten des WiFi-Tethering vorhanden. Microsoft beschreibt unter *http://msdn.microsoft.com/en-us/library/windows/hardware/dn251534.aspx* [Ms240-K25-04] die Schritte zur Freigabe der Internetverbindung. Auch diese Webseite *http://www.nirmaltv.com/2013/06/29/how-to-share-mobile-broadband-connection-in-windows-8-1/* [Ms240-K25-05] zeigt die Schritte zum Teilen einer Mobilfunkverbindung. Allerdings funktionierte diese Option mit den mir beim Schreiben des Manuskripts zugänglichen 3G-Modems und -Treibern unter Windows 8.1 nicht. Um flexibler eine Internetverbindung (z.B. per LAN) über einen WLAN-Adapter als Hotspot freizugeben, können Sie auf Software von Drittanbietern zurückgreifen. Ich habe z.B. die Software Virtual Router Plus (*http://virtualrouter-plus.com/* [Ms240-K25-06]) erfolgreich unter Windows 8.1 verwendet, um eine per LAN-Kabel hergestellte Internetverbindung als Hotspot über einen WLAN-Adapter bereitzustellen. Wenn Sie in einer Suchmaschine die Begriffe »windows 8 wifi hotspot« eingeben, werden weitere Programme gefunden.

Einwählverbindung einrichten

Analogmodems sind im Zeitalter von DSL kaum noch gebräuchlich. Sofern trotzdem vorhanden, steht im Idealfall eine Einwahlsoftware zur Verfügung, die das Einrichten übernimmt und alle Einwahlparameter bereitstellt. Dies ist z.B. auch bei der Mobile Partner-Software für UMTS-Modems der Fall. Trotzdem können Sie für Analogmodems, ISDN-Karten und auch für 3G-/4G-Modems Einwahlverbindungen manuell einrichten. Voraussetzung ist, dass ein solches Modem mit den entsprechenden Treibern vorhanden ist. Die betreffenden Schritte zum Einrichten der Einwahlverbindung habe ich exemplarisch unter *http://www.borncity.com/blog/2013/08/09/die-3g-einwahlverbindung-manuell-einrichten-teil-3/* [Ms240-K25-07] beschrieben.

Eine Heimnetzgruppe betreiben

Sobald Sie Ihre Rechner korrekt verkabelt oder per Funknetzwerk mit einem WLAN-Router verbunden haben, lassen sich mehrere Windows 7/8/8.1-Stationen zu einer Heimnetzgruppe verbinden. Nachfolgend wird gezeigt, wie dies funktioniert und was dabei zu beachten ist.

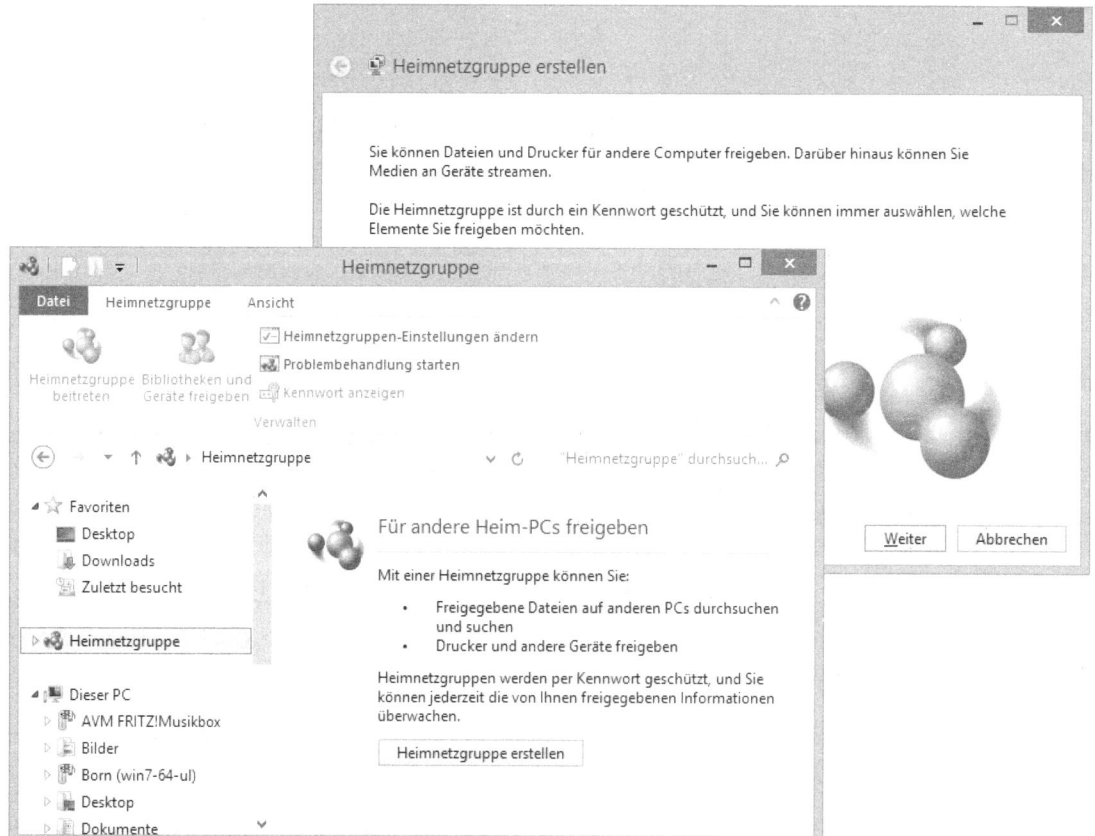

Abbildung 25.13   Heimnetzgruppe auf dem ersten Rechner anlegen

Eine Heimnetzgruppe einrichten

Die Funktion der Heimnetzgruppe wurde neu in Windows 7 eingeführt, um die Vernetzung einiger Rechner im Privatbereich stark zu vereinfachen. Sie können also nur Rechner mit Windows 7 oder Windows 8 bzw. Windows 8.1 in die Heimnetzgruppe integrieren. Windows übernimmt weitgehend die Verwaltung der Netzwerkfunktionen, sobald ein Rechner einer Heimnetzgruppe zugeordnet wurde. Zum Betrieb einer Heimnetzgruppe legen Sie diese auf einem Rechner unter Windows an. Hier die Schritte, um das Ganze möglichst einfach zu halten:

1. Öffnen Sie im Explorer ein Ordnerfenster und wählen Sie im Navigationsbereich den Eintrag *Heimnetzgruppe* (Abbildung 25.13, unten links).

2. Wählen Sie die im Inhaltsbereich angezeigte Schaltfläche *Heimnetzgruppe erstellen*.

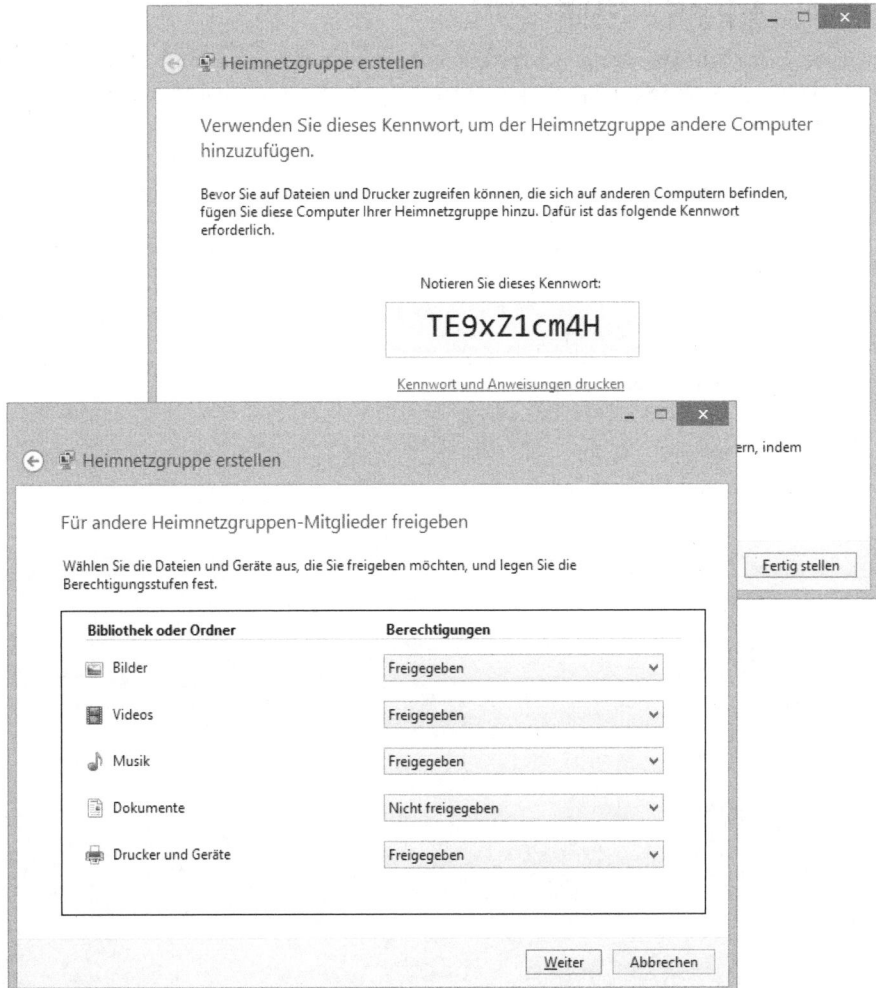

Abbildung 25.14 Freigaben für die Heimnetzgruppe erteilen und Kennwort notieren

3. Sobald der Assistent startet, wählen Sie im ersten Dialogfeld die Schaltfläche *Weiter* (Abbildung 25.13, oben rechts).

4. Setzen Sie im Dialogfeld des Einrichtungs-Assistenten die Listenfelder der freizugebenden Objekte auf »Freigegeben« (Abbildung 25.14, unten) und wählen Sie die *Weiter*-Schaltfläche.

5. Notieren Sie das im Dialogfeld angezeigte Kennwort (oder drucken Sie dieses aus) und klicken Sie auf die *Fertig stellen*-Schaltfläche (Abbildung 25.14, oben).

Windows richtet dann die Heimnetzgruppe automatisch ein und erteilt auch die Freigaben für die Bibliotheken und Drucker des betreffenden Benutzerkontos. Das Kennwort sollten Sie sich notieren oder ausdrucken, da es zum Beitreten anderer Windows 7/8/8.1-Rechner zur Heimnetzgruppe benötigt wird.

Rechner in Heimnetzgruppe aufnehmen

Ist die Heimnetzgruppe auf dem ersten Rechner eingerichtet, finden andere Windows 7- und Windows 8-bzw. Windows 8.1-Rechner diese Heimnetzgruppe. Um einen zweiten Windows-Rechner zur Heimnetzgruppe hinzuzufügen, führen Sie folgende Schritte aus:

1. Öffnen Sie auf dem betreffenden Rechner den Explorer, wählen Sie im Navigationsbereich den Eintrag *Heimnetzgruppe* (Abbildung 25.15, unten) und klicken bzw. tippen Sie im Inhaltsbereich auf die angezeigte Schaltfläche *Jetzt beitreten*.

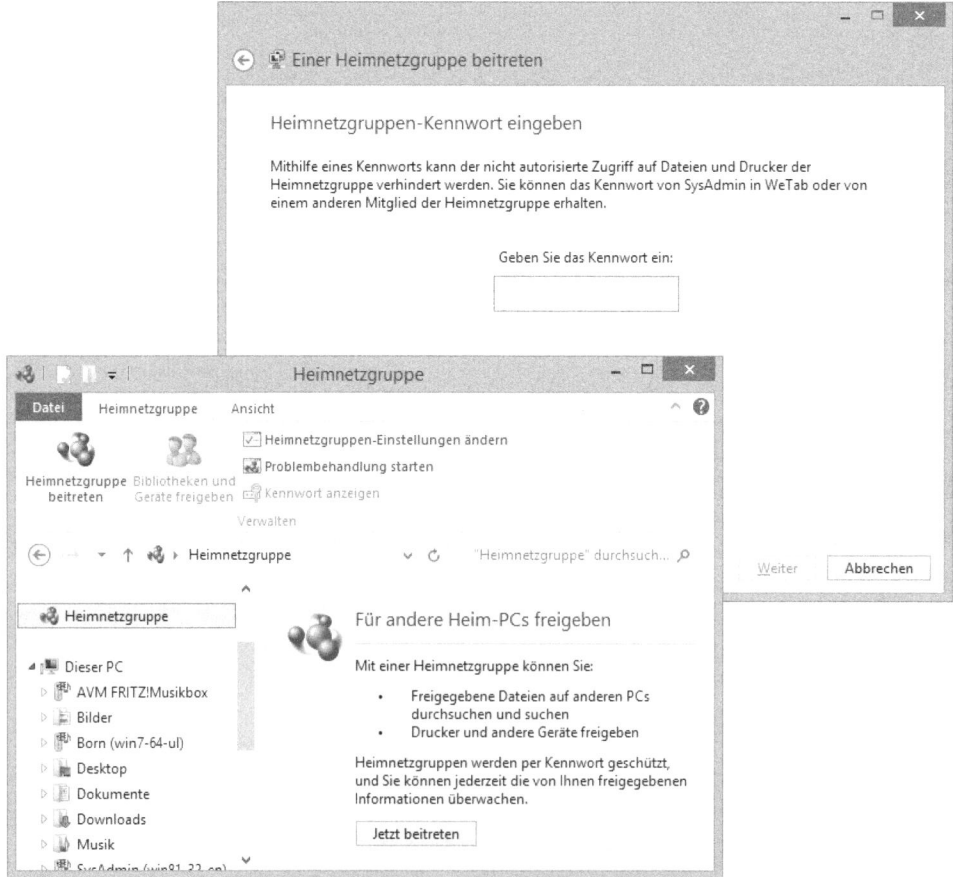

Abbildung 25.15 Zur Heimnetzgruppe beitreten

2. Sobald der Assistent startet, wählen Sie im ersten Dialogfeld die *Weiter*-Schaltfläche und geben Sie im nächsten Dialogfeld die gewünschten Bibliotheken über die Listenfelder frei (Abbildung 25.14, unten).

3. Über die *Weiter*-Schaltfläche gelangen Sie zum nächsten Dialogfeld, in dessen Textfeld (Abbildung 25.15, oben) Sie das notierte Kennwort der Heimnetzgruppe eingeben.

4. Wählen Sie die *Weiter*-Schaltfläche des Dialogfelds und dann im nächsten Dialogfeld die Schaltfläche *Fertig stellen*.

Windows durchsucht beim Beitreten das Netzwerk nach anderen Stationen und fragt im Dialogfeld *Heimnetzgruppen-Kennwort eingeben* den Sicherheitscode für das Heimnetzwerk ab. Wurde der korrekte Code eingegeben, tritt der Rechner der Heimnetzgruppe bei und Sie können das Dialogfeld schließen. Ab diesem Zeitpunkt ist die Heimnetzgruppe arbeitsfähig.

Heimnetzgruppe verlassen und anpassen

Windows ermöglicht den Betrieb einer Heimnetzgruppe neben einem Arbeitsgruppennetzwerk. Es gibt aber sicherlich Fälle, wo der Rechner aus einer Heimnetzgruppe herausgenommen werden soll – und es ist denkbar, dass Sie die Einstellungen der Heimnetzgruppe unter Windows einsehen oder anpassen möchten. Wurde eine Heimnetzgruppe eingerichtet, Sie haben aber das Kennwort vergessen oder möchten dieses ändern?

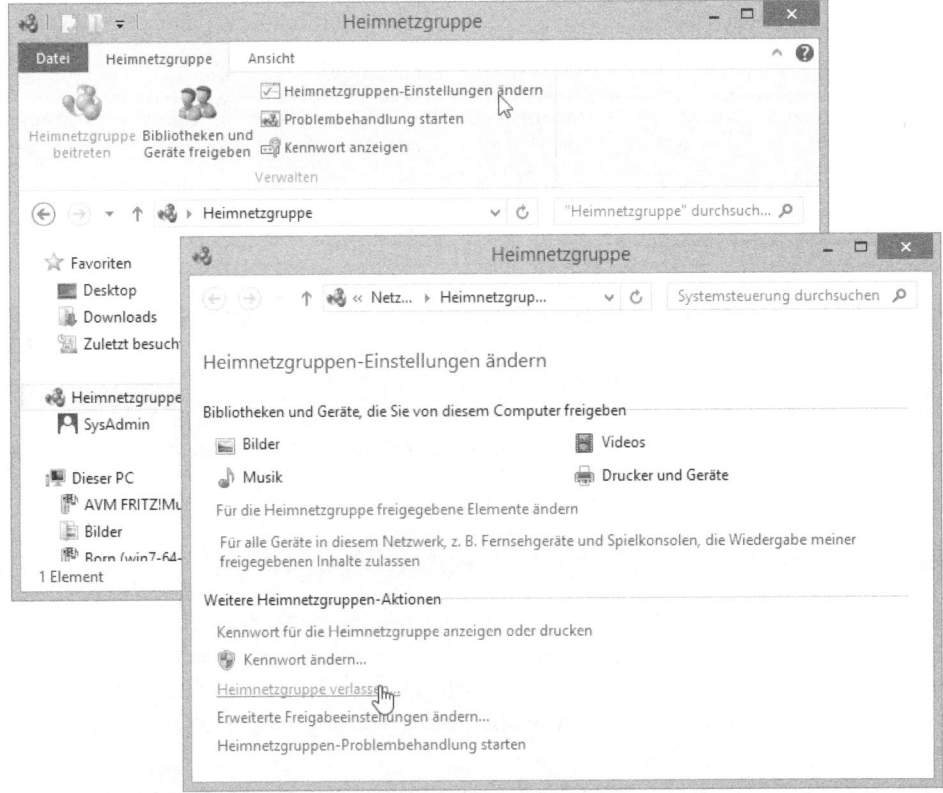

Abbildung 25.16 Heimnetzgruppen-Einstellungen verwalten

1. Öffnen Sie ein Ordnerfenster, wählen Sie im Navigationsbereich den Eintrag der Heimnetzgruppe an.

2. Wechseln Sie im Menüband zur Registerkarte *Heimnetzgruppe* (Abbildung 25.16, oben) und wählen Sie die Schaltfläche *Heimnetzgruppen-Einstellungen ändern* an.

Im angezeigten Dialogfeld (Abbildung 25.16, unten) werden die freigegebenen Bibliotheken angezeigt. Über Hyperlinks erhalten Sie Zugriff auf die Funktionen zum Anpassen der Heimnetzgruppen-Einstellungen:

- Über den Link *Für die Heimnetzgruppe freigegebene Elemente ändern* wird die Seite geöffnet, in der Sie die aktuellen Freigaben über Listenfelder aufheben können

- Der Link *Für alle Geräte in diesem Netzwerk ... zulassen* ermöglicht, das Medienstreaming auf DLNA-Geräte einzuschalten (siehe in Kapitel 20 den Abschnitt »Medienstreaming im Netzwerk«)

- Haben Sie das Kennwort vergessen, klicken Sie auf den Link *Kennwort für die Heimnetzgruppe anzeigen oder drucken*

- Um das Kennwort der Heimnetzgruppe zu ändern, wählen Sie den Link *Kennwort ändern*, bestätigen die Abfrage der Benutzerkontensteuerung und wählen im Folgedialogfeld den Befehl *Kennwort ändern*. Dann lässt sich im nächsten Dialogfeld ein neues Kennwort eintippen und über die *Weiter*-Schaltfläche aktivieren.

- Wählen Sie den Link *Heimnetzgruppe verlassen*, können Sie in einem zweiten Dialogfeld über verschiedene Befehle bestimmen, ob die Heimnetzgruppe verlassen werden soll oder ob Sie lediglich die Freigaben ändern möchten

Die Änderungen an den Einstellungen der Heimnetzgruppe und die Freigabe der Bibliotheken können einige Sekunden dauern.

HINWEIS Gibt es Probleme beim Einrichten der Heimnetzgruppe, wählen Sie den Link *Heimnetzgruppen-Problembehandlung starten* (Abbildung 25.16, unten). Dann hilft ein Assistent bei der Problembehebung bzw. beim Einrichten.

Netzwerke mit Arbeitsgruppen einrichten

Um ggf. mehr Kontrolle über Netzwerkfreigaben zu haben, verwenden Sie ein Arbeitsgruppennetzwerk. Dieses ermöglicht zudem, andere Rechner, z.B. mit Windows Vista, zu integrieren. Voraussetzung ist, dass Sie Ihre Rechner korrekt verkabelt oder per Funknetzwerk verbunden haben. Dann wird Windows die Netzwerkfunktionen automatisch einrichten und den Rechner zu einer bestehenden Arbeitsgruppe hinzufügen. Nachfolgend wird gezeigt, wie Sie bestimmte Einstellungen anpassen und vorgehen, wenn das Netzwerk nicht funktioniert.

Einstellungen im Netzwerk- und Freigabecenter überprüfen

Bei der ersten Inbetriebnahme verwendet Windows Standardeinstellungen für das Netzwerk (z.B. den Arbeitsgruppennamen »WORKGROUP«). Nicht immer wird das automatische Einrichten des Netzwerks klappen. Wird der Windows-Rechner z.B. zu einem bereits vorhandenen Netzwerk hinzugefügt, sind ggf. einige Anpassungen erforderlich. Um die Einstellungen zu überprüfen oder anzupassen, öffnen Sie das Netzwerk- und Freigabecenter:

1. Öffnen Sie den Explorer, wählen Sie im Navigationsbereich den Eintrag *Netzwerk* (Abbildung 25.17, links).

2. Im Menüband wählen Sie auf der Registerkarte *Netzwerk* die Schaltfläche *Netzwerk- und Freigabecenter* an (Abbildung 25.17, oben).

3. Im Fenster *Netzwerk- und Freigabecenter* (Abbildung 25.17, unten) können Sie die aktuellen Einstellungen einsehen und über die eingeblendeten Befehle anpassen.

Im Fenster des Netzwerk- und Freigabecenters (Abbildung 25.17, unten) wird die Netzwerkkonfiguration angezeigt. Aktive Netzwerke werden im oberen Teil des Fensters aufgelistet. Sie sehen, ob einer Heimnetzgruppe beigetreten wurde und welche Verbindungen vorhanden sind.

Sie erhalten zudem Zugriff auf die Funktionen zur Analyse und Verwaltung des Netzwerks. Im unteren Teil des Netzwerk- und Freigabecenters finden Sie noch verschiedene Befehle, um Netzwerkeinstellungen des Netzwerks anzupassen:

- Über *Neue Verbindungen oder neues Netzwerk einrichten* starten Sie den Assistenten, über den Sie WLAN-, VPN- und Einwählverbindungen konfigurieren können

- Der Befehl *Probleme beheben* startet den Diagnose-Assistenten, der in verschiedenen Schritten versucht, eine Reparatur defekter Netzwerkverbindungen durchzuführen

Über die Befehle der Aufgabenleiste des Netzwerk- und Freigabecenters können Sie zudem die Adaptereinstellungen einsehen und ändern sowie auf die erweiterten Freigabeeinstellungen zugreifen. Die betreffenden Funktionen werden in den folgenden Abschnitten besprochen. Beachten Sie aber, dass zum Verändern von Netzwerkeinstellungen Administratorrechte erforderlich sind. Arbeiten Sie unter einem Standardbenutzerkonto, fragt die Benutzerkontensteuerung den Namen und das Kennwort eines Administratorkontos ab. Zudem erfordern einige Änderungen, dass der Rechner anschließend neu gestartet wird.

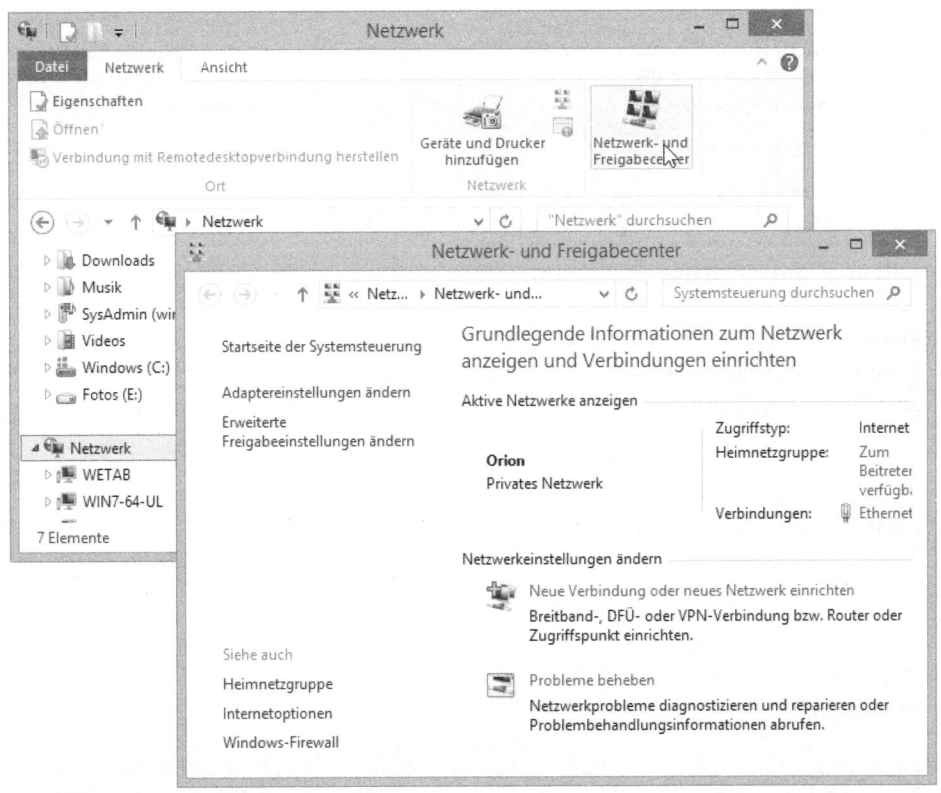

Abbildung 25.17   Netzwerk- und Freigabecenter

Erweiterte Freigabeeinstellungen ändern

In einem privaten Netzwerk ist es hilfreich, wenn die vorhandenen Geräte im Ordnerfenster *Netzwerk* aufgelistet werden. Dann lässt sich sofort erkennen, ob ein Gerät oder ein Rechner über das Netzwerk erreichbar ist. In einem öffentlichen Netzwerk (z.B. beim Zugriff auf Hotspots) wird die Netzwerkerkennung dagegen aus Sicherheitsgründen deaktiviert. Die Umschaltung erfolgt automatisch durch den aktuellen Netzwerkstandort. Arbeiten Sie in einem lokalen Netzwerk und ist die Geräteerkennung abgeschaltet? Oder möchten Sie die erweiterten Freigabeeinstellungen kontrollieren bzw. ändern?

1. Klicken Sie im Fenster *Netzwerk- und Freigabecenter* (Abbildung 25.17, unten) in der Aufgabenleiste auf den Befehl *Erweiterte Freigabeeinstellungen ändern*.

2. Expandieren Sie ggf. im Fenster *Erweiterte Freigabeeinstellungen* (Abbildung 25.18) die Detailansicht der Profile »Privat« und »Gast oder Öffentlich«, indem Sie auf die Schaltfläche am rechten Rand des Profiltitels klicken.

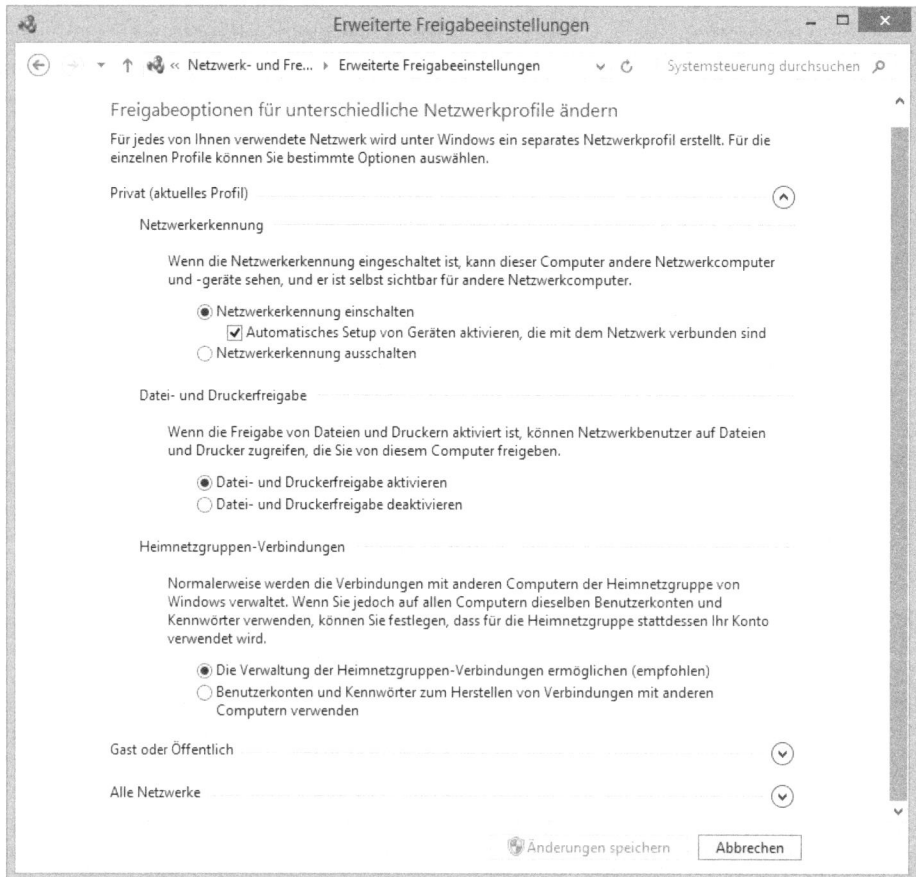

Abbildung 25.18 Erweiterte Freigabeeinstellungen

3. Anschließend markieren Sie eines der Optionsfelder *Netzwerkerkennung einschalten* bzw. *Netzwerkerkennung ausschalten* und klicken auf die Schaltfläche *Änderungen speichern*. Zusätzlich lässt sich ein Kontrollkästchen zum automatischen Setup von Geräten aktivieren.

Die Speicherung ist durch eine Sicherheitsabfrage der Benutzerkontensteuerung zu bestätigen. Auf die gleiche Weise können Sie die restlichen Optionen im Fenster *Erweiterte Freigabeeinstellungen* anpassen. Hier noch einige Hinweise zu einigen der angebotenen Optionen für die erweiterten Freigabeeinstellungen.

- **Datei- und Druckerfreigabe** Markieren Sie das Optionsfeld *Datei- und Druckerfreigabe einschalten* der Gruppe, um Benutzern das Freigeben von Druckern, Laufwerken, Ordnern und Dateien zu ermöglichen. Benutzer von Standardkonten können dabei die im Besitz des Benutzerkontos befindlichen Dateien freigeben. Administratoren haben die Möglichkeit, beliebige Laufwerke, Ordner und Dateien im Netzwerk freizugeben. Dieses Optionsfeld stellt Ihnen übrigens die Möglichkeit bereit, die beim Einrichten eines WLAN-Zugangs erteilten Freigaben wieder zurückzunehmen.

- **Heimnetzgruppen-Verbindungen** In dieser Kategorie steuern Sie, ob die Verwaltung der Heimnetzgruppen durch Windows oder über Benutzerkonten und Kennwörter erfolgt. Bei der ersten Variante legt Windows das Kennwort zum Zugriff auf das Heimnetzwerk fest. Die zweite Variante erfordert, dass auf jedem Rechner Benutzerkonten gleichen Namens samt Kennwort eingerichtet sind. Dann wird das Benutzerkonto, unter dem der Benutzer bei Netzwerkzugriffen angemeldet ist, zur Authentifizierung gegenüber dem Netzwerk verwendet.

- **Freigabe des öffentlichen Ordners** Standardmäßig ist der Ordner *Öffentlich* samt den Unterordnern nicht im Netzwerk freigegeben, da dessen Inhalt ja von allen Benutzern innerhalb des Netzwerks einsehbar bzw. nutzbar wäre. Sie können die Freigabe explizit über das Optionsfeld *Freigabe einschalten ...* der Gruppe »Alle Netzwerke« aktivieren.

- **Kennwortgeschütztes Freigeben** Windows gibt Dateien (und Ordner) nur für Benutzer frei, für die ein kennwortgeschütztes Benutzerkonto auf dem Rechner vorhanden ist. Sie können aber vereinbaren, dass Dateien (und Ordner) auch über einen Kennwortschutz freigegeben werden. Dann zeigt Windows beim Zugriff auf Freigaben im Netzwerk ein Dialogfeld zur Abfrage des Benutzernamens und des Kennworts.

Über weitere Optionen können Sie die Schlüssellänge für Dateifreigabeverbindungen auf 128 Bit festlegen oder Medienstreaming zulassen. Wie Sie Mediendateien im Netzwerk über einen Streamingserver freigeben und über geeignete Clients wiedergeben, ist in Kapitel 20 im Abschnitt »Medienstreaming im Netzwerk« besprochen.

Rechnername vergeben und Arbeitsgruppe beitreten

Der Computer muss innerhalb des Netzwerks einen eindeutigen Netzwerknamen zur Identifizierung aufweisen. Dieser Computername wird bei der Windows-Installation in einem Dialogfeld vorgeschlagen und angelegt (siehe Kapitel 32). Als Arbeitsgruppenname verwenden Windows Vista bis Windows 8.1 die Vorgabe »WORKGROUP«, während Windows XP als Arbeitsgruppenname »MSHEIMNETZ« voreinstellt. Betreiben Sie die Windows-Rechner in einem anders benannten Arbeitsgruppennetzwerk, können Sie dieser Gruppe explizit beitreten. Zudem lassen sich die Vorgaben von Windows für Arbeitsgruppen- und Computername ändern. Um eine eigene Arbeitsgruppe einzurichten bzw. beizutreten oder den Netzwerknamen eines Rechners anzupassen, gehen Sie folgendermaßen vor:

1. Öffnen Sie den Explorer, markieren Sie im Navigationsbereich den Eintrag *Dieser PC* und wählen Sie im Menüband auf der Registerkarte *Computer* die Schaltfläche *Systemeigenschaften*. Oder verwenden Sie die Tastenkombination ⊞ + Pause zum Aufruf der Seite.

2. Auf der Seite *Basisinformationen über den Computer anzeigen* wählen Sie in der Aufgabenleiste den Befehl *Erweiterte Systemeinstellungen*. Anschließend bestätigen Sie die ggf. angezeigte Sicherheitsabfrage der Benutzerkontensteuerung.

3. Auf der Registerkarte *Computername* des Eigenschaftenfensters *Systemeigenschaften* können Sie dann im Textfeld *Computerbeschreibung* einen kurzen Text eintippen (Abbildung 25.19, links). Der Text gibt anderen Netzwerkteilnehmern einen Hinweis auf die Art des Computers.

4. Wählen Sie danach die Schaltfläche *Ändern*, um das in Abbildung 25.19, rechts, gezeigte Dialogfeld aufzurufen.

5. Tippen Sie in das Feld *Computername* den Namen des gewünschten Computers ein. Dieser muss im Netzwerk eindeutig sein und darf max. 15 Zeichen, aber keine Leerzeichen oder Umlaute enthalten, um auch von älteren Computern im Netzwerk erkannt zu werden.

6. Möchten Sie eine neue Arbeitsgruppe einrichten oder soll der Computer zu einer bestehenden Arbeitsgruppe hinzugefügt werden, passen Sie noch den Inhalt im Feld *Arbeitsgruppe* an.

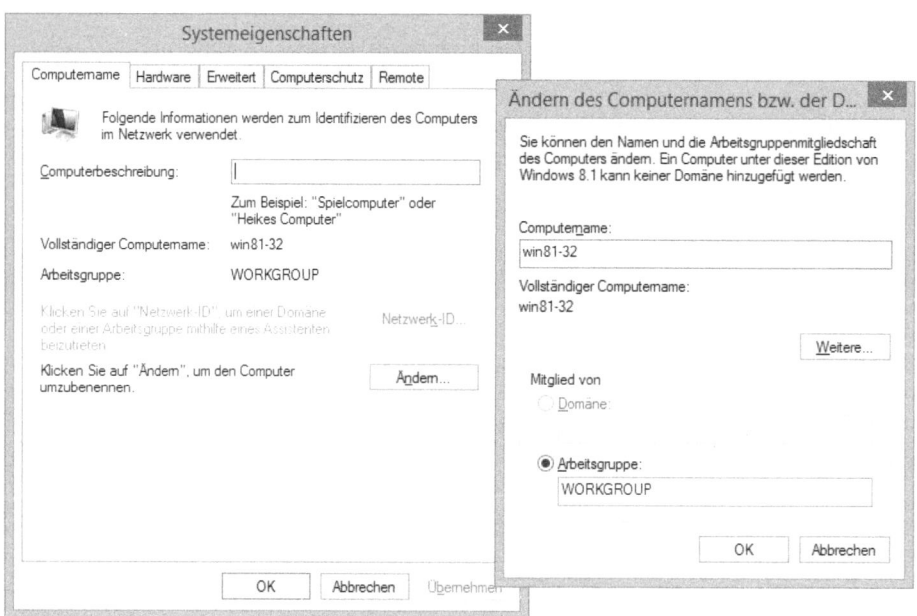

Abbildung 25.19 Arbeitsgruppe und Computername anpassen

Wenn Sie anschließend die Dialogfelder und Registerkarten über die *OK*-Schaltflächen schließen, übernimmt Windows die Änderungen in der Netzwerkkonfiguration. Haben Sie den Namen der Arbeitsgruppe geändert, werden Sie in einem Willkommen-Dialog als Mitglied der Arbeitsgruppe begrüßt. Damit die Änderungen wirksam werden, müssen Sie den Rechner neu starten. Der Rechner wird anschließend im Netzwerk unter dem neuen Namen angezeigt und Sie sehen beim Aufruf eines Ordnerfensters bei Anwahl des Symbols *Netzwerk* im Navigationsbereich die in der Arbeitsgruppe gerade vorhandenen Rechner.

> **HINWEIS** Sie können die Arbeitsgruppe individuell (z.B. »Büro-Netz«, »Familien-Netz« etc.) benennen. Für die Computernamen empfiehlt es sich zur leichteren Identifizierung, die Namen von Räumen (z.B. »Arbeitszimmer«, »Kinderzimmer«) oder anderen Kategorien (z.B. »Familie«, »Spiele-PC«, »Notebook«) etc. zuzuweisen. In meinen Netzwerken benenne ich die Arbeitsstation nach europäischen Städten (z.B. »Paris«, »Berlin«, »Wien«), belasse den Arbeitsgruppennamen aber auf »WORKGROUP«.

Falls Sie den Namen der Arbeitsgruppe von »WORKGROUP« in einen anderen Begriff umbenennen, müssen Sie diese Änderungen auf allen Rechnern der gewünschten Arbeitsgruppe mit den obigen Schritten durchführen.

Adaptereinstellungen einsehen

Windows verwaltet alle Netzwerkadapter für Verbindungen (Einwählverbindungen, LAN-Verbindungen, Drahtlosverbindungen) in einem Ordnerfenster. Um sich über vorhandene Adapter zu informieren oder deren Status bzw. deren Eigenschaften anzusehen, öffnen Sie den betreffenden Ordner:

1. Öffnen Sie das Ordnerfenster *Netzwerk- und Freigabecenter* (z.B. über die Systemsteuerung, siehe auch vorhergehende Abschnitte).

2. Wählen Sie in der am linken Fensterrand angezeigten Aufgabenleiste des Netzwerk- und Freigabecenters den Befehl *Adaptereinstellungen ändern*.

Windows öffnet das Ordnerfenster *Netzwerkverbindungen* (Abbildung 25.20), in dem alle auf dem lokalen Rechner vorhandenen Netzwerkverbindungen aufgeführt werden. Sie können dann die nachfolgend beschriebenen Funktionen verwenden.

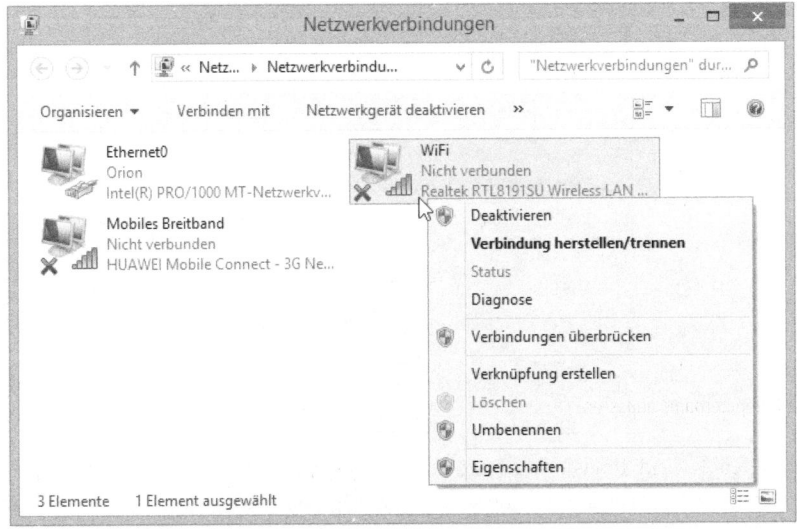

Abbildung 25.20 Übersicht über Netzwerkverbindungen

Den Status einer Netzwerkverbindung abfragen/ändern

Gibt es Probleme bei einer Netzwerkverbindung oder möchten Sie wissen, ob Daten übertragen werden bzw. ob eine Einwählverbindung aktiv ist, können Sie deren Status abfragen. Hierzu reicht entweder ein Doppelklick auf das betreffende Symbol oder Sie öffnen das Kontextmenü der Verbindung und wählen den Kontextmenübefehl *Status* (Abbildung 25.20). Windows öffnet das Statusfenster mit der Registerkarte *Allgemein*, auf der sich verschiedene Statusinformationen befinden (Abbildung 25.21). Der genaue Aufbau hängt vom gewählten Adaptertyp ab (bei WLAN-Adaptern ist z.B. die Schaltfläche *Drahtloseigenschaften* vorhanden).

■ Im Abschnitt *Verbindung* sehen Sie die Übertragungsrate und wie lange diese Verbindung bereits besteht. Bei LAN-Netzwerkverbindungen erkennen Sie dann, ob diese Daten mit 10, 100 oder 1.000 Mbit übertragen. Bei Einwählverbindungen über Modem, ISDN oder DSL sind die Informationen über die verfügbare Übertragungsgeschwindigkeit und die Verbindungsdauer hilfreich (z.B. um die Leitungsqualität abzuschätzen oder um bei einer vergessenen Onlineverbindung zu kontrollieren, wie lange diese bereits aktiv war). In den Zeilen *IPv4-Konnektivität* und *IPv6-Konnektivität* geben die Texte »Internet« und »Lokal« an, ob über das betreffende Internetprotokoll eine lokale Verbindung oder eine Internetverbindung abgewickelt wird. Bei Verwendung einer Netzwerkbrücke weisen LAN-Adapter in diesen Zeilen aber den Wert »Nicht verbunden« auf. Wählen Sie die Schaltfläche *Details*, um die MAC- oder IP-Adressen des Adapters abzufragen.

■ In der Gruppe *Aktivität* sehen Sie bei einer aktiven Verbindung, ob Daten übertragen werden. Dabei wird zwischen gesendeten und empfangenen Daten unterschieden. Diese Informationen ermöglichen eine sehr schnelle Diagnose, ob andere Rechner im Netzwerk erkannt werden. Sendet Windows zwar über die Verbindung ins LAN, empfängt aber keine Daten, ist entweder kein Rechner im betreffenden Netzwerk vorhanden oder die Verbindung ist gestört.

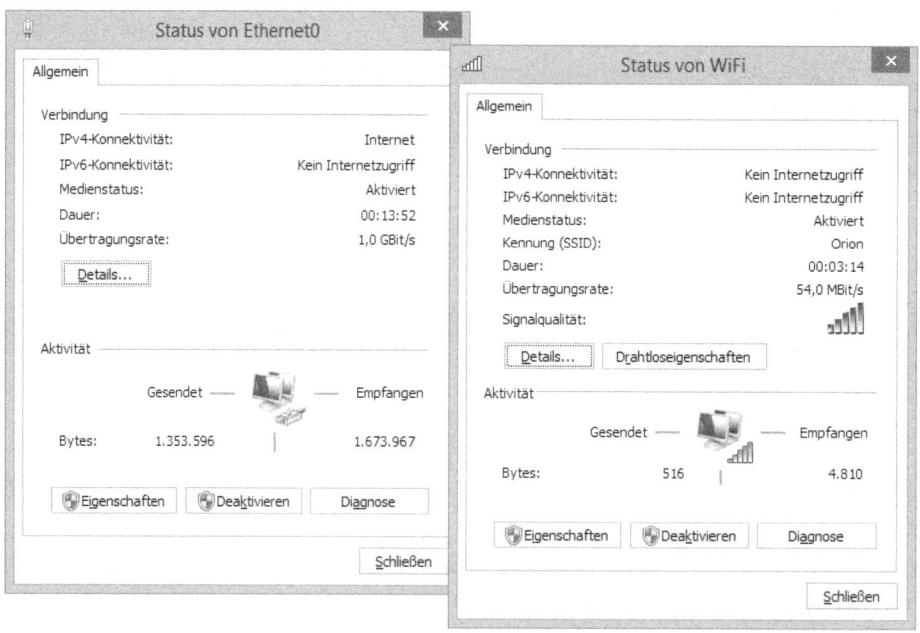

Abbildung 25.21 Statusanzeige einer Netzwerkverbindung

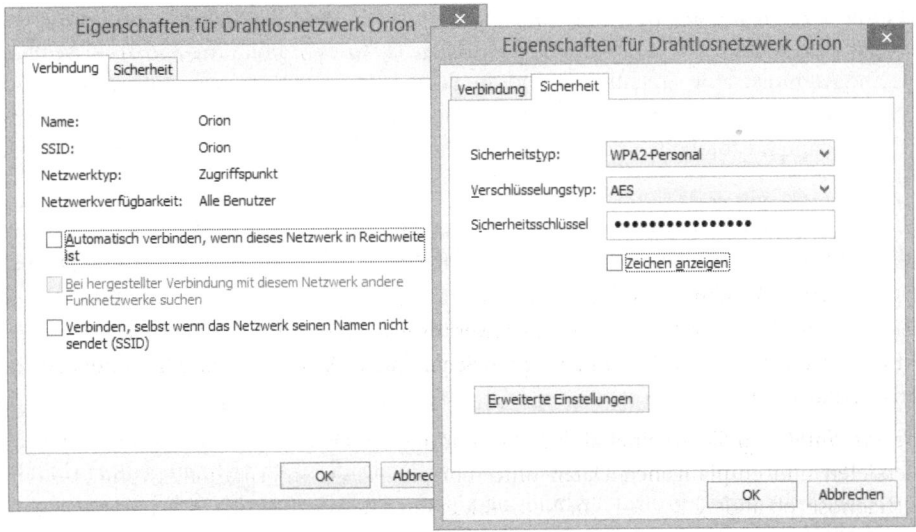

Abbildung 25.22 Eigenschaften von Drahtlosnetzwerken

- Um die Eigenschaften eines Drahtlosnetzwerks (WLAN-Zugang) anzupassen, stellen Sie sicher, dass die Verbindung besteht. Dann wählen Sie auf der Registerkarte *Allgemein* die Schaltfläche *Drahtloseigenschaften* (Abbildung 25.21, rechts). Auf der dann angezeigten Registerkarte *Verbindung* (Abbildung 25.22, links) finden Sie die Einstellungen, um die WLAN-Verbindung automatisch zu lassen. Dort gibt es auch eine Option, um das Verbinden bei versteckter SSID zu erzwingen. Auf der Registerkarte *Sicherheit* (Abbildung 25.22, rechts) können Sie den Sicherheitstyp, den Verschlüsselungstyp und den Sicherheitsschlüssel anpassen.

Bei einer gestörten Netzwerkverbindung ist es gelegentlich hilfreich, diese über die Schaltfläche *Deaktivieren* (Abbildung 25.21) abzuschalten. Allerdings ist für diesen Vorgang eine Administratorberechtigung erforderlich und Sie müssen den Vorgang über die Benutzerkontensteuerung bestätigen. Das Dialogfeld mit der Statusanzeige verschwindet dann und die Verbindung wird im Ordnerfenster *Netzwerkverbindungen* abgeblendet dargestellt.

Zum erneuten Aktivieren der Verbindung wählen Sie das Symbol im Ordnerfenster *Netzwerkverbindungen* entweder per Doppelklick an oder Sie verwenden den Kontextmenübefehl *Aktivieren*. Nach einer Bestätigung der Sicherheitsabfrage der Benutzerkontensteuerung wird Windows die Verbindung wieder ins Netzwerk aufnehmen.

Hilft das kurzzeitige Deaktivieren einer LAN-Verbindung bei Störungen nicht, können Sie die Schaltfläche *Diagnose* im Statusdialog anwählen. Dann wird die Windows-Netzwerkdiagnose aufgerufen, die eine Verbindungsüberprüfung und Netzwerkdiagnose vornimmt und ggf. Vorschläge zur Behebung des Problems unterbreitet. Auf den folgenden Seiten finden Sie Hinweise, wie sich bestimmte Einstellungen anpassen und damit einhergehende Probleme beheben lassen.

Eigenschaften einer Netzwerkverbindung einsehen

Eine Netzwerkverbindung bezieht sich auf einen Netzwerkadapter und kann verschiedene Protokolle und Dienste abwickeln. Bei Problemen oder zur Einstellung bestimmter Optionen rufen Sie die Eigenschaften einer Netzwerkverbindung ab. Wählen Sie die Schaltfläche *Eigenschaften* im Statusdialogfeld (Abbildung

25.21) einer Verbindung an oder öffnen Sie das Kontextmenü der Netzwerkverbindung im Ordnerfenster *Netzwerkverbindungen* und wählen den Kontextmenübefehl *Eigenschaften* (Abbildung 25.20). In beiden Fällen benötigen Sie eine Administratorberechtigung und die Fortsetzung des Vorgangs ist über die Benutzerkontensteuerung zu bestätigen. Anschließend erscheint das Eigenschaftenfenster der Verbindung, in dem alle installierten Hardwareadapter, Protokolle und Dienste der Netzwerkverbindung auf der Registerkarte *Netzwerk* aufgelistet sind.

Abbildung 25.23, links, enthält die Statusanzeige einer Netzwerkverbindung. Standardmäßig werden für eine Netzwerkverbindung der verwendete Netzwerkadapter, die beiden TCP/IP-Protokolle IPv4 und IPv6 sowie verschiedene Dienste aufgelistet. Für die Protokolle und Dienste können Sie über die Markierung des angezeigten Kontrollkästchens steuern, ob diese für die Verbindung vorhanden sind oder nicht.

Für ein lokales Netzwerk werden neben den TCP/IP-Protokollen noch die Dienste *Client für Microsoft-Netzwerke* und *Datei- und Druckerfreigabe für Microsoft-Netzwerke* benötigt. Windows verwendet zudem die erweiterten Protokolle zur Verbindungsschichterkennung sowie den QoS-Paketplaner-Dienst zur Steuerung der Auslastung. Benötigen Sie bestimmte Dienste, Protokolle oder Clients, die noch nicht aufgeführt sind, lassen sich diese über die Schaltfläche *Installieren* zur Verbindung hinzufügen. Allerdings bietet Windows diese Komponenten nicht mehr an, d.h., Sie benötigen einen Datenträger, der die zu installierende Software enthält. Die Schaltfläche *Deinstallieren* ermöglicht Ihnen, einen markierten Eintrag in der Elementliste für die Verbindung zu entfernen. In der Praxis dürften bei Heimnetzwerken aber keine Änderungen erforderlich sein.

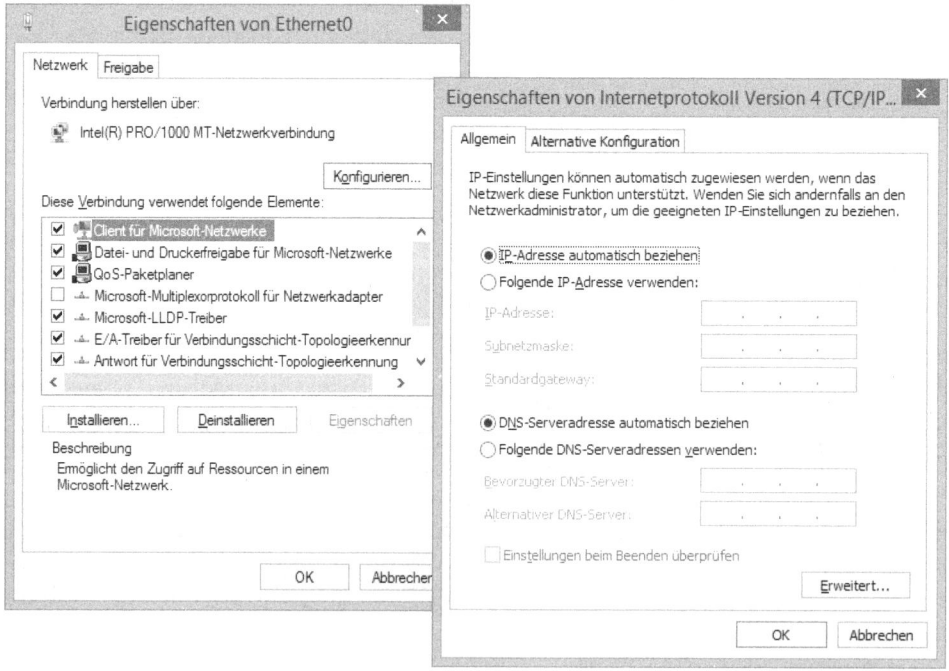

Abbildung 25.23   Eigenschaften einer Netzwerkverbindung

Über die Schaltfläche *Konfigurieren* lassen sich die Hardwareeigenschaften des Netzwerkadapters anpassen. Interessant sind vor allem die Einträge für das IP-Internetprotokoll. Markieren Sie diese, können Sie über die *Eigenschaften*-Schaltfläche die IP-Adressen sowie die Art der Adressvergabe (dynamische oder statische Zuweisung von IP-Adressen) festlegen (Abbildung 25.23, rechts).

Haben Sie eine Netzwerkbrücke im System eingerichtet (siehe den Abschnitt »Verwenden einer Netzwerkbrücke« weiter hinten in diesem Kapitel), taucht in den Netzwerkverbindungseigenschaften der LAN-Karte nur noch der Hardwareadapter auf. Die Einträge für Protokolle und Dienste fehlen. In diesem Fall müssen Sie die Eigenschaften der Netzwerkbrücke aufrufen, um die IP-Einstellungen anzupassen.

HINWEIS Windows setzt auf das TCP/IP-Protokoll auf, unterstützt aber zur IP-Adressierung zwei Varianten, die ältere IPv4-Notation sowie die neuere IPv6-Notation mit erweitertem Adressraum. Aus diesem Grund finden Sie im Eigenschaftenfenster der Netzwerkverbindung die beiden Einträge für das TCP/IP-Protokoll.

Internetverbindungsfreigabe konfigurieren

Besitzt ein Rechner mehrere Netzwerkadapter (z.B. LAN und WLAN), kann die Internetverbindung innerhalb eines Netzwerks zur gemeinsamen Nutzung freigegeben werden. So kann ein Rechner per LAN oder Mobilfunkverbindung ins Internet und dann per WLAN anderen Rechnern die Benutzung der Verbindung ermöglichen. Die Verwaltung dieses Features erfolgt im Eigenschaftenfenster des für die Freigabe vorgesehenen Netzwerkadapters (Abbildung 25.23, links) über die Registerkarte *Freigabe*. Auf dieser Registerkarte lässt sich die gemeinsame Nutzung der Internetverbindung (Internet Connection Sharing, ICS) konfigurieren. Markieren Sie das oberste Kontrollkästchen in der Gruppe *Gemeinsame Nutzung der Internetverbindung*, um die Internetverbindungsfreigabe einzuschalten. Das zweite Kontrollkästchen ermöglicht anderen Benutzern im Netzwerk, die Verbindung zu verwalten. Über die Schaltfläche *Details* öffnen Sie die in Abbildung 25.23, rechts, sichtbare Registerkarte *Dienste*. Dort lässt sich über Kontrollkästchen vorgeben, welche Dienste über die Internetverbindungsfreigabe verwendet werden dürfen.

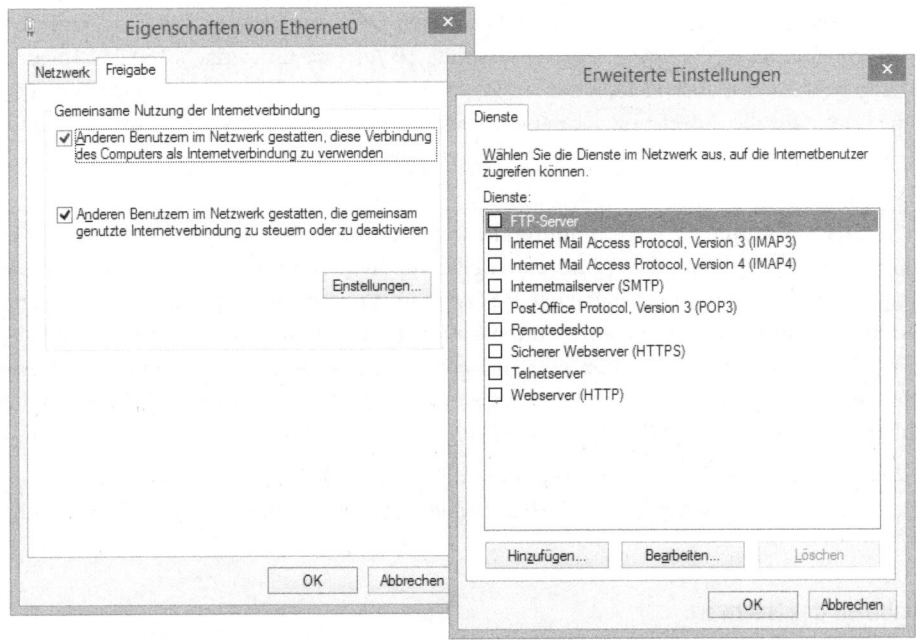

Abbildung 25.24 Internetverbindungsfreigabe

Spezialfragen zur Vergabe der IP-Adressen im Netzwerk

Windows setzt beim Netzwerktransfer auf das TCP/IP-Protokoll auf. Zur Identifizierung der einzelnen Rechner innerhalb der TCP/IP-Netzwerkschicht müssen diese mit einer eindeutigen IP-Adresse versehen sein. Eine IP-Adresse ist in der IPv4-Variante eine 32-Bit-Zahl, die in einer dezimalen Schreibweise im Format 192.168.0.1 angegeben wird. Die IPv6-Variante deckt einen erweiterten Adressraum ab und benutzt 128 Bit. Die Adressen werden in hexadezimaler Schreibweise (z.B. als 2001:0db8:85a3:08d3:1319:8a2e:0370:7344, siehe *http://de.wikipedia.org/wiki/IPv6* [Ms240-K25-08]) dargestellt. Innerhalb des lokalen Netzwerks müssen die IP-Adressen eindeutig sein, da sich andernfalls die Rechner nicht adressieren lassen.

Beim Aufbau des Netzwerks muss ein Mechanismus vorhanden sein, der den einzelnen Rechnern eine eindeutige IPv4-Adresse zuweist. Die Rechner eines lokalen (Sub-)Netzwerks erhalten dann fortlaufende IPv4-Adressen, die sich meist in der letzten Stelle unterscheiden (z.B. 192.168.0.1, 192.168.0.2, 192.168.0.3 etc.). Wird eine Internetverbindung aufgebaut, erhält das die Verbindung aufnehmende Gerät (Rechner oder DSL-Router) vom Provider ebenfalls eine weltweit eindeutige IP-Adresse zugewiesen. Über diese Adresse lässt sich der Rechner jederzeit im Internet identifizieren (d.h., beim Surfen hinterlassen Sie Ihre IP-Adresse als Datenspur). Für die IPv6-Adressen gilt sinngemäß das Gleiche, allerdings brauchen Sie sich in einem Heimnetzwerk normalerweise nicht mit den erweiterten IPv6-Adressen auseinanderzusetzen.

Wichtig ist lediglich, dass Sie wissen, dass solche IP-Adressen dynamisch im Netzwerk zugeordnet oder statisch den einzelnen Maschinen zugewiesen werden können. Windows kann die IP-Adressen über zwei Quellen beziehen:

- Sind nur Rechner über einen Hub miteinander verbunden, verwendet Windows die APIPA-Technik (APIPA steht für Automatic Private IP Addressing) zur dynamischen Vergabe der IP-Adressen im Netzwerk. Startet der erste Rechner im Netzwerk und findet er keinen DHCP-Server zur Zuteilung einer IP-Adresse, wird über einen Zufallszahlengenerator eine private IP-Adresse im Bereich 169.254.1.0 und 169.254.254.255 vergeben. Es gibt aber Fälle, wo es zu Problemen bzw. Konflikten kommt. Dann legen Sie ggf. fest, welche Geräte für die Zuweisung der dynamischen IP-Adressen im Netzwerk zuständig sind. Es kann sogar sein, dass Sie die automatische IP-Adressvergabe abschalten und die IP-Adressen manuell zuweisen müssen.

- Sofern Sie einen WLAN-DSL-Router zur Verbindung der vernetzten Rechner und zur Herstellung der Internetverbindung verwenden, kann die IP-Adressvergabe durch den Router erfolgen. Damit die Adressvergabe klappt, muss die Funktion eines DHCP-Servers im Router vorhanden und eingeschaltet sein. Das Kürzel DHCP steht für Dynamic Host Configuration-Protokoll, das die dynamische Vergabe von IP-Adressen regelt. Meldet sich ein Rechner neu im Netzwerk an, fordert Windows eine IP-Adresse vom DHCP-Server an. Über die vom DHCP-Server vergebene dynamische IP-Adresse ist der Rechner im Netzwerk erreichbar. Diese Lösung sorgt dafür, dass keine IP-Adressenkonflikte im Netzwerk auftreten.

Ist der DHCP-Server im Router abgeschaltet, nutzt Windows die interne APIPA-Technik zur dynamischen Adresszuweisung. Details zu den Einstellungen des DHCP-Servers entnehmen Sie der Herstelleranleitung des Routers.

Feste IP-Adressvergabe für das Netzwerk

Ist kein DHCP-Server im Netzwerk vorhanden und möchten Sie APIPA nicht nutzen, können Sie den Rechnern eines Netzwerks auch feste IP-Adressen zuweisen. Hierzu müssen Sie die Funktion zum automatischen Beziehen der IP-Adressen abschalten und die IP-Adressenwerte für jede Netzwerkverbindung zuweisen:

1. Öffnen Sie das Eigenschaftenfenster des betreffenden LAN-Adapters (Abbildung 25.23, links) gemäß den Ausführungen auf den vorherigen Seiten.

2. Markieren Sie auf der Registerkarte *Netzwerk* des Eigenschaftenfensters den Eintrag *Internetprotokoll Version 4 (TCP/IPv4)* oder *Internetprotokoll Version 6 (TCP/IPv6)* und klicken Sie dann auf die Schaltfläche *Eigenschaften* (Abbildung 25.23, links).

3. Setzen Sie auf der Registerkarte *Allgemein* des Eigenschaftenfensters (Abbildung 25.23, rechts) die Markierung des Optionsfelds von *IP-Adresse automatisch beziehen* auf *Folgende IP-Adresse verwenden* und geben Sie danach die IP-Adresse sowie die Subnetzmaske ein.

Anschließend können Sie die geöffneten Dialogfelder und Registerkarten über die *OK*-Schaltfläche schließen. Während der Anpassung verlangt die Benutzerkontensteuerung eine Bestätigung, dass der Vorgang fortgesetzt werden darf. Die Änderungen werden u.U. erst wirksam, nachdem Sie den Rechner neu gestartet haben.

Sie können den Rechnern die festen IPv4-Adressen 192.168.0.1, 192.168.0.2 etc. und die Subnetzmaske 255.255.255.0 zuweisen. Bei festen IP-Adressen ist es egal, welcher Rechner zuerst eingeschaltet wird, da keine Station als DHCP-Server fungiert. Zudem fährt Windows geringfügig schneller hoch, da die Abfrage des DHCP-Servers entfällt. Bei der Konfiguration einer Firewall lassen sich die IP-Adressen der Rechner vorgeben, deren Verbindungsanforderungen von der Firewall durchgelassen werden sollen. Der Nachteil der festen Adressvergabe besteht darin, dass es schnell zu Konflikten kommen kann, wenn zwei Rechnern die gleiche IP-Adresse zugewiesen wird. Sie müssen also genau Buch führen, welche Adressen vergeben werden. Kommt es in einem lokalen Netzwerk zu Adresskonflikten (diese werden über eine Fehlermeldung angezeigt), sollten Sie gemäß den obigen Schritten prüfen, ob eventuell auf zwei Rechnern die gleiche IP-Adresse konfiguriert wurde. Die feste Zuordnung von IP-Adressen ist nur bei kleineren Netzwerken mit wenigen Rechnern praktikabel, da Sie bei jeder Änderung ggf. die Konfiguration aller Rechner anpassen müssen. In der Praxis werden Sie daher entweder einen DHCP-Server im (W)LAN-Router nutzen oder Windows die IP-Adressvergabe mittels APIPA ermöglichen.

HINWEIS Falls Sie später das Netzwerk über einen Router betreiben möchten oder eine Internetverbindungsfreigabe verwenden, denken Sie daran, das Optionsfeld *IP-Adresse automatisch beziehen* erneut zu markieren. Kann ein Rechner keine Verbindung mit dem Netzwerk herstellen, prüfen Sie, ob diesem eventuell eine feste IP-Adresse zugewiesen wurde, während die anderen automatische IP-Adressen beziehen. Dann müssen Sie das Optionsfeld *IP-Adresse automatisch beziehen* erneut markieren.

Der Rechner soll alternative IP-Adressen verwenden

Gelegentlich kommt es vor, dass ein Rechner in wechselnden Umgebungen betrieben wird, in denen sowohl automatische IP-Adresszuweisungen über einen DHCP-Server als auch manuelle Adresszuweisungen oder alternative automatische IP-Konfigurationen erforderlich sind. Denken Sie an ein Notebook, das einmal in einem Firmennetzwerk mit DHCP-Server und dann in einem Heimnetzwerk ohne DHCP-Server aktiviert wird.

Windows besitzt die Möglichkeit, wahlweise zwischen zwei IP-Konfigurationen umschalten zu können. Beim Start wird geprüft, ob eine automatische IP-Adresskonfigurierung möglich ist. Trifft dies nicht zu, greift Windows auf die Einstellungen der Registerkarte *Alternative Konfiguration* zurück (Abbildung 25.25). Sie können daher wie oben beschrieben vorgehen und auf der Registerkarte *Allgemein* die Option *IP-Adresse automatisch beziehen* markieren. Auf der Registerkarte *Alternative Konfiguration* markieren Sie das Optionsfeld *Automatisch zugewiesene, private IP-Adresse*. Benötigen Sie eine feste IP-Adresse, markieren Sie das Optionsfeld *Benutzerdefiniert* und tragen anschließend eine feste IP-Adresse samt Subnetzmaske in die betreffenden Felder ein.

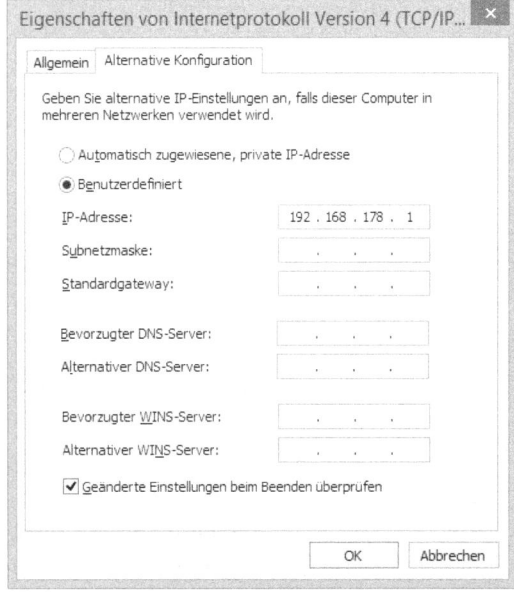

Abbildung 25.25 Zuweisen alternativer IP-Adressen

Verwenden einer Netzwerkbrücke

Befinden sich zwei Netzwerkadapter im Computer und hängen diese Karten an zwei verschiedenen Netzwerksegmenten, kann auf dem betreffenden Computer zwar auf die Rechner beider Netzwerke zugegriffen werden. Damit aber ein Netzwerkverkehr zwischen den beiden Segmenten möglich wird, müssen Sie eine Netzwerkbrücke einrichten. Dann fungiert die Brücke als Gateway, das Datenpakete an das jeweils andere Netzwerksegment weiterleitet.

1. Öffnen Sie das Ordnerfenster *Netzwerkverbindungen* (Abbildung 25.20, siehe den Abschnitt »Adaptereinstellungen einsehen« weiter vorne in diesem Kapitel).

2. Im Ordnerfenster *Netzwerkverbindungen* markieren Sie die Symbole der zu überbrückenden LAN-Verbindungen, öffnen dann mit der rechten Maustaste das Kontextmenü und wählen den Kontextmenübefehl *Verbindungen überbrücken*.

Nachdem Sie den Sicherheitsdialog der Benutzerkontensteuerung bestätigt haben, richtet Windows die Netzwerkbrücke für die markierten Verbindungen ein und zeigt dann das Symbol der Netzwerkbrücke im Fenster *Netzwerkverbindungen*. Bei Bedarf können Sie das Kontextmenü anderer Verbindungen öffnen und den Befehl *Zu Brücke hinzufügen* wählen, um diese Verbindungen in der Netzwerkbrücke zu berücksichtigen.

Möchten Sie später eine LAN-Verbindung von der Netzwerkbrücke entfernen, öffnen Sie deren Kontextmenü und wählen den Befehl *Von der Brücke entfernen*. Sind der Brücke keine Verbindungen mehr zugewiesen, können Sie (sofern noch vorhanden) das Symbol der Netzwerkbrücke mit der rechten Maustaste anwählen und über den Kontextmenübefehl *Löschen* aus dem Fenster *Netzwerkverbindungen* entfernen.

Problemdiagnose, Netzwerkverbindungen testen

Gibt es Probleme mit dem neu eingerichteten Netzwerk und können die Rechner keine Verbindung zueinander aufnehmen? Dann ist Problemdiagnose angesagt und Sie müssen auf Ursachenforschung gehen:

- Überprüfen Sie in diesem Fall zuerst die Verkabelung bei LAN-Netzwerken. Die gängigen LAN-Adapter besitzen eine LED-Anzeige, die bei funktionierendem Netzwerk blinken sollte.

- Bei Drahtlosnetzwerken überprüfen Sie, ob diese eingeschaltet und ob die korrekten Netzwerkschlüssel für den WLAN-Zugang eingetragen sind

- Stellen Sie im Geräte-Manager fest, ob die vorhandenen Netzwerkadapter erkannt und korrekt mit den benötigten Treibern installiert wurden (siehe auch Kapitel 28)

- Weiterhin lässt sich im Fenster des Netzwerk- und Freigabecenters der am unteren Rand aufgeführte Befehl *Probleme beheben* aufrufen. Dann analysiert ein Netzwerkdiagnose-Assistent die Probleme und macht Vorschläge zur Behebung bzw. repariert die Netzwerkeinstellungen automatisch.

- Falls es Probleme mit dem Zugriff auf die Freigaben anderer Rechner gibt, überprüfen Sie über das Netzwerk- und Freigabecenter und die erweiterten Freigabeeinstellungen (siehe vorhergehende Abschnitte), ob Freigaben zugelassen und ob Freigaben erteilt wurden (siehe Kapitel 26). Nicht übereinstimmende Benutzerkontennamen oder fehlende Kennwörter sind ein beliebter Fehler bei Windows XP-Umsteigern.

Gelegentlich hilft es auch, alle Komponenten (z.B. den Router) auszuschalten und Windows neu zu starten, um Netzwerkprobleme zu beheben. Achten Sie auch darauf, aktuelle Treiber für Netzwerkkarten und WLAN-Adapter einzusetzen und aktuelle Firmware auf dem WLAN-Router aufzuspielen.

Falls es Probleme beim Zugriff auf Freigaben gibt, können Sie zumindest im Fenster der Eingabeaufforderung testen, ob der Rechner auf der TCP/IP-Ebene über eine Verbindung zu anderen Rechnern im Netzwerk oder zum Internet verfügt. Hierzu öffnen Sie das Fenster der Eingabeaufforderung (z.B. über das Schnellzugriffmenü mit [⊞] + [X]). Dann können Sie über den *Ping*-Befehl testen, ob ein Rechner im Internet oder im Netzwerk erreichbar ist. Der Befehl

```
Ping 192.168.178.1
```

versucht, den Rechner mit der IPv4-Adresse 192.168.178.1 auf der untersten Ebene des IP-Protokolls anzusprechen. Ist dieser Rechner vorhanden und über das Netzwerk erreichbar, liefert *Ping* eine entsprechende Rückmeldung (Abbildung 25.26). Anstelle der hier beispielhaft benutzten IP-Adresse müssen Sie beim *Ping*-Aufruf natürlich die IP-Adressen in Ihrem eigenen Netzwerk verwenden.

Die IP-Adresse eines Netzwerkrechners lässt sich herausfinden, indem Sie auf diesem Rechner die Eingabeaufforderung aufrufen, den Befehl *Ipconfig /all* eintippen und mit der [↵]-Taste bestätigen. Der Befehl liefert meist mehrere IP-Adressen zurück, von denen sich eine auf den Netzwerkadapter bezieht (Abbildung 25.26). Diese Adresse ist dann im *Ping*-Befehl der Gegenstelle einzutragen.

Ist der gewünschte Rechner trotz korrekt angegebener IP-Adresse nicht im Netzwerk ansprechbar, prüfen Sie bitte die Verkabelung. Ist dort alles in Ordnung, stellen Sie fest, ob die IP-Adressen korrekt zugewiesen wurden (z.B. durch feste IP-Konfiguration oder über einen DHCP-Server).

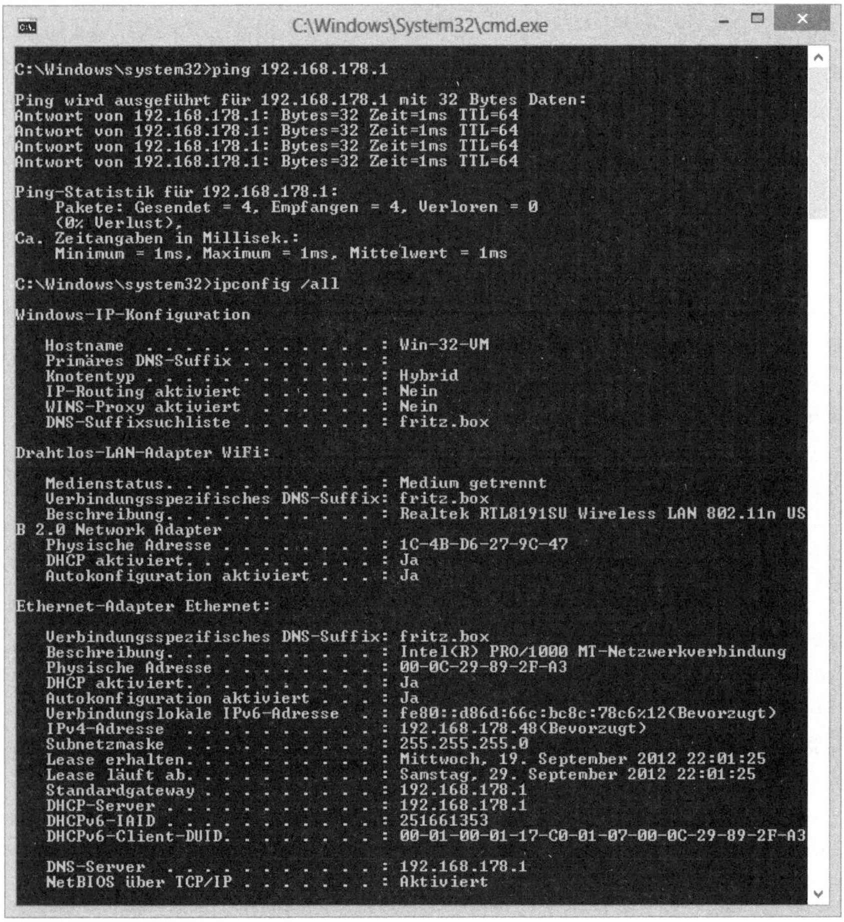

```
C:\Windows\System32\cmd.exe                                    _  □  ×

C:\Windows\system32>ping 192.168.178.1

Ping wird ausgeführt für 192.168.178.1 mit 32 Bytes Daten:
Antwort von 192.168.178.1: Bytes=32 Zeit=1ms TTL=64
Antwort von 192.168.178.1: Bytes=32 Zeit=1ms TTL=64
Antwort von 192.168.178.1: Bytes=32 Zeit=1ms TTL=64
Antwort von 192.168.178.1: Bytes=32 Zeit=1ms TTL=64

Ping-Statistik für 192.168.178.1:
    Pakete: Gesendet = 4, Empfangen = 4, Verloren = 0
    (0% Verlust),
Ca. Zeitangaben in Millisek.:
    Minimum = 1ms, Maximum = 1ms, Mittelwert = 1ms

C:\Windows\system32>ipconfig /all

Windows-IP-Konfiguration

    Hostname . . . . . . . . . . . . . : Win-32-VM
    Primäres DNS-Suffix  . . . . . . . :
    Knotentyp  . . . . . . . . . . . . : Hybrid
    IP-Routing aktiviert . . . . . . . : Nein
    WINS-Proxy aktiviert . . . . . . . : Nein
    DNS-Suffixsuchliste  . . . . . . . : fritz.box

Drahtlos-LAN-Adapter WiFi:

    Medienstatus. . . . . . . . . . . : Medium getrennt
    Verbindungsspezifisches DNS-Suffix: fritz.box
    Beschreibung. . . . . . . . . . . : Realtek RTL8191SU Wireless LAN 802.11n US
B 2.0 Network Adapter
    Physische Adresse . . . . . . . . : 1C-4B-D6-27-9C-47
    DHCP aktiviert. . . . . . . . . . : Ja
    Autokonfiguration aktiviert . . . : Ja

Ethernet-Adapter Ethernet:

    Verbindungsspezifisches DNS-Suffix: fritz.box
    Beschreibung. . . . . . . . . . . : Intel(R) PRO/1000 MT-Netzwerkverbindung
    Physische Adresse . . . . . . . . : 00-0C-29-89-2F-A3
    DHCP aktiviert. . . . . . . . . . : Ja
    Autokonfiguration aktiviert . . . : Ja
    Verbindungslokale IPv6-Adresse  . : fe80::d86d:66c:bc8c:78c6%12(Bevorzugt)
    IPv4-Adresse  . . . . . . . . . . : 192.168.178.48(Bevorzugt)
    Subnetzmaske  . . . . . . . . . . : 255.255.255.0
    Lease erhalten. . . . . . . . . . : Mittwoch, 19. September 2012 22:01:25
    Lease läuft ab. . . . . . . . . . : Samstag, 29. September 2012 22:01:25
    Standardgateway . . . . . . . . . : 192.168.178.1
    DHCP-Server . . . . . . . . . . . : 192.168.178.1
    DHCPv6-IAID . . . . . . . . . . . : 251661353
    DHCPv6-Client-DUID. . . . . . . . : 00-01-00-01-17-C0-01-07-00-0C-29-89-2F-A3

    DNS-Server  . . . . . . . . . . . : 192.168.178.1
    NetBIOS über TCP/IP . . . . . . . : Aktiviert
```

Abbildung 25.26   Befehle zum Testen der Netzwerkkonfiguration

Ist der betreffende Rechner mit *Ping* über seine IP-Adresse ansprechbar, können Sie versuchsweise den Net-BIOS-Namen als Parameter angeben. Dies ist der Netzwerkname, den Sie im Netzwerkassistenten eingetragen haben. Mit *Ping Rom* würde dann der Rechner mit dem Namen *Rom* im lokalen Netzwerk angesprochen. Der Befehl *Ping localhost* übergibt eine *Ping*-Anforderung an den lokalen Rechner. Mit *Ping www.borncity.de* lässt sich auch eine Internetverbindung zu einem Internetserver überprüfen. Der *Ping*-Befehl zeigt Ihnen nicht nur an, wie lange der Anruf zum Server gebraucht hat, sondern liefert in der Antwort auch gleich die IP-Adresse des betreffenden Webservers mit.

Können Sie die Rechner im Netzwerk über die IP-Adresse mit *Ping* erreichen, funktionieren aber *Ping*-Aufrufe mit Netzwerknamen nicht, kann ein falscher Arbeitsgruppenname die Ursache sein. Sie sollten dann die Einstellungen für den Rechnernamen und den Namen des Heimnetzwerks kontrollieren (siehe die vorhergehenden Seiten).

TIPP   Bei einem Drahtlosnetzwerk kann es vorkommen, dass entweder die WLAN-Antennen oder der Adapter deaktiviert sind (bei Notebooks und WLAN-Routern lässt sich die WLAN-Funktion abschalten). Zudem reduzieren feuchte Wände oder Stahlbetondecken die Signalqualität. Die Signalstärke einer WLAN-Verbindung wird Ihnen sowohl im Dialogfeld zur Verbindungsaufnahme als auch im Netzwerk- und Freigabecenter in grafischer Form als stilisiertes Balkendiagramm angezeigt (siehe vorherige Abschnitte zur WLAN-Einrichtung). Weitere Unterstützung bei der Identifizierung und Behebung von Netzwerkproblemen liefert Ihnen die Windows-Hilfe.

WLAN-Profile löschen

Windows 8.1 bietet auf der Benutzeroberfläche keine mir bekannte Möglichkeit, ein eingerichtetes WLAN-Profil zu löschen. Öffnen Sie das Fenster einer administrativen Eingabeaufforderung (z.B. über das Schnellzugriffsmenü der Schaltfläche *Start*), können Sie mit folgendem Befehl alle WLAN-Profile auflisten:

```
Netsh wlan show profiles
```

Merken Sie sich den Namen eines WLAN-Profils, lässt sich dieses mit dem folgenden Befehl löschen:

```
Netsh wlan delete profile name="AndroidAP 2"
```

Der in Anführungszeichen stehende Begriff »AndroidAP 2« ist dabei der Name des WLAN-Profils. Beide Befehle sind mittels der ⏎ -Taste abzuschließen.

Kapitel 26

Arbeiten im Netzwerk

In diesem Kapitel:

Freigaben im Arbeitsgruppennetzwerk verwalten

Sobald ein funktionsfähiges Netzwerk eingerichtet wurde, können Sie Laufwerke, Ordner und Drucker zur gemeinsamen Nutzung freigeben sowie auf entsprechende Komponenten anderer Rechner zugreifen. Bei einer Heimnetzgruppe werden Bibliotheken und Geräte wie beispielsweise Drucker automatisch beim Einrichten freigegeben. In Arbeitsgruppennetzwerken ist dies nicht der Fall. Um anderen Teilnehmern über das Arbeitsgruppennetzwerk den Zugriff auf Ihre Dateien oder den Drucker zu gewähren, geben Sie diese Elemente zur gemeinsamen Verwendung frei. Nachfolgend wird gezeigt, wie Freigaben erfolgen und was dabei zu beachten ist.

Freigaben für das Netzwerk zulassen

Um Drucker, Laufwerke oder Ordner zur gemeinsamen Verwendung im Arbeitsgruppennetzwerk freigeben zu können, muss dies durch den Administrator zugelassen werden. Die Schritte, um eine Heimnetzgruppe oder ein Arbeitsgruppennetz einzurichten und Details zum Zugriff auf das Netzwerk- und Freigabecenter und die erweiterten Freigabeeinstellungen anzupassen, sind in Kapitel 25 beschrieben. Wie Sie Mediendateien im Netzwerk über einen Streamingserver freigeben und über geeignete Clients wiedergeben, ist in Kapitel 20 besprochen.

Ressourcen im Netzwerk freigeben

Damit andere Benutzer im Heimnetzwerk auf Laufwerke, Ordner oder Dateien zugreifen können, muss deren Besitzer (oder ein Administrator) diese als Ressourcen freigeben. Auch dies ist kein schwieriges Unterfangen. Wie Sie Drucker freigeben, können Sie in Kapitel 27 nachlesen. Um einen Ordner oder eine Datei zur gemeinsamen Benutzung freizugeben, führen Sie die folgenden Schritte aus:

1. Öffnen Sie ein Ordnerfenster und navigieren Sie zum Ordner mit dem freizugebenden Unterordner oder der freizugebenden Datei.

2. Markieren Sie das Symbol des freizugebenden Elements (z.B. Ordner) im Ordnerfenster und wählen Sie im Menüband auf der Registerkarte *Freigeben* einen Eintrag in der Gruppe *Freigeben für*. Sie können auch im Kontextmenü den Befehl *Freigeben für* (Abbildung 26.1, unten) und dann im Untermenü einen der angebotenen Befehle wählen.

3. Sobald der Freigabe-Assistent erscheint, durchlaufen Sie die Dialogfelder und legen die Freigabeeigenschaften fest.

Die genaue Vorgehensweise bei der Freigabe, die in *Freigeben für* sichtbaren Befehle sowie die angezeigten Dialogfelder hängen etwas von der Netzwerkumgebung und den Windows-Einstellungen ab:

- **Heimnetzgruppe**　Ist der Rechner Mitglied in einer Heimnetzgruppe, lässt sich unter *Freigeben für* einer der Befehle *Heimnetzgruppe (anzeigen)* und *Heimnetzgruppe (anzeigen und bearbeiten)* anwählen (Abbildung 26.1, oben). Der letztgenannte Befehl ermöglicht den Benutzern des Heimnetzwerks auch einen schreibenden Zugriff auf die Dateien der Freigabe. Windows ermöglicht in einem Dialogfeld *Dateifreigabe* über Schaltflächen *Einstellungen ändern* und *Einstellungen nicht ändern*, die Einstellungen anzupassen.

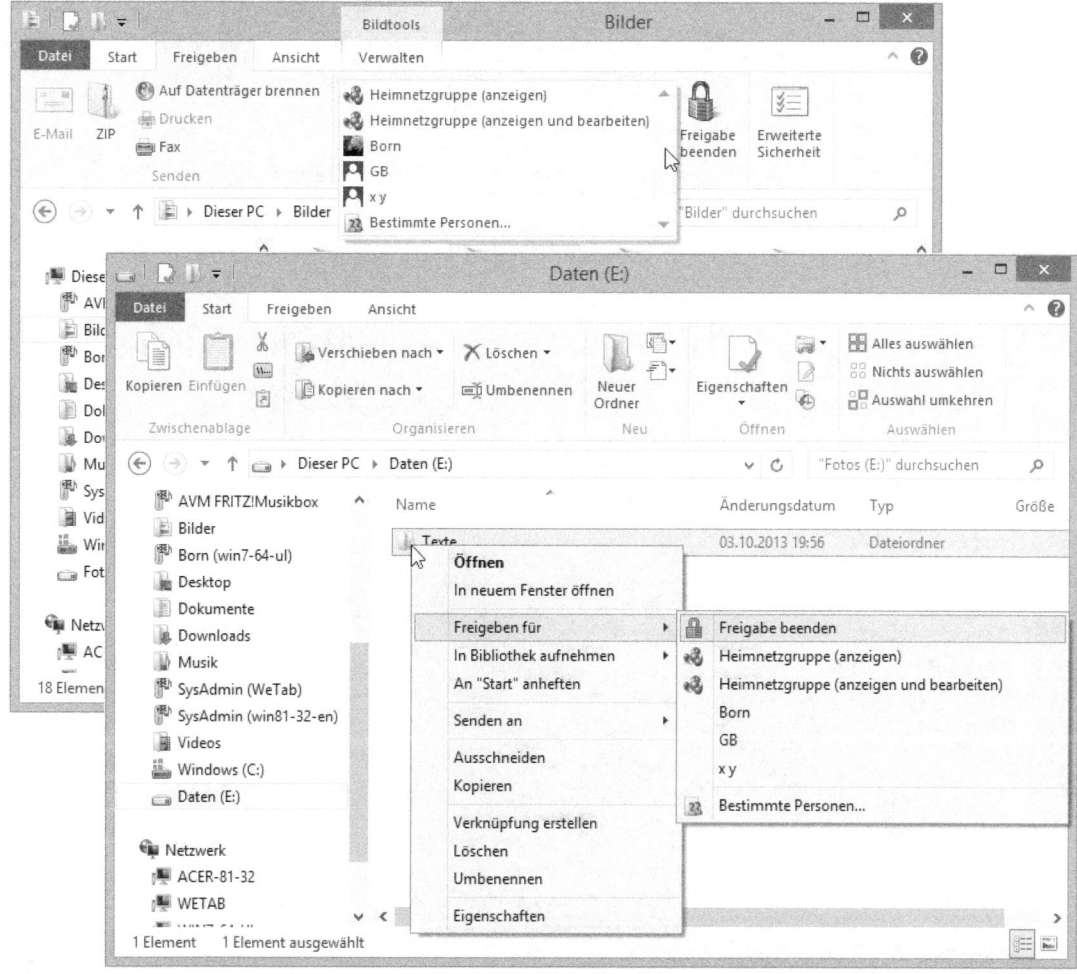

Abbildung 26.1 Ressourcen im Netzwerk freigeben

- **Freigaben für Benutzer** Sind weitere Benutzerkonten eingerichtet, lassen sich deren Benutzernamen für die Freigabe wählen. In Arbeitsgruppennetzwerken können Benutzer, die auf einem Rechner unter diesem Kontennamen angemeldet sind, auf die Freigaben zugreifen.

- **Freigabe für bestimmte Personen** Der Befehl *Bestimmte Personen* im Menü *Freigeben zu* (Abbildung 26.1) öffnet das in Abbildung 26.2, unten, gezeigte Dialogfeld *Personen für die Freigabe auswählen* des Freigabe-Assistenten. Legen Sie in diesem Dialogfeld den Kreis der zugriffsberechtigten Personen und deren Zugriffsmöglichkeiten fest und bestätigen Sie dies über die Schaltfläche *Freigabe*. Windows fragt ggf., ob das Netzwerk zu einem privaten Netzwerk zu machen ist, und zeigt dann das Dialogfeld *Der Ordner wurde freigegeben* (Abbildung 26.2, oben rechts). Schließen Sie dieses über die *Fertig*-Schaltfläche.

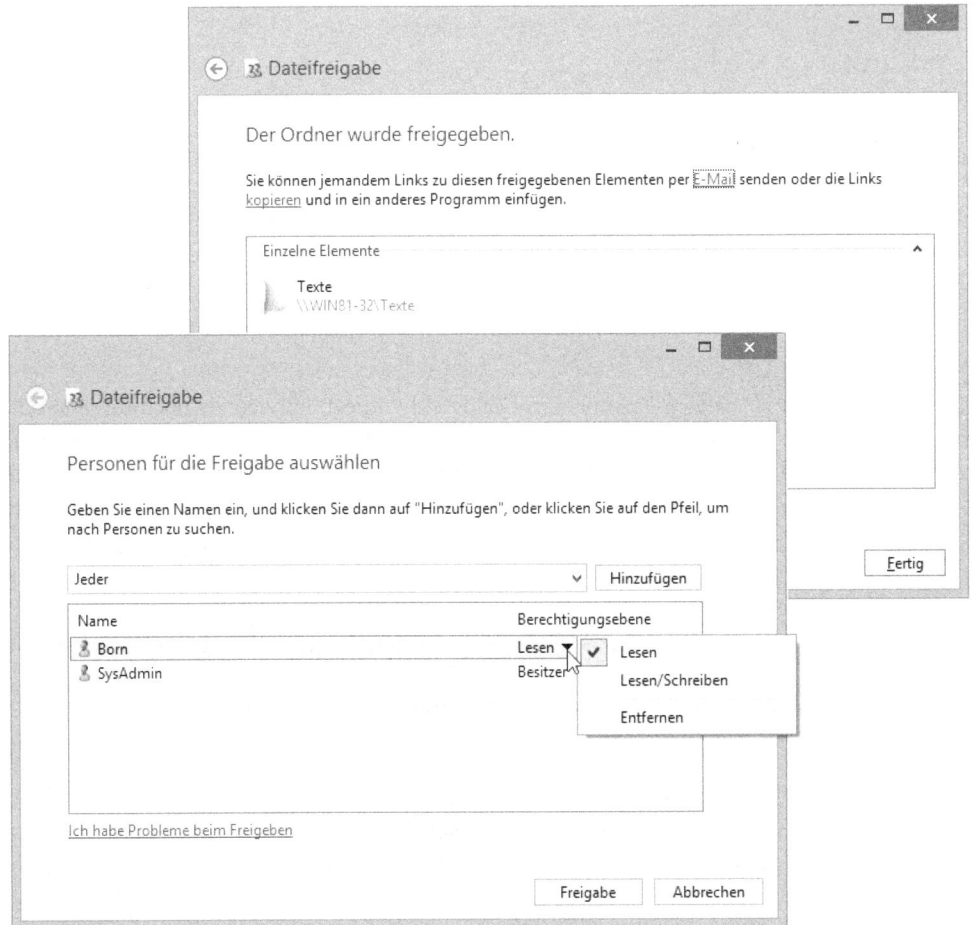

Abbildung 26.2 Freigabe eines Elements durchführen

Um im Netzwerk auf die Freigabe eines Ordners, einer Datei oder eines Laufwerks zugreifen zu dürfen, verlangt Windows 8.1 (wie auch alle Versionen ab Windows XP), dass die betreffende Person ein Konto mit einem Kennwort auf dem Zielrechner besitzt. Dabei lässt sich die Zugriffsberechtigung sehr differenziert zuweisen, d.h., Sie können im Freigabedialogfeld festlegen, für welche Personen die Freigabe zulässig sein und welche Zugriffsrechte diese haben sollen.

Der Freigabe-Assistent trägt automatisch den Besitzer der Datei in das Dialogfeld *Personen für die Freigabe auswählen* ein Abbildung 26.2, unten), d.h., dieser Besitzer kann ggf. von einem Netzwerkrechner auf die eigenen Dateien zugreifen. Möchten Sie auch anderen Personen den Zugriff gewähren, öffnen Sie das Listenfeld im Dialogfeld *Personen für die Freigabe auswählen*, wählen einen der angebotenen Einträge (Abbildung 26.3) und übertragen diesen mittels der *Hinzufügen*-Schaltfläche in die Liste der berechtigten Personen. Das Listenfeld enthält dabei bereits die Namen aller Konten, die auf dem Freigaberechner eingerichtet sind.

Abbildung 26.3 Personen für die Freigabe auswählen

- Wählen Sie individuelle Einträge mit den Namen der Benutzerkonten in der Liste (Abbildung 26.3), lassen sich mehrere Einzelbenutzer über die *Hinzufügen*-Schaltfläche in die Liste der Zugriffsberechtigten aufnehmen

- Sollen alle Benutzer per Netzwerk auf die Dateien zugreifen dürfen, wählen Sie im Listenfeld den Wert *Jeder*

Sobald die Liste der zugriffsberechtigten Personen im Dialogfeld vorliegt, können Sie noch für jeden dieser Einträge vorgeben, ob der betreffende Benutzer die freigegebenen Objekte nur lesen oder auch ändern darf. Hierzu klicken Sie in der rechten Spalte *Berechtigungsebene* auf den Pfeil zum Öffnen des Menüs und wählen einen der angegebenen Befehle aus (Abbildung 26.2, unten).

- Der Wert *Lesen* gewährt dem betreffenden Benutzerkonto nur einen lesenden Zugriff per Netzwerk auf die freigegebenen Elemente

- Über *Lesen/Schreiben* gestatten Sie dem Nutzer des betreffenden Benutzerkontos, die Dateien und Ordner anzuzeigen, Elemente hinzuzufügen und alle Elemente zu ändern oder zu löschen

Über den Menüeintrag *Entfernen* können Sie einen Benutzereintrag wieder aus der Liste der Zugriffsberechtigungen austragen.

HINWEIS   Haben Sie einen Ordner oder eine Datei markiert, aber in der Symbolleiste des Ordnerfensters oder im Kontextmenü fehlt die Option zur Freigabe? In diesem Fall ist die Freigabe der betreffenden Kategorie im Netzwerk- und Freigabecenter noch gesperrt. Wechseln Sie zum Netzwerk- und Freigabecenter und schalten Sie die Option *Datei- und Druckerfreigabe aktivieren* ein (siehe Kapitel 25).

Benutzerordner wie *Dokumente*, *Musik* etc. lassen sich unter einem Standardbenutzerkonto freigeben. Zur Freigabe beliebiger Ordner benötigen Sie jedoch Administratorrechte (erkennbar am Symbol der Benutzerkontensteuerung, das in der Schaltfläche *Freigabe* eingeblendet wird). Die hier gezeigte Verwendung des Freigabe-Assistenten hat aber aus meiner Sicht zwei entscheidende Nachteile: Das ganze Verfahren ist untransparent (speziell beim Aufheben der Freigaben). Und der Assistent gibt bei der Freigabe eines Benutzerordners wie *Bilder* gleich das ganze Verzeichnis *Users* im Netzwerk frei. Meine Empfehlung ist daher, den Freigabe-Assistenten abzuschalten und die Ausführungen im nachfolgenden Abschnitt zur Freigabe von Laufwerken zu befolgen.

Spezialfall öffentliche Ordner

Sie können die öffentlichen Ordner (*Öffentliche Bilder*, *Öffentliche Musik* etc.) über *Freigaben für* zur Verwendung im Netz freigeben oder diese Freigabe entziehen. Bei den öffentlichen Ordnern erscheint allerdings der Befehl *Erweiterte Freigabeeinstellungen* im Menü. Der Befehl öffnet die Seite *Erweiterte Freigabeeinstellung*, auf der Sie in der Gruppe »Alle Netzwerke« das Optionsfeld *Freigabe einschalten ...* oder "*Freigabe des öffentlichen Ordners" deaktivieren* wählen können (siehe in Kapitel 25 den Abschnitt »Erweiterte Freigabeeinstellungen ändern«).

Erweiterte Freigaben auf Laufwerke erteilen

Um ein komplettes Laufwerk zur gemeinsamen Verwendung im Netzwerk freizugeben, sind praktisch die gleichen Schritte wie zur Freigabe von Ordnern oder Dateien durchzuführen. Allerdings verwendet Windows keinen Assistenten für die vereinfachte Freigabe.

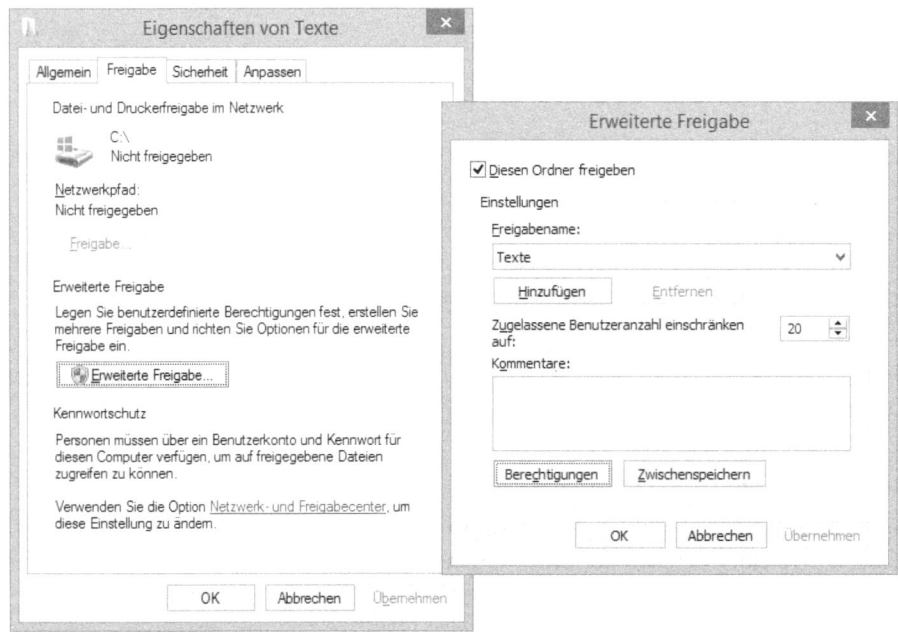

Abbildung 26.4   Erweiterte Freigabe für Laufwerke

1. Markieren Sie das Laufwerksymbol im Navigationsbereich des Ordnerfenster *Dieser PC* (oder doppelklicken Sie im Inhaltsbereich auf das Laufwerk) und wählen Sie auf der Registerkarte *Freigeben* des Menübands den Befehl *Erweiterte Freigabe* bzw. im Kontextmenü den Befehl *Freigeben für/Erweiterte Freigabe*.

2. Wählen Sie im Eigenschaftenfenster des Laufwerks die auf der Registerkarte *Freigabe* gezeigte Schaltfläche *Erweiterte Freigabe* (Abbildung 26.4, links) und bestätigen Sie die Sicherheitsabfrage der Benutzerkontensteuerung.

3. Markieren Sie im Dialogfeld *Erweiterte Freigabe* (Abbildung 26.4, rechts) das Kontrollkästchen *Diesen Ordner freigeben*.

4. Passen Sie bei Bedarf den Freigabenamen im zugehörigen Textfeld an, tragen Sie ggf. einen Kommentar in das Kommentarfeld ein und reduzieren Sie – falls gewünscht – die Zahl der Benutzer.

5. Legen Sie die Zugriffsberechtigungen über die Schaltfläche *Berechtigungen* sowie bei Bedarf die Optionen zum Zwischenspeichern über die entsprechende Schaltfläche fest und schließen Sie dann die Dialogfelder über die *OK*-Schaltfläche.

Windows gewährt maximal 20 Personen den gleichzeitigen Zugriff auf eine Freigabe. Sie können diese Zahl aber über das entsprechende Drehfeld reduzieren. Die Schaltfläche *Berechtigungen* (Abbildung 26.4, rechts) öffnet die Registerkarte *Freigabeberechtigungen* (Abbildung 26.5, links), über die Sie Zugriffsberechtigungen durch Markieren der betreffenden Kontrollkästchen für das freigegebene Objekt vergeben können.

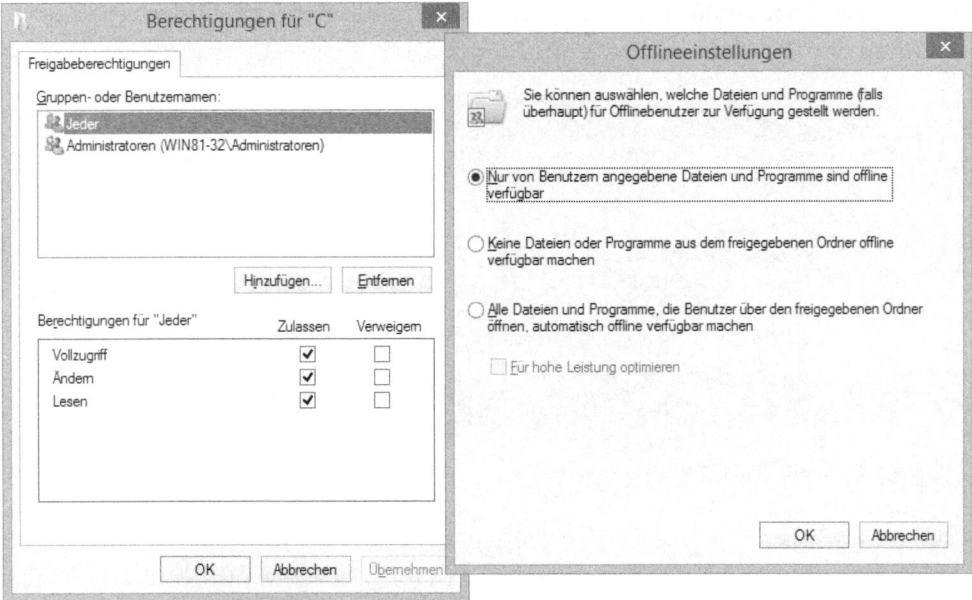

Abbildung 26.5   Zugriffsberechtigungen und Offlineeinstellungen

Bei Windows 8.1 Pro öffnen Sie über die Schaltfläche *Zwischenspeichern* (Abbildung 26.4, rechts) das in Abbildung 26.5, rechts, gezeigte Dialogfeld. Dort lässt sich über Optionen festlegen, was mit den über die Freigabe geöffneten Dateien passieren soll, wenn die Netzwerkverbindung nicht mehr existiert. Bei Bedarf lässt sich vorgeben, dass die vom Benutzer geöffneten Programme und Dateien oder alle Dateien der Freigabe bei einer bestehenden Netzwerkverbindung offline für den betreffenden Benutzer bereitgestellt werden. Dies bedeutet, Windows speichert eine Kopie der Dateien auf dem betreffenden Rechner des Nutzers und gleicht diese Kopie bei bestehender Netzwerkverbindung mit der Freigabe ab. Der Benutzer hat dann die Möglichkeit, diese Kopien bei bestehender Netzwerkverbindung über das Windows-Synchronisierungscenter zu aktualisieren. Diese Funktion ist aber nur für Benutzer wirksam, die von Windows XP Professional, Windows Vista Business/Ultimate, Windows 7 Professional/Ultimate oder Windows 8/8.1 Pro bzw. Enterprise per Netzwerk auf die Freigaben zugreifen. Die Home-Varianten von Windows (z.B. Windows 8.1) unterstützen keine Offlinedateien. Daher wird das Arbeiten mit Offlinedateien in diesem Buch nicht behandelt.

HINWEIS   Die erweiterte Freigabe wird auch bei Ordnern und Dateien bereitgestellt, wenn Sie im Ordnerfenster im Menüband zur Registerkarte *Ansicht* wechseln. Dort wählen Sie die Menüschaltfläche *Optionen* an und deaktivieren im Dialogfeld *Ordneroptionen* auf der Registerkarte *Ansicht* das Kontrollkästchen *Freigabe-Assistent verwenden (empfohlen)*. Dies hat den Vorteil, dass Sie den Freigabenamen für einen Ordner vergeben können. Netzwerkbenutzer sehen diesen Namen in den Freigaben und müssen nicht kryptisch über Verzeichnisse wie *C:\Users\Born*... zum gewünschten Freigabeordner navigieren. Ich schalte die erweiterte Freigabe standardmäßig auf allen meinen Windows-Rechnern ein.

Überblick über Ihre Freigaben

Windows kennzeichnet die Symbole freigegebener Laufwerke in der linken unteren Ecke mit zwei stilisierten Personen (Abbildung 26.6, oben). Wählen Sie einen freigegebenen Ordner im Ordnerfenster an, wird der Status der Freigabe in der Statusleiste des Fensters angezeigt. Bei sehr vielen freigegebenen Dateien und Ordnern geht die Übersicht aber schnell verloren. Sie haben aber zwei Möglichkeiten, sich einen schnellen Überblick über Ihre Freigaben zu verschaffen.

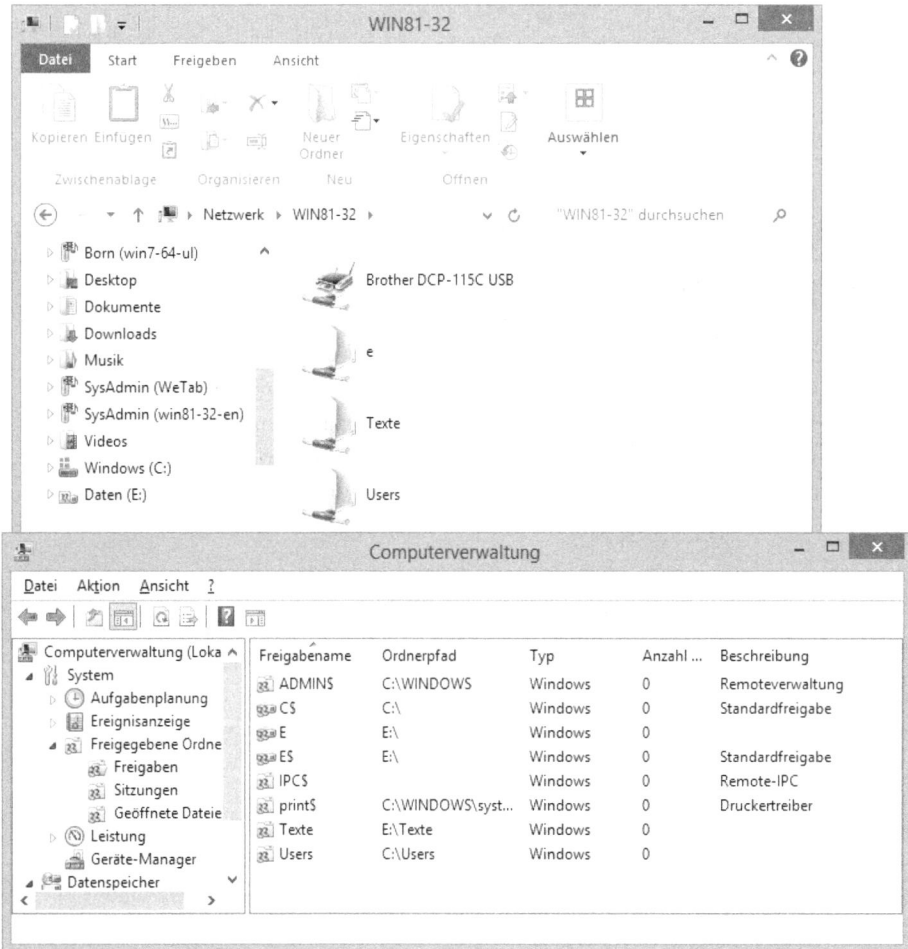

Abbildung 26.6   Verwaltung der Freigaben

- Öffnen Sie ein Ordnerfenster und wählen Sie im Navigationsbereich den Zweig *Netzwerk* an. Sobald Sie das Symbol des eigenen Rechners anwählen, listet Windows im Navigations- und Inhaltsbereich die freigegebenen Objekte auf (Abbildung 26.6, oben). Wählen Sie den Eintrag *Heimnetzgruppe* im Navigationsbereich des Ordnerfensters, erscheinen ebenfalls die freigegebenen Bibliotheken.

- Administratoren können in einem Ordnerfenster den Eintrag *Dieser PC* des Navigationsbereichs wählen und dann auf der Registerkarte *Computer* die Schaltfläche *Verwalten* wählen. Oder Sie klicken in der linken unteren Bildschirmecke des Desktops die Schaltfläche *Start* mit der rechten Maustaste an und wählen im Schnellzugriffsmenü den Kontextmenübefehl *Computerverwaltung*. In der aufgerufenen Computerverwaltung wählen Sie in der linken Spalte den Zweig *Freigegebene Ordner* (Abbildung 26.6, unten). Über die Untereinträge *Freigaben*, *Sitzungen* und *Geöffnete Dateien* verschaffen Sie sich einen schnellen Überblick über Freigaben, auf den Rechner zugreifende Benutzer und von diesen geöffnete Dateien. Freigaben, deren Name mit einem angehängten $-Zeichen versehen ist (z.B. *C$*), sind administrative Windows-Freigaben, die das System zur Netzwerkadministration einrichtet.

Die Computerverwaltung hat den Vorteil, dass Sie bei Bedarf als Administrator über Kontextmenübefehle Freigaben aufheben, Sitzungen unterbrechen oder geöffnete Dateien schließen können.

Eine Freigabe anpassen und wieder aufheben

Möchten Sie eine Freigabe anpassen oder wieder aufheben, markieren Sie das betreffende Element im Ordnerfenster:

- Zum Aufheben der Freigabe wählen Sie im Menüband auf der Registerkarte *Freigeben* die Schaltfläche *Freigabe beenden* (Abbildung 26.7). Bei Anwahl der Schaltfläche erfolgt keine sichtbare Reaktion, Windows hebt die Freigabe aber auf. Die Schaltfläche ist allerdings nur vorhanden, wenn die vereinfachte Freigabe in den Ordneroptionen noch aktiv ist.

- Zum Anpassen der Freigabe wählen Sie im Menüband auf der Registerkarte *Freigeben* im Feld *Freigeben für* den Eintrag »Bestimmte Personen«. Sie gelangen zum Dialogfeld des Freigabe-Assistenten (Abbildung 26.3, unten), in dem Sie, wie im Abschnitt »Ressourcen im Netzwerk freigeben« erläutert, Freigaben ändern oder Personen löschen können. Das Dialogfeld erscheint nur bei aktiviertem Freigabe-Assistent.

Abbildung 26.7 Freigaben beenden und Berechtigungen anpassen

Bei Laufwerken oder abgeschaltetem Freigabe-Assistent markieren Sie das Element und wählen auf der Registerkarte *Freigeben* des Ordnerfensters den Befehl *Erweiterte Freigabe*. Sie gelangen zum Eigenschaftenfenster des Elements, auf dessen Registerkarte *Freigabe* (Abbildung 26.4, links) Sie die Schaltfläche *Erweiterte Freigabe* anwählen. Sobald Sie die Abfrage der Benutzerkontensteuerung bestätigen, löschen Sie im angezeigten Dialogfeld die Markierung des Kontrollkästchens *Diesen Ordner freigeben* (Abbildung 26.4, rechts). Wurden mehrere Freigaben über die *Hinzufügen*-Schaltfläche erteilt, verwenden Sie die Schaltfläche *Entfernen* (Abbildung 26.4, rechts) zum Aufheben dieser Freigaben.

Zugriff auf Netzwerkressourcen

Sind Ressourcen (Drucker, Laufwerke, Ordner und Dateien) im Netzwerk freigegeben, können Sie von anderen Rechnern oder vom gleichen Rechner auf diese Freigaben zugreifen. Nachfolgend wird gezeigt, welche Möglichkeiten Windows hierzu bereitstellt.

Auf Freigaben im Netzwerk zugreifen

Windows ermöglicht Ihnen, auf sehr einfache Weise in der Netzwerkumgebung zu navigieren und auf freigegebene Ordner, Laufwerke und Drucker der Arbeitsgruppen zuzugreifen:

- Öffnen Sie ein Ordnerfenster und wählen Sie im Navigationsbereich den Eintrag *Heimnetzgruppe*. Anschließend können Sie einen der in dieser Gruppe vorhandenen Teilnehmer anwählen und auf dessen Freigaben zugreifen (Abbildung 26.8, oben).

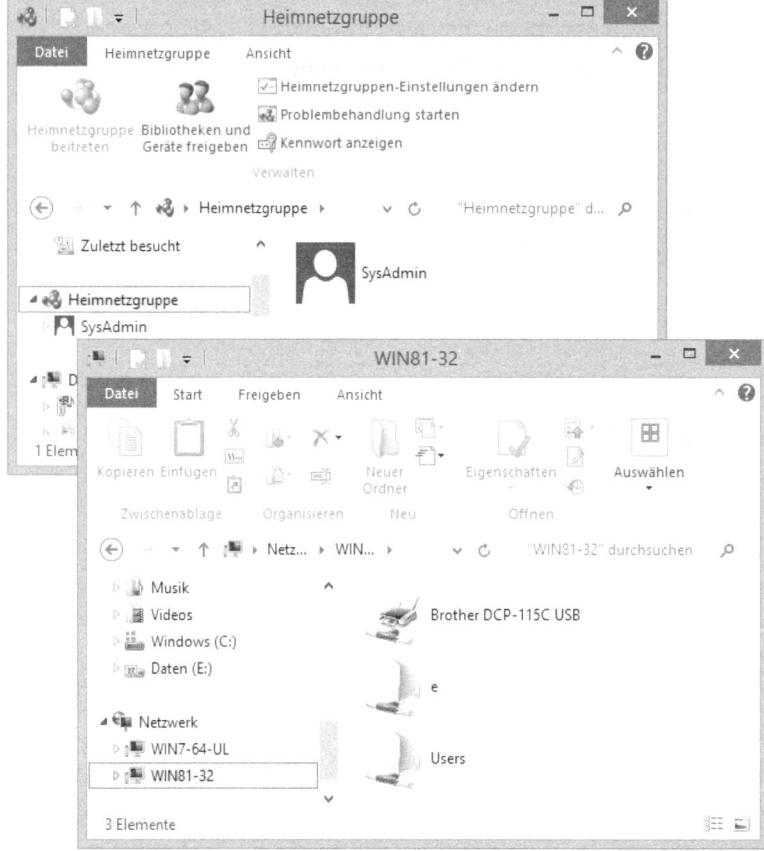

Abbildung 26.8 Zugriff auf Netzwerkfreigaben

- Ist der Rechner Mitglied in einer Arbeitsgruppe (oder möchten Sie auf Rechner anderer Arbeitsgruppen zugreifen), wählen Sie im Navigationsbereich des Ordnerfensters den Eintrag *Netzwerk* (Abbildung 26.8, unten). Dort finden Sie die Symbole aller im Netzwerk aktiven Rechner. Wählen Sie einen der angezeigten Rechner der Arbeitsgruppe, um dessen Freigaben (z.B. Ordner, Drucker) einzublenden.

Freigaben erkennen Sie daran, dass unterhalb des Ordnersymbols ein stilisierter Netzwerkanschluss zu sehen ist. Anschließend können Sie wie mit lokalen Ordnern arbeiten. Ein Doppelklick oder Doppeltippen auf das betreffende Symbol bringt Sie eine Ordnerebene tiefer, bis Sie auf der Ebene der Dateien angelangt sind.

HINWEIS Markieren Sie eine Freigabe im Ordnerfenster und wählen Sie das Adressfeld an, zeigt Windows den UNC-Netzwerkpfad (UNC steht für Universal Naming Convention), auf dem die freigegebene Ressource liegt. Die Angabe \\Rom7 signalisiert, dass sich die Ressource auf einem Rechner mit dem Namen *Rom7* befindet. Sind auf dem Rechner keine Ressourcen freigegeben, bleibt das Ordnerfenster leer.

Netzwerksicherheit und Zugriffsprobleme

Windows zeigt Ihnen im Ordnerfenster *Netzwerk* alle Rechner, die im lokalen Netzwerk gefunden werden, unabhängig von der Arbeitsgruppenzugehörigkeit, an. Rechner, die Mitglieder der eigenen Arbeitsgruppe sind, werden aber schneller gefunden und angezeigt.

Ist die Netzwerkerkennung abgeschaltet, werden keine Rechnersymbole und Geräte in der Netzwerkumgebung angezeigt. Sie können die Geräteerkennung dann aber über die unterhalb der Symbolleiste des Ordnerfensters angezeigte Informationsleiste temporär oder dauerhaft über die erweiterten Freigabeeinstellungen (siehe Kapitel 25) einschalten.

Beachten Sie, dass Sie zum Zugriff auf die freigegebenen Ressourcen entsprechende Zugriffsberechtigungen benötigen. Mit Ausnahme des Ordners *Öffentlich* ist zum Zugriff auf Freigaben i.d.R. ein mit einem Kennwort versehenes Konto auf dem jeweiligen Freigaberechner erforderlich. Über dieses Benutzerkonto und das zugehörige Kennwort erfolgt die Identifizierung der Zugriffsberechtigungen.

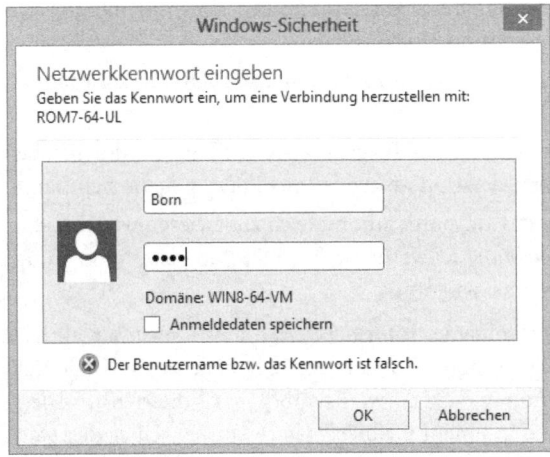

Abbildung 26.9 Dialogfeld zur Eingabe eines Netzwerkkennworts

Versuchen Sie von einem fremden Benutzerkonto auf eine freigegebene Ressource zuzugreifen, erscheint ggf. ein Anmeldedialogfeld *Windows-Sicherheit* (Abbildung 26.9) mit einer Abfrage des Benutzerkontos und des zugehörigen Kennworts. Tragen Sie dann den Namen eines auf der Zielmaschine vorhandenen Benutzerkontos mit Zugriffsberechtigung auf die Freigabe samt Kennwort ein, um sich am betreffenden Rechner anmelden zu können.

TIPP   Taucht häufiger das Dialogfeld *Netzwerkfehler* mit der Meldung »Auf \\<Rechnername> ... konnte nicht zugegriffen werden« mit dem Fehlercode 0x80070035 auf (Abbildung 26.10), wenn ein Windows 8.1-Rechner aus dem Ruhezustand
aufgeweckt wurde und dann über WLAN auf Freigaben anderer Rechner zugreifen soll? Sie können dann die im Dialogfeld angezeigte Schaltfläche *Diagnose* wählen, um die Problembehandlung laufen zu lassen. Meist klappen nach einer halben Minute die
Zugriffe wieder. Abhilfe schafft, ggf. die Computerverwaltung (z.B. über einen Rechtsklick auf die in der linken unteren Bildschirmecke angezeigte Schaltfläche *Start* aufrufbar) zu öffnen und dort in der linken Spalte *Dienste und Anwendungen/Dienste* anzuwählen. Dann sind die Dienste »Netzwerkverbindungen«, »NLA (Network Location Awareness)« und »RAS-Verbindungsverwal-
tung« zu kontrollieren und – falls erforderlich – jeweils von *Manuell* auf *Automatisch* zu stellen.

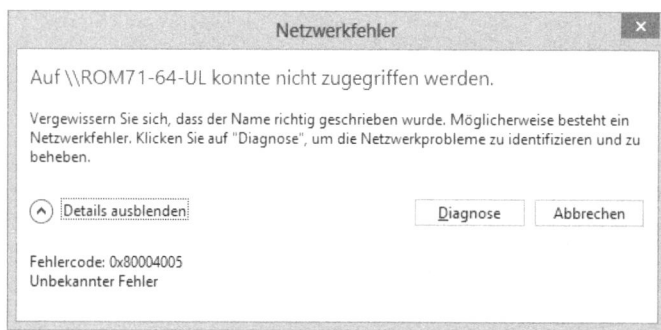

Abbildung 26.10 Netzwerkfehler

Netzlaufwerke verbinden und trennen

Arbeiten Sie lieber mit Laufwerksymbolen im Ordnerfenster *Dieser PC*, ohne zunächst zum Ordnerfenster
Netzwerk navigieren zu müssen? Oder unterstützen ältere Programme nur Zugriffe auf Laufwerke? Dann
können Sie einem im Netzwerk freigegebenen Ordner einen Laufwerknamen zuweisen:

1. Öffnen Sie ein Ordnerfenster, navigieren Sie zum *Netzwerk* und dann zum freigegebenen Element (Lauf-
    werk oder Ordner), das einem Netzlaufwerk zugewiesen werden soll.

2. Klicken Sie das Ordnersymbol der Freigabe mit der rechten Maustaste an und wählen Sie den Kontext-
    menübefehl *Netzlaufwerk verbinden* (Abbildung 26.11, oben).

3. Passen Sie im Listenfeld *Laufwerk* des Assistenten ggf. den vorgeschlagenen (freien) Laufwerkbuchstaben
    an (Abbildung 26.11, unten). Im Feld *Ordner* ist bereits der UNC-Netzwerkpfad der Freigabe sichtbar.

4. Soll das Netzlaufwerk bei der nächsten Anmeldung am Computer automatisch zugewiesen werden, akti-
    vieren Sie das Kontrollkästchen *Verbindung bei Anmeldung wiederherstellen*. Dies setzt aber eine gültige
    Netzwerkverbindung zum Freigaberechner beim Systemstart voraus.

Zudem können Sie das Kontrollkästchen *Verbindung mit anderen Anmeldeinformationen herstellen* aktivieren, um mit einem anderen Benutzernamen auf die Freigabe zugreifen zu können. Sobald Sie das Dialogfeld
über die Schaltfläche *Fertig stellen* schließen, richtet Windows das Laufwerksymbol im Ordnerfenster *Dieser
PC* ein (Abbildung 26.12). Weiterhin wird die Ressource in einem Ordnerfenster geöffnet. Über das Laufwerksymbol des Ordnerfensters *Dieser PC* können Sie zukünftig direkt auf die Netzwerkressource zugreifen.

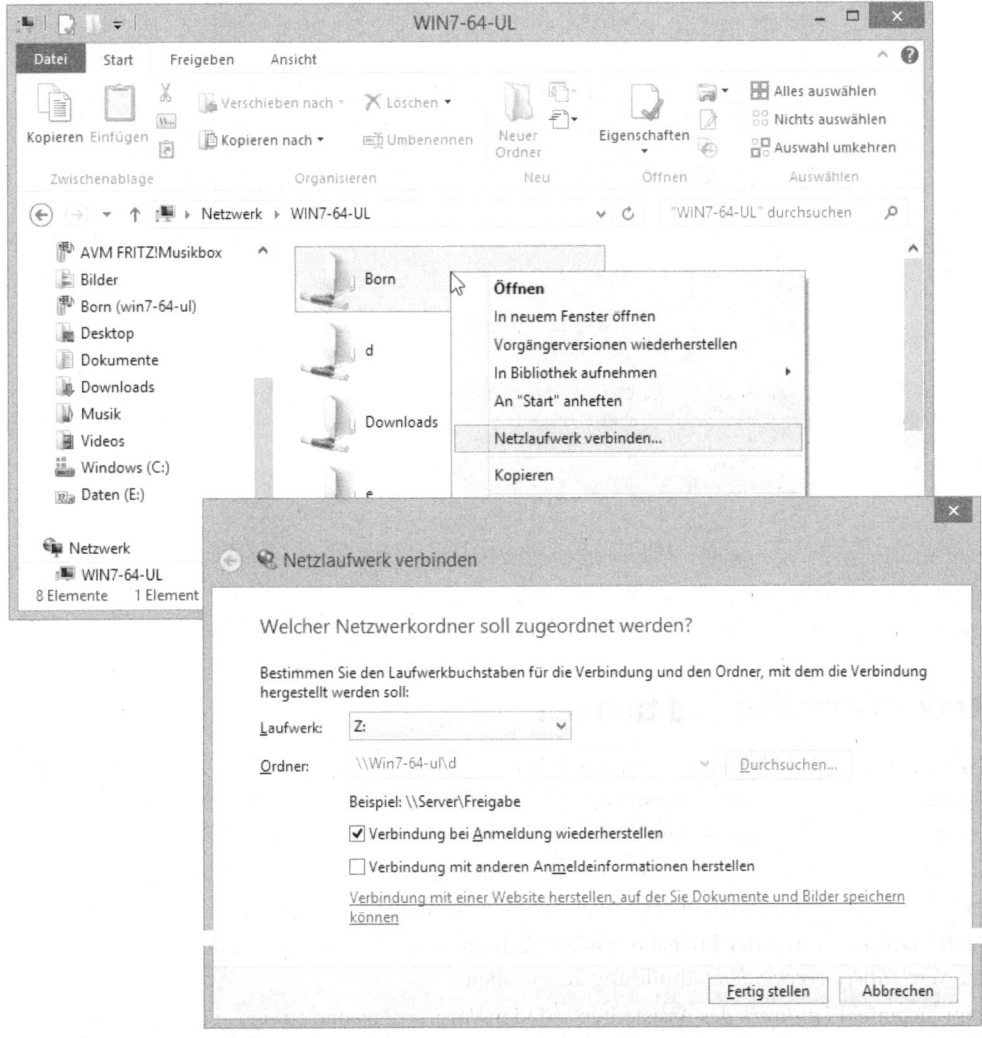

Abbildung 26.11   Netzlaufwerk definieren

Und das Laufwerk wieder trennen

Um eine bestehende Verbindung für ein Netzlaufwerk wieder aufzuheben, wählen Sie im Ordnerfenster *Dieser PC* das Symbol des Netzwerklaufwerks mit der rechten Maustaste an und wählen Sie auf der Registerkarte *Computer* des Menübands im Dropdownmenü der Schaltfläche *Netzlaufwerk verbinden* den Befehl *Netzlaufwerk trennen* (Abbildung 26.12). Alternativ können Sie im Kontextmenü des Netzlaufwerks den Befehl *Trennen* wählen. Windows trennt die Verbindung zur Netzwerkressource und entfernt das Laufwerkssymbol aus dem Ordnerfenster.

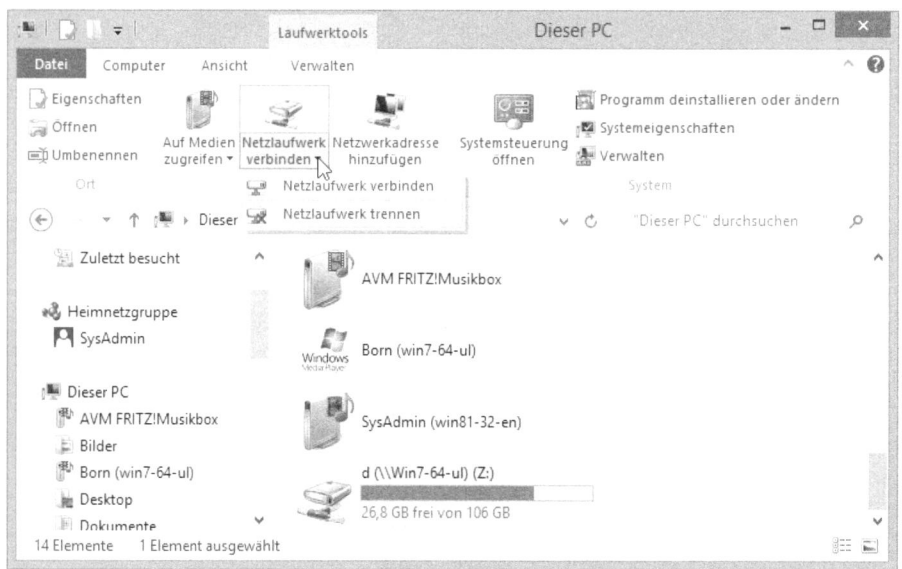

Abbildung 26.12   Netzlaufwerk trennen

Zugriff auf FTP-Server

Zum Transfer von Dateien zwischen einem lokalen Computer und einem Internetserver wird das FTP-Protokoll genutzt. Sie benötigen einen FTP-Client, um sich am FTP-Server anzumelden und Dateien anzusehen sowie zwischen Server und lokalem Computer zu übertragen. Windows 8.1 stellt verschiedene FTP-Clients bereit, mit deren Hilfe Sie auf FTP-Server zugreifen können.

Der ftp-Befehl der Eingabeaufforderung

Im Fenster der Eingabeaufforderung steht der Befehl *ftp* für diesen Zweck zur Verfügung. Mit der Eingabe *ftp* und Bestätigung durch die ⏎-Taste starten Sie das Programm. Sobald sich der Client mit dem >-Zeichen meldet, lässt sich eine Befehlsübersicht durch Eintippen von *?* und Bestätigung mit der ⏎-Taste abrufen. Dann können Sie sich über die Befehle des *ftp*-Kommandos am Server anmelden und Dateien austauschen. Mit dem *bye*-Kommando wird der FTP-Client beendet und Sie gelangen zur Eingabeaufforderung zurück. Der Vorteil dieses Ansatzes besteht darin, dass sich solche Befehlsfolgen ggf. in Batchdateien oder durch Umleitung der Ein-/Ausgaben automatisieren lassen. Für den normalen Benutzer ist der Umgang mit dem *ftp*-Kommando auf der Ebene der Befehlszeile aber etwas gewöhnungsbedürftig. Alternativ lassen sich die nachfolgenden Ansätze für FTP-Zugriffe verwenden.

Den Internet Explorer als FTP-Client verwenden

Zum (lesenden) Zugriff auf einen FTP-Server können Sie das Fenster des Internet Explorers (oder eines anderen Browsers) öffnen und in das Adressfeld die FTP-Adresse in der Form *ftp://ftp.xxx.com* eintippen. Die Zeichen *xxx* stehen hier für den Namen des FTP-Servers. Sobald Sie die Eingabe über die ⏎-Taste bestätigen, versucht der Browser, Kontakt mit dem FTP-Server aufzunehmen. Um sich mit einem Benutzernamen samt Kennwort an einem FTP-Server anzumelden, ist die URL in der Form *ftp://<Kennwort>:<Benutzer-name>@ftp.xxx.com* einzugeben.

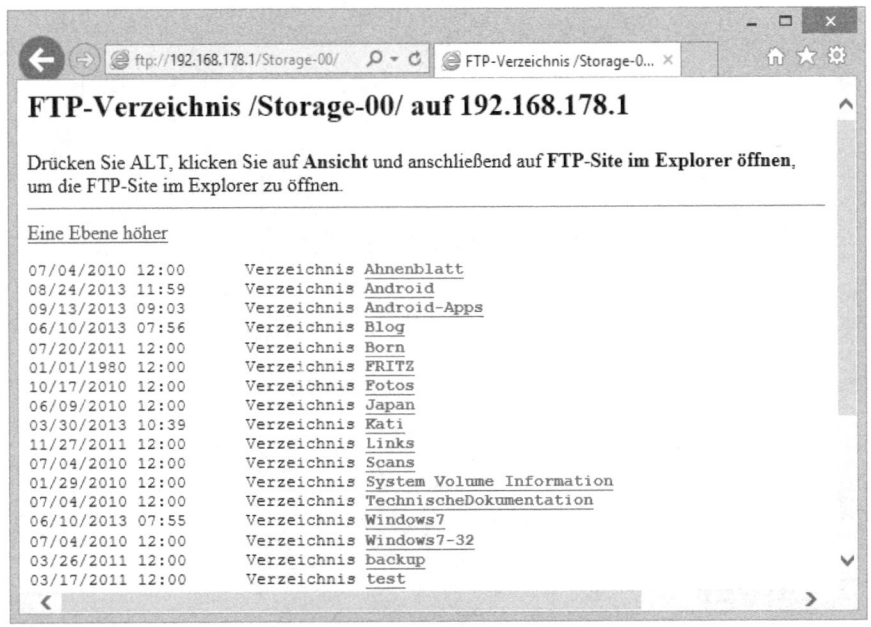

Abbildung 26.13 Zugriff auf einen FTP-Server im Browser

Existiert der FTP-Server und lässt dieser einen anonymen Zugang ohne Benutzerkennung und Kennwort zu bzw. akzeptiert er die beim Aufruf angegebenen Benutzerdaten, wird der Verzeichnisinhalt des Stammordners als Webseite eingeblendet. In Abbildung 26.13 greife ich z.B. per Internet Explorer auf den FTP-Server meiner FRITZ!Box zu. Sie können dann über Hyperlinks zwischen den Verzeichnissen navigieren und Dateien durch Anklicken der Hyperlinks downloaden. Allerdings ist das Arbeiten nicht allzu komfortabel.

Den FTP-Client des Explorer verwenden

Öffnen Sie ein Ordnerfenster, klicken Sie auf das Ende des Adressfelds, tippen Sie die FTP-Adresse in das Adressfeld ein und drücken Sie die ⏎-Taste. Der Vorspann *ftp://* ist sogar entbehrlich. Sie können also die Adresse direkt in der Form *ftp.xxx.de* eingeben. Es muss sich aber um eine gültige FTP-Adresse (z.B. *ftp.born-city.de*) handeln. Kann ein Kontakt zum FTP-Server hergestellt werden und akzeptiert der Server einen anonymen Zugriff, erscheint dessen Stammverzeichnis im Ordnerfenster (Abbildung 26.14, oben).

Erfordert der FTP-Server eine Anmeldung mit Benutzername und Kennwort zur Autorisierung? Dann erscheint das Dialogfeld *Anmelden als* (Abbildung 26.14, unten). Geben Sie hier den Benutzernamen und das Kennwort ein, markieren Sie ggf. die Kontrollkästchen und schließen Sie das Dialogfeld über die *Anmelden*-Schaltfläche.

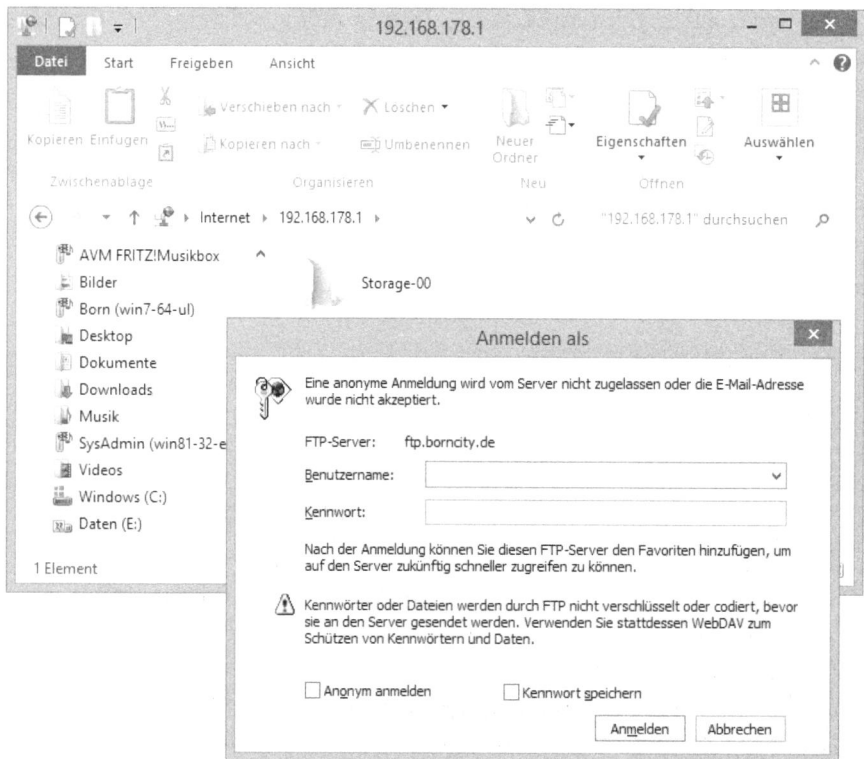

Abbildung 26.14   Zugriff auf einen FTP-Server im Explorer

Manche FTP-Server erlauben eine anonyme Anmeldung mit dem Benutzernamen *Anonymous* und einem leeren Kennwort. Markieren Sie dann das Kontrollkästchen *Anonym anmelden*. Andernfalls heben Sie die Markierung auf und tragen den Benutzernamen und das Kennwort in die entsprechenden Felder ein. Sobald Sie die *Anmelden*-Schaltfläche anklicken, wird das Dialogfeld geschlossen und der FTP-Client versucht sich am FTP-Server anzumelden. Im Erfolgsfall wird dann das für den betreffenden Benutzernamen freigegebene FTP-Verzeichnis im Ordnerfenster eingeblendet.

Sie können anschließend im Ordnerfenster des FTP-Clients wie in jedem anderen Ordnerfenster navigieren und Unterordner durch Doppelklicken öffnen. Mit einer entsprechenden Berechtigung lassen sich in diesem Ordnerfenster Unterordner anlegen sowie Ordner und Dateien umbenennen oder löschen. Das funktioniert ebenfalls wie bei lokalen Ordnerfenstern (z.B. über Kontextmenübefehle).

Zum Herunterladen von Inhalten des FTP-Servers auf die lokale Festplatte ziehen Sie einfach die gewünschten Dateien und Ordner aus dem FTP-Fenster in das Fenster eines lokalen Ordners. Zum Hochladen neuer Dateien ziehen Sie diese per Maus aus dem Ordnerfenster des lokalen Quellordners in das geöffnete Ordnerfenster des FTP-Clients. Es funktioniert also alles wie beim Kopieren auf lokalen Ordnern. Schließen Sie das FTP-Ordnerfenster, wird die Verbindung zum FTP-Server abgebaut. Bricht die Onlineverbindung ab, kann der FTP-Client auch nicht mehr auf den Server zugreifen.

Windows speichert dabei die von Ihnen eingetippten FTP-Adressen. Rufen Sie das Ordnerfenster später erneut auf und tippen Sie den Text *ftp.* in das Adressfeld ein, listet Windows die bekannten FTP-Adressen im Adressfeld auf. Sie können dann den Eintrag durch Anklicken übernehmen. Bei Bedarf können Sie beim

Aufruf des FTP-Servers auch den Benutzernamen und das Kennwort in der im Abschnitt »Den Internet Explorer als FTP-Client verwenden« weiter vorne in diesem Kapitel aufgeführten Form mit in der URL angeben.

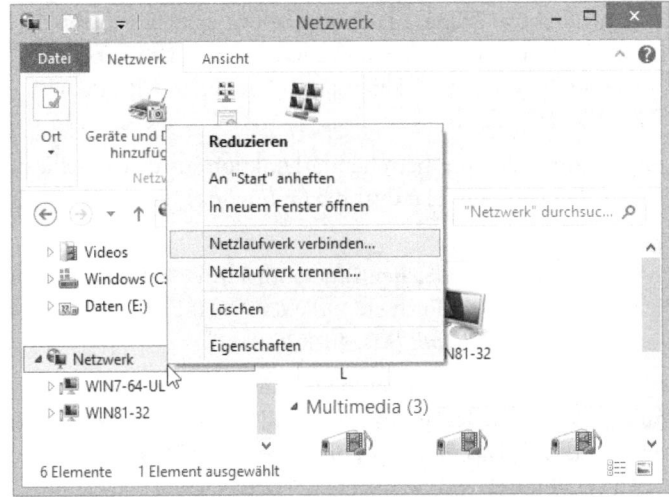

Abbildung 26.15 Verknüpfung auf einen FTP-Server als Netzlaufwerk einrichten

---

TIPP   Öffnen Sie in einem Ordnerfenster das Kontextmenü des Eintrags *Netzwerk*, lässt sich der Befehl *Netzlaufwerk verbinden* anwählen (Abbildung 26.15). Dann öffnet sich das in Abbildung 26.11, unten, gezeigte Dialogfeld zur Definition eines Netzlaufwerks. Klicken Sie auf den als Hyperlink ausgeführten Befehl *Verbindung mit einer Website herstellen* ..., startet ein Assistent. Dieser führt Sie in verschiedenen Dialogfeldern durch die Schritte zum Einrichten einer FTP- oder WebDAV-Verbindung (WebDAV ist eine Festplatte im Internet). Einige Hinweise zum Einrichten von WebDAV-Verbindungen finden Sie in meinem Blog unter *http://www.borncity.com/blog/2010/01/30/webdav-verbindungen-in-windows-7/* [Ms240-K26-01].

Um komfortabler mit einem FTP-Server arbeiten zu können, empfiehlt sich der Einsatz eines FTP-Clients von Fremdanbietern. Laden Sie sich z.B. FileZilla portable unter *http://portableapps.com/de/apps/internet/filezilla_portable* [Ms240-K26-02] herunter und setzen das kostenlose, aber sehr leistungsfähige FTP-Programm unter Windows ein. Die portable Fassung braucht nicht einmal installiert zu werden und enthält auch keine Werbeeinblendungen.

Gerätekopplung über Bluetooth

Bluetooth ist eine Funktechnik, über die Geräte wie Headsets, Smartphones, Tastaturen, Mäuse etc. oder auch Rechner Daten untereinander austauschen können. Microsoft hat bei Windows 8.1 die Funktionen zur Bluetooth-Kopplung überarbeitet. In den folgenden Abschnitten wird kurz gezeigt, wie sich Geräte über Bluetooth koppeln lassen.

Bluetooth im Überblick

Bluetooth-Sender werden nach ihrer Sendeleistung in verschiedene Klassen unterteilt. Klasse 1 sendet mit 100 Milliwatt und kann Distanzen bis zu 100 Metern überbrücken. In Klasse 2 reduziert sich die Funkleistung auf 2,5 Milliwatt und die Distanz beträgt bei optimalen Verhältnissen 30 bis 50 Meter. In Klasse 3 lassen sich Distanzen von 10 Metern überbrücken. Die Leistung beträgt dabei nur noch 1 Milliwatt, um Energie zu sparen.

Zudem haben sich historisch verschiedene Bluetooth-Versionen herausgebildet. Auf die ursprüngliche Version 1.0 folgte die kaum veränderte Version 1.1. In Version 1.2 wurde ein verbessertes Verfahren zum Kanalwechsel vorgesehen, während die Version 2.0 (Extended Data Rate, EDR) höhere Datenübertragungsraten zulässt. Die Version 2.1 vereinfacht das Verbinden der Bluetooth-Geräte untereinander. Die Version 3.0 unterstützt einen zusätzlichen High-Speed-Kanal und die Version 4.0 kennt einen Low-Energy Protokollstapel.

- Um eine Bluetooth-Verbindung aufzubauen, müssen Sie die betreffende Funktion an den jeweiligen Geräten einschalten. Zudem gibt es bei einigen Geräten (z.B. Handys) die Option, das Bluetooth-Gerät für andere Geräte sichtbar zu schalten.

- Um eine Verbindung aufzubauen, müssen beide Partner die gleichen Bluetooth-Profile beherrschen. In einem Bluetooth-Profil sind die Funktionen (Dial Up, Object Push etc.), die das Gerät bietet, festgelegt. Details finden Sie z.B. unter *http://de.wikipedia.org/wiki/Bluetooth* [Ms240-K26-03].

- Wird ein Bluetooth-Gerät eingeschaltet, scannt es für ca. 30 Sekunden seine Umgebung auf weitere Sender. Wird ein zweites Bluetooth-Gerät gefunden, kann eine Kopplung erfolgen. Dabei müssen die Geräte die Kontaktaufnahme, als Pairing bezeichnet, zulassen. Das Pairing kann mit einem PIN-Code abgesichert werden und ist auf dem angesprochenen Gerät durch den Benutzer zu bestätigen.

Abbildung 26.16 Hama Nano-Bluetooth-Adapter

Aktuelle Geräte wie Notebooks oder Tablet-PCs sind mit Bluetooth-Funktionen ausgestattet. Alternativ können Sie die Geräte mit einem USB-Bluetooth-Adapter ausrüsten. Der in Abbildung 26.16 gezeigte Hama Nano-Bluetooth-Adapter ist so klein, dass er fast vollständig in der USB-Buchse eines Notebooks verschwindet. Alternativ können Sie selbstverständlich auch USB-Bluetooth-Adapter anderer Hersteller einsetzen, die in der Regel aber etwas weiter aus der USB-Buchse herausstehen. Dies hat aber den Vorteil, dass der Adapter auffällt und bei Nichtgebrauch abgezogen wird.

Bluetooth-Einstellungen anpassen

Sobald Sie den Bluetooth-Adapter erstmalig an den Rechner (z.B. Notebook) anschließen, werden die erforderlichen Treiber installiert. Windows 8.1 enthält bereits eine Bluetooth-Unterstützung, d.h., die Treiber werden in der Regel automatisch eingerichtet. Bei installierten Bluetooth-Treibern erscheint im Infobereich der Taskleiste das Bluetooth-Symbol (Abbildung 26.17, rechts). Gegebenenfalls klicken Sie die Schaltfläche *Ausgeblendete Symbole einblenden* in der Taskleiste an, um die Palette mit dem Bluetooth-Symbol sichtbar zu machen.

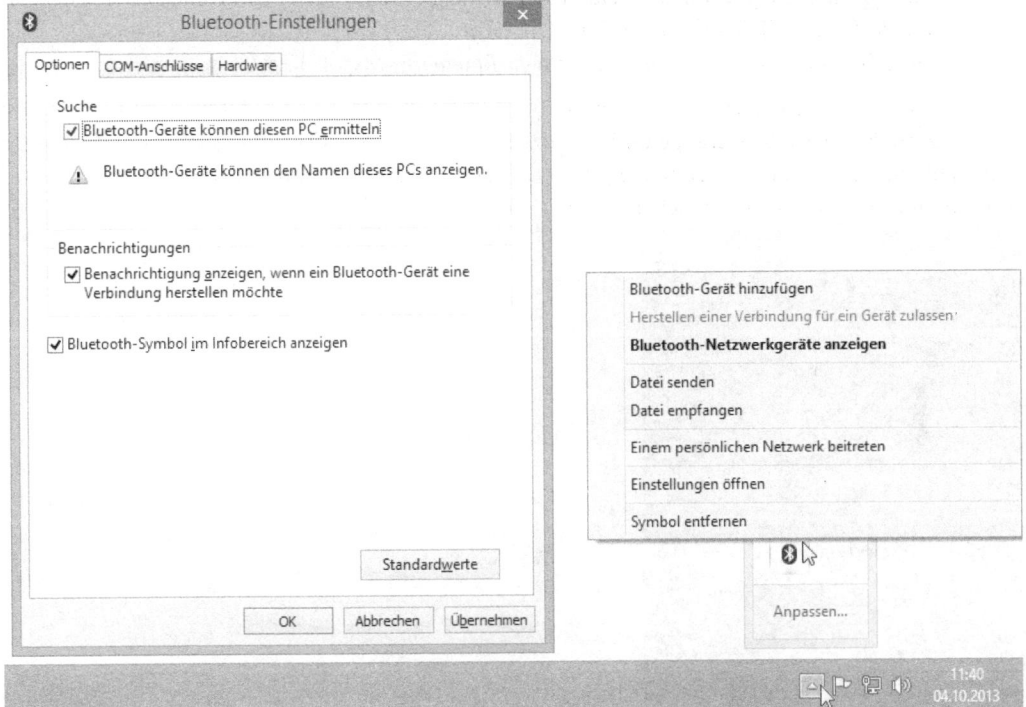

Abbildung 26.17   Bluetooth-Einstellungen und -Kontextmenü

Um die Eigenschaften des Bluetooth-Adapters einzusehen oder diesen zur Erkennung durch andere Geräte freizugeben, wählen Sie im Kontextmenü des im Infobereich der Taskleiste angezeigten Bluetooth-Symbols den Befehl *Einstellungen öffnen* (Abbildung 26.17, rechts). Windows öffnet das in Abbildung 26.17, links, gezeigte Eigenschaftenfenster *Bluetooth-Einstellungen*.

Um sicherzustellen, dass der Windows-Rechner mit Bluetooth-Geräten gekoppelt werden kann, markieren Sie auf der Registerkarte *Optionen* die in Abbildung 26.17, links, sichtbaren Kontrollkästchen. Das Kontrollkästchen *Bluetooth-Geräte können diesen PC ermitteln* ist zu markieren, wenn das System durch andere Bluetooth-Geräte gefunden werden darf. Diese Option ist aus Sicherheitsgründen normalerweise ausgeschaltet.

HINWEIS   Falls Sie das Bluetooth-Symbol irrtümlich über den Kontextmenübefehl *Symbol entfernen* aus dem Infobereich ausgetragen haben, ist dies kein Beinbruch. Wählen Sie im Fenster der Systemsteuerung den Befehl *Geräte und Drucker anzeigen* an. Im gleichnamigen Ordnerfenster sollte auch der Bluetooth-Adapter als Gerät auftauchen und Sie können über dessen Kontextmenübefehl *Bluetooth-Einstellungen* auf die Eigenschaften (Abbildung 26.17, links) des Adapters zugreifen.

ACHTUNG   Sofern Windows 8.1 keine Treiber für den vorhandenen Bluetooth-Adapter enthält, benötigen Sie Treiber des Adapterherstellers. Achten Sie aber darauf, dass diese Treiber für Windows 8.1 geeignet sind und dass kein Bluetooth-Stack des Herstellers installiert wird. Der Bluetooth-Stack älterer Implementierungen ist in der Regel nicht mit Windows 8/8.1 kompatibel und funktioniert u.U. nicht mit Windows 8.1. Ob die Treiber direkt installiert werden können oder ob ein Setup-Programm auszuführen ist, entnehmen Sie der Dokumentation des Bluetooth-Adapters.

Rechner oder Geräte über Bluetooth koppeln

Bevor Sie Bluetooth-Geräte verwenden können, sind diese zu koppeln. Die Kopplung zum Windows-Rechner kann über das Gerät angestoßen werden oder Sie lassen über Windows Bluetooth-Geräte auffinden und koppeln. Um die Bluetooth-Kopplung mit einem Gerät über Windows einzuleiten, gehen Sie folgendermaßen vor:

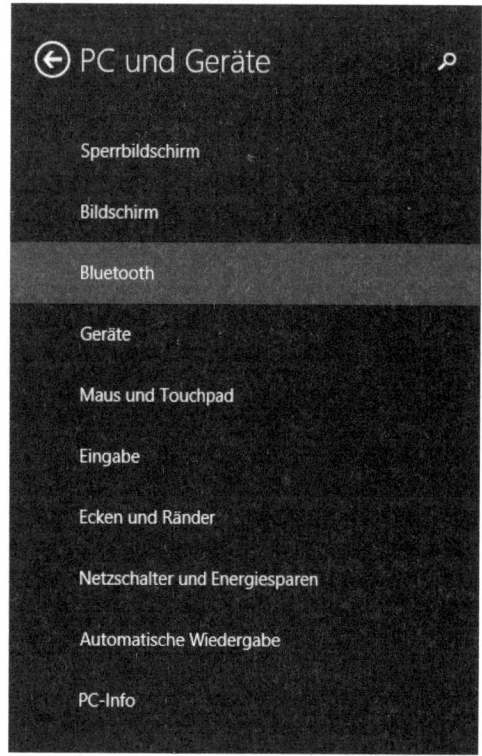
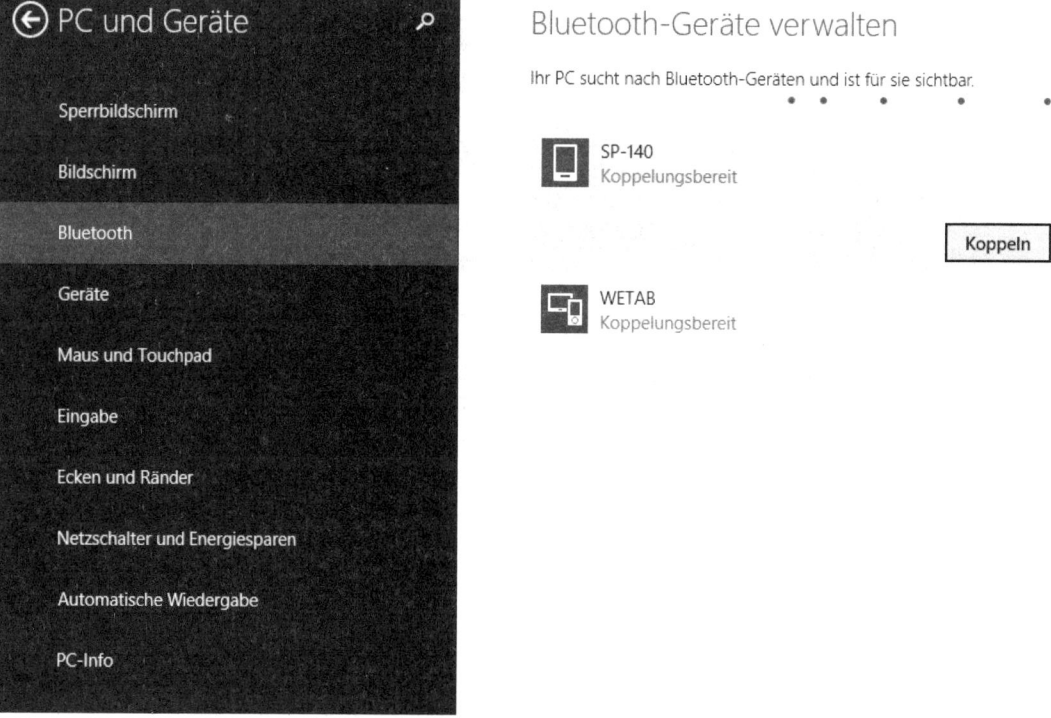

Abbildung 26.18   Bluetooth-Kopplung unter Windows einleiten

1. Stellen Sie sicher, dass das zu koppelnde Bluetooth-Gerät eingeschaltet sowie die Bluetooth-Funktion und die Erkennbarkeit des Geräts freigegeben sind.
2. Blenden Sie die Charms-Leiste am rechten Fensterrand ein, wählen das Symbol *Einstellungen* und dann in der gleichnamigen Seitenleiste den Befehl *PC-Einstellungen ändern*.
3. Wählen Sie in der Seite *PC-Einstellungen* die Kategorie *PC und Geräte* und in der Folgeseite die Kategorie *Bluetooth* (Abbildung 26.18).

   Ein eventuell angezeigter Schiebeschalter *Bluetooth* sollte auf »Ein« stehen. Dann sucht Windows nach Bluetooth-Geräten in der Nachbarschaft. Stellen Sie daher sicher, das die Geräte auch sichtbar sind (Abbildung 26.17, links).
4. Sobald das Bluetooth-Gerät in der Seite erscheint (Abbildung 26.18), wählen Sie dieses an und bestätigen die Schaltfläche *Koppeln*.

   Danach befolgen Sie die Anweisungen zum Pairing. Bei einer unter Windows 8.1 eingeleiteten Kopplung wird dann ein Kopplungscode in der Anzeige eingeblendet (Abbildung 26.19, oben). Im Partnergerät fragt Windows 8.1 diesen Kopplungscode (Pairingcode) in einem Formular an (Abbildung 26.19, unten).

Abbildung 26.19 Pairing-Abfragen unter Windows

5. Tragen Sie den angegebenen Kopplungscode ein und bestätigen Sie dies über die *Weiter*-Schaltfläche.

Die Eingabe des Kopplungscodes muss innerhalb von ca. 30 Sekunden erfolgen, da andernfalls das Pairing abgebrochen wird. Bei erfolgreichem Pairing zeigt Windows in der Seite *Bluetooth* (Abbildung 26.18) das betreffende Gerät als gekoppelt an.

HINWEIS Alternativ können Sie das Bluetooth-Symbol in der Taskleiste von Windows per Rechtsklick anwählen. Der Kontextmenübefehl *Bluetooth-Gerät hinzufügen* (Abbildung 26.17, rechts) öffnet ebenfalls die Unterkategorie *Bluetooth* in der Seite *PC-Einstellungen* und startet die Gerätesuche.

Sie können die Kopplung auch vom Gerät initiieren, indem Sie folgende Schritte ausführen:

1. Stellen Sie sicher, dass in den Bluetooth-Eigenschaften von Windows das in Abbildung 26.17, links, sichtbare Kontrollkästchen *Bluetooth-Geräte können diesen Computer ermitteln* auf der Registerkarte *Allgemein* markiert ist.

2. Weisen Sie das Gerät (z.B. Smartphone) über dessen Bluetooth-Einstellungen an, nach weiteren Geräten zu suchen.

   Sobald der Windows-Rechner als Gerät gefunden wurde, erscheint eine Benachrichtigung in der rechten oberen Bildschirmecke des Windows-Rechners (Abbildung 26.20).

3. Wählen Sie die Benachrichtigung an, warten Sie, bis das Gerät in der Kategorie *Bluetooth* in der Geräteliste aufgeführt wird (Abbildung 26.18), wählen Sie das Gerätesymbol an und führen anschließend die Anweisungen zum Pairing aus.

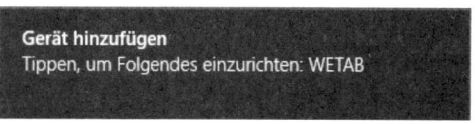

Abbildung 26.20 Benachrichtigung bei Pairing-Anforderungen

Bezüglich des Pairing gibt es zwei Modi, die durch Windows automatisch festgelegt werden:

■ In einem Modus gibt Windows den Pairing-Code vor und fordert Sie auf, diesen am anderen Gerät zu bestätigen. Im Idealfall wird auf dem Gerät der Code angezeigt und Sie brauchen lediglich die Übereinstimmung über die mit *OK, Ja* oder ähnlich beschriftete Schaltfläche zu bestätigen. Oder es erscheint ein Eingabefeld, in dem Sie den Pairing-Code eintragen.

■ Die andere Variante besteht darin, dass Windows ein Textfeld einblendet, in dem Sie einen eigenen Pairing-Code eintippen und dann die *Weiter*-Schaltfläche bestätigen. Anschließend ist dieser Pairing-Code auf dem Gerät zu bestätigen oder in einem Textfeld einzutragen und über eine Schaltfläche zu bestätigen.

Für die Koppelung haben Sie ca. 30 Sekunden Zeit, danach wird der Vorgang abgebrochen. Sobald die Geräte erfolgreich gekoppelt sind, taucht das Gerät mit seinem Gerätenamen in der Liste der Geräte in der Seite *PC-Einstellungen* auf.

HINWEIS   Wählen Sie einen solchen Eintrag in der Liste an, wird dieser expandiert und eine Schaltfläche ermöglicht das Löschen des Geräts aus der Geräteliste. Das Löschen ist erforderlich, falls Fehler bei gepaarten Geräten auftreten und sich keine Daten mehr übertragen lassen.

Bei meinen Versuchen erwiesen sich die von Windows 8.1 bereitgestellten Treiber als wenig zuverlässig. Häufig wurde das Pairing unterbrochen und Dateitransfers konnten nicht mehr ausgeführt werden.

Daten austauschen

Um Daten zwischen Geräten auszutauschen oder mit dem Gerät einem Bluetooth-Netzwerk beizutreten, wählen Sie das Bluetooth-Symbol im Infobereich der Taskleiste mit der rechten Maustaste an. Im Kontextmenü (Abbildung 26.17, rechts) lassen sich dann verschiedene Befehle abrufen.

■ Der Befehl *Einem persönlichen Netzwerk beitreten* ermöglicht, mehrere Geräte über eingerichtete Bluetooth-Verbindungen zu einem Netzwerk zu verbinden. Windows öffnet ein Fenster (Abbildung 26.21), in dem die BT-Verbindung aufgeführt wird. Über die Schaltfläche *Verbindung herstellen über* und deren Befehl *Direkte Verbindung* stellen Sie die Verbindung zum Personal Area Network (PAN) her. Sie können bei einer bestehenden PAN-Verbindung über die Netzwerkumgebung auf die Freigaben des anderen

Geräts (in der Regel eines anderen Rechners) zugreifen. Dies entspricht den im Abschnitt »Zugriff auf Netzwerkressourcen« beschriebenen Techniken zum Arbeiten im Netzwerk. Wählen Sie das gekoppelte Gerät im Ordnerfenster per Mausklick an, lässt sich über die Schaltfläche *Die Verbindung mit dem Gerätenetzwerk trennen* der Symbolleiste das Netzwerk wieder verlassen.

■ Um eine Datei zwischen zwei Geräten zu übertragen, wählen Sie auf der Empfängerseite im Kontextmenü des Bluetooth-Symbols den Befehl *Datei empfangen* (Abbildung 26.17, rechts). Ein Dialogfeld zeigt an, dass die Station auf die Daten wartet. Anschließend wählen Sie auf der Senderseite den Kontextmenübefehl *Datei senden* des Bluetooth-Symbols. Ein Assistent ermöglicht in zwei Dialogschritten die Auswahl des Empfängergeräts (Abbildung 26.22, Mitte) und der zu sendenden Datei (Abbildung 26.22, oben).

■ Auf der Empfängerseite wird dann die empfangene Datei in einem weiteren Dialogfeld (Abbildung 26.22, unten) gemeldet und mit ihrem Dateinamen angezeigt. Sie können über die *Durchsuchen*-Schaltfläche des Dialogfelds den Zielordner festlegen. Anschließend verwenden Sie die Schaltflächen *Weiter* und *Fertig stellen*, um die übertragene Datei im Zielordner zu speichern und den Assistenten zu schließen.

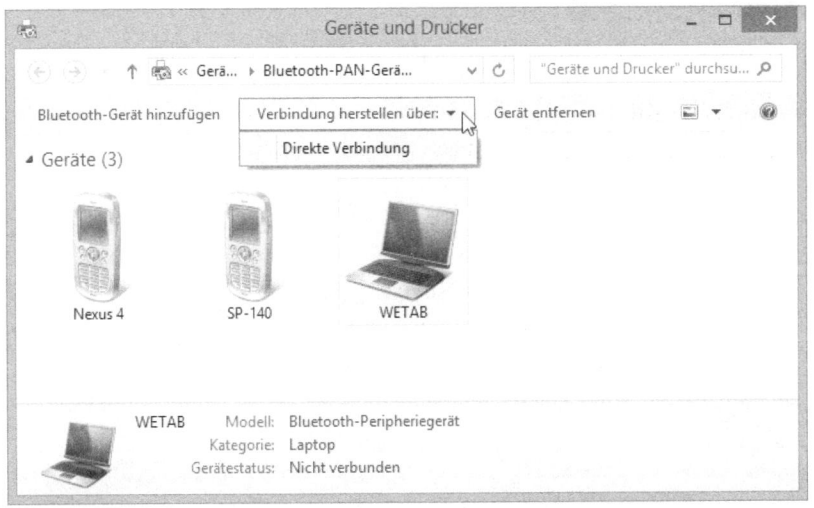

Abbildung 26.21 Bluetooth-Gerät auswählen und dem Personal Area Network (PAN) beitreten

Auf diese Weise lassen sich per Bluetooth Dateien zwischen verschiedenen Geräten (Windows-Rechnern und/oder Handy) austauschen. Der Vorteil dieses Ansatzes besteht darin, dass der Benutzer die volle Kontrolle darüber hat, ob und welche Daten auszutauschen sind.

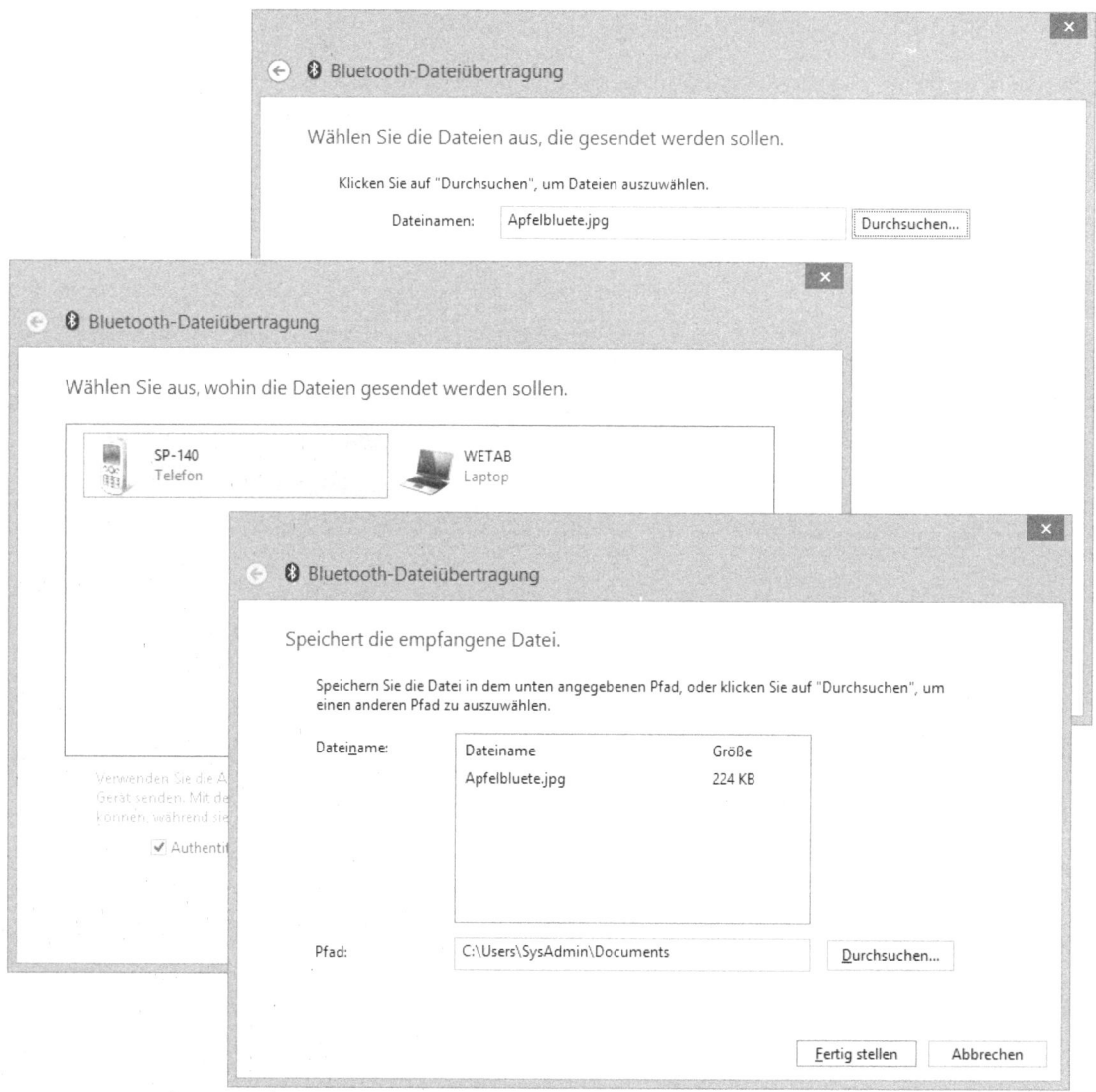

Abbildung 26.22   Datei per Bluetooth versenden

HINWEIS   Etwas verwirrend empfinde ich persönlich den ständigen Wechsel zwischen Windows-Desktop und der Seite *PC-Einstellungen*. Während die Gerätekopplung über die Unterkategorie *PC und Geräte/Bluetooth* der Seite *PC-Einstellungen* erfolgt, sind dort aber keine Kontextmenübefehle zur Steuerung der Bluetooth-Verbindung vorhanden. Sie sind also gezwungen, zum Desktop zu wechseln und das Kontextmenü des Bluetooth-Symbols zum Dateitransfer anzugehen. Bezüglich der Details bei der Bluetooth-Handhabung auf einem externen Gerät informieren Sie sich in den Geräteunterlagen. Eine Bluetooth-Kopplung mit Apples iOS-Geräten (iPhone, iPad) ist nicht möglich. Für Android 2.x-Geräte habe ich unter *http://www.borncity.com/blog/2011/09/14/bluetooth-mit-dem-simvalley-sp-60/* [Ms240-K26-04] eine Kopplung beschrieben. Für Android 4.x-Geräte funktioniert die Handhabung in ähnlicher Weise.

Geräte und Drucker

Geräteverwaltung in Windows

Windows besitzt Funktionen, um Ihnen einen schnellen Überblick über installierte bzw. vorhandene Geräte und Drucker zu geben. Nachfolgend werden diese Funktionen beschrieben.

Die Geräte- und Druckerübersicht

Möchten Sie auf einen Blick sehen, welche Drucker und Geräte an Ihrem Rechner installiert sind? In Windows 8.1 gibt es dazu zwei Möglichkeiten:

Abbildung 27.1   Unterkategorie *Geräte* in den PC-Einstellungen

- Blenden Sie die Charms-Leiste am rechten Bildschirmrand ein und wählen Sie *Einstellungen*. In der gleichnamigen Seitenleiste klicken oder tippen Sie auf *PC-Einstellungen ändern*. Dann lässt sich auf der Seite *PC-Einstellungen* die Kategorie *PC und Geräte* und dann die Unterkategorie *Geräte* wählen. In der rechten Spalte tauchen alle installierten Geräte auf (Abbildung 27.1). Neu angeschlossene (USB-)Geräte und Drucker werden in der Regel automatisch in die Liste aufgenommen. Über die Schaltfläche *Geräte hinzufügen* können Sie Windows aber anweisen, nach einem neuen Gerät zu suchen, das nicht automatisch erkannt wird.

■ Die Alternative besteht darin, die Systemsteuerung (z.B. über ein Ordnerfenster) zu öffnen und den Befehl *Geräte und Drucker anzeigen* anzuwählen. Im Fenster *Geräte und Drucker* (Abbildung 27.2) listet Windows installierte Drucker sowie Geräte nach Gruppen geordnet auf und zeigt auch deren Status an. Über die Schaltflächen der Symbolleiste lassen sich Geräte und Drucker hinzufügen, Geräte entfernen und Druckaufträge anzeigen.

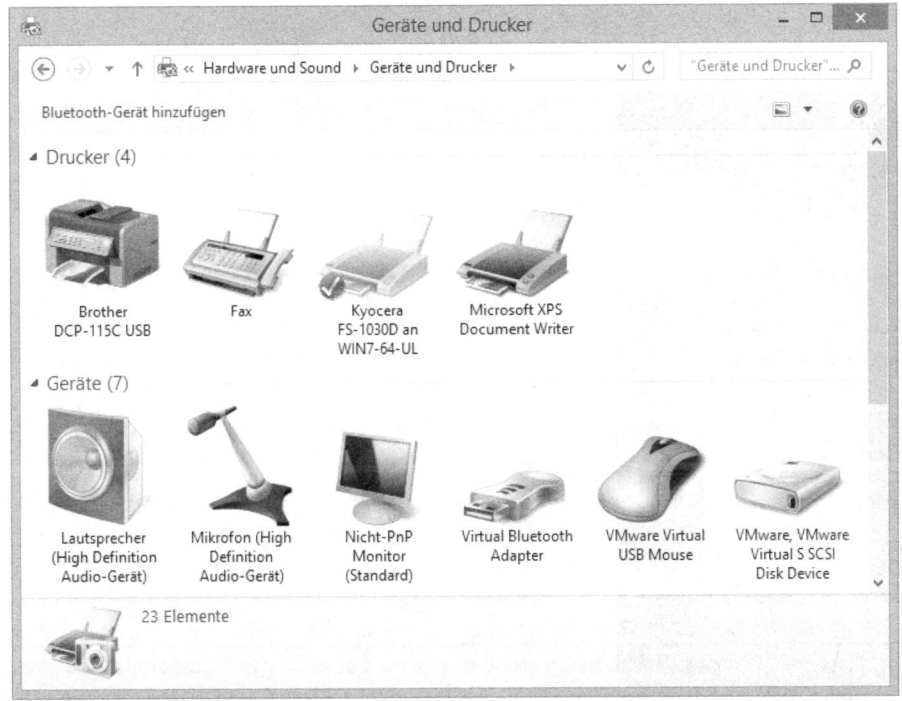

Abbildung 27.2 Fenster *Geräte und Drucker*

Viele Hersteller stellen bei neueren Geräten spezifische Gerätesymbole zum Download per Internet bereit. Bei Multifunktionsgeräten kann der Hersteller zudem optional eine spezifische Geräteseite (Abbildung 27.3) bereitstellen. Diese wird entweder über den Kontextmenübefehl *Öffnen* oder durch einen Doppelklick auf das Gerätesymbol angezeigt. Über die Geräteseite erhalten Sie Zugriff auf diverse Verwaltungsfunktionen.

HINWEIS Persönlich bevorzuge ich die Geräteverwaltung über das Fenster *Geräte und Drucker*, da ich bei der Verwendung von mehreren Windows 8.1-Testsystemen gelegentlich Fehler auf der Seite *PC-Einstellungen* angezeigt bekam. Dann wurden die Geräte (z.B. Netzwerkdrucker) nicht erkannt und nicht angezeigt. Im Fenster *Geräte und Drucker* konnten die Drucker explizit installiert werden. Nachfolgend beziehe ich mich daher im Rahmen der Geräteverwaltung auf dieses Fenster.

Abbildung 27.3   Geräteseite eines Multifunktionsgeräts

Geräte verwalten

Standardmäßig werden eingeschaltete Drucker und Geräte beim ersten Anschließen durch Windows erkannt und die Installation der erforderlichen Gerätetreiber erfolgt automatisch. Sie werden im Infobereich der Taskleiste oder auf der Seite *PC-Einstellungen/PC und Geräte/Geräte* (Abbildung 27.1) durch entsprechende Einblendungen informiert.

HINWEIS   Bei manchen Geräten klappt die Hardwareerkennung nicht oder es ist vor dem Anschluss erforderlich, eine herstellerspezifische Installationsroutine auszuführen, bevor das Gerät erkannt wird. Hier sollten Sie das Handbuch des Geräteherstellers unbedingt vor der Inbetriebnahme lesen, um Näheres herauszufinden.

Geräte manuell hinzufügen

Bei Geräten, die über Funkstrecken (Bluetooth, WLAN) eingebunden werden, klappt die automatische Geräteerkennung durch Windows unter Umständen nicht. Gehen Sie in diesem Fall folgendermaßen vor:

1. Rufen Sie die Seite *PC-Einstellungen* und dann die Kategorien *PC und Geräte/Geräte* auf.
2. Wählen Sie die Schaltfläche *Gerät hinzufügen* und warten Sie, bis das Gerät gefunden ist.
3. Wählen Sie das Gerät an und befolgen Sie die am Bildschirm angezeigten Anweisungen, um das Gerät zu Windows hinzuzufügen.

Bei Bluetooth-Geräten rufen Sie über die Systemsteuerung das Fenster *Geräte und Drucker* auf. Dann wählen Sie in der Symbolleiste des Fensters *Geräte und Drucker* die Schaltfläche *Gerät hinzufügen* (Abbildung 27.4, oben). Windows startet einen Assistenten, der nach entsprechenden Geräten sucht (Abbildung 27.4, unten). Tauchen Geräte im angezeigten Dialogfeld auf, markieren Sie das gewünschte Gerät und durchlaufen über die *Weiter*-Schaltfläche die Schritte zur Gerätekopplung.

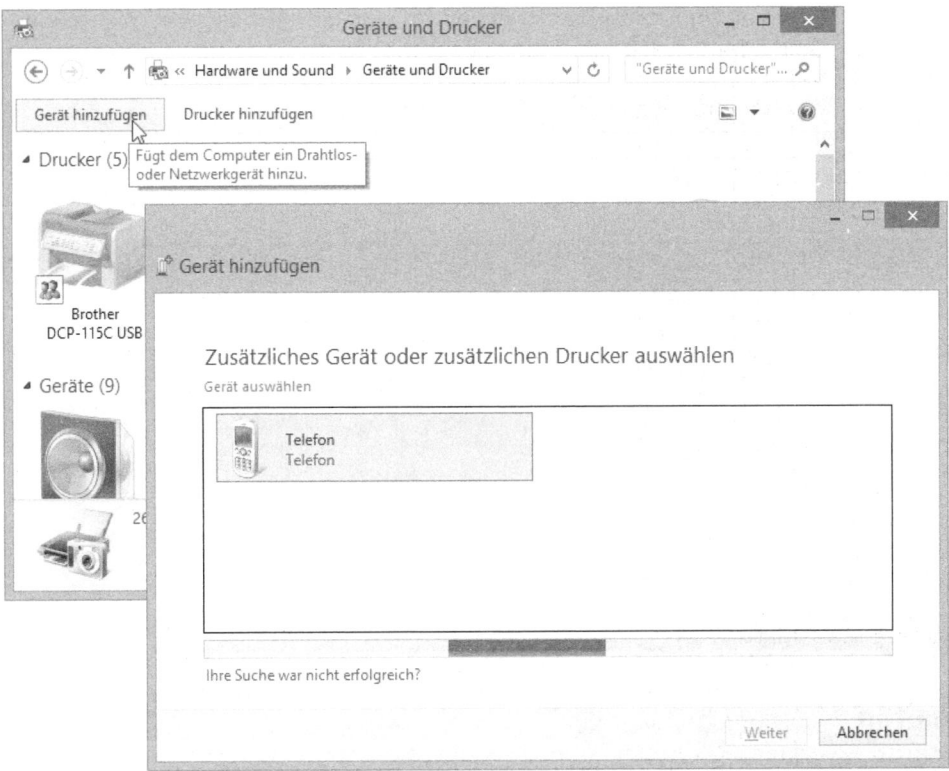

Abbildung 27.4 Geräte manuell hinzufügen

Die weitere Vorgehensweise hängt dann vom betreffenden Gerät ab. Bei manchen Bluetooth-Headsets nimmt der Assistent automatisch die Kopplung vor, wenn diese empfangsbereit sind. Bei anderen Bluetooth-Geräten, die zum Datenaustausch geeignet sind (z.B. Handys), ist zur Gerätekopplung eine Identifizierung über eine PIN erforderlich. Einige Informationen dazu finden Sie in Kapitel 26 im Abschnitt »Gerätekopplung über Bluetooth«.

Gerätefunktionen abrufen

Im Fenster *Geräte und Drucker* besteht in der Möglichkeit, zentral auf die Funktionen der Geräte zuzugreifen. Öffnen Sie das Kontextmenü eines Gerätesymbols, um auf die für das betreffende Gerät verfügbaren Befehle zuzugreifen (Abbildung 27.5). Weiterhin blendet Windows nach Auswahl eines Geräts verschiedene Schaltflächen kontextsensitiv in der Symbolleiste ein:

- Gibt es zum Beispiel Probleme mit einem Gerät (erkennbar an einem kleinen gelben Dreieck mit Ausrufezeichen im Gerätesymbol), wählen Sie den Kontextmenübefehl *Problembehandlung* (bzw. die gleichnamige Schaltfläche der Symbolleiste). Dann startet ein Assistent zur Problemdiagnose. Abhängig von den gefundenen Problemen schlägt dieser dann verschiedene Maßnahmen (z.B. Neuinstallation der Gerätetreiber) vor oder führt Reparaturmaßnahmen aus.

- Bei Wechseldatenträgern finden Sie dagegen Befehle, um das Dialogfeld *Automatische Wiedergabe* aufzurufen, ein Ordnerfenster zum Anzeigen der Dateien zu öffnen oder um das Medium auszuwerfen.

Andere Geräte weisen z.B. Befehle zum Anpassen der Soundeinstellungen oder zur Auswahl der Bluetooth-Funktionen (z.B. Kopfhörer- oder Telefoniefunktionen) auf.

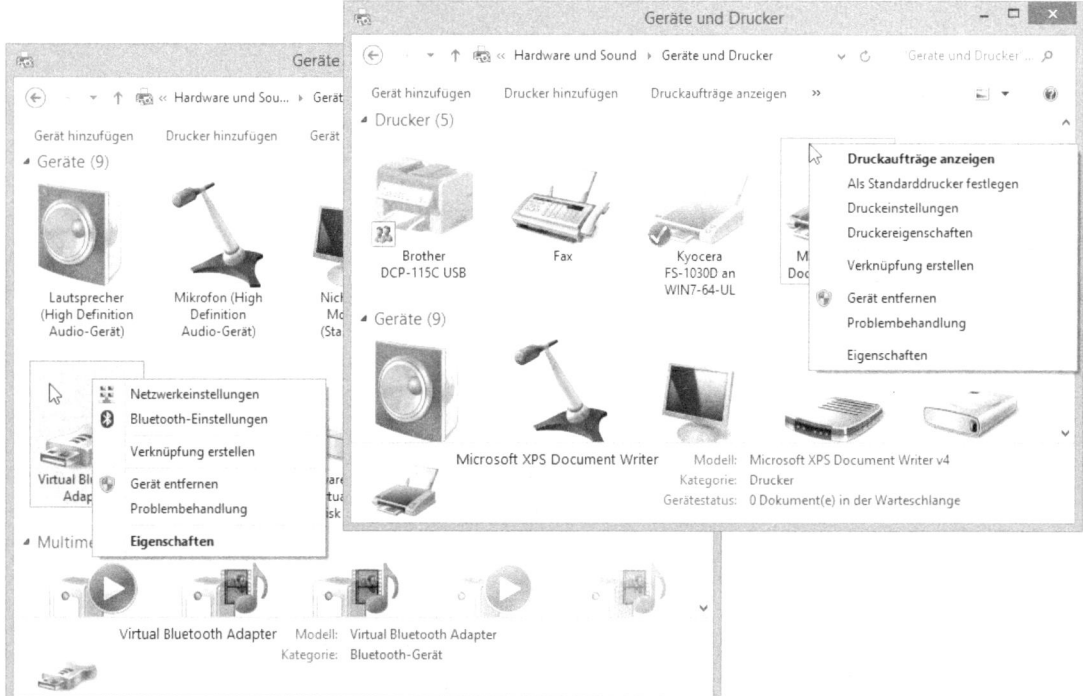

Abbildung 27.5   Auf Gerätefunktionen zugreifen

Über den Befehl *Gerät entfernen* lässt sich der Eintrag aus dem Fenster entfernen. Wie Druckereinträge verwaltet werden, wird im nachfolgenden Abschnitt besprochen.

Drucker installieren und verwalten

Zur Ansteuerung der Drucker verwendet Windows sogenannten Treiber. Diese Druckertreiber werden von den Geräteherstellern entwickelt und sind in Windows enthalten, liegen den Geräten auf CD/DVD bei oder lassen sich von der Supportseite des Herstellers per Internet herunterladen. Der folgende Abschnitt befasst sich mit den Funktionen zur Druckerinstallation und zum Einrichten des Druckers.

Automatische Treiberinstallation durch Windows

Moderne Drucker werden in der Regel nach dem Anschließen an die USB-Schnittstelle und dem Einschalten automatisch erkannt. Das Betriebssystem installiert den benötigten Treiber und informiert per Fortschrittsanzeige über diesen Vorgang (Abbildung 27.6). Je nach Druckerhersteller wird dabei auch das Gerätemodell im Dialogfeld mit angezeigt.

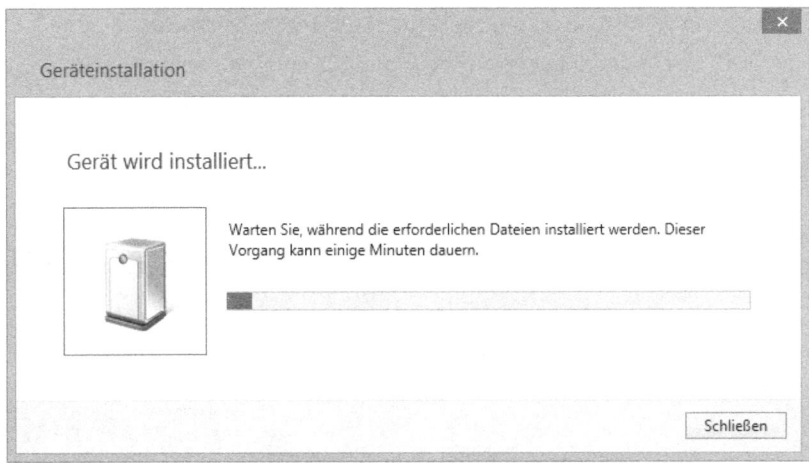

Abbildung 27.6 Automatische Druckerinstallation

Nach erfolgreicher Installation taucht das Symbol des neuen Druckers im Ordnerfenster *Geräte und Drucker*, in der Seitenleiste *Geräte/Drucken* und in der Liste unter *PC-Einstellungen/PC und Geräte/Geräte* sowie im *Drucken*-Dialogfeld auf. Sie können anschließend mit dem Gerät arbeiten.

Druckertreiber manuell installieren

Wird der Drucker durch Windows nicht automatisch erkannt? Installiert das Betriebssystem ein fehlerhaftes Gerät oder scheitert die Treiberinstallation? In diesen Fällen können Sie unter einem Administratorkonto eine manuelle Druckerinstallation durchführen:

1. Öffnen Sie das Fenster *Geräte und Drucker* und wählen Sie in der Symbolleiste die Schaltfläche *Drucker hinzufügen* (Abbildung 27.7, oben) an.

2. Windows startet einen Assistenten, der Sie durch die Schritte zur Einrichtung des neuen Druckers führt. Wählen Sie dort die gewünschten Optionen aus. Über die Schaltfläche *Weiter* können Sie in den Dialogseiten vorwärts und mit *Zurück* rückwärts blättern.

Die einzelnen Schritte zur Druckereinrichtung hängen etwas vom Installationsumfeld und vom Druckermodell ab. Hier eine grobe Übersicht über den Ablauf:

- Im Startdialogfeld versucht Windows, den Drucker zu suchen. Wird dieser gefunden, wählen Sie den Eintrag an und durchlaufen die weiteren Installationsschritte. Wird kein Drucker gefunden (Abbildung 27.7, unten links), wählen Sie den Befehl *Der gesuchte Drucker ist nicht aufgeführt*. Sie können dann in einem zweiten Dialogfeld (Abbildung 27.7, Mitte rechts) über Optionsfelder wählen, ob ein lokaler Drucker, ein Netzwerkdrucker oder ein Internetdrucker einzurichten ist.

- Wählen Sie im Dialogfeld aus Abbildung 27.7, Mitte rechts, den Befehl *Lokalen Drucker oder Netzwerkdrucker mit manuellen Einstellungen hinzufügen*, um einen am Computer angeschlossenen Drucker, der nicht erkannt wird, zu installieren.

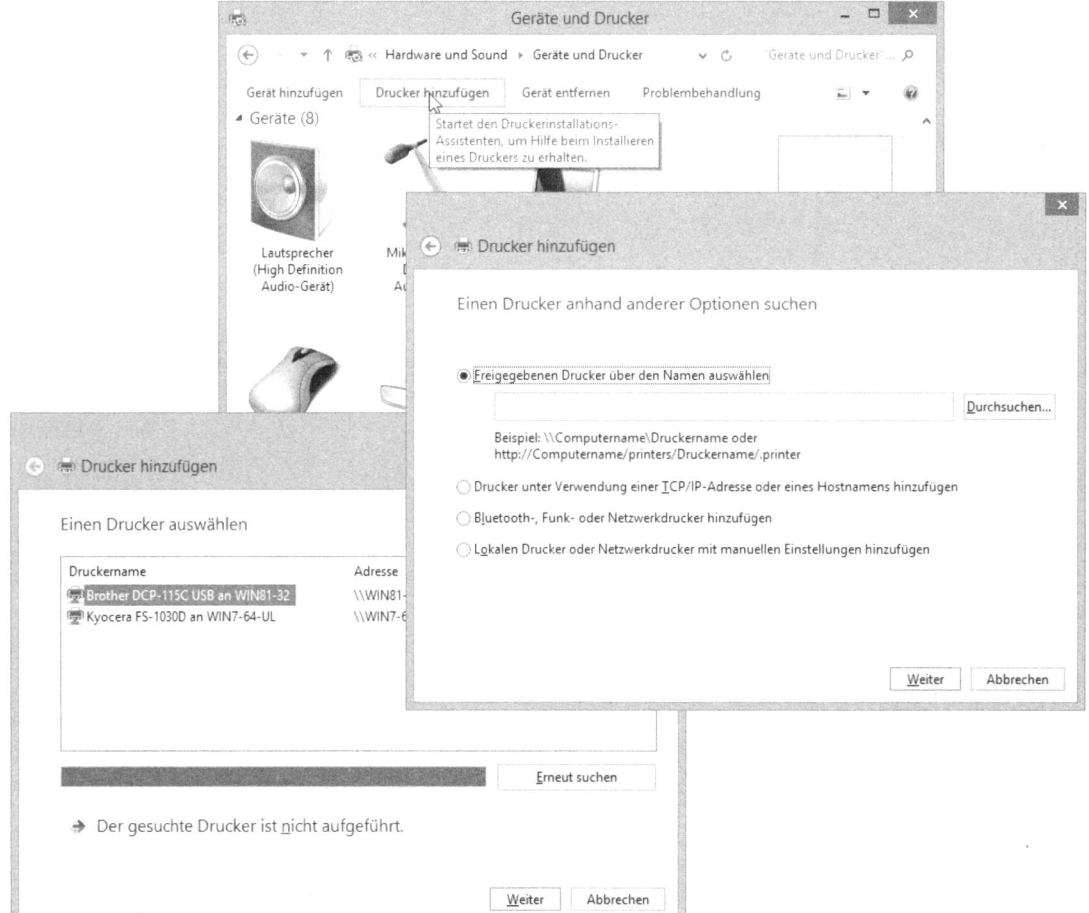

Abbildung 27.7   Installationsassistent für Drucker aufrufen

- Legen Sie im angezeigten Dialogfeld (Abbildung 27.8, rechts oben) beim markierten Optionsfeld *Vorhandenen Anschluss verwenden* einen Druckeranschluss über das zugehörige Listenfeld fest. Parallele Schnittstellen werden mit »LPT« aufgelistet, serielle Schnittstellen tragen die Bezeichnung »COM« und beim Eintrag »USB« handelt es sich um einen USB-Anschluss. Der Eintrag »File« ermöglicht Ihnen, die Druckerausgabe generell in Dateien umzuleiten.

- Im Folgedialogfeld (Abbildung 27.8, unten links) wählen Sie den Hersteller und in der rechten Liste das Modell Ihres Druckers. Ist der Drucker in der Liste nicht aufgeführt, können Sie über die Schaltfläche *Windows Update* online nach weiteren Treibern suchen lassen. Verfügen Sie über einen Datenträger oder ein Downloadpaket des Druckerherstellers mit Windows-Treibern, wählen Sie die Schaltfläche *Datenträger*.

- In weiteren Dialogfeldern können Sie ggf. den (vorgegebenen) Namen des Druckers anpassen und dann die Druckerinstallation abschließen. Sobald das in Abbildung 27.9, rechts oben, sichtbare Dialogfeld erscheint, legen Sie über die beiden Optionsfelder fest, ob der Drucker nur lokal verwendet oder im Netzwerk zur gemeinsamen Verwendung freigegeben werden soll. Bei einer Freigabe im Netzwerk tragen Sie in die zugehörigen Textfelder den Freigabenamen sowie einen Hinweis zum Druckerstandort ein. Diese Informationen werden anderen Netzwerkteilnehmern angezeigt.

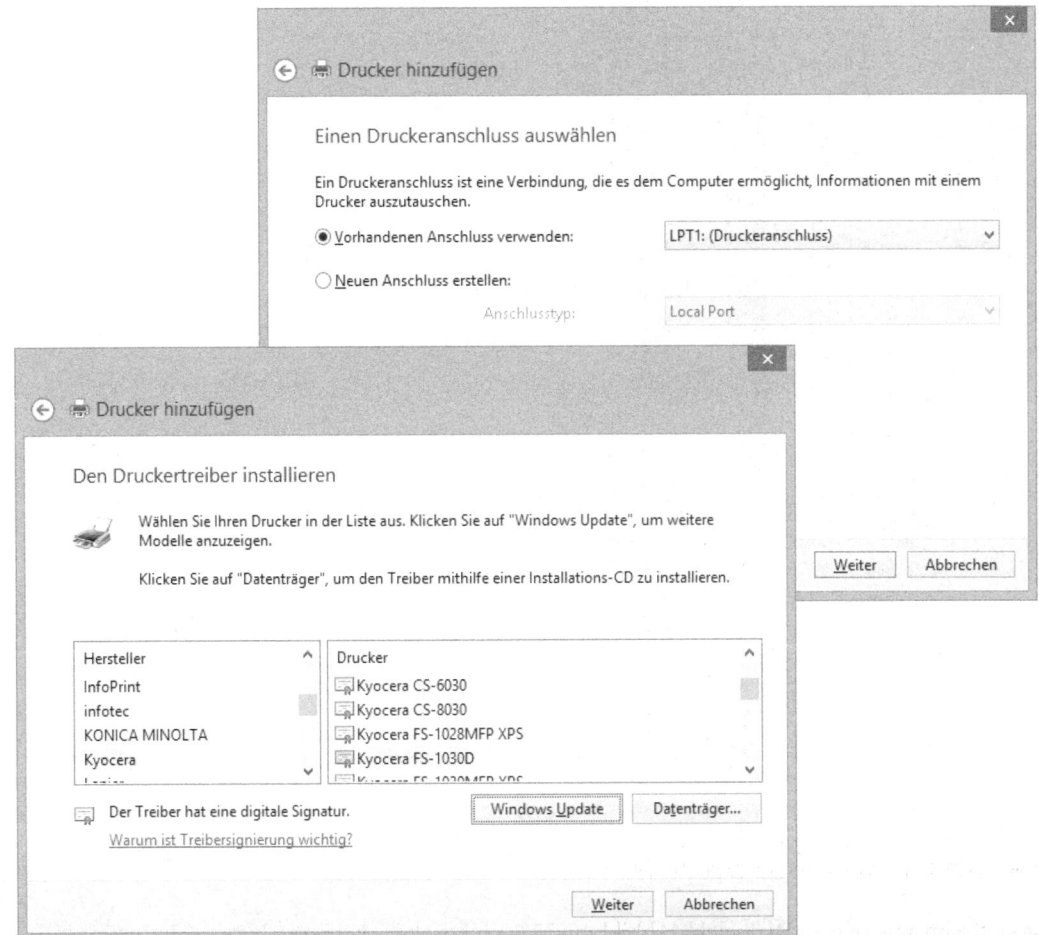

Abbildung 27.8 Installationsdialoge des Drucker-Assistenten

■ Soll das Gerät als Standarddrucker für alle Ausgaben des Rechners verwendet werden, belassen Sie im Dialogfeld aus Abbildung 27.9, unten, die Markierung des Kontrollkästchens *Als Standarddrucker festlegen*. Anschließend wählen Sie im Dialogfeld die Schaltfläche *Testseite drucken*. Warten Sie, bis die Testseite ausgedruckt wurde. Bei Problemen mit der Druckausgabe finden Sie in einem eingeblendeten Dialogfeld den Hyperlink *Hilfe zum Drucken*, über den Sie durch die Problembehandlung geführt werden. Wurde die Seite korrekt ausgedruckt, wählen Sie die Schaltfläche *Schließen* des Dialogfelds und bestätigen im Druckerdialogfeld die *Fertig stellen*-Schaltfläche.

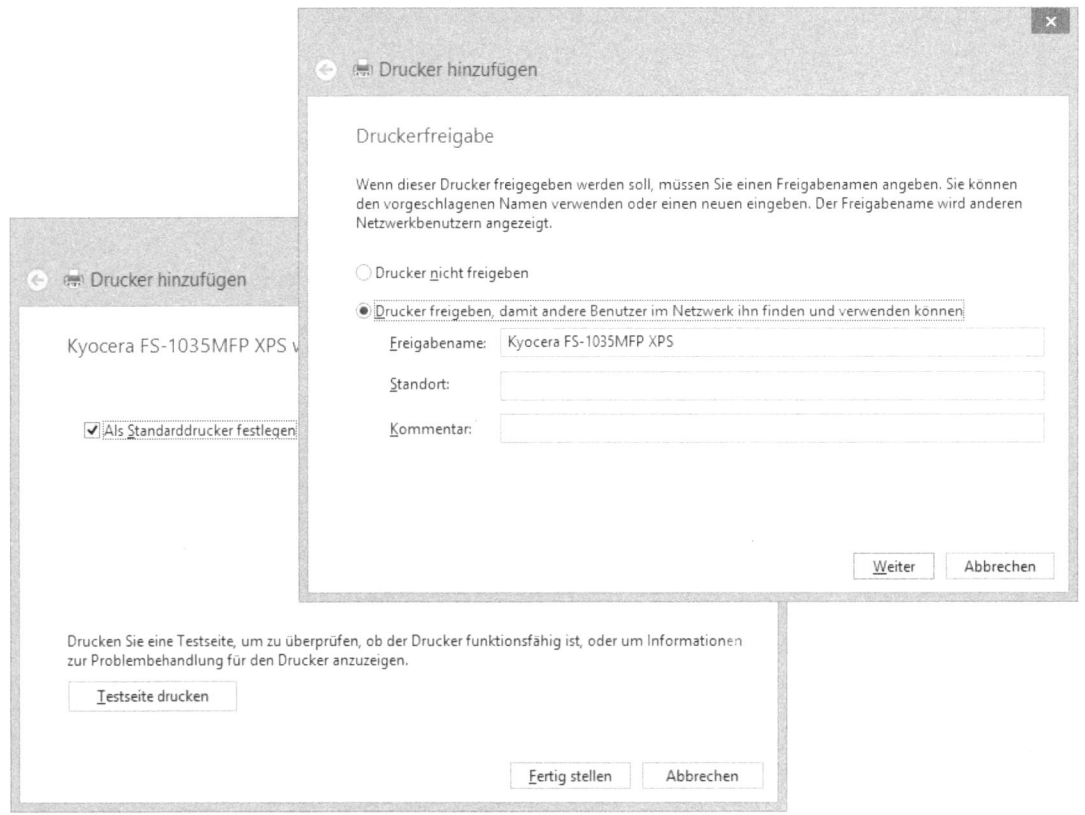

Abbildung 27.9   Weitere Dialogfelder zur Konfiguration des Druckers

Nach diesen Schritten ist der Drucker eingerichtet, wird als Symbol im Ordnerfenster *Geräte und Drucker* aufgeführt (Abbildung 27.5) und lässt sich verwenden.

Netzwerkdrucker einrichten

Arbeiten Sie in einem Netzwerk und sind auf anderen Rechnern angeschlossene Drucker zur gemeinsamen Nutzung freigegeben? Oder besitzen Sie einen Drucker, der direkt am Netzwerk hängt? Zum Verwenden solcher Drucker über das Netzwerk ist ebenfalls ein Druckertreiber für das Netzwerkgerät zu installieren. Dies funktioniert ähnlich wie die Installation eines lokalen Druckertreibers:

1. Rufen Sie den Assistenten zur Druckerinstallation auf (die Schritte sind im vorhergehenden Abschnitt beim Einrichten eines lokalen Druckers beschrieben).

2. Warten Sie, bis der Drucker im Dialogfeld *Drucker hinzufügen* (Abbildung 27.10, unten links) aufgeführt wird. Wählen Sie den Drucker aus und betätigen Sie dann die *Weiter*-Schaltfläche.

3. Im Dialogfeld aus Abbildung 27.10, oben, wird der Netzwerkname des Druckers angezeigt. Verwenden Sie die *Weiter*-Schaltfläche und warten Sie, bis der Drucker eingerichtet ist. Schließen Sie den Assistenten über die Schaltfläche *Fertig stellen* (Abbildung 27.10, Mitte rechts).

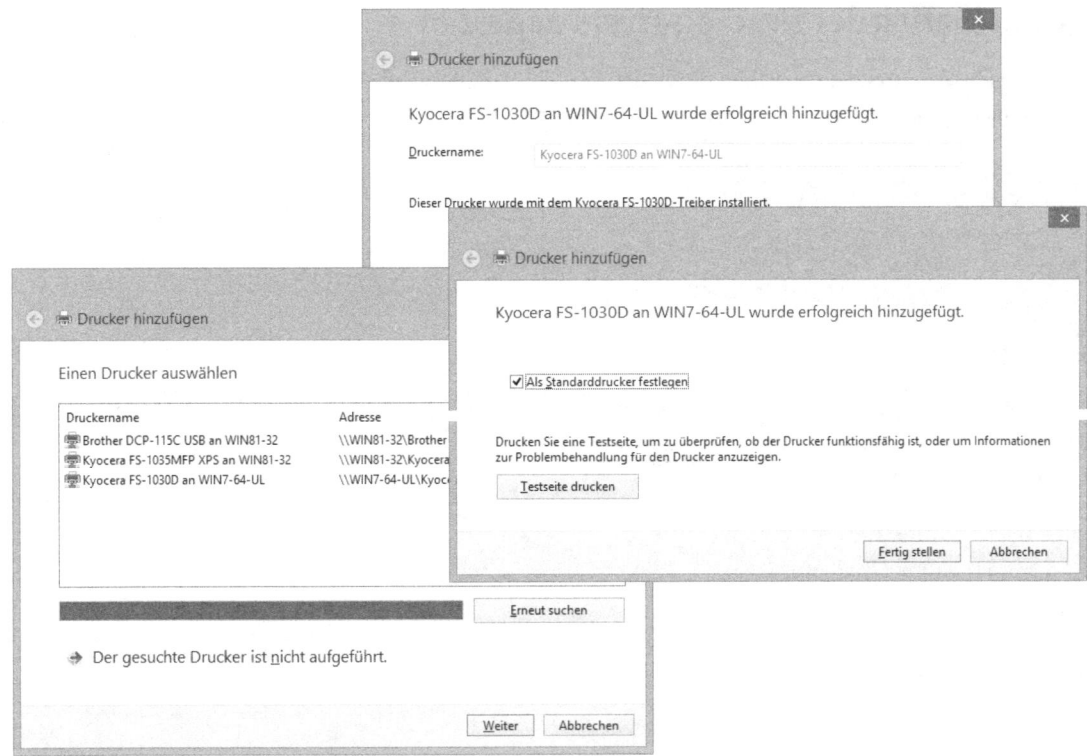

Abbildung 27.10   Netzwerkdruckerinstallation

Die Schritte entsprechen dem Einrichten eines lokalen Druckers. Im Dialogfeld mit der Fertigmeldung können Sie z.B. eine Testseite ausdrucken lassen.

Drucker löschen

Zum Löschen eines Druckers sind nur wenige Mausklicks erforderlich. Öffnen Sie unter einem Administratorkonto das Ordnerfenster *Geräte und Drucker* (siehe vorhergehende Seiten), markieren Sie das Druckersymbol mit einem Mausklick und wählen Sie in der Symbolleiste die Schaltfläche *Gerät entfernen*. Alternativ können Sie auch den gleichnamigen Kontextmenübefehl des Druckersymbols wählen. Bestätigen Sie ggf. die angezeigte Abfrage der Benutzerkontensteuerung. Nach einer Sicherheitsabfrage, ob das Gerät entfernt werden darf, die Sie über die *Ja*-Schaltfläche bestätigen, wird der Drucker aus dem Ordnerfenster gelöscht.

HINWEIS   Es wird auch nur das Druckersymbol aus dem Ordnerfenster gelöscht; die Druckertreiber bleiben weiterhin installiert. Schließen Sie den Drucker erneut an das System an, können Sie den Treiber mittels der auf den vorhergehenden Seiten erläuterten Schritte zur Druckerinstallation reaktivieren. Den Druckertreiber können Sie über die Eigenschaften des Druckerservers löschen (siehe den folgenden Abschnitt).

Eigenschaften des Druckerservers anpassen

Die Ausgabe der Druckdaten erfolgt durch den Windows-Druckerserver. Sie können die Eigenschaften dieses Druckerservers abfragen und gegebenenfalls anpassen.

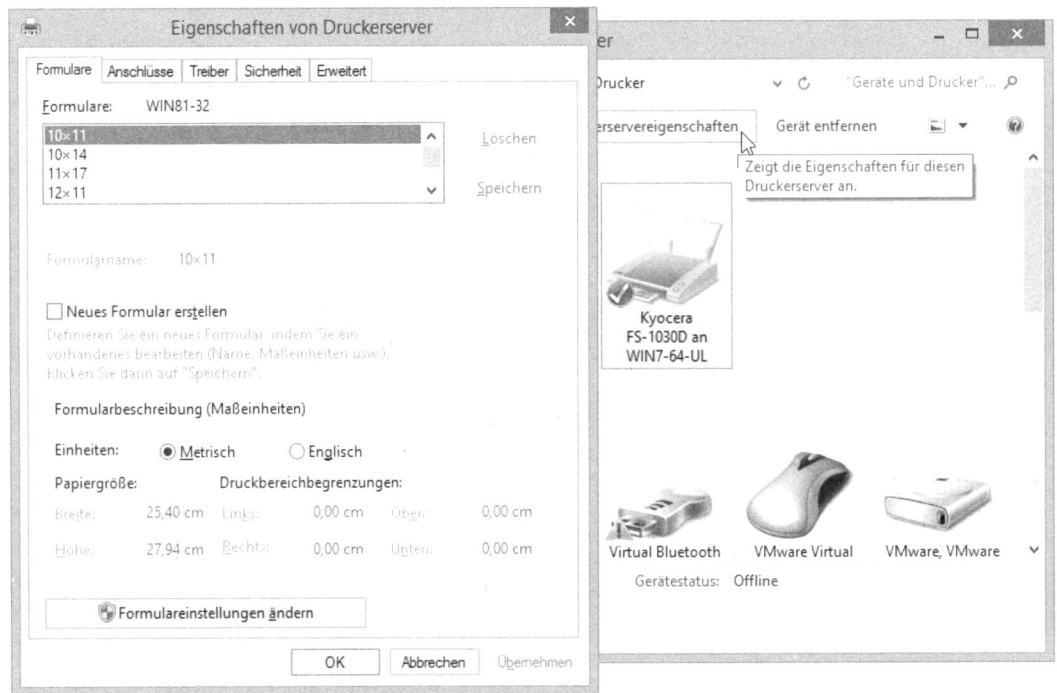

Abbildung 27.11 Eigenschaften des Druckerservers

1. Markieren Sie im Ordnerfenster *Geräte und Drucker* das gewünschte Druckersymbol und wählen Sie in der Symbolleiste die Schaltfläche *Druckerserverereigenschaften* (Abbildung 27.11, Hintergrund rechts).
2. Windows öffnet ein Eigenschaftenfenster mit verschiedenen Registerkarten (Abbildung 27.11, Vordergrund links), in denen Sie die Einstellungen einsehen und ändern können.

Auf der Registerkarte *Treiber* werden beispielsweise die installierten Druckertreiber aufgeführt. Haben Sie einen Drucker gelöscht, können Sie dessen Treibereintrag anwählen und über die Schaltfläche *Entfernen* ebenfalls löschen lassen.

Auf der Registerkarte *Erweitert* finden Sie verschiedene Optionen und die Lage des Spoolordners für Druckausgaben. Möchten Sie bei Druckerstörungen eine Benachrichtigung in Form einer QuickInfo erhalten? Dann markieren Sie das Kontrollkästchen *Informative Benachrichtigung xxx* für den lokalen oder den Netzwerkdrucker. Um die abgeblendeten Eigenschaften zu ändern, wählen Sie erst die Schaltfläche *Erweiterte Einstellungen ändern* an und bestätigen die Abfrage der Benutzerkontensteuerung. Alle vorgenommenen Änderungen werden wirksam, sobald Sie die Registerkarte über die *OK*-Schaltfläche schließen.

Druckerfreigabe für das Netzwerk verwalten

Um einen am System angeschlossenen lokalen Drucker für die allgemeine Benutzung innerhalb des Netzwerks freizugeben, führen Sie folgende Schritte unter einem Administratorkonto aus:

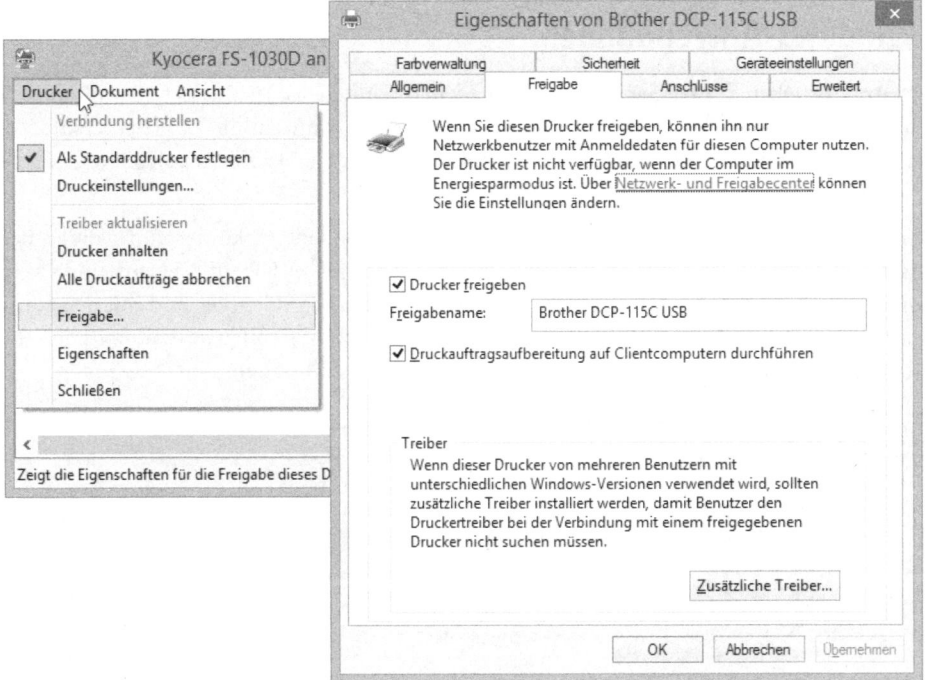

Abbildung 27.12   Druckerfreigabe im Netzwerk

1. Wählen Sie im Fenster *Geräte und Drucker* das Symbol des freizugebenden Druckers per Doppelklick an.

2. Wählen Sie im Fenster des Druck-Managers im Menü *Drucker* den Befehl *Freigabe* (Abbildung 27.12, Hintergrund links).

   Je nach Drucker kann es aber sein, dass nur eine Geräteseite mit verschiedenen Befehlen angezeigt wird. Wählen Sie dann den mit *Druckoptionen anpassen* oder ähnlich beschrifteten Befehl.

3. Wechseln Sie im Eigenschaftenfenster des Druckers zur Registerkarte *Freigabe* (Abbildung 27.12, rechts), markieren Sie das Kontrollkästchen *Drucker freigeben* und tragen Sie einen Freigabenamen in das betreffende Textfeld ein oder übernehmen Sie die Vorgabe.

Windows gibt den Drucker unter dem angegebenen Namen im Netzwerk frei, sobald Sie die Registerkarte über die *OK*-Schaltfläche schließen. Anschließend können andere Benutzer im Netzwerk einen Netzwerkdrucker auf ihren Systemen einrichten und dann den freigegebenen Drucker verwenden.

Möchten Sie die Freigabe eines Druckers im Netzwerk wieder aufheben, führen Sie die obigen Schritte erneut aus, löschen aber auf der Registerkarte *Freigabe* die Markierung des Kontrollkästchens *Drucker freigeben*. In Eigenschaftenfenster erhalten Sie übrigens auch Zugriff auf die unterschiedlichen Druckereigenschaften.

Wissenswertes zum Drucken

Der folgende Abschnitt enthält noch einige Hinweise zur Druckausgabe und erläutert, wie Sie auf Druckerstörungen reagieren oder die Druckoptionen anpassen.

Drucken aus Windows-Anwendungen

Hinweise, wie Sie aus Apps drucken, finden Sie in den verschiedenen Kapiteln dieses Buchs (z.B. in Kapitel 3 und 15). Nun möchte ich noch einige Hinweise zum Drucken aus Desktopanwendungen geben. Windows bietet Ihnen hier verschiedene Möglichkeiten zum Drucken von Dokumenten. Da die Vorgehensweise identisch ist, hier eine Übersicht:

- Die gebräuchlichste Variante besteht darin, das in der Anwendung geladene Dokument über die in der Symbolleiste bzw. im Menüband des Anwendungsfensters sichtbare *Drucken*-Schaltfläche auszudrucken. In diesem Fall wird normalerweise das gesamte Dokument auf dem Standarddrucker und mit den Standardeinstellungen ausgegeben. Während der Druckausgabe zeigt die betreffende Anwendung ggf. eine Statusanzeige, über deren *Abbrechen*-Schaltfläche Sie die Ausgabe stoppen können.

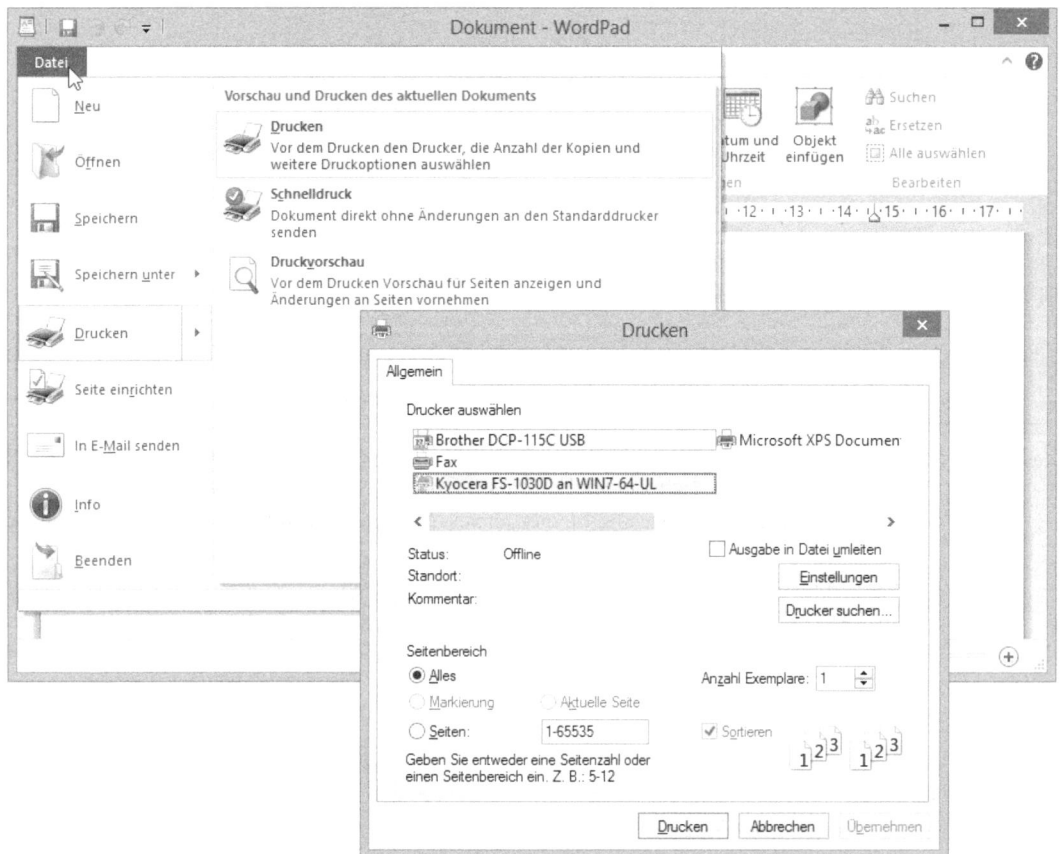

Abbildung 27.13 *Drucken*-Dialogfeld einer Anwendung

- Möchten Sie die Druckoptionen oder das Ausgabegerät kontrollieren, wählen Sie dagegen den Befehl *Drucken* im Menü *Datei* oder im Menü der Anwendungsschaltfläche (z.B. bei WordPad die *Datei*-Schaltfläche, Abbildung 27.13, Hintergrund) des Anwendungsfensters oder drücken die Tastenkombination `Strg`+`P`. Dann öffnet Windows das Dialogfeld *Drucken*, das Ihnen Gelegenheit zur Auswahl der Druckoptionen gibt. Verwendet die Anwendung das von Windows bereitgestellte Dialogfeld, sieht dieses wie in Abbildung 27.13, Vordergrund unten, gezeigt aus. Manche Anwendungen wie beispielsweise die Microsoft Office-Programme verwenden aber eigene Fenster und Dialogfelder, die ein leicht abweichendes Aussehen aufweisen. Im Dialogfeld *Drucken* lassen sich die Druckoptionen sowie der Drucker wählen und die Druckausgabe über die *Drucken*-Schaltfläche starten.

Einige Dokumentdateien lassen sich auch direkt aus Windows auf dem Standarddrucker ausgeben, ohne dass Sie dazu die zugehörige Anwendung starten müssen. Klicken Sie z.B. mit der rechten Maustaste auf eine Dokumentdatei und befindet sich im Kontextmenü der Befehl *Drucken* (Abbildung 27.14), können Sie das Dokument direkt aus Windows drucken. In diesem Fall startet Windows die für den Dokumenttyp passende Anwendung und veranlasst diese, das Dokument zu laden und zu drucken. In der Regel bemerkt der Benutzer davon nichts, da das Anwendungsfenster meist unsichtbar bleibt oder nur kurzzeitig auf dem Desktop erscheint.

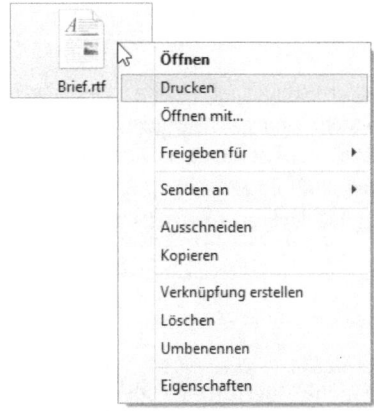

Abbildung 27.14 Kontextmenü mit *Drucken*-Befehl eines Dokuments

Die Anwendung übergibt die aufbereiteten Druckdaten an den Windows-Druck-Manager. Dies hat den Vorteil, dass der Druckvorgang bereits nach kurzer Zeit aus Sicht der Anwendung abgeschlossen ist und der Benutzer mit dem Programm weiterarbeiten kann. Der Druck-Manager übernimmt dann die Druckausgabe im Hintergrund. Sobald die Daten an den Druck-Manager weitergereicht wurden, lässt sich die Druckausgabe aber nicht mehr aus der Anwendung heraus abbrechen. Sie haben aber die Möglichkeit, über den Druck-Manager auf Druckaufträge zuzugreifen und diese zwangsweise zu beenden (siehe die folgenden Abschnitte).

Druckoptionen festlegen

Auf der Registerkarte *Allgemein* des Dialogfelds *Drucken* (Abbildung 27.13, Vordergrund) lassen sich die Druckoptionen einstellen. Die Gruppe *Drucker auswählen* zeigt eine Liste der installierten bzw. verfügbaren Drucker sowie die Eigenschaften des aktuell gewählten Ausgabegeräts:

- Beim ersten Aufruf des Dialogfelds ist der Standarddrucker vorausgewählt. Um einen anderen Drucker auszuwählen, klicken Sie das betreffende Symbol in der Druckerliste an. Diese Auswahl bleibt gültig, bis Sie das Anwendungsprogramm wieder schließen.

- Eine Markierung des Kontrollkästchens *Ausgabe in Datei umleiten* im Dialogfeld *Drucken* leitet die Ausgabe der Druckdaten in eine lokale Datei um. Nach dem Start des Ausdrucks erscheint ein Dialogfeld zur Auswahl des Zielverzeichnisses der Druckdatei. Wählen Sie den Zielordner aus und geben Sie einen Dateinamen in das Textfeld ein, wird die Druckdatei mit der Dateinamenerweiterung *.prn* im Zielordner gespeichert. Verwenden Sie einen PostScript-Drucker, stellen Sie den Dateityp auf »Alle Dateien (*.*)« und geben im Dateinamen die Dateinamenerweiterung *.ps* mit an. Solche PostScript-Dateien lassen sich beispielsweise mit dem Adobe Distiller in eine PDF-Datei überführen.

- In der Gruppe *Seitenbereich* des Dialogfelds *Drucken* legen Sie fest, ob das Gesamtdokument (Option *Alles*) oder lediglich ein ausgewählter Bereich (*Markierung* oder *Seiten*) zu drucken ist. Das Optionsfeld *Markierung* wird nur freigegeben, wenn vor Aufruf des *Drucken*-Dialogfelds ein Teil des Dokuments markiert war. Ist das Optionsfeld *Seiten* markiert, ist im zugehörigen Textfeld der Seitenbereich (z.B. »10–15«) anzugeben. Je nach Anwendung lassen sich über die Gruppe *Anzahl Exemplare* die Anzahl der gewünschten Kopien und die Sortieroption einstellen.

HINWEIS		Über die im Dialogfeld *Drucker* auf der Registerkarte *Allgemein* angezeigte Schaltfläche *Drucker suchen* können Sie einen Netzwerkdrucker suchen und auswählen.

Standardmäßig stellt Windows bereits den Drucker »Microsoft XPS Document Writer« zur Verfügung. Dies ist ein besonderer Druckkanal, der die Druckergebnisse als OXPS- oder XPS-Datei auf der Festplatte speichern kann. Solche Druckdateien lassen sich später per Doppelklick in der Reader-App ansehen (Kapitel 17). Wer lieber auf das PDF-Format setzt (und dieses aus allen Anwendungen heraus per Druckfunktion erzeugen will), kann einen der frei verfügbaren PDF-Druckertreiber (z.B. Bullzip PDF Printer, *http://www.bullzip.com/* [Ms240-K27-01]) installieren. Diese Ausgaben lassen sich mit der Reader-App oder mit dem kostenlosen Adobe Reader (*http://get.adobe.com/de/reader/* [Ms240-K27-02]) anzeigen.

Die Schaltfläche *Einstellungen* des *Drucken*-Dialogfelds öffnet ein Eigenschaftenfenster mit Registerkarten wie *Layout* und *Papier/Qualität*.

- Auf der Registerkarte *Layout* lassen sich die Ausrichtung der Seite (Hoch-/Querformat) sowie je nach Druckertyp die Seitenreihenfolge oder die Zahl der Seiten pro Blatt einstellen (Abbildung 27.15, unten links)

- Über die Registerkarte *Papier/Qualität* (Abbildung 27.15, oben links) können Sie bei geeigneten Druckern über Optionsfelder zwischen Schwarzweiß- und Farbdruck umstellen. Gegebenenfalls finden sich noch Optionen zur Auswahl der Druckqualität oder Listenfelder zur Auswahl der Papierquelle und der Papierart.

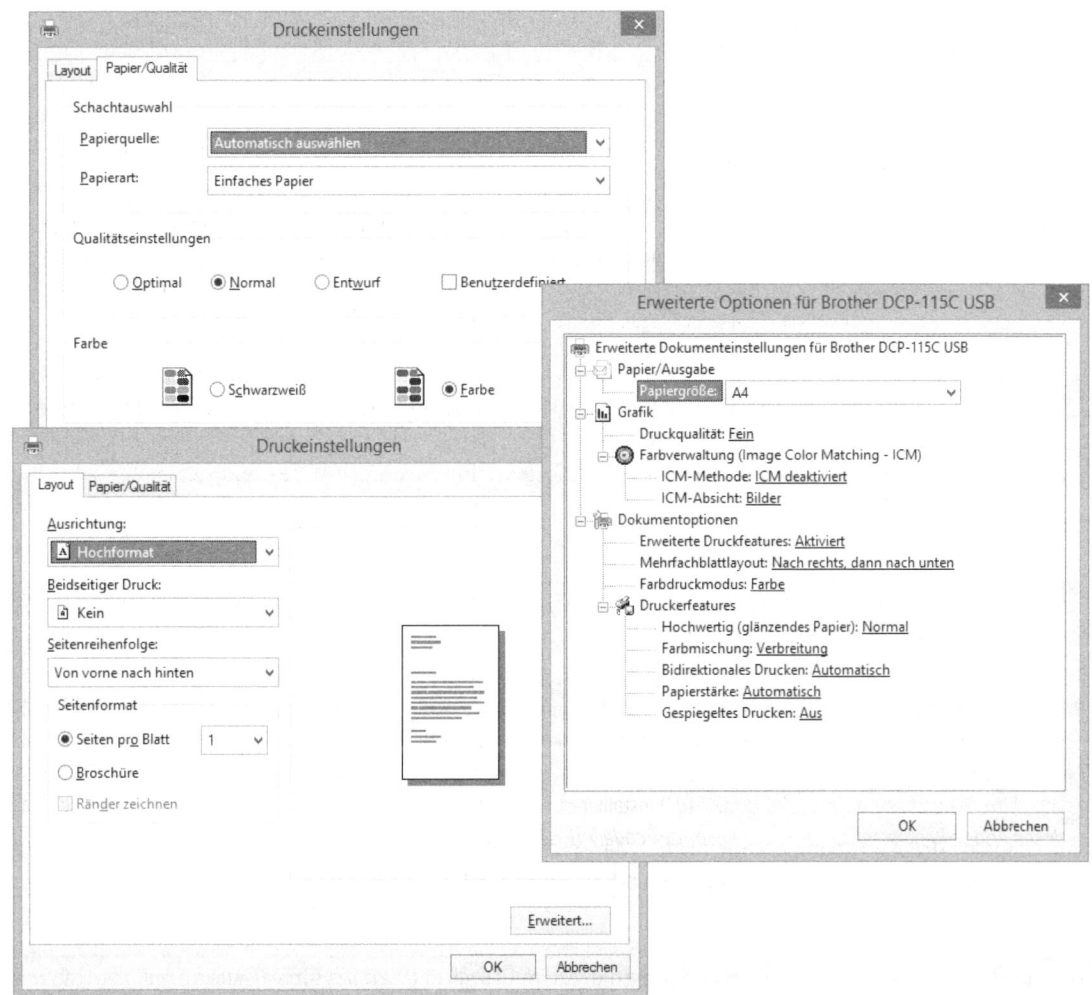

Abbildung 27.15 Druckereinstellungen

■ Klicken Sie auf der angezeigten Registerkarte auf die Schaltfläche *Erweitert*, öffnet Windows ein Dialog-feld mit den erweiterten Dokumenteinstellungen für den Drucker (Abbildung 27.15, Mitte rechts). Durch Anwählen einzelner Zweige können Sie die verfügbaren Optionen anzeigen und auswählen. Kli-cken Sie auf eine als Hyperlink dargestellte Textstelle, blendet Windows das verfügbare Steuerelement ein. Im Zweig *Papier/Ausgabe* lässt sich beispielsweise die Papiergröße oder die Anzahl der Kopien wählen. Die Grafikqualität bei der Druckausgabe wählen Sie ebenfalls in diesem Dialogfeld im Zweig *Grafik*.

Beachten Sie aber, dass die Optionen der Registerkarte *Layout* sowie die erweiterten Druckoptionen vom gewählten Drucker abhängen. Unter Umständen zeigt das Dialogfeld bei Ihnen abweichende Informationen.

Den Standarddrucker festlegen

Bei mehreren Druckern (dies ist bei Windows durch den Fax- und XPS-Drucker quasi immer der Fall) wird eines dieser Geräte als Standarddrucker verwendet. Alle Druckausgaben (z.B. über die Schaltfläche *Drucken*) erfolgen dann an dieses Gerät.

1. Um ein anderes Gerät als Standarddrucker festzulegen, öffnen Sie das Fenster *Geräte und Drucker* über die Systemsteuerung.

2. Klicken Sie das Symbol des gewünschten Druckers mit der rechten Maustaste an und wählen Sie den Kontextmenübefehl *Als Standarddrucker festlegen* (Abbildung 27.16).

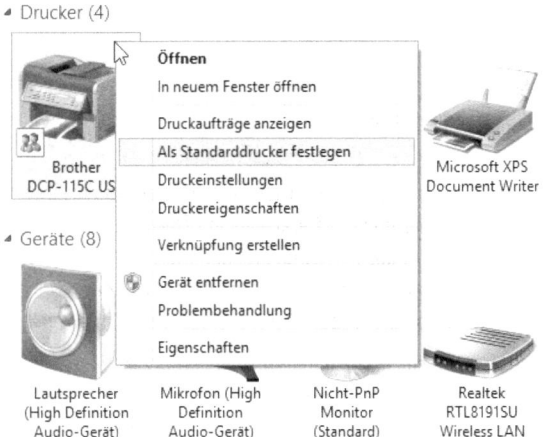

Abbildung 27.16 Auswahl des Standarddruckers

Den Standarddrucker erkennen Sie an der Markierung (grüner Kreis mit Häkchen) des Druckersymbols. Weiterhin wird der Befehl *Als Standarddrucker festlegen* im Kontextmenü des betreffenden Druckers durch ein Häkchen markiert.

> **HINWEIS**   Sie können den Standarddrucker auch direkt im Dialogfeld *Drucken* festlegen, indem Sie in der Liste *Drucker auswählen* ein Druckersymbol mit der rechten Maustaste anklicken und den Kontextmenübefehl *Als Standarddrucker festlegen* wählen.

Anzeige anstehender Druckaufträge

Sobald Sie ein Dokument drucken, übergibt die Anwendung die Druckdaten an den Windows-Druck-Manager. Solange der Druckauftrag noch nicht abgewickelt (d.h. an den Drucker ausgegeben) ist, zeigt Windows ein stilisiertes Druckersymbol im Infobereich der Taskleiste (Abbildung 27.17).

Notfalls wählen Sie die Schaltfläche *Ausgeblendete Symbole einblenden* in der Taskleiste an, um die komplette Palette der Symbole zu sehen. Um eine Übersicht zu erhalten, wie viele Druckaufträge anstehen, reicht es, mit der Maus auf das Druckersymbol zu zeigen. Windows blendet dann eine QuickInfo mit der Anzahl der Druckaufträge ein (Abbildung 27.17). Über das Kontextmenü des Symbols lässt sich auf den Druck-Manager des aktuellen Druckers, auf den Druck-Manager aller Drucker oder auf das Fenster *Geräte und Drucker* zugreifen. Das Druckersymbol verschwindet automatisch aus dem Infobereich der Taskleiste, sobald alle anstehenden Druckaufträge abgewickelt wurden.

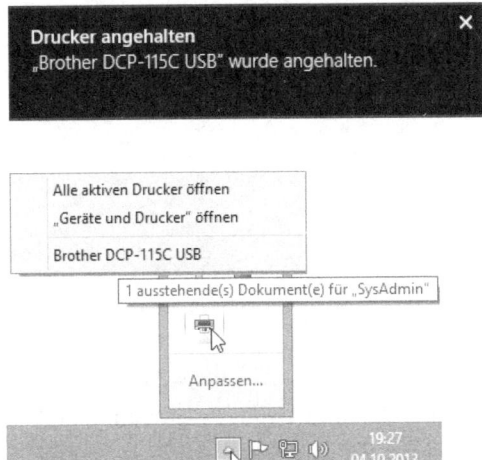

Alle aktiven Drucker öffnen

„Geräte und Drucker" öffnen

Brother DCP-115C USB

1 ausstehende(s) Dokument(e) für „SysAdmin"

Anpassen...

19:27
04.10.2013

Abbildung 27.17 Anzeige anstehender Druckaufträge und Statusbenachrichtigung

---

HINWEIS   Liegt eine Druckerstörung (Papiermangel, Papierstau etc.) vor, wird der anstehende Druckauftrag nicht durchgeführt. Das Druckersymbol bleibt dann im Infobereich der Statusleiste sichtbar und das Gerät wird das Dokument auch nicht ausdrucken. Zudem kann Windows eine entsprechende Fehlerbenachrichtigung ausgeben (Abbildung 27.17, oben). In diesem Fall ermitteln Sie den Grund der Störung. Prüfen Sie, ob der Drucker am Computer angeschlossen und eingeschaltet ist. Kontrollieren Sie auch, ob Strom vorhanden ist. Manchmal sind lockere Stecker oder gezogene Netzstecker die Ursache für Störungen.

Prüfen Sie, ob der Drucker fälschlicherweise auf Offline geschaltet ist, und stellen Sie in diesem Fall den Drucker auf Online. Stellen Sie außerdem sicher, dass der Drucker über Papier und andere Verbrauchsmaterialien (z.B. Toner, Tinte etc.) verfügt. Das Druckerhandbuch gibt Ihnen ggf. Auskunft über mögliche Ursachen einer Störung. Sofern die Ursache der Druckerstörung nicht direkt am Drucker ersichtlich ist, können Sie den Fehlerstatus auch im Fenster des Druck-Managers erfragen (Abbildung 27.18). Sobald die Störung behoben ist, nimmt Windows die Druckausgabe wieder auf. Können Sie die Störung nicht beseitigen, sollten Sie ggf. den Druckauftrag aus dem Druck-Manager löschen (siehe die folgenden Seiten).

Druckaufträge kontrollieren

Sobald Sie ein Dokument drucken, übergibt die Anwendung die Druckdaten an den Windows-Druck-Manager. Zur Kontrolle und Verwaltung der Druckaufträge öffnen Sie das Fenster des Druck-Managers (z.B. über das Kontextmenü des im Infobereich der Taskleiste eingeblendeten Druckersymbols oder über den Kontextmenübefehl *Druckaufträge anzeigen* des Druckersymbols im Fenster *Geräte und Drucker*). Im Fenster des Druck-Managers werden die anstehenden Druckaufträge zeilenweise aufgelistet (Abbildung 27.18). Der gerade in Bearbeitung befindliche Auftrag erscheint in der obersten Zeile. In mehreren Spalten liefert der Druck-Manager folgende Informationen:

- In der ersten Spalte wird der vom druckenden Programm vergebene Dokumentname aufgeführt

- Die zweite Spalte *Status* zeigt Informationen über den Status des jeweiligen Druckauftrags. Bei den noch wartenden Druckaufträgen sehen Sie, ob diese vom Benutzer angehalten wurden.

- Die Spalte *Besitzer* meldet Ihnen in einem Netzwerk, wer dieses Dokument ausdrucken möchte (hilfreich bei Druckerstörungen, um den Besitzer des Dokuments zu verständigen)

- Die Spalten *Seiten* und *Größe* signalisieren bei längeren Dokumenten den Fortschritt des Ausdrucks

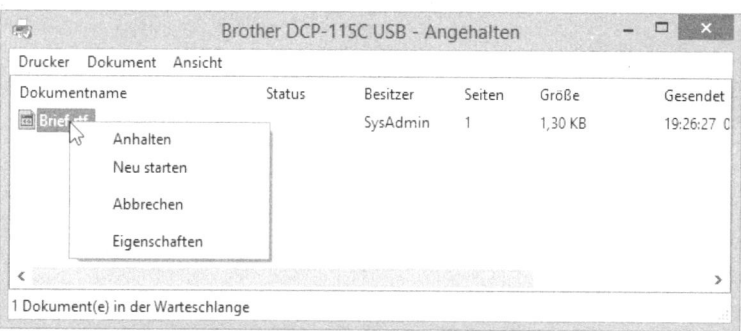

Abbildung 27.18 Druckaufträge und Kontextmenübefehle im Druck-Manager

- Die letzte Spalte *Gesendet* gibt noch die Startzeit an, zu der das Dokument vom Programm zum Ausdruck freigegeben wurde

Über die Menüleiste können Sie die Druckausgabe steuern und beispielsweise die Druckaufträge anhalten, fortsetzen oder abbrechen (siehe die folgenden Abschnitte).

HINWEIS   Sind die Spalten zu schmal und eine Information wird am rechten Rand abgeschnitten? Dann zeigen Sie mit der Maus auf den Spaltentrenner im Spaltenkopf und ziehen diesen bei gedrückter linker Maustaste nach rechts. Dadurch wird die Spalte breiter.

Druckaufträge anhalten, fortsetzen oder abbrechen

Zum Anhalten eines Druckauftrags oder zum Abbrechen klicken Sie mit der rechten Maustaste in der Spalte *Dokumentname* des Druck-Managers auf die Zeile des gewünschten Druckauftrags und wählen im Kontextmenü den gewünschten Befehl aus (Abbildung 27.18). Die Befehle stehen alternativ auch im Menü *Dokument* zur Verfügung.

- Mit *Anhalten* wird die Ausgabe anstehender, aber noch nicht begonnener Aufträge angehalten und in der Spalte *Status* mit einer entsprechenden Meldung bestätigt. Dadurch lassen sich umfangreichere Druckaufträge zugunsten dringender Aufträge zurückstellen.

- Die Ausgabe erfolgt erst, nachdem Sie den Auftrag über den Kontextmenübefehl *Fortsetzen* erneut freigeben

- Mit dem Befehl *Abbrechen* lassen sich anstehende Aufträge (auch der aktuell in Bearbeitung befindliche) verwerfen

- Gab es Probleme beim Ausdruck (z.B. Papierstau, Tintenpatrone leer), können Sie den Befehl *Neu starten* wählen. Windows gibt den Druckauftrag erneut ab der ersten Seite wieder aus.

Es dauert aber immer einige Sekunden, bis der Status des Auftrags geändert und die aktualisierte Liste der Aufträge angezeigt wird.

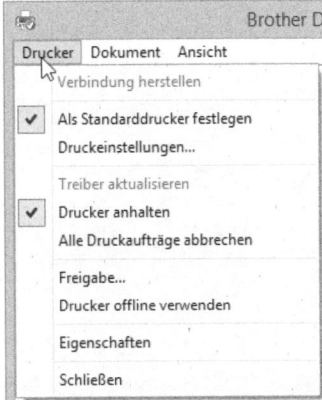

Abbildung 27.19 Menü *Drucker* mit den verfügbaren Befehlen

TIPP Möchten Sie alle Druckaufträge abbrechen, ist es günstiger, im Menü *Drucker* den Befehl *Alle Druckaufträge abbrechen* zu wählen (Abbildung 27.19). In diesem Menü können Sie auch den Befehl *Drucker anhalten* wählen. Dann unterbricht Windows die Druckausgabe. Das Anhalten des Druckers ist recht praktisch, falls dieser zeitweise nicht benutzbar ist. Sie können bei einem angehaltenen Drucker den anstehenden Druckauftrag über die Kontextmenübefehle *Neu starten* aktualisieren und über *Abbrechen* gezielt beenden. Geben Sie danach den Drucker durch erneute Anwahl des Befehls *Drucker anhalten* wieder zur Ausgabe frei.

Im Menü *Drucker* erkennen Sie auch, ob das Gerät als Standarddrucker eingestellt ist. In diesem Fall erscheint vor dem Befehl *Als Standarddrucker festlegen* ein kleines Häkchen. Fehlt dieses Häkchen, klicken Sie einfach auf den Befehl. Dann stellt Windows das betreffende Gerät als Standarddrucker ein.

Ist der Drucker im Netzwerk zur gemeinsamen Nutzung durch Dritte freigegeben? Dann sollten Sie das Gerät zur Störungsbehebung nicht einfach abschalten. Halten Sie die Druckausgabe für den lokalen, aber im Netzwerk als Server fungierenden Drucker an. Müssen Sie bereits begonnene Druckaufträge abbrechen, informieren Sie die betroffenen Besitzer. Drucken Sie selbst über ein Netzwerk? Dann klappt der Befehl *Drucker anhalten* nicht, da der Druck-Manager in diesem Fall als Client arbeitet und nicht einfach die Druckausgabe des Servers anhalten kann. Verwenden Sie stattdessen den Befehl *Drucker offline verwenden*, um im Client die Druckausgabe an den Druckerserver abzuschalten. Durch erneute Anwahl der betreffenden Befehle lässt sich der Drucker wieder freigeben (ein Häkchen vor dem Befehl signalisiert, ob der Drucker offline ist).

Die Eigenschaften eines Druckauftrags anpassen

Druckaufträge besitzen verschiedene Eigenschaften wie eine Priorität, einen Besitzer oder ein Zeitintervall, zu dem der Auftrag ausgedruckt werden darf etc. Um diese Eigenschaften einzusehen oder anzupassen, klicken Sie den Druckauftrag im Fenster des Druck-Managers mit der rechten Maustaste an und wählen den Kontextmenübefehl *Eigenschaften* (Abbildung 27.18). Anschließend können Sie auf der Registerkarte *Allgemein* des Eigenschaftenfensters (Abbildung 27.20) die Angaben zum Druckauftrag einsehen sowie die Priorität und das Zeitfenster ändern.

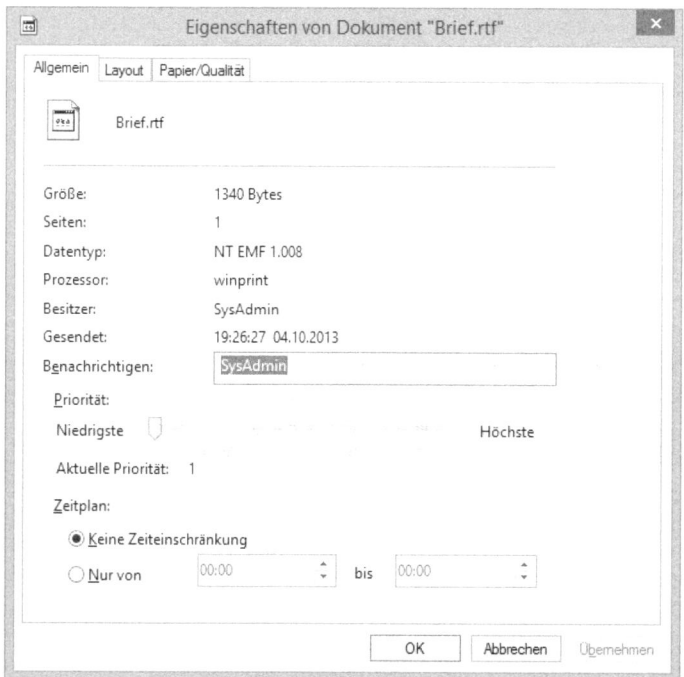

Abbildung 27.20 Eigenschaften eines Druckauftrags

Ist ein Rechner mit dem angeschlossenen Drucker dauerhaft in Betrieb, haben Sie die Möglichkeit, die Druckausgabe eines Auftrags zeitlich verzögert auszuführen. Setzen Sie in der Gruppe *Zeitplan* die Markierung auf das Optionsfeld *Nur von* und legen Sie in den zugehörigen Drehfeldern das Zeitintervall fest. Der Druckauftrag wird dann nur im angegebenen Zeitintervall ausgeführt. Beim Drucken mehrerer umfangreicher Dokumente ist es ggf. erforderlich, die Ausgabe einiger Dokumente vorzuziehen. Weiterhin kann es erwünscht sein, dass länger dauernde Druckaufträge in Zeiten geringer Auslastung des Rechners verlagert werden sollen. Hierzu können Sie den anstehenden Druckaufträgen über den Schieberegler unterschiedliche Prioritäten zuweisen. Der Druck-Manager arbeitet dann anstehende Druckaufträge gemäß Ihren Prioritäten ab. Im Feld *Benachrichtigen* ist übrigens der Name des Besitzers aufgeführt, der bei der Ausführung des Druckauftrags zu benachrichtigen ist.

Hard- und Software installieren

Geräteinstallation unter Windows

Zum Betrieb von Hardware benötigt Windows entsprechende Treiber. Dieser Abschnitt beschreibt, was Sie bei der Installation von Hardware bzw. der zugehörigen Treiber beachten sollten.

Automatische Treiberinstallation

Sobald Sie ein neues Gerät anschließen, sollte dieses durch Windows erkannt werden. Das Gleiche gilt nach dem Einbau einer neuen Komponente. Windows wird diese Komponente nach dem nächsten Hochfahren und Anmelden erkennen.

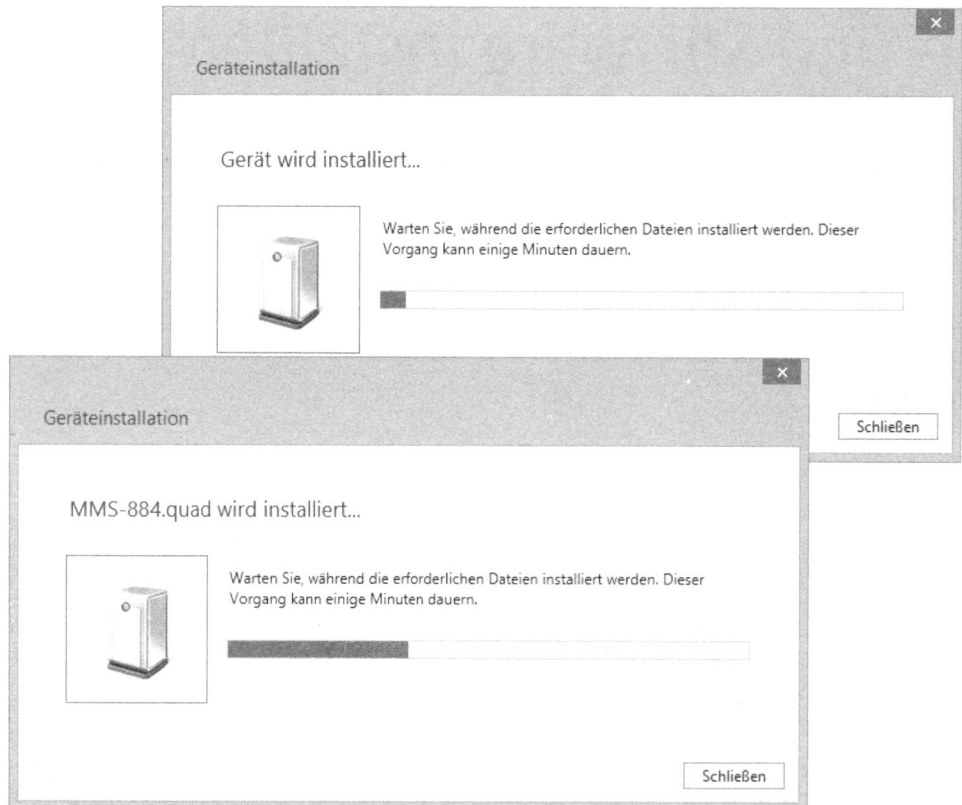

Abbildung 28.1   Informationen während der Treiberinstallation

In beiden Fällen startet ein Hardware-Assistent zur Geräteinstallation und informiert Sie über ein Dialogfeld, dass die Treiberinstallation erfolgt (Abbildung 28.1, oben). Im Idealfall unterstützt Windows 8.1 bereits das betreffende Gerät und stellt intern die benötigten Treiber bereit. Andernfalls versucht das Betriebssystem die Treiber über Windows Update nachzuladen. Sobald das Gerät erkannt ist, zeigt Windows den Gerätetyp im Dialogfeld an (Abbildung 28.1, unten). Dieses Dialogfeld (Abbildung 28.1) sehen Sie aber nur bei angezeigtem Desktop.

Wird die neue Benutzeroberfläche angezeigt und haben Sie auf der Seite *PC-Einstellungen* die Kategorie *PC und Geräte/Geräte* gewählt, erscheint während der Treiberinstallation eine Fortschrittsanzeige in der Geräteliste. Anschließend wird das Gerät unter seinem Namen in der Geräteliste aufgeführt (Abbildung 28.2).

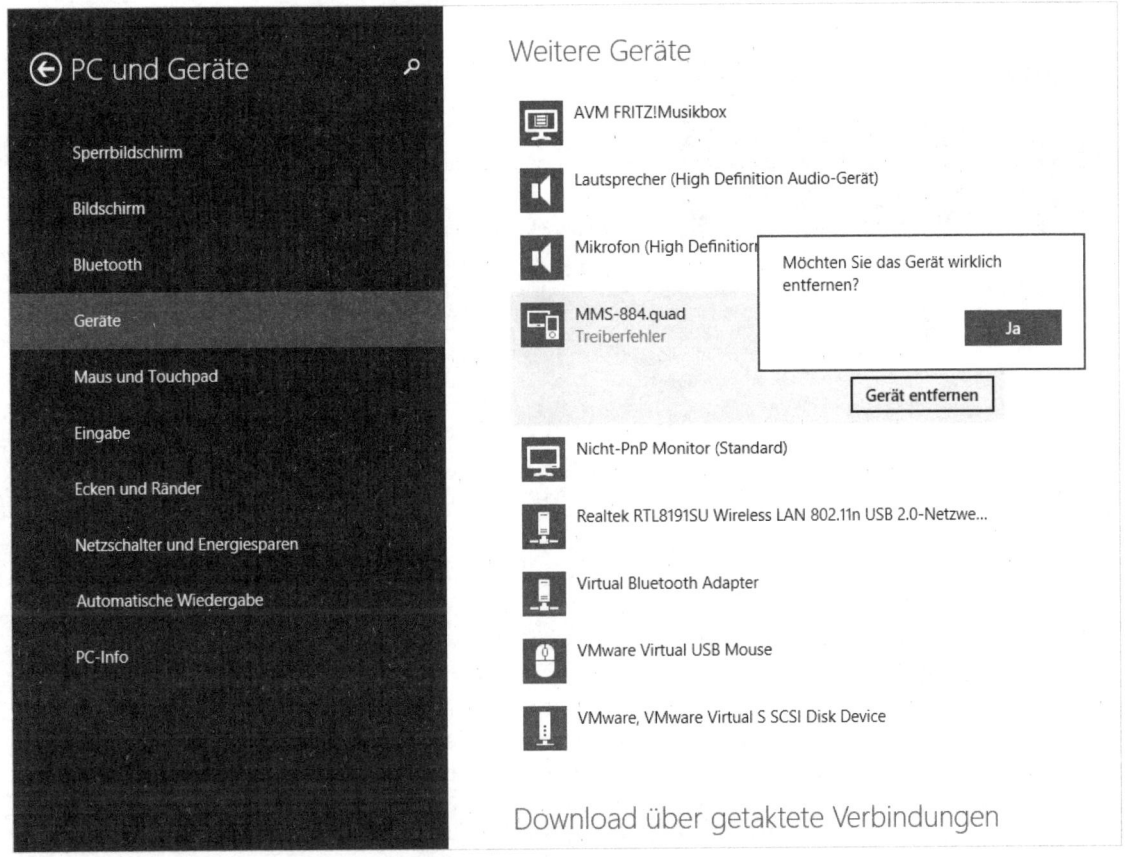

Abbildung 28.2   Geräteseite mit Informationen zu Fehlern bei der Treiberinstallation

Kann Windows keine Treiber für ein Gerät anbieten und schlägt auch die Suche nach Treibern auf dem Windows Update-Server fehl, erhalten Sie auf der Seite *PC-Einstellungen/PC und Geräte/Geräte* einen entsprechenden Hinweis. In Abbildung 28.2 fehlt beispielsweise der Treiber für das in der Geräteliste aufgeführte Android-Gerät. In diesem Fall bleibt Ihnen nur die nachfolgend beschriebene, manuelle Treiberinstallation übrig.

Einstellungen zur Geräteinstallation

Wird bei Ihnen generell keine automatische Geräteinstallation ausgeführt, kann dies an einer Systemeinstellung liegen. Überprüfen Sie dies mit den folgenden Schritten:

1. Blenden Sie über die Charms-Leiste die Seitenleiste *Suchen* am rechten Rand ein und tippen Sie den Begriff »gerätei« ein.

2. Wählen Sie den Eintrag *Geräteinstallationseinstellungen ändern* (Abbildung 28.3) und legen Sie dann die gewünschte Option fest (Abbildung 28.4).

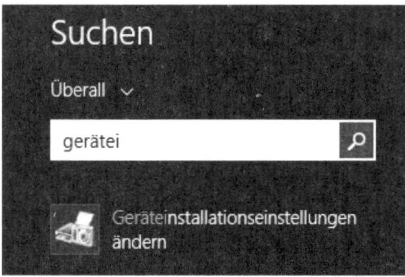

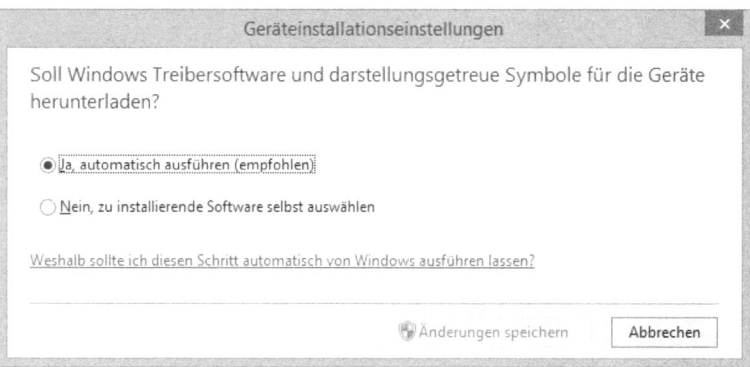

Abbildung 28.3   Gerätefunktionen aufrufen

Abbildung 28.4   Geräteinstallationseinstellungen anpassen

Um eine automatische Treiberinstallation (und das Herunterladen darstellungsgetreuer Gerätesymbole für das Fenster *Geräte und Drucker*) zu erzwingen, markieren Sie das Optionsfeld *Ja, automatisch ausführen (empfohlen)*. Sobald Sie die Markierung umsetzen, lässt sich der Vorgang über die dann freigegebene Schaltfläche *Änderungen speichern* abschließen und ist über die Benutzerkontensteuerung zu bestätigen.

Noch ein Hinweis zur Geräteinstallation bei einer Internetverbindung über Einwählverbindungen oder Mobilfunknetze: Solche Verbindungen werden als getaktete Verbindungen bezeichnet, da die Abrechnung zeit- oder volumenabhängig erfolgt. Möchten Sie verhindern, dass eine Geräteinstallation zu einem Download von Treibern führt, gehen Sie zur Seite *PC-Einstellungen/PC und Geräte/Geräte* (Abbildung 28.2). Am unteren Rand der rechten Spalte lässt sich der Schiebeschalter *Download über getaktete Verbindungen* auf »Aus« stellen. Dann unterbleibt der Download von Treibern, solange eine Mobilfunkverbindung aktiv ist.

Treiber manuell installieren

Gibt es Probleme bei der automatischen Treiberinstallation, bleibt Ihnen nur, die fehlenden Komponenten manuell zu installieren. Die genaue Vorgehensweise hängt dabei von den Begleitumständen ab. Hier einige Ansätze, was Sie tun können:

■ Rufen Sie die Seite *PC-Einstellungen/PC und Geräte/Geräte* (Abbildung 28.5) auf und wählen Sie die am Seitenanfang sichtbare Schaltfläche *Gerät hinzufügen*. Dies startet die Überprüfung auf neue Geräte – mit etwas Glück werden das Gerät und der zugehörige Treiber gefunden und automatisch eingerichtet.

- Prüfen Sie, ob der Gerätehersteller in seinen Unterlagen eine bestimmte Vorgehensweise vorschreibt. Gelegentlich muss vor dem Anschluss bzw. Einbau eines Geräts eine Software installiert werden. Diese hält die Informationen zur Geräteidentifikation für Windows bereit.

- In anderen Fällen legt der Gerätehersteller ein Treiberinstallationsprogramm auf CD oder DVD bei bzw. stellt dieses im Internet zum Download bereit. Dann ist das Treiberinstallationsprogramm auszuführen. Dieses installiert automatisch die für das Gerät benötigten Treiber.

- Die dritte Variante besteht darin, dass Treiber lokal auf einer CD/DVD oder als Download in einem lokalen Ordner vorliegen, es aber kein Treiberinstallationsprogramm gibt. In diesem Fall verwenden Sie die nachfolgend beschriebenen Funktionen des Geräte-Managers zur nachträglichen Treiberinstallation.

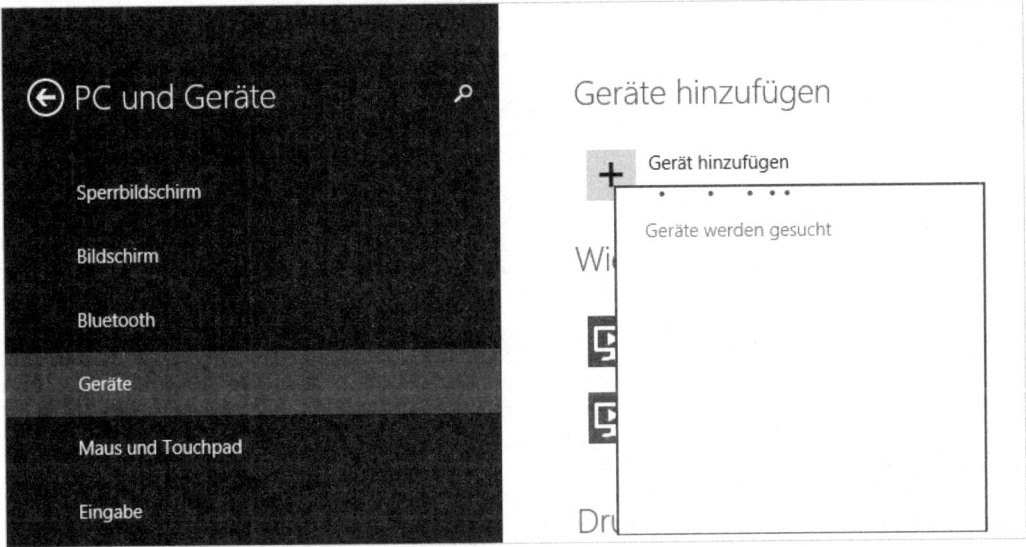

Abbildung 28.5 Gerät hinzufügen

In allen Fällen ist es aber wichtig, dass der zu installierende Treiber zu Ihrem Windows 8.1-System und zum verwendeten Gerät passt. Bei Treiber-CDs, die älteren Geräten häufig noch beiliegen, sind die Gerätetreiber auf ältere Windows-Versionen wie Windows XP abgestimmt. Dann gibt es erfahrungsgemäß Probleme bei der Installation. Oder das Gerät funktioniert nach der Treiberinstallation nicht oder nicht korrekt.

ACHTUNG   Auf einem 64-Bit-Windows benötigen Sie zwingend 64-Bit-Treiber, die zudem durch den Hersteller signiert sein müssen. Achten Sie daher bei der Beschaffung neuer Hardware darauf, dass der Hersteller Windows 8.1 mit Treibern unterstützt.

Hardware im Geräte-Manager kontrollieren

Bei der Installation neuer Hardwarekomponenten bzw. nach dem Entfernen von Geräten kann es zu Konflikten und Fehlern kommen. Manchmal wird kein Treiber installiert. Gelegentlich ist eine Treiberaktualisierung erforderlich oder ein Gerät muss deaktiviert werden. Eine Übersicht über die installierte Hardware samt deren Status liefert Ihnen der Geräte-Manager. Dieser ist auch die zentrale Instanz zur Behebung von Geräteproblemen. Zum Aufrufen des Geräte-Managers haben Sie mehrere Möglichkeiten:

- Zeigen Sie mit der Maus in die linke untere Ecke des Windows-Desktops. Öffnen Sie per Klick mit der rechten Maustaste das Kontextmenü der eingeblendeten *Start*-Schaltfläche und wählen Sie den Befehl *Geräte-Manager* (Abbildung 28.6, links).

- Drücken Sie die Tastenkombination ⊞ + Pause und wählen Sie in der Aufgabenleiste des angezeigten Fensters *System* den Befehl *Geräte-Manager*

- Alternativ können Sie die Suchleiste über die Charms-Leiste am rechten Seitenrand einblenden und im Suchfeld den Text »gerätem« eintippen. Dann lässt sich der angezeigte Befehl *Geräte-Manager* wählen.

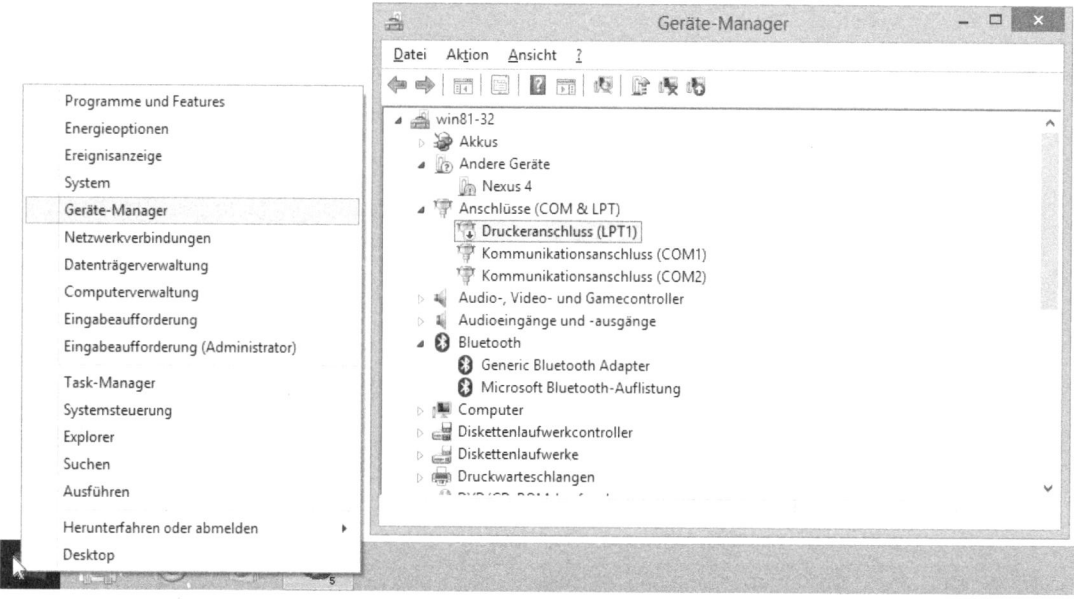

Abbildung 28.6   Geräte-Manager aufrufen

Der Aufruf des Geräte-Managers erfordert keine Administratorberechtigungen. Das Programm weist Sie lediglich in einem Dialogfeld darauf hin, dass Sie sich nicht im Administratormodus befinden. Dann lassen sich keine Änderungen ausführen.

Der Geräte-Manager zeigt alle im System installierten Geräte samt deren Status nach Kategorien geordnet (z.B. Computer, Datenträger, Grafikkarte etc.) in einem Hardwarebaum an (Abbildung 28.6, rechts). Bei Bedarf können Sie die Zweige mit den angezeigten Geräten per Doppelklick auf den Namen der Gerätekategorie erweitern oder einklappen.

Die Symbolleiste des Fensters enthält (eventuell erst bei Anwahl eines Geräts) Schaltflächen, um nach geänderter Hardware zu suchen oder Geräte zu deaktivieren, zu aktivieren und zu deinstallieren. Im Menü *Ansicht* finden Sie übrigens einige Befehle, um die Anzeige nach bestimmten Kriterien zu sortieren oder ausgeblendete Geräte anzuzeigen.

Bei Problemen mit einem Gerät erweitert Windows beim Öffnen des Geräte-Managers die betreffenden Zweige automatisch. Ein gelbes Ausrufezeichen im Symbol des betreffenden Geräts weist auf ein Treiberproblem hin, das die Gerätefunktion beeinträchtigt (meist ist kein Treiber installiert). Deaktivierte Geräte werden durch einen nach unten zeigenden Pfeil im Gerätesymbol gekennzeichnet.

Treibereigenschaften anzeigen

Um sich über die Eigenschaften eines Treibers zu informieren, suchen Sie den betreffenden Geräteeintrag im Geräte-Manager. Anschließend reicht ein Doppelklick (oder Doppeltippen) auf das Symbol des betreffenden Geräts, um dessen Eigenschaftenfenster zu öffnen. Alternativ können Sie das Gerätesymbol mit einem Klick der rechten Maustaste anwählen und den Kontextmenübefehl *Eigenschaften* anklicken.

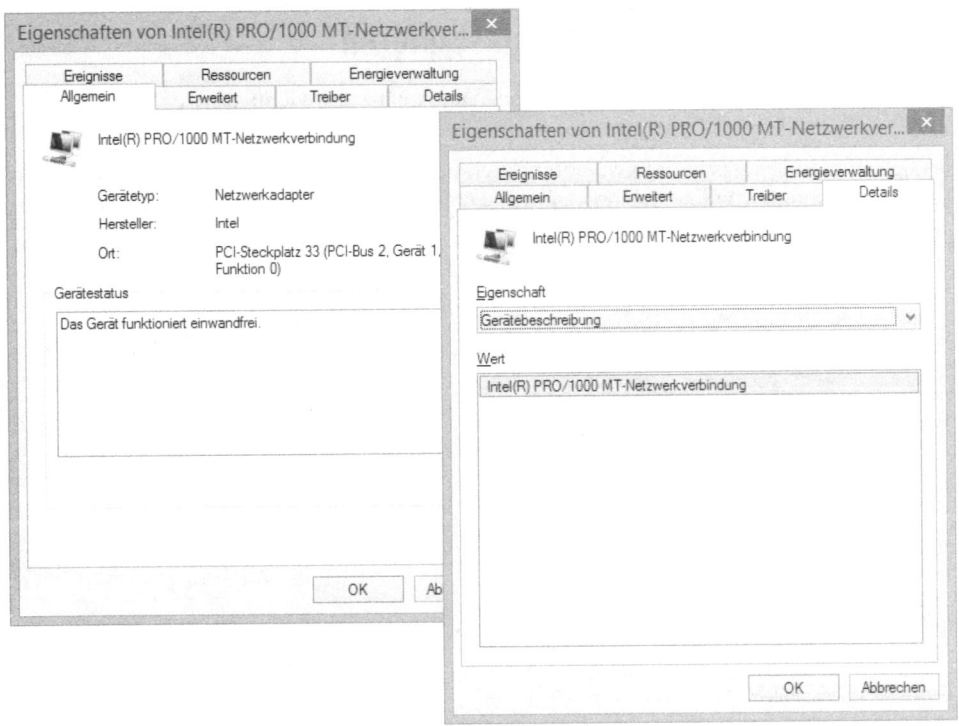

Abbildung 28.7   Treibereigenschaften anzeigen

Der Geräte-Manager öffnet ein Eigenschaftenfenster (Abbildung 28.7), auf dessen Registerkarten Sie Informationen über den Treiber erhalten. Die Anzahl der Registerkarten hängt vom gewählten Gerät ab. Auf der Registerkarte *Allgemein* sehen Sie über den Treiberstatus und finden ggf. auch Hinweise auf einen vom Treiber an Windows gemeldeten Fehlercode (Abbildung 28.7, links).

HINWEIS   Wurde der Geräte-Manager nicht über ein Administratorkonto aufgerufen, können Sie im Eigenschaftenfenster eines Geräts auf der Registerkarte *Allgemein* über die Schaltfläche *Einstellungen ändern* die entsprechenden Berechtigungen anfordern und mittels der Benutzerkontensteuerung bestätigen. Dann werden alle Schaltflächen zum Aktualisieren, Aktivieren/ Deaktivieren oder Deinstallieren von Gerätetreibersoftware freigegeben.

Auf der Registerkarte *Details* können Sie über das Listenfeld *Eigenschaft* verschiedene Informationen abrufen, die das Gerät oder der installierte Treiber bei der Abfrage durch Windows liefert. Bei Geräten, zu denen Windows keine Treiber findet, hilft eventuell der auf der Registerkarte *Details* ermittelte Gerätetyp bei der Suche nach Treibern im Internet. Die manchmal vorhandene Registerkarte *Energieverwaltung* enthält Kontrollkästchen, um das Ausschalten des Geräts beim Energiesparen zu steuern. Haben Sie die Option zum Ausschalten des Geräts durch den Computer beim Energiesparen auf, falls es Probleme beim Aufwachen aus dem Ruhemodus gibt.

> **TIPP**   Anhand der Hardware-ID lässt sich häufig per Internetsuche ein Treiber für das unbekannte Gerät finden. Unter *http://www.borncity.com/blog/2011/03/25/unbekanntes-gert-ermitteln/* [Ms240-K28-01] beschreibe ich, was man sonst noch zur Ermittlung des unbekannten Geräts unternehmen kann.

Treiber deaktivieren, aktivieren oder deinstallieren

Über den Geräte-Manager lassen sich Treiber deaktivieren. Dann wird das Gerät durch Windows nicht benutzt. Zum Deaktivieren sind folgende Schritte erforderlich:

1. Wählen Sie das betreffende Gerätesymbol per Doppelklick im Geräte-Manager an und verschaffen Sie sich – falls Sie mit einem Standardkonto angemeldet sind – über die Schaltfläche *Einstellungen ändern* der Registerkarte *Allgemein* administrative Berechtigungen (siehe vorheriger Abschnitt).

2. Wechseln Sie zur Registerkarte *Treiber*, klicken Sie dort auf die Schaltfläche *Deaktivieren* (Abbildung 28.8, links) und bestätigen Sie das Dialogfeld mit der Sicherheitsabfrage über die *Ja*-Schaltfläche.

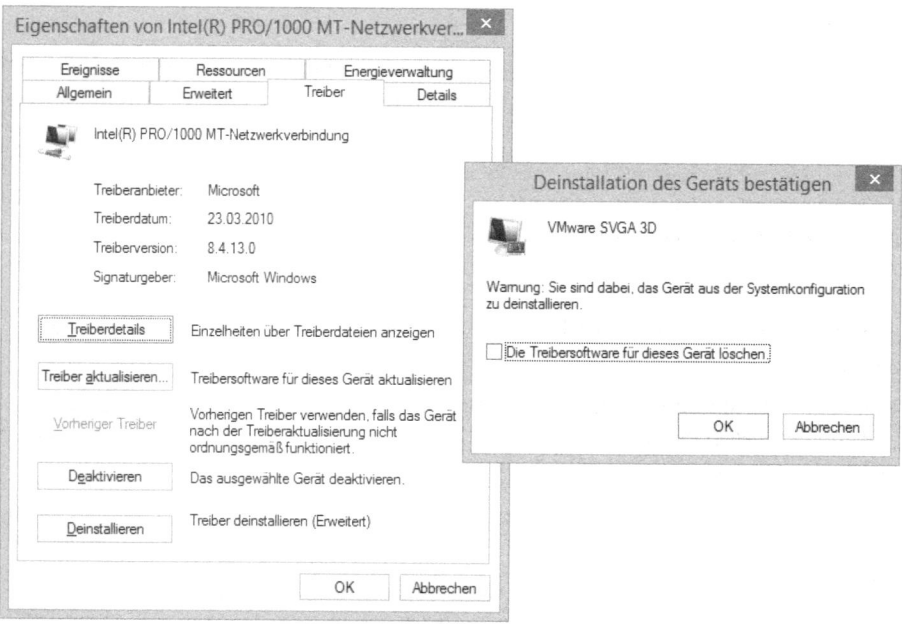

Abbildung 28.8   Treiber im Geräte-Manager deinstallieren

Anschließend wird das Gerät deaktiviert und im Geräte-Manager mit einem nach unten zeigenden Pfeil gekennzeichnet. Möchten Sie das Gerät später erneut verwenden, führen Sie die gleichen Schritte aus, wählen aber auf der Registerkarte *Treiber* die Schaltfläche *Aktivieren*. Anschließend befolgen Sie die Anweisungen des Aktivierungs-Assistenten:

Um einen Gerätetreiber zu deinstallieren, führen Sie die obigen Schritte aus, um sich administrative Rechte zu verschaffen. Danach gehen Sie nach der folgenden Handlungsanweisung vor.

1. Klicken Sie auf der Registerkarte *Treiber* auf die Schaltfläche *Deinstallieren* (Abbildung 28.8, links).

2. Im Folgedialogfeld *Deinstallation des Geräts bestätigen* (Abbildung 28.8, rechts) markieren Sie das ggf. vorhandene Kontrollkästchen *Die Treibersoftware für dieses Gerät löschen* und klicken auf die *OK*-Schaltfläche.

Das Kontrollkästchen zum Löschen der Treibersoftware ist nur vorhanden, falls der Treiber separat durch den Benutzer von CD/DVD oder über einen Download installiert wurde. Eine Fortschrittsanzeige informiert Sie über die Deinstallation des Treibers. Sobald der Vorgang abgeschlossen ist, fahren Sie das System herunter und bauen die betreffende Hardwarekomponente aus – bei per USB angeschlossenen Geräten reicht das Abziehen von der USB-Buchse.

Treiber aktualisieren oder installieren

Konnte Windows keinen Treiber für ein angeschlossenes oder eingebautes Gerät finden bzw. installieren? Gibt es Probleme mit einem Treiber und verfügen Sie über eine neuere Fassung vom Gerätehersteller? Die Aktualisierung des Treibers erfolgt über den Geräte-Manager und die Registerkarte *Treiber*:

1. Wählen Sie das betreffende Gerätesymbol im Geräte-Manager per Doppelklick an oder verwenden Sie den Kontextmenübefehl *Eigenschaften*.

2. Klicken Sie auf der Registerkarte *Allgemein* auf die ggf. angezeigte Schaltfläche *Einstellungen ändern*, um Administratorberechtigungen zu erlangen.

3. Aktivieren Sie auf der Registerkarte *Treiber* (Abbildung 28.8, links) die Schaltfläche *Treiber aktualisieren*.

4. Anschließend befolgen Sie die auf den folgenden Seiten erläuterten Schritte des Installations-Assistenten zur Treiberinstallation.

HINWEIS Im Eigenschaftenfenster können Sie mittels der Registerkarten auch Details zu den von einem Treiber belegten Ressourcen abfragen. Geht etwas bei der Treiberaktualisierung schief, kehren Sie über die Schaltfläche *Vorheriger Treiber* auf der Registerkarte *Treiber* zur Vorgängerversion zurück.

Die Treiberinstallation erfolgt in Windows durch einen Assistenten, der Ihnen verschiedene Möglichkeiten zur Aktualisierung bietet:

- Sobald das Dialogfeld aus Abbildung 28.9, oben, erscheint, können Sie den Befehl *Automatisch nach aktueller Treibersoftware suchen* anwählen. Windows durchsucht den Computer sowie Windows Update (bei bestehender Internetverbindung) nach geeigneten Treibern.

- Findet Windows den Treiber im Treibercache des Computers oder im Windows Update-Bereich, wird die betreffende Datei ggf. heruntergeladen und installiert. Der erfolgreiche Abschluss der Treiberinstallation wird in einem Dialogfeld angezeigt.

Beenden Sie dann die geöffneten Dialogfelder über die *Schließen*-Schaltfläche. Anschließend können Sie das Gerät auf seine Funktionsfähigkeit überprüfen. Bei einigen Geräten ist nach der Treiberinstallation ein Neustart auszuführen. Windows 8.1 informiert Sie über diese Notwendigkeit. Sie sollten ggf. auch die Dokumentation des Geräteherstellers konsultieren.

Wurde Microsoft kein Treiber vom Gerätehersteller zur Verfügung gestellt, bleibt die Suche auf dem Computer oder über Windows Update ergebnislos. Verfügen Sie über eine Treiber-CD/-DVD des Herstellers oder haben Sie Treiber von der Internetseite des Herstellers heruntergeladen? Gehen Sie in diesem Fall folgendermaßen vor:

1. Wählen Sie in der linken oberen Ecke des Dialogfelds die Schaltfläche *Zurück* und anschließend im Dialogfeld aus Abbildung 28.9, oben, den Befehl *Auf dem Computer nach Treibersoftware suchen*.

2. Im Dialogfeld *Auf dem Computer nach Treibersoftware suchen* (Abbildung 28.9, unten) legen Sie dann den Pfad zum Ordner mit den Treiberdateien fest. Über die *Durchsuchen*-Schaltfläche lässt sich ein Dialogfeld zur Auswahl des Treiberordners öffnen. Schließen Sie das Dialogfeld über die *OK*-Schaltfläche.

3. Markieren Sie im Dialogfeld *Auf dem Computer nach Treibersoftware suchen* ggf. das Kontrollkästchen *Unterordner einbeziehen* und wählen Sie die *Weiter*-Schaltfläche.

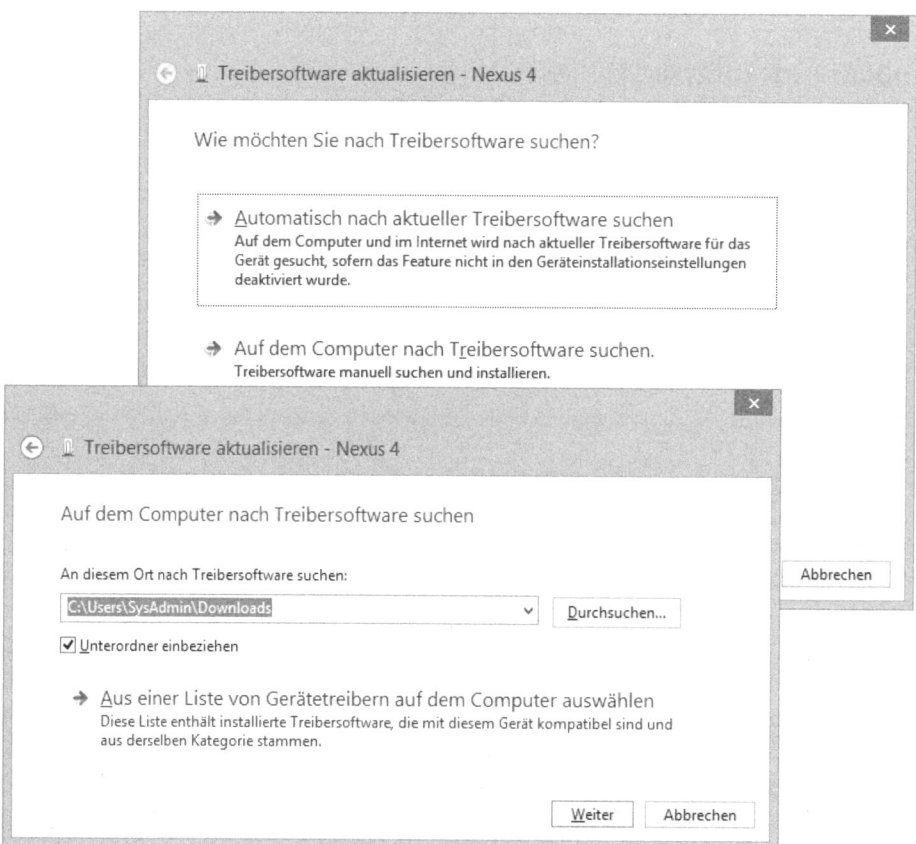

Abbildung 28.9   Dialogfelder zur Treiberinstallation

Der Hardware-Assistent sucht am angegebenen Speicherort nach den Treibern. Dieses Vorgehen hat den Vorteil, dass Sie auch eine eingelegte Treiber-CD/-DVD oder ein entpacktes Archiv mit Treiberdateien als Pfad angeben können. Dann sucht Windows anhand der Gerätekennung den richtigen Treiber aus der Treibersammlung heraus. Wird ein passender Treiber gefunden, beginnt der Hardware-Assistent mit der Installation. Dabei gelten die gleichen Abläufe wie bei der automatischen Treiberinstallation (siehe die vorhergehenden Seiten).

Werden keine neueren Treiber gefunden, meldet der Assistent dies in einem Dialogfeld. Das Gleiche gilt, falls keine passenden Treiber vorhanden sind. Bei älteren Treibern meldet Windows 8.1, dass deren Installationsmodus nicht unterstützt wird. Wissen Sie, um welche Art von Gerät es sich handelt, und verfügen Sie über

Treiber? Dann klicken Sie in der linken oberen Ecke des Dialogfelds auf die Schaltfläche *Zurück* und gehen folgendermaßen vor:

1. Wählen Sie im Dialogfeld *Auf dem Computer nach Treibersoftware suchen* (Abbildung 28.9, unten) den Befehl *Aus einer Liste von Gerätetreibern auf dem Computer auswählen.*

2. Wählen Sie im Folgedialogfeld aus der Geräteliste die Gerätekategorie (Abbildung 28.10, oben links) und klicken Sie auf die *Weiter*-Schaltfläche.

3. Wählen Sie im angezeigten Dialogfeld (Abbildung 28.10, Hintergrund oben rechts) die Schaltfläche *Datenträger.*

4. Wählen Sie im Dialogfeld aus Abbildung 28.10, Vordergrund oben rechts, die Schaltfläche *Durchsuchen.*

5. Navigieren Sie im Dialogfeld (Abbildung 28.10, unten) zum Speicherort der Treiberdatei, wählen Sie die *.inf*-Datei und schließen Sie die Dialogfelder über die Schaltflächen *Öffnen* und *OK.*

6. Sobald im Dialogfeld aus Abbildung 28.10, Hintergrund oben rechts, die unterstützten Gerätevarianten eingeblendet werden, wählen Sie das gewünschte Gerät aus.

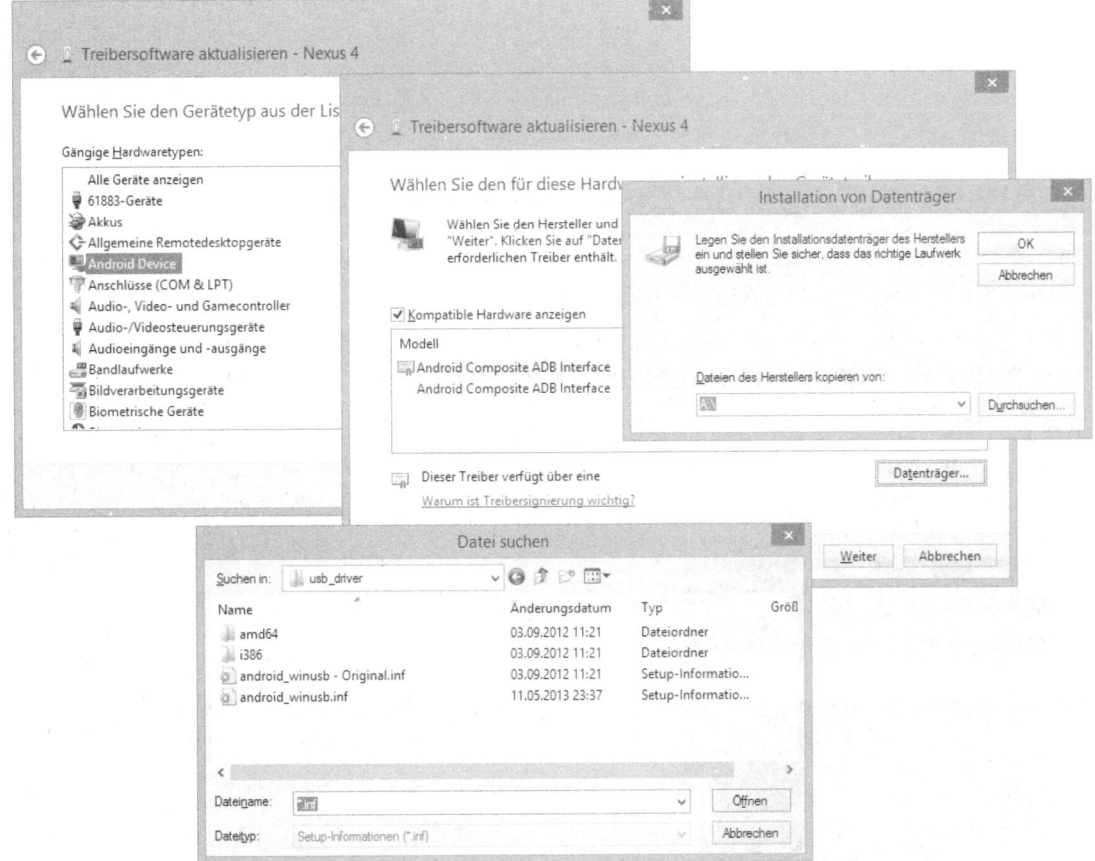

Abbildung 28.10 Manuelle Auswahl eines Geräts und des Treibers

Nachdem Sie das Gerät ausgewählt haben und im Dialogfeld die *Weiter*-Schaltfläche betätigen, versucht Windows, den Treiber zu installieren. Mit etwas Glück klappt dies und das Gerät funktioniert.

Probleme bei der Treiberinstallation

Bei der Installation eines Gerätetreibers, der nicht von Microsoft für Windows 8 bzw. Windows 8.1 freigegeben wurde, kann es zu einigen Problemen kommen. Bei einem 32-Bit-Windows erscheint ggf. ein Dialogfeld mit einer Warnung, dass der Treiber nicht digital signiert ist. Wenn Sie der Downloadquelle des Treibers trauen, können Sie die Treibersoftware trotzdem installieren lassen. Bei einer 64-Bit-Windows-Variante werden dagegen digital signierte Treiber zwingend vorgeschrieben.

Liefert ein Gerätehersteller ein Installationsmedium mit, das nur ältere Treiber für Windows XP enthält? Sie können versuchen, diesen Treiber zu installieren. Mit viel Glück wird das Gerät auch unter Windows 8.1 funktionieren.

Probleme gibt es aber beim Einbinden von Scannern (oder Digitalkameras), die vom Hersteller ohne Windows 7/8/8.1-WIA-Treiber (WIA = Windows Image Acquisition) ausgeliefert werden. Wird ein WIA-Treiber für Windows XP installiert, taucht das Gerät vielleicht in der Geräteliste des Ordners *Geräte und Drucker* auf. Allerdings funktioniert das Gerät nicht korrekt, wenn kein auf Windows 8.1 abgestimmter WIA-Treiber installiert ist. Solche Treiber sind zwingend erforderlich, da die Microsoft-Entwickler den Sicherheitskontext für WIA-Dienste (seit Windows Vista) von Local System auf Local Service geändert haben. Grundsätzlich wird daher jeder für Windows XP oder frühere Windows-Versionen entwickelte WIA-Treiber unter Windows 8.1 den Dienst versagen – Sie können dann das Gerät bestenfalls über Grafikprogramme im TWAIN-Modus nutzen.

Software installieren/deinstallieren

Die folgenden Abschnitte beschreiben, wie sich optionale Windows-Funktionen zum System hinzufügen lassen und wie Sie installierte Programme wieder entfernen können.

Windows-Features hinzufügen/entfernen

Windows wird mit sogenannten Features wie den Internet Explorer, den Media Player etc. ausgeliefert, die aber nicht alle aktiviert sind. Aktivieren Sie diese Funktionen bei Bedarf oder lassen Sie diese, falls nicht gebraucht, entfernen.

Abbildung 28.11 Befehle zum Anpassen der Windows-Features suchen

1. Blenden Sie die Seitenleiste *Suchen* (z.B. über die Charms-Leiste) am rechten Rand ein, geben Sie den Begriff »featu« im Suchfeld ein und wählen Sie den Befehl *Windows-Features aktivieren oder deaktivieren*. (Abbildung 28.11).

2. Bestätigen Sie ggf. die Sicherheitsabfrage der Benutzerkontensteuerung und warten Sie, bis Windows eine Liste der verfügbaren Funktionen in einem Dialogfeld anzeigt (Abbildung 28.12).

3. Erweitern Sie ggf. den betreffenden Zweig und setzen oder löschen Sie die Markierung der Kontrollkästchen.

Abbildung 28.12 Windows-Features ein-/ausschalten

Sobald Sie das Dialogfeld über die *OK*-Schaltfläche schließen, werden die markierten Funktionen eingeschaltet. Vorher deaktivierte Kontrollkästchen bewirken, dass die Funktionen abgeschaltet werden. Auf diese Weise können Sie z.B. den Internet Explorer 11 oder Medienfeatures wie den Windows Media Player deaktivieren sowie Features wie den Windows TIFF-Filter zum System hinzufügen.

Neue Features beziehen

Bei der Suche nach »features« listet die Seitenleiste *Suche* noch den Treffer *Befehle zum Hinzufügen von Features* auf (Abbildung 28.11).

- **Features zu Windows 8.1 hinzufügen**   Über diesen Befehl lassen sich zusätzliche Funktionen zur aktuellen Windows-Version hinzufügen. Dies kommt z.B. bei der Installation des Windows Media Centers zur Anwendung (siehe Kapitel 21).

- **Weitere Features mit einer neuen Version von Windows beziehen**   Dieser Befehl stellt z.B. die Upgrade-Möglichkeit von Windows 8.1 Core auf Windows 8.1 Pro zur Verfügung

Beide Befehle lassen sich nur durch Administratoren verwenden und erfordern die Bestätigung der Benutzerkontensteuerung. Windows zeigt dann das Fenster aus Abbildung 28.13, in dem Sie über den obersten Befehl den benötigten Produktschlüssel online erwerben können.

ACHTUNG   Beachten Sie, dass die beiden Befehle nicht in allen Windows 8.1-Varianten verfügbar sind, sondern nur dann, wenn dieses sinnvoll ist. So ist das Aufrüsten von Windows 8.1 Pro N (N steht für No Media Player) auf die Media Center-Edition nicht möglich.

Abbildung 28.13 Features zu Windows hinzufügen

Besitzen Sie bereits einen entsprechenden Produktschlüssel, wählen Sie den Eintrag *Ich habe bereits einen Product Key* und geben diesen Schlüssel im angezeigten Textfeld des nachfolgenden Fensters ein. In mehreren Schritten führt Windows 8.1 dann entweder das Upgrade auf Windows 8.1 Pro oder das Hinzufügen des Windows Media Centers aus.

Für diese Schritte werden online zwar einige Daten ausgetauscht. Es ist aber kein Download eines kompletten Windows 8.1 Pro oder Media Centers erforderlich – die benötigten Bestandteile sind bereits in jeder installierten Windows 8.1-Variante enthalten und lassen sich über einen passenden Produktschlüssel freischalten. Das Hinzufügen des neuen Features erfordert mindestens einen Neustart. Beim Herunterfahren und erneuten Hochfahren informiert Sie Windows über entsprechende Meldungen, dass Funktionen hinzugefügt werden.

Programme installieren/deinstallieren

Zum Installieren neuer Software reicht es meist, den Datenträger mit den Installationsdateien in ein Laufwerk einzulegen und das zugehörige Setup-Programm auszuführen. Das Gleiche gilt für aus dem Internet heruntergeladene Setup-Programme. Wie Sie ältere Programme ggf. über Kompatibilitätsoptionen auf Windows 8.1 abstimmen, ist in Kapitel 22 beschrieben. Legt das Programm bei der Installation entsprechende Deinstallationsinformationen unter Windows ab, lässt es sich später bei Bedarf auch wieder deinstallieren.

1. Öffnen Sie z.B. das Fenster der Systemsteuerung und wählen Sie dann den Befehl *Programm deinstallieren* in der Gruppe *Programme*.

   Alternativ können Sie in der Seitenleiste *Suchen* auch den Text »Feat« eintippen und den Treffer *Programme und Features* (Abbildung 28.11) wählen.

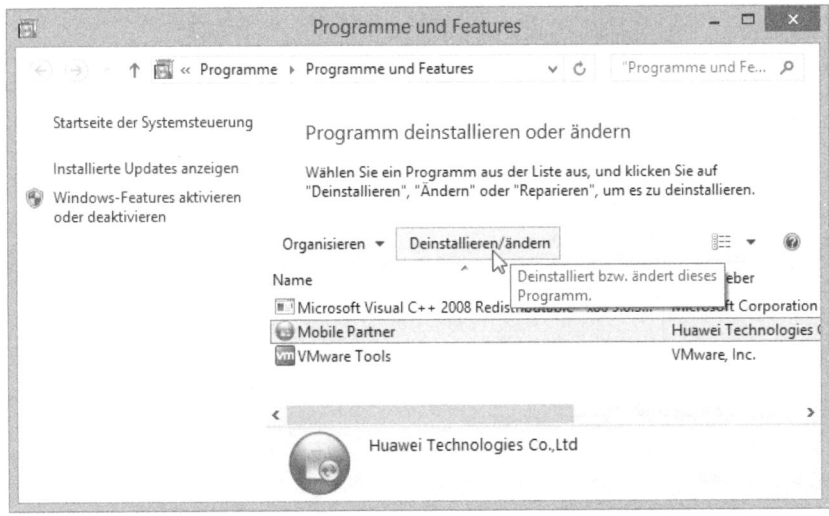

Abbildung 28.14 Programme deinstallieren

2. Im nächsten Fenster (Abbildung 28.14) wählen Sie den gewünschten Eintrag in der Programmliste per Maus an und klicken dann in der Symbolleiste auf die Schaltfläche *Deinstallieren*.

Anschließend befolgen Sie die Anweisungen des Deinstallations- oder Wartungs-Assistenten. Je nach Anwendung ermöglicht dieser Assistent Ihnen, den Funktionsumfang des Programms zu verändern, das Programm zu reparieren oder zu entfernen.

> **HINWEIS** Manche Programme weisen auch Schaltflächen wie *Reparieren* oder *Ändern* im Dialogfeld *Programme und Features* zum Aufrufen des betreffenden Assistenten auf.

Standardprogramme festlegen

Windows ermöglicht Ihnen, Standardprogramme für bestimmte Aufgaben im Betriebssystem einzustellen. So ist es nicht zwingend erforderlich, dass der Internet Explorer zum Surfen im Web oder die Fotos-App zur Anzeige von Bildern benutzt wird. Hier die Schritte, um dies zu ändern:

1. Um die Voreinstellungen des Betriebssystems anzupassen, öffnen Sie z.B. die Systemsteuerung, tippen »Standard« im Suchfeld des Fenster ein und wählen den angezeigten Befehl *Standardprogramme festlegen*.

2. Passen Sie im Dialogfeld *Standardprogramme festlegen* (Abbildung 28.15, unten) die gewünschten Optionen an.

Wählen Sie das gewünschte Standardprogramm in der angezeigten Liste aus und klicken Sie in der rechten Spalte des Dialogfelds auf eine Option.

Verwenden Sie *Dieses Programm als Standard festlegen*, um die Anwendung komplett als Standard vorzugeben. Über den Befehl *Standards für dieses Programm auswählen* öffnet sich eine zweite Seite (Abbildung 28.15, oben), in der Sie über Kontrollkästchen individuell für verschiedene Dateitypen und Protokolle vorgeben, ob Windows diese Anwendung als Standard verwenden soll.

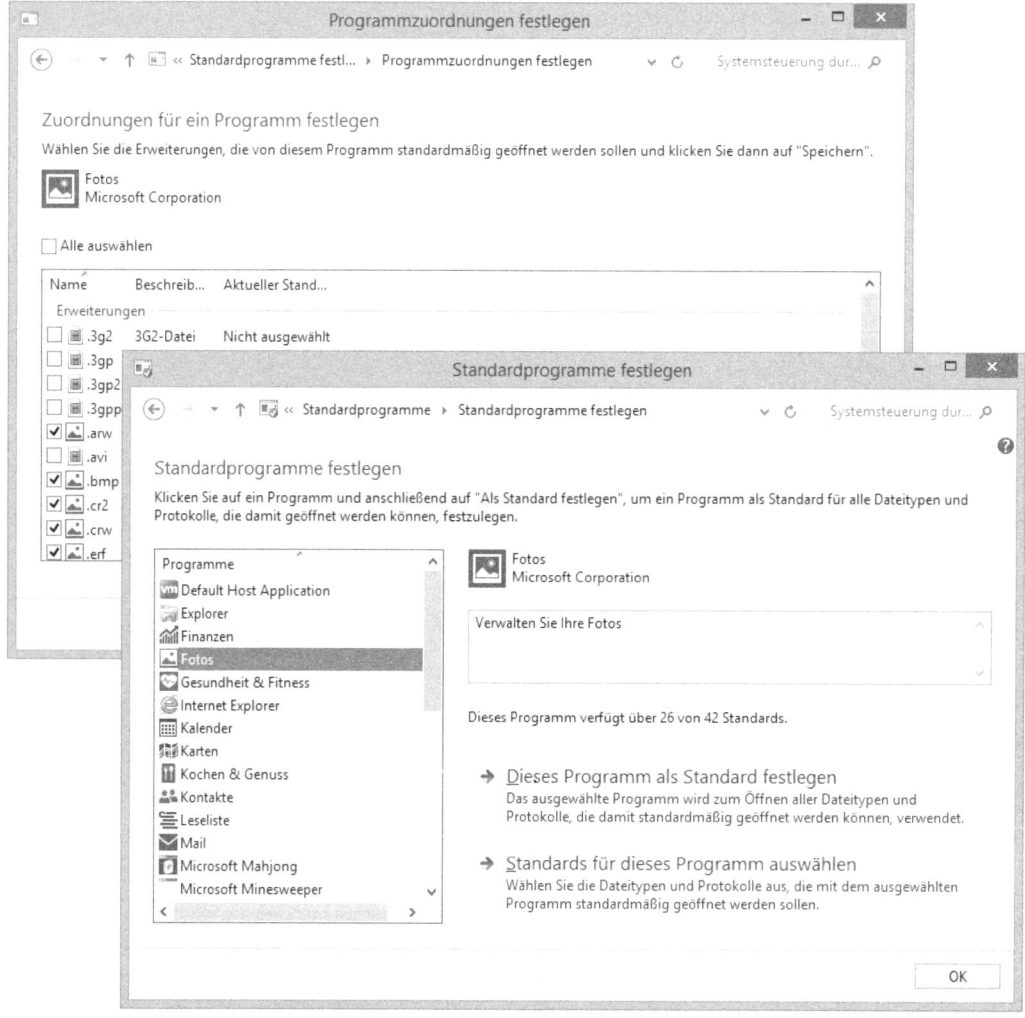

Abbildung 28.15 Standardprogramme festlegen

Dateitypenzuordnung anpassen

In Kapitel 11 wird gezeigt, wie Sie Dateitypen über den Befehl *Öffnen mit* einer Anwendung zuweisen können. Windows bietet alternativ die Möglichkeit, über die Option *Standardprogramme* einzelne Dateitypen auszuwählen und Anwendungen zuzuordnen:

1. Öffnen Sie die Systemsteuerung, geben Sie »standard« im Suchfeld ein und wählen Sie den angezeigten Befehl *Standardprogramme*.

2. Danach wählen Sie in der Folgeseite den Befehl *Dateityp oder Protokoll einem Programm zuordnen* (Abbildung 28.16, oben).

3. Markieren Sie in der Seite *Dateityp oder Protokoll einem Programm zuordnen* (Abbildung 28.16, Hintergrund unten) den gewünschten Dateityp und klicken Sie auf die Schaltfläche *Programm ändern*.

4. Anschließend wählen Sie in der eingeblendeten Palette (Abbildung 28.16, Vordergrund unten) die Anwendung aus, die diesem Dateityp zuzuordnen ist.

Mit dieser Vorgehensweise lassen sich nicht nur Dateitypen neuen Anwendungen zuordnen. Am Ende der Liste finden Sie auch Einträge für Protokolle, über die Sie auf die gleiche Weise Anwendungen zuordnen können. Falls also beim Anklicken eines *mailto:*-Links das E-Mail-Programm nicht mehr aufgerufen wird, überprüfen Sie den Eintrag des *MAILTO*-Protokolleintrags in der Liste.

HINWEIS Die Anpassung der automatischen Wiedergabe im Dialogfeld *Programmstart* ist in Kapitel 8 beschrieben. Über den Befehl *Programmzugriff und Computerstandards festlegen* öffnen Sie nach Bestätigung der Sicherheitsabfrage der Benutzerkontensteuerung ein Fenster, in dem Sie den Standardbrowser, das Standard-E-Mail-Programm etc. vorgeben können.

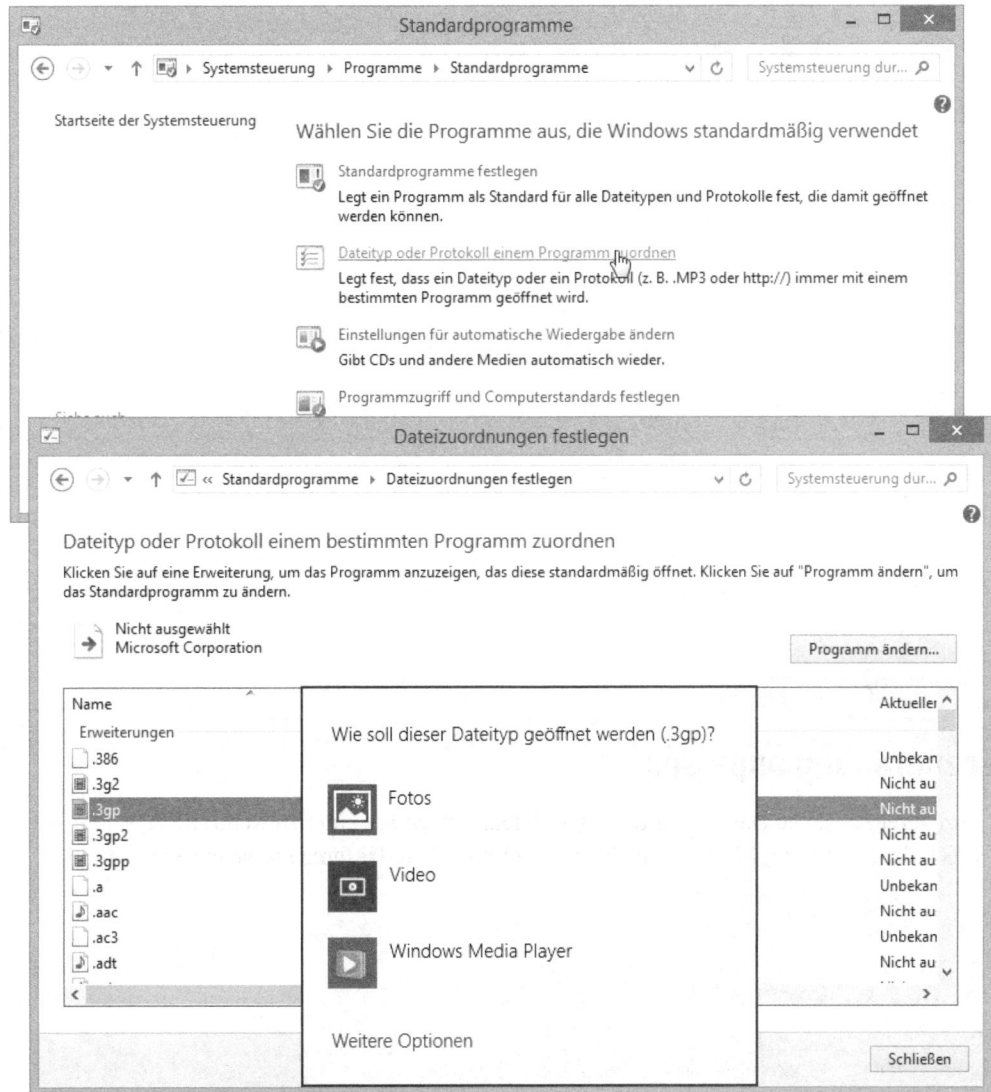

Abbildung 28.16 Dateitypen zuordnen

Kapitel 29

Benutzerkonten verwalten

Verwaltung des eigenen Benutzerkontos

Windows stellt Ihnen komfortable Funktionen zum Anlegen, Ändern oder Löschen von Benutzerkonten zur Verfügung. Über diese Funktionen können Anwender die Einstellungen des eigenen Kontos und Administratoren die Eigenschaften aller Benutzerkonten pflegen. In Kapitel 2 ist zudem erwähnt, dass Windows 8.1 zwischen Administratoren und Standardbenutzern sowie zwischen lokalen Benutzerkonten und Microsoft-Konten unterscheidet. Zur Absicherung gegen Missbrauch sollten lokale Konten mit einem Kennwort geschützt werden (Microsoft-Konten erfordern zwingend ein Kennwort). Zudem empfiehlt es sich, unter Standardbenutzerkonten zu arbeiten. Der folgende Abschnitt erläutert, wie sich die Einstellungen des aktuellen Benutzerkontos anpassen lassen.

Kontenpflege per PC-Einstellungen oder Systemsteuerung?

Windows stellt die Funktionen zur Verwaltung der Benutzerkonten über die Seite *PC-Einstellungen* bereit. Zusätzlich gibt es einen betreffenden Eintrag in der Systemsteuerung. Um auf die Einstellungen eines Benutzerkontos zuzugreifen, können Sie folgende Schritte ausführen:

1. Blenden Sie die Charms-Leiste am rechten Seitenrand ein und wählen Sie *Einstellungen*.
2. Wählen Sie in der Seitenleiste *Einstellungen* den Befehl *PC-Einstellungen ändern* (Abbildung 29.1, rechts).
3. Auf der Seite *PC-Einstellungen* wählen Sie in der linken Spalte die Kategorie *Konten* aus.
4. Anschließend lässt sich in der Seite *Konten* über die am linken Rand eingeblendeten Unterkategorien (Abbildung 29.1, links) die Unterkategorie *Ihr Konto* auswählen.

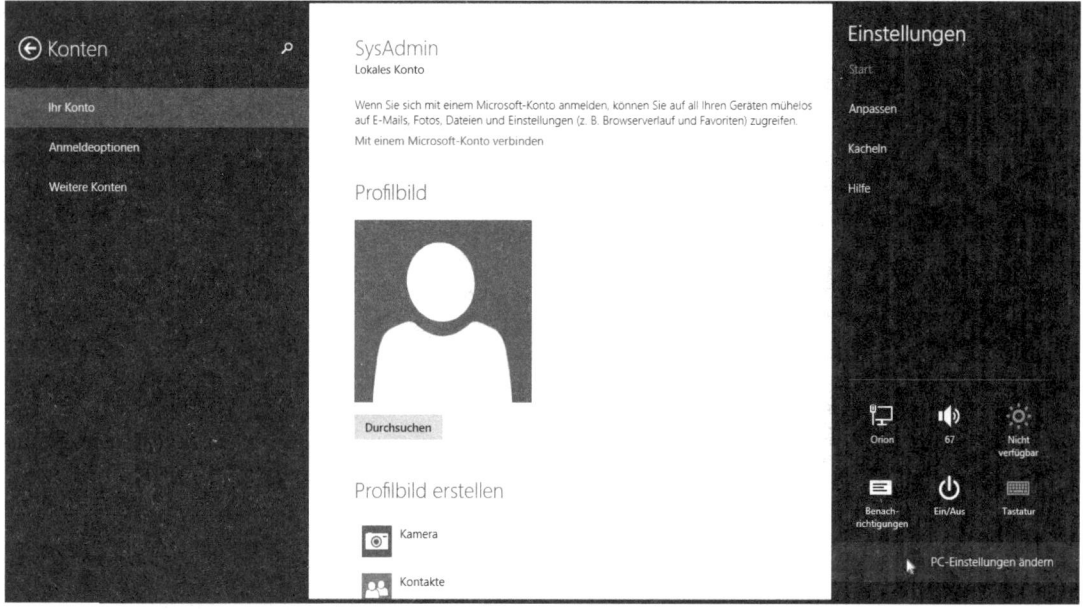

Abbildung 29.1   Zugriff auf die Benutzerkonteneinstellungen

Nun können Sie auf die Einselloptionen des eigenen Benutzerkontos zugreifen. Unter *Ihr Konto* kann z.B. das Profilbild ausgetauscht oder mittels Kamera bzw. Kontakte ausgewählt werden. Über die Unterkategorie

Anmeldeoptionen lässt sich die Art der Benutzeranmeldung gemäß den Ausführungen in den folgenden Abschnitten anpassen. Administratoren erhalten zudem die Möglichkeit, die Konteneinstellungen anderer Benutzer über die Unterkategorie *Weitere Konten* zu pflegen und neue Konten anzulegen.

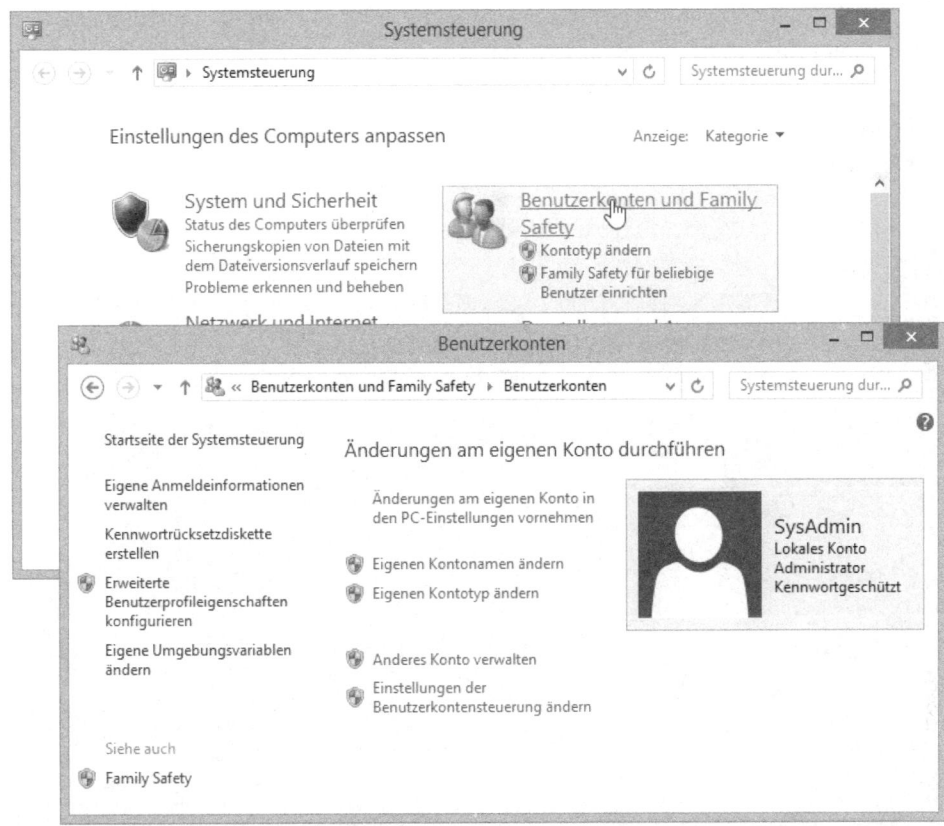

Abbildung 29.2 Benutzerkonten in der Systemsteuerung

Zur Verwaltung lokaler Benutzerkonten lässt sich auch die Systemsteuerung verwenden:

1. Rufen Sie die Systemsteuerung (z.B. über die betreffende Schaltfläche im Ordnerfenster *Dieser PC*) auf und wählen Sie in der Kategorienansicht den Befehl *Benutzerkonten und Family Safety* (Abbildung 29.2, oben).

2. Wählen Sie in der Folgeseite den Befehl *Benutzerkonten*.

Anschließend stehen Ihnen im Fenster der Systemsteuerung die Befehle zur Verwaltung des eigenen, lokalen Benutzerkontos zur Verfügung (Abbildung 29.2, unten). In Windows 8.1 lässt sich von Standardbenutzern aber lediglich der Befehl *Änderungen am eigenen Konto in den PC-Einstellungen vornehmen* auswählen. Sie gelangen dann zur Seite *PC-Einstellungen* (Abbildung 29.1). Den Befehl *Eigenen Kontonamen ändern* gibt es zudem nur bei einem lokalen Konto (bei Anmeldung an einem Microsoft-Konto fehlt dieser Befehl). Administratoren können die mit einem stilisierten Schild gekennzeichneten Befehle anwählen, um Anpassungen an Konten (z.B. Kontentyp von Standardbenutzer auf Administrator umstufen oder den Kontennahmen ändern) vorzunehmen.

Von lokalem zum Microsoft-Konto wechseln

Seit Windows 8 wird zwischen lokalen Benutzerkonten und Benutzerkonten, die einem Microsoft-Live-ID-Konto zugeordnet sind, unterschieden. Letztere werden als Microsoft-Konten bezeichnet und ermöglichen die Synchronisierung von Einstellungen mit dem SkyDrive-Laufwerk bzw. von Benutzereinstellungen über verschiedene PCs (Roamingprofile) sowie den Bezug von Apps aus dem Windows-Store.

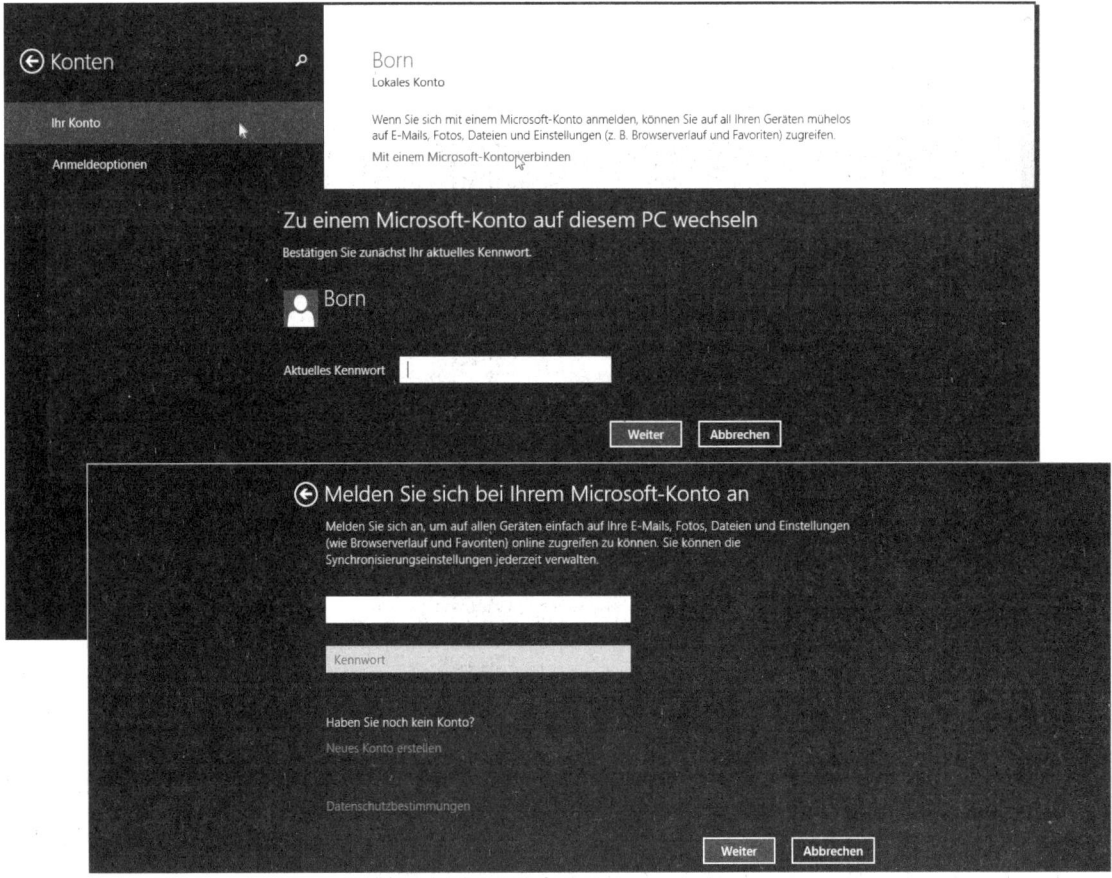

Abbildung 29.3   Wechsel zu einem Microsoft-Konto

1. Um zwischen einem lokalen oder einem Microsoft-Konto zu wechseln, blenden Sie die Charms-Leiste am rechten Bildschirmrand ein (z.B. durch Wischen oder mit ⊞ + C).

2. Wählen Sie *Einstellungen* und in der gleichnamigen Seitenleiste den Befehl *PC-Einstellungen ändern* (Abbildung 29.1, rechts).

3. Auf der Seite *PC-Einstellungen* wählen Sie in der linken Spalte die Kategorie *Konten* aus.

4. Anschließend lässt sich in der Seite *Konten* über die am linken Rand eingeblendete Unterkategorie *Ihr Konto* der Link *Mit einem Microsoft-Konto verbinden* auszuwählen (Abbildung 29.3, oben).

5. Beim Wechsel von einem lokalen Benutzerkonto zu einem Microsoft-Konto fragt Windows das Kennwort des lokalen Benutzerkontos ab (Abbildung 29.3, Mitte). Tragen Sie dieses in das Textfeld ein und bestätigen Sie mit der *Weiter*-Schaltfläche.

6. Im nächsten Schritt gelangen Sie zur Anmeldeseite für das Microsoft-Konto (Abbildung 29.3, unten). Tragen Sie die E-Mail-Adresse des Microsoft-Kontos im angegebenen Feld ein und wählen Sie die *Weiter*-Schaltfläche.

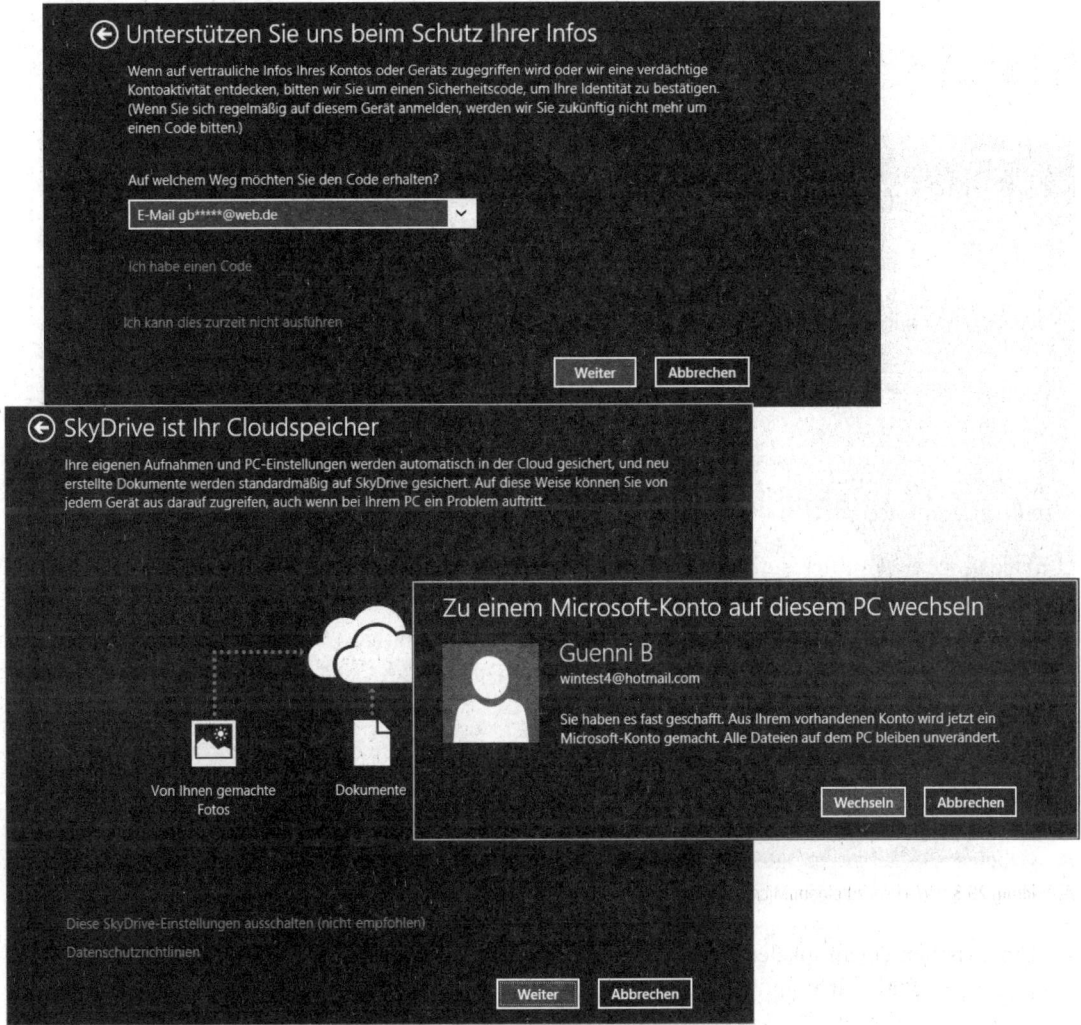

Abbildung 29.4 Seiten beim Wechsel zum Microsoft-Konto

7. In einer Seite (Abbildung 29.4, oben) erhalten Sie die Möglichkeit, die E-Mail-Adresse, an die ein Sicherheitscode geschickt werden soll, auszuwählen und das Konto online zu bestätigen.

Verfügen Sie über einen Code, lässt sich dieser im angezeigten Textfeld eintragen und so das Konto bestätigen. Sind beim Microsoft-Konto andere Verifizierungsmethoden wie eine Telefonnummer eingetragen, lässt sich die Verifizierung auch über einen angebotenen Hyperlink über diesen Weg vornehmen. Der

Schritt zur Verifizierung lässt sich über einen Hyperlink überspringen, falls die Verifizierung momentan nicht möglich ist.

8. Dann wird in Windows 8.1 noch die Seite zum Einrichten des SkyDrive-Cloudspeichers eingeblendet (Abbildung 29.4, unten links). Diese Seite ermöglicht Ihnen, bei Bedarf die Verwendung des SkyDrive-Speichers für das Microsoft-Konto über einen Hyperlink auszuschalten.

9. Über die *Weiter*-Schaltfläche gelangen Sie zu der in Abbildung 29.4, unten rechts, sichtbaren Formularseite, in der die Kontendaten erscheinen.

10. Wählen Sie die *Wechseln*-Schaltfläche, um sich am Microsoft-Konto anzumelden.

Windows stuft das Benutzerkonto zum Microsoft-Konto um und zeigt dies in einer Statusinformation auch an. Die Benutzeranmeldung erfolgt zukünftig mit den Anmeldedaten des Microsoft-Kontos (und nicht mehr mit den lokalen Kontendaten). Zu erkennen ist dies an den auf der Anmeldeseite angezeigten Kontendaten (Kontoname und Kontobild). Die Umstellung zwischen einem lokalen und einem Microsoft-Konto ist auch für Standardbenutzer möglich.

HINWEIS Ob Sie ausschließlich unter einem Microsoft-Konto arbeiten oder eher ein lokales Benutzerkonto mit Anmeldung an einem Microsoft-Konto verwenden, hängt vom persönlichen Geschmack ab. Zu Beginn der Arbeit mit Vorversionen von Windows 8 habe ich Microsoft-Konten verwendet. Allerdings lief ich in das Problem, dass mir Benutzereinstellungen ungewollt über ein Microsoft-Konto zwischen Rechnern synchronisiert wurden. Zudem sind mir häufiger Benutzer mit Anmeldeproblemen beim Microsoft-Konto in Foren aufgefallen. Ich bin daher zwischenzeitlich dazu übergegangen, mit lokalen Benutzerkonten zu arbeiten und mich nur bei Bedarf in Apps wie dem Windows Store etc. beim Microsoft-Konto anzumelden.

Wechsel zu einem lokalen Benutzerkonto

Sind Sie unter einem Microsoft-Konto angemeldet, möchten aber zu einem lokalen Benutzerkonto zurückkehren? Dies ist mit folgenden Schritten möglich:

1. Blenden Sie die Charms-Leiste am rechten Bildschirmrand ein (z.B. durch Wischen oder mit ⊞ + Ⓒ).

2. Wählen Sie das Symbol *Einstellungen* und in der gleichnamigen Seitenleiste den Befehl *PC-Einstellungen ändern* (Abbildung 29.1, rechts).

3. Auf der Seite *PC-Einstellungen* wählen Sie in der linken Spalte die Kategorie *Konten* aus.

4. Anschließend gehen Sie in der Seite *Konten* zur am linken Rand eingeblendeten Unterkategorie *Ihr Konto* und wählen in der rechten Spalte den angezeigten Link *Trennen* (Abbildung 29.5, oben).

5. Geben Sie in der angezeigten Formularseite (Abbildung 29.5, Mitte rechts) das Kennwort des Microsoft-Kontos ein und bestätigen Sie dies über die *Weiter*-Schaltfläche.

6. Tragen Sie in der angezeigten Folgeseite *Zu einem lokalen Konto wechseln* (Abbildung 29.5, Mitte) den Kontennamen des lokalen Kontos sowie dessen Kennwort in die betreffenden Felder ein, ergänzen Sie das Feld für den Kennworthinweis und bestätigen Sie dies alles über die *Weiter*-Schaltfläche.

7. Wählen Sie in der angezeigten Formularseite (Abbildung 29.5, unten) die Schaltfläche *Abmelden und fertig stellen*.

Dann trennt Windows die Verbindung des Benutzerkontos mit dem Microsoft-Konto und konfiguriert dieses als lokales Konto. Anschließend melden Sie sich mit dem lokalen Kontenkennwort wieder an.

Abbildung 29.5   Zu einem lokalen Konto wechseln

TIPP   Der Wechsel von einem Microsoft-Konto zu einem lokalen Benutzerkonto ist z.B. auch hilfreich, falls es Probleme mit einer App beim Zugriff auf das Microsoft-Konto gibt. Starten Sie danach Windows neu und stufen Sie das lokale Benutzerkonto bei Bedarf wieder zum Microsoft-Konto um – oder melden Sie sich in der App am Microsoft-Konto an.

Ein Microsoft-Konto neu registrieren

Besitzen Sie noch kein Konto mit einer Live-ID, lässt sich dieses beim Umstellen auf ein Microsoft-Konto
registrieren. Wählen Sie auf der Seite, über die die E-Mail-Adresse abgefragt wird (Abbildung 29.6, oben),
den am unteren Seitenrand sichtbaren Hyperlink *Neues Konto erstellen*. Sie werden zu einem Anmeldeformular weitergeleitet, mit dem Sie sich für eine neue E-Mail-Adresse registrieren können (Abbildung 29.6,
unten).

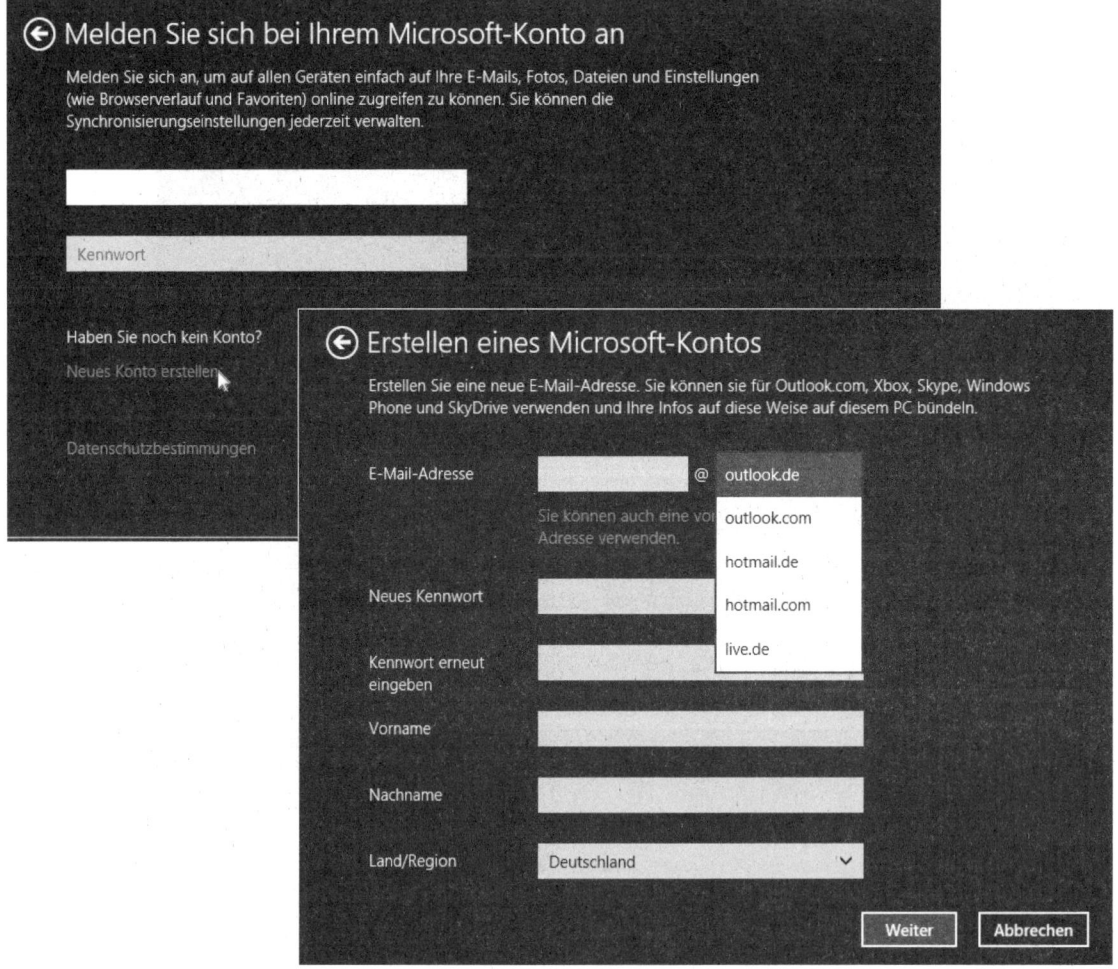

Abbildung 29.6   Seite zum Registrieren eines Microsoft-Kontos

- Legen Sie eine E-Mail-Adresse für das Konto fest, wobei Sie über das Listenfeld hinter dem @-Zeichen zwischen verschiedenen Microsoft Mail-Diensten wie outlook.de, hotmail.de, live.de oder hotmail.com wählen können

- Tragen Sie die restlichen Informationen zu Vorname, Nachname, Land und Postleitzahl sowie ein Kennwort ein. Geben Sie ein mindestens acht Zeichen umfassendes Kennwort in die beiden Kennwortfelder ein. Verwenden Sie ein Kennwort, das nicht einfach erraten werden kann, da es Ihre digitale Identität für das Microsoft-Konto absichern soll.

- Wählen Sie dann die *Weiter*-Schaltfläche und ergänzen Sie auf der Folgeseite *Sicherheitsinfos hinzufügen* (Abbildung 29.7) die Felder, um zwei Sicherheitsmerkmale (alternative E-Mail-Adresse, Telefonnummer oder geheime Frage) festzulegen

Über die *Weiter*-Schaltfläche durchlaufen Sie die Registrierungsseiten, in der Sie noch einen Captcha-Code eintragen und Kommunikationseinstellungen anpassen, bis das Microsoft-Konto mit der betreffenden E-Mail angelegt wurde. Die Zugangsdaten (E-Mail-Adresse und Kennwort) gelten dann für den Zugriff auf das zugeordnete E-Mail-Konto, das zugeordnete Microsoft-Konto, das angelegte SkyDrive-Laufwerk und für das Xbox LIVE-Konto.

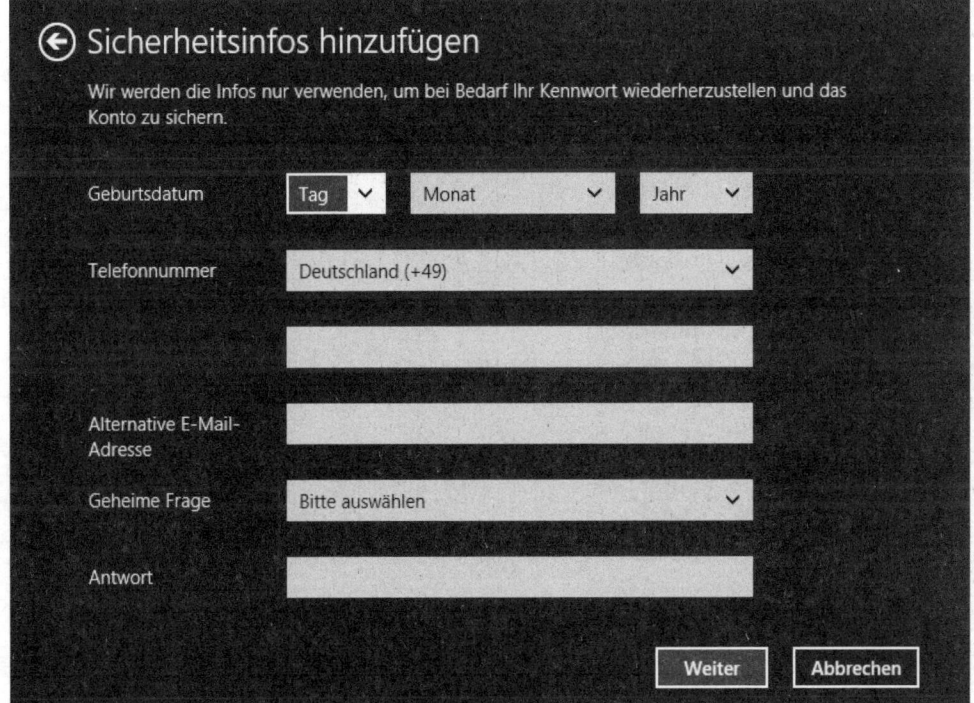

Abbildung 29.7 Sicherheitsinfos für ein Konto festlegen

HINWEIS   Microsoft-Konten lassen sich nur mit E-Mail-Adressen anlegen, die noch nicht durch andere Benutzer verwendet werden. Variieren Sie ggf. den Alias, also den Teil vor *@hotmail.com*, *@outlook.de* etc., bis die Anmeldung akzeptiert wird.

Konten- und Profildaten eines Microsoft-Kontos anpassen

Bei einem Microsoft-Konto werden Konten- und Profildaten online geführt. Nachfolgend wird kurz erläutert, was Sie zur Verwaltung der Konten- und Profildaten wissen sollten.

Kontenbild und -name beim Microsoft-Konto ändern

Bei einem Microsoft-Konto benutzt Windows das beim Onlinekonto abgelegte Profilbild und den Benutzernamen in der lokalen Anmeldeseite sowie in den Benutzerkonteninformationen auf der Startseite. Um diese Daten anzupassen, gehen Sie die folgenden Schritte durch:

1. Wählen Sie auf der Seite *PC-Einstellungen* in der Kategorie *Konten/Ihr Konto* den angezeigten Befehl *Weitere Konteneinstellungen online* an (Abbildung 29.8, oben).

    Windows öffnet dann die Internet Explorer-App und ruft die Live ID-Webseite des Kontos auf. Sie können daher auch in einem Browser die Webseite *https://www.live.com* aufrufen und sich mit dem Benutzernamen sowie dem Kennwort des Microsoft-Kontos anmelden.

2. Passen Sie anschließend im Browserfenster auf der Webseite *Kontoübersicht* (Abbildung 29.8, unten) die gewünschten Einstellungen an.

In der linken Spalte des Webseite finden Sie einige Befehle, um auf die verschiedenen Einstellungskategorien zuzugreifen.

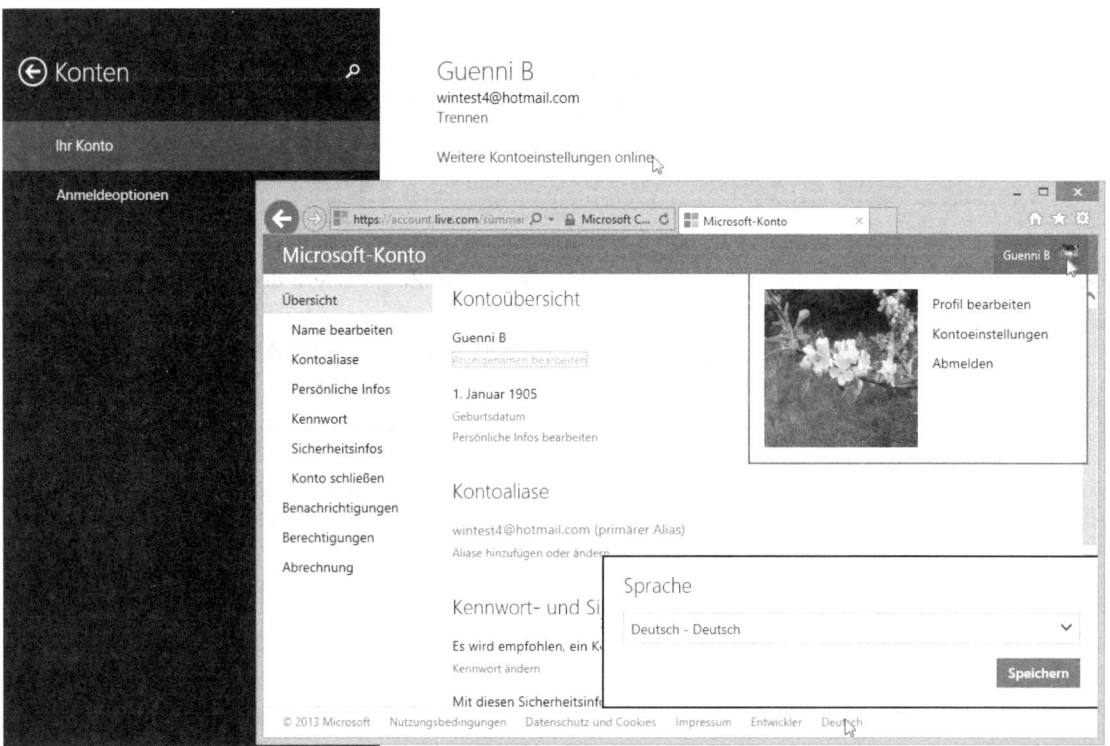

Abbildung 29.8   Anpassen des Microsoft-Kontos

In der rechten oberen Ecke des Browserfensters finden Sie einen Eintrag mit dem Benutzernamen, den Sie anwählen. Anschließend erhalten Sie über den Befehl *Profil bearbeiten* ebenfalls Zugriff auf die gewünschten Informationen im Profil. In der Profilseite finden Sie einen Hyperlink *Bild ändern* unterhalb des Profilbilds. Dieser öffnet eine Auswahlseite, in der Sie mittels der *Durchsuchen*-Schaltfläche eine lokal auf dem Computer gespeicherte Grafikdatei auswählen, zum Microsoft-Konto hochladen und über die *Speichern*-Schaltfläche der Webseite dem Profil zuweisen können. Dieses Profilbild wird sowohl im Onlineauftritt des Live-ID-Kontos als auch unter Windows bei allen Microsoft-Konto-Informationsseiten (Anmeldeseite, Kontendaten in der Startseite) angezeigt.

ACHTUNG   Auf der Webseite *Kontoübersicht* (Abbildung 29.8, unten) ist auch ein Befehl *Konto schließen* in der linken Spalte zu finden. Mit diesem Befehl können Sie das Microsoft-Konto aufgeben. Beachten Sie aber, dass dann keine Anmeldung am Microsoft-Konto mehr möglich ist. Eine Reaktivierung eines irrtümlich gelöschten Microsoft-Kontos ist erst nach einer Frist von 30 Tagen möglich.

Sprachumstellung beim Microsoft-Konto

Die Verwaltung der Einstellungen bzw. die Anpassung der Sprache für die Benutzeroberfläche und die Benachrichtigungen der Microsoft-Konten (Live-ID-Konten) erfolgt ebenfalls in der Kontenseite. Zum Umstellen der Sprache ist eine Anmeldung am Live.com- oder Outlook.com-Benutzerkonto mittels der Windows Live-ID erforderlich.

Schauen Sie, ob auf der Profilseite ein mit der verwendeten Sprache (z.B. Deutsch) bezeichneter Hyperlink meist am unteren Seitenrand, Abbildung 29.8, unten) aufgeführt wird. Bei Anwahl des Eintrags öffnet sich ein Fenster *Sprache* (Abbildung 29.8, Vordergrund unten), in dem Sie die gewünschte Sprache über ein Listenfeld auswählen und über die *Speichern*-Schaltfläche zuweisen können.

Anmeldeoptionen ändern

Windows ermöglicht Ihnen, Anmeldeoptionen wie das Kennwort für das Benutzerkonto zu ändern. Zudem können eine PIN- oder eine Bildanmeldung eingerichtet werden. Zum Ändern der Anmeldeinformationen gehen Sie in folgenden Schritten vor:

1. Rufen Sie die Seite *PC-Einstellungen* über *Einstellungen* der Charms-Leiste und den Befehl *PC-Einstellungen ändern* der angezeigten Seitenleiste auf.

2. Wählen Sie auf der Seite *PC-Einstellungen* auf der linken Seite die Kategorie *Konten* und in der Folgeseite *Anmeldeoptionen*.

3. Anschließend wählen Sie im rechten Bereich der Unterkategorie *Anmeldeoptionen* (Abbildung 29.9) die gewünschte Schaltfläche aus.

Abbildung 29.9 Anmeldeoptionen des Kontos ändern

Nach Anwahl der Schaltfläche werden Sie über Formularseiten durch die betreffenden Schritte zum Ändern der Anmeldeoptionen geführt.

Kennwort für Benutzerkonto ändern

Zum Ändern des Kennworts eines Benutzerkontos klicken Sie auf die Schaltfläche *Andern* (Abbildung 29.9). Geben Sie auf der angezeigten Seite das alte Kennwort über die Felder des Formulars ein, wählen Sie die *Weiter*-Schaltfläche und legen Sie in den Feldern das neue Kennwort fest. Anschließend bestätigen Sie über die Schaltfläche *Fertig stellen*. Beachten Sie bei einem Live-ID-Konto, dass dieses geänderte Kennwort auch für die Anmeldung per Webbrowser zum Zugriff auf SkyDrive oder Hotmail etc. gilt.

Anmeldung per PIN-Code einrichten

Um eine Anmeldung per PIN-Code einzurichten, wählen Sie die Schaltfläche *Hinzufügen* im Abschnitt *PIN* (Abbildung 29.9). Windows fragt nach Anwahl der Schaltfläche in einem Fenster das aktuelle Kennwort ab. Anschließend können Sie auf einem weiteren Formular (Abbildung 29.10, oben) einen PIN-Code anstelle des Benutzerkennworts festlegen.

Bei definiertem PIN-Code wird bei der Benutzeranmeldung ein entsprechender Hinweis im Kennwortfeld eingeblendet (Abbildung 29.10, unten). Über die in der Anmeldeseite eingeblendeten Symbole können Sie sich wahlweise mit Ihrer PIN oder Ihrem Kennwort am Konto anmelden. Details zur Anmeldung finden Sie in Kapitel 2.

Abbildung 29.10 Anmeldung per PIN einrichten

Ein PIN-Code für ein Benutzerkonto lässt sich über die Schaltfläche *Entfernen*, welche in der Kategorie *Konten/Anmeldeoptionen* der Seite *PC-Einstellungen* eingeblendet ist, auch wieder löschen. Die *Ändern*-Schaltfläche der Seite ermöglicht Ihnen, einen neuen PIN-Code einzutragen.

Bildcode zur Anmeldung erstellen

Möchten Sie eine Anmeldung per Bildcode einrichten? Wählen Sie in der Kategorie *Konten/Anmeldeoptionen* der Seite *PC-Einstellungen* die Schaltfläche *Hinzufügen* im Abschnitt *Bildcode* (Abbildung 29.9) an. Im ersten Schritt wird dann das aktuelle Kennwort abgefragt. Anschließend erscheint eine Formularseite (Abbildung 29.10, unten) mit Hinweisen zum Einrichten des Bildkennworts. Ab hier geht Sie in folgenden Schritten vor:

1. Wählen Sie die Schaltfläche *Bild auswählen* und legen Sie das für die Benutzeranmeldung gewünschte Bild fest.

2. Auf der Folgeseite bestätigen Sie die in der linken Seitenleiste angezeigte Schaltfläche *Dieses Bild verwenden*. Alternativ können Sie über die Schaltfläche *Neues Bild auswählen* eine Seite öffnen, über die sich ein anderes Motiv zur Bildanmeldung wählen lässt.

3. Nach Auswahl des verwendeten Bilds gelangen Sie zur Seite aus Abbildung 29.10, oben. Dort definieren Sie drei Gesten (Einkreisen von Gesichtern, Striche zwischen Motiven, Antippen von Bildpunkten), die später zur Anmeldung per Bildcode dienen sollen. Sie werden aufgefordert, diese Gesten zu definieren und anschließend zu wiederholen. Dieser Vorgang kann jederzeit über die in der linken Seitenleiste eingeblendete Schaltfläche *Von vorn* neu gestartet werden.

Abbildung 29.11 Anmeldung per Bildkennwort einrichten

Sind die Gesten festgelegt und akzeptiert, kann der Bildcode über die Schaltfläche *Fertig stellen* übernommen werden. Ist ein Bildcode für ein Benutzerkonto eingerichtet, blendet Windows in der Kategorie *Konten/Anmeldeoptionen* der Seite *PC-Einstellungen* die Schaltfläche *Entfernen* ein. Über diese Schaltfläche lässt sich der Bildcode auch wieder austragen. Hinweise zur Benutzeranmeldung per Bildcode finden Sie in Kapitel 2.

HINWEIS Die Rubrik *Kennwortrichtlinie* in den Anmeldeoptionen (Abbildung 29.9) steht nur Administratoren zur Verfügung. Dort lässt sich festlegen, ob der Benutzer bei der Reaktivierung aus dem Standbymodus eine Benutzeranmeldung vornehmen muss oder nicht.

Einstellungen synchronisieren (Roamingprofile)

Verwenden Sie ein Microsoft-Live-ID-Konto für die Benutzeranmeldung, kann Windows die Benutzereinstellungen über dieses Konto synchronisieren. Meldet sich der Benutzer an verschiedenen PCs unter dem gleichen Microsoft-Benutzerkonto an, werden die benutzerdefinierten Einstellungen auf dem Desktop mit dem Live-ID-Konto abgeglichen. Voraussetzung ist lediglich, dass der Rechner als vertrauenswürdig eingestuft wurde. Ob und wie die Einstellungen synchronisiert werden sollen, lässt sich in den PC-Einstellungen festlegen (Abbildung 29.12):

1. Die Seite rufen Sie auf, indem Sie die Charms-Leiste einblenden (z.B. mit ⊞+Ⓒ), dann auf *Einstellungen* klicken und in der gleichnamigen Seitenleiste den Befehl *PC-Einstellungen ändern* wählen.

2. Wählen Sie auf der Seite *PC-Einstellungen* die Kategorie *SkyDrive* und in der entsprechenden Unterkategorie den Eintrag *Synchronisierungseinstellungen*.

Anschließend können Sie im rechten Bereich der angezeigten Seite (Abbildung 29.12) die PC-Synchronisierung komplett deaktivieren oder zulassen. Bei zugelassener Synchronisierung lässt sich vorgeben, welche der Einstellungen (Desktophintergrund, Designs, Spracheinstellungen, Vorgaben für erleichterte Bedienung etc.) über das Live-ID-Konto synchron gehalten werden sollen.

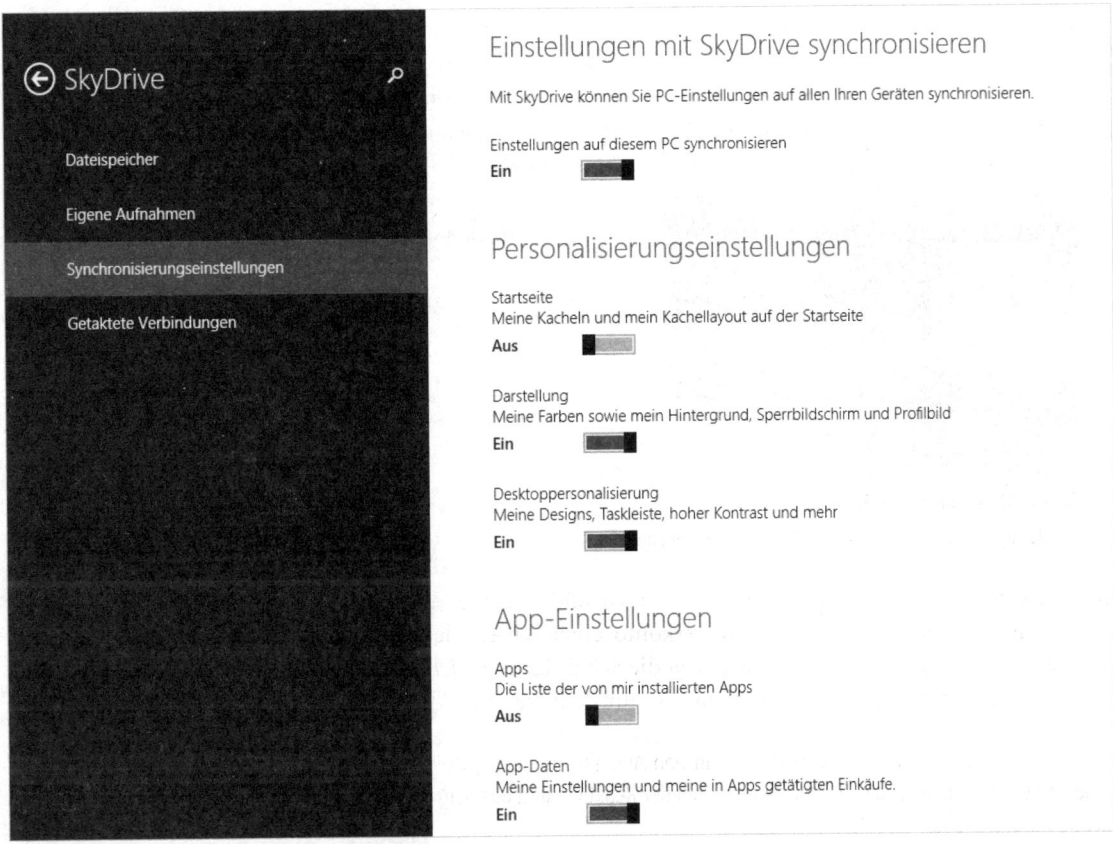

Abbildung 29.12   Synchronisierungseinstellungen

Eine Kennwortrücksetzdiskette erstellen

Arbeiten Sie mit einem Microsoft-Konto, lässt sich bei Bedarf ein neues Kennwort über die Microsoft-Server generieren und per E-Mail zusenden. Hierzu sind die Sicherheitsinformationen des Microsoft-Kontos gedacht. Den Link zum Abrufen des neuen Benutzerkennworts finden Sie auf der Live.com-Anmeldeseite.

Bei kennwortgeschützten lokalen Benutzerkonten steht dieser Mechanismus nicht zur Verfügung. Dort ist es wichtig, dass Sie dieses Kennwort nicht vergessen. Um nicht auf die Unterstützung eines Administrators zum Zurücksetzen eines Kennworts angewiesen zu sein, lässt sich eine sogenannte Kennwortrücksetzdiskette erstellen. Diese enthält die Anmeldeinformationen in verschlüsselter Form und ermöglicht Ihnen im Notfall den Zugang zum System. Auch wenn viele PCs kein Diskettenlaufwerk mehr haben, lassen Sie sich von dem Begriff Diskette nicht abschrecken. Sie können auch einen USB-Stick oder eine für Digitalkameras oder MP3-Player benutzte Speicherkarte für diesen Zweck verwenden. Wichtig ist lediglich, dass über ein Wechseldatenträgerlaufwerk auf das Speichermedium zugegriffen werden kann:

1. Hierzu legen Sie einen formatierten Datenträger in das Wechseldatenträgerlaufwerk ein und rufen über die Systemsteuerung die Seite *Änderungen am eigenen Konto durchführen* (Abbildung 29.13, Hintergrund, oben links) gemäß den Hinweisen am Kapitelanfang auf.

2. Wählen Sie im Fenster des lokalen Benutzerkontos in der Aufgabenleiste den Befehl *Kennwortrücksetzdiskette erstellen* (Abbildung 29.13, Hintergrund oben links).

3. Sobald der Assistent startet, wählen Sie im Willkommen-Bildschirm die *Weiter*-Schaltfläche und im Folgedialogfeld (Abbildung 29.13, unten) das beschreibbare Wechseldatenträgerlaufwerk des USB-Sticks oder der Speicherkarte zum Speichern der Rücksetzinformationen aus.

4. Wählen Sie erneut die Schaltfläche *Weiter*, geben Sie im Dialogschritt *Aktuelles Benutzerkontokennwort* Ihr Kennwort ein (Abbildung 29.13, oben rechts) und wählen Sie wieder *Weiter*.

5. Sobald der Assistent im Statusdialogfeld meldet, dass der Kennwortrücksetzdatenträger erstellt wurde, wählen Sie die *Weiter*-Schaltfläche und dann im Abschlussdialogfeld die *Fertig stellen*-Schaltfläche.

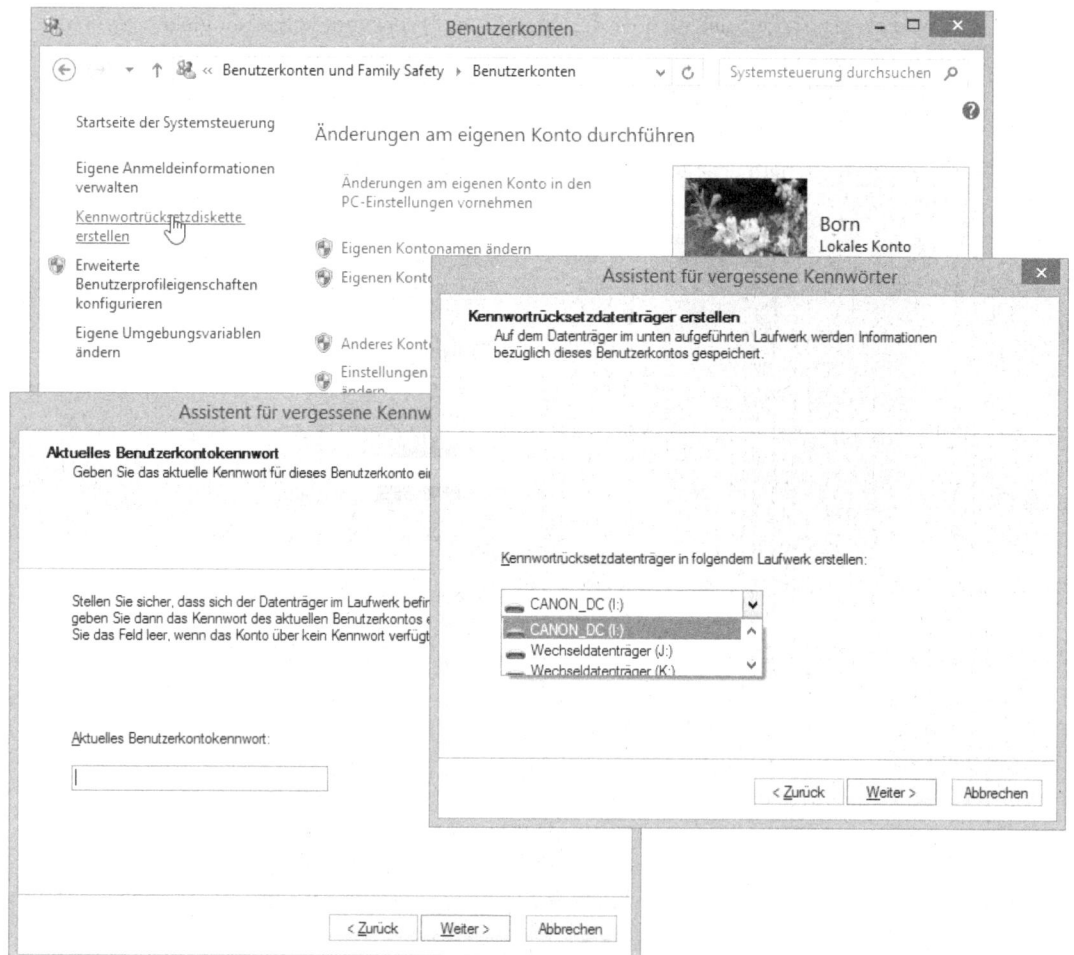

Abbildung 29.13 Kennwortrücksetzdatenträger erstellen

Der Assistent wird beendet und Sie können das Medium (USB-Stick, Speicherkarte) entnehmen. Beschriften Sie den Wechseldatenträger entsprechend und bewahren Sie ihn an einem sicheren Ort auf.

Kennwort per Kennwortrücksetzdatenträger zurücksetzen

Haben Sie Ihr Kennwort vergessen, verfügen aber über einen Kennwortrücksetzdatenträger? Dann lässt sich mit diesem eine Anmeldung ohne das alte Kennwort bewerkstelligen:

1. Tippen Sie in der Anmeldeseite ein falsches Kennwort für das Benutzerkonto ein, um die Anzeige *Das Kennwort ist falsch ...* (Abbildung 29.14, oben rechts) zu erhalten. Bestätigen Sie die unterhalb der Meldung angezeigte *OK*-Schaltfläche.

2. Legen Sie den Kennwortrücksetzdatenträger in das Wechseldatenträgerlaufwerk ein und wählen Sie auf der Anmeldeseite den nun (unterhalb des Kennwortfelds) sichtbaren Hyperlink *Kennwort zurücksetzen* (Abbildung 29.14, Hintergrund).

3. Sobald der Assistent startet, gehen Sie über die Schaltfläche *Weiter* zum Folgedialogfeld, wählen das Laufwerk mit dem Medium aus (Abbildung 29.14, unten links) und dann die *Weiter*-Schaltfläche.

4. Im Folgedialogfeld (Abbildung 29.14, unten rechts) geben Sie ein neues Kennwort zwei Mal ein. Zudem können Sie einen Kennworthinweis eintragen.

5. Wählen Sie die *Weiter*-Schaltfläche und dann die Schaltfläche *Fertig stellen*, um den Assistenten zu schließen.

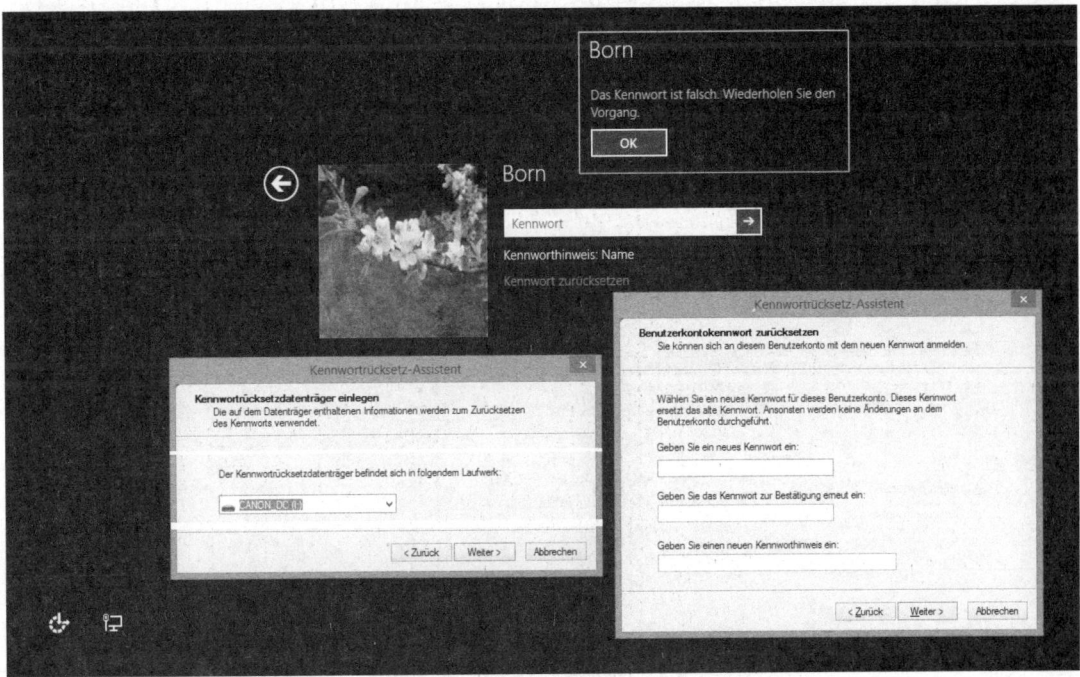

Abbildung 29.14 Kennwort zurücksetzen

WICHTIG   Anschließend können Sie sich mit dem gerade im Assistenten eingegebenen neuen Kennwort auf der Willkommensseite am Benutzerkonto anmelden. Bei diesen Schritten werden die Kontoeinstellungen so zurückgesetzt, dass Zertifikate und Windows-Anmeldeinformationen gültig und weiter benutzbar bleiben.

Eigene Anmeldeinformationen verwalten

In der Aufgabenleiste der Seite *Änderungen am eigenen Konto durchführen* (Abbildung 29.13, Hintergrund, oben links) finden Sie noch weitere Befehle zum Anpassen spezieller Kontoeinstellungen:

- Der Befehl *Eigene Anmeldeinformationen verwalten* öffnet die in Abbildung 29.15 gezeigte Seite des Windows-Tresors

- Wählen Sie einen der Einträge *Webanmeldeinformationen* oder *Windows-Anmeldeinformationen* im Dialogfeld an, werden im unteren Teil der Seite die Anmeldeinformationen aufgelistet, die im betreffenden Tresor gespeichert sind

- Sie können die Hyperlinks auf der Seite anklicken und die Adressen von Webseiten samt den zugehörigen Anmeldeinformationen eingeben

- Der Befehl *Windows-Anmeldeinformationen* zeigt die auf dem Computer gespeicherten Profile zur Anmeldung an anderen Netzwerkrechnern

Der Eintrag »WeTab« in Abbildung 29.15 enthält z.B. das Netzwerkkennwort und den Benutzernamen, um auf die Freigaben des betreffenden Rechners zuzugreifen.

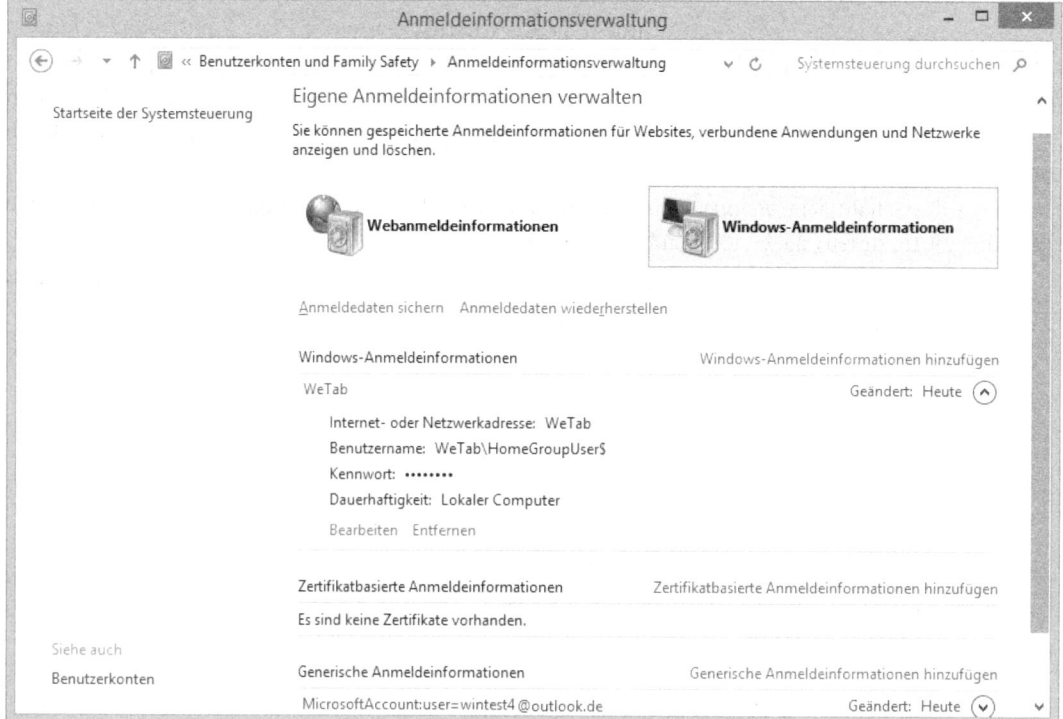

Abbildung 29.15   Verwaltung der Windows-Anmeldeinformationen

Wählen Sie die runde Schaltfläche am rechten Rand eines Eintrags, erweitert Windows die Darstellung und zeigt Hyperlinks an, um die Einträge zu entfernen oder zu bearbeiten.

HINWEIS Über den Befehl *Eigene Umgebungsvariablen ändern* (Abbildung 29.13, Hintergrund, oben links) öffnet sich ein Dialogfeld, über das Sie Umgebungsvariablen für das Benutzerkonto festlegen können. Solche Werte werden gelegentlich von älteren Anwendungen ausgewertet. Systemweite Umgebungsvariablen definieren Sie dagegen in den erweiterten Systemeigenschaften (siehe in Kapitel 31 den Abschnitt »Umgebungsvariable einsehen und ändern«).

Benutzerkontenverwaltung für Administratoren

Administratoren können unter dem eigenen Benutzerkonto nicht nur Treiber, Software und Updates installieren sowie Internetverbindungen einrichten. Windows ermöglicht es diesem Personenkreis auch, auf Dateien anderer Benutzer zuzugreifen sowie Benutzerkonten für alle Benutzer des Systems zu pflegen (anlegen, ändern oder löschen). Natürlich kann ein unter seinem Benutzerkonto angemeldeter Administrator auch die im vorhergehenden Abschnitt beschriebenen Techniken nutzen, um eigene Kontoinformationen zu bearbeiten. Die folgenden Abschnitte beschreiben die Funktionen, um Einstellungen anderer Konten zu bearbeiten.

Benutzerkonten hinzufügen

Das Anlegen eines Benutzerkontos lässt sich unter einem Administratorenkonto mit wenigen Schritten in der Windows-Benutzerkontenverwaltung erledigen:

1. Wechseln Sie zur Seite *PC-Einstellungen*, indem Sie die Charms-Leiste öffnen, auf *Einstellungen* klicken und in der Seitenleiste *PC-Einstellungen ändern* wählen.

2. Wählen Sie auf der Seite *PC-Einstellungen* die Kategorie *Konten* und in der Unterkategorie gehen Sie in der linken Spalte zu *Weitere Konten*, um in der rechten Spalte die vorhandenen Konten aufzulisten (Abbildung 29.16, oben).

3. Wählen Sie die Schaltfläche *Benutzer hinzufügen* und geben Sie über die angezeigten Formularseiten (Abbildung 29.16, unten) die benötigten Informationen ein.

Um ein Microsoft-Konto für einen Benutzer einzurichten, reicht die Eingabe der zugehörigen E-Mail-Adresse im angezeigten Formular (Abbildung 29.16, unten).

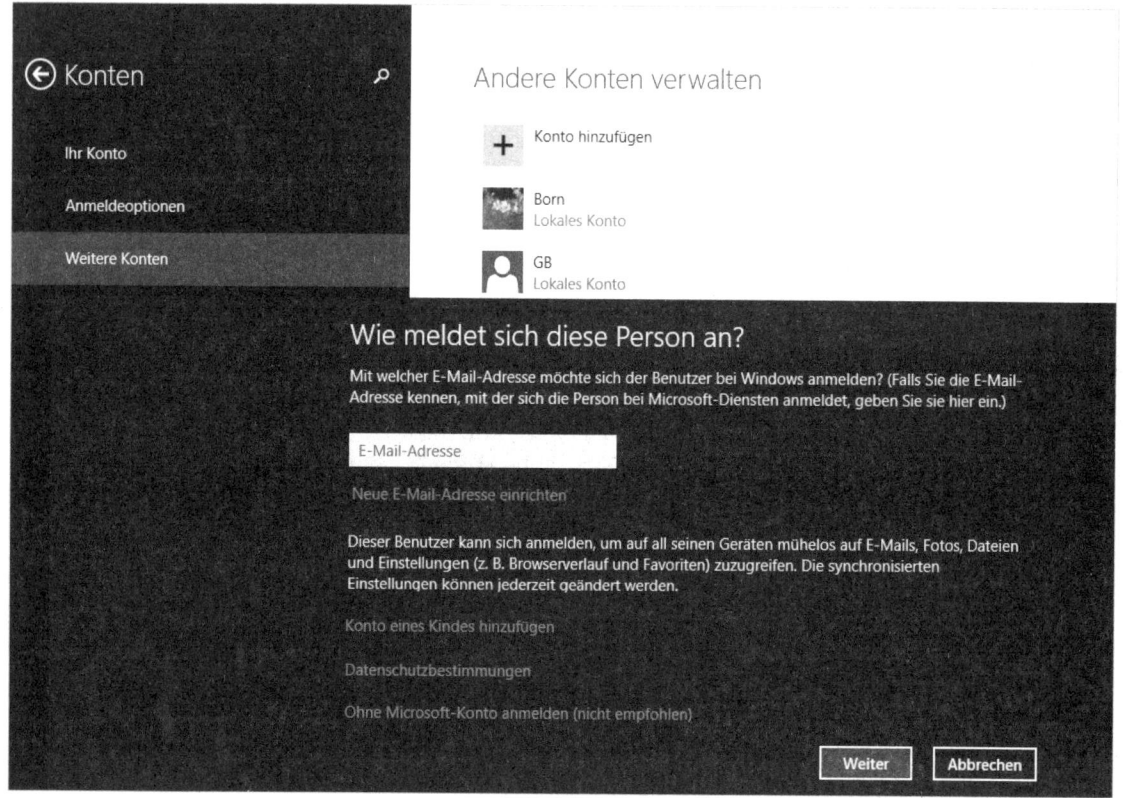

Abbildung 29.16   Benutzerkonten hinzufügen

Optional können Sie eine neue E-Mail-Adresse über den in der Formularseite sichtbaren Hyperlink *Neue E-Mail-Adresse einrichten* bei Microsoft beantragen und so ein neues Microsoft-Konto anlegen (siehe den Abschnitt »Ein Microsoft-Konto neu registrieren« weiter vorne in diesem Kapitel).

Um ein lokales Konto einzurichten, wählen Sie den Hyperlink *Ohne Microsoft-Konto anmelden (nicht emp-fohlen)* und klicken in der Folgeseite auf die Schaltfläche *Lokales Konto* (Abbildung 29.17, unten). Danach tragen Sie im Formular *Benutzer hinzufügen* (Abbildung 29.17, Einblendung im Vordergrund) den Benutzer-namen, das Benutzerkennwort und den Kennworthinweis ein. Verwenden Sie die *Weiter*-Schaltfläche, um das Konto anlegen zu lassen.

HINWEIS   Meldet sich der betreffende Benutzer zum ersten Mal am neuen Konto an, legt Windows das Benutzerprofil mit den Einstellungen für den Desktop und die Ordner bzw. die Bibliotheken des Benutzerkontos (*Dokumente*, *Bilder* etc.) neu an.

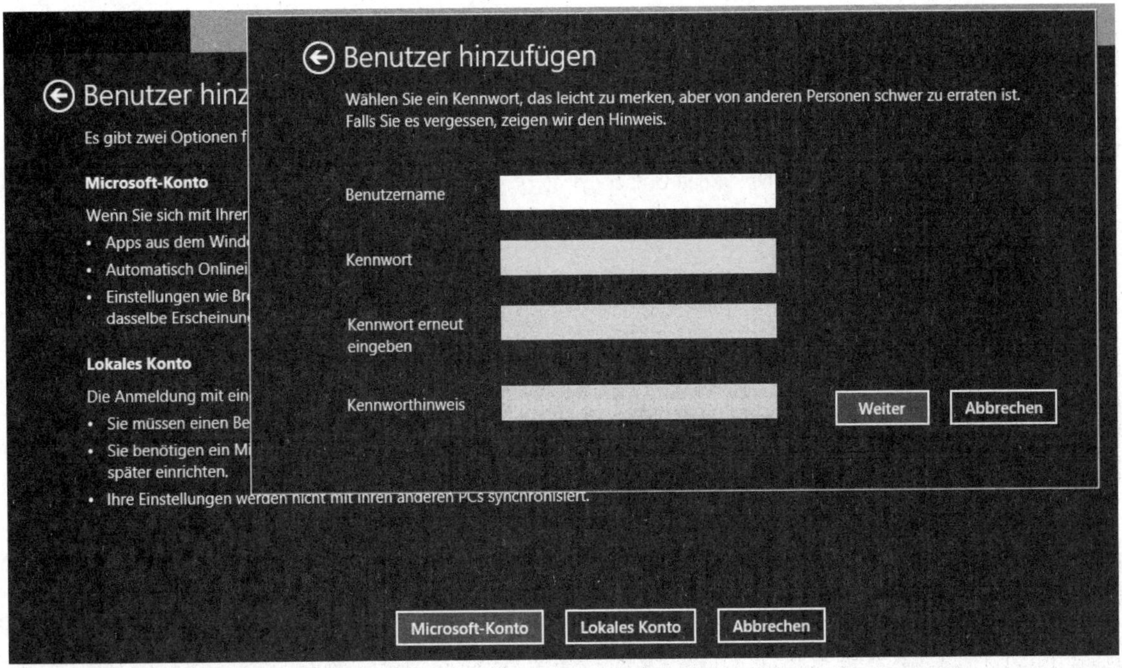

Abbildung 29.17   Anlegen eines neuen Benutzerkontos

Benutzerkonten verwalten

Ein Administrator kann über die Systemsteuerung auf alle Benutzerkonten zugreifen und deren Einstellungen anpassen:

1. Öffnen Sie die Systemsteuerung (z.B. über das Schnellzugriffmenü der Schaltfläche *Start* des Desktops).

2. Klicken Sie auf *Benutzerkonten und Family Safety* und dann auf *Benutzerkonten*.

Auf der angezeigten Seite (Abbildung 29.18, oben) finden Sie Befehle zur Verwaltung des eigenen und fremder Benutzerkonten. Die mit einem stilisierten Schild markierten Befehle lassen sich nur nach Bestätigung der Benutzerkontensteuerung ausführen.

- Klicken Sie auf den Befehl *Anderes Konto verwalten*, gelangen Sie zur Seite mit der Liste aller bereits existierenden Konten (Abbildung 29.18, unten links). Wählen Sie ein Konto aus, wird die Seite *Konto ändern* (Abbildung 29.18, Mitte rechts) mit den verfügbaren Befehlen eingeblendet.

- Wird ein Benutzerkonto nicht mehr benötigt, wählen Sie den Befehl *Konto löschen*. Um die Dateien, die der Benutzer bereits angelegt hat, weiterhin zu verwenden, klicken Sie im Folgedialog auf die Schaltfläche *Dateien behalten*. Benötigen Sie die Daten jedoch nicht mehr und möchten den dadurch belegten Speicherplatz auf der Festplatte freigeben, wählen Sie die Schaltfläche *Dateien löschen* und bestätigen dies auf der letzten Seite über die Schaltfläche *Konto löschen*.

- Hat ein Benutzer das Kennwort für ein lokales Benutzerkonto vergessen und verfügt nicht über eine Kennwortrücksetzdiskette? Wählen Sie in der Seite aus Abbildung 29.18, Mitte rechts, den Befehl *Kennwort ändern*. Geben Sie auf der Folgeseite das neue Kennwort in die beiden Felder *Neues Kennwort* und *Neues Kennwort bestätigen* ein, ergänzen Sie ggf. den Kennworthinweis und wählen Sie auf die Schaltfläche *Kennwort ändern*. Dieses Umsetzen des Kennworts sollten Sie nur im Notfall verwenden, da dadurch der Zugriff auf verschlüsselte Dateien oder Zertifikate oder der Zugriff auf Freigaben und Internetseiten verloren geht.

> **TIPP**   Vor dem Entfernen eines Kontos, dessen Dateien Sie behalten möchten, empfehle ich, diese in die öffentlichen Ordner zu verschieben. Dieses Verschieben in den Ordner *Öffentlich* stellt sicher, dass alle Benutzer Zugriff auf diese Dateien erhalten, ohne dass Sie die Zugriffsrechte explizit anpassen müssen.

Als Administrator können Sie die Einstellungen (Kontotyp, Kontoname) des aktuell gewählten Benutzerkontos durch Anwahl des betreffenden Befehls ändern.

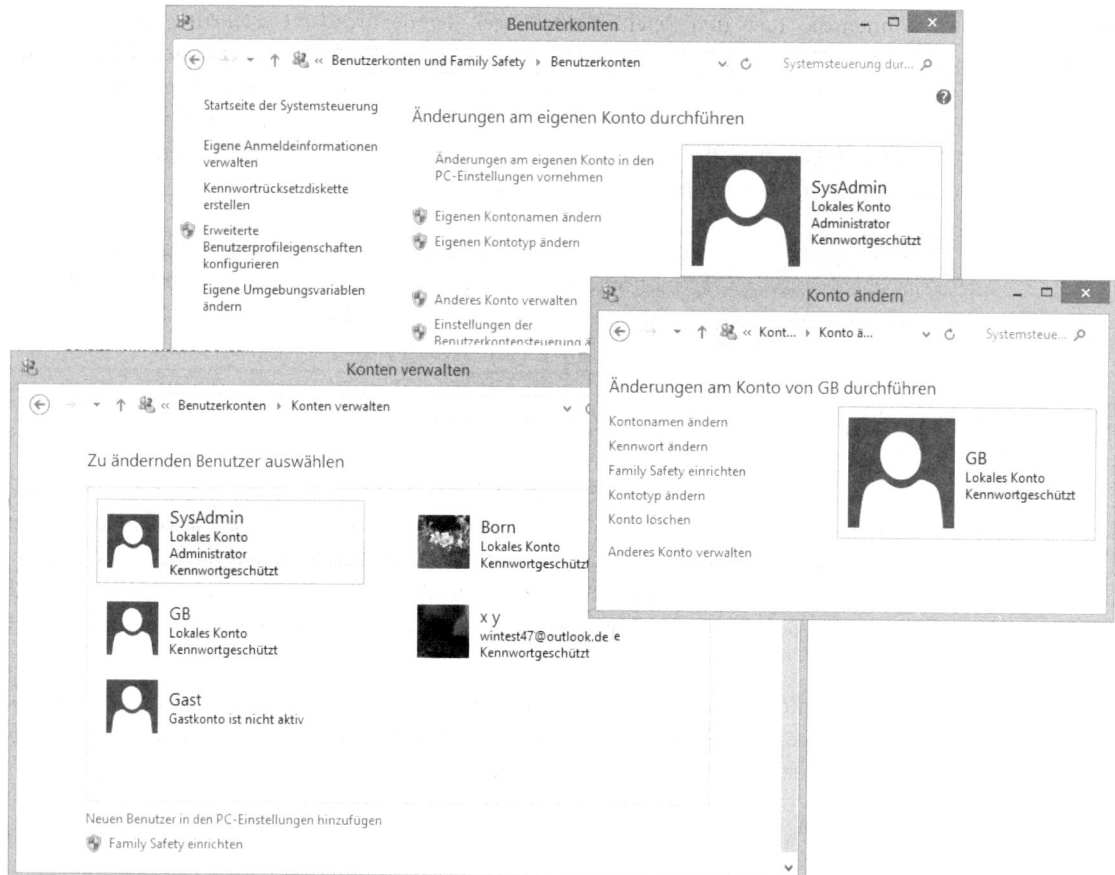

Abbildung 29.18   Benutzerkonten anpassen

- Beim Umsetzen des Kontotyps über den Befehl *Kontotyp ändern* haben Sie über die angezeigten Optionsfelder die Auswahl zwischen *Administrator* und *Standard* für den Kontotyp. Beachten Sie aber, dass aus Sicherheitsgründen nur ein Administratorkonto pro System vorhanden sein sollte.

- Um den Namen eines Benutzerkontos zu ändern, wählen Sie den Befehl *Kontonamen ändern* und tragen den neuen Kontonamen in das betreffende Formular ein. Sobald Sie dies über die betreffende Schaltfläche der Seite bestätigt haben, führt Windows die Änderungen am Konto aus.

Bei geändertem Kontonamen erscheint dieser auch im Anmeldedialog.

> **HINWEIS** Persönlich empfehle ich Ihnen, auf das Umbenennen von Benutzerkonten zu verzichten. Die Benutzerkonten-verwaltung ändert nur den intern in Windows benutzten vollständigen Benutzernamen, während der interne Windows-Benutzer-name den ursprünglichen Wert beibehält. Zudem kann Windows den Ordnernamen des Benutzerprofils nicht ändern. Dies kann bei Eingriffen in das System zu einer Vielzahl von Problemen führen, wenn der ursprüngliche Name unbekannt ist.

Über die Aufgabenleiste des eigenen Administratorenkontos lässt sich der Befehl *Erweiterte Benutzerprofil-eigenschaften konfigurieren* aufrufen. Im Dialogfeld *Benutzerprofile* lässt sich der Typ zwischen einem lokalen Profil und einem Roamingprofil umstellen. Letzterer hat aber nur bei einer Domäneneinbindung eine Bedeutung und wird in diesem Buch nicht behandelt.

Als Administrator können Sie auch den Befehl *Einstellungen der Benutzerkontensteuerung ändern* in der Systemsteuerung anwählen (Abbildung 29.18, oben). Windows öffnet ein Dialogfeld, über dessen Schieberegler Sie die Einstellungen der Benutzerkontensteuerung anpassen können. Unter Windows 8.1 ergeben Änderun-gen aber keinen Sinn mehr, da Apps bei abgeschalteter Benutzerkontensteuerung nicht mehr starten. Daher hat Microsoft eine Sperre ab Windows 8 eingebaut, sodass sich die Stufe »Nie benachrichtigen« zwar anwäh-len lässt, dies die Benutzerkontensteuerung aber nicht deaktiviert.

> **HINWEIS** Rufen Sie in Windows 8.1 Pro die Computerverwaltung (z.B. über die Systemsteuerung oder über das mit [⊞] + [X] einblendbare Schnellstartmenü) auf, finden Sie dort den Zweig *Lokale Benutzer und Gruppen*. Über den Unterzweig *Benutzer* können Administratoren ebenfalls lokale Benutzerkonten verwalten. Diese Funktionalität wird in diesem Buch nicht behandelt.

Das Gastkonto aktivieren

Windows besitzt ein spezielles Gastkonto, unter dem sich mehrere Benutzer als Gast am Rechner anmelden können. Dieses Gastkonto zeichnet sich dadurch aus, dass der Benutzer keine Rechte zur Veränderung der Computereinstellungen erhält. Standardmäßig ist dieses Konto abgeschaltet, lässt sich aber jederzeit aktivie-ren. Wählen Sie in der Seite zur Verwaltung der Benutzerkonten (Abbildung 29.18, unten links) in der Liste aller bereits existierenden Konten das Symbol des Gastkontos. Auf der Seite des Gastkontos wählen Sie die Schaltfläche *Einschalten*.

Windows gibt dann dieses Konto zur Benutzung frei. Um das Konto zu deaktivieren, gehen Sie entsprechend vor, wählen aber im Fenster des Kontos den Befehl *Gastkonto ausschalten*. Die Benutzerkontenverwaltung besitzt keine Funktionen, um das Gastkonto mit einem Kennwort zu versehen.

Kapitel 30

System anpassen

Windows-Einstellungen anpassen

Die Systemsteuerung stellt die Funktionen zum Anpassen diverser Windows-Einstellungen bereit. Zudem bietet Windows in der Seitenleiste *Einstellungen* sowie in der Seite *PC-Einstellungen* Möglichkeiten, um Systemeinstellungen anzupassen. Nachfolgend erhalten Sie einen Überblick, wie Sie die Windows-Einstellungen anpassen können.

So gelangen Sie zu den Einstellungen

Der Zugriff auf die wichtigsten Windows-Einstellungen ist direkt über Elemente der Seitenleiste oder in der Seite *PC-Einstellungen* möglich:

1. Blenden Sie die Charms-Leiste am rechten Bildschirmrand (z.B. durch Wischen vom rechten Rand oder durch Zeigen per Maus in die rechte obere oder untere Desktopecke) ein. Wählen Sie das Symbol *Einstellungen* (Abbildung 30.1, rechts).

2. Wählen Sie die gewünschte Funktion bzw. den Befehl in der angezeigten Seitenleiste *Einstellungen* (Abbildung 30.1) und passen Sie die gewünschten Einstellungen an.

Im oberen Teil der eingeblendeten Seitenleiste *Einstellungen* erhalten Sie bereits kontextgesteuert einige Befehle zum Zugriff auf Einstellungen angeboten.

- War die Startseite beim Aufrufen der Seitenleiste sichtbar, zeigt die Seitenleiste *Einstellungen* den Text »Start« und andere Befehle (Abbildung 30.1, zweite Spalte von rechts) als beim Aufruf vom geöffneten Windows-Desktop (Abbildung 30.1, Spalte links)

- Über den Befehl *Kacheln* gelangen Sie zur gleichnamigen Seitenleiste (Abbildung 30.1, Einblendung im Vordergrund), in der Sie persönliche Informationen aus dem Konto löschen und die Verwaltungstools für Administratoren auf der Startseite ein-/ausblenden können

- Der Befehl *Anpassen* der Seitenleiste *Einstellungen* öffnet beim Aufruf aus der angezeigten Startseite die in Abbildung 30.1 sichtbare Seitenleiste *Anpassen*. Dort können Sie das Hintergrundmotiv, die Hintergrundfarbe und die Akzentfarbe der Startseite ändern.

- Wird der Befehl *Anpassen* der Seitenleiste *Einstellungen* bei angezeigten Windows-Desktop aufgerufen, öffnet sich das Fenster *Anpassung* zum Ändern des Desktophintergrunds und der Fensterfarben (siehe Kapitel 4)

- Beim Aufruf über den Desktop finden Sie zudem den Befehl *Systemsteuerung* (Abbildung 30.1, links) in der Seitenleiste vor. Über diesen Befehl öffnen Sie das gleichnamige Fenster, um weitere Anpassungen vorzunehmen (siehe die folgenden Abschnitte).

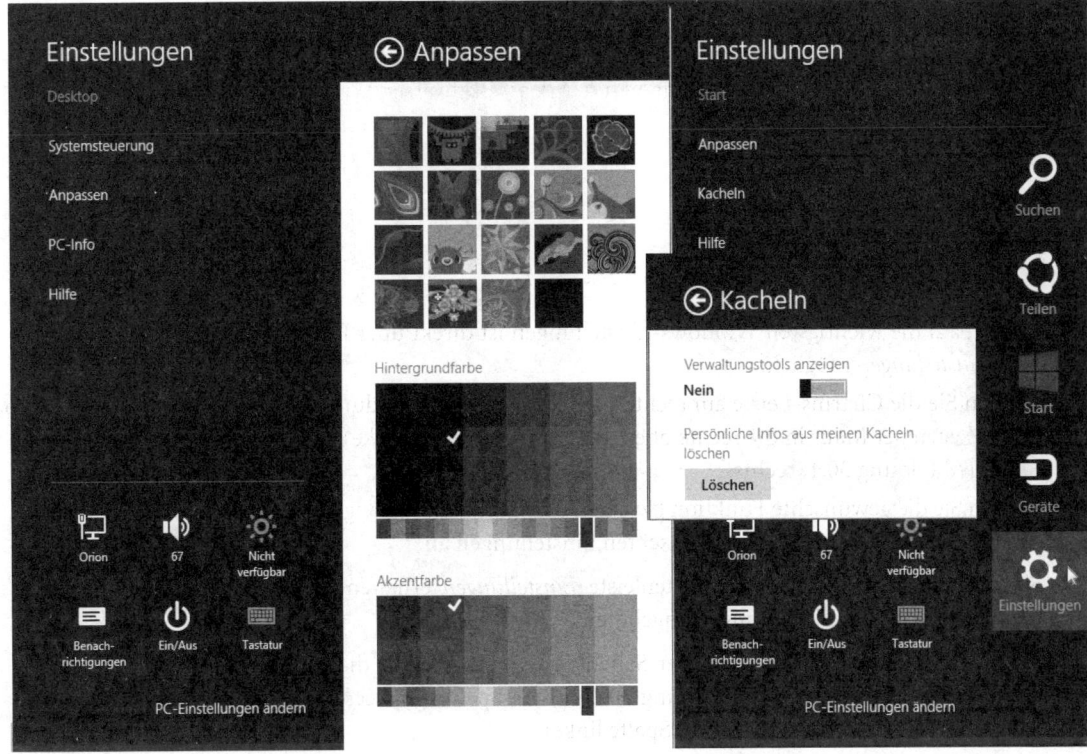

Abbildung 30.1 Schneller Zugriff auf die Einstellungen

Im unteren Bereich der Seitenleiste *Einstellungen* finden Sie Symbole (Abbildung 30.2), über die sich auf die wichtigsten Einstellungen (Netzwerk, Lautstärke, Helligkeit, Benachrichtigungen, Ein-/Ausschalten und Tastatursprache) zugreifen lässt:

- Das Symbol *Ein/Aus* zeigt die Befehle zum Herunterfahren oder Neustarten von Windows 8.1 (siehe Kapitel 2)

- Windows 8.1 kann Benachrichtigungen (z.B. über eintreffende Mails, Termine) auf dem Bildschirm einblenden. Das Symbol *Benachrichtigungen* ermöglicht Ihnen, über Befehle diese Benachrichtigungen für eine vorgegebene Zeit auszublenden.

- Über das Symbol mit den Balken (bei WLAN) oder dem Computer (bei LAN9) erhalten Sie Zugriff auf die Seitenleiste *Netzwerke*. Dort kontrollieren Sie Funknetzwerke (WLAN), LAN- und/oder Mobilfunkverbindungen (3G/4G, siehe Kapitel 25).

- Das Lautsprechersymbol zeigt die Lautstärke in Prozent und ermöglicht Ihnen, den Ton über einen Schieberegler lauter und leiser zu stellen

- Unterstützt das Notebook oder der Tablet-PC die Anpassung der Bildschirmhelligkeit, wird das zugehörige Symbol freigegeben und ermöglicht Ihnen, über einen Schieberegler die Anzeige heller oder dunkler einzustellen

- Ist das Symbol der Tastatur freigegeben, lässt sich über eine Palette gegebenenfalls das Tastaturlayout (deutsch, englisch) umschalten sowie über den untersten Befehl die Bildschirmtastatur bzw. der Handschrifteingabebereich einblenden

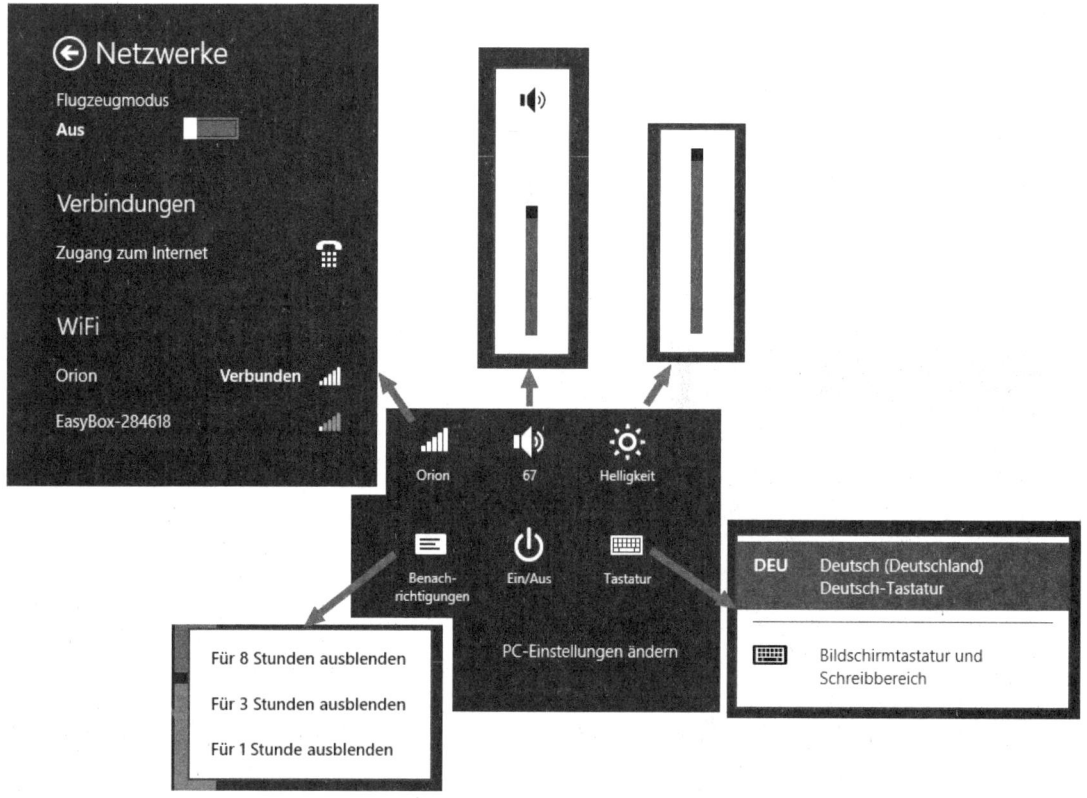

Abbildung 30.2   Direktes Anpassen diverser Einstellungen

Über den Befehl *PC-Einstellungen ändern* (Abbildung 30.2) am unteren Rand der Seitenleiste *Einstellungen* öffnen Sie die Seite *PC-Einstellungen* (Abbildung 30.3). Diese Seite gewährt Ihnen den schnellen Zugriff auf die wichtigsten Windows-Einstellungen:

■ Wählen Sie in der linken Spalte der eingeblendeten Seite *PC-Einstellungen* (Abbildung 30.3) die gewünschte Kategorie aus. Dann gelangen Sie zur Seite mit den Unterkategorien. Wählen Sie eine Unterkategorie, um anschließend in der rechten Spalte auf die zugehörigen Einstellungen zuzugreifen.

■ Wird in der linken Spalte *PC-Einstellungen* angezeigt, finden Sie im rechten Bereich einige Einträge, um direkt zu den Seiten zum Anpassen des Sperrbildschirms, des Profilbilds, des Bildcodes oder zu den zuletzt verwendeten Einstellungen zu springen

■ Die Kategorie *PC und Geräte* ermöglicht Ihnen den Zugriff auf die Seiten zur Konfigurierung des Sperrbildschirms, der Einstellungen für Bildschirm, Maus, Touchpad etc. sowie auf die Seite mit der Auflistung aller Geräte (z.B. Drucker)

■ Über die Kategorie *Konten* lassen sich die Einstellungen für das eigene Benutzerkonto einsehen bzw. anpassen, und Administratoren können dort auch Konten verwalten (siehe Kapitel 29)

■ In der Kategorie *SkyDrive* finden Sie Unterkategorien, um den SkyDrive-Onlinespeicher mit einem Microsoft-Konto zu verbinden und verwenden zu können, um Synchronisierungseinstellungen zu verwalten und einiges mehr

- Die Kategorie *Suche und Apps* stellt in Unterkategorien Optionen zum Anpassen der Suche bereit. In der Unterkategorie *Benachrichtigungen* legen Sie über Schalter fest, ob und welche Apps wann Benachrichtigungen einblenden dürfen.

- Unter *Datenschutz* legen Sie fest, ob Apps den Standort und das Profilbild verwenden dürfen. Hinweise zu weiteren Kategorien und Details zu den dort vorhandenen Unterkategorien finden Sie (kontextbezogen) in den verschiedenen Kapiteln dieses Buchs und auf den nachfolgenden Seiten.

Abbildung 30.3 Seite *PC-Einstellungen*

HINWEIS Nicht immer sind alle Kategorien und Optionen auf einem System verfügbar. Unter *PC und Geräte* wird in der Unterkategorie *Eingabe* beispielsweise die Anpassung der Bildschirmtastatur nur bei Geräten mit Touchbedienung eingeblendet.

Zugriff auf die Systemsteuerung

Für detaillierte Einstellungen des Systems (z.B. Maus und Tastatur anpassen, Programme deinstallieren, Funktionen aktivieren) stellt Windows 8.1 auch weiterhin die Systemsteuerung zur Verfügung. Der Zugriff auf die Systemsteuerung ist über verschiedene Vorgehensweisen möglich:

- Sie können bei geöffnetem Windows-Desktop die Charms-Leiste einblenden, das Symbol *Einstellungen* und dann in der Seitenleiste *Einstellungen* den Befehl *Systemsteuerung* wählen (siehe vorhergehender Abschnitt)

- Oder Sie tippen, bei angezeigter Startseite, »Sys« ein. Dann sollte sich der Suchtreffer *Systemsteuerung* per Maus wählen lassen.

- Als eine weitere Alternative lässt sich das Schnellzugriffmenü in der linken unteren Fensterecke über einen Rechtsklick auf die Schaltfläche *Start* (oder durch Drücken der Tastenkombination ⊞+X) einblenden und der Menübefehl *Systemsteuerung* wählen

- Zudem finden Sie im Menüband des Ordnerfensters *Dieser PC* (z.B. direkt aufrufbar über ⊞+E) auf der Registerkarte *Computer* die Schaltfläche *Systemsteuerung* vor

Nach dem Aufruf erscheint das Fenster der Systemsteuerung mit den Befehlen zum Anpassen des Computers auf dem Windows-Desktop.

Die Systemsteuerung im Überblick

Das Fenster der Systemsteuerung (Abbildung 30.4, unten) enthält in der Kategorienansicht in verschiedene Gruppen eingeordnete Befehle. Jede Gruppe (Kategorie) besteht aus einem Titeleintrag und einigen häufig benötigten Befehlen. Zeigen Sie auf den Hyperlink eines Titeleintrags, blendet die Systemsteuerung eine QuickInfo mit Zusatzinformationen zur Nutzung der betreffenden Kategorie ein.

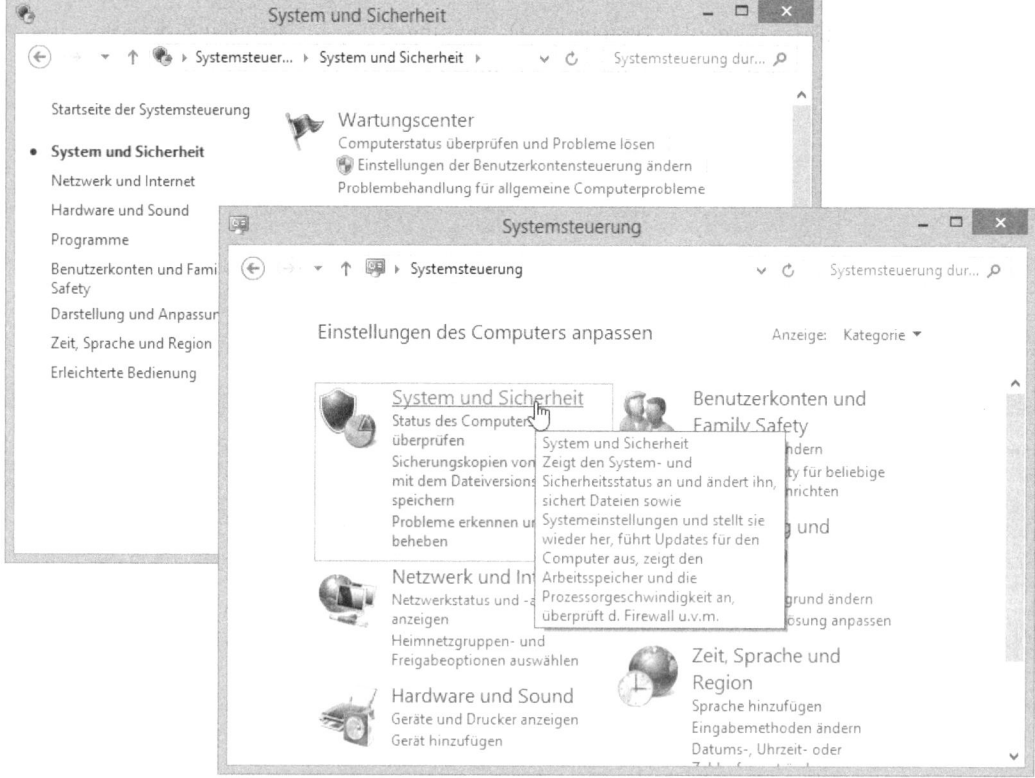

Abbildung 30.4   Fenster der Systemsteuerung

- Wählen Sie einen der Titeleinträge an, öffnet die Systemsteuerung eine weitere Seite (Abbildung 30.4, oben) mit allen Befehlen oder Optionen der jeweiligen Kategorie. Enthält diese Seite Titeleinträge, lässt sich über diese zur nächsten Unterseite, in der die verfügbaren Optionen oder Befehle aufgeführt werden, navigieren.

- Innerhalb einer Unterseite zeigt die Systemsteuerung unterhalb des Kategorientitels häufig benötigte Befehle als Hyperlinks an. Wählen Sie einen dieser Hyperlinks, gelangen Sie direkt zur Seite mit den entsprechenden Optionen.

- In der linken Spalte der Fenster wird häufig eine Aufgabenleiste eingeblendet. Dort bietet Ihnen die Systemsteuerung Hyperlinks zum Aufrufen weiterer Funktionen an.

Sie können also durch Anwahl der Hyperlinks sehr komfortabel im Fenster der Systemsteuerung navigieren und die gewünschten Funktionen abrufen.

- Über die beiden Schaltflächen *Zurück* und *Vorwärts* in der oberen linken Fensterecke blättern Sie zwischen den bereits besuchten Seiten der Systemsteuerung

- Die Adressleiste des Fensters ermöglicht Ihnen, direkt zur übergeordneten Ebene zurückzugehen

In der Aufgabenleiste finden Sie nach Anwahl einer Unterseite zudem den Hyperlink *Startseite der Systemsteuerung*, über den Sie jederzeit die Anfangsseite aufrufen können.

Systemsteuerung: Einzelsymbolansicht und Suche

Bevorzugen Sie die aus einzelnen Symbolen bestehende Darstellung der Systemsteuerung, die Sie vielleicht aus früheren Windows-Versionen kennen (Abbildung 30.5, unten)?

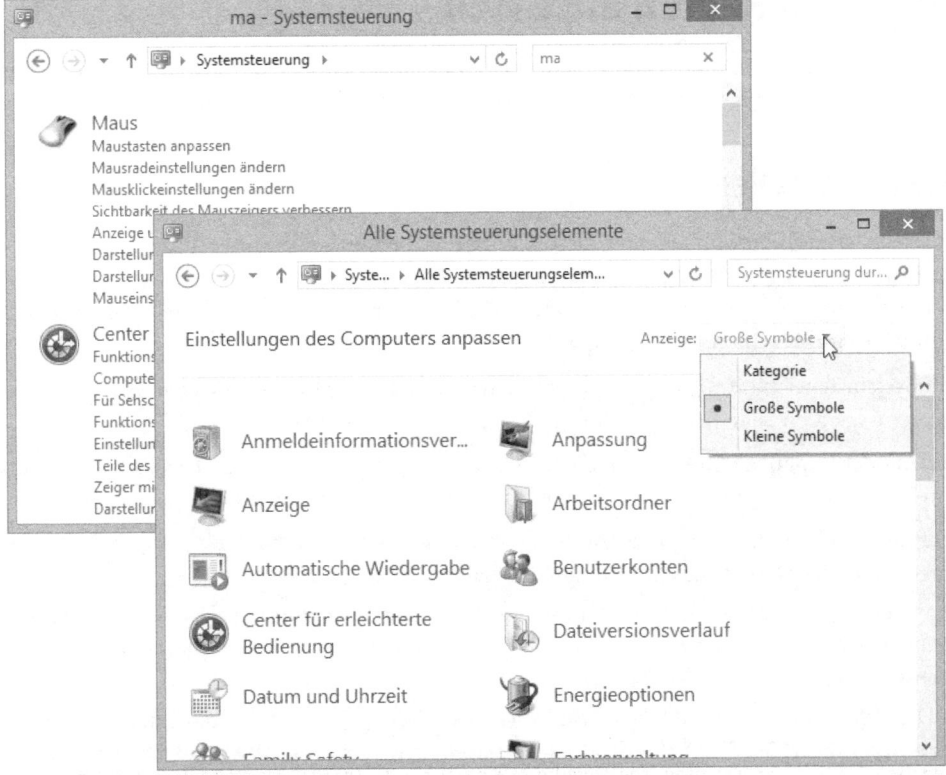

Abbildung 30.5   Einzelsymbolansicht und Suche in der Systemsteuerung

Dann stellen Sie den Wert der Schaltfläche *Anzeige* über das betreffende Menü von »Kategorie« auf »Große Symbole« oder »Kleine Symbole« um (Abbildung 30.5, unten):

- Bei Anwahl eines Symbols im Fenster der Systemsteuerung werden ggf. die aus früheren Windows-Versionen bekannten Eigenschaftenfenster mit Registerkarten angezeigt

- Bei manchen Einträgen erscheint dagegen eine Formularseite zur Anpassung der betreffenden Systemeigenschaften

Eine sehr effiziente Möglichkeit zum Zugriff auf Funktionen der Systemsteuerung besteht in der Verwendung der Suchfunktion. Es genügt, in das Suchfeld in der oberen rechten Fensterecke einen Teilbegriff einzutippen. Bereits während der Eingabe filtert Windows die möglichen Befehle und zeigt diese im Fenster der Systemsteuerung an (Abbildung 30.5, oben).

HINWEIS   Verschiedene Funktionen der Systemsteuerung (z.B. Anpassen von Internet- oder Ordneroptionen, Netzwerkfunktionen etc.) werden in anderen Kapiteln, im Kontext zum jeweiligen Thema, behandelt. Nachfolgend finden Sie daher die Beschreibung ausgesuchter Funktionen der Systemsteuerung, mit denen sich weitere Windows-Einstellungen anpassen lassen. Beachten Sie bei der Verwendung der Systemsteuerung, dass Sie für Änderungen, die sich auf das gesamte System auswirken, Administratorrechte benötigen (dazu gehört beispielsweise auch das Einstellen von Uhrzeit und Datum). Das heißt, bei vielen Funktionen werden Sie aufgefordert, die Sicherheitsabfrage der Benutzerkontensteuerung zu bestätigen.

Zeit, Sprache und Region anpassen

Über die Kategorie *Zeit, Sprache und Region* der Systemsteuerung können Sie sowohl die Uhrzeit und das Datum einstellen als auch Anpassungen an den Sprach- bzw. Regionseinstellungen vorzunehmen.

Datum und Uhrzeit stellen

Windows zeigt auf dem Desktop die Uhrzeit bzw. das Datum im Infobereich der Taskleiste an. Standardmäßig wird die Uhrzeit mit einem Internetzeitserver abgeglichen. Falls die Uhr trotzdem falsche Werte zeigt, können Sie diese Einstellungen überprüfen und ggf. anpassen. Hierzu haben Sie gleich zwei Möglichkeiten, wobei Sie aber Administratorberechtigungen benötigen:

- Öffnen Sie die Systemsteuerung und wählen Sie die Kategorie *Zeit, Sprache und Region*. Anschließend wählen Sie auf der folgenden Seite den Hyperlink *Datum und Uhrzeit festlegen*.

- Alternativ klicken oder tippen Sie im Infobereich der Taskleiste die angezeigte Uhrzeit an und wählen im eingeblendeten Kalenderblatt mit der Uhr den Hyperlink *Datum- und Uhrzeiteinstellungen ändern*

In beiden Fällen öffnet Windows das Eigenschaftenfenster *Datum und Uhrzeit* (Abbildung 30.6, links). Zum Anpassen der Uhrzeit oder des Datums gehen Sie folgendermaßen vor:

1. Wählen Sie im angezeigten Eigenschaftenfenster auf der Registerkarte *Datum und Uhrzeit* die Schaltfläche *Datum und Uhrzeit ändern* und bestätigen Sie anschließend die ggf. angezeigte Sicherheitsabfrage der Benutzerkontensteuerung.

2. Passen Sie im Dialogfeld *Datum- und Uhrzeiteinstellungen* (Abbildung 30.6, rechts) das Datum und/oder die Uhrzeit an und schließen Sie die Dialogfelder und Registerkarten über die *OK*-Schaltflächen.

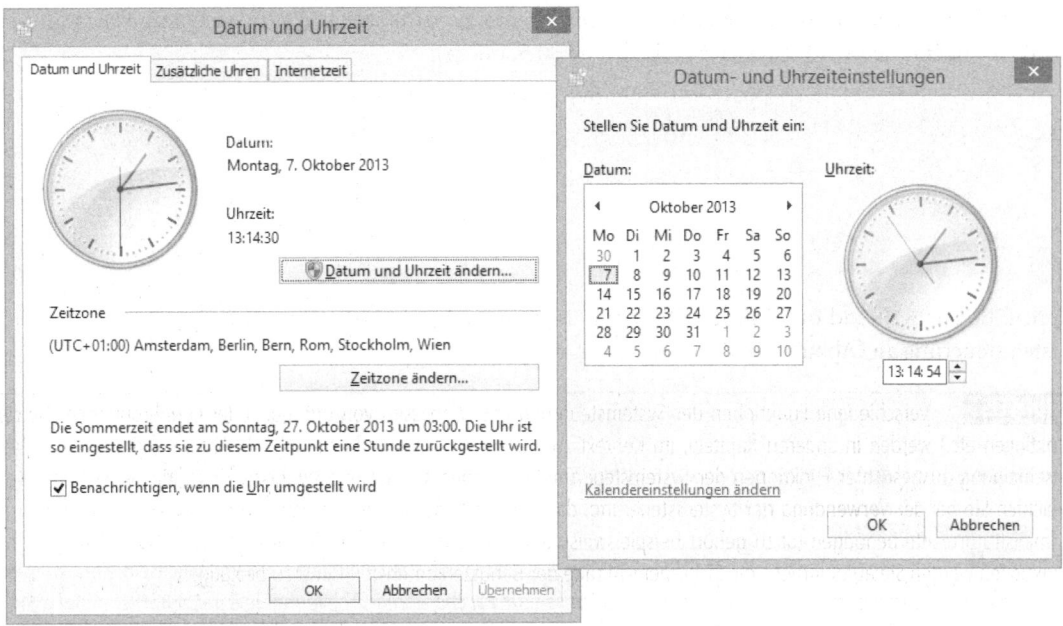

Abbildung 30.6 Uhrzeit und Datum anpassen

Zum Ändern des aktuellen Datums klicken Sie z.B. die Einträge im Kalenderblatt mit der Maus an. Ein Klick auf einen Tag stellt diesen als aktuelles Datum ein. Die Schaltflächen rechts und links in der Kopfzeile des Kalenderblatts ermöglichen es Ihnen, zwischen den Monaten zu blättern.

Ein Mausklick auf den angezeigten Monatsnamen wechselt zur Jahresübersicht, weitere Mausklicks zeigen die Jahrzehntübersicht und schließlich die Jahrhundertübersicht an. Auf diese Weise können Sie auch den Monat und das Jahr auswählen. Statt Mausklicks tippen Sie auf einem Touchscreen einfach die Elemente an.

Um die Uhrzeit anzupassen, markieren Sie den Wert für die Stunden, für die Minuten oder für die Sekunden im Drehfeld. Dann lässt sich der neue Wert eintippen oder über die Schaltflächen des Drehfelds einstellen.

HINWEIS   Drehfelder sind Steuerelemente zur Anpassung numerischer Werte. Sie können den Wert direkt in das Drehfeld eintippen oder über die am rechten Rand des Drehfelds angezeigten Schaltflächen (die kleinen Dreiecke) schrittweise erhöhen bzw. verringern.

Anpassen der Zeitzone

Die Zeitzone legt fest, wie die Uhrzeit und das Datum anzuzeigen sind und ob eine automatische Umstellung auf die Sommer-/Winterzeit erfolgen soll:

1. Um die Zeitzone der Uhrzeitanzeige anzupassen, melden Sie sich unter einem Administratorkonto an und gehen wie beim Ändern des Datums oder der Uhrzeit vor, wählen aber auf der Registerkarte *Datum und Uhrzeit* die Schaltfläche *Zeitzone ändern* (Abbildung 30.6, links).

2. Im Dialogfeld *Zeitzoneneinstellungen* (Abbildung 30.7) wählen Sie dann die Zeitzone über das betreffende Listenfeld. Für Deutschland, Österreich, die Schweiz, Luxemburg, Lichtenstein und Südtirol sollte

der Wert auf »UTC+01:00« stehen. Weiterhin ist das Kontrollkästchen *Uhr automatisch auf Sommer-/Winterzeit umstellen* zu markieren.

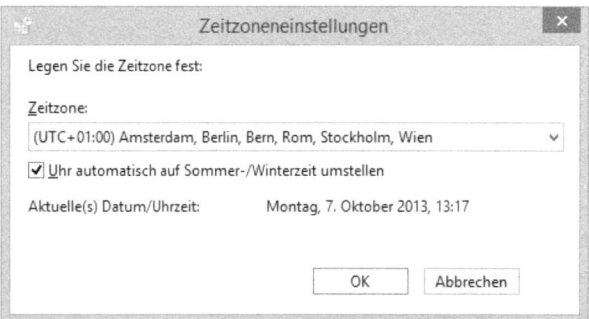

Abbildung 30.7 Zeitzone anpassen

Die Änderungen werden übernommen, sobald Sie das Dialogfeld über die *OK*-Schaltfläche schließen und dann auf der Registerkarte auf *Übernehmen* klicken.

TIPP   Benötigen Sie eine schnelle Übersicht über Ortszeiten von verschiedenen Ländern? Wechseln Sie in diesem Fall im Eigenschaftenfenster *Datum und Uhrzeit* zur Registerkarte *Zusätzliche Uhren* (Abbildung 30.8, rechts). Hier können Sie zwei zusätzliche Uhren mit abweichenden Zeitzonen samt Namen vorgeben. Markieren Sie die Kontrollkästchen und legen Sie die gewünschten Einstellungen fest. Wenn Sie die Registerkarte über die *OK*-Schaltfläche schließen, lassen sich die unterschiedlichen Zeiten über eine QuickInfo im Infobereich der Taskleiste abrufen.

Synchronisation der Internetzeit anpassen

Windows 8.1 kann bei einer bestehenden Internetverbindung eine automatische Zeitsynchronisation über Zeitserver vornehmen. Dies verhindert, dass die Uhr gravierend falsch geht. Zum Anpassen der betreffenden Einstellungen rufen Sie das Eigenschaftenfenster *Datum und Uhrzeit* entsprechend den obigen Schritten auf. Wenn Sie zur Registerkarte *Internetzeit* wechseln (Abbildung 30.8, oben links), sehen Sie, wann die nächste Synchronisierung erfolgen soll.

Wählen Sie die Schaltfläche *Einstellungen ändern* und bestätigen die Sicherheitsabfrage der Benutzerkontensteuerung, können Sie im Dialogfeld *Internetzeiteinstellungen* (Abbildung 30.8, unten links) diese Synchronisierung über die Markierung des Kontrollkästchens zu- oder abschalten. Zudem lässt sich der Zeitserver über ein Listenfeld anpassen. Falls die Uhrzeit häufiger abweicht, ersetzen Sie die voreingestellte Adresse des Zeitservers *time.windows.com* durch die Adresse eines anderen Zeitservers wie z.B. *time.nist.gov* oder tragen Sie *ptbtime1.ptb.de* im betreffenden Feld ein. Über die Schaltfläche *Jetzt aktualisieren* nehmen Sie einen Abgleich mit dem Zeitserver vor.

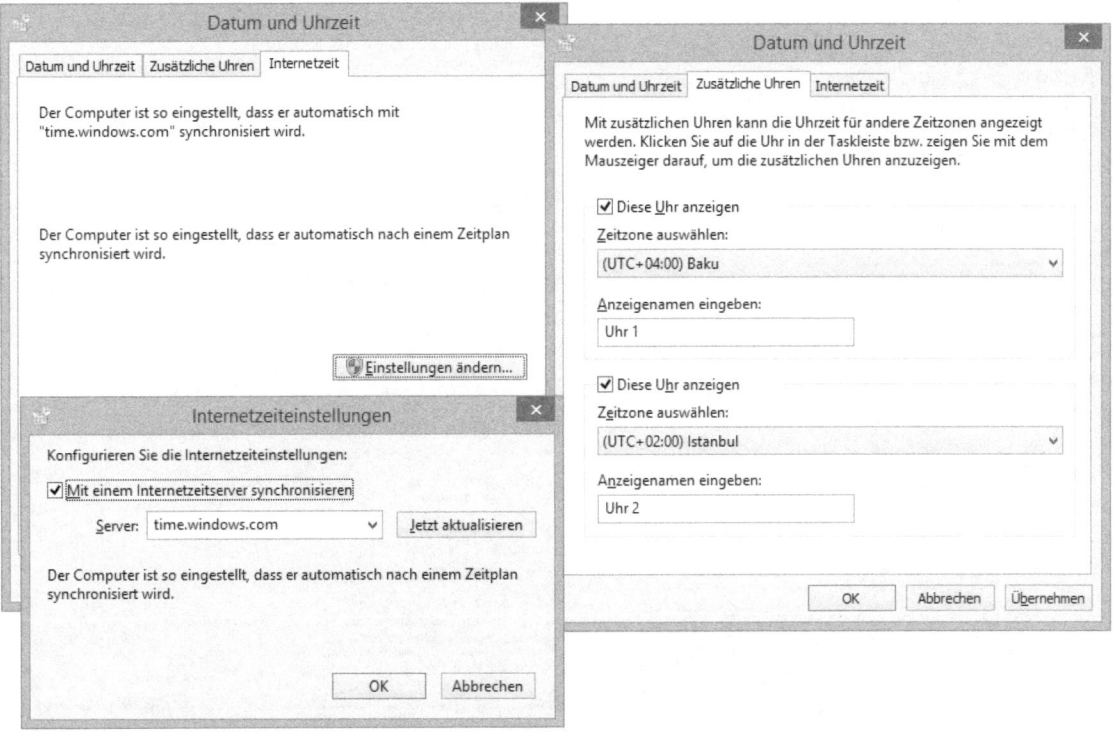

Abbildung 30.8   Internetzeiteinstellungen anpassen und zusätzliche Uhren verwenden

Regions- und Sprachoptionen anpassen

Windows sowie Anwendungsprogramme verwenden zur Darstellung des Datums und der Uhrzeit sowie für Zahlen und Währungsangaben bestimmte Einstellungen. Diese Einstellungen beeinflussen unter Umständen auch die Art, wie Listen sortiert und durchsucht werden. Standardmäßig richtet Windows 8.1 die Regions- und Spracheinstellungen nach dem bei der Installation gewählten Gebietsschemata ein. Sie können diese Einstellungen aber bei Bedarf einsehen und anpassen.

1. Wählen Sie in der Systemsteuerung die Kategorie *Zeit, Sprache und Region* und auf der folgenden Seite den Befehl *Region*.

2. Anschließend passen Sie die gewünschten Einstellungen auf den Registerkarten des Eigenschaftenfensters *Region* (Abbildung 30.9, links) an.

Auf der Registerkarte *Formate* wird das gewählte Gebietsschema (in der Regel »Windows-Anzeigesprache verwenden«) im Listenfeld *Format* eingeblendet. Sie haben aber die Möglichkeit, das Format über das betreffende Listenfeld auf abweichende deutschsprachige Gebietsschemata (z.B. Österreich oder Schweiz) umzustellen.

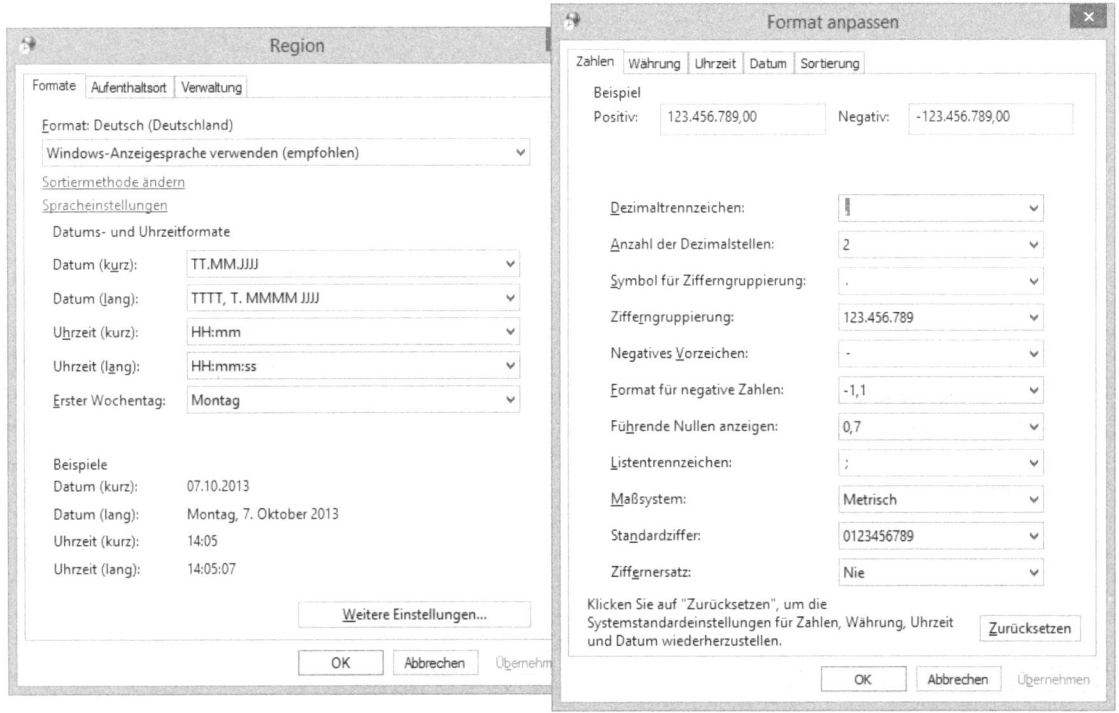

Abbildung 30.9   Regions- und Sprachoptionen anpassen

Weiterhin lassen sich die Formatvorgaben zur Anzeige von Datum und Uhrzeit über entsprechende Listen-felder umstellen. Windows-Anwendungen verwenden diese Formateinstellungen zur Darstellung von Zah-len und Währungsbeträgen. Hat eine Anwendung Probleme bei der Darstellung oder Berechnung von Zah-len bzw. Währungsbeträgen, können Sie versuchsweise die Einstellungen anpassen, indem Sie auf der Registerkarte *Formate* die Schaltfläche *Weitere Einstellungen* anklicken. Windows öffnet dann das in Abbil-dung 30.9, rechts, gezeigte Eigenschaftenfenster, auf dessen Registerkarten Sie festlegen können, welche Dar-stellungsoptionen Windows verwenden soll:

- Die Registerkarte *Zahlen* enthält die Vorgaben, wie Dezimaltrennzeichen und Zifferngruppierung (Tau-sendertrennzeichen) anzuzeigen sind. Weiterhin werden das Listentrennzeichen, das Maßsystem sowie die Zahlendarstellung (Vorzeichen, Dezimalstellen) etc. festgelegt.

- Die Anzeige von Währungsbeträgen bestimmen Sie über die Felder der Registerkarte *Währung*. Neben dem Tausendertrennzeichen (Feld *Symbol für Zifferngruppierung*) und dem Dezimaltrennzeichen lassen sich beispielsweise das Währungssymbol und dessen Position angeben.

- Das Format der Zeitanzeige (z.B. das Trennzeichen sowie Zeitangaben mit bzw. ohne Sekundenanzeige) wird über die Felder auf der Registerkarte *Uhrzeit* festgelegt. Die Listenfelder der Gruppe *Zeitformate* ent-halten Zeichenketten, die das Format der Stunden-, Minuten- und Sekundenanzeige vorgeben.

- Auf der Registerkarte *Datum* beeinflussen Sie die Formatierung der Datumsanzeige (Schreibweisen für kurze oder lange Datumsangaben). Zudem lässt sich auf dieser Registerkarte das »Jahrtausendproblem« bei zweistelligen Jahresangaben älterer Software lösen. Über die Gruppe *Kalender* wird ein Zeitintervall (Standard ist 1930 bis 2029) vorgegeben, um zweistellige Jahreszahlen in vierstellige Zeitangaben umzusetzen (die Jahreszahl 55 steht für 1955, während die Angabe 14 in 2014 konvertiert wird).

- Auf der Registerkarte *Sortierung* lässt sich die Sortierreihenfolge zwischen »Wörterbuch« und »Telefonbuch« (Sortierung erst nach Name, dann nach Vorname, ä hinter a etc.) umstellen. Diese Vorgabe wird von Anwendungen zur Sortierung von Listen benutzt.

Die Einstellungen werden übernommen, sobald Sie das Eigenschaftenfenster über die *OK*-Schaltfläche schließen.

HINWEIS Auf der Registerkarte *Aufenthaltsort* des Eigenschaftenfensters *Region* (Abbildung 30.9, links) legen Sie den aktuellen Aufenthaltsort fest, also das Land, in dem Sie sich aktuell aufhalten. Der Standort wird von verschiedenen Diensten abgefragt, um regionsspezifische Informationen zu liefern. Auf der Registerkarte *Verwaltung* lässt sich die Sprache für Programme vorgeben, die nicht mit dem in Windows verwendeten Unicode kompatibel sind. Weiterhin können Sie der Willkommensseite und neuen Benutzerkonten das Tastaturlayout und die Anzeigesprache zuweisen. Diese Option ist sinnvoll, wenn verschiedene Sprachpakete installiert sind und neue Benutzerkonten mit einer anderen Sprache angelegt werden sollen. In der Regel brauchen Sie diese Einstellungen aber in Windows nicht anzupassen.

Zeit, Region und Sprache in den PC-Einstellungen

In Windows 8.1 können Sie auf Geräten mit Touchbedienung die Einstellungen für Datum und Uhrzeit sowie für Region und Sprache auch direkt in den PC-Einstellungen anpassen:

1. Blenden Sie die Charms-Leiste am rechten Seitenrand ein, wählen Sie die Schaltfläche *Einstellungen* und in der Seitenleiste den Befehl *PC-Einstellungen ändern*.

2. Wählen Sie in der Seite *PC-Einstellungen* die Kategorie *Zeit und Sprache*. Danach wählen Sie in der Folgeseite die gewünschte Unterkategorie und passen die Einstellungen an (Abbildung 30.10).

Die Schaltfläche *Ändern* zum Anpassen des Datums und der Uhrzeit wird erst freigegeben, nachdem der Schalter *Datum und Uhrzeit ändern* auf »Aus« steht. In der Unterkategorie *Region und Sprache* lässt sich nicht nur das Land vorgeben, Sie können auch zusätzliche Anzeigesprachen (z.B. englische Benutzeroberfläche) installieren. Die entsprechenden Systemsteuerungsfunktionen werden auf den folgenden Seiten besprochen.

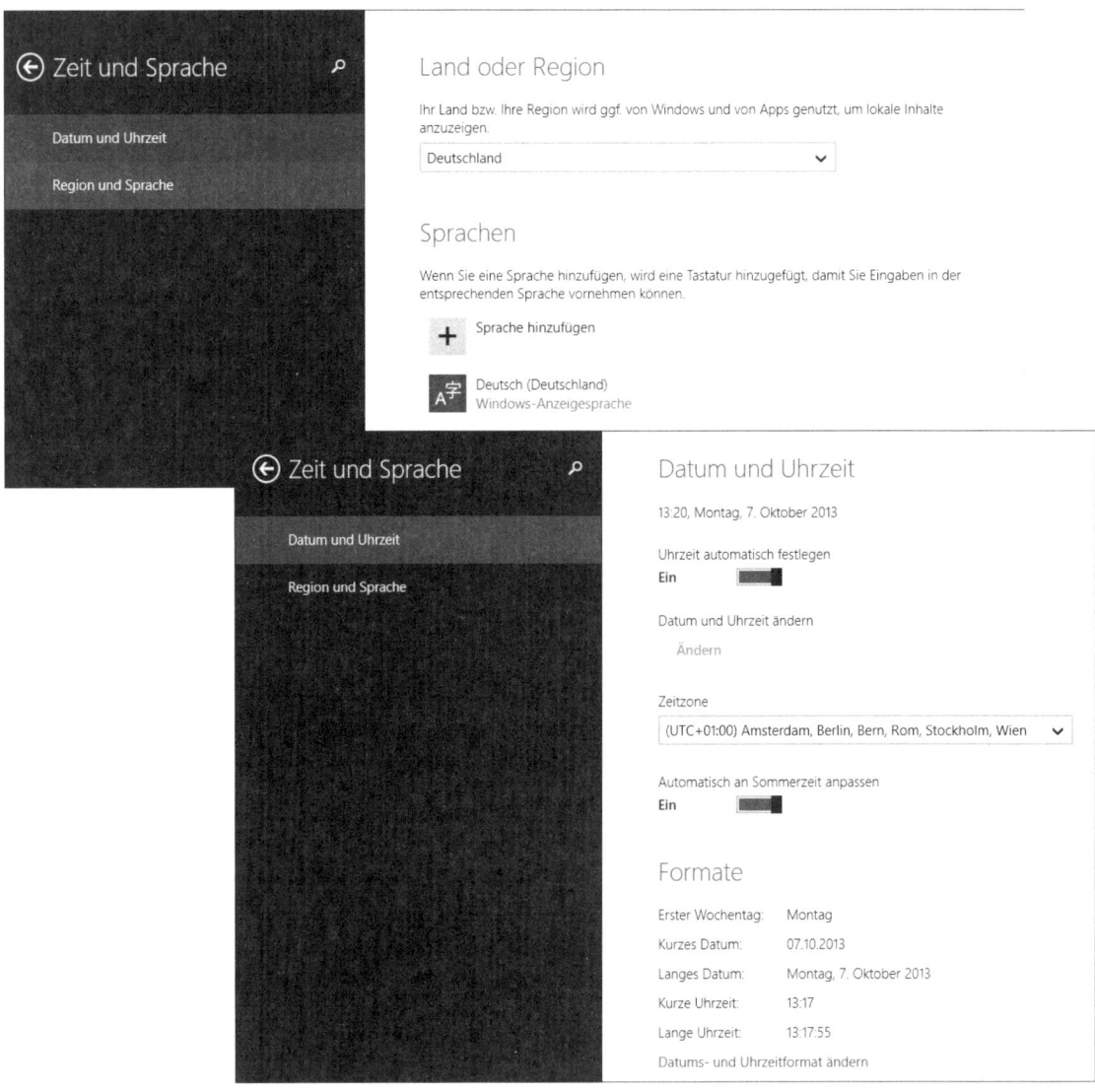

Abbildung 30.10   Zeit und Sprache in den PC-Einstellungen anpassen

Tastaturlayout und Spracheinstellungen ändern

Windows unterstützt verschiedene Tastaturlayouts und auch Spracheinstellungen für die komplette Benutzeroberfläche von Benutzerkonten. In Kapitel 4 ist im Abschnitt »Eingabesprache und Sprachunterstützung« die Umschaltung des Tastaturlayouts behandelt.

Sprache hinzufügen und auswählen

Möchten Sie eine zusätzliche Eingabesprache für das Tastaturlayout verwenden, wählen Sie in der Systemsteuerung im Abschnitt *Zeit, Sprache und Region* den Link *Sprache hinzufügen*. Auf der Seite *Spracheinstellungen ändern* (Abbildung 30.11, oben) klicken Sie auf *Sprache hinzufügen*.

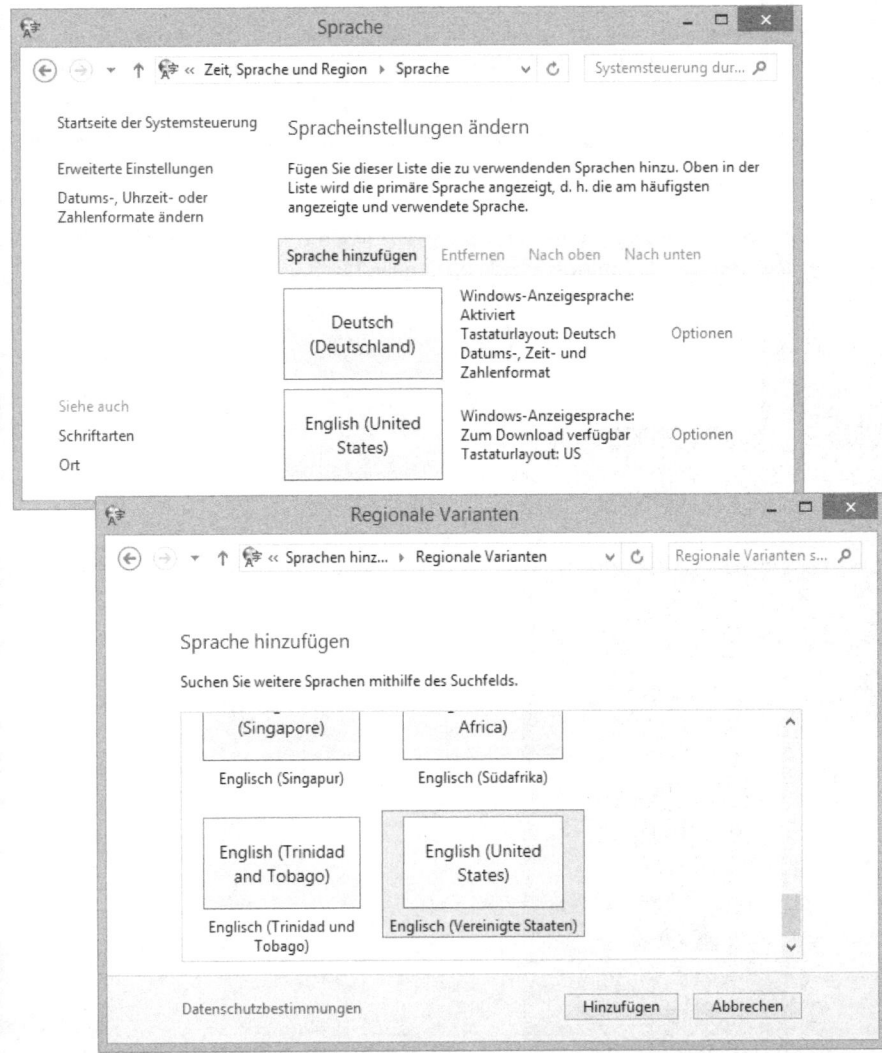

Abbildung 30.11   Sprachen verwalten

Im folgenden Fenster lässt sich in der Seite *Sprache hinzufügen* (Abbildung 30.11, unten) die gewünschte Sprache über eine der Kacheln auswählen. Gibt es mehrere Sprachvarianten (z.B. Deutsch-Luxemburg, Deutsch-Deutschland etc.), zeigt Windows nach Anwahl der *Hinzufügen*-Schaltfläche (bzw. *Öffnen*, falls die Sprache bereits vorhanden ist) eine Unterseite, in der Sie die Sprachvariante auswählen. Nach Anwahl der Schaltfläche *Hinzufügen* wird das Sprachpaket in der Liste (Abbildung 30.11, oben) aufgeführt. Sie sehen dort, ob die Anzeigesprache, das Tastaturlayout und die Zeit-/Datumsformate unterstützt werden. Die Kennung »Anzeigesprache« signalisiert, dass die Benutzeroberfläche in der betreffenden Sprache dargestellt wird. Sie können dann also ein Benutzerkonto z.B. auf Englisch umstellen, während die restlichen Benutzerkonten mit Deutsch laufen.

HINWEIS   Wählen Sie einen Spracheintrag in der Liste aus Abbildung 30.11, oben, an, lässt sich das zugehörige Sprachpaket über die Schaltfläche *Entfernen* vom System löschen. Die Schaltfläche *Nach oben* bzw. *Nach unten* ermöglicht, die Position des Sprachpakets in der Liste der Sprachen zu verschieben. Das zuerst aufgeführte Sprachpaket legt die primäre Sprache fest.

Die Installation einer zusätzlichen Anzeigesprache ist auch in den PC-Einstellungen in der Kategorie *Zeit und Datum/Region und Sprache* möglich (Abbildung 30.10).

Hinter jedem eingerichteten Spracheintrag findet sich der Hyperlink *Optionen* (Abbildung 30.11, oben), bei dessen Anwahl sich die Seite *Sprachoptionen* (Abbildung 30.12) öffnen lässt.

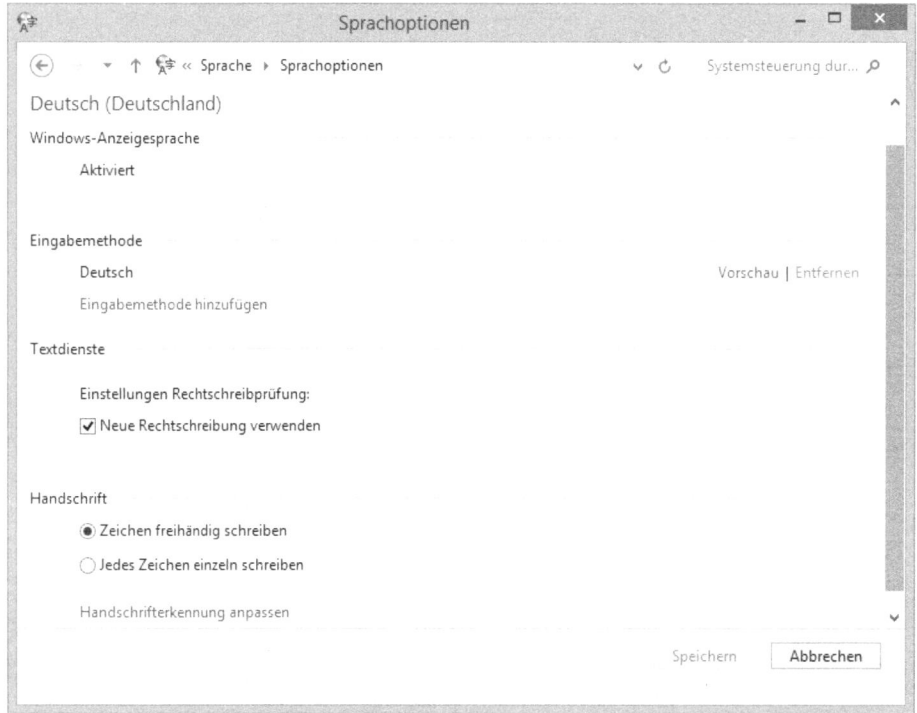

Abbildung 30.12   Sprachoptionen anpassen

Über die auf der Seite eingeblendeten Optionen lassen sich die Windows-Anzeigesprache (sofern unterstützt), die Eingabemethode, die Rechtschreibprüfung sowie die Handschrifterkennung aktivieren bzw. verwalten. Änderungen müssen mit einem Klick auf die Schaltfläche *Speichern* gesichert werden.

HINWEIS   Windows 8.1 unterstützt in allen Versionen verschiedene Anzeigesprachen, mit denen sich die komplette Benutzeroberfläche auf die gewünschte Sprache umstellen lässt. Diese Umstellung kann systemweit oder kontenbezogen erfolgen. Ein deutsches Windows 8.1 lässt sich so mit einer englischen Benutzeroberfläche versehen. Auf der Seite *Sprachoptionen* (Abbildung 30.12) befindet sich ggf. in der Gruppe *Windows-Anzeigesprache* ein Hyperlink *Sprachpaket herunterladen und installieren*, um ein Sprachpaket herunterzuladen, zu installieren oder auch wieder zu deinstallieren. Microsoft hat unter *http://support. microsoft.com/kb/2607607* [Ms240-30-01] eine entsprechende Beschreibung für Windows 8 veröffentlicht, die auch für Windows 8.1

gültig bleibt. Ist ein entsprechendes Sprachpaket installiert, lässt sich auf der Seite *Sprachoptionen* der Hyperlink *Als primäre Sprache festlegen* anwählen. Nach einer Ab- und erneuten Anmeldung wird das Benutzerkonto auf die gewählte Anzeigesprache umgestellt.

Sprachpakete manuell installieren

Herstellern von Geräten oder Firmen bzw. Privatpersonen, die Verträge für Volumenlizenzen, für MSDN- oder TechNet-Abos abgeschlossen haben, gewährt Microsoft Zugriff auf die Windows 8.1-Sprachpakete. Diese liegen auf DVD für die 32- und 64-Bit-Versionen von Windows 8.1 vor. Sofern Sie also Zugriff auf ein solches Sprachpaket in Form einer CAB-Datei (z.B. *en-us.cab*) haben, lässt sich dieses auch manuell installieren. Dabei gibt es verschiedene Methoden:

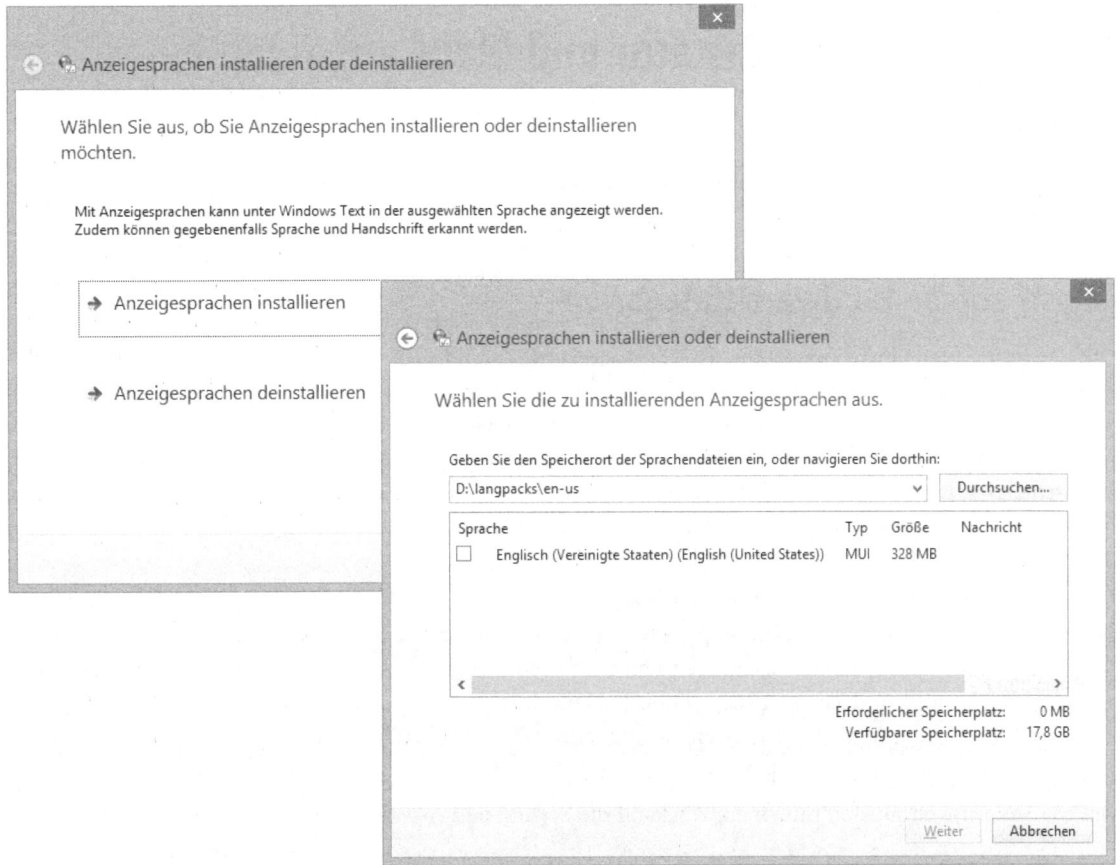

Abbildung 30.13 Anzeigesprache installieren

- Fertigen Sie von der Datei mit dem Sprachpaket eine Kopie an und benennen Sie die Dateinamenerweiterung *.cab* in *.mlc* um. Ein Doppelklick auf die Datei startet dann den Installations-Assistenten für Sprachpakete (Abbildung 30.13, unten).

- Alternativ können Sie eine Eingabeaufforderung mit Administratorrechten öffnen und den Befehl *Lpk-setup* eingeben. Dann erscheint ein Dialogfeld (Abbildung 30.13, oben), über dessen Befehle Sie Sprach-pakete aus CAB-Dateien installieren oder deinstallieren können. In einem zweiten Dialogfeld (Abbildung 30.13, unten) ermöglicht das Dialogfeld des Assistenten dann die Auswahl des Sprachpakets (CAB-Datei).

Sie erhalten in beiden Varianten die Möglichkeit, ein Sprachpaket per Kontrollkästchen auszuwählen und über die *Weiter*-Schaltfläche in einem zweiten Dialogfeld die Anerkennung der Lizenzbedingungen zu bestä-tigen. Dann installiert Windows das Sprachpaket, was einige Zeit dauern kann.

Ist ein entsprechendes Sprachpaket installiert, bietet die Seite *Sprachoptionen* (Abbildung 30.12) unter *Win-dows-Anzeigesprache* die Möglichkeit, eine alternative Anzeigesprache auszuwählen.

Hardware, Sound, Tastatur und Maus anpassen

Windows ermöglicht Ihnen, verschiedene Optionen der Tastatur oder der Maus anzupassen. Weiterhin kön-nen Sie auf verschiedene Hardwarekomponenten oder die Soundeinstellungen über die Systemsteuerung zugreifen. Einige Einstellungen lassen sich in Windows 8.1 auch über die Kategorie *PC und Geräte* in den PC-Einstellungen anpassen.

Zugriff auf die Hardware-Kategorien

Zum Anpassen der Einstellungen für die Hardwarekomponenten rufen Sie die Systemsteuerung auf und wählen auf der Startseite den Eintrag *Hardware und Sound*. Anschließend zeigt das Fenster der Systemsteue-rung eine Liste mit Symbolen, über die Sie auf verschiedene Geräteeinstellungen und Funktionen zugreifen können (Abbildung 30.14, unten). Wählen Sie den Titel einer Kategorie an, öffnet Windows das zugehörige Eigenschaftenfenster mit allen Registerkarten zum Anpassen der betreffenden Optionen. Klicken Sie auf einen der in der Gruppe angezeigten Hyperlinks, gelangen Sie direkt zum Dialogfeld mit den Einstelleigen-schaften.

Alternativ können Sie die Seite *PC-Einstellungen* öffnen, die Kategorie *PC und Geräte* anwählen und erhalten dann in der angezeigten Seite (Abbildung 30.14, oben) über verschiedene Kategorien Zugriff auf die Einstel-lungen für Maus, Touchpad etc. Nachfolgend finden Sie eine kurze Übersicht, wie sich verschiedene Geräte-optionen für Tastatur und Maus über die betreffenden Einträge der Systemsteuerung und der Seite *PC-Ein-stellungen/PC und Geräte* anpassen lassen. Weitere auf der Seite abrufbare Funktionen werden in anderen Kapiteln, im Kontext der betreffenden Anwendung, behandelt.

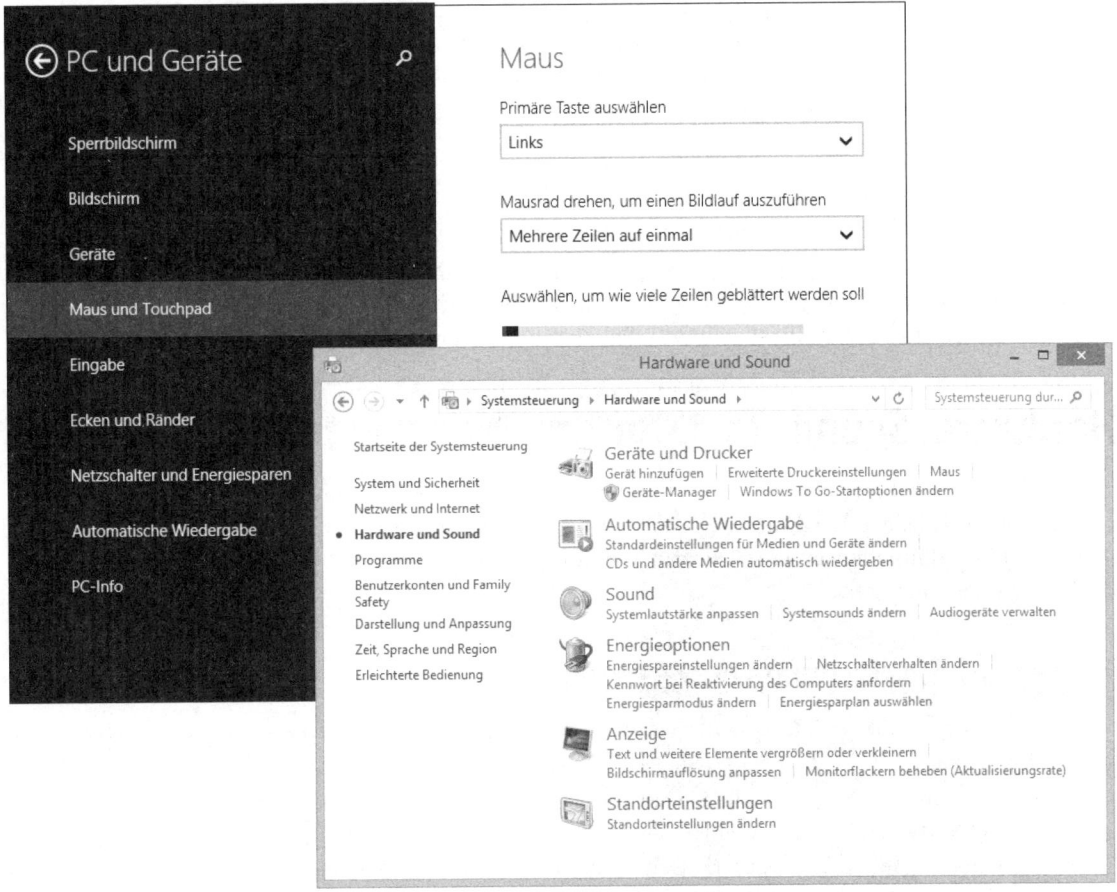

Abbildung 30.14 Kategorie *Hardware und Sound* der Systemsteuerung und *PC und Geräte* der PC-Einstellungen

Mauseinstellungen anpassen

Die Anpassung der Mauseigenschaften kann über die Systemsteuerung nach Auswahl von *Hardware und Sound* im Abschnitt *Geräte und Drucker* mit einem Klick auf den Link *Maus* erfolgen (Abbildung 30.14, unten). Windows öffnet ein Eigenschaftenfenster mit mehreren Registerkarten (Abbildung 30.15, unten). Für die Registerkarte *Tasten* gilt Folgendes:

- Die Umstellung der Maus für Linkshänder erfolgt auf der Registerkarte *Tasten* (Abbildung 30.15, unten links), indem Sie das Kontrollkästchen *Primäre und sekundäre Taste umschalten* im Abschnitt *Tastenkonfiguration* markieren. Standardmäßig ist die Maus für Rechtshänder eingestellt.

- Die Doppelklickgeschwindigkeit lässt sich im Abschnitt *Doppelklickgeschwindigkeit* auf der Registerkarte *Tasten* (Abbildung 30.15, unten links) einstellen. Ziehen Sie den Schieberegler per Maus in die gewünschte Richtung. Ob ein Doppelklick erkannt wird, können Sie im Testfeld mit dem Ordnersymbol probieren. Durch einen Doppelklick öffnen und schließen Sie den Ordner.

- Die Option *KlickEinrasten einschalten* ermöglicht das Markieren oder Ziehen per Maus, ohne dabei ständig die Maustaste gedrückt halten zu müssen. Markieren Sie das entsprechende Kontrollkästchen und passen Sie ggf. die Einstellungen über die Schaltfläche *Einstellungen* an.

Die Registerkarte *Zeigeroptionen* bietet Optionen zur Beeinflussung der Darstellung des Mauszeigers bei Bewegungen (Abbildung 30.15, unten rechts).

- Der Schieberegler der Gruppe *Bewegung* auf der Registerkarte ermöglicht Ihnen, die Geschwindigkeit einzustellen, mit der der Mauszeiger über den Bildschirm verschoben wird

- Markieren Sie das Kontrollkästchen *In Dialogfeldern automatisch zur Standardschaltfläche springen*, setzt Windows den Mauszeiger auf die vom Programmierer der Anwendung vorgesehene Standardschaltfläche eines Dialogfelds

- Der Abschnitt *Sichtbarkeit* ermöglicht Ihnen, über das Kontrollkästchen *Mausspur anzeigen,* den Mauszeiger bei jeder Mausbewegung als Spur entlang der Bewegungsrichtung darzustellen. Die Länge dieser Mausspur lässt sich über den Schieberegler definieren.

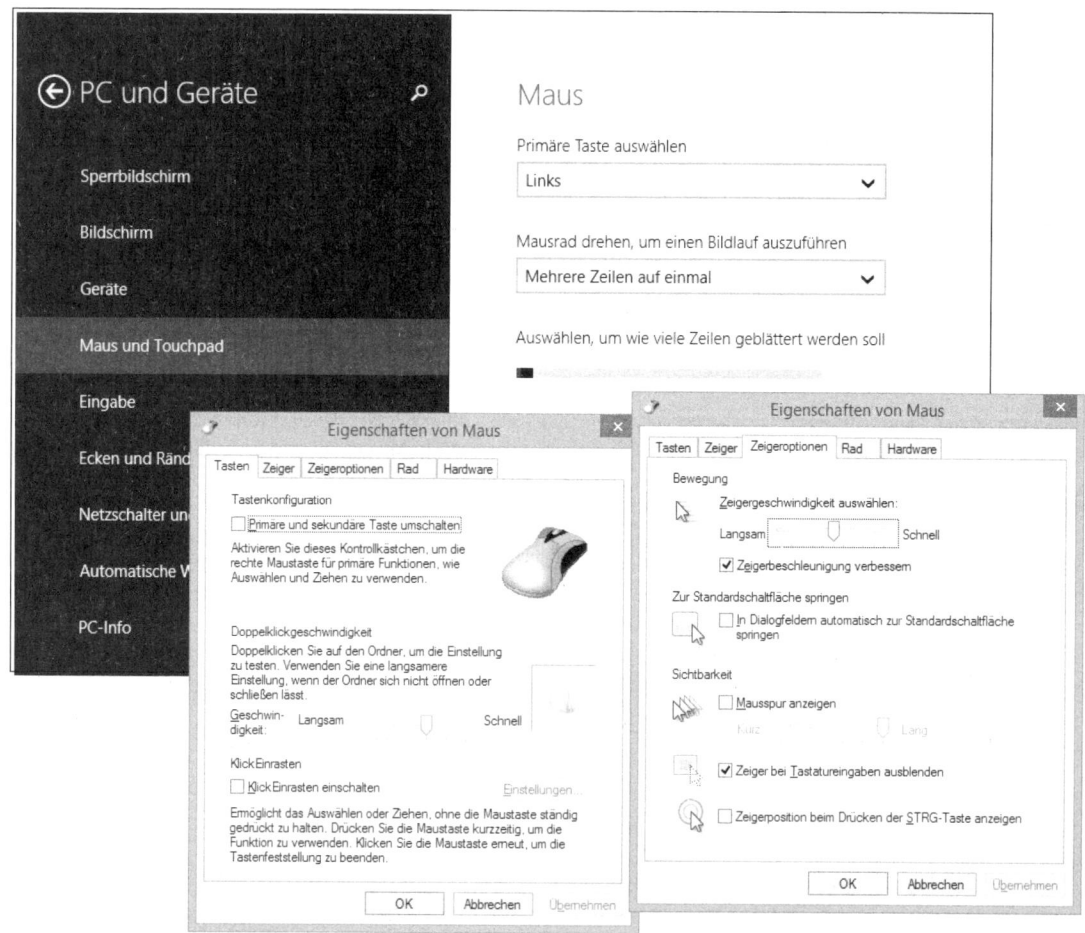

Abbildung 30.15 Mauseigenschaften

- Die Option *Zeiger bei Tastatureingaben ausblenden* im Abschnitt *Sichtbarkeit* ermöglicht Windows, den Mauszeiger bei Tastatureingaben zu unterdrücken. Optional markieren Sie das Kontrollkästchen *Zeigerposition beim Drücken der STRG-Taste anzeigen*. Dann lässt sich der Mauszeiger vom Benutzer einblenden.

Die Zeigeroptionen sind bei einigen Displays hilfreich, wenn der Mauszeiger nur schlecht erkennbar ist. Die von Windows verwendeten unterschiedlichen Zeigerformen für verschiedene Aktivitäten lassen sich auf der Registerkarte *Zeiger* einstellen. Sie können über ein Listenfeld zwischen verschiedenen Schemata wählen. Weiterhin lässt sich jeder Mauszeiger in der Liste *Anpassen* markieren und über die Schaltfläche *Durchsuchen* durch einen neuen Zeiger aus einer Mauszeigerdatei ersetzen.

Über das Kontrollkästchen *Zeigerschatten aktivieren* lässt sich der Mauszeiger mit einem Schatten versehen. Bei Bedarf können Sie mittels der Schaltfläche *Speichern unter* ein Schema unter neuem Namen sichern.

TIPP Welche Zeigerform den einzelnen Mausaktionen zugeordnet ist, sehen Sie in der auf der Registerkarte angezeigten Liste. Markieren Sie einen Eintrag, wird der zugehörige Zeiger im Vorschaufeld in der rechten oberen Ecke der Registerkarte dargestellt.

Auf der Registerkarte *Rad* können Sie bei einer Maus mit einem Scrollrädchen die Größe des vertikalen und horizontalen Bildlaufs beeinflussen. Die Drehfelder geben den Scrollwert in Zeilen bzw. Zeichen für die Drehung des Rädchens um einen Schritt vor. Die Registerkarte *Hardware* wird bei verschiedenen Geräten eingeblendet und ermöglicht, diverse hardwarespezifische Einstellungen des Geräts anzuzeigen und ggf. zu konfigurieren. Außerdem finden Sie auf dieser Registerkarte Optionen, um das Eigenschaftenfenster zur Treiberaktualisierung einzublenden. Bei der Maus lässt sich über diese Registerkarte beispielsweise die Erkennung eines Rädchens einstellen. Bei Touchpads kann eine herstellerspezifische Registerkarte zum Anpassen der Touchpad-Einstellungen hinzukommen.

HINWEIS Sie können auch die Seite *PC-Einstellungen* aufrufen und die Kategorie *PC und Geräte* wählen. Dann lassen sich verschiedene Mauseinstellungen über die Unterkategorie *Maus und Touchpad* (Abbildung 30.15, oben) anpassen. Über die Unterkategorie *Ecken und Ränder* finden Sie übrigens Einstelloptionen, um das Verhalten der Maus beim Zeigen in die Ecken des Bildschirms anzupassen. Die Optionen lassen sich auch über die Registerkarte *Navigation* der Taskleisteneigenschaften anpassen (siehe Kapitel 4, Abschnitt »Einstelloptionen der Registerkarte Navigation«).

Anpassen der Tastatureinstellungen

Um die Tastatureinstellungen anzupassen, tippen Sie in das Suchfeld der Systemsteuerung den Begriff »tastatur« ein und klicken in der Ergebnisanzeige auf den Befehl *Tastatur*. Windows öffnet ein Eigenschaftenfenster, auf dessen Registerkarte *Geschwindigkeit* Sie verschiedene Einstellungen vornehmen können (Abbildung 30.16, Vordergrund rechts).

Halten Sie eine Taste längere Zeit gedrückt, wird das Zeichen nach einer gewissen Verzögerungsdauer mehrfach ausgegeben. Die Verzögerung und die Wiederholrate lassen sich auf der Registerkarte *Geschwindigkeit* im Abschnitt *Zeichenwiederholung* über die Schieberegler verändern. Das Ergebnis lässt sich direkt überprüfen, indem Sie das Eingabefeld anklicken und dann testweise eine Taste gedrückt halten.

Über den Schieberegler im Abschnitt *Cursorblinkrate* können Sie die Blinkfrequenz des Eingabecursors (bei der Texteingabe) verändern. Über die Registerkarte *Hardware* lässt sich der Tastaturtreiber aktualisieren.

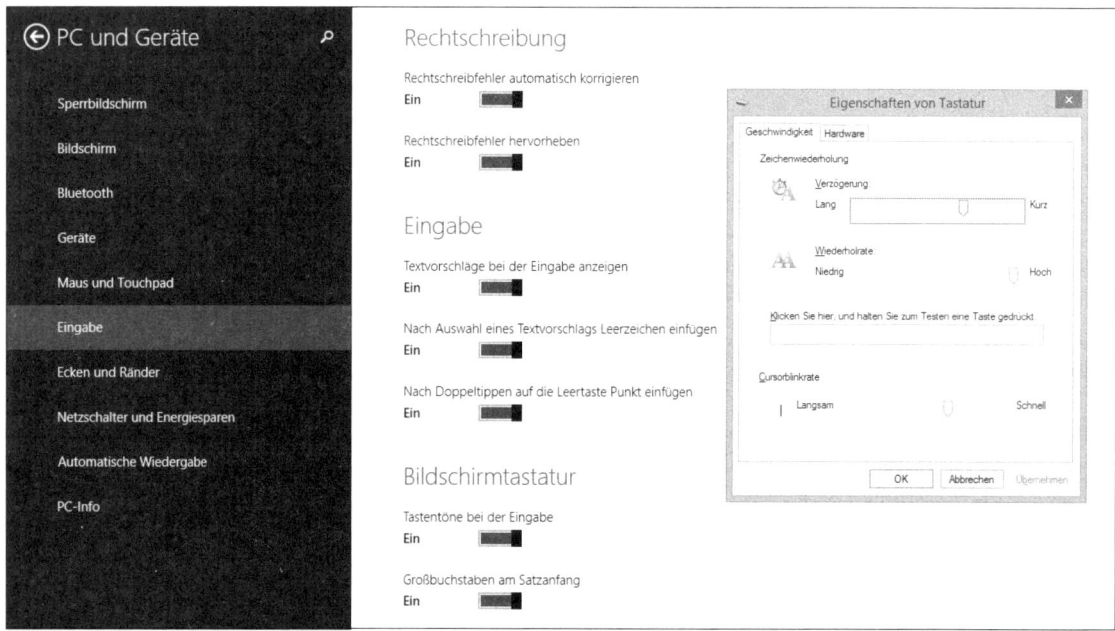

Abbildung 30.16   Tastatureinstellungen

TIPP   Auf Systemen mit Touchscreen rufen Sie die PC-Einstellungen auf, gehen zur Kategorie *PC und Geräte*. In der Unterkategorie *Eingabe* finden Sie die in Abbildung 30.16, Hintergrund links, angezeigten Einstelloptionen, um Eingabeverhalten und Layout der Bildschirmtastatur anzupassen oder die Rechtschreibprüfung bei Tastatureingaben ein-/auszuschalten. Hinweise zum Anpassen der Bildschirmtastatur finden Sie zudem in Kapitel 3.

Audiogeräte konfigurieren

Zum Zugriff auf Audioeinstellungen wählen Sie die Kategorie *Hardware und Sound* in der Systemsteuerung. Dann können Sie direkt über den Befehl *Audiogeräte verwalten* der Kategorie *Sound* (Abbildung 30.14) auf das Eigenschaftenfenster *Sound* aus Abbildung 30.17 zugreifen.

- Die Registerkarte *Wiedergabe* (Abbildung 30.17, links oben) führt alle im System gefundenen Wiedergabegeräte für Sound auf. Sobald Sie das betreffende Gerät in der Liste anklicken, lässt sich über die Schaltfläche *Konfigurieren* das in Abbildung 30.17, unten, gezeigte Dialogfeld des Assistenten öffnen. In diesem können Sie die Einrichtung der Lautsprecher durchführen, um z.B. die Mehrkanaltonausgabe abzugleichen. Die Schaltfläche *Als Standard* legt das betreffende Ausgabegerät (bei mehreren Ausgabegeräten) für alle zukünftigen Audioausgaben fest. Bei vielen Anwendungen lässt sich aber die Art des Ausgabegeräts individuell wählen. Über die Schaltfläche *Eigenschaften* öffnen Sie ein zusätzliches Eigenschaftenfenster, über dessen Registerkarten Sie die Lautstärke und Balance der Lautsprecher (Pegel) einstellen, auf Treibereigenschaften zugreifen oder erweiterte Optionen anpassen können.

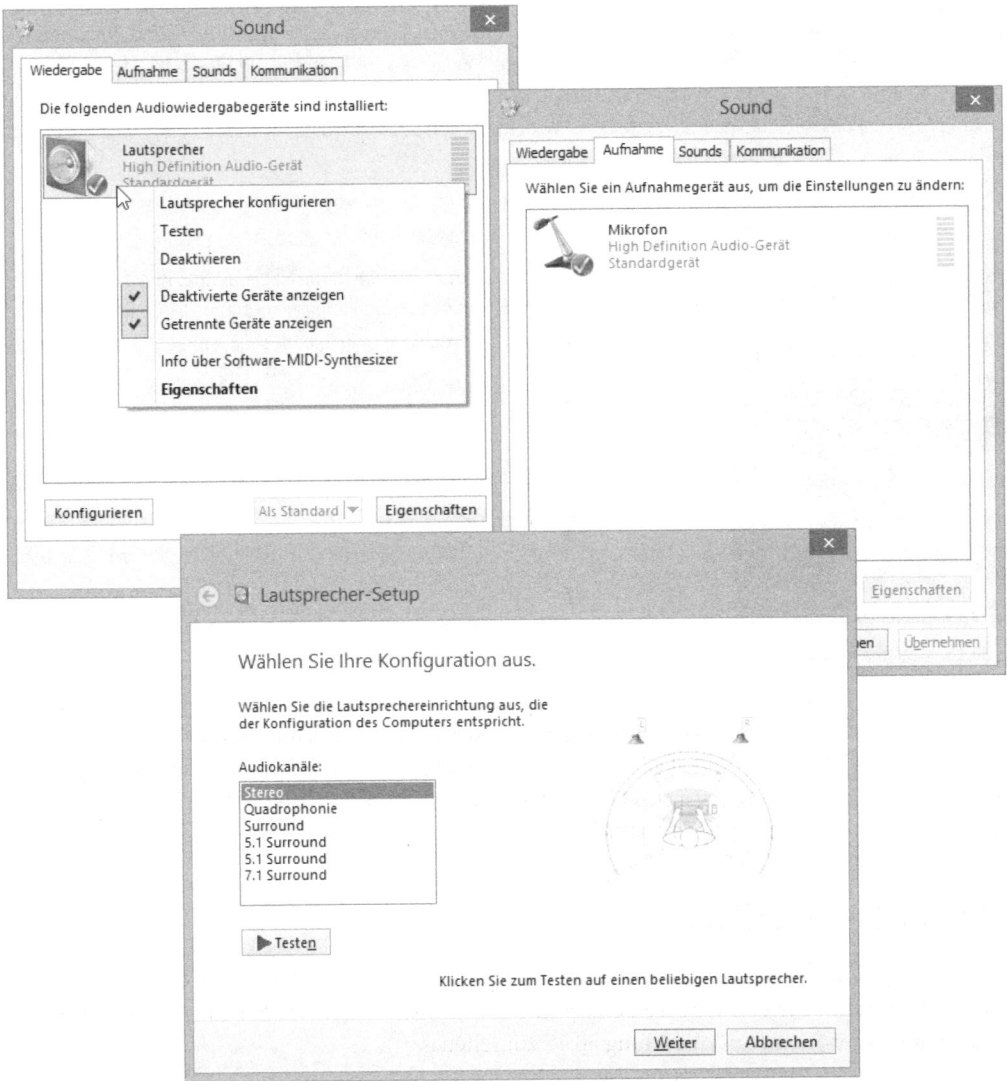

Abbildung 30.17 Audioeinstellungen anpassen

- Wurden Aufnahmegeräte oder Audioeingänge vom System erkannt, werden sie im Eigenschaftenfenster *Sound* auf der Registerkarte *Aufnahme* eingeblendet (Abbildung 30.17, oben rechts). Über die Schaltfläche *Konfigurieren* können Sie für ein ausgewähltes Aufnahmegerät ein spezielles Dialogfeld öffnen, über das sich die Mikrofoneinstellungen anpassen lassen. Auf der Seite finden Sie außerdem Optionen, um die Spracherkennung zu konfigurieren oder das Lernprogramm für die Spracherkennung zu starten. Die Schaltfläche *Als Standard* legt das Aufnahmegerät für alle Audioaufnahmen fest. Über die Schaltfläche *Eigenschaften* öffnen Sie ein zusätzliches Eigenschaftenfenster, über dessen Registerkarten Sie den Eingangspegel des Mikrofons regeln oder auf die Treibereigenschaften zugreifen.

Die Einstellungen werden beim Schließen des Eigenschaftenfensters über die *OK*-Schaltfläche wirksam.

HINWEIS　　Klicken Sie mit der rechten Maustaste auf einen Eintrag der Registerkarten *Wiedergabe* und *Aufnahme*, lassen sich im Kontextmenü getrennte und ausgeblendete Geräte anzeigen. Ein Eintrag *Stereomix* auf der Registerkarte *Aufnahme* stellt die digitalen Audiosignale vom Ausgang der Soundkarte bereit. Dieser Kanal lässt sich z.B. von Audioaufzeichnungsprogrammen verwenden, um das Signal des Audioausgangs (z.B. bei der Wiedergabe von Streamingdaten wie Webradio) mitzuschneiden. Der Eingang ist aber nur bei herstellerspezifischen Audiotreibern vorhanden.

Die Registerkarte *Kommunikation* stellt verschiedene Optionsfelder bereit, über die Sie festlegen, wie die Lautstärke anderer Sounds reduziert werden sollen, sobald Sie den PC für Telefongespräche verwenden.

Über den Befehl *Systemlautstärke anpassen* der Systemsteuerungskategorie *Sounds* öffnen Sie das Dialogfeld des Mixers, über dessen Schieberegler Sie die Ausgabelautstärke einzelner Geräte oder Anwendungen anpassen können. Diese Registerkarten und Fenster können sie auch über das Kontextmenü des im Infobereich der Taskleiste eingeblendete Lautsprechersymbols aufrufen.

Soundereignisse konfigurieren

Windows kann bestimmten Ereignissen wie auftretenden Fehlern, schließenden Programmen etc. akustische Ausgaben zuweisen. Diese Sounddateien werden wiedergegeben, sobald das Ereignis auftritt. Das Zuweisen der Sounddateien zu den betreffenden Systemereignissen erfolgt auf der Registerkarte *Sounds* (Abbildung 30.18).

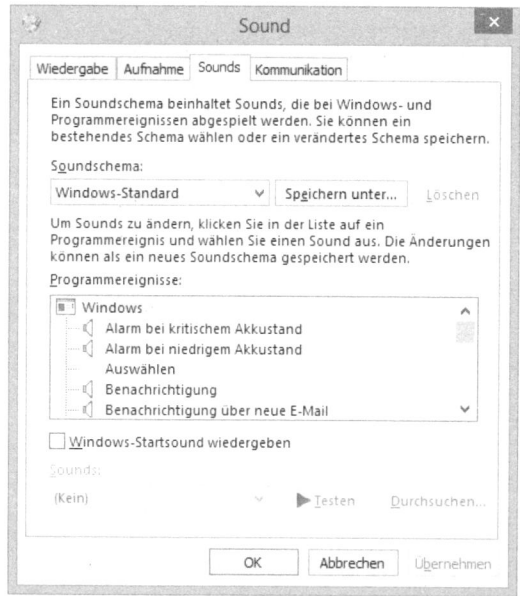

Abbildung 30.18　Soundereignisse definieren

Diese Registerkarte öffnen Sie über den Befehl *Systemsounds ändern* der Systemsteuerung (Abbildung 30.14). Die Registerkarte zeigt Ihnen in der Liste *Programmereignisse* die unterstützten Ereignisse sowie die zugeordneten Sounddateien. Eine zugeordnete Sounddatei ist durch einen stilisierten Lautsprecher vor dem jeweiligen Ereignis dargestellt. Markieren Sie den betreffenden Eintrag, zeigt Windows den Namen der jeweiligen WAV-Datei im Feld *Sounds* an. Über die Schaltfläche *Testen* (links neben der Schaltfläche *Durchsuchen*) lässt sich die Sounddatei abspielen.

1. Um ein akustisches Signal für ein Ereignis festzulegen, markieren Sie den betreffenden Eintrag in der Liste *Programmereignisse* der Registerkarte *Sounds*.
2. Anschließend öffnen Sie das Listenfeld *Sounds*, wählen eine der vorhandenen WAV-Dateien aus und bestätigen dies über die Schaltfläche *Übernehmen*.

Um eine zugewiesene Sounddatei vom Ereignis zu trennen, setzen Sie den betreffenden Eintrag im Listenfeld *Sounds* auf »(Kein)« zurück. Die definierten Zuweisungen lassen sich über die Schaltfläche *Speichern unter* als Audioschema unter einem Namen ablegen. Wählen Sie später ein solches Soundschema im Listenfeld *Soundschema* aus, genügt ein Mausklick auf die Schaltfläche *Übernehmen*, um die Einstellungen zu setzen.

Energieoptionen und -sparpläne

Windows 8.1 bietet Ihnen verschiedene Möglichkeiten zum Einstellen von Energiesparoptionen (als Energiesparpläne bezeichnet). Zudem können Sie das Verhalten der Tasten zum Herunterfahren des Geräts oder des Notebookdeckels anpassen. Nachfolgend erhalten Sie einen Überblick über diese Funktionen.

Anzeige des Energiezustands bei Notebooks

Net- und Notebooks oder Tablet-PCs können Sie am Stromnetz oder über Akku betreiben. Daher ist es hilfreich, auf einen Blick zu erkennen, über welche Energiequelle das Gerät betrieben wird. Im Infobereich der Taskleiste wird das Symbol einer stilisierten Batterie eingeblendet. Betreiben Sie das Notebook am Stromnetz, wird neben dem Batteriesymbol ein stilisierter Stecker eingeblendet. Im Akkubetrieb erscheint dagegen nur das Symbol einer stilisierten Batterie im Infobereich (Abbildung 30.19).

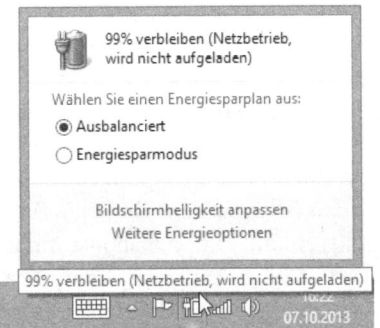

Abbildung 30.19 Anzeige des Energiestatus bei Notebooks oder Tablet PCs

Das Symbol zeigt dabei sogar den Ladezustand des Akkus an. Zeigen Sie im Infobereich auf das eingeblendete Symbol der Energiequelle, erscheint eine QuickInfo mit dem Ladezustand. Wählen Sie das Symbol per Mausklick an, zeigt Windows eine erweiterte Darstellung (Abbildung 30.19), in der Sie den Energiesparplan über Optionsfelder umstellen können. Hierbei besitzen die Optionen folgende Bedeutung:

- **Ausbalanciert** Dieser Modus ist für Notebooks optimal geeignet, da er die volle Leistung bei der Nutzung des Geräts garantiert, andererseits aber in Phasen der Inaktivität in einen energiesparenden Modus umschaltet

- **Energiesparmodus** Verwenden Sie die Option, um die Akkuladung des Notebooks bestmöglich auszunutzen. Der Rechner wird durch Verringerung der Systemleistung energiesparend betrieben.

- **Höchstleistung**   Dieser optionale Modus gewährleistet eine maximale Systemleistung und beste Reaktionsfähigkeit des Geräts, bedingt aber eine schnellere Abnahme der Akkuladung im Mobilbetrieb

Über die in der Palette eingeblendeten Hyperlinks *Bildschirmhelligkeit anpassen* und *Weitere Energieoptionen* können Sie direkt auf die betreffende Einstellseite zugreifen.

HINWEIS   Vom Gerätehersteller oder Benutzer können ggf. weitere Energiesparpläne definiert werden, die dann ebenfalls als Optionsfeld angeboten werden. Sie können die Akkulaufzeit des Systems durch einige Maßnahmen verlängern. Benutzen Sie im Akkubetrieb kein DVD-Laufwerk und schalten Sie Bluetooth-, GPS-, 3G-/4G- oder WLAN-Adapter bei Nichtbenutzung ab. Windows 8.1 reduziert bereits automatisch die Helligkeit der Anzeige, um Energie zu sparen. Verzichten Sie auf leistungsfressende Anwendungen wie Spiele oder Programme zur Audio- und Videowiedergabe.

Energieoptionen anpassen

Windows bietet verschiedene Optionen zum Energiemanagement, die sich über die Systemsteuerung oder die Hyperlinks aus Abbildung 30.19 abrufen lassen. Öffnen Sie die Systemsteuerung und wählen Sie auf der Startseite den Befehl *Hardware und Sound*. Auf der Folgeseite lässt sich dann der Befehl *Energiespareinstellungen ändern* wählen, um das Dialogfeld aus Abbildung 30.20, oben, zu öffnen. Der Befehl *Energiesparmodus ändern* öffnet dagegen direkt das Dialogfeld aus Abbildung 30.20, unten rechts.

- Im Fenster *Energieoptionen* (Abbildung 30.20, oben) erkennen Sie an der Markierung des betreffenden Optionsfelds den momentan eingestellten Energiesparplan. Durch Anklicken eines Optionsfelds wählen Sie zwischen den bevorzugten Energiesparplänen. Standardmäßig tauchen nur zwei bevorzugte Energiesparoptionen auf. Sie können aber über die am rechten Rand der Kategorie *Weitere Energiesparpläne einblenden* sichtbare Schaltfläche die Detailanzeige mit weiteren Energiesparplänen einblenden. Bei Netz- und Notebooks oder Tablet-PCs enthält die Seite *Energieoptionen* am unteren Rand noch einen Schieberegler, über den Sie die Bildschirmhelligkeit vorgeben können.

- Möchten Sie die Einstellungen für den Energiesparmodus des Geräts ändern, wählen Sie im Fenster *Energieoptionen* (Abbildung 30.20, oben) den beim jeweiligen Optionsfeld eingeblendeten Hyperlink *Energiesparplaneinstellungen ändern*. Windows öffnet die in Abbildung 30.20, unten rechts, sichtbare Seite *Energiesparplaneinstellungen bearbeiten*. Bei mobilen Geräten stehen zwei Spalten für Einstellungen mit Akku- und mit Netzbetrieb zur Verfügung, während bei Desktoprechnern nur die Optionen für Netzbetrieb vorhanden sind. Über die Listenfelder wählen Sie die Wartezeit bei inaktivem Gerät bis zum Ausschalten des Bildschirms oder bis zum Aktivieren des Energiesparmodus. Bei Notebooks finden Sie zusätzliche Listenfelder, um die Wartezeit bis zum Reduzieren der Bildschirmhelligkeit vorzugeben, und zwei Schieberegler *Anzeigehelligkeit anpassen*, um die Einstellungen für Akku- und Netzbetrieb separat vorzugeben.

- Klicken Sie auf der Seite *Energiesparplaneinstellungen bearbeiten* (Abbildung 30.20, unten rechts) auf den Hyperlink *Erweiterte Energieeinstellungen ändern*, öffnet sich das Eigenschaftenfenster *Energieoptionen* aus Abbildung 30.20, links. Über das Listenfeld auf der Registerkarte *Erweiterte Einstellungen* können Sie die verschiedenen Energiesparpläne (Energiesparmodus, Ausbalanciert, Höchstleistung) abrufen. Dann lassen sich in der angezeigten Liste zusätzliche Einstellungen für verschiedene Geräte, Adapter sowie Funktionen festlegen und über die *OK*-Schaltfläche bestätigen. Im Zweig *Netzschalter und Zuklappen* finden Sie Optionen, über die Sie vorgeben können, was beim Zuklappen des Notebookdeckels oder bei Anwahl der Funktion *Beenden* passieren soll.

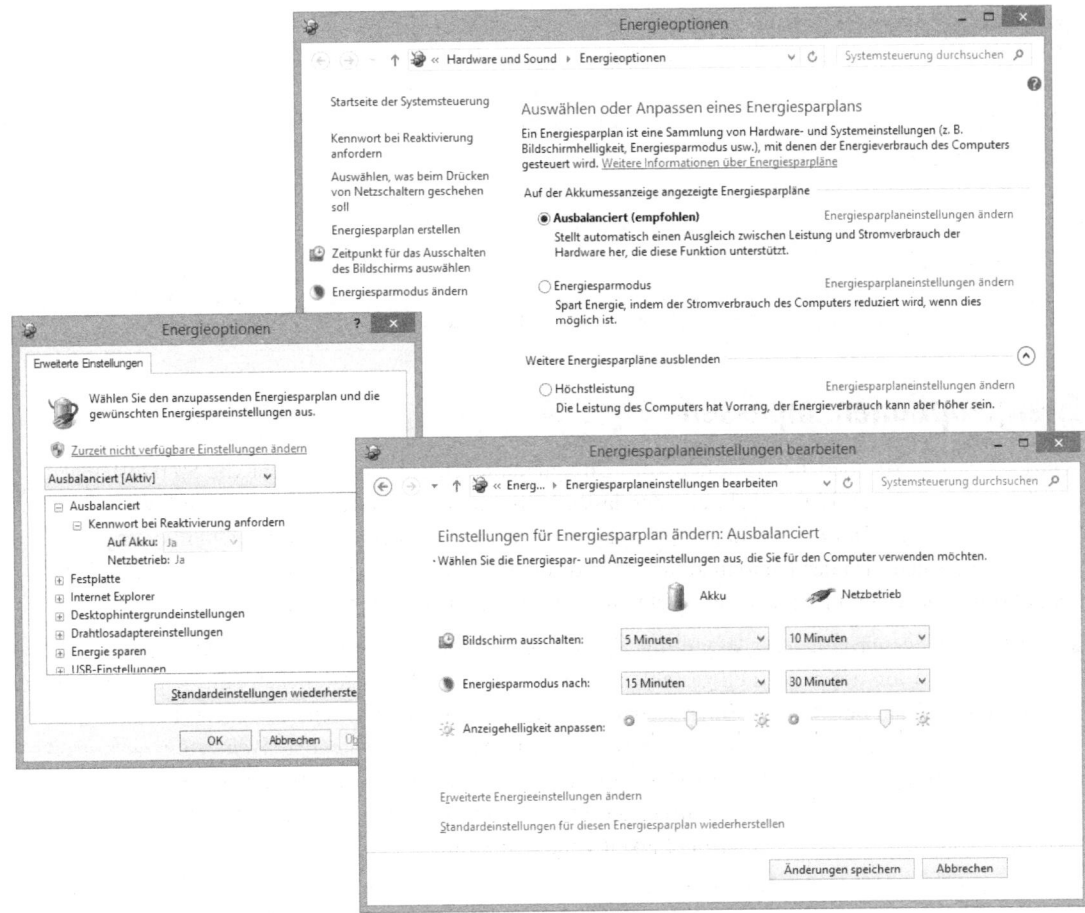

Abbildung 30.20 Energiesparplan einsehen und anpassen

Um eigene Energiesparpläne anzulegen, wählen Sie in der Aufgabenleiste des Fensters *Energieoptionen* (Abbildung 30.20, oben rechts) den Befehl *Energiesparplan erstellen*. Windows öffnet eine Seite, in der Sie den Basisenergiesparplan (*Ausbalanciert*, *Energiesparmodus*, *Höchstleistung*) über Optionsfelder wählen können. In einem Textfeld ist der Name für den neuen Energiesparplan einzutragen. Die *Weiter*-Schaltfläche zeigt dann das Dialogfeld aus Abbildung 30.20, unten rechts, in dem Sie die Wartezeiten bis zum Abschalten des Bildschirms und bis zum Einsetzen des Energiesparmodus etc. für den neuen Energiesparplan festlegen. Über die *Erstellen*-Schaltfläche wird der Energiesparplan unter dem angegebenen Namen abgelegt und lässt sich später nutzen.

HINWEIS Rufen Sie später die Seite mit diesem Energiesparplan auf, enthält diese am unteren Rand einen Hyperlink mit dem Befehl *Energiesparplan löschen*, um den Eintrag wieder zu entfernen.

Netzschalterverhalten ändern

Sie können das System normalerweise durch Drücken des Netzschalters oder bei Notebooks durch Zuklappen des Gehäusedeckels herunterfahren. Einige Geräte besitzen zudem eine Energiespartaste. Windows ermöglicht Ihnen, das Verhalten dieser Tasten anzupassen:

1. Öffnen Sie die Systemsteuerung und wählen Sie den Befehl *Hardware und Sound*.
2. Klicken Sie auf der Folgeseite im Bereich *Energieoptionen* auf den Befehl *Netzschalterverhalten ändern* (Abbildung 30.20, oben).
3. Anschließend passen Sie im Fenster *Systemeinstellungen* (Abbildung 30.21) die Werte der angezeigten Listenfelder an.

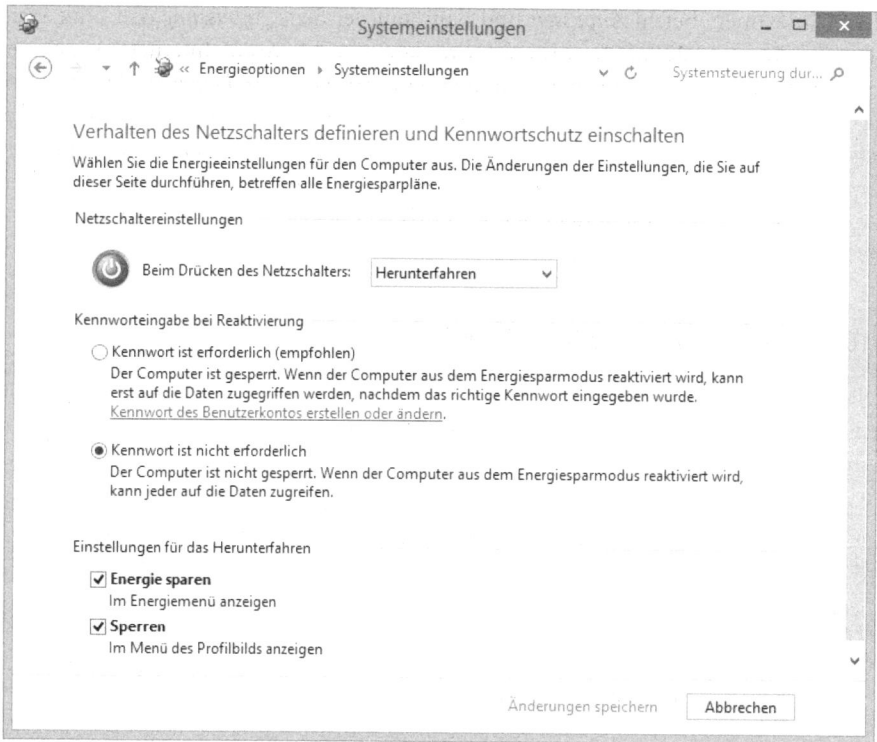

Abbildung 30.21   Netzschalterverhalten ändern

Über ein Listenfeld legen Sie fest, ob der betreffende Schalter den Energiesparmodus aufrufen, das System herunterfahren oder nichts tun soll. Ist oben im Fenster der Link *Einige Einstellungen sind momentan nicht verfügbar* sichtbar? Administratoren können diesen Befehl anwählen und danach in der Rubrik *Einstellungen für das Herunterfahren* bestimmen, welche Befehle zum Herunterfahren verfügbar sind. Sofern unterstützt, lässt sich auch der Schnellstart über ein Kontrollkästchen aktivieren bzw. abschalten.

Windows-Anzeige und Grafikoptionen

In diesem Abschnitt erfahren Sie, wie sich verschiedene Einstellungen der Windows-Anzeige oder Grafik-optionen in Windows ändern lassen und wie Sie einen Bildschirmschoner einrichten.

Designs online beziehen

In Kapitel 4 ist im Abschnitt »Den Desktophintergrund anpassen« der Umgang mit Designs beschrieben. Dort wird auch gezeigt, wie sich Hintergrundbilder zuweisen oder die Fensterfarben anpassen können. Diese individuellen Anpassungen sind ggf. aber überflüssig. Microsoft bietet sogenannte Themepacks mit beson-deren Designs für verschiedene Länder mit und ohne integrierte Diashow an. Hierzu wählen Sie auf dem Windows-Desktop den Kontextmenübefehl *Anpassen* und dann auf der Seite *Anpassung* den Link *Weitere Designs online beziehen* (Abbildung 30.22) an. Im Browser wird dann eine Microsoft-Internetseite angezeigt, von der Sie die gewünschten Designs kostenlos herunterladen können. Die *.deskthemepack*-Dateien lassen sich als Download in beliebige Ordner speichern. Wählen Sie eine so heruntergeladene Datei per Doppel-klick an, wird diese installiert und gleichzeitig aktiviert. Anschließend finden Sie ein solches Design auf der Seite *Anpassung* in der Kategorie *Eigene Designs* (Abbildung 30.22). Klicken Sie den betreffenden Eintrag mit der rechten Maustaste an, lässt sich das Design über den Kontextmenübefehl *Löschen* entfernen (wobei das aktuell verwendete Design nicht gelöscht werden kann).

Designs speichern und gemeinsam nutzen

Sie können die Einstellungen für die Fensterfarben, den Windows-Hintergrund etc. mit den in diesem Kapi-tel gezeigten Schritten anpassen. Windows legt diese Änderungen in der Kategorie »Eigene Designs« unter dem Namen *Nicht gespeichertes Design* an.

Markieren Sie das Design und klicken Sie auf den Hyperlink *Design speichern*, öffnet sich ein Dialogfeld *Design speichern unter*. Tippen Sie einen Namen in das Textfeld ein und schließen das Dialogfeld über die *OK*-Schaltfläche, wird das Design in Windows unter diesem Namen registriert und taucht zukünftig auch mit dem Namen im Fenster *Anzeige* auf.

> **TIPP**   Haben Sie ein Design gespeichert, das Sie entfernen möchten? Stellen Sie zuerst ein anderes Design ein. Dann öffnen Sie das Kontextmenü des zu löschenden Designs und wählen dort den Befehl *Design löschen*. Die Designs werden übri-gens im Benutzerprofil im Pfad *\Users\<Benutzername>\AppData\Local\Microsoft\Windows\Themes* gespeichert. In weiteren Unterordnern finden Sie auch die Desktophintergrundbilder, die mit verschiedenen Localpacks und Themepacks installiert wer-den.

Möchten Sie ein Windows-Design (mit eigenen Hintergründen, Sounds, Mauszeigern, Anzeigeeinstellungen etc.) mit anderen Benutzern oder auf anderen Rechnern teilen? Öffnen Sie das Kontextmenü des Designs und wählen Sie den Kontextmenübefehl *Design für die Freigabe speichern* (Abbildung 30.22).

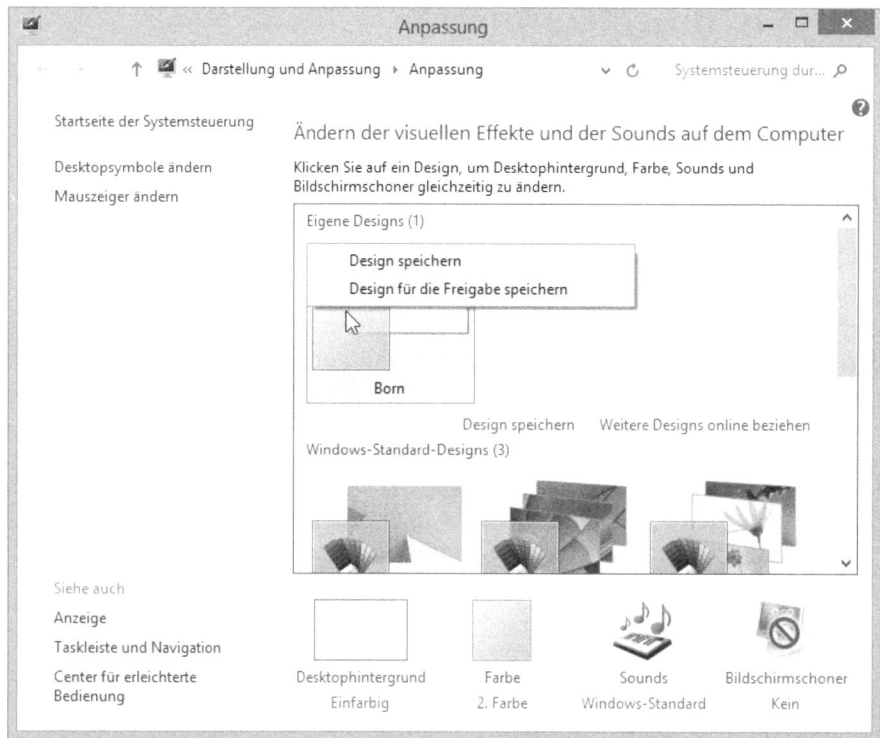

Abbildung 30.22   Windows-Designs speichern, freigeben und löschen

Es öffnet sich ein Dialogfeld, über das Sie das Design in einer *.deskthemepack*-Datei in einem beliebigen Ordner speichern können. Ist dieser Ordner im Netzwerk freigegeben, können andere Benutzer auf die Datei zugreifen und diese per Doppelklick installieren. Bei Bedarf können Sie die Datei auch per E-Mail versenden.

Den Bildschirmschoner konfigurieren

Windows enthält einige Bildschirmschoner, die bei einem unbenutzten Computer aktiv werden können. Dies ist bei modernen Flachbildschirmen nicht mehr als Schutz vor dem Einbrennen von Logos oder Masken erforderlich. Trotzdem wird so mancher Anwender auf Bildschirmschoner nicht verzichten wollen.

1. Öffnen Sie die Seite *Anpassung* (Abbildung 30.22) und wählen Sie am unteren Rand den Hyperlink *Bildschirmschoner*.
2. Stellen Sie im angezeigten Dialogfeld (Abbildung 30.23) das Listenfeld *Bildschirmschoner* auf den gewünschten Wert ein. Je nach Bildschirmschoner können Sie die Schaltfläche *Einstellungen* anklicken und verschiedene Optionen anpassen.
3. Anschließend stellen Sie den Wert für die Wartezeit ein, bis der Bildschirmschoner bei inaktivem Rechner in Aktion tritt.
4. Möchten Sie, dass bei aktiviertem Bildschirmschoner eine Neuanmeldung am Benutzerkonto erforderlich wird, markieren Sie das Kontrollkästchen *Anmeldeseite bei Reaktivierung*.

Der Bildschirmschoner wird aktiv, sobald Sie das Dialogfeld über die *OK*-Schaltfläche schließen. Ein unbenutzter Computer wird nach Ablauf der eingestellten Wartezeit den Bildschirmschoner aktivieren. Tippen

Sie eine Taste an der Tastatur an oder bewegen Sie die Maus, erscheint der Sperrbildschirm und Sie können zur Benutzeranmeldung wechseln.

Abbildung 30.23 Anpassen der Bildschirmschoner-Optionen

Anpassen der Anzeigeauflösung/-eigenschaften

Möchten Sie die Bildschirmauflösung anpassen oder kontrollieren? Soll die Darstellung (z.B. bei einem Notebook) auf einen externen Bildschirm oder Projektor umgestellt werden? Dann vollziehen Sie die folgenden Schritte nach:

1. Klicken Sie mit der rechten Maustaste auf eine freie Stelle des Desktops und wählen Sie den Kontextmenübefehl *Bildschirmauflösung*.

2. Passen Sie auf der angezeigten Seite (Abbildung 30.24) die gewünschten Eigenschaften an und klicken Sie auf die *OK*-Schaltfläche.

Die Bildschirmauflösung lässt sich über den Schieberegler der Menüschaltfläche *Auflösung* in Stufen verändern. Es werden nur solche Werte angeboten, die von der Grafikkarte bzw. vom Bildschirm unterstützt werden.

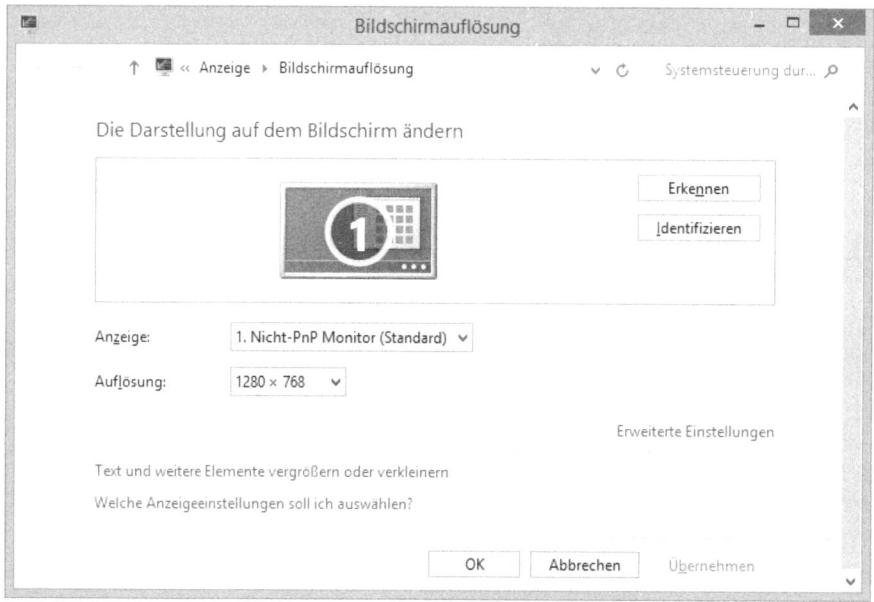

Abbildung 30.24   Anzeigeeinstellungen

Unterstützt die Grafikkarte mehrere Monitore und ist ein externes Anzeigegerät angeschlossen, können Sie die Anzeige über das Listenfeld *Anzeige* auf den gewünschten Monitor umschalten. Die Schaltfläche *Erkennen* ermöglicht, den zweiten Monitor zu erkennen, und über die Schaltfläche *Identifizieren* wird das Anzeigegerät ermittelt, auf dem die Ausgabe erfolgt. Windows blendet dann kurzzeitig eine Ziffer (1 oder 2 für das erste und zweite Anzeigegerät) auf dem Desktop ein.

> **TIPP**   Auf Geräten mit Touchscreen rufen Sie die Seite *PC-Einstellungen* auf und wählen die Kategorie *PC und Geräte*. In der Unterkategorie *Bildschirm* finden Sie Optionen zum Anpassen der Bildschirmauflösung, der Ausrichtung und weitere Optionen zum Anpassen der Größe von Apps, Text und anderen Elementen.

Erweiterte Optionen der Grafikkarte einstellen

Über den Hyperlink *Erweiterte Einstellungen* auf der Seite *Bildschirmauflösung* (Abbildung 30.24) lässt sich ein Eigenschaftenfenster mit verschiedenen Registerkarten öffnen. Auf der Registerkarte *Grafikkarte* (Abbildung 30.25, unten links) werden Informationen zur Grafikhardware angezeigt und Sie können über die Schaltfläche *Eigenschaften* auf weitere Einstellungen zugreifen. Die Schaltfläche *Alle Modi auflisten* listet die von der Grafikkarte unterstützten Darstellungsmodi auf.

Auf der Registerkarte *Monitor* (Abbildung 30.25, unten rechts) kann die Bildschirmaktualisierungsrate der Grafikkarte für den angeschlossenen Monitor und die Farbtiefe angepasst werden. Der Wert sollte bei den kaum noch verwendeten Röhrenbildschirmen mindestens 75 Hertz betragen, um eine flimmerfreie Anzeige zu erreichen. Je nach gewählter Auflösung können aber auch höhere Werte eingestellt werden. Bei Flachbildschirmen sind aber Werte um 60 Hertz für eine flimmerfreie Darstellung ausreichend.

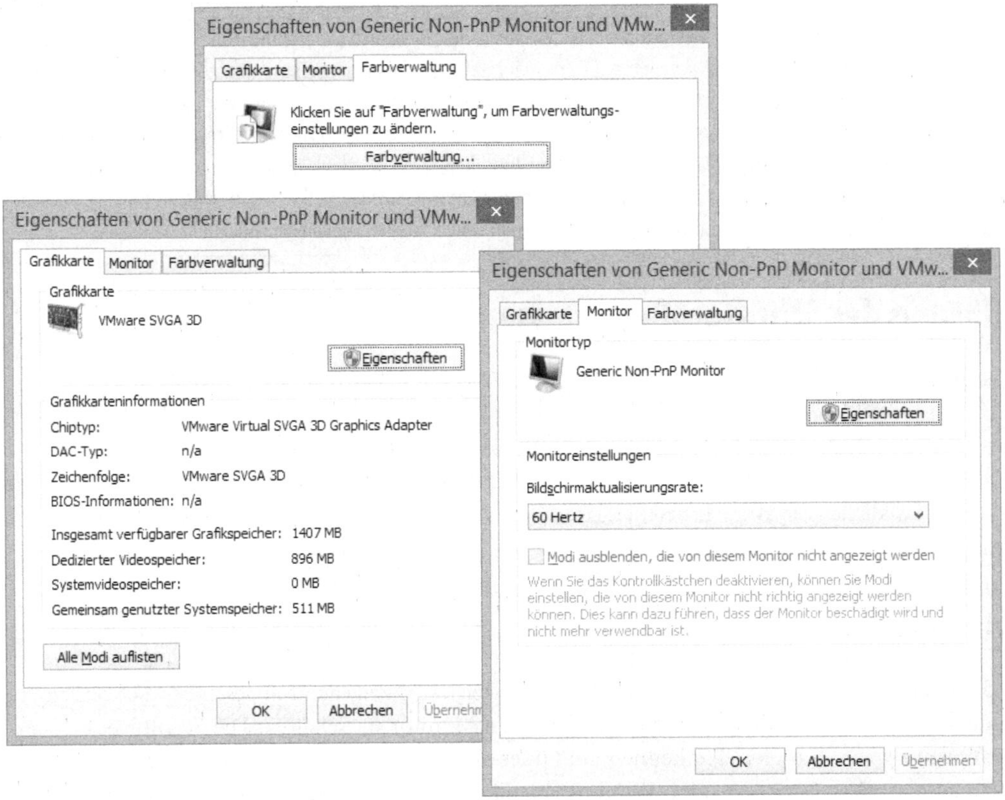

Abbildung 30.25 Erweiterte Eigenschaften der Grafikkarte

Abbildung 30.26 Farbverwaltung für Geräte

HINWEIS　　　Über die Schaltfläche *Farbverwaltung* der gleichnamigen Registerkarte (Abbildung 30.25, oben) lassen sich ggf. Farbprofile für die Ausgabegeräte (z.B. Drucker) verwalten. Es erscheint ein separates Eigenschaftenfenster (Abbildung 30.26) mit mehreren Registerkarten, auf denen Sie Farbprofile angeben können. Sie benötigen dann vom Hersteller gelieferte ICM-Dateien, die Sie für das Gerät laden und zuweisen können. Die Farbverwaltung bewirkt, dass Farben möglichst realitätsnah auf dem Ausgabegerät dargestellt werden. Ausführliche Hinweise zur Farbverwaltung liefert die Windows-Hilfe, die direkt über einen im Dialogfeld der Farbverwaltung eingeblendeten Hyperlink aufgerufen werden kann. Falls eventuell Fotos in der Windows-Fotoanzeige mit einem Farbstich wiedergegeben werden, können Sie dieses Problem durch Löschen des Farbprofils beheben.

DPI-Auflösung der Schriftgröße anpassen

Die Schriften auf dem Desktop oder in Fenstern werden standardmäßig mit einer Auflösung von 96 DPI (DPI ist die Abkürzung für Dots per Inch und bedeutet Punkte pro Zoll) dargestellt, was für normale Zwecke ausreicht. Bei Bedarf können Sie aber eine höhere Auflösung für Schriften vereinbaren:

1. Öffnen Sie die Seite *Bildschirmauflösung* (Abbildung 30.24) über den gleichnamigen Kontextmenübefehl des Desktops und klicken Sie auf den Befehl *Text und weitere Elemente vergrößern*.

2. Passen Sie auf der Seite *Die Größe aller Elemente ändern* (Abbildung 30.27) die Elementgröße über den Schieberegler an. Zudem lässt sich die Textgröße in Titelleisten, Menüs, Meldungsfeldern etc. anpassen.

Abbildung 30.27　DPI-Auflösung für Schriften und Elemente anpassen

Die Änderungen werden übernommen, sobald Sie das Dialogfeld über die *OK*-Schaltfläche schließen und dann auf der Seite die *Übernehmen*-Schaltfläche anklicken. Anschließend müssen Sie sich vom Benutzerkonto ab- und dann wieder anmelden. Mit höheren DPI-Werten werden die Schriften größer dargestellt, sodass Sie diese besser erkennen können. Allerdings passen dann auch weniger Inhalte auf den Bildschirm.

HINWEIS   Über die Befehle der Aufgabenleiste erhalten Sie Zugriff auf die Bildschirmauflösung und die Farbverwaltung. Zudem lässt sich die ClearType-Funktion ein- oder ausschalten. ClearType ist eine Technologie, um Computerschriftarten klar und mit geglätteten Kanten anzuzeigen und so Texte ermüdungsfreier lesen zu können.

Verschiedene Einstelloptionen

In diesem Abschnitt möchte ich noch einen kurzen Überblick über einige weitere Einstelloptionen und Funktionen geben. Dies reicht von der Anpassung des Infobereichs der Taskleiste über die Verwaltung von Schriftarten bis hin zum Umgang mit dem Windows-Mobilitätscenter.

Infobereich der Taskleiste anpassen

Um die Eigenschaften der im Infobereich eingeblendeten Symbole sowie das Anzeigeverhalten zu ändern, klicken Sie im Infobereich auf die Schaltfläche *Ausgeblendete Symbole einblenden* und wählen in der angezeigten Palette den Hyperlink *Anpassen* (Abbildung 30.28).

Abbildung 30.28   Ausgeblendete Symbole des Infobereichs anzeigen

Es öffnet sich die Eigenschaftenseite des Infobereichs (Abbildung 30.29, unten). Über die Listenfelder der Spalte *Verhalten* der einzelnen Symbole geben Sie ggf. vor, wie Windows deren Benachrichtigungssymbole im Infobereich anzeigen soll. So können Symbole immer eingeblendet, immer ausgeblendet oder nur im inaktiven Zustand versteckt werden.

Das automatische Ausblenden inaktiver Symbole im Infobereich der Taskleiste steuern Sie über eine Markierung des Kontrollkästchens *Immer alle Symbole und Benachrichtigungen auf der Taskleiste anzeigen* (Abbildung 30.29, unten). Klicken Sie auf den Hyperlink *Systemsymbole aktivieren oder deaktivieren*, wird die Anzeige der Seite auf die Darstellung aus Abbildung 30.29, oben, umgestellt. Über die Listenfelder der Spalte *Verhalten* blenden Sie einzelne Symbole ein- oder aus. Mit dem Hyperlink *Standardverhalten für Symbole wiederherstellen* setzen Sie die Einstellungen auf die Vorgaben bei der Installation zurück. Wählen Sie den Hyperlink *Benachrichtigungssymbole anpassen*, um die Seite aus Abbildung 30.29, unten, zu öffnen. Alle Einstellungen werden wirksam, sobald Sie das Dialogfeld über die *OK*-Schaltflächen schließen.

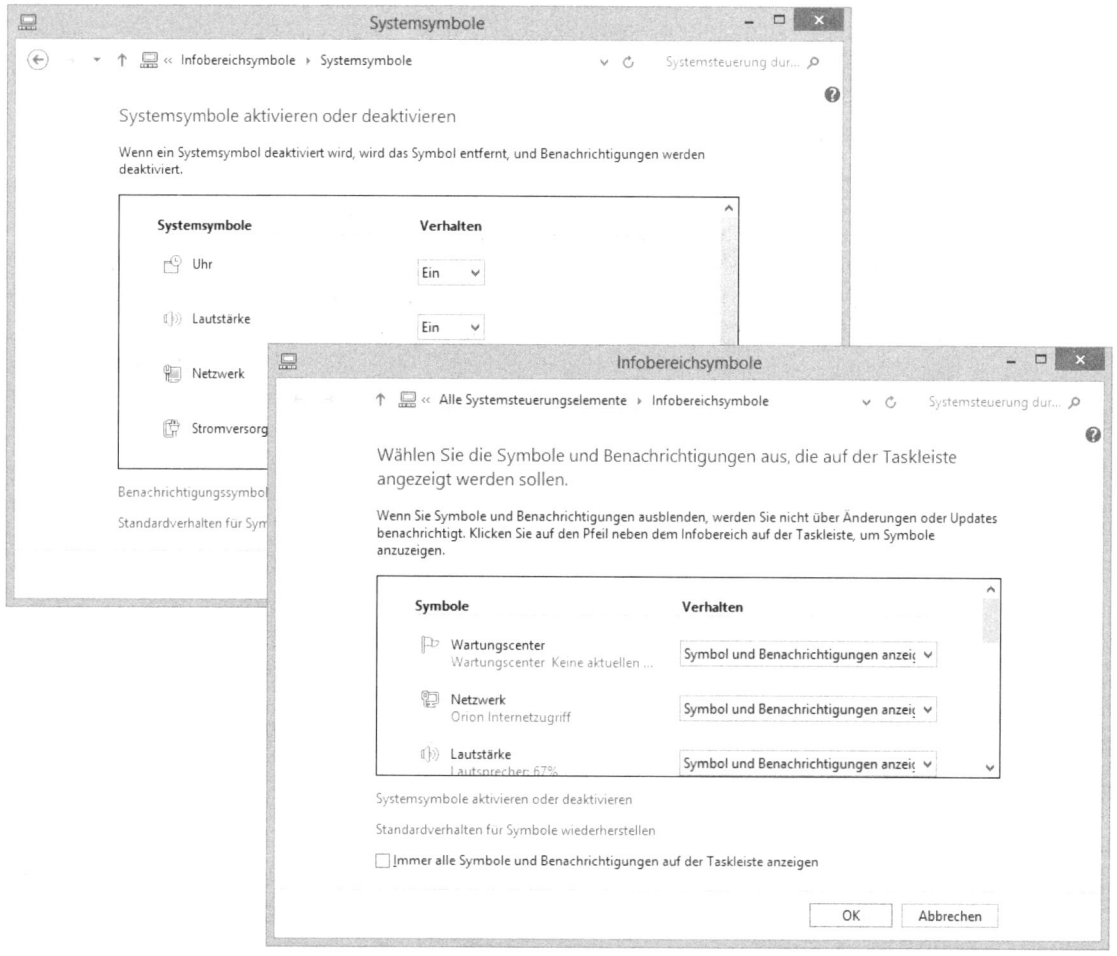

Abbildung 30.29   Benachrichtigungssymbole des Infobereichs anpassen

Das Mobilitätscenter verwenden

Bei Notebooks oder Tablet-PCs stellt Windows noch das Mobilitätscenter zur Verfügung (Abbildung 30.30, unten). Aufrufen lässt sich das Windows-Mobilitätscenter z.B. über die Systemsteuerung, indem Sie im Such-feld »mobilit« eintippen und dann den Befehl *Windows-Mobilitätscenter* wählen (Abbildung 30.30, oben).

Über das Fenster des Windows-Mobilitätscenters können Sie schnell bestimmte Einstellungen Ihres Notebooks wie die Lautsprecherlautstärke anpassen, den Akkustatus oder den Status Ihrer drahtlosen Netzwerkverbin-dung überprüfen sowie die Helligkeit eines angeschlossenen Bildschirms einstellen. Auch eine Schaltfläche zum Drehen des Bildschirms gibt es. Die Schaltfläche *Präsentation* ermöglicht Ihnen, den Bildschirminhalt an einen externen Projektor zu übergeben. Dies entspricht dem Befehl *Nur zweiter Bildschirm* der Seitenleiste *Geräte/ Projizieren* (siehe in Kapitel 3 den Abschnitt »Multimonitorbetrieb verwenden«).

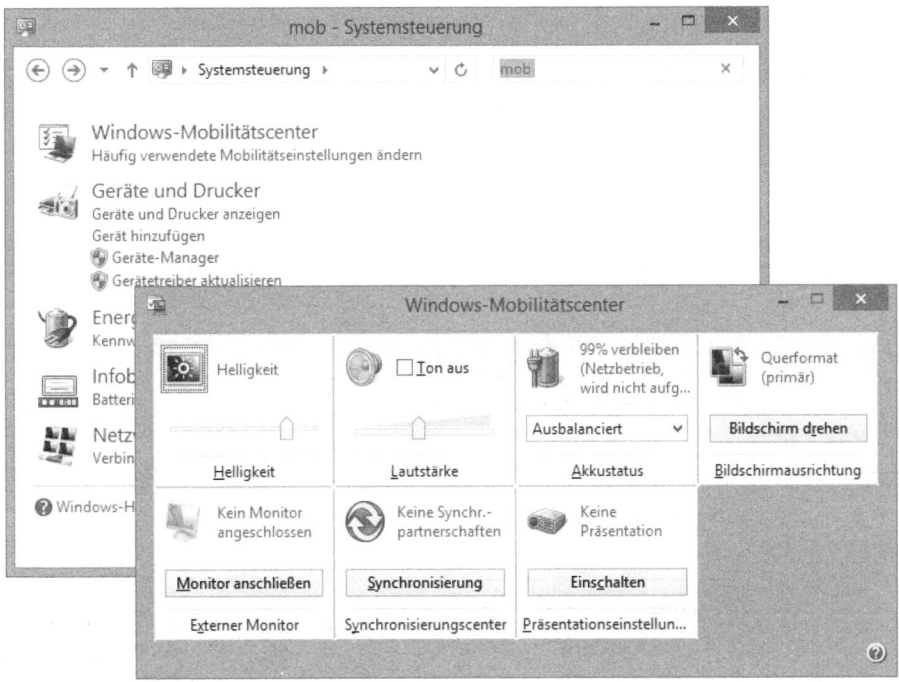

Abbildung 30.30 Windows-Mobilitätscenter bei Notebooks

Schriftarten ansehen

Windows wird mit verschiedenen installierten Schriftarten ausgeliefert. Auch Anwendungen können zusätzliche Schriften einrichten. Einen Überblick über die installierten Schriftarten erhalten Sie, indem Sie in der Systemsteuerung die Kategorie *Darstellung und Anpassung* und in der Folgeseite den Eintrag *Schriftarten* wählen.

Windows listet in der in Abbildung 30.31, oben, gezeigten Seite die installierten Schriftarten auf. Schriftfamilien (Schriftschnitte für fett, halbfett, kursiv, fett kursiv etc.) werden dabei durch ein gestapeltes Symbol angezeigt. Ein Doppelklick auf das Symbol schaltet dann in eine Darstellung um, in der nur die Mitglieder der Schriftfamilie im Fenster auftauchen.

Möchten Sie sich die Schriftart ansehen, klicken Sie den betreffenden Eintrag in der Seite an und wählen Sie danach die Schaltfläche *Vorschau* in der Symbolleiste des Fensters. Windows öffnet dann das in Abbildung 30.31, unten, gezeigte Fenster, in dem ein Beispieltext in verschiedenen Schriftgraden angezeigt wird.

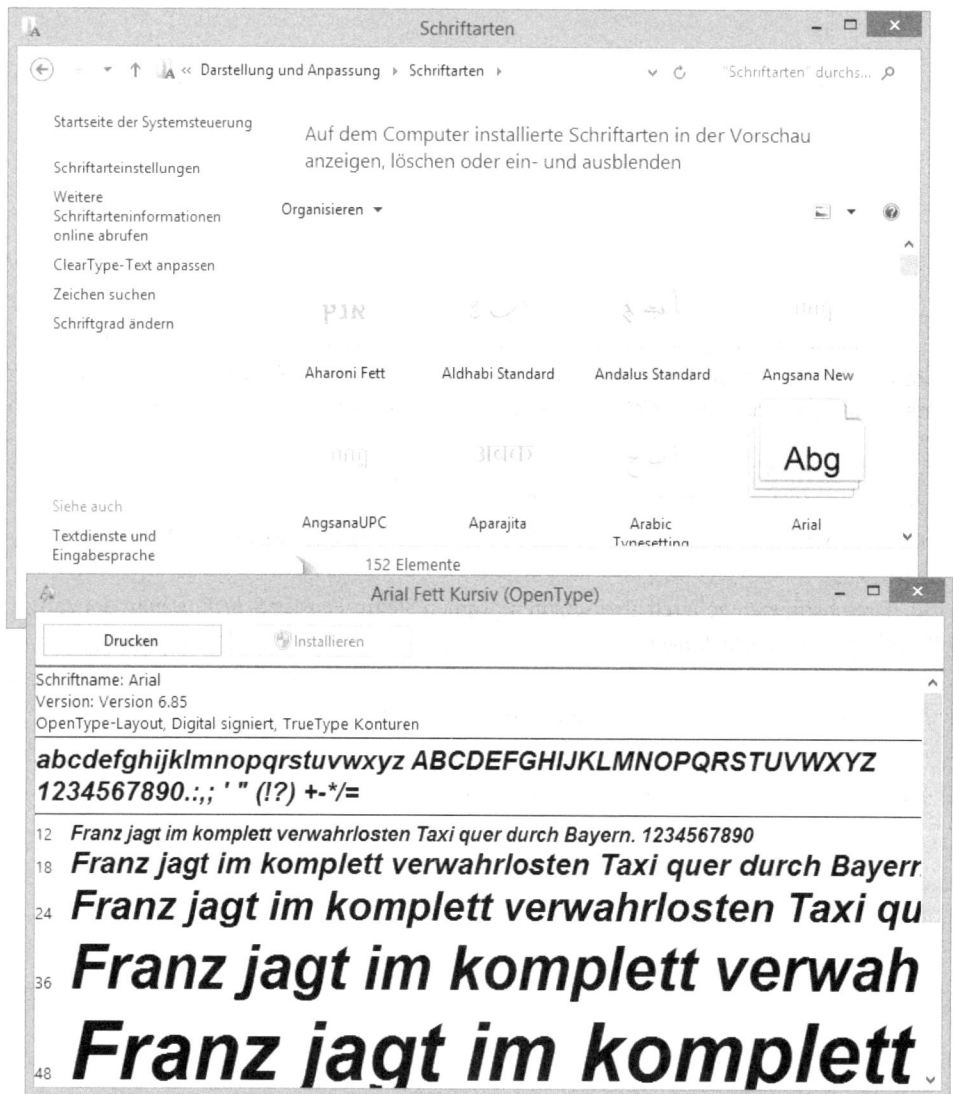

Abbildung 30.31　Übersicht über installierte Schriftarten

Schriftarten verwalten

Im Internet und auf Datenträgern werden zusätzliche Schriftarten angeboten, die sich unter Windows installieren und anschließend in allen Anwendungen nutzen lassen. Windows stellt verschiedene Funktionen zur Verwaltung der Schriftarten bereit.

- Um eine neue Schriftartendatei unter Windows zu installieren, klicken Sie diese mit der rechten Maustaste an und wählen den Kontextmenübefehl *Installieren*
- Alternativ können Sie die Schriftartendatei bei gedrückter linker Maustaste in das Fenster *Schriftarten* ziehen. Die Installation ist über die Benutzerkontensteuerung zu bestätigen.

Anschließend erscheinen die in der Datei enthaltenen und nun installierten Schriftarten im Ordnerfenster *Schriftarten*.

Zum Entfernen einer installierten Schriftart reicht es, diese im Fenster *Schriftarten* anzuwählen und dann die Schaltfläche *Löschen* in der Symbolleiste des Fensters zu betätigen. Nach einer Sicherheitsabfrage sowie einer separaten Bestätigung über die Benutzerkontensteuerung wird die ausgewählte Schrift unwiderruflich aus dem Windows-Ordner *Fonts* entfernt. Bei verknüpft installierten Schriftarten wird lediglich die Verknüpfung entfernt, die Originaldatei aber unverändert belassen.

HINWEIS Windows kopiert beim Installieren die Schriftartendateien in den Systemordner *Fonts* des Windows-Verzeichnisses. Möchten Sie vermeiden, dass Windows die installierten Schriftarten im Ordner *Fonts* ablegt? Klicken Sie in der Aufgabenleiste des Ordnerfensters *Schriftarten* auf den Befehl *Schriftarteinstellungen*. Anschließend markieren Sie im Dialogfeld *Schriftarteinstellungen* (Abbildung 30.31) das Kontrollkästchen *Installation von Schriftarten über eine Verknüpfung zulassen*. Dann legt Windows bei Schriftarteninstallationen zukünftig lediglich Verknüpfungen auf die Schriftartendateien des Fremdordners im Ordner *Fonts* an.

In vielen Programmen lassen sich beim Verfassen von Texten die zu verwendenden Schriftarten zuweisen. Unterstützt ein Programm dies, kann es die nicht zu den Spracheinstellungen passenden Schriftarten in der Fontauswahl ausblenden.

1. Um die Filterung der Schriftarten generell abzuschalten, wählen Sie im Fenster *Schriftarten* in der Aufgabenleiste den Befehl *Schriftarteinstellungen*.

2. Im Dialogfeld *Schriftarteinstellungen* (Abbildung 30.32) heben Sie die Markierung des Kontrollkästchens *Schriftarten auf der Grundlage der Spracheinstellungen ausblenden* auf.

Manuell lassen sich die Schriftarten ein-/ausblenden, indem Sie einen Eintrag in der Schriftenseite markieren. Dann können Sie in der Symbolleiste die mit *Ausblenden* bzw. *Einblenden* beschriftete Schaltfläche anwählen, um den Modus umzuschalten.

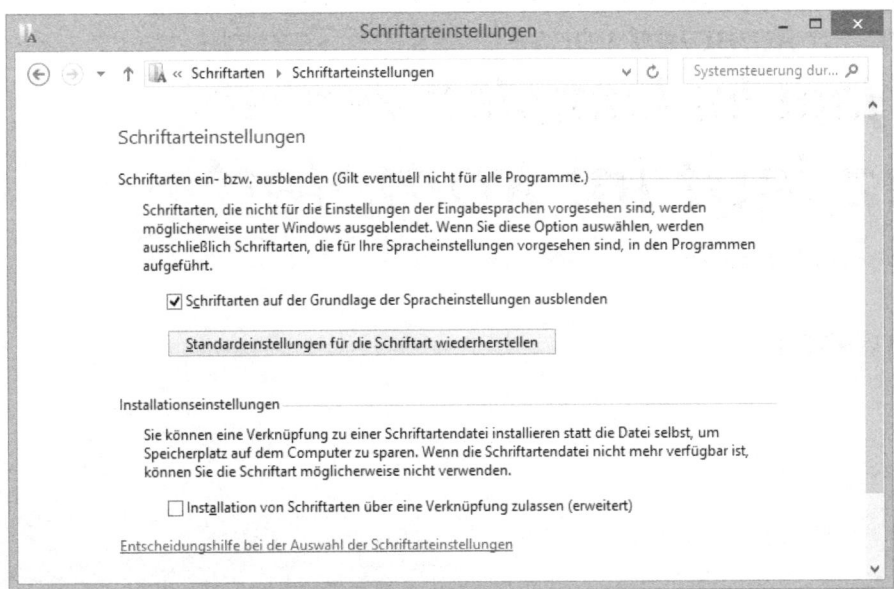

Abbildung 30.32 Schriftarteinstellungen anpassen

HINWEIS   In der Aufgabenleiste des Ordnerfensters *Schriftarten* finden Sie weitere Befehle, um die ClearType-Funktion zur Schriftartenanzeige ein-/auszuschalten, den Schriftgrad für die Anzeige durch Änderung des DPI-Werts anzupassen oder die Zeichentabelle aufzurufen. Über den Befehl *Weitere Schriftarteninformationen online abrufen* lässt sich eine Webseite zum Thema »Fonts für Windows« abrufen. Die Windows Hilfe- und Supportseiten enthalten unter dem Stichwort »Schriftarten« ebenfalls einige Informationen rund um das Thema.

Kapitel 31

Systemverwaltung und Optimierung

In diesem Kapitel:

Windows-Sicherheitsfunktionen und Fragen

Dieser Abschnitt befasst sich mit Fragen zur korrekten Absicherung eines Windows 8.1-Systems und zeigt, wie Sie die Sicherheit des Betriebssystems mit dem Wartungscenter überprüfen.

Maßnahmen zur Erhöhung der Sicherheit!

Jeder Windows-Benutzer sollte im eigenen Interesse verschiedene Maßnahmen zur Erhöhung der Computersicherheit treffen:

- Halten Sie Windows und die installierte Software auf dem aktuellen Stand, d.h., installieren Sie alle Windows-Updates und auch alle Aktualisierungen für die benutzten Anwendungen. Die Verwendung der in Windows integrierten Update-Funktion ist auf den folgenden Seiten beschrieben. Nur so können Sie sicherstellen, dass bekannte und vom Hersteller durch Updates behobene Sicherheitslücken auch auf Ihrem System geschlossen werden.

- Benutzen Sie die in Windows, im Internet Explorer, in Windows Mail und in Anwendungsprogrammen eingebauten Sicherheitsfunktionen, die das Ausbreiten von Schadprogrammen verhindern. Dazu gehören z.B. die Verwendung des Windows-Wartungscenters (siehe die folgenden Abschnitte), der Einsatz von Standardkonten und der sinnvolle Umgang mit der Benutzerkontenverwaltung oder das Festlegen der Ausführungssperre für in Office-Dokumenten enthaltene Makros. Dann haben Viren und andere Schadprogramme weniger Chancen zur Verbreitung.

- Verwenden Sie den in Windows integrierten Windows Defender mit seinem Virenscanner oder ein anderes auf Windows 8.1 abgestimmtes Virenschutzprogramm, das Schadprogramme erkennen und deren Ausbreitung auf dem Rechner verhindern kann. Wichtig ist allerdings, dass die Signaturdateien des Virenschutzprogramms auf dem aktuellen Stand gehalten werden, da andernfalls neue Schädlinge nicht erkannt werden können.

Lassen Sie auch Ihren gesunden Menschenverstand walten, denn die Tricks der Betrüger werden immer ausgebuffter. Viren, die als angebliche Grußkarte oder Programmverbesserung (Updates) per E-Mail verschickt werden, lassen sich vom Anwender durchaus unter Administratorkonten unter Umgehung der Sicherheitsabfrage der Benutzerkontensteuerung installieren. Gefälschte Webseiten, die Kreditkartennummern oder Geheimzahlen von Scheckkarten abfischen, Internetangebote, die sich nur nach Eingabe einer Adresse, Telefonnummer oder E-Mail-Adresse nutzen lassen, sind Beispiele solcher Fallen. Hier noch ein paar Tipps, was zu beherzigen ist:

- Beziehen Sie Programmdateien nur aus vertrauenswürdigen Quellen (z.B. renommierte Webseiten, CDs/DVDs in Büchern oder Zeitschriften etc.) und unterziehen Sie jede über das Internet oder von externen Speichermedien auf das System übernommene Datei einer Prüfung durch einen aktuellen Virenscanner

- Ungefragt zugesandte E-Mails unbekannter Absender sollten Sie sofort löschen (es sei denn, Sie erhalten solche Nachrichten planmäßig – z.B. Kundenanfragen etc.). Speichern Sie E-Mail-Anhänge, sodass diese vor dem Öffnen einer Virenprüfung durch ein Virenschutzprogramm unterzogen werden können. Schalten Sie die Anzeige der Dateinamenerweiterungen in Ordnerfenstern ein (siehe Kapitel 9).

Mit etwas Wissen, genügend Vorsicht und gesundem Menschenverstand lassen sich viele Risiken erkennen und umgehen. Details zu den obigen Punkten, mit denen sich die Computersicherheit verbessern lässt, sind in den verschiedenen Kapiteln dieses Buchs behandelt.

Das Wartungscenter warnt bei Sicherheitsmängeln

Das Windows-Wartungscenter überwacht das Betriebssystem und warnt den Benutzer durch eine im Infobereich des Windows-Desktops eingeblendete QuickInfo (Abbildung 31.1), wenn gravierende Sicherheitslücken in Windows erkannt werden. Zudem wird das im Infobereich der Taskleiste angezeigte Symbol des Wartungscenters – ein roter Kreis mit einem weißen x – eingeblendet.

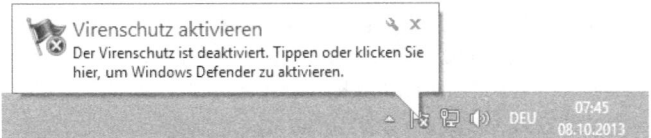

Abbildung 31.1 Warnung bei gravierenden Sicherheitsproblemen

Gemeldete Sicherheitsprobleme (z.B. abgelaufene Virensignaturdatei, abgeschalteter Virenscanner, fehlende kritische Betriebssystemaktualisierungen) oder eine Sicherheitslücke (Firewall abgeschaltet) lassen sich die Details über das Wartungscenter-Symbol im Infobereich der Taskleiste gezielter analysieren.

- Zeigen Sie auf das Symbol, erscheint eine QuickInfo mit weiteren Informationen (Abbildung 31.2, unten rechts). Sie erfahren beispielsweise, ob PC-Probleme aufgetreten sind und wie viele Meldungen anstehen.

- Ein Mausklick auf das Symbol öffnet eine Palette, in der weitere Details aufgelistet sind (Abbildung 31.2, unten rechts). Sie erfahren dann, um welche Art von Problemen es sich handelt.

Über die in der Palette angezeigten Hyperlinks können Sie direkt auf die Details bzw. die Funktionen zum Beheben des Problems zugreifen. Weiterhin findet sich hier der Hyperlink *Wartungscenter öffnen*, über den Sie direkt auf das Fenster des Wartungscenters zugreifen und Details einsehen können (Abbildung 31.2, links). Für die angezeigten Informationen überwacht das Wartungscenter in den Kategorien *Sicherheit* und *Wartung* verschiedene Bereiche:

- **Netzwerkfirewall** Das Wartungscenter prüft, ob die in Windows integrierte Firewall (oder zu Windows 8.1 kompatible Firewall von Drittherstellern) eingeschaltet ist. Eine Firewall verhindert unerwünschte Zugriffe aus dem Internet auf den lokalen Computer.

- **Windows Updates** Diese Windows Update-Funktion ermittelt bei Onlinesitzungen, ob Aktualisierungen für das Betriebssystem vorhanden sind, meldet sich bei anstehenden Updates und kann diese automatisch aus dem Internet einspielen. Das Wartungscenter überwacht, ob die Funktion auf *Updates automatisch installieren (empfohlen)* steht, und meldet, wenn das Update abgeschaltet oder auf einen anderen Modus umgestellt wurde.

- **Virenschutz/Schutz vor Spyware und unerwünschter Software** Windows-Defender kann vor unerwünschter Software schützen und enthält einen integrierten Virenscanner. Weiterhin können Sie zu Windows 8.1 kompatible Virenscanner oder Internetsicherheitslösungen von Drittherstellern installieren. Das Wartungscenter überwacht, ob ein Virenscanner aktiv und ob dessen Signaturdateien aktuell sind. Ein deaktivierter Virenschutz oder abgelaufene Signaturdateien werden gemeldet.

Weitere Sicherheitseinstellungen des Wartungscenters beziehen sich auf die Benutzerkontensteuerung, Internetsicherheitseinstellungen, den SmartScreen-Filter, den Netzwerkszugriffsschutz sowie die Windows-Aktivierung. Administratoren erhalten über eingeblendete Hyperlinks *Einstellungen ändern* einen direkten Zugriff auf die Seiten, um die Einstellungen für die Benutzerkontensteuerung oder den SmartScreen-Filter anzupassen.

Im Bereich *Wartung* des Wartungscenters finden Sie zudem Hinweise auf gefundene Probleme, können nach Lösungen suchen und eine automatische Wartung ausführen lassen. Die automatische Wartung führt Systemdiagnosen, Sicherheitsüberprüfung und Prüfungen auf fehlende Updates durch.

Sicherheitseinstufung auf einen Blick

Um nähere Informationen zu gemeldeten Sicherheitsproblemen zu erhalten oder die Sicherheitseinstellungen anzupassen, genügt die Anwahl des Symbols der Windows-Sicherheitswarnung im Infobereich der Taskleiste (Abbildung 31.2, rechts unten). Anschließend wählen Sie den Hyperlink *Wartungscenter öffnen* an. Daraufhin öffnet sich das Fenster des Wartungscenters (Abbildung 31.2, oben links) auf dem Windows-Desktop. Im Wartungscenter sehen Sie sofort den Status der überwachten Kategorien.

HINWEIS   Alternativ können Sie die Systemsteuerung öffnen, auf *System und Sicherheit* klicken und im Bereich *Wartungscenter* den Befehl *Computerstatus überprüfen und Probleme lösen* anwählen.

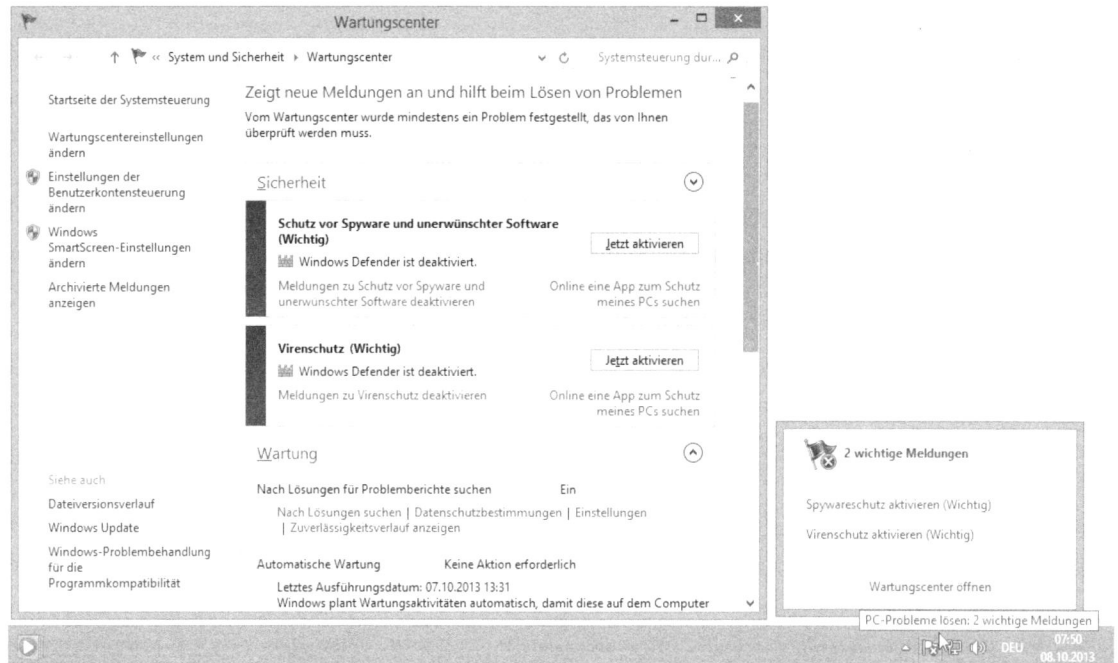

Abbildung 31.2   Warnung des Wartungscenters

- Ein gelber Balken weist auf eine ggf. reduzierte Sicherheit hin. Dies ist beispielsweise der Fall, wenn Sie die automatische Update-Funktion so einstellen, dass Sie bei anstehenden Updates vor dem Download und vor der Installation zustimmen müssen. Windows signalisiert Ihnen mit dem gelben Balken, dass Sie diese Kategorie unter Sicherheitsaspekten im Auge behalten sollten.

- Eine mit roter Farbe markierte Kategorie weist dagegen auf ein potenzielles Sicherheitsproblem (z.B. abgeschaltete Firewall, nicht aktivierter Virenscanner) hin. Sie sollten diesem Punkt dann schnellstmöglich nachgehen.

Über die runde, am rechten Rand der jeweiligen Kategorie sichtbare Schaltfläche *Details ein-/ausblenden* lassen Sie Detailinformationen anzeigen oder ausblenden (einfach die Schaltfläche anwählen). Je nach überwachter Funktion stellt das Wartungscenter direkt Schaltflächen zum Einschalten oder Hyperlinks zum Anpassen der erforderlichen Einstellungen bereit. In der Aufgabenleiste links im Fenster finden Sie Hyperlinks, um auf weitere Funktionen oder Einstellseiten zuzugreifen.

Wartungscentereinstellungen ändern

Um die Einstellungen des Windows-Wartungscenters zu ändern, wählen Sie in der Aufgabenleiste des Fensters (Abbildung 31.2) den Hyperlink *Wartungscentereinstellungen ändern* an. In dem daraufhin eingeblendeten Dialogfeld (Abbildung 31.3) wählen Sie über Kontrollkästchen, welche Meldungen im Infobereich und im Wartungscenter eingeblendet werden sollen.

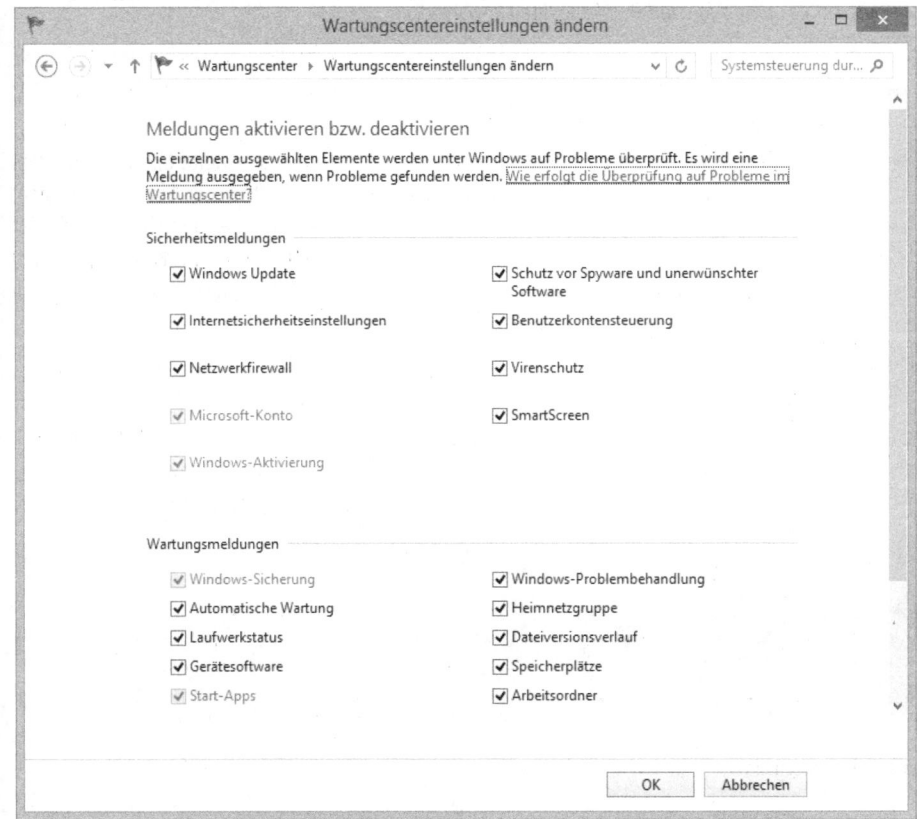

Abbildung 31.3 Wartungscentereinstellungen ändern

Wissen zur Windows-Firewall

Windows 8.1 enthält eine integrierte 2-Wege-Firewall, die den Nachrichtenverkehr gegenüber dem Netzwerk und gegenüber öffentlichen Netzwerken (Internet) filtern kann. Standardmäßig ist die Windows-Firewall eingeschaltet und wird durch die erweiterten Netzwerkeinstellungen sowie die Auswahl des Netzwerkstandorts gesteuert. Die folgenden Abschnitte geben einen kurzen Überblick über die Funktionen der Windows-Firewall.

Was macht eine Firewall?

Ein Rechner, der mit einem lokalen Netzwerk oder mit dem Internet verbunden ist, lässt sich über seine eindeutige IP-Adresse identifizieren. Entsprechende Programme können über diese IP-Adresse aus dem Netzwerk und aus dem Internet auf den Rechner zugreifen. Ohne Firewall ist der Rechner im Internet für Dritte zu sehen. Diese können dann Sicherheitslücken des Betriebssystems nutzen, um auf den Computer zuzugreifen. Ein Einbruch in einen Rechner über die Internetverbindung eröffnet die Möglichkeit zum Einschleusen von Trojanern, Viren und anderen Schadprogrammen.

Eine Firewall überwacht den Datenverkehr zwischen dem Internet bzw. dem Netzwerk und dem Computer. Jedes Datenpaket, das über das TCP/IP-Protokoll nach draußen ins Internet geht, und jedes aus dem Internet eintreffende Datenpaket wird von der Firewall gefiltert. Über ein Regelwerk entscheidet die Firewall dann, ob die Nachricht über den betreffenden Port dem Dienst zugestellt wird oder nicht. Nur wenn der Benutzer einen Port für eine Anwendung freigibt, leitet die Firewall die Nachrichten der betreffenden Dienste weiter.

HINWEIS   Ports sind Kommunikationskanäle im TCP/IP-Protokoll, über die der Datenaustausch zwischen dem Internet/ Netzwerk und verschiedenen Diensten des Computers abgewickelt wird. Die Portnummern innerhalb der transportierten Nachrichten steuern die Weiterleitung an die jeweiligen Dienste.

Neben der Windows-Firewall gibt es Produkte von Drittherstellern (Security-Pakete) mit funktional erweiterten Möglichkeiten. Aus praktischer Sicht ist es aber in meinen Augen wenig sinnvoll, ein solches Paket wegen der enthaltenen Firewall zu kaufen. Diese ist nicht sicherer oder unsicherer als die Windows-Firewall. Router, mit denen mehrere Rechner über DSL ins Internet gehen können, bieten in der Regel ebenfalls eine integrierte Firewall, die eingehende Datenpakete filtert. In diesem Fall sollten Sie auf diese externe Firewall zurückgreifen, da sie weniger anfällig für Beeinflussungen durch Schädlinge ist, die sich eventuell bereits auf dem Rechner eingenistet haben.

Programme möchten Ports freigeben

Die Windows 8.1-Firewall ist standardmäßig eingeschaltet und überwacht eingehende (sowie teilweise ausgehende) Daten nach bestimmten Regeln. Versucht ein der Firewall unbekanntes Programm auf dem lokalen Computer Ports der Firewall zu öffnen, meldet die Firewall dies über ein Dialogfeld (Abbildung 31.4).

Abbildung 31.4 Windows-Sicherheitshinweis der Firewall

- Trauen Sie dem Programm, d.h., soll für dieses eine Kommunikation aus externen Netzwerken zugelassen werden, klicken Sie auf die Schaltfläche *Zugriff zulassen*. Sie benötigen dazu eine Administratorberechtigung, d.h., dass die Freigabe ggf. über eine Sicherheitsabfrage der Benutzerkontensteuerung zu bestätigen ist. Dann trägt die Firewall diese Ausnahme in ihre interne Regelliste ein. Die Sicherheitswarnung unterbleibt zukünftig.

- Die Windows-Firewall verwendet mehrere Profile für die unterschiedlichen Netzwerkstandorte (Heimgruppennetz, Arbeitsgruppennetz und öffentliches Netz). Über Kontrollkästchen können Sie im Dialogfeld aus Abbildung 31.4 festlegen, ob die Kommunikation nur aus dem internen Netzwerk oder auch aus einem öffentlichen Netzwerk (Internet) zulässig sein soll. Letzteres ist nicht empfohlen.

Wenn Sie ein bekanntes Programm gestartet haben und das Dialogfeld *Windows-Sicherheitshinweis* (Abbildung 31.4) erscheint, müssen Sie entscheiden, ob Sie die Kommunikation in der Firewall freigeben. Die durch die Firewall geblockten Verbindungen beeinflussen die Funktionsfähigkeit der betreffenden Anwendung. Internettelefonie mit eingehenden Anrufen ist z.B. nur möglich, wenn die Firewall die betreffenden Anfragen zum Telefonieprogramm durchlässt. Ähnliches gilt ggf. für Filesharing-Programme oder andere Anwendungen, die über das Internet angesprochen werden müssen.

Firewallstatus prüfen und anpassen

Um sich über den Status der Windows-Firewall zu informieren, öffnen Sie die Systemsteuerung, tippen in das Suchfeld den Begriff »firewall« ein und klicken dann auf den angezeigten Befehl *Firewallstatus überprüfen*. Dann öffnet sich die in Abbildung 31.5 gezeigte Seite.

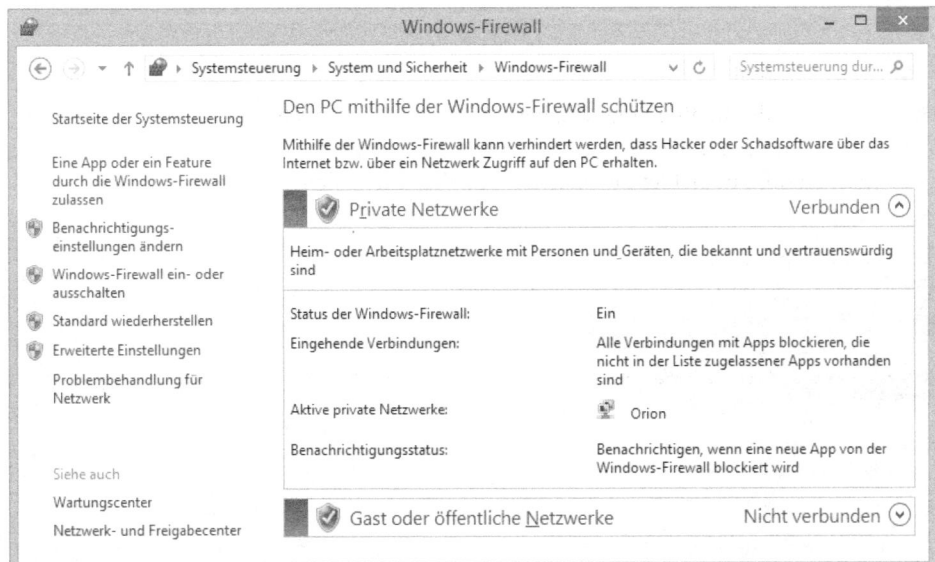

Abbildung 31.5   Seite mit den Windows-Firewalleinstellungen

- Über die beiden Profile »Private Netzwerke« und »Gast oder öffentliche Netzwerke« sehen Sie sofort den Status der Firewall. Ein grüner Balken signalisiert, dass die Firewall für diese Netzwerkstandorte aktiv ist.

- Über die Schaltfläche am rechten Rand des Profiltitels lassen sich die Details mit dem Status aus- und wieder einblenden

Über die Befehle in der Aufgabenleiste der Seite können Administratoren auf die Einstellungen der Firewall zugreifen.

Programm oder Feature in der Windows-Firewall zulassen

Wählen Sie in der Aufgabenleiste des Windows-Firewall-Fensters (Abbildung 31.5) den Befehl *Eine App oder ein Feature durch die Windows-Firewall zulassen*, erscheint die Seite aus Abbildung 31.6, oben, in der die Windows-Firewall die aus Ausnahmen eingetragenen Programme auflistet. Administratoren können die Schaltfläche *Einstellungen ändern* anwählen und die Abfrage der Benutzerkontensteuerung bestätigen. Dann werden die Kontrollkästchen freigegeben:

- Durch Aktivieren der betreffenden Kontrollkästchen lässt sich für die beiden Netzwerkprofile »Heim/ Arbeit (Privat)« und »Öffentlich« steuern, ob der betreffende Port oder die Anwendung als Ausnahme zugelassen ist. Bei nicht markierten Kontrollkästchen ist die Kommunikation der als Ausnahmen eingetragenen Programme dagegen blockiert.

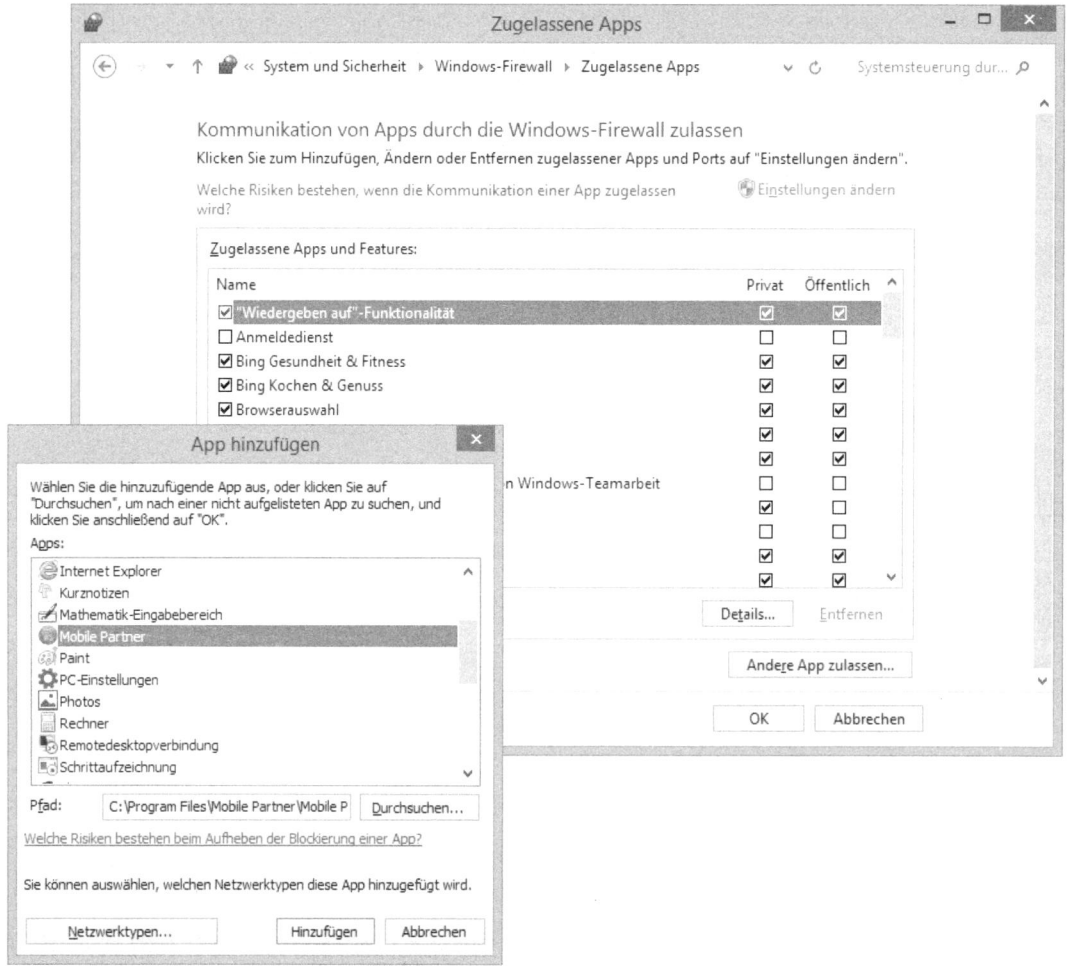

Abbildung 31.6 Einstellung der Firewallausnahmen

- Markieren Sie einen Eintrag und klicken Sie auf die Schaltfläche *Details*, gibt Ihnen die Windows-Firewall in einem Dialogfeld einige Hinweise auf das betreffende Programm oder das Feature

- Über die Schaltfläche *Entfernen* löschen Sie markierte Einträge, die durch Software oder den Benutzer zur Liste der zugelassenen Programme hinzugefügt wurden

- Über die Schaltfläche *Andere App zulassen* öffnen Sie das Dialogfeld *App hinzufügen* (Abbildung 31.6, unten links). Dort lassen sich lokal installierte Apps und Anwendungen auswählen und für die Kommunikation freischalten. Die Schaltfläche *Netzwerktypen* öffnet ein Dialogfeld, in dem Sie über Kontrollkästchen festlegen können, ob nur private oder auch öffentliche Netzwerke gefiltert werden sollen.

Über die *OK*-Schaltfläche übernehmen Sie die Änderungen. Diese Konfiguration der Firewall sollte aber nur von erfahrenen Anwendern benutzt werden. Bei fehlendem Hintergrundwissen achten Sie lediglich darauf, dass die Windows-Firewall aktiv ist. Geben Sie nur solche Programme als Ausnahmen frei, denen Sie trauen und deren Funktionen eine Kommunikation mit dem Internet unbedingt erfordern.

Firewall ein-/ausschalten, Benachrichtigungseinstellungen ändern

Über die beiden Links *Benachrichtigungseinstellungen ändern* und *Windows-Firewall ein- oder ausschalten* im Aufgabenbereich des Firewall-Fensters (Abbildung 31.5) lässt sich die in Abbildung 31.7 gezeigte Konfigurationsseite öffnen. Auch hier wird wieder zwischen zwei Profilen für private und öffentliche Netzwerke unterschieden. Über Optionsfelder entscheiden Sie, ob die Firewall für die betreffenden Standorte ein- oder ausgeschaltet sein soll.

Abbildung 31.7   Firewall ein-/ausschalten

- Aus Sicherheitsgründen sollte die Option *Windows-Firewall aktivieren* markiert sein, damit die Windows-Firewall für das betreffende Profil arbeiten kann

- Ist zusätzlich das Kontrollkästchen *Alle eingehenden Verbindungen blockieren, einschließlich der in der Liste der zugelassenen Apps* markiert, lässt die Firewall keine Ausnahmen zu und blockiert alle eingehenden Verbindungen (bietet also maximale Sicherheit)

- Durch Markieren des Kontrollkästchens *Benachrichtigen, wenn eine neue App von der Windows-Firewall blockiert wird* stellen Sie sicher, dass die in Abbildung 31.4 gezeigte Meldung erscheint, sobald eine Anwendung versucht, Ports für eine eingehende Kommunikation freizugeben

Die Änderungen werden beim Anklicken der *OK*-Schaltfläche übernommen.

Firewall mit erweiterter Sicherheit

Die Windows-Firewall kann auch ausgehende Verbindungen blockieren. Die Konfigurierung erfolgt über die Microsoft Management Console (MMC):

- Die MMC zur Verwaltung der Firewall mit erweiterter Sicherheit öffnen Sie über den Befehl *Erweiterte Einstellungen* in der Aufgabenleiste der Windows-Firewall (Abbildung 31.5)
- Sie können zudem in das Suchfeld der eingeblendeten Seitenleiste *Suchen* auch den Befehl »wf.msc« eingeben und die Tastenkombination [Strg]+[⇧]+[↵] drücken (führt das Snap-In mit Administratorberechtigungen aus)

Das Snap-In meldet sich mit dem in Abbildung 31.8, Hintergrund, gezeigten Fenster. In der linken Spalte finden Sie die Kategorien für die Firewallregeln, die Zweige für die Überwachung etc.

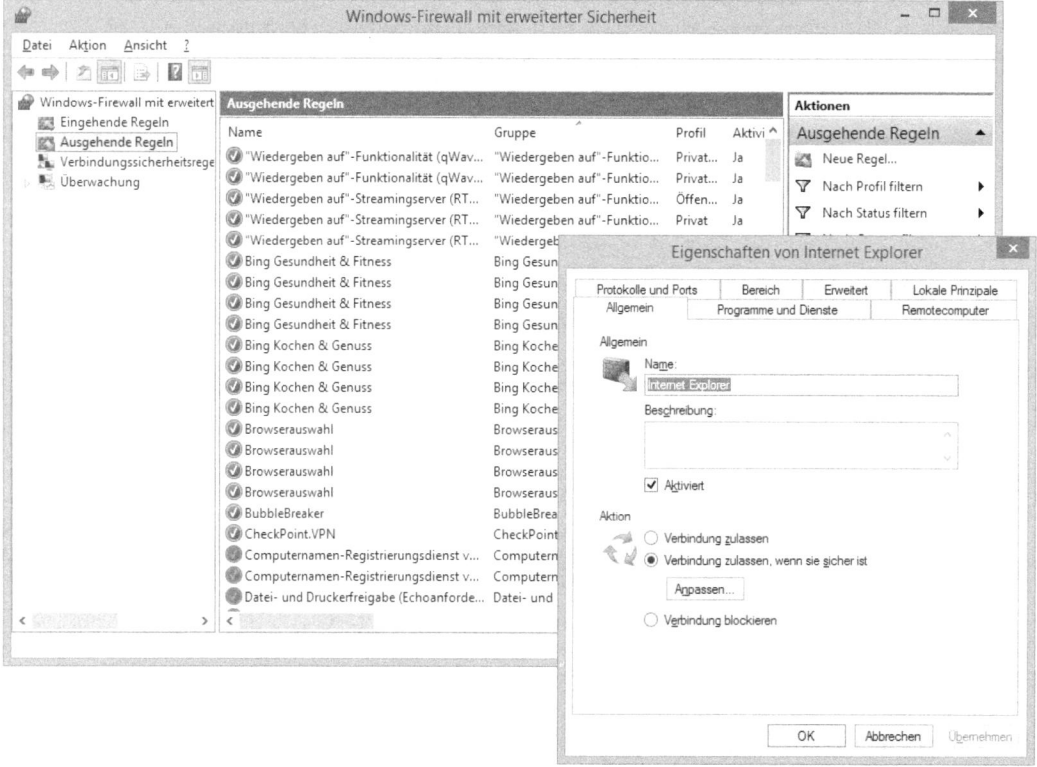

Abbildung 31.8   Windows-Firewall mit erweiterter Sicherheit

Wählen Sie in der linken Spalte die Kategorie *Eingehende Regeln* oder *Ausgehende Regeln*, taucht eine ganze Liste an freigegebenen Anwendungen auf (Abbildung 31.8, Hintergrund). Ein Doppelklick auf einen solchen

Eintrag öffnet das in Abbildung 31.8, Vordergrund, gezeigte Dialogfeld, über dessen Registerkarten Sie die Regeln für ausgehende bzw. eingehende Verbindungen anpassen können. Auf diese Weise lassen sich auch ausgehende Verbindungen durch die Windows-Firewall blockieren:

1. Möchten Sie neue Regeln für ein- oder ausgehende Verbindungen festlegen, markieren Sie in der linken Spalte die gewünschte Kategorie aus (*Eingehende Regeln*, *Ausgehende Regeln* oder *Verbindungssicherheits-regeln*).

2. Anschließend wählen Sie in der rechten Spalte (dem *Aktionen*-Bereich) den Befehl *Neue Regel*.

Daraufhin startet ein Assistent, der Sie in verschiedenen Dialogschritten bei der Definition der Firewallregel unterstützt. Die detaillierte Diskussion der entsprechenden Funktionen sprengt den Ansatz dieses Buchs. Klicken Sie in der linken Spalte auf den obersten Eintrag *Windows-Firewall mit erweiterter Sicherheit*, lassen sich in der mittleren Spalte mehrere Hyperlinks mit Onlinedokumentationen von Microsoft zu diesem Thema abrufen.

Systemüberprüfung mit Windows Defender

Windows Defender in Windows 8.1 überprüft das System auf Schadprogramme und führt auch Echt-zeitscans beim Zugriff auf Dateien aus. Wird Schadsoftware erkannt, blockiert Windows Defender die Daten und entfernt diese. Um den Status des Programms zu überprüfen oder eine Aktualisierung durchzuführen, öffnen Sie beispielsweise die Systemsteuerung, tippen »defender« im Suchfeld ein und wählen den angezeig-ten Befehl *Windows Defender*. Alternativ lässt sich die Seitenleiste *Suche* einblenden und dort der Begriff »defender« eintippen.

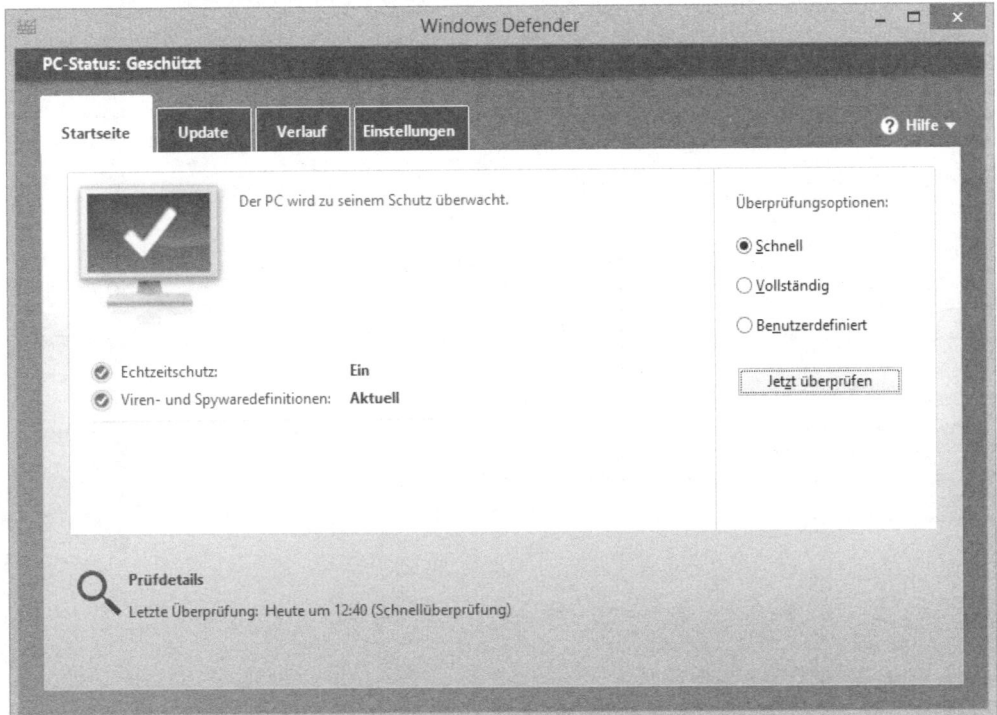

Abbildung 31.9 Startseite von Windows Defender

Windows Defender informiert Sie in einem Fenster (Abbildung 31.9), ob ein Update erforderlich ist und wann die letzte Überprüfung auf Schadprogramme durchgeführt wurde. Wählen Sie die Schaltfläche *Jetzt überprüfen*, um einen Systemscan einzuleiten. Über Optionsfelder legen Sie die Prüftiefe (Schnellüberprüfung, vollständige und benutzerdefinierte Überprüfung) fest.

Das Programm beginnt mit dem Scan des Systems und zeigt die überprüften Dateien sowie die Ergebnisse im Programmfenster an. Da der Scan durchaus einige Zeit dauern kann, lässt sich die Prüfung mittels einer Schaltfläche abbrechen. Sie können den Vorgang später über die in der Startseite eingeblendete Schaltfläche fortsetzen. Das Ergebnis dieser Überprüfung wird im Programmfenster eingeblendet.

HINWEIS   Der Echtzeitschutz von Windows Defender sorgt zudem dafür, dass Dateien beim Öffnen, Kopieren oder Verschieben auf Schädlinge überprüft werden. Bei infizierten Dateien wird der Vorgang blockiert. Sie sehen dann eine Benachrichtigung in der rechten oberen Desktopecke. Zudem wird in der Regel ein Dialogfeld angezeigt, welches darauf hinweist, dass die Operation (z.B. Öffnen eines ZIP-Archivs) wegen Schädlingsbefall blockiert wird.

Windows Defender kann dabei schädliche Software in einen Quarantänebereich verschieben:

- Um sich über das Ergebnis der Prüfung detaillierter zu informieren, wählen Sie die Registerkarte *Verlauf* im Fenster an

- Anschließend markieren Sie eines der Optionsfelder, um nach Einträgen in der Quarantäne, in zugelassenen Elementen oder nach allen Elementen zu filtern

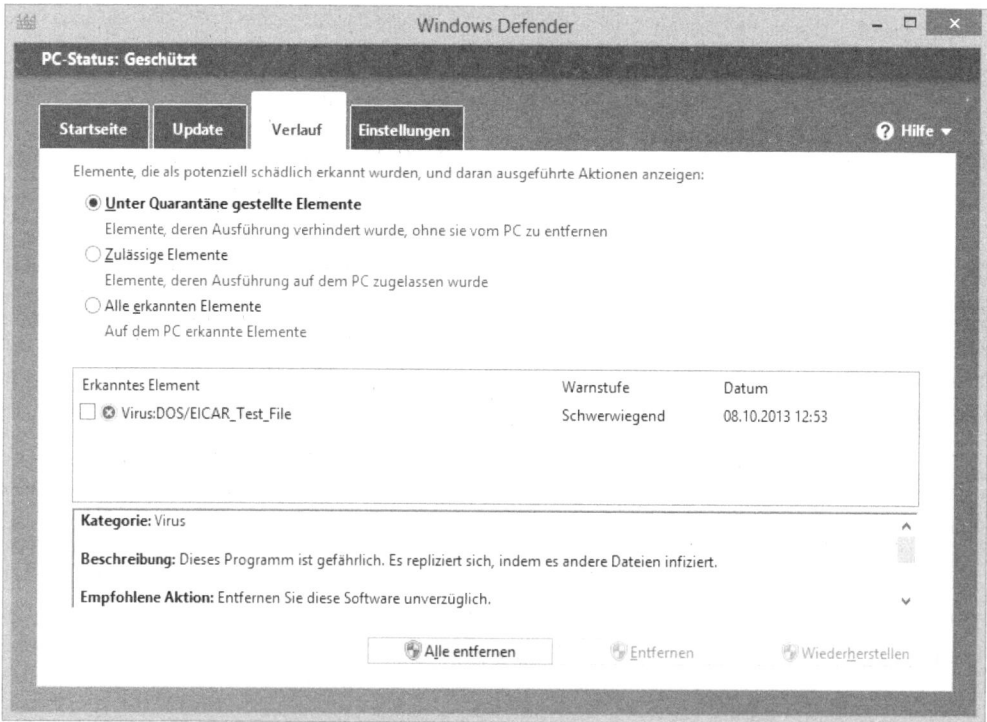

Abbildung 31.10 Verlaufsanzeige in Windows Defender

- Wählen Sie die am unteren Rand sichtbare Schaltfläche *Details einblenden*, erweitert Windows Defender die Darstellung im Fenster um die gefilterten Elemente

- Windows Defender führt bei markierter Option *Unter Quarantäne gestellte Elemente* z.B. in einer Liste ggf. unerwünschte Software auf, die durch den Virenscanner blockiert wurde (Abbildung 31.10)

- Durch Anwahl eines Eintrags fragen Sie im unteren Feld der Verlaufsanzeige nähere Informationen zur betreffenden Schadroutine ab

Über Schaltflächen wie *Entfernen* oder *Alle entfernen* lassen sich Einträge in der Liste der erkannten Elemente löschen. Die Schaltfläche *Wiederherstellen* ermöglicht Ihnen, ein irrtümlich in der Quarantäne gelandetes Element in die Liste der zulässigen Elemente zu übernehmen.

HINWEIS   Bei Windows 8.1 beinhaltet Windows Defender die Scanengine der Microsoft Security Essentials als Virenscanner. Ist die Signaturdatei zur Erkennung von Schadsoftware von Windows Defender nicht mehr aktuell, erkennt das Programm dies und zeigt im Wartungscenter sowie beim Aufruf eine entsprechende Benachrichtigung im Programmfenster an. Sie können dann über die angezeigte Schaltfläche die Signaturdatei per Internet aktualisieren lassen. Zudem verteilt Microsoft Defender-Signaturdateien automatisch über Windows Update, sodass Windows Defender bei einem System mit Internetzugang in der Regel aktuell ist.

Ob Sie einen Virenscanner eines Drittanbieters installieren, ist eine persönliche Entscheidung. Bei kostenlosen Virenscannern der Dritthersteller sollte berücksichtigt werden, dass deren Funktionalität oft eingeschränkt ist. Persönlich verzichte ich auch auf den Einsatz sogenannter Internet Security Suites mit Virenscanner, Firewall etc. Zu häufig haben sich solche Rundumlösungen als Leistungsbremse oder als Quelle diverser Probleme herausgestellt. Beachten Sie auch, dass Windows Defender automatisch deaktiviert wird, sobald ein Virenschutzprogramm eines Drittherstellers installiert wird. Ähnliches gilt für die Windows-Firewall bei Installation eines Drittherstellerprodukts.

Einstellungen von Windows Defender anpassen

Um die Prüfeinstellungen von Windows Defender einzusehen bzw. anzupassen, wählen Sie im Defender-Fenster die Registerkarte *Einstellungen* (Abbildung 31.10). Auf der Registerkarte finden Sie in der linken Spalte verschiedene Kategorien. Bei Anwahl eines Eintrags werden die zugehörigen Einstellungen im rechten Teil des Fensters eingeblendet.

- **Echtzeitschutz**   Über das angezeigte Kontrollkästchen lässt sich der Echtzeitschutz, der eine Virenprüfung beim Zugriff auf Dateien durchführt, temporär abschalten. Allerdings schaltet Windows diesen Echtzeitschutz nach wenigen Sekunden wieder ein – egal, was im Kontrollkästchen angezeigt wird.

- **Erweitert**   Diese Seite ermöglicht, über Kontrollkästchen vorzugeben, welche Speicherorte (Wechseldatenträger, Wiederherstellungspunkte, Archivdateien etc.) zu überprüfen sind und ob allen Benutzern die Verlaufsergebnisse angezeigt werden dürfen. Zudem lässt sich wählen, wie lange die Dateien im Quarantänebereich verbleiben, bis Windows Defender diese automatisch löscht.

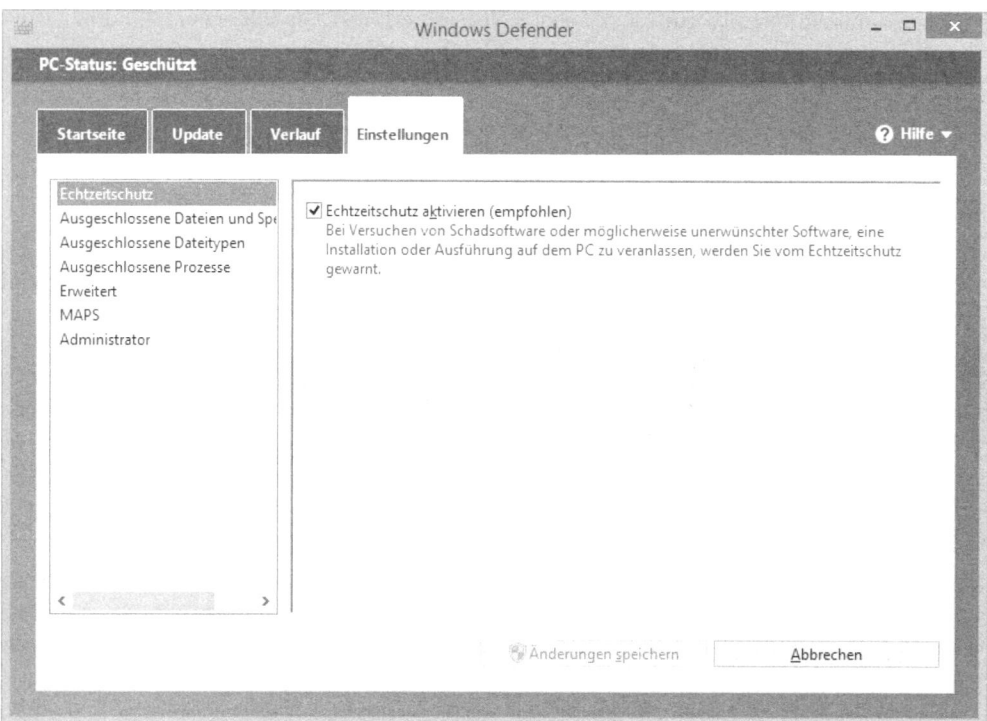

Abbildung 31.11   Einstellungen von Windows Defender anpassen

- **MAPS**   Die Kategorie ermöglicht die Einstufung, wie sie den Microsoft Active Protection Service (MAPS) verwenden möchten. Belassen Sie die Einstellung auf *Einfaches Mitglied*.

- **Administrator**   Ermöglicht Ihnen, über ein Kontrollkästchen Windows Defender zu aktivieren oder zu deaktivieren

Über weitere Einträge lassen sich Listen ausgeschlossener Dateien, Speicherorte, Dateitypen und Prozesse verwalten.

Windows aktualisieren und pflegen

Windows unterstützt die Aktualisierung durch Updates über das Internet. Dabei werden ggf. sicherheitskritische Aktualisierungen und Fehler behoben. Weiterhin gibt es die Möglichkeit, Windows bei Problemen zu aktualisieren oder auf den Auslieferungszustand zurückzusetzen. Die betreffenden Funktionen werden nachfolgend besprochen.

Was hat sich bei Windows Update geändert?

Windows wird standardmäßig so eingerichtet, dass erforderliche Updates (speziell Sicherheitsaktualisierungen) automatisch per Internetverbindung heruntergeladen und installiert werden. Sie brauchen sich also darum nicht zu kümmern. Allerdings hat Microsoft einige Änderungen gegenüber früheren Windows-Versionen vorgenommen.

Windows Update sammelt Aktualisierungen, die einen Neustart erfordern, um diese in einem Rutsch zu installieren. Bei Systemen, die dauerhaft in Betrieb sind, prüft Windows Update, wie lange ein Neustart verzögert wird. Spätestens nach drei Tagen ohne Neustart wird das System automatisch heruntergefahren und dann neu gestartet.

Abbildung 31.12 Benachrichtigung bei anstehenden Updates

Sie erhalten eine Benachrichtigung auf der Anmeldeseite (Abbildung 31.12), wenn Updates anstehen oder ein Neustart durch die Installation von Updates erforderlich wird. Melden Sie sich ggf. am Benutzerkonto an, um Updates zuzulassen. Oder führen Sie die verzögerten Updates per Neustart oder durch Herunterfahren über das Menü der Schaltfläche *Ein/Aus* in der Seitenleiste oder in der Anmeldeseite gezielt durch (siehe auch in Kapitel 2 den Abschnitt »Herunterfahren und Neustart«).

Kontrolle auf Updates

Ist das System für eine automatische Suche nach Updates und zu deren Installation konfiguriert, brauchen Sie sich um nichts zu kümmern. Windows prüft bei jeder Onlinesitzung, ob Updates auf den Microsoft-Update-Servern vorliegen, lädt diese herunter und installiert die Aktualisierungen nach den auf den vorherigen Seiten genannten Kriterien.

Fehlt eine permanente Internetverbindung oder ist die automatische Update-Installation deaktiviert, lässt sich der Update-Status überprüfen. Einen schnellen Überblick, ob es Probleme gibt oder ob Aktualisierungen fehlen, erhalten Sie über das am Kapitelanfang behandelte Wartungscenter.

1. Alternativ können Sie die Charms-Leiste am rechten Seitenrand und die Seitenleiste *Einstellungen* über das gleichnamige Symbol einblenden.

2. Wählen Sie dort den Befehl *PC-Einstellungen ändern* an. Auf der Seite *PC-Einstellungen* wählen Sie die Kategorie *Update/Wiederherstellung* und auf der Unterseite die Unterkategorie *Windows Update*.

Windows zeigt dann im rechten Teil der Seite (Abbildung 31.13) den Update-Status des Systems. Über die Schaltfläche *Jetzt prüfen* lässt sich eine manuelle Überprüfung des Updatestatus ausführen.

Abbildung 31.13   Windows Updates überprüfen

Blenden Sie die Charms-Leiste beispielsweise über ⊞+Ⓒ am rechten Bildschirmrand ein und wählen Sie *Suche*, lässt sich in der gleichnamigen Seitenleiste der Begriff »update« eingeben. Die Trefferliste enthält verschiedene Befehle zum Zugriff auf die Update-Funktionen (Abbildung 31.14).

Abbildung 31.14   Zugriff auf Windows Update-Funktionen

- Die Einträge *Windows Update* und *Nach Updates suchen* bringen die Seite *Update/Wiederherstellung* (Abbildung 31.13) der PC-Einstellungen zur Anzeige. Über die Hyperlinks *Updateverlauf anzeigen* und *Installationsmethode für Updates auswählen* können Sie sich ansehen, welche Updates installiert wurden und wie Updates installiert werden.

- Zur Kontrolle der Update-Einstellungen, des Update-Verlaufs etc. können Sie auch die Systemsteuerung öffnen und »update« im Suchfeld eingeben. Anschließend wählen Sie den Befehl *Windows-Update* im Fenster der Systemsteuerung aus (Abbildung 31.15, Hintergrund oben). Zusätzlich lassen sich weitere

Befehle zum direkten Zugriff auf verschiedene Update-Einstellungen im Fenster der Systemsteuerung abrufen.

Der Befehl *Windows Update* öffnet das Dialogfeld aus Abbildung 31.15, unten, in dem Ihnen die Anzahl anstehender Updates angezeigt wird. In der Aufgabenleiste finden Sie zudem die Befehle, um auf Update-Einstellungen, den Update-Verlauf etc. zugreifen zu können.

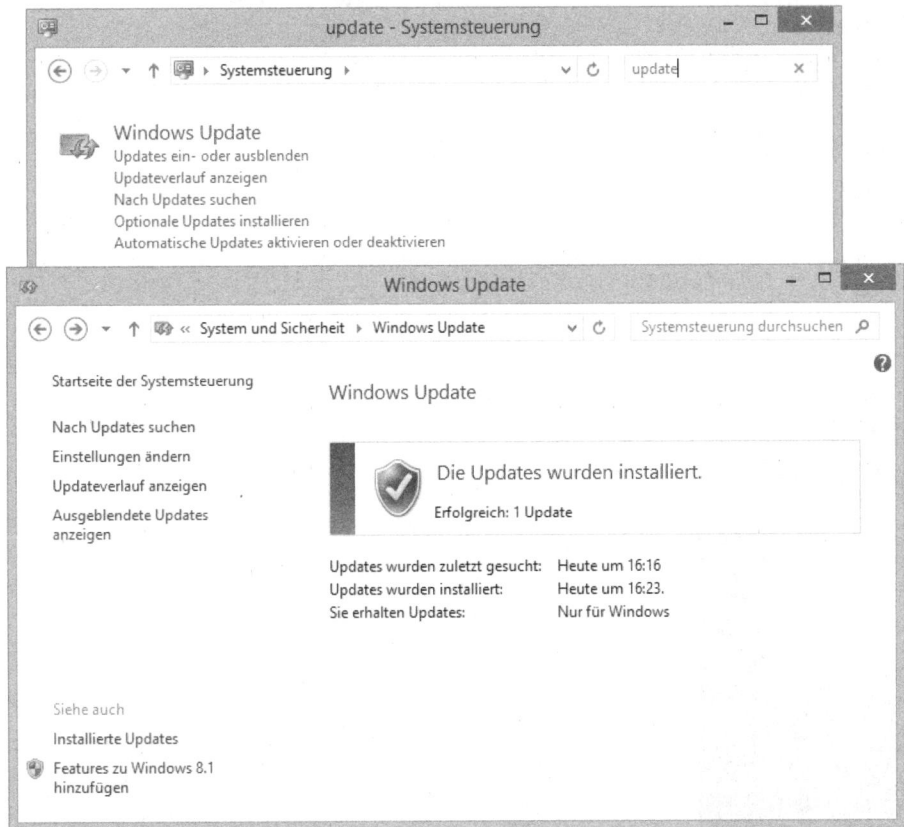

Abbildung 31.15 Windows Update-Seite der Systemsteuerung

Update-Einstellungen ändern

Bei der Installation wird Windows so eingerichtet, dass Updates automatisch heruntergeladen und installiert werden. Sie können aber auch zu einem späteren Zeitpunkt die Update-Einstellungen an Ihre Anforderungen anpassen.

■ Eine Möglichkeit besteht darin, auf der Seite *Update/Wiederherstellung* (Abbildung 31.13) den Befehl *Installationsmethode für Updates auswählen* anzuwählen. In der angezeigten Seite (Abbildung 31.16, oben) setzten Sie die gewünschten Update-Optionen und bestätigen diese über die *Anwenden*-Schaltfläche.

■ Oder Sie öffnen Sie die Systemsteuerung und tippen im Suchfeld des Fensters den Text »update« ein. Wählen Sie den eingeblendeten Befehl *Automatische Updates aktivieren oder deaktivieren* (Abbildung 31.15, Hintergrund oben). Anschließend passen Sie im Fenster *Einstellungen ändern* die gewünschten

Optionen (Abbildung 31.16, unten) an, wählen die *OK*-Schaltfläche und bestätigen die Sicherheitsabfrage der Benutzerkontensteuerung.

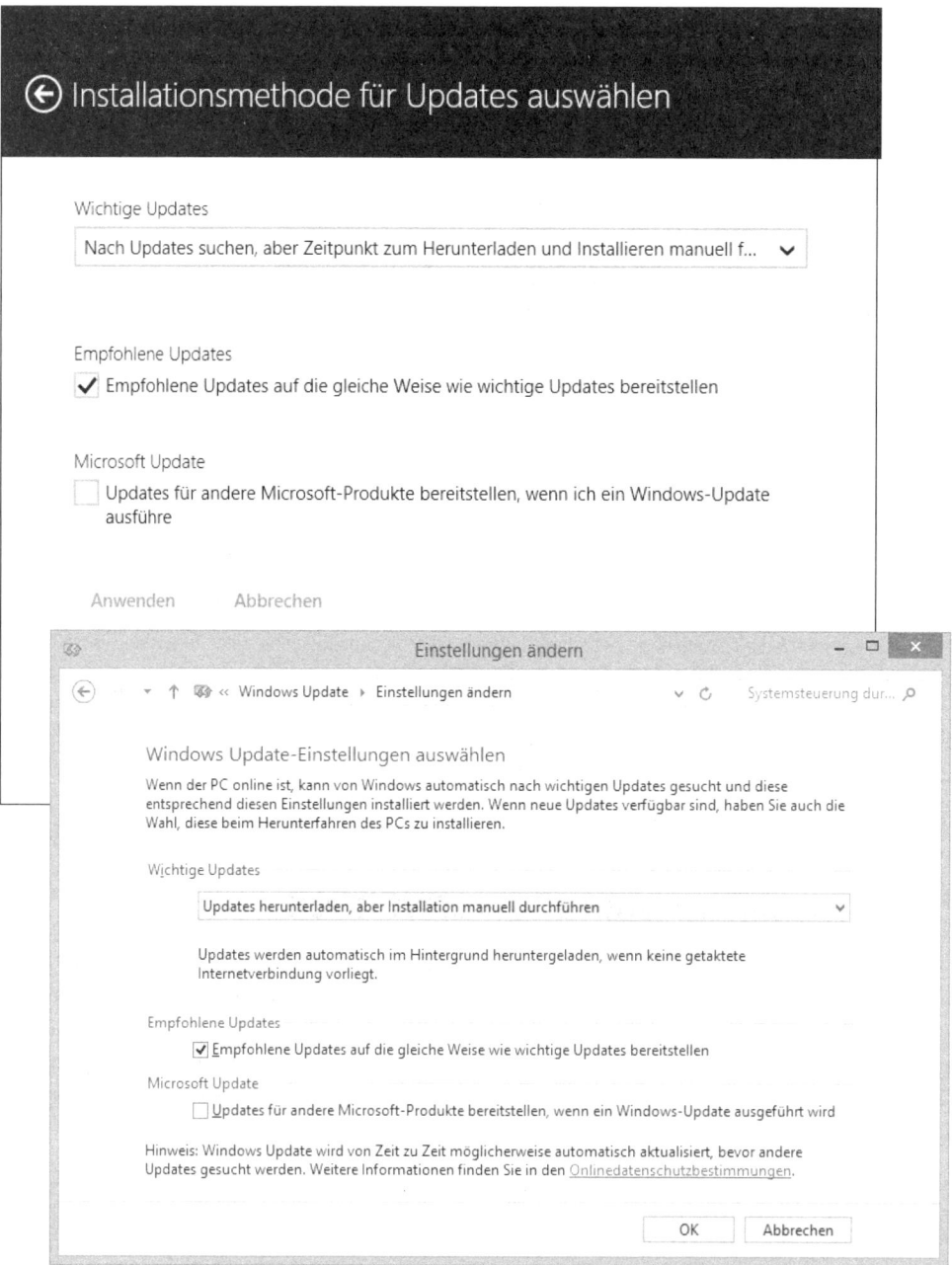

Abbildung 31.16 Anpassen der Update-Optionen

Über das in beiden Varianten vorhandene Listenfeld *Wichtige Updates* stellen Sie die Vorgaben für Updates ein:

- Der Eintrag *Updates automatisch installieren (empfohlen)* ist standardmäßig durch Windows aktiviert, erfordert aber eine ständige Onlineverbindung. Diese Einstellung ist für Anwender empfehlenswert, die sich bezüglich der Aktivierung um nichts kümmern möchten.

- Wer lieber die Kontrolle darüber behalten möchte, was Microsoft an Updates auf den Rechner schiebt, sollte die Einstellung *Updates herunterladen, aber Installation manuell ausführen* wählen. Dann wird zumindest vor der Installation gefragt, ob die Updates durchgeführt werden sollen. Dies gibt Ihnen Gelegenheit, die Installationspakete auszuwählen und Update-Vorgänge mit einem erforderlichen Neustart in Zeiten zu legen, in denen nicht mehr am System gearbeitet wird.

- Sofern Sie nur eine getaktete Internetverbindung (Modem-/ISDN-/UMTS-Verbindung) besitzen und die volle Kontrolle über Updates benötigen, wählen Sie den Eintrag *Nach Updates suchen, aber Zeitpunkt zum Herunterladen und Installieren manuell festlegen*. Dann können Sie den kompletten Update-Vorgang schrittweise kontrollieren.

- Der Eintrag *Nie nach Updates suchen (nicht empfohlen)* sollte nach Möglichkeit nicht markiert werden. Auch Windows 8.1 wird Sicherheitslücken und Fehler enthalten, die mit der Zeit bekannt und durch Microsoft mit Aktualisierungen (als Patches bezeichnet) geschlossen werden. Lassen Sie sich daher zumindest von Windows Update über anstehende Aktualisierungen informieren. Die Option *Nie nach Updates suchen (nicht empfohlen)* ist eigentlich nur dann sinnvoll, wenn Sie ein System ohne Internetzugang betreiben und Aktualisierungen über CDs bzw. DVDs installieren können.

HINWEIS   Microsoft trennt die anstehenden Aktualisierungen in verschiedene Kategorien wie Sicherheitsaktualisierungen, kritische Updates und empfohlene Updates. Standardmäßig bezieht die automatische Update-Funktion nur Sicherheitsaktualisierungen und kritische Updates zur Fehlerbehebung ein. Um auch empfohlene Updates für Microsoft-Anwendungen bzw. Programmerweiterungen in die Update-Suche einzubeziehen, sollten Sie das Kontrollkästchen *Empfohlene Updates auf die gleiche Weise wie wichtige Updates bereitstellen* markieren. Weiterhin finden Sie im Abschnitt *Microsoft Update* ein Kontrollkästchen, über das Sie auch Updates für andere Microsoft-Produkte zulassen oder ablehnen können.

Die Systemwiederherstellung verwenden

Windows verfügt über die Funktion der Systemwiederherstellung, mit der das Betriebssystem wichtige Dateien gezielt als Wiederherstellungspunkte speichern kann. Solche Wiederherstellungspunkte werden automatisch vom Computer als Prüf- oder Installationswiederherstellungspunkte bei der Installation von Treibern bzw. Programmen angelegt. Zusätzlich lassen sich gezielt manuelle Wiederherstellungspunkte anlegen. Bei Bedarf haben Sie dann die Möglichkeit, Windows 8.1 über die Wiederherstellung auf einen solchen Wiederherstellungspunkt zurückzusetzen. Dies ist hilfreich, wenn nach der Installation eines Treibers, einer Software oder nach einer Systemänderung Fehlfunktionen im System auftreten. Nachfolgend wird kurz erläutert, wie Sie Wiederherstellungspunkte anlegen und zum Zurücksetzen des Systems nutzen.

Die Systemwiederherstellung aufrufen und konfigurieren

Der Aufruf der Wiederherstellung erfordert, dass Sie über eine Administratorberechtigung verfügen. Der Aufruf kann über mehrere Wege erfolgen:

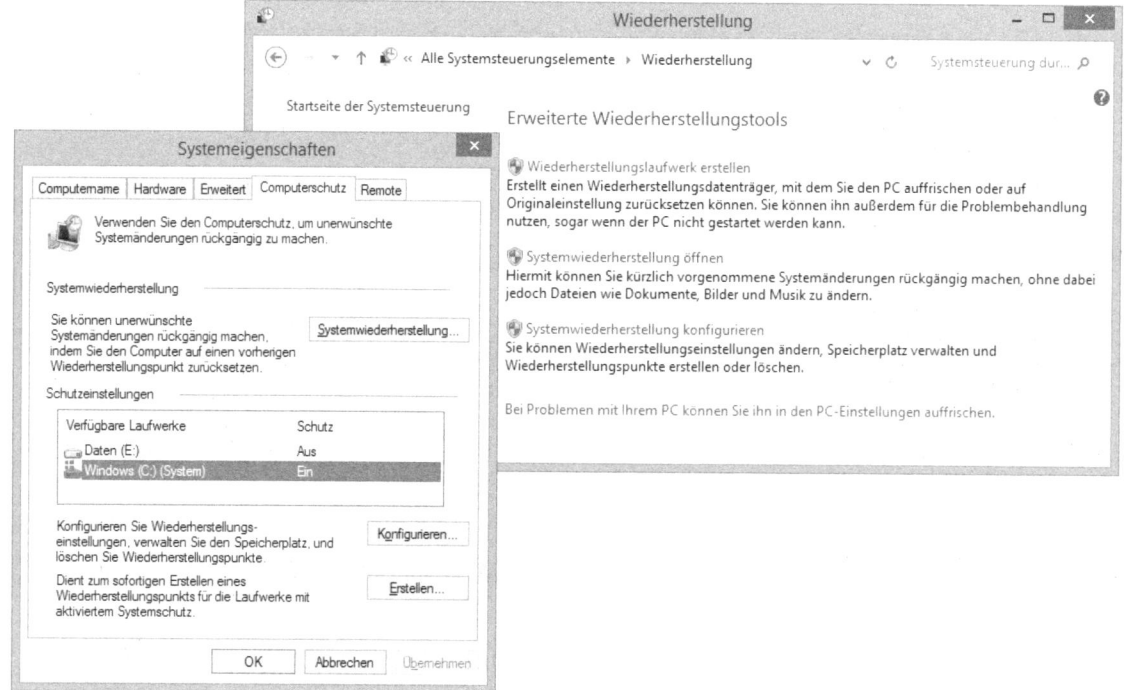

Abbildung 31.17   Fenster *Wiederherstellung* und Registerkarte *Computerschutz*

- Öffnen Sie die Systemsteuerung und geben Sie im Suchfeld »wieder« ein. Anschließend wählen Sie den angezeigten Befehl *Wiederherstellung*. Daraufhin erscheint eine Liste der verfügbaren Befehle zum Zugriff auf Funktionen der Wiederherstellung (Abbildung 31.17, rechts). Wählen Sie den Befehl *Systemwiederherstellung konfigurieren*. Anschließend wird das Eigenschaftenfenster *Systemeigenschaften* mit der Registerkarte *Computerschutz* (Abbildung 31.17, unten links) geöffnet.

- Die Alternative besteht darin, die Tastenkombination ⊞+⎡Pause⎤ zu drücken oder das optional einblendbare Desktopsymbol *Dieser PC* mit der rechten Maustaste anzuwählen und im Kontextmenü den Befehl *Eigenschaften* anzuwählen. Im Fenster *System* wählen Sie in der Aufgabenleiste den Befehl *Computerschutz*.

In allen Fällen ist unter Standardbenutzerkonten beim Aufruf der Wiederherstellung die Sicherheitsabfrage der Benutzerkontensteuerung zu bestätigen. Auf der Registerkarte *Computerschutz* finden Sie Schaltflächen, um einen Wiederherstellungspunkt anzulegen (Schaltfläche *Erstellen*) oder den Assistenten zur Wiederherstellung aufzurufen (Schaltfläche *Systemwiederherstellung*).

Weiterhin werden Ihnen auf der Registerkarte die im System verfügbaren Laufwerke aufgelistet. In der Spalte »Schutz« wird angezeigt, ob diese durch die Systemwiederherstellung überwacht werden oder nicht. Über die Konfigurierung lässt sich der Schutz eines Laufwerks ein- oder ausschalten:

1. Um die Konfigurierung für ein Laufwerk anzupassen, markieren Sie dieses auf der Registerkarte *Computerschutz* und wählen die Schaltfläche *Konfigurieren* (Abbildung 31.17, unten links).

2. Anschließend passen Sie im Dialogfeld *Systemschutz* (Abbildung 31.18) die Einstelloptionen an und schließen die Änderung über die *OK*-Schaltfläche ab.

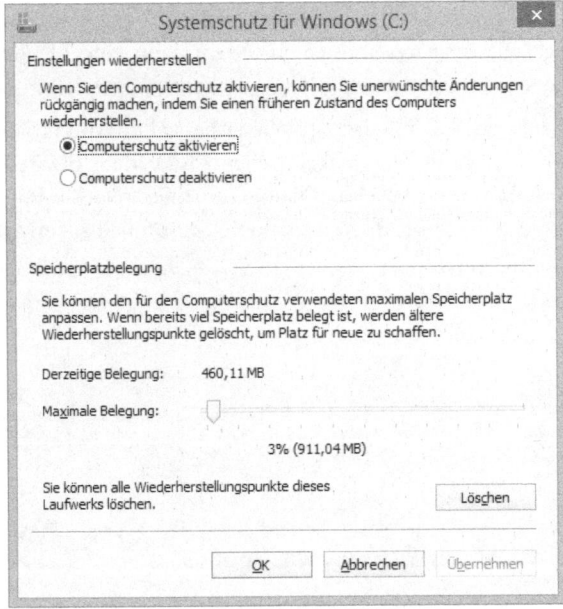

Abbildung 31.18 Einstellungen der Wiederherstellung anpassen

Durch Auswahl des jeweiligen Optionsfelds kann die Wiederherstellung für das gewählte Laufwerk ein- oder ausgeschaltet werden. Über den Schieberegler lässt sich die maximale Speicherbelegung auf dem Systemlaufwerk für Wiederherstellungspunkte vorgeben. Die Schaltfläche *Löschen* ermöglicht Ihnen, Wiederherstellungspunkte zu entfernen.

HINWEIS Die Wiederherstellung bezieht nur Windows-Einstellungen und Systemdateien sowie installierte Programmdateien in die Sicherung ein. Dies ermöglicht Ihnen, das System bei Problemen auf einen früheren Zustand zurückzusetzen, ohne dass zuletzt empfangene E-Mails oder erstellte Dokumente verloren gehen. Die Wiederherstellungspunkte werden in einem geschützten Bereich des jeweiligen (NTFS-)Laufwerks abgelegt. Ist nicht genügend freie Kapazität vorhanden, werden die ältesten Wiederherstellungspunkte gelöscht. Laufwerke, die unter 300 MB freie Laufwerkkapazität oder weniger als 1 GB Gesamtkapazität aufweisen, bezieht Windows nicht in die Wiederherstellung ein.

TIPP Haben Sie auf dem System eigene Partitionen mit logischen Laufwerken zur Speicherung größerer Dokumente (z.B. Videos, Fotosammlungen etc.) angelegt? Da die Wiederherstellung keine von Benutzern angelegten Dokumentdateien einbezieht, nehmen Sie Laufwerke, die zur Sicherung Ihrer benutzerspezifischen Dokumente herangezogen werden, von der Sicherung aus.

Einen Wiederherstellungspunkt anlegen

Möchten Sie den aktuellen Systemzustand in einem Wiederherstellungspunkt sichern? Manuelle Wiederherstellungspunkte lassen sich auf der Registerkarte *Computerschutz* mit folgenden Schritten anlegen:

1. Rufen Sie die Registerkarte *Computerschutz* (Abbildung 31.17, unten links) über die im vorhergehenden Abschnitt beschriebenen Schritte auf.

2. Klicken Sie auf der Registerkarte auf die Schaltfläche *Erstellen* und geben Sie im dann eingeblendeten Dialogfeld *Computerschutz* einen Namen für den Wiederherstellungspunkt ein (Abbildung 31.19).

Sobald Sie das Dialogfeld über die *Erstellen*-Schaltfläche schließen, wird der Wiederherstellungspunkt angelegt. Dabei sichert die Wiederherstellung die Systemzustände auf allen zugelassenen Laufwerken. Sie werden über den Ablauf mittels einer Fortschrittsanzeige und über einen Abschlussdialog informiert. Nach erfolgreichem Anlegen des Wiederherstellungspunkts können Sie die geöffneten Dialogfelder und Registerkarten über die *OK*-Schaltfläche schließen.

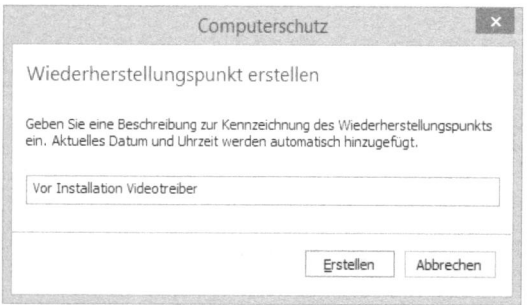

Abbildung 31.19 Wiederherstellungspunkt benennen

TIPP   Legen Sie vor der Installation einer neuer Software oder vor Änderungen am System bzw. vor dem Anpassen der Windows-Registrierung manuell einen Wiederherstellungspunkt an. Halten Sie das System frei von Schädlingen (Viren, Trojaner etc.). Andernfalls werden diese Schädlinge ggf. mit im Wiederherstellungspunkt gesichert und Sie schleppen die Schädlinge beim Wiederherstellen des Systems erneut ein! Bei Windows Defender ist die Überprüfung von Wiederherstellungspunkten durch die Scanengine standardmäßig eingeschaltet.

System auf einen Wiederherstellungspunkt zurücksetzen

Möchten Sie das System auf einen Wiederherstellungspunkt zurücksetzen? Dies ist beispielsweise dann sinnvoll, wenn nach der Installation neuer Hard- und Software oder nach Anpassungen am System Probleme auftreten. Zum Wiederherstellen eines definierten Zustands mittels der Wiederherstellung gehen Sie folgendermaßen vor:

1. Rufen Sie die Wiederherstellung entsprechend den Ausführungen auf den vorhergehenden Seiten über die Systemsteuerung auf und wählen Sie den Befehl *Systemwiederherstellung öffnen* (Abbildung 31.17, oben rechts).

2. Wählen Sie im Dialogfeld aus Abbildung 31.20, unten links, den angezeigten Wiederherstellungspunkt aus. Liegt dieser länger in der Vergangenheit, markieren Sie das Optionsfeld *Anderen Wiederherstellungspunkt auswählen*.

3. Klicken Sie auf die *Weiter*-Schaltfläche und wählen Sie den gewünschten Sicherungspunkt im Dialogfeld (Abbildung 31.20, oben rechts). Bei Bedarf lässt sich über eine Schaltfläche nach betroffenen Programmen suchen.

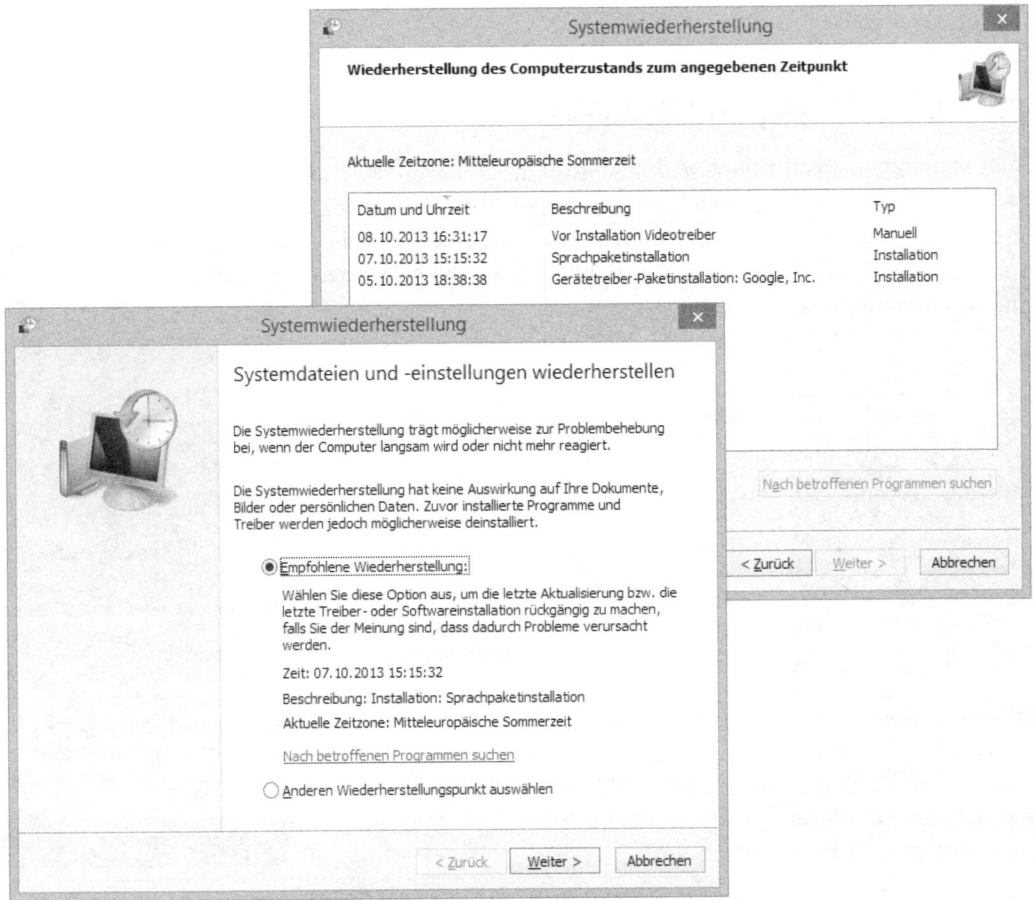

Abbildung 31.20 Auswählen und Bestätigen des Wiederherstellungspunkts

4. Bestätigen Sie über die Schaltfläche *Fertig stellen*. Die Warnung, dass die Wiederherstellung erst nach Abschluss des Vorgangs beendet werden kann, bestätigen Sie über die *Ja*-Schaltfläche.

Nun erscheint eine Fortschrittsanzeige, die den Ablauf bei der Vorbereitung der Wiederherstellung zeigt. Windows stellt dabei die Informationen zur Wiederherstellung zusammen, fährt das System herunter und setzt beim Neustart das Betriebssystem auf den Zustand des gewählten Wiederherstellungspunkts zurück. Sie werden beim Start über eine Statusanzeige über den Vorgang informiert. Ein Statusdialog informiert Sie, wenn das System erfolgreich zurückgesetzt wurde.

HINWEIS   Sie können die Wiederherstellung auch aus dem Computerreparaturmodus des Installations-/Reparaturdatenträgers (siehe die folgenden Abschnitte) aufrufen.

Reparaturmöglichkeiten in Windows

Windows enthält neben der Systemwiederherstellung verschiedene Funktionen, mit denen sich die Startein-stellungen anpassen und ein nicht mehr funktionierendes System auffrischen oder auf den Installations-zustand zurücksetzen lässt.

Zugriff auf Systemreparaturfunktionen

Bei Problemen mit einzelnen Windows-Funktionen haben Sie die Möglichkeit, eine Systemreparatur durch Auffrischen oder Zurücksetzen auf den Installationszustand durchzuführen. Gehen Sie mit folgenden Schritten vor:

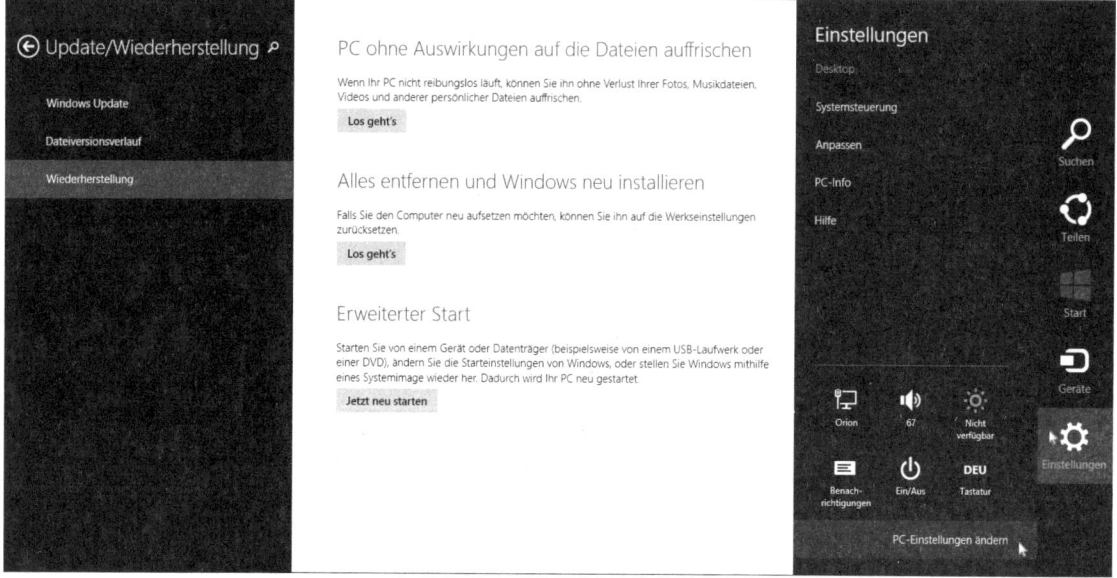

Abbildung 31.21　Zugriff auf die Systemreparaturfunktionen

1. Blenden Sie die Charms-Leiste (z.B. über ⊞+Ⓒ) am rechten Desktoprand ein (Abbildung 31.21, rechts) und wählen Sie *Einstellungen*.

2. Wählen Sie in der Seitenleiste *Einstellungen* den Hyperlink *PC-Einstellungen ändern*.

3. Markieren Sie auf der Seite *PC-Einstellungen* in der linken Spalte die Kategorie *Update/Wiederherstellung* und in der Folgeseite die Unterkategorie *Wiederherstellung* (Abbildung 31.21, links).

4. Anschließend wählen Sie eine der Schaltflächen *Los geht's* im Bereich *PC ohne Auswirkungen auf die Dateien auffrischen* oder *Alles entfernen und Windows neu installieren* (Abbildung 31.21, mittlere Spalte).

In einem eingeblendeten Formular erhalten Sie Informationen über die betreffende Funktion angezeigt. Bestätigen Sie den Vorgang über die *Weiter*-Schaltfläche. Windows führt Sie durch die weiteren Schritte zum Zurücksetzen oder Auffrischen. Der eigentliche Vorgang erfolgt in einer als Windows PE bezeichneten Umgebung.

HINWEIS Windows PE steht für Windows Preinstall Environment – eine eingeschränkte Windows-Variante, die auch beim Windows-Setup verwendet wird. Da Windows PE hier im Kontext zur Reparatur verwendet wird, spricht man auch schon mal von Windows RE (Windows Repair Environment).

- Sobald in Windows die Option zum Zurücksetzen gewählt wurde, erscheint die Seite aus Abbildung 31.22, links. Wählen Sie das Symbol *Problembehandlung*.

- Anschließend können Sie auf der Folgeseite (Abbildung 31.22, rechts) die Befehle *PC auffrischen* und *Originaleinstellung wiederherstellen* auswählen

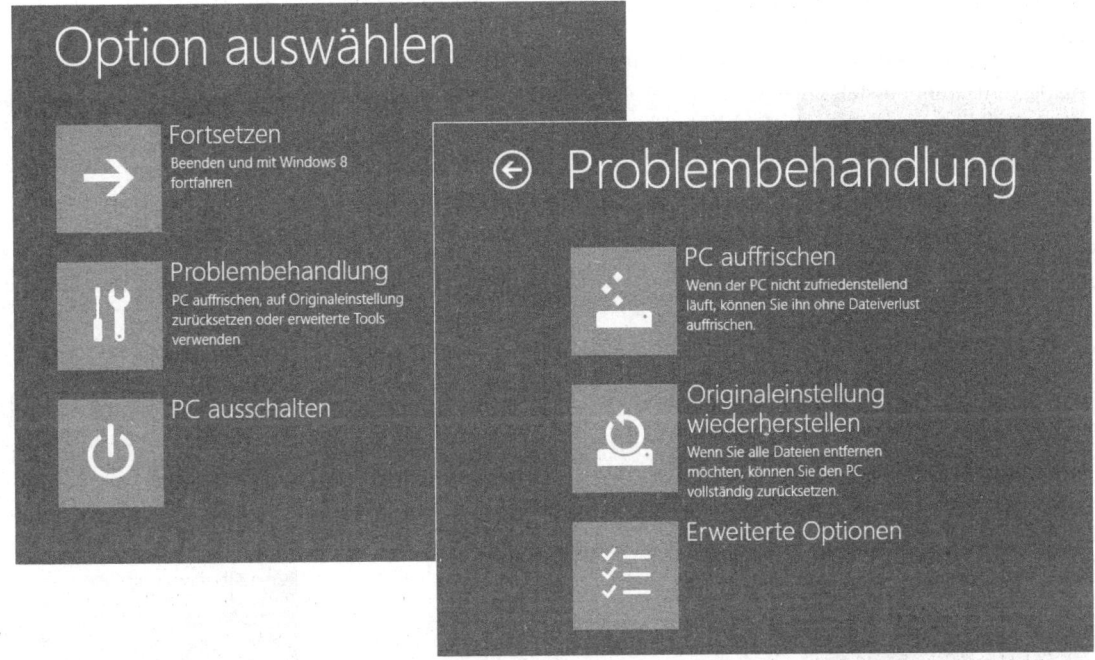

Abbildung 31.22 Seiten der Windows PE-Umgebung zur Problembehandlung

Im Verlauf dieses Vorgangs werden Sie ggf. aufgefordert, den Installationsdatenträger einzulegen, da dieser zum Kopieren der Dateien benötigt wird. Diese Aufforderung unterbleibt, sofern der Hersteller eines Windows 8.1-Geräts ein Installationsabbild (Datei *install.wim*) auf einer Wiederherstellungspartition der Festplatte abgelegt und entsprechend eingebunden hat.

Details zum Zurücksetzen des PC auf Originaleinstellungen

Die Funktion *Alles entfernen und Windows neu installieren* (Originaleinstellung wiederherstellen) ermöglicht Ihnen, das System in den Ausgangszustand zurückzusetzen und alle Daten vom Rechner zu entfernen. Windows PE formatiert die Windows-Partition, sodass persönliche Daten entfernt werden. Um beim Zurücksetzen auch sensible Daten wirklich zu löschen, lässt sich auf einer weiteren Seite über eine Option vorgeben, ob persönliche Dateien auf der Festplatte gründlich oder schnell zu löschen sind. Bei der gründlichen Löschung überschreibt Windows PE die Daten durch Zufallsmuster, bevor die Partition formatiert wird. Dies ist z.B. hilfreich, wenn der PC mit Windows 8.1 an Dritte weitergegeben werden soll.

Auffrischen des PC zur Problembehebung

Treten nur Probleme mit Windows auf, lässt sich das Betriebssystem über die Funktion *PC ohne Auswirkun-gen auf die Dateien auffrischen* auf einen definierten Zustand zurücksetzen, ohne die Benutzerdaten zu verlieren. Dieses Auffrischen geht weit über die oben beschriebene Systemwiederherstellung hinaus und entspricht der Neuinstallation von Windows – wobei aber die Daten, Einstellungen und installierte Apps erhalten bleiben.

Der Vorgang erfolgt ebenfalls unter Windows PE, wobei die Abläufe der auf den vorhergehenden Seiten beim Zurücksetzen skizzierten Vorgehensweise entsprechen. Der Benutzer wählt die Funktion *PC ohne Auswirkungen auf die Dateien auffrischen* und wird dann durch die Auswahlseiten geführt, auf denen er gegebenenfalls (bei Multibootsystemen) das zu aktualisierende Betriebssystem auswählen muss.

Sobald das Aktualisieren angestoßen ist, scannt die Windows-Reparaturumgebung (Windows PE) die Festplatte auf Daten, Einstellungen und Apps. Diese Elemente werden dann auf dem betreffenden Laufwerk gesichert. Microsoft hat in einem Entwicklerblog noch einige zusätzliche Informationen, welche Daten und Einstellungen bei diesem Vorgang gesichert und später restauriert werden, gegeben:

- Einstellungen für WLAN-Verbindungen und Mobilfunkverbindungen
- BitLocker und BitLocker-To-Go-Einstellungen (Windows 8.1 Pro, Enterprise)
- Zuordnungen für Laufwerkbuchstaben sowie persönliche Einstellungen des Benutzers (Hintergrund der Anmeldeseite, Desktophintergrund)

Die Zuordnung von Dateitypen, die Displayeinstellungen sowie die Windows-Firewall-Einstellungen werden dagegen beim Aktualisieren des Betriebssystems zurückgesetzt, weil es bei Fehlkonfigurierungen zu Problemen kommen kann. Dann installiert Windows PE eine neue Kopie von Windows 8.1 und restauriert anschließend die Daten, Einstellungen und Apps.

Nach dem erfolgreichen Durchführen dieser Schritte startet der Rechner mit der neu installierten Windows 8.1-Kopie. Anschließend kann sich der Benutzer wie gewohnt am Benutzerkonto anmelden und weiterarbeiten.

HINWEIS   Beim Aktualisieren werden nur Apps gesichert, Windows-Anwendungen müssen Sie dagegen nach dem Aktualisieren manuell nachinstallieren. Hierzu führt Microsoft zwei Gründe an (siehe *http://www.borncity.com/blog/2012/01/05/windows-8-refresh-und-reset-funktionen/* [Ms240-K31-01]). Einmal kann eine solche Anwendung der Grund für die Fehlfunktion sein. Die Identifizierung des Schuldigen kann aber ein Problem sein. Zweitens möchte man verhindern, dass problematische Anwendungen automatisch erneut installiert werden und so Windows wiederum beschädigen. Zudem verhindern auch unterschiedliche Installer-Technologien, dass der Vorgang der automatischen Installation fehlerfrei und sauber ausgeführt werden kann. Weiterhin werden für viele Anwendungen Lizenzschlüssel zur Installation benötigt. Hinzu kommt, dass Anwender und Administratoren die Installationen durch spezifische Einstellungen anpassen. Apps lassen sich dagegen sauber deinstallieren und dann erneut installieren.

Bei OEM-Systemen kann der Hersteller das Wiederherstellungsabbild von Windows auf einer Wiederherstellungspartition speichern. Dann setzt das Auffrischen Windows auf den Auslieferungszustand mit den vom Hersteller vorinstallierten Anwendungen zurück. Ich habe einen solchen Ansatz für Windows 8-Rechner von Medion unter *http://www.borncity.com/blog/2013/05/06/entrtselt-windows-8-auf-medion-systemen-auffrischen/* [Ms240-K31-02] beschrieben, der auch für Windows 8.1 gültig ist.

Verwenden des »Erweiterten Starts«

In Windows 8.1 ist ein Windows PE als Reparaturumgebung (Repair Environment) bereits eingebaut. Solange Windows also noch bootet, lassen sich dessen Funktionen zur Problemdiagnose und -behebung aufrufen. Hierzu ist der erweiterte Start aufzurufen. Die in früheren Windows-Versionen verwendbare Taste [F8] funktioniert wegen des in Windows 8 eingeführten Fast Boot-Modus aber nicht mehr.

1. Rufen Sie, wie im Abschnitt »Zugriff auf Systemreparaturfunktionen« weiter vorne in diesem Kapitel beschrieben, die Seite *PC-Einstellungen* auf.

2. Wählen Sie in der Seite *PC-Einstellungen* die Kategorie *Update/Wiederherstellung* und in der Folgeseite die Unterkategorie *Wiederherstellung* auf.

3. Klicken Sie im Abschnitt *Erweiterter Start* auf die Schaltfläche *Jetzt neu starten* (Abbildung 31.21).

4. Warten Sie, bis Windows neu gestartet wurde. Sind mehrere Betriebssysteme installiert, wählen Sie im Bootmenü den Eintrag der gewünschten Windows 8.1-Installation an.

5. Wählen Sie im Menü *Option auswählen* (Abbildung 31.22, links) den Punkt *Problembehandlung*.

6. In der Folgeseite wählen Sie die Option *Erweiterte Optionen* (Abbildung 31.22, rechts).

Sie gelangen zur Seite *Erweiterte Optionen* (Abbildung 31.23), in der Sie folgende Funktionen auswählen können.

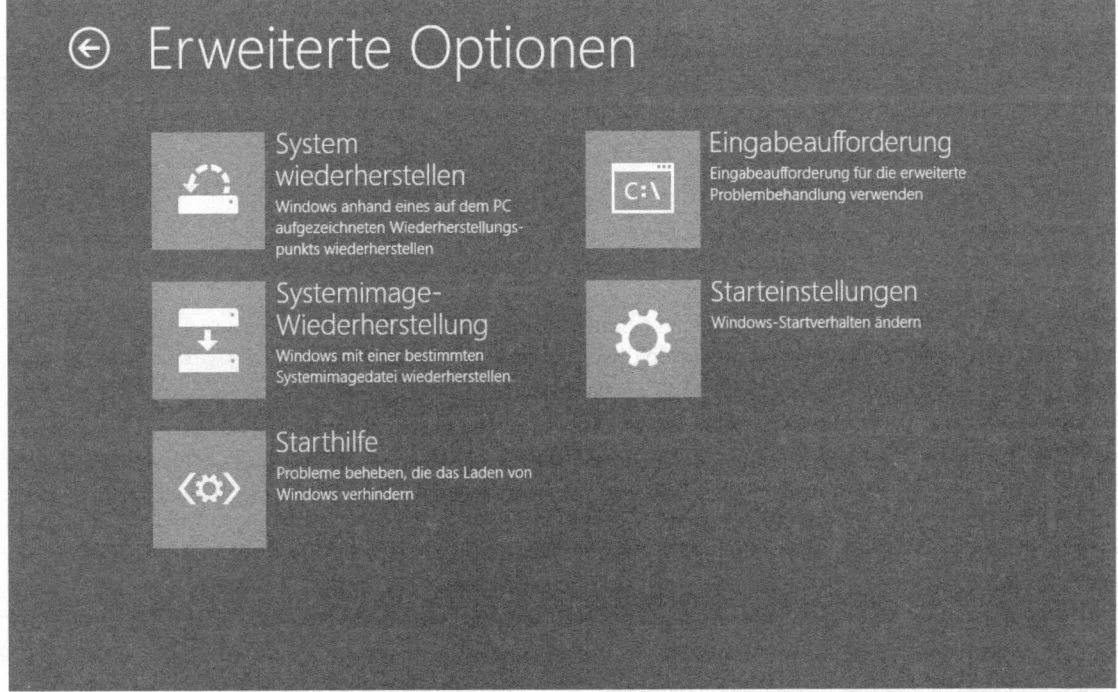

Abbildung 31.23   Erweiterte Optionen zur Problembehandlung

- **Starthilfe**   Diese Option startet einen Assistenten, der versucht, einen beschädigten Booteintrag auf dem Systemlaufwerk zu reparieren. Der Assistent kann gegebenenfalls auch beschädigte Startdateien wiederherstellen und neu gefundene Betriebssysteminstallationen zum Bootmenü hinzufügen. Notfalls ist dieser Vorgang bis zu drei Mal mit jeweils anschließendem Neustart durchzuführen.

- **System wiederherstellen** Ermöglicht den Aufruf der Systemwiederherstellung (siehe den Abschnitt »System auf einen Wiederherstellungspunkt zurücksetzen« weiter hinten in diesem Kapitel), um Windows auf einen früheren Systemzustand zurückzusetzen

- **Systemimage-Wiederherstellung** Die Option ermöglicht das Zurückspielen einer unter Windows 8.1 angefertigten Sicherungskopie des kompletten Systems. Ein Systembackup lässt sich in der Systemsteuerung über die Kategorie *Dateiversionsverlauf* nach Anwahl des in der linken unteren Fensterecke angezeigten Befehls *Systemabbildsicherung* anfertigen (wird aber wegen seiner Fehlerträchtigkeit in diesem Buch nicht behandelt).

- **Eingabeaufforderung** Öffnet das Fenster der Eingabeaufforderung, in dem Sie verschiedene Befehle ausführen können. Beenden lässt sich dieses Fenster über die *Schließen*-Schaltfläche. Alternativ können Sie den *Exit*-Befehl eintippen und mittels der ⏎-Schaltfläche abschließen.

- **Starteinstellungen** Über diesen Befehl können Sie die erweiterten Startoptionen für Windows 8.1 aufrufen und ausführen lassen (siehe die folgende Seite)

Das Fenster der Eingabeaufforderung lässt sich bei gebootetem Windows PE jederzeit durch Drücken der Tastenkombination Strg + F10 öffnen.

Starteinstellungen und abgesicherter Modus

Gibt es Probleme mit Windows 8.1 und Sie möchten einen abgesicherten Start ausführen, gehen Sie wie folgt vor:

- Öffnen Sie – wie im vorherigen Abschnitt erläutert – die Seite mit den erweiterten Optionen. Wählen Sie dann die Option *Starteinstellungen* (Abbildung 31.23).

- Diese zeigt zunächst die Seite aus Abbildung 31.24 und führt nach Bestätigung der Schaltfläche *Neu starten* einen Neustart aus

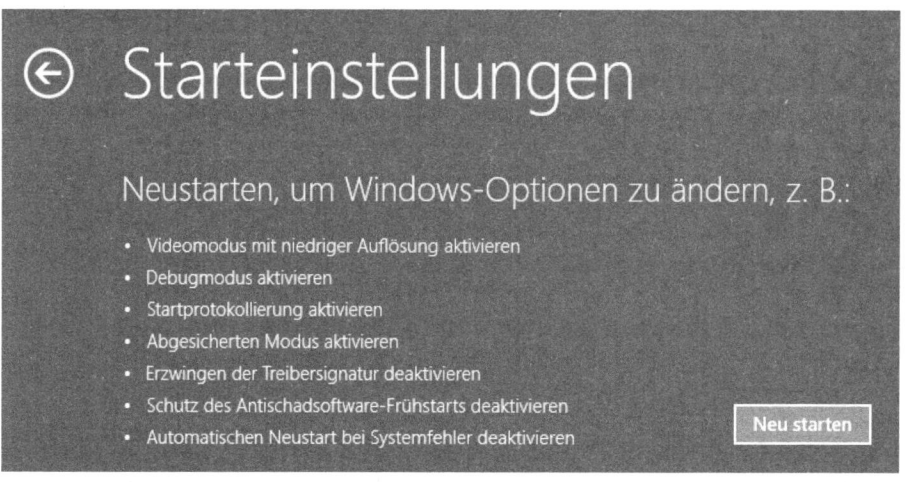

Abbildung 31.24 Neustart zum Ändern der Windows-Optionen

Sie gelangen dann in ein erweitertes Menü *Starteinstellungen* (Abbildung 31.25), in dem Sie eine Reihe zusätzlicher Startoptionen finden. Durch Drücken einer Funktionstaste wie [F1] lässt sich der erste Eintrag, mit [F2] der zweite Eintrag und so weiter aufrufen. Die Funktionstaste [F10] wechselt zu einer zweiten Seite mit dem Eintrag *Wiederherstellungsumgebung starten* (Abbildung 31.25, Einblendung unten rechts).

Bei Problemen mit bestimmten Hardwaretreibern oder nicht mehr funktionierenden Einstellungen auf der Ebene des Benutzerkontos oder des Netzwerks können Sie den Befehl *Abgesicherten Modus aktivieren* oder eine der Varianten wählen. Dann startet Windows in einem Modus mit reduzierter Bildschirmauflösung und eingeschränkter Funktionalität. Sie können dann ggf. Installationsschritte von Treibern oder Software sowie Konfigurationsänderungen rückgängig machen oder das System über die Wiederherstellung zurücksetzen. Der abgesicherte Modus wird auf dem Windows-Desktop durch einen schwarzen Hintergrund und entsprechende Schriftzüge in den vier Ecken des Bildschirms angezeigt (Abbildung 31.26).

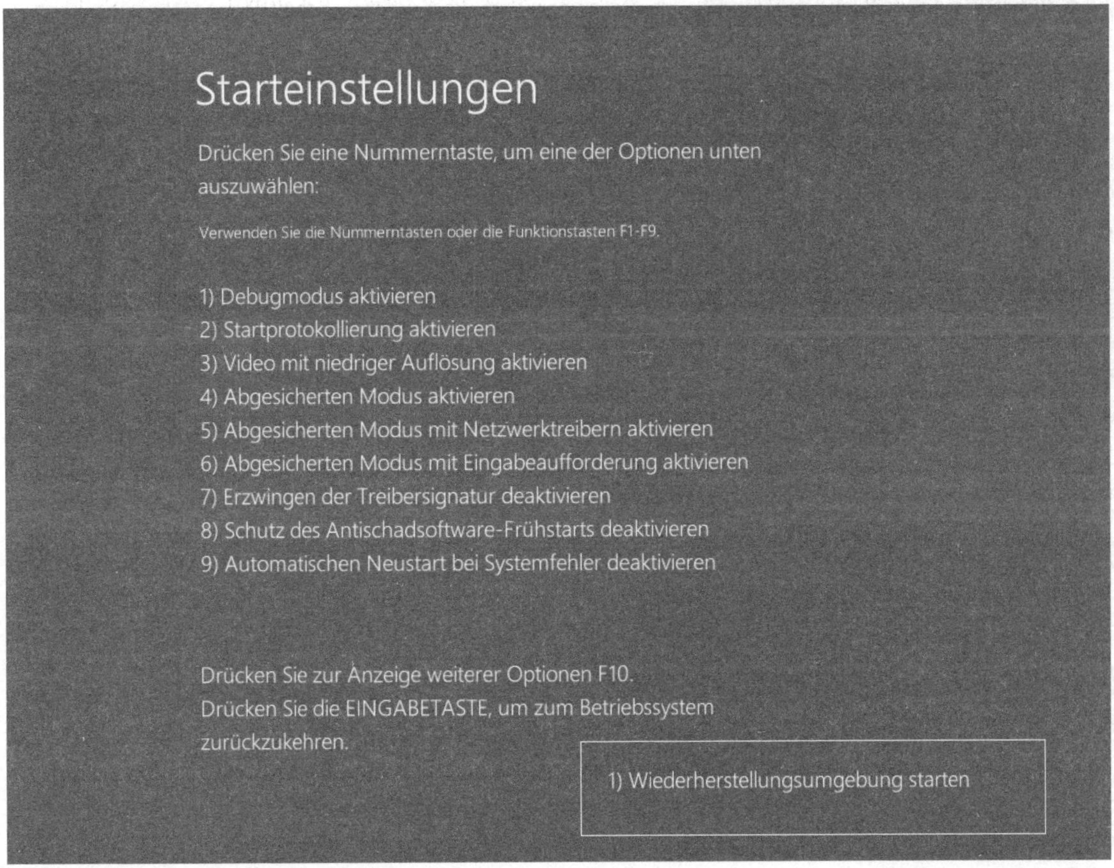

Starteinstellungen

Drücken Sie eine Nummerntaste, um eine der Optionen unten auszuwählen:

Verwenden Sie die Nummerntasten oder die Funktionstasten F1-F9.

1) Debugmodus aktivieren
2) Startprotokollierung aktivieren
3) Video mit niedriger Auflösung aktivieren
4) Abgesicherten Modus aktivieren
5) Abgesicherten Modus mit Netzwerktreibern aktivieren
6) Abgesicherten Modus mit Eingabeaufforderung aktivieren
7) Erzwingen der Treibersignatur deaktivieren
8) Schutz des Antischadsoftware-Frühstarts deaktivieren
9) Automatischen Neustart bei Systemfehler deaktivieren

Drücken Sie zur Anzeige weiterer Optionen F10.
Drücken Sie die EINGABETASTE, um zum Betriebssystem zurückzukehren.

1) Wiederherstellungsumgebung starten

Abbildung 31.25   Menüseite *Starteinstellungen*

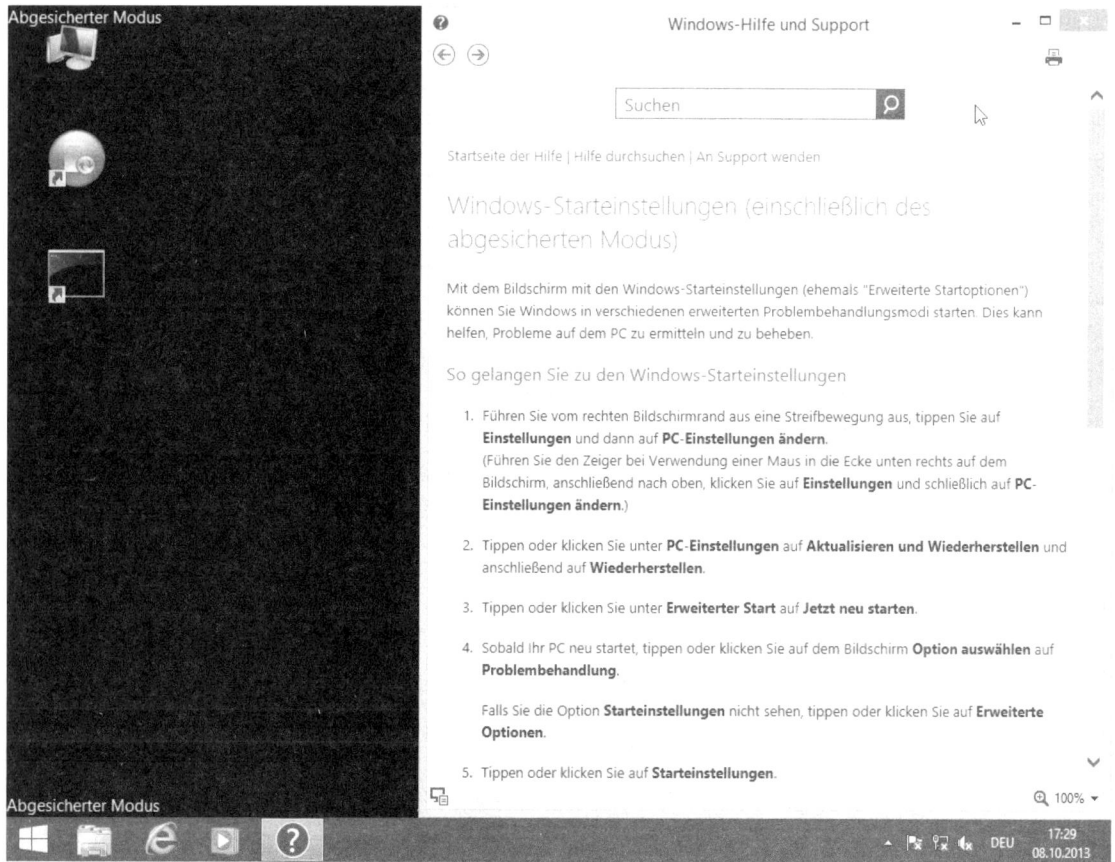

Abbildung 31.26   Windows-Desktop im abgesicherten Modus

HINWEIS   Im abgesicherten Modus sind verschiedene Dienste und Funktionen wie möglicherweise das Netzwerk, das Wartungscenter, die Audioausgabe etc. nicht verfügbar.

Systemreparatur mit Windows PE

Ein beschädigter Master Boot Record, fehlende Startdateien oder fehlerhafte Einträge in der BCD-Datenbank verhindern u.U. den Windows-Start. In diesem Fall können Sie die Windows-Installations-DVD zur Reparatur verwenden. Diese beinhaltet ebenfalls ein Windows-PE) mit diversen Reparaturfunktionen.

1. Booten Sie den Rechner über die Windows 8.1-Setup-DVD bzw. das Installationsmedium (z.B. USB-Stick mit Installationsdateien).

    Drücken Sie gegebenenfalls beim Rechnerstart (solange noch die BIOS-Startmeldungen erscheinen) eine Taste wie beispielsweise `Esc` oder `F12` zum Aufrufen des BIOS-Bootmenüs oder die Funktionstaste `F2` bzw. `Entf` zum Aufrufen des BIOS-Setups. Die zu drückende Taste hängt vom verwendeten BIOS bzw. UEFI ab und wird in der Regel kurz im Startbildschirm angezeigt. Anschließend sind die Bootoptionen so einzustellen, dass von CD/DVD gebootet wird.

ACHTUNG   Das Windows-Installationsmedium muss zum installierten Windows-Betriebssystem passen. Es gibt es eine 32-und eine 64-Bit-Version der Windows Setup-DVD. Die Reparaturoptionen einer 32-Bit-Setup-DVD lassen sich immer nur auf eine 32-Bit-Windows-Installation anwenden, während die 64-Bit-Setup-DVD für eine 64-Bit-Windows-Installation zu verwenden ist. Dies gilt auch für das ggf. erstellte Wiederherstellungslaufwerk (siehe den folgenden Abschnitt) und ist wichtig, falls Sie in Multi-bootumgebungen arbeiten, da dann die Auswahl des zu reparierenden Betriebssystems angeboten wird. Haben Sie mit einem 64-Bit-Installationsdatenträger gebootet, werden die Reparaturoptionen zum Aktualisieren oder Zurücksetzen bei Auswahl einer 32-Bit-Installation scheitern. Sie bekommen dann nur den Hinweis angezeigt, dass der Modus nicht unterstützt wird.

2. Drücken Sie, sofern Sie dazu aufgefordert werden, eine Taste, um das Booten vom Datenträger einzuleiten.

3. Sobald das Dialogfeld aus Abbildung 31.27, unten rechts, erscheint, wählen Sie die Sprache für das Tasta-turschema und das Zeitformat aus und dann die *Weiter*-Schaltfläche.

4. Im nächsten Dialogfeld (Abbildung 31.27, oben links) ist dann der Hyperlink *Computerreparaturoptio-nen* in der unteren linken Ecke anzuwählen.

Mit diesen Schritten startet Windows die Reparaturkonsole, die dann die unterstützten Reparaturfunktionen bereitstellt. In der Seite *Option auswählen* (Abbildung 31.22, links) wählen Sie die Option *Problembehandlung*.

■ Dann können Sie über die Optionen der Folgeseite, wie in den vorherigen Abschnitten beschrieben, den PC auffrischen oder zurücksetzen

Abbildung 31.27   Computerreparaturoptionen von Windows aufrufen

■ Verwenden Sie in der Folgeseite die Option *Erweiterte Optionen*, um auf Funktionen wie automatische Reparatur, Systemwiederherstellung oder die Eingabeaufforderung zuzugreifen

Über das Fenster der Eingabeaufforderung erhalten Sie die Möglichkeit, wichtige Dateien vom Systemlaufwerk auf Wechselmedien wie USB-Sticks zu sichern.

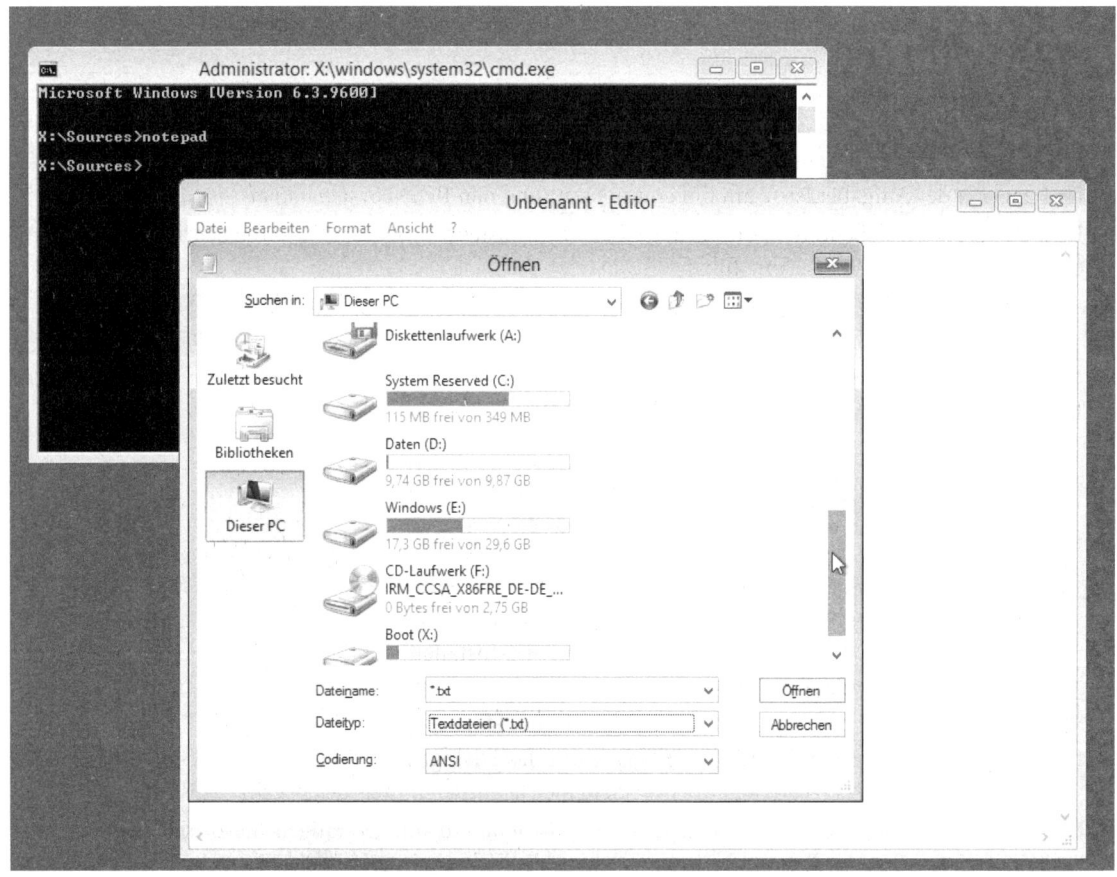

Abbildung 31.28   Dateifunktionen des Editors verwenden

TIPP   Das Fenster der Eingabeaufforderung lässt sich in einer Windows PE-Umgebung jederzeit über die Tastenkombination ⟨⇧⟩ + ⟨F10⟩ öffnen.

Da der Umgang mit der Eingabeaufforderung nicht jedermanns Sache ist, können Sie zum Arbeiten mit Dateien zu einem Trick greifen. Tippen Sie in der Eingabeaufforderung *Notepad* ein und drücken Sie die ⟨↵⟩-Taste. Anschließend wählen Sie im Menü *Datei* des Windows-Editors den Befehl *Öffnen*. Wenn Sie im Dialogfeld *Öffnen* den Dateityp auf »Alle Dateien« stellen und die Schaltfläche *Dieser PC* anwählen, werden die zugreifbaren Laufwerke angezeigt. Per Kontextmenü lassen sich dann Dateien und Ordner kopieren, umbenennen und löschen. Schließen Sie einen USB-Stick am Rechner an, um zu sichernde Dateien auf dieses Medium zu kopieren. Alternativ können Sie auch einen portablen Datei-Manager wie beispielsweise das Tool a43 (*http://www.a43filemanager.com/* [Ms240-K31-03]) auf einen USB-Stick kopieren und dann aus der Eingabeaufforderung starten.

Keine Setup-DVD vorhanden?

Sofern Sie keine Setup-DVD von Windows 8.1 besitzen, fertigen Sie ein sogenanntes Wiederherstellungslaufwerk zum Booten des Rechners und zum Aufruf der Reparaturumgebung auf einem USB-Stick an:

1. Öffnen Sie die Systemsteuerung, geben Sie im Suchfeld »wieder« ein und wählen Sie im Abschnitt *System* den Befehl *Wiederherstellungslaufwerk erstellen*.

2. Ein Assistent führt Sie durch die Schritte, um eine Windows PE-Umgebung auf einem USB-Datenträger einzurichten.

Alternativ können Sie ein Systemabbild des Windows-Laufwerks auf eine Festplatte sichern:

1. Die Funktion starten Sie, indem Sie in der Systemsteuerung die Kategorie *Dateiversionsverlauf* aufrufen und dann in der Aufgabenleiste am linken unteren Rand den Befehl *Systemabbildsicherung* wählen.

2. Befolgen Sie anschließend die Hinweise des Backup-Assistenten, der Sie durch die Schritte zum Anfertigen einer Systemabbildsicherung führt.

Die Sicherung sollte auf einer anderen Festplatte erfolgen. Es wird zwar eine Sicherung auf DVD angeboten, was aber meist nicht funktioniert. In Windows 8.1 Pro ist auch eine Sicherung auf ein Netzlaufwerk möglich. Ein Systemabbild (Windows-Backup) lässt sich unter Windows PE über die Option *Systemimage-Wiederherstellung* der Seite *Erweiterte Optionen* (Abbildung 31.23) zurücklesen.

Einstellungen des Bootmenüs anpassen

Im Multibootbetrieb stellt Windows beim Systemstart ein Bootmenü zur Betriebssystemauswahl zur Verfügung. Der Benutzer kann dann per Touchscreen oder per Tastatur und Maus den gewünschten Betriebssystemeintrag wählen und dieses Betriebssystem booten. Sind mehrere Bootmenüeinträge vorhanden, beim Einschalten des Rechners startet aber sofort eine Windows 8.1-Installation, ohne dass das Bootmenü angezeigt wird? Oder ist die Anzeigedauer des Bootmenüs zu kurz? Das lässt sich mit Windows-Bordmitteln problemlos ändern:

1. Drücken Sie die Tastenkombination ⊞+R, um das Dialogfeld *Ausführen* einzublenden. Bei Touchbedienung rufen Sie das Dialogfeld über die Seitenleiste *Suchen* mittels des Begriffs »aus« auf.

2. Geben Sie im Dialogfeld *Ausführen* den Befehl *Msconfig* ein und bestätigen Sie diesen über die *OK*-Schaltfläche. Bei Standardbenutzerkonten ist dann die Sicherheitsabfrage der Benutzerkontensteuerung zu bestätigen.

3. Anschließend wechseln Sie im Fenster *Systemkonfiguration* (Abbildung 31.29) zur Registerkarte *Start* und passen dort den Wert im Feld *Timeout* an.

In Abbildung 31.29 ist der Wert für *Timeout* auf 30 Sekunden gesetzt, was der Standardvorgabe entspricht. Sobald Sie das Fenster über die *OK*-Schaltfläche schließen und Windows neu starten, sollte das Bootmenü für die angegebene Zeit angezeigt werden.

Über die Schaltfläche *Als Standard* können Sie einen markierten Bootmenüeintrag (bei mehreren Einträgen) als Standard auswählen. Dieser ist automatisch beim Starten voreingestellt und wird verwendet, falls der Benutzer bis zum Ablauf des Timeouts keine Auswahl des zu startenden Betriebssystems trifft.

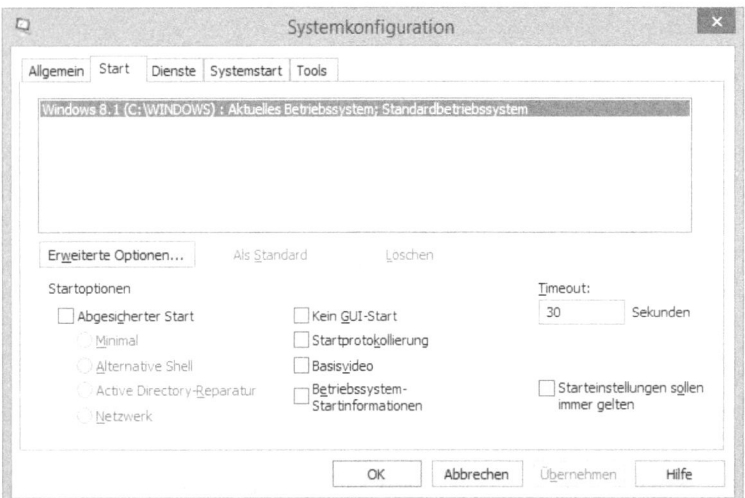

Abbildung 31.29   Anpassen des
Windows-Bootmenüs

Existieren mehrere Bootmenüeinträge, von denen einer nicht mehr benötigt wird, markieren Sie diesen auf
der Registerkarte *Start* und wählen dann die *Löschen*-Schaltfläche. Wenn Sie das Fenster über die *OK*-Schalt-
fläche schließen und Windows 8.1 neu starten, sollten die Änderungen wirksam und der Eintrag aus dem
Bootmenü entfernt sein..

Leistungsanalyse unter Windows

Als Administrator sollten Sie die Werkzeuge kennen, die Windows 8.1 Ihnen zur Leistungsanalyse bereitstellt. Nachfolgend werden die Funktionen zur Systemübersicht und zur Leistungsanalyse kurz erläutert.

Computerdetails anzeigen

Recht informativ ist die Informationsseite *Basisinformationen über den Computer anzeigen* (Abbildung
31.30). Zum Aufrufen reicht es, den Startmenüeintrag *Computer* mit einem Rechtsklick anzuwählen und den
Kontextmenübefehl *Eigenschaften* zu wählen. Auf der Seite werden Ihnen sehr übersichtlich die wichtigsten
Informationen über den Computer bereitgestellt:

- In der Rubrik *Windows-Edition* sehen Sie auf einen Blick, welches Windows verwendet wird

- Zudem können Sie bei Bedarf über den Hyperlink *Weitere Features mit einer neuen Edition von Windows
beziehen* ein Dialogfeld öffnen, um einen Produktschlüssel für eine höhere Windows 8.1-Version zu
beziehen und/oder einzugeben und das System umzustellen (siehe die Kapitel 1 und 21)

- Unter *System* werden Ihnen der Prozessortyp, der Arbeitsspeicherausbau sowie die Betriebssystemvari-
ante (32 oder 64 Bit) angezeigt

Abbildung 31.30 Basisinformationen über den Computer anzeigen

- Die Rubik *Einstellungen für Computernamen, Domäne und Arbeitsgruppe* fasst die für den Netzwerkbetrieb relevanten Daten zusammen. Über den Hyperlink *Einstellungen ändern* können Administratoren nach Bestätigung der Sicherheitsabfrage der Benutzerkontensteuerung das Eigenschaftenfenster *Systemeigenschaften* aufrufen. Auf der Registerkarte *Computername* lassen sich der Netzwerkname des Rechners anpassen sowie die Arbeitsgruppe zuordnen (siehe Kapitel 25).

In der untersten Rubrik *Windows-Aktivierung* erfahren Sie, ob eine gültige Windows-Version auf dem Rechner installiert und aktiviert ist. Zudem können Sie Details zur Produktaktivierung abfragen. Eine fehlende Aktivierung lässt sich auch über die Seite *PC-Einstellungen* nachholen.

HINWEIS Die früheren Windows-Version in der Seite aufrufbare Funktion zum Ermitteln des Leistungsindex ist in Windows 8.1 entfallen.

System- und Leistungsanalyse mit dem Task-Manager

Der Task-Manager ermöglicht Ihnen, in gewissem Umfang die Leistung des Systems zu analysieren. Aufrufen lässt sich der Task-Manager mittels der Tastenkombination `Strg`+`Alt`+`Entf`, wobei Sie dann auf der gezeigten Seite den Befehl *Task-Manager* wählen. Alternativ lässt sich die Tastenkombination `Strg`+`⇧`+`Esc` zum direkten Aufruf verwenden. Oder Sie setzen den Kontextmenübefehl *Task-Manager starten* der Windows-Taskleiste zum Aufruf an. Anschließend wechseln Sie über die in der linken unteren Ecke des Task-Managers sichtbare Schaltfläche *Mehr Details* zur erweiterten Darstellung. Über die Registerkarten des Task-

Managers können Sie sich gezielt über laufende Prozesse und Dienste informieren, nachsehen, welche Benutzer angemeldet sind, und auch Leistungsinformationen zum System bzw. zum Netzwerk anzeigen.

TIPP   Im Menü *Optionen* des Fensters finden Sie den Befehl *Immer im Vordergrund,* um die zwangsweise Anzeige des Task-Managers im Vordergrund jeweils ein- oder auszuschalten – ein Häkchen signalisiert den eingeschalteten Modus.

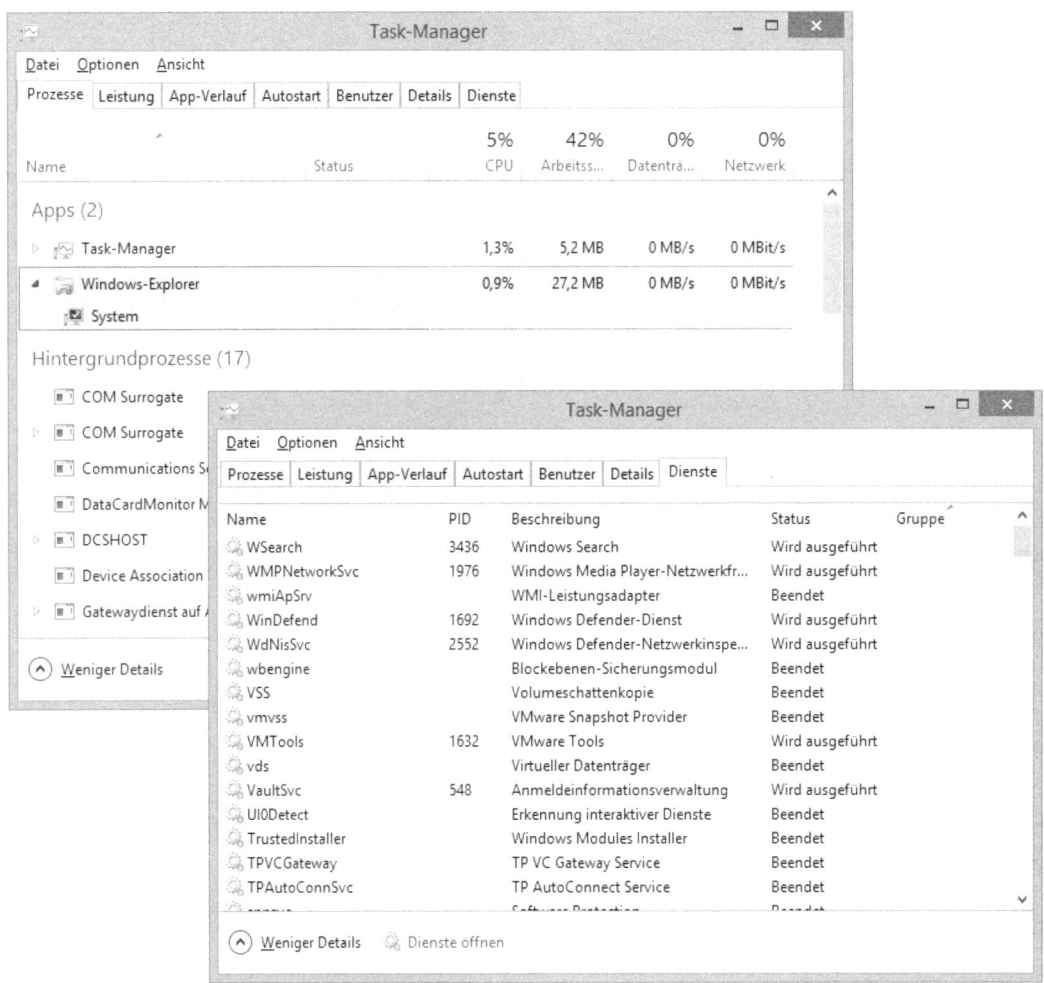

Abbildung 31.31   Prozesse und Dienste im Task-Manager

- Auf der Registerkarte *Prozesse* (Abbildung 31.31, links) sehen Sie, welche Prozesse im Arbeitsspeicher gehalten werden und welche Ressourcen (z.B. CPU-Auslastung) diese belegen. Die Spalte *Status* zeigt nur Werte für Apps, wenn Sie im Menü *Ansicht* die Befehle *Statuswerte/Anhaltestatus anzeigen* markieren.

- Lässt sich eine Anwendung mehrfach starten, werden deren Prozesse in der Regel in entsprechender Anzahl in der Prozessliste auftauchen. Erfahrene und unter einem Administratorkonto angemeldete Benutzer können einen Prozess per Mausklick markieren und dann über die Schaltfläche *Prozess beenden* aus dem Speicher entfernen. Hilfreich ist dies, wenn Prozesse von Anwendungen hängen. Beachten Sie aber, dass durch das Beenden falscher Prozesse die Systemstabilität bzw. -funktionalität beeinflusst werden kann.

Wenn Sie den Windows-Explorer (Eintrag *explorer.exe*) beenden, verschwindet z.B. der komplette Windows-Desktop samt Startmenü und Taskleiste. Bei Anwahl des Explorers wird aber die Schaltfläche *Neu starten* zum Zurücksetzen der Windows-Shell angeboten. Zudem können Sie Programme über den Befehl *Neuen Task ausführen* im Menü *Datei* aufrufen.

Möchten Sie die Anzeige der Prozessliste nach verschiedenen Kriterien sortieren, klicken Sie einfach auf den betreffenden Spaltenkopf. Über die Spalte *CPU* werden die Prozesse z.B. geordnet nach der CPU-Nutzung aufgelistet.

TIPP Wechseln Sie zur Registerkarte *Details* und öffnen Sie das Kontextmenü eines Eintrags, stehen Ihnen verschiedene Befehle zur Verfügung. Dort finden Sie den Befehl *Dateipfad öffnen*, um direkt zum Programmordner der betreffenden Datei zu wechseln. Über den Kontextmenübefehl *Priorität festlegen* öffnet sich ein Untermenü. Wählen Sie dann den gewünschten Befehl aus, um die Prozesspriorität zu erhöhen oder herabzusetzen. Prozesse mit niedrigerer Priorität erhalten nur dann Rechenzeit, wenn Prozesse übergeordneter Prioritätsebenen ruhen. Auf der Prioritätsebene *Echtzeit* werden anstehende Aufgaben sofort ausgeführt. Die meisten Befehle sind aber nur für erfahrene Anwender und Administratoren sinnvoll nutzbar.

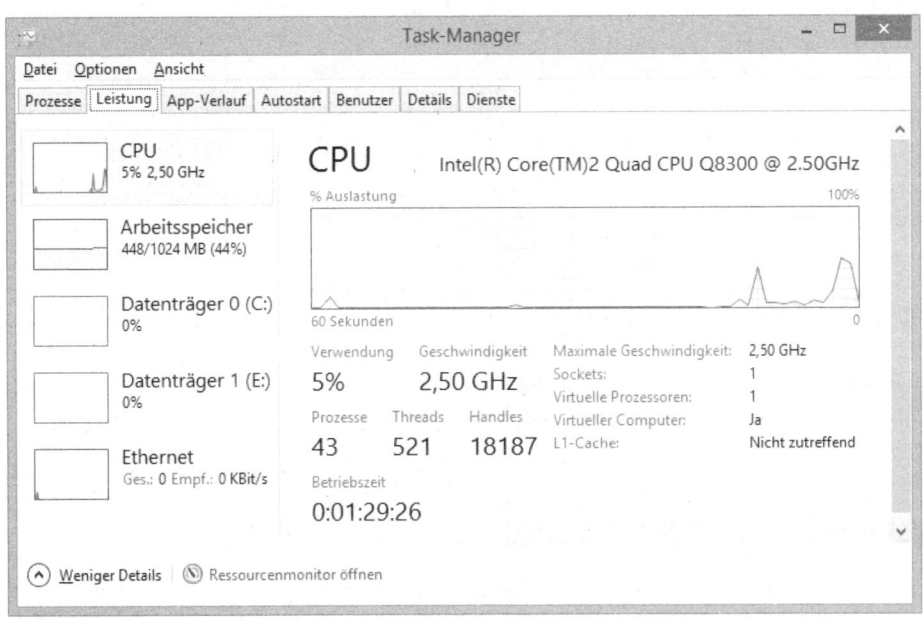

Abbildung 31.32 Anzeige der Leistung im Task-Manager

- Manche Anwendungen (z.B. Microsoft SQL Server, Adobe Photoshop Elements, Faxdienste etc.) starten auch automatisch Prozesse (Autostartprogramme), die es der Anwendung ermöglichen, schneller auf bestimmte Ereignisse zu reagieren. Benötigen Sie diese Anwendungen nicht? Auf der Registerkarte *Autostart* werden alle beim Windows-Start automatisch aufgerufenen Programme aufgelistet. Sie können dort Einträge markieren und über die Schaltfläche *Deaktivieren* aus dem Autostart herausnehmen. Dies verbessert die Leistung von Windows.

- Die Registerkarte *App-Verlauf* listet die ausgeführten Apps samt deren Ressourcenverbrauch in einer Liste auf

- Die Registerkarte *Dienste* (Abbildung 31.31, rechts) zeigt Ihnen eine Auflistung aller unter Windows laufenden Dienste. Dienste sind Programme, die vom System im Hintergrund ausgeführt werden und über kein Programmfenster verfügen. Über das Kontextmenü eines Eintrags lassen sich Dienste anhalten, beenden und auch wieder starten. Zudem können Administratoren über den Hyperlink *Dienste öffnen* zur Verwaltungsfunktion *Dienste* der Microsoft Management Console (MMC) wechseln.

- Die Registerkarte *Benutzer* listet alle momentan am System angemeldeten Benutzer auf. Sie können über das Kontextmenü eines Benutzereintrags den Benutzer zwangsweise abmelden (Befehl *Trennen*) oder diesem eine Nachricht zukommen lassen. Beachten Sie aber, dass beim Trennen eines Benutzers laufende Anwendungen beendet werden. Dann gehen u.U. ungesicherte Änderungen von in Anwendungen geladenen Dokumenten verloren. Über den Befehl *Verbinden* können sich Administratoren direkt am betreffenden Benutzerkonto anmelden und ggf. laufende Anwendungen beenden.

- Die Registerkarte *Leistung* bietet Ihnen die Möglichkeit, die CPU-, Datenträger-, Netzwerk- und Speichernutzung im zeitlichen Verlauf und als Augenblickswerte abzurufen (Abbildung 31.32). Wählen Sie die Minigrafik in der linken Spalte an, um diese in Großansicht im rechten Teil des Fensters abzurufen. Über den Hyperlink *Ressourcenmonitor öffnen* können Administratoren zudem das entsprechende Analysewerkzeug aufrufen (siehe folgende Abschnitte).

Ist der Task-Manager aktiv, blendet dieser eine grafische Anzeige der CPU-Auslastung im Infobereich der Taskleiste ein (ggf. den Anzeigemodus *Immer im Vordergrund* im Menü *Optionen* wählen). Sie können also die Prozessorauslastung während des Betriebs bequem bei minimiertem Fenster des Task-Managers verfolgen. Zeigen Sie auf das Symbol im Infobereich, blendet Windows eine QuickInfo mit dem genauen Wert der CPU-Auslastung in der Anzeige ein.

Systemeinstellungen anpassen

Die nachfolgenden Abschnitte bieten Ihnen einen Überblick, wie Sie als Administrator über bestimmte Funktionen die Systemeinstellungen anpassen oder die Leistungseinstellungen des Systems beeinflussen können.

Erweiterte Systemeinstellungen ändern

Windows ermöglicht Administratoren den Zugriff auf die erweiterten Systemeinstellungen, über die sich nicht nur die Optionen des Bootmenüs (siehe vorherige Seiten) einstellen, sondern auch Umgebungsvariablen, die Lage der Auslagerungsdatei, Systemoptimierungen und visuelle Effekte anpassen lassen.

1. Zum Zugriff auf diese Einstellungen öffnen Sie die Seite *Basisinformationen über den Computer anzeigen* (z.B. über die Tastenkombination ⊞ + Pause).

2. Klicken Sie in der Aufgabenleiste der angezeigten Seite (Abbildung 31.30) auf den Eintrag *Erweiterte Systemeinstellungen*.

Nachdem Sie die Sicherheitsabfrage der Benutzerkontensteuerung bestätigt haben, passen Sie im Eigenschaftenfenster *Systemeigenschaften* auf der Registerkarte *Erweitert* (Abbildung 31.33, links) die nachfolgend beschriebenen Funktionen an.

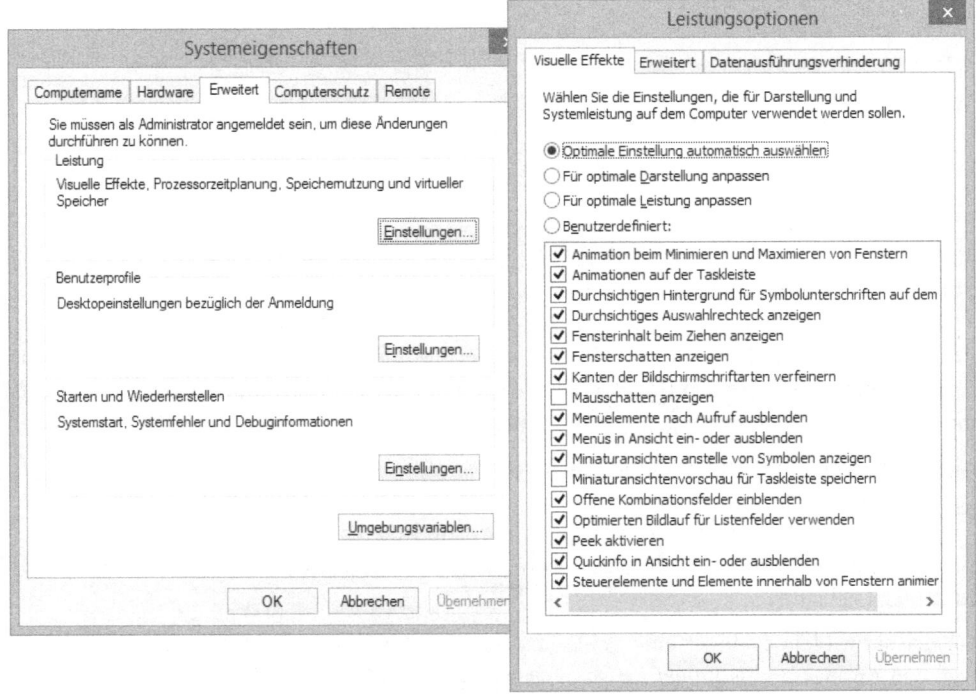

Abbildung 31.33   Registerkarte *Erweitert* und *Visuelle Effekte* der Systemeigenschaften

Visuelle Effekte anpassen

Klicken Sie auf der Registerkarte *Erweitert* (Abbildung 31.33, links) die Schaltfläche *Einstellungen* im Abschnitt *Leistung* an. Im dann eingeblendeten Eigenschaftenfenster *Leistungsoptionen* optimieren Sie auf der Registerkarte *Visuelle Effekte* (Abbildung 31.33, rechts) die Systemleistung des Computers im Hinblick auf die Darstellung bzw. passen sie an.

Markieren Sie eines der Optionsfelder, um die Optimierung für eine optimale Darstellung oder optimale Leistung vorzunehmen. Das Optionsfeld *Benutzerdefiniert* wird markiert, sobald in der angezeigten Liste Einstelloptionen geändert wurden. Durch Aktivieren der Kontrollkästchen können Sie verschiedene visuelle Effekte wie Mausschatten, durchsichtige Titel in Desktopsymbolen etc. ein- oder ausschalten.

Leistungsoptionen einstellen

Windows kann die Systemleistung auf das Ausführen von Anwendungen oder auf die bevorzugte Ausführung von Hintergrunddiensten optimieren. Sie können Windows auf der Registerkarte *Erweitert* (Abbildung 31.34, oben links) der Leistungsoptionen vorgeben, wie die Optimierung erfolgen soll. Markieren Sie eines der Optionsfelder, um die Prozessorzeit den Anwendungen oder den Hintergrunddiensten bevorzugt zuzuteilen. Bei einem Betrieb als Desktoprechner (typisch für Windows-Systeme) sollte die Option *Programme* markiert sein.

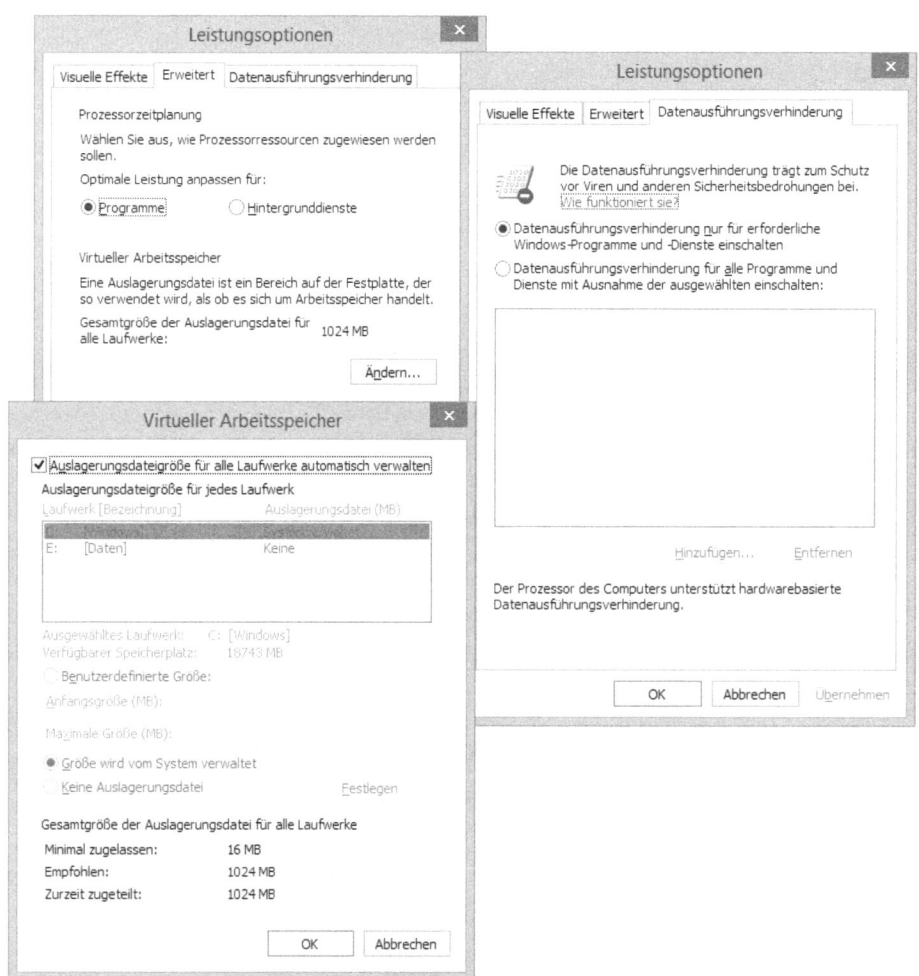

Abbildung 31.34   Leistungsoptionen, virtueller Arbeitsspeicher und Datenausführungsverhinderung

Optionen für die Auslagerungsdatei setzen

Windows legt automatisch eine Auslagerungsdatei auf dem Systemlaufwerk ab, um bei Speichermangel Teile des Arbeitsspeichers in diese Datei auszulagern. Falls die Kapazität der Festplatte zu klein oder eine zweite Festplatte vorhanden ist, kann die Anpassung der Auslagerungsdateieinstellungen hilfreich sein. Wählen Sie auf der Registerkarte *Erweitert* (Abbildung 31.34, oben links) des Eigenschaftenfensters *Leistungsoptionen* die Schaltfläche *Ändern* in der Gruppe *Virtueller Arbeitsspeicher*. Dann öffnet Windows das Dialogfeld *Virtueller Arbeitsspeicher* (Abbildung 31.34, unten links), in dem die Lage und Größe der Auslagerungsdatei aufgeführt werden. Deaktivieren Sie das Kontrollkästchen *Auslagerungsdateigröße für alle Laufwerke automatisch verwalten*, um die Optionen anpassen zu können.

Wählen Sie zunächst das gewünschte Laufwerk aus, das die Auslagerungsdatei aufnehmen soll. Anschließend legen Sie die gewünschten Optionen (z.B. minimale und maximale Größe der Auslagerungsdatei) für dieses Laufwerk fest. Sobald Sie das Dialogfeld über die *OK*-Schaltfläche schließen, werden die Einstellungen übernommen und nach dem nächsten Systemstart wirksam.

Datenausführungsverhinderung nutzen

Viren und andere Schadprogramme benutzen häufig die Technik, Programmcode im Datenbereich des Arbeitsspeichers abzulegen, um dann durch Überschreiben fremder Arbeitsspeicherbereiche diesen Code durch das Betriebssystem zur Ausführung zu bringen. Der Zugriff auf fremde Arbeitsspeicherbereiche kann bei manchen Prozessoren hardwaremäßig überwacht und blockiert werden. Windows kann diese Versuche aber auch softwaremäßig erkennen und die betreffenden Programme blockieren.

Hierzu stellt Windows 8.1 die Registerkarte *Datenausführungsverhinderung* im Eigenschaftenfenster *Leistungsoptionen* zur Verfügung (Abbildung 31.34, rechts). Standardmäßig wird die Datenausführungsverhinderung nur für diejenigen Windows-Programme aktiviert, bei denen dies erforderlich ist (meist ältere Anwendungen). Gibt es Probleme mit einer solchen Anwendung und wird diese ständig beendet? Dann können Sie das Optionsfeld *Datenausführungsverhinderung für alle Programme und Dienste mit Ausnahme der ausgewählten einschalten* markieren. Anschließend klicken Sie auf die Schaltfläche *Hinzufügen* und nehmen die betreffende Anwendung in die Liste der durch die Datenausführungsverhinderung nicht überwachten Programme auf. Die Datenausführungsverhinderung überwacht die Speicherzugriffe der betreffenden Anwendungen nicht. Die in Windows 8.1 enthaltenen Anwendungen lassen sich nicht in die Ausnahmeliste aufnehmen. Änderungen auf der Registerkarte werden nach einem Systemstart wirksam.

Systemweite Umgebungsvariablen einsehen und anpassen

Auch Windows 8.1 unterstützt noch das Konzept der Umgebungsvariablen, die in Zeiten von MS-DOS benutzt wurden, um Informationen global für Programme bereitzustellen. Zum Pflegen der Umgebungsvariablen wählen Sie auf der Registerkarte *Erweitert* des Eigenschaftenfensters *Systemeigenschaften* die Schaltfläche *Umgebungsvariablen* (Abbildung 31.33, links).

Im Dialogfeld *Umgebungsvariablen* finden Sie die beiden Gruppen *Benutzervariablen für <Benutzername>* und *Systemvariablen* vor (Abbildung 31.35). Über die Schaltflächen *Neu*, *Bearbeiten* und *Löschen* können Sie die Umgebungsvariablen der jeweiligen Gruppen pflegen. Mit der Schaltfläche *Neu* öffnen Sie beispielsweise ein Dialogfeld, um eine neue Umgebungsvariable unter Angabe eines Namens und des Werts anzulegen.

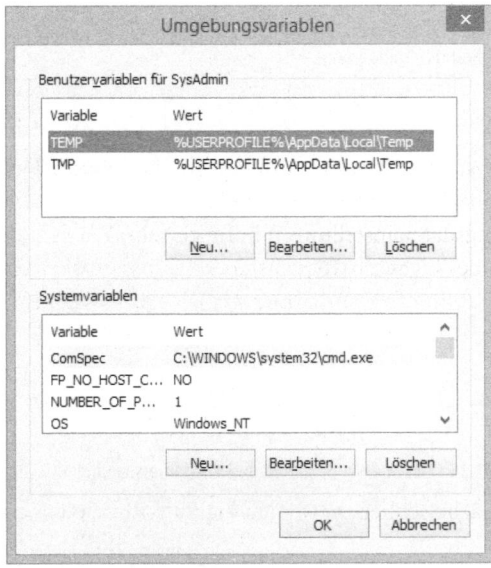

Abbildung 31.35 Umgebungsvariablen anpassen

Die Umgebungsvariablen der Gruppe *Systemvariablen* stehen unter allen Benutzerkonten zur Verfügung und lassen sich durch Anwendungen abfragen. Die Benutzervariablen beziehen sich immer auf das betreffende Benutzerkonto. Da die meisten Windows-Anwendungen aber die Registrierung oder zwischenzeitlich Konfigurationsdateien von .NET Framework (Assembly-Manifeste) verwenden, nimmt die Bedeutung von Umgebungsvariablen stark ab.

HINWEIS   Umgebungsvariablen, die nur im Kontext eines Benutzerkontos gelten sollen, werden dagegen über die Seiten zur Verwaltung eines Benutzerkontos verwaltet (siehe Kapitel 29).

Verhalten bei Systemfehlern anpassen

Windows führt standardmäßig bei kritischen Fehlern einen Neustart des Systems aus und erzeugt ein Fehlerabbild (Memorydump). Um dies zu ändern, klicken Sie auf der Registerkarte *Erweitert* (Abbildung 31.33) die Schaltfläche *Einstellungen* in der Gruppe *Starten und Wiederherstellen* an. Dann erscheint das gleichnamige Dialogfeld (Abbildung 31.36), in dem sich nicht nur die Optionen für das Bootmenü einstellen lassen. Im unteren Teil des Dialogfelds können Sie über Kontrollkästchen festlegen, wie Windows auf Systemfehler reagieren soll. Das Kontrollkästchen *Automatisch Neustart durchführen* bewirkt, dass Windows nach kritischen Systemfehlern den Rechner automatisch neu startet. Persönlich schalte ich diese Option ab, um bei Fehlern einen Hinweis zu erhalten und ggf. eine Fehlernummer notieren zu können.

Startet das System nicht mehr, z.B. weil ein Treiber einen Absturz beim Hochfahren oder im Betrieb verursacht, können Sie Windows im abgesicherten Modus, ohne Treiber zu laden, starten und die Option deaktivieren. Weiterhin können Sie Fehlerereignisse in das Systemprotokoll aufnehmen oder Debuginformationen in eine Sicherungsdatei schreiben lassen. Diese Datei wird ggf. von der Fehlerberichterstattung an Microsoft übertragen.

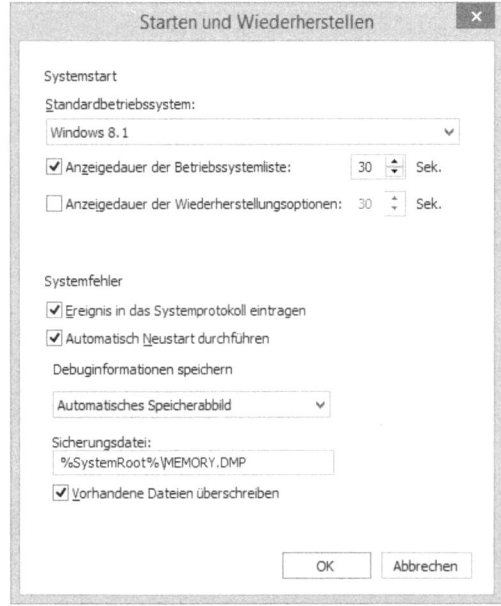

Abbildung 31.36 Optionen zum Starten und Wiederherstellen

Verwaltungs- und Überwachungsfunktionen

Windows stellt eine Sammlung von Verwaltungs- und Überwachungsfunktionen für Administratoren bereit. Nachfolgend werden diese Funktionen in einem kurzen Überblick vorgestellt.

Aufrufen der Verwaltungs- und Leistungstools

Windows bietet dem Administrator weitere Werkzeuge zur Verwaltung des Systems oder zur Leistungsanalyse. Diese lassen sich abrufen, indem Sie in der Systemsteuerung die Kategorie *System und Sicherheit* und dann die Kategorie *Verwaltung* anwählen.

Windows öffnet das Ordnerfenster *Verwaltung* (Abbildung 31.37), in dem Sie Verknüpfungen auf verschiedene Verwaltungsfunktionen wie die Aufgabenplanung, die Computerverwaltung etc. erhalten. Über Funktionen wie die Computerverwaltung lassen sich bestimmte Systeminformationen abrufen und Einstellungen anpassen. Alternativ haben Sie die Möglichkeit, die Verwaltungstools in der Startseite einzublenden (siehe in Kapitel 30 den Abschnitt »So gelangen Sie zu den Einstellungen«).

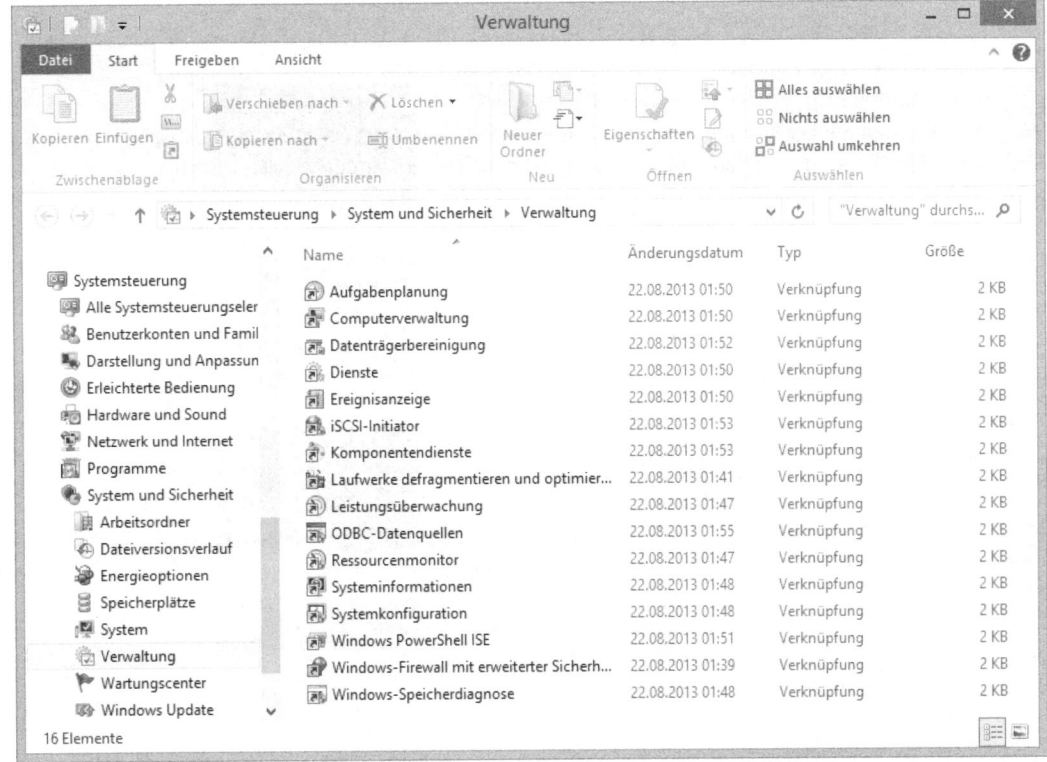

Abbildung 31.37 Aufrufen der Verwaltungsfunktionen

Im Fenster *Verwaltung* stellt Ihnen Windows Befehle zum Aufrufen verschiedener Tools (z.B. Ressourcenmonitor, Leistungsüberwachung etc.) zur Verfügung.

HINWEIS   Einige der über diese Seiten erreichbaren Werkzeuge sind in anderen Kapiteln dieses Buches beschrieben (z.B. Kapitel 13 nutzt die Datenträgerverwaltung bzw. die Computerverwaltung zur Konfigurierung von Laufwerkpartitionen). Ausgesuchte Funktionen werden in den nachfolgenden Abschnitten kurz vorgestellt.

Zugriff auf den Ressourcenmonitor

Über den Befehl *Ressourcenmonitor öffnen* auf der Seite *Verwaltung* (Abbildung 31.37) öffnet sich nach einer Bestätigung der Abfrage der Benutzerkontensteuerung der Ressourcenmonitor (Abbildung 31.38).

Über mehrere Registerkarten lässt sich auf verschiedene Ressourceninformationen zugreifen. Auf der Registerkarte *Übersicht* erhalten Sie in der linken Spalte eine Übersicht über die CPU-Auslastung, zur Datentransferrate bei Netzwerk- und Datenträgerzugriffen sowie zur Arbeitsspeicherauslastung. Am rechten Rand blendet das Programm zudem den grafischen Verlauf der Auslastung ein.

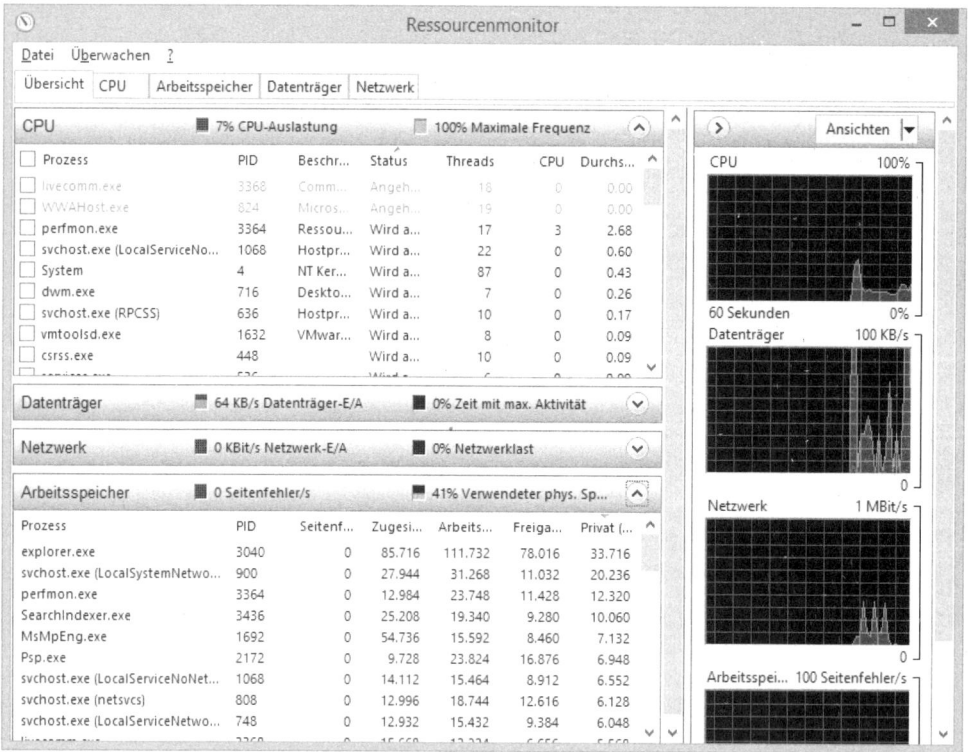

Abbildung 31.38   Ressourcenmonitor

Die Leistungsüberwachung verwenden

Die Leistungsfähigkeit des Systems lässt sich über den Eintrag *Leistungsüberwachung* auf der Seite *Verwaltung* (Abbildung 31.37) aufrufen. Sie müssen allerdings als Administrator angemeldet sein, um die Funktion nutzen zu können. Nach dem Bestätigen der Sicherheitsabfrage der Benutzerkontensteuerung erscheint das in Abbildung 31.39 gezeigte Fenster.

Über die Struktur in der linken Spalte können Sie verschiedene Darstellungen und Informationen zur Leistungsüberwachung abrufen. Klicken Sie auf den Eintrag *Leistung*, erscheint die Textdarstellung der Systemleistung. Wählen Sie den Zweig *Leistung/Überwachungstools/Leistungsüberwachung*, wird der Windows-Systemmonitor in der rechten Spalte angezeigt (Abbildung 31.39, Hintergrund unten). Dieser lässt sich zur Leistungsanalyse heranziehen, indem Sie z.B. die Prozessorauslastung oder die Speichernutzung weiterer Kenngrößen überwachen und grafisch aufzeichnen lassen. Ist im rechten Teil des Fensters die grafische Darstellung des Systemmonitors sichtbar, gehen Sie folgendermaßen vor:

1. Klicken Sie in der Symbolleiste des Fensters auf die Schaltfläche *Hinzufügen* (Schaltfläche mit dem Pluszeichen). Der Systemmonitor öffnet anschließend ein Dialogfeld zur Auswahl der Leistungsindikatoren (Abbildung 31.39, Vordergrund, oben).

2. Wählen Sie im Dialogfeld den Computer (z.B. *<Lokaler Computer>*) und klicken Sie in der oberen linken Liste auf eine der Kategorien mit dem gewünschten Leistungsindikator. Suchen Sie danach in der unteren Liste die gewünschte Instanz mit einem Mausklick aus.

3. Fügen Sie den Indikator mittels der *Hinzufügen*-Schaltfläche zur Liste *Hinzugefügte Leistungsindikatoren* hinzu.

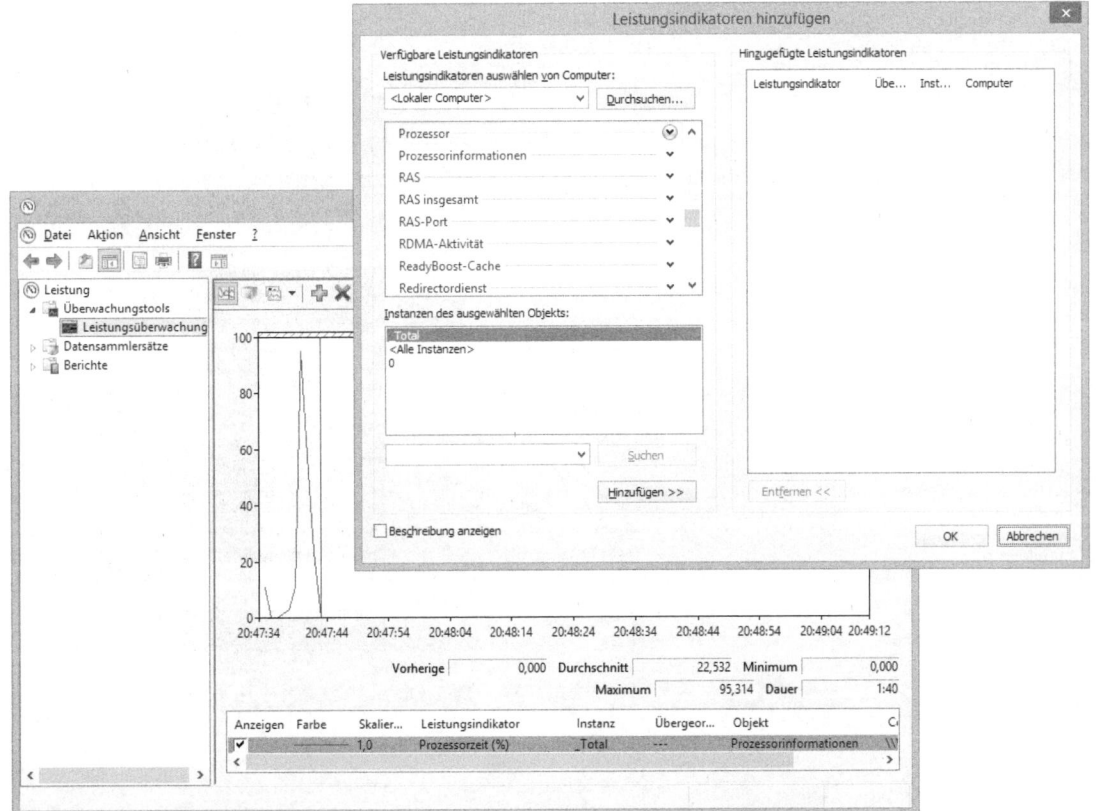

Abbildung 31.39 Leistungsüberwachung

Wiederholen Sie diese Schritte, um ggf. mehrere Indikatoren in die Überwachung aufzunehmen. Sobald alle Indikatoren definiert sind, können Sie das Dialogfeld *Leistungsindikatoren hinzufügen* über die *OK*-Schaltfläche schließen. Der Systemmonitor wird die Daten in der Grafikanzeige berücksichtigen. Über weitere Schaltflächen des Anwendungsfensters können Sie Leistungsindikatoren entfernen oder Werte in Dateien speichern. Weitere Informationen zur Zuverlässigkeits- und Leistungsüberwachung liefert die Programmhilfe.

Dienste verwalten

Windows 8.1 benutzt eine Reihe von als Dienste bezeichneten Programmen, die im Hintergrund laufen und bestimmte Funktionen bereitstellen. Die Verwaltung dieser Dienste erfolgt über einen eigenen Manager (Abbildung 31.40), der sich z.B. über den Eintrag *Dienste* im Ordner *Verwaltung* (Abbildung 31.37) – oder direkt über die Schaltfläche *Dienste* auf der gleichnamigen Registerkarte des Windows Task-Managers – aufrufen lässt. Voraussetzung ist aber, dass Sie als Administrator angemeldet sind.

Die Verwaltung der Dienste erfolgt über die sogenannte Microsoft Management Console (MMC). Diese zeigt im rechten Fenster zwei Registerkarten mit den am unteren Rand angeordneten Registerreitern *Erweitert* und *Standard*. Wählen Sie den Registerreiter *Standard*, listet Windows 8.1 lediglich die Dienste in der rechten Fensterhälfte auf. Die Registerkarte *Erweitert* weist im rechten Teilfenster eine Spalte für Zusatzinformationen auf (Abbildung 31.40). Bei Anwahl eines Dienstnamens wird in der Spalte eine Beschreibung zum betreffenden Dienst eingeblendet.

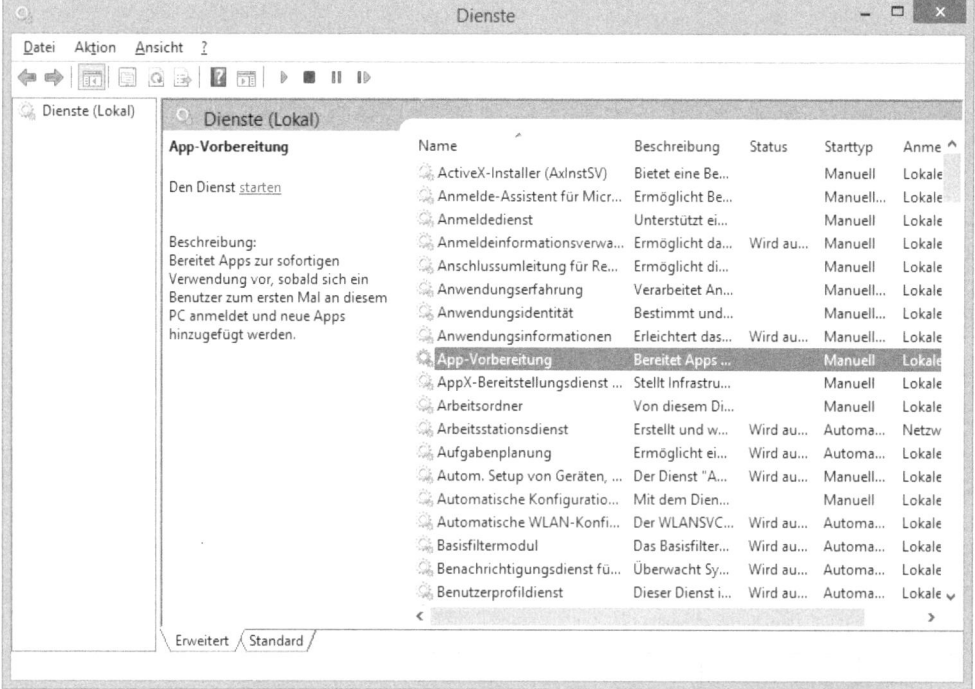

Abbildung 31.40   Dienste verwalten

In beiden Varianten listet die Microsoft Management Console (MMC) die dem System bekannten Dienste auf. Für jeden Dienst erscheinen der Name, eine Beschreibung, der aktuelle Status sowie der Starttyp. In der Spalte *Anmelden als* wird außerdem angegeben, wie der Dienst unter Windows angemeldet wird. In dieser Spalte finden Sie in der Regel den Eintrag *Lokales System*, d.h., der Dienst wurde vom System gestartet.

Klicken Sie mit der rechten Maustaste auf einen in der Liste aufgeführten Dienst, erscheint ein Kontextmenü mit Befehlen zum Starten, Anhalten und Beenden dieses Diensts. Über den Kontextmenübefehl *Eigenschaften* öffnet die Microsoft Management Console das Eigenschaftenfenster dieses Diensts mit verschiedenen Registerkarten (Abbildung 31.41):

- Auf der Registerkarte *Allgemein* (Abbildung 31.41, links oben) werden der Anzeigename sowie der Pfad zur EXE-Datei des Diensts aufgeführt. Weiterhin können Sie im Listenfeld *Starttyp* wählen, ob der Dienst automatisch beim Windows-Start (oder durch andere Dienste) oder manuell gestartet wird. Die Schaltflächen *Starten*, *Beenden*, *Anhalten* und *Fortsetzen* erlauben Ihnen zusätzlich, Dienste zu stoppen und erneut auszuführen. Benötigt ein Dienst bestimmte Startparameter, können Sie diese direkt auf der Registerkarte in das gleichnamige Feld eintragen.

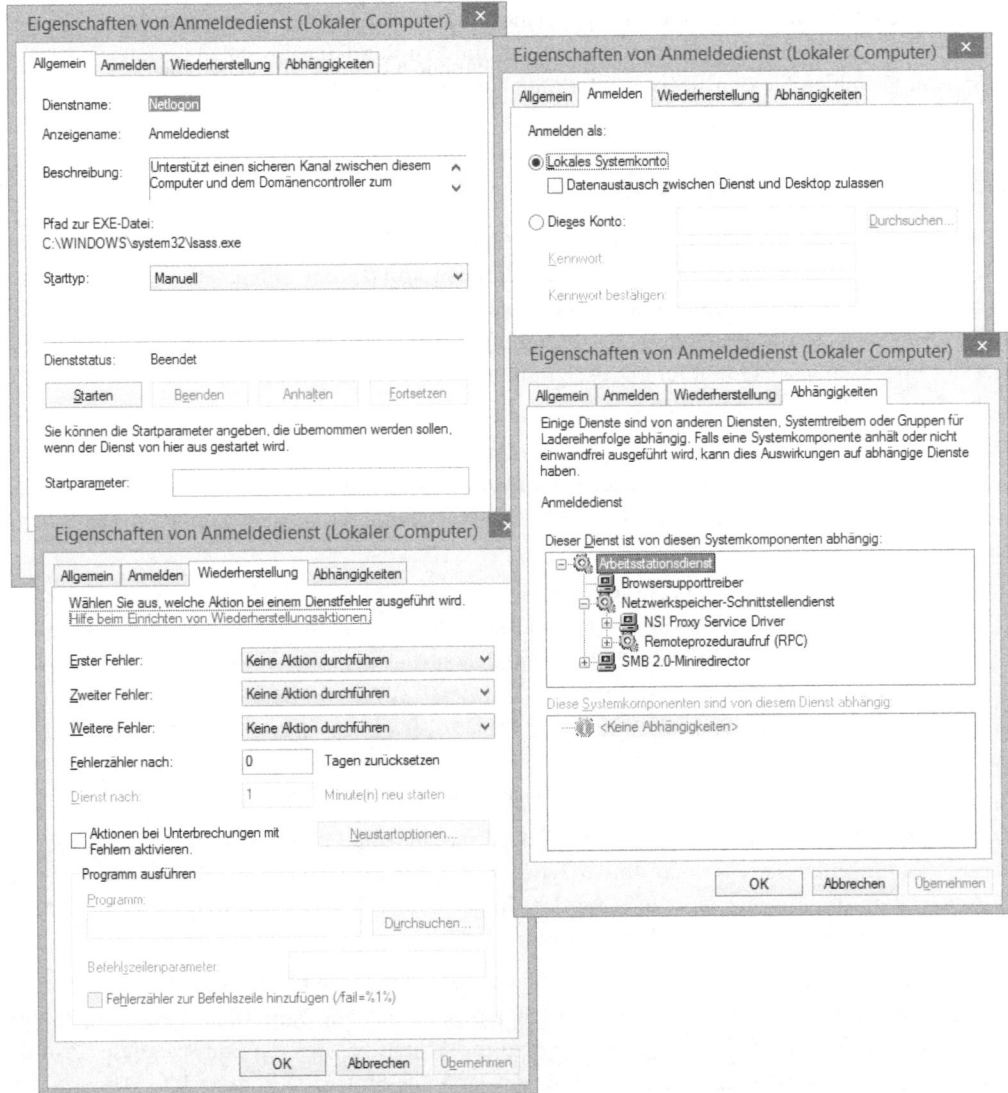

Abbildung 31.41 Eigenschaften eines Diensts

- Die Registerkarte *Anmelden* (Abbildung 31.41, rechts oben) ermöglicht Ihnen, ein Konto für den Dienst vorzugeben. Standardmäßig wird das lokale Systemkonto benutzt. Sie haben aber jederzeit die Möglichkeit, auch andere Konten auszuwählen, sofern Sie deren Kennwort kennen.

- Die Registerkarte *Wiederherstellung* (Abbildung 31.41, links unten) liefert Ihnen Einstellmöglichkeiten, um auf Ausfälle eines Diensts zu reagieren. Dies stellt sicher, dass ein Dienst ggf. mehrfach gestartet wird. Über die Option *Fehlerzähler zur Befehlszeile hinzufügen* können Sie verfolgen, wie häufig ein Dienst ausgefallen ist.

- Über die Registerkarte *Abhängigkeiten* (Abbildung 31.41, rechts unten) können Sie feststellen, ob der Dienst von anderen Diensten abhängt bzw. ob andere Dienste diesen Dienst benötigen. Beim Aufruf der Registerkarte ermittelt Windows die Abhängigkeiten und gibt diese anschließend in zwei Listen auf der Registerkarte aus.

Die Registerkarte *Abhängigkeiten* ist mitunter ganz hilfreich, falls sich ein Dienst nicht starten lässt, weil ein anderer Dienst Probleme macht. Kontrollieren Sie die Abhängigkeiten und versuchen Sie zuerst die betreffenden Dienste zu starten.

Verwenden der Ereignisanzeige

Windows überwacht und protokolliert verschiedene Ereignisse (z.B. Anmeldung eines Benutzers, Start des Systems etc.). Zur Auswertung der Protokolle können Administratoren auf die Ereignisanzeige zurückgreifen (Abbildung 31.42). Das Programm *Ereignisanzeige* lässt sich z.B. über das Ordnerfenster *Verwaltung* (Abbildung 31.37) aufrufen. Nach der Bestätigung der Sicherheitsabfrage der Benutzerkontensteuerung erscheint das Fenster der Ereignisanzeige (Abbildung 31.42), in dem Sie die Ereignisse in einem Fenster abrufen und nach verschiedenen Kriterien filtern können.

Die Ereignisanzeige zeigt beim Start eine Zusammenfassung der Ereignisse in der rechten Spalte an. In der linken Spalte (Bereichsebene) werden die Kategorien für die Protokollereignisse aufgeführt. Durch Anklicken der Einträge lässt sich die Struktur in der linken Spalte expandieren und Sie können in den Ereigniskategorien navigieren.

Um die Ereignisse aufzulisten, wählen Sie in der linken Spalte im erweiterten Zweig die gewünschte Kategorie an. Dann werden die in der Kategorie gespeicherten Ereignisse im rechten Teil des Fensters als Liste eingeblendet. Für jedes Ereignis werden dabei das Datum und die Quelle angegeben. Die jüngsten Ereignisse tauchen dabei oben in der Ereignisliste auf. Das Symbol und der Text in der Spalte *Ebene* geben Ihnen dabei einen Hinweis, ob es sich um eine Warnung, um einen Fehler oder um ein kritisches Ereignis handelt. Wird ein Eintrag in der Liste per Mausklick markiert, listet die Ereignisanzeige die zugehörigen Informationen im unteren Teil der rechten Spalte auf den zwei Registerkarten *Allgemein* und *Details* auf.

Die Rubrik *Windows-Protokolle* listet verschiedene Kategorien auf, die bei der Administration eines Windows-Systems recht hilfreich sein können. In der Kategorie *Anwendung* werden alle Ereignisse aufgeführt, die durch Anwendungsprogramme verursacht werden. In der Kategorie *Sicherheit* werden Sie über Anmeldeversuche und Netzwerkzugriffe auf den Rechner informiert.

Möchten Sie beispielsweise wissen, welche Benutzer sich zu welchen Zeiten angemeldet haben oder ob jemand versucht hat, sich ohne gültiges Kennwort am System anzumelden? Dann wählen Sie in der Ereignisanzeige den Eintrag *Sicherheit* aus. Anschließend werden im rechten Fenster alle Einträge dieses Protokolls aufgeführt. Die Kategorie *System* zeigt Ereignisse für das laufende System (z.B. gestartete Dienste). Unter

Benutzerdefinierte Ansichten hat Microsoft bereits einen Eintrag angelegt, über den Sie sich über administrative Ereignisse wie Fehler oder Warnungen informieren können.

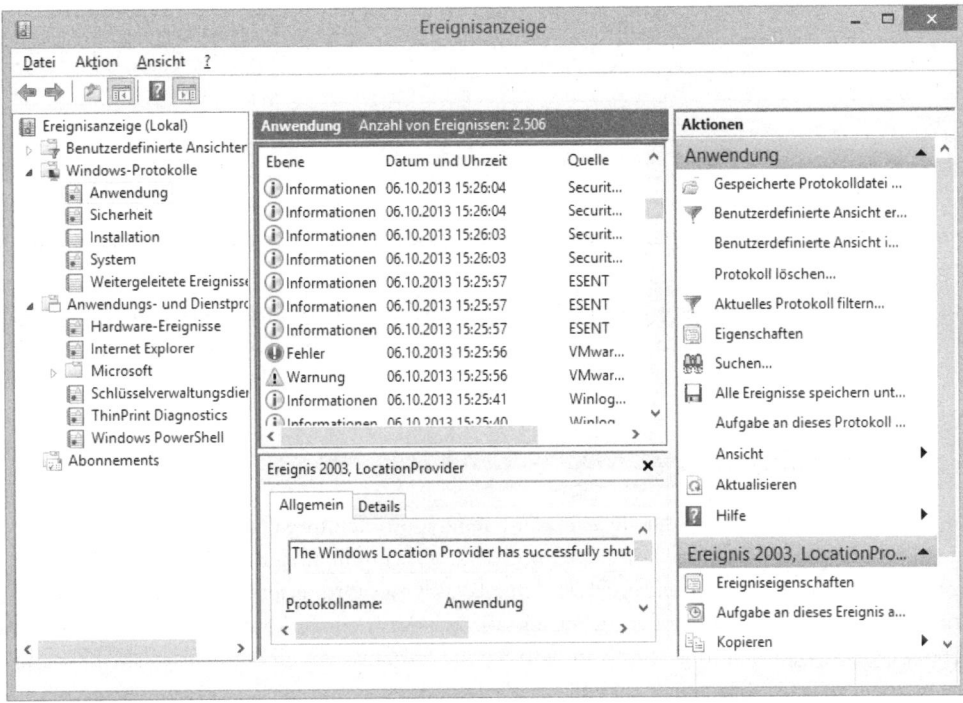

Abbildung 31.42 Ereignisanzeige

TIPP   Mit der Zeit wird eine Kategorie sehr viele Einträge aufweisen. Öffnen Sie das Kontextmenü einer in der linken Spalte angezeigten Kategorie, können Sie den Befehl *Protokoll löschen* wählen. Dann erhalten Sie in einem Dialogfeld die Möglichkeit, die Protokolleinträge in einer Textdatei zu sichern oder gleich zu löschen. Weiterhin bietet das Kontextmenü Befehle zum Speichern, Laden und Filtern von Protokolleinträgen.

Alles im Zugriff mit der Computerverwaltung

Über die Computerverwaltung stellt Windows ein zentrales Werkzeug zur Verwaltung des Rechners bereit. Auch die Computerverwaltung ist als Anwendung der Microsoft Management Console (MMC) realisiert. Administratoren können das Werkzeug über den Eintrag *Computerverwaltung* des Ordners *Verwaltung* (Abbildung 31.37) aufrufen. Nach Bestätigung der Sicherheitsabfrage der Benutzerkontensteuerung erscheint das Fenster der Computerverwaltung (Abbildung 31.43). In der linken Spalte können Sie dann unter verschiedenen Kategorien die gewünschte Funktion wählen.

- **System**   In dieser Kategorie finden Sie die nachfolgend aufgeführten Funktionen zur Verwaltung der Ereignisanzeige, zur Anzeige der Systeminformationen, zur Verwaltung freigegebener Ordner etc.

- **Aufgabenplanung**   Enthält die (in diesem Buch nicht beschriebenen) Funktionen, um über den Aufgabenplaner verschiedene Funktionen automatisch zu starten (z.B. Systemsicherung, Virenscan, Defragmentierung)

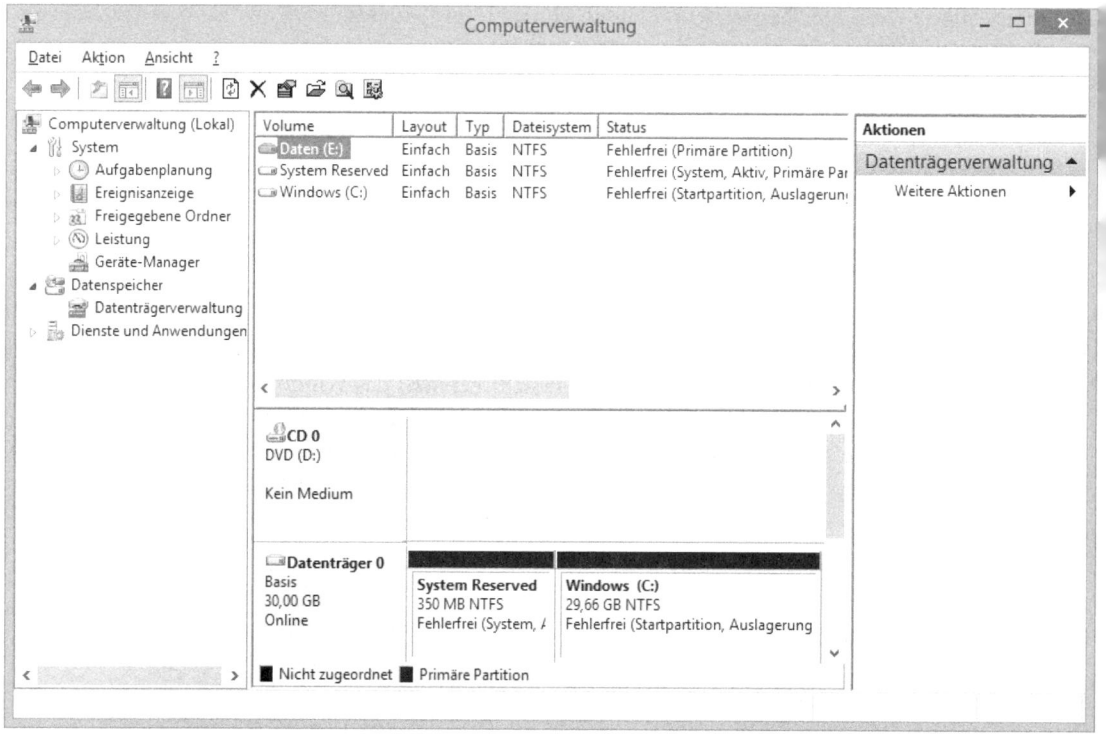

Abbildung 31.43 Computerverwaltung

- **Ereignisanzeige**   Ermöglicht den Zugriff auf die oben beschriebene Ereignisanzeige und die Auswertung der Ereignisprotokolle

- **Freigegebene Ordner**   Hilfreich im Netzwerk, da in den Unterzweigen die Freigaben des Rechners, die aktuell laufenden Sitzungen (Zugriffe über das Netzwerk auf den Rechner) und die geöffneten Dateien aufgelistet werden. Die Einträge erlauben es dem Administrator, z.B. Sitzungen anderer Benutzer zwangsweise zu trennen.

- **Lokale Benutzer und Gruppen**   Die Option ist nicht in allen Windows-Varianten vorhanden und ermöglicht die Verwaltung lokaler Gruppen und Benutzerkonten. Verwenden Sie die in Kapitel 29 beschriebenen Funktionen.

- **Leistung**   Ruft die Anzeige der betreffenden Anwendung in der rechten Spalte ab und erlaubt z.B., den Systemmonitor anzuwählen (siehe vorhergehende Abschnitte)

- **Geräte-Manager**   Der Eintrag öffnet den Geräte-Manager in der rechten Spalte. Dieser gewährt Ihnen einen Überblick über installierte Geräte und deren Treiber (siehe Kapitel 28).

- **Datenspeicher**   Dieser Zweig enthält die Funktionen zur Datenträgerverwaltung, zur Defragmentierung lokaler Laufwerke sowie zur Verwaltung logischer Laufwerke und Wechselmedien (siehe Kapitel 13)

- **Dienste und Anwendungen**   In diesem Zweig finden Sie die Funktionen, um Dienste zu starten und zu stoppen (siehe vorhergehende Seiten) oder um auf weitere Anwendungen zuzugreifen

Durch Anklicken der Symbole des Strukturbaums können Sie anschließend die Funktionen und deren Daten im rechten Fenster abrufen. Die rechts eingeblendete Spalte erlaubt Ihnen, zusätzliche Aufgaben für die angewählte Kategorie aufzurufen (Abbildung 31.43). Alternativ können Sie aber das Kontextmenü verwenden, um Funktionen des angewählten Elements abzurufen.

> **HINWEIS** Die in der Computerverwaltung zusammengefassten Funktionen stehen teilweise auch einzeln zur Verfügung. Die betreffenden Funktionen sind auf den vorhergehenden Seiten und in den vorhergehenden Kapiteln beschrieben.

PowerShell-Tools

Windows 8.1 wird mit der PowerShell ausgeliefert. Die PowerShell ermöglicht es, Befehle zu Programmen (Skripts, Dateien mit der Erweiterung *.ps1*) zu kombinieren, über die Informationen abgerufen, Systemeinstellungen verändert oder Aufgaben automatisch durchgeführt werden können. Sie können ein Ordnerfenster öffnen und im Navigationsbereich (nicht im Ansichtsbereich) das Windows-Laufwerk anwählen. Dann erhalten Sie auf der Registerkarte *Datei* über den Eintrag *Windows PowerShell öffnen* Zugriff auf zwei Befehle, um die Windows PowerShell als Standardbenutzer oder als Administrator aufzurufen. Die PowerShell-Konsole gleicht dem Fenster der Eingabeaufforderung, in dem Sie Befehle eingeben und ausführen können.

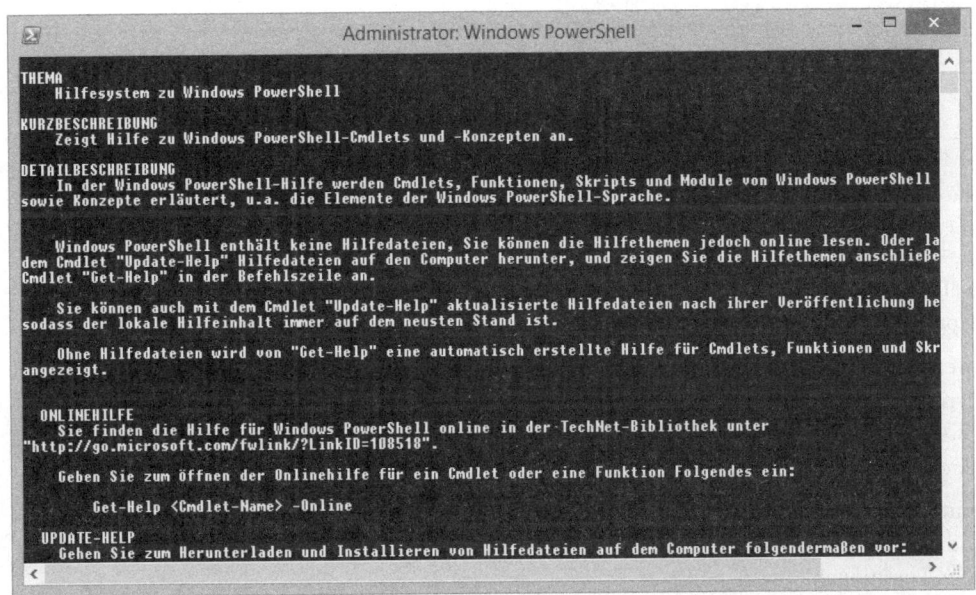

Abbildung 31.44 PowerShell-Konsole

Die Ausgaben der Befehle werden dabei im Konsolenfenster angezeigt. Mit *Dir env:* und Bestätigung mit der ⏎-Taste lassen sich beispielsweise die Umgebungsvariablen anzeigen. Um Skriptdateien der PowerShell auszuführen, müssen Sie aber im Fenster der Entwicklungsumgebung den Befehl *Set-ExecutionPolicy Unrestricted* eintippen und bestätigen (andernfalls verweigert Windows die Ausführung). Die PowerShell ist ein mächtiges Werkzeug für Programmierer und Administratoren, deren Beschreibung allerdings den Umfang dieses Buchs bei Weitem sprengen würde.

Kapitel 32

Windows installieren

Upgrade auf Windows 8.1

Microsoft bietet ein Upgrade von einer bestehenden Windows-Version auf Windows 8.1 an. In diesem Abschnitt erfahren Sie, was beim Upgrade zu beachten ist.

Upgrade über den Windows Store

Auch wenn ich persönlich bei Windows 8.1 eine Neuinstallation vorziehe, bleibt vielen Windows 8-Besitzern nur ein Upgrade übrig. Denn Microsoft bietet zwar allen Besitzern eines Windows 8-Systems den kostenlosen Wechsel auf Windows 8.1 an. Dies ist jedoch nur im Rahmen eines Upgrades aus dem Windows Store kostenlos. Endanwender bekommen daher auch keine ISO-Dateien von Windows 8.1 zum Download. Zum Installieren des Upgrades ist folgende Vorgehensweise erforderlich:

- Befolgen Sie die im nachfolgenden Abschnitt »Vorbereitungen zur Installation« enthaltenen Hinweise und deinstallieren Sie auf jeden Fall Software, die den Upgradevorgang blockieren kann. Häufig handelt es sich dabei um Antivirenprogramme, virtuelle CD-/DVD-Laufwerksoftware (Daemon Tools) und ähnliches.

- Weiterhin muss eine Art Vorbereitungsupdate (KB 2871839) unter Windows 8 installiert sein. Dessen Installation ermöglicht es, nach einem Neustart des System das eigentliche Upgrade per Windows Store aus Windows 8 vorzunehmen. Ist Windows Update auf automatisch installieren eingestellt, kommt das Update automatisch auf den Rechner.

- Wechseln Sie zum Windows Store, sollte die Meldung aus Abbildung 32.1 zu sehen sein. Wählen Sie das Upgrade auf Windows 8.1 zur Installation aus. Anschließend warten Sie, bis der Download abgeschlossen ist. Während des Downloads kann Windows 8 weiter verwendet werden. Befolgen Sie die Anweisungen des Upgrade-Assistenten zum Einrichten des Systems.

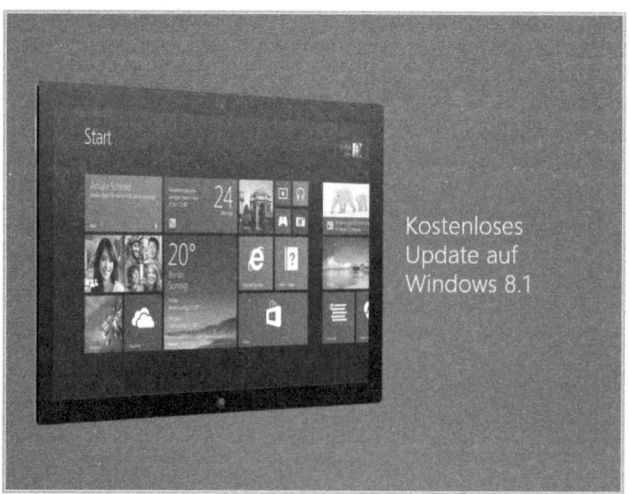

Abbildung 32.1 Windows 8.1-Upgrade-Meldung

Im Gegensatz zum Upgrade auf Windows 8 fehlen beim Windows 8.1-Upgrade die Auswahlmöglichkeiten zur Übernahme von Daten und Programmen der alten Windows-Version sowie zum Sichern des Downloads. Daher ist diese Art des Upgrades auch nur von Windows 8 aus möglich. Nach dem Download startet der Upgradevorgang automatisch. Dabei sind Neustarts erforderlich, um das Upgrade auf Windows 8.1 erfolgreich ausführen und das System neu einrichten zu können.

HINWEIS   Einige Zusatzinformationen zum Upgrade finden Sie in meinem Blogbeitrag *http://www.borncity.com/blog/2013/10/18/windows-8-1-so-funktioniert-das-upgrade-von-windows-8/* [Ms240-K32-01]. Dort ist auch ein Beitrag verlinkt, in dem ich einen Ansatz beschreibe, um das Upgrade als elektronischer Download (ESD-Datei) zu beziehen. Dies erfordert aber einen Produktschlüssel für Windows 8.1.

Beim Windows-Upgrade per Windows-Store ist kein Produktschlüssel erforderlich, der bisherige Windows 8-Schlüssel bleibt gültig. Hatten Sie Windows 8 Pro mit dem Media Center installiert, liegt nach dem Upgrade Windows 8.1 Pro vor. Sie können anschließend mit dem Windows 8 Media Center-Produktschlüssel das aktualisierte System auf die Media Center-Edition hochrüsten.

Windows 8.1-Upgrade per ISO-Datei

Besitzen Sie einen Installationsdatenträger von Windows 8.1 in Form einer DVD, eines USB-Sticks oder eine ISO-Datei? Dieser Datenträger bzw. die ISO-Datei liegt möglicherweise einem neuen Windows 8.1-System bei, kann aber auch dazu verwendet werden, um ein Windows 8-System oder eine frühere Windows 7-Version auf Windows 8.1 zu aktualisieren:

- Beim Upgrade von einer früheren Windows-Version achten Sie darauf, dass das Installationsmedium zum bereits installierten 32- oder 64-Bit-Betriebssystem passt. Stellen Sie sicher, dass Sie Zugriff auf das Installationsmedium haben (z.B. DVD einlegen, USB-Stick einstecken oder ISO-Datei mounten). Öffnen Sie das Explorer-Fenster und starten Sie die Datei *Setup.exe*.

- Befolgen Sie anschließend die Anweisungen des Setupprogramms, welches Sie durch die Upgrade-Schritte führt. Der Ablauf entspricht prinzipiell der Vorgehensweise aus dem Abschnitt »Windows 8.1-Neuinstallation« in diesem Kapitel. Es werden ein Produktschlüssel abgefragt, Updates können optional aus dem Internet heruntergeladen werden, und es lässt sich der Installationsumfang festlegen.

- In einem Dialogfeld (Abbildung 32.2) lässt sich auch bestimmen, was von der bestehenden Installation übernommen werden soll. Beim Upgrade von Windows 8 lassen sich Anwendungen, Apps und Daten übernehmen. Ein Upgrade von Windows 7 ermöglicht z.B. nur die Datenübernahme, während Anwendungen entfernt werden. Bei Systemen mit Windows XP und Windows Vista ist dagegen eine komplette Neuinstallation erforderlich.

Der Upgrade-Assistent führt Sie durch die erforderlichen Schritte und leitet auch die notwendigen Neustarts ein.

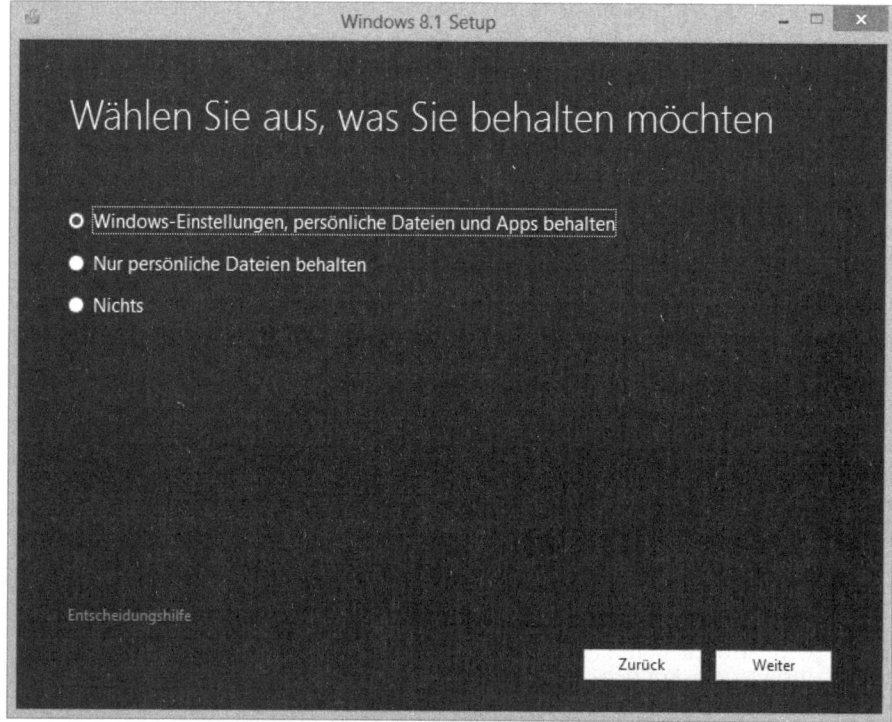

Abbildung 32.2   Auswahl der Windows 8.1-Upgrade-Optionen

Ein Installationsdatenträger ist auch für eine Neuinstallation von Windows 8.1 erforderlich (dies gilt auch für den Wechsel zwischen einem 32-/64-Bit-Betriebssystem beim Upgrade). Booten Sie den Rechner vom Installationsmedium (DVD oder USB-Stick) und befolgen Sie die in Kapitel 1 im Abschnitt »Eine Neuinstallation einleiten« beschriebenen Schritte.

Tipps zum Upgrade auf Windows 8.1

Sofern Sie beabsichtigen, eine bestehende Windows 7-Installation auf Windows 8.1 zu aktualisieren (wovon ich persönlich eher abrate – nutzen Sie die Gelegenheit, ein sauberes System zu bekommen), sollten Sie das System entsprechend vorbereiten:

- Räumen Sie das System auf und deinstallieren Sie alle Programme, die zukünftig nicht mehr benötigt werden

- Rufen Sie die Datenträgerbereinigung auf, um alle temporären Dateien und den Inhalt des Papierkorbs von den Laufwerken des Systems zu entfernen

- Führen Sie ggf. eine Defragmentierung durch und lassen Sie eine Fehlerüberprüfung der Datenträger ausführen. Festplattenlaufwerke sollten im NTFS-Dateisystem formatiert sein (das Systemlaufwerk muss das NTFS-Format aufweisen).

- Möchten Sie Windows 8.1 parallel zu einem anderen, bereits vorhandenen Windows installieren, stellen Sie sicher, dass eine genügend große Partition zur Installation vorhanden ist. Zur Partitionsaufteilung lassen sich spezielle Programme wie Paragon Partition Manager verwenden.

- Führen Sie vor der Installation eine Virenprüfung durch. Deinstallieren Sie anschließend die Software zum Virenschutz.

- Sichern Sie alle wichtigen Daten (Dokumente) und Systemeinstellungen. Im Idealfall legen Sie ein komplettes Backup des Windows-Laufwerks mit einem entsprechenden Sicherungsprogramm an.

Notieren Sie die Kennwörter von E-Mail-Konten und Zugängen zu Internetaccounts etc. Stellen Sie auch sicher, dass Sie über die Installationsmedien und Installationsschlüssel aller Anwendungen verfügen, die nach dem Upgrade auf Windows 8.1 bzw. nach dessen Neuinstallation ggf. weiterbenutzt werden sollen. Laden Sie vor dem Upgrade nach Möglichkeit bereits die Windows-Treiber für im System nachträglich eingebaute Hardware oder angeschlossene Geräte aus dem Internet und brennen Sie das Ganze auf eine CD oder DVD (bzw. kopieren es auf einen USB-Speicherstick).

Und noch ein Hinweis, falls Sie ein Windows 8-System per Installationsdatenträger auf Windows 8.1 aktualisieren möchten:

- Problem beim Upgrade eines Windows 8-Systems mittels eines Installationsdatenträgers wird sein, dass kein Windows 8.1-Produktschlüssel vorhanden ist. Der Windows 8-Produktschlüssel wird durch den Setup-Assistenten abgewiesen.

- In meinem Blogbeitrag *http://www.borncity.com/blog/2013/10/07/windows-8-1-media-center-upgrade-tricks-auch-msdn-versionen/* [Ms240-K32-02] sind zwei Universalschlüssel genannt, die zur Installation von Windows 8.1 verwandt werden können. Diese generischen Produktschlüssel ermöglichen aber lediglich eine Installation, nicht aber die Windows-Aktivierung.

- Nach der erfolgreichen Installation können Sie die Seite *System* mittels der Tastenkombination [⊞] + [Pause] aufrufen. Am unteren Rand der Seite mit den Systeminformationen finden Sie den Hinweis, dass Windows 8.1 nicht aktiviert sei. Dort gibt es auch einen Hyperlink, um einen neuen Produktschlüssel einzutragen. Im angezeigten Fenster geben Sie dann den Windows 8-Produktschlüssel ein. Dann sollte sich das Betriebssystem aktivieren lassen.

TIPP   Scheitert das Upgrade aus dem Windows-Store mit einem Fehler? In der Artikelreihe unter *http://www.borncity.com/blog/2012/11/11/windows-8-upgrade-troubleshooting-faq-teil-1/* [Ms240-K32-03] habe ich bereits für Windows 8 einige Vorbereitungsmaßnahmen und Ansätze zur Fehlerdiagnose zusammengestellt. Diese Hinweise helfen auch bei Upgrade-Problemen mit Windows 8.1 weiter. Auch in der Artikelreihe *http://www.borncity.com/blog/2012/10/26/installations-faq-diagnose-wenn-das-windows-8-setup-stirbt/* [Ms240-K32-04] sind Hinweise (zwar auf Windows 8 bezogen, aber weiterhin gültig) zu finden, was man bei Problemen probieren kann.

Windows-Installation

Dieser Abschnitt befasst sich mit den Schritten zur (Neu-)Installation von Windows 8.1 und zeigt, was es dabei zu beachten gibt.

Vorbereitungen zur Installation

Bevor Sie mit der Installation des Betriebssystems beginnen, sollten Sie einige Vorbereitungen treffen:

- **Prüfung der Hardwarevoraussetzungen**   Das Betriebssystem benötigt zur Installation bestimmte Hardwarevoraussetzungen. Stellen Sie sicher, dass die Mindestanforderungen bezüglich Hauptspeicherausbau, Prozessorgeschwindigkeit und freier Festplattenkapazität erfüllt sind (siehe Kapitel 1).

■ **Prüfung der Softwarevoraussetzungen**   Windows 8.1 lässt sich auf einem geeigneten Rechner jederzeit neu installieren. Die Installations-DVD kann beim Systemstart gebootet werden (Bootoptionen notfalls im BIOS des Rechners anpassen).

Weiterhin kann eine bestehende Installation von Windows XP, Windows Vista oder Windows 7 / 8 Windows 8.1 überschrieben werden.

HINWEIS   Wenn Sie neue Geräte anschaffen, achten Sie darauf, dass diese Gerätetreiber für Windows 8.1 mitbringen, bzw. beim Softwarekauf achten Sie darauf, dass die Programme als für dieses Betriebssystem geeignet ausgewiesen werden. Microsoft stellt unter *http://www.microsoft.com/de-de/windows/compatibility/CompatCenter/Home* [Ms240-K32-05] Informationen zur Kompatibilität bestimmter Komponenten zur Verfügung.

Windows 8.1-Neuinstallation

Um Windows 8.1 auf einem System ohne vorhandenes Betriebssystem zu installieren oder Systeme mit einem vorhandenen Windows (z.B. Windows XP bzw. Windows Vista) zu überschreiben, schalten Sie den Rechner ein und stellen Sie sicher, dass das Installationsmedium (Installations-DVD oder USB-Stick mit Setupdateien) zugreifbar ist. Achten Sie auch darauf, dass die BIOS-/UEFI-Einstellungen das Booten vom DVD-/BD-Laufwerk oder USB-Installationsmedium unterstützen (Näheres sollte das Gerätehandbuch verraten). Bei der Installation in einer UEFI-Umgebung benötigen Sie ein Installationsmedium für ein 64-Bit-Windows. Danach führen Sie folgende Schritte aus:

1. Starten Sie den Computer neu und stellen Sie sicher, dass vom Installationsdatenträger (Setup-DVD, USB-Stick) gebootet wird. Bei manchen Geräten ist das Bootmenü zur Auswahl des Bootdatenträgers über eine gerätespezifische Tastenkombination aufzurufen.

2. Während des Bootvorgangs werden Sie eventuell aufgefordert, eine Taste zu drücken, um von der DVD zu booten und um das Setup auszuführen. Sobald Sie dies bestätigen, lädt das Setupprogramm das Basissystem vom Installationsmedium.

3. Sobald das Dialogfeld aus Abbildung 32.3, unten, erscheint, wählen Sie die gewünschte Installationssprache, das Format zur Anzeige von Uhrzeit und Datum sowie das Tastaturlayout aus und klicken auf die *Weiter*-Schaltfläche.

4. Im Dialogfeld aus Abbildung 32.3, oben rechts, klicken Sie auf die Schaltfläche *Jetzt installieren*.

5. Tragen Sie im ggf. angezeigten Dialogfeld den Windows 8.1-Produktschlüssel ein und bestätigen Sie mit der *Weiter*-Schaltfläche.

TIPP   Im Gegensatz zu Windows 7 lässt sich Windows 8.1 nur mit einem gültigen Produktschlüssel installieren. Dieser Schlüssel bestimmt auch, ob die Core-Version oder die Pro-Variante installiert wird. Bei Systemen mit vorinstalliertem Windows 8.1 ist der benötigte Produktschlüssel im BIOS/UEFI in den sogenannten Software Licensing Description Table (SLIC-Tabellen) gespeichert. Dann wird kein Produktschlüssel abgefragt. Um Windows 8.1 per Installationsmedium mit einem gültigen Windows 8-Produktschlüssel aktivieren zu können, befolgen Sie meine Ratschläge im Abschnitt »Tipps zum Upgrade auf Windows 8.1«. Einen Windows 8-Rechner aktualisieren Sie dagegen über das Windows Store-Upgrade auf Windows 8.1. Dann wird der in der SLIC-Tabelle gespeicherte Windows 8-Produktschlüssel zur Aktivierung benutzt.

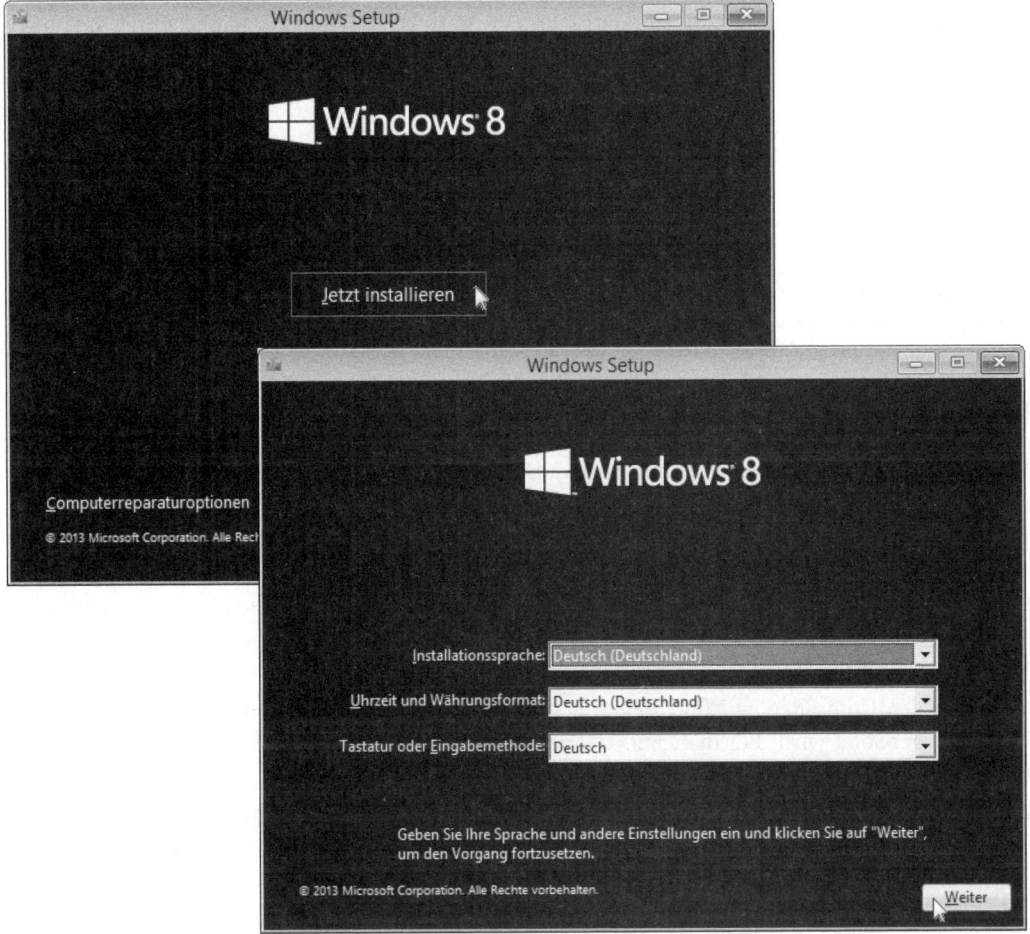

Abbildung 32.3 Auswahl der Installationssprache und Zeitformate beim Setup

6. Erscheint das Dialogfeld zur Anerkennung der Lizenzbedingungen, lesen Sie sich diese durch. Anschließend markieren Sie das Kontrollkästchen *Ich akzeptiere die Lizenzbedingungen* und klicken auf die *Weiter*-Schaltfläche.

7. Das Setupprogramm zeigt dann das Dialogfeld *Wählen Sie eine Installationsart aus* (Abbildung 32.4, unten), in dem Sie die Installationsart durch Anklicken der Option *Benutzerdefiniert: nur Windows installieren ...* auswählen.

   Die Upgrade-Option zeigt eine Aufforderung, das Bootmedium zu entfernen und das System mit dem vorhandenen Windows neu zu starten. Zum Upgrade muss das Setupprogramm aus der laufenden Windows-Version heraus aufgerufen werden. Bei einer Neuinstallation lässt sich nur die benutzerdefinierte Variante auswählen.

8. Das Setupprogramm zeigt dann das Dialogfeld zur Auswahl des Installationsziels (Abbildung 32.4, unten rechts), in dem Sie die Partition zur Installation und ggf. weitere Optionen auswählen müssen.

Abbildung 32.4 Installation starten und Installationsoptionen wählen

Bei einer Neuinstallation bzw. benutzerdefinierten Installation benötigt das Setupprogramm die Angabe, auf welcher Partition das Betriebssystem zu installieren ist. Bei UEFI-Systemen ist eine GPT-Partitionierung der Festplatte erforderlich (siehe *http://www.borncity.com/blog/2013/02/05/windows-8-uefi-gpt-partitionierung-entrtselt-teil-i/* [Ms240-K32-06]). Bei einer unpartitionierten Festplatte empfiehlt es sich, dieses Laufwerk als Installationsziel auszuwählen und dann die Partitionierung dem Setup-Assistenten zu überlassen. Dieser legt die erforderlichen Partitionen auf dem Laufwerk an.

Ist die Festplatte bereits partitioniert? Wichtig ist beim Setup, dass die gewählte Partition genügend freie Kapazität zur Installation aufweist. Bei einer vorhandenen Installation reicht der freie Speicherplatz oft nicht aus, um die temporär zu kopierenden Installationsdateien zwischenzuspeichern. Das Setup belässt nämlich in der Regel die alten Dateien auf der Partition und benennt das bisherige Windows-Verzeichnis in *Windows.old* um.

Verfügt die Festplatte nicht mehr über genügend freie Kapazität, können Sie über den am unteren Dialogfeldrand eingeblendeten Hyperlink die in Abbildung 32.4, oben, sichtbaren Schaltflächen (z.B. *Erweitern, Neu, Löschen, Formatieren*) einblenden und Partitionen löschen, formatieren und neu zuweisen. Sofern die Partitionen bereits Daten enthalten, verzichten Sie auf die Formatierung, da diese Daten ansonsten verloren gehen.

HINWEIS   Bei Bedarf können Sie über eine Schaltfläche noch spezielle Treiber (z.B. die SATA2-Treiber des Motherboard-Herstellers) für die Festplatte von einem USB-Stick oder einer separaten CD nachladen.

Sind mehrere Partitionen vorhanden, wählen Sie einen der angebotenen Einträge. Falls Sie Windows auf einem System mit bestehendem Betriebssystem oder vorhandener Datenpartition installieren, achten Sie darauf, dass Sie nicht irrtümlich die falsche Partition auswählen. Windows 8.1 lässt sich z.B. auf einer getrennten Partition parallel zu anderen Windows-Installationen einrichten.

Bei der Installation auf einer leeren Festplatte legt das Setupprogramm automatisch eine Systempartition »System-reserviert« (Abbildung 32.4, oben) an. Seit Windows 8 beträgt die Größe 350 MB, während eine von Windows 7 angelegte Partition 100 MB umfasst. Diese Partition nimmt die Windows-Startdateien und den Boot-Manager auf und wird bei einer Verschlüsselung des Systemlaufwerks durch BitLocker benötigt. Installieren Sie Windows 8.1 dagegen im Dualbootmodus auf einem System mit einem vorhandenen Betriebssystem, tauscht das Setupprogramm lediglich den Boot-Manager auf dem aktiven Bootlaufwerk aus und speichert dort auch seine Startdateien.

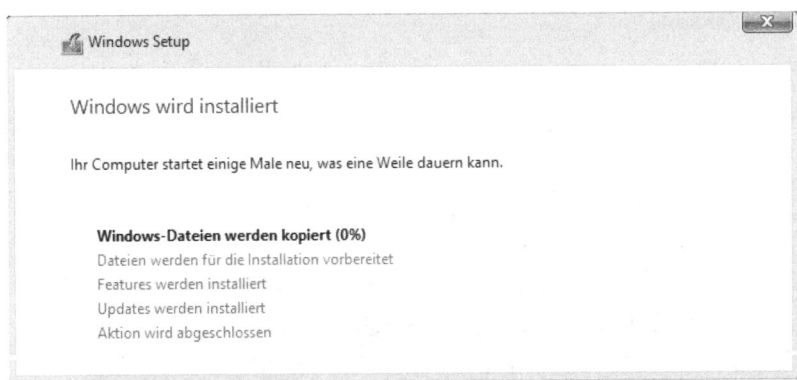

Abbildung 32.5   Anzeige des Installationsablaufs

Sobald das Dialogfeld zur Auswahl des Installationsziels über die *Weiter*-Schaltfläche verlassen wird, beginnt das Setupprogramm mit dem Kopieren der Dateien und der Installation des Betriebssystems. Der Vorgang wird durch eine Fortschrittsanzeige signalisiert (Abbildung 32.5). Warten Sie, bis alle Schritte durchlaufen wurden und das System neu startet. Anschließend können Sie die im folgenden Abschnitt beschriebenen Schritte zum Einrichten des Systems durchführen.

Personalisierung des Systems beim Setup

Sobald die Windows-Dateien kopiert und das System neu gestartet wurde, richtet das Setup die Geräte ein (wird auf dem Bildschirm angezeigt). Anschließend leitet das Setupprogramm die Schritte zum Personalisieren des Systems ein. Dabei werden der Netzwerkname für den Rechner sowie ein Benutzerkonto festgelegt.

- Geben Sie in der ersten Seite *Anpassen* (Abbildung 32.6) einen bis zu 15 Zeichen langen (NetBIOS-) Namen für den Rechner ein. Unter diesem Namen taucht der Windows-Rechner zukünftig im Netzwerk auf.

- Bei Bedarf lässt sich auf der Seite (Abbildung 32.6) noch auf eine der Farbkombinationen in der angezeigten Palette klicken, um die Hintergrundfarbe für die Startseite und die Seitenleisten festzulegen. Anschließend klicken Sie auf die *Weiter*-Schaltfläche, um zur nächsten Seite zu wechseln.

Anpassen
Suchen Sie eine Farbe aus, und geben Sie Ihrem PC einen Namen. Weitere Anpassungen sind später möglich.
Name des PCs
Beispiel: Wohnzimmer-PC
Weiter

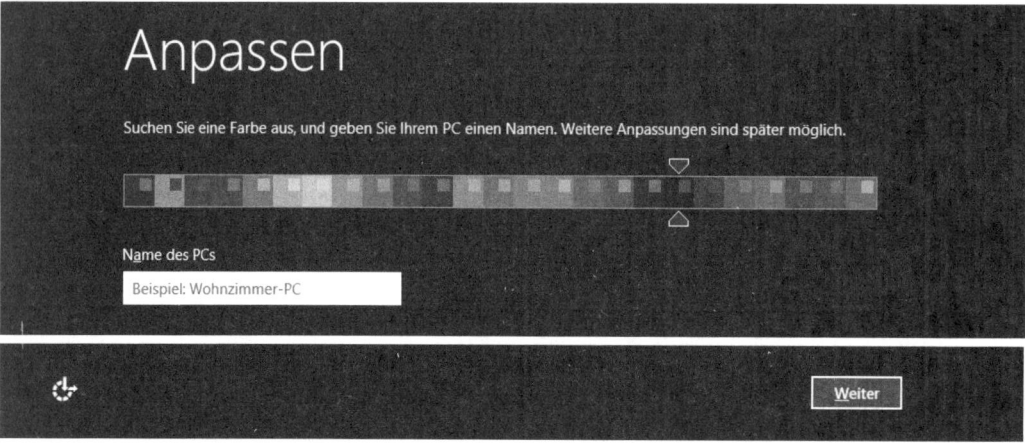

Abbildung 32.6 Rechnername und Hintergrundfarbe festlegen

Der folgende Schritt hängt von der Hardwareumgebung ab. Windows setzt eine Internetverbindung voraus, um ein Benutzerkonto mit einem Live-ID-Konto zu verknüpfen. Findet das Setupprogramm einen WLAN-Adapter, erscheint eine Seite, in der Sie das gewünschte Funknetzwerk auswählen und die WLAN-Zugangsdaten eintragen können. Wählen Sie in diesem Fall das gewünschte Funknetzwerk und stellen Sie sicher, dass das Kontrollkästchen *Verbindung automatisch herstellen* markiert ist.

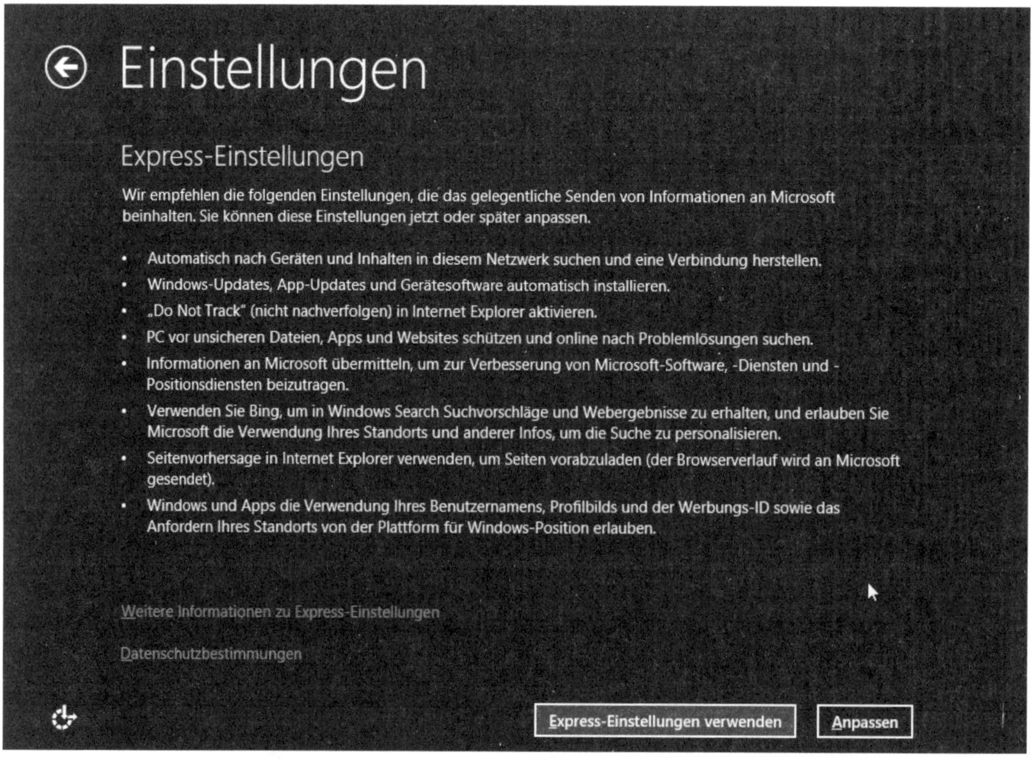

Einstellungen
Express-Einstellungen
Wir empfehlen die folgenden Einstellungen, die das gelegentliche Senden von Informationen an Microsoft beinhalten. Sie können diese Einstellungen jetzt oder später anpassen.
Automatisch nach Geräten und Inhalten in diesem Netzwerk suchen und eine Verbindung herstellen.
Windows-Updates, App-Updates und Gerätesoftware automatisch installieren.
„Do Not Track" (nicht nachverfolgen) in Internet Explorer aktivieren.
PC vor unsicheren Dateien, Apps und Websites schützen und online nach Problemlösungen suchen.
Informationen an Microsoft übermitteln, um zur Verbesserung von Microsoft-Software, -Diensten und -Positionsdiensten beizutragen.
Verwenden Sie Bing, um in Windows Search Suchvorschläge und Webergebnisse zu erhalten, und erlauben Sie Microsoft die Verwendung Ihres Standorts und anderer Infos, um die Suche zu personalisieren.
Seitenvorhersage in Internet Explorer verwenden, um Seiten vorabzuladen (der Browserverlauf wird an Microsoft gesendet).
Windows und Apps die Verwendung Ihres Benutzernamens, Profilbilds und der Werbungs-ID sowie das Anfordern Ihres Standorts von der Plattform für Windows-Position erlauben.
Weitere Informationen zu Express-Einstellungen
Datenschutzbestimmungen
Express-Einstellungen verwenden
Anpassen

Abbildung 32.7 Setupseite *Einstellungen*

Wenn Sie anschließend die *Verbinden*-Schaltfläche wählen, wird in einer Folgeseite der Netzwerksicherheitsschlüssel (WPA2-Key) abgefragt. Geben Sie den betreffenden Code in das betreffende Textfeld ein und bestätigen Sie erneut die *Verbinden*-Schaltfläche. Das Setupprogramm versucht dann, eine Verbindung mit dem WLAN-Router herzustellen und eine Verbindung einzurichten. Gelingt dies, geht es zur Seite mit dem Express-Setup (Abbildung 32.7). Bei einem System mit LAN-Anschluss gelangen Sie direkt zu dieser Seite.

Auf der Seite *Einstellungen* lässt sich die Schaltfläche *Express-Einstellungen verwenden* anwählen. Dann arbeitet das Setupprogramm mit Vorgabewerten. Alternativ kann der Benutzer die Schaltfläche *Anpassen* verwenden und dann in den Folgeseiten die Einstelloptionen individuell setzen.

In weiteren Schritten gilt es dann, ein Benutzerkonto für Windows einzurichten. Dieses verfügt über administrative Berechtigungen und wird zum Verwalten des Systems benötigt.

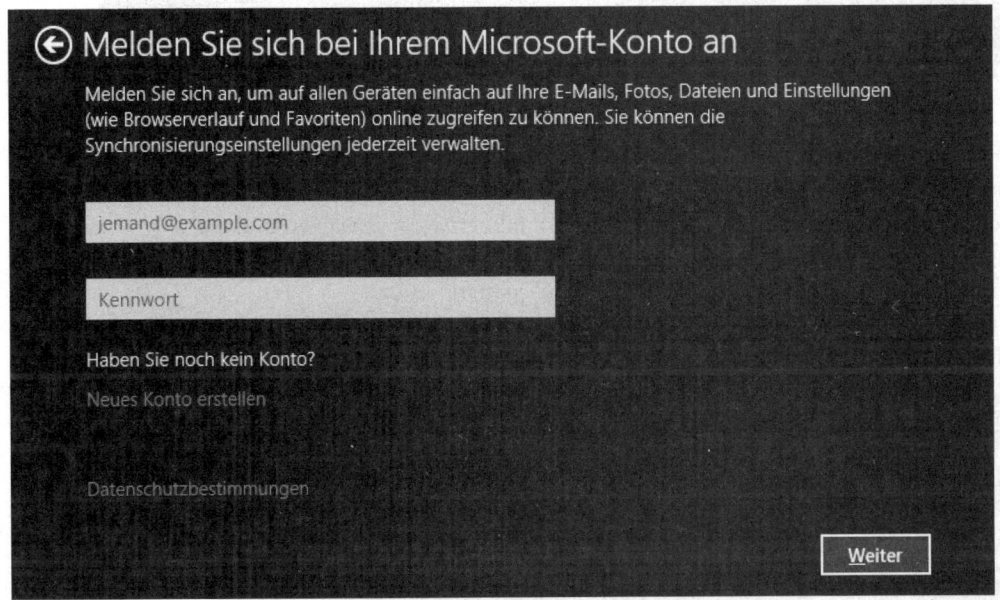

Abbildung 32.8 Einstellungen individuell festlegen

Besitzen Sie bereits ein Microsoft-Konto, tragen Sie dessen Zugangsdaten in das Formular aus Abbildung 32.8 ein und bestätigen dies über die *Weiter*-Schaltfläche. Soll ein neues Benutzerkonto eingerichtet werden, wählen Sie den im Formular angezeigten Befehl *Neues Konto erstellen* an.

Ein neues Benutzerkonto lässt sich mittels einer Formularseite definieren (Abbildung 32.9). Standardmäßig wird die in Abbildung 32.9, oben, sichtbare Formularseite angezeigt. Tragen Sie die E-Mail-Adresse des neuen Live-ID-Kontos ein, wählen Sie den Dienst (z.B. outlook.com) und geben Sie das Kennwort für das Konto sowie die restlichen Daten an. Dann durchlaufen Sie die Folgeseiten mittels der *Weiter*-Schaltfläche.

Bevorzugen Sie dagegen ein lokales Benutzerkonto, wählen Sie den am unteren Formularrand (Abbildung 32.9, oben) angezeigten Befehl *Ohne Microsoft-Konto anmelden*. Anschließend tragen Sie im angezeigten Formular (Abbildung 32.9, unten) den Benutzernamen, das Kennwort und den Kennworthinweis ein. Dann durchlaufen Sie über die *Weiter*-Schaltfläche die restlichen Formularseiten.

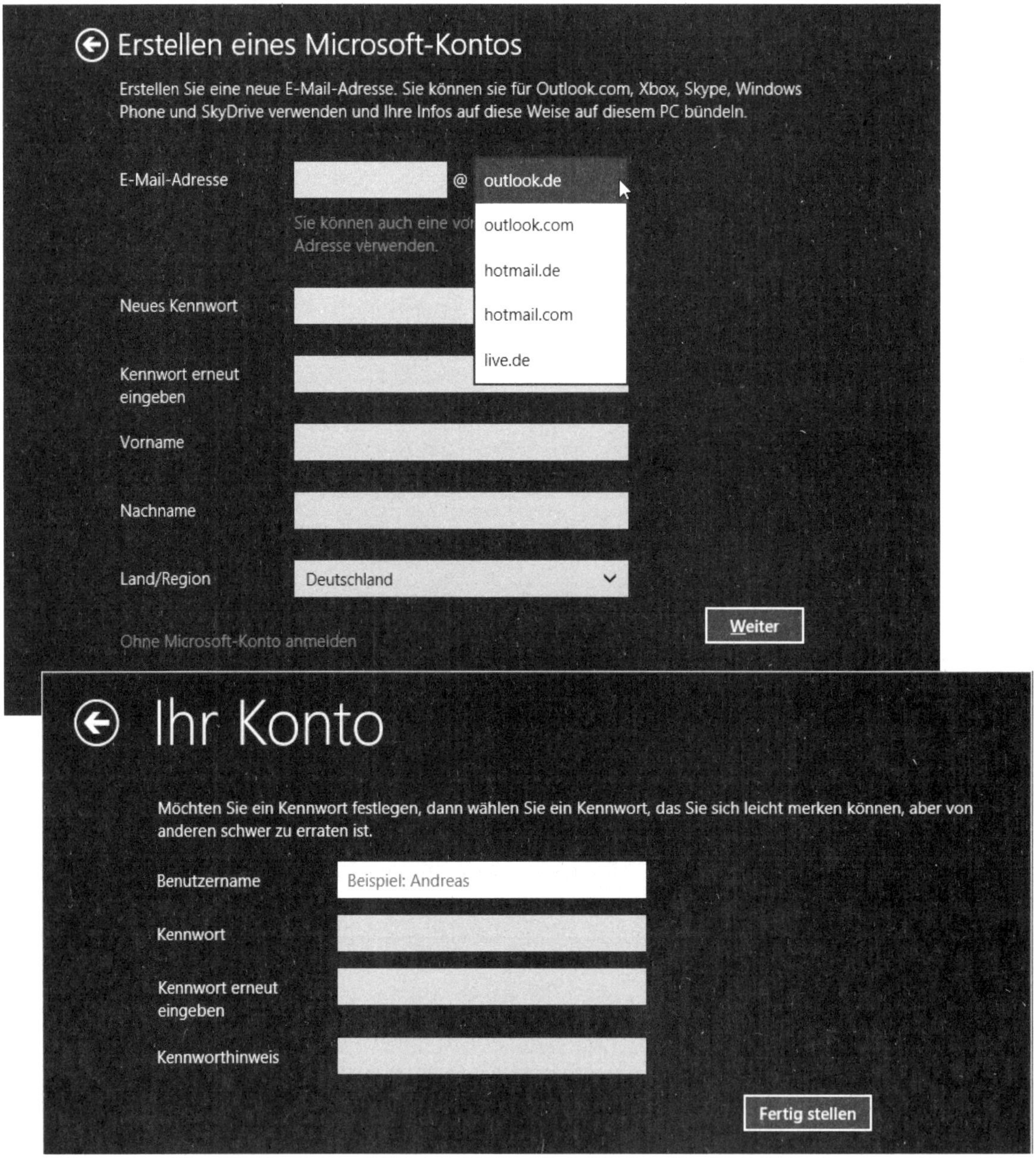

Abbildung 32.9   Neues Benutzerkonto anlegen

Nach dem Einrichten des Benutzerkontos ist die Installation abgeschlossen und Windows wird fertig einge-richtet. Während dieser Zeit wird auf dem Bildschirm eine Animation mit ersten Lernschritten zur Bedie-nung eingeblendet. Anschließend gelangen Sie zur Windows-Startseite.

Spezielle Installationsvarianten

Nachfolgend möchte ich auf einige spezielle Fragen rund um spezielle Installationsvarianten eingehen.

Windows 8.1 im Dualbootmodus installieren

Sie können neben Windows 8.1 auch weitere Windows-Versionen auf Ihren Rechner installieren. Sie sollten lediglich Folgendes beherzigen:

- Sorgen Sie dafür, dass ältere Windows-Betriebssysteme bereits funktionsfähig auf dem Rechner installiert sind

- Wichtig ist, dass für Windows 8.1 eine eigene Partition in ausreichender Größe auf der Festplatte vorhanden ist

- Der Rechner ist von der Setup-DVD (oder einem Setupmedium) zu booten und im Setup ist die Installationsart *Benutzerdefiniert* zu wählen. Bei der Auswahl des Installationsziels ist eine Partition vorzugeben, auf der noch kein Windows installiert ist.

Nachdem Windows 8.1 über die auf den vorhergehenden Seiten beschriebenen Installationsschritte eingerichtet wurde, erscheint beim Booten des Systems ein Bootmenü, über das Sie dann die gewünschte Betriebssystemversion auswählen können. In Kapitel 31 finden Sie einige Hinweise, wie das Bootmenü mit Bordmitteln angepasst werden kann.

> **HINWEIS**   Windows 8 ersetzt bei der Installation den Bootlader älterer Windows-Versionen und verwendet beim Systemstart den neuen Bootlader *BootMgr*. Die Verwaltung der Boot-Einträge erfolgt über eine BCD-Datenbank, die sich mit Tools wie EasyBCD (*http://neosmart.net/dl.php?id=1* [Ms240-K32-07]) einsehen und anpassen lässt.

USB-Stick als Installationsmedium vorbereiten

Sofern Sie Windows auf einem Netbook, Ultrabook oder einem Tablet-PC installieren möchten, ist in vielen Fällen kein DVD-Laufwerk vorhanden. Dann bleibt nur die Installation von einem USB-Stick übrig. Ein kleines Problem ist das Erzeugen des benötigten USB-Installationsmediums aus einer Setup-DVD oder einer Windows 8.1-Installations-ISO-Datei.

Zum Erzeugen eines USB-Installationsdatenträgers wird im Internet häufig die Verwendung des Windows 7 USB DVD Download Tool (*http://www.microsoftstore.com/store/msusa/html/pbPage.Help_Win7_usbdvd_dwnTool* [Ms240-K32-08]) vorgeschlagen. Dieses Tool erzeugt auch recht zuverlässig einen USB-Stick mit den Installationsdateien. Problem ist aber, dass diese USB-Medien nur in BIOS-Umgebungen zur Installation eingesetzt werden können. In UEFI-Umgebungen versagt dieser USB-Stick, da das Medium im NTFS-Dateisystem formatiert ist.

Sie können aber einen auch in UEFI-Umgebungen verwendbaren (64-Bit-) Installationsdatenträger selbst erstellen. Ich habe die betreffenden Schritte für Windows 8 im Blogbeitrag *http://www.borncity.com/blog/2012/11/23/windows-8-usb-installations-stick-erstellen/* [Ms240-K32-09] beschrieben. Der Ansatz funktioniert auch unter Windows 8.1. Sie benötigen lediglich einen USB-Stick mit 4 GB Kapazität und einen 64-Bit-Installationsdatenträger für Windows 8.1.

HINWEIS   Spezielle Installationsvarianten wie Windows To Go auf USB-Medien oder die Installation auf einem virtuellen Laufwerk bleiben in diesem Buch unberücksichtigt. Details zu diesen Installationsvarianten sowie zahlreiche Tipps und Hinweise rund um die Lokalisierung und Behebung von Installationsproblemen sind in meinem bei Microsoft Press erschienenen Titel »Microsoft Windows 8.1 Power-Tipps – Das Maxibuch« (siehe Anhang) zu finden.

Windows 8.1 aktivieren

Konnte die automatische Aktivierung per Internet während der Installation nicht ausgeführt werden, fällt Windows in einen reduzierten Funktionsmodus. Sie können dann bestimmte Funktionen (z.B. Anpassen des Sperrbildschirms) nicht verwenden. Zudem erscheint periodisch eine Aufforderung zur Aktivierung. Über eine Schaltfläche werden Sie zur passenden Kategorie in der Seite *PC-Einstellungen* geleitet. Bei bestehender Internetverbindung lässt sich dann die Aktivierung über eine angezeigte Schaltfläche nachholen. Ohne Internetverbindung verwenden Sie die telefonische Aktivierung. Hinweise zur Behebung von Aktivierungsproblemen finden Sie in meinem Blogbeitrag unter *http://www.borncity.com/blog/2012/12/18/windows-8-aktivie rungs-faq/* [Ms240-K32-10]. Die Informationen gelten auch für Windows 8.1.

Anhang A

Zusatzinformationen

Hilfreiche Webseiten

Hilfreiche Informationen zu Windows 8.1 finden sich auf den nachfolgend aufgeführten Webseiten.

Microsoft-Entwicklerblogs

In diesen Blogs finden Sie interessante Artikel mit Hintergrundinformationen zur Entwicklung bestimmter Windows-Funktionen:

http://blogs.msdn.com/b/b8/ [Ms240-Anhang-01]

http://blogs.windows.com/windows/b/bloggingwindows/ [Ms240-Anhang-02]

Microsoft-Answers-Foren zu Windows

Das Forum von Microsoft zu Windows ermöglicht Ihnen, das Wissen der Community bei Problemen nutzen. Ich bin dort auch als Communitymoderator unterwegs:

http://answers.microsoft.com/de-de/windows [Ms240-Anhang-03]

Windows-Beiträge in meinem Blog

In den Channels »Windows 8« und »Windows 8.1« finden Sie zahlreiche Beiträge rund um Windows:

http://www.borncity.com/blog/ [Ms240-Anhang-04]

Forum zu Windows 8/8.1 bei WinVistaSide.de

Im Unterforum von WinVistaSide.de veröffentlicht einer der Forenbetreiber, André Ziegler, ständig nützliche Informationen zu Windows 8/8.1 und seinen Funktionen:

http://www.winvistaside.de/forum/index.php?showforum=19 [Ms240-Anhang-05]

Windows 8/8.1-Forum bei Dr. Windows

Die Seite wird von Martin Geuß (von Microsoft mit dem MVP-Award ausgezeichnet) betrieben und enthält ein hilfreiches Forum zu Windows 8/8.1. Zudem finden Sie hier laufend News zu Windows auf der Dr. Windows-Startseite:

http://www.drwindows.de/windows-8-allgemein/ [Ms240-Anhang-06]

Weiterführende Literatur

Trotz des großen Umfangs konnten in diesem Buch viele speziellere Fragen zu Windows 8.1 nicht berücksichtigt werden. Features wie die Installation auf virtuellen Laufwerken, die Verwendung einer Windows To Go-Installation auf USB-Medien (offiziell nur in Windows-Enterprise möglich) mussten aus Platzgründen ebenso entfallen wie die Beschreibung der ab Windows 8.1 Pro unterstützten Verschlüsselung mit EFS oder BitLocker. Diese und weitere Themen behandle ich in dem ebenfalls bei Microsoft Press erschienenen Buch »Microsoft Windows 8.1 Power-Tipps – Das Maxibuch: Optimierung, Troubleshooting und mehr«, ISBN 978-3-86645-236-7.

Praxisindex

Stichwortverzeichnis